贵州民盟历史资料集成

（1946—1966）

上

中国民主同盟贵州省委员会◎编

贵州出版集团
贵州人民出版社

图书在版编目（CIP）数据

贵州民盟历史资料集成：1946—1966 / 中国民主同盟贵州省委员会编. -- 贵阳：贵州人民出版社，2022.4
ISBN 978-7-221-16141-3

Ⅰ. ①贵… Ⅱ. ①中… Ⅲ. ①中国民主同盟－史料－贵州－1946-1966 Ⅳ. ① D665.2

中国版本图书馆 CIP 数据核字 (2022) 第 059599 号

贵州民盟历史资料集成（1946—1966）

GUIZHOU MINMENG LISHI ZILIAO JICHENG（1946—1966）

中国民主同盟贵州省委员会◎编

出 版 人：王　旭

责任编辑：刘泽海

装帧设计：温力民

出版发行：贵州出版集团　贵州人民出版社

社址邮编：贵阳市观山湖区会展东路 SOHO 办公区 A 座　550081

印　　刷：贵阳精彩数字印刷有限公司

开　　本：787mm×1092mm　1/16

字　　数：996 千字

印　　张：77.25

版　　次：2022 年 4 月第 1 版

印　　次：2022 年 4 月第 1 次印刷

书　　号：ISBN 978-7-221-16141-3

定　　价：780.00 元（全三册）

编委会

序言

八十一年前初春，强敌入侵、山河破碎、国家蒙辱、生灵涂炭之际，抗击倭寇、收复国土、实行民主、拯救中华已然成为中华民族之最大共识。抗日烽火之中、壮怀激烈之时，一众书斋学者、社会贤达、仁人志士聚集于陪都重庆，成立中国民主政团同盟（中国民主同盟）并告示天下，只图奔走国是于危难、关注民生于饥寒。中国民主同盟成立伊始即以国家自强、民族复兴为立盟之初心、奋斗之使命，然政治黑暗、国府朽败、权力倾轧、社会动荡，民盟虽殚精竭虑为民主奔走、为国运呼号、为生民请命！却得囚于铁窗、血溅于街头之回报，更被指与“匪”同流，遂被控以非法组织，被迫解散。幸从中国共产党之主张、延安窑洞之对答看到国家之前途、民族之希望，于彷徨绝望之中、历经磨难之后，逐渐认清中国共产党方为拯救国家、民族唯一可依靠之政党。从同情到认同，直至自觉接受中共之领导，愿同舟于风雨、相照以肝胆，共图国家强盛、民族复兴之大业。至此，在中华人民共和国建立、社会主义建设、改革开放、革除绝对贫困、全面实现小康的波澜壮阔之中，民盟跟定中国共产党，矢志不移，努力成为中国共产党引领民族复兴宏大伟业之好帮手、好参谋、好同事，开中国共产党执政、各民主党派参政、多党合作统一战线之世界政党制度先河。

二十世纪四十年代中叶即有民盟成员活跃于黔中、黔北，或创刊发文反对内战、疾呼民主，或奔走营救中共党员及其他进步人士于囹圄，或护城护厂迎接解放，更有幸免罹难渣滓洞之唐老弘仁，民盟中央委派，赴贵州整理盟务，旋正式建立贵州民盟省级组织于贵阳，民盟亦作为中国共产党领导的参政党之一，融入贵州轰轰烈烈之社会主义建设。二十世纪八十年代之后，贵州民盟组织及其成员见证并参与了改革开放、脱贫攻坚、全面小康全部历程之日日夜夜、桩桩件件。更有黔西北僻壤穷乡三十余载，由中央至地方，中共与各民主党派倾力合作，开发扶贫、生态建设、人口控制之探索实践，终改天换地，让极贫“千人”数百万众圆小康梦想。既创下人类减贫之旷古奇迹，又堪称中国多党合作制度谱写之又一绚丽华章。

从战火狼烟年代至富民兴黔历程，贵州民盟之作为与贡献当显中国共产党领导下统一战线大格局之一隅。滴滴点点积淀成历史辉煌，薪火相传可赓续血脉、激励后生、以史为鉴、继往开来。然七十余年前人既往奋斗图强之史料文献、遗存遗篇、往事记述，或零零星星尘封于档案机构，或片纸残本散存于社会，更不乏珍贵史料遗失损毁，且随岁月流逝而日剧。系统发掘、收集、整理、编撰已不可再缓。故民盟贵州省委聚全省民盟之力，更得中共省委统战部悉心指导及贵州省档案馆、贵州民族大学、贵州出版集团等方面倾力相助，开展《贵州民盟历史资料集成》的整理编撰工作。今首部《贵州民盟历史资料集成(1946—1966)》编撰完成，即将付印出版。值当下贵州民盟开展中共党史、新中国史、改革开放史、社会主义发展史以及多党合作史和盟史“六史”主题教育活动之际，此书亦为贵州民盟开展主题教育成果之一。而后《贵州民盟历史资料集成(1977—2002)》业已在编撰整理中，有望年内面世。期待贵州民盟史料的编辑出版能够在跨进习近平中国特色社会主义新时代之里程碑处，激励贵州民盟组织及盟员秉承前辈之初心，应对百年之变局，坚定时代之自信，笃行中国之道路，以实现中华民族复兴之目标作为继续前行之接力火炬、续写历史之出征旗帜。

以上千余字权为序言。

民盟贵州省委主委 何力

2022 年 4 月 9 日

整理说明

一、《贵州民盟历史资料集成（1946—1966）》（以下简称《集成》）以时间为线索分为“贵州民盟组织的萌芽”“贵州民盟组织的建立及发展”“基层组织发展与机关建设”“1954—1966年的盟务工作”四章以及“贵州民盟代表性人物”专题，共五章，另附录《没有共产党的领导就没有民主同盟的今天》。

二、《集成》以民盟贵州省委收集的188份档案资料为基础，对已经出版的相关志书、档案资料、文史资料中的贵州民盟资料进行整理，钩稽贵州民盟（1946—1966）二十年历史发展的脉络。

三、《集成》在总结材料的基础上，归纳叙述民盟发展的历史线索的同时，还以“史料”的形式附入相关档案资料，以求尽可能完整地呈现民盟发展的历史面貌。一方面保存珍贵档案，另一方面也以其他典籍资料与档案资料相互对照、印证，从而增强叙述的可信性。

四、有些时段或基层组织的活动资料未见他书记载，则直接以“史料”的形式呈现，如第四章的内容。

五、贵州民盟档案资料来源不同：有档案馆的早期档案资料（不同档案馆的收藏），有早期手稿（吴雪俦手稿），有当时的报刊资料，如《贵州民意》《新黔日报》《贵州日报》等，有后来的回忆录、口述（张吉坞之子回忆口述）资料，还有实物（如民盟贵州省委各时期印章）等。部分文献品相极差，为多次复印或不规范复印件，为保留史迹，尽力修复呈现。部分文献残缺不全，仅作样章呈现。

六、《集成》中所收史料尽可能做出释文，释文尽可能保留原貌。

但是由于现代阅读的需要及出版规范的要求，释文整理遵循以下原则：（一）释文中的标点符号及文字按照现行规范处理，但有些内容，如“解放前”“解放后”及抗日战争之起始则遵照原文录入；（二）史料中人名书写有异者，释文保留原貌；（三）史料中史实记载有误者，做了符合现行出版要求及规范的调整；（四）史料行文中有或史料间有差异、有冲突者，整理过程中能够予以判定者，以“编者按”的形式做出注释说明，如吴雪俦的生卒年月问题、双清任职“福建漳龙财政处处长”问题；不能判断者，则保留原貌，以存史迹；（五）不能辨识的字，或因无原图导致无法查证者，则以方框（□）代替。

七、未做释文的情况有：（一）有些字迹模糊，难于辨识者，如早期的手写稿（盟员个人思想汇报）、早期的部分报刊文章等，则只题写标题，不做释文；（二）有些如“组织关系转移通知及存根”等图表内容及公文档案，只是史实的呈现，可读性不强，则不做释文；（三）有些来源于档案资料的后期打印稿的回忆文章，字迹清晰，部分还有修订痕迹，不影响阅读，则保留原貌，不再重新做释文；（四）“贵州民盟代表性人物”一章中采用的相关传记文章、传记以外的补充资料等，字迹或者图片清晰，为保留时代特征，呈现原貌，多以图片加题名形式呈现，不做释文。

八、《集成》正文用宋体字，释文、编者按、资料来源等内容用仿宋字，以示区分。

目 录

第一章　贵州民盟组织的萌芽

中国民主同盟（以下简称“民盟”）是主要由从事文化教育以及科学技术工作的高、中级知识分子组成的，具有政治联盟特点的，接受中国共产党领导，同中国共产党通力合作，进步性与广泛性相统一，致力于中国特色社会主义事业的参政党。它最初是1941年3月19日在重庆成立的“中国民主政团同盟”，1944年改组为中国民主同盟。民盟的历史与民族和国家的命运始终紧密相连。在张澜、沈钧儒等早期卓越领导人的带领下，民盟团结广大爱国知识分子和爱国人士，自觉接受中国共产党的领导，与中国共产党携手合作，风雨同舟，为实现和平、民主、统一的新中国并肩战斗。八十多年以来，历代盟员在民盟中央的正确领导下，勇于肩负历史使命，甘于奉献和牺牲，以崇高的爱国情怀、踏实的工作作风和不凡的工作业绩，铸就了一座座历史的丰碑，凝成了薪火相传的民盟精神。

民盟西南总支部筹备委员会于1947年8月在成都建立，潘大逵、鲜特生、邓初民、马哲民、楚图南、张志和、范朴斋为委员，潘大逵任主委，领导四川、云南、西康（现四川甘孜藏族自治州、四川凉山彝族自治州、西藏昌都市等地）、贵州四省民盟的工作。

20世纪40年代中期，贵州就有一批知识分子向民盟组织靠拢。据史料反映，最早与民盟中央取得联系的是双清、张吉坞、梁聚五等人。1946年，他们在重庆经在民盟中央任职的史良介绍，加入了民盟组织，并在贵阳教育、文化、民族、宗教上层人物中开展活动，发展盟员。

1948 年夏，中国人民解放军在战场上节节胜利，国内政治、军事形势发生了很大变化。由于西南各省尚未解放，重庆市民盟组织曾派人来贵州活动。民盟重庆市委会黎又霖（贵州黔西人，与贵州军政界有着广泛联系）于 1948 年秋、1949 年夏先后两次到贵州开展革命活动和盟务活动。黎又霖到贵州的主要任务是推动民盟贵州组织及盟员的发展，在国民党军队中开展“策反”活动。他到贵州后，与吴雪俦取得联系并吸收吴加入民盟。此后，通过吴雪俦介绍，又先后发展了一批盟员，其中主要有缪象初、杨伯瑜、易光培、肖孝诚等。吴雪俦还曾赴重庆市与重庆市民盟的潘大逵、鲜英、鲜恒等取得联系。1949 年 11 月，黎又霖被国民党特务逮捕，关押在重庆白公馆集中营，后被杀害。

据双清、唐弘仁留下的文稿记载，1946 年，民盟中央曾派郭则忱到贵州筹备成立组织，后不知何故未果。民盟在贵州一直处于秘密的分散状态，但活动一直没有停止，到 1950 年初，贵州已有 156 位盟员，其中已搜集到的盟员名册上为 148 名，另有未入册的外县盟员 8 名。当时为了区分两条线上的盟员关系，将其称为“旧盟”与“新盟”。即双清线上的为“旧盟”，吴雪俦线上的为“新盟”。这两支力量基本没有联系，皆独立开展活动。

第一节 贵州解放前后贵州民盟的主要工作和活动

从贵州民盟组织留存的零星史料来看，在贵州解放前夕，“新”“旧”两支盟员队伍，都是通过地下活动秘密开展迎接贵州解放的工作。为证实这些记载，理清贵州民盟发迹期的脉络，还原当时在没有组织的状态下，盟员通过地下活动开展革命工作的史实，民盟贵州省委会进行了大量的资料查询工作。这一过程，不仅得到了贵州省档案馆、四川省档案馆、云南省档案馆、贵阳市方志办、遵义市方志办、黔西市方志办、湄潭县方志办及民盟中央办公厅、民盟四川省委、民盟云南省委、民盟广东省委、民盟重庆市委的大力支持，同时还得到了双清、唐弘仁、张吉坞、刘映芳、丁道谦等贵州民盟前辈的后人及其家乡人的支持，提供的可贵的佐证材料，使双清、张吉坞、丁道谦、梁聚五等人加入民盟并筹备支部的有关事宜得到了查实；他理清了民盟以成立“大乘社”“民众义济会”为掩护，开展地下活动，并利用《贵州民意》发表进步文章唤醒民众，迎接贵州解放的脉络。

由于多种历史原因，早期民盟的档案缺损严重，而且当时的民盟活动处于“地下”状态，其本身就是非正式的、零星的，加之当年的当事人都已过世，因此资料收集难度极大，虽然在这过程中得到了相关部门及民盟前辈的后人的支持，但仍难以完满。由于无法完整地记载当时的所有事件，也无法对事件进行补充描述，因而本节编者采取了以史料原件影印展现的方式，来陈述 1946 年到 1949 年底贵州民盟的发展及其有代表性的几件地下活动。

史料一　盟员早期活动资料

一、双清 1949 年 11 月 10 日所作的《中国民主同盟贵州支部筹备委员会组织报告》（部分）：

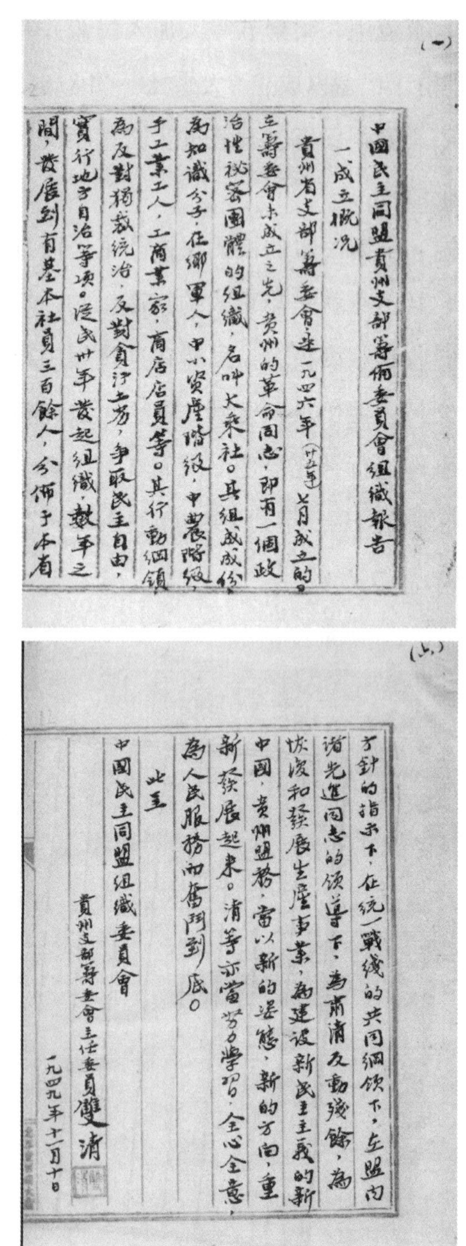

（一）

中國民主同盟貴州支部籌備委員會組織報告

一、成立概況

貴州省支部籌委會是一九四六年（卅五年）七月成立的。在籌委會未成立之先，貴州的革命同志，即有一個政治性秘密團體的組織，名叫大衆社。其組成成份為知識分子，在鄉軍人，中小資產階級，中農階級，手工業工人，工商業家，商店店員等。其行動綱領為反對獨裁統治，反對貪汙土劣，爭取民主自由，實行地方自治等項。從民廿年發起組織，數年之間，發展到有基本社員三百餘人，分佈于本省

（六）

方針的指示下，在統一戰線的共同綱領下，在盟內諸先進同志的領導下，為肅清反動殘餘，為恢復和發展生產事業，為建設新民主主義的新中國，貴州盟務，當以新的姿態，新的方向，重新發展起來。清等亦當努力學習，全心全意，為人民服務而奮鬥到底。

此呈

中國民主同盟組織委員會

貴州支部籌委會主任委員　雙清

一九四九年十一月十日

【释文】

中国民主同盟贵州支部筹备委员会组织报告

一、成立概况

贵州省支部筹委会是一九四六年（民国卅五年）七月成立的。在筹委会未成立之先，贵州的革命同志，即有一个政治性秘密团体的组织，名叫大乘社。其组成成分为知识分子，在乡军人，中小资产阶级，中农阶级，手工业工人，工商业家，商店店员等。其行动纲领为反封独裁统治，反封贪污土劣，争取民主自由，实行地方自治等项。从民卅年发起组织，数年之间，发展到有基本社员三百余人，分布于本省……

……方针的指示下，在统一战线的共同纲领下，在盟内诸先进同志的领导下，为肃清反动残余，为恢复和发展生产事业，为建设新民主主义的新中国，贵州盟务，当以新的姿态，新的方向，重新发展起来。清等亦当努力学习，全心全意为人民服务而奋斗到底。

此呈

中国民主同盟组织委员会

贵州支部筹委会主任委员双清

一九四九年十一月十日

二、双清 1948 年 8 月 1 日于北平所撰的《中国民主同盟贵州支部筹备委员会工作概况》：

【释文】

中国民主同盟贵州支部筹备委员会工作概况

民盟贵州支部筹委会是民国三十五年七月，民盟中央派郭则沈同志到贵阳组织成立的。当指定双清为支部筹委会主任委员、梁聚五为支部筹委会组织部主任、张吉坞为支部筹委会宣传部主任，在当时恶劣环境之下，总算秘密的组织成立了。但是工作开展非常困难，邮件检查更不能寄递文件及公开通信报告各方消息几至断绝，只有化名隐语与各处同志偶通消息保持联络而已。立此种情况之下两年多，内外隔绝，加以在贵州反动派的严重压迫监视的处境下，所能做的工作也不能有具体的成绩表现。只是分散同志深入社会各阶层，相机活动唤起群众团结自卫，揭发反动派的罪恶，加强民众反抗意识巩固人民争取民主自由的信念。各同志分布各县城乡，各就其原有职业和与各地方发生的新旧关系，参加各地方公私团体，借作掩护，广泛深入颇收相当效果。有几处我们的同志在所参加的团体内发生控制作用，用各种不同的形式吸收新同志，另成小组（为秘密起见避用民主同盟名称），都确在支部领导之下服从指挥，接受指导。但贵阳与各县的通讯亦属困难，最重要的事件，则派妥人往来传达（不能常时照此办法办到）。各县各小组亦不能随时寄递文件、表册，为防范泄漏，不用公开报告通讯，仍用化名隐语互通消息。因有上述困难情形，所以贵州支部筹委会两年来竟无颇著的成绩可述，并不能随时向民盟中央报告工作进行概况，这是贵州支部筹委会同人非常抱愧的。

这里应当追述的，在民盟贵州支部筹委会之前，民国三十年春，贵州一班革命同志已有秘密团体的组织，名大乘社（第一次集会在僻静的大乘寺内遂用其名），社员为知识分子、在乡军人、小资产阶级、小工业工人、小资本商人、中农阶级、农人等。其组织纲领为坚定抗日战争意志及反对独裁统治，争取民主自由，反豪商党阀贪污土劣，建立民众自卫力量，实行地方自治等项，每十人一小组。征求社员极为严格，分组活动严守秘密，数月之间发展到各县城乡，成立三十余小组，每组社员均能在其本身原有职业中及其所处社会间发生相当作用，或具备有号召力量，或能联络非社员转移其受利诱威胁的旧观念。双清被推为大乘社领导人，秘密活动颇收相当效果。曾屡遭打击，实力既不充足，环境又恶劣，若干四五年，希望中的成就终难实现，三五年春，社员决议向外寻求主张相同的政团参加合作，内外协力以求达到改造贵州的任务。遂派张吉坞同志赴渝向民盟中央接洽，经史良同志、辛志超同志的介绍，双清、梁聚五、张吉坞以个人加入民主同盟。及至支部筹委会成立，大乘社员以个人加盟者五十余人（第一次登记的有一百五十余人）。

大乘社的发起是贵州一班革命同志不甘受反动派的压迫号召同志秘密组织的，在抗战初期，贵州公路修通，交通便利，工业、商业渐渐萌芽，黔人稍有生机，及至反动政权派了吴鼎昌等大批贪污市侩官僚主持黔政府（黔人称为商人政府）。用政治力量配合经济力量将贵州所有工商事业凡稍有发展，希望的一概掠夺殆尽归入所谓企业公司，人民生机断绝，更加残暴压榨，为所欲为，毫无顾忌，拆墙毁屋，搜查金银首饰，借名禁烟贩运烟土，黔人倾家破产无不告诉，人人皆有亡省之痛。一班革命同志号召黔人团结自卫，树立地方自治基础，争取民主自由，人民备受切骨之痛。亦感觉不团结自卫将永无翻身之日，所以社员深入社会各阶层，颇得广大群众的信任，极力融洽。两年来加盟的社员与未加盟的社员均能本着一贯的主张，接受指导，互相配合，秘密活动在支部转入地下工作以后，确有很多的帮助，收益不少，直到现在在为方的社员与盟员仍是秘密合作互相援助的。

民国三十六年以后，清在贵阳处境更恶劣了，曾多次被检查搜查达到五小时，无微不至，幸文件早已移出，毫无所得。清去函质问市政府，要求押解告密人当场指证（彼等照例借名有人告密收藏巨额金银大量烟土），所得答复，除道歉之外，益请原谅，不必根问告密，于此可以推知未来此类事件必将继续发生。清住宅附近常有便衣密探员窥视，为避免拖累亲友乃谢绝一切往来应酬，亲友到门避不见面，偶与同志有必要晤谈，则另觅机会，秘密一晤。所有通信仍用化名隐语，别记转信地址，偶通消息保持联络而已，在黔工作困难，处境危险。外省消息隔阂，情况不明，非常苦闷，乃于三七年十月秘密离黔，暂来北平小住，快睹北平解放，遂居北平。贵州支部于离黔之际，委托梁聚五、张吉坞共同负责，梁、张两同志能力充沛，意志坚强。梁同志在黔东南边陲少数民族中颇具号召力量。张同志在北部毕节等县亦能深入社会，发生领导作用，最近数月邮信断绝，近况已不明了，不过内方同志工作之困难是可想见的。

中国民主同盟贵州支部筹备委员会主任委员双清

民国三十八年八月一日于北平

三、关于“大乘社”的相关活动情况。早期盟员张吉坞的传记中之所载，可以直接证明。《剑河县志 1991—2011》之《张吉坞传》[1] 记载：

民国三十四年（1945 年）八月，吉坞回到贵阳闲居。在贵阳，吉坞和对现实不满的双清、李超然、谭镜寰、冯丽生、李春发、廖叔敏、赵德生、梁聚五秘密组织“大乘社”，并成立民众救济会，向外宣称慈善机构。是年，经谭镜寰、李超然两人介绍到重庆参加民盟。三十五年（1946 年）四月，吉坞、双清、李超然、谭镜寰四人经史良介绍回贵州发展民盟组织。是年，蒋介石宣布民盟为非法组织。郭则忱受民盟中央委派秘密来黔指导工作，其间，先后发展剑河陈贡章等加入民盟从事地下民主活动。郭则忱指定双清为民盟贵州筹备会主任委员，梁聚五为组织部长，吉坞为宣传部长，在黑色恐怖下开展秘密活动。

1949 年 10 月 1 日，中华人民共和国成立。贵州临近解放，国民党反动派在贵州大肆搞破坏活动。为了不让该计划得逞，吉坞积极配合卢焘、双清组织“民众救济会”维护贵阳社会秩序，救济难民。吉坞和黎友霖奉命到大方羊场坝飞机厂与安问石一起组织民众武装，阻止国民党反动派把飞机厂设备运往台湾。同时，策反贵州军阀王家烈起义。是月，解放军五兵团曾多次派员与双清、吉坞等人秘密联系商谈解放军入城事宜，11 月 15 日，双清、吉坞等民盟人士成功组织贵阳人民迎接解放军五兵团官兵入城。

史料二 积极筹备贵州支部资料

“大乘社”因为人员分散，组织不易，加上当局多方打击，革命环境十分恶劣。因此，经当时主事者双清等人的讨论，决定“向外寻求主张相同的政团参加合作”，通过“内外协力”，“达到改造贵州的任务”。

1 贵州省剑河县史志编纂委员会编：《剑河县志 1991—2011》之《张吉坞传》，云南人民出版社 2017 年版，第 1077 页。

于是选择了志同道合的政党——中国民主同盟。当时大家公推张吉坞去重庆，完成社团和民盟中央的接洽任务。

关于积极筹备贵州支部的情况，双清在上述《中国民主同盟贵州支部筹备委员会工作概况》材料中已有详细记载，兹不再附。

关于张吉坞赴重庆接洽的具体情况，其子张德永先生《贵州民盟前辈张吉坞的几则事迹》一文中有更细致的描述。该文同时揭示了当时民盟同仁面临被国民党视为“非法组织”的实际背景，或可补史阙。

贵州民盟前辈张吉坞的几则事迹

文/张德永

人物名片

张吉坞，又名张先敏，苗族，1899年出生于贵州省台江县革东镇苗江寨。1919年考入上海体育专门学校，1921年毕业后从军，先后任湘军第六军参谋、支队长、团长，湘鄂军第一军第一师第二团团长。1926年参加北伐革命战争，先后在国民革命军任团长、军部副官长、少将副师长、军部参议、紫云县长、毕节专署参议、毕节镇雄赫章边区联合抗日指挥，1949年11月贵阳解放后任省民盟第一届委员、省政协第一届委员、省人民政府参事等职。

有关贵州盟员的早期活动介绍

1941年，双清、张吉坞等人因反对国民党的腐败独裁统治，对现实不满，在贵阳一个叫“大乘”的庙里成立了秘密组织“大乘社”。参加的有：双清、张吉坞、李超然、谭竞寰、冯丽生、李春发、廖叔敏、赵自如、赵德生、梁聚五等十人。

1946年初，旧政治协商会议召开后，谭竞寰、李超然等从重庆写信告知“大乘社”，说民盟在吸收成员，问是否有意参加。经“大乘社”商议后决定推举张吉坞赴重庆与民盟总部联系。张吉坞赴重庆住范绍增公馆，张与范在民国时期二十年代同在熊克武部下任职相识。范绍增为人憨厚耿直，他在重庆与张澜、章伯钧、熊克武、黄其翔等往来密切，也参加过民盟、民革的进步活动。解放前起义后任解放军四野高参、中南军政委员、参事、河南省体委副主任等职。张吉坞还住过杨德淳在重庆的公馆，杨是贵州天柱人，与张是同乡，又是

- 1 -

北伐革命战争时期的同事。杨在重庆与军界、政界乃至文化界均有来往，和徐悲鸿是挚友、莫逆之交。徐悲鸿在重庆、贵阳时大多时间都住在杨德淳家。张吉坞通过多方面关系认识了民盟总部的负责人史良、辛志超等，在重庆上清寺附近的“特园”经过史良介绍并代表当时在贵阳的双清、谭竞寰、李超然加入了民盟。张还与史良同乘吉普车去医院拜望了在震惊中外的“较场口事件”中被国民党特务殴打致伤住院的民盟先驱、爱国七君子之一的李公朴先生。李公朴与闻一多1946年7月在昆明被特务先后杀害。

张吉坞回贵阳后还发展赵自如、梁聚五、朱梅麓等加入民盟，梁聚五又发展了翁祖善、丁道谦等加入民盟。同年民盟总部派组织部长郭则忱来贵阳，郭在贵阳住张吉坞家（原环城东路388号）宣布成立贵州省民盟筹委会，双清为主任、张吉坞为宣传部部长、梁聚五为组织部长。民盟贵州筹委会成立后，又陆续发展了一些盟员。“大乘社”不复存在，大多数成员已加入民盟。

1946年蒋介石撕毁（旧）政协协议后，国民党又于1947年11月宣布民盟为非法组织，禁止民盟的一切活动。民盟贵州省组织和志士仁人并未依从，将活动转入了地下，继续与中共密切合作，为推翻压在中国人民头上的“三座大山”、摧毁国民党腐朽的统治，建立民主、进步、繁荣的新中国继续奋斗。

张吉坞后又发展了周继武、陈贲章加入民盟。周、陈二人系剑河人，侗族，与张的出生地台江县革东镇相距15公里，曾参加过北伐战争，后因对政局不满，回乡进行进步活动。

吴厚安（苗族、麻江人）在1949年起义前也加入了民盟。解放后任贵州省农业厅厅长。

- 2 -

双清老先生 1948 年 10 月去上海，1949 年从上海去了解放后的北平，梁聚五去了安顺，盟务交由张吉坞负责。双清 1949 年 11 月在北京列席了民盟中央四中全会（扩大）会，发电报回贵阳传达会议精神并提出立即停止活动，听候整理组织。

贵阳于 1949 年 11 月 15 日解放，在黎明前白色恐怖最黑暗的日子里，贵州民盟的仁人志士团结一致，为迎接共和国的诞生贡献着自己的力量。

贵州盟员在贵阳解放前夕的革命活动

卢焘老先生（烈士、1921 年孙中山先生电令的贵州省长、黔军总司令、著名爱国民主人士）在贵阳解放前就成立“贵阳临时治安委员会”和“民众救济会”维护社会治安、救济难民、保护水口寺电厂、粮库、水厂等工作与张吉坞联系。张多次去卢老先生在六广门外小宅溪的“半日山庄”住宅，卢老母亲的陵园“慈母园”（今大西门妇幼保健院位置）与卢老先生晤面商议上述工作。卢老先生在遭刘伯龙（国民党 89 军军长）奉蒋介石密令杀害于二桥转弯塘之前几日，还亲临张家（环城东路 388 号），商谈过防止贵阳城被烧毁破坏等事。刘伯龙在撤退前曾亲自带随从和卫兵进入张吉坞家，在花园巡视一圈后直上三楼，朝天鸣放几枪，以示威胁，猖狂至极、扬长而去。刘在贵州是出名的凶残，后来也得到报应，因为内讧而被谷正伦诱杀于贵州晴隆，世人称快。可谓善恶有报。

支持配合学生、青年在中共领导下的革命活动

民盟成员朱梅麓到张吉坞家联系有关民盟的活动，也带他的儿子

朱厚泽来过。张的长子张德权曾带他的挚友、贵州大学政治经济系的同班同学毛克诚和花溪清华中学的朱厚泽来家，毛、朱将一台木盒装的手推油印机带来放在张家三楼阁楼上。毛又带了其他青年人在楼上印刷宣传保护贵阳、迎接解放的传单。后来才知毛、朱都是中共地下党员。毛克诚在贵阳解放前两天被国民党杀害于沙河桥。朱厚泽解放后任贵阳市委宣传部部长等职。

策划原国民党贵州高层军政人员的起义工作

1949年3月——4月，黎又霖（黔西县人，重庆民革、民盟的负责人之一，参加北伐时期与张吉坞相识）来到贵阳，找到张吉坞和安问石（彝族土司，张在云南镇雄担任两省三县抗日指挥时与他相识），同去大定县（今大方县）羊场坝，组织地方民众武装，阻止国民党企图将飞机发动机制造厂设备运往台湾。回贵阳后，黎又霖与张吉坞同去做王家烈的起义工作。张曾在王家烈任军长的45军任过参议，1933年王曾电邀张从上海回贵阳任紫云县长。王的夫人万淑芬与张的夫人李志华是铜仁同乡、来往甚密。王家烈在贵阳中山东路的住宅“狮峰别墅”和张家在老东门的住宅仅一步之遥。解放后贵州省委派员将王从桐梓老家接回贵阳，曾任西南军政委员、贵州省政协副主席等职。

1949年10月初张吉坞又赴镇远，做原镇远专员公署专员、保安司令任景周（张和任在上个世纪三十年代在福建军界共事、又是同乡）的起义工作。任起义后任省民政厅科长、省政府参事。全家七口人迁往贵阳，在张家暂住近一年。

国民党军统特务强行住进张宅监视

－ 4 －

张宅在贵阳原环城东路388号，今文昌北路，莲花坡边沿，前门斜对文昌阁，后门一条小路（今东新路）直通东山、便于疏散，是城乡结合部。双清住宅在城内黔灵西路原火神庙旁。民盟经常到张宅活动、联系的有李超然、赵自如、梁聚五、朱梅麓、杨伯瑜、赵德生、杨伯瑶、吴厚安、周继武、陈贡章等，还有李儒云、刘方岳等爱国民主人士。

军统特务强行住进张宅后，民盟的活动地点就改到中山东路三板桥（今汉湘路）交汇路口的一座茶楼里和复兴巷，清平巷等地。

中共贵阳地下党得到军统特务刁处长夫妇要以租房为名强行住进张宅，对民盟进行监视的情报，事前告诉了张。张家特意在堂屋里挂上了国民党元老于右任亲笔提写给张吉坞的对联“诸葛一生惟谨慎、吕端大事不糊涂”和贵州老同盟会员平刚老先生提写的对联“高阁横空一鸟度、疏帘临水百花然”，中堂挂了一幅徐悲鸿画的公鸡彩墨画，装成一幅悠闲的样子。军统特务刁处长夫妇在解放前两天半夜逃离了张宅，后来在昆明被解放军抓获。

解放军五兵团派侦查员进张宅联系

1949年10月解放军五兵团挺进贵州，在贵阳解放前夕，五兵团曾两次派侦查员进入张宅联系，取得有关军政方面情报。一次是化妆成和尚进入，一次是化妆成打皂角的、背一个背篓、拿一根长竹竿进入，都是从前门进、后门出。张家大院西北墙角的那颗皂角老古树是很多贵阳人都知道的。城市改造扩建后，这颗值得记忆的古树便留在人行道上，人们还常在树上挂红祈福。可惜此树在2010年左右消失了。

解放了，天亮了

贵阳于1949年11月15日解放后几日，时任五兵团政委、贵州省委书记、统战部长、贵阳军管会主任的苏振华将军亲临张家会见了张吉坞，并商谈贵阳治安和周边惠水、青岩等地的剿匪工作。

盟员、剑河籍的周继武、陈贡章由军管会派回剑河。两人任剑河县解放（治安）委员会副主任，协助剿匪和收复剑河县城。周后来任剑河县副县长。陈任城建科长、州政协常委等职。

1950年初中共省委统战部鲁平秘书、常爱德处长多次到张吉坞家并送来“解放社”出版的《共产党宣言》等马列著作和莫斯科出版的中文《联共（布）党史教程》、毛泽东的《论联合政府》和《共同纲领》等经典。

（作者系张吉坞的儿子张德永）

- 6 -

【释文】

贵州民盟前辈张吉坞的几则事迹

文 / 张德永

人物名片

张吉坞，又名张先敬，苗族，1899 年出生于贵州省台江县革东镇苗江寨。1919 年考入上海体育专门学校，1921 年毕业后从军，先后任湘军第六军参谋、支队长、团长，湘鄂军第一军第一师第二团团长。1926 年参加北伐革命战争，先后在国民革命军任团长、军部副官长、少将副师长、军部参议、紫云县长、毕节专署参议、毕节镇雄赫章边区联合抗日指挥，1949 年 11 月贵阳解放后任省民盟第一届委员、省政协第一届委员、省人民政府参事等职。

有关贵州盟员的早期活动介绍

1941 年，双清、张吉坞等人因反对国民党的腐败独裁统治，对现实不满，在贵阳一个叫“大乘”的庙里成立了秘密组织“大乘社”。参加的有：双清、张吉坞、李超然、谭竞寰、冯丽生、李春发、廖叔敏、赵自如、赵德生、梁聚五等十人。

1946 年初，旧政治协商会议召开后，谭竞寰、李超然等从重庆写信告知“大乘社”，说民盟在吸收成员，问是否有意参加。经“大乘社”商议后决定推举张吉坞赴重庆与民盟总部联系。张吉坞赴重庆住范绍增公馆，张与范在民国时期二十年代同在熊克武部下任职相识。范绍增为人憨厚耿直，他在重庆与张澜、章伯钧、熊克武、黄其翔等往来密切，也参加过民盟、民革的进步活动。解放前起义后任解放军四野高参、中南军政委员、参事、河南省体委副主任等职。张吉坞还住过杨德淳在重庆的公馆。杨是贵州天柱人，与张是同乡，又是北伐革命战争时期的同事。杨在重庆与军界、政界乃至文化界均有来往，和徐悲鸿是挚友、莫逆之交。徐悲鸿在重庆、贵阳时大多时间都住在杨德淳家。张吉坞通过多方面关系认识了民盟总部的负责人史良、辛志超等，在重庆上清寺附近的“特园”经过史良介绍并代表当时在贵阳的双清、谭竞寰、李超然加入了民盟。张还与史良同乘吉普车去医院拜望了在震惊中外的“较场口事件”中被国民党特务殴打致伤住院的民盟先驱、爱国七君子之一的李公朴先生。李公朴与闻一多1946年7月在昆明被特务先后杀害。

张吉坞回贵阳后还发展赵自如、梁聚五、朱梅麓等加入民盟，梁聚五又发展了翁祖善、丁道谦等加入民盟。同年民盟总部派组织部长郭则忱来贵阳，郭在贵阳住张吉坞家（原环城东路388号）宣布成立贵州省民盟筹委会，双清为主任、张吉坞为宣传部部长，梁聚五为组织部长。民盟贵州筹委会成立后，又陆续发展了一些盟员。“大乘社”不复存在，大多数成员已加入民盟。

1946年蒋介石撕毁（旧）政协协议后，国民党又于1947年11月宣布民盟为非法组织，禁止民盟的一切活动。民盟贵州省组织和志士仁人并未依从，将活动转入了地下，继续与中共密切合作，为推翻压在中国人民头上的“三座大山”、摧毁国民党腐朽的统治，建立民主、进步、繁荣的新中国继续奋斗。

张吉坞后又发展了周继武、陈贡章加入民盟。周、陈二人系剑河人，侗族，与张的出生地台江县革东镇相距15公里，曾参加过北伐战争，后因对政局不满，回乡进行进步活动。

吴厚安（苗族、麻江人）在1949年起义前也加入了民盟。解放后任贵州省农业厅厅长。

双清老先生1948年10月去上海，1949年从上海去了解放后的北平，梁聚五去了安顺，盟务交由张吉坞负责。双清1949年11月在北京列席了民盟中央四中全会（扩大）会，发电报回贵阳传达会议精神并提出立即停止活动，听候整理组织。

贵阳于 1949 年 11 月 15 日解放，在黎明前白色恐怖最黑暗的日子里，贵州民盟的仁人志士团结一致，为迎接共和国的诞生贡献着自己的力量。

贵州盟员在贵阳解放前夕的革命活动

卢焘老先生（烈士、1921 年孙中山先生电令的贵州省长、黔军总司令、著名爱国民主人士）在贵阳解放前就成立“贵阳临时治安委员会”和“民众救济会”维护社会治安、救济难民、保护水口寺电厂、粮库、水厂等工作与张吉坞联系。张多次去卢老先生在六广门外小宅溪的“半日山庄”住宅，卢老母亲的陵园“慈母园”（今大西门妇幼保健院位置）与卢老先生晤面商议上述工作。卢老先生在遭刘伯龙（国民党 89 军军长）奉蒋介石密令杀害于二桥转弯塘之前几日，还亲临张家（环城东路 388 号），商谈过防止贵阳城被烧毁破坏等事。刘伯龙在撤退前曾亲自带随从和卫兵进入张吉坞家，在花园巡视一圈后直上三楼，朝天鸣放几枪，以示威胁，猖狂至极、扬长而去。刘在贵州是出名的凶残，后来也得到报应，因为内讧而被谷正伦诱杀于贵州晴隆，世人称快。可谓善恶有报。

支持配合学生、青年在中共领导下的革命活动

民盟成员朱梅麓到张吉坞家联系有关民盟的活动，也带他的儿子朱厚泽来过。张的长子张德权曾带他的挚友、贵州大学政治经济系的同班同学毛克诚和花溪清华中学的朱厚泽来家，毛、朱将一台木盒装的手推油印机带来放在张家三楼阁楼上。毛又带了其他青年人在楼上印刷宣传保护贵阳、迎接解放的传单。后来才知毛、朱都是中共地下党员。毛克诚在贵阳解放前两天被国民党杀害于沙河桥。朱厚泽解放后任贵阳市委宣传部部长等职。

策划原国民党贵州高层军政人员的起义工作

1949 年 3 月—4 月，黎又霖（黔西县人，重庆民革、民盟的负责人之一，

参加北伐时期与张吉坞相识），来到贵阳，找到张吉坞和安问石（彝族土司，张在云南镇雄担任两省三县抗日指挥时与他相识），同去大定县（今大方县）羊场坝，组织地方民众武装，阻止国民党企图将飞机发动机制造厂设备运往台湾。回贵阳后，黎又霖与张吉坞同去做王家烈的起义工作。张曾在王家烈任军长的45军任过参议，1933年王曾电邀张从上海回贵阳任紫云县长。王的夫人万淑芬与张的夫人李志华是铜仁同乡、来往甚密。王家烈在贵阳中山东路的住宅“狮峰别墅”和张家在老东门的住宅仅一步之遥。解放后贵州省委派员将王从桐梓老家接回贵阳，曾任西南军政委员、贵州省政协副主席等职。

1949年10月初张吉坞又赴镇远，做原镇远专员公署专员、保安司令任景周（张和任在上个世纪三十年代在福建军界共事、又是同乡）的起义工作。任起义后任省民政厅科长、省政府参事。全家七口人迁往贵阳，在张家暂住近一年。

国民党军统特务强行住进张宅监视

张宅在贵阳原环城东路388号，今文昌北路，莲花坡边沿，前门斜对文昌阁，后门一条小路（今东新路）直通东山，便于疏散，是城乡结合部。双清住宅在城内黔灵西路原火神庙旁。民盟经常到张宅活动，联系的有李超然、赵自如、梁聚五、朱梅麓、杨伯瑜、赵德生、杨伯瑶、吴厚安、周继武、陈贡章等，还有李儒云、刘方岳等爱国民主人士。

军统特务强行住进张宅后，民盟的活动地点就改到中山东路三板桥（今汉湘路）交汇路口的一座茶楼里和复兴巷、清平巷等地。

中共贵阳地下党得到军统特务刁处长夫妇要以租房为名强行住进张宅，对民盟进行监视的情报，事前告诉了张。张家特意在堂屋里挂上了国民党元老于右任亲笔提写给张吉坞的对联“诸葛一生惟谨慎、吕端大事不糊涂”和贵州老同盟会员平刚老先生提写的对联“高阁横空一鸟度、疏帘临水百花然”，中堂挂了一幅徐悲鸿画的公鸡彩墨画，装成一副悠闲的样子。军统特务刁处长夫妇在解放前两天半夜逃离了张宅，后来在昆明被解放军抓获。

解放军五兵团派侦查员进张宅联系

1949 年 10 月解放军五兵团挺进贵州，在贵阳解放前夕，五兵团曾两次派侦查员进入张宅联系，取得有关军政方面情报。一次是化妆成和尚进入，一次是化妆成打皂角的、背一个背篓、拿一根长竹竿进入，都是从前门进、后门出。张家大院西北墙角的那棵皂角老古树是很多贵阳人都知道的。城市改造扩建后，这棵值得记忆的古树便留在人行道上，人们还常在树上挂红祈福。可惜此树在 2010 年左右消失了。

解放了，天亮了

贵阳于 1949 年 11 月 15 日解放后几日，时任五兵团政委、贵州省委书记、统战部长、贵阳军管会主任的苏振华将军亲临张家会见了张吉坞，并商谈贵阳治安和周边惠水、青岩等地的剿匪工作。

盟员、剑河籍的周继武、陈贡章由军管会派回剑河。两人任剑河县解放（治安）委员会副主任，协助剿匪和收复剑河县城。周后来任剑河县副县长。陈任城建科长、州政协常委等职。

1950 年初中共省委统战部鲁平秘书、常爱德处长多次到张吉坞家并送来“解放社”出版的《共产党宣言》等马列著作和莫斯科出版的中文《联共（布）党史教程》、毛泽东的《论联合政府》和《共同纲领》等经典。

唐弘仁《贵州省民主同盟解放以前组织情况的简要介绍》（部分）亦载云：

贵州省民主同盟解放以前组织

情况的简要介绍

唐弘仁 1990年8月31日

（一）

贵州省地处边陲，交通闭塞，无论军伐统治时期还是国民党统治时期，封建、反动控制都比较严，广大群众的民主活动受到许多限制。由于上述以及其他种种原因，民主同盟的组织发展工作和政治活动，与四川、云南、重庆、成都、昆明等地相比进展比较缓慢一些。1946年贵州民盟的老同志双清在重庆经过史良、辛志超等同志介绍，参加了民盟。接着，李超然、张吉坞二人也参加了民盟。双清同志，张吉坞等人返回贵阳以后，又陆续发展了一些盟员，其中有梁聚五，赵自如、朱梅六等。不久通过梁聚五的介绍又吸收入俞祖善、丁道谦、等参加民盟组织，同年，民盟总部郭则忱同志来黔，传达了民盟中央的指示。经商量，成立了贵州民盟临时支部的筹备组织。盟员同志虽然不断增加，但是由于主观条件与客观条件的限制，贵州民盟组织未能公开开展政治活动。盟的内部的组织活动也只是在小范围内，采取隐蔽的，秘密的形式进行。当时主要是利用“大乘社”（注一）采取有时分散，有时集中，二者相合的方式进行活动，当时双清通过与民盟总部辛志超同志等人的联系，

～1～

第一章　贵州民盟组织的萌芽／21

获悉民盟一些情况，因此，有时传送了一些省外民盟活动的信息，有时则利用小组座谈，揭露国民党一些政治上的腐败，反动现象，议论如何推翻蒋介石政权。有的小组获得毛主席的（新民主主义论）这一名著还秘密地传阅学习。贵阳市清平巷五号，复兴巷39号等地都是当时民盟活动的场所。当时贵阳公开发行的刊物有好多种。其中有一刊物叫"贵州民意"，是贵州省参议委员会主办发行的。但刊物上，不断发表各种不同观点的评论，也刊载国内各种不同的政治消息。《民意》曾邀请各界人士，召开民意座谈会，反映各界对国事，对促进民主改革的意见。发表过《我们所需要的省长》等主张开明政治的文章。后来陆续参加民盟的丁道谦、吴雪俦、张则平、梁聚五、俞祖眷，等人都写过文章。梁聚五担任民意月刊的付社长，丁道谦担任总编辑。这个刊物，刊载过一些坚决主张抗战，反对法西斯政治，揭露当时的腐败现象的文章，也转载一些进步书刊的文章。比如，重庆出版的"民主报"，是当时民主同盟中央的机关报，"贵州民意"便多次摘要刊载过民主报"的社论和文章。丁道谦同志借"贵州民意"主编的工作职务，曾起过积极作用。以上是贵州民盟组织最早活动的简要情况。

（二）

1948年夏，中国人民解放军在战场上节节胜利，国内的政治、军事形势起了很大的变化。尽管民盟于1947年11月即被

【释文】

……盟员同志虽然不断增加，但是由于主观条件与客观条件的限制，贵州民盟组织未能公开开展政治活动。盟的内部的组织活动也只是在小范围内采取隐蔽的、秘密的形式进行。当时主要是利用“大乘社”(注一)采取有时分散，有时集中二者相合的方式进行活动，当时双清通过与民盟总部辛志超同志等人的联系，获悉民盟一些情况，因此，有时传送了一些省外民盟活动的信息，有时则利用小组座谈，揭露国民党一些政治上的腐败、反动现象，议论如何推翻蒋介石政权。有的小组获得毛主席的《新民主主义论》这一名著还秘密地传阅学习。贵阳市清平巷五号，复兴巷39号等地都是当时民盟活动的场所。

……

鉴于以上情形，筹委会为了开展工作，不得不在表面上以“民众义济会”的名义公开活动。关于“民众义济会”，《贵州省档案馆指南》“贵阳市民众义济会(1946.10—1952.2)”（全宗号M34）档案介绍中有云：“贵阳市民众义济会（下称义济会）是由中国民主同盟贵州支部筹委会的同志发起，于1946年12月29日成立的社会救济团体，同时也是民盟贵州支部筹委会进行地下工作的秘密通信联络机构。义济会主要业务是向社会各界募集款物、捡埋白骨、救火、施粮、义诊、施药、施棺等，内设文案股、事务股、财务股，1947年5月成立救火组。义济会理事长傅明轩。1950年9月16日义济会结束。”[1]

史料三 贵州民盟的另一条线

如前所述，民盟重庆市委会黎又霖于1948年秋、1949夏先后两次来贵州开展革命活动和盟务活动。他来贵州后，与吴雪俦取得联系，并吸

1 贵州省档案馆编：《贵州省档案馆指南》，中国档案出版社1996年版，第87页。

收吴加入民盟。不久，通过吴雪俦介绍，先后又吸收一批盟员，其中主要有缪象初、杨伯瑜、易光培、肖孝成等，吴雪俦还曾赴重庆市与民盟的潘大逵、鲜英、鲜恒等取得联系。

吴雪俦先生文稿载：

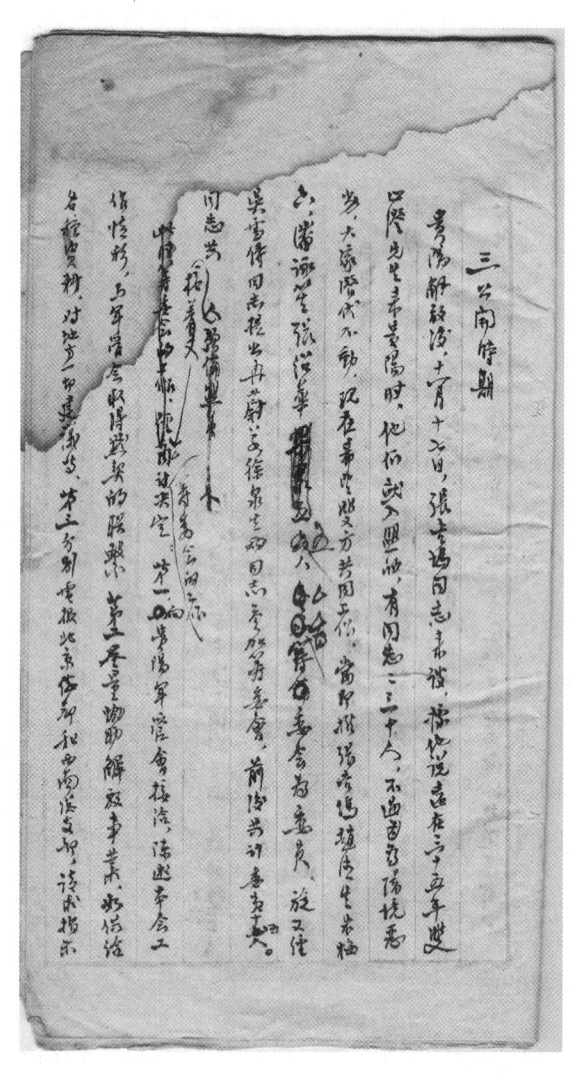

三 公開時期

貴陽解放後，十一月十七日，張孝鴻同志來談，據他說在三十五年從[illegible]以後先生來貴陽時，他們就入盟的，有同志二三十人，不過因貴陽環境惡劣，大家潛伏不動，現在希望雙方共同工作，當即推張孝鴻[illegible]先生[illegible]六人籌備委員：張從華[illegible]為委員，旋又經吳雪儔同志提出再[illegible]徐[illegible]同志參加籌委會，前後共計委員十四人。同志共[illegible]

[illegible]籌委會[illegible]決定：第一，向貴陽軍管會接洽，陳述本會工作情形，與軍管會取得密切的聯繫；第二，盡量協助解放事業，以供給各種資料，對地方一切建議等；第三，分別電報北京總部和西南總支部，請求指示

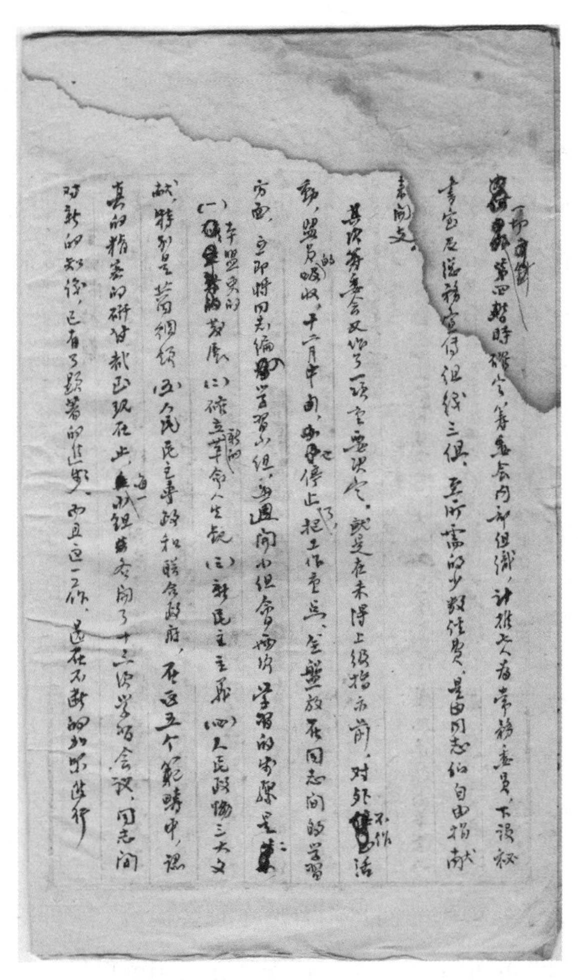

【释文】

公开时期

贵阳解放后，十一月十七日，张吉坞同志来访，据他说远在三十五年双止澄先生来贵阳时，他们就入盟的，有同志二三十人，不过因为环境恶劣，大家潜伏不动，现在希望双方共同工作，当即推张吉坞、赵德生、朱梅六、潘泳生、张绍华五人，为筹委会委员，旋又经吴雪俦同志提出冉蔚美、徐泉生两同志参加筹委会，前后共计委员十四人。同志□人，接着又商讨筹委会的工作决定，第一，向贵阳解放军管会接洽，陈述本会工作情形，上军管会取得默契的联系。第二，尽量协助解放事业，如供给各种资料，对地方一切建议等。第三，分别电报北京和西南总支部，请求指示一切方针。第四，暂时确定，筹委会内部组织，计推七人为常务委员，下设秘书室及总务宣传组织三组，至所需的少数经费，是由同志们自由捐献来开支。

其次筹委会又作了一项重要决定，就是在未得上级指示前，对外不作活动。盟员的吸收，十二月中旬也停止了，把工作重点全盘放在同志间的学习方面，立即将同志编入学习小组，每周开小组会两次，学习的步骤是：（一）本盟史的发展；（二）确立新的革命人生观；（三）新民主主义；（四）人民政协三大文献，特别是共同纲领；（五）人民民主专政和联合政府，在这五个范畴中，认真的精密的研讨。截止现在止，每一小组各开了十三次学习会议，同志间对新的知识，已有了显著的进步，而且这一工作，是在不断地加紧进行。

吴雪俦先生所说的“向贵阳解放军管会接洽”，即是向“贵阳市军事管制委员会”汇报工作。吴雪俦先生在贵阳解放后，曾经写给贵阳市军事管制委员会一封报告，名为《呈贵阳军管会》。报告明确以“民盟贵州省支部筹备委员会主席”的身份，讲述了解放前贵州民盟发展的大致线索。吴雪俦先生《呈贵阳军管会》文稿载：

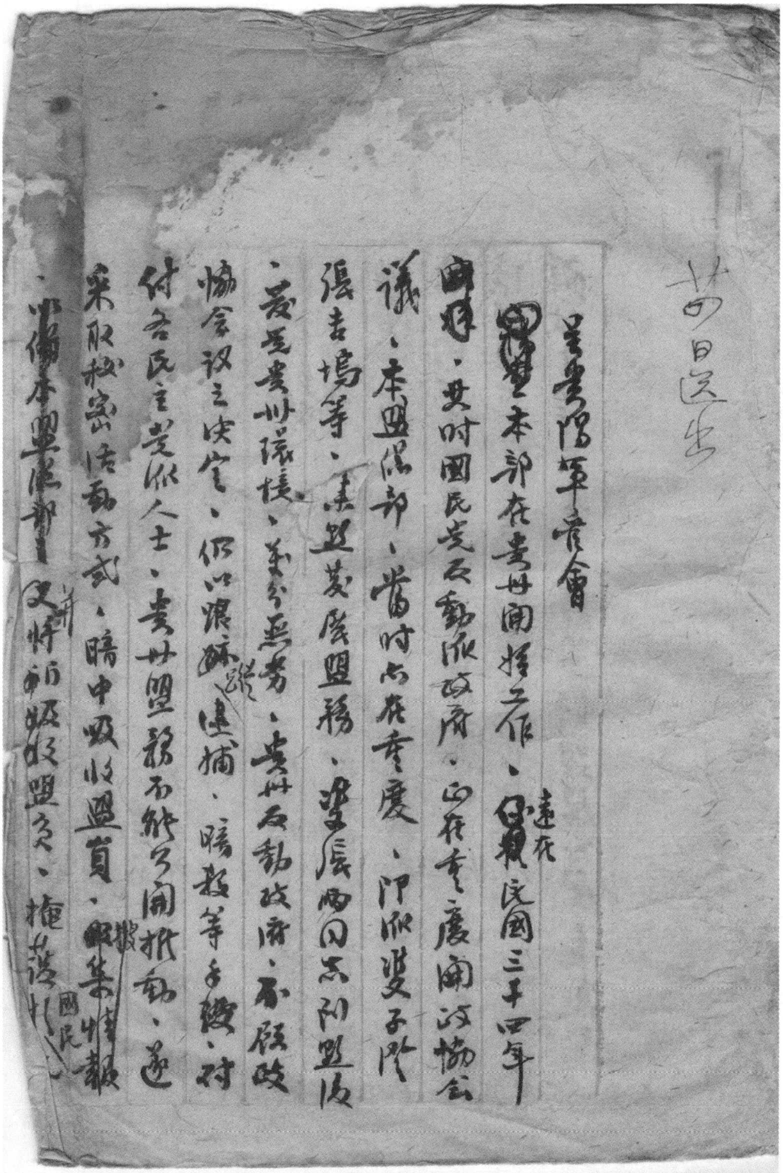

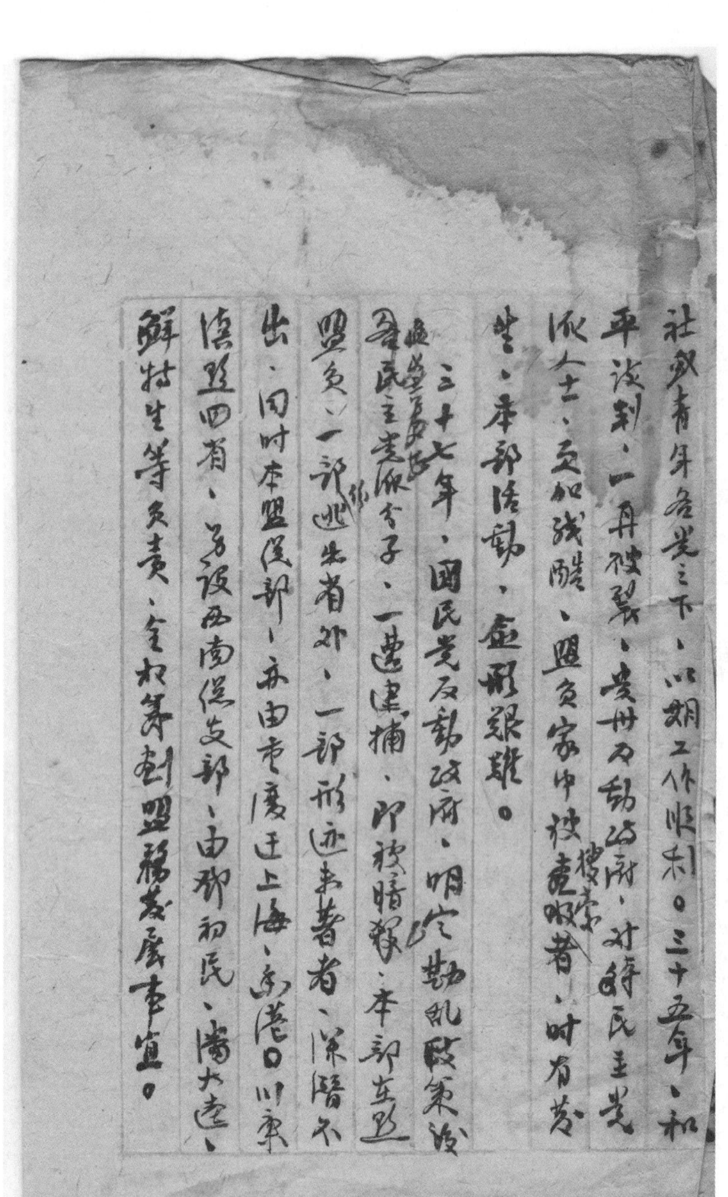
社教青年各党派下，以期工作顺利。三十五年，和平破裂，一再被裂，发出反动政府，对待民主党派人士，更加残酷，盟员家中被搜索者，时有发生，本部活动，益形艰难。

三十七年，国民党反动政府，明定勘乱政策，设遂宣布民民主党派分子，一遭逮捕，即被暗杀，本部在盟盟员，一部逃出者外，一部形迹未著者，深潜不出，同时本盟总部，亦由重庆迁上海、香港，川康滇黔四省，另设西南总支部，由邓初民、潘大逵、鲜特生等负责，全权筹划盟务发展事宜。

三十七年冬、本部吴雪俦同志、由武汉返黔、今
年八月、吴同志偕赵方如同志、同到重庆、与西
南总支部负责人达鲜特生同志等、会商暮摩李有
盟务、决定成立筹备委员会、暗中吸收盟
员、收集各项情报、以备未来解放时之用、其
时西南总部与本部同志之观察、均认为解放时
期、当在明年春夏之交也。
吴赵两同志返黔后、遂展开工作：一、吸收社会
中坚人士、成立首支部筹备委员会。二、派同志打入
政府各部门刺探消息、搜集情报。三、宣传共

发展盟员、他裁约三百余人

及中共各项政纲政策、与解放军各项措施、以瓦解人民对反动政府之信心。四、鼓动贵州仲耆及帮会领袖如傅静等暗中作治安维持会之准备。五、联络贵州各县地方武力、以备解放军到来时之策应。五、联络贵州各保安团队军官、以备来来投诚反正。暗中进行、并为积极。惟反动政府对工人员、不免怀疑、随时派人跟踪调查、凭以捡落渠道、并至败露。各项工作、亦能如理想、按程推进。

本月初旬、解放军[illegible]派

协助解放各路、发展盟务、肃清反动势力、
三、沿途匪军反正投诚。四、号召人民、捐款捐粮、
支援前线等、均由贵部负责办理者、查此
处青年学生联系、北京方来联系之前、本部盟务亟
待展开之时、兹请特派适当干员
钧会调派专员、俾便办理、是为至祷、
谨呈
贵阳市军事管制委员会
民盟贵州省支部筹备委员会
主席 吴雪俦

【释文】

呈贵阳军管会

本部在贵州开始工作，远在民国三十四年，其时国民党反动派政府，正在重庆开政协会议，本盟总部，当时亦在重庆，即派双子澄、张吉坞等，来黔发展盟务。双、张两同志到黔后，发觉贵州环境，万分恶劣，贵州反动政府，不顾政协会议之决定，仍以跟踪、逮捕、暗杀等手段，对付各民主党派人士，贵州盟务不能公开推动，遂采取秘密活动方式，暗中吸收盟员，并将盟员掩护于国民社或青年各党之下，以期工作顺利。三十五年，和平谈判，一再破裂，贵州反动政府，对待民主党派人士，更加残酷，盟员家中被搜索者，时有发生，本部活动，愈形艰难。

三十七年，国民党反动政府，明定勘乱政策后，各民主党派分子，一遭逮捕，即被暗杀，本部在黔盟员，一部分逃出省外，一部形迹未著者，深潜不出，同时本盟总部，亦由重庆迁上海、香港。川、康、滇、黔四省，另设西南总支部，由邓初民、潘大逵、鲜特生等负责，全权筹划盟务发展事宜。

三十七年冬，本部吴雪俦同志，由武汉返黔，次年八月，吴同志偕赵方九同志，同到重庆，与西南总支部潘大逵、鲜特生同志等，会商发展本省盟务，决定先成立筹备委员会，暗中吸收盟员，搜集各项情报，以备未来解放时之用，其时西南总部与本部同志之观察，均认为贵州解放时期，当在明年春夏之交也。

吴、赵两同志返黔后，遂展开工作。一、吸收社会中坚人士为盟员，总数约三百余人，成立省支部筹备委员会。二、派同志打入政府各部门刺探消息，搜集情报。三、宣传中共及本盟各项政纲政策，暨解放军各项措施，以瓦解人民其对反动政府之怜心。四、鼓动贵州绅耆及帮会领袖，如张彭年等，暗中作治安维持会之准备。五、联合贵州各保安团队进步军官及外县地方势力，以备未来投诚反正。暗中进行，甚为积极。虽反动政府特工人员，不免怀疑，随时派人跟踪调查，终以掩护得宜，幸未败露。各项工作，亦能各各理想，按程推进。

本月初旬，解放军派员到解放各县发展盟务，肃清反动势力。三、号召匪军反正投诚。四、号召人民捐款捐粮，支援前线等。均属急切办理者。在此重庆、贵阳间消息隔绝，北京尚未获得联络之前，本部盟务亟待展开之时，特陈述经过，恳请均会鉴核，准予备查，指示一切有遵循而便办理。

谨呈

贵阳市军事管制委员会

民主同盟贵州省支部筹备委员会

主席吴雪俦

另外，吴雪俦先生文稿所说之“分别电报北京总部和西南总支部，转述指示一切方针”云云，编者找到其致电西南总支部的电文，请其“速电北京总部，转电黔军管会承认”，并且委派陈绍敏赴重庆当面汇报工作事宜：

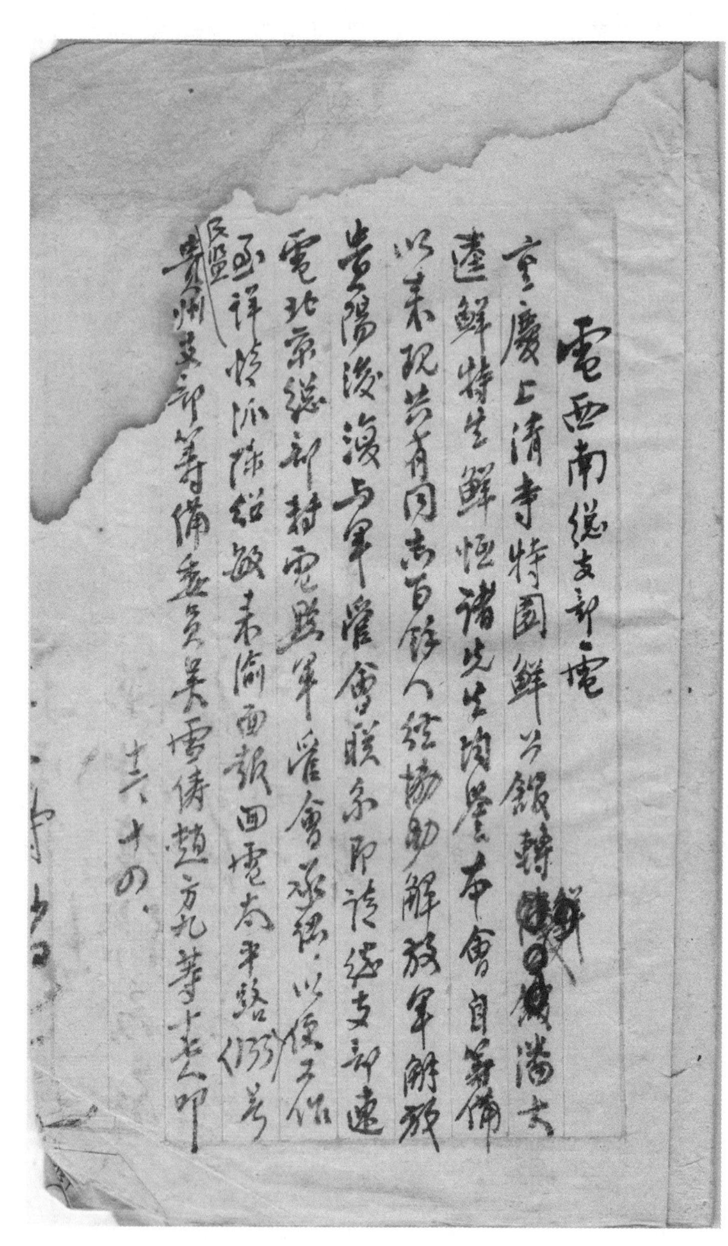

電西南總支部電

重慶上清寺特園鮮公館轉潘文達、鮮特生、鮮恒諸先生鈞鑒：本會自籌備以來，現共有同志百餘人，經協助解放軍解放貴陽後，復與軍管會聯系，即請總支部速電北京總部轉電黔軍管會暨總部，以便工作。函詳，特派陳紹鉞來渝面報，回電太平路105號。

民盟貴州支部籌備委員吳雪儔、趙方九等十五人叩

十二、十四

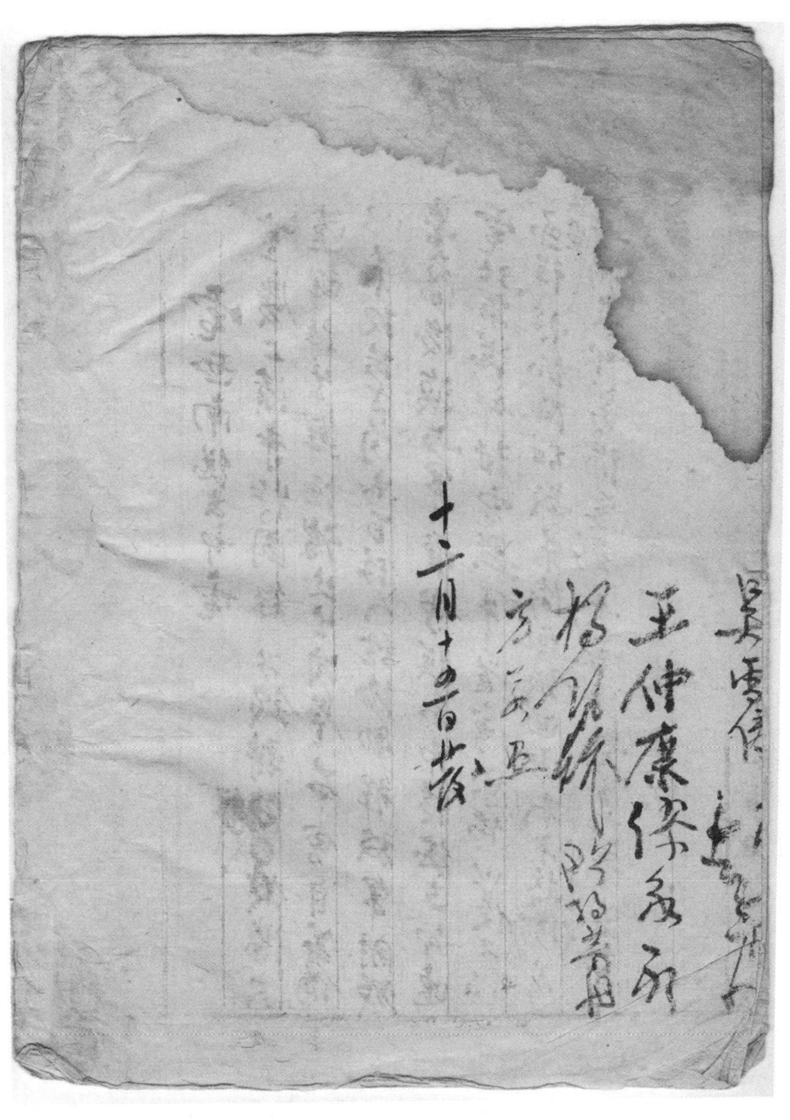

【释文】

电西南总支部电

重庆上清寺特园鲜公馆转潘大逵、鲜特生、鲜恒诸先生均鉴，本会自筹备以来，现共有同志百余人，经协助解放军解放贵阳后复与军管会联系，即传总支部速电，北京总部转电黔军管会承认，以便工作，丞详情派陈绍敏来渝面报。回电太平路(133)号，民盟贵州支部筹备委员吴雪俦、赵方九等十七人叩。

吴雪俦 张吉坞 王仲康 缪象初 杨伯瑜 欧阳方舟 方若愚

十二月十五日发

史料四 《贵州民意月刊》中的盟员声音

1944年，国民政府为了巩固其政权，缓和露头的矛盾，利用孙中山先生制订的民权主义，在贵州推行“训政”，首先建立所谓的民意机关——贵州省临时参议会，作为正式议会的过渡。临时参议会在1944年召开，参议员谌志远、谢六逸、梁聚五等人一开始便建议创办一种既可反映民意，又可收到互通情报、加强联系之效的刊物。建议得到与会议员赞同，并将刊物定名为《贵州民意月刊》（以下简称《月刊》）。编委会由谌志远、谢六逸、梁聚五、孙孝宽、丁道谦及杜协民、马培中（杜是参议会秘书长、马是秘书）七人组成，谌任主编。为了避免登记和送审稿件的麻烦，公推平刚（参议长）任发行人兼社长。贵州民意月刊社便于是年10月成立。

《月刊》曾邀请各界人士召开民意座谈会，让其畅谈对国事、对促进民主改革的意见。发表过《我们所需要的省长》等主张开明政治的文章。后来陆续参加民盟的丁道谦、吴雪俦、张则平、梁聚五、翁祖善等人，曾利用该刊物发表过揭露国民党的腐败现象的文章。

一、如《月刊》第二卷第一期刊载丁道谦《我们需要怎样民主》一文：

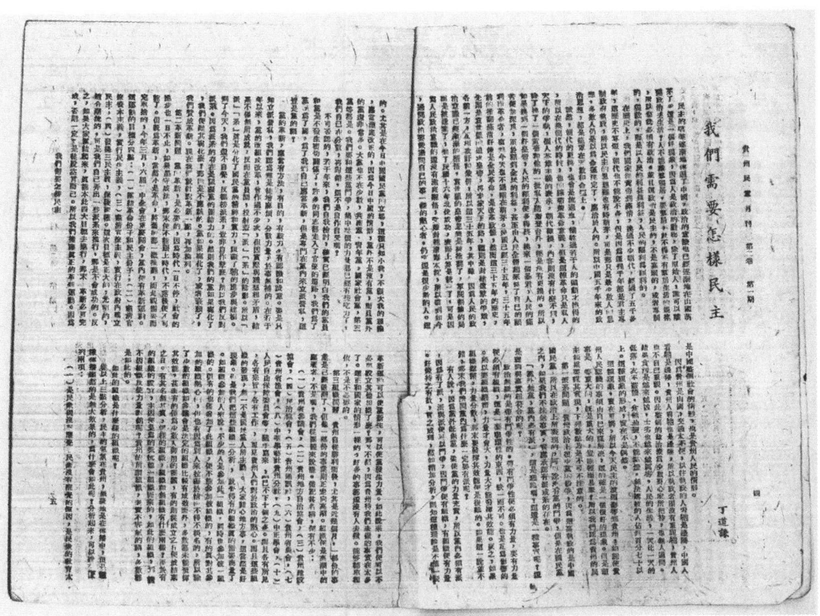

貴州民盟月刊 第二卷 第一期

我們需要怎樣民主

丁道謙

貴州民盟月刊 第二卷 第一期

馬培中律師

貴陽市府路四十九號

【释文】

我们需要怎样民主

丁道谦

民主的吼声逐渐地传遍了中国，政治的意识也已经逐渐地在山国萌芽了。这是一个好现象，因为人是政治的动物，除了原始人，谁可以离开政治去生活？人不能离群独居，要群居，就不得不有群居生活的规律，所以也就必须有政治。并且这政治是民主的，不是寡头的，或者专制的，独裁的，而是以人民的利益为利益，人民的福利为福利的。

在历史上，我们国家从黄帝到满清，换过不少朝代，经过了五千多年，这历史不算短，朝代也不能说不多，但是因为这几千年都是君主专制政府的执政，所以民主的思想虽也有时萌芽，可是那只是最少数人的思想，多数人仍是以为命运注定了，应治于人的。所以中国五千年来的政治思想，都是笼罩在天数和命运上。

诚然，朝代的更换，也曾是流过血，牺牲过若干人的头颅才换得的，所以在换朝代的时候，也的确带着革命意义，但是这种革命只是私人天下的争执，个人英雄主义的表示，朝代虽换，内容则没有什么不同，除了换了一个皇帝和他的一批私人随使登台外，药是没有更换的。所以如果换到一个好皇帝，人民的福利便多得些，换来一个暴君，人民的痛苦便加深重，至于顾到全民的利益，甚至由人民全体起来为了自己的福利而革命者，直到今天也不过刚在萌芽。民国已经三十五年，三十五年前的推翻满清好像是全民革命，是改革政体，然而这三十五的历史，先则是袁世凯的追求皇帝，再走家天下的路，继则是封建遗孽的争雄，各霸一方，互相攻讦和兼并，所以这三十五年，其中虽因为人民的政治意识已经渐渐地醒悟，袁世凯的皇帝思想是被推翻了，军阀割据的局面是被遗弃了，到了民国十六年北伐成功，表面上算是统一了，可是因为人民政治意识的还没有彻底醒悟，受着封建遗毒太深，所以直到如今，过问政治要像过问自己的事一样的热心者，仍还是很少数的人。这是中国整个社会的情形，也是贵州人民的情形。

因为贵州是山国，交通太不便，以往执政的人看它是边陲，中国人看它是边陲，贵州人看它也是边陲，所以执政者固没有重视它，贵州人也不自己重视。因此整个的政治总为少数野心家所把持，也无人过问。结果贪污是越来越凶，土劣也越来越厉害，人民的生活，一天比一天的低落，衣不蔽体，食无油盐，不能点灯。无法购被的人占到百分七十以上。这种现象的形成，实在不是偶然。

这种现象，实在可怜，所以今天民主的波圈影响到贵州，如能使贵州人民认识的事须由自己来谋解决，这的确是一个很好的现象。但是这事是何等重大的，既是重大的，岂能轻而易举？所以我们认为贵州的民主如果要谋其实现，下列数点乃是不可不注意的。

第一，派系问题。

贵州政治上很少党的纷争，因为这里执政的是中国国民党，所以在政治上所表现的，可以说没有党的门争，但是在国民党之内，如果我们不抹煞事实，实应承认有派或系的存在。

“党外无党，党内必有派”，这是理论吗？这还是一种事实呢？这是理论与事实相符合的呢？

政治无疑的是带有斗争性的。带有斗争性便必须有力量，要有力量便必须有组织，这是一套循环性的东西，缺一而不可。也是互为影响的。所以要组织严密，力量才会大，力量大才能发挥其效能。反之，如果组织松懈，力量分散，那么要发挥其效能便是很难的。如果这一说并不错，那么我们请问党内为什么要有派呢？

有人说，因为党外既无党，要使党的力量充实，所以党内必须有派，因为有了派，派与派便可以斗争，因斗争便有组织，有组织便有力量。好像持之有故，言之成理，然如稍加分析，则知这种理论不值一驳的。尤其是在今日中国国民党的立场，这种只知小我，不顾大我的理论，应当彻底改正的，因为今日中国的情形，党外不是没有党，而是党外的党还非常多。大党也不在少数，共产党、青年党、国家社会党、第三党等都是。我们要和这些党斗争，集中几个的力量都已经有些吃力了，我们自己再分散，再对销，这不是自作自受吗?

不可否认的，若干年来，我们自我检讨，确实已经明白我们的党员和党是不发生密切关系了,许多的同志都走入了官僚的道路,我们为了党,为了国，为了我们自己应当革新，但是专门在党内来立派营私，这岂是党的福?

党的革新，应当有方法，有目的，有毅力，有认识和诚意。要是只知立派营私，我们认为那是徒增麻烦，分散力量，于事无补的。在若干年以来，党的改组成改革，会做过不少次，但因实际与理想相矛盾，结果不仅无所成就,反而在党员间,投射着“派”“系”的阴影。所以“派”“系”真是分化了国民党的精神和实力，阻碍了它的进步与建树。到了今天，我们还不自觉，反标榜派系，岂非自作孽么?所以我们反对派系。因为派系的存在是阻碍党的团结力的。然则我们的党如果腐化了，我们便听其腐化么?那则是不应该的。党如果腐化了，或者衰退了，我们赞成革新。现在我们就针对革新一点，再加论列。

第二，革新问题。

党的革新，是必要的，因为时代一日不停，社会的进步也一日不止，如果墨守成法，那么便不能跟上时代，不落后便不可能了。但既为革新，当然不是革命，将旧的都一概推翻，而是视需要而定取舍的，今年三月，六届一中全会在重庆开会，党内便有革新运动。这运动的目标分四点:（一）团结革命份子和民主份子;（二）肃清官僚资本主义，实行民生主义;（三）

肃清官僚主义，实行在政府内建立民主；（四）发扬三民主义，保护国权。这次目标是正大的，光明的，适合潮流的，可是我们自己弄出一些派系来推行，那是不会成功的。反之，如果大家团结起来，真能本此四大目标去进行，那么，革新必可完成，否则一定只是徒说空言而已。所以我们拥护真正的革新运动。因为革新运动可以使党新生，可以使党发生力量。如此说来，我们便可以不必要设立其他组织了么？那又不然，因为贵州待我们去做的事实在太多了。这正和国家的情形一样的。好多的事都还没有人去做。能够辅车相依，不是不必要的。

第三，组织问题。

贵州自从胜利而后，尤其是近几个月，一部分的事业是已经退潮了，其他一部分的事业则正走向高潮。组织便是高潮中的显著者，不是吗？我们从国体来说吧，仅记其名称，便有不少：（一）贵州省参议会，（二）贵州地方自治协会，（三）贵州建设协会，（四）民治协会，（五）贵州通讯社，（六）贵州省农会，（七）贵州省渔会，（八）中华学艺社贵州分社，（九）中正学会，（十）人民自由保障委员会等，随手写来，已不下十个之多。而且各有所见，各有宗旨，各有工作，可见贵州人们对于政治的热心。而且这些组织的发现，无一不是国民党人所主动。大家关心地方事，这当然是好现象。但是我们把这些组织一分析，就觉得有的组织真的需要商量了。如组织参加的人来说，不少的人是参加此一组织，同时也参加彼一组织的。但有的也仅参加了此组织的，便不能参加彼组织的，有的真对其参加的组织热心的，但也有因为别人来拉，碍于情面不得不挂名的，所以除了少数的组织如参议会是法定的组织比较有成效而外，多数都未能发挥其效能，甚至有的仅为少数人御用的团体，有的则从成立之日便成结束之日？有其名无其实，这样的组织，有组织和无组织有什么两样？至于有的组织的设立，主因便是为的抵抗他一组织而来的，如此的组织，焉能不因组织反使力量对销呢？贵州的所谓组织，老实不客气地讲，多数都是如此的。

如此的组织是什么样的组织呢？

从以上三点分析，民主的气氛在贵州，无疑是在传播中，但是这种传播显然的是无大效果的，为什么会如此呢？分析起来，可以说是如下列两项：

（一）是民众还没有醒觉

民众没有醒觉的原因，是民众的教育太低了。你看每个组织有多少民众参加的？你看每一个组织有多少民众做后盾？你看每一个组织会为老百姓做了多少事？民众知道什么是政治？民众看着官，何尝是主人，官吏看人民何尝是公仆？不仍是治者与被治者的关系么？所以民众的事，民众并没有管，而是等待别人来代管的，既是等待别人来代管，当然只好听别人支配了。所以今日贵州的政治还是少数人的政治，少数人的政治，是离民主政治的距离很远的，因此我们要在这里大声疾呼，贵州的人民快快醒过来，自己的事只有自己来解决，靠天靠人靠菩萨都是没有办法的。

（二）是领导的人公的认识还不够

这话不是说贵州倡导民主，高谈民主的人没有公的观念，也不是说没有富于公心的人，因为“是非之心人皆有之”，“公”谁会说它“非”？“公私”不分谁又会说它“是”？平民尚且如此，自命领导的人还会不明白？可是今天我们贵州的民主为什么只闻雷声，不见下雨呢？

“私”谁也免不了，但假公济私则不是正当的。我们不可能指出谁是假公济私者，但我们无论如何是希望自我反省的，尤希望没有此类事出现。只有这样，贵州的民主政治才会有前程，贵州的老百姓的痛苦才有解除的一天，否则，老百姓固然是痛苦，以解除贵州老百姓痛苦的人或许可以得些小利，然此早迟必然归于失败的。

希特勒和墨索里尼都以解除德义人民的痛苦，造福于德义人民的福利相号召，德义的人民都会有多数在他的旗帜下为其主义而工作，而牺牲也会称雄一时，但是也因只顾了德义之利而忘了世界之福，所以终不免其失败。希墨时德义的情形尚且如此，其他更小的组织还有什么可说呢？

今天是二十世纪，二十世纪是人民的世纪，离开了人民是无法谈政治，也无法谈民主的。

贵州是贵州人的贵州，更是中国人的贵州，要贵州人过问他自己的事，管理他自己的事，如此贵州才会进步，贵州政治才会民主。

二、又如《月刊》新三号第二卷第五期刊载梁聚五《从“贵州大团结”声中提出几个值得注意的问题》一文：

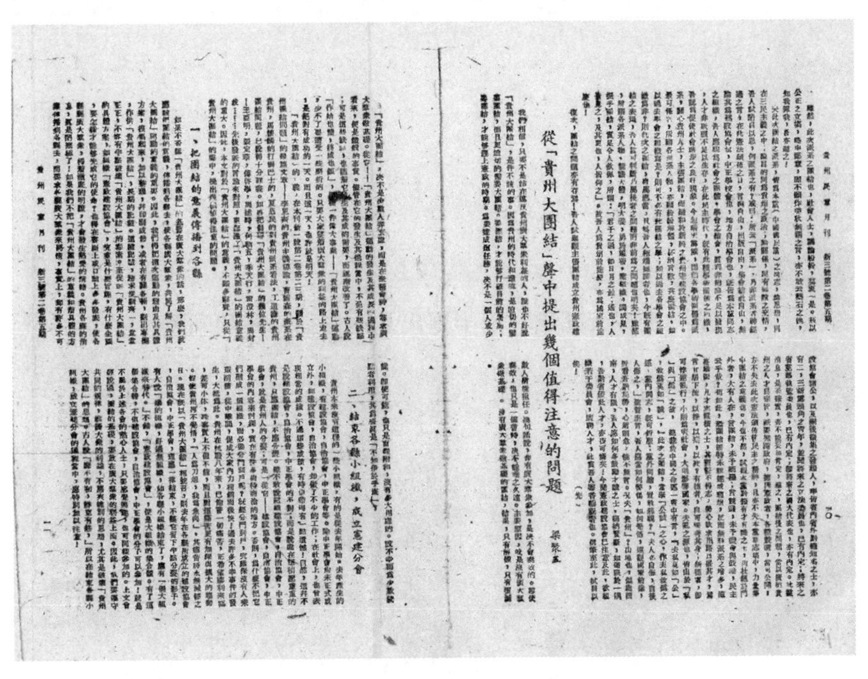

貴州民衆月刊　新三號第二卷第五期

從「貴州大團結」聲中提出幾個值得注意的問題

梁聚五

一、把團結的意義傳播到各縣

二、結束各縣小組織，成立憲建分會

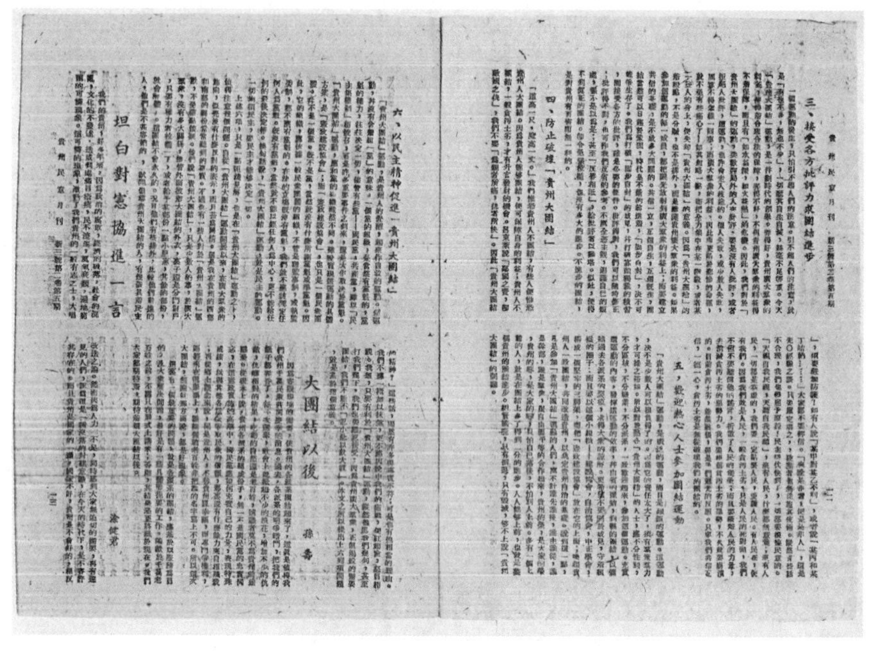

三、接受各方批評力求團結進步

四、防止破壞「貴州大團結」

五，歡迎熱心人士參加團結運動

六、以民主精神促進「貴州大團結」

坦白對憲協進一言

大團結以後

【释文】

从“贵州大团结”声中提出几个值得注意的问题

梁聚五

我们相信，只要不是站在违反贵州广大群众利益的人，谁也不好说“贵州大团结”，是件不该的事。因为贵州的时代和环境，是迫切地需要团结，而且更迫切地需要大团结。要团结，才能够打破目前的僵局；要团结，才能够赶上宪政的时期。为要达成这任务，决不是一个人或少数人所能担任。换句话说，非有广大群众参加，是决不会奏效的。即使奏效，也只是一个暂时，决不能垂之久远。主要原因，就是没有广大群众做基础。没有广大群众做基础的团结，结果，只有解体，只有覆灭。

"贵州大团结"，决不是少数人弄玄虚，而是在聚精会神，寻求广大群众做基础。从它——"贵州大团结"运动的发生及其成长过程中来看，便是铁般的事实。尽管在它的发生及其过程当中，不免有些缺点；可是这些缺点，也随着它发生及其成长的需要，而逐渐改善了。古人说："作始也简，将成也钜"，这样一件伟大事业——"贵州大团结"运动，少不了要遭受一些折磨的。只要大家望着广大群众的利益的路上走去，是绝对有成功的一天。而且这一天，也许就是明天！

"贵州大团结"的□义，在本刊新一号第二卷第二三期，关于"贵州团结问题"的几篇文章——李思齐的贵州主义导论，曹儒森的派系在贵州，马怀麟的打倒巴士的，夏思民的对贵州派系看法，丁道谦的贵州团结问题，已说得十分详尽。如再把倡导"贵州大团结"的几位先生——王亚明、张定华、傅启学、周达时、何辑五、季天行、雷澄林、周封歧……先后发表的言论来对照，更认识了"贵州大团结"的团结意义的重大。因此，本文对于"贵州大团结"的意义，不愿多辞费，只从"贵州大团结"的声中，提出几个值得注意的问题。

一、把团结的意义传播到各县

如果不否认"贵州大团结"的基础在广大群众的话，那么，我们就应该把团结的意义，传播到各县去，使各县广大群众，共同了解"贵州大团结"运动的意义的重要。因此，我们得把这次运动的理由及其具体方案，搜集起来，加以整理，并印刷成册，或者在有关各报，划出专栏，作供"贵州大团结"，长期的记载。这种记载，务求步调齐一，堂堂正正，不容有半点破坏"贵州大团结"的毒素。至促进"贵州大团结"的具体方案，如组织"宪政建设协会"，究竟是什么旨趣，有什么企图，要怎样才能够完成它的使命？也得在书面上或口头上多多发表，使各县广大群众，得着彻底的明瞭，才会发生热爱的情绪。贵州各县的消息，真是闭塞极了！如果我们不把"贵州大团结"的意义和着具体的方案传播到各县去，而要求各县广大群众来同情，事实上，却有许多不可能。即使可能，也只是盲从附和，没有多大用处的。设不幸而为少数狡黠者利用，其危害真是“不知伊于乎底”？

二、结束各县小组织，成立宪建分会

贵州本来没有这样的一些小组织，有的是从去年开始。去年产生的小组织，有建设协会，自治协会，中正学会等。除中正学会尚未正式成立外，如建设协会、自治协会，却做了不少的工作；在社会上，也会表现相当的成绩。不过这些成绩，有时也带得有一点遗憾！自然，这并不是说建设协会，自治协会，中正学会的不对；而是说处在这积压重重的贵州，只应团结，不应分裂。虽不敢说组织建设协会，自治协会，中正学会，就是贵州人的分裂；可是一从它——建设协会，自治协会，中正学会的内容来探讨，实在有许多尚待商洽的地方。否则，为什么不把它们融成一个组织，而必要分门别户呢？既经分门别户，究难保没有人乘瑕蹈隙，从中离间，促成大家内力相销而后快！过去许多不幸事件的发生，大抵为此。贵州在抗战八年来，已饱尝一切痛苦，正希望胜利来临，差可小休，殊事实上不但不能，而且对这痛苦更有加深与扩大的趋势。假使贵州再不觉悟，“人为刀俎，我为鱼肉”，其痛苦将永无减轻之日。现在既以“贵州大团结”相号召，则去年在各县所成立的建设协会，自治协会，中正学会，理应一律结束，不让它留下半点分裂的影子。有人说：“坏的组织，好过无组织，如各县小组织结束了，应有一个大组织来替代。”不错，“宪政建设协会”，便是大组织的集合体。有了这个集合体，不但建设协会，自治协会，中正学会的分子可以参加！就是不属于上述各会的热心人士，只要感觉兴趣，也可同样参加的。上文曾经说过，团结的基础，要放在广大群众的利益上面。因此，我们要遵守共同的规律，维护大众的利益，不应夹杂别的思想，尤其是破坏“贵州大团结”的思想。古人说“靡不有初，鲜克有终”，所以在结束各县小组织，成立宪建分会的过程当中，应特别加以注意！

三、接受各方批评力求团结进步

一个运动的发生，只怕引不起人们的注意。引不起人们的注意，就是“有也不多，无也不少”，一切听其自立自灭，丝毫不足轻重。今天“贵州大团结”运动，是一件划时代的创举。弄得好，贵州广大群众的利益，便得着合理合法的保障，弄得不好，不怕贵州广大群众的利益得不着保障，而且有“如水益深，如火益热”的危机。因此，我们对于“贵州大团结”的运动，要欢迎局外的人来批评，要是没有人批评，或者拒绝人批评，这运动，也许会走入歧途的。个人失败，或少数人失败，固算不得怎样一回事；而广大群众的利益，因此而更陷于悲惨的命运，就不免有些痛心了！如其忽略一点，而把全力集中在某一阶级，或者某一些人的身上，便失却“贵州大团结”的意义？因为“贵州大团结”的着眼点，不是分赃，也不是排外，而且维护贵州广大群众的利益。如果参加这运动的每一成员，都把眼光放射到广大群众的利益上；而要建立共信的基础，是不成多大问题的。共信一立，互信自生，互信既生，团结当然可以日趋于巩固，时代是不断的前进着，“固步自封”，绝不可能争生存了。我们为打破“固步自封”的成见，并打破寡头独裁的积习，而接受各方的批评，确是必要的条件。批评得对，我们可以随时修正；批评得不对，也可做我们反省的参考。不应全凭主观，回护自己的短处，强不是以为是；甚至“反唇相讥”，给批评者以难堪。似此，便得不到真正的团结。即令勉强拉拢，也没有多大的进步。不进步的团结，是对贵州有百害而无一利的。

四、防止破坏“贵州大团结”

“道高一尺，魔高一丈。”我们惟恐贵州人不团结，有些人便惟恐贵州人大团结。因为贵州人能够团结，便可保障自身的利益，贵州人不团结，一般贪污土劣，才有升官发财的机会。吕东莱说“邻国之贤，即敌国之仇”，我们不要“为亲者所痛，仇者所快”。因此“贵州大团结”，须要严加防护！如有人说“某甲对某乙不利”，或者说“某丙和某丁结纳……”大家都不要轻信。“来说是非者，便是是非人”，这是先□经验之谈。只要镇定处之，狡黠者也无从施其伎俩。纵然有些话不合理，我们也得屈予原谅！民主时代快到了，一切都要根据民意的。“天视自我民视，天听自我民听”，没有人民，什么都无意义；没有人民，一切都是空虚的，我们要一定贴紧人民，爱护人民。有人民在，便有我们。因为我们就是人民，一般贪污土劣，只是人民的死对头，我们不但不要听信他的谣言，拆散了人民的堡垒，而且要借着人民的力量，去消减贪污土劣的恶势力。我们要相信贪污土劣的恶势，不久就要崩溃的。目前贪污土劣，余焰犹张，这是他们回光的返照。只要我们共信互信，一德一心，贪污土劣是无从破坏我们的团结的。

五、欢迎热心人士参加团结运动

“贵州大团结”运动，是广泛的运动，而且是艰巨的运动。这运动，决不是少数人可以负担得了的。因为它的责任太大了，须有群策群力，才可操之裕如。所以对于热心“贵州大团结”的人士，应不分性别，不分区域，不分职业，不分派系，一致欢迎起来，参加这个运动。充实这运动的内容，发挥这运动的效率，并由省的团结，到县的团结，以弥补过去各派系的裂痕，求得大众的谅解。更希望不要囿于成见，守着组织的圈子；而且要以这个小组织——建设协会，自治协会，中正学会，构成一个坚牢的三脚架，而把“宪政建设协会”放在它的上面；唤起贵州人一致团结，共同改造贵州，以奠定贵州自治的基础。说到这一点，凡是参加“贵州大团结”运动的人们，应不计谁先谁后，谁主谁从，谁是干部，谁是群众，很自由而平等的合作起来，贵州的荣，是大家的荣，贵州的辱，是大家的辱，只怕自己落后，不怕别人上前。多有一个上前的人，就是在团结上多了得到一分的进步。人人能够上前，也就是整个贵州的团结进步。妒贤嫉能，只有倒退，只有毁灭，够不上说“贵州大团结”的问题。

六、以民主精神促进“贵州大团结”

“贵州大团结”运动，是贵州人的觉醒，起来作自救的运动。这运动，并没有含着组“党”的意味。一个党的组织，是当然有党魁的，党魁的权力，往往决定一切，尽管有些党——国民党、共产党，虽以“民主集权制”相号召，可是许多重要事件之到来，还是大半取决于党魁。“贵州大团结”运动，应和党的组织截然不同。虽说实现这运动的具体方案，是“宪政建设协会”；而“宪政建设协会”，也只是一个民众团体，并不是一个党。既不是党，当然就没有什么所谓党魁或准党魁。因此，它的组织，应依据一般民众团体的组织，不管是理监事制，或执监委制，都不应有党魁的。在法的立场既没有党魁，我们就不应该认定任何人为党魁。既没有党魁，当然就不能以经任何人为中心，更不能给任何的最后决定权。换句话说，“贵州大团结”运动，就是民主的运动。一切均须民主，要民主才能够决定一切。

上述六项，只是一点粗浅见解，也是在“贵州大团结”运动之下，值得注意几个问题。自从“贵州大团结”运动开展以来，在广大群众的趋向，似觉没有什么反对的表示，而且甚为同情。这是我在贵州的西部和南部的县份常常听到的事实。不过也有一些人对于“贵州大团结”运动，不免带点怀疑。他们说“贵州大团结”，只是少数人的事，于广大群众，没有多大关系，尽管外面披着大团结的外衣，里子还是分门别户，只要有权力者拉拢一下，或者给予某部分一点小恩惠，其余的部分，就会解体了。这团结不会永久的。况且他们有些排外，比较他们前进的人，他们是不甚容纳的，试问倡导贵州大团结的人，有几个具着民主的精神？这些话，固然有许多与事实不符；可是也有他相当的理由。我们不应一概加以抹煞，更不应因说中我们的痛处，便红起脸，怒目相视。我想，只要有利于“贵州大团结”运动，纵然他骂我们几句，甚至打我们几下，我们也要隐忍接受，因为贵州广大群众，正饥渴般的需要团结，我们不能不“忍小忿以就大谋”。本文之所以提出上六列项问题，就是基于这个意义。

《月刊》究竟是一份什么性质的刊物？在读者中有两种说法：一种认为《月刊》是省参议会的，这种说法比较普遍。另一种认为《月刊》是民盟的机关刊物，这种说法是编委第二次改组后才有的。事实上，《月刊》并不是省参议会的机关刊物，也不是民盟的机关刊物，而是独立自主的。不过，今天看来，作为特殊时期的公开刊物，尽管《月刊》具有独立性质，但是其在很大程度上充当了为盟员发声的角色，应该说其是民盟早期政治活动的重要阵地。

三、关于“《月刊》究竟是一份什么性质的刊物”这个问题，丁道谦撰有《我编〈贵州民意月刊〉的一些回忆》一文，有着详细的披露，可以参考。全文如下：

我编《贵州民意月刊》的一些回忆

丁道谦

《贵州民意月刊》(以下简称《月刊》)是在抗日战争正酣的1944年10月，因应当时国内、省内形势的发展创刊，1949年贵州解放前夕终刊。

《月刊》从创刊到终刊的过程，反映着抗日战争后期至解放战争时期贵州政治、社会、文化的一个侧面。它在客观上对贵州当时的社会、政治及文化都起过一定的作用和影响。

我自始至终参加这一刊物的编辑工作，对之了解较详。愿提供所知的内情，为研讨贵州报刊史提供一份资料。不过已是四十余年前的回忆，不无遗漏；且限于个人水平，错误难免，尚望方家正之。

一、历史背景

1937年“七七事变”，由于敌强我弱，敌军疯狂进攻，我军则节节败退，国家处于生死存亡关头。团结方能救亡，抗日始能复兴，已成全国上下的共识。对外要求抗日，对内要求民主的呼声响彻云霄。

存在决定意识。这样的狂风巨浪对于长期处于封建割据统治下的贵州人民，无疑是一次史无前例的冲击。这股不可逆转的历史洪流，使他们不得不猛醒。革命的火种开始在他们的心中燃烧。星星之火可以燎原。国民政府注意到这点。为了巩固其政权，缓和露头的矛盾，于是利用孙中山先生制订的民权主义，也在贵州推行训政，首先建立所谓的民意机关——贵州省临时参议会作为正式议会的过渡。参议员由国民党贵州省党部会同贵州省政府遴选报上一级党部及政府核定，首届是20名。

二、《月刊》的诞生

临时参议会在1944年召开，参议员谌志远、谢六逸、梁聚五等人便开始酝酿，决定创办一种既可反映民意，又可收到互通情报、加强联系之效的刊物。建议得到与会议员赞同，并将刊物定名为《贵州民意月刊》。

旋即开始组织编辑委员会。编委会由谌志远、谢六逸、梁聚五、孙孝宽和我（都是参议员）及杜协民、马培中（杜是参议会秘书长、马是秘书）七人组成，谌任主编。为了避免登记和送审稿件的麻烦，公推平刚（参议长）任发行人兼社长。《月刊》社便算组成。正式刊物的诞生是1944年10月的事。

三、出刊时遇到的难题

办刊物必须具备两个基本的条件，一是人员，二是经费。《月刊》的人员有了，经费则尚无着落。临参会没有（也不愿新列）这项预算支出。虽然只需印刷费和邮寄费，没有稿酬和其他任何开支，但每期光是印刷费也需要50来元。部分参议员虽允自愿捐助，但每人不过一至三元，参议会每年举行两次，每次会后也有少数议员自愿捐助，为数均极有限。杯水车薪，何济于事。

所幸承印刊物的是贵阳中央日报社，社长王亚明允诺大力支持（印刷费按成本计算，欠费可以延期），方得维持出刊。但后来积欠太多，报社也表示不堪负荷。尤其是抗战胜利以后，法币贬值，物价飞涨，困难尤甚，几乎被迫停刊。

四、走出低谷

为了使这份唯一反映贵州政治的月刊能够继续出版，不得已由我约集杜叔机、梁聚五一道同往贵阳中国、交通、中农、中信局、贵州省及聚康等银行商请贷款，得到他们积极支持。每行允贷法币一万元，期限一月：《月刊》利用银行亏□利率与市场利率的差额，购入可印五期刊物的纸张，还清了贷款，摒挡了积欠，至1949年10月7卷2期终刊时尚绪存人民币计218万余元。因刊物既告终，此项余款已无保存必要。适抗美援朝进入新的阶段，《月刊》响应人民政府号召，我便将存款支票以《月刊》名义请民盟贵州省临工会作为捐款交付人民银行贵州分行。

五、编辑队伍的调整

随着形势的发展，1945年初抗战胜利的曙光在望，人心欢腾。可是执政者似以机不可失，时不再来，便加紧压榨人民，征兵征粮，不遗余力。内战又出现山雨欲来之势，反对内战、反对独裁乃成为《月刊》面临的新课题。

此时《月刊》主编谌志远离黔他就，编委谢六逸与孙孝宽相继病故，编辑力量急需加强，方能与形势相适应。于是进行第一次编辑调整，补选丁修爵、杜叔机（参议员）、杨克敏（民主人士）为编委，增设副社长，由梁聚五担任，我任主编。

由于《月刊》发表的文章尚能及时反映政治动向和民间疾苦，因在社会舆论中享有一定声誉，有一定的影响。

1946年参议会正式成立，参议员改由各县参议会选举，每县一人，人数倍增，随之出现了新形势。可是从此议会内部派系林立，争权夺利之事亦渐发生。想染指《月刊》者不乏其人。《月刊》编辑虽毫无经济利益可言，但有人认为对其个人的政治前途可能有所帮助，于是表示要求参与编辑工作，由此不得不进行第二次调整。

兼以此时编辑部同仁与发行人在对稿件内容取舍及审稿程序处理上意见出现分歧，并考虑到平雕社长的年事已高，不忍让他继续在此复杂的斗争中承受压力。经杜叔机（参议会副议长）、梁聚五、丁修爵和我多次与其研究，获得首肯，调整条件遂告成熟，平老不再担任发行人和社长名义，发行人和社长改由杜叔机与梁聚五分别担任，我仍任主编。增加何德川、蒋相浦（参议员、国民党员）、张风鸣、黄先和（中共党员）、吴雪俦、翁祖善（盟员）、张则平、彭泽元（进步人士）等人。原任编辑仍继续保留，并由张驻社助编。

第二次人事调整后，《月刊》的审稿程序遂由原来个人负责改为集体评阅。

从此，《月刊》开始迈步前进，内容力求充实，集稿力谋广泛，发行工作力图扩展。除国内省内继续赠阅外，还与苏联、美国驻华使馆进行交换。质量有了提高，数量从500增为1000。

为了扩大影响，还经常借用贵州省银行大厅邀请各界人士开展时事座谈会，在会中不时透露一些革命信息，暗示奋斗方向，借以扩大《月刊》在群众中的影响。

六、一个不完整的信念

《月刊》关心时代，关心生活。它发表的文章的侧重点是贵州政治。我们有这样一个信念，认为人类社会是个极为复杂的群体，对于这个复杂群体的事物、问题有不同的看法或观点是完全正常的，没有不同的意见倒是反常的。国家的利益对于其全体人民来说，既是一致的，又不是完全一致的。不同阶层的人的文化、信仰、及所受的教育等不同，对于政治必然有不同的观点，这是客观的存在。《月刊》发表各种不同的政治观点的评论，反映不同阶层人士的意见和各界人士对于国事不同的看法，这是适应贵州客观形势发展的要求。通过比较，通过辩论才能达到认识的统一。

因此，《月刊》反对“一言堂”，稿件来自四面八方。这是《月刊》的文章反映不同观点的原因所在。

七、战斗与反响

从《月刊》出版的七卷发表的文稿分析，可以说，它基本上已形成一个评论政治的刊物。以反对独裁，争取民主，揭露政治腐败现象，主张坚决抗战为目的，矛头的指向是贵州省各级政府施政中出现的流弊，反映人民遭受的苦难。

如《月刊》发表的《我们需要什么民主》《为贵州灾民叫喊》《反对开放烟禁》《我们需要的省主席》《怎样为人民说话》及其他许多文稿都是针对时弊而发的。再如针对有人提出要开征特种税，以为增加军费发动内战作准备时，《月刊》便巧妙地提出，此项新税应由有钱有势的阶层负担，不能向人民普遍征收，致使是议未能施行。又如贵州大学等校在贵阳市区举行反饥饿运动游行示威，这是一件重大的学生政治运动，但全省报刊却无一家发表只字消息，《月刊》则派记者私下采访并以通讯方式发表示威游行情况，诉诸社会，配合了合法斗争。

这些活动，人民表示赞赏，执政者却十分恼怒。主政贵州的杨森“对号入座”，不仅认为刊物攻击政府，更认为有损他的“尊严”。在一次省政府会上他大发雷霆，宣称必须追究。因为没有得到与会者的积极支持，未能采取行动，我和梁聚五等方免遭到迫害。

八、《月刊》究竟是一份什么性质的刊物

在读者中有两种说法：一种认为《月刊》是省参议会的，这种说法比较普遍。另一种认为《月刊》是民盟的，这种说法是编委第二次改组

后才有的。事实上《月刊》并不是省参议会的，也不是民盟的机关刊物，而是独立自主的。

一点不错，《月刊》与贵州省参议会有较密关系，但并不是参议会的机关刊物，它有其独立性：第一，它的成员包括参议员和非参议员；第二，它所发表的文稿，除了以社论发表的代表全社同仁意见外，都是个人的意见。它也没有发表过议会议案一类的文稿；第三，它的经费来源没有一分钱是议会提供的。所以它并非参议会的附属机构。它与参议会的关系，确切地说，主要有两点：一是组成人员中有好几位是参议员，二是登记时社址写的是参议会字样。它和参议会关系仅此而已。

再说《月刊》也不是民盟的机关刊物。确实，《月刊》1947 年第二次改组以后，编委中民盟盟员的比重增加了，因而对刊物的言论倾向性起着主导作用。可是他们在《月刊》上发表文章，仍然是个人意见，并不代表民盟的言论或政见，所以它并非民盟的机关刊物或喉舌。但《月刊》是民盟的刊物这种说法，也不全是空穴来风，这可能与梁聚五个人的意愿和他以后 (1950 年 9 月) 在民盟西南总支部成立大会暨第一次全体委员会上所作的《贵州盟务报告》有关。而且 1947 年秋，梁曾与我有过一次准备将《月刊》的独立性质改变为民盟机关刊物的谈话。当时我认为这事要慎重，如操之过急，怕危及《月刊》的生存，而且这事也必须得到全社同仁的表态才能决定。后来他也没有再提此事。事实上，《月刊》虽仍然保持自己一贯的独立自主立场，但从那次改组以后，在内容和言论上确有明显的变化。其一，《月刊》时时转载或节登了重庆民盟机关报《民主报》上的社论和有关对抗日战争前途与国内外形势有指导性的文章。其二，在《月刊》发表的文章和杂文中也时时出现针对当时国民党政府的堕落腐化、坑害人民的事实，予以抨击揭露，开始露出了斗争的锋芒。读者看了这些与自己切身利益有关问题的文章，自然心领神会，起了积极作用。很显然，这些都是由于编委中注入了进步力量，因而也增强了文章言论的倾向性。同时，国内和平民主的浪潮汹涌澎湃，各种进步报刊，通过不同渠道，传到编辑部，传到同仁手中，自然也起着推动《月刊》前进的积极作用。因此，《月刊》虽然没有在组织上同民盟挂上钩，无论是中共党员，抑或是民盟盟员，都只是以个人名义在活动。但在读者的心目中，却造成了《月刊》是和中国民主同盟的政见同步前进的印象。有此种错综复杂的原因，才产生《月刊》是民盟的刊物这种说法。

九、自我检查、自我评价

综观《月刊》五年活动历程，从历史角度看，它对争取政治民主和言论自由是起过一定积极作用的。但从现在的角度看，我深感内疚和遗憾。

《贵州民意月刊》这个刊物，从它的理论性、思想性和斗争性任何方面观察，不仅显得不足，而且还存在某些错误和缺点。就是从贫穷落后的这个西南小省的地位而论，也显得不太相称。它的内容质量不高，发行的数量太少，主要表现在：

（一）指导思想落后于现实

《月刊》以倡导民主自由为目标，不能说是错误的。可是从其发表的文章内容来分析，总的来说，多数还囿于旧民主主义樊笼。旧民主主义是它的主导思想，它自始至终停滞于旧民主主义的阶段。后期有所进步，有所转变，可是观点不能不说仍然有些模糊。

（二）作者的理论素养贫乏

应当承认，一些作者不同程度地接受过革命理论教育和熏陶，但尚未树立起革命的世界观和人生观，为立论打下一个坚定不移的基础。“兼容并包”的强调就是我们在这方面思想的具体体现。

（三）《月刊》的斗争性不强

文章的措辞大多转弯抹角，力图委婉，态度不够鲜明，使倡导的民主自由似乎蒙有一层面纱。

1991.12 于成都

（资料来源：中国人民政治协商会议贵州省委员会文史资料委员会，《贵州文史资料选辑 第 31 辑》，1992 年 9 月，第 245-252 页。）

史料五 《艰难的起步——贵州省民主同盟在解放前组织情况的简要介绍》

艰难的起步——贵州省民主同盟在解放前组织情况的简要介绍

唐弘仁

一

贵州省地处边陲，交通闭塞，无论军阀统治时期还是国民党统治时期，封建、反动控制都比较严，广大群众的民主活动受到许多限制。由于上述及其他种种原因，民主同盟的组织发展工作和政治活动，与四川、云南、重庆、成都、昆明等地相比进展比较缓慢一些，1946 年贵州民盟的老同志双清在重庆经过史良、辛志超等同志介绍，参加了民盟。接着，李超然、张吉坞二人也参加了民盟，双清同志、张吉坞等人返回贵阳以后，又陆续发展了一些盟员，其中有梁聚五、赵自如、朱梅麓等，不久通过梁聚五的介绍又吸收了翁祖善、丁道谦等参加民盟组织，同年，民盟总部郭则忱同志来黔，传达了民盟中央的指示。经商量，成立了贵州民盟临时支部的筹备组织，盟员同志虽然不断增加，但是由于主观条件与客观条件的限制，贵州民盟组织未能公开开展政治活动。盟的内部的组织活动也只是在小范围内，采取隐蔽的，秘密的形式进行。当时主要是利用“大乘社”采取有时分散，有时集中，二者相结合的方式进行活动。当时双清通过与民盟总部辛志超同志等人的联系，获悉民盟一些情况，因此，有时传送了一些省外民盟活动的信息，有时则利用小组座谈，揭露国民党一些政治上的腐败、反动现象，议论如何推翻蒋介石政权，有的小组获得毛主席的《新民主主义论》这一名著还秘密地传阅学习，贵阳市清平巷5号、复兴巷39号等地都是当时民盟活动的场所，当时贵阳公开发行的刊物有好多种，其中有一刊物叫《贵州民意》，是贵州省参议委员会主办发行的，但刊物上，不断发表各种不同观点的评论，也刊载国内不同的政治消息。《民意》曾邀请各界人士，召开民意座谈会，反映各界对国事，对促进民主改革的意见，发表过《我们所需要的省长》等主张开明政治的文章，后来陆续参加民盟的丁道谦、吴雪俦、张则平、梁聚五、翁祖善等人都写过文章，梁聚五担任民意月刊的副社长，丁道谦担任总编辑。这个刊物，刊载过一些坚决主张抗战，反对法西斯政治，揭露当时的腐败现象的文章，也转载一些进步书刊的文章，比如，重庆出版的《民主报》，是当时民主同盟中央的机关报，《贵州民意》便多次摘要刊载过《民主报》的社论和文章。丁道谦同志借《贵州民意》主编的工作职务，曾起过积极作用，以上是贵州民盟组织最早活动的简要情况。

二

1948年夏，中国人民解放军在战场上节节胜利，国内的政治、军事形势起了很大的变化。尽管民盟于1947年11月即被国民党政府宣布为非法组织，禁止民盟一切政治活动，但实际上民盟的组织被迫转入地下后，仍然没有停止活动，当时，双清同志看到这种变化，急于想与民盟中央取得联系，以便开展活动，1948年10月从贵阳去上海找辛志超，没有联系上，便转赴北平。不久，与民盟总部，即民盟中央取得联系，并列席民盟中央在1949年11月召开的四中全会扩大会议，四中全会上，做出了一部分地区组织进行清理整顿的决定，双清同志曾打电报到贵州简单传达了盟中央已开四中全会，对盟务做出重要的决定并提出贵州民盟立即停止活动，听候整理组织。这一时期，西南各省尚未解放，重庆市民盟组织，曾派人来贵州活动，民盟重庆市委会黎又霖，本人是贵州黔西人，和贵州军政界有广泛联系，他于1948年秋，1949夏季先后两次来贵州进行革命活动和盟务活动（黎又霖同志于1949年11月被国民党特务逮捕关押在重庆白公馆集中营，并被杀害）。当时，黎又霖同志来贵州主要任务是推动民盟组织，积极发展组织并开展“策反”活动，他来贵州后，与吴雪俦同志取得联系，并吸收吴参加了民盟，不久，通过吴雪俦同志介绍，先先后后又吸收一批盟员，其中主要有缪象初、杨伯瑜、易光培、肖孝成等，吴雪俦同志还曾赴重庆与市民盟组织潘大逵、鲜英、鲜恒等取得联系。不久，上海、南京均相继解放，中国人民解放军向西南进军，1949年11月向贵州推进，当时，蒋介石政权处于全面崩溃境地。形势发展很快，很好，贵阳市的民盟成员，利用有利时机，积极开展了各项活动。许多人利用各自的社会关系，开展了各项活动，做了不少有利于革命的工作。当时准备迎接解放军，配合解放军宣传解放军约法八条和共产党的方针政策，协助解放军保护人民财产，维护社会秩序是一项重要任务，民盟当时有些利用社会关系，曾印刷文件，与工厂、机关联系，宣传党的方针政策，保护档案、财产，有的人保护粮食仓库，制止社会上坏分子抢粮事件的发生；贵阳市社会各界为配合解放军进行接管，曾筹备成立临时治安委员会。梁聚五、吴雪俦等人曾利用自己的社会关系，为这个委员会的成立与开展活动，做了不少工作，并且指派专人参加了活动，发挥了积极作用，解放军进入市区以前，急需了解城内情况，有的民盟同志，曾冒险去为解放军传送情报信息。有些并与其他单位一道，准备食物、茶水。赴油榨街迎接解放军进入贵阳市，毕节地区，当解放军进入市区时，有的民盟同志正在毕节，主动与进步群众商量如何迎接解放军，还曾高举横标，高呼口号，对解放军表示热烈欢迎，解放军刚刚接管城市时，社会上仍然暗藏着敌人，企图破坏秩序，民盟曾配合解放军、人民政府，为清查坏人、维护社会秩序，做了不少工作。

三

1947年11月中国民主同盟被国民党政府宣布为非法组织。民盟被迫宣布解散，盟中央的各级地方组织均被迫转入地下、处于极端困难的处境。当时国民党特务组织到处逮捕中共党员和民盟成员，并用分化、利诱、威胁等卑鄙手段打击民盟，因此，民盟内部也发生一些变化，这一时期，中国人民解放军在辽沈、平津、淮海三大战役中，取得重大胜利。不久，上海、南京也先后解放。国民党政府即将崩溃垮台的大局已定，许多进步人士，纷纷要求参加民主党派，要求参加民盟，与此同时，国民党特务组织不甘心失败，曾有计划地派遣一批特工，混入人民团体，混进民主党派组织，企图长期埋伏，从事破坏活动，由于上述原因，民盟一部分地方组织，曾出现随意吸收盟员，扩大组织队伍，以及各立山头，互不团结等现象，西南地区解放较迟，大批国民党的流亡人员、特工和坏分子纷纷聚集西南几省，鱼龙混杂的情况，更为突出。

民盟中央于1949年11月在北京召开民盟四中全会扩大会议。会后民盟中央组织部，根据四中全会的会议精神，决定清理、整顿一部分地方组织，当时民盟西南总支部负责人是楚图南，中央组织部与楚图南及有关方面研究，决定派唐弘仁来贵州整理盟务，同时又派梁聚五同志为指导员。当时民盟中央确定的原则是：“政治上严肃，组织上从宽”，“一致接受，统一整理”。盟中央指示：清理整顿工作在民盟西南总支部直接领导下进行，清理整顿工作必须接受当地党委领导，与中共贵州省委统战部取得密切联系，依靠党的领导与支部做好这一工作，盟中央组织部要求一定要彻底清除混入民盟内部的反革命分子和其他坏分子，纯洁民盟组织。在清理整顿的基础上，加强学习，提高盟员政治觉悟，提高大家对民盟性质与政治任务的认识，并做好加强内部团结，建立和健全民盟领导机构的工作。要求在工作中要密切联系群众，广泛听取和征求盟内外各方面的意见，集思广益，把工作做细做好。

唐弘仁同志来到贵州以后，根据盟中央的指示与楚图南同志的意见，立即与中共贵州省委统战部取得联系，拜访了当时中共贵州省委会政委兼统战部部长苏振华，也拜会了统战部副部长赵欲樵、惠世如等同志，与此同时，还拜访贵州社会有关方面文化教育界一些知名人士，其中有田君亮、李侠公、陈职民、丁道衡等，在民盟内部，首先向双清传达民盟总部西南总支部关于整顿组织的决定，并商谈如何开展这一工作，接着又分别与吴雪俦、张吉坞、赵自如等传达了盟中央的指示，民盟上级清理整顿组织的原则与要求，并多次交换了意见。

当时贵阳刚刚解放，情况比较复杂，民盟内部同志对清理整顿的意义，重要性还缺乏足够的认识，极个别的人还有互相指责以及埋怨和抵触情绪，开始进展比较缓慢，到1951年初才逐步走上正轨，清理整顿工作，是从1950年8月份开始的，到1951年3月基本结束。贵州省解放前共有民盟成员156人，其中由双清，张吉坞为首的临时支部共发展81人，由吴雪俦同志为主发展67人，还有外地转入的8人，156人中大部分是贵州解放前夕，即1949年下半年吸收加入民盟组织的，清理期间来登记的共102人，经过审查取得正式盟籍的共83人。未恢复盟籍的一共75人，这七十多人，大体讲分两种情况。第一，由于参加特务组织反动组织，有罪行，拒不交代，符合民盟中央清理原则，被清洗，其中有一些由于当时情况未完全查清，已批准盟籍，但在镇压反革命运动中被政府查出被捕，又被开除了盟籍，合计38人；第二，有一些盟员解放初期即参加了解放军或参加中共，本人不愿再来登记。有一些自知登记后通不过，不愿来登记。有一些解放前从外省流浪来贵州，解放后立即返回江浙、安徽等原籍未来登记。还有一些是入盟时本人未慎重考虑，或未征求本人意见即列入名册而不来登记，合计37人左右。

清理期间，一般都要求交本人自传或简历。有的遇到疑问，即找原介绍人或找有关方面，进行调查研究，提出审查意见，经过会议讨论，然后做出决定。现在回忆，清理整顿工作是有成绩的，通过清理，确实清洗一批不符合民盟组织原则的成员、坏分子，有些后来在肃反运动中被镇压了。通过整顿，清理，确实纯洁了组织，改变了当时社会上一些人对民盟的指责与议论，改变了社会上的观感。

组织上的清理整顿与学习文件、学习政策、提高思想认识，是同时进行的。主要是学习民盟盟章，民盟四中全会扩大会议的报告，也结合学习了当时民盟中央领导人胡愈之、楚图南等人有关盟史、盟务的文章，《人民日报》的社论以及党内有关统一战线的论述文件。

通过学习，提高了许多盟员对统一战线政策的认识，提高了大家对民盟的性质和民盟作为一个政党对革命任务的认识，这一时期，中共贵州省委、省委统战部对民盟的清理整顿工作十分关心。曾给予积极支持和耐心帮助。统战部负责人惠世如等，与民盟的负责人双清等对如何健全组织、建立领导机构进行了恳谈，也与许多一般的成员进行接触，交换了意见，并取得了好的效果。当时，民盟贵州成立的临时整理组织机构不断将组织整理情况，学习情况向民盟上级汇报，民盟总部，西南总支部不仅对整理组织不断提出意见，不断作指示，而且对如何加强学习四中全会扩大会议文件，学习政策，如何积极参加抗美援朝，参加土地改革等政治运动，也发出指示。

由于历史原因和其他原因，当时贵州民盟内部，不团结、不协调情况，比较突出，虽然是极少数人，但由于是负责人，在盟内影响很大，双清同志从大局出发，从团结大多数，搞好盟务出发，做了不少耐心的、细致的工作，唐弘仁同志根据盟上级指示，与双清密切配合，也做了不少工作，终于起了团结一致的效果，这对后来成立领导机构起了作用。

一九五一年，党中央派几个代表团来贵州慰问少数民族，民盟中央委员，民盟总部老同志费孝通随同中央慰问团来贵州，并担任第三团团长，贵阳民盟组织请费孝通来讲话，费孝通立即接受了邀请，在盟员大会上传达了民盟中央四中全会扩大会议精神，着重讲了两个问题：一是加强学习，跟上形式；二是加强团结，搞好盟务。他要求贵阳全体盟员，认真学习党中央各项方针、政策，提高对党、对人民政府的认识，认真学习民盟中央在四中全会扩大会议上通过的文件，加强对民盟性质任务的理解。又着重讲了团结的重要性，要求民盟加强内部团结，共同努力，做好盟务工作，发挥民盟应有的作用。他在讲话中最后提出，如不加强学习，加强团结，势必如原始动物猴子一样，尾巴相连在一起，共同堕入深渊。在整理盟务时期，一方面清理组织，一方面学习文件，一共分成五个小组学习。费孝通同志的讲话对当时推动学习，加强团结，都起了很大作用。

经过反复酝酿协商，提出了民盟贵州省支部临时工作委员会名单，并选出双清、唐弘仁、吴雪俦、刘映芳、缪象初、张吉坞、杨伯瑜、丁道谦、肖孝成等九人为委员，由双清担任主任委员，还建立了办事机构，选出了各部室的负责人。由丁道谦、朱梅麓管秘书处。唐宏仁、刘映芳、缪象初分管组织工作。潘永笙、李羽如分管宣传工作。翁祖善分管学习工作。杨伯瑜、肖孝成等分管联络委员会的工作。

以上是贵州民盟解放以前的简要情况和整顿组织的简要经过。

民主同盟贵州省支部临时工作委员会于1951年5月24日正式成立。成立大会开得很隆重。中共贵州省委、省人民政府、省军区、中共贵州省委统战部、党政军领导人都出席了会议并讲了话。省工会、团省委以及科技界、文教界、各界知名人士共190余人参加了成立大会。民盟贵州省临时工作委员会成立以后，贵州民盟的工作，进入了一个新的阶段。

第二节　迎接中华人民共和国成立

上海、南京相继解放后，中国人民解放军向西南进军，1949 年 10 月向贵州挺进。贵阳市的众多民盟成员利用有利时机，利用各自的社会关系，开展工作，准备迎接中国人民解放军，宣传中国共产党的方针政策和《约法八章》，协助人民解放军保护人民财产，维护社会秩序，保护粮食仓库，制止社会上坏分子抢粮事件的发生。民盟成员还利用社会关系，与工厂、机关等取得联系，宣传中国共产党的方针政策，号召并协助保护工厂设备和保护机关单位的档案。贵阳市社会各界为配合解放军进行接管，曾筹备成立临时治安委员会。民盟成员梁聚五、吴雪俦等利用自己的社会关系，为这个委员会的成立与开展活动做了不少工作，并指派专人参加活动，发挥了积极作用。人民解放军进入市区以前，有的盟员曾冒险去为解放军传送情报信息，另一些盟员准备食物、茶水，赴油榨街迎接人民解放军。在毕节地区，盟员高举横标、高呼口号，热烈欢迎人民解放军。人民解放军接管城市时，盟员配合解放军、人民政府，为清查坏人、维护社会秩序做了不少工作。

编者还通过相关史料查实了吴雪俦等人为打乱国民党阵营，迎接贵州解放，于 1949 年组织地方暴动及民盟奔走营救被国民党特务组织抓捕湄潭进步青年的史实。

一、组织黔西暴动和营救湄潭进步青年

关于组织黔西暴动和营救湄潭进步青年的前后经过，吴雪俦在《贵州解放前民革的地下工作》一文有详述。

史料 吴雪俦：《贵州解放前民革的地下工作》

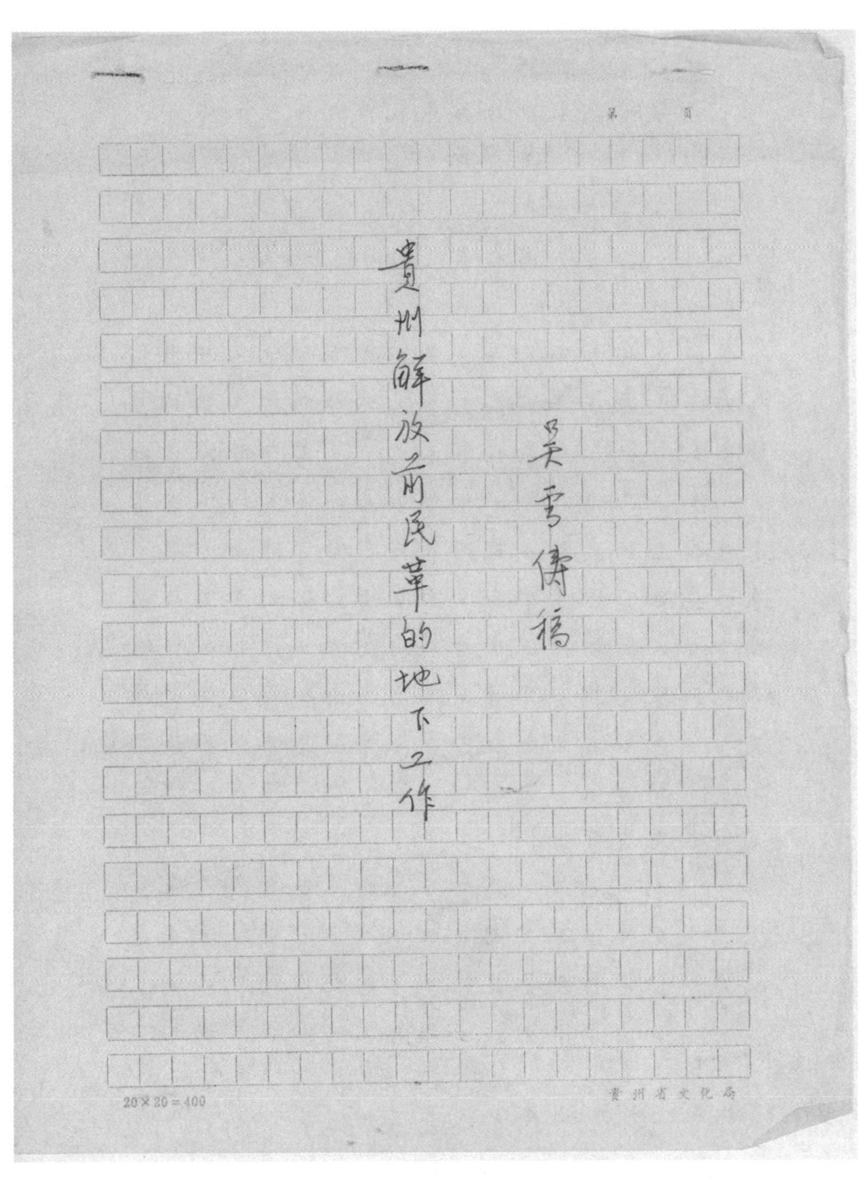
第　页

贵州解放前民革的地下工作

吴雪俦稿

20×20＝400

贵州省文化局

第 1 页

贵州解放前民革民盟的地下工作

吴雪俦

幕前语

一九四一年我在重庆国民党中央训练团工作时，认识了冯玉祥先生，以后间常去望他，随着就熟识了。在此前后，又认识了陈沌斋同志，他与李济琛先生非常熟悉，又介绍认识了李济琛先生。黎又霖同志是我的老朋友，在重庆相逢后，往来不断，由他介绍认识了王葆真同志，又间转介绍了李济琛先生。这些人当时都是秘密反蒋介石的，各有各的秘密组织和联系，由于和他们的往来，我先后加入了冯玉祥的反蒋团体及后来的利他会，加入了李济琛先生的秘密反蒋组织。

一九四四年，蒋介石把我开除学籍，永不录用，更坚定了我反蒋的决心。一九四五年抗战胜利，国民党复员東下，李济琛对我说：“我们已加入中共的统一战线了，今后反蒋的工作要秘密加速进行。我们没有工作经费，要靠自力更生。你可用你的社会关系，在国民党的机关中找一适当工作作为掩护，随同东下，在南方或北方开展工作比较更有作用些。”我往商黎又霖和王葆真，他们全部赞成。当时我的老友宋澈石，任武汉日报社长，要将报馆由恩施迁返武汉，并在宜昌办一分社，我向他要一工作，他欣然同意，请我任宜昌武汉日报总主笔和总编辑。我向李济琛报告情况，他也赞成，要我到宜昌成立一秘密联络站，接待往来的工作同志。第二年李济琛复员过宜昌，王葆真同行，询问工作情况，表示满意，嘱加紧进行。王葆真告我：”黎又霖已留川不来，要我们经常取得联系。我在宜昌两年，利用报纸对蒋介石政权作了不少批评，又发动了一些同志在社会上做反蒋舆论，并组成了新华股份有限公司、我为总经理，作为经济上的支援。宜昌国民党人员，认为武汉日报言论，有反蒋的色彩，秘报湖北省党部，请作认真调查处理。国民党宜昌绥靖公署主任潘文华的政治部主任范交骧是军统特务，也认为报馆中有潜伏的共党分子，派兵来报馆收查，并把编辑吴金麟抓去。同时武汉总社宋漱石来伩，问分社内部的真实情况，我把上面这些情况告诉他，并担保报社内没有共产党，再请求把我和社长张昭麟调到总社工作（张昭麟是我吸收的同志，并得李济琛的批准）。又接王葆真来伩说民革已成立，已把我转入民革，李济琛先生即将去港，要我速到上海相会，决定今后的工作问题。宋漱石把我和张昭麟调为总社主笔。我调武汉后，说要到戈上海看朋友，向宋借笔钱，先到南京，再转上海，得知李济琛和王葆真均去香港了。在南京会见陈沧斋同志，他已被任为民革滇川黔湘鄂五省特派员，他要我回贵州任民革书记，并已向李济琛推荐。我到香港会见李济琛，李说："你来得好，陈沧斋推荐你到贵州，我也有此意思，不知你意如何？"我说："济公要我去，我就去。"李说："你到贵州的工作，以策动贵州的军政力量反对蒋介石，归到民革为重心。并秘密协同中共同志配合工作，具体

第 4 页

情况以后陆续告诉你。”我转武汉后，辞去报社职务，一九四八年冬，离汉口回黔。

一　一九四九年贵州的形势

一九四九年中国的形势起了急剧的变化，继辽沈战役之后，淮海战役、平津战役，国民党军都彻底失败，百万大军渡江，结束了蒋介石统治中国的命运，中华人民共和国宣告成立。这一年贵州的形势也同样在急剧的变化。

一九四八年蒋介石为着巩固他的西南后方，把贵州省主席杨森调为重庆市长，把他的亲信谷正伦调为贵州省主席，目的在利用谷是贵州人，人地熟悉，可以多延迟几天他在贵州的统治。谷正伦是一九四八年四月到任的，当时贵州的民心，由于物价高涨，货币贬值，今天一元钱的物品，明天可能涨到半倍一倍，靠工资维持生活的“党”、政、军、公、教人员，家家都在闹饥荒，一听到运钞票的飞机飞临上空（每月都有飞机运新钞票来，而且都是大面

20×20=400　贵州省文化局

额的，人民摸透这种规律了，一听到这种飞机响就知道货物要涨价），就心惊肉跳，赶快把所有的钞票换成物资，没有钞票的就收出衣物器具，换买成米油盐。各种商店一听到飞机响，就把各种货物隐藏不卖，听候市场涨价。黄金洋钞黑市交易特别紧俏，投机商人如蝇逐臭，无孔不入。一夜之间，由于买空卖空，不少富人致千金，不少人倾家荡产。日用物资更是难于见面，有些东西除了高价黑市，几乎绝迹。市场一片混乱，形同黑市。各县情况，也大致如此。由于民心混乱，生活困难，全省大小机关、军队、商店的掌权人员，与会计、出纳、经理、军需、采购、推销等人员，互相勾结，贪污、盗窃、侵占、克扣，除少数公正清廉者外，都想发一笔混财，为自保之计。上行下效，习以成风，更增加社会秩序的混乱。共产党解放战争胜利的消息不断传来，国民党大小官员乘机外逃的事例，日渐显露，人民的心中都感觉国民党政权的末日到了，贵州解放只是月、日的事情。有正义感的人士无

第 6 页

不切望共产党的到来，并各处访查与共产党、民主党派有联系的人士，取得合作，早日解放贵州。往昔受国民党压迫、打击、陷害，冤屈、或家破人亡的人，更暗中祈祷共产党早日到来能为他平冤雪忿。总而言之，这时贵州的全省人民身虽在国民党统治下，心已飞向共产党方面去了，一有机会就将揭竿起义；共产党如到，就将箪食壶浆以迎王师。

国民党贵州统治阶层的情况又如何呢？

军队是谷正伦保护政权的资本，属于黔军改编成国民党部队的军队，这时都在省外，不能为谷所使用。贵州仅有保安团四团约五、六千人，分住在各县。各专区各有独立营一营，共六营，人枪俱不足不精，只能作镇压当地小叛乱之用。其余各种杂色直属部队，全省不足一万人，如遇大敌吆喝一声即四散逃走。谷正伦后来将各保安团和各独立营混编成十四个团，有名无实，直至解放前夕，尚未编成。

贵州的党政方面，派系复杂，平时都在争权夺利过日子，没有几个人在真心为人民办事

20×20=400　　贵州省文化局

。CC派以黄国桢、周达时为首，控制了贵州国民党党务、贵州社会处系统，贵州中央调查统计局系统。三青团派以李大行，祝时雨等为首，与黄国桢派相对立。朱家骅派以傅启学为首，控制了贵州教育系统的任免权。贵州建设协会派以何辑五为首，联系曾在何应钦部下作过事的人员，如张致祥等。贵州地方自治协会派以王亚明为首，联系省参议会中一部份人员。贵州新生社派以廖怀忠为首，联系贵州的青红帮及一部份省参议会人员。这些人往昔都是独立、对立的，谷正伦来后，除一部份是反谷的外，其余的大都依听谷的话，照谷的指示行事。一九四九年四月，解放军渡过长江，解放南京、上海，贵州全省震动，谷正伦邀请省参议员，省党部委员，以及一些所谓"社会贤达"成立"反共保民委员会"，省设总会，各市、县设分会，大吼大叫要"反共保民"。实际上除了开个会，印散一些传单标语外，全无其他行动。因为人心已去，就是开会的人，也不过虚应故事，谁还真正替"反共"效劳。

一九四九年六月，解放军已开始向西南进军，谷正伦心中着慌，一面积极扩编地方军，并把有实力的地方土豪利用起来，调集他们到贵阳受训，如樊其书、侯之玺、史肇周等，称他们为地方自然领袖，要他们把自己的枪械拿出来，组织一县或几县联防制，在共产党来后打游击。一面发动"反共保民委员会"草拟"应变方案"，名"贵州省自卫纲要"，内容包括请求"中央"拨发贵州枪支弹药，请求派大军入黔助守贵州，屯积贵州粮食以备军用，发动贵州地方武力以打游击等等。这个"应变方案"除作为一种宣传资料外，一点也未发生效力。

经济为一切事业之母。贵州原来是个穷省，全靠中央津贴。谷正伦到贵州后，正值国民党货币贬值，民不聊生，税收锐减。中央的拨款，不但不能兴办事业，连起码的生活费也不够支付，哪里还能谈到"反共"自卫。谷正伦百无办法，就在鸦片烟上打主意。一面开放烟禁，让人民种烟，一面成立特货（即鸦片）稽征处，以万锡如为处长，各处设关征收烟税。种烟之令一开，人民倒表示欢迎，认为是死中求活之一法。特税征收虽然为数不多，对谷正伦亦不无小补。但杯水车薪，始终不能挽救他的死亡，随着解放军的到来而弃职逃走。

二　贵州民革的地下工作

甲　发展组织

一九四八年冬，我由武汉到贵阳，住在姨妹夫王志民家。他是浙江人，早年当兵入伍，学开汽车，以后在国民党辎汽兵团工作。抗战中期他看不惯他的上级贪污舞弊，打击异己，请长假离开部队，把所有的钱与另一人合伙买一部旧汽车，单独营业。我们经常通信联系，所以一来就住在他家，我向他们说：共产党打起来了，我是请假逃难到贵阳来的，他们也相信，所以相处得很顺利。

我来贵阳时曾仔细考虑过，将用何种方法工作？我知道贵阳认识我的人多，不能秘密隐藏身份，只有公开活动，才是办法。我印了几合名片，挂的衔是武汉日报总主笔，中国工农通讯社理事。武汉日报是人所素知的。工农通讯社是当时不满国民党的中间派人士组织的，在南京开成立会，选出理事六、七十人成立理事会，我是武汉日报社长宋漱石在南京开会时代我签名参加的，也把我选为理事之一。因为登了报，所以全国都知道。这个通讯社始终没有开展业务就无形停顿了。据说原因是一因时局动荡，二因无经费，三因国民党干涉阻挠，不得不停顿。我认为把它作为护身的盾牌是恰当的。我又假说我是因为共产党解放战争激烈，恐武汉不保我才逃难回贵阳，也是恰当的。后来证明贵阳的人相信我的话是真，不十分怀疑，就是这个原故。

　　我到贵阳的第一件事是想找中共地下工作同志联系。梁聚五是我的老朋友，抗战时在重庆曾对我说：张立是搞贵州地下党工作的，以后在工作上可以互相联系。这时梁正在贵阳，我问张立，他说已到外县去了，等回来后再给我介绍。梁又说：他们办了一个刊物叫《民意》月刊，表面是中立的，实际是倾向共产党的，对国民党的腐恶政治专作批评，要我加入，每期为他们撰稿，我当然同意了。这个月刊一直出到贵州将解放才停刊，在贵州起了不小的影响。我写的稿件有好几篇。

为发展组织首先要找老朋友。国共战争在急转直下，淮海战役的失败者必然是蒋介石。解放大江南北也是必然的事。贵州的解放至多不出三年，时短势迫，要用正规方法发展组织已来不及了，只有在国民党中策动反蒋的人起义，才是有效的办法。但吸收这些人必须可靠，第一是死心反蒋的，第二是参加组织决不叛变的，第三虽不参加，也不反对，并可以供给情报，不会暗中告密的。以此三项作为发展组织的原则。

我找的第一个人是李恩荣，是黔西人，是我县长考试的同榜。考试及格后吴鼎昌硬不任用，他非常寒心。后经朋友介绍到四川乐山任专员公署主任秘书。我被蒋介石开除学籍，求

第12页

不录用，就是他介绍我到乐山办诚报的。他对国民党的腐败、蒋介石的法西斯专政，一提就骂，长期不变，所以得不到国民党的重用。抗战胜利，他由乐山返贵阳，闲居困穷，给国民党的国大代表，贵阳马车业公会主席王仲康私人帮忙，办理文牍事务。他劝王不要拥护蒋介石。国民党选举总统时，王和另一些反对蒋的国大代表改投李宗仁的票，就是事实的表现。我和李思荣会晤详谈时局，他欣然愿意参加我的组织，并介绍王仲康加入。他说他和黔西县参议长徐树猷至好，徐也是国大代表，投李宗仁票的，徐在黔西有武装力量，春节后他返黔西策动徐树猷起义，作为我们事业的第一炮。这件事后面详谈。

我找的第二个人是欧阳芳舟，贵阳人，国民党中央军校学生，在国民党军队中长期任中下级军官。我在盘县任县长时，请他当保安队长，后来当贵州绥靖公署参谋，对贵州的部队人事，相当熟悉。他也是一贯不满国民党和蒋介石的。他欣然参加我的组织，并介绍赵方九

20×20=400　贵州省文化局

加入。趙是貴阳人，国民党陸军大学毕业，相森当貴州省主席时，他任保安司令部参谋处长，由于对国民党不满，平时爱发牢骚，谷正伦任貴州主席后，把他取销，在家闲居。我经过多方考察，认为可靠，便把他吸收。趙又介绍方若愚参加组织。方是貴定人，国民党中央军校毕业生，早年曾参加刘健群、賀衷寒等办的特训班（正式名称记不清楚了）受训，毕业后长期在国民党的政工系統工作。抗战发生，经其系統介绍，任军統貴州負責人。黃埔一期生胡启儒任貴州师管区司令，貪污违法，人心大憤，群众控告到蒋介石处，蒋命方查报，方不顾一切阻挠，据实呈复，胡被枪决。黃埔系学生迁怒于方，撤其职务，暗中通报，决不再用。方遭此打击，舍弃军校系統，参加貴州地方自治协会派，并与桂系发生联系。方当选国大代表、选举总統时，暗中组织反对蒋的代表，改投李宗仁的票，但因国民党不予任用，遂在家闲居。我对方的考察特別认真，最后加以吸收。又由方和王仲廉介绍田景万参加组织，田是沿河人，国大代表，是改投李宗仁票的人。田又介绍李襄平，惠水人，省参议员，李宗儒，安龙人，曾任省党部书记长，均贵州新生社、相森系。郑鸣五，长顺人，拥有地方武装。其余还有些人，都是上面这些人，单独发展，单线联系，不发生纵的关系。而中心人物就是李恩荣、王仲康，欧阳芳卉，赵方九，方若愚等。

乙　贵阳暴动受阻

贵阳暴动是我们计划的在贵州的第一步革命行动。我们详细研究，要在贵州搞策反工作，必须要造成壮大声势，才能使各方面隐藏的反国民党，反蒋介石的力量暴露出来，我们才能派人前往接头，他们也才能前来联系。最好的办法就是暴动，並且要在贵阳暴动。因为贵阳是全省省会，一举一动都可影响全省的人心。当时的保安团队都已调往外县，国民党的建制部队更不在贵州。贵阳从省府、绥署起到各机关止，只有点守卫部队，多的一连两连，少的一班两班，而且枪械不全，士兵无作战能力。我们经过详细统计，整个贵阳的兵力，不过四、五百人，一些大的机关守卫的军官，多半都与我们的同志相熟识，暴动前派人各找各人的门路去联系，说以时局危险，国民党必然要垮，各人应自打主意，寻求出路，最好找地下的工作人员联系，一旦发生暴动就立即响应，当不失为有功之人。这样说以利害，动以感情，有事登高一呼，敌人的抵抗力量就可解体。我们曾经用这个方法派人往说过几个机关的守卫部队作试验，结果这些部队的官长，都非常乐意，并请往说的人代他打听共产党的地下工作人员，替他介绍联络。我们深深知道这是人心所向，大势所趋，用不着多大气力，就可事半功倍。第二步就是计划如何暴动了。

我们和王仲康、郑鸣五、李襄平等切实商量，王仲康在清镇二铺一带能聚集五、六十条人枪，他的马车业公会的参与人员中，能听他指挥的有二、三十人，有的有枪，有的没有枪可以向别人借用，一共可以凑集起百人左右的

第 16 页

队伍。郑鸣五在长顺一带是个老团阀，掌握的武装力量很大。相森在贵州对他虚予委蛇，羁縻联系，他也表面服从。谷正伦来对他不理睬，重视他的兄弟两人，使他们内部牵掣，所以他很寒心。我们对他的原则，是引导、使用、教育，让他逐渐觉悟过来，走上改邪归正的道路。他表示可以集中人枪二百多人，听候使用，决无差错。李襄平对惠水各界有联系，对一些乡村有控制力，组织人枪到贵阳，路远有困难，如果贵阳暴动成功，他指挥惠水的力量作响应，如果暴动失败，他布置惠水的乡下地方作基地。贵阳的四个机关：省政府、保安处、绥署、省警察局守卫兵员较多、较强，赵方九负责运动省府、保安处的兵员，欧阳芳舟负责运动绥署的兵员，王仲康负责运动省警察局的兵员，最好说动他们参加暴动，其次解避隐藏缴枪弹，指认应该捕捉的人员。其余有十多个机关的守卫部队，人少力弱，派熟悉的同志前往运动，有的可以得其参加，有的可以做到中立，估计问题不大。从即日起把贵阳东南西北

20×20=400　　贵州省文化局

中划为五个区，由王仲康派人员各区责任，把各街道的道路打探清楚，把各机关的门牌号数记录下来，把机关内部军工兵员的驻房和枪弹存储处所打听清楚，集中材料，绘成交通图，以备暴动时分发应用。暴动前三天把郑鸣五确定到贵阳的人数编好，由王仲康派马车往接，枪弹等物用草料隐盖，伪称运货到贵阳，把暴动时间定好，到后即开始行动。二铺的人离城很近，两三小时即可赶到，不必多费准备时间。至于暴动时那些当捕捉的人，也排定名单，捉到后即时押送指定地点，由马车送到秘密地方看守，听候处理。暴动准备时间，暂定两月、准备完毕，再决定开始日期。

我们这次暴动的目的主要是发难，制造声势，把全省反蒋反谷的力量引出来，不是长期占领贵阳，也不能长期占领贵阳，经过一个短时期即撤退到外县，化整为零，各处潜伏，等待中共大军的到来。我们初步确定暴动的时间是一九四九年农历二月底到三月初，因为这个时间，是人民生活最难过的时间，农村青黄不接，城市发生萧条，贵阳发生暴动，最容易引起统治阶级政治上的动摇。

一九四九年二月（农历正月十七）贵州修文县发生马怀麟暴动。我们知道马怀麟原是贵州省参议员，他为什么要举行暴动，我们就不知道了。当正月十五、十六日期间，贵阳城内突然发生紧张，警察清查旅馆，盘查行人，行动频繁，我们疑惑恐怕是我们的消息泄露了，多方打听好像和我们并无关系。正月十七日，听说谷正伦政府召集一些人开秘密会议，接着就派一些人出去，为什么事？到什么地方？不知道。又听说谷正伦正秘密调动军队，要增加贵阳守备的力量。两三天内，贵阳开来了不少的保安部队，驻防在城里城外。又过两三天才听说是马怀麟在修文暴动，已经平服了。暴动发生，贵阳城防空虚，谷怕马进攻贵阳，派人和马交涉，答应他的请求，稳住他的行动，同时星夜调部队向马进攻，就把他击碎了，暴动就结束了。这时我们才明白真相。经过研究，暂时把贵阳的暴动准备放慢下去，看看时机再作第二步行动。

丙　黔西暴动的失败

一九四九年农历正月春节期间，我和李思荣、王仲康研究本年的工作计划，决定举行贵阳暴动。同时也提出贵阳暴动最好有外县暴动相结合，才能更沉重的打击敌人，加强策反力量。李思荣想了一阵说：徐树猷是黔西县参议会议长，又是国大代表，他和他从来感情很好。徐树猷在南京选举总统时，与反蒋的人共投李宗仁的票。徐树猷认为国民党贪污腐化，蒋介石独裁专制，终久必然要垮，接替国民党的必然是共产党。徐树猷说：如果共产党容纳他，他愿投效到共产党去。他说徐树猷在黔西有力量，可以号召一两千条人枪，他们在南京往来密切，王仲康、方若愚等同他都很熟悉。黔西县长熊志英和他也有交情，熊到黔西时，曾约他去给他当秘书，他未承认。李思荣说：我想，由我到黔西去，鼓动他们反正过来，如果两个人都说动最好没有，如果有一人反对，一人赞成，也有办法，熊志英把握不大，徐树猷把握要大些。如果你们赞成，过几天我就去。

我们反复研究，同意李去，要他先写两封信给徐、熊，假说生活困难，要他们给一工作，等他们回信再作决定。不久，熊志英和徐树猷回信，欢迎他到黔西作文献编辑委员会委员，编写黔西县志。我们商定了一些步骤，李思荣就到黔西去了。

过了好几天，李思荣来信，说对两人都试探过了，徐树猷赞成，熊志英不表态（都是用的隐语）。他已和徐树猷约好，吸收徐加入组织，策划黔西暴动。

原来熊志英是一个利欲薰心的人，处处想升官发财，受国民党的毒化很深。谷正伦委他当黔西县长，他逢人就说要感恩图报。他和徐树猷明和暗不合，矛盾不浅。谷正伦上台要全省作"反共"准备，确保贵州，巩固西南，熊志英奉命唯谨。徐树猷要发动黔西暴动，遂作积极准备。当时谷正伦正扩编保安部队，委蔡国祥为保安第六团团长，驻扎黔西。蔡因兵员不足，请徐树猷帮忙，通过县参议会把地方团兵拨为蔡的保安部队。徐借此机会，把他能号召的团队整顿编组，共得四百余人。一九四九年农历二月中旬，熊志英奉命召到贵阳开会，县府空虚，蔡国祥的队伍住黔西的为数不多。李思荣和徐树猷决定于二月十五日下午集合全部队伍，十五日入夜，向黔西县城出发，十六日拂晓攻入城内，首先把尚未成军的保安大团缴械，由徐儒藩负责指挥。县城占据后，即分兵一部飞赴羊场坝攻占飞机发动机制造厂。如均得手，再分兵解放金沙、大定两县，响应贵阳的暴动。熊志英在贵阳得知黔西暴动，必然匆匆返回，可在路上多设几道伏兵，将其阻击，以绝后患。

一九四九年三月十四日（农历二月十五），黔西暴动发生。徐树猷亲临现场指挥。先一日徐发出紧急通知，命所属兵员于第二日下午在其住地附近黄家屋基集合，计到人枪四百余人，傍晚宣布向黔西县城出发。行未久即接李恩荣由城内飞速来信，云事机泄露，城中已作准备，请暂停出发。原来黔西的国民党特务黄宝书、徐礼谦，平时与徐不和，因徐势较强，饮恨未发，广布爪牙探察徐的阴私。及徐声言发动团兵，编入保安六团部队，团兵中有不愿意的人，私下倡议反对。黄等闻知，心存猜疑，用钱买通这些人，陆续侦察徐的行动。十四日徐发出紧急通知，要团兵次日在黄家屋基集合，攻打县城。这些人飞速密报黄徐。当时熊志英到省，只有蔡国祥在城，黄徐等向蔡密报，蔡不相信，认为徐树猷既是国大代表，又是县参议长，势强家富，决不会作此傻事。集中团队可能是应他的请求，作改编为保安部队的动员。黄徐等一再申说，愿具生死切结，如有虚伪，请予枪毙。蔡沉思有顷，因部队不多，无力出击，遂立即派出警戒兵员，断绝城内交通，将城门关闭，又派出前卫哨兵，远布县城周围。黔西县城一时风声鹤唳，草木皆兵。李恩荣得知消息，遂写密书派人偷出城外，绕过警戒线，送到徐树猷处。徐得此密书，经过考虑，立将部队撤回，并命各自回家。又为稳定人心，息夭群言，遂于十八日单身入城，表示全无异动。蔡国祥经过十五全夜，十六全日，不见动静，亦认为情报不实，留待继续调查。但对徐树猷并不放过，认为李恩荣由贵阳到黔，亦有嫌疑，徐儒藩为树猷亲信，更难轻纵，均派人暗中严密监视。徐树猷原派伏杀熊志英的徐光度、马西庚、王大猷、张肇治、汪贯超、黄叔彬、秦祥瀛等，仍在密谋策划，企图杀掉熊志英，并派人到省侦察熊的行动。而黄宝书、徐礼谦，因告密失意，心中不服，遂在黔西向与徐不合的绅士派如黄廷佐、杨永钰、詹伯钧、邓炎煜、谭重光、钱伯哉、张伯衡等，极力煽动，证实徐树猷造反非假。更派人到省将情况密告熊志英，请其注意。徐光度等侦知熊志英将于农历二月二十三日由省返黔西及其所乘汽车的型号颜色，遂由大关镇起到桂箐乡的糯粑山止，二十里间，设伏八道，准备节节堵杀。熊志英因得黔西消息，亦有戒心，扬言二十三日起程，前一夜，实与将转竿节的一梅姓

第24页

商人易车，梅于二十三日坐熊的车先行，熊则改为二十四日启行。熊又于行前数日，电黔西县政府派队到边界接护。二十三日梅姓商人坐熊的车进入伏内，被迫停车，伏兵见车型相符，梅的身材服装又与熊相似，遂开枪将梅击毙，并在当地扬言梅被匪劫罹难。次日熊志英行到桂箐，停车召徐光度、汪贤超，宣布他们枪杀梅姓商人，当将徐光度枪毙，汪贤超押解黔西。到县后立即将徐树猷、徐儒藩逮捕，随即逮捕李恩荣等百余人，逼取口供。又认为李恩荣、王仲廉，与徐树猷相熟，并传闻有香港来人，到贵州搞地下工作，王等是其指使。随使人暗到贵阳侦察王的行动。又认为李恩荣的内兄张国楔，系由延安转回贵阳，是共产党的"内奸"，将张捕返黔西查问。由于徐树猷、李恩荣只字不露，下面的人确不知内情，故暴动内容未被宣泄。熊志英串通县参议会，各乡乡民代表会等联名呈请贵州省政府，证实徐树猷确系造反，应予严办。一九四九年农历五月初六日，遂将徐树猷、徐儒藩、汪贤超、徐儒珍

20×20=400　　贵州省文化局

、林国良五人枪毙，李恩荣、王大本各处有期徒刑十年。王锡玉、谭先明、余之义、王世钧、袁天良、李国才等六人各处有期徒刑五年。张国梁、罗尊贤、孟玉衡、徐叔益等，取保释放，但已几乎倾家荡产了。至于逃亡在外，流离转徙的，有马西庚、张肇治、王大猷、徐光祖、黄叔彬、秦祥瀛、邹绍由等五十余人。其余被波及株连，因系囹圄，倾家荡产者尚不知其数。贵阳解放的当天，消息传到黔西，匪杰英欲将李恩荣、王大本加害，因黔西人民的恳求，始得释放，但已被关押八月了。其余被关的人解放后也陆续释放，黔西暴动遂以全部失败而告终。

丁　营救湄潭被捕地下青年

一九四九年五月，谷正伦得到他所属特务机关的报告，说湄潭县是中共潜伏的贵州地下工作重点之一，列具十多人名单请求逮捕法办。谷指示按名逮捕解省。于是王陶薰、何少琦、卢仰柱、张奚和、官伯庸、任佶习、广仲伦、袁 朴、何有容、李焯然等十人遂被捕押解贵阳。这些人都是湄潭的进步青年，他们平时的表现，读书用功，工作努力，喜欢看进步书籍刊物，积极宣传抗日作战，要政府团结全国人民一致对外，对政府各种设施认为不合理的提出批评，也曾组织学生和各界群众游行请愿，并募款募物暗中支援八路军，又暗发传单，呼吁停止内战，一致抗日等等。地方群众都说他们是好人，对他们暗中支持。他们被捕解省，湄潭的正义人士也派人随着到省，托人营救。大家知道谷正伦是残杀共产党人的恶魔，一被逮捕，即难死里逃生。湄潭这批青年，虽不能肯定全是共产党员，但其中必有共产党员。有一天湄潭的张侨和，前来见我，述说这批人被捕的经过，并说这批人与我非亲即友，而且是湄潭的精英，湄潭在外人少，找一个说情的人都困难，我长年在外，认识的人较多，请我多多设法营救，如得释放，不但他们中心感激，湄潭全县的人也感激。随着先后数日，湄潭亲友的来信不少，都请我对这批人予以营救。我心中暗想，从我的工作立场说，我应该营救，从湄潭的亲友的请托说，我也应该营救，因此我答应尽我力之所及，把他们营救出来。

我和我们的同志商量，如王仲康、赵方九、方若愚、欧阳君超等，他们一致赞成尽量设法营救，有钱出钱，有力出力。我想营救他们并非易事，经过打听，这批被捕青年，是由贵州省保安处特务收押的，是关在他们的秘密监狱东门外文昌阁的，是谷正伦交他们审理的。当时保安处管特务的处长是何锦书，付处长是陈星初。何锦书我不认识，陈星初是我以前在贵州工作时的老同事。后来我离开贵州，不知何时他加入军统，特运亨通，当了保安处的付处长。我决定先从他处下手，我拜访了他，谈叙旧情，他还表示有故人之意。第二次我拜访他，谈及湄潭被捕青年之事，他说是真的，关在文昌阁。我问他这些人是不是真正共产党，他说地方上是这样报的，真不真还要经过审讯才知道。我说我才由外省回来，地方的情况不熟悉，但在湄潭时，地方的亲友谈及这些人，都异口同音说不是共产党，是一些血性青年，平时心直口快，今天批评政府这样不是，明天批评政府那样不是，因此得罪了不少人，尤其主张停止内战，一致抗日，更使国民党的党政军人员，愤怒不满，才遭来了这次逮捕。我向他提出三点请求：一、请他爱护青年。同是贵州人，把他们作为自己的子弟看待；二、请他嘱咐审判的人，仔细调查，秉公审判，务必证据凿确，是共产党决不放宽，不是共产党决不冤枉，但不要用刑讯，更不要用电刑，损伤他们的肢体，以致残废。三、他们家在湄潭，离省太远，作为同乡长辈，送饭送衣，换洗衣服，都由我派人办理，请通知看管的人，不要阻止留难。他想了一下，点头答应，但要我嘱咐送东西的人，不要夹送信件密函，以免发生事故大家都不方便。我也答应了。我回来后，立即买了一些礼物送他，以表感谢。我派人做了一些饭菜送去以作试探，看守的人说上面已经交待了，可以送衣物饭菜，但不准夹送信件消息。这时湄潭已派来了两个人，专为送饭来衣物的工作。他们对看守的人也作了应付，多次以后，比较熟悉了。我要他们转告被捕的人，保安处没有掌握他们是共产党的证据，要在审理中诱逼他们，要他们不要乱招供。后来听说有一次审理人员逼王陶董招供，王个性刚直，倔强不服，发言顶撞，把审理人员激怒了，审理人员就用刑讯他，把他仰捆在一条长凳上，用冷水向他鼻孔灌入，顿时口鼻出血，人也昏过去了，这种刑罚名叫"灌水壶芦"。可能由于陈星初的嘱咐，以后对这批人就没有用刑讯了。审理的次数很多，但都没有得出证据。直至一九四九年十一月十日早晨，谷正伦退出贵阳时，看守所的所长向他们说，你们赶快出去准备，把应用的东西拿来，下午我们就要向西路走。这明明是释放他们的暗示。他们满心欢喜，就这样得到自由了。

陈星初是负责审理共产党案件的实际负责人，由于要营救王陶董等，我不能不虚予委蛇，经常和他来往，打听消息。不止一次我请他

第30页

设法释放这批青年，他都说释放要经谷正伦批示，他们只能把审理情况报告给谷，如果能找人说情，把案子缓和下去，我们下面不急办，谷不催办，一年半载，遇有机会，就可把他们释放了。我听后仔细一想，这件事非找谷不可。于是决定先去找陈世贤。陈世贤是湄潭人，黄埔三期学生，这时任军统的贵州站站长。军统贵州站与贵州保安处三处虽同搞特务，感情不合，因此陈世贤与何锦书、陈星初也明和暗不和。我向陈世贤说了湄潭青年被捕的情况后，请他设法营救。我说：我们同是湄潭人，这些被捕的人都是我们的亲友和同乡，我们为着生活，在外寻求工作，生活工作虽不同，但不一定要杀戮故乡子弟去升官发财。这些人据湄潭人说都不是共产党，你也是知道的，何锦书们为着邀功请赏奖，把湄潭青年做牺牲，他为何不把黔西人做牺牲呢（何是黔西人）？你是湄潭人，是贵州全省的军统负责人，你家乡出了这样多共产党，你都不知道，让他们在你眼睛边挑刺，故意出你的丑，看你怎样办？不知

20×20=400　　贵州省文化局

我们大家一起把这些人救出来，也让他看々你的本领。陈听了我的话，感情上确实发生了震动，当即把何锦书等谩骂一番，最后问我："你打算怎样营救他们呢？"我说：我已经找人问过陈望初了，他说要放这些人，须经谷正伦同意，现在是怎样找谷正伦谈这个问题？他说：是的！谷正伦决定杀就杀，决定放就放！我说：我不认识谷正伦，你可不可以介绍我去会他？陈想了一会说：介是可以介绍的，不过，你和谷既不熟悉，又无感情，你又是新从外省回来，怎样知道湄潭这些人不是共产党呢？这倒把我问住了。停了一会我问他：你想々要怎样才好呢？他说：最好找一两个湄潭负党政军责任的人一同去会，要他们从旁证实这些人不是共产党就好办了。他又说湄潭的冉懋森是湄潭的省参议员，现在师范学校教书，能有他去就行了。事妥后我再请谷约个时间，我引你去会就是。

冉懋森号蔚者，住贵阳法院街。我拜望了他说会谷的事，他一口承认。并说湄潭也有人写信给他请营救这些青年。我们研究若再有一二人同往更好，但急切中始终未找出人来。

凑巧，过了两天，湄潭三民主义青年团筹备主任叶炯森到贵阳开会，前来看我，突然触动我的思想。我想如果叶能同去证明就更加有力了。我向叶谈及此事，叶说这些人在湄潭确是行动激进可疑，但是不是共产党我们也无把握。逮捕时保安处直接派人去干，连湄潭的党政军负责人都不事先通知一声，真是看不起人，我们看他究竟怎样办。你们会谷我愿同去，希望从旁证明早日放人出来。

我们把三人同去的消息通知陈世贤，过两天陈通知我们，谷已答应了定某日（时间记不清楚了）下午二时往见。到期陈引我们见谷，陈另他去。谷略问我们三人情况，就谈到湄潭被捕的人。谷说这事保安处已报告我了，我要他们详细审问，再作决定。我便把前面所述这些人不是共产党的情况细说一遍，冉、叶也从旁证明这些人没有证据是共产党。最后冉说：这些人都是血性青年，不知是非真理，一被感情冲动，就胡言乱语，得罪他人，众口烁金，以致遭此冤枉。至于真正的共产党，听到"主席"返黔早已远走高飞了。谷笑了一笑。我说：这件事请您分示承办机关，必须证据凿确，不致冤枉，以体示您爱护黔中子弟的厚意。谷说：我当分咐他们认真办理，不得草率。我们辞出。隔几天我们问陈世贤：谷有何表示？陈说：你们会谷后第二天，谷问我湄潭被捕的人，是不是共产党？我说我们还没有得到凿确的证据，当派人继续调查。我又去问陈星初，陈说：谷有指示下来，要我们对湄潭一案，认真办理，不能草率，这样就可以拖下去了。果真，以后保安处就不十分审理此案了。一直拖到谷正伦退出贵阳的早晨，王陶薰等全部被放出为止，营救被捕青年的事，遂告结束。解放后证明这批人当中有几个是共产党员，其余都是和共产党员共事的人。除了李焯然解放后查明是叛徒被镇压外，这些人有的至今还在为社会主义建设服务。

34

以上是贵州民革地下工作的简略经过。此后由于西南民革和西南民盟协商调我们作贵州民盟地下工作，一直到贵州解放为止。工作经过将由另文记述。

20×20=400　　贵州省文化局

关于营救湄潭进步青年，略作补充。

正当地下党积极组织力量，开展工作的时候，湄潭国民党敌特分子，由于国民党军队在战场上节节失败，把这些从来被视为“危险分子”的人，认作是对他们的一种严重威胁，但又抓不住把柄，便散布许多谣言，企图迫使其暴露目标，好进行血腥镇压。地下党分子一面沉着冷静地坚守自己的公开职业，一面加紧秘密活动，为开展武装斗争准备条件。特务于四月二十六日晚十时许开始，迅速逮捕官伯庸、王陶薰、何少琦、广仲伦、张奚和、任传习、孔凤瑞、何有容、袁朴、卢仰柱等一大批进步青年，并经遵义押解到贵阳文昌阁监狱。

关于文昌阁监狱的状况，此批被逮捕的进步人士卢仰柱在《湄潭“四·二六”事件和文昌阁监狱记实》一文中写道：

这是座秘密监狱，不接见，不通信，只下午五点钟左右，按笼子顺序，每笼派两个人出去倒便桶。间或有几天，牢房里的人都可以在倒便桶时随同出去在院子里游动几分钟。这时，四周围墙上如临大敌地架着机枪，大家司空见惯，也就置若罔闻。监狱里只有极个别的人，通过特殊关系，以极其高昂的代价，有时才得以送点钱和物来。阁楼上和楼下右侧的一排矮房，都是审讯室，里面堆放着杠子、水壶、绳子、凳子、脚镣、手铐等刑具。无论白天夜晚，只要听着硬底皮鞋的笃笃声，就知道是特务来了。晚上十二点以前，是来提人审讯，被提的人就准备承受酷刑。十二点以后提去的人，一般都遭秘密杀害，关着的人，被摧残得面黄肌瘦，这是座暗无天日的人间地狱。[1]

经过吴雪俦先生的多方奔走，最终顺利救下大批青年地下党员，保留了革命的火种。

1　卢仰柱：《湄潭“四·二六”事件和文昌阁监狱记实》。中国人民政治协商会议湄潭县委员会文史资料征集办公室：《贵州省湄潭县文史资料·第5辑》，1988年7月。

二、宣传解放

关于民盟盟员在迎接中华人民共和国成立过程中所做的工作，《苗族抗日将领张吉坞》一文有载。

史料一 《苗族抗日将领张吉坞》

苗族抗日将领张吉坞

张吉坞，又名张先敏，苗族，1899年出生于贵州省台江县革东镇苗江寨。1919年考入上海体育专门学校，1921年毕业后从军，先后任湘军第六军参谋、支队长、团长，湘鄂军第一军第一师第二团团长。1926年参加北伐革命战争，先后在国民革命军任团长、军部副官长、少将副师长、军部参议、紫云县长、毕节专署参议、毕节镇雄赫章边区联合抗日指挥，1949年11月贵阳解放后任省民盟第一届委员、省政协第一届委员、省人民政府参事等职。

张吉坞在上海体育专门学校读书期间，正值国内军阀混战，孙中山领导的国民革命力量与北洋军阀作坚决的斗争。1921年他毕业后，经孙中山助手杨广堪介绍，在上海加入国民党，后又经国民党元老方声涛、许卓然两先生大力举荐，保送到北平中央陆军大学就读。当时军阀混战，民贫国弱，张吉坞立下誓言，一定要为国家的独立和自由奋斗不息，哪怕抛头颅洒热血。

1926年，张吉坞投身北伐革命战争。在一次次战斗中，他表现英勇，很快得到重用，在国民革命军第十军任二十九师第四团团长，1927年在徐州任第十军军部副官长，1928年至1929年任第十军第二十九师少将副师长。此时的张吉坞才30岁。1930年，他在上海经国民党中央执行委员柏文蔚、

1

陈嘉佑介绍，加入国民党改组派，并被派为代表回贵州策划毛光翔（时任贵州省政府主席）、王家烈（时任第九路军指挥、二十五军军长）反蒋。1930 年至 1931 年，他担任陆军第一方面军第三师少将师长，1932 年在福建漳州任第四十九军军部参议，1933 年至 1943 年先后在贵州任第二十五军军部参议、紫云县长、毕节专署参议，毕节、镇雄、赫章边区联合抗日指挥。由于对国民党政府不满，1941 年与双清、李超然、谭靖寰、赵德生、梁聚五等人组织大乘社，并成立慈善机构——民众救济会，一方面做民间慈善救济工作，另一方面以此作掩护从事反蒋活动。为追求革命真理，1946 年 3 月张吉坞受双清、李超然、梁聚五等推举，到重庆会见民盟总部负责人之一史良，经史良介绍加入民盟，并被派回贵州与双清等人发展贵州民盟。民盟被蒋介石政权宣布为非法组织后，民盟中央组织部长郭则沉到贵州，他被指派为民盟贵州筹委会宣传部长（双清为主任、梁聚五为组织部长），继续从事秘密反蒋的民主活动。

1949 年 2 月，黎又霖率谢泉鸣密往滇黔联络同志，暗中策动军事起义。3 月初，抵达贵阳市后，获悉国民党将位于大方县羊场坝的航空发动机制造厂迁往台湾，为保全国家财产物资，黎又霖赶紧取道滇黔边境联络盟员安问石和张吉坞，组织发动毕节、大定（现大方县）地方民众武装力量，阻止国民党将大定羊场坝飞机发动机制造厂迁往台湾。因厂里重要机械、图纸及技术人员早已迁走，行动未果。之后，黎又霖和张吉坞回到贵阳，一起策动王家烈起义（张吉坞曾是王的部下）。

贵阳解放前几天，卢焘（民国初期任黔军总司令、著名爱国人士）和张吉坞商量民众救济和迎接解放军进城的事，后因泄密，卢焘于 1949 年 11 月 14 日（贵阳解放前一天）被国民党杀害于贵阳二桥转弯塘。1949 年 11 月 15 日解放军进城，张吉坞带着民盟的几位同志上街张贴欢迎解放军的标语，一直从老东门贴到大十字、大南门，又在自家的大门口挂上红灯笼。晚上他们去慰问露宿街头的解放军官兵。

1957 年张吉坞被打成右派，有关负责人做他的思想工作，只要他在会上做检查就可以过关，但张吉坞拒不作自我检查。第二年，他被摘掉“右派”的帽子，政治名誉和职务得到恢复。轰轰烈烈的文革来到时，张吉坞所在的参事室瘫痪，他显得十分郁闷和不安。当时抄家之风盛行，为了不让红卫兵抄家，他把珍藏的扬州八怪之首金东心画的《六尺梅花中堂》和于佑任写给父亲的“诸葛一身惟谨慎，吕端大事不糊涂”的对联付之一炬。

张吉坞一生浩然正气，光明磊落，为中华民族的独立和自由奋斗不止。

3

而贵州解放时，吴雪俦先生亦是激动万分，以热情洋溢的笔触，写下了《庆祝贵州解放》一文，表达了民盟崇尚和平、崇尚安定的最强音。

史料二 吴雪俦：《庆祝贵州解放》

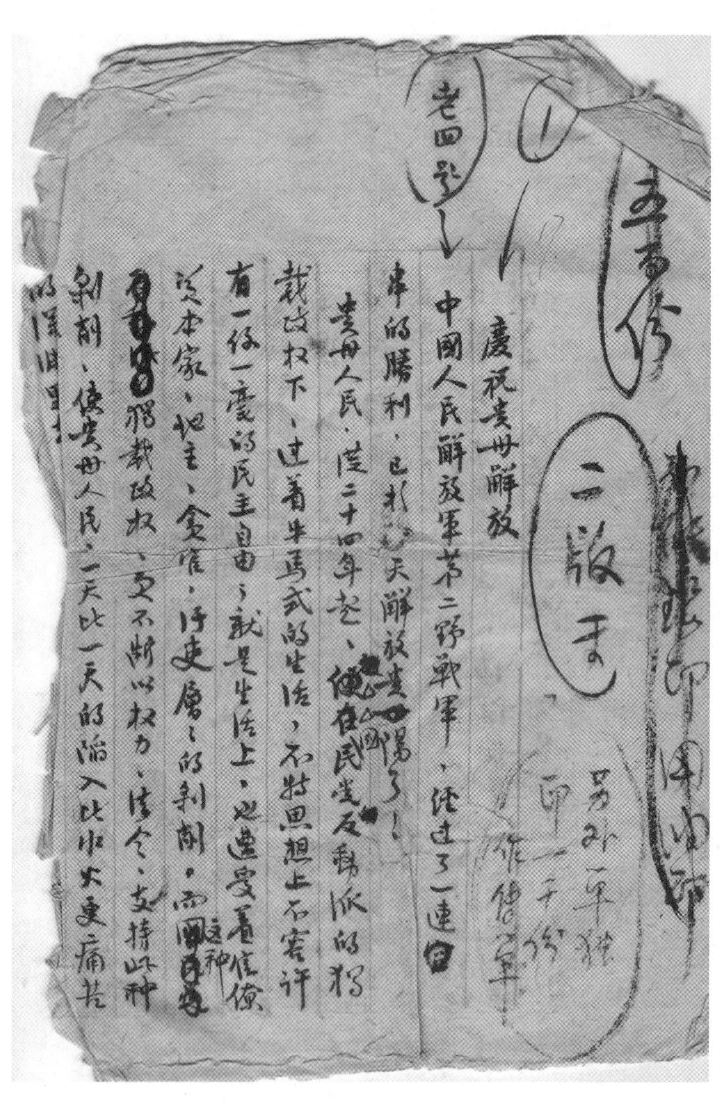

慶祝貴州解放

中國人民解放軍第二野戰軍，經过了一連串的勝利，已於[illegible]天解放貴陽了！貴州人民，從二十四年起，便在國民黨反動派的獨裁政权下，过着牛馬式的生活，不特思想上不容許有一絲一毫的民主自由，就是生活上，也遭受着官僚資本家、地主、贪官、汙吏層層的剝削。而國民黨這种獨裁政权，更不斷以权力、法令，支持此种剝削，使貴州人民，一天比一天的陷入比水火更痛苦的深淵里去

中國共產黨、中國民主同盟、以及其他民主黨派、在國民黨反動派獨裁政权的高壓環境下、不惜任何犧牲、攜起手來、大家向革命的道路上、一路前進。從民國十六年起、國民黨反動派獨裁領袖蔣介石、要想鞏固他的獨裁政权主張、首先從革命陣营中把最革命的友黨——中共、逼迫出去。從此以後、他便利用他的軍事武力、特務組織、[illegible]不完、以及一切傷天害理的手段、在中國民族中、清除最革命最优秀的份分子、不單是中共分子、又是一切有民主、自由的思想分子、都被一個一個的逮捕、屠殺、造成中國歷史上亙古未有的慘痛悲劇。

單拿貴州來說、從民國二十〇年起、國民黨反動派獨裁政權、就以壓迫其他地方的方法、施行於貴州、一方面剝削人民的脂膏、一方面禁錮人民的思想、在短々的一十四年內、人民的生活、一天比一天難過、人民的思想一天比一天退步、相反的、國民黨反動派獨裁政權的大小走狗們、則田地一天比一天加多、洋房一天比一天加高、黃金美鈔一天比一天加飽、對工的勢力、剝力日益膨脹、隨着年

属

等同志的牺牲，一天比一天厉害。独裁政权者，在二十四年的过程中，没有一天不是喝的贵州人民的血，吃的贵州人民的肉，把贵州人民的头颅，筑成他们的宝座，豪华的统治贵州人民，奄奄一息，已近于全部死亡边沿了。

中国人民解放军，是人民自己的军队，在人民一致的要求觉悟下，大胆挺进，不到两年，便把国民党反动派的独裁政权，完全推倒。中国人民解放军，因为是人民自己的军队，所以纪律非常严明，不要取人民一丝一毫的东西，不以疾言厉色对付老百姓、相反的是以全力帮助人民解除痛苦、剥除一切为害人民的行为。贵州在今天解放、较之全国其他先解放的地区、固然感觉已迟、但较之尚未解放的地区、则聊可以自慰了。

贵州民主同盟省支部、过去在国民党反动派独裁政权的压迫下、虽然受尽种种危险、困难、但从未放弃本身应作的工作。我们的同志、被反动派政权的特工组织、跟踪、逮捕、为数不少、但我们的革命精神、从未因而畏缩、我们与共产党同志向、为着革命所采行的道路、从未一日间断。我们很

由的思想言论、都被一個一個的逮捕、屠殺、造成中國歷史上亙古未有的慘烈悲劇。單拿貴州來說、從民國二十四年起、國民黨反動派獨裁政权、就以壓迫其他地方的方法、施行於貴州、一方面剝削人民的膏脂、一方面禁錮人民的思想、在短短的十四年內、人民的生活、一天比一天難过、人民的思想一天比一天退步、相反的、國民黨反動派獨裁政权的大小走狗們、則田地一天比一天加多、洋房一天比一天加高、黃金美鈔一天比一天加鉅、對工的勢力、剝力日益[illegible]、隨着革

【释文】

庆祝贵州解放

吴雪俦

中国人民解放军第三野战军，经过了一连串的胜利，已经□天解放贵阳了！贵州人民，从民国二十四年起，便在国民党反动派的独裁政权下过着牛马式的生活，不独思想上不容许有一丝一毫的民主自由，就是生活上，也遭受着官僚资本家、地主、贪官、迂吏层层的剥削。而这种独裁政权，更不断以权力、法令支持此种剥削，使贵州人民，一天比一天的陷入比水火更痛苦的深渊。

中国共产党、中国民主同盟，以及其他各民主党派，在国民党反动派独裁政权的高压环境下，不惜任何牺牲，携起手来，大家向革命的道路上，一致前进，从民国十六年起，国民党反动派独裁领袖蒋介石，要想贯彻他的独裁政权主张，投身于革命阵营中，把最革命的友党——中共，逼迫出去，从此以后，他便利用他的军事武力、特务组织、□家分统，以及一切伤天害理的手段，在中华民族中，清除最革命最优秀的分子，不单是中共分子，凡是一切有民主、自由的思想分子，都被一个一个的逮捕、屠杀，造成中国历史上亘古未有的惨烈悲剧。

单拿贵州来说，从民国二十八年起，国民党反动派独裁政权，就以压迫其他地方的方法，施行于贵州，一方面剥削人民的脂膏，一方面禁锢人民的思想，在短短的一十四年内，人民的生活，一天比一天难过，人民的思想一天比一天退步，相反的，国民党反动派独裁政权的大小走狗们，则田地一天比一天加多，洋房一天比一天加高，黄金美钞一天比一天加巨，特工的势力，刺刀的血腥，随着革命同志的牺牲，一天比一天厉害。独裁政权者，在一十四年的过程中，没有一天不是喝的贵州人民的血，吃的贵州人民的肉，把贵州人民的头颅，筑成他们的宝座，无辜纯良的贵州人民，奄奄一息，已迈于全部死亡边沿了。

中国人民解放军，是人民自己的军队，在人民一致的要求愿望下，大肆挞伐。不到两年，便把国民党反动派的独裁政权，完全打倒。中国人民解放军，因为是人民自己的军队，所以纪律非常严明，不要取人民一丝一毫的东西，不以疾言厉色对付老百姓。相反的更以全力帮助人民解除痛苦，铲除一切危害人民的行为。贵州在今天解放，较之全国其他先解放的地区，固然感觉已迟，但较之尚未解放的地区，则颇为引以自慰了。

贵州民主同盟省支部，过去在国民党反动派独裁政权的压迫下，虽然受尽种种危险、困难，但从未放弃本身岗位的工作。我们的同志，被反动派政权的特工监视、跟踪、逮捕，为数不少，但我们的革命精神，从未因而畏缩。我们与友党同志间，为着革命所采行的道路，他从未一日间断。我们很欣幸，我们的工作，终竟能与友党的同志，共同目观其成功。但我们也惭愧，我们未能早日推翻贵州的独裁政权，使贵州人民，早离脱水深火热的痛苦。今天贵州解放了，不单是贵州一千一万人的幸福，也是中国革命史上，贵州的新世纪。

我们庆祝贵州解放，我们高呼中国人民政府万岁！

中国人民解放军万岁！贵州人民解放万岁！

民主同盟贵州省支部制

第二章 贵州民盟组织的建立及发展

中华人民共和国成立以后，我国民主党派作为人民民主统一战线的成员，为适应形势发展的需要，在中国共产党的指导和帮助下，努力加强自身建设，在组织上获得了较大发展。

中华人民共和国成立之初，各民主党派普遍存在组织不纯和领导机构不健全的问题。例如，南京解放时，民革就出现9个市级组织各不相属的情况。农工党在南京也出现了2个市级组织成员十分复杂的情况。这些情况同民主党派在新中国的地位和所担负的政治任务极不相称。为此，1949年底和1950年，各民主党派相继召开了各自的全国性的会议，确定今后的方向和任务。经会议讨论，各民主党派做出决议，进一步明确宣布接受中国共产党的领导，放弃他们原来制定的旧政治纲领，把《共同纲领》当作各自的政治纲领。各民主党派还作了清理整顿的决议，要求把那些混进民主党派组织的反革命分子和政治面目不清的人清除出去，把领导机构健全起来，在各级地方领导机关尽可能做到：左派加中间偏左的分子占优势，同时包括一批中间分子和少数在社会上有影响的右翼分子。

1949年11月15日至12月20日，民盟一届四中全会扩大会议在北京举行。会议通过了《中国民主同盟四中全会扩大会议政治报告》和《中国民主同盟四中全会扩大会议盟务研讨总结报告》。会议比较正确地总结了民盟走过的道路和历史经验，客观地分析了民盟存在的中间路线思想。会议指出，此种思想不仅三中全会以前有，三中全会以后也还在个别盟员中或多或少地存在着，并对此提出了善意的批评。会议修改了民盟的章程，停止中国民主同盟原来的纲领；郑重宣布接受《中国人民政治协商会议共同纲领》，并确定它为民盟的纲领。民盟的政治报告指出：民盟的方针是，“在中共领导下，实现共同纲领，巩固人民民主专政的政权，以从事于新民主主义的建设，而为人民服务”。总结报告号召“全盟同志应该涌起一个学习毛泽东思想的运动”。民盟四中全会扩大会议，在民盟历史上是一次承上启下的重要会议，总结了民盟过去一段历史的经验教训，在接受中国共产党领导方面由不自觉到自觉。这次会议为全盟接受共产党的领导奠定了牢固的思想基础。

民盟一届四中全会扩大会议确定的清除对象主要是5种人：（一）过去和现在的特务分子；（二）反苏、反共、反人民者（包括土改的在内）；（三）过去的反动党、团、军、警、宪及为旧伪机关服务罪恶昭著而无主动赎罪表现者；（四）过去作恶多端为人民所痛恨者；（五）贪污腐化者。

各民主党派结合土地改革和其他社会改革，对本组织进行了清理整顿，健全了各级领导班子，为参加新中国建设和自身发展，在组织上创造了必要的条件。

第一节 盟务整理

当时民盟西南总支部负责人为楚图南，民盟中央组织部与楚图南及有关方面根据民盟中央在北京召开的民盟四中全会扩大会议精神研究决定，派唐弘仁赴贵州整理盟务，同时又派梁聚五为指导员。当时民盟中央确定的组织整理原则是：“政治上严肃，组织上从宽。”“一致接受，统一整理。”民盟中央指示：贵州民盟清理整顿工作在民盟西南总支部直接领导下进行，清理整顿工作必须接受当地中共党委的领导，与中共贵州省委统战部取得密切联系，依靠中共组织的领导与支持做好这一工作。唐弘仁到贵州后，立即与中共贵州省委统战部取得联系，拜访了当时中共贵州省委会政委兼统战部部长苏振华，统战部副部长赵欲樵、惠世如以及贵州社会各界的一些知名人士。在民盟内部，首先向双清传达了民盟总部西南总支部关于整顿组织的决定，并商谈如何开展这一工作。接着又分别与吴雪俦、张吉坞、赵自如等传达了民盟中央的指示、民盟上级清理整顿组织的原则与要求，并多次交换了意见。

贵州的盟务整理工作历时7个月，从1950年8月开始。根据民盟中央确定的组织整理原则，整理的方式，一是通知盟员登记，二是对登记者进行组织审核，当时贵州"旧盟""新盟"共发展了156人，来登记的有102人，经过政治审查，81人（也有文件说是83人）正式取得盟籍。与此同时，组织开展各类学习活动，团结依靠盟员中的骨干，化解"旧盟""新盟"成员之间的矛盾，提高盟员的政治素质，为成立组织做准备。清理整顿工作开展后，经过反复酝酿协商，提出民盟贵州省支部临时工作委员会名单，双清、唐弘仁、吴雪俦、刘映芳、缪象初、张吉坞、杨伯瑜、丁道谦、肖孝成9人为委员。由双清任主任委员。建立了办事机构，选出了各部室的负责人，由丁道谦、朱梅麓分管秘书处，唐弘仁、刘映芳、缪象初分管组织工作，潘咏笙、李羽如分管宣传工作，翁祖善分管学习工作，杨伯瑜、肖孝成等分管联络委员会的工作。

1951年3月，盟务整理工作结束。经民盟中央批准，于1951年5月24日正式成立了民盟贵州省临时工作委员会兼民盟贵阳市临时工作委员会。

1954年5月，经民盟中央同意，召开了第一次代表大会，正式成立民盟贵州省委。之后，贵州民盟组织走上正规，到"文革"开始，民盟贵州省委先后召开了5次代表大会，先后产生了一、二、三届委员会。

由于这一部分的资料比较完整，编者分为四个方面来整理。一是盟务整理；二是民盟贵州省支部临工会成立；三是第一次代表大会召开，民盟贵州省委成立；四是第二至第五次代表大会。

在这一部分中，整理盟务和临时工作委员会时期的资料是重点，编者仍以原件影印的方式展现，如民盟西南总部《决定整理贵州盟务人选通知》《通过盟籍盟员名单》《盟员登记表》《盟员情况调查表》以及临工委时期领导班子名单等，并摘录当时整理工作的负责人唐弘仁等人给西南总支部的多份报告等。对各次代表大会的资料则主要采取摘录、串写的方式。

史料一 《贵州盟务概况资料》（部分）

中华人民共和国成立初期，全国各地民盟团体都不同程度面临着组织松散、各自为阵等诸多问题。对于贵州来讲，更有着特殊的现实状况。1953 年 4 月 27 日的《贵州盟务概况资料》中谈到当时的情况云：

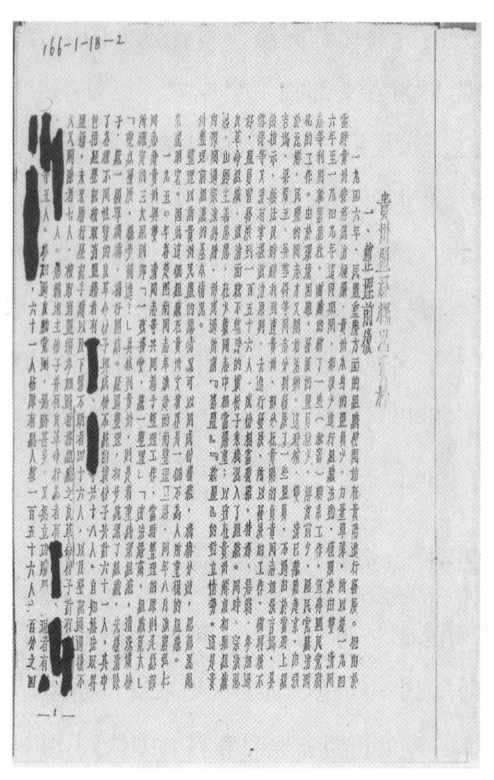

【释文】

贵州盟务概况资料（部分）

一九四六年，民盟重庆方面的组织便开始在贵阳进行发展。但由于当时贵州特务统治极严，贵州本身的盟员少，力量单薄，所以从一九四六年至一九四九年这段期间，都很少进行组织活动，仅限于由双清同志等利用秘密结社，断续的做了一些（秘密）联系工作，宣传国民党腐化的工作。由于环境困难，发展的盟员极少，解放前夕，国民党通知濒于瓦解，民盟的同志才又开始活动。这时候，双清已离黔赴京，由张吉坞、梁聚五、吴雪俦等同志分别发展了一些盟员，不过由于当时上级的指示，无法及时顺利到达贵州。部分在贵阳的负责同志如张吉坞、吴雪俦等又没有掌握政治原则，去进行发展，所以发展的工作，做得很不好，盟员曾发展到一百五十六人，成分相当复杂，特务、恶霸、参加过反革命组织、政治面貌不干净的坏份子乘机混入了组织。同时，宗派思想，山头主义思想，在少数同志中相当严重；以致在贵州初期组织内部闹过宗派纠纷，形成过所谓“旧盟”“新盟”的对立情势。这是贵州整理前组织的基本情况。整理以前贵州民盟的总情况可以用成分复杂、机构分歧、思想混乱来说明它。因此这个组织在贵州文教界是一个不为人所重视的组织。

因此，在民盟中央的号召、组织和领导下，贵州民盟也开展了轰轰烈烈的盟务整理工作。关于这项工作的经过，《中国民主同盟贵州省支部一九五一年上半年工作总结》在“整理工作经过及检讨”部分有详细阐述：

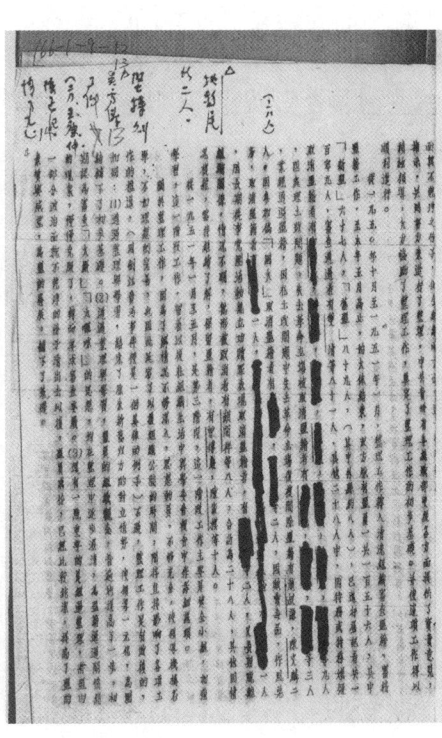

【释文】

一九五〇年八月，西南特派员楚图南同志派唐弘仁来贵州处理盟务，如果以一九五一年五月二十日贵州支部临时工会正式成立为整理工作正式结束，则整理期间一共是九个多月，这一段工作分了三个时期来说明，一九五〇年八月到九月为第一个时期，这一时期的工作中心主要是了解情况，协商名单，这一阶段的工作，方针与重点是根据总部及楚图南同志之指示……面貌不干净之分子，保全……指示，共同努力来进行整理，中共贵州省委统战部更从各方面提供了宝贵意见，积极领导，大力协助了整理工作，奠定了整理工作的初步基础，并使这项工作得以顺利进行。

史料二 唐弘仁：《贵州盟务整理工作报告》

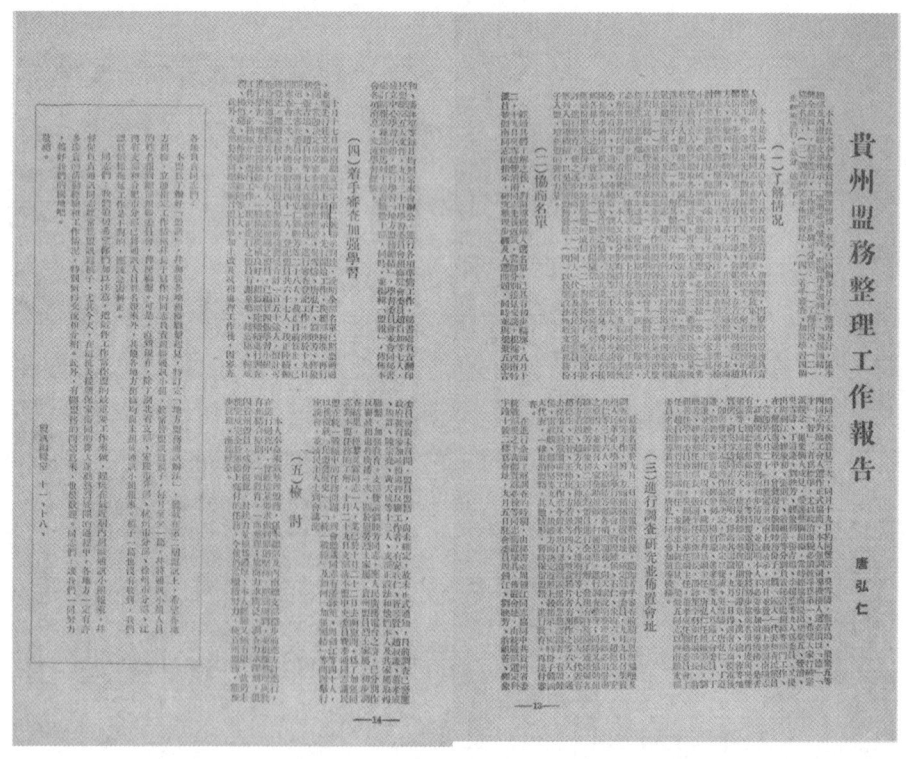

貴州盟務整理工作報告

唐弘仁

（一）了解情況

（二）協商名單

（三）進行調查研究並佈置會址

—13—

（四）着手審查加強學習

（五）檢討

—14—

史料三 盟务整理工作通知

唐弘仁在西南总支要求和征求多方意见的基础上，去伪存真，并报给西南总支同意，“决定以双清、吴雪俦、唐弘仁、丁道谦、刘映芳、张吉坞、缪象初、杨伯瑜、肖孝成等九人为临工会委员；丁道谦兼秘书处主任，周剑江、欧阳芳舟为副主任；唐弘仁任组织部长，刘映芳、缪象初任副部长；张则平任宣传部长，潘泳笙、李羽如任副部长；翁祖善任学习委员会主任，吴嗣陵、张少华任副主任；肖孝成任联络委员会主任，赵自如、周哲生任副主任”“梁聚五同志以西南总支部委员会名义指导贵州盟务”。贵州民盟以此名单，于9月3号发电报至西南总支。9月27日，西南总支根据贵州实际情况，最终下发组织任命情况，并敦促贵州按照规定和决议开展盟务整理工作。通知如下：

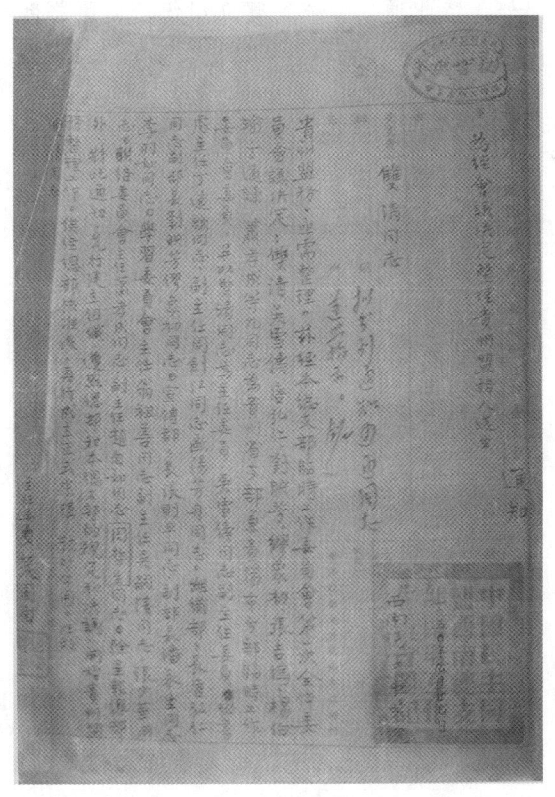

【释文】

通知

贵州盟务，亟需整理。兹经本总支部临时工作委员会第一次全体委员会议决定：双清、吴雪俦、唐弘仁、刘映芳、缪象初、张吉坞、杨伯瑜、丁道谦、萧孝成等九同志为贵州省支部兼贵阳市分部临时工作委员会委员，并以双清同志为主任委员，吴雪俦同志副主任委员，秘书处主任丁道谦同志，副主任周剑江同志、欧阳芳舟同志。组织部部长唐弘仁同志，副部长刘映芳、缪象初同志。宣传部部长张则平同志，副部长潘永生同志、李羽如同志。学习委员会主任翁祖善同志，副主任吴嗣陵同志、张少华同志。联络委员会主任萧孝成同志，副主任赵自如同志、周哲生同志。除呈报总部外，特此通知，先行建立组织，遵照总部和本总支部的规定和决议，开始贵州盟务整理工作。俟经总部核准后，再行成立正式机构，对外公开。

此致

主任委员楚图南

第二节 “临工会”

一、成立情况

中国民主同盟西南总支部临时工作委员会，是1950年5月20日在重庆成立的。贵州方面，在经过7个月的盟务整理之后，盟员盟籍澄清，领导人员职责明确，政治理念坚定，故而在1951年5月24日成立了“贵州省支部暨贵阳市分部临时工作委员会”，简称“临工会”，地址在贵阳市阳明路（后迁正新街）。成立当天，贵州省党、政、军领导及各界来宾莅临祝贺者达190余人。经民盟总部批准，临工会由委员九人组成，由双清任主任委员。当时有报纸曾报道成立大会上党、政、军领导同志的致词，“一致认为民盟贵州省支部临时工作委员会的成立，象征着贵州人民进一步的团结和人民民主专政的更加巩固”。

中华人民共和国成立初期，民盟各级组织主要担负两项工作任务：一是参加政治运动，二是参加国家文教建设工作。因此，当时民盟组织发展的方针，有一条是“以文教界的知识分子为主”。临工会坚持从工作需要出发，在组织发展中确守这一方针，调查分析了贵阳地区文化、教育两界适合于民盟发展的对象的情况，确定了以先在教育界发展为主，着重在对象比较集中的学校发展的方针。所以，贵阳的民盟成员多为高等院校及中小学的教师。入盟时间多在1952年、1953年，即教师思想改造的前后。中共贵州省委积极支持民盟发展，省委统战部长惠世如，文教接管部部长申云浦、处长黄颖等领导同志，都曾在教师中做过动员参加民盟的工作。

史料一 《新黔日报》刊文《中国民主同盟贵州省支部临时工作委员会成立》

新黔日報

我外交部發言人發表談話

我省七個月來的鎮壓反革命工作

受到群衆熱烈歡迎

中國民主同盟貴州省支部臨時工作委員會正式成立

【释文】

中国民主同盟贵州省支部临时工作委员会正式成立

【本报讯】中国民主同盟贵州省支部临时工作委员会已于本月二十日正式宣告成立，并于是日假贵阳电厂礼堂举行成立大会，各机关、团体首长及各界来宾前往祝贺者共一百九十余人。大会于上午十时开始，首由该会主任委员双清讲话。他简单地介绍了贵州民主同盟发展及整理的经过后，着重指出该会的成立，是由于中国共产党贵州省委会的积极协助。双主任继续谈到该支部今后要在文教界发展组织，以小资产阶级的知识分子为发展的主要对象。他并号召全体盟员积极参加本省当前以土地改革为主流的三大任务，为建设新民主主义的新中国而奋斗。接着，该会委员兼组织部长唐弘仁报告了中国民主同盟的历史及发展组织方针，并指出："民主同盟当前的任务，就是在中国人民领袖毛主席领导下，与各民主党派分工合作，为彻底实现共同纲领、完成反帝反封建的革命任务而努力"。在大会进行中，有中国共产党贵州省委员会统一战线工作部惠世如第二副部长、军区干部管理部王乐亭副部长、省人民政府徐健生秘书长、贵阳市人民政府杜恩训副市长代表各机关及各该机关首长向大会致词，一致认为民主同盟贵州支部临时工作委员会的成立，象征着我全省人民更进一步的团结和人民民主专政的更加巩固，希望今后各民主党派、各民主阶层更加团结，为完成我省当前以土地革命为主流的三大任务而奋斗。此外，各界来宾丁道衡、李侠公、田君亮、汪行远、欧百川、华问渠、陈纯斋、贾仁华、陈明敏等十八人均先后向大会致辞祝贺。大会于下午三时在热烈、和谐、兴奋的气氛中结束。大会并于同日发出了向毛主席、省人民政府杨主席、民主同盟总部张澜主席、西南总支部楚南图主任委员、中国人民志愿军等致敬电及慰问死难烈士家属电。

按：该支部临时工作委员会以双清、唐弘仁兼组织部长，李超然任宣传部长，翁祖善任学习委员会主任，杨伯瑜兼联络委员会主任。

史料二　相关文件及通知

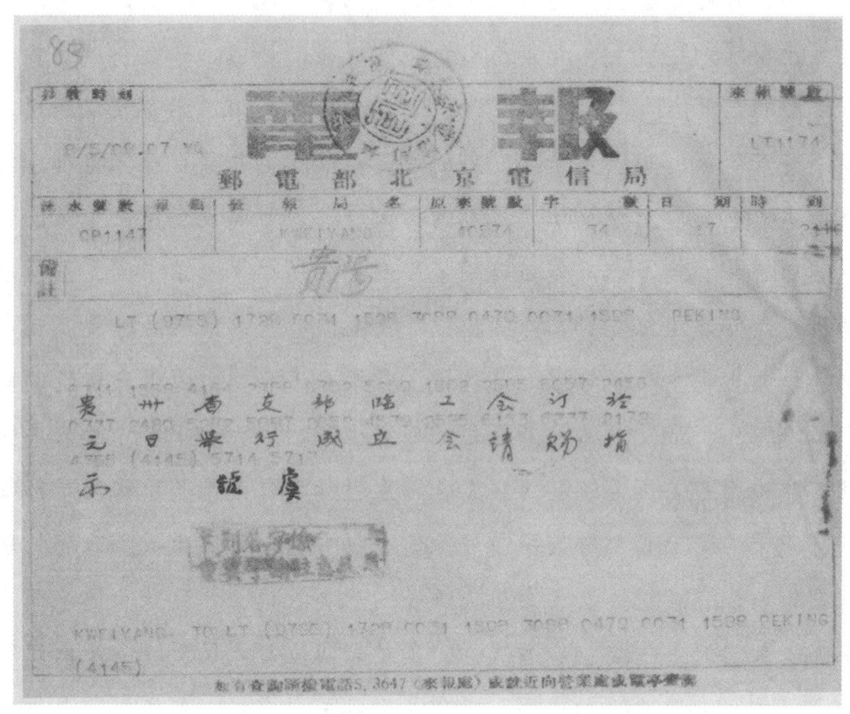
電報

郵電部北京電信局

贵州省支部临工会订於元旦举行成立会请赐指示

KWEIYANG

中國民主同盟總部收文摘由箋

編號	收文日期	類別	來文機關	摘由
收文第1752號	1951年5月9日	電报	本盟贵州省支部	訂於元日舉行成立會請賜指示

擬辦

校辦

備註

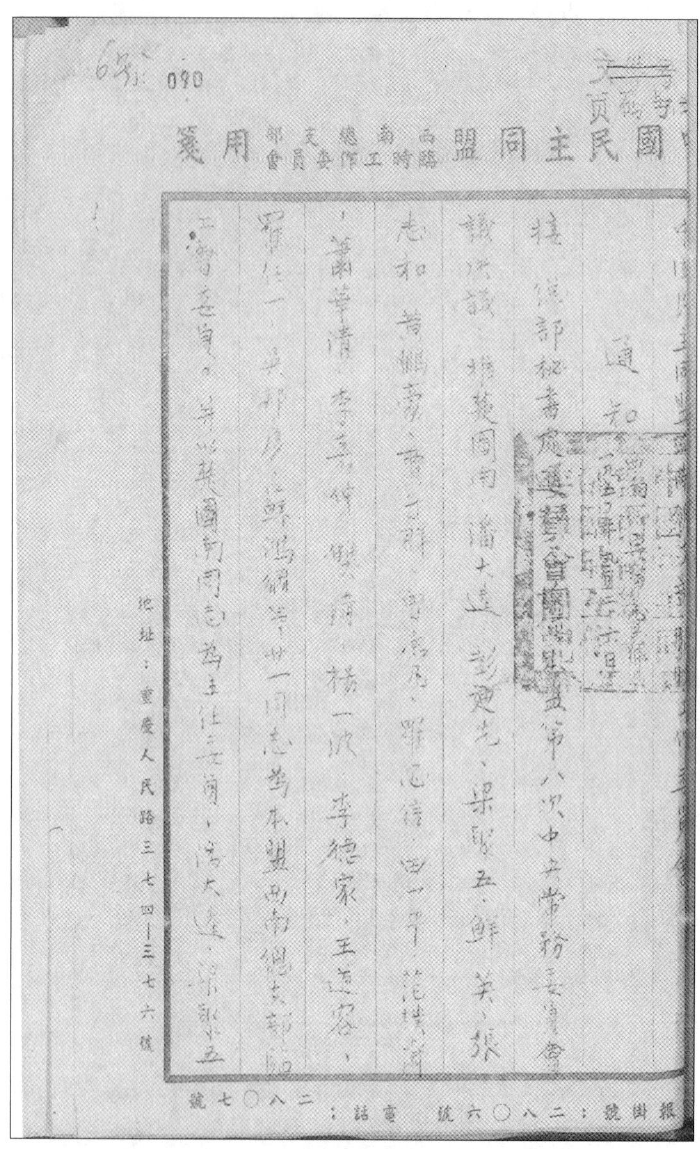

中國民主同盟西南總支部臨時工作委員會用箋

通知

接總部秘書處[illegible]第八次中央常務委員會議決議，推楚圖南、潘大逵、彭迪先、梁聚五、鮮英、張志和、黄鶴[illegible]、曹[illegible]群、[illegible]、羅[illegible]信、田一平、范樸齋、蕭華清、李嘉仲、[illegible]、楊一波、李德家、王道容、羅任一、吳邦修、鮮鴻鋼等卅一同志為本盟西南總支部臨工會委員。並以楚圖南同志為主任委員，潘大逵、梁聚五

地址：重慶人民路三七四—三七六號

報掛號：二八〇六號　電話：二八〇七號

成立后，经报请民盟西南总支部临工会，任命贵州梁聚五为副主任委员，双清为委员，丁道谦为文教委员会委员。编者找到当时任命贵州梁聚五为副主任委员，双清为委员的通知如下：

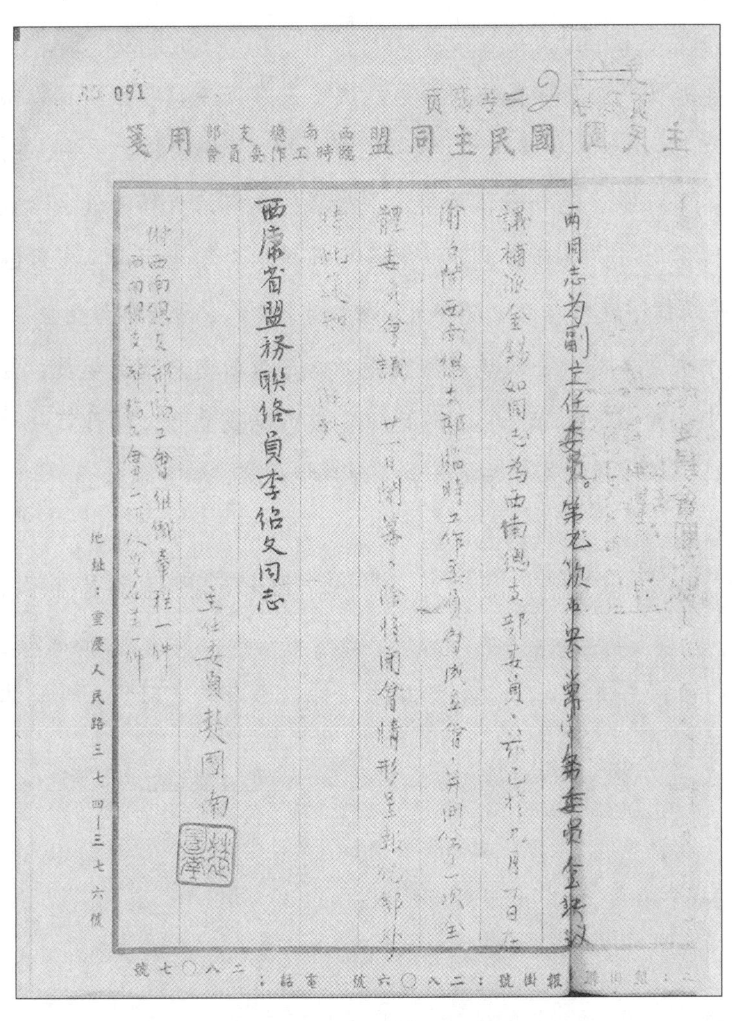

中國民主同盟西南總支部臨時工作委員會用箋

兩同志為副主任委員。第七次中央常務委員會決議補派金鋕如同志為西南總支部委員、亦已於九月廿日在渝召開西南總支部臨時工作委員會成立會，并同時召開第一次全體委員會議，廿一日閉幕，除將開會情形呈報總部外，特此通知。此致

西康省盟務聯絡員李紹文同志

主任委員楚圖南

附西南總支部臨工會組織章程一件

西南總支部臨工會工作人員名單一件

地址：重慶人民路三七四—三七六號

報掛號：二八〇六號　電話：二八〇七號

【释文】

中国民主同盟西南总支部临时工作委员会通知

一九五〇年九月二十六日

接总部秘书处中国民主同盟第八次中央常务委员会议决议，推楚图南、潘大逵、彭迪先、梁聚五、鲜英、张志和、黄鹏豪、贾子群、曾庶凡、罗忠信、田一平、范朴斋、萧华清、李嘉仲、双清、杨一波、李德家、王道容、罗任一、吴邦彦、苏鸿纲等一批同志为本盟西南总支部临工会委员。并以楚图南同志为主任委员，潘大逵、梁聚五两同志为副主任委员。第九次中央常务委员会决议补派金锡如同志为西南总支部委员，兹已于九月廿十在渝召开西南总支部临时工作委员会成立会，并开第一次全体委员会议，廿一日闭幕，并将开会情形呈报总部，特此通知。

此致

西康省盟务联络员李绍文同志

主任委员楚图南

附：西南总支部临工会组织章程一件、西南总支部临工会全体人员名单一件

任命丁道谦为文教委员会委员的通知如下：

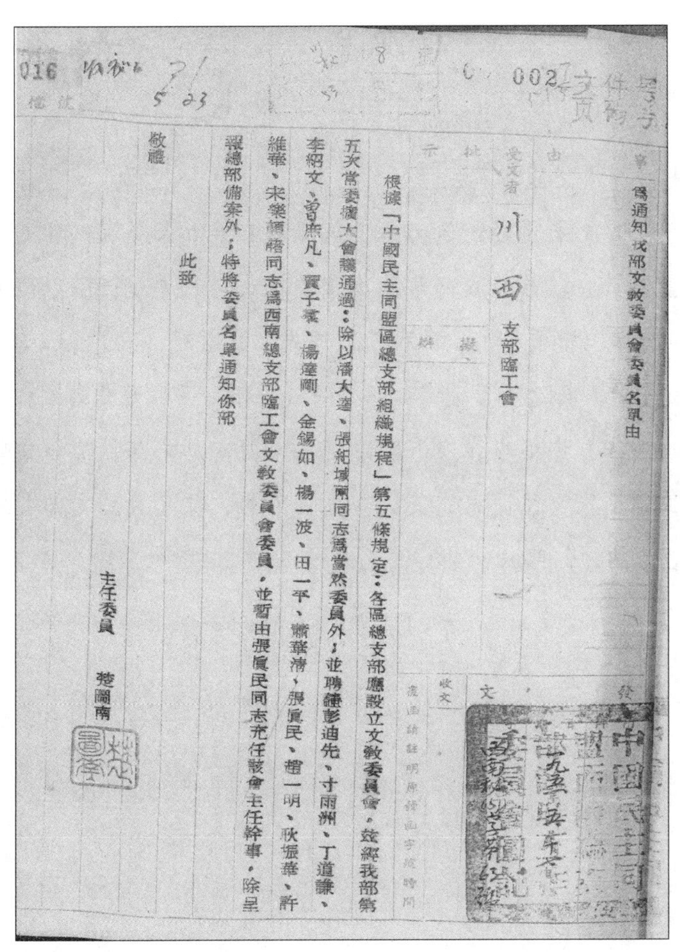

事由：為通知我部文教委員會委員名單由

受文者：川西支部臨工會

根據「中國民主同盟區總支部組織規程」第五條規定：各區總支部應設立文教委員會，茲經我部第五次常委擴大會議通過：除以潘大逵、張紀域兩同志為當然委員外；並聘請彭迪先、寸雨洲、丁道謙、李紹文、曾庶凡、賈子羣、楊達剛、金錫如、楊一波、田一平、蕭華清、張眞民、趙一明、秋振華、許維華、宋榮顏諸同志為西南總支部臨工會文教委員會委員，並暫由張眞民同志充任該會主任幹事，除呈報總部備案外；特將委員名單通知你部

此致

敬禮

主任委員 楚圖南

【释文】

通 知

事由：为通知我部文教委员会委员名单由。

受文者：四川支部临工会。

根据《中国民主同盟区总支部组织规章》第五条规定：各区总支部应设立文教委员会。兹经我部第五次常委扩大会议通过；除以潘大逵、张纪域两同志为当然委员外，并聘任彭迪先、寸雨洲、丁道谦、李绍文、曾庶凡、贾子群、杨达刚、金锡如、杨一波、田一平、萧华清、张真民、赵一明、耿振华、许维华、宋乐颜诸同志为西南总支部临工会文教委员会委员，并暂由张真民同志充任该会主任干事，除呈报总支部备案外，特将委员名单通知你部。

此致

敬礼

主任委员：楚图南

二、组织建设

按民盟总部要求，贵州民盟在中华人民共和国成立初期即暂停吸收新盟员，集中力量开展组织上的清理整顿工作。1951年底，民盟中央召开了全国组织宣传工作会议，明确提出："组织工作，以发展为主，继续巩固组织，质量并重。"贵州民盟根据民盟中央会议精神，以文教为主、中上层为主，巩固与发展相结合，积极发展成员。从1951年三季度起，在贵阳地区恢复组织发展工作：1951年，原贵州大学成立民盟小组；1952年10月，贵阳师范学院成立了民盟支部；此后又陆续在贵州各大中小学和教育部门建立了民盟组织；1952 年，开始到遵义市发展，并筹建了民盟遵义市分部筹备委员会。

临工会时期的组织发展工作，遵循以下几条原则开展：

（一）坚持从工作需要出发，坚持执行民盟的“以大中城市为主，以文教界为主，以中上层知识分子为主”的组织发展方针。依据组织发展方针，临工会的发展工作首先从当时贵州仅有的三所大学（贵州大学、贵阳师范学院、贵阳医学院）及贵阳一中、女中、农校、工校等几所重点中学和专科学校开始。到 1954 年 5 月民盟省委一大召开时，全省已有盟员 289 人（贵阳地区 252 人，遵义市 37 人），其中文教工作者 231 人，占总数的 80%，大大改变了临工会成立时文教界盟员仅占 19.3% 的组织状况。此时，下属组织有遵义市分部 1 个， 基层组织（区分部和小组）共 16 个。

（二）坚持依靠中共贵州省委以及有关党组织的支持和帮助。由于临工会成立前文教界盟员的比例少，因而民盟在当时贵州文教界的影响也不大。鉴于此，中共贵州省委统战部和省文教厅有关组织出面，大力协助临工会做组织发展工作。

（三）坚持按民盟总部规定的入盟手续办事。其中主要手续有以下几个方面：1. 对准备发展的对象必须进行考察了解。2. 申请入盟人员必须详填入盟申请表。3. 严格逐层审批手续。当时，民盟总部规定对新盟员盟籍的核定（即审核批准）统一由省级盟组织进行，省以下市、县组织无核定权。4. 举行入盟宣誓。这是当时入盟的最后一道手续，在民盟堂部同意备案后分批举行，并由民盟西南总支派员监督。临工会在 1952 年底以前，曾分 3 批举行过入盟宣誓典礼。

（四）坚持发展与巩固相结合。1952 年末全省盟员达 244 人。临工会从 1953 年起即着重进行组织巩固工作，放慢组织发展步伐。1954 年民盟贵州省委一大召开时，全省共有盟员 289 人，临工会 3 年时期内，前一年半发展了169人，后一年半仅发展40余人。临工会以抓健全领导机构和健全基层组织为中心，对盟员加强思想政治教育，发挥组织作用。积极筹备召开民盟贵州省第一次代表大会，正式选举产生新的领导班子；同时，加强对基层组织的领导，改变临工会领导和干部作风，健全专职干部下区、组联系工作和汇报工作的制度，促进临工会面向基层，为基层工作服务。

史料一 《中国民主同盟贵州省支部临工会一九五一年组织计划工作要点》

临工会成立之后，随即撰写了一份《中国民主同盟贵州省支部临工会一九五一年组织计划工作要点》，这个规划分为整理工作、发展组织、干部问题、其他问题四项，核心内容都是围绕着巩固组织的目标开展的：

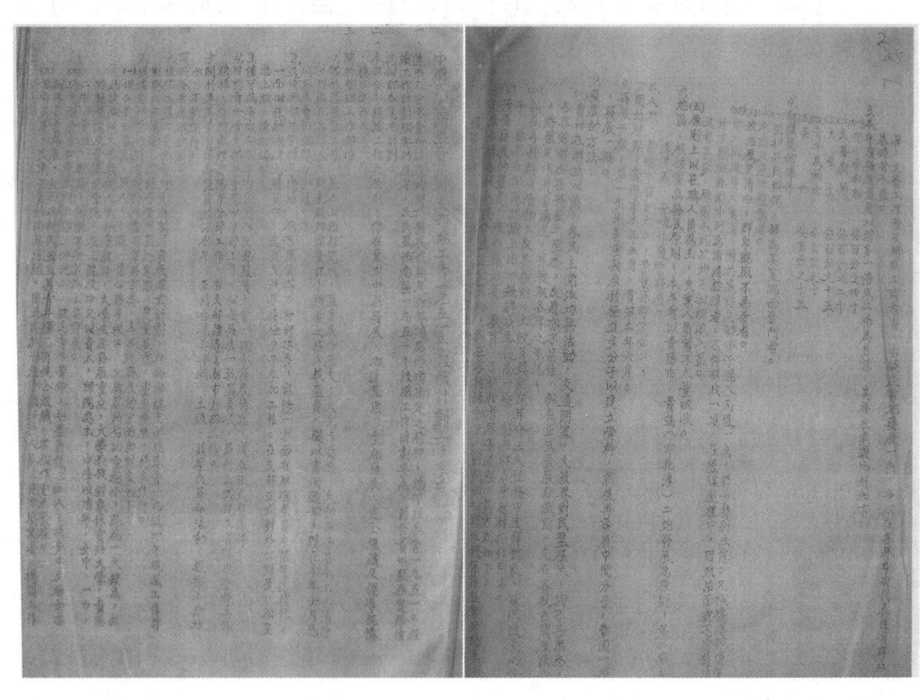

【释文】

中国民主同盟贵州省支部临工会一九五一年组织计划工作要点

一、关于整理工作部分

（一）审核旧盟盟员工作，基本上已经完成，盟员成分历史，大体已明了，反动分子基本上已清除。散处在各县未及时来筑办理登记手续者之极少数盟员，拟以书面通知，限在本年六月底以前来会办理登记手续。

（二）选拔干部领导□□，原有盟员得力干部不多，故除一方面在原有盟员中尽量选拔外，一方面拟在新吸收之盟员中，选拔文教界积极分子参加工作，在支部正式对外公开后，拟呈准上级，增加编制。

（三）尽可能争取在本年内召开本支部盟员大会，配合发展情况，成立正式省支部。

（四）目前贵州省支部即贵阳市分部工作，拟在发展一批盟员后，另行正式建立贵阳市分部工作机构，专门处理贵阳市分部工作，省支部领导各县市分部工作。

（五）关于通过学习提高盟员政治水平，正结合抗美援朝、土改、镇压反革命活动，根据上级指示，不断进行。

二、关于发展组织方面

（一）根据民盟中央六中全会所□□关于发展组织计划，及西南总支部组委会一九五一年组织工作计划安排的规定，并结合贵州盟务实际，质量并重，重点发展，□多进行。

（二）根据贵州盟员现有成分及当前实际需要，本年度发展的方面和对象如下。

1. 现有贵州盟员，军人、小商、旧公务员较多，文教界所占比重较小，此为一大缺点，故此次拟以大学教授、中小学教师、大学生为发展重点，大学教授对象系贵州大学，贵阳师范学院及贵阳医学院，在三院校中又以贵大、师范为主，中学以清华、女中、一中、二中、□初，程□，□□□□成为主要对象。

2. 现有盟员在四十岁以上占三分之二，缺乏青年骨干，女盟员仅三四人，故青年及妇女亦拟作适当发展，□□为新民主主义青年团□有健全组织，不拟作重点发展。

3. 目前民革、民建在贵州尚无组织，因此民族资产阶级教授人员，自由职业者，机关工作者，文艺工作者及开明工商业者，亦拟适当地发展一些，争取在各界中有代表有群众基础者入盟。

（三）本年度发展盟员以增多一倍或二倍为目标，其发展数额比例如下：

1. 中小学教师　　占百分之四十

2. 大学教授　　占百分之二十

3. 大学生　　　　占百分之十五

4. 青年及妇女　　占百分之十

5. 其他　　　　　占百分之十五

（四）新盟员的条件

1. 拥护共同纲领，愿为其实现而奋斗者。

2. 承认并遵守盟章者。

3. 政治历史清白，群众观感不恶劣者。

4. 贵州为匪特大巢窟，对于严防反动分子混入民盟一点，将予特别注意。又根据总支部规定地方盟务总结中列为清洗标准者，不得吸收一项，在整理过程中，因政治面貌不清被清洗者甚多，原则上此次均不拟吸收入盟。

5. 原则上以在职人员为主，失业人员暂不大量吸收。

（五）地区：根据重点发展原则，本年暂以贵阳市、贵筑（即花溪）二地发展为原则，第二期再选遵义、安顺作为适当发展。

（六）人数：贵阳市暂定六〇，贵筑县暂定四〇。

（七）开始时间：贵阳市本年五月，贵筑本年六月。

（八）发展步骤：第一步先着重发展积极进步分子以建立骨干，然后再发展中间分子，巩固一批，发展一批。

（九）发展的方法

1. 贵阳在解放以前，各民主党派均无活动，交通闭塞，文教界对民盟历史，均不甚熟悉，各界对解放后发展之盟务，反应亦不甚佳，拟在正式发展组织前，先在各校召开座谈会，将盟史作适当讲述，并听取各界之意见。

2. 拟在各种群众活动：反美援朝、土改及革命三大任务中选择对象，吸收进来的分子，要求在思想上认识上比一般群众要提高一些，能在群众中起积极作用者。

3. 预备发展的盟员，应经过培养、教育、了解和考察等过程，其方式如下：

（1）除召开各校座谈会讲述盟史外，拟在各种活动中，组织部拟与他们保持经常的联系，尽量宣传本盟的性质、历史和任务，借此了解其入盟的动机。

（2）在发展过程中，支部组织的各种座谈会，尽量邀请各界人士来参加，共同学习、研究、讨论各种问题，从发言中，了解其政治水平。

（3）以上各种方式之运用，结合其本人条件灵活运用，主要目的在于培养教育，并借以了解他们的思想、工作和作风的具体情况，特别是要在各种工作和运动中，不断的加以考验。

（十）不发展的地区和机关

根据上级指示，在人民解放军、公安部队、军事机关、军事学校、情报机关、革命大学、外交部门不发展组织，贵州少数民族较多，暂时亦不在少数民族中发展组织。

（十一）组织公开：在各政权机关，各级学校内，逐步建立盟的组织，逐步公开之。

（十二）关于党盟交义问题，拟与贵州省委统战部具体研究，结合具体条件交涉妥当后，再专文报告。

三、关于干部问题

（一）已选送李羽如同志一人赴北京华北革大学习，谢泉鸣、潘泳笙、张绍华、杨仲书等四人赴西南盟务训练并学习，贵州干部□□，较其它各地为甚，拟呈请上领导加干部学习名额，已□□学习之盟员，拟根据学习成绩，调回工作，并拟呈准上级在西南区其他各省，调得力干部来贵州工作。

（二）贵州原有盟员中，干部盟员太少，拟在发展组织时注意选拔一批新干部参加工作。

四、其他问题

（一）严格执行请示上级报告制度，凡有关人事、组织及各项重大问题，均事先向上级请示，事后作报告。

（二）批评与检查工作制度，为保障机构健全之重要因素，拟在工作中加强批评与自我批评，与工作检查，每二周大检查一次，专门问题，专题检讨。

（三）贵州妇女界没有为妇联联所吸收，需要一组织照顾者尚多，拟在发展一批盟员以后，成立妇女委员会或妇女小组，专门推行妇女运动。

这是临工会成立之后第一份工作规划，这份规划的工作重点，即是盟内的组织建设问题。而这一时期，吸收盟员很慎重，强调进步性和代表性，政治审查较严，新盟员还须举行宣誓。1952 年 3 月，建立了民盟遵义市分部筹备委员会；1954 年秋，民盟遵义市分部委员会正式成立。此后一直到 1981 年，省盟所属仅有这一个市委员会。

史料二 《中国民主同盟贵州省支部一九五一年上半年工作总结》

中国民主同盟贵州省支部一九五一年上半年工作总结

一、贵州民盟整理前的一般情况

贵州在解放以前，曾为蒋匪帮称为“国民党的圣地”，特务统治是非常严厉的，特别自谷匪正伦来贵州以后，到处布置着天罗地网，捕获爱国民主人士，因此，在贵州，个别的民主人士和革命同志的革命斗争活动，虽然一直没有中断，但各民积极的集体的组织活动，却从来没有大规模展开过。

一九四五年贵阳一部分不满意国民党政府，亟想找寻民主党派关系，从事革命活动的朋友李超然，谭竟寰，等曾往四川重庆参加民主同盟，并代表贵州一部分不满现实的朋友，与民盟总部的同志取得联系，次年，即一九四六年，贵阳一部分人士派张吉坞同志代表双清去重庆，与民盟总部史良、辛志超等同志再度洽商，并由史辛两同志介绍双清、梁聚五、张吉坞参加民盟，这算是贵州进步分子与民主同盟取得正式联系的开始。但是由于贵州特务统治极严等客观条件的种种限制，已经入盟的许多同志发展盟务，展开革命活动的计划都被搁置，只限于通知"大乘社"等私人结社组织，暗中掩护同志，联络同志，从事秘密宣传国民党腐败，分化国民党内部的活动，曾经一度企图将"大乘社"转变为革命的地下组织，也因为条件不够没有成功。直到一九四六年，民盟总部派郭则沈同志来黔视察，并指示组织民盟贵州支部筹委会，当推双清为主委，梁聚五、张吉坞分任组织宣传工作，工作才算初具眉目。但又由于自一九四七年一月蒋介石撕毁旧政协议以来，蒋在其统治区，布置"反共"高潮，镇压民主运动。贵州的民盟，根基初奠，外面的压力加大，这样，各项预振的活动又无形中陷于停顿状态。当时在组织方面仍然只是"大乘社"的掩护下，个别地吸收不满现状分子，没有大量发展，在文字宣传方面，也只是由个别的分子如梁聚五、丁道谦、翁祖善等借《民意月刊》及《时代周报》等，利用国民党内部矛盾，写一些暴露政治黑暗及伪党团矛盾的文章，现在检讨起来，这些活动，虽然都起了一定的作用，但工作是零碎的，消极的，与全国其他各地的民主运动没有起很大的配合作用。

一九四九年春，国民党军事节节失败，人民解放军的力量日益强大，民盟重庆的同志潘大逵、鲜英派黎又霖同志（按：黎同志已于一九四九年壮烈殉难）来黔视察贵州盟务，并负责积极展开贵州策动国民党军队叛变，及组织武装农民工作。为了扩大策反范围，加速蒋匪军的溃败起见，除张吉坞、谢泉鸣等同志曾赴毕节镇雄进行策反外，黎又霖同志与吴雪俦、杨伯瑜、缪象初等同志联系，嘱其发展组织，当时盟内有些同志与解放军先头部队接头（如杜光岷），配合解放，有一些同志进行策反发动农民扰丁扰粮反保存仓库机场等工作，可是由于对新政缺乏了解，□中央地下党组织未取得联系，由于缺乏决心，缺乏领导，又由于两部分力量没有联成一气，因此未曾有计划，有步骤大力地去进行，因而也没有收到预期效果。

贵州解放以后，两部分同志正式碰了头，与中共统战部也取得了联系，本来可以做一些积极协助接管的工作，但因双方同志当时因交通阻塞，对民盟四中全会以后的新政策与新任务认识不够，双清同志在京参加四中全会扩大会议，尚未回黔，民盟总部也因为交通种种关系，没有及时派人来黔传达四中全会以后的各项指示，所以贵州的同志不仅未曾根据新政策积极地去协助政府，配合接管，反而内部思想情况非常紊乱，一时形成严重的不团结现象，在吸收盟员，发展组织方面也都发生了许多偏差，其中尤以双方没有诚恳协商，搞好团结，引起了社会人士的责难与不满。今天，检讨起来，真不能算是一个大缺点。

由于民盟在贵州，盟员成分相当复杂，斗争历史不太长，过去反动统治极严，交通阻塞，一般人士对民盟在渝、昆、蓉，□等地发展与斗争情况，缺乏了解，加上贵州民盟有一个时期内部不团结，市上宣传所谓“新盟”“旧盟”，这样，盟在贵州一般人士中，威望不高甚至成为部分进步人士所不大满意的一个政治组织。

二、领导问题与团结问题的检讨

领导问题与团结问题的检讨是盟内的两个大问题，这两个问题是相互联系不分开的。

我们想从政策上的领导与工作制度两方面来总结检讨领导工作。

首先谈政治上政策上的领导，即思想上的领导。

总部及西南支部给我们工作的总指示在整理其间的原则是：一致接收，统一整理原则必须坚持，照顾务求周到，此外应随时注意“遇事协商，真诚坦白”，在团结问题上是“坚持原则，□作风”“团结，斗争，团结……

进步，为了团结”（通过批评达成团结）。关于发展组织的原则是发展与□固相结合，有计划，有步骤，有把握地去发展组织，即质量并重，积极地稳步前进，可以说我们一向是本着这个原则来进行工作的。但我们做得够不够呢？应该肯定，对总部及西南总支部历次所提的指示，我们体念深度与执行的准确性，都是不够的。比如在整理组织的初期就犯着不够稳，太性急的毛病，关于深入群众，联系群众，信赖群众，我们做得也不够，而且在有些问题上就犯着粗枝大叶的毛病，还有对协商精神我们发扬的也不够充分，我们协商了，但有一些问题，就没有做到商量，商量，再商量！协商，协商，再协商！总之，我们在一些大问题上是坚持了原则，没有做无原则的迁就，但是在帮助大家一致来坚持原则一点上，是不够的。

首先，盟内领导同志，大家对于盟的政治工作多年都是一边摸索，一边领导，大家多少都没有完全丢掉旧的一套领导形式，或者说还不习惯于新型的领导形式，如遇事协商、深入群众、依靠群众，部分同志就不甚习惯，而喜欢闭门槽思，独断独绝，又比如个人服从全盟、下级服从上级、民主集中、尊重组织等等，一向习惯于个人主义、自由主义的同志，都缺乏这种新观念，都不习惯这些新的领导与工作方式。

在工作制度上，我们一方面表现了领导不集中，散漫，松懈，纪律性与组织性不够，另一方面，又表现着工作不主动，不积极，初期对工作有检查，有批评，往后大家事情忙，会议制度便□呈松懈，某些同志对外面的工作做得很带劲，而对盟的工作便存着“可多可少”“可有可无”的思想。

缺乏政治原则性以及缺乏及时的工作检查，是领导工作二个大漏洞。至于在这方面的优点，我们严格地执行了请示报告制度，比较大的问题我们尽量做到事先向上级请示，事后向上级报告。其次是团结问题，团结问题在组织整理以前是相当严重的一个问题，经过半年来的学习，大家对团结之必要，有了共同的认识。对于如何达成团结这一点在思想上，大家意见，并不一致，有的强调必须不断展开批评，通过批评达成真团结，有的则害怕批评影响团结，主张凡事多迁就一些，主张“中庸厚道”“适可而止”，有的同志不愿转入“漩涡”，好好坏坏不表态度，想以“第三者”的立场来处理团结的问题，并希望这样能有助于团结。另外一种人，便是“算多算少”，个人的打算较多，集体的打算较少，人家多一寸，自己少二分，情绪便超激动，有的便是真诚坦白不够，当面客客气气，背地叽叽咕咕，貌似和谐，心存芥蒂，另外有的人则是组织与纪律观念不够强，只求达到目的，不考虑手段，有的则是民主协商精神不够，好为专断独行。上面这些六中全会在团结问题上所谈的毛病，都在这里多少存在着，造成了一些不必要的纠纷，影响了团结，其中协商精神之应该更加发扬，与个人主义一切个人打算应该努力克服，是贵州民盟团结问题的两个主要□□。这也是两个阻碍团结的大□□。

另外我们想谈一点党盟关系，党盟问题是领导问题，也是团结问题，在这一方面我们虽然还不能说已经做到水乳交融的程度，不过我们可以说这个问题在贵州是毫无严重可言的，几乎全部同志在思想上尊重中国共产党的领导，经过今年中共三十周年建党纪念讨论会，这一点更为加强了。我们尊重中共贵州省委统战部的领导，在这里找不到“分庭抗礼”的思想，更没有什么“闹独立性”的事实。在统战部方面呢？在政治原则上没有忽略及时的积极领导，而在一些具体工作上，则尽量大力从旁协助，对于协助团结全盟，团结积极分子等工作，给了我们很多的帮助。因为贵州党派少，所以座谈会还嫌稍为少一些，但这个问题不久便可克服，以后关于如何弄好支义问题，使党对盟的领导更为加强一点，只是□术问题。

三、组织工作的总检讨

关于组织方面的工作，我们□谈四个问题，一个是整理组织问题，一个是组织生活问题，也就是盟的组织性与纪律性问题，一个便是发展组织问题，另外干部问题也列入这一部分作检讨。

（一）整理工作经过及检讨

一九五〇年八月，西南特派员楚图南同志派唐弘仁来贵州处理盟务，如果以一九五一年五月二十日贵州支部临时工会正式成立为整理工作正式结束，则整理期间一共是九个多月，这一段工作分了三个时期来说明，一九五〇年八月到九月为第一个时期，这一时期的工作中心主要是了解情况，协商名单，这一阶段的工作，方针与重点是根据总部及楚图南同志之指示，□□□□□□面貌不干净之分子，保全□□□□□□□□□□指示，共同努力来进行整理，中共贵州省委统战部更从各方面提供了宝贵意见，积极领导，大力协助了整理工作，奠定了整理工作的初步基础，并使这项工作得以顺利进行。

从一九五〇年十月至一九五一年一月，整理工作转入清洗组织审查盟籍，审核盟籍工作，至本年五月为止，始大体结束，双方原有盟员一共一百五十六人，其中“新盟”六七人，“旧盟”八十九人（其中外县人约八人），已进行登记者共一百零九人，审查通过者有双清等八十人，其他二十八人中，因特务或特务嫌疑取消盟籍者有□□□□□□□□□□□等九人，因处理土改问题，失去革命立场被取消盟籍者有□□□，□□□，□□□等三人，业经通过盟籍，因还土改问题中失去革命立场复被开除盟籍有赵叔谦，陈文麟二人，因参加伪“国大”取消盟籍者有□□□，□□□二人，因贩卖毒品，作风恶劣取消盟籍者□□□一人，□□□□□□□□□□一人，因长期从事党团活动无立功赎罪取消盟籍者，有□□□等二人，又长期脱离组织关系，情况不明，无形被取消者有胡开样等八人，合计为二十七人，其他因情况复杂，需待继续了解，保留盟籍者，有曾傅严，陈家模等十人。

从一九五一年一月至五月，是第三阶段，这一阶段工作主要是健全小组，加强学习，这一阶段工作，留着以后在组织生活中与学委会报告中作详细说明。

关于整理工作，因为了解情况不够深入，思想动员不够充分，使领导机构名单，不如理想完善，也因此延宕了以后组织公开的时间，间接直接影响了各项工作的推进周期(周剑江贪污事件更是一个具体的例子)。不过，整理工作是有收获的，如：1.通过整理与学习，结束了原来新旧双方的情势，使领导一元化，为团结铺下了初步基础。2.通过整理与学习，盟员的组织观念，普遍的提高了一步，初期认为审查“太严”“太啰嗦”的思想，在整理中逐步澄清，为盟籍通过闹情绪的现象，慢慢克服了，转而要求审查要严。3.还有一点重要的是经过整理，将盟内一部分政治面貌不干净的分子清出去以后，盟员成分，已经比较纯洁，提高了盟的素质与威望，为盟的发展，铺下了基础。

我们每个星期，有星期座谈会，由宣传部学委会根据总部指示，结合土改，镇压反革命，抗美援朝等运动，布置各种座谈会，从一月到七月，一共举行了二十七次座谈会，通过这种座谈会倒是提高了批评与自我批评精神，展开各种讨论，弥补了小组生活的缺陷，特别是通过了周剑江贪污事件，陈正□被捕事件，赵书谦开除盟籍，以及吴雪俦同志交代历史问题等事件，不断地提高了大家的纪律与组织观念，这些具体的事实，也教育了同志。

在盟内有组织观念特别弱的同志如张□□等，组织部对于这些个别同志，注意不够及时，影响了其他同志对组织的看法，是特别应该检讨的一点。

在思想成分上来说，我们目前是两头小，中间大，中间的进步快，问题少；而两头的问题却比较多。思想检讨总结，今年一月曾作过一次，有收获，上级曾有指示，应继续□，关于这一点，我们没有抓紧，准备今年下半年至少作两次总结检讨。

总结起来说，盟的组织性和纪律性是不够的，但拿若拿整理以前来比较，我们是有了显著的进步，这些进步的现象，在本年六月下乡参加土改时可充分看得出来。在那一次下乡工作，不只是看出来了我们组织有了组织性与纪律性，也看出来了我们能适当地掌□批评。

（二）发展组织问题

关于发展组织问题，根据西南总支指示，贵州情况特殊，应该从发展中求巩固，由于过去的贵州民盟在文教界的成分太轻，现有盟员数量质量都需要进一步提高，所以迅速发展组织，以便从发展中去提高盟的威信，扩大盟的影响，解决干部□□，便成为贵州支部的迫切需要。

可是发展组织上的困难是很多的，首先是盟内少数同志对发展组织的路线与方式都不甚明确，如认为发展对象不一定限于文教界，主张迅速大量发展，以及认为发展是一件□容易的事，等等。而另外一方面外界对民盟发展组织也有一些不正确的看法，第一：进步的青年教员都觉得“入盟不如入党”。这是主要的困难，第二：对民盟不熟悉，不够重视，曹□□取保留态度。

为了克服这些困难，我们在小组会上布置了发展组织的学习，在中共贵州省委，尤其在成立大会时，通过盟史的介绍，与会前会后的个别接谈，更近一步清扫了过去贵州文教界轻视民盟，或者误解民盟的观念，而且因为盟的威信的逐步提高，使部分进步人士由轻视民盟转向靠□民盟，想参加民盟组织，但这些工作，应该特别指出：都是与中共贵州省委统战部正确领导，大力协助分不开的。同时也是与贵州全体同志的努力分不开的，没有中共的领导，没有全体同志的共同努力，就不能有这些成就。

（三）组织生活问题

关于组织生活问题，我们打算分两部分来叙述，第一，便是小组生活的具体实施情况，至今为止，省支部陆续通过的盟员一共是八十一人，除了下乡长期参加土改的萧孝成、胥琴贤、安□仁、黄天成等六人外，我们先后将这批人编为五个小组。小组生活，主要的内容是学习，临工会驻会委员编为一个小组，这个小组除了本身从事学习之外，还负有辅导其他各个小组学习，辅助各小组长领导小组的义务，最先曾分别经常地参加各个小组，收到一些效果，但到了后来，便渐渐松懈下来了，对于辅助小组长领导每个小组提高组织观念，展开批评与自我批评，使同志们不断进步一点，组织部与学委会虽然不断地注意，而且也不断地讨论过，但一直都没有研究出妥善的办法出来，首先驻会同志所组成的第一小组，由于在会没住宿的太少，事情忙，小组生活到了后期就呈现着松懈现象，五个小组中除了第四小组会议比较经常正常地举行外，其他都有时冷时热现象，其原因是多方面的，1. 一些编入小组的个别盟员，因组织观念不强，长期缺席，这样，影响全组同志的学习情绪。2. 小组长有的因为经验少，有的因为事情忙，对小组学习抓不紧。3. 一般地说，同志的政治水平不顶高，讨论多不能深入，学习的情绪一直高不起来。4. 小组长对领导小组，在思想上不够重视，甚至个别小组，有敷衍了事的现象。5. 由于思想上不够重视小组领导，所以对小组各个组员的生活与学习情况了解不深，批评与自我批评制度未建立，没有通过批评去提高组员的政治水平与组织观念。6. 组织部对小组长的联系不够，没有及时与小组长研究如何克服各个小组困难问题，而且组织部对这一工作没有抓紧，未及时纠正，应该是小组生活不健全的主要原因……统战部所召集的第一党派座谈会上也进行了讨论，明确了准发展组织时介绍人的政治责任，发展的路线与发展的方向和重点，清扫了盟内所存在着主张用旧方式广泛大量发展的观念，在盟外，我们除了在成立大会上作了盟史介绍，散发了成立大会特□外，并在贵阳市第三届人代会，贵州省第一届人代会向文教界的代表作了个别的联系与介绍，帮助了文教界进一步了解民盟的历史性质与任务，此外组织部刘映芳同志又曾通过各种方式，个别与中等教育界进步人士接谈，加强这一方面的工作。

截至目前，存在在盟内盟外发展组织的障碍，大体已清扫了。但是还不彻底，根据这个情况，我们采取了稳步前进的方针，即发展一批，巩固一批，再发展一批，首先在贵大师院二□发展一批中层骨干，并在当地发展一些上层知识分子，约共二十余人，然后希望在这个基础上再发展一批，为了以后的发展，长远打算，贵州民盟必须当在文教界树一面新的旗帜，以资号召，对于这件工作，我们十分谨慎，我们想再过一个时期请示上级，根据具体需要再作决定。

（四）干部问题

干部问题，是各地组织所共有的问题，这个问题在贵州尤其严重，其原因首先由于整个西南解放较迟，任务繁重，各个部门，干部均感觉缺乏。盟在贵州，历史不长，大家对盟的工作都不熟悉，盟内的干部同志政治水平高的，文化水平不一定高，有些文化水平高，有过群众工作经验而在政治水平上又多不适宜做盟内的组织工作。再不然，便是政治文化水平均好，而作风不良，不适宜做盟的工作，这样，增加了配备干部的困难。

我们在初期，即注意了干部的提拔，曾经想大胆地提拔新干部，但因为在政治水平上考虑这一问题，大家意见不一致，考虑干部欠慎重，而且太注意了团结问题，就多少迁就了一些事实，因而，真正的好干部没提出来，反将不应提拔的提了出来。

当西南总支部筹办西南盟务训练班时，我们对于这一个问题，缺乏远见，不够重视，没有高瞻远瞩，放手培养好干部。对于团结积极份子，团结干部同志全心全意为人民服务一点，我们随时都注意了，但由于积极份子没有生活……一些具体问题上协商不够，而同志间又多少存在着客气，没有好好地展开批评与自我批评彼此帮助进步，并从政治原则上考虑问题，所以这一项工作做得不够。大家天天说要团结，要进步！但没有从思想上解决问题，所以团结的基础不深，而且面积太窄隘。总之，这一个问题，至今为止，还没有得到比较满意的解答。我们的原则一方面想在原有基础上提拔一批，另外从发展的□份子，也提拔一批，并希望北京西南两地添设训练班，解决这一问题。

四、关于学习工作总结

这半年，盟员政治学习根据六中全会决议精神，结合本有政治情况，以三大运动为主并以土改为中心，盟务学习以六中全会政治报告及有革团和发展组织文件为主要内容，一至三月小组学习布置土改，四至六主要为学习发展组织文件，五月下旬及六月，因筹备成立大会几大部分盟员参加农村工作访问团，小组学习停止□□。这半年，星期座谈会按□举行，以抗美援朝及镇压反革命运动为中心，除因有其他集会而停开数次外，从未间断。

土改学习：土改学习分两部分，政策学习与下乡工作，参加小组学习土改政策地主阶级意识感染，学习前同情地主思想占主导成分。主要其对政策认识模糊：如同站在第三者立场，认为土改与己无干，可以和平分田，“干部有偏差”“地主也有好的”等等。对土改是一场剧烈的阶级斗争缺乏明确认识。立场不够坚定，思想不免混乱。学委会针对情况，布置一次□发报告，费孝通同志的讲话“肃清地主思想”对大家很有帮助，同时结合着镇压反革命文件与本省农村反封建斗争资料进一步学习，忍让了地主阶级的罪恶，划清了敌我界限。社会发展史的学习（省会各机关普遍学习）也帮助了对土改政策的认识理解。总结学习成绩，一般都有进步，具体表现在一部分盟员为工商业者兼地主成分的张时初，周乎娄同志，地主过小土地出租者成分的玉季成，吴厚安，双清，楚先□，□□□，□□□等同志都正确地处理了自己的问题，把封建尾巴割掉了。澄清了学习初期混乱的思想。五月下旬统战部发动贵阳市各界民主人士组织农村工作访问团，本会参加者二十人（占百分之四十）。这次农村访问，盟和盟员都有收获，盟的威信与盟员的政治水平都在实践中提高一步，并且通过传达，扩大影响到未下乡的盟员和一部分文教界人士，为下一次发动下乡打下了基础。

盟务学习：因为贵州在今年五月以前，尚在整理时期，所以应该追溯到盟务学习，一九五〇年十月到十二月第一阶段学习地方盟务总结，结合着登记审查通过盟籍，基本上澄清了“山头主义”“让他们搞去”“取消主义”等混乱思想。学习之前一般同志对盟的性质任务加历史发展缺乏认识，有的甚至完全不认识，通过学习以后，组织观念加强了，学习态度与方法亦比前严肃了。进去1951年后，我们学习了有关巩固和发展组织的文和六中全会政治报告，都是和抗美援朝运动，镇压反革命运动与本省农村反封建斗争五大任务紧密结合着进行的，也都获得了相当的成绩。在讨论一九五一年总政治任务和六中全会所号召的四项具体工作时，我们检查和总结了一九五〇年的时事学习，结合着如何认识美帝和反对美帝武装日本进行讨论，通过和平公约签名，签订盟员爱国公约和成立中苏友协分会等具体活动，一般的对本盟的性质任务都有进一步的认识，立场更为明确坚定，政治觉悟又普遍提高一步。结合着镇压反革命运动的学习，通过周剑江事件的检讨会，开除赵□谦盟籍及取消一部分特务及有反革命嫌疑盟员的盟籍等具体事件，一般同志批判了自己过去的“人情观点”，个别同志分析加认识了袍哥组织的落后性与反动性，政治觉悟性提高起来，要求整肃组织，保持革命团体的纯洁，对于一部分主张大量吸收盟员的“大开门”思想起了纠正作用。

总结这半年，盟员通过了学习肯定是有进步的。最具体的有二事。

贵州盟员政治文化水平一般并不甚高，一部分领导同志根据主观判断，不敢肯定学习成绩，缺乏信心。但这不到一年的学习成绩，却在这次农村访问工作的实践中，得到了良好的考验机会，修正了过去过低地估计我们学习成绩的偏见。其二是盟员对发展路线和盟内分子纯洁等各问题都有较高认识和要求，并且能逐渐破除情面提出公正的意见，使有原则的团结，有了进一步的基础。

从另一角度看，学习方面缺点也不少。首先是学委会的领导不够坚强有力，计划，检查和商量工作……高，小组中本能展开批评，盟员自学的检查没有抓紧，集体学习的效率没有充分发挥。有一部分组织观念政治水平原来不高的盟员，始终不参加小组学习，成了脱离组织的严重现象，学委会及组织部对此亦未积极作争取说服工作，一般盟员也不表热切关心，给予适当的批评。这个死角如不消减，对我们的组织生活与学习生活是会起腐蚀作用的。至于对上级组织布置学习，我们感到提纲太细密，这样，我们时常感觉文件太多布置不下去，如同总部镇压反革命文件与西南总支部“武训精神”，我们还不曾布置，拟召开座谈会来解决这些问题。

五、宣传部分工作总结

（一）工作概况

本会宣传部分工作今年五月以前还是限于对内，对外的宣传活动还刚开始，宣传工作的主要方式分星期座谈会、广播讲演和文字宣传三种，以星期座谈会为主，保持经常的进行。

贵阳市区不大，一般盟员政治水平并不太高，大家希望学习，这个星期座谈会能够保持经常进行的有利条件，现在贵州的盟员五十二三人，每次座谈会出席者经常保持三十人，每次发言者占三分之二，这半年座谈抗美援朝六次，题目与内容为：如何认识美帝；反对美帝武装日本；中苏友协成立会；和平公约签字；志愿军代表报告后座谈及朝鲜停战谈判问题。座谈镇压反革命份子联系到保持组织的纯洁性问题四次。座谈土改问题三次，配合土改小组学习一次，动员下乡土改一次，请费孝通同志讲“肃清地主思想”一次，谈本省农村反封建斗争一次，座谈有关盟务问题一次，共五次，也联系到提高政治品德，保持组织纯洁问题，主要是检讨周剑江及吴雪俦同志交代历史问题。此外二次座谈会有关学习问题，一次纪念中共建党三十周年，有系统有布置的座谈会共举行二十一次，另外会议性者未列入，座谈会的重心还是团结着三大任务，而以抗美援朝及镇压反革命运动为主，土改学习的重心则放在小组。由于我们的小组领导还不够坚强，这种中型座谈会所起作用比较更好，因此，今后还要继续坚持下去，扩大它的效果。

这半年，我们对外广播二十次。有关抗美援朝宣传者五次，播讲者双清、唐弘仁、刘映芳、贺梓侪及翁祖善五同志。省市人代会召开前后，翁祖善，李超然及刘映芳三同志均曾播讲一次。此外翁祖善、刚仁、唐弘仁访问农村归来，曾就“和平土改不可能”“农民受剥削压迫惨状”及“农村新气象”三题各播一次。贺梓侪同志以烈属身份播讲肃清反革命分子问题一次。访问农村归来后，曾在省一中及贵州大学举行农村工作座谈会二次，到文教界人士四百余人。由杨伯瑜、唐弘仁、刚仁、翁祖善四同志报告，颇得好评。

文字宣传：临工会曾就西藏和平解放，欢迎顾单归国代表，□护周外长致苏联大使照会，驱逐吴培里惩办齐董出，省第一届各族各界代表会议及纪念民盟革命先烈各事件发表书面谈话及纪念文，刚仁和唐弘仁同志曾作文介绍农村土改情况，双清同志曾作文纪念中共建党三十周年，唐弘仁同志曾为文控诉特务的罪行，贵州各族各界人代会及贵阳市三届人代会期间，双清，翁祖两同志亦均曾撰文宣传。

这半年我们抓紧了每一个机会，在广播电台和《新黔日报》展开宣传活动，这工作已比上半年进步。反在另一方面检讨起来还有缺点：本会没有及时向本地报社及盟讯送出通讯稿联系，有“做了就算”的马虎思想，对工作的责任心不够，不能说是一大缺点，这是急待克服和纠正的。

（二）宣传工作的检讨

半年来我会由整理阶段走上了正式成立阶段，宣传工作也由非正式活动阶段走上正式活动阶段，在整理阶段为正式成立以前，没有对外公开活动。但仍然抓紧当前重要时事重点，临工会领导同志以个人身份对外宣传，配合统战工作，也收到一定的效果，对内，盟员的星期座谈会，始终经常进行，是得到了一定的收获。但仅限盟员的座谈会，没有与文教界结合扩大举行，对社会各界的影响，没有起到直接作用。主要原因是限于未正式成立，不可能对外公开活动的缘故。到正式成立可以向外公开宣传活动了，而没有活跃起来，大部分工作，还只是□在书面上，如发表声明，论文，广播讲演等，如何把宣传变成群众性运动，是以后我们宣传工作之主要要点。

（三）今后的计划

今后的工作要抓紧当前的总政治任务——抗美援朝，响应抗美援朝总会三大号召，结合贵州当前三大任务——以土改为主流，结合抗美援朝，镇压反革命，配合我盟发展的任务，扩大宣传，作积极的行动，捩具宣传工作纲要如次：

1. 文字宣传工作：针对当前重要时事及各项运动，发表声明，宣传或论文，争取时间，避免落后。

2. 座谈工作：结合当前三大任务，分别举行时事座谈或学术座谈，扩大举行，加强与文教学界广泛联系，邀请盟内外有研究的专家学者参加。

3. 合作宣传工作：参加各党派团体各种活动，加强联系。

4. 扩大宣传工作：在条件成熟后，试开学术座谈，聘盟内外专家学者主讲，开文教座谈会或工商问题座谈会，每次登报预告，欢迎自由□讲，扩大宣传作用。

六、关于执行三大任务的总检讨

“参加土地改革，抗美援朝，镇压反革命份子”是一九五一年盟的总政治任务，在这三大任务上，我们都做了一些，但有一个大缺点，就是缺少群众性运动，我们的工作始终停留在房子表面，没有和广大群众结合起来，一直到最近才开始克服这个缺点：产生这个缺点的主要原因是名单也会延搁的太久，组织没有对外公开，限制了我们的活动范围，但我们学习进度太慢，抓得不紧，放得不够，也是原因之一，在九月份参加土改中登明了经过半年的学习，盟员的政治水平是提高了，我们有条件能够在群众中去展开工作。

在三大任务中，我们做得比较好一些的是土改，做得最差的是抗美援朝，土改问题的工作成绩表现在三个方面：（一）我们第一批下乡参加土改的同志，虽然数目不大，但至今在乡下坚持工作，并且有一定的成绩，其中萧孝成同志的成绩尤其好。（二）六月份下乡参加土改，我们发动了在省□盟员几近二分之一共二十人下乡，时间虽然短促，对协助工商界，共同过关，起了一定的作用，得到了领导及各界的好评，下乡的同志曾在贵大及市区大中学所做的两次传达，反应亦不坏。（三）盟员中地主成分者，除了□□□同志外，大都正确地处理这一问题，没有在这一问题犯错误。

地主成分来登记过的同志有□□□、□□□、周平初、□□□等都不被逮捕了，但这些同志，都及时的做了处理，取消了他们的盟籍。

关于镇压反革命份子的问题，在盟内曾经进行好几次讨论，肃清了个别同志对袍哥组织的模糊认识，组织部清查了一部分同志的政治历史，除了徐正□同志一度被捕旋又释放，□□□、□□□同志被送入公安部门所主办的训练班训练，盟内尚没有查出特务份子来，自从杨安盛，王□康，方若愚的被捕，高□□被枪毙后，盟内大部分同志对这一问题，有了比较清楚的认识，但个别同志仍发生同情特务，想为特务说情的现象，又我们这一项工作除了翁祖善，缪象初两同志曾参加贵阳市协商会审查反革命份子工作外，我们很少主动的去协助人民政府，所以严格地说我们这一项工作也是做得不够深入的。

再其次是抗美援朝工作，这是我们做得顶差的一项工作，我们没有参加各项抗美援朝的群运工作，更未主动去开过一次抗美援朝的群众性运动，在这方面我们进行过的工作除了为反对美帝武装日本等时事问题，开过四次座谈会，澄清了盟内恐美崇美思想，展开盟内和平签名运动，拟订了爱国公约之外，此外，便是播讲和发表政治性谈话，对外播讲共五次，翁祖善、唐弘仁为反对美帝国主义武装日本扩讲各一次，刘□芳同志讲"粉碎美帝国主义侵略集团污蔑我国人民罪行"一次，双清同志讲"拥护各界和平理事会决议"一次，贺梓侪同志讲"以实际行动四答多克阿瑟的无耻□言"一次，此外发表了"欢迎志愿军归国代表""拥护周外长致苏联照会"……各一次，没有展开群众性运动是一大缺点。

双清同志担任抗美援朝贵州分会副主席职务，最近参加发动各界从事抗美援朝及捐献武器运动，又刘伯莘，周平□，张显□等个别在区上参加过这项工作，算是稍微弥补了我们这一部门工作的缺陷。

七、今后的发展方向

经过整理以后的贵州民盟，从内部组织来说，我们的整理工作是有成绩的，我们的学习也是有成绩的，同志们的政治水平、思想水平、组织性与纪律性都有相对地提高……一个严重的问题了。从外界对盟的观感来说……上有本盟旧门历史的介绍，经过土改二次传达报告，经过市省□人我会的□□介绍与个别联系，以及《光明日报》传入贵州种种原因，盟在贵州已由陌生到熟悉，特别是成立大会正式公开组织，由于我们事先时候布置的比较充分，而且当做一个政治工作来处理，又获得中共贵州省委统战部的热烈支持与积极领导，一般人士已由不熟悉转向渐渐熟悉，由怀疑轻视转向信赖重视，给盟的发展创造了新的基础，这是一个新的转机，有了这个新的基础，我们相信，半年来工作没有与广大群众相结合，没有展开群众性运动这个大缺点一定能够克服，而且甚至为严重的干部问题也可以在发展中慢慢求得解决。目前我们的中心工作是在文教界稳步地发展组织，与继续动员同志参加土改二个重点，此外便是加强抗美援朝宣传工作及捐献运动，目前的领导是不够强的，我们决定进一步充实干部，加强领导，我们的另一大缺点是批评与自我批评制度的未曾建立，这也需要在下半年克服它。

本盟六中全会明确规定的各级组织的总政治任务，是巩固国防、巩固人民民主专政、巩固财政经济、巩固文化思想战线四大工作，这四项工作也就是抗美援朝，土地改革，镇压反革命三大任务，为了完成这三大任务，必须做的创造条件工作是发展组织，培养干部，我们今后的方向就是总部及西南总支部所指示的方向，我们将继续完成盟的总政治任务而努力。

史料三 1953年4月：《贵州盟务概况资料》

贵州盟务概况资料

一、整理前后

一九四六年，民盟重庆方面的组织便开始在贵阳进行发展。但由于当时贵州特务统治极严，贵州本身的盟员少，力量单薄，所以从一九四六年至一九四九年这段期间，都很少进行组织活动，仅限于由双清同志等利用秘密结社，断续的做了一些“秘密”联系工作，宣传国民党腐化的工作。由于环境困难，发展的盟员极少，解放前夕，国民党统治濒于瓦解，民盟的同志才又开始活动。这时候，双清已离黔赴京，由张吉坞、梁聚五、吴雪俦等同志分别发展了一些盟员，不过由于当时上级的指示无法及时顺利到达贵州。部分在贵阳的负责同志如张吉坞、吴雪俦等又没有掌握政治原则，去进行发展，所以发展的工作，做得很不好，盟员曾发展到一百五十六人，成分相当复杂，特务、恶霸、参加过反革命组织、政治面貌不干净的坏份子乘机混入了组织。同时，宗派思想，山头主义思想，在少数同志中相当严重；以致在贵州初期组织内部闹过宗派纠纷，形成过所谓“旧盟”“新盟”的对立情势。这是贵州整理前组织的基本情况。

整理以前贵州民盟的总情况可以用成分复杂、机构分歧、思想混乱来说明它。因此这个组织在贵州文教界是一个不为人所重视的组织。

一九五〇年春楚图南同志奉派赴西南整理盟务，同年八月派唐弘仁同志赴贵州与双清同志等共同着手整理工作，当时整理的原则是总部所确定的三大原则，即“一致接受，统一整理”“政治严肃，组织宽大”“重点发展，稳步前进”，具体到贵州，则是着重纯洁组织，清洗坏份子，统一领导机构，搞好团结。经过整理，初步纯洁了组织，先后清除了各种不同性质的反革命份子与成分不纯的坏份子共计六十一人，其中包括经登记被取消盟籍者有共十八人。自知无法取得盟籍，未来履行登记手续以及下落不明者四十六人，以及登记后通过后不久又开除者七人，被取消盟籍参加过特务组织之反革命份子计有人。恶霸地主份子并有反革命行为者有五人。参加过反动党团，恶迹甚多，又无立功赎罪□现者有，六十一人，占原有总人数一百五十六人□百分之四十弱。根据不完全统计，六十一人中业经镇压者有人，被判刑拘押劳改者有人，这是一方面，另一方面：通过整理时期之盟务学习，普遍提高同志对民盟之认识，初步批判了入盟为了“洗澡”“找一官半职”“找饭碗”等旧民主主义思想。成立了以双清同志为主委的统一领导机构，为搞好盟内团结打下了基础。

整理工作缺点是很多的。比较突出的是：（一）对“政治严肃，组织宽大”原则体会不深，掌握不全面，以致后来组织内部甚至领导机构中，还陆续发现参加过特务组织的坏份子。（二）没有充分发动群众来进行整理工作，整理形成为少数干部搞隐藏在组织内部的坏份子没有及时发现。多少也是由于这个缘故。（三）对于总部整理组织的政策，体会不深，交代不全面，因此使一部分负责同志站在整理工作外面。而且至今还有同志背了整理书“对付私人”的包袱。

但整理是有成绩的，取得整理成绩的主要原因有三：第一，领导党、中共贵州省委统战部的正确领导与积极协助。第二，总部，西南总支部整理原则的正确。第三，贵州同志们的共同努力。

截至目前，发展地区以贵阳市及遵义市为重点，共发展了盟员二一九人，比原有盟员增加百分之二四点九。发展方式是由个别发展转向从运动中发展。发展原则是根据总部的指示，以文教界为主，发展的新同志二一九人占全体盟员三二二中的百分之六四点七，这样由整理初期文教界成分仅占的百分之一四点八，增加成为现在文教界占总人数的百分之六七点一。

贵阳市中学共有盟员七十八人，占贵阳市中学老师总人数四五零人的百分之一七点三。全贵阳市共有大学教师二百七十人，我们发展了七十四人，占总数的百分之二七点四，小学共有盟员二四人，占全市小学老师总数一二六三人中的百分之一点九。遵义市（限于中学），目前共有盟员四十一人，占全遵义市中学老师一四六人的百分之二八点一。

从上列数字比例中，说明了各级学校中还有大批的老师还应该去陆续发展，特别是中上层，我们发展了七四人，占发展总数百分之三三点八，中学老师发展了一一六人，占发展总数的百分之五二点九，小学老师发展了二四人，占发展总数的百分之一一点零，其他文教机关发展了五人，占发展总数的百分之二点三，就目前情况，我们在中学发展比较多，机关干部最少。

从各级学校发展的二一四人中，若就上中下三层的比例来看，大学（上层）发展了七十人包括中层四人。中学（中层）一一六人，小学（下层）二十四人，总共发展上层七十人，占发展总数的百分之三二点七；中层发展了一百二十人，占发展总数的百分之五六点一，下层发展了二四人，占发展总数的百分之一一点二，基本上符合总部以中上层为主的组织路线。

在发展的盟员中共发展了党员六人，团员十六人。又贵州原有女盟员六人，先后共发展女盟员五十人，占发展总数的二一九人中的百分之二二点八，目前共有发展女盟员五十六人，占总数三二二人中的百分十七点四，我们重视了上级注意发展女盟员的指示。

在发展党团员入盟一点，最近检查，在思想上不够重视，团员在盟的组织内部起的作用是很大的，在这一方面，还要继续努力。

二、组织参加各项社会革命运动的经过与收获

三年来，贵州民盟组织参加了各项社会革命运动，并在运动中起了一定的推动作用，盟员与组织本身通过运动受了锻炼，也得到了巩固与发展。

一九五一年，民盟组织参加土地革命、抗美援朝，与镇压反革命运动。在土改运动中，盟员分三批先后参加土改者共有一〇五人，大部分盟员在土改中受了一次深刻的阶级教育，一般都站稳了立场。对这运动起了推动作用。在镇压反革命运动中，盟内通过座谈会，审核反革命份子名单，及其他有关工作，进一步划清了敌我界限，交代了问题，并检举了一部分反革命份子的罪恶事实，在抗美援朝工作中，盟内主要的工作是进行思想教育工作，通过和平签名，订立爱国公约，飞机献捐与广播发表谈话等活动，初步澄清了盟内恐美、崇美的帝国主义思想。

无论就盟员与盟的组织对运动起了推动作用及受锻炼与教育来说，一九五二年及一九五三年的“三反”“五反”运动与思想改造运动，其收获比一九五一年三大任务中要大得多。

通过“三反”“五反”运动，大多数同志在土改运动之后再受了一次阶级教育，提高了对资产阶级腐朽反动一面的认识；领导层的官僚主义作风，受到了群众的检查与批判，揭发了盟内贪污违法思想与行为，并处分了贪污违法份子十一人，盟员中有一百七十人中有九十五人分别站队作过检讨，占总数百分之五十六。通过运动提高了思想认识，从纪律上、思想上巩固了组织。

贵州教育界思想改造运动，进行较迟。一九五二年七月，在“三反”“五

反”基础上，贵阳师范学院开始重点试行，盟员参加这次思改的只有九人，同年九月贵州全省中学教育进行思改，参加运动之盟员共有四十九人。十二月下旬贵州大学、贵阳医学院思想改造运动继续开展，参加运动的盟员共有二十三人。贵州小学界的思想改造，是采用小学教师代表会方式进行的。在一九五三年二月下旬参加代表会的同志共十一人。前后四批参加思改的盟员同志共九十二人（目前除极少数文教界盟员因特殊原因未参加思改以外，都已参加思改。）参加大中学校思改的八十一人中，只有七人是第二三批过关的，百分之九十以上都在第一批过关。四批中，以中等学校思想改造与贵州大学思改所起的作用比较大，盟员在运动中一般均做到了主动深入批判，带头检查，并做到了进一步协助群众进行批判。由于这样，中学思改中，有一百多比较优秀的老师都主动争取入盟，个别一向极端轻视民盟组织的老师也争取加入组织。通过运动，盟员本身受到的教育与锻炼特别大，思改后盟员在工作中、在组织生活中普遍出现了新情况。一九五二年下半年所发展的盟员，绝大多数是通过运动发展的。这说明运动对巩固组织发展的好处。取得上述成绩的原因：主要是由于领导上对运动的重视与盟员发挥了积极性，此外在运动中，党对民盟组织与个人的深切关怀与积极领导也是及其重要原因。每次思改运动，省支部均坐待思想动员，并成立了临时区分部，指定专人深入小组，进行具体协助。党的组织运动前后均采用统战小组形式，尽先向团员盟员交代政策，反复动员。在思想批判过程中，党又做到了对盟员诚恳热烈帮助。由于这样，经过思改，大部分同志对于党对知识分子的政策与接受党的领导上面，有更深一步的认识。

三、目前情况

贵州目前有大学一所，专科学院二所，在三院校中，均已建立组织。其中贵州大学建立较早，贵阳医学院较迟。大部分盟员均散布在各中学，贵阳市十三所中学中，有七个学校已经建立区组。

除贵阳师范学院外，贵州大学与贵阳医学院都在去年年底今年年初才正式进行思想改造。中学正式搞教学改革，也是今年年初才重点展开。所以关于教学改革，学习苏联先进经验方面，还没有显著的成绩，同时已经搞出来的一些点滴成绩，我们又没有通过调查研究，很好的去总结它，因此，在这个报告中，还不能作比较全面深入的叙述。只能就贵阳师范学院一中女中，扼要的作报道。

师范学院思想改造较其他院校跨前一步，思想改造后一两个月后，学校方面即开始提出搞教研组，搞课程改革（正式号召老师学习苏联先进经验是在一九五三年四月）。师院很多同志都参加教研组工作，如同地理教研组即盟盟同志梁祖荫、张英骏、孙成章等三同志参加。他们在订计划，写大纲时，即开始学习苏联教学，研究如何贯彻苏联教学原则与方法。计划四人合开地理教学法一课，企图以这一课为重点带动其他个人开的地理课，在梁祖荫同志领导下，研究了苏联与我国中学地理教材内容，分析了中学地理教师所必需的地理科学知识与技术，并尽可能参改苏联师院或大学教本开精选教材，批判英美资产阶级的地理学观点与教材，第一次打破了地理教学上的旧圈子，初步纠正过去大学与中学地理教学脱节现象。在教学上尽可能贯穿了苏联教学原则，加强了教学目的性与辅导，学习效果有了显著的提高，这是第一点。其次，在获得点滴经验之后，即在点滴经验之上，扩大了新教学法的应用，四人合开的课教学生以教学法教中学生，这样，其他的课业就不能不同时贯彻这个新教学法，所以其他地理学也贯穿了这一教学法，这是第二点经验，也属最重要的一点经验，总结中证明了各科都可根据这一条经验合开一门本科教学法来带动其他的课。第三在教授这一门课时，同时做到了依靠同学。逐步深入了解同学思想情况，学习情况，随时集中同学对教学意见，对原教学计划作适当的必要的修改，使教学效果逐步提高。并尽量使之联系实际，丰富并巩固学习成果。学生反映：“我们以后如再学习彝族音乐不好，就对不起梁主任与老师们了！”在新教学法使用后，学生学习积极性与教师教学效果均逐步提高，全班平均成绩，在八十分以上。

其他同志在教学改革中也发挥了积极性，如赵咸云同志是教务主任，业务极性，在教学系一年制版开代数课，学习苏联教学从实际出发精神钻研组组教材，加强个别辅导，使程度不同学生均听得懂课，学生反映："赵先生的教学方法在教研组推广"，其他杨世潘、周春元、黄润荣等同志也在不同情况下，提高了教学效果。从各个教研组所做总结证明，凡或多或少学习了苏联先进经验并能贯彻到教学中去的，即能收到不同程度的良好效果。

师范学院本学期学校计划分配民盟组织的工作是深入了解教师生活，解决教师生活问题。希望民盟组织能通过了解教师生活、思想，做好团结教师的工作，这是一个新课题。师院区分部正在具体研究这一问题，并以此为区分部今年计划中的具体内容，在团结老师工作上，有的同志已在行动上有所表现，如艺术科目开始研究分工联系老师共同搞好工作，团结平常自己认为讨厌的老师，在团结互助上，如谭勤余同志，因为乃□同志害病，即毅然代担其全部课程。周春元同志与非□老师，黎处云同志合开一课，黎害病后亦毅然代课，主动为其解决困难等均是。师院在这一方面获得成绩的原因是密切与行政配合，紧密依靠党，区委会重视这一工作的领导。

贵阳市共有中学十三所，有民盟组织的共七所，目前只有女中、一中二校已进行教学改革，盟员在教学改革中工作态度大都是积极的，大型观摩教学，一中、女中均有盟员参加，其人数比例占总人数二分之一以上，一中刘延良、刘俊瑜，女中杨世璇、殷汝庄在大型观摩教学中均起了模范带头作用。在盟内这一部分经验还没有很好总结。

一中在一九五三年度学期开始时，有些老师不愿担任班主任，盟员同志中亦有类似情况，盟区分部召集会议，动员同志积极态度担任班主任，并向学校提课程分配建议，起了一定的保证作用。

但目前各个区组内尚存在着各种问题，如团结搞得不好，忙乱现象尚待克服，专锁业务忽视组织生活，单干思想等，我们正在通过区分部成立，逐步克服这些困难，以期发挥更大的作用。

在总部，西南总支部正确指导，与党的领导与协助下，通过五一年的整理工作及土地改革，镇压反革命等三大运动，组织成分已逐步纯洁、健全。通过一九五二年“三反”“五反”运动，思想改造运动，民盟在文教界大量发展起来一批比较进步积极的老师，增加了盟会员在文教界的比例，改变原有的组织面貌，无论从数量上与质量上来说都较前获得提高，盟的组织与盟员个人在“三反”“五反”运动中，在思想改造运动中，接受了斗争与锻炼，因而在思想上，认识上得到了提高，组织也进一步得到巩固。同时，通过运动，领导层的官僚主义等坏作风受到了批判揭露，个别作风不正派，工作不积极的份子被整理以后，领导层增加新的力量，认识上进一步获得一致，因而工作也向前推进了一步。

但从一九五二年四月西南总支部扩大会议中检查出贵州民盟存在二个问题，一个是由于领导层及骨干对民盟的性质与任务认识不足，工作中存在着“关门练兵”“练兵多，打仗少”的偏向。另一个是一九五二年所发展的同志，成分虽大多数是好的，但因为大部分盟员入盟动机只是单纯为了提高自己，所以形成进步份子自高自大，与广大知识份子脱节的偏向。经过西南总支部扩大会议之后，对盟员的认识方面，虽然有了提高，但上述的二种偏向，仍有待于进一步克服，特别是由于对民盟无正确的认识，存在着过高过低的估计，因此对组织发生冷淡，认为民主党派不起什么作用。上面，必须继续克服。因此，如何使盟员正确地认识民盟，使盟员发挥其应发挥的作用，是目前贵州主要问题之一。

其次，领导机构调整问题，贵州省支部临工会是整理时期的领导机构，一部分在运动中受到处分，已脱离职务，另一部分或系是兼职人员，或不在贵阳，虚悬名义，未参加实际工作，因此，领导层等力量一直是单薄的，面临着一九五三年的新任务，领导层必须树立面向业务，深入细致作风，旧的思想工作作风均必须改变，但尚未改变。领导力量远远落在客观发展形势后面。这样，如何调整加强领导机构，加强领导机构的代表性与进步性，并改变思想工作作风，加强思想领导与政治领导，也为目前贵州支部重要问题之一。

再其次，由于盟员对民盟的认识不够，学校中业务与政治如何相结合问题未得到彻底解决，反映在基层组织上面，是组织生活内容贫乏，同志与组织感情不深，表现在任务交下去，不能完成。个别小组甚至存在着内部不团结问题，盟群关系尚有待于进一步搞好。目前第三个课题，便是如何健全基层组织。克服盟群脱节现象，以便更好地配合行政搞好教学改革工作。关于发展问题。以前发展工作，基本上是符合总部及西南总支部指示与要求的，目前发展中上层工作，从数量上看，发展的数字并不小。但中上层有学术地位、有代表性的大知识份子，发展得不够。这是发展工作待改进的一点。

四、今后方向

从三年工作中，我们深切地体会到要搞好盟务，必须从思想上、政治上、组织上接受党的领导，任何脱离党的领导，自搞一套的偏向，都将造成工作上的损失，都将犯错误。其次，我们又体会到总部及西南总部及时的政治原则上的领导是各级地方组织获得一些成绩的重要原因。再其次，从三年工作中我们深切地体会到对我盟的性质与任务，对我盟在统一战线中应起什么作用，能起多大作用缺乏正确的认识与估计，一定会造成工作上的重大损失。因此，今后我们的方向，是继续坚决依靠党，依靠上级的正确指示，加强我盟性质与任务的认识，面向文教，面向群众，树立深入细微的工作作风，为完成一九五三年三大中心政治任务，为完成与超额完成经济大建设而奋斗。

三、思想改造

1951年10月23日，毛泽东在全国政协一届三次会议的开幕词中，高度评价了知识分子的思想改造学习运动，并预祝这一运动能够在稳步前进中获得更大的成就。同日的《人民日报》发表了题为《认真展开高等学校教师中的思想改造学习运动》的短评，短评介绍了京津高校学习运动的经验，并发出号召："北京、天津各高等学校教师的思想改造的学习运动，对于全国高等学校，具有示范的作用。希望中央教育部能够把这次学习运动的经验，及时地推广到全国各高等学校中去。"毛泽东的讲话和《人民日报》这一短评的发表，是一个强大的推动力。此后，这场学习运动逐渐扩展到全国各高等学校和其他各界知识分子中。

1951年11月13日，中国民主同盟在北京召开了全国组织宣传工作会议，会期15天，于11月27日闭幕。民盟主席张澜首先在大会上讲话，他鼓励全盟同志努力执行当前政治任务，巩固团结。民盟副主席沈钧儒接着作了全国政协一届三次会议的传达报告，他号召盟员学习政协会议文件和毛泽东思想，并以推进抗美援朝、增产节约、思想改造三大运动作为民盟的中心工作。该号召得到了与会代表的一致赞同。与会代表还一致认为，民盟盟员要进行自我教育和自我改造，并在知识分子中带头进行思想改造运动。

思想改造工作也是贵州临工会成立后工作的另一个重点，这项工作是为盟员适应新时代的步伐而开展的。西南总支部临工会主任委员楚图南八月四日在贵州省支部临工会欢迎茶会上发表讲话，题为《民盟盟员思想改造问题》，谈到了思想改造的重要性：

史料一 楚图南：《民盟盟员思想改造问题》

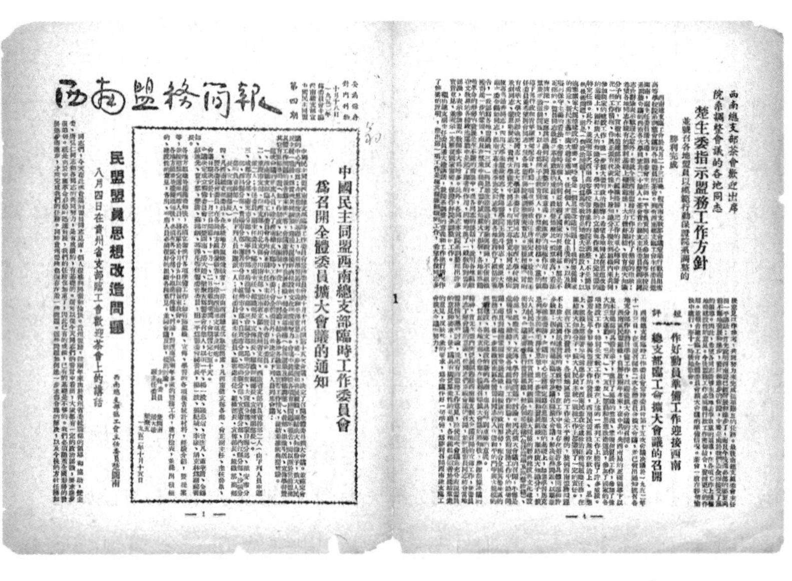

西南盟務簡報 第四期

民盟盟員思想改造問題

八月四日在貴州省支部臨工會歡迎茶會上的講話

楚圖南

中國民主同盟西南總支部臨時工作委員會

爲召開全體委員擴大會議的通知

西南總支部茶會歡迎出席院系調整會議的各地同志

楚主委指示盟務工作方針

作好動員準備工作迎接西南總支部臨工會擴大會議的召開

西南區高等學校院系調整重點開始

重大、西師、西工等校盟小組投入運動並向組織提出保證

【释文】

民盟盟员思想改造问题

同志们，今天在此与贵阳的盟员同志们见面，个人感到兴奋和愉快。贵州盟务，这两年来由于贵州省委统战部的领导和协助，双主委、唐弘仁同志和各同志的共同努力，是有成绩的，有基础的。这可以从今天同志们的发言看出，大家都有一定的政治认识，要求进步很迫切。只是由于中国革命形式的迅速发展，我们的任务也加重了，因此已有的成绩，已有的基础是不够的。我们必须随着全国形式的发展进步而进步，才能完成我们的任务。同时贵州盟务也还存在着一些问题。这些问题如何进一步求得合理的解决，以及今后的方针任务如何，今后应如何努力等等。我想另找一个机会与各位同志谈谈。也希望同志们有什么意见可以口头的或书面的提出来，供我做参考，使我们的谈话更全面一些。

今天在座的同志有一大部分要参加中学教员暑期思想改造的学习，我预先祝贺你们胜利。同时也就盟员应如何积极投身于思想改造的学习运动，首先自我改造并带动所联系的知识份子群众进行改造，提供一些意见，并和同志们共同努力。

先说思想改造为何是必要的？从中国社会发展的历史说，新民主主义社会与中国过去任何一个社会有着本质上的不同。这是以工人阶级为领导的、以工农联盟为基础的人民民主专政的新社会。我们的任务是完成新民主主义革命建设事业。我们的前途和远景乃是社会主义和共产主义的社会。但我们都是从旧社会来的，旧思想意识和旧作风影响我们不能完成这一任务。因此要求我们每一个人民，尤其是每一个民主党派的成员进行思想改造，先有与新社会的要求和新社会的建设事业相适应的思想作风，才能担负起建设新社会的任务。新社会是集体主义的，个人利益要服从整体利益。专作个人打算，计较个人得失的旧思想会妨碍国家建设，妨碍我们自己的发展，也妨碍社会的进步。所以思想改造，我们必须作为一种政治任务来完成它。此外从当前建设事业来看，全国即将有计划有步骤地开始进行大规模的建设。以教育事业来说，我们必须配合和服务于国家的各种建设事业，为国家培养大批建设干部。因此我们各级学校——尤其是高等学校和技术学校的招生是有计划的，不是盲目的。我们要使教育事业与实际需要相结合，使理论与实际一致，使学用一致。从事教育工作的人，如无全心全意为人民服务的思想，如无全体利益的观念，各人为自己利益或宗派利益打算，就会妨碍整个教育计划的执行，妨碍人力物力最合理的使用，最有效的安排。在学生方面也是如此。为了有计划的开展教育事业，国家要求高中毕业生全部升入大学，并要求服从组织，各就所学所长分配到适当的科系。如果学生也各从个人利益或个人兴趣出发，整个计划就无法执行。在国民党反动政府统治时期，一个学校是一个宗派，一个学校是一个“王国”，浪费人力物力。所培养出的人才亦绝大部分不能很好地为人民服务，很好地适应国家实际需要。现在我们正开始有计划的培养建设干部。可是过去的坏思想、坏作风妨碍整个计划的执行。在新社会中，人人都有发展机会。可是现在很多人由于思想尚未解放，只看到个人利益，看不到全体利益，看不到伟大祖国的前途和自己的前途，思想意识落后于时代要求和社会要求之后。如不进行思想改造，就不可能适应新社会环境，不可能参加革命建设工作，更不要说不可能接受新任务，完成新任务。

思想改造的重大意义，毛主席在政协第三次全国委员会的开会词中已经指示得明白：“思想改造，首先是各种知识分子的思想改造，是我国在各方面彻底实现民主改革，和逐步实行工业化的重要条件之一。”周恩来总理也指示：“用马克思列宁主义与中国革命实际相结合的毛泽东思想武装起来，这就是中国人民民主统一战线的新任务。”所以从国家需要说，知识分子不进行思想改造就不能发挥力量，参加国家建设事业。

再从民盟的性质任务说，民盟是一新民主主义的政党。作为一个盟员，政治觉悟应比一般群众高。去年全国组宣会议特别提出以马列主义和毛泽东思想作为民盟的指导思想，进行改造，并带动联系的广大知识分子进行思想改造，作为民盟的特定任务。因此盟员要首先积极带头提高思想水平，把自己锻炼成为一个工人阶级的知识分子，同时亦带动更广大知识分子一道进步，才不辜负是新民主主义新社会中一个革命政党的成员。关于这一点，胡愈之同志在组宣会议讨论总结中阐发得很详细，同志们应细心体会，并一致努力在思想改造学习运动中，积极带头，起进步作用。

其次，谈谈思想改造以什么做标准问题。民主党派以共同纲领作为自己的纲领，思想改造应以共同纲领为基础。但作为一个人民教师，他要为国家培养青年一代和下一代，使成为新社会的自觉建设者，因此他必须学习马列主义，并站稳工人阶级的立场，掌握马列主义的思想方法，这样来要求于人民教师，来要求于我们的盟员是并不矛盾的。共同纲领是全国人民的政治纲领，现在四大民主阶级中，有的连这个标准也尚未达到，例如“三害”“五毒”的思想行为便是违反共同纲领的，因此我们必须以达到共同纲领的标准为最低要求。至于马列主义和毛泽东思想则是我国人民进行建设最正确的指导思想，因为这是人类的普遍真理。而我们新民主主义新社会的前途和远景乃是社会主义和共产主义的社会。所以作为一个民主党派来说，我们思想改造的学习，在现阶段虽以共同纲领为基础，但不是说即局限于此，可以不进一步学习马列主义。作为一个人民教师，更必须学习马列主义。作为新民主主义社会以小资产阶级知识分子为主要成分的一个革命政党的民盟的成员，也得要学习马列主义。所以民主党派思想改造的学习，以共同纲领为标准，在完成新民主主义的革命建设的现阶段说，是极正确的。但我们不能机械地、很呆板地看这个问题，而是要辩证地从发展从进步的方向看这个问题。这样，一些模糊的、不正确的、故步自封、不求进取的思想就可以肃清了。再说，共同纲领的本身，便是马列主义与中国革命实践相结合的毛泽东思想的具体体现。对共同纲领如没有正确的认识，即不能在这基础上深刻体会政策，就不能真正彻底地执行共同纲领。例如这次“五反”运动中，资产阶级所表现的一些思想行动即是违反了共同纲领，也就损害了国家利益。因此民主党派的思想改造应以共同纲领为基础，是有着它的现实的意义的。但并不是说思想改造的标准即限止于此。我们应该根据具体的情形和具体个人作不同的要求。不能达到共同纲领的标准的个人或民主党派，要求达到共同纲领的标准这是必须的。但进一步学习马列主义掌握了马列主义的思想方法也不是不必要的，不是不可能的，如全体的人民教师和民盟盟员和绝大部分参加革命建设事业的进步知识分子。

总之，我们新民主主义的社会是工人阶级领导的社会。在现阶段在人民民主统一战线的范围内，各民主党派进行思想改造以共同纲领为标准，这是必须的。在人民教师，因为教育新生的一代，所以学习马列主义的立场、观点、思想方法，并贯彻于教学工作中，是完全必须的。就全国人民来说，以工人阶级先进思想——马列主义毛泽东思想为指导思想进行改造，以求迅速地顺利地进步到社会主义的社会这也是正确的、应该的、有益的，是值得鼓励，值得努力的。

最后谈一谈知识分子对思想改造问题应有的认识和应有的态度。主要应该分析他是为谁服务？他的主导思想是什么阶级的思想？例如自私自利损人利己的打算，凭技术吃饭，有奶便是娘，不负责任等等，有这些思想的人虽然没有资产，未开过工厂，未剥削过工人，而这些思想还是属于资产阶级的。怀着这样的思想参加工作，便不能很好为人民服务，因为这是于人民，于革命事业，于建设工作有害的，也是人民民主的新社会所不能容忍、所不能许可的。所以知识分子必须进行思想改造，接受工人阶级的领导，以工人阶级先进思想来彻底改造自己，树立为人民服务、重视劳动、热爱真理的新作风。并逐渐站稳马列主义的立场，逐渐掌握马列主义的思想方法，然后能正确的分析问题，处理问题，才能发挥更大的力量，有效和有益地为人民服务，参加新民主主义的革命建设工作，并使我们的社会迅速地走到社会主义的社会。

正确地认识了这个问题，在思想改造的过程中，一切的顾虑，一切怀疑便是多余的，不必要的，不应有的。暴露和认识正是改正错误的开始，表示你有彻底要求进步的决心，这并不是丢面子。反之，如把错误掩盖起来，永远背起包袱，自欺欺人这才是可耻的。并且一个人的错误，自己不暴露，虽然别人不会揭发，但这种揭发乃是帮助人认识错误，出发点是“与人为善”“治病救人”，不是打击。以打击人的态度来对别人提意见和认为别人提意见就是打击的种种错误想法，都是不正确的，应该纠正的。

也有人以为暴露了思想，会影响到职业或工作的调动，这也是极端错误的想法。我们的干部政策是对人民负责，对革命负责。所有工作人员的调动和使用是从称职与否出发，并不会因暴露思想而被撤职，犹之乎不会因不暴露思想而得到职业的保障一样。这种庸俗的狭隘偏见、报复主义的想法对于严肃的思想改造的学习运动，不仅是一种误解，而且也是一种渎污。所以我们必须肃清诸如此类的错误的观念，才能很好地完成思想改造的这一重大任务。而且也由于这些错误的想法和看法，更具体地说明了当前知识分子的思想改造是如何的必要，如何的迫切了。

这次我们参加暑期训练班的有五十多位同志，为了搞思想改造学习，临工会决定设立临时区分部，这是很对的。希望区分部的同志在党的领导下，与党团员同志密切配合，积极自觉地开展这一工作和推动这一运动，首先盟员同志们带头检查，在运动中起进步作用，并带动全体老师进行思想改造，使能胜任于做一个新民主主义社会的人民教师。这是有关国家建设和个人变无用为有用的一项重要工作。我们必须重视它，当作一项政治任务来完成它。最后我预祝参加思想改造的同志们学习进步，工作胜利和成功。

（翁祖善同志记录）

史料二 《关于盟员正确加盟观念的决议》

在这种自上而下的思想教育背景下，临工会按照西南总支楚图南主委的要求，探讨了适合贵州支部的几个决议。

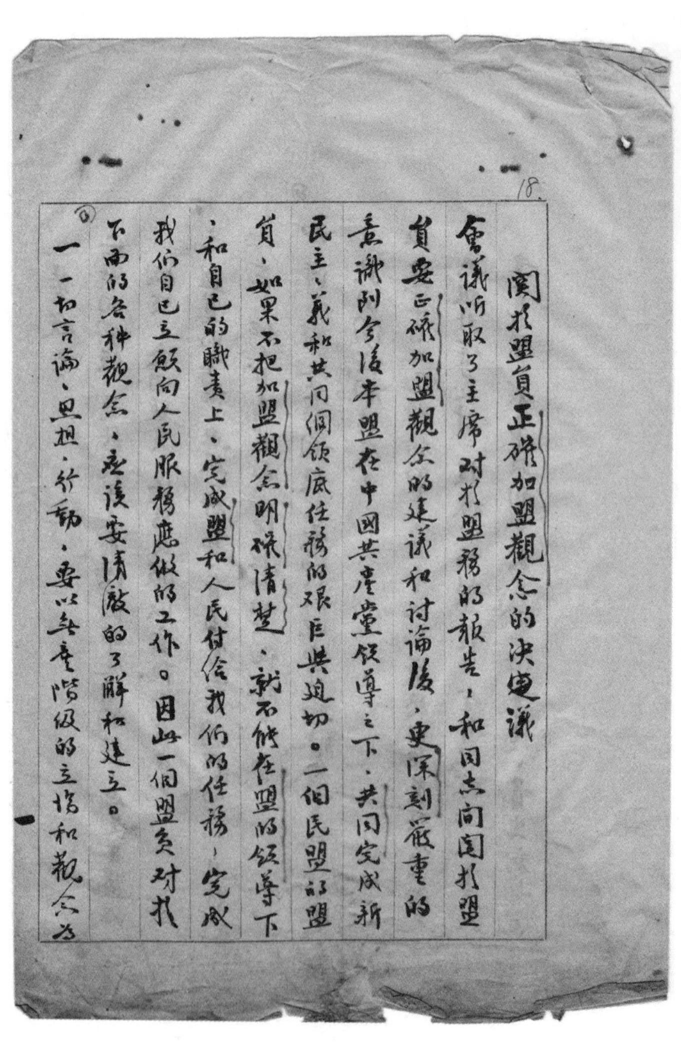

18.

關於盟員正確加盟觀念的決議

會議聽取了主席對於盟務的報告，和同志向關於盟員要正確加盟觀念的建議和討論後，更深刻嚴重的意識到今後本盟在中國共產黨領導之下，共同完成新民主主義和共同綱領底任務的艱巨與迫切。一個民盟的盟員，如果不把加盟觀念明確清楚，就不能在盟的領導下，和自己的職責上，完成盟和人民付給我們的任務，完成我們自己立駁向人民服務應做的工作。因此一個盟員對於下面的各種觀念，應該要清澈的了解和建立。

①

一、一切言論、思想、行動，要以無產階級的立場和觀念為

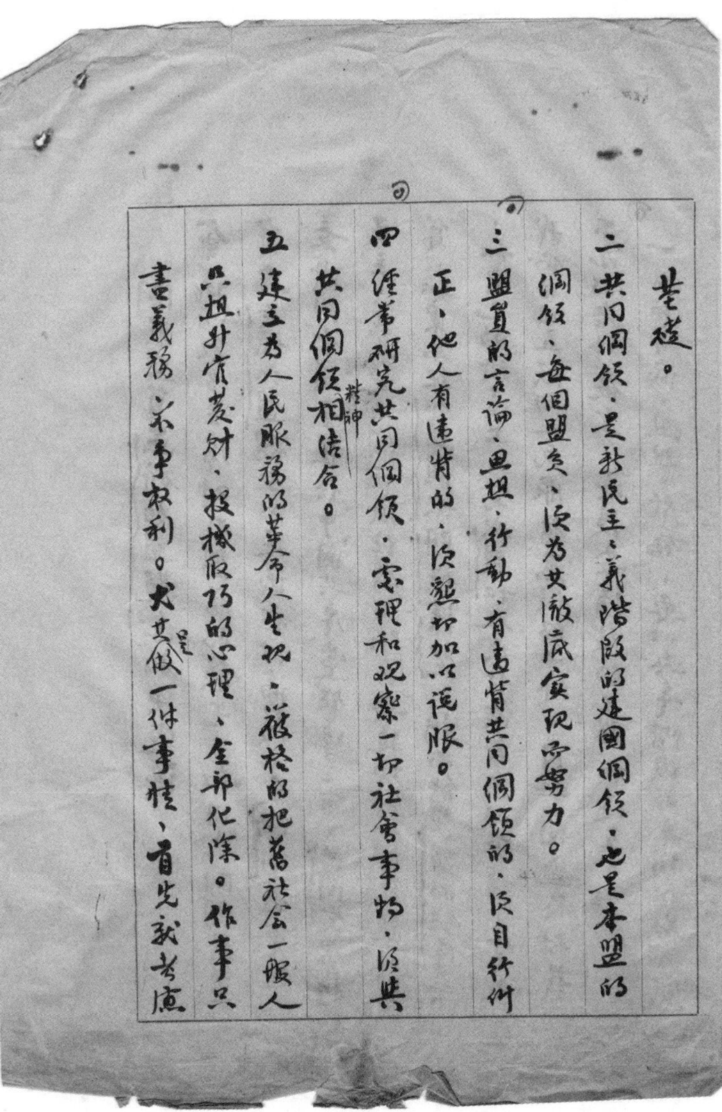

基礎。

二、共同綱領，是新民主主義階段的建國綱領，也是本盟的綱領，每個盟員，須為其徹底實現而努力。

三、盟員的言論、思想、行動，有違背共同綱領的，須自行糾正，他人有違背的，須懇切加以說服。

四、經常研究共同綱領，處理和觀察一切社會事物，須與共同綱領精神相結合。

五、建立為人民服務的革命人生觀，徹底的把舊社會一般人只想升官發財、投機取巧的心理，全部化除。作事只盡義務，不爭權利。尤其是做一件事情，首先就考慮

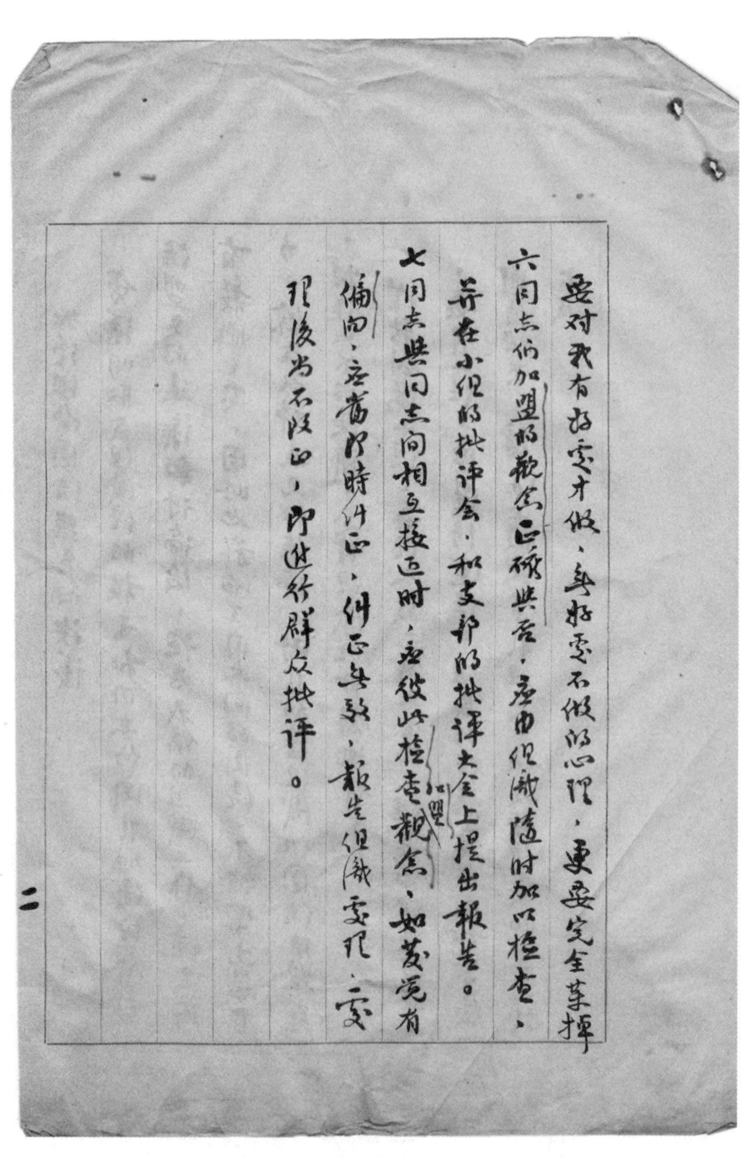

要对我有好处才做，无好处不做的心理，更要完全革掉。

六　同志们加盟的观念正确与否，应由组织随时加以检查，并在小组的批评会，和支部的批评大会上提出报告。

七　同志与同志间相互接近时，应彼此检查加盟观念，如发觉有偏向，应当即时纠正，纠正无效，报告组织处理，处理后尚不改正，即进行群众批评。

二

【释文】

关于盟员正确加盟观念的决议

会议听取了主席对于盟务的报告，和同志间关于盟员要正确加盟观念的建议和讨论后，更深刻严重地意识到今后本盟在中国共产党领导下，共同完成新民主主义和共同纲领的任务的艰巨与迫切。一个民盟的盟员，如果不把加盟观念明确清楚，就不能在盟的领导下，和自己的职责上，完成盟和人民交付给我们的任务，完成我们自己立愿向人民服务应做的工作。因此一个盟员对于下面的各种观念，应该要清澈的了解和建立。

一、一切言论、思想、行动，要以无产阶级的立场和观念为基础。

二、共同纲领，是新民主主义阶段的建国纲领，也是本盟的纲领，每个盟员，须为其彻底实现而努力。

三、盟员的言论、思想、行动，有违背共同纲领的，须自行纠正，他人有违背的，须恳切加以说服。

四、经常研究共同纲领，处理和观察一切社会事物，须与共同纲领精神相结合。

五、建立为人民服务的革命人生观，严格地把旧社会一般人只想升官发财，投机取巧的心理，全部化除。做事只尽义务，不争权利。尤其是做一件事情，首先就考虑要对我们有好处才做，无好处不做的心理，更要完全革掉。

六、同志们加盟的观念正确与否，应由组织随时加以检查，并在小组的批评会，和支部的批评大会上提出报告。

七、同志与同志间相互接近时，应彼此检查加盟观念，如发觉有偏向，应当及时纠正，纠正无效，报告组织处理，处理后尚不改正的，即进行群众批评。

史料三 《加强组织团结盟员的决议》

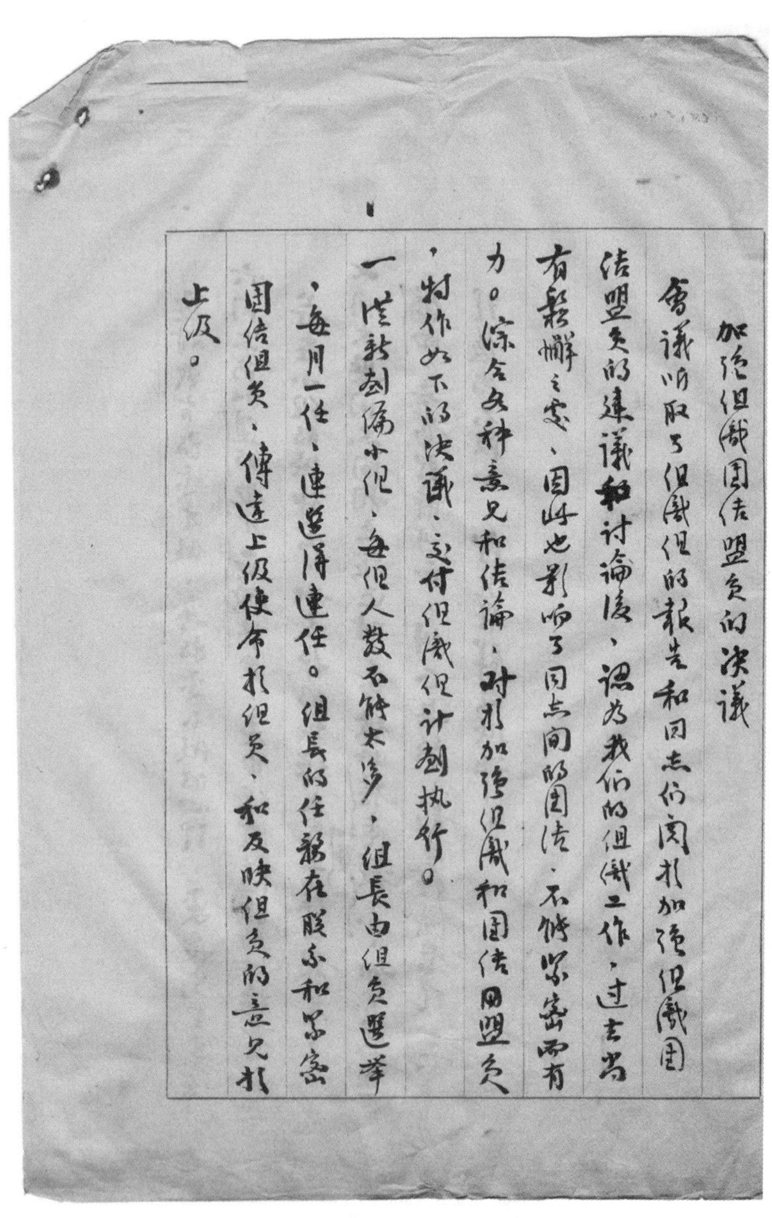

加强组织团结盟员的决议

会议听取了组织组的报告和同志们关于加强组织团结盟员的建议和讨论后，认为我们的组织工作，过去尚有松懈之处，因此也影响了同志间的团结，不够紧密而有力。综合各种意见和结论，对于加强组织和团结同盟员，特作如下的决议，交付组织组计划执行。

一、从新划编小组，每组人数不能太多，组长由组员选举，每月一任，连选得连任。组长的任务在联系和紧密团结组员，传达上级使命于组员，和反映组员的意见于上级。

二建立访问制度，每组同志间，须互相个别访问，组与组间（同志），须经常集体访问或个别访问，访问须作访问笔录，记明访问同志的姓名次数及访问经过。每一同志的访问笔录，每周须缴交组长汇集，于组长会报时，汇交支部审核，作为表扬与指示的根据。

三建立由上而下的指示和由下而上的报告制度。为求密切加强组织和同志间的关系，凡在贵阳以外的同志，每月须将生活情况报告组织一次，组织须将重要情况指示同志一次，如有紧急重大事故，则须随时报告指示。在贵阳的同志，平常则须紧密的

三

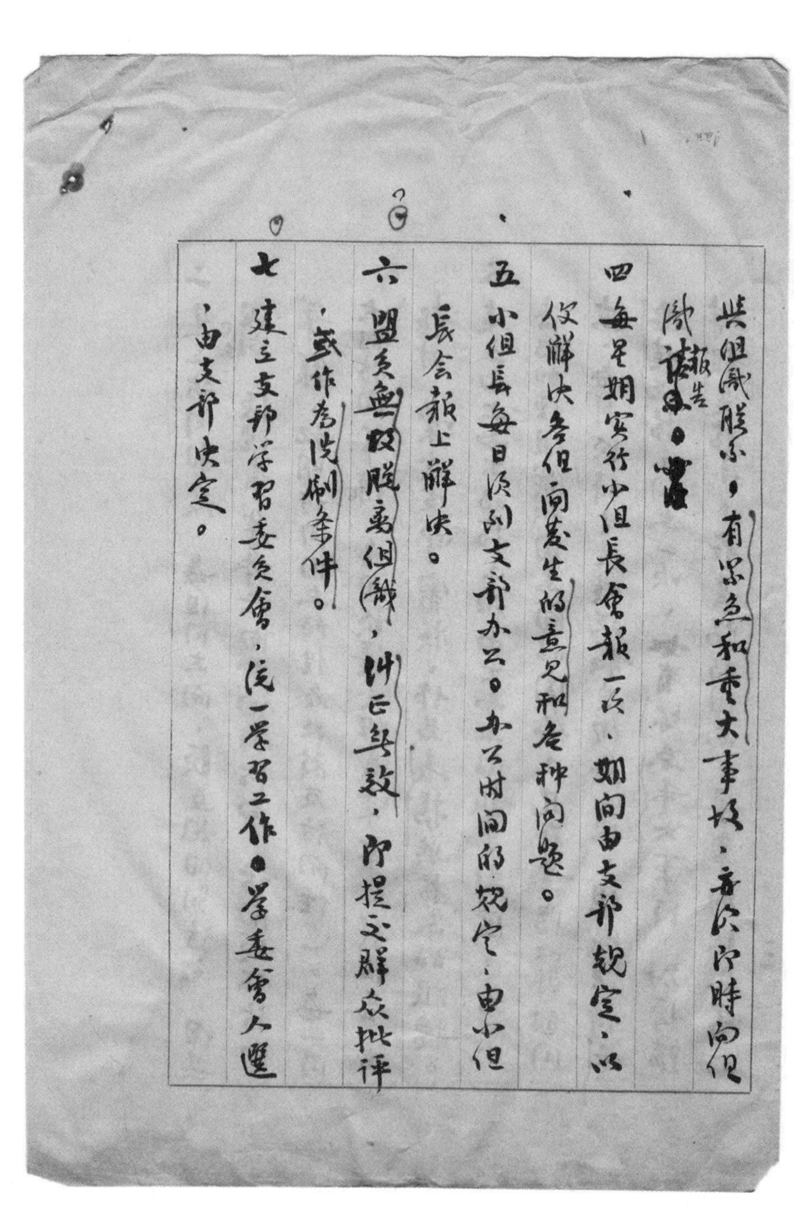
與組織聯系，有緊急和重大事故，應隨時向組織報告。

四　每星期實行小組長會報一次，期間由支部規定，以便解決各組間發生的意見和各種問題。

五　小組長每日須到支部辦公。辦公時間的規定，由小組長會報上解決。

六　盟員無故脫離組織，非正當緣故，即提交群眾批評，或作為處制條件。

七　建立支部學習委員會，統一學習工作。學委會人選，由支部決定。

【释文】

加强组织团结盟员的决议

会议听取了组织组的报告和同志们关于加强组织团结盟员的建议和讨论后，认为我们的组织工作，过去尚有松懈之处，因此也影响了同志间的团结，不能紧密而有力。综合各种意见和结论，对于加强组织和团结盟员，特作如下的决议，交付组织计划执行。

一、一些新划编小组，每组人数不能太多，组长由组员选举，每月一任，连选并连任，组长的任务在联系和紧密团结盟员，传递上级使命于组员，和反映组员的意见于上级。

二、建立访问制度，每组同志间，须互相个别访问，组与组同志间，须经常集体访问或个别访问，访问须作访问笔录，记明访问同志的姓名次数及访问经过。每一同志的访问笔录，每周须缮交组长汇集，于组长汇报时，汇交支部审核，作为表扬与指示的根据。

三、建立由上而下的指示和由下而上的报告制度。为紧密的加强组织和同志间的关系，凡在贵阳以外的同志，每月须将生活情况报告组织一次，组织须将重要情况指示同志一次，如有紧急重大事故，则须随时报告指示。在贵阳的同志，平常则须紧急的与组织联系，有紧急和重大事故，亦须及时向组织报告。

四、每星期实行小组汇报一次，期间由支部规定，以便解决各组间发生的意见和各种问题。

五、小组长每日须到支部办公。办公时间的规定，由小组长汇报上解决。

六、盟员无故脱离组织，纠正无效，即提交群众批评，或作为洗刷条件。

七、建立支部学习委员会，统一学习工作。学委会人选，由支部决定。

史料四 《关于加强学习改进学习制度的决议》

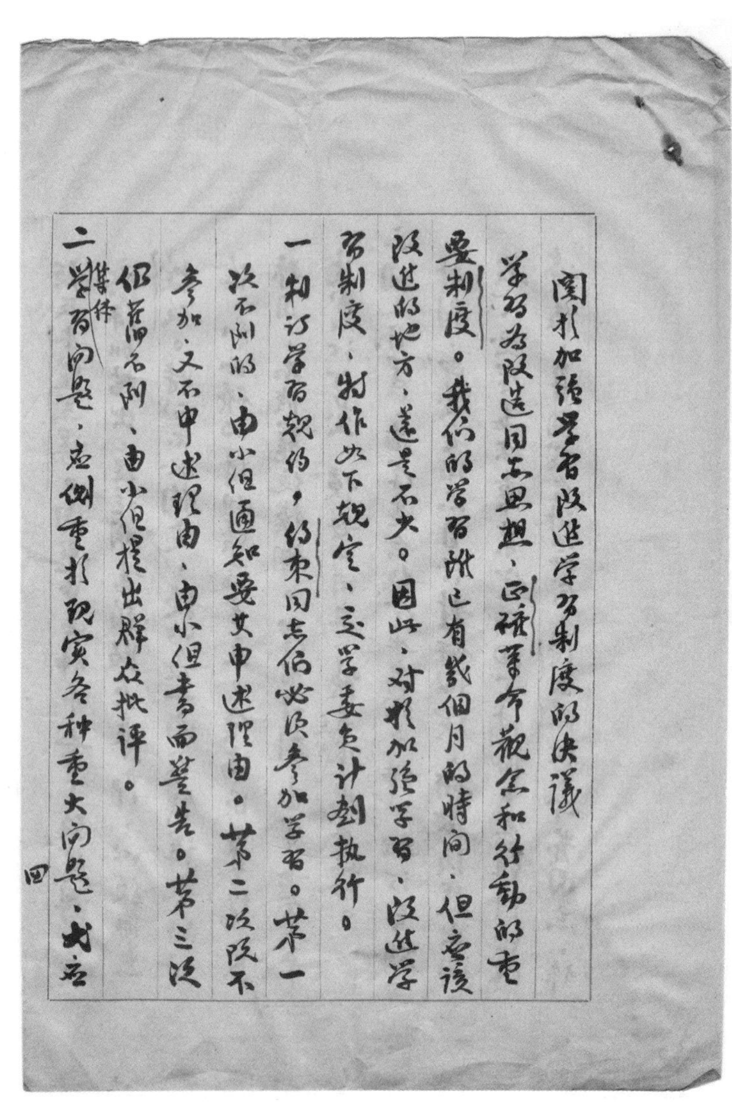

関于加强学習改進学習制度的決議

学習為改造同志思想、正確革命觀念和行動的重要制度。我們的学習雖已有幾個月的時間，但应該改進的地方，還是不少。因此，對於加强学習，改進学習制度，特作如下規定，交学委定計劃執行。

一、制订学習規約，約束同志們必須參加学習。第一次不到的，由小組通知要其申述理由。第二次再不參加，又不申述理由，由小組書面警告。第三次仍然不到，由小組提出群众批評。

二、集体学習問題，应側重於現實各種重大問題，或应

四

版及本盟立場。問題中各种重要參考資料、并應詳加摘出、及注明書報版頁章節、以便同志按攷。時间不必拘定、須以每一問題能詳盡的討論、和正確的得到結論為主。結論須盡量揭橥作用、不能籠統模糊。學習計劃由學委会事先製订印發、使每一同志、能有充分準備目標。

三個人自學、由學委会規定書籍文件、拟订分期計劃、印發各同志自行精研細讀、研讀後提出問題、交學委会彙集定期開会討論。各组得出結論後、再開联合討論会、得出總結、印發同志、作

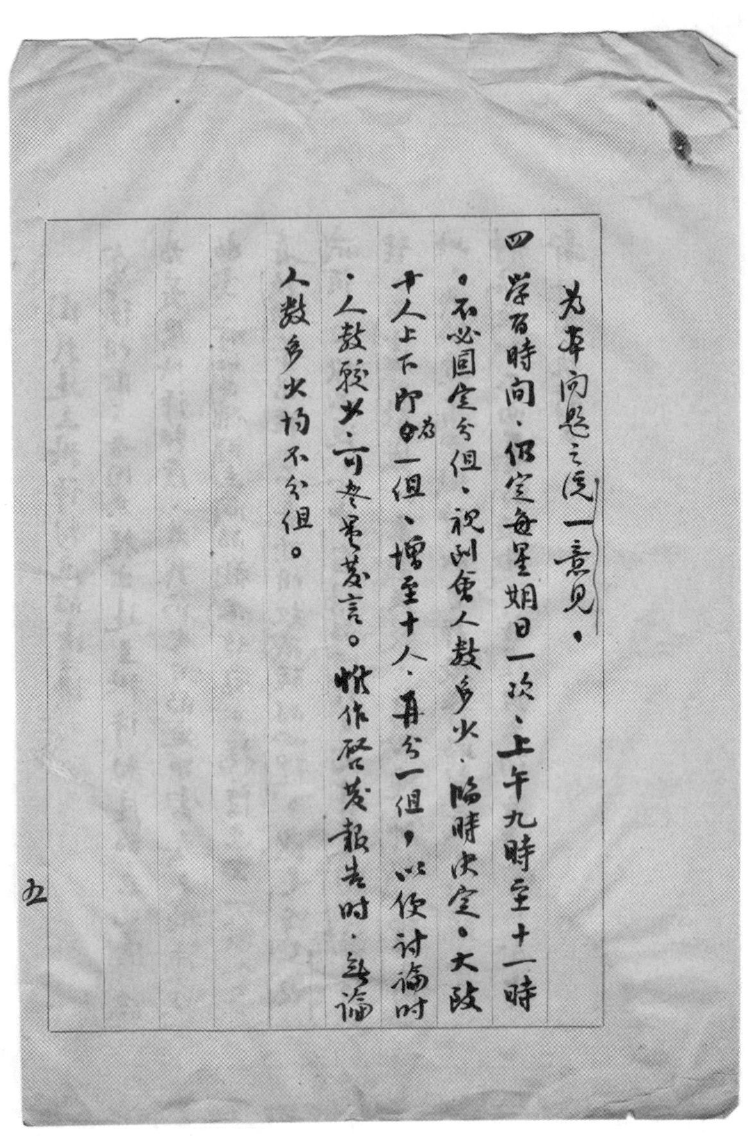

为本问题之建一意见，

四 学习時间，假定每星期日一次，上午九時至十一時。不必固定分组，视到会人数多少，临時决定。大致十人上下即分为一组，增至十人，再分一组，以便讨论时。人数较少，可尽量发言。惟作启发报告时，无论人数多少均不分组。

五

【释文】

关于加强学习改进学习制度的决议

学习为改造同志思想，正确革命观念和行动的重要制度。我们的学习现已有几个月的时间，但应该改进的地方，还是不少。因此，对于加强学习，改进学习制度，特作如下规定，交学委员计划实行。

一、制定学习规约，约定同志们必须参加学习。第一次不到的，由小组通知要其申述理由，第二次还不参加，又不申述理由，由小组当面警告。第三次仍旧不到，由小组提出群众批评。

二、集体学习问题，应侧重于现实各种重大问题，尤应顾及本盟立场。问题中各种重要参考资料，并应详加指出，及注明书报版页章节，以便同志校改。时间不必拘定，须以每一问题能详尽地讨论，和正确地得到结论为主。结论须尽扬弃作用，不能笼统模糊。学习计划由学委会事先制订印发，使每一同志能有充分准备。

三、个人自学，由学委会规定书籍文件，拟订分期计划，印发各同志自行精研细读，研读后提出问题，交学委会汇集定期开会讨论。各组得出结论后，再开联合讨论会，得出总结，印发同志，作为本问题之统一意见。

四、学习时间，仍定每星期日一次，上午九时至十一时。不必固定分组，视到会人数多少，临时决定。大概十人上下即为一组，增至十人，再分一组，以便讨论时，人数较少，可尽量发言。惟作启发报告时，无论人数多少均不分组。

史料五 《关于建立批评制度的决议》

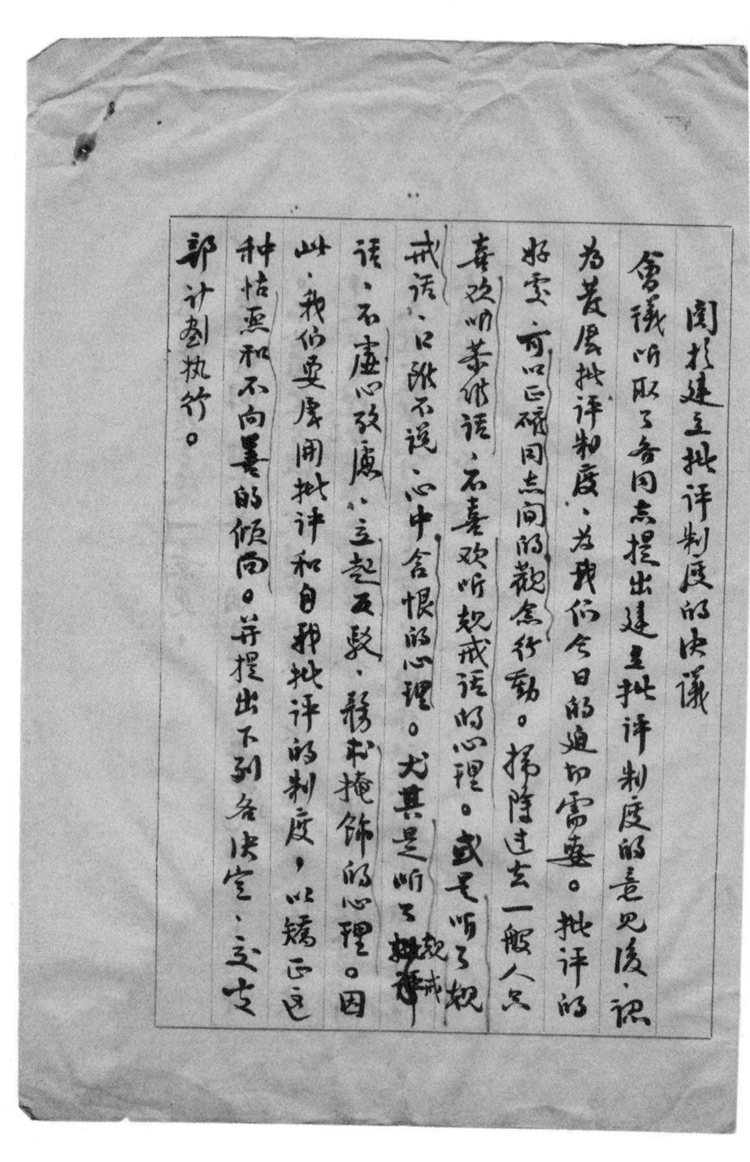

关于建立批评制度的决議

會議听取了各同志提出建立批评制度的意见後，認為发展批评制度，为我们今日的迫切需要。批评的好處，可以正確同志间的觀念行動。掃除过去一般人只喜欢听恭維話，不喜欢听规戒話的心理。或是听了规戒話，口服不说，心中含恨的心理。尤其是听了规戒話，不虚心致虑，立起反駁，務求掩飾的心理。因此，我们要展開批评和自我批评的制度，以矯正这种怙惡和不向善的傾向。并提出下列各决定，交支部计劃执行。

一要求每一同志、首先要建设心理上的批评和自我批评制度。

二实行批评制度、態度要和靄、言语要诚懇、要從善意的建議、不要惡意的攻擊。

三同志们凡在一起、都要互相注意彼此的言语、行动、发现有錯误、就要很適當的提出批评、被批评者认为对的、就要诚懇接受、认为不对的、也可以提出辯論。辯論不决的、可提出小组会议上群众批评。

四每一小组、每两星期開批评會議一次、全组同志、均作批评及自我批评。並将其會議情况、報告支部、

六

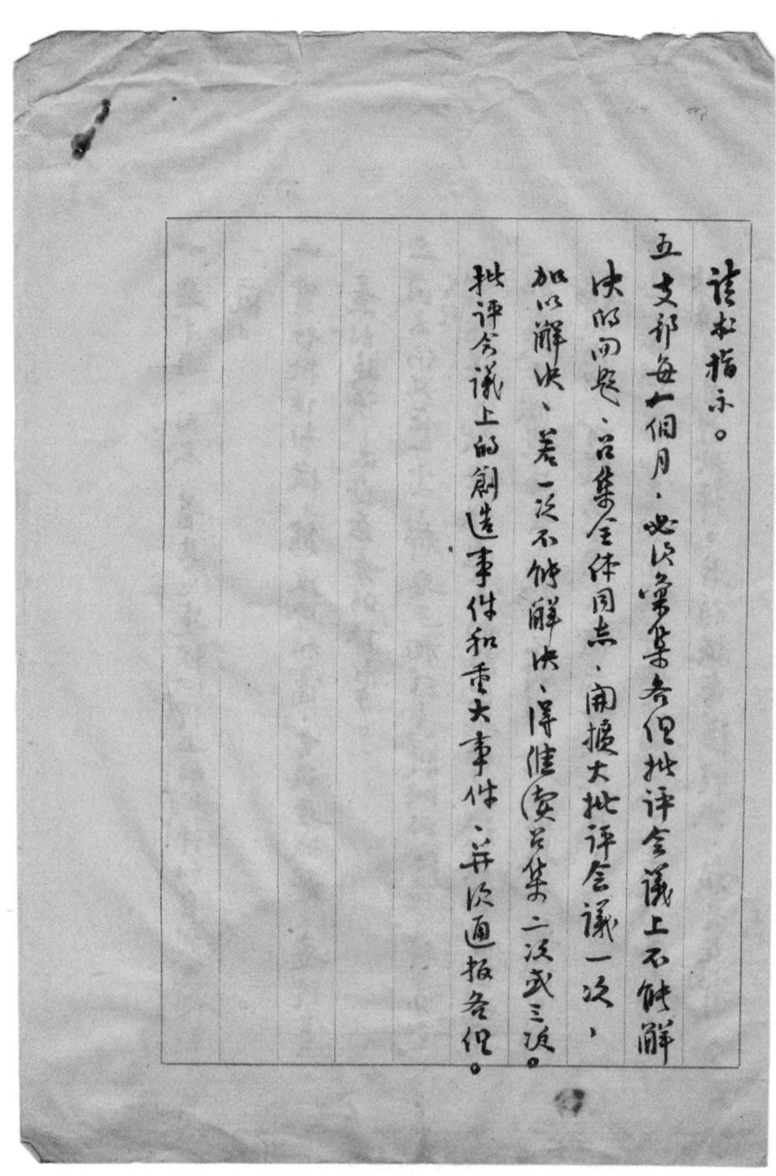

請求指示。

五、支部每一個月，必須召集各組批评会議上不能解决的問題，召集全体同志，開擴大批评会議一次，加以解决，若一次不能解决，得催促召集二次或三次。批评会議上的創造事件和重大事件，並須通报各組。

【释文】

关于建立批评制度的决议

会议听取了各同志建立批评制度的意见后，认为发展批评制度，为我们今日的迫切需要。批评的好处，可以正确同志间的观念行动。扫除过去一般人只喜欢听恭维语，不喜欢听规诫语的心理。尤其是听了规诫语，不虚心考虑，立起反驳，务必掩饰的心理。因此，我们要展开批评和自我批评的制度，以矫正这种怙恶不向善的倾向。并提出下列各决定，交支部计划实行。

一、要求每一同志，首先要建设心理上的批评和自我批评制度。

二、实行批评制度，态度要和蔼，言语要诚恳，要□善意的建议，不要恶意的攻击。

三、同志们凡在一处，都要互相注意彼此的言语、行动，发现有错误，就要很适当地提出批评，被批评者认为对的，就要诚恳接受，认为不对的，也可以提出辩论，辩论不决的，可提出小组会议上群众批评。

四、每一小组，每两星期开批评会议一次，全组同志，均作批评及自我批评。并将会议情况，报告支部，请□指示。

五、支部每一个月，必须汇集各组批评会议上不能解决的问题，召集全体同志，开扩大会批评会议一次，加以解决，若一次不能解决，得继续召集二次或三次。批评会议上的创造事件和重大事件，并须通报各组。

史料六 《关于改进支部总务的决议》

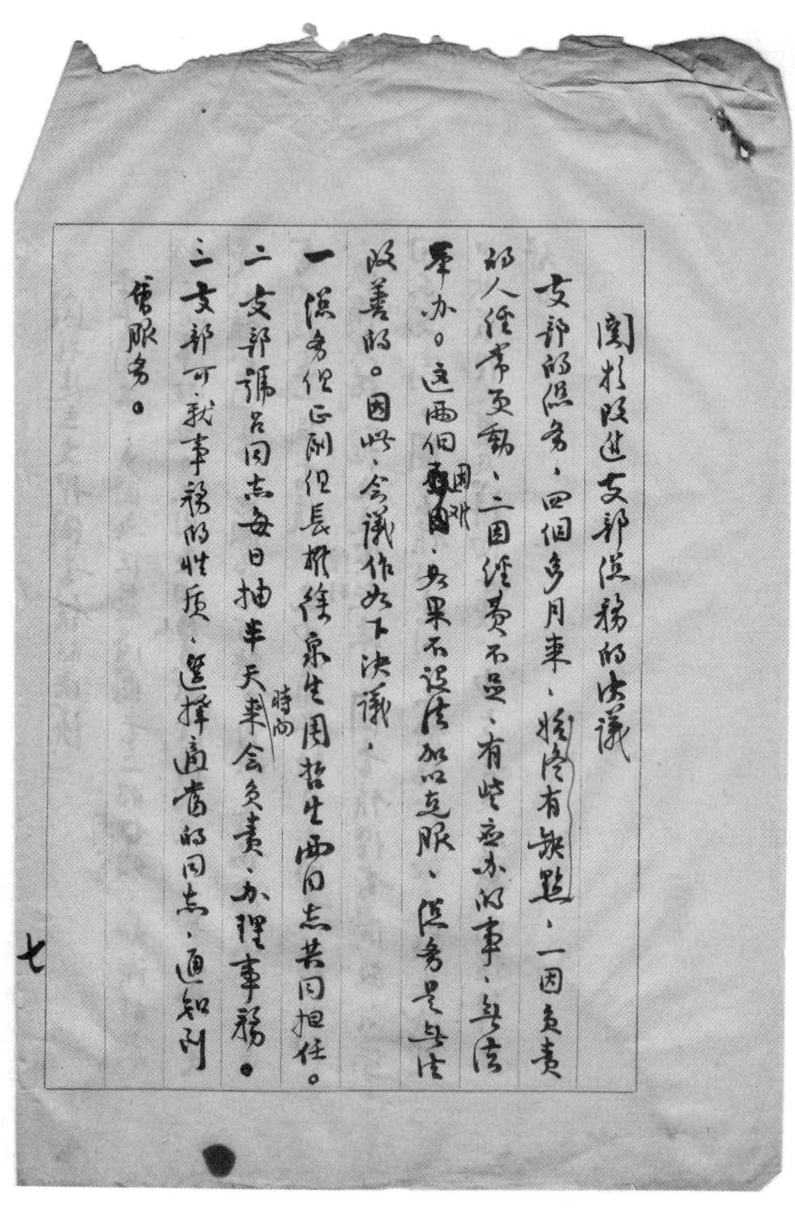
關於改進支部總務的決議

支部的總務，四個多月來，雖然有缺點，一因負責的人經常更動，二因經費不足，有些應辦的事，無法舉辦。這兩個困難，如果不設法加以克服，總務是無法改善的。因此，會議作如下決議：

一、總務組正副組長推徐康生周哲生兩同志共同擔任。

二、支部請各同志每日抽半天時間來會負責，辦理事務。

三、支部可就事務的性質，選擇適當的同志，通知到會服務。

七

【释文】

关于改进支部总务的决议

支部的总务，四个多月来，始终有缺点，一因负责的人经常变动，二因经费不足，有些应办的事，无法举办。这两个困难，如果不设法加以克服，总务是无法改善的。因此，会议作如下决议：

一、总组正副组长推徐泉生、周哲生两同志共同担任。

二、支部□吕同志每日抽半天时间来会负责，办理事务。

三、支部可就事务的性质，选择适当的同志，通知到会服务。

史料七 《关于建立支部图书馆的决议》

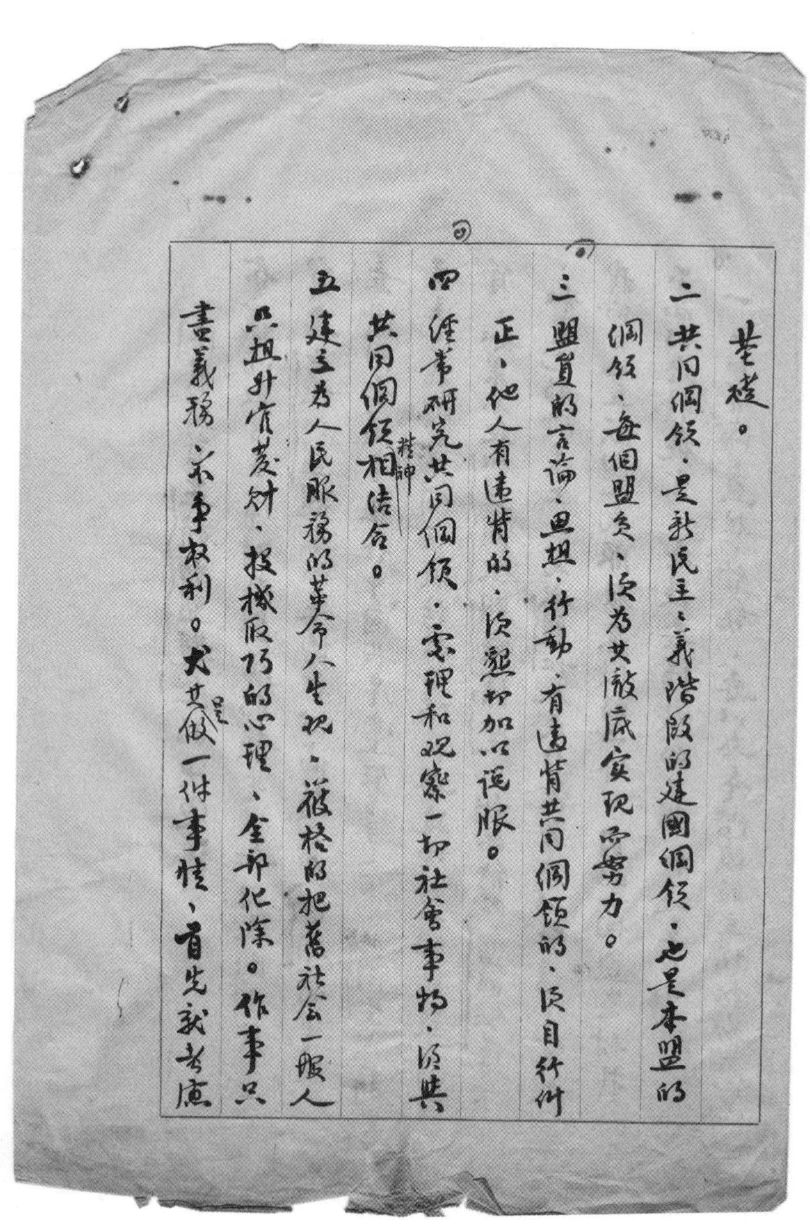

基础。

二、共同纲领，是新民主主义阶段的建国纲领，也是本盟的纲领，每个盟员，须为其彻底实现而努力。

三、盟员的言论、思想、行动，有违背共同纲领的，须自行纠正，他人有违背的，须恳切加以说服。

四、经常研究共同纲领，处理和观察一切社会事物，须与共同纲领精神相结合。

五、建立为人民服务的革命人生观，放弃旧的把落社会一般人只想升官发财、投机取巧的心理，全部化除。作事只尽义务，不争权利。尤其是做一件事情，首先就考虑

【释文】

关于建立支部图书馆的决议

本会同志，多因无法获得图书上的阅览，知识的来源，异常缺乏。又因每个人的经济状况，不甚充裕，大量地购买图书，也成为不可能。因此，我们决议，在支会内设立一图书馆，先由各同志将自己的书籍报刊，或捐或借，把它充实陈列起来。图书馆经常开放，以供同志们览阅。图书馆的书刊，不能借出，以免散失残缺。其管理人选及详细办法，由支会负责部门设计执行。

史料八 1951年10月：《访问农村土地改革工作以后，纠正了我和平分田的思想》

访问农村土地改革工作以后，纠正了我和平分田的思想

1951年　唐弘仁

在没有下乡访问前，对于当前轰轰烈烈的土地改革运动，我的看法是混乱而且模糊的。从理论上我虽然老早就明白地主阶级在经常地剥削农民，我也了解农民的生活过得相当苦，从而，我肯定了地主阶级是必须消灭，必须死亡的一个阶级，否则中国农民便不能真正翻身，中国农村生产力就不能突飞猛进，而中国革命的胜利，就不能得到保证。可是地主阶级剥削农民，究竟残酷到什么程度？农民生活的困苦又达到什么程度？农民是如何在斗争中翻身的？地主阶级是如何在走向死亡，这对于我，却始终都是模糊的。十六岁以后我便一直在城市中生活，我又是小资产阶级出身的知识分子，对于农村，我是陌生的。我常常以为“白毛女”里面的喜儿，杨伯劳和黄世仁，都是经过了艺术家的渲染和夸大，都是戏剧化了的人物，与事实都是有距离的。中央少数民族访问团费孝通先生来贵州的时候，曾经说到黔西某些地区，有些地主对他的佃户的女儿，在解放前还保留着初夜权。我一方面表示惊骇；一方面又表示怀疑，我不相信这会是事实。同时，我也不相信十八九岁的大姑娘会穷得连裤子都没有穿。贵阳郊区减租退押工作正展开时，有人向我说：“啊哟！斗得相当凶！”又补充着说：“其实农民倒都是老实的，他们并不喜欢同地主斗争，喜欢斗争的是共产党的干部，他们为了顺利地展开群运工作，为了迅速地完成五大任务，在制造阶级斗争和阶级仇恨！”对于这种说法，我当时的态度是将信将疑，既不赞成，也不反对，心里想：“干部水平低，发生一点偏差，总是免不了的事。”

在下乡的前几天，我还这样想：“五大任务已经基本完成，地主阶

级在政治上已被打垮了；激烈的斗争恐怕见不到，而且实在也用不着了；以后的困难只是划阶级，征收没收和分配土地的事儿了。”总之，我承认阶级的存在。但又不大相信阶级与阶级间会存在着很深的不可调和的矛盾。我想土地改革，特别是经过清匪、反恶霸、减租、退押等五大任务以后的土地改革，是可以经过斗争也可以不经过斗争的。我更以为如果不经过激烈斗争也能完成土地改革工作，那是最理想不过的事。

这次，去访问的土地改革地区是遵义县。因为时间有限，只参观了三个区。而且这三个区也只是重点访问。大家的出身不同，因此访问的目的也就不完全一致。地主兼工商业者想通过这次访问，割断封建尾巴；有的教授想找一些典型材料进行调查研究，有的想考察干部政策是否有偏差。

在我们和农民兄弟、干部同志们所谈到或亲眼看到的一些恶霸地主中，几乎每一个恶霸地主，都有一篇血债。在水源村我们初步统计黎洪章等六人有人证物证的人命案，据不完全统计，一共就有八十四条，平均每个人有一十四条命案之多。每一个恶霸地主的作恶事迹，都可谈上两三天。这里有几个特别突出的典型例子来介绍，找几个我们亲眼看见过的来谈谈，并想根据这些例子，来叙述我自己个人的体会和观感。

这次下乡我一方面看见了地主恶霸残酷剥削农民的狰狞面貌，在另一方面，我们又看到农民被剥削之后的贫困情形，在我们访问水源村贫农雇农李玉顺时，我们发现了这位被大家称为“瘦猴子”的农民。在解放前他没有吃过盐巴，一年中有四分之三的时间是吃蕨苔、油楂口、禾儿长、核桃吊、小马子菜、水芹菜等野菜野草过生活，他住的是三叉棚，无墙无壁，身上没有衣穿，只有一块披了二十余年的破布巾。解放之后才借来一张床，解放以前，只有一个草垫，连一床秧被都没有，他的生活和“白毛女”差不多，有些地方甚至比“白毛女”还要凄惨！

从这样一方面残酷的剥削与另一方面痛苦的被剥削对比中，我才开始认识农民为什么这样恨地主，我开始认识到农民为什么在土地改革后这样的喜悦，从而，我开始认识斗争的意义是什么一回事！阶级是如何形成的，我才完全明白了阶级斗争与阶级仇恨不是马克思、也不是共产党故意制造得出来的东西，要和和平平进行土地改革简直等于痴人说梦！

在这次访问中，我除了纠正了过去和平分田的思想，以及所谓“干部在制造阶阶斗争”错误的观念以外，我还进一步从农民土地改革后的喜悦以及对毛主席的热爱中认识了农民的朴实和智慧，从贫农雇农的困苦认识了为什么要发动贫农雇农，为什么贫农雇农才是群众运动中的主要力量。土地改革后的农村，家家都在订生产计划，加紧生产，并且特别出乎我意料的是人人都认为加紧生产不只是为了自己，而是为了抗美援朝，打倒侵略朝鲜的美国鬼子。以前农村里面，听说抽壮丁便要“谈虎色变”，现在呢？年轻农民都争相参军，在我们访问过的许多农民中反而以自己条件不够，不能去参军为恨事。在农村中，到处可以看到妇女下田耕种，从任何一个农民面上，我们看见了一种从来没有过的希望、愉快和喜悦。他们一方面积极要求生产发家，建立起幸福的家庭，同时也希望把自己的力量贡献给国家，他们热烈地响应政府号召，缴纳粮食。这些现象纠正了我过去认为农民保守、狭隘、自私而且愚蠢的错误观念。干部和农民朝夕相处，彼此以老张、老王、老李相招呼，自然而且亲切，干部相信农民，依靠农民，将政策交给农民，让农民干自己的翻身事业，这使我认识到农民与干部已血肉相连，变成一家人，人民政府的一切法令政策，在农村中已经扎了根；共产党的威信，毛主席的威信，在农村中也扎了根，而且在欣欣向荣。

史料九 1951年10月22日：《我上了阶级教育的一课》

我上了阶级教育的一课

中国民主同盟贵州省支部临时工作委员会秘书处主任　丁道谦

我们一行十四人，于八月二十日离贵阳，二十三日到湄潭，九月六日返筑。在湄潭参加工作（实际是访问）共十一天，地点则限于第四区。在这短短的十一天工作过程中，我是上了一次深刻的阶级教育的大课，看见了我们广大的农民弟兄勇敢坚决地进行阶级斗争和翻身运动的情形，更听到地主阶级巧取豪夺残酷到无人性地压榨剥削的罪恶历史，清洗了我思想上或多或少的在旧社会所熏陶下的自由主义和个人主义的残余意识，使我在思想上大大地提高了一步。现在我把这次到湄潭参加土改工作的见闻和体验写出来。

一、地主阶级剥削压榨农民特别凶残

地主阶级借着占有大量土地来进行剥削和压榨农民。他们剥削、压榨的内容十分复杂，方式则是花样百出的。他们对于农民的剥削，真可说是巧取豪夺，无所不用其极，他们对于农民的压榨，则到了生杀予夺为所欲为的境地。

如像四区清水村的恶霸地主邓道生，他的霸道行为，非亲到农村听了农民的诉苦不会相信。他年有租谷千余挑，棉花千余斤，还有菜籽若干挑的收入。他全家十二口，就用了八个雇工，住在他的“庸庐”里（这是他自己题的，实则是一幢大厦，那样的大厦，就在贵阳也很少见），生活是够享受的，然而他却不以此为满足，对于农民却尽其剥削的能事。农民朱越齐向他借了七升谷，过了一年就得还八斗，这不是对本对利，而是一本十利的高利贷剥削。并且他还有他自订的所谓“法”，农民违了他的“法”，他便用尿屎去灌那“犯法”的人。并且扣克工人的工资，要工资就得挨打。如为他修造“庸庐”的石匠王少清，就因向他要所欠工资，连工具也不敢带走地被他打跑了。

茅坪的恶霸地主萧世栋，那更是把农民不当人。他的长工有一次为他铡草喂马将马草铡长了，被萧发现，便大骂长工说，他萧家的马，怎能吃长草，并迫使长工先吃，吃了才算了事，这把人看成牲畜不如。

又如梭塘乡太平村的恶霸地主周维常，绰号“土老虎”，他更是杀人不眨眼的东西。在梭塘乡地区里，他家对于过往的商旅，完全采取“要走此路过，留下买路钱”的恶霸行为。在湄潭有句流行话：“梭塘乡有海关”，就是描写他家拦路抢劫行为而取的。他派他的爪牙到山路凹口“关羊”，没有枪可向他借，抢得钱财货物大家分。他家也有“法”，他家的例规是凡做他家的佃户，每年旧历年初二必须去拜年，不去的或过期去的就要受处罚。他的佃户张春和，有一年因为年初二还没有筹得钱、买不起礼物，因而不敢到他家去拜贺，直到正月十三日才筹得钱买好礼物去。“周老虎”于是脾气大发，并且翻开“皇历书”一看，十三逢“杀”，是个不吉利的日子，张春和是有意同他为难，于是怀恨在心，在那年三月，不由分说便将张的耕地拔交别人种。张被拔田，下种期已过，无法再租别家的地，那年时值天旱，谷米价高，张家一家六口，因此无法求生，四处行乞，饿死老幼三人。

这类的例子实在多得很，他们剥削的方法，一般除了运用地租暗押剥削农民以外，更是用尽心机，以拉兵、高利贷、抢劫、栽诬以及种种非法的手段威胁利诱，不达目的和满足兽欲，他们便不休止。

简单分析他们的起家，不外下面几种方式：有的靠做官僚官吏贪污剥削；有的靠了自己当土匪或勾结土匪抢劫，坐地分肥；有的则靠了勾结反动派拉兵做买卖，敲诈勒索，所以地主的起家，几乎没有一个离得开剥削劳苦大众的。像前面所举的那位恶霸地主邓道生的“大厦”，他便在其用以夸耀于人的“庸庐”匾额上，就不打自招地写着，那是他任伪湄潭县财务委员的成绩，并且那是承继他家“太夫人”的遗志，他家世代都在想如何剥削农民，到他时已登峰造极，这不就是很好的证明么？

地主阶级想尽了方法来压榨和剥削农民，使农民长期地处在饥饿线上，朝不保夕，甚至家破人亡，妻离子散，流离失所，此情此景，农民如何能不恨？有了雪恨的机会，又哪能不把它尽情的发泄！

二、群众起来了，农民当了家

农民群众起来了，农民自己当了家。他们有了自己的组织——农民协会，他们可以自由地商讨自己的事，他们已经团结起来敢于和过去骑在他们头上的地主阶级做面对面的斗争，并且斗争胜利了，收回了他们被掠夺、被强占的土地和财产，更有了自己的政府。在土地改革中充分地发扬了民主和发挥了群众的智慧，克服了一切困难。

幸福村的一次小组选举，那种认真负责和民主的作风真值得我们久居城市尤其是或多或少受过一些英美资本主义教育——旧民主主义思潮影响的知识分子学习。他们那次选举的是查田评产委员。当天因为是临时提出选举的，所以没有经过很好的酝酿，于是当有一人提出两个候选人后，接着就有另一人提出了另外两个候选人的对案，但两个提案人都尽其所知情况来说明他提案的理由，对方也很尊重别人的意见，且一致都希望群众来裁决。主席也很虚心，尊重群众意见，不包办，不代替，但也不放松原则。经过群众认真耐心的反复解释和辩论，因为第一个提议的两个候选人比较符合条件被通过，第二个提议的人马上便表示服从决议。他们的这次选举至此便算终结。

在这次选举中，他们不仅不像旧民主主义的那种只重形式，不重内容；只重情面，不重才能；有意见当面不说，背地乱说的假民主现象，更没有那种酒肉争逐及财物贿赂的恶劣作风。他们选出的人是要能为他们办事的人，也就是他们拥护的人。因此被选举的人也就可以放手做事，落选的人也绝不会闹情绪，心安理得。同时，当选的人要对群众负责，群众也要对被选出的人负责。这是民主，这才是真正的民主。

所以任何真正为群众所选出的人，都能够较好地达成所负的任务。像龙口村的村长和副村长（副村长还是女的），他们都是当地人，佃中农成分，他们虽仅受过很短期的政治教育，他们在一次分田会上和一次庆祝土地改革胜利大会上掌握会场、交代政策的有系统、有条理、有层次、有分寸，在一个斗室书斋中的知识分子想来好像是不可能似的，可是这是我亲眼看到的，绝无一点虚构。

至于他们态度的从容不迫，言语的明白清晰，在解放不到二年的山国贵州，短期的教育有这样的成绩，比起我们纯在学校从事教书工作的教授和教员真是毫无愧色！

从这些事实，说明了过去资产阶级的说辞，不识字不配做政治工作，以及必须"诸葛亮扶阿斗"的代庖，完全是他们主观有意侮蔑劳苦大众的荒谬思想。

土地改革的五大步骤都是激烈复杂的阶级斗争，尤其是划阶级，我便深深感到那是一件非常复杂而细致的工作，农民只经过短期的学习，而且百分之九十以上完全是靠口授，只要干部交代得明白清楚，他们便没有一个不能划、不会划。虽然有时划出的结果是不正确的，但其比率并不多，而且一经发觉错误，他们马上就要把它改正，一直到没有错误为止。这种认真负责的态度和精神，只有在群众起来了的地方，才能办到。

所有的困难，得到了正确的克服，是因为依靠了群众的智慧，我开始领悟"从群众中来到群众中去"这句至理名言的真义了。

三、地主阶级不甘死亡，因此必须向它坚决斗争到底

地主阶级的不甘死亡，是其阶级性所决定了的。湄潭解放初期地主阶级的那些垂死挣扎的无耻行为，这里我们不拟去叙述，我们这里只举我们农民弟兄已经起来当了家，胜利已经基本肯定，人民民主政权已经基本巩固的今天的情形，便可看出地主阶级的不甘死亡，阶级斗争绝非温和的而是剧烈的、残酷的。

那里的地主阶级的气焰虽打下去了许多，然而有的地方还是相当的高涨，地主对于农民的态度还是非常的顽强。第四区清水乡永隆村（牛场）是一个相当突出的例子。那里的地主阶级从解放到今天（八月），他们的气焰不仅没有打下去，相反的，他们还想尽方法，打尽主意，作垂死的挣扎，所以我们在这村里和地主阶级的斗争还是很尖锐、很剧烈的。因为我们工作干部的缺乏和没有很好地正确地掌握政策，于是当地的农民协会和村政权的领导权都被地主阶级的代理人所窃持。

地主阶级的代理人李文伦穿上合法外衣作其阴谋活动，压制积极分子。如贫农陈启亮检举杨德福、萧昆玉检举杨德昭吸大烟，曾显华检举烟馆并将烟具证物一并送到村政府去，村干部对前二者则不理，对后者则干脆责备检举人，甚至栽诬检举人是匪。他更经常监视调查区乡政府派到村里去的工作人员，如区乡政府派同志到了村里，李文伦便一面派人监视与同志来往的人，并制造斗殴或派其爪牙前往纠缠，使派往村里的工作同志不能进行工作。又用庇护地主方法来为地主撑腰。如群众斗争恶霸地主陈仁刚和赵元礼时，村干部便不掌握会场，任其自流，于是陈在台上大摇其扇子，并放言高论，若无斗争其事；斗赵时，村干部甚至离开会场到街头喝酒，会场失去重心，并由牛场伪区长唐福云为赵辩护，说赵是守法地主，使群众情绪不得不被压制下来。

从这个例子中，我们看出必须依靠贫雇农做领导的正确性。群众发动得不够充分，贫雇农便不能在农民协会中占多数和占领导地位，这样的农民协会组织一定是不纯洁而且会为地主阶级所利用或多或少的做出违背人民利益的事出来的。

在湄潭各区中，像这类具体的事实，据当地政府负责人告诉我们，或多或少地还存在着，但除非我们不发现，一经发现了，必然很及时地作适当的处理。

总之，地主的反动性是地主越大，他的顽强性和狡猾性也就表现得越显明，甚至可以说其反动性是与其土地之多寡成正比例的。如小地主应赔的都赔了，中地主应赔的大部分也赔了，惟有大地主则相反，不是赖就是拖。黄家壩大地主周仲良收租千余挑，应赔群众是几千万，仅赔百余万；邓道生应赔群众二千余万，也只赔六百余万，农民协会催收，他的家人总说没有钱，但据群众了解，他们都还有东西的。

有的地主表面装穷卖苦，暗里或则分散财产，或则大吃大喝，甚至贿赂干部，要求干部说情或向干部探听消息。清水村张租合说赔不起，但群众了解他家是一日三餐，并且还吃肉。地主陈本昌的老婆送给农民协会小组长赵云舟家鞋子和童帽。

有的地主则或破坏财产，或者怠工。如地主周汝昌便将其家具和猪棚砍来当柴烧；地主潘成贵则夜间不喂牛，栽的秧子也不薅；地主萧炳舟任意砍伐树苗，将其放置坟堆里。

所以如果认为地主阶级会自动地退出历史舞台，那的确是痴人梦想。和平分田是绝不可能的。有阶级就必有斗争，我们要打垮封建地主阶级，我们要消灭封建剥削制度，我们不仅要斗争，且须作坚决的斗争。

四、农村气象焕然一新，生产力开始获得解放

湄潭农村的气象已经逐渐地日异月新，象征着黑暗已经过去，黎明到来时光明就要普照大地了。

最明显的是一般生产情绪的提高，没有一个农民不辛勤地关怀着他种在田里将熟待收的苞谷和稻米，并且逐渐养成了互助互让要大家团结起来的风习，每一个村都订立了抗美援朝增产捐献的爱国公约和计划，而且有的已经结合了自己的实际情况开始动起来，有的修建猪棚，预备养猪积肥，如有一个自然村便增设了猪牛棚三十七座。有的则立下保证，于今年割稻时要超过以往一日三挑的记录，要尽力之所及，打多少算多少，因为这是自己的事，自己打下自己得。

如像他们因为耕牛少，要提起大家对于耕牛的重视，在清水村的田坎上就有一块黑板这样的写着：

喂肥母牛下牯牛　犁田锑土不发愁

土收苞谷田收稻　增产捐献啥都有

同时，我们还可看到他们在土地改革声中参军的热潮，近千的青年都争先恐后地报名参军，希望走上保卫祖国光荣的最前线，他们少数因为体力的限制没有被取录，未能一了心愿而悔恨以至啼泣。民建村在开土地改革胜利大会的那天，因为结合了抗美援朝运动所以成效格外好，一次便捐献了二百七十多万元。初步统计有二十一村已捐了六千多万元，现正逐渐开展中。

那里的文化高潮也在日益高涨，农民要求文化的迫切，真是急如星火。所以小学的变化是较大的。去年因为学校不足，全县还有九十二个私塾，今年适应需要，改组和扩充变成了一六〇个民办小学。每个行政村都一律开办小学，并在每区开办完全小学一所。城关区小学的学生今年便比去年增加了三倍，由二百余人增加到七百余人。学生的家庭成分也有了变化，中农、贫农、雇农的子弟也同样有了享受学校教育的机会。教师的政治水平也有了提高，无论教学方法或教材内容和过去反动时期的比较，相差何止十万八千里？过去私塾里是教三字经、百家姓，读死书，在打骂下“填鸭”，现在教的是新民主主义的课本，决不再读死书或死读书了。

农民求知情绪之高，你看到某些地方农民开荒时也拿着识字本，放下犁锄即读书的情景，你真会兴奋得落泪。

还有一件更为我们久居住城市的人所不易相信的事情，那也可以说是农民受了阶级教育政治认识提高的结果。就是他们普遍地认识了靠天靠菩萨都是靠不住，而只有靠自己的这种观念的大转变。他们这样说：“求神拜佛已经几辈子，死时他还是帮不了你的忙，今年有了共产党，和毛主席的领导，不花一文钱，就收回了土地。”因此他们多数迷信神灵的观念都逐渐地淡漠，政府也从没有要他们不信神，他们却自动地改正了自己过去的错误思想，不再去受那些假借泥木所塑的菩萨骗人者的玩弄。就是几千年来相袭祭祖先的这件事，在今天也一样的有了根本的改变。今年的七月半（中元节）多数的农户都没有再如过去的迷信，以为祭祖先只有烧钱纸才能表示慎终追远的孝思，才能获得祖先在阴间保佑的糊涂思想，烧纸钱的虽然还有，可是已不再如过去要将纸钱加上包袱皮，在包袱皮上还写着收件人和烧纸人的称呼姓名，并且还要加上纸马用茄子当马料一并烧了，做得好像确有其事的那种自欺欺人的把戏。

生了病也已经相信着医药，尤其是西药，他们看来的确是珍品。只是乡村中医生缺乏，医药不仅价贵，而是有钱无市。

我因此感到用事实来教育群众，尤其是与群众利益结合的事实，比用什么特别的方法去教育群众收到的效果都会好得多。

这些都是湄潭土地改革中的新气象。土地改革还没有完成，农村的生产力已经开始获得解放，土地改革完成农村经济一定大踏步的前进，是可以肯定的。

小结

总之，在没有亲身到农村去参加工作，不把自己参加于“变革现实”的我国历史上几千年一次最大、最彻底的土地改革的“实践的斗争”中，所以对于这一彻底消灭封建剥削制度的斗争过程和真实内容，始终不了解它的规律性，而不自觉地会从主观地片面地表面地去看问题。

这次我得到这样一个好的机会，亲自去到农村，向农民学习，接受群众的教育，认识了革命，认识了群众的智慧。有了它，便可以创造新经验、新制度、新办法；有了它，便没有不可克服的困难。土地改革后的农村无论在哪方面都必然会突飞猛进，农村生产力获得解放，农业生产自然发展，新中国的工业道路已经开辟，新中国的近期将是一个史无前例的繁荣的景象，增加了我对革命无比的信心。

同时我更深深地认识到土地改革的意义，她不仅有严重的政治意义，还有丰富的经济内容。生在二十世纪五十年代的新中国，长在伟大的毛泽东时代，实在是值得骄傲的。但要不能亲身去看、去听、去做一次土地改革工作，那在此生中将是一件无法补偿的遗憾。

史料十 1951 年民盟贵州省支部对抗美援朝志愿军回国发表谈话

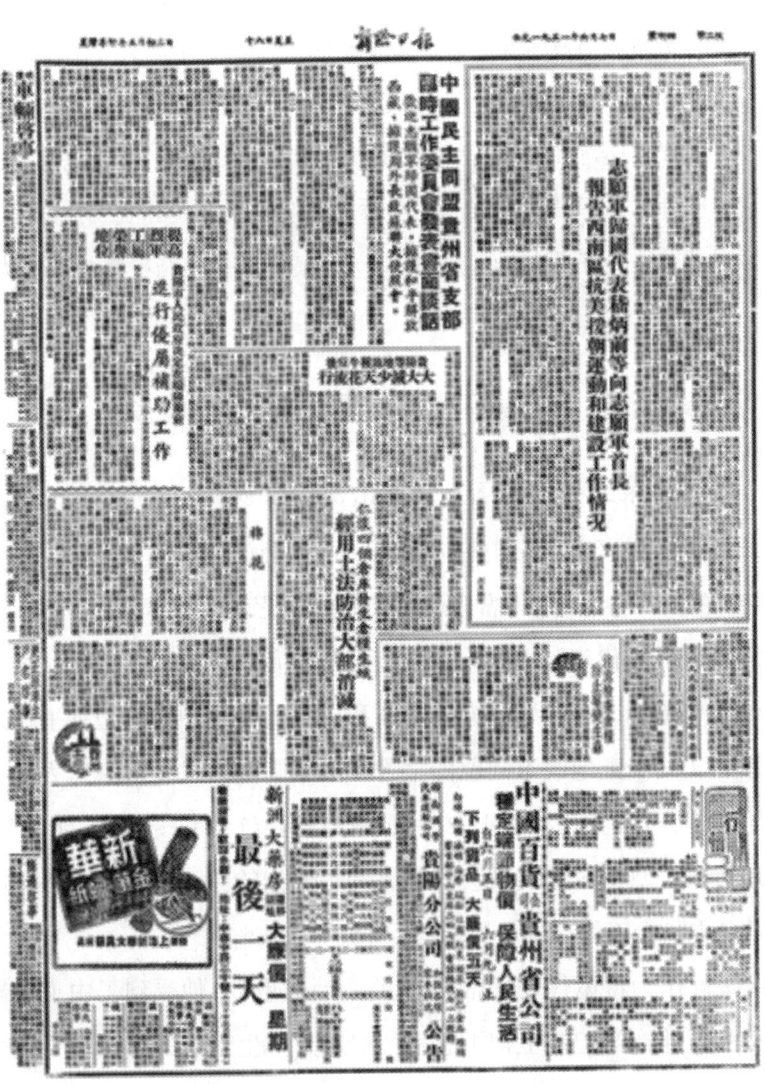

新黔日報

中國民主同盟貴州省支部臨時工作委員會發表書面談話

志願軍歸國代表孫炳劍等向志願軍首長報告西南區抗美援朝運動和建設工作情況

大大減少天花流行

進行優屬補助工作

都用土法防治大部消滅

新華

新洲大藥房 大廉價一星期 最後一天

中國百貨公司貴州省公司 穩定物價 保障人民生活

下列貨品 大廉價五天

貴陽分公司 公告

1951 年《新黔日报》刊载民盟贵州省支部对抗美援朝志愿军回国发表的谈话，具体内容为：

我们以万分热忱欢迎抗美援朝中国人民志愿军的归国代表，同时就是对全体中国人民志愿军万分热爱的表现。由于我志愿军在朝鲜的接二连三的伟大胜利，证明中国人民是不可被战胜的；加强了胜利必属于世界和平阵营的信心；也打破了帝国主义者霸占亚洲、霸占世界的狂妄企图。因此，我们要彻底消除亲美、崇美、恐美的殖民地思想，坚定鄙美、仇美、摧毁帝国主义者的信心。我们号召全省盟员、各民主阶层学习我人民志愿军爱祖国的、忘我的精神，坚决支援抗美援朝到底，要热忱慰劳、热烈捐献，通过志愿军归国代表带到朝鲜前线去。更要加速贵州土地改革，肃清一切反革命分子，结合抗美援朝运动的总任务，增强抗美援朝的力量。

四、梁聚五、双清等参加中国人民政治协商会议

（一）梁聚五参加中国人民政治协商会议

1950 年，梁聚五列席中国人民政治协商会议第一届二次会议，参加出席会议的委员 149 人，列席会议的有中央人民政府委员、特别邀请人士、地方协商委员会代表、中央人民政府各部门负责人等共 275 人。会议的中心议题是土地改革问题。会议听取和讨论了中共中央书记处书记刘少奇所作的《关于土地改革问题的报告》，原则上通过了《中华人民共和国土地改革法（草案）》，建议中央人民政府委员会审核通过，颁发实施。会议还听取了政协全国委员会副主席陈叔通作的关于《人民政协全国委员会常务委员会工作报告》等。

梁聚五作为特邀代表列席了会议，会议期间，他受到了中央领导的亲切接见。他在笔记本上记下感言：“这是毕生难忘的社会主义教育，

夙愿得偿。”在会议讨论中，他对民族地区的发展问题提出了五点建议：第一，发展苗区交通和土产贸易；第二，普设苗民学校，发展苗族语言文字；第三，选拔苗族有为青年进入中央举办的民族教育机关学习，培养少数民族干部；第四，在苗区设立医院，提高少数民族人民的健康水平；第五，苗区具备土改条件的地方，实行土地改革。他的建议得到中央领导的高度重视，专门约请他商谈苗区的土地改革和推广民族语言文字等问题。此间，他还参加了全国性的民盟工作会议，并被推选为民盟西南总支部临时工作委员会副主任委员。政协会议结束后，他回到重庆，参与西南军政委员会筹建工作。

6月28日，中华人民共和国中央人民政府主席毛泽东签发了中央人民政府任命通知书府字第2203号、第2327号、第2387号文件，任命梁聚五为西南军政委员会委员、西南军政委员会文化教育委员会委员、西南军政委员会民族事务委员会副主任委员。在西南军政委员会第一次会议上，他向会议主席团提出了如下五条建议：第一，少数民族人口较多的地方设民族中学；第二，设民族学院于贵阳；第三，选拔少数民族有为青年送北京、重庆深造，以作地方干部培养；第四，在贵阳设立科学馆；第五，在贵阳设立少数民族研究所。这些建议富有针对性和前瞻性，受到西南党政军领导的高度重视，并在后来的工作中逐步得到解决落实。

（二）双清参加全国政协一届三次会议

1951年10月，双清参加全国政协一届三次会议，与周素园讨论贵州提案，与周素园联名提案贵州建议性的意见共五件：

第一，丁道衡提请补助十五亿元充实贵大；第二，前人提请规定代办短期训练班办法。此两件不予提出，由双清与楚图南接洽，归西南文教部处理。第三，民政厅请变更统一灾情计算标准；第四，前机关提对麻风病患者的处理。此两件比较重要，但全国性还是不够，拟由周素园函送林伯渠，请求指示，若不合作提案，即烦林转交内务部。余仅剩一件，打算作为“请大力开发贵州，以供给国防建设需要”的提案，由双清将原来材料采择整理，归纳其中，由周素园、双清两人联名提出。

五、贵州民盟“临工会”时期的主要工作和活动

参加政治运动和文教建设工作，这两件事是贵州民盟“临工会”时期参加国家政治活动的两项主要内容。

（一）参加各项政治运动

1951—1952 年，临工会按中共贵州省委和省人民政府的统一部署，参加有关的工作，同时结合土地改革、抗美援朝、镇压反革命、“三反”运动和“五反”运动，在盟内开展思想政治教育，提高盟员的思想认识和政治水平，推动盟员过好各个政治运动关。1952 年，临工会相关人员参加了民盟西南支部第二次全委扩大会议。

史料一 1952 年 10 月：《改造思想迎接祖国经济建设高潮》

改造思想迎接祖国经济建设高潮

中国民主同盟贵州省支部临时工作委员会主任委员　双清

1952 年 10 月 1 日

我们伟大的中华人民共和国开国三年来，由于中国共产党、毛主席正确英明的领导，工农劳动人民发挥了无穷无尽的力量和智慧，在各个建设战线上，取得了卓越的成就，创造了许许多多光荣的奇迹。全国人民在各方面已取得胜利的基础上，正在开展爱国增产运动，进行思想改造，来迎接即将到来的经济建设高潮。我们人民新中国以保卫亚洲及世界和平的雄姿，屹立在太平洋上，正在突飞猛进地向着光明幸福的社会主义社会前进。全国人民都满怀信心地坚决在工人阶级政党——中国共产党领导之下，共同努力，共同前进。我们抱着极端兴奋的热烈心情来庆祝

伟大的祖国第三届国庆节，我们感觉到光荣而引以自豪。

为了巩固已取得的胜利，迎接即将到来的经济建设高潮，我们的任务是艰巨的，我们必须进行思想改造的学习课程——学习共同纲领。毛主席在人民政协全国委员会第三次会议开幕词中指示我们："思想改造，首先是各种知识分子的思想改造，是我国在各方面彻底实现民主改革和逐步实行工业化的重要条件之一。"这是因为在新中国革命事业的各方面建设工作上，需要广大的知识分子参加，尤其需要有专门技术、科学知识的分子，发挥他们的专门技术和科学知识，在人民革命建设事业中，作应有的贡献；但是，绝大多数的知识分子，都是在旧社会中成长起来的，长期受的是半封建半殖民地的教育，或是在帝国主义资本主义国家留学，受外国的资本主义的教育，思想意识上浸染了旧社会反人民的立场观点。反人民的立场观点，是违反新民主主义的，是违反共同纲领的。若是不将旧的立场观点，彻底改变过来，树立起新的革命的人生观，那末，他们，的专门技术、科学知识，就不可能贡献给国家人民，就不可能充分来为人民服务。

在"三反"运动中，有不少的科学界技术界的专家，工程师，大学教授，中、小学教师，和各种知识分子，都一致批判了过去超阶级超政治的纯技术观点，自由主义，自私自利，脱离群众的孤立作风等违反人民利益的错误思想，在思想改造战线上，已有很大的收获。本省各种知识分子在思想改造的学习进程中，也与全国各地区一样地作出很好的成绩，为广泛深入彻底地进行思想改造的学习运动，奠定了基石。贵州省协商委员会最近根据全国委员会的指示，组织全省各族各界各阶级民主人士参加的学习委员会，学习共同纲领，为巩固"三反""五反"运动的胜利成果，更进而为迎接即将到来的经济大建设准备充分的条件，正在顺利开展、逐步进行中。各阶级民主人士，各种知识分子，自觉、自愿地争取学习改造，争取共同进步，争取能在人民革命事业中贡献自己的力量，这是中华人民共和国开国三年的新气象，是毛主席、中国共产党领导下的胜利。但是，要作到彻底的思想改造，还必须进行长远的努力。民主同盟盟员，是统一战线行列中的战斗员，在思想改造战线上，我们要在小资产阶级知识分子中间团结群众，共同进行改造，为彻底实行共同纲领而努力奋斗。我们以此作为庆祝祖国第三届国庆的献礼。

史料二 1952年10月：《克服劳动就业中的思想障碍》

克服劳动就业中的思想障碍

中国民主同盟贵州省支部临时工作委员会　翁祖善

1952年10月6日

失业问题，是美帝国主义支持下的国民党反动匪帮为中国人民一手造成的无数灾难中的一种。解放后，由于毛主席、中国共产党的英明领导，和各级人民政府正确执行各项政策，在短期内已使二百二十多万失业群众各得其所。现在，全国失业人口还有三百多万，但是中央人民政府政务院已颁布“关于劳动就业问题的决定”，即将有计划有步骤地解决这个问题。像这样伟大的创举，是世界各国史无前例的。

伟大祖国即将开始大规模的经济和文化建设，使实现全面劳动就业有了有利条件。因此，往前看，全国三百多万人的失业问题获得解决是不成问题的。但是，要目前立即全部就业，显然还有许多困难。具体到贵州，经济和文化建设所需要的人才，也是以千计数的，因此，失业者的出路很广阔。但是，劳动就业不仅是单纯解决一部分人的职业问题，同时还要服从国家建设的需要。现在失业群众的就业条件是比较不够充分的，除其中一部分年老失去工作能力的应加以适当救济外，其余的都必须经过转业训练，在政治觉悟有所提高后，才能给予工作；就业后，还要在工作中继续加强政治学习和业务学习，才能胜任工作。因此，失业者由登记、学习、分配工作到学习业务，在工作中逐渐锻炼改造，成为一个良好干部或人民教师，还须经过一段努力。另一面，用人的单位，要负起改造和培养新人的责任，也是一副沉重的担子。但是，现在在失业群众和一些用人单位中，对劳动就业问题还存在一些不正确的看法，阻碍着中央政策的贯彻与执行。

第一是失业者急于求业的急躁情绪。他们往往仅从本身求得一个职业着想，忽略了自身条件的检查，他们如果不能立即（事实上也不可能）获得职业，就很容易悲观失望，因而就忽略了就业条件的自我创造。这样，对失业者自身和“关于劳动就业问题的决定”的执行都是有害无利的。失业者如果能够“返求诸己”，首先检查自己，具体分析求业中遭遇“挫败”的原因，便会发现自己的缺点，思想和能力赶不上突飞猛进的新社会的需要，必须积极改造自己，才能接受工作。视界一宽，就业态度改变，急躁不安的情绪自然就会消失。

第二是一些用人单位的“怕麻烦”思想。具体表现在用人标准提得很高，只愿用现存干部，不愿自己培养干部。例如，贵阳的小学教师原本不多，但是根据全面需要，不久前调了一部分老师去中学任教和充实外县师资，又吸收一批失业知识分子和知识分子出身的家庭妇女，经过学习后补充缺额。这样，有些学校的负责人就叫起“苦”来，校长和教导主任相对叹气，甚至弄得有位教师要辞职，因为他不愿“带徒弟”。事实上学校班次年年增加，以后还要不断增加，师资的培养赶不上需要，不用这种方式培养和训练便不能满足人民的需要。这是一种脱离实际的想法，会影响调配人力发生困难的。

上面这两种思想有一共同点，即是不从全面看问题，不从实际出发，犯了主观片面的毛病。失业者如不能“反躬自省”，势必会得出“环境恶劣”“命运不佳”“政府照顾不周，薄此厚彼”“人民不要我，我的时代已过去了”等等自暴自弃的错误结论，徒然背起沉重的包袱，为就业增加更多困难。希望用人单位不要只从本位出发，要根据眼前事实，积极培养和使用干部。失业群众现在应好好学习中央“关于劳动就业问题的决定”等文件，看到自己就业的宽广前途，切实改造自己的思想，提高工作能力，真心诚意为人民服务。

新中国的伟大建设事业在向人们招手，失业者要积极为创造就业条件而努力！

（二）参加文教建设工作

贵州民盟临工会认真贯彻民盟总部1953年工作要点，在开始执行国家第一个五年建设计划中，民盟应当面向文教，配合国家建设工作，推动盟员搞好岗位工作，起模范带头作用，加强调查研究工作，贯彻民盟一届七中全会确定的“本盟以参加国家文教建设为中心工作”的基本方针。在中共贵州省委和省人民政府的统一领导下，本着政治与业务结合、政治指导业务的原则，不断调查研究盟员及所联系的群众对国家教育政策、教改措施的思想认识，结合思想实际，不断在盟员中进行思想政治教育工作，调动盟员参加教改的积极性；同时动员盟员积极帮助盟外教师共同搞好岗位工作，贵大等区分部的盟员还把此项任务订入自己的工作计划，密切了盟群关系，扩大了盟的政治影响。此外，临工会还做了以下具体工作：

1. 组织研究国家教育政策，开展教育调查活动，提出意见与建议；

2. 全员参加省文教厅组织的学校调查工作组，检查学校教学质量；

3. 组织一系列有关教育政策、学校教改工作的学习座谈和经验交流会，并邀请盟外教师参加；

4. 编印有关学习苏联教育经验、进行教学改革的文章汇编（3辑），分赠盟内外教师，盟外不少教师对此还要求临工会增印份数，由他们出资购阅。贵州民盟组织在教育界的影响逐渐增强。

史料一 1952 年 2 月：《庆祝中苏友好同盟互助条约签订两周年》

庆祝中苏友好同盟互助条约签订两周年

中国民主同盟贵州省分部临时工作委员会主任委员　双清

1952 年 2 月 14 日

一九五〇年二月十四日，伟大的中苏友好同盟互助条约在莫斯科签订了。中苏两国人民的真诚、亲密、永久合作的友谊，通过这一条约，更坚固地固定下来。外交部周恩来部长在签字式上发言说："中苏两大国这样的亲密真诚合作，是具有极其深长的历史意义的，而对于东方与世界的人类和平与正义的事业，将不可免地形成重大的影响和结果。"苏联外交部长维辛斯基在签字式上发言指出，这个条约和附带的各项协定，"对于巩固全世界的和平与民主的事业，是一个最重大的贡献"。两年来，中苏两国人民友谊合作的发展，已完全证实这个条约的伟大作用。它壮大和巩固了世界和平民主阵营的不可侵犯的阵容，打乱并削弱了帝国主义侵略集团的疯狂企图，加强了世界上一切爱好和平争取民主的人士的信心。的确，中苏友好同盟互助条约，对于全世界人类的和平与正义的事业，是一个最大的贡献。两年来国际间所表现的事实，就已明显地说明了。

关于中苏人民的友谊，苏联友人对于中国各方面的热诚帮助，苏联专家以他们高贵的国际主义精神和优越的技能，为我国的建设事业做了很多工作，有很多令人非常感动的事实！我在这里可以举出几个例子来。一九四九年冬，察北（察哈尔）发生严重的鼠疫，我国医师、药品均感缺乏，没有扑灭这个危害人民的鼠疫的力量。斯大林大元帅听到这消息，立即派遣罗果金博士和几位专家从莫斯科赶到察北来帮同防治。苏联专家们不顾危险，深入疫情最重的疫区，忘记吃饭睡觉，不休息地日夜工作，切实清查疫情，采取一切有效方法，全力防治，二十几天便把察北鼠疫根本肃清了。他们在工作中严肃负责的态度，以及随处随时爱护病人，在零下二十度的冰天雪地里为病人治疗的精神，使每个参加工作的人都非常感动。这时候我正在北京，亲听由察北工作回来的同志说得很详细，我在这里只略叙其大概情形，也就感人至深了。

又如京汉铁路的黄河铁桥，早过了保险年限。一九五〇年元旦京汉路恢复通车。计划通车之先，我国有些工程专家检查了黄河铁桥，主张另造新桥，以求安全。当时苏联工程专家中有一位六十多岁的专家，爬到桥下重复检查了一次，桥下一百多个桥墩，每个铁钉，每节钢梁都仔细检查过。他说："为中国节省物力，只需加固桥梁，便可照常使用。"京汉车就在加固桥梁后照常通车，运输量和车行速度都提高了。为我国节省了一大笔资金，同时也避免了延误通车的时间。苏联友人就是这样真诚热情地帮助我们完成建设工作。

苏联专家两年来在我国经济建设事业上，如交通、水利、工业、农业、林业，以及文化教育建设事业等，都是热烈地帮助我们，并且有了卓越的贡献。具体的事实很多，不是短短的文字所能叙述详尽的。如他们毫不保留地将他们的技术知识和工作经验完全介绍给中国工人，教导训练出若干有优越技术的中国工人，尽量利用废弃材料中可用的器材，爱惜物资，提高工作效率，以及他们在工作中严肃负责的精神等等，都是值得我们中国人民学习的。这些亲密的友谊，都是中苏友好同盟互助条约固定下来了的。

中苏友好同盟互助条约，并且巩固和加强了我们的信心，以争取抗美援朝工作的全面胜利，结束朝鲜战争，迅速解放台湾，扫清以美帝国主义为首的侵略势力，保卫亚洲和平。并为世界历史创造新纪录，使世界上一切被压迫民族、殖民地国家，均获得民主、独立、自由的解放。这就是中苏友好互助同盟条约对于东方与世界人类的和平与正义的事业形成重大影响和结果的具体表现。

中苏友好同盟万岁！

世界和平民主阵营万岁！

史料二 1953年3月：《现在，我们将怎样化悲痛为力量？》

现在，我们将怎样化悲痛为力量？

中国民主同盟贵州省支部临时工作委员会主任委员 双清

1953年3月12日

全世界劳动人民最敬爱的领袖、中国人民最真挚的朋友和导师斯大林同志逝世了！这一创造人类历史新页的巨人的逝世，对全世界劳动人民，特别是对我们正在进行抗美援朝斗争、开始进行祖国大建设的中国人民，是一个无可比拟的重大损失。数十年来，斯大林同志对于中国人民革命事业，曾给予不断的关怀和指导。全国解放三年多来，在签订中苏友好同盟互助条约的基础上，斯大林同志和他所教养出来的苏联友人们给予我们物质的和精神的援助与支持，更是数说不尽的。

不可设想，假如不是有苏联的强大存在和它给予我们的兄弟般的、正义的支持，那末，像一九一八——九二二年间的、国际干涉者对苏联的捣乱那样的事情，就很有可能加到我们中国人民的头上来了。当我们正在予侵略者以沉重打击的时候，当我们正开始进行大规模的国家建设的时候，突然失去了我们所敬爱的、诚挚的朋友和导师，人人感到无可形容的悲痛，这是自然的、也是正常的事。

可是，我们各阶层知识分子，不应长时间为丧失良师益友而颓丧。我们在怆恸悼念斯大林同志之后，应更加坚定，更加奋勉。我们首先要向苏联共产党及苏联人民学习他们那种坚定果决的革命精神。在斯大林同志逝世的第二天，苏联共产党中央委员会、苏联部长会议、最高苏维埃主席团的联席全体会议就作出决议，在党和国家领导机构的组织方面采取了若干恰当的措施。他们并没有为过度的哀痛所牵制而稍微忽视当前的工作。他们的心目中只是如何继续推进列宁、斯大林党正确领导的伟大事业。所以，才能如此迅速地决定措施，敏捷地决断国家大事。这是从集体主义的工作锻炼中，从共产主义的坚定信仰中产生的结果。我们有理由相信：以马林科夫同志为首的苏共中央与苏联政府，一定会贯彻斯大林同志的遗志，按照列宁、斯大林所指示的道路，完成建设共产主义社会的不朽事业。

其次，我们还要更坚决地团结在毛主席和中国共产党的周围，提高警惕，随时揭破一切战争挑拨者及其走狗特务的谣言和阴谋。在我们失去伟大导师斯大林同志的时候，帝国主义者是可能扩大其战争挑拨的叫嚣、并指使其走狗特务随地散放破坏谣言的。只有我们提高警惕，一面揭露其阴谋意图，一面用坚定的步伐在我们自己的岗位上做好工作，才能更好地发扬中苏友好同盟互助的威力，予侵略者以更沉重的打击。在我们文教工作及其他各项工作中还要更好地学习苏联先进经验，为培养建设人才、加强经济建设、文化建设和国防建设、争取和平民主事业的胜利而坚决地、沉着地努力服务。

争取人民民主，争取持久和平的事业，将继续胜利前进，斯大林同志的光辉，永远照耀着我们前进的道路。同志们，朋友们，我们只有在毛主席和中国共产党领导下，更紧密地团结起来，在工作中作出具体成绩，才能答谢斯大林同志和苏联友人给予我们的无私的帮助，才是悼念我们伟大的、诚挚的朋友和导师——斯大林同志的具体行动。

史料三 1954年1月《努力争取完成认购、宣传经济建设公债的光荣任务》

努力争取完成认购、宣传经济建设公债的光荣任务

中国民主同盟贵州省支部临时工作委员会主任委员　双清

1954年1月31日

我们的国家在实行第一个五年计划的第二年度，发行一九五四年国家经济建设公债，这是关系国家富强和人民幸福的重要措施。

大家学习了国家在过渡时期的总路线和总任务，都认识到第一个五年计划的实现，将进一步促进我国国民经济的上升，将为我们国家的社会主义工业化和逐步实现社会主义改造事业打下稳固的基础。而要进行经济建设，就必需有大量的建设资金。巨大数额的资金的来源，除了依靠国营企业的收入和各项税收以外，动员人民以其积蓄和可能节约的资金，认购公债，参加国家的建设，是筹集社会主义工业化所需资金的重要的和经常的方法之一。这是因为公债的发行，可以把人民手中的部分零星资金积累起来，集中使用在国家建设事业方面，同时又具有储蓄的性质，对于国家和购买者个人都有积极的意义。国家公债使用在经济建设的生产事业上，它本身就创造了偿还债款的财源，人民购买公债还可以分享国家建设的果实，真是“公私两利，一举两得”。我国一九五四年国家经济建设公债的发行，就是具有个人利益与国家利益、目前利益与长远利益一致的重要意义的。

这次公债的发行，比较一九五〇年人民胜利折实公债的发行具有更多更有利的条件。那时全国才解放不久，国家财政经济状况还处在困难时期，人民生活也还相当困苦。但是人民知道：政府发行公债是为大力恢复战争创伤、争取财经状况的好转，所以发行公债一经公布，人民立即响应号召，踊跃认购，如期顺利完成。现在，我们国家的财政经济情况已由根本好转而逐渐走向发展、繁荣了。从一九五二年国家的财政预

算不但收支平衡而且还有节余来看，证明我们国家在共产党和毛主席的英明、正确领导下，正创历史地向繁荣幸福迈进。从人民的生活来看，近年来，由于物价稳定，主要生活日用品价格不断降低，工人、干部一般工资提高，又没有所得税的负担。私营工商业和公私合营工商业都得到相当的发展，获得相当的利润。农业生产普遍增加产量，农民购买力不断提高。购买公债支援国家建设是完全具备了能力的。加之人民胜利折实公债的按期付息还本，更在广大人民中树立了国家财政的坚实信用。只要大家一致努力，完成这一任务是完全能够做到的。

中国民主同盟总部，号召全体盟员全心全力拥护国家发行一九五四年国家经济建设公债的重要措施。我们盟员同志都要各尽所能，踊跃认购，积极宣传、推销。与全省人民一起，努力争取完成这一光荣任务。

史料四 《贵州民盟在“临工会”时期的活动》

贵州民盟在“临工会”时期的活动

刘延良

一、临工会之成立及成立大会

中华人民共和国建国前及建国初期，民盟各级组织的名称是：中央称总部，大行政区组织称总支部，省和大行政区直辖市组织称支部。县（市）组织称分部，基层组织称区分部、小组。

建国前，民盟在贵州只筹建过“民盟在贵州省支部筹备委员会”这一密秘组织。建国后，贵州民盟在整理组织期间，报经总部批准成立省支部临时工作委员会（以下简称“临工会”），分归民盟西南总支部委员会（设在重庆市）领导。总部于1950年12月31日以“中组黔字第005号代电”通知：“你会委员名单及分工，业经（盟中央一届）第十一次中常会核准……即希与当地党政有关机关联系，以便对外公开，积极地开展工作。”

总部核准的民盟贵州省支部兼贵阳市分部临工会委员计九名：双清、吴雪俦、唐弘仁、刘映芳、缪象初、张吉坞、杨伯瑜、丁道谦、肖孝成（后有局部改变）。其分工是：双清任主任委员，丁道谦兼秘书处主任，唐弘仁兼组织部长，杨伯瑜兼联络委员会主任，另外，李超然任宣传部长，翁祖善任学习委员会主任。此亦可见，临工会机关早期的工作机构有五个：一处、二部及二个工作委员会。

随后，临工会于1951年3月成立，同年5月20日正式举行成立大会，到1954年5月下旬省盟召开第一次代表大会，正式选举产生民盟贵州省支部第一届委员会，临工会始告结束，其存在时间为三年又二月。

临工会成立大会开的很隆重，由于召开这个大会的主要目的是对外公开组织，便于积极开展盟务活动，故当时贵州经过整理组织审查通过盟籍的盟员虽仅83人，但应邀出席成立大会的来宾则多达190余人，而且，根据当时盟的组织发展“以文教界为主”的方针，故应邀的来宾中有三分之二是当时贵阳地区文教界有一定代表性的人士。

临工会地址时在贵阳市阳明路（后迁正新街），成立大会即假其附近的西湖路原贵阳电厂礼堂举行。大会开了一整天，现存剪自某报（已无报头）的剪报一方，报道临工会成立大会的消息说：“〔本报贵阳通讯〕中国民主同盟贵州省支部临时工作委员会已于五月廿日正式宣告成立，是日举行成立大会，各机关、团体首长及各界来宾前往祝贺者计一百九十余人。大会于上午十时开始，首由该会主任委员双清报告了贵州民盟组织发展及整理经过……接着，由兼组织部长唐弘仁就民盟的斗争历史及发展组织的方针作了报告。中共省委统战部惠世如副部长、军区代表王乐亭、省府徐健生秘书长、贵阳市府杜恩训副市长代表各机关……向大会致词，一致认为民盟贵州省支部临时工作委员会的成立，象征着贵州省人民更进一步的团结，和人民民主专政的更加巩固……此外，各界来宾……等十八人相继致词祝贺，大会于下午三时半结束，大会并于同日发出向毛主席，省人民政府杨主席，民主同盟总部张澜主席，西南总支部楚图南主任委员，及中国人民志愿军等致敬电及慰问死难烈士家属电。”

大会向毛主席的致敬电，内容大意有三：（一）代表贵州全体盟员向毛主席致敬；（二）感谢中国共产党和毛主席对民盟的正确领导和热诚帮助；（三）保证今后在本盟总部领导下，永远跟随中国共产党，团结在毛泽东旗帜下，为巩固和扩大人民民主统一战线而奋斗。

成立大会的情况经呈报盟西南总支及总部，批复既有表扬又有批评。盟西南总支转来民盟总部组委会盟总组第0931号文说：“该会（省临工会）通过成立大会，对外公开组织，澄清了一般人士对本盟的不正确认识，并对盟有了新的认识，有利于本盟的发展……确有相当收获……至于有关工作上的开支，嗣后应力求节约。”盟西南总支也指出：“以后秘书处负责同志应注意精简节约，不该用的一文都不能开支。”

二、开展组织发展与组织巩固工作

按当时民盟总部要求，贵州民盟在建国后即暂停吸收新盟员，集中力量于整理组织工作。临工会成立大会召开后，从1951年三季度起，在贵阳地区始恢复组织发展工作；次年，开始到遵义市发展，并筹建了民盟遵义市分部筹备委员会。之后，曾计划到安顺县发展，但未果。临工会时期的组织发展工作，十分注意以下几条原则：

（一）坚持从工作需要出发，坚持执行盟的“以大中城市为主，以文教界为主，以中上层知识分子为主”的组织发展方针

对于这“三个为主”的发展方针，当时各地盟内都存在着一些不同看法。因此，盟总部对此再三作出解释，强调必需贯彻。例如，1954年2月总部组委会第68次会议再次强调：“（这个方针）不仅是盟的组织方针，同时也是盟的工作方针。由于盟以参加国家文教建设为中心工作，并以高等教育为重点，因此，盟必须在大中城市的一些大中学校中上层知识分子中开展工作，这样才能……更好地为国家文教工作服务。”“今后要特别加强对中上层知识分子进行工作，不仅要把中上层看作工作对象，同时还要把它看成工作力量。”

依据组织发展方针，临工会的发展工作首先从当时贵州仅有的三所大学——贵州大学、贵阳师范学院、医学院及贵阳一中、女中、农校、工校等几所重点中学和专科学校开始，到1954年5月省盟一大召开时，全省已有盟员共289人（贵阳地区252人，遵义市37人），其中文教工作者231人，占总数的80%，大大改变了临工会成立时文教界盟员仅占19.3%的组织面貌。此时，下属组织有遵义市分部一个，基层组织（区分部和小组）共16个。

（二）坚持依靠中共贵州省委以及有关党组织的支持和帮助

由于临工会成立前文教界盟员的比例小，因而民盟在贵州文教界当时的影响也不大，鉴于此，中共省委统战部和有关的中共组织出面，大力协助临工会做组织发展工作，临工会成立大会后不久，省委统战部、省文教厅、临工会曾联合召开一次座谈会，邀请参加的人士主要是经各有关方面协商后拟发展入盟的对象，事实上是一次“入盟动员会”，统战部惠世如副部长主持座谈会，文教厅党组成员黄颖讲了话，临工会领导人介绍了盟的简史、性质、任务以及组织发展方针。会上，围绕对民盟的认识与看法，相继有贵大、师院、贵医的教授、教师顾光中、孙乃枢、王铸青、邝炯燊、王铎安以及贵阳女中校长冯楠和编者（时在贵阳一中工作）等人发言。惠副部长作了总结发言。

据了解，中共党委出面召开的类似座谈会并不只上述一次；有关党委领导成员也不局限于在会上协助作动员工作，例如黄颖同志即曾单独约见编者，谈入盟的事，此外，还经中共省委统战部及有关党委同意，临工会发展了好几位中共党员入盟，帮助民盟工作，主要是帮助做组织发展工作，应该肯定，临工会早期的组织发展工作，是在领导党的大力支持和具体帮助下开展起来的。

（三）坚持按盟总部规定的入盟手续办事，其中主要手续有以下几个方面

1. 对准备发展的对象必须进行考察了解。当时发展新盟员强调吸收进步分子，故考察了解内容包括对象的政治历史，现在思想状况，工作表现以及群众关系等诸多方面，考察也比较认真，盟西南总支曾以“西南组（51）字第61号文”指出：“为便于了解对象的政治历史，最好将拟吸收对象名单交中共贵州省委统战部，通过有关方面帮助进行了解，并多征询群众意见，”也是因为便于考察对象，临工会早期的组织发展工作常伴随当时开展的一系列政治运动和教学改革工作分批进行。

2. 申请入盟人必须详填入盟申请表。初期，申请表上不仅必须有盟员二人签名负责介绍，而且盟总部还规定：“其中一人盟龄，应在一年以上；至少一人对被介绍人有深切了解”。目的即在于对吸收新盟员谨慎从事。后来，总部鉴于各地盟组织经过组织整理工作以及参加政治运动，盟员的政治觉悟有了显著提高，乃于1951年10月经盟的一届十九次中常会议研究，决议废除“介绍人必须一人盟龄在一年以上”的限制。

3. 严格逐层审批手续。当时，盟总部规定对新盟员盟籍的核定（即审核批准）统一由省级盟组织进行，省以下市、县组织无核定权。直到1956年全盟“二大”修改的盟章中，仍规定“新盟员盟籍由省级领导机关批准，最后上报中央备案”。到1957年6月，盟中央［此时，总部、省支部、市（县）分部等组织名称已废止，改称民盟中央委员会、××省委员会、××市（县）委员会，基层组织改称支部和小组，大行收区组织撤销］始行文通知：“经中央常务委员会第十二次会议通过，规定本盟省辖市组织经所属省委员会同意，可以批准盟籍。此项规定作为试行。凡未同意批准盟籍的县（市）组织，仍应报送省委会批准。”以故，当时遵义市分部吸收新盟员均报临工会核定。

临工会核定盟籍后，又须连同入盟申请人的申请表及组织核定意见上报盟西南总支审核，并请转报总部核备（即审核、备案）。总部同意备案，新盟员始正式取得盟籍，总支的审核及总部的核备均非例行公事，而是审的严肃认真，现存档案中仍保留有多件总支和总部来文，指出临工会对某入盟申请人的考察意见过略、某申请人某段历史政治问题交待含糊，某申请表上只有一个介绍人、申请表编号有误等等，因此不予审核、备案，要临工会作出补充，更正后，再上报重审。这就促使临工会对入盟申请人的考察以及办理入盟手续不能不认真对待。

4. 举行入盟宣誓。这是当时入盟的最后一道手续，在盟总部同意备案后分批举行，并由盟西南总支派员监誓，临工会在 1952 年底以前，曾分三批举行过入盟宣誓典礼，各批参加宣誓的新盟员人数依次为 28 人、31 人、64 人。1953 年以来，此项手续始废止，从现存资料看，入盟宣誓的主要目的，还在于及时对新盟员进行一次中共的有关的方针、政策教育和盟史、盟章教育。以 1951 年 10 月举行的首次入盟宣誓典礼为例，典礼还邀请中共省委统战部领导及其他来宾参加。临工会双清主委（李超然代表）讲了盟的性质、任务；西南总支监誓人（由楚图南主任委托唐弘仁代表）致词；临工会秘书处主任丁道谦领誓，誓词是："余谨以至诚，参加中国民主同盟，接受并拥护人民政协共同纲领，服从本盟一切决议，为新民主主义建设事业而奋斗，谨誓。"统战部惠世如副部长就党的统战方针政策，知识分子政策等讲了话；强调盟组织发展后必须巩固；还要求参加民盟的中共党员和共青团员不能特殊，也同样要加强学习，团结帮助友党一同进步，盟员中参加中共的同志也应如此。此外，省民革主委李侠公代表来宾和民革讲了话，两位老盟员讲了自己入盟后的感受与体会，几位新盟员代表也发了言。

（四）坚持发展与巩固相结合

临工会在 1952 年末全省盟员达 244 人后，从 1953 年起即着重进行组织巩固工作，放慢组织发展步伐，只个别重点发展，从1954年省盟一大召开时全省共有盟员289人来看，临工会时期的前一年半中发展了160来人，而后一年半中仅发展40多人，对组织巩固工作，临工会是以抓健全领导机构和健全基层组织为中心，围绕二者对盟员加强思想政治教育，推进教学改革工作，发挥组织作用，对前一中心工作，主要是积极筹备召开省盟首次代表大会，正式选举产生新的领导班子；对后一中心工作，主要是加强对基层组织的领导，改变临工会领导和干部作风，健全专职干部下区、组联系工作和汇报工作的制度，促进临工会面向基层，为基层工作服务。

1954年，盟总部组委会先后两次总结各地盟组织发展与巩固组织相结合的成绩与经验中，着重指出：1. 巩固组织不是单纯放慢组织发展步伐，不是消极整顿，而是对盟员积极加强教育，提高思想认识；2. 通过巩固工作，健全了领导机构，适应了新形势的需要；3. 领导方法和工作方法都得到改进；4. 基层组织工作得到加强，能配合所在单位中心工作制定基层工作计划，充实组织生活内容，结合业务进行思想教育，带动周围群众完成任务，发挥组织作用。因而总结指出："巩固组织的过程，同时也是为盟的发展创造条件的过程。"帮助各地盟组织进一步认识组织发展与巩固相结合的目的和主要内容。

三、参加各项政治运动和文教建设工作及其他

参加政治运动和文教建设工作，这两件事是临工会时期贵州民盟组织参加国家政治活动的两项主要内容。

（一）参加各项政治运动

比较集中在1951至1952两年，这是在建国后，民盟在中共领导下，继续共同完成新民主主义革命的任务。临工会对此除按中共省委和省政府的统一部署，参加一些有关的工作外，更多精力是结合运动在盟内开展思想政治教育工作，提高盟员的思想认识和政治水平，推动盟员过好

各个政治运动关。这里仅侧重记述临工会在各个运动中的一些具体活动。

1.关于土地改革运动。曾组织盟员20人参加贵阳市各界人士农村工作访问团，这是“参观土改”；并先后分两批组织盟员30多人参加工作队下乡工作，这是“参加土改”。参加访问和参加土改的同志，都结合自己在农村中的亲见亲闻，回来向盟内外群众宣传中共的土改政策和土改工作成果；临工会领导成员还应邀去省广播电台播讲“和平土改不可能”“农民受剥削压迫的惨状”“农村新气象”等专题。

2.关于抗美援朝。双清主委担任抗美援朝贵州分会副主席职务，参与抗美援朝分会的领导工作；还有几位盟员也具体参加此项工作，发动盟员捐款购买飞机，在盟内共捐款旧人民币五百四十国万余元；临工会领导人和部分领导成员先后五次到省广播电台播讲专题，协助宣传抗美援朝运动。

3.关于镇压反革命分子运动。临工会派员参加贵阳市协商会审查反革命分子，参加贵阳市政府清理积案，临工会机关协助政府审核反革命分子名单；并根据有关指示，临工会组织部再次清查部分盟员的政治历史。

4.关于“三反”和“五反”运动。因“五反”主要在工商界进行，故临工会根据当时统一部署着力于参加反贪污、反浪费、反官僚主义的“三反”运动，并且“内外两条线作战”，起落时间较长。

盟总部根据当时形势，1951年12月对参加“三反”运动作了以下部署：（1）各地盟组织应成立增产节约运动委员会，与地方政府密切配合，推动“三反”运动，广泛发动盟员积极参加（按：此即“外线作战”）。（2）各级组织亦应间时进行检查，检查对运动的认识，检查有无贪污、浪费和官僚主义行为，检查工作效率（按：此即“内线作战”），并根据检查结果，拟定改进工作方法，提高工作效率的计划和防止贪污、浪费、官僚主义的办法。（3）区分部和小组必须在所在单位行政的统一领导下，积极协助推动运动，参加检查工作，检举揭发贪污、浪费和官僚主义行为；

同时发动盟员带头进行自我检查，之后，总部《盟讯》还发表多篇文章，论述“三反”和“五反”本质上就是反对资产阶级腐化堕落思想的斗争，文教机关和学校盟组织开展此一运动，应着力于检查批判封建的和资产阶级的腐朽思想，推动盟员进行思想改造，迎接即将来临的思想改造运动。

临工会根据以上部署，于1952年1月成立节约检查委员会，领导盟内投入“三反”运动，基层组织生活亦与运动密切配合。临工会领导成员和机关专职干部，分别在机关小组和盟员大会上作检查，双清主委检查官僚主义思想作风前后多达五次。各区分部和小组的盟员，参加所在机关节约委员会工作者有11人（当时，学校未开展“三反”运动，仅作一般检查）；全省当时的170名盟员中，分别“站队”作过检查者有95人，占总数的56%，交书面检查共106份。临工会还编发多期“三反”简报，指导和推动盟内运动的开展，根据盟总部有关的奖惩规定，全省盟员在运动中被开除盟籍者1人，受到留盟察看、撤销盟内职务、警告、劝告等处分者共10人，即合计有11人，占全省盟员总数6.5%的盟员受到盟纪处分，临工会还参加了“三反”“五反”人民法庭的工作。

通过“三反”运动，盟员普遍受到一次思想政治教育，为顺利参加思想改造运动打下基础；临工会则健全了一些工作制度，并健全了盟内民主生活，逐步开展批评和自我批评。

5. 关于思想改造运动。这个运动主要在文教界展开，我省于1952年6月首先以贵阳师范学院作为试点。师院盟小组在院党委的领导下发挥了较好的作用，推动小组11名盟员的绝大多数，只经一次检查交待就过了关。继之，全省中学教师的思改学习于是年暑假（经历8、9、10三个月）集中在贵阳市进行，参加的中学盟员共54人。临工会在学习班内成立了临时区分部（派有干部参加），协助学习班领导工作；此外，包括师院思改学习在内，参加这两批思改学习的大，中学共65个盟员中，经学习班领导指派1人任副班主任，17人任正副组长，参与领导工作，占参加学习盟员人数的28%。参加中学思改学习的54个盟员中，有43人也只经一次检查就过了关。

除以上两批外，全省文教界盟员还分别参加了其后两批的思改学习。

（二）参加文教建设工作

临工会是从1953年起转为主要工作任务的盟总部在1953年的工作要点中即指出：在开始执行国家第一个五年建设计划中，盟应当面向文教，配合国家建设工作，推动盟员搞好岗位工作，起模范带头作用；要加强调查研究工作……是年第二季度，盟的一届七中全会确定了“本盟以参加国家文教建设为中心工作”的基本方针，是年学年度开始时，总部又发出“关于学校工作的几点指示”，要求学校中的基层盟组织要在学校党政统一领导下，协助作好教学准备工作，动员盟员订好个人工作计划，并要求盟员要以身作则，切实搞好团结，克服个人主义、自由主义……同时强调：“教学工作从无明确目的到有明确目的，从无严格计划到有严格计划，从个人单干到集体互助……是两种不同思想体系的斗争，是当前教学改革的主要过程。盟在学校中的首要任务，就是在党政统一领导下，发挥组织力量，通过以思想政治教育为主的各种方式，帮助盟员及所联系的群众提高思想，在此基础上提高教学质量。这就是学校工作中政治与业务结合，或盟务与业务结合的一个主要方面。盟的基层组织必须体会此点，才能发挥积极性与创造性，使组织生活丰富而生动。”

临工会参加文教建设工作，就是基本遵照总部的这些要求，在中共省委和省人民政府的统一领导下，本着政治与业务结合、政治指导业务的原则，不断调查研究盟员及所联系的群众对国家教育政策，教改措施的思想认识，结合思想实际不断在盟员中进行思想政治教育工作，调动盟员参加教改的积极性；同时动员盟员积极帮助盟外教师共同搞好岗位工作，贵大等区分部的盟员还把此项任务订入自己的工作计划，密切了盟群关系，扩大了盟的政治影响。此外，临工会还做了以下一些具体工作：

1. 组织研究国家教育政策，开展教育调查活动，提出意见与建议；2. 派员参加省文教厅组织的学校调查工作组，检查学校教学质量；3. 组织一系列有关教育政策、学校教改工作的学习座谈和经验交流会，邀请盟外教师参加；4. 编选有关学习苏联教育经验、进行教学改革的文章汇编，共出了三辑，分赠盟内外教师，盟外不少教师对此还要求临工会增印份数，由他们出资购阅，可以说，贵州盟组织在教育界的影响逐渐增加，主要是由于在参加文教工作中不断发挥了组织作用。

另外，还有两个方面的工作可附述于此：

1. 临工会时期的盟内思想建设工作，从前述各节可以看到是抓得很紧的，思想政治工作渗透于盟的各项工作之中，并着重从三个方面进行：

（1）伴随参加政治运动和文教工作来进行。这样做的好处是：思想政治工作可以从盟员对政治运动和岗位工作的思想实际出发，并落到实处，不致于空泛说教。

（2）伴随组织建设工作及传达贯彻上级盟组织的一些重要会议的精神来进行，例如，临工会在传达贯彻盟中央一届七中全会（1953年）精神时，首先就是在省盟内部进行一次各级盟组织必须接受同级党政统一领导的政治教育，批判了在这个问题上的种种不正确思想。至于伴随组织建设进行思想政治工作的概况已如前述，此不另述。

（3）抓紧日常的政治学习活动。临工会早期曾专设学习委员会来主持此一活动，早期盟员较少时，每星期日上午均集中到临工会机关来学习座谈一次，有时还继续到下午，当时称此为“星期座谈会”，学习内容比较广泛，一般以时事政策为主，也涉及研究盟务，这事从1950年11月起，坚持了一年，以后随着盟员人数增多，乃分散到区、组（基层组织）学习。区、组的组织生活每二周一次，有些区、组往往利用晚上召集，内容亦以政治学习为主。临工会则定期召集区、组长联席会，组织报告会和专题讨论会，派专职干部参加基层组织生活等，指导和推动学习。

这种安排一直坚持到“文化革命”前夕，持续十四五年。

2. 临工会时期省盟参加国家政治生活，前述参加各项政治运动和文教建设工作，只是经常而主要的两个方面，此外，如双清、蹇先艾、张超伦、杨汉先、吴厚安、陈仲庵等盟员同志，在政府和政府部门担任领导职务；不少盟员参加政治协商会议活动；临工会参加宣传我国过渡时期总路线和总任务，参与讨论和宣传我国第一部宪法（草案）等等，也是参加国家政治生活的一些重要方面，并都发挥了一定的组织作用。

三、临工会的工作机构、干部编制、工作制度及其他

（一）接受双重领导

由前述，可见临工会是在双重领导下工作的：一是接受上级盟组织（总部和西南总支）的领导，一是接受中共贵州省委和省人民政府的统一领导，这两个方面对临工会的领导，都很具体、认真，并且对此二者，总部还一再强调要贯彻到盟的各级组织，包括基层组织中去，各级组织既要接受上级盟组织的领导，又要接受同级党政的统一领导。

（二）工作机构及干部编制

临工会机关原设秘书处、组织部、宣传部、学习委员会和联络委员会等五个工作部门。1952年“三反”运动结束后，按盟总部意见进行民主建政工作，调整了临工会机关工作机构；学习委员会与宣传部合并，改称宣教委员会；联络委员会与秘书处合并，存秘书处之名，机构虽然减到只有一处、一部、一会三个，但工作任务则未减少，反有增加。

关于专职于部编制，建国初，各民主党派地方组织的专职干部编制，均由国家编委、全国政协、中央统战部与各党派中央协商决定，然后由各党派中央通知所属各级组织，由国家编委、全国政协等会函通知各省编委等有关部门执行，1953年8月经总部通知，我省盟的专职干部编制员额核定为17人，其中，省临工会13人（干部11，工人2），遵义市分部4人。这在临工会任期中及其以后一段时期均未变。

（三）工作制度

临工会现存有文字记载的工作制度有以下几项：

1.会议制度。主要有：省支部委员会议，每两周一次，主委召集机关部、处、会负责人联席会议，每周一次，秘书处召集，机关全体干部会议，每月两次，月初布置工作，月末总结检查工作，秘书处召集；区，组长联席会议，每月一次，组织部召集。

2.保密制度（略）。

3.办公制度。规定上班签到，值日夜班、请假等办法，并规定在特别情况下，一部分或全体干部均得斟酌延长办公时间。

4.统收统发制度。规定一切公文往来统由秘书处办理；并规定“凡对外之文件，一律用临工会名义发出，各部门不得单独对外。”

5.请示报告制度。这一制度规定极详，并从以下几方面分别规定应予“请示”和“报告”的诸多事项：（1）应向盟总部及西南盟总支请示、报告的事项共22条；（2）临工会各部、处、会应向主委请示、报告的事项共18条；（3）机关干部应向其所在部、处、会领导人请示、报告的事项共15条；（4）下属分部、区分部应向临工会请示、报告的事项共14条；（5）盟员应向所在区、组请示，报告的事项共11条等等。

6.专职干部下组（基层组织）联系工作及汇报工作的制度。汇报工作原定在上述机关全体干部会议上合并进行，后为加强对基层工作的领导与联系，另制定了汇报制度，每半月汇报，研究一次，由组织部召集。

（四）盟费收文标准及范围

按当时盟总部统一规定，盟费征收标准按盟员本人士资总额的百分之一缴纳，盟员应按规定数额每月持同“盟费缴纳登记证”交基层组织；盟员如因经济困难或因交叉关系需在友党交费者，得向基层组织申请同意减免。

盟费的使用，总部规定：基层组织留用所收全部盟费的70%，另5%

上交基层所在的县（市）分部，5% 上交省支部，此三者均用作盟务活动，盟员学习或开展文娱活费的补助费用；另 20% 上交总部，作为总部印发《盟讯》及学习文件等项费用的补助。总部强调，交纳盟费是盟员义务之一，也是盟员组织观念的具体表现之一，必须主动按时交纳。

（五）联系盟外群众的工作

整个临工会时期，盟的许多活动都邀请盟外人士参加及不少区，组还有固定联系的对象。但临工会早期的这种联系活动，主要目的还在于发展组织。1954 年初，盟总部组委会在《七中全会以后基层组织工作初步总结》中着重指出："联系群众的工作，应该作为搞好盟的工作的重要环节。盟开展机关，学校工作的过程，应该就是密切联系群众的过程。组织生活中应把联系群众作为盟组织和盟员的经常任务之一，要随时听取群众的意见，了解群众的要求，并予以热忱的帮助；联系群众不仅是为了团结群众，更重要的是接受群众的监督，要以盟在群众中的影响作为检查盟的工作的尺度，我们只有在党政统一领导下，做好岗位工作，才能符合群众利益，才能得到群众信任，才能做好联系群众的工作。"此后，临工会端正了联系群众的态度，加强了此项工作，基层是组织联系的对象，一般均与基层党政领导协商确定。

（六）工作总结报告

临工会成立后，一般每两月要总结一次工作，并向盟西南总支和总部写出总结报告，同时向省委统战部报告。西南总支和总部审阅工作总结报告很认真，每于审阅后复文临工会，肯定工作成绩，指出认识上和工作上的偏差，提出改进意见。例如，临工会有一次的总结报告中提到"组织发展以在职人员为主"一语，总部来文纠正说："为主二字不当，盟只发展在职人员，不发展失业人员。"于此可见上级组织审查临工会工作之细，这无疑给临工会工作以很大的帮助。这也可体现当时上级盟组织对下属组织的领导工作较细较强。

1953年总部第五次工作会议对各地组织的工作总结问题作了讨论，经报一届第四十六次中常会备案，规定“工作总结报告一年作二次：第二季度末作半年工作总结报告一次，第四季度末综括上半年的重要工作在内，作全年工作总结报告一次”。并要求：工作总结报告，不要一一列举工作（特别是例行工作），而最好是提出重要工作，总结工作中的经验教训，为了说明问题必须列举某些有关的具体情况或实例时，亦应力求典型。工作中所遇到的盟员和盟所联系群众的各种思想问题，如何克服或解决，应着重加以分析说明。可见总部要求各地组织，做各段时间的工作总结应该要以之推进下一段的工作；而且强调盟要做好思想政治工作。此后，临工会以及其后的省委员会均每半年总结一次工作。

（七）批评与自我批评

临工会时期，盟内开展批评与自我批评之风已逐渐形成。见之于临工会的各种工作总结报告，以及有关宣传、组织、学习等方面的专题总结，几乎没有一份不认真分析检讨工作中的缺点和失误的；见之于整理的区、组工作汇报资料，记载区，组帮助一些盟员检查认识问题、团结问题等等的，也屡见不鲜。

史料五 《回忆民盟早期在贵阳市的组织发展工作》

回忆民盟早期在贵阳市的组织发展工作

刘延良

中国民主同盟在贵阳市发展组织，开始于1940年。那年，在民盟重庆市支部入盟的几位贵州籍盟员回贵阳，即陆续秘密发展盟员，并筹建过“民盟贵州省支部筹备委员会”这一秘密组织（注：当时盟各级组织的名称是：中央组织称总部，大行政区组织称总支部，省和直辖市组织称支部，市、县组织称分部，基层组织称区分部和小组）。

新中国建立后，民盟总部于1950年派唐弘仁（现任贵州省政协副主席、民盟贵州省委员会名誉主委）等同志来贵阳，在民盟西南总支委员会（设在重庆）和中共贵州省委的双重领导下，进行整理贵州民盟组织的工作。经过八个多月的政治审查和整理，同时组织来登记的盟员进行政治学习，经上级正式批准盟籍的贵州同志有83人。这为在贵州正式建立民盟组织和继续发展盟员，作了组织准备和思想准备。1951年5月24日，民盟贵州省支部临时工作委员会兼贵阳市分部临时工作委员会（简称临工会），假贵阳市西湖路原贵阳电厂礼堂正式成立。自此，民盟在贵州的活动全部公开。是年下半年，临工会按照中共中央与各民主党派中央协商决定的民主党派组织发展方针，在贵阳市开始公开进行组织发展的工作。本文所回忆的，即是从此时起到1954年下半年，这三年中民盟在贵阳市的组织发展工作情况的片断。

临工会这段时期的组织发展工作，遵守了以下几条原则：

一、坚持从工作需要出发，在工作中发展的原则

新中国成立后，经与中共中央协商，民盟各级组织主要担负两项工作任务：一是参加政治运动，即在中国共产党领导下参与继续完成民主革命遗留的任务，如土地改革、肃清反革命、知识分子的思想改造学习

等等；二是参加国家文教建设工作。以故，当时的民盟组织发展方针，有一条是“以文教界的知识分子为主”。临工会坚持从工作需要出发，在组织发展中确守这一方针，调查分析了当时贵阳地区文化，教育两界适合于民盟发展的对象的情况，又确定先以在教育界发展为主。而且，还着重在对象比较集中的学校发展，以易于在这些学校建立盟的基层组织，便于结合单位中心工作开展盟的活动。所以，组织发展除集中在各高等院校之外，在中等学校则比较集中于贵阳一中、女中、贵阳农校和工校等几所学校，在小学发展不多。截至1954年9月的统计，全省（遵义市亦于1952年开展盟的组织发展工作）盟员299人中，文教（主要是教育）工作者占80%，大大改变了临工会成立时文教界盟员仅占19. 3%的状况。1954年5月召开省民盟第一次代表大会时，全省已建立16个基县组织，绝大部分都在大、中学校。这次大会选举产生的省盟第一届委员会，选入了省内文教界知名的专家学者蹇先艾、顾光中、刘方岳等盟员同志为委员。

正因如此，民盟组织得以利用文教界成员居多的特点和优势，集中力量参加国家文教建设工作。1990年3月，《人民日报》专栏“简介中国民主同盟”一文中说：“新中国成立后，民盟……特别在参加国家文教建设方面，发挥了重要作用。”贵阳地区盟组织也不例外。临工会曾协助中共贵州省委和省政府，大力做文教界知识分子的思想政治工作和团结工作；研究国家文教政策，调查执行情况，提出建议；参加高等院校的院、系调整和大、中学的教学改革工作等等，都受到各有关方面的好评。

二、坚持在发展中重视质量的原则

那几年，临工会发展盟员很重视政治素质和业务能力。

对于合适民盟发展的对象，组织上对之一般均有一段政治考察的时间。考察的内容大体有三个方面：一是政治历史，二是现实表现，三是对民盟的认识。考察的方式大体有二：一是通过有关的中共组织进行调查了解；二是通过邀请参加盟的活动或个别联系，直接与对象接触，从接触中进行考察。组织考察基本认可，本人对民盟也有了初步认识，提出了入盟申请，始发给入盟申请表，然后再根据盟章规定的程序，对申请入盟人进行组织讨论和审批工作。可以说，那时没有发生过不经组织作政治考察和集体讨论同意，随意吸收新盟员的情况。

在业务上，则坚持“以中上层知识分子为主”的组织发展方针，所发展的一般都是所在单位的业务骨干。例如临工会早期在贵阳一中的组织发展，第一、二批吸收的盟员，主要就是当时一中的教导主任和副教导主任，高中和初中两部部主任，语文、数学、政治、外语、物理、生物、体育、音乐、美术等八个教研组的组长等（一中当时只有历史、地理和化学三个教研组组长不是盟员），都是当时一中的教学业务骨干。

早期民盟组织之所以能在文教建设上发挥重要作用，就是与在组织发展中重视发展对象的政治素质和业务能力有密切联系的。另外，那时对新盟员批准入盟后，还需分批举行入盟宣誓，始完成最后一道入盟手续。誓词是：“余谨以至诚参加中国民主同盟，接受并拥护人民政协共同纲领，服从本盟一切决议，为新民主主义建设事业而奋斗。谨誓。宣誓人（签章）监誓人（签章）”。监誓人是自民盟西南总支委员会直接派出，或由民盟西南总支指定临工会的某负责人代理。宣誓，并不仅仅是形式上完成最后一项入盟手续，其意义还在于对新盟员入盟后，通过宣誓活动，及时给予一次遵守盟章的教育。

三、坚持发展与巩固相结合的原则

临工会从 1951 年下半年开始发展组织，一年半后，即在 1953 年放慢了发展步伐，使发展工作与巩固工作相结合。到了 1954 年，则着重进行巩固工作。例如，1954 年 5 月召开省盟第一次代表大会时，全省盟员共 284 人，是年第三季度末再统计，全省盟员只达 299 人。放慢组织发展步伐并不是巩固组织的目的，而只是一种措施。在放慢发展步伐之后，使各级盟组织在一段时间内，减轻发展组织的工作，腾出手来，在平常进行自身建设的基础上，着重加强组织建设和思想建设工作，这才是巩固组织的根本目的。回忆1953—1954年那段时期，临工会在放慢组织发展步伐时，正着力于准备召开省盟“一大”，酝酿选举省盟第一届委员会，进行领导班子建设。同时对盟员加强以下几个方面的思想政治教育：一是提高对民盟在过渡时期中的地位和政治责任的认识；二是提高对接受中国共产党和人民政府的统一领导的认识；三是提高盟的基层组织在单位上要发挥主动作战能力，盟员在工作中要起模范带头作用的认识；四是结合筹备召开省盟“一大”，对盟员进行民主集中制和盟的组织纪律的教育。总之，是着力提高盟员的政治素质，进行盟的思想建设。

当时的组织巩固工作不仅是临工会领导层和领导机关的事，在思想建设方面，更多工作是在临工会的领导和推动下，由基层组织来进行。这样,思想政治工作就能做到经常和具体,并能结合广大盟员的思想实际。

现在回忆起来，早期临工会的组织发展工作既慎之于始，又注意发展与巩固相结合，这对于提高盟员的政治素质是大有收获的。时发展的盟员们，后来虽经反右扩大化的折磨，特别是“文化大革命”的迫害，但始终没有动摇过接受中国共产党的领导和走社会主义道路的信念，对民盟组织也一直具有深厚的感情。

四、坚持接受中国共产党领导、与有关中共组织协商办事的原则

临工会在组织发展工作中坚持这一原则，具体体现在两件事上：一是准备发展或联系哪些对象，事前与有关中共组织都有个协商，取得中共组织的支持；二是在考察入盟对象时进一步与有关的中共组织联系，取得中共组织的帮助。这不是说民盟组织没有独立性，连发展谁入盟的事也要得到中共组织的同意，事实上，如此协商办事的结果，确实极有利于盟的组织发展工作。首先，部门和单位的中共组织在该部门和单位

是居于核心领导地位，民主党派意图在某部门某单位发展组织，事前必需与有关中共组织协商，这是自不待言的事；而且在协商准备发展的对象时，有关中共组织常能帮助盟组织开阔视野。基本确定发展对象以后，鉴于当时民盟在贵州的影响还小，许多知识分子都还不清楚民盟是个什么样的组织，发挥什么作用以及入了盟干什么，中共贵州省委统战部和省文教厅党组的领导同志不仅亲自出面，协助临工会向有关对象宣讲党的统一战线方针、民盟的性质和作用，做入盟的动员工作，而且经有关的中共组织研究，还指定几位中共党员，通过民盟的组织发展程序和手续加入民盟，具体协助民盟做某些发展对象的工作。出于此种原因而入盟的中共党员，当时在贵阳和遵义两市均有。其中如现在省文联的肖家驹同志，在1989年民盟省文化支部为他祝贺八旬大寿时，他还在祝贺会上谈起中共组织当年派他入盟协助临工会做组织发展工作的旧事，认为他已不负中共组织和民盟组织的共同委派，超额完成了任务。

“温故而知新。”回忆当时临工会在组织发展工作中坚持这些原则，我认为除了其中某些具体做法，由于时代不同和情况不同应当考虑改变之外，从总体上讲，民盟今天和今后的组织发展工作是完全仍有必要坚持这些原则的。例如说，宣誓入盟这道手续在全盟是早已不再举行了，但对新盟员入盟之初及时给予遵守盟章教育的原则不能废止，目前我省和各市盟的委员会都坚持每年举行新盟员讲习班，一个主要目的即在此；盟组织也早已不再发展中共党员入盟了，但在盟的组织发展工作中仍然必须遵守与中国共产党协商达成的协议，在若干具体的发展工作上也仍有必要和有关的中共组织联系协商，取得支持，并补充盟组织单方面做政治考察工作之不足。

（资料来源：中国人民政治协商会议贵阳市委员会文史资料委员会：《贵阳文史资料选辑·第31辑》，政协贵阳市委员会文史资料委员会，1990年1月，第45-51页。）

史料六 1991年10月：《解放初期参加民盟组织活动的回忆》

解放初期参加民盟组织活动的回忆

韩述明

一、入盟

我是一九五〇年下学期调到贵阳一中工作的，一九五一年上学期开学后不久，接到省文教接管部的通知，到大南门外西湖路原贵阳电厂的礼堂开会，我因为上午第一节有课，迟到了一些时间，到那里时，一个可容百多人的小礼堂已经坐满了人。据介绍说，大都是从事教育工作的，有大学教师，也有中小学教师，记得在主席台上就坐并在会上讲话的有徐健生、惠世如等领导同志，讲话的内容主要是阐述党的统一战线政策和民主党派的性质、任务。我因为过去没有这方面的知识，听起来很新鲜，印象也较深刻。对于“民盟”，过去完全不了解，听过讲话后，有了一个比较明晰的印象：民盟是一个以文教界知识分子为主体的、革命的、进步组织，有光荣的历史，长期与党合作并接受中国共产党的领导；参加这个组织，对革命有利，对个人的进步有利，这就是我对民盟的初步认识，这个认识一直持续了许多年。那次会议过后不久，文教接管部的黄颖处长在一次人数不多的中学教师的会议上又提到民盟，并鼓励大家在自愿的原则下加入民盟，今后，省民盟临时工作委员会的唐弘仁等领导同志到一中和我们开座谈会，还到一些同志的家里个别谈心。在他们的启发下，我和一中的其他几位同志，大都是比较年轻的教师，在一九五一年下半年先后写了入盟申请书，填写了申请表。写到入盟动机时，大都不离这两条：一是党领导动员参加，我应当响应；二是参加了对个人的进步有帮助，应当争取。当省盟批准我们入盟时，还在正新街省民盟临时工作委员会的一间会议室里进行了宣誓，在一中和我同时或先后不久加入民盟的有肖荣圭、刘灿珣、刘延良、杨恩龄、王新邦、程绍瀛、杨靖国、刘俊瑜等同志。一九五一年底，成立了民盟贵阳一中小组，小组长是解放前入盟的一中历史老师易光培同志。一九五二年暑期，全省中学教师集中进行思想改造学习。在思改结束时和思改后，一中又有一批教师加入民盟，记得有刘俊枢、梅春明、杨世济、何治华、傅志澄、张吉祥、张云麓、谭科模、钟荣焜、魏硕权等同志，到一九五四年成立民盟贵阳一中支部时，一中盟员已达二十人，经过酝酿选举和上级盟组织批准，成立了民盟一中支部委员会，我担任支部主任委员，支部委员有赵毓祥、邹学英、梅春明、何治华等同志。

二、一中盟组织的活动

从成立盟小组，特别是建立盟支部直到反右以前，一中盟组织的活动是相当活跃的，间周一次的支委会和间周一次的组织生活会几乎没有间断过。当时，学校还没有建立中共的基层组织，学校的行政干部、教研组长、工会主席几乎全是盟员，党员校长刘君桓同志一九五四年调一中以前在省文教厅工作，因工作需要也加入了民盟。因为盟员的状况如此，所以民盟和党政的关系是非常协调的，盟组织也就很自然地成为学校的依靠力量，发挥了民盟作为党政助手的作用，学校的一些重要决策都在事前征求了盟组织的意见；学校在贯彻上级的一些重大的决策时，也通过盟组织动员盟员起带头作用。比如一九五三年学校试行班主任制及五级分制记分法和一九五四年开始进行的教学改革，许多盟员都起到了骨干作用。盟组织在相当长的一段时间，围绕教学改革这个主题，在组织生活上谈思想、提建议、交流心得体会、反映问题，大家感到很有收获。一九五二年，贵州省人民政府召开全省优秀教师代表大会，一中出席会议的有五位代表（名额是全省中学最多的），有四位是盟员同志（刘延良、张云麓、程绍瀛和我），除了围绕学校的中心工作外，时事政策的学习也是盟组织生活的一项重要内容。盟组织要求盟员除了在盟内积极参加学习外，还要在学校的政治学习会上带头发言，此外，盟支部还定期召开谈心会（也就是民主生活会）让同志之间相互交流思想和提意见。会上的空气既严肃认真又亲切和谐，体现了同志之间的信任和关心。许多同志都愿意在组织内谈思想，主动争取组织和同志们的帮助，当然，这种状况是和当时的历史条件分不开的。那时，刚解放不久，从旧社会过来的知识分子迫切要求接触新事物，接受新思想，要求在政治上不断的提高和进步，在党的领导下，盟组织适应了知识分子的这种要求，因而得到了大家的爱护。

那时，我们的组织生活多安排在夜间，因为成员多是学校的骨干，白天的工作很忙，开会，学习容易受到干扰，所以大家一致同意在晚上进行，从一中成立盟的基层组织起，盟省委一直有专职干部和我们保持经常联系，直委会和组织生活会，他们都按时参加，和一中联系的先后有刘方岳、刘映芳、李道明等同志，一些重要的活动，唐弘仁同志也来参加，除了盟员外，盟组织还征得党组织的同意，固定联系了熊琰、侯发科、陈雅和等五六位老教师。盟的组织活动，一般都邀请他们参加，他们也都很乐意，并都在会上积极发言。

在一中盟员中，许多同志给人留下了极深刻的印象，这里仅举二人为例。如美术教师张云麓同志，入盟时已是六十多岁的老人，他家一直住在离学校很远的和平路，来校时要从次南门外两江口渡船（当时，朝阳桥和一中桥还在修建，到一中要乘木船过河），如遇雨水涨时，要绕道新桥到一中后门进校，那就更远了，但他从来没有缺席和迟到过，并且每次都争取发言。在学校的各项活动中，都积极参加。从不服老，七十多岁时还争取当了一年的初中班主任，成为教育界的佳话。又如数学教师杨世济同志，不仅在教学业务上精益求精，也是盟务活动的积极分子，每次活动都提前到场，帮助做好会前安排，在盟的大小会议上都勇于发言，勇于联系实际，勇于敞开思想，他和我曾是十多年的邻居，都住在新桥宿舍的木板房，两家仅一板之隔。他每天晚上伏案备课和批改学生作业从没有在十二时以前休息过，他的教学，一向受到学生欢迎，有“杨代数”的美称，不幸的是，这样一个好教师，在反右时错划为右派，又在“文化革命”中被极“左”路线迫害致死，直到现在，我们还经常用他精益求精、刻苦钻研业务的精神来勉励学校的青年教师。

从一九五二年到一九五六年，一中陆续有一批行政干部和教师调出去支援大学和新办的中学，其中绝大部分是盟员，调往大学的有易光培、傅志澄，张吉祥、刘俊枢；调到省教师进修学校的有刘延良、杨恩龄、肖荣圭；调到其他中学担任行政职务的有王新邦（六中）、刘俊瑜、何治华（七中）杨靖国（兴义中学）、魏硕权（关岭中学），这个情况，也反映出当时一中盟员在政治上或业务上是较强的。

三、参加四省盟务工作会议

一九五四年，省盟召开了第一次盟员代表大会，正式成立了盟省委，我被选为盟省委委员，一九五六年年底，盟省委通知我参加在昆明召开的四省（四川、云南、广西、贵州）盟务工作会议，并要我向教育厅请假，（当时中学直属教育厅领导）。这是我第一次出省，很高兴出去看看，但又担心工作走不开，怕请不准假。因为学校只有正副校长二人，副校长刘延良同志已调省教师进修学校任副校长，校长刘君桓同志在宣布我担任副校长后就调到省委文教部工作（不久，中学下放给贵阳市领导，君桓同志又调到贵阳市教育局任副局长、党组书记），学校由我主持校务，肩上的担子很重，但当我向教育厅领导请假时，厅领导十分重视盟省委的意见，当即准了假，并要我安心去昆明开会，在走前把学校工作适当做些安排，委托主任负责，并说，厅里会通知有关处室多关心一中的工作，要我一定把民盟的会开好。充分体现了党和政府对民主党派工作的关心和支持，我很感动，至今不忘。

那次贵州去昆明参加会议的同志有十多人，由盟省委的唐弘仁同志带队。除盟省委的专职干部外，大学工作的盟员有王焕斗、王铎安（贵医）、孙成章（师院）、陈明敏（农院），中小学工作的盟员有雷宝芬和我，当时，滇黔铁路还未修筑，我们是乘汽车到云南霑益，再由霑益改乘小火车到达昆明的，路上经过了两天多的时间。

这次会议让我们这些平时忙于行政业务工作的同志有时间专下心来学习党的方针政策，研究盟务工作，对我们的提高是大有益处的。会上，交流了各地盟务工作的经验，因为事隔已久，又没有资料保存下来，会议的详细情况已经模糊，只记得各地经验所突出的主题是如何围绕学校的中心任务来开展盟的组织活动进行政治思想工作。现在看来，这个主题，今天也还有它的现实意义。会议快结束时，盟中央副主席胡愈老从北京来到昆明，并在闭幕式上讲了话。

会议期间，适逢费孝通同志在昆明考察，也参加了我们的会议，他还抽时间召开了几次座谈会，我参加的一次是在中学和中专工作的盟员同志座谈，大多数是云南的同志，有的是并未参加会议，特地通知来参加座谈的。我在大学读书时就喜爱费孝通同志的文章，这次能和他见面、座谈，感到很高兴，那时费孝通同志才四十多岁，精力很充沛，也十分健谈，在和我们座谈时，一边听，一边插话。虽然谈话的内容已经忘记，但他那亲切、谦逊、质朴、乐观的神态和饶有风趣的语言，却一直留在我的记忆中。

那年的春节，我们是在昆明度过的。那次我们从外地去昆明参加会议的同志，绝大多数是第一次去昆明，因为如此，好客的云南同志为我们参观游览作了周到的安排。不仅让我们了解到抗战后期，昆明作为西南文化中心和民主运动摇篮的许多动人事迹，还让我们充分享受了春城的自然风光，给我们留下了难忘的印象。

从昆明返回贵阳后不久，在报上看到了费孝通同志的文章：知识分子的早春天气。过了几个月，“反右”的擂鼓敲响了，知识分子和民主党派的一场灾难到临了，又过了几年，碰到了云南的同志，摆起昆明会议的情况，据他说，当时参加费老召开座谈会的云南的同志，差不多全成了“右派”，而费老本人，在“反右”中更是受到极大的冲击。我感叹之余，只能是为自己的侥幸“漏网”而聊以自慰了。

四、回忆引起的联想

1991年是民盟成立五十周年，本来，早就打算写一点东西，回忆民盟往事，但始终未曾捉笔。现在回忆起解放初期参加民盟组织活动的这段经历，令人思绪万千，引起了许多联想。因限于篇幅，扼要写两点认识和感受：

（一）党中央曾经指出：建国初期（1949—1956）是我国社会主义建设的最好时期之一。仅就我所接触到的民主党派的工作和活动来说，的确也证实了这一正确论断。当年，就以在贵阳的学校而论，不仅在一中，其他的大、中、小学的情况也都大同小异。概括起来，大致有这几条：1盟员的素质较好；2盟的组织活动相当活跃；3盟的组织作用发挥较好；确实起到了党的助手作用，因而民盟在知识分子中有较高的威信。可惜好景不长，从五七年起，党和国家走上了一条曲折发展的道路，盟内的日子当然也就不好过，盟组织给带上了资产阶级政党的帽子，而盟员则是资产阶级知识分子。很自然，改造就成了盟组织的唯一任务，显然，这是违反了历史发展的规律的，而在“文革”中，“左”的路线发展到了登峰造极的地步，民主党派被当成了“反动派”而加以打倒和取缔，而一中的盟组织则被说成是篡党夺权的工具，是资产阶级、牛鬼蛇神的“黑帮”，而我则成了“黑帮头子”。现在想起来，既是笑话，又像是神话。十一届三中全会后，党和国家重新走上了健康发展的道路，民盟以及各民主党派也得到了新生而有了光明的前景。十多年来，党的统一战线得到了加强并有了新的发展，民盟组织在短短几年间也有了较快的发展，全国的盟员总数已超过十万，回顾解放初期这段经历，联系到解放四十年来民盟的历史，作为一名盟员，的确有一种与共产党“风雨同舟”“荣辱与共”的切身感受，此外，我还认为：民盟不仅在解放前有一段光荣的历史、是很可贵的；在解放初期也有一些值得以后继承和借鉴的传统和经验，也同样是可贵的，费老在不久前一次重要的讲话中曾经说过：要求民盟盟员做到三点：一是有革命的传统；二是有切实的知识；三是有正直的作风。联系到民盟的历史和我们自己的亲身经历，我体会到费老提出的这三点，正是从民盟成员的特点和民盟历史发展的经验提出来的，所以听起来格外亲切。

（二）我从一九五一年入盟，已近四十年了，回顾四十年来个人的成长过程，首先是党的教育培养，同时也有盟组织的帮助和教育，我感受最深的是：让我这样一个解放时刚走出大学校门的青年教师，从参加工作起就在政治上和业务上得到了多方面的锻炼。在教育岗位上，一九五六年（这年我正好三十岁）以前，我担任过班主任兼教研组长、高中部主任，教导主任，副校长；“文革”以后，担任校长；入党后又兼任学校党文部书记，在盟内，五四年被选为一中支部主委，同年选为盟省委委员，以后历届均被选为委员；“文革”后，选为常委，以后又连任两届副主委；在社会职务上，“文革”前，连续三届当选为市人民代表和一届省人民代表，“文革”后，任过一届省政协常委和两届市政协副主席，此外，还同时在几个学会担任领导职务，我写这些，绝无一点炫耀个人之意，而是体现党和盟组织对知识分子的培养、锻炼和教育。因为在盟内特别是五十年代入盟的同志，类似我情况的，不是一个两个，而是有一批，就我个人而言，则党和人民给予我的是太多、太多，而我作出的贡献实在太少，太少，提起来总觉得汗颜，正是因为想到自己解放后的成长过程，所以党中央提出废除终身制，要培养新生力量，盟中央也一再强调要引进新人时，我从心底里拥护，并愿意身体力行，从我做起。一九八五年下半年，我坚决辞去了一中的党政职务，放手让年轻的同志接班；盟内职务以及其他社会职务，因为需要经过换届选举，我在每次换届前，都向党组织和有关组织反映，请求不再保留我的职务。虽然，这不能完全取决于自己，但我却是诚心诚意地要求退下来，希望有比较年轻的同志或其他合适的同志来接替我的职务。我经常在想，过去我们在年青的时候就挑重担，也一直是在重担中成长。现在已经年过花甲，应当把担子压在中青年同志的肩上，让他们得到更多的锻炼，能更快地成长——我以为这也是我们的一种历史责任，我的这些想法，得到党组织和盟内许多同志的理解，但也可能招来一些非议。“知我者，谓我心忧；不知我者，谓我何求？”这怎么说得清楚呢？

史料七 1991 年 10 月：《对贵州民盟早期活动的片断回忆》

对贵州民盟早期活动的片断回忆

陈应轩　李济夷　何圣泉

在 1946 年汤鹤龄和陈应轩与赵自如的经常交往中，认识张吉坞，后又得赵自如介绍，又认识双清同志。双清同志经常对他们帮助教育。可说是汤、陈二人在政治上的启蒙教师。

1947 年初，张吉坞、赵自如对汤鹤龄、陈应轩说，打算成立一个约会，让大家时常见面，了解当时的形势。五月初，就在复兴巷 42 号汤鹤龄家聚会，除双老因事未到外，有张吉坞、赵自如、王王珑、梁聚五、汤鹤龄、陈应轩等人参加，这是由赵自如主持的第一次“茶话会”，赵自如概略地谈了国民党汤窃夺抗战胜利果实，国共和谈破裂，蒋介石发动内战等问题，希望大家回去认真思考。六月底，仍在复兴巷 42 号汤鹤龄家开了第二次“茶话会”，这一次，双老到场了，参加者除了第一次到会的人外，还有吴厚安、朱鑫澄、杨义先、周平夷、李济夷、钱寿康、杜秀升（好像还有李超然、杨克敬、刚仁），一共约三十多人。双老和赵自如提出“茶话会”这个名称不恰当，有的则提出叫“圆桌会”，还有人提出叫“大乘社”，最后经双老、张吉坞、赵自如等人商议，确定这个“圆桌会”的名称叫“大乘社”，会餐后散会。

“大乘社”的内幕究竟是什么？汤鹤龄、陈应轩开始都不理解，在陈应轩家大家私下议论，想到了双、赵两人多次提到了国共问题、内战问题、蒋介石的独裁专制、国民党的腐朽、社会的黑暗、民众的疾苦等等，又提到孙中山的联俄、联共、扶助工农的政策等，初步感觉到“大乘社”实质上是亲共反蒋的一个组织，但当时没有公开，认识上也不统一。七月下旬的一天，赵自如特意叫陈应轩和汤鹤龄在陈应轩家楼上对汤、陈二人说：“我和你二人多次接触，了解你们的性格、为人、对共产党的认识等，我们多次和有关人考虑，希望你们二人作为开明人士参加‘大乘社’”。“大乘社”实际上就是中国民主同盟在贵州的一个掩护体，利用这个组织进行活动。民盟当时已被国民党解散，转为“地下组织”，不能公开活动。凡是盟员，都是国民党要抓的对象，所以，就是自己的亲属，也不能说，如果暴露，有坐牢、杀头的危险。汤鹤龄、陈应轩经过充分考虑，决定参加，并于十月七日填表，1948年陈应轩和汤鹤龄又介绍韩成润加入，1949年陈应轩和赵自如又介绍何圣泉、陈建勋加入，不久，盟中央派郭则忱（解放后任盟中央组织部副部长）来贵阳，才正式成立民盟贵州支部，这是我们后来才知道的。

当时，“大乘社”有两个任务，一是对群众宣传民主、抗兵，抗税、抗粮，不要听信谣言，宣传共产党是为人民大众办事的；二是多做好事，使群众得到好处。

为了执行“大乘社”的任务、以张吉坞，陆继斌为首，成立“贵阳市民众义济会”作保护，在达德学校后院两间平房内正式挂牌，搞慈善事业，给穷人看病不要钱，穷人死后施棺木，年末发济腊米，在东山一带捡白骨、埋白骨等等。每天由汤鹤龄、陈应轩、李济夷以及一些人轮流值班。至于经费来源，除向贵阳的绅士们，开明的有钱者，如万敬波、李顺隆、戴蕴珊等募捐外，还有“大乘社”的成员分头找劝募对象，筹集资金、义济金的工作人员，有20来人，都是尽义务的，但不完全是盟员。义济会是公开合法的社团组织，得到社会的承认。

解放前夕，汤鹤龄、陈应轩、李济夷、何圣泉在宣传党的政策，宣传共产党的三大纪律、八项注意等方面做了不少工作，这些对解放贵阳，起到了应有的作用。

史料八 1991年10月：《对民盟解放初期活动的片断回忆》

对民盟解放初期活动的片断回忆

雷宝芬

一、对民盟的初步理解

解放以前，接近一些进步人士，知道民盟组织是接受共产党的领导，与党风雨同舟的进步组织。闻一多、李公朴遭国民党杀害，以及七君子入狱，更使我对民盟的民主性、进步性、正义性有了更深的理解。一九五一年，民盟贵州临时工委负责人唐弘仁同志，受民盟中央委派，到贵州整理组织建立领导机构并进行组织发展工作。记得在一次会议上，唐弘仁同志传达了民盟中央的指示。省文教接管部学校教育处的黄颖处长在会上阐明了民盟组织的性质，鼓励大家在自觉自愿的原则下加入民盟。由于对民盟有了以上的了解，回校后，我立即写申请加入民盟，不久便被批准为盟员。回想起当时高兴和激动的心情，真是难以形容。接着，在小学任教的杨瑞年、刘焕云、丁益智等同志也相继加入了民盟，小教遂成立了支部（当时地址在贵阳市正新街民盟省委会内）。我被推举为支部负责人之一。支部成立后，每周一次组织生活，学习盟章以及党的有关文件，大党团结一致，认真学习讨论。由于明确民盟组织是在党的领导之下，因此每次组织生活后，我们都向市教育局党组织负责人汇报（当时市教育局局长是王健民同志）。他很关心民盟小教支部，并建议可约某些教师参加我们的组织生活，在每次听取教育局长的报告后，他都交待党员、团员，同时也要求盟员回校后认真贯彻工作指示。当然各级党组织都十分强调盟员发挥积极作用，给大家鼓舞很大，广大民盟成员，革命干劲，政治上，工作上的积极性都很高，给我留下了深刻难忘的印象。

二、参加四省盟务经验交流会

一九五四年，省盟召开第一次盟员代表会，我被选为盟省委委员。五六年，在昆明召开川、滇、黔、桂四省盟务工作交流会，由唐弘仁同志带队，大学里有王焕斗、王铎安……，中学有韩述明，小学是我。当时贵师附小校长仅我一人，为了学校的工作，我惟恐不能前往，向领导请假，得到领导的批准，并嘱咐我安心开好会，学校的工作将由他们安排教导主任代理。当时我十分感动。

那一次会议，主要是研究如何围绕机关，学校的中心任务来开展盟的组织活动。民盟中央领导人费孝通、胡愈之等同志都参加了这次会议。费孝通同志在会上作了重要讲话。会议期间，代表们还去闻一多烈士的衣冠冢举行了纪念活动，那一次会议，对民盟的工作起了很大的推动作用，对小教民盟组织的工作也起到了一定的推动作用。

三、民盟退休同志努力发挥余热

民盟的同志在各自的工作岗位上，一般都能严格要求自己，积极工作，起到了骨干作用。一九八〇年以后，许多同志先后退离休。退休后虽退出第一线，但仍努力发挥余热，就我所知，付笑岩、熊莲英、张永琳、贾复华等许多老同志积极参加盟省委盟市委组织的智力支边活动，或努力为社会办学，深得领导和社会的赞扬。

四、民盟组织关心老同志

民盟省委会和市委会，十分关心退居二线的老同志。每逢春节、教师节、国庆节凡举行纪念庆祝活动，都要邀请老盟员同志参加。先后曾为一些从事教学60周年以上的盟员教师举行庆会。前不久，民盟老主委双清同志诞辰100周年，盟省委为此举行了纪念活动。原副主委顾光中同志，文革期间被迫害致残，卧床不起，民盟组织并未忘记他的辛劳，为其生日举行了祝会，给其亲属以无上的安慰，给其同志以莫大的鼓励和鞭策。肖润生老师从事教学60周年，为他举行了庆祝活动等等，这些明显的例子，我认为这种精神要保持和发扬下去。

五、民盟盟员努力加强自身建设

我们民盟有光荣的革命历史，有与党风雨同舟，并肩战斗的光荣传统。在党的领导下，盟组织和广大盟员为革命建设，为振兴中华、统一祖国作出了新的贡献，做了大量工作，对党和人民作出了重要贡献，但我们在统一战线中，还有艰巨的任务，我们要继续严格要求自己，自爱自强，加强自身建设，在党的领导下，为完善多党合作制度，参政议政作贡献，我们一定要分清社会主义和资本主义政党制度的本质区别。我们坚决在党的领导下努力工作。从爱护党，关心党的前提出发，对国家和地方的大政方针诚恳地提出意见和建议，继续发挥民盟的作用。

值此民盟成立五十周年之际，我写此短文，作为献礼。

第三节 第一次代表大会

一、会议概况

1954 年 5 月，省民盟第一次代表大会召开，全省 284 名盟员，分属 16 个基层组织。贵阳民盟的组织及其成员均由民盟省委管理。有一中、女中、六中、八中、七中、小学及幼儿园等基层组织，共建了一个小教支部。

史料 第一次代表大会相关文件资料

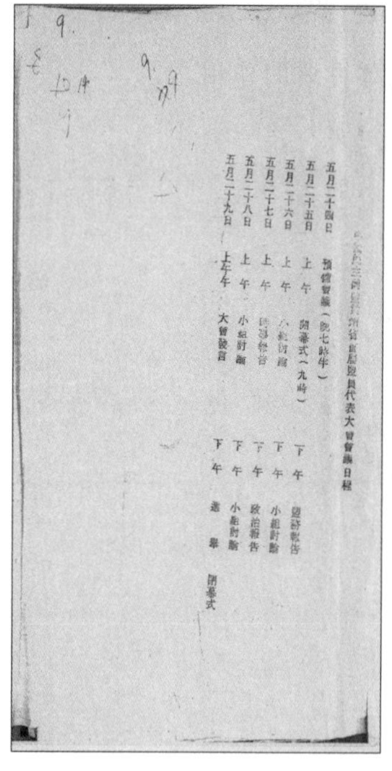

[illegible]貴州省首屆盟員代表大會會議日程

五月二十四日 預備會議（晚七時半）
五月二十五日 上午 開幕式（九時） 下午 盟務報告
五月二十六日 上午 小組討論 下午 小組討論
五月二十七日 上午 輔導報告 下午 政治報告
五月二十八日 上午 小組討論 下午 小組討論
五月二十九日 上午 大會發言 下午 選舉 閉幕式

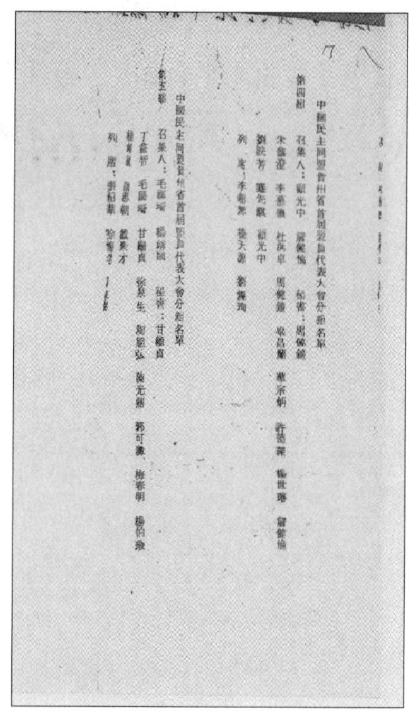

中國民主同盟貴州省首屆盟員代表大會分組名單

第四組 召集人：顧光中 [illegible] 秘書：周[illegible]

列席：[illegible]

中國民主同盟貴州省首屆盟員代表大會分組名單

第五組 召集人：毛[illegible] 秘書：甘[illegible]

列席：[illegible]

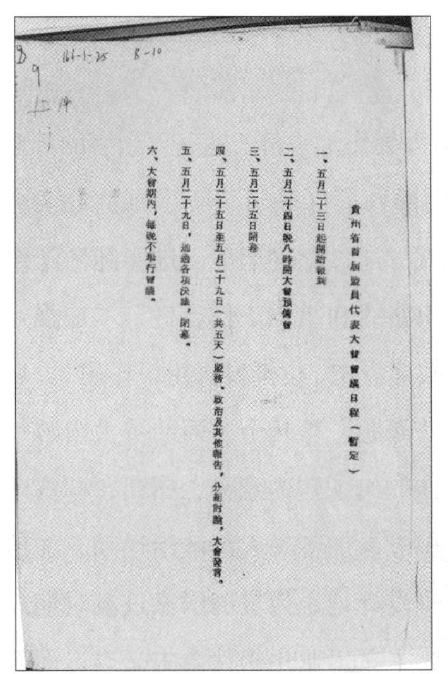

貴州省首屆盟員代表大會會議日程（暫定）

一、五月二十三日起開始報到

二、五月二十四日晚八時開大會預備會

三、五月二十五日開幕

四、五月二十五日至五月二十九日（共五天）盟務、政治及其他報告，分組討論，大會發言。

五、五月二十九日，通過各項決議，閉幕。

六、大會期內，每晚不舉行會議。

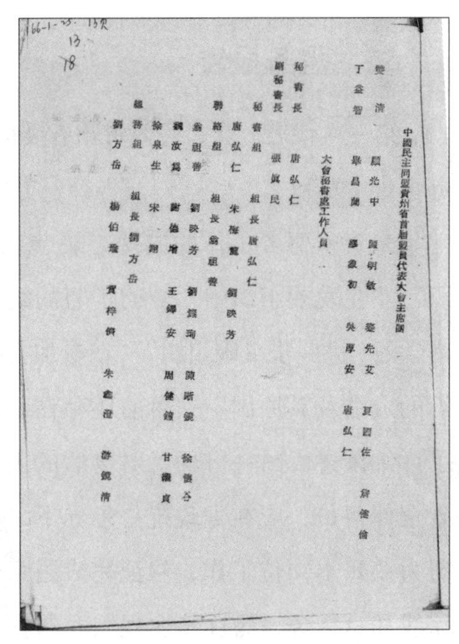

中國民主同盟貴州省首屆盟員代表大會主席團

樊　清　嚴光中　陳朝敏　黎先艾　夏國佐　蔣德倫

丁益智　畢昌蘭　廖淑初　吳厚安　唐弘仁

大會秘書處工作人員

秘書長　唐弘仁

副秘書長　張眞民

秘書組　組長唐弘仁

唐弘仁　朱[illegible]　劉映芳

聯絡組　組長翁祖善

翁祖善　劉映芳　劉[illegible]珣　陳[illegible]　徐[illegible]

鄭汝[illegible]　謝倫增　王鐸安　周健[illegible]　甘[illegible]貞

徐泉生　宋　翔

總務組　組長劉方岳

劉方岳　楊伯瑜　賈[illegible]　朱鑫澄　游鏡清

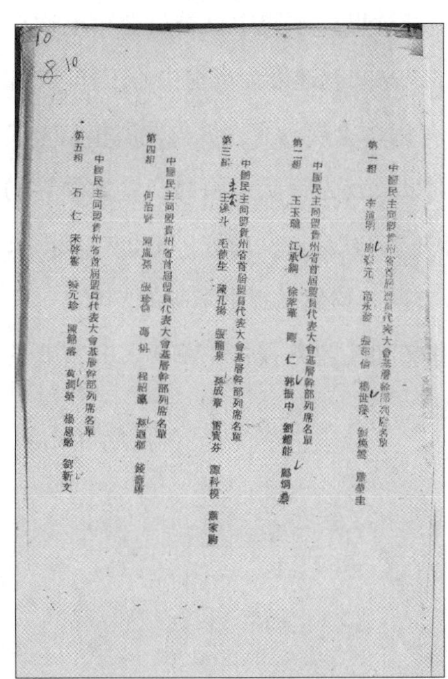

中國民主同盟貴州省首屆盟員代表大會基層幹部列席名單

第一組　李[illegible]　胡[illegible]元　[illegible]　[illegible]　楊世[illegible]　劉[illegible]　[illegible]

中國民主同盟貴州省首屆盟員代表大會基層幹部列席名單

第二組　王玉[illegible]　江承綱　徐孝章　周　仁　郭振中　劉耀能　鄒[illegible]

中國民主同盟貴州省首屆盟員代表大會基層幹部列席名單

第三組　王[illegible]斗　毛[illegible]生　陳孔揚　張[illegible]泉　孫成章　[illegible]貫芬　[illegible]科模　[illegible]家駒

中國民主同盟貴州省首屆盟員代表大會基層幹部列席名單

第四組　何治[illegible]　[illegible]嵐蓀　張[illegible]　[illegible]　程紹瀛　孫[illegible]　錢[illegible]

中國民主同盟貴州省首屆盟員代表大會基層幹部列席名單

第五組　石　仁　宋[illegible]　[illegible]元珍　[illegible]　黃[illegible]　楊[illegible]　劉新文

二、盟务报告

第一次代表大会，民盟贵州省委向大会作了一份长达一万余字的《盟务报告（草稿）》。这份报告，一方面回顾了自 1951 年 5 月成立临工会三年来贵州盟务工作的成就与缺点，就“通过整理盟务，进步纯洁了组织”“在发展组织中，贯彻了盟的组织路线和组织工作方针”“加强盟内学习，进一步巩固组织”“在参加文教建设中，逐渐发挥组织作用”“获得的成绩及其原因”“目前还存在着的问题”等几个方面的重大内容作了详细阐述。另一方面，对今后的工作提出了盟内意见，指出，“贵州省全体盟员，应在党政统一领导下，积极参加各项人民政治运动，加倍努力搞好本岗位工作，保证完成国家建设计划，为贯彻国家过渡时期总路线和总任务，为逐步实现国家的社会主义工业化和社会主义改造而努力”。同时明确，“在各项工作中，继续贯彻本盟中央委员会第七次全体（扩大）会议所通过的‘以积极参加国家文教建设为当前中心工作’‘加强政治思想教育工作’的工作方针，‘以中上层为主，巩与发展相结合’的组织工作方针，和‘以接受工人阶级及其先锋队中国共产党为领导的思想’为盟的领导思想以及盟章总纲中‘向社会主义前进’等重要决议”，从思想改造、文化教育、党派团结等方面，提出了提纲挈领的要求。

鉴于第一次代表大会的历史性意义和《盟务报告（草稿）》重要的史料价值，兹不作删节，全录于附录。

史料 1954年5月：《盟务报告（草稿）》

盟务报告（草稿）

一、三年来贵州盟务工作的成就与缺点

首先我们代表民盟贵州省支部临工会向我的领导党——中国共产党致以最崇高的敬礼和诚恳的感谢。由于中国贵州省委会的正确领导，由于统战部的具体指导和协助，使贵州民盟在上级指示和全体同志共同努力下，三年来能够不断地进步，并且取得了一定的成绩。

三年来贵州盟务的开展整个过程，也就是从整理到发展，在发展中逐渐巩固起来，和开始发挥组织作用的全部过程。现在我们向大会作一简单的报告，三年来的主要成绩有下列各点：

（一）通过整理盟务，进步纯洁了组织

解放前贵州盟员很少，组织力量单薄，反动派特务统治严密，因此没有政治活动，直到解放前夕，国民党反动政权快要垮台了，民盟的同志才又开始有了一些活动，发展了一些盟员。当时上级组织的指示无法及时到达贵州，在贵阳的几位负责同志，也没有很好的掌握政治原则去发展组织，因此这一段工作做得不太好。盟员曾发展到一百五六十人，其中大部分是贵阳混乱时期才发展的，以致成分复杂： 特务、恶霸及其他反革命份子也乘机混进了组织。同时“宗派思想”和“山头主义”思想在部分盟员中也相当严重。这就是贵州民盟整理以前的基本情况。这个组织，当时在贵州不为人所了年解，也是不为人所重视的。

一九五〇年八月，上级组织派唐弘仁同志到贵州来整理盟务。根据上级指示的原则和方针，在中共贵州省委统战部的指导与协助下，进行登记审查盟籍和组织学习等等工作。到五一年五月，整理工作算是基本完成了。经由协商提出的省支部临工委会委员名单获得上级批准，这才正式成立省的组织机构——临时工作委员会。

审查和通过盟籍的工作，是经过相当复杂相当剧烈的政治斗争与思想斗争的。当时最突出的思想是宗派思想、“地盘”思想，为了达到个人的目的，盟的组织路线、政治原则和党的政治任务等等，都被抛在一旁。这样，就造成了同志间的互不团结。在九个月的整理期间，由于省委统战部的指导和协助；由于负责领导整理工作的几位同志基本上坚持了原则，也由于绝大多数同志，在学习中认识逐渐提高，认识了新民主主义政党与旧民主主义政党的不同之点，对审查工作起了积极协助作用，才初步解决了盟内团结问题。贵州原有盟员一百五六十人，以后发现问题，又陆续开除了十几人。通过审查盟籍，多数盟员在思想上也初步划清了敌我界限，为进一步给发展与巩固组织打下来基础。

检查这一段工作，由于是贯彻了上级指示原则和方针，因而是完成了任务的。但是由于当时个别同志始终坚持错误立场，不从组织利益出发，给审查整理工作造成了不小困难，也由于我们当时坚持原则，怀疑不够，有时片面强调团结，迁就了一些不正确的意见，以致有些坏份子仍然潜藏在组织内部。虽然这些人后来陆续开除出去了，但是终究给组织带来了不小的损失，这是今后要引以为教训的。

（二）在发展组织中，贯彻了盟的组织路线和组织工作方针

贵州民盟经过整理后，盟员不多，文教工作者仅估四分之一，当然很难完成盟的政治任务。因此，临工会成立后，就遵照上级指示的“以文教界为主”的组织路线和以“中下层为主，以进步份子为骨干，适当的发展中上层”和“巩固与发展相结合”的组织工作方针，开始发展组织。

发展组织的第一步，是在克服下列两重困难的情况下进行的：首先，要清除当时一般文教界人士轻视民盟的思想障碍。虽然，在整理阶段我们已经清洗了一批坏份子，加强了组织的纯洁性和严肃性，但是，轻视民盟思想依然广泛的存在着。当时文教界人士对盟的组织，对盟的领导层是有意见的，这是当时发展工作的主要障碍。在省委统战部的具体领导和省文教厅的大力协助之下，我们通过各种集会，向文教界人士介绍盟的历史、性质和任务，群众开始从中国革命和人民民主统一战线等方面来全面的认识民盟，逐渐纠正了过去对盟的片面看法。在清除了这一重障碍以后，不少迫切要求进步、要求靠拢组织的积极分子，才开始陆续申请入盟。

其次，经过整理后，初期盟内的混乱思想，虽然已经基本澄清了，但是在部分盟员间又产生了一种暂维现状不必急于发展的保守思想。到开始向文教界发展时，此种思想又逐渐发展为消极抵抗的思想，因此多少影响了当时发展工作的进程。通过“三反”“五反”和思想改造运动，通过学习，同志们认识上有了提高，因此这些思想顾虑，也逐渐消释了。

进入一九五二年，一部分大、中学已建立盟的小组，“三反”“五反”和思想改造中，我们绝大多数同志热烈地投入了运动，不仅自己受到了一次考验和锻炼，同时地积极帮助了教师在运动中获得进步，因而逐步扩大了盟在文教界的政治影响，很多积极要求进步的老师，在交清了历史以后，纷纷申请入盟，临工会吸收他们参加组织时，也遵照中常会的指示，基本上贯彻了“以中上层为主”的组织路线。一九五二年发展新盟员是通过运动，依靠基层组织进行的，工作方式也有了提高。到一九五二年底，贵州共有盟员254人，文教工作者占有百分之八十以上，并且多数是历史应代清楚，坚守教育岗位的热情知识分子，这样就根本改变了贵州民盟的面貌。根据“巩固与发展相结合”的方针，在一九五二年已发展到一个相当数字的情况下，一九五三年只是个别吸收，没有大量发展。目前贵州共有盟员289人。贵阳22人，遵义37人。其中文教工作者231人，其他机关、工商工作者等58人。男盟员234人，女盟员55人，由于基本上坚持了正确的组织路线，盟员中文教工作者占了绝大多数，我们才具备了参加国家文教建设工作，完成盟的政治任务的条件。

但是在发展工作中，也有不少缺点。初步发展时，遇到了的困难较多，工作方式也是手工业式的，同时还有急于求成的思想，因此了解情况不够细致，工作不免粗糙。如像一中小组，虽然被反革命分子打入组织，潜伏破坏，直到最近才破案，为组织带来严重的损失。第二阶段，发展的方式改为依靠基层，通过运动来发展盟员，工作有所改进。但是，我们有为发展而发展的偏向，对发展工作，没有做全面的、具体的分析，尤其对于上级指示任何时候均必须注意培养骨干这一点认识糊涂，这样，就使有的区组发展工作做得不够好，到今天问题逐渐暴露出来，使工作陷于被动。这些工作中的缺点，都是应该引以为教训的。

（三）加强盟内学习，进一步巩固组织

一九五二年贵州盟员已发展到一个相当数量，因此一九五三年的工作重心便转到巩固组织方面来，我们多数盟员入盟以前对民盟党派固然都有一定认识，但是参加组织后没有进一步系统地来学习盟内文件，因此对于盟的性质、任务和它在人民民主统一战线中的地位与任务以及作为一个盟员如何贯彻政治任务等根本问题，还缺乏明确的认识。新参加组织的盟员，大部分是文教界的积极分子，解放后是一直靠拢党和人民政府的，入盟以后，由于我们的组织生活还不够健全，一些单纯要求组织帮助的同志就不免发生民主党派“不够味”的思想。多数盟员通过“三反”“五反”和思想改造运动，政治思想水平是大大提高了，但是这些收获还须继续巩固。少数盟员在思想改造中受到教育不够深刻，有些思想问题还未得到彻底解决，因此，盟内团结和盟员关系也存在着一些问题。通过思改，盟员同志们钻研业务的积极性是普遍提高了，可是同时也带来了另一种偏向，不少一部分盟员强调业务很忙，参加组织生活不够积极，反过来又埋怨组织生活空虚贫乏，没有受到教育，在政治上没有提高，这是我们组织还不够健全巩固的具体说明，根据我们大多数同志阶级出身和经历以及参加组织时间的短暂这些条件来说，存在这些现象，是不足奇怪的。但是，这些现象是必须而且一定能够逐渐改变的，否则我们的组织就不会巩固，就不能发生作用，对国家建设事业就不会有贡献，甚至对革命还要起阻碍作用。

一九五二年十一月，西南总支部召开第二次全体委员会扩大会议，我省参加会议的同志，回来作了传达，较细致地布置了学习。通过这次大学习，多数同志对盟的性质任务有了明确的认识，同时批判了部分盟员自命进步的“轻盟”思想。有的盟员和盟的领导干部，也检查和批判了从一系列政治运动中表现出来的急躁冒进情绪，决心克服它。有的区组检查出：过去盟员在各单位发生的作用只是个人作用，作为一个组织来说，发挥作用便很不够。因而认识的要先完成党派的政治任务，必须批判和克服“关门练兵”，只顾一人“单干”，脱离群众等个人主义思想作风，从而密切联系群众。通过学习，盟的领导工作和同志们的思想认识，都有了一些转变。一九五三年，中央人民政府向全国人民提出来继续抗美援朝、开始第一个五年计划建设和贯行全国普选三大中心任务，省支部领导干部参加了一次系统的报告会。在这次会上，把一九五三年贵州盟的工作任务和国家建设计划联系配合的精神，贯彻到基层组织，在全体盟员同志思想上明确起来，对于一九五三年工作任务的完成起了一定的指导作用。

一九五三年五月，盟中央召开七中全会扩大会议，参加大会的双清、唐弘仁同志回来后，作了传达，自七月起多个基层组织展开了学习。多数区组对“接受党政统一领导”问题，过去认识都较模糊。有的区组，联系工作检查出由于对党政统一领导认识不够，曾经给工作带来了损失，以后决心避免再犯错误；有的区组同志把这种认识体现到行动中去，及时纠正了抗拒领导的错误行为，通过学习总结，又教育了其他盟员，因而更加巩固了这一次学习的收获。

此外，通过学习，对民盟的性质与任务，也有了进一步认识，批判了部分同志中要求“一鸣惊人”与“民主党派根本不起作用”，两种不正确思想。

一九五三年底起，全民展开国家过渡时期总路线学习后，省支部会根据上级指示向基层组织具体情况交代了推动这一学习的要点。第一阶段的学习情况是良好的，多个基层组织对这次学习都非常重视，同志们的学习态度一般是端正的，情绪一般也是饱满的，同时也基本上克服了过去强调业务忙不重视政治学习的倾向。通过总路线的学习，同志们的思想认识有显著提高，具体表现在有些同志克服了强调个人兴趣、健康，而不服从领导统一调配工作的个人主义思想；有的同志打消了从个人出发请求领导调动工作的念头，做到了服从工作的需要；有的同志克服了被“名位”思想纠缠着而发生的不安心工作的情绪。这一些具体事例虽然还不普遍，但无疑的是会日益壮茁起来的，同时这一些新生的因素，使我们的组织更加巩固起来。

（四）在参加文教建设中，逐渐发挥组织作用

贵州民盟的基层组织逐渐开始发挥组织作用，是在一九五三年。

整理阶段前后，我们一部分盟员曾积极参加了土改运动、参加镇压反革命运动，积极响应抗美援朝的号召，加强政治学习，展开宣传，劝募爱国捐献，参加“三反”“五反”斗争。总之，在一系列的社会改革运动中，在贯彻政府每一时期的中心政治任务中，是起到了一定作用的。而我们的同志也就在这些运动中受到考验，得到教育和提高。不过作为一个民主党派在统一战线中应起的作用，是与党派的性质任务和组织路线密切的联系着的，因此我们所说的作用，无疑的应该是指盟在国家文教建设工作中所起的作用，不只是一般的政治影响。

一九五一年五月成立临工会以后，到一九五二年年底，我们工作的重心是发展和巩固组织，一九五二年下半年到一九五三年上半年，巩固工作比重要大了一些。同时基层组织逐渐建立，遵义市也成立筹委会，

发展了一批盟员。基层组织在党政统一领导下开始发挥组织作用，也就有了基础和条件。思想改造运动中，我们文教界的盟员兴奋而热烈地投入运动，与全体老师一道不仅严肃认真的来检查自己，批判自己，从思想上划清敌我界限，同时在党的领导和团的配合下帮助非盟老师们进行检查。盟的基层组织和我们多数盟员，在运动中起了一定的骨干作用，因而也提高了盟在群众中的威信，扩大了盟在群众中的影响。通过这一运动，不少积极要求进步的老师争取参加本盟组织。

一九五三年是国家进入大规模计划建设的第一年，我们基本上贯彻了中央常务委员会指示的四项工作方针，同志们在不同的工作岗位上，不仅努力搞好了自己担任的工作，而且帮助非盟老师共同搞好岗位工作，在群众中起了一定的带头作用。贵阳师范学院和贵州大学两个区分部，在团结非盟教师、协助他们共同搞好教学工作上，都有一定成绩。贵大的盟员把这一工作列入自己的计划以内而且贯彻执行了。通过教学工作，使盟群关系更加紧密，教师中的团结有了进一步发展。

盟的基层组织分配政治运动和行政任务，进行宣传教育工作，也受到一定的效果。如贯彻粮食政策时，盟员不但自己向组织提出保证，并积极向群众进行宣传，有的区组还组织教师、职工、家属举行座谈会，做到把政策交代给群众，因而使我们与群众关系更加密切。如贵阳师范学校小组同志听到工友说米有霉气，立即调查出是旧口袋上沾有霉米，因而及时制止讹传。有位同志路遇私买大米的人，就把他拉进派出所去。都是认真负责态度的具体表现，紧接着宣传粮食政策之后，有的基层组织在学习总路线中也起了宣传和推动作用。如师范学院区分部历史系的几位同志在学习总路线中，团结路线内的教师，初步解决了上学期曾经花过不少时间仍然未解决的系内教师间的团结问题。使全系老师都认识到集体互助是真诚的正确的，也是必要的，因而建立起办公制度，和组与组间、师生之间的联系办法，提高了教学工作效率，人事纠纷的暗影逐渐消除，使展开批判有了可能。

二月初，临工会发动基层组织学习一九五四年国家经济建设公债发行的意义，并发动盟员合理认购。由于各级领导的重视，全体盟员爱国热情的高涨，在各单位也起了带动作用，根据二百四十九人的统计材料，我们同志这次认购公债总额一亿七千六百九十七万元，平均每人七十五万元，超过工资生活者可能认购数百分之八百三十。贵阳师范学院全校教职员工平均每人认购七十七万元，但是我们同志的平均数是一百九十万元。我们同志，在这一任务中，是起到带头作用的。

一九五四年是国家第一个五年建设计划的第二年，贵州民盟的基层组织已逐渐在各所在单位发挥组织作用，临工会有所号召布置，只要是内容具体，任务明确，已经能够贯彻到基层，并且在多数盟员同志思想和行动上体现出来。虽然，目前我们工作中还存在着缺点，如对基层参加教学改革具体思想领导很不够，对不进行教改的基层和遵义市分部也缺少具体指导，有的基层组织内部不够团结，因而不能很好发挥团结群众的作用。各基层组织的发展虽然极不平衡，但是组织作用是在逐渐开始和生长着的。

（五）获得的成绩及其原因

总体来说，三年来的贵州盟务，在党的领导、统战部的具体指导下，在上级指示和全体同志的共同努力下，是有一定的成绩的。首先在整理组织阶段，我们贯彻了上级指示的方针，坚持了政治原则，把一部分坏分子清洗出去，同志们在思想上初步划清了敌我界限，使宗派思想不能公开的来破坏和危害组织。另一面大家加强政治学习，争取锻炼机会，在一系列的政治运动中都有积极进步的表现，因而改变了社会人士轻视民盟的看法，为进一步发展组织铺平了道路。

其次，通过一系列的运动，发展了大批新盟员，绝大部分都是文教界积极进步的知识分子，不仅壮大了我们的队伍，而且根本改变了组织的面貌，这样就使我们的组织能够在国家文教建设工作尽到一部分力量。

第三，通过组织生活，同志们在理论学习和钻研业务，提高教学质量上，都有很大的进步。特别是一九五三年，基层组织活力逐渐增强，盟员间、盟群间的联系密切，团结加强。多数盟员不仅搞好了岗位工作，而且带动了群众，扩大盟的政治影响，在完成盟的政治任务中起了保证作用。

今天我们肯定这些成绩是有根据的，这样可以使我们更有充分信心来迎接新的任务。为什么我们能取得这些成绩呢？总结起来主要有四条经验。

第一，必须坚持本盟的政治原则和立场，划清敌我界限。这是很重要的一条，整理工作中由于贯彻了这一条，才保证了组织的纯洁和严肃，才严厉地批判和打击了当时盟内的宗派思想和山头主义，才洗刷了贵州民盟过去给予社会人士的恶劣印象，才为发展组织创造了条件。在盟章总纲里原来明白规定：“本盟盟员必须站稳人民的立场，忠实于人民事业。”整理阶段我们贯彻了这一条，使整理工作符合了上级要求顺利完成，将来还要继续贯彻这一条。保证组织的纯洁，严肃和不断地进步。

第二，必须执行上级指示，正确的贯彻盟的组织路线。在整理组织、发展和巩固组织工作中，由于我们坚持了“以文教界为主”和最初是“以中下层为主，以进步分子为骨干”和以后又改为“中上层为主”的组织路线，才使我们的组织在短短三年中逐渐发展、巩固和坚强起来，而且在文教界逐渐树立威信，逐渐发挥作用。但是我们还须说明，正确的执行上级指示，贯彻组织路线，并不是顺利进行的，而是经过思想斗争的。有的同志考虑的向文教界发展以后，非文教界的盟员今后要慢慢被淘汰了，成为组织中的不被重视部分了，因而思想上有抵触。有的同志认为向中上层发展以后，团结改造更加难做了，民盟将要不成其为一个进步的组织了，因而灰心消极。所以这些想法都是片面的，主观的和不正确的。由于没有很好体会盟的性质任务，从中国革命发展的历史和中国人民的利益等全面来考虑问题，才有这样错误的认识。这种不正确的思想，是要继续批判的，否则我们就不可能达到扩大和巩固人民民主统一战线这一目的。

第三，必须依靠群众，加强领导，贯彻“政治思想教育”这一工作方针。这一条，三年来在实际工作中体验，在上级不断指示，和在党的领导和启发下，已经逐渐明确起来，因而逐渐改进了工作方法，效果也开始明显起来。“民主党派工作中主要的一项就是政治思想教育工作。”沈志远同志最近曾经说过：“这句话即使重复一百次，永远有它的新内容。”我们在总结一九五三年工作时也提到：“党派工作主要是政治思想领导，不少业务领导，更不是事务领导，领导机构要随时拿这支尺来检验工作，是否脱离了这个中心。”过去，我们对这点体会不深，因而工作少成绩，最近一年来渐渐摸到门径，正在努力学习，努力提高。同时也体会到依靠群众不断地来加强领导，对于贯彻“政治思想教育”这一工作方针，是有积极意义的。整理阶段在澄清盟务内混乱思想斗争中，在发展组织工作中，在“三反”“五反”运动和思想改造运动中，都是由于贯彻了依靠群众，加强领导和领导与群众结合这一工作方针，才能达到进行政治思想教育的目的。

第四，必须接受党政统一领导，这是最重要的一条经验，这也是一条最重要的政治原则。三年来，从整理工作中，从开展工作中，从参与各项社会改革运动无数次的经验教训中，证明了这是一条颠扑不破的经验与原则。民盟七中全会基本总结中确定了民盟以“接受工人阶级及其先锋队共产党为领导”的思想为盟的领导思想；确定了盟必须在中国共产党领导下参加国家建设工作，郑重指出了：必须接受党政统一领导，才能正确的发挥组织的作用，这些原则，在过渡时期总路线提出来以后，更证明了它的重要性与正确性。不管是盟的领导机构和基层组织，如果接受了党的组织与行政的统一领导，服从了各部门统一的工作计划与方针，并与其他有关方面密切结合，工作便得到顺利的开展，盟的组织作用，更能较充分的发挥，反之，自己希望“单独搞一套”，离开党的领导，离开了党与行政的统一布置与领导，工作便无法展开，便不能很好地发挥组织作用。关于这一方面，我们贵州有不少区组，累积了不少好的经验，提出不少好的范例。但也有一些区组存在着很多问题，如同将学习行政与工会，行政与群众，在思想上划一鸿沟，形成对立，如同将接受党的政策的领导与接受党员与党组织的领导机械地分开，如同有的说：“晚上组织服从，思想不通。”即政治上接受领导，而在思想上不接受领导或抗拒领导。又如同在口头上接受领导，在行动抗拒领导等等，这些问题，如果用总路线的灯塔来照耀一下，仍然是相当普遍的存在着的。个别的区组问题比较严重，甚至造成了恶劣的后果。中国共产党是中国工人阶级的政党，党的利益，体现了全中国人民的利益，只有全面的、诚恳的接受党的领导，在各项政治运动与各项工作中做好党的助手，起积极的、带头的模范作用，才能真正如盟章所提出的站稳人民的立场，忠实于人民事业。在接受党政统一领导问题上，我们还必须结合总路线的学习，结合思想改造，结合工作检查，通过批判与自我批判，在认识上进一步提高，并且要求在具体行动中贯彻这一原则。

（六）目前还存在的问题

三年来我们的成绩是肯定的，但是存在着的缺点也不少，主要有下列四点：

第一，政治思想领导薄弱。具体表现在临工会对基层组织的情况掌握不够，分析不够，帮助同志们解决工作中所发生的问题不多，有些问题甚至拖延不决。这样就大大影响了基层组织的工作效果和同志们的进步。一九五三年临工会虽然建立了下组工作制度，但是分析研究工作不够，解决问题不多，往往就问题解决问题，这边还未彻底解决，那边又发生问题了，因而显得忙乱和疲沓。这是政治思想领导薄弱的具体说明。在国家进入计划建设，逐步过渡到社会主义去的今天，同志们的要求逐渐提高，省领导机构的工作负担和政治责任也逐渐加重起来，加强政治思想领导就愈加感到迫切需要。

第二，干部钻研政策精神不够，工作方法和作风上还存在着不少缺点。由于理论、政策、业务水平不高，干部主体的努力也不够，临工会的工作效率就不能满足同志们的要求。具体表现在对基层组织的领导，和盟员政治思想水平的提高，帮助很少。上级交给我们的任务也不能很好完成。

第三，有的基层组织还不够健全。我们基层组织的发展是不平衡的，部分区组在日臻健全，部分区组还不够健全，具体表现在组织生活内容还不够充实，批评与自我批评不能很好开展，同志互相教育提高的作用不大，因此也不能在所在单位起到更大的作用。个别的区组盟员甚至至今还存在着自由散漫，和不团结的问题，这也是与临工会领导力量不强是分不开的。

第四，资产阶级的和小资产阶级的个人主义思想，仍然是盟内思想的主要成分。具体表现在盟内和盟群关系上，还普遍存在着不团结问题，因而阻碍了同志们进步，搞不好工作，完成不了任务。从同志们思想动态看，基本上是趋向进步的，特别是在学习了总路线以后，要求进步，要求搞好工作的积极性和自觉程度已在原有基础上不断提高。但是资产阶级的和小资产阶级的个人主义思想却仍然是我们同志的主要思想成分。我们同志间，思想敞开还非常不够，有的区组同志彼此猜疑，不是互相尊重而是互不服气。有的同志骄傲自满，比高比下，在工作和学习中不够谦虚。基层组织与群众间，也相当普遍的存在着不同程度的不团结现象。过去是公开存在和暴露的，现在则比较隐晦一些。有时表面上无问题，骨子里问题却很严重；或者理论上无问题，遇到具体问题又生了问题。问题的实质是以自我为中心，个人利益与集体利益没有很好统一起来，要求进步仅仅是要求自己进步；要求搞好工作，也仅仅是要求搞好自己的工作。比如培养新教师，是当前重要教育政策之一，但是有的同志说："现在大家都是被培养者，没有培养与被培养之分！"一句话就轻口的推脱了责任。有的同志把工作理解得很狭隘，似乎只有自己教的功课才是真正的工作。此外如政治学习、组织生活、工会工作等，甚至连教研组的工作都被视为"额外负担"。盟外群众对盟有各种看法，这些看法虽然不一定都很正确，但我们同志对待这些意见的态度，也同样的不够正确。这是有的区组盟群同志关系搞的不够好的重要原因。我们是一个党派组织，责任应该由我们来负。以上是目前盟内思想的一些基本情况，此外，在部分入盟较早的同志间，至今还存在着"新陈代谢"思想和旧民主主义思想，因而对组织抱着不应有的消极态度，这些随时影响盟内团结。这些虽局部的、个别的问题，但也值得我们重视。这些思想，分析起来，都是资产阶级的和小资产阶级的个人主义思想，是妨碍团结进步的，是与总路线要求不符的。这些思想的存在，与临工会政治思想领导的薄弱是分不开的，今后必须逐步坚决的克服。

由于上述四个缺点，使我们的盟务工作在国家建设特别是国家文教建设工作所起的作用，受到很大的限制。我们多数同志无论在政治理论上或业务上都有一定的水平，入盟前和入盟后在文教工作机关工作岗位上，也是有成绩的，但是作为一个党派组织来看，却并没有充分利用这些有利条件，通过组织生活来充分发挥集体的力量。这样也就使我们不能更进一步在团结、教育、改造知识分子，扩大和巩固人民民主统一战线的伟大政治任务中，发挥更多的作用。

二、对今后工作的意见

（一）一九五四年是我国实行第一个五年计划的第二年，全国人民在中国共产党、中央人民政府和毛主席的英明领导下，在国家过渡时期总路线总任务的灯塔照耀下，正在逐步进行社会主义建设和社会主义改造的伟大事业。贵州省全体盟员，应在党政统一领导下，积极参加各项人民政治运动，加倍努力搞好本岗位工作，保证完成国家建设计划，为贯彻国家过渡时期总路线和总任务，为逐步实现国家的社会主义工业化和社会主义改造而努力。

（二）为了完成上述的基本任务，必须在各项工作中继续贯彻本盟中央委员会第七次全体（扩大）会议所通过的“以积极参加国家文教建设为当前中心工作”“加强政治思想教育工作”的工作方针，“以中上层为主，巩固与发展相结合”的组织工作方针，和“以接受工人阶级及其先锋队中国共产党为领导的思想为盟的领导思想”以及盟章总纲中“向社会主义前进”等重要决议。

中央常务委员会第四十七次会议所通过的“关于一九五四年民盟的工作方针任务的指示”五项，必须贯彻执行。

□□据以上两种精神，结合贵州盟务具体情况，在一九五三年的工作基础上，提出今后工作要点如下：

1. 进一步系统深入地学习和宣传国家过渡时期总路线和总任务。加强盟员的自我教育改造，是盟的重要政治任务。要求盟员在总路线的学习中批判资产阶级和小资产阶级思想，并肃清封建、买办、法西斯思想。克服个人主义、自由主义、分散主义。加强盟内团结和盟群团结。提高在实践中的组织性纪律性、统一性与集体性。努力提高自己的社会主义觉悟，以总路线的精神来检查和改进自己的工作。对所联系群众要大力展开总路线的宣传工作。

盟的组织工作和宣传工作，都要围绕着上述的中心任务进行。

2. 认真贯彻在党政统一领导下发挥盟员积极工作的原则。要求每一盟员结合岗位工作，深入钻研业务，贯彻党和人民政府的各项政策，努力做到安心工作，热爱自己的工作，并通过教研组、行政学习小组等形式以积极模范的行动来带动群众共同前进。

参加国家文教建设是盟当前的中心工作。文化教育和医务工作的盟员，应继续努力学习苏联先进科学学说和教学经验，不断提高工作和思想水平，继续搞好教学改革和深入科学研究工作，保证提高科学质量，为国家培养合格的建设干部。

3. 巩固组织工作。继续贯彻以文教界为主，以中上层为主的组织总路线，巩固与发展相结合的组织工作方针。一九五四年以巩固为主，不作大量发展。

对于基层组织，要求结合行政中心工作订立计划，按期检查，及时总结，逐步提高，并以发现和克服工作中的各种思想障碍，批评纠正违反总路线精神的各种错误思想，保证完成行政计划为组织生活的主要内容。

各级组织应结合中心工作，经常地、适当地展开批评与自我批评，以此加强盟内团结，加强组织的战斗性。

4. 加强各级领导和贯彻集体领导精神，基层组织应遵照盟章的规定，通过定期的改善来检查和总结工作，以此不断加强领导，提高工作。各级组织应坚持会议制度和工作制度，在充分发扬民主的基础上发挥集体领导作用。各级干部要加强学习理论政策，深入钻研业务，并在工作中贯彻计划性原则。省支部委员会应注意教育和培养干部工作，并研究在适当的时候，召开文教和组宣工作等专业会议。

5. 加强盟讯工作。省支部委员会应加强对贵州盟讯编辑工作的领导，使它成为贵州盟组织的领导刊物。各基层组织应重视贵州盟讯和北京总部的盟讯。有计划有重点的组织阅读和讨论，并经常向上级组织提出意见。

三、委员选举

第一次代表大会，正式选举产生了民盟贵州省第一届委员会。民盟贵州省委成立初期，机关曾设有秘书处、组织部、宣传部、学习委员会和联络委员会等五个部门，不久学习委员会与宣传部合并，联络委员会与秘书处合并，最后只有三个工作部门。

关于诸委员和部门当时的选举办法，留有文件《中国民主同盟贵州省第一届支部委员会选举办法草案》的文件，现予以影印，从该文件可以看出，选举程序是非常公开、透明和严格的。释文以备查验。

史料一 《中国民主同盟贵州省第一届支部委员会选举办法草案》

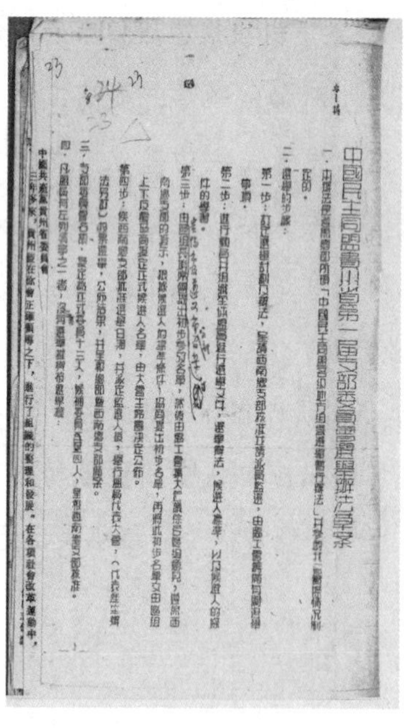

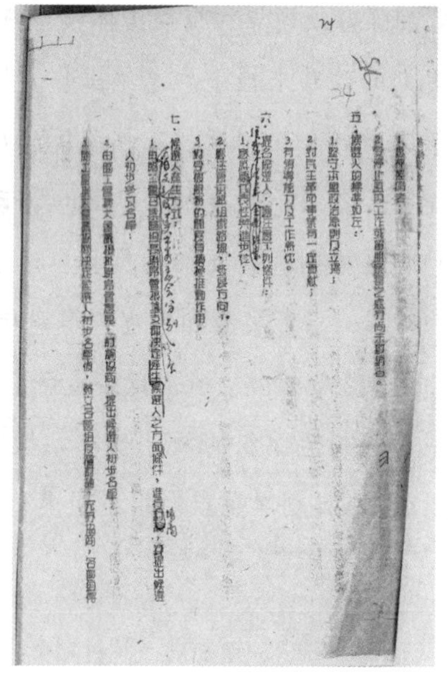

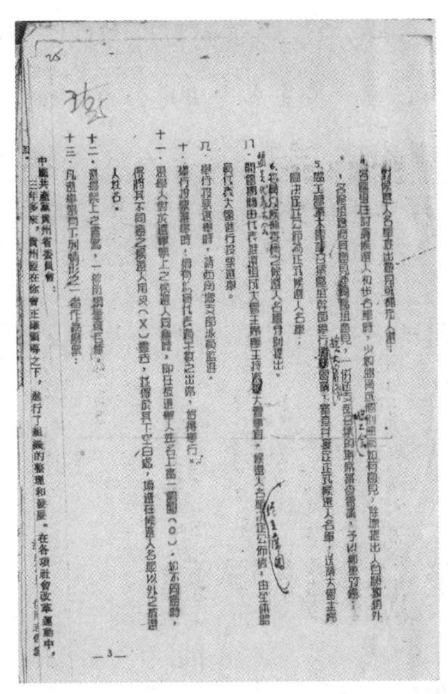

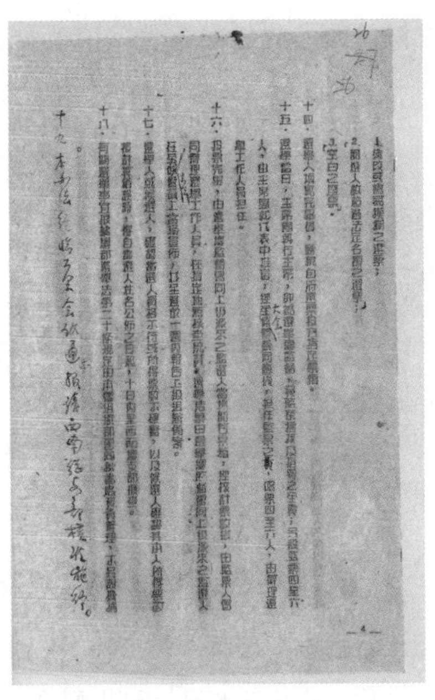

【释文】

中国民主同盟贵州省第一届支部委员会选举办法草案

一、本办法是遵照总部所颁《在中国民主同盟各级地方组织选举暂行办法》并参酌我会实际情况制定的。

二、选举的步骤。

第一步：订定选举计划及办法，呈请西南总支部核准并请派员监选，由临工会筹备有关选举事项。

第二步：进行动员并组织全体盟员进行选举文件，选举办法，候选人标准，以及候选人的条件的学习。

第三步：由区组长（贵阳市及遵义市分别召集）联席会提出初步参考名单，然后由临工会扩大会议综合区组意见，遵照西南总支部的指示，根据候选人的标准条件，协商提出初步名单，再将此初步名单交由区组上下反复协商，拟定正式候选人名单，由大会主席团决定公布。

第四步：俟西南总支部批准选举日期，并派定监选人后，举行盟员代表大会（代表产生办法另定），投票选举，公布结果，并呈报总部暨西南总支部备案。

三、支部委员会名额，提定为正式委员十三人，候补委员三至四人，呈报西南总支部核准。

四、凡盟员有左列事情之一者，没有选举权与被选举权。

（一）患有神经病者；

（二）受停止盟内工作或留盟察看之处分尚未撤销者。

五、候选人标准如下。

（一）坚守本盟政治原则及立场；

（二）对民主革命事业有一定贡献；

（三）有领导能力及工作热忱。

六、提名候选人，应注意下列条件。

（一）应照顾代表性与进步性；

（二）应注意本盟组织路线，发展方向；

（三）对今后盟务的开展有积极推动作用。

七、候选人产生方式。

（一）由区二会召集区组长联席会根据支部决定产生候选人之方面条件，进行协商，并提出候选人初步参考名单；

（二）由临工会扩大会议根据联席会意见，讨论协商，提出候选人初步名单；

（三）临工会扩大会议协商决定候选人初步名单后，发交各区组反复讨论，充分协商，各区组得对候选人名单提出意见或补充人选；

（四）各区组在讨论候选人初步名单时，少数盟员或个别盟员如有意见，除原提出人自愿撤销外，各区组应将其意见连同区组意见，一并送支部召集的联席审查会议，予以郑重考虑；

（五）临工会扩大会议召集区组干部举行扩大联席会议，审查并拟定正式候选人名单，送请大会主席团决定并公布为正式候选人名单；

（六）委员及候补委员之候选人名单分别提出。

八、开会（盟员代表大会）期间由代表推选组成代表大会主席团组成选举大会事宜。候选人名单经主席团决定公布后，由全体盟员代表大会进行投票选举。

九、举行投票选举时，请西南总支部派员监选。

十、举行投票选举时，须有盟员代表过半数之出席，始得举行。

十一、选举人对于选举票上之候选人同意时，即在被候选人姓名上画一圆圈（○）。如不同意时，得将其不同意之候选人用叉（×），并得于其下空白处，填选在候选人名单以外之被选人名单。

十二、选举票上之书写，一律用钢笔或毛笔。

十三、凡选举票上有下列情形之一者作为废票。

（一）涂改或书写模糊之选票；

（二）圈选人数超过法定名额之选票；

（三）空白之废票。

十四、选举人填写完毕后，应亲自将选票投入指定票箱。

十五、选举当日，主席团执行主席，即为选举总支部监督，负监察稽核及指导之全责；另设监票四至六人，由主席团就代表中推选，经大会会议同意后，担任监票之责，唱票四至六人，由办理选举工作人员担任。

十六、投票完毕，由选举总监督会同上级派来之监选人当场开启票箱，经核计票数后，由监票人会同办理选举工作人员，在指定地点核查统计，选举结果由选举总监督会同上级派来之监选人在全体会议上当场宣布，并至迟于一周内报告上级组织备案。

十七、选举人或候选人，应确认当选人资格不符或所得票数不确定，以及候选人确认其本人所得票数被计算错误时，得自当选人姓名公布之日起，十日内呈西南总支部复查。

十八、有关选举事宜根据总部选举法第二十条规定由本会组织部会同秘书处负责办理，不另设机构。

十九、本办法经临工会会议通过，报请西南总支部核准施行。

史料二 有关会议的各界通报资料

第一次代表大会闭幕之后，贵州省支部分别向中共中央毛泽东主席，中共贵州省委、中国民主同盟总部张澜主席，重庆中国民主同盟西南总支部楚图南主任委员分别致电通报会议成果。兹影印如下：

向毛主席致敬電

敬愛的毛主席：

我們偉大的祖國在您和中國共產黨正確的領導之下，在抗美援朝，保衛世界和平，進行經濟建設等各個戰線上，都取得了輝煌的勝利。

正當黨提出國家過渡時期總路綫總任務，號召全國人民貫徹過渡時期總路綫總任務的新時期，貴州民盟召開了首屆盟員代表大會。大會總結了過去的工作，討論了今後的工作方針與任務。會議已經閉幕，我們謹代表貴州全體盟員向您致崇高的熱烈的敬禮。

貴州的民盟組織在中國共產黨貴州省委會領導下，在中共貴州省委統戰部具體的指導與協助下，不斷地獲得發展與進步，我們向您堅決保證：在中國共產黨貴州省委會的領導下，遵照會議的決議，我們今後將繼續進行思想改造，積極參加文教建設與經濟建設工作，爲貫徹執行國家過渡時期總路綫總任務而奮鬥！

中國民主同盟貴州省首屆盟員代表大會

一九五四年五月三十日

向中共貴州省委致敬電

中國共產黨貴州省委員會：

三年多來，貴州盟在你會正確領導之下，進行了組織的整理和發展。在各項社會改革運動中，

加。

受到了教育并發揮了一定的作用。今天貴州省首屆盟員代表大會勝利閉幕，我們謹代表貴州全體盟員敬向你會致以衷心的敬禮和感謝。

這次大會，在黨提出國家過渡時期總路綫總任務的燈塔照耀下，我們總結了三年多來貴州的盟務工作，討論并決定了今後工作的任務，結束了臨時工作委員會，選出了貴州省支部委員會。全體代表一致表示今後決誠懇地、全面地接受領導黨的領導，在各級黨委的領導下，積極地參加國家建設工作，爲過渡時期總路綫總任務服務。爲祖國社會主義建設事業而奮鬥！

中國民主同盟貴州省支部首屆盟員代表大會

一九五四年五月卅日

向總部總支致敬電

北京中國民主同盟總部張主席
重慶中國民主同盟西南總支部楚主任委員

貴州盟首屆代表大會開會一週，於今日勝利閉幕。通過這次會議，我們總結了三年多來貴州盟在總部西南總支部的正確領導之下，得以整理，發展了組織，並在一定程度上鞏固了組織，發揮了組織作用；通過一系列政治運動，全體同志接受了組織的教育，不斷地走向進步。我們今後一定堅決克服思想領導不夠，鑽研政策不深，發揮組織作用不夠等缺點，加強團結，加強學習，加強工作，在總路線光輝照耀下，繼續貫徹七中全會決議，為完成國家文教建設與經濟建設而努力。

在中央委員西南總支部副主任委員潘大逵同志、民總支組委會主任委員田一平同志親臨指導下，我們選出了首屆支部委員會委員。全體代表將和支部委員一道繼續在總路線的燈塔照耀下，在上級領導下推進貴州盟務，為完成一九五四年總部工作指示而努力，為完成祖國社會主義建設而奮鬥。

謹電致敬。

中國民主同盟貴州省支部首屆盟員代表大會

一九五四年五月三十日

【释文】

向毛主席致敬电

敬爱的毛主席：

我们伟大的祖国在您和中国共产党正确的领导之下，在抗美援朝，保卫世界和平，进行经济建设等各个战线上，都取得了辉煌的胜利。

正当党提出国家过渡时期总路线总任务，号召全国人民贯彻过渡时期总路线总任务的新时期，贵州民盟召开了首届盟员代表大会。大会总结了过去的工作，讨论了今后的工作方针与任务。会议已经闭幕，我们谨代表贵州全体盟员向您致以崇高的热烈的敬礼。

贵州的民盟组织在中国共产党贵州省委会领导下，在中共贵州省委统战部具体的指导与协助下，不断地获得发展与进步，我们向您坚决保证：在中国共产党贵州省委会的领导下，遵照会议的决议，我们今后将继续进行思想改造，积极参加文教建设与经济建设工作，为贯彻执行国家过渡时期总路线总任务而奋斗！

中国民主盟贵州省首届盟员代表大会

一九五四年五月三十日

向中共贵州省委致敬电

中国共产党贵州省委员会：

三年多来，贵州民盟在你会正确领导之下，进行了组织的整理和发展。在各项社会改革运动中，受到了教育并发挥了一定的作用。今天贵州省首届盟员代表大会胜利闭幕，我们谨代表贵州全体盟员向你会致以衷心的敬礼和感谢。

这次大会，在党提出国家过渡时期总路线总任务的灯塔照光耀下，我们总结了三年多来贵州的盟务工作，讨论并决定了今后工作的任务，结束了临时工作委员会，选出了贵州省支部委员会。全体代表一致表示今后坚决诚恳地、全面地接受领导党的领导，在各级党委的领导下，积极地参加国家建设工作，为过渡时期总路线总任务服务，为祖国社会主义建设事业而奋斗。

中国民主同盟贵州省支部首届盟员代表大会

一九五四年五月三十日

向总部总支致敬电

北京中国民主同盟总部张主席：

重庆中国民主同盟西南总支部楚主任委员：

贵州盟首届代表大会一周，于今日胜利闭幕。通过这次会议，我们总结了三年多来贵州的盟务工作，明确了今后的工作方针任务。全体代表一致认识到：三年多来贵州盟务在总部西南总支部的正确领导之下，整理和发展了组织，并在一定程度上巩固了组织，发挥了组织作用；通过一系列的政治运动，全体同志接受了组织的教育，不断地走向进步。我们今后定坚决加强思想领导，加强团结，加强学习，加强工作，在总路线光辉照耀下，继续贯彻七中全会决议，为完成国家文教建设与经济建设而努力。

在中央委员西南总支部副主任委员潘大逵、总支组委会主任委员田一平同志亲临指导下，我们选出了首届支部委员会：全体代表将和支部委员一道继续在总路线的灯塔照耀下，在上级领导下推进贵州盟务，为完成一九五四年总部工作指示而努力，为完成祖国社会主义建没而奋斗，谨电致敬。

中国民主同盟贵州省支部首届盟员代表大会

一九五四年五月三十日

史料三　《新黔日报》报道

新黔日報

第1642號

發出學習討論憲法草案的指示

青年團中央關於學習討論憲法草案的通知

日內瓦會議關於朝鮮問題的討論
因美國的破壞未達成協議而結束

全國婦聯關於宣傳討論憲法草案的通知

民盟貴州省支部舉行首屆盟員代表大會

【释文】

民盟贵州省支部举行首届盟员代表大会（1954年）

中国民主同盟贵州省支部于五月二十五日至三十一日，举行全省首届盟员代表大会，研讨如何动员盟员贯彻执行国家在过渡时期的总任务，并正式成立第一届支部委员会。

会上，中国共产党贵州省委员统一战线工作部徐健生部长亲临指导，并作了民主党派在国家过渡时期的任务和作用报告。他肯定了民盟贵州省支部所有成员三年来在共产党的领导下，在各项政治运动及国家各项工作的恢复与建设中，一般都教育与锻炼了自己，提高了政治觉悟，从而在各种工作岗位上，特别是文教工作中起到了积极作用。徐健生部长并给盟员们指出了今后的努力方向。民盟贵州省支部临时工作委员会主任委员双清作了三年来的盟务报告，提出了今后工作意见。民盟西南总支部委员会潘大逵副主任委员及民盟西南总支部委员组织委员会田一平主任委员也作了报告和指示。代表们通过分组讨论，对民盟在国家过渡时期的作用和任务有了更明确的认识，加强了信心，提高了责任感，并作出决议，号召全体盟员贯彻执行。

大会选出了王焕斗、吴厚安、孙乃枢、夏国佐、唐弘仁、翁祖善、郭振中、冯枬、詹健伦、雷宝芬、刘芳岳、刘映芳、蹇先艾、双清、顾光中十五人为省第一届支部委员会正式委员，朱梅麓、易光培、杨世璇、刘延良四人为候补委员。

顾光中委员代表全体当选人向大会提出保证说："今后，我们要继续在中国共产党、人民政府和上级的领导下，与全体盟员一道，为贯彻大会决议，完成民盟贵州省支部在国家过渡时期的任务而奋斗！"

中国国民党革命委员会贵州省支部分部筹备委员会、中国民主建国会贵阳市分会筹备委员会及中国新民主主义青年团贵州省委员会的负责人，都亲自到会祝贺。

史料四 1954 年 5 月：《在民盟贵州省首届盟员代表大会上的讲话》

在民盟贵州省首届盟员代表大会上的讲话

中共贵州省委统战部部长 徐健生

这次民盟举行首届盟员代表大会，总结过去工作，讨论在总路线灯塔照耀下如何开展今后工作，并选□新的领导机构，成立省支部委员会，从贵州民盟来说，这是一件大事。我代表中国共产党贵州省委员会祝贺大会的胜利和成功。

贵州民盟在解放以后，经过整理和发展，在党领导下参加了抗美援朝、土地改革、“三反五反”、思想改造等政治运动，在这些运动中，民盟所有成员受到了教育，提高了政治觉悟，大家参加了国家恢复与建设工作，在各种不同的工作岗位上发挥了积极作用。这些成绩与民盟同志大家的努力是分不开的。民盟过去的工作，在思想上提高、在实际工作上是有成绩的是应该肯定的。

现在全国人民根据毛主席的指示为实现过渡时期总路线总任务而努力，一致为建设我国成为伟大的社会主义国家而发挥着创造性的忘我的劳动，同样的，民主党派的工作任务也更加繁重了。过渡时期内，我们要继续巩固以工人阶级为领导的，以工农联盟为基础的人民民主专政。中国共产党必须继续加强与各民主党派和无党派民主人士的团结，继续加强人民民主统一战线，并且不断地提高统一战线全体成员的觉悟水平。我们国家要在过渡时期完成总路线总任务，这任务必须全国人民在中国共产党领导下，共同来完成。

在过渡时期国家要工业化，但是达到工业化还很远。一百四十一项大工业是大家所知道的，但中国究竟要多少项巨大工程才能达到完全工业化，在脑筋里设想是很难的。在一百四十一项大工业中，目前贵州还没有，贵州工业还在为一百四十一项服务。贵州建设的工厂还是些较小的工厂，国家工业化可以说才开始。以点试办，贵州有一千五百多万人口，农业生产合作社只有四百七十二个，比较起人口来还差得很远，这任务还很难，就资本主义工商业改造讲，最高形式是公私合营，全国才在重点的搞，这项工作也很难，贵阳才在摸索，才在找几家来试验。由以上这些说明国家过渡时期的任务是十分繁重的，需要由各方面共同进行的工作。有的工作是与总路线相适应的，有的工作是直接为总路线所服务的，走入社会主义，必须大家共同努力。

过渡时期民主党派(民盟也一样)要在中国共产党及工人阶级领导下，推动成员继续积极搞好本岗位上的建设工作，并且要团结并带动与所联系的各阶级的一切爱国分子，协助完成国家过渡时期的总路线任务，同时民主党派成员应该自觉地积极进行自我教育，自我改造，以便和全国人民一道，过到社会主义革命。我们自我改造的目的，就是为总路线服务，总路线提出后，有的朋友这样想："国家已进入社会主义革命，民主党派没有什么作用，没有必要了。"有的说："没有事情可干了。"这种想法是不符合实际的，是不正确的。相反的，民主党派在过渡时期是有许多工作要做，我们必须积极努力去完成自己的任务。

关于民盟的领导思想问题，这个问题过去周总理在民盟的会议上讲过，这就是说：中共以外的民主党派比较恰当的应该以确立"接受工人阶级及其先锋队中国共产党为领导"的思想为领导思想。这当然不等于说就是工人阶级思想。为什么这样说？因为盟内主要是知识份子，而知识份子不都是同一阶级的，其中有无资产阶级，有上层小资产阶级，还有资产阶级，还有从封建集团中分化出来而带有资本主义色彩的；因此，民盟内部具体思想情况是多种多样的。事实上存在很多非社会主义的思想，这些思想又不是能下一道命令可以取消，而是要经逐步改造才可能改造。目前还□在逐步改造和过渡状态中。思想改造是复杂、□□、长期。□□□□□，我自己是一个共产党员，从接近到加入党，到现在还在改造，这是长期、系统、复杂的工作，希望一下子改造过来不可能。下命令，用粗暴办法不可能，我们只能要求在思想改造中要逐步改造，逐步前进。

从民盟的一部分同志讲，民主党派还有一部分成员由于工作需要参加国家机关，企业学校，文化教育，医疗卫生等方面工作。国家必须要求参加这些工作的同志以马列主义的理论来批判自己，来武装自己。要求他们以马列主义的思想来批判非无产阶级思想（主要是资产阶级思想），这样才能与国家机关的领导思想相统一，如教师必须具有无产阶级思想才能好教育青年的工作，机关干部也是一样的，只有这样才能完成国家过渡时期的工作。

而从民盟本身整体讲：对全体成员要求又不能过高，要实事求是。从整体讲，不能要求太高，但是在国家机关中一部分人讲要求又要高。于是民盟同志便发生这个问题了：我是一个国家机关工作人员，要求以马列主义武装自己，但是民盟要求又不是那样高，这如何解释呢？因此感到不满意。从民盟本身讲，民盟是阶级联盟性质的政党，不能对全体成员有过高要求，不然其政治作用就不大了。而国家机关工作人员又必须按照国家机关的要求，自己提高来要求自己。事实上，机关成员虽然这样要求，也不是很快在事实上都达到这个要求。但是国家机关在原则上应该这样提出，而且也已经这样提出。

总路线提出后，我们有充分理由相信，一切爱国份子都要求改造自己，客观形势发展也要求各种知识分子加盟改造，要加紧改造适应国家工业化不断增长不断提高的需要。

对日益增多的愿意接受社会主义改造的人，我们必须欢迎和帮助。思想改造的内容就是以社会主义思想改造非社会主义思想，发展全心全意为人民服务的思想。要树立整体观念，从整体利益出发；要求克服个人主义，反封建分散主义，要全心全意为人民服务，在今天说即是全心全意为总路线服务。

要克服个人主义是一艰苦过程，思想改造是既要积极改造，但又不是办速成班，思想改造来个速成班是不行的，思想改造也是不能投机取巧的，因此就不好高骛远，希望一下子都变成十足的马列主义者，不□争取的前途当作现实，不能把主观愿望当作客观存在，如果这样，便会麻痹自己，松懈了自己的主观努力。

民主党派的思想改造，怎样进行？我想了下列几点供大家研究：

一、参加实际斗争，特别是参加各项政治运动，这是过去行之有效的办法，今后还可能继续使用，这是阶级斗争。如土地改革中站在农民立场，抑或站在地主立场，便是阶级斗争。又如镇压反革命分子是阶级斗争中最顽固的分子，同情他们，抑或坚决反对他们，这也是阶级斗争，如像抗美援朝、五反运动都是阶级斗争。我们的进步主要是由参加了这些实际斗争得来的。另外还有其他各种政治活动：如赴朝慰问，如慰问人民解放军等。我自己参加慰问驻贵州部队，通过慰问，我个人便受到启发，我感到得到一个骄傲，国家有这样好的部队来保卫国家建设的安全，值得全国人民骄傲。同时又□了一个骄傲，参加活动后才感到自己差得太多，感到惭愧，应向他们学习。参加各种政治活动是办法，希望各民主党派同志以后积极争取。

二、加强学习，抓紧学习，参加机关学校的各种学习，努力学习才有武器，由理论上武装自己，努力才能改变思想的□□。

三、要有批评与自我批评的精神，这个精神要结合实际，结合斗争，有成绩应肯定，有缺点要检查□因；把思想检查出来，分析批判，过去我们的进步是由这里来的，许多同志参观土改回来后，检查了□□和平土改的思想便提高了一步，和平土改的思想实质即地主阶级思想。批评与自我批评不是新办法，□老办法，但老办法很必要。

在座有很多是文教工作者，文教工作与其他工作一样，同样不能离开总路线，文教工作是相适应培养建设人材，高等学校的任务是培养一定数量与质量的干部，小学教育是人民的基础教育，主要任务□当满足与提高劳动人民的文化水平，使他们具有一定文化智识与社会觉悟，以后更便于参加工农业生产，□先进技术与科学智识，提高劳动生产率成为生产战线上的能手。小学生升学只能是其中的一部分。中学教育，仍是普通教育，主要仍是为国家培养具有较高的政治与文化水平的后备力量。今年我省初中与小学学生□分必须投入农业生产战线上去，这是完全符合总路线要求的。总路线要搞工业化，要改造农业为集体化，机械化；改造资本主义工商业以全民所有制代替资本主义私人所有制；总路线总任务的工作是很具体的，这样就要求工业生产与农业生产的劳动者有文化水平，中学和小学要为国家培养生产上的后备力量。这□题我们过去理解不够，毕业的初中和小学学生大部分不能升学，要投入生产。小学生升学问题，去年□度“紧张”，今年可能又要“紧张”。从学生，学生的家长，到老师，及社会上一部分人士的思想，对于□加生产建设，还是有障碍的，很多人极端错误地认为参加劳动生产是“可惜”，是“埋没人才”，似乎有“万般皆下品，惟有读书高”“劳心者治人，劳力者治于人”的错误想法。其实认为读书人才是“高人”，读书人才是国家栋梁，把劳动者都看成是“下等人”的想法都是错误的，那是不让人民觉悟起来思想，从本质上讲，那是压迫人民的思想，也可以说是反人民的思想，必须严格批判。新中国的劳动人必须有一定的思想觉悟，有文化技术水平才能提高生产，所以，我们要扫盲，今天培养的中小学生中有部分已经动员到生产战线上去起作用，如报纸上公布了天柱某小学生担任互助组长，如果他努力，将来做集体农庄主席，为国家建设工作贡献更大的力量。教育工作者要扫盲，要帮助劳动者提高文化，这是每个教育工作者必须树立的很重要的思想，很重要的观念。必须将这个与总路线联系起来看，应该有意识为国家培养生产战线上的后备力量。明确了这一点，文教工作者便必须批判改造自己的旧思想。学生的思想对此有抵触，证明教师对于这一方面的道理讲得不够，证明轻视体力劳动，我们要把过去认为“没文化的人叫他去种庄稼”“种庄稼的没有文化”的旧思想，旧社会风气改正过来。文化教育工作者有很大的责任，中华人民共和国宪法草案上有一条“劳动是一切有劳动能力的公民的光荣事业”，共产主是要劳动。不劳动就是与马列主义背道而驰。当然，升学也是国家所需要的，而且他们将来也还是要劳动的。

总之，初中，小学必须为工农业生产培养后备力量，这一点必须明确起来，只有在我们思想上明确起来才能教育学生认识劳动光荣，愉快地参加生产劳动，这样才不致像目前贵阳一样一年一度的为升学问题而“紧张”，我们必须使学生把个人利益服从国家利益，这样教育工作才能符合国家总路线的要求，目前贵阳市正在这一方面做思想动员工作，民盟有条件，也有责任继续协助政府把这个工作搞好，不在教育工作岗位上在其他机关工作岗位上的同志，也要在群众中带头示范，把正确风气树立，有的机关干部由于自己的子女升不了学，也在机关中责骂，这便说明在一般机关干部中也存在着这些不正确的思想。

今天的教育工作者不仅要向青年一代传授知识，也还有为国家培养出具有社会主义道德品质的新人。

民盟的基层组织的任务和作用是什么？民盟是政治团体，是政治组织，民盟在政府、机关、□□、学校的基层组织的任务和作用是在党的领导下，服从政府和机关的统一计划，服从党政所布置的中心工作□做政治思想工作，提高改造自己的思想，督促教育其成员并带动所联系的群众，来完成工作任务，参加政治活动，并进行自我改造，何时应反映其成员及其所联系的群众的意见，以便适当的加以□□的领导是具体的，从中央到农村，到各地方，党的领导都是具体的，因此。我们接受党的领导也应该是具体的。共产党的支部就是保证它所在的地方的工作完成，在工作中起保证起核心作用，所谓核心作用，在一定的意义上讲，就是领导工作，盟的组织必须经常与党取得联系，过去经验证明：党支部□很好的与民主党派团体合作，工作就能取得成绩，对机关行政，帮助便大。总支部有责任采取积极态度与党外人士合作，在这一方面，我们过去经验不多，希望大家提出意见，以便加以研究改进。

中国共产党对知识分子在革命中的作用是十分重视的，过去在打倒三大敌人时很重视，现在建设时期也很重视，今后仍然会很重视，我们国家知识份子是很少的，过渡时期党对知识份子的政策仍然是采取争取团结教育改造的政策，帮助他们，引导他们与工农结合，为工农服务，就目前来说，也就是为总路线服务。这一政策是不变的。但党对知识份子的团结改造政策是统一的，不能作片面的理解。离开团结谈改造是不对的，离开改造谈团结也是不对的。过去四年来，我们党正确地执行了这一政策，正因为这样，学校老师们的政治思想大大地提高了，发挥了过去他们所不能发挥的作用，获得了过去所不能获得的成就。过渡时期，我们要更好的贯彻这一政策，我们说民盟的责任很烦重，也是这个道理。但是，党在贯彻这一政策中，有的地方做得是不够的。此如我们有的同志在和老教师相处中，表现骄傲自大，盛气凌人，不学会别的老师的长处。不耐心帮助他们进步，厌弃落后。有些同志对老师采取了无原则迁就态度，缺乏从政治上，从思想上来提高他们，对老师的错误思想缺乏严肃的、必要的批评，这样，使工作受到损失，今后必须注意改进。

现在国家正处在过渡时期，斗争是极其复杂尖锐的。大家知道，社会主义革命即社会主义改造，本质上是改变所有制，这改变又是逐步的，方法是复杂的，多种多样的，要在斗争中取得胜利，要完成国家总任务，其基本保证是党的统一领导和增强工人阶级的团结，劳动人民的团结，全国人民的团结。我想民盟也需要增强团结，团结是有目的的，这便是团结在中国共产党及工人阶级领导下共同完成总路线总任务。这就需要虚心的互相学习，诚恳的互相帮助，那种骄傲自大，互相看不起，极端个人主义，极端自由主义，追求个人名誉地位，物质享受等坏思想，坏行为是对团结有害的，是阻碍进步的，是不符合全国人民利益的。听说有的同志互相看不顺眼，眼睫眉毛动都要怀疑，看不起人，那还谈什么互相学习？骄傲是前进的障碍，几年来，民盟同志确实做出了成绩，如在教学工作中，有的已有一套经验，因而可能也产生骄傲情绪，知识份子要他看得起人，很不容易。团结起来困难是难免的。共产党七届四中全会决议中提出要反对骄傲，反对个人主义。因为一有成绩，容易产生骄傲，既已很“行”了，还什么学习进步呢？虚心是觉得自己不够，这样才会向别人学习，我估计知识分子的特点并结合党的经验特点介绍出来以供同志们研究和参照。

团结的标准是总路线、总任务。具体的是国家各项政策原则，我们应团结在这个基础上面，如团结在□□□□□□工作上，□□工作上便要严格执行国家□□法令，一切争论斗争以此为□□，□□团结才有意义，才有目的。相反的，如一些无原则的纠纷，你这几人与我这几人不好，我又与不对，不顺眼，这样于团结有害，破坏工作，于工作于自己都是不利的。团结不是一团和气，应适当批评与自我批评，经过这样才达到真正的团结，才能把工作做好。所以应该有适当的批评与自我批评。这件事也实在难办，共产主义从成立到现在，天天讲这件事，过去我们运用它作为解决团结问题□器重要原则。这武器行之有效，又重要，但又不易办到，民盟内部要适当的运用这一武器，这要自觉要求进步的基础之上。我相信民盟经过这次大会必有更大的进步，我相信在总路线灯塔照耀伟大祖国各项建设中，民盟会更加团结，更加进步，在党的领导下，为把国家建设成为一个伟大主义国家而共同奋斗。

史料五 1954年5月：《在贵州省首届盟员代表大会上的讲话》

在贵州省首届盟员代表大会上的讲话

民盟西南总支部委员会副主任委员　潘大逵

各位同志：

这次民盟贵州省首届盟员代表大会是胜利的完成它预定的任务了。这次会议之所以开得成功，是由于中共贵州省委会和统战部的正确领导及出席会议全体代表同志的共同努力而得到的。我首先代表西南总支部向中共贵州省委会，统战部致谢并向各位同志致贺。

这次临工会在选举工作方面是经过了相当长期的充分酝酿，反复协商名单并经同志们提出意见举行的。今天出席代表非常踊跃，投票非常集中，每个代表又都完全以自由民主的精神，庄重严肃，选出自己认为是最适当的人来。今天选举的结果是照顾了重点和全面，结合了文教界与非文教界。有大、中、小学的同志，也有老年和青年的同志。这个选举的圆满就体现出新民主主义选举的优点和目的是为了发扬民主，增进团结，加强领导，培养干部，一句话，一切是为了工作出发的。在某些同志对候选人提了意见，做到了群众对领导的鉴定，这是很好的。在选举中，被提意见的同志无论出与否我以为都应该虚心检查自己的缺点而加以改正。同志们对我们提意见，是对组织和同志的爱与关怀，我们必须以同样关怀的态度去关怀爱护他们，使批评与自我批评逐步地、适当地展开起来。但是意见亦必须非常诚恳，应抱着与人为善的态度；然后被提意见的人才会感到同志的友爱和帮助而虚心接受。这次贵州盟通过大会和选举使每个同志在认识上都提高一步。这是大会的重要收获之一。我现在对新选出的委员们表示祝贺，对支部盟务在新的、强的领导机构下将获得更大的成绩表示。我完全同意关于临工会的工作报告，这说明过去的工作是有成绩的，也是有缺点的。正式支部成立，必然能够在现有的基础上更进一步发扬优点，克服缺点，而获得更大的成绩。我相信支部必不满足于当前的成绩，而一定会保持谦逊学习的态度，使今后的工作做得更好。我现在提出下面几点希望，供支部们和全体同志作工作中的参考：

我对新选出的支部委员会与全体同志的希望有三点，那就是加强领导，加强团结，加强学习与改造。我所提出的三个加强，实际上是贯彻总路线的问题，就是要为贯彻总路线而加强领导，加强团结，加强学习改造，只有在以上三方面加强，才能提高认识，改进业务，搞好每个同志的岗位工作，并带动所联系的群众一齐向前。

一、关于加强领导

首先是思想领导，它是做好任何工作的关键，要把盟务工作做好，要把基层组织得好，必须首先加强思想领导，必须明确政党的主要工作就是政治思想领导工作，它包括政策、方针、路线等问题。领导机构首先就要抓着这些问题，然后才能教育、督促它的基层组织和成员，然后才能解决我们的思想问题，使他们在行政任务的完成上带头，因而才能推动他们所联系的群众。要如此，才能提高盟在群众中的威望，起到党的一方面的助手的作用；否则只做些琐碎事务工作，那就是降低了政党的解决问题的作用。

同时各□组织还应主动接受各个行政单位的党政统一领导，才能使我们的思想领导是具体而及时的，才能有统一的步骤，而不致起分散或抵消的作用，也只有如此，才能使基层组织生活丰富而健全起来。同志对组织领导也应当采取监督帮助的态度，区之任何健全的领导机构也需要群众的爱护与鞭策，如果□旁观，以为领导指示领导机构的事视若与己毫不相干的样子，是不对的。当然领导对于盟员同志也应积极指导与帮助，总之领导与同志之间是要互相关怀，互相帮助，呃就可以通过组织生活，展开批评并提意见等方式来进行。

此外，集体领导的精神与民主集中制度也应当努力贯彻。凡事必须大家共同商量，个人的智慧决不如集体智慧的全面，必须善于运用支部委员会集体领导，发挥每一个委员的积极作用，凡重大事件，领导同志们必须反复协商，以求得认识的统一和步调的一致，然后才由支部委员会慎重作出决定。一经决定后，讨论领导与干部必须坚决执行而不可有动摇的口吻与两可的态度，如此，还能保证决议的贯彻。

在领导方面，如能做到以上各点，盟的组织就会有生气，而组织生活就不再是负担了。要这样，领导与同志间的感情就会融洽起来，而不致彼此有隔阂或上下有脱节的现象，无原则的一团和气和自由散漫的作风也可以克服，盟的组织性和纪律性也可以在此基础上逐渐加强起来。

二、关于加强团结、巩固统战方面

团结就是力量，而社会主义建设就需要千千万万人的力量。盟的任务就是要在党的领导下，团结教育改造知识分子。这个任务到了贯彻总路线的今天，就更有其重要意义。盟首先就应该加强自己的团结，争取进步，在贯彻总路线总任务中参加文教建设工作，发挥积极作用，并且应该争取所有的爱国知识分子，参加革命行列，团结在党的周围，使他们政治思想不断提高，我们一道为贯彻总路线前进。

现在所有各级学校的教师们，虽然都经过了思想改造，但还不能说都已经建立了工人阶级思想，相同的，非社会主义思想（资产阶级思想和小资产阶级思想）是或多或少地普遍地存在着。因此，盟员同志们，盟员与非盟员间，老、少、新、旧教师问题都还有不够团结的现象。我们必须加强团结，互相尊重，彼此关怀，才能做到集思广益，相互提高，也才能扫除教学改革的障碍，积极发挥集体研究的精神。我们在党领导下，首先就应把这个责任负担起来，要把自己的团结搞好，进而要把学校团结工作搞好，因为这是做好其他一切工作的前提，要这样盟才能起作用。

盟过去对于关系群众工作是做得不够好的，因而盟的政治影响也是不够大的。只有在加强团结提高思想、巩固并扩大统一战线的基础上，我们才能将所有的爱国的知识分子共同引入革命事业，这才符合本盟的特定任务。

三、关于加紧学习和继续改造思想方面

所谓学习，就是要学习政治与业务，所谓改造，就是改造旧的资产阶级的思想，建设新的社会主义的思想，而学习和改造，对于我们，永远有它的需要。永远是学不尽、改不完的。只有不断的学习和继续改造，才能提高政治认识与业务水平，但是有些同志对于学习和改造都有些不正确的看法，有一点成绩，就骄傲自满起来，强调学习是要慢慢来的事，因而对自己要求不严格，有些除了学习本行业务外，对其他的学习都有怀疑和抵触情绪，学习态度不够认真，又有些人对思想改造□□已经是过去的事，已经都思改过了等等错误思想，在学习总路线的今天才知道学习是很紧急迫切的。□□□□□培养建设人才，建设社会主义，是有血肉不可分离的关系；才知道思改不但□□□作同志就感觉到文教事业是既光荣而又艰苦的任务了。

社会主义建设需要人才，而培养人才的光荣任务，就落在我们教师同志的肩上了，有责任感的同志们，首先就会问问自己是否具有高度的政治觉悟和先进的科学理论，技术知识？能否为国家培养出高规格的建设人才？因此学习苏联先进经验，提高教学质量，继续改造思想等课题，就成为每个教师的紧急日程了。

学习的目的是为了实践，也就是为改造思想和提高思想。学习总路线和学习苏联的过程，就是□争和改造的过程，也就是思想方法锻炼的过程，学习总路线为的是建设社会主义，而建设社会主义学习并具备社会主义思想。因此，既作为一个教师，又作为一个盟员更应加倍学习马列主义，和政□以提高我们的政治觉悟，然后才能把社会主义思想武装起来与非社会主义思想作斗争，然后才能改造头脑中的非社会主义思想。如果学习得好，社会主义思想就会在头脑中扩大阵地，占据优势；就能□们对学习的态度，端正我们的工作作风，并能建立工人阶级的立场。只有这样才能提高我们的工作能力，培养出社会主义的新人。

所以说总路线的经济建设和经济改造与思想改造和思想建设应该是相提并论，双管齐下的。那就说现阶段的革命就是要社会主义建设和社会主义改造的完成，并加上对广大人民社会主义思想教育□。

总路线的逐步实现，就必然要改变整个社会的面貌，和改变各阶级阶层间的关系。到那时全国人民思想都随着社会改变而改变。我们的思想必须与经济发展相适应，作为一个民主党派成员应该严格要求自己，在思想改造方面又走在一般人前面，起着带头作用，而不可只等待着社会环境的改变来改变我们的思想，作为一个灵魂工程师和民主党派成员应该在党的领导下有推动社会前进的思想意识和行动的责任。所以我们全体同志必须在社会主义革命进行中积极争取先人一步，即先用社会主义思想武装起我们的头脑来迎接并推动社会主义革命。只有在我们思想意识中所起的革命愈尖锐，那就是改造的愈好，那么，社会关系方面的革命也就进行得越迅速和越彻底。

也许有极少的同志，以为提高工作质量与学习苏联经验与继续思想改造是个人的事罢。不，这不是个人的问题，而是与盟有很大的关系的，因为作为一个统一战线组成部分的民盟，对国家和人民负有很大的责任的。盟对团结改造知识分子负有责任，对社会主义建设的推动也负有责任。盟的责任既如此重大，作为一个盟员的责任也就是同样的重大了，因为盟的责任要靠盟员来实现的，因此，每个同志，就必须好好学习，继续改造。只有这样，才能不仅保证把自己的岗位工作做好，而且也能带动别人，要不然又怎能团结改造我们所联系的群众和帮助他们呢？所以说，从任何方面来看，这学习和改造对于一个党派成员来说，绝不是一个个人问题。

以上几点可以归纳起来为盟和盟员在国家过渡时期中所应走的具体道路，应该担负的艰巨任务，和应起的光荣作用。我们必须加强思想领导，增进团结，巩固统一战线，继续努力学习和改造思想等方式来健全组织，教育自己并带动我们所联系的群众，我们必须争取党政统一领导，体会党政意图，把基层组织工作搞好。我们必须认真学好总路线，将它的精神实质与我们的思想和工作联系起来，将整体利益与个人利益结合起来，克服一切非社会主义思想，以保证经济改造，经济建设与思想改造，思想建设的全部完成。

同志们，我们盟的成员在思想改造方面已经是得了一定的成绩的。今后的任务是要在过去的基础上，继续进行这一工作。中国共产党历来是重视知识分子的，它对知识分子的政策是团结、教育、改造的经验说明，知识分子也能够在党的领导下，自我改造，自我教育，并能够跟工农相结合而逐步改造工人阶级的知识分子，所以也能够在国家建设事业中发挥着积极作用，因而我们的前途也就是无限和无限的幸福。

同志们，让我们紧密地团结在中国共产党周围，在总路线光辉照耀下向着社会主义前进吧！

末了，我祝贺同志们学习进步，工作顺利。

史料六 1954 年 5 月：《在民盟贵州省首届盟员代表大会上致词（记录稿）》

在民盟贵州省首届盟员代表大会上致词（记录稿）

民盟西南总支部委员组织委员会　田一平

主席、各位来宾、各位代表同志：

今天，本盟贵州省第一届盟员代表大会开幕了。这是解放以来贵州盟的一件大事，我参加这□重的大会，感到十分兴奋，我谨向大会致以衷心的祝贺。

三年多来，贵州盟的工作，在中共贵州省委员会、统战部的正确领导和具体帮助下，获得了□成绩，解放之初，贵州盟的情况是相当的复杂、分歧和混乱的。经过整理、发展、参加一系列的社会改革运动和国家建设工作，到现在，盟员已有二百八十九人。其中文教工作者占百分之八十，建立了小组、区分部，基层组织正在逐步健全中；同志们经常锻炼，提高了政治觉悟，在工作中做出成绩，扩大了盟在文教界的政治影响。这样，贵州的盟发生了显著的变化，也就是为召开这次大会准备了条件。

这次大会，讲在检查过去的工作的基础上，讨论贵州的盟如何参加国家建设工作，尤其是参加文教建设工作的问题，并选举第一届支部委员，成立了正式的支部委员会。这就标志着贵州盟的领导机构，由临时性质进入正规化，盟的工作将向前跨进一大步。我相信贵州的全体同志，都会重视这次大会，相信到会的代表同志定能够本着对革命的负责，对组织负责的精神，认真讨论，发辉集体智慧，开好这次大会，把贵州的盟务，推进到新的阶段。

我也同贵州的同志们一样，对大会抱着热忱的希望，因此，特提出三点粗浅的意见，供同志们参考。

（一）继续深入地系统学习总路线，并把学习的收获贯彻到工作中去，总路线是照耀着我们一切工作的灯塔，是我国过渡时期的总政策、总方针，它从理论到实际，包含了一切方面，它既包括经济改造，又包括思想改造，内容极为丰富，极为深刻。学习总路线，对于盟来说，是加强盟的政治思想领导，加强盟的工作的政治性、思想性的关键，对于盟员来说，是思想改造的过程，也是知识分子实行社会主义改造的过程。所以，我们不能满足于初步的学习，必须认真的、长期的、下苦功的学习；并且把学习的收获贯彻到工作中去，使总路线成为推进我们前进的动力。

（二）更积极地参加国家建设工作，从工作中来巩固和健全组织。七中全会决议：本盟当前最重要的工作是参加国家建设工作，特别是参加国家文教建设工作，通过文教建设来为经济建设服务。七中全会所规定的方针和任务是适合总路线要求的。我们只要正确的贯彻七中全会的方针，认真执行七中全会所给予我们的任务，我们民盟就是具体地为国家过渡时期总路线服务。而且，一个政客团体必须强调工作，如果不谈工作，就无法维系它的成员，势必陷入人事纠纷之中，组织不能巩固，任务不能完成，社会威信也不能提高。经验证明，盟是在工作中逐步巩固和发展的。通过工作，盟才更能帮助盟员进行自我教育和自我改造，也只有通过工作，盟的内部才能更紧密的团结起来。

（三）慎重地选好支部委员会。这次贵州省支部委员会的选举，对今后贵州盟务的开展，关系很大，希望各位代表同志，根据盟的性质，工作的需要，结合贵州盟的实际情况，严肃慎重，选好支部□。

□□□实任的人选，以便推动日常的实际工作。我们固然希望选出的支部委员，都是工作能力强，□会□□高的同志，组成一个强有力的领导机构，但我们也要考虑到实际情况，否则这种好的愿望仍会落空。另一面，这次选举，可以使我们受到一次具体的教育。我们已经学习过总路线，我们要批判腐朽的资产阶级思想，通过这一次选举，我们应该认真地批判一切旧民主主义选举的想法——这便是资产阶级的思想在选举方面的表现；同时认识到新民主主义选举的优越性。这样，便能使我们的思想在这方面提高一步。

同志们，三年来贵州的盟是在不断的进步中，到目前盟已经有了显著的变化，已经获得不少的成绩，我们应该有信心：在现有的基础上，只要全体同志更加努力，定会发挥更大的作用，获得更大的成绩。

同志们，我们能有进步和成绩，大家都认识得很明确，主要是党的正确领导。今后我们更应该诚恳地、全面地、主动地接受党政统一领导，这是我们的组织更加巩固、更加健全、盟能够更好地为总路线服务的主要关键。

同志们，我们的国家已经进入了新的历史时期，各方面都在飞跃的进步，盟应该随着整个国家的进步而进步。因此，我预祝大会是一个进步的大会，团结的大会，成功的大会！

我并祝各位同志身体健康，工作进步！

史料七 1954 年 7 月：《欢呼宪法草案的诞生》

欢呼宪法草案的诞生

中国民主同盟贵州省支部主任委员　双清

1954 年 7 月 1 日

中华人民共和国宪法草案公布了。这是中国人民的大喜事，这是中国共产党和毛主席领导中国人民英勇斗争的胜利成果，这是中国人民一百多年来为争取民主自由前仆后继历尽艰辛到今天方才实现的殷切愿望。全国人民将广泛地、深入地展开讨论，然后提交第一届全国人民代表大会讨论通过，正式公布成为中国人民共同遵守的根本大法。全国人民都以无限欢欣鼓舞的心情，迎接中华人民共和国第一个宪法的诞生，并对中国共产党和毛主席表示衷心的感激和崇高的敬意。

我们在学习总路线中，都明确认识到我们国家的发展方向是社会主义。我们的宪法草案是属于社会主义类型的。总纲第一条规定：“中华人民共和国是工人阶级领导的、以工农联盟为基础的人民民主国家。”这就保证了我们国家在工人阶级的政党中国共产党的领导下，逐步过渡到社会主义社会。总纲第二条规定：“中华人民共和国的一切权力属于人民。人民行使权力的机关是全国人民代表大会和地方各级人民代表大会。”这里规定了我们国家的基本制度是人民代表大会制度，它充分表现了全国人民的意志，反映了人民当家作主的实际情况。这是中国人民百年来日夜盼望着的大喜事。长时期处在半封建半殖民地社会的广大劳动人民，解放后得到了真正的民主、自由，现在宪法草案又把它明确地加以规定，作为中华人民共和国的每一个公民，都是应当感到无比光荣和兴奋的。有了社会主义类型的宪法，国家的繁荣和富强就更加有了保证。这是我们的幸福，我们的骄傲，我们以欢喜欲狂的心情来庆贺新中国第一个宪法草案的诞生。

宪法草案对于民族自治有了正确的规定。总纲中说，中华人民共和国是统一的多民族的国家，各民族一律平等；又说到各少数民族聚居的地方实行区域自治。此外关于民族自治地方的自治机关，也有具体的明确的规定。四年多来，全国各兄弟民族人民在毛主席民族政策的光辉照耀下紧密团结在中国共产党的周围，共同生活在友爱合作的大家庭中，实现了中国历史上几千年所未有过的统一和团结。宪法草案把这些辉煌的成就固定下来了，同时并在这一基础上进一步指出各族人民共同发展的道路和方向，从而鼓舞大家积极努力，为建成一个伟大的社会主义国家而斗争。

宪法草案中规定了公民在法律上一律平等，除有精神病的人及依法被剥夺政治权利的人之外，任何年满十八岁的公民都有选举权和被选举权；同时规定妇女有与男子平等的选举权和被选举权，这就保证了男女平等的真正实现；同时还规定公民有言论、出版、集会、结社、游行、示威的自由，国家并供给必需的物质上的便利保证公民享受这些自由。我们回想一下在反动政权统治时期，那些特权阶级的匪徒们是怎样对待人民呢？那时候，人民为了争取起码的自由，牺牲在枪弹和刺刀底下的就不知有多少。对比起来，我们今天是何等的幸福呵！又如宗教信仰的自由、公民人身不受侵犯、住宅不受侵犯、通信秘密受法律保护、居住和迁徙等自由，也都有了明确的规定。另外还规定公民有劳动的权利，劳动者有休息的权利，公民有受教育的权利等等。这些都是有关人民切身利益的事情，宪法草案中不但将它肯定下来，而且还规定国家要通过实际措施来保证公民享受这些权利。我们看一看资本主义国家的人民能够享受这些自由权利吗？自称民主、自由国家的美国，除了极少数垄断资本家集团之外，广大的劳动人民还能有丝毫的生活自由吗？他们只有在资本家的剥削、压迫之下过奴役生活。

宪法草案中同时也规定公民有保卫祖国的神圣职责，有服兵役的光荣义务，有依法律纳税的义务，有爱护和保卫公共财产的义务，以及遵守宪法和法律，遵守劳动纪律，遵守公共秩序，尊重社会公德等义务。这些都是建设社会主义社会中每个公民必须具备的品质和应尽的责任，尽到了这些义务，才能更好地巩固我们的权利。

宪法草案反映了全国人民的意志，总结了已得到的胜利，明确了前进的方向，全国人民一致热烈拥护，欢欣鼓舞地迎接第一个宪法的诞生，并引以自豪。宪法草案公布以后，不但鼓舞了全国人民，同时对于全世界争取独立、民主、自由的民族也将是一个巨大的鼓舞，在保卫世界和平事业的伟大斗争中必然有着重大的影响。我们各民主党派，我们民盟的全体成员，应该衷心地拥护宪法草案，并认真地学习和讨论，以武装我们的思想，和全国人民一道在中国共产党与毛主席的领导下，为保卫我们伟大的、光荣的宪法，为实现过渡时期的总任务、建成强大的社会主义国家而斗争。

史料八 1956年8月：《在黔南第一届人民代表大会第一次会议开幕式上的致辞》

在黔南第一届人民代表大会第一次会议开幕式上的致辞

双清

1956年8月3日

主席团、各位代表、各位同志：

黔南布依族苗族自治州第一届人民代表大会第一次会议今天开幕了。我荣幸地以贵州省庆贺自治州成立代表团的一员来参加大会，非常兴奋。

黔南布依族苗族自治州的成立，这是我省各族人民在中国共产党和人民政府的领导下，几年来正确地执行民族政策取得巨大成就的具体表现。

我省各族各界人民都为黔南布依族苗族自治州的成立而欢欣鼓舞。我代表中国人民政治协商会议贵州省委员会和中国国民党革命委员会贵州省筹备委员会、中国民主同盟贵州省委员会、中国民主建国会贵阳市委员会，向大会致以热烈地祝贺！我省各族人民自从解放以后，在中国共产党民族政策的光辉照耀下，从根本上消灭了历史上遗留下来的民族间的歧视和压迫，实现了各民族的真正平等和当家作主的权利，各族人民的政治、经济、文化、教育等建设事业都有着显著的发展。黔南布依族苗族自治州的成立，标志着我省执行民族政策的光辉成就，同时，也标志着黔南布依族苗族自治州各族人民更加团结一致，共同在幸福的社会主义道路上胜利前进。中国人民民主统一战线是中国共产党领导各民族各民主党派，各人民团体，团结广大人民群众的巨大的革命组织力量。我们只有亲密地团结在党的领导下，才能在建设社会主义，保卫世界和平的事业中发挥更大的作用。我们深信：黔南布依族苗族自治州的各族人民一定更加紧密地团结在中国共产党和毛主席的周围，各民族间一定会进一步加强团结，互相帮助，互相学习，互相尊重各民族的风俗习惯，积极学习，提高政治、文化、科学、技术水平，共同为建设自己美好的自治州和繁荣幸福的伟大祖国而努力！

最后，我敬祝大会胜利成功！各位代表身体健康！

史料九 1956 年 9 月：《在中国人民政治协商会议贵州省第一届委员会第二次全体会议上的发言摘要》

在中国人民政治协商会议贵州省第一届委员会第二次全体会议上的发言摘要

双清

1956 年 9 月 21 日

本省这次会议的大会和小组上，已经呈现了发言踊跃，反映了群众的意见，有分析批评，提出了不少建议等蓬勃景象。这次会议将会有很丰富的收获，是可以预期的。现就最近接触到的和从盟员同志、文教界人士和老朋友中所听到的事，来提出我的意见和建议。

我认为党内外有的工作人员不重视民主党派，不了解统战政策的情况，还是相当严重的存在着，我只提出几件事情。新黔日报社对“百花齐放、百家争鸣”和“长期共存、互相监督”的方针的宣传报道太少，我以为不仅是这方面的活动少，稿源少，而是重视不够。民盟委员会今年“七一”前夕举行庆祝晚会，邀请科学工作者、文化教育工作者六十多人座谈“百花齐放、百家争鸣”的方针，参加的科学家、教授们在会上曾发表了各人的意见。我们认为这次座谈有一些收获。会后写稿送交新黔日报社，不见发表。我以为这是不重视民主党派活动的一种反映。我认为民主党派在统一战线中的分工，各民主党派都有它的一定的代表性。民主党派的活动，是应予重视的。

有的教师和盟员曾经反映：教育工会房屋分配在公园路，地段在嘈杂的小杂货市中，逼仄残破，不便于教育工作者集会之用。有的同志建议应由教育工会拨出一部分会费，建立教师之家或文教俱乐部，这对于知识分子加强互助，改进工作均有好处，党、政领导应当予以必要的支持。有些盟的干部和盟员反映：除文教机关学校外，一般机关的党员干部，对统一战线政策，不甚注意。民盟贵州省委员会也碰到过这种的事情：卫生局修贵阳市门诊部时，为了修花园，没有征求得我们同意，就拆去民盟省委会的厕所，要我们从正新路到铁局巷去用公共厕所。这种举动正是对统战政策不注意的具体表现。有的盟员反映：作统战工作的党员同志，对我们很少提批评意见，也很少亲切交往；一般机关的党员同志虽已共事很久的时间，却总是像从未见过面的样子。这就反映出党与非党干部中间，还有相当的距离。我们应当共同努力缩短，并早日消除这个距离。

党员干部对知识分子的批评帮助方式上还有值得注意的地方。几年来在大小型会议上对发言中的错误曾展开过严肃的批评，这是必要的。但有时在批评中有片面性，有时甚至把发言人批判自己过去认识的错误之点，当作他现在的主要思想来进行批评。这就使得其余的人发言都有戒备之心，更不可能说出真心实话了。但我以为我们大家可不必顾虑。如果对于批评有不同意的地方，可以再行讨论，求得正确的、实事求是的结论。只有这样，才能做到畅所欲言，言无不尽，真正发挥人民政治协商会议的精神，对社会主义建设中存在的问题和工作中发生的缺点，大胆地提出，及时向党和政府反映，使领导考虑政策措施更全面、更深入，使小缺点、小错误不致因为纠正不及时而变为大缺点、大错误。

中共中央提出来的“长期共存、互相监督”的方针，我体会“共存”“监督”的大前提是为了调动一切积极因素建设社会主义。各民主党派、各人民团体和各方面人士，一方面要多反映群众意见，对党和政府领导的工作多提出批评、建议，另一方面，自己也要努力多做有益于人民事业的事情。要更加主动，更加积极地接受党的领导。不要忘记了党是我们的领导核心力量；互相监督是为了正确贯彻执行党的政策，这是与接受领导毫不矛盾的。

我是中国民主同盟贵州组织负责人之一。六七年来，我们在协助党贯彻团结、教育、改造知识分子的政策上，在发动盟员互相帮助，积极工作上虽然也做了一些工作，但工作中存在的缺点是很多的。特别在联系群众发挥潜力方面，缺点最为突出。对群众工作，学习和生活中的困难不去关心或是关心不够，因而在反映群众合理的意见与要求上，做得零碎片面、不及时，甚至存在着一些不必要的个人顾虑，应反映的不反映，反映了不敢坚持。这曾引致各单位领导同志不能及时了解情况，解决问题，使工作造成损失。我们诚恳希望各方面的同志本着互相监督的精神，对盟组织和盟员工作中的缺点、毛病，提出批评。民盟的工作就是为社会主义服务。帮助我们克服缺点，改正错误，对于调动积极因素，建设社会主义，也是息息相关的。

史料十 1956 年 11 月：《反对英国帝国主义对埃及的武装侵略》

反对英国帝国主义对埃及的武装侵略

民盟副主任委员　唐弘仁

1956 年 11 月

英法帝国主义者对埃及的武装侵略，严重地破坏了联合国宪章，威胁着中东和全世界的和平。这种可耻的野蛮侵略行为，不只是对埃及人民的疯狂进攻，也是对热爱和平、自由、独立的亚非洲人民和全世界人民的挑战和进攻！我们坚决反对英法帝国主义武装侵略埃及的罪恶行为，对这种行为提出抗议！我们坚决拥护我国政府关于英法武装侵略埃及的声明和对英法政府提出的强烈抗议。

自从第二次世界大战结束以后，特别是在中国和印度、缅甸提出和平共处的五项原则，亚非国家举行万隆会议以后，反殖民主义运动的热潮空前高涨。埃及将苏伊士运河收归国有的正义行为，充分反映了亚非人民反抗帝国主义的奴役和压迫，要求民族独立自主的精神。而英法帝国主义者此次武装侵略埃及，也正是殖民主义者的回光返照，殖民主义者临近没落的一种垂死挣扎！

“得道者多助，失道者寡助。”目前正义在埃及这一边。英法帝国主义虽然仗势着海空军进攻埃及，但在全世界爱好和平人民的面前，他们是孤立的，是不能持久的。我们相信：已经站起来的埃及人民，一定会团结一致，打败任何敌人的侵略。只要以苏联为首的社会主义国家团结一致；只要亚非反殖民主义的国家的人民，全世界爱好和平的人民，积极行动起来，捍卫世界和平，坚决支援埃及人民的英勇斗争，帝国主义的侵略阴谋一定会失败，埃及人民维护国家主权，保卫民族独立的神圣斗争，一定能取得最后的胜利。

中国民主同盟贵州省的全体盟员，坚决反对英法帝国主义对埃及的野蛮侵略行为，坚决拥护我国政府关于英法武装侵略埃及的声明和对英法的抗议。我们主张参加万隆会议的亚非国家，积极响应苏联最高苏维埃主席团主席伏罗希洛夫和苏联部长会议主席布尔加宁的建议，召开紧急会议，立即制止英法的侵略行为。我们坚决站在埃及这一边，更加紧密地团结在中国共产党的周围，和各民主党派共同一致，随时提高革命警惕，以实际行动支持埃及人民反抗英法侵略的正义斗争！

第四节 第二、三次代表大会

一、第二次代表大会

1955年在贵阳召开民盟贵州省第二次代表大会。

（一）会议背景

关于第二次代表大会召开的背景，在《中国民主同盟贵州省第二次代表大会开幕词》中有所阐述。

史料 《中国民主同盟贵州省第二次代表大会开幕词》

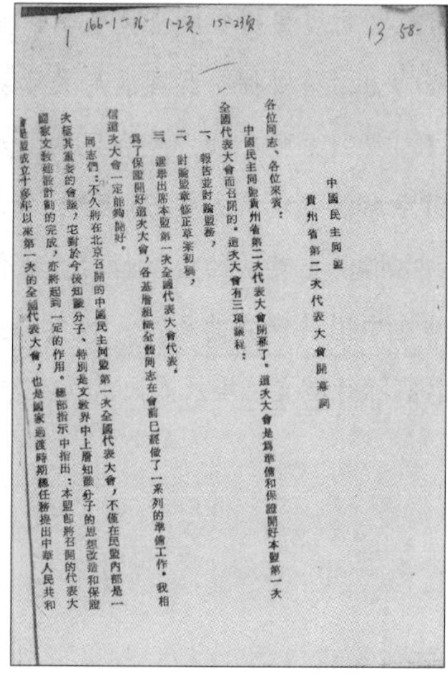

中國民主同盟

貴州省第二次代表大會開幕詞

各位同志、各位來賓：

中國民主同盟貴州省第二次代表大會開幕了。這次大會是爲準備和保證開好本盟第一次全國代表大會而召開的。這次大會有三項議程：

一、報告並討論盟務，

二、討論盟章修正草案初稿，

三、選舉出席本盟第一次全國代表大會代表。

爲了保證開好這次大會，各基層組織全體同志在會前已經做了一系列的準備工作。我相信這次大會一定能夠開好。

同志們：不久將在北京召開的中國民主同盟第一次全國代表大會，不僅在民盟內部是一次極其重要的會議，它對於今後知識分子、特別是文教界中上層知識分子的思想改造和保證國家文教建設計劃的完成，亦將起到一定的作用。總部指示中指出：本盟即將召開的代表大會是盟成立十多年以來第一次的全國代表大會，也是國家過渡時期總任務提出中華人民共和

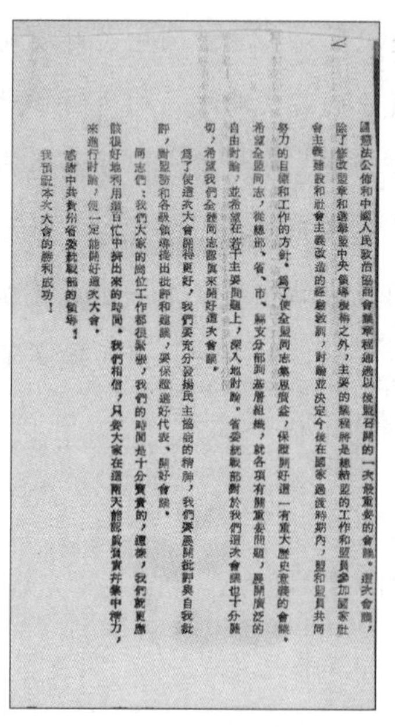

國憲法公佈和中國人民政治協商會議章程通過以後盟召開的一次最重要的會議。這次會議，除了修改盟章和選舉盟中央領導機構之外，主要的議程將是總結盟的工作和盟員參加國家社會主義建設和社會主義改造的經驗教訓，討論並決定今後在國家過渡時期內，盟和盟員共同努力的目標和工作的方針。爲了使全盟同志集思廣益，保證開好這一有重大歷史意義的會議，希望全盟同志，從總部、省、市、縣支分部到基層組織，就各項有關重要問題，展開廣泛的自由討論，並希望在若干主要問題上，深入地討論。省委統戰部對於我們這次會議也十分關切，希望我們全體同志認眞來開好這次會議。

爲了使這次大會開得更好，我們要充分發揚民主協商的精神，我們要展開批評與自我批評，對盟務和各級領導提出批評和建議，要保證選好代表、開好會議。

同志們：我們大家的崗位工作都很緊張，我們的時間是十分寶貴的，這樣，我們就更應該很好地利用這百忙中擠出來的時間。我們相信，只要大家在這兩天能認眞負責并集中精力，來進行討論，便一定能開好這次大會。

感謝中共貴州省委統戰部的領導！

我預祝本次大會的勝利成功！

【释文】

中国民主同盟贵州省第二次代表大会开幕词

各位同志、各位来宾：

中国民主同盟贵州省第二次代表大会开幕了。这次大会是为准备和保证开好本盟第一次全国代表大会而召开的。这次大会有三项议程：

一、报告并讨论盟务；

二、讨论盟章修正草案初稿；

三、选举出席本盟第一次全国代表大会代表。

为了保证开好这次大会，各基层组织全体同志在会前已经做了一系列的准备工作，我相信这次大会一定能够开好。

同志们：不久将在北京召开的中国民主同盟第一次全国代表大会，不仅在民盟内部是一次极其重要的会议，它对于今后知识分子，特别是文教界中上层知识分子的思想改造和保证国家文教建设计划的完成，亦将起到一定的作用。总部指示中指出：本盟即将召开的代表大会是盟成立十多年以来第一次的全国代表大会，也是国家过渡时期总任务提出中华人民共和国宪法公布和中国人民政治协商会议章程通过以后找来的一次最重要的会议。这次会议，除了修改盟章和选举盟中央领导机构外，主要的议程将是总结盟的工作和盟员参加国家社会主义建设和社会主义改造的经验教训，讨论并决定今后在国家过渡时期内，盟和盟员共同努力的目标和工作的方针。为了使全盟同志集思广益，保证开好这一有重大历史意义的会议，希望全盟同志，从总部，省、市、县支分部到基层组织，就各项有关重要问题，展开广泛的自由讨论，并希望在若干主要问题上，深入的讨论。省委统战部对于我们这次会议也十分关切，希望我们全体同志认真来开好这次会议。

为了使这次大会开得更好，我们要充分发扬民主协商的精神，我们要展开批评与自我批评。对盟务和各级领导提出批评和建议，保证选好代表开好会议。

同志们：我们大家的岗位工作都很紧张，我们的时间是十分宝贵的，这样，我们就更应该很好地利用这次百忙中挤出来的时间，我们相信，只要大家在这两天能认真负责并集中精力，来进行讨论，便一定能开好这次大会。

感谢中共贵州省委统战部的领导！

我预祝本次大会的胜利成功！

可见，这次大会是为准备和保证开好本盟第一次全国代表大会而召开的。

（二）会议内容

大会主要议程有三项：讨论盟务、讨论盟章修正草案报告、选举出席全国代表大会代表。

《中国民主同盟贵州省第二次代表大会传达讨论要点》就这三项内容有着详细记载，兹影印如下：

史料 《中国民主同盟贵州省第二次代表大会传达讨论要点》

15　　15. 65-68

1955年

中國民主同盟貴州省第二次代表大會傳達討論要點

甲：傳達的主要內容要點

(1) 大會經過情形

大會七月二日開始至七月四日結束，共計三天。大會主要議程有三項：討論盟務，討論盟章修正草案報告，選舉出席全國代表大會代表。大會第一天由雙清主任致開幕詞後，先後聽取了支部委員會有關盟章修正草案報告和盟務報告。省委統戰部負責人出席了大會，惠部長對大會提出下列幾點指示：第一：民盟中央此次會議很重要，希望省代表大會認眞負責，討論各項報告，展開批評，發揚民主。討論工作時要肯定成績，并注意實事求是從細微處找問題，看成績、要找出工作中的主要缺點和阻碍我們進步的主要原因，進行分析研究，以便改進今後工作。第二：認眞討論盟章、提出修正意見，使盟章草案，修改得更爲完善。第三：選好代表。選舉代表應依照盟中央以文教爲中心以高教爲重點的原則，從全面整體出發，從有利於團結出發；做到反覆協商、統一認識；通過選舉在思想上提高一步。二日下午分組討論盟務報告。主要討論盟幾年工作中的主要成績與缺點。第二天（三日）上午大會發言，發言內容是各個基層組織的工作報告。先後在大會上發言的有師院區分部代表徐酒樞同志，談師院區分部試點工作中的經驗敎訓。一中區分部何治華同志談一中區分部在參加單位敎育質量檢查工作中的成績和體會。師院區分部毛國琦同志談進行團結工作中的體會。醫學院區分部于世英同志談改進科內團結，提高工作質量問題。農校區分部夏國佐同志談「在教學改革中的點滴工作」。農學院區分部陳明敏同志談「參加學術思想

16

批判的收穫和體會」。下午結合基層組織工作報告繼續討論盟務報告。第三天（七月四日）上午討論盟章修正草案，醖釀出席全國代表大會候選人名單。下午選舉。全場以最集中的票數選出王煥斗、唐弘仁、蹇先艾、雙 淸和顧光中五位同志爲我省出席本盟全國代表大會代表。接着進行大會發言。在大會發言者先後有周春元、陳仲菴、袁愈荽、田滋穗、宋 翔、顧光中六位同志。主要談參加大會的收穫與體會。顧光中同志并代表出席全國代表大會代表向大會保證：表示决心在同志們監督下開好會議。大會通過了聲討胡風反革命集團的决議後卽由雙 淸主任致閉幕詞，宣佈閉幕。出席此次大會的代表七十一人，列席五十九人，會議期中情緒均甚熱烈，精神亦很貫注。小組討論時，出席大會同志，發揚了自我批評與自我檢查精神。最後一天醖釀名單時，出席代表均本着認眞負責態度，對支部委員會工作，對出席全國代表大會代表候選人提出了批評。會議中充滿着團結熱烈的氣氛。各項議程，均按預期完成了任務。出席列席會議代表，通過各項主要議程，在對盟的認識上，對推進今後盟務的政治責任感，加强組織紀律性，加强批評與自我批評等各方面，均在不同程度上受到教育。出、列席同志對基層組織的工作報告，普遍感到滿意，大家認爲會議開得好，有收穫。

(2) 本盟全國代表大會的重要意義

本盟成立以來，已有十年以上的歷史，以前所開中央一級的會議，都是中央委員會擴大性質的會議，解放以前在香港所開的三中全會，一九四九年在北京所開的四中全會，以及一九五三年所開的七中全會都有着不同的重要意義。但這次會議是在國家過渡時期總路綫總任務提出、憲法公佈、全國政協章程公佈以後第一次全國性的會議，所以即將召開的第一次全國代表大會有着較前更爲重大的意義。這次會議，除了修改盟章和選舉盟中央領導機構之外，主要的議程將是總結盟的工作和盟員參加國家社會主義建設和社會主義改造的經驗教訓，討論並決定今後在國家過渡時期內，盟和盟員共同努力的目標和工作方針。會議將要研究知識分子，特別是中上層文教界知識分子如何進一步加強思想改造，在國家過渡時期民盟如何進一步發揮作用等問題。爲了開好盟的全國代表大會，總部先後有書面指示三次，口頭指示兩次，要求省的代表大會。除了討論盟章、提出關於修改盟章的意見、選舉出席全國代表大會的代表之外，在既有成績的基礎上，還要根據所發下的提綱，對盟務進行深入的討論，總結工作中的經驗，檢查工作中的缺點，分析目前所存在的主要問題，並提出對大會的建議。省委統戰部非常重視我們總部及省的代表會議，曾找支部正副主委作多次交談，并於會前召集全體委員研究如何開好會議。對待這樣一個重要的會議，多數出、列席代表起初是不重視或不夠重視的，有的想省代表會可在半天開完，有的把出席會議看成是一種負担，有的想「藉此休息一下」。開會前夕，這些思想已經扭轉。通過會議，代表同志們對於全國代表大會的重要意義，才有更加明確的認識。

(3) 大會的主要收穫：大會主要收穫有下列三項：

(一)通過盟務報告，通過大會發言即基層組織工作報告的討論，大家認識到三年多來，特別是近一年以來，由於各級黨委的正確領導，由於同志們對盟的作用的認識與工作積極性大大的提高，我們確實做出了不少成績。大家認識到過去我們之所以老是覺得盟沒有做出什麽成績，主要是由

七)

18

於沒有從細微處去看成績，要求偏高了。也是由於支部委員會沒有更好的協助基層組織總結工作中的成績。通過這次盟務討論，特別通過各個基層組織的工作報告，大家對推進盟務工作提高了信心。認爲今後發揮作用，不僅有了原則，而且也有了不少具體的方式方法了。在支部委員會和在區分部担負了責任的許多代表，通過大會不只是提高了今後工作的信心，同時對於改進領導方法、領導作風上也有收穫。明確了今後只有更進一步貫徹七中全會決議，加强對政策的學習，提高政策水平，只有面向基層，深入群衆，發揮群衆智慧，更好的注意總結基層工作的經驗，才能進一步領導同志，搞好盟務發揮更大的作用。

(二)通過聽取盟務報告，大會發言，與小組討論對於搞好今後盟務工作的主要關鍵，有了更加明確的認識。通過基層工作報告中一些具體事例，大家更加明確了只有緊密地依靠黨，隨時隨地接受黨政統一領導，盟才能發揮積極作用。農學院區分部在參加學術思想批判工作中有關這一方面的體會給代表們以深刻的印象。通過盟務報告與小組討論，對於協助黨政貫徹黨對知識分子政策，在認識上有了提高，對於盟在這一方面所應担負的重要責任，也有了更加深刻的認識。通過大會一些發言，大家認識到在中上層知識分子中去進行團結工作是我們最重要的，也是最主要的政治任務；認識到要做好這一項工作首先必須加强對自己的思想改造，必須付出辛勤的勞動。這是一項非常複雜非常細緻的工作，但只要我們努力去做，就一定能做出成績來。醫學院和農學院兩個區分部的工作報告，在這一方面的體會，予大家以很大的啓發。

(三)選舉出席本盟全國代表大會代表是大會主要議題之一。省委統戰部負責同志提出希望我們要做到統一認識，加強團結，選好代表。希望我們要在會議中，特別要在醞釀提名中，發揚民主展開批評，我們認爲選舉工作基本上貫徹了這一精神。經過討論分析，代表們認識了選舉必須從原則出發，從整體、全面出發，從有利於團結出發的重要性。在這方面，提高了也統一了認識。全體代表在選舉中同樣也本着對愛護組織、愛護同志的態度，展開了批評。批評的態度，一般都是熱情而誠懇的，實事求是和從工作出發的。因而對於改進支部委員會的工作有很大的幫助。因爲態度誠懇，使被批評的感到親切，樂於接受。這是組織內部所出現的新情況。而爲貴州盟內歷次會議所沒有的。

(4) 大會的主要缺點

大會所存在的缺點是很多的，主要的缺點有兩個：第一：會議準備時間，思想動員工作做得很不夠。由於支部委員會的幾位主要負責人，事先對會議的重要意義認識不足，有簡單了事的任務觀點，所以支部委員會作爲這個會議準備工作的領導機構本身就沒有發揮集體領導，統一認識，重視會議。這樣使後來在一系列的工作中，都沒有注意思想動員，這一情況，直到統戰部召集支委會座談後，才開始扭轉，這便使大會的準備工作在各方面造成了損失。事先沒有組織遵義市分部作工作總結發言，便是一個突出的例子。第二：在會議進行期間，主席團忙於工作安排，對於領導小組進行討論有缺點。即沒有抓緊討論中的分歧思想，進行分析，深入討論，提高認識。因而使有些本來可以談得更深、更透的問題輕輕滑走了。同時總部要求通過討論更多的了解知識分子對黨對知識分子政策的體會與目前知識分子的要求，會議中在這一方面收穫也很小。此外，大會準備期間沒有大力協助基層組織總結工作，提出更多的工作報告來。又大會期中沒有配合目前國際國內時勢，配合對胡風反革命集團進行鬥爭，組織一兩個政治報告，加強會議的政治性，也是會議中的缺點。

(5) 經驗教訓

這次大會之所以開得比較成功主要是由於省委統戰部與各級黨委給予我們具體領導與大力支持。省委統戰部負責同志一再邀約支部委員會委員座談，希望領導重視，注意思想動員，發動全體代表來認真開好會議。會議上又親自出席大會進行指示，使支部委員，大會代表扭轉思想，重視此次會議，是大會開好的重要關鍵。各級黨委為散處各單位担負重要工作的代表們安排工作，使代表精神貫徹，安心開會，也是重要的因素。其次：會議結果說明，幾年來，特別是近一年來，由於我們提高了對盟務的積極性并做出了一些成績，這些成績為大會開好提供了有利的條件。沒有各個基層組織的一些工作經驗的發言豐富盟務報告，沒有大家對盟務的積極性，小組討論便不可能深入，也不能談出問題來。上列二點是這次大會比去年第一次代表大會開得較好的主要原因，也是今後開好會的重要經驗。同時，在準備大會的工作開始時，領導層體會上級指示不深，層層發動工作做得不透，是這一次會議開得還不夠好的教訓。

乙：傳達討論應注意事項

(1)各區組負責人應召集出席列席省代表大會的同志，共同研究「全面傳達，重點深入」的傳達內容，推定傳達人。傳達提綱區委會和直屬組組長要事先進行研究，然後傳達。

21

(2)傳達討論時間希望不要超過八月底，具體時間由各區組自由安排。

(3)要貫徹這次傳達討論的目的要求，就必須體會這次省代表大會惠部長講話中對於討論盟務的指示。

(4)各級組織傳達時，是否結合今年上半年區組工作總結進行，由各區組自行研究決定。

(5)傳達討論文件，應以盟務報告爲主。大會發言，就已經整理好的附上四份參考。

(6)這個傳達要點僅供各位代表、各區組傳達時參考之用，各區組可結合本組情況，作必要增減。傳達時應引實例作一些說明。又出列席代表可結合傳達談個人體會。

（三）参加民盟全国二大

在经过选举之后，双清等5人赴北京参加民盟全国二次代表大会。1956年，民盟全国第二次代表大会提出“一切为了社会主义”的总方针、总任务。随着国家建设的发展，民盟已经从政治上、思想上、组织上全面接受党的领导，开始向在中国共产党的领导下为社会主义服务的政治力量过渡。中国共产党提出“长期共存互相监督”和“百花齐放，百家争鸣”的方针，极大鼓舞了广大知识分子的政治积极性和工作积极性，也推动了盟务工作的更大发展。

1956年5月29日的《中国民主同盟贵州省委员会关于盟第二次全国代表大会的传达讨论总结》（部分），就向民盟贵州支部成员清楚地传达了全国二大的相关内容和精神。

史料　《中国民主同盟贵州省委员会关于盟第二次全国代表大会的传达讨论总结》（部分）

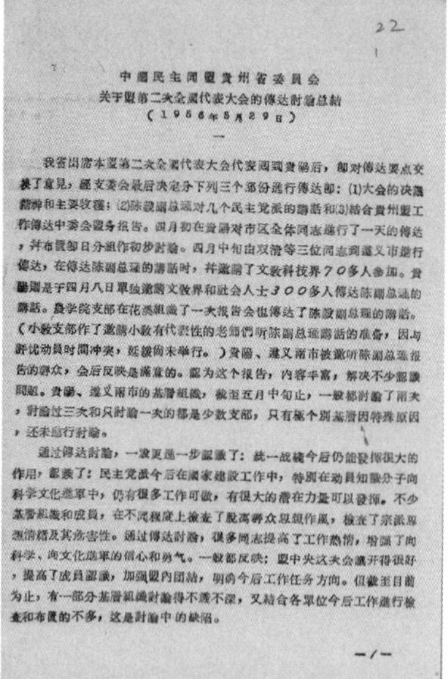

22

中國民主同盟貴州省委員会
关于盟第二次全國代表大会的傳达討論总結
（1956年5月29日）

一

我省出席本盟第二次全國代表大会代表回到貴陽后，即对傳达要点交換了意見，經支委会最后决定分下列三个部份進行傳达即：(1)大会的决議精神和主要收穫；(2)陈毅副总理对几个民主党派的講話和(3)結合貴州盟工作傳达中委会盟务报告。四月初在貴陽对市区全体同志進行了一天的傳达，并布置each日分組作初步討論。四月中旬由双清等三位同志到遵义市進行傳达，在傳达陈副总理的講話时，并邀請了文教科技界70多人参加。貴陽則是于四月八日單独邀請文教界和社会人士300多人傳达陈副总理的講話。農学院支部在花溪組織了一次报告会也傳达了陈毅副总理的講話。（小教支部作了邀請小教有代表性的老师們听陈副总理講話的准备，因与肃优动員时間冲突，延緩尚未举行。）貴陽、遵义兩市被邀听陈副总理报告的群众，会后反映是滿意的。認为这个报告，内容丰富，解决不少思想問題。貴陽、遵义兩市的基層組織，截至五月中旬止，一般都討論了兩次，討論过三次和只討論一次的都是少数支部，只有極个別基層因特殊原因，还未進行討論。

通过傳达討論，一致更進一步認識了：統一战綫今后仍能發揮很大的作用，認識了：民主党派今后在國家建設工作中，特別在动員知識分子向科学文化進軍中，仍有很多工作可做，有很大的潛在力量可以發揮。不少基層組織和成員，在不同程度上檢查了脫离群众思想作風，檢查了宗派思想情緒及其危害性。通过傳达討論，很多同志提高了工作熱情，增强了向科学、向文化進軍的信心和勇气。一般都反映：盟中央这次会議开得很好，提高了成員認識，加强盟内团結，明确今后工作任务方向。但截至目前为止，有一部分基層組織討論得不透不深，又結合各單位今后工作進行檢查和布置的不多，这是討論中的缺陷。

—1—

23

二

通过盟第二次全國代表大会傳达报告的討論，在下列几个問題中有收穫，玆分別敍述如下：

(1) 社会主义革命已進入高潮，統一战綫，民主党派，究竟还能維持多久呢？維持下去，究竟还有多少工作可做呢？成員中雖未正面提出这个問題，虽然沒有正面提出今后毫無作用，不需要繼續存在的說法，但怀疑的思想意識是不同程度存在着的。比如師院有的同志反映說：“民盟的性質要改了，再不改，便不能適应客观發展了，应該改为社会主义的政党才行。如果还是老樣子，慢吞吞的，誰也不会滿足了！”又如在討論中農院支部有的同志說：“过去認为在学校中有盟的組織比沒有这个組織自然要好些，但覚得沒有这个組織，影响也不大，所以搞盟的工作，总是推一下，动一下，今后要改正。”这种对盟組織覚得“有固然好，沒有問題也不大”的思想，几年来是相当普遍存在着的。通过这次討論，特別通过关于毛主席和中央其他領導同志親臨茶会与大家見面，或为会議作政治报告的傳达，進一步明确了党中央对于統一战綫，民主党派今后的作用，是極端重視的。又通过盟务报告的傳达，对于今后努力方向，对于民盟在知識分子工作中今后的任务和政治責任，認識上提高了，大家感到民盟今后确实有許多工作可作和必需去作，因而信心加大了。

在討論中有些同志对于盟章去掉“以小資產階級知識分子为主要成分的”这些字樣，与称呼，表示滿意。貴陽一中支部熊毓群同志說：“脫下这頂“帽子”，对于鼓励前進是有利的。今后老是想到以前不行了！应該向前看，加勁干才对！”有的說：“这頂帽子，老早就应該摘下来了！”

(2) 在討論中，多数同志檢查得比較深刻，發言也最普遍的是关于联系群众的問題。关于这方面，農学院支部是較突出的一个支部，農学院支委黃培昌、陈明敏等几位同志根据盟务报告深刻地檢查“不推不动，不夾不办”的缺点及其原因，檢查出自己有“自發的小宗派情緒”存在。指出

—2—

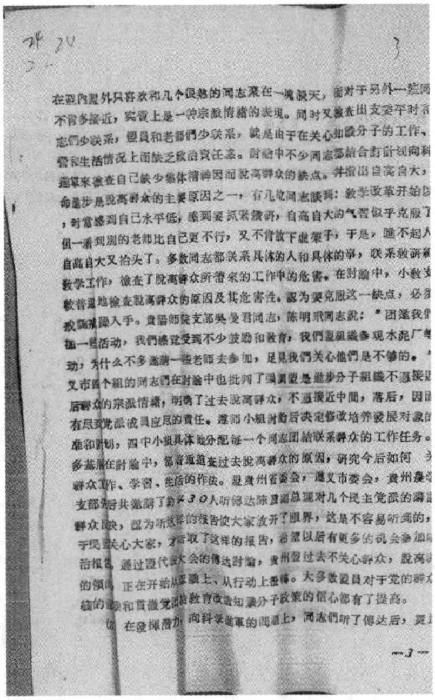

在盟内盟外只喜欢和几个很熟的同志聚在一塊談天，而对于另外一些同
不肯多接近，实質上是一种宗派情緒的表現。同时又檢查出支委平时
志們少联系，盟員和老師們少联系，就是由于在关心知識分子的工作、
習和生活情况上面缺乏政治責任感。討論中不少同志都結合前討知向科
進軍來檢查自己缺少集体精神因而脫离群众的缺点。并指出自高自大，
命進步是脫离群众的主要原因之一，有几位同志談到：教学改革开始以
，时常感到自己水平低，感到要抓紧鑽研，自高自大的气習似乎克服了
但一看到別的老师比自己更不行，又不肯放下架子，于是，瞧不起人
自高自大又抬头了。多数同志都联系具体的人和具体的事，联系教研組
教学工作，檢查了脫离群众所帶來的工作中的危害。在討論中，小教支
較普遍地檢查脫离群众的原因及其危害性。認为要克服这一缺点，必須
我隔離入手。貴醫师院支部吳曼君同志，陈明琪同志說："团結我們
加一些活动，我們感覺受到不少鼓勵和教育，我們盟組織参观水泥厂
动，为什么不多邀請一些老師去参加，足見我們关心他們是不够的。"
义市四个組的同志們在討論中也批判了强調盟是進步分子組織不愿接近
后群众的宗派情緒，明确了过去脫离群众，不愿接近中間，落后，因而
有尽到党派成員应尽的責任。遵师小組討論后决定修改培养發展对象的
准和計划，四中小組具体地分配每一个同志团結联系群众的工作任务。
多基層在討論中，都普遍追查过去脫离群众的原因，研究今后如何
群众工作、学習、生活的作法。盟貴州省委会，遵义市委会，貴州
支部先后共邀請了約430人听傳达陈副總理对几个民主党派的講
群众反映，認为听这样的报告使大家放开了眼界，这是不容易听到的，
于民盟关心大家，才爭取了这样的报告，希望以后有更多的机会参加
治报告。通过盟代表大会的傳达討論，貴州盟过去不关心群众，脫离
的傾向，正在开始从認識上、从行动上扭轉。大多数盟員对于党的群众
績的認識和貫徹党团結教育改造知識分子政策的信心都有了提高。
(3) 在發揮潜力，向科学進軍的問題上，同志們听了傳达后，更

—3—

【释文】

中国民主同盟贵州省委员会关于盟第二次全国代表大会的传达讨论总结（部分）

（1956 年 5 月 29 日）

一

我省出席本盟第二次全国代表大会代表回到贵阳后，即对传达要点交换了意见，经支委会最后决定分下列三个部分进行传达即：（一）大会的决议精神和主要收获；（二）陈毅副总理对几个民主党派的讲话和（三）结合贵州盟工作传达中委会盟务报告。四月初在贵阳对市区全体同志进行了一天的传达，并布置即日分组作初步讨论。四月中旬由双清等三位同志到遵义市进行传达，在传达陈副总理的讲话时，并邀请了文

教科技界70多人参加。贵阳则是于四月八日单独邀请文教界和社会人士300多人传达陈副总理的讲话。农学院支部在花溪组织了一次报告会也传达了陈毅副总理的讲话。（小教支部作了邀请小教有代表性的老师们听陈副总理讲话的准备，因与评优动员时间冲突，延缓尚未举行。）贵阳、遵义两市被邀听陈副总理报告的群众，会后反映是满意的。认为这个报告，内容丰富，解决不少认识问题。贵阳、遵义两市的基层组织，截至五月中旬止，一般都讨论了两次，讨论过三次和只讨论一次的都是少数支部，只有个别基层因特殊原因，还未进行讨论。

通过传达讨论，一□更进一步认识了：统一战线今后仍能发挥很大的作用，认识了：民主党派今后在国家建设工作中，特别在动员知识分子向科学文化进军中，仍有很多工作可做，有很大的潜在力量可以发挥。不少基层组织和成员，在不同程度上检查了脱离群众思想作风，检查了宗派思想情绪及其危害性。通过传达讨论，很多同志提高了工作热情，增强了向科学、向文化进军的信心和勇气。一般都反映：盟中央这次会议开得很好，提高了成员认识，加强盟内团结，明确今后工作任务方向。但截至目前为止，有一部分基层组织讨论得不透不深，又结合各单位今后工作进行检查和布置的不多，这是讨论中的缺陷。

二

通过盟第二次全国代表大会传达报告的讨论，在下列几个问题中有收获，兹分别叙述如下：

（一）社会主义革命已进入高潮，统一战线，民主党派，究竟还能维持多久呢？维持下去，究竟还有多少工作可作呢？成员中虽未正面提出这个问题，虽然没有正面提出今后毫无作用，不需要继续存在的说法，但怀疑的思想意识是不同程度存在着的。比如师院有的同志反映说：“民盟的性质要改了，再不改，便不能适应客观发展了，应该改为社会主义的政党才行。如果还是老样子，慢吞吞的，谁也不会满足了！”又如在讨论中农院支部有的同志说："过去认为在学校中有盟的组织比没有这个组织自然要好些，但觉得没有这个组织，影响也不大，所以搞盟的工作，总是推一下，动一下，今后要改正。"这种对盟组织觉得"有固然好，没有问题也不大"的思想，几年来是相当普遍存在着的。通过这次讨论，特别通过关于毛主席和中央其他领导同志亲临茶会与大家见面，或为会议作政治报告的传达，进一步明确了党中央对于统一战线，民主党派今后的作用，是极端重视的。又通过盟务报告的传达，对于今后努力方向，对于民盟在知识分子工作中今后的任务和政治责任，认识上提高了，大家感到民盟今后确实有许多工作可作和必需去作，因而信心加大了。

在讨论中有些同志对于盟章去掉"以小资产阶级知识分子为主成分的"这些字样，与称呼表示满意。贵阳一中支部赵毓祥同志说："脱下这顶'帽子'，对于鼓励前进是有利的。今后老是想到以前不行了！应该向前看，加劲干才对！"有的说："这顶帽子，老早就应该摘下来了！"

（二）在讨论中，多数同志检查得比较深刻，发言也最普遍的是关于联系群众的问题。关于这方面，农学院支部是较突出的一个支部，学院支委黄培昌、陈明敏等几位同志根据盟务报告深刻地检查"不推不动、不交不办"的缺点及其原因，检查出自己有"自发的小宗派情绪"存在。指出在盟内盟外只喜欢和几个很熟的同志聚在一块谈天，而对于另外一些同志不肯多接近，实质上是一种宗派情绪的表现。同时又检查出支委平时和同志少联系，盟员和老师们少联系……

（整理者按：以下内容的图片褶皱、模糊，不能识别，故未录入。）

二、第三次代表大会

1958年在贵阳召开民盟贵州省第三次代表大会。第二次代表大会和第三次代表大会都没有换届任务。

贵州民盟从1957年6月到1958年2月，主要搞“反右”斗争。1958年3月到9月，主要搞盟内整风。而第三次代表大会，即是在此等背景下召开的。据《贵州日报》报道，1958年10月19日，民盟贵州省委召开了第三次代表大会，相关情形亦有所勾稽。

史料 《贵州日报》报道

民盟贵州省委召开第三次代表大会

1958年10月21日

本报讯：中国民主同盟贵州省委员会，于本月19日上午8时在贵阳市召开了第三次代表大会。会议讨论并通过了民盟贵州省委整风总结，制订了组织改造三年规划纲要，选举了出席民盟第三次全国代表大会代表。

大家在讨论整风总结时，一致认为：民盟贵州省委在中共贵州省委的领导下，经过一年零两个月的整风，斗倒了以吴雪俦、张吉坞为首的右派集团，清除了右派路线的毒害和影响，使盟员清楚地认识到民主党派的资产阶级性质，及资产阶级知识分子的两面性。因而激发了盟员们自我改造的高潮，并取得了一定的成绩。

大家在讨论组织改造三年规划时，一致认为：通过整风，盟员们的政治思想，虽然向左跨进了一大步，但剥削阶级的思想意识和资产阶级的两面性，还未得到彻底清除，因而今后必须用“不断革命”的精神，进一步对盟组织和盟员进行脱胎换骨的根本改造。大家一致表示：今后要苦战三年，争取在更短一点的时间内，将盟员改造成又红又专的工人阶级知识分子，将盟组织改造成为名符其实的为社会主义服务的政治力量。

大会还通过了一项决议书：要求我省盟员今后要忠诚地接受中国共产党的领导，坚决走社会主义道路。并要热烈地响应党的号召，到工农群众中去，与劳动人民同吃同住同劳动，学习劳动人民的高尚品质，以求得对自己的彻底改造。决议书对美帝国主义霸占我国台湾，和在台湾海峡地区向我国进行战争挑衅的罪恶行为，表示无比的愤怒。因此要求我省的盟员们，要与全国人民一道，彻底粉碎美帝国主义的一切侵略阴谋。

最后，大会选举了王焕斗、唐弘仁、陈仲庵三人为出席民盟第三次全国代表大会代表。会议于当日下午六时结束。

【释文】

民盟贵州省委召开第三次代表大会

本报讯：中国民主同盟贵州省委员会，于本月19日上午8时在贵阳市召开了第三次代表大会。会议讨论并通过了民盟贵州省委整风总结，制订了组织改造三年规划纲要，选举了出席民盟第三次全国代表大会代表。

大家在讨论整风总结时，一致认为：民盟贵州省委在中共贵州省委的领导下，经过一年零两个月的整风，斗倒了以吴雪俦、张吉坞为首的右派集团，清除了右派路线的毒害和影响，使盟员清楚地认识到民主党派的资产阶级性质，及资产阶级知识分子的两面性。因而激发了盟员们自我改造的高潮，并取得了一定的成绩。

大家在讨论组织改造三年规划时，一致认为：通过整风，盟员们的政治思想，虽然向左跨进了一大步，但剥削阶级的思想意识和资产阶级的两面性，还未得到彻底清除，因而今后必须用“不断革命”的精神，进一步对盟组织和盟员进行脱胎换骨的根本改造。大家一致表示：今后要苦战三年，争取在更短一点的时间内，将盟员改造成又红又专的工人阶级知识分子，将盟组织改造成为名副其实的为社会主义服务的政治力量。

大会还通过了一项决议书：要求我省盟员今后要忠诚地接受中国共产党的领导，坚决走社会主义道路。并要热烈地响应党的号召，到工农群众中去，与劳动人民同吃同住同劳动，学习劳动人民的高尚品质，以求得对自己的彻底改造。决议书对美帝国主义霸占我国台湾，和在台湾海峡地区向我国进行战争挑衅的罪恶行为，表示无比的愤怒。因此要求我省的盟员们，要与全国人民一道，彻底粉碎美帝国主义的一切侵略阴谋。

最后，大会选举了王焕斗、唐弘仁、陈仲庵三人为出席民盟第三次全国代表大会代表。会议于当日下午六时结束。

第五节 第四次代表大会

一、会议背景

自1957年8月开始大致至1958年8月结束的广及全民的整风运动，是一次持续时间长、规模大、影响深的政治运动。1958年11月中旬到12月初，盟的第三次全国代表大会召开。因此，民盟贵州省委的第四次代表大会，即是伴随着全国三大以来的整风运动而召开的，而且是与中国国民党革命委员会贵州省第四次党员大会、九三学社贵阳分社第一届社员大会同时召开的。

民盟贵州省第四次代表大会于1959年12月在贵阳召开，选举产生了民盟贵州省第二届委员会。

史料一　民盟贵州省第四次代表大会开幕词（草稿）

开　幕　詞（草稿）

1959年12月　日

在　中国国民党革命委員会贵州省第四次党員大会
中国民主同盟贵州省第四次盟員代表大会　上
九三学社贵阳分社第一届社員大会

代表致詞人　×××

各位同志：

中国国民党革命委員会贵州省第四次党員大会、中国民主同盟贵州省第四次盟員代表大会、九三学社贵阳分社第一届社員大会现在开幕了。

我們的这次大会是在国际上东风继續压倒西风的形势下召开的，是在中共八届八中全会和中共贵州省委一届十次全会的决议的鼓舞下召开的，是在党发出了"反右傾、鼓干劲，进一步开展增产节約运动"的伟大号召下召开的，是在党的社会主义建設总路綫发揮了万丈光芒，在建設各个战綫上取得光輝的成就和继續大跃进的形势下召开的，是在省人民代表大会和省政协大会之后召开的，使我們对目前形势和今后任务获得了进一步的认识，这对我們的大会具有极其重大的意义。

民革第一届贵州省委員会是在1956年11月第二次党員大会上选举产生的，到现在已经三年多了；民盟第一届贵州省委員会是在19[illegible]年7月第一次盟員代表大会上选举产生的，到现在已经五年多了；九三学社贵阳分社筹备委員会是1957年1月成立的，到现在将近三年了。几年来，我們在中共贵州省委和各自的中央的领导下，在政协贵州省委員会的指导下，在参加政治协商和反对国内外敌人的斗爭方面，在参加各項政治运动方面，在推动所属成員进行社会主义改造和为社会

·1·

义服务方面，做了一些工作，取得了一定的成績，在人民民主统一战分工中发挥了积极的作用。特别是经过伟大的反右派斗爭和整风运动过对中共八届六中全会和八中全会文件的学习，在党的社会主义建設路綫的光輝照耀下，在全民大跃进的鼓舞和影响下，我們的政治面貌組织面貌发生了深刻的变化，大多数成员的政治思想获得了不同程度的高，政治立场向左跨进了一步，一般都认识到必須真誠接受共产党的領导、社会主义道路才是光明的前途，并有了为社会主义服务的意愿，在工作、习、劳动和社会实践等方面，有了一些积极的表现。但是我們的组织然是资产阶级性的政党，大多数成員在政治上仍然处于中间状态，两性依然存在，还必須继續进行政治立场和政治思想的根本改造。在当国内飞跃发展的新形势面前，一方面要求我們进一步調动成員的积极素为社会主义服务，另一方面使我們感到形势逼人，非加强自我根本造不可，同时也是我們进行自我根本改造的有利条件。

我們的这次大会是进一步贯彻中共八届八中全会和中共贵州省委一十次全会的决议精神，继續反右傾、鼓干劲，保卫党的社会主义建設路綫，同时加强各自的组织领导，增强团結，充分調动成員的积极性社会主义服务，把服务与改造紧密結合起来，在服务中继續进行政治场和政治思想的自我根本改造。我們的这次大会的任务是：都要总結织建立以来特别是整风运动結束后一年多以来的工作；交流服务与改的经验；民革和民盟都要选举各自的第二届省委員会，九三学社贵阳筹委会由于完成了筹备期间的任务，要在这次大会选举产生正式分委员会。

同志們：我們的这次大会是保卫总路綫的大会，是团結的大会，是服务、继續改造的大会。我們有中国共产党領导着我們前进，党的

路线照耀着我們前进，新的形势鼓舞和推动着我們前进，我們完全有
心通过这次大会，进一步反右傾、鼓干劲，把我們的服务和改造推向
个新的阶段。

中共贵州省委对我們召开这次大会非常关切，给了我們极大的支持
具体的帮助，省委　　　　同志今天又亲临指导，使我們受到极大
鼓舞，我謹代表三会全体成員向中共贵州省委表示崇高的敬意和衷心
感谢。許多来宾今天莅临指导我們的大会，我們万分的兴奋，我謹代
三会全体成員致以衷心的感谢。

預祝我們的大会胜利成功！

【释文】

开幕词（草稿）

1959 年 12 月

中国国民党革命委员会贵州省第四次党员大会
在 中国民主同盟贵州省第四次盟员代表大会 上
九三学社贵阳分社第一届社员大会

代表致词人 ×××

各位同志：

中国国民党革命委员会贵州省第四次党员大会、中国民主同盟贵州第四次盟员代表大会、九三学社贵阳分社第一届社员大会现在开幕了。

我们的这次大会是在国际上东风继续压倒西风的形势下召开的，是受到中共八届八中全会和中共贵州省委一届十次全会的决议的鼓舞下开的，是在全盟和各省人民发出了“反右倾、鼓干劲，进一步开展增产节约运动”的伟大号召下召开的，是在党的社会主义建设总路线发挥了方丈光芒，□建设各个线上取得光辉的成就和继续大跃进的形势下召开的，是在最近政协第二届一次会议，我们不少同志苗春亭□□□重要报告。这些使我们对目前形势和今后任务获得了进一步的认识，这对我们的大会具有极其重大的意义。

民革第一届贵州省委员会是在1956年11月第二次党员大会上产生的，到现在已经三年多了；民盟第一届贵州省委员会是在 1954 年 7 月第一次盟员代表大会上选举产生的，到现在已经五年多，九三学社贵阳分社筹备委员会是 1957 年 1 月成立的，到现在将近三年。几年来，我们在中共贵州省委和各自的中央的领导下，在政协贵州委员会的指导下，在参加政治协商和反对国内外敌人的斗争方面，参加各项政治运动方面，在推动所属成员进行社会主义改造和为社会主义服务方面，做了一些工作，取得了一定的成绩，在人民民主统一战线分工中发挥了积极的作用。特别是经过伟大的反右派斗争和整风运动，经过对中共八届六中全会和八中全会文件的学习，在党的社会主义建设总路线的光辉照耀下，在全民大跃进的鼓舞和影响下，我们的政治面貌、组织面貌发生了深刻的变化，大多数成员的政治思想获得了不同程度的提高，政治立场向左跨进了一步。一般都认识到必须真诚接受共产党的领导、走社会主义道路才是光明的前途（□有了为社会主义服务的意愿），在工作，学习、劳动和社会实践等方面，有积极的表现，做出了成绩，但是我们的组织□然是资产阶级性的政党，大多数成员在政治上仍然处于中间状态，两□性依然存在，还必须继续进行政治立场和政治思想的根本改造。在□国内飞跃发展的新形势面前，一方面要求我们进一步调动成员的积极□为社会主义服务，另一方面使我们感到形势逼人，非加强自我根本改造（不可），同时也是我们进行自我根本改造的有利条件。

我们的这次大会是进一步贯彻中共八届八中全会和中共贵州省委一十次全会的决议精神，继续反右倾、鼓干劲，保卫党的社会主义建设总路线（同时加强各自的组织领导，增强团结，充分调动成员的积极性□社会主义服务。）（通过政选组织，加强团结、加强□□，加强工作，传我们□通过工作，向党推进一步。）把服务与改造紧密结合起来（在服务中继续进行政治□□和政治思想的自我根本改造）。我们的这次大会的任务是：要总结□□建立以来特别是整风运动结束后一年多以来的工作；交流服务与改□的经验；民革和民盟都要选举各自的第二届省委员会。九三学社贵阳分社筹委会由于完成了筹备期间的任务，要在这次大会选举产生正式分社委员会。

同志们，我们的这次大会是保卫总路线的大会，是团结的大会，是□服务、继续改造的大会，我们有中国共产党领导着我们前进，党的总路线照耀着我们前进，新的形势鼓舞和推动着我们前进，我们完全有□心通过这次大会，进一步反右倾、鼓干劲，把我们的服务和改造推向一个新的阶段。

中共贵州省委对我们召开这次大会非常关切，给了我们极大的支持□具体的帮助，省委□同志今天又亲临指导，使我们受到极大的鼓舞，我谨代表三会全体成员向中共贵州省委表示崇高的敬意和衷心感谢。许多来宾今天莅临指导我们的大会，我们万分的兴奋，我谨代表三会全体成员致以衷心的感谢。

预祝我们的大会胜利成功！

二、会议概况

史料一 《中国民主同盟贵州省第四次盟员代表大会会议议程（草案）》

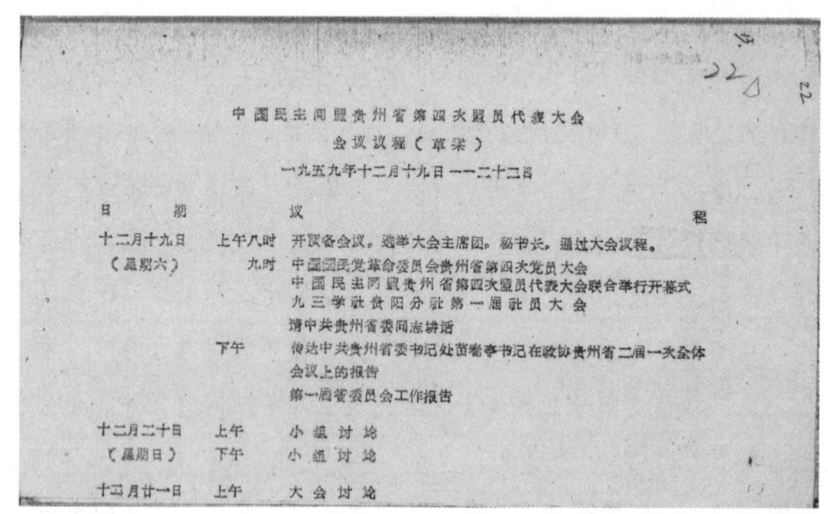

中国民主同盟贵州省第四次盟员代表大会

会议议程（草案）

一九五九年十二月十九日——二十二日

日期		议程
十二月十九日（星期六）	上午八时	开预备会议。选举大会主席团，秘书长，通过大会议程。
	九时	中国国民党革命委员会贵州省第四次党员大会 中国民主同盟贵州省第四次盟员代表大会联合举行开幕式 九三学社贵阳分社第一届社员大会 请中共贵州省委同志讲话
	下午	传达中共贵州省委书记处苗春亭书记在政协贵州省二届一次全体会议上的报告 第一届省委员会工作报告
十二月二十日（星期日）	上午	小组讨论
	下午	小组讨论
十二月廿一日	上午	大会讨论

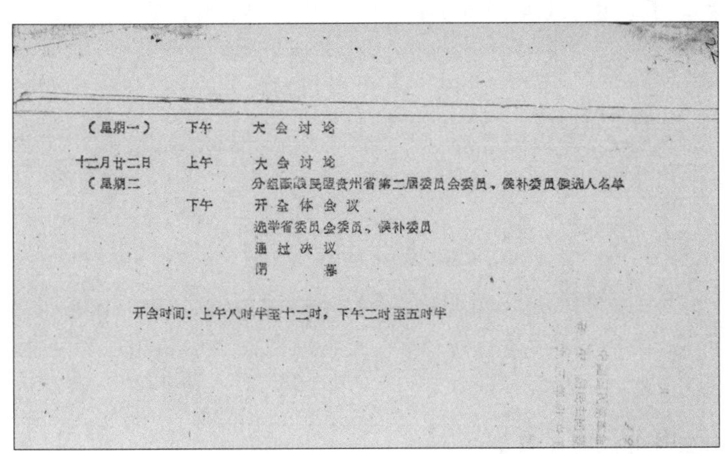

（星期一）	下午	大会讨论
十二月廿二日	上午	大会讨论
（星期二		分组酝酿民盟贵州省第二届委员会委员、候补委员候选人名单
	下午	开全体会议
		选举省委员会委员、候补委员
		通过决议
		闭　　幕

开会时间：上午八时半至十二时，下午二时至五时半

【释文】

中国民主同盟贵州省第四次盟员代表大会

会议议程（草案）

一九五九年十二月十九日—二十二日

日期议程

十二月十九日（星期六）

上午八时　开预备会议。选举大会主席团、秘书长，通过大会议程

九时　中国国民党革命委员会贵州省第四次党员大会

中国民主同盟贵州省第四次盟员代表大会联合举行开幕式

九三学社贵阳分社第一届社员大会

请中共贵州省委同志讲话

下午　传达中共贵州省委书记苗春亭书记在政协贵州省第二届一次全体会议上的报告

第一届省委员会工作报告

十二月二十日（星期日）

上午　小组讨论

下午　小组讨论

十二月廿一日（星期一）

上午　大会讨论

下午　大会讨论

十二月廿二日（星期二）

上午　大会讨论

分组酝酿民盟贵州省第二届委员会委员、候补委员候选人名单

下午　开全体会议

选举省委员会委员、候补委员

通过决议

闭幕

开会时间：上午八时半至十二时，下午二时至五时半

史料二 《中国民主同盟贵州省第一届第四次代表大会代表产生办法》

中国民主同盟贵州省第一届第四次代表大会代表产生办法

一、省委会委员、整风领导小组成员为当然代表。

二、代表产生以支部及直属小组为单位选举之。

三、每单位应产生代表人数，按下列标准推选。

1、人数在五人以下的单位产生代表一名；

2、人数在五人以上十人以下的单位产生代表二名；

3、人数在11人以上20人以下的单位产生代表三名；

4、人数在21人以上30人以下的单位产生代表四名；

5、人数在31人以上的单位产生代表五名。

四、各单位选举代表的方式，可依据各单位的具体情况，或采用支部、小组选举，或支部、小组会协商酝酿提名，请示各单位党委后确定。

五、代表选出后，务须将代表名单于代表大会开会三日前报省委会。

六、列席代表若干人由省委会根据需要考虑适当名额列席。

七、本办法由省委会讨论通过执行。

【释文】

中国民主同盟贵州省第一届第四次代表大会代表产生办法

一、省委会委员、整风领导小组成员为当然代表。

二、代表产生以支部及直属小组为单位选举之。

三、每单位应产生代表人数，按下列标准推算。

1. 人数在五人以下的单位产生代表一名；

2. 人数在五人以上十人以下的单位产生代表二名；

3. 人数在 11 人以上 20 人以下的单位产生代表三名；

4. 人数在 21 人以上 30 人以下的单位产生代表四名；

5. 人数在 31 人以上的单位产生代表五名。

四、各单位选举代表的方式，可依据各单位的具体情况，或采用支部、小组选举，或支部、小组长协商酝酿提名，请示各单位党委后确定。

五、代表选出后，务须将代表名单于代表大会开会三日前报省委会。

六、列席代表若干人由省委会根据需要考虑适当名额列席。

七、本办法由省委会讨论通过执行。

史料三　《中国民主同盟贵州省第四次盟员代表大会主席团、秘书长名单（草案）》

中国民主同盟贵州省第四次盟员代表大会
主席团、秘书长名单（草案）

主席团：（按姓名笔划排列）

双　清　　王燊斗　　冯　楠　　刘延良

李昌兰　　陈仲庵　　吴厚安　　夏国佐

唐弘仁　　黄培昌　　雷宝芬　　顾光中

熊启渭　　韩述明　　戴先艾

秘书长：唐弘仁（兼）

【释文】

中国民主同盟贵州省第四次盟员代表大会主席团、秘书长名单（草案）

主席团：（按姓名笔划排列）

双清 王焕斗 冯楠 刘延良 毕昌兰 陈仲庵 吴厚安 夏国佐 唐弘仁 黄培昌 雷宝芬 顾光中 熊启渭 韩述明 蹇先艾

秘书长：唐弘仁（兼）

史料四 相关通知等文件

166-1-45　5-6页　12-14页　22-37页
65-75页　89-94页　98页

通　知

中国民主同盟贵州省第四次盟员代表大会定期于1959年12月19日召开，会期四天。兹检发报到须知1份，希查照办理。

此致

同志

1959年12月15日

【释文】

通 知

中国民主同盟贵州省第四次盟员代表大会定期于1959年12月19日召开，会期四天。兹检发报到通知1份，希查照办理。

此致

同志

1959年12月15日

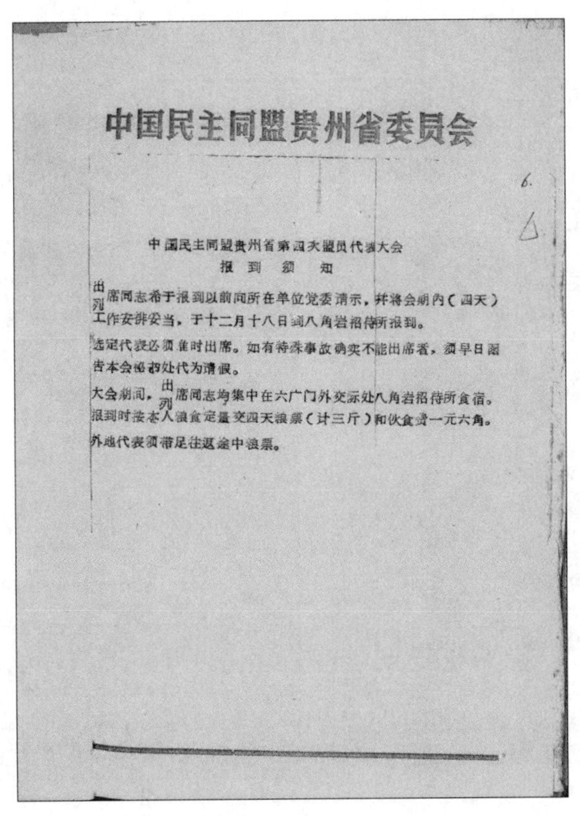

中国民主同盟贵州省委员会

中国民主同盟贵州省第四次盟员代表大会

报 到 须 知

出列席同志希于报到以前向所在单位党委请示，并将会期内（四天）工作安排妥当，于十二月十八日到八角岩招待所报到。

选定代表必须准时出席。如有特殊事故确实不能出席者，须早日函告本会秘书处代为请假。

大会期间，出列席同志均集中在六广门外交际处八角岩招待所食宿。报到时按本人粮食定量交四天粮票（计三斤）和伙食费一元六角。

外地代表须带足往返途中粮票。

【释文】

中国民主同盟贵州省第四次盟员代表大会报到须知

出（列）席同志希于报到以前向所在单位党委请示，并将会期内（四天）工作安排妥当，于十二月十八日到八角岩招待所报到。

选定代表必须准时出席。如有特殊事故确实不能出席者，须早日函告本会秘书处代为请假。

大会期间，出（列）席同志均集中在六广门外交际处八角岩招待所食宿。报到时按本人粮食定量交四天粮票（计三斤）和伙食费一元六角。外地代表须带足往返途中粮票。

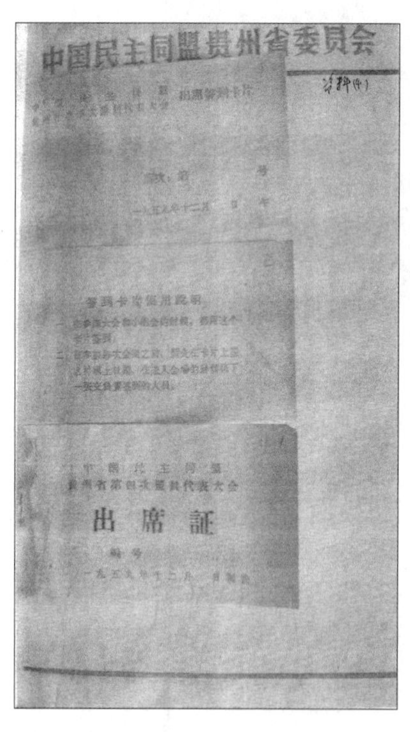
中国民主同盟贵州省委员会

出席証

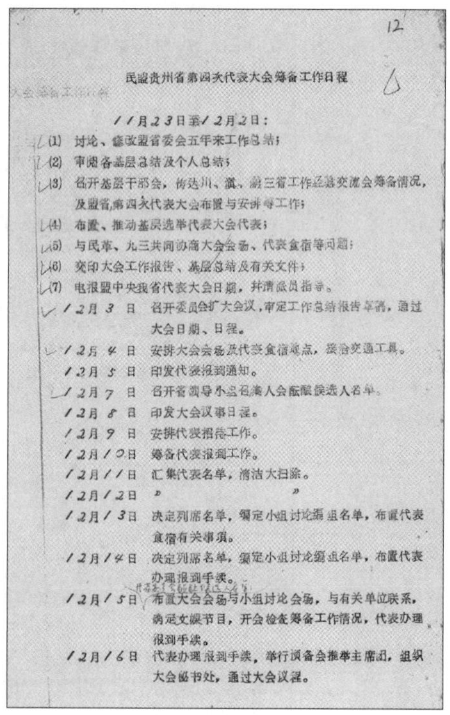
民盟贵州省第四次代表大会筹备工作日程

11月23日至12月2日：

(1) 讨论、修改盟省委会五年来工作总结；

(2) 审阅各基层总结及个人总结；

(3) 召开基层干部会，传达川、滇、黔三省工作经验交流会筹备情况，及盟省第四次代表大会布置与安排等工作；

(4) 布置、推动基层选举代表大会代表；

(5) 与民革、九三共同协商大会会场、代表食宿等问题；

(6) 交印大会工作报告、基层总结及有关文件；

(7) 电报盟中央我省代表大会日期，并请派员指导。

12月3日 召开委员会扩大会议，审定工作总结报告草稿，通过大会日期、日程。

12月4日 安排大会会场及代表食宿地点，接洽交通工具。

12月5日 印发代表报到通知。

12月7日 召开省领导小组召集人会酝酿候选人名单。

12月8日 印发大会议事日程。

12月9日 安排代表招待工作。

12月10日 筹备代表报到工作。

12月11日 汇集代表名单，清洁大扫除。

12月12日 〃 〃

12月13日 决定列席名单，编定小组讨论编组名单，布置代表食宿有关事项。

12月14日 决定列席名单，编定小组讨论编组名单，布置代表办理报到手续。

12月15日 布置大会会场与小组讨论会场，与有关单位联系，确定文娱节目，开会检查筹备工作情况，代表办理报到手续。

12月16日 代表办理报到手续，举行预备会推举主席团，组织大会秘书处，通过大会议程。

【释文】

民盟贵州省第四次代大会筹备工作日程

11月23日至12月2日：

（1）讨论、修改盟省委会五年来工作总结；

（2）审阅各基层总结及个人总结；

（3）召开基层干部会，传达川、滇、黔三省工作经验交流会筹备情况，及盟省第四次代表大会布置与安排等工作；

（4）布置、推动基层选举代表大会代表；

（5）与民革、九三共同协商大会会场、代表食宿等问题；

（6）交印大会工作报告，基层总结及有关文件；

（7）电报盟中央我省代表大会日期，并请派员指导。

12月3日　召开委员会扩大会议，审定工作总结报告草稿，通过大会日期、日程。

12月4日　安排大会会场及代表食宿地点，接洽交通工具。

12月5日　印发代表报到通知。

12月7日　召开省领导小组召集人会，酝酿侯选人名单。

12月8日　印发大会议事日程。

12月9日　安排代表招待工作。

12月10日　筹备代表报到工作。

12月11日　汇集代表名单，清洁大扫除。

12月12日

12月13日　决定列席名单，编定小组讨论编组名单，布置代表食宿有关事项。

12月14日　决定列席名单，编定小组讨论编组名单，布置代表办理报到手续。

12 月 15 日　开省委员会酝酿候选人名单，布置大会会场与小组讨论会场，与有关单位联系，确定文娱节目，开会检查筹备工作情况，代表办理报到手续。

12 月 16 日　代表办理报到手续，举行预备会推举主席团，组织大会秘书处，通过大会议程。

会议选举了民盟贵州省第二届委员会委员和候补委员，据留下来的投票办法史料，其选举办法如下：

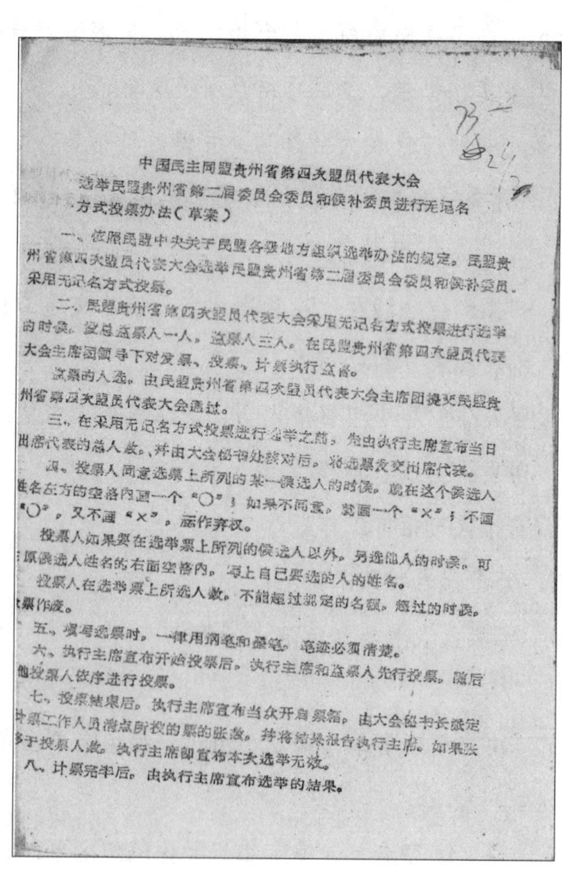

中国民主同盟贵州省第四次盟员代表大会
选举民盟贵州省第二届委员会委员和候补委员进行无记名
方式投票办法（草案）

一、依照民盟中央关于民盟各级地方组织选举办法的规定，民盟贵
州省第四次盟员代表大会选举民盟贵州省第二届委员会委员和候补委员，
采用无记名方式投票。

二、民盟贵州省第四次盟员代表大会采用无记名方式投票进行选举
的时候，设总监票人一人，监票人三人，在民盟贵州省第四次盟员代表
大会主席团领导下对发票、投票、计票执行监督。

监票的人选，由民盟贵州省第四次盟员代表大会主席团提交民盟贵
州省第四次盟员代表大会通过。

三、在采用无记名方式投票进行选举之前，先由执行主席宣布当日
出席代表的总人数，并由大会秘书处核对后，将选票发交出席代表。

四、投票人同意选票上所列的某一候选人的时候，就在这个候选人
姓名左方的空格内画一个“○”；如果不同意，就画一个“×”；不画
“○”，又不画“×”，就作弃权。

投票人如果要在选举票上所列的候选人以外，另选他人的时候，可
在原候选人姓名的右面空格内，写上自己要选的人的姓名。

投票人在选举票上所选人数，不能超过规定的名额，超过的时候，
此票作废。

五、填写选票时，一律用钢笔和墨笔，笔迹必须清楚。

六、执行主席宣布开始投票后，执行主席和监票人先行投票，随后
其他投票人依序进行投票。

七、投票结束后，执行主席宣布当众开启票箱，由大会秘书长派定
计票工作人员清点所投的票的张数，并将结果报告执行主席，如果张
数多于投票人数，执行主席即宣布本次选举无效。

八、计票完毕后，由执行主席宣布选举的结果。

【释文】

中国民主同盟贵州省第四次盟员代表大会选举民盟贵州省第二届委员会委员和候补委员进行无记名方式投票办法（草案）

一、依照民盟中央关于民盟各级地方组织选举办法的规定，民盟贵州省第四次盟员代表大会选举民盟贵州省第二届委员会委员和候补委员，采用无记名方式投票。

二、民盟贵州省第四次盟员代表大会采用无记名方式投票进行选举的时候，设总监票人一人，监票人三人。在民盟贵州省第四次盟员代表大会主席团领导下对发票、投票、计票执行监督。

监票的人选，由民盟贵州省第四次盟员代表大会主席团提交民盟贵州省第四次盟员代表大会通过。

三、在采用无记名方式投票进行选举之前，先由执行主席宣布当日出席代表的总人数。并由大会秘书处核对后，将选票交发出席代表。

四、投票人同意选票上所列的某一候选人的时候，就在这个候选人姓名左方的空格内画一个“○”；如果不同意，就画一个“×”；不画“○”，又不画“×”，标作弃权。

投票人如果要在选举票上所列的候选人以外另选他人的时候，可在原候选人姓名的右面空格内写上自己要选的人的姓名。

投票人在选举票上所选人数不能超过规定的名额，超过的时候，投票作废。

五、填写选票时，一律用钢笔和墨笔。笔迹必须清楚。

六、执行主席宣布开始投票后，执行主席和监票人先行投票，随后□他投票人依次进行投票。

七、投票结束后，执行主席宣布当众开启票箱。由大会秘书长派定计票工作人员清点所投的票的张数，并将结果报告执行主席。如果张数多于投票人数，执行主席即宣布本次选举无效。

八、计票完毕后，由执行主席宣布选举的结果。

据当时留下来的预选名单，委员 19 人，候补委员 8 人。

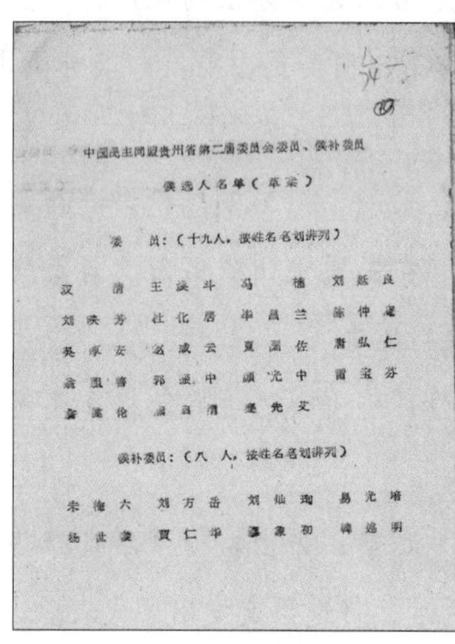

中国民主同盟贵州省第二届委员会委员、候补委员

候选人名单（草案）

委　员：（十九人，按姓名笔划排列）

汉　清　王焕斗　马　德　刘延良

刘映芳　杜化居　牟昌兰　陈仲庭

吴厚安　赵咸云　夏国佐　唐弘仁

翁凯泰　郭涵中　顾光中　雷宝芬

詹蕴伦　戴昌清　梁光文

候补委员：（八　人，按姓名笔划排列）

朱梅六　刘方岳　刘灿陶　易光墉

杨世读　贾仁华　廖秉初　韩逸明

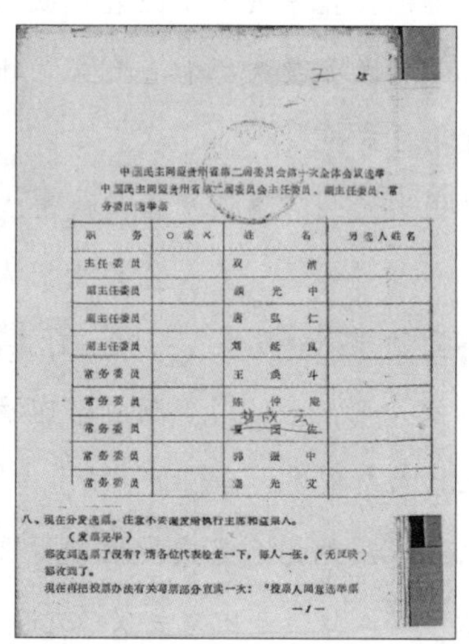

中国民主同盟贵州省第二届委员会第一次全体会议选举

中国民主同盟贵州省第二届委员会主任委员、副主任委员、常务委员选举票

职　　务	○或×	姓　　名	另选人姓名
主任委员		双　　清	
副主任委员		顾　光　中	
副主任委员		唐　弘　仁	
副主任委员		刘　延　良	
常务委员		王　焕　斗	
常务委员		陈　仲　庭	
常务委员		~~夏　国　佐~~ 赵咸云	
常务委员		郭　涵　中	
常务委员		梁　光　文	

八、现在分发选票。注意不要漏发给执行主席和监票人。

（发票完毕）

都收到选票了没有？请各位代表检查一下，每人一张。（无反映）

都收到了。

现在再把投票办法有关写票部分宣读一次：“投票人同意选举票

—1—

此次会议，选举了第二届委员会委员。

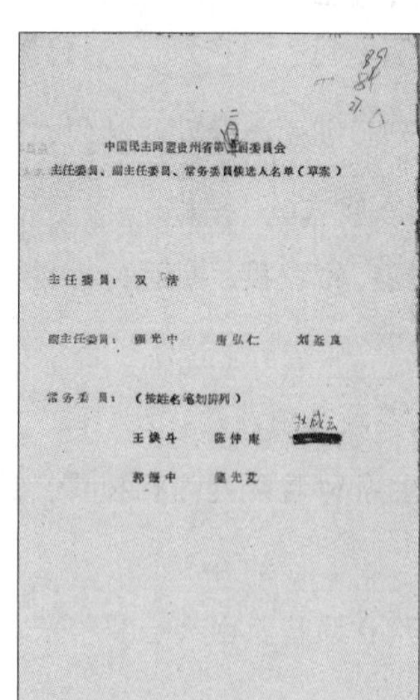

中国民主同盟贵州省第二届委员会

主任委员、副主任委员、常务委员候选人名单（草案）

主任委员：双　清

副主任委员：顾光中　唐弘仁　刘延良

常务委员：（按姓名笔划排列）

王焕斗　陈仲庭　~~夏国佐~~ 赵咸云

郭涵中　梁光文

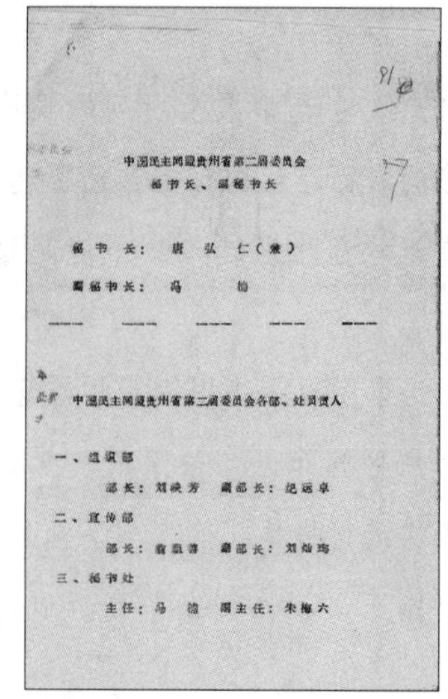

中国民主同盟贵州省第二届委员会

秘书长、副秘书长

秘书长：唐　弘　仁（兼）

副秘书长：马　　德

—— —— —— —— ——

中国民主同盟贵州省第二届委员会各部、处负责人

一、组织部

部长：刘映芳　副部长：纪远卓

二、宣传部

部长：翁凯泰　副部长：刘灿陶

三、秘书处

主任：马　德　副主任：朱梅六

三、工作报告

大会宣读了《中国民主同盟贵州省第一届委员会工作报告》。

史料一 1959 年 12 月：《中国民主同盟贵州省第一届委员会工作报告》

中国民主同盟贵州省第一届委员会工作报告

我代表民盟贵州省第一届委员会向大会报告工作，请大会予以审议批准。

一

民盟贵州省第一届委员会 1954 年 5 月成立以来，已经五年多了。五年来，国内外形势的变化是很大的。国际形势的总的特点是：东风压倒西风。敌一天天的烂下去，我们一天天的好起来。社会主义新世界加速地向前迈进，资本主义世界加速地走向没落。这一时期我国社会主义革命取得了伟大的胜利，社会主义建设在蓬蓬勃勃地向前发展。第一个五年计划期间，我国一方面完成了对农业、手工业、资本主义工商业的社会主义改造，一九五七年进行了全民整风运动和反对资产阶级右倾的斗争。在政治战线和思想战线上取得了决定性的胜利。另一方面进行了大规模的社会主义建设，取得了辉煌的成绩。一九五八年春天，党中央及时地提出了“鼓足干劲、力争上游，多快好省地建设社会主义”的总路线。在总路线的光辉照耀下，全国人民干中天，实现了国民经济史无前例的大跃进。在全国农村中实现了人民公社化。科学技术和文化教育事业的发展，也获得了空前未有的巨大成绩。

一九五九年在一九五八年大跃进的基础上继续跃进，又取得了新的重大的成就。特别是党的八届八中全会的公报和决议公布以后，全国人民在党的领导下，斗志昂扬，意气风发，反右倾、鼓干劲，积极地投入轰轰烈烈的增产节约运动。原订在1962年完成第二个五年计划的主要生产指标，也将在今年内完成。从贵州来说，工业战线，农业战绩以及其他各个战线上，都取得了新的、巨大的成就；全省的工业、交通、基本建设上的职工在中共贵州省委的号召和鼓舞下，提前一个月零两天完成了全年的国家计划，胜利地跨进了一九六〇年，为明年的“开门红”“满堂红”打下了良好的基础。社会主义建设取得一个紧接一个的巨大胜利，无可辩驳地证明：党中央和毛主席的领导是非常英明、非常正确的。证明：党的社会主义建设总路线，党中央所提出的那套“两条腿走路”的方针是完全正确的。只要我们坚持总路线，坚决贯彻执行总路线，我们就能在不断革命、不断跃进中取得不断的伟大的胜利。

1956年社会主义三大改造高潮以后，资本主义所有制已基本消灭。资本主义和社会主义两条道路之间的阶级斗争，进一步在政治战线上和思想战线上全面而深刻地反来。资产阶级右派不甘心资本主义的没落和灭亡，利用国际上反苏、反共、反社会的逆流，利用党整风的机会，对党和社会主义进行了猖狂的进攻。章、罗联盟篡夺党中央的领导实权，发号施令，对党和社会主义进行恶毒的攻击，各地方组织中的右派份子，也乘机蜂起，遥相呼应。贵州盟内长期潜伏的吴（雪俦）、张（吉坞），右派和其他右派分子，集中攻击党的肃反政策；说什么肃反运动“暗无天日”；攻击党的政策，提出“统上不统下”“统大不统小”的谬论，恶毒地攻击党的团结、教育知识分子政策，反对思想改造，挑拨党与非党知识分子的关系，诬蔑人事部门是“公司”，要求拆墙填沟，要求党“礼贤下士”，“重用知识分子”；有的甚至攻击党组织路线是“唯成分论”，说“党发展组织中有宗派主义，而宗派主义的根子则在党中央”。这些右派分子的反党、反社会主义言行，在知识界造成极其恶劣的政治影响，在人民群众中引起了极大的愤怒。当时我们多数同志是处于中间状态，分不清两类矛盾的实质和界限，对右派分子的猖狂进攻，袖手旁观，坐看风色。有的同志甚至对右派言论表示同情，与之共鸣，支持了右派。在一段时期内盟省委会迷失了政治方向，没有领员及时反击右派，捍卫党和社会主义的利益。这次错误是极其严重的，教训是极其□的。在党的正确的领导下和盟中央整风领导小组的指导下，贵州盟也成立了整风领导小组，由于党的正确领导，由于广大工农群众反击右派浩大形势的支持，同时在盟内结了多数盟员参加战斗，经过九个月的斗争，驳倒了右派谬论，粉碎了右派反党反社会主义的阴谋，彻底打垮了右派，并在各级组织中清洗了一批右派分子，使盟组织较纯洁了。纠正了盟一度出现的错误的政治方向和组织路线。全体盟员在这一场尖锐的战斗争中受到了一次极其深刻的社会主义教育，立场和思想获得锻炼和改造。

一九五八年三月，根据各民主党派中央“关于进一步开展整风运动的决定”和贵州省委统战部的指示，在反右派斗争胜利的基础上转入一般整风运动。通过大鸣放、大字报、大辩论，向党交心，进一步清除了右派谬论的影响。贵州的盟员都参加当时的自我改造跃进大会和会后游行，表示决心在党领导下加强自我改造。有些基本在各单位邀集盟所联系的群众组织座谈，对整风运动起了一定的推动鼓舞作用。大□盟员在盟的基层组织的推动下，通过向党交心、红专辩论，对自己的资产阶级立场和思想作风，都进行了分析批判。提高了觉悟，并发挥了党派成员的积极作用。

通过反右派斗争和整风运动，端正了盟的政治方向，盟员的政治思想面貌和政治分□都发生了新的变化。左派逐渐壮大，大多数盟员都不同程度地向左跨进了一步，有□同志光荣地参加了中国共产党。右派斗垮了，有的被清洗出盟。通过反右派斗争和整风运动，同志们清楚地认识到：民盟是资产阶级性质的政党，大多数盟员是资产阶级知识分子，认识到：盟的组织和成员必须进行社会主义的根本改造。永远跟着中国共产党走，坚持走社会主义道路，这是资产阶级知识分子唯一的光明道路。民主党派离开了中国共产党的领导，就一定要在政治上犯严重的错误。民主党派的成员如果不进行根本改造，就不能很好地为社会主义服务。同时，通过反右派斗争，也使我们认识到：民主党派在党的领导下，遵循着社会主义道路进行工作，是能在人民民主统一战线中发挥作用的。周总理在第二届全国人民代表大会第一次会议"政府工作报告"中说："各民主党派在□中，都整顿了自己的组织；他们在团结不同的社会力量来为社会主义服务的事业仍然是起着积极的作用。今后在我国仍然需要在为社会主义服务的基础上继续巩固开展人民民主统一战线，在承认共产党领导的前提下，共产党和各民主党派'长期共赢，互相监督'，对于人民事业仍然是有益的。"这一段重要讲话对于贵州民盟的情况□合的，对我们有极大的教育和鼓舞作用。

二

一九五八年冬，盟中央召开民盟第三次全国代表大会，总结了过去的经验，又提出以后的政治任务。同时，中共贵州省委统战部对民主党派一九五九年的工作也提出了指示，盟省委会根据盟第三次全国代表大会的决议和中共贵州省委统战部对民主党的指示，进行了许多工作，作出了成绩，发挥了一定的积极作用。

党的八届八中全会向全国人民提出反右倾、鼓干劲，厉行增产节约的伟大号召，以盟省委会根据八中全会的决议和精神，对于一九五九年下半年的工作，进一步作了要求全体成员把认真学习和坚决贯彻执行党的八届八中全会的决议作为当前重大治任务。现将一年多来的工作情况和当前存在的主要问题，向大会提出报告。

（一）推动成员参加各项政治活动，宣传党的各项方针政策方面

通过民盟第三次全国代表大会决议的传达和讨论，盟省委会推动、组织成员学习了主席　"论帝国主义和一切反动派都是纸老虎"和周恩来

总理“台湾海峡地区的斗争形势我们的任务”等重要文献；传达和讨论了李先念副总理在民建和全国工商联座谈会上的讲话；通过对上述文件的学习和讨论，同志们对“东风压倒西风”的国际形势与帝国主义及一切反动派的本质和对于和平解放台湾的政策，不同程度地提高了认识。

在推动成员积极参加反对帝国主义、保卫和平和解放台湾斗争以及其他政治活动方面，盟省委会和基层组织也进行了一些工作。当帝国主义和印度扩张主义分子利用问题，掀起反华运动的时候，我会推动成员积极参加了省政协和各单位所召开的座谈会，对印度扩张主义分子横蛮干涉我国内政，破坏中印友谊的阴谋活动提出了义正言辞的驳斥，开展严肃的政治斗争。对于全国人民代表大会，“关于西藏问题”的决议，党中央处理中印问题的外交政策方针一致表示坚决拥护。对黎巴嫩、约旦、伊拉克、古刚果人民反对帝国主义道路和反对殖民主义的斗争，都表示积极支持。通过这些活动，大家进一步认清了帝国主义的反动本质，增强反帝斗争的决心。

当党的八届八中全会闭幕后，盟省委会召开了扩大会议，传达并讨论八中全会会议和精神，省委会委员对党的八届八中全会和中共贵州省委一届十次全会所提出的反右倾、鼓干劲，进一步开展增产节约运动的伟大号召，一致表示坚决拥护，并保证实际行动贯彻执行。在此以前，省委会还召开会议，传达了省政协徐健生主席关于增产节约和经济生活问题的报告，号召成员认具对待市场供应问题，用实际行动厉行储蓄。同时，根据民盟中央的指示，省委会先后还召开了基层干部会议，要求全体成员在本单位党的统一布置下，认真学习八中全会文件，在学习中发挥积极带头作用。在学习这些重要文件以前，许多成员，对于党的社会主义建设总路线，对于党中央提出的一套，“两条腿走路”的方针，大都缺乏正确的全面的认识；对于人民公社化运动，对大跃进，以及大炼钢铁，市场供应等问题，也存在着许多错误看法和不同程度的怀疑、抵触情绪。通过学习，有很大的收获。许多同志都认识到，一九五八年和一九五九年大跃进社会主义事业发展的速度以及所取得的成绩是巨大的，是史无前例的。同时，经过分析，也更加清楚地认识到：这些成绩的取得，是全国人民在党领导下，贯彻执行鼓足干劲、力争上游，多快好省地建设社会主义总路线的结果，如果没有党中央所提出“两条腿走路”的方针，如果不是在各个战线上大搞群众运动，要取得如此辉煌的成绩是不可能的。有的同志联系到教育工作说：“单就教育事业来说，如果不贯彻党的方针，用两条腿走路，不知道哪一年才能普及小学教育，不知要过多少年才能取得如此巨大的成绩？”在学习中有不少同志联系个人思想实际和工作实际检查了干劲不足的原因；分析了个人主义、自由主义对社会主义事业所带来的危害性。

今年是伟大的中华人民共和国建国十周年，全国人民和我们全世界的朋友，都在庆祝这个节日，在建国十周年节日前后，盟省委会召开了座谈会和庆祝晚会。与会议上有的同志，在庆祝座谈会上，畅谈了十年来国家的伟大成就和发展，有的同志汇报十年来在党的教育下的思想变化，表示要继续加强改造，为社会主义建设事业贡献出更多的力量。

（二）推动成员积极参加社会主义建设，做好岗位工作方面

积极参加社会主义建设和社会主义革命，特别投入技术革命和文化革命，认真做好各单位工作，是盟全国第三次代表大会所确定的三大政治任务之一，也是中共贵州省委统战部一九五九年对各民主党派指示中一项重要内容。一年来，大多数盟员在工作岗位上努力的□□，不少盟的基层组织和盟员，在响应党委号召、完成各项中心工作中，起了积极作用。有的并作出了出色的成绩，受到了表扬，被评为先进工作者。以贵阳工业学校干部为例，一九五八年工校支部九个盟员有四个被评为先进工作者。一九五九年六个盟员中有五个被评为先进工作者，一人获得口头表扬。教育界的多数成员，一般都贯彻执行教育为无产阶级政治服务，教育与生产劳动相结合的方针，积极钻研业务，根据新的教育方针，认真编写讲义、教学大纲，或有关教学改革的方案，如农学院下放到农村的同志，在党委的领导与支持下，进行调查五十多次，写出总结报告九万五千五百字以上，最后并与西南区其他学校教师协作，编出新教材若干种。省进修学校与教育厅的同志在党委的领导下，集体编写有关中小学学制，教学计划教材的改革意见若干篇。这些都在推行党的教育方针上，发挥了一定的作用。有的基层组织，推动盟员破除迷□，解放思想，攻尖端科学，同职工一道钻研，在技术革新中作出出色成绩。比如工校部有的同志，在党委的积极支持与鼓舞下，与其他老师一道，经过四十多天的苦战，几十次反复翻工，试制成我国第一部钻探马达；农学院支部有的同志接受党委交给的试赤霉素任务，在设备简陋的情况下，积极组织师生，研究技术，终于试制成功，并向内外介绍资料，培养出新生力量。医学院支部的同志与老师们一道制作经络测定仪，□院支部的同志编写贵州史学，都是比较显着的例子。

（三）推动组织和成员加强根本自我改造方面

加速进行组织和成员的社会主义改造是民盟第三次全国代表大会所提出的三大任务之一。在民主同盟社会主义改造规划草案中明确提出：为了保证自我改造规划的正确执行，自我改造工作必须在党的领导下，以政治思想为统帅，以工作岗位为基地，以参加推动实践为基础，认真地学习马克思列宁主义，学习毛主席著作，依靠工农群众的影响推动采取定期整风，开展批评与自我批评。中共贵州省委统战部对民主党派的指示，也强调提出盟员必须以工作岗位为基地，从工作实践和劳动实践中去加强改造。根据中央和党委的指示，盟省委会对于组织和成员的根本改造，进行了一系列的工作。

在健全整顿巩固组织，加强组织改造方面。根据盟中央的指示，今年春，省委会推动贵阳市的基层进行改选，有三分之二的基层均选出了新的领导机构。同时，今年秋协助了基层组织总结过去工作中的经验，共总结出各种综合性的或点滴的经验二十条以上。反右派斗争以后的一段时期，盟内曾经滋长着一种对民主党派的消极情绪。有的人认为社会主义革命在思想战线、政治战线取得巨大的胜利以后，民主党派没有机会了，可以宣告结束了。有的人认为民主党派是资产级的政党，又抓出了成批的右派一个“不光彩”的组织，不愿意参加盟的组织活动。这些思想其实质是一种怀疑党统一战线政策，否认资产阶级改造的必要性的错误思想。这些思想对于加强根本自造，发挥组织作用是不利的。为了克服这些消极的错误思想，盟省委会传达并讨论周恩来总理对民主党派的指示。通过学习，不少盟员批判了上述这些不正确的思想。在党的领导下，民主党派过去曾经在人民民主统一战线中发挥过作用，今后仍要继续发挥作用。有不少基层组织，在本单位党委的领导下，积极开展了组织活动并作出了成绩。如延安路小组成员极为分散，工作流动性很大，但这一小组，仍然坚持组织生活，结合业务，结合政治运动，开展了组织活动。

结合业务实践，开展两条道路，两种方法，两种人生观的斗争，是加强对成员改造的一项重要工作。因为盟员及其所联系的群众的资产阶级思想和作风，多从工人实践中表现出来。不经常抓紧这方面的思想工作，不只是不利知识分子的彻底改造，也阻碍知识分子积极地为社会主义服务。有不少基层注意了这一方面的工作。如贵阳党支部、贵阳师专小组、小教支部等，采取会上批评，会外谈心，批评与鼓励相结合的方式，对个别成员的资产阶级教学观点或工作态度，结合整风，结合党的八届八中文件学习，开展了活动。通过这些活动，不仅使受批评的人受到教育，提高了觉悟，发作的积极性，而且由于在互相批评，共同分析中接触每个人的思想实际，收到了共同提高的效果。有些基层在进行这些活动时，在党委的指导下，注意帮助并培养有错误但政治上倾向好，要求改造的同志，大胆暴露，主动检查，起了典型示范，带动积极作用。

积极参加体力劳动，到工农群众中去，向工农群众学习，是知识分子自我改造的重要途径。一年来，盟员同志争取下乡、下厂的一天天增加，通过深入农村，接触实际逐步纠正着脱离实际，脱离群众的思想作风。有的同志由于能够认真参加生产劳动，一心向农民学习，在和农民共同劳动中受到了极其深刻的教育和锻炼。有的同志下放农村，除了坚持参加生产劳动外，还参加社会活动，如教农民学文化，帮助他们建立红专校，组织文娱活动，和当地农民建立了深厚的感情，成为农民可以信赖的亲人。有的同志在劳动中几次被评为劳动模范。省政协和各学校、机关，利用假期、节日，组织各类人士参观访问了郊区的人民公社、工厂、水利工程等工农业建设，盟员同志在组织的力劝下，一般都积极参加了这些活动，通过参观访问，大家都不同程度地受到社会主义的现实教育。

在加强马克思列宁主义和时事政策的学习，加强对毛主席著作的学习方面。主要是本单位党和行政统一布置和安排下进行的。民盟省委会也做了一些监督、检查工作，督促检查自我改造规划的制订和执行，推动基层组织和成员在组织生活中开展批评与自我批评，鼓励和教育成员，随时向党交心，巩固整风成果，省委会也进行一些工作。但这些工作都做得非常不够。

三

五年多来，在中共贵州省委会和盟中央的领导下，在省委统战部的具体指导及支持下，我们的工作是有成绩的。经过一九五七年反右派斗争和全民整风运动，民盟组织的变化更为显著。我们之所以能够取得一些成绩，在人民民主统一战线中发挥一定的积极作用，主要是由于有党的正确领导。从过去的工作中我们有下列三点认识和体会。

（一）民盟第三次全国代表大会提出："真正接受共产党领导是组织和成员改造的根本原则，也是做好一切工作的根本保证"是完全正确的。

盟的组织，必须闻风而行，积极响应党委号召，在党的领导和监督下进行工作，发挥组织作用。有的基层组织总结工作中提出：接受领导至少要做到五条：第一，接受党的领导，不能停在口头。要在实际行动中表现，当本单位布置中心工作时，盟的组织和成员一定要闻风而行，带头响应党的号召；第二，要主动请示党，正确了解党领导的指示，并认真研究党的决议和意图，提出贯彻党委指示的具体措施；第三，要反复做思想教育工作，把党的指示，贯彻到群众中去，贯彻到实际工作中去，第四，在执行过程中遇到什么困难和问题，要随时向党委汇报；第五，执行过后，要检查执行的效果。贵阳医学院支部，贵阳女中支部，师范学院支部，小教支部，遵义四中支部等基层在平时的组织活动中，一切都做到了事先向党委请示；研究党委意图；遇到困难或问题，又向党委汇报，及时反映情况；执行党委指示，也比较坚决，所以组织活动的效果，比较显着。许多基层都从工作实践中更加深切地认识到：党的领导对于做好工作的重要性。认识到：党委对民主党派的根本改造和政治活动都是十分关心的。任何时候，只要我们去请示党委，党委总是对我们的工作，指明方向，并提出许多切实可行的意见。党委对我们工作中的成绩时加以肯定，鼓励我们继续前进的信心，而对我们的缺点，也提出适当的批评和改进意见。既严肃，又亲切。党委对于盟员个人的工作和思想改造也极为重视。强调贯彻总结、批评、团结的原则，指示我们既要坚持原则，又要讲究方式方法，要具有决心和耐心。许多基层总结出的经验用生动的事实说明党的领导是做好一切工作的根本保证。

（二）过去的工作经验证明：民盟的组织和成员要使组织生活过得有内容，要发挥组织作用，必须密切结合本单位的中心任务，围绕着各个时期的中心任务进行工作。这是因为各个时期的中心工作就是党的各项方针任务在各个时期的具体表现，结合中心工作才能真正体现接受了党的领导；同时，盟员一般都关心自己的岗位工作，如果盟的组织能密切结合中心工作，解决搞好业务方面的思想问题，使盟员及其所联系的群众把岗位工作做得更好，组织活动也就更能引起大家的关心；而且正如盟中央会议总结中所指出的知识分子的思想，都比较集中表现在中心工作的实践中，盟员的政治思想教育工作只有注意通过业务实践来进行，才能做到有的放矢，解决一些思想问题。如果脱离本单位的中心工作、脱离盟员的业务实践和整个国家的政治形势政治运动，另搞一套，这样，很容易使组织活动脱离工作实际和思想实际，陷于空谈政治、空谈思想改造，便不能够发挥推动成员在服务中加强改造的组织作用。一年来很多基层都深深地在实际中体会到盟的组织活动必须紧密地结合中心工作的重要意义。遵义师专支部，贵阳女中支部等由于抓紧了一切活动都紧紧地围绕着中心工作来进行，所以在及时对成员进行教育，调动成员的工作积极性上，都收到了比较显着的成效。

（三）民盟是一个政治组织，在人民民主统一战线中和其他一些民主党派一样协助党积极宣传各项方针政策，反映各方面的意见和推动资产阶级知识分子加强根本改造的政治任务，因此民盟必须抓政治思想教育工作。过去的工作经验充分证明：民盟工作只有抓业务中和政治运动中的政治思想教育工作，才能使我们既不与中心工作脱节，又不和行政工作重复，而能够在思想工作中发挥党的助手作用。盟的政治思想主要有两个方面：一方面是经常向党委反映政治运动中和业务实践中盟及盟所联系群众各种思想活动以及各种建议和意见，另一方面是对盟的成员的资产阶级思想和作风开展批评，进行组织教育。由于人民内部的政治思想教育工作是解决人民内部的矛盾，是解决复杂的思想问题，所以一定要贯彻团结—批评—团结的原则。有团结，有斗争，也就是说既要和风细雨地进行正面教育，进行启发自觉的工作，同时，另一方面又要注意运用外力，运用政治形势和群众与组织的力量开展批评和斗争。要把批评很好的结合，把组织的批评与个别谈心很好的结合；针对不同的对象、不同的思想采取不同的方式去进行。在经常的思想教育工作中，片面地强调自觉自愿，强调自我检查，闭门思过，不去运用组织与群众的力量和过分强调运用外力，只满足于大会激烈斗争而不重视启发自觉都是不妥当的。贵阳师院支部在联系群众，克服科学研究和教学工作的消极思想情绪开展组积活动中，正是由于贯彻了团结—批评—团结的原则，坚持原则，又讲究方式方法，所以收到的效果比较好。

刘少奇主席在《马克思列宁主义在中国的胜利》这一重要文章中提到："无产阶级和阶级之间的政治斗争和思想斗争，在整个过渡时期都是不可避免的。不过这种斗争波浪起伏一样，有时候高，有时候低，有时候表现尖锐；有时候比较缓和。这种斗争到资产阶级的政治的思想的影响最后消灭的时候，才会熄灭。"周恩来总理在二届全大会的"政府工作报告"中也指出旧知识分子"要进一步彻底地同资产阶级世界观决裂，真正掌握工人阶级的世界观，那还需要一个较长的时期。"事实证明：旧知识分子改造反复性很大，由于阶级立场没有得到彻底改造，看来已经解决了的问题，过一时期，又重新出现，有的人的思想变化，时反时复、时进时退，在前进中不断有反复，是在反反复复中不断前进的。这便要求我们认识盟的政治思想工作是一个长时期还不断进行的重要工作。由于一个人的思想变化时常有反复，很复杂，因此，我们今后思想工作便要求做得更加深入、更加细致。

四

五年来，我们的工作是有成绩的。但是我们的工作还做得很不够，与当前全国大跃进形势比照起来，我们多数同志进步的速度，我们所做的工作，还很不相适应。经过右派斗争和全民整风运动，经过一九五八年的全面大跃进，和一九五八年的继续跃，总的说来，多数盟员和盟所联系的群众，在政治上和思想上，积极的一面，不断地增长，消极的一面在不断缩小，多数盟员在不同程度上更加向左靠拢。许多盟员在社会主义建设事业中是积极努力的，是愿意接受改造的。正如周恩来总理在全国二届一次大会的政府工作报告里面所说的“旧知识分子的自我改造工作，近来出现一个可喜的现象，就是他们中间有不少人不但愿意接受党的领导，为社会主义建设服务，而且深入群众，定期下厂下乡、参加劳动，取得同劳动人民在一起生活和劳动的新经验，提高了自己的思想觉悟”。但是我们不能不看到，在知识分子队伍中，在民盟组织的成员中，还有一部分同志对党的态度仍然是若即若离，心存戒备；对于党的重大方针政策、路线等方向性的问题，分不清是非，划不清界限，在大是大非面前摇摆不定；有的对社会主义道路在思想上还有保留；甚至采取抵触和对抗的态度。在为社会主义服务的态度上，不容讳言，有的人还显得干劲不足，工作情绪时高时低，忽冷忽热。在对自我改造上面，有的同志在口头上表示要求改造，而实际上又不时流露出厌倦情绪或不满情绪，缺乏把自己彻底改造好的决心和信心。上述这些消极的因素，在通过学习党的八届八中全会文件中，特别显得明白。有的同志认为：大跃进，太紧张。一个运动接一个运动，不断革命不断紧张，实在受不了，提出：“是否可以休息一下！”有的认为“以钢为纲，挤掉一切，造成经济失调，造成供应紧张，值得重新考虑”。有的认为“教育工作只能循序渐进，否则不能保证质量”。有不少同志还不能正确理解总路线统一战线政策以及民主党派工作的关系，认为“民主党派，性质不同，难于跃进”！有的认为“思想工作，复杂细致，欲求多快，即难好省”，也就是说总路线的光，照不进我们盟的工作里来。上述情况正说明我们多数同志尽管在反右派斗争和整风后在政治思想上向前跨进了一步，但政治立场还没有得到根本改造，仍然处于中间状态。一面向党交心；一面对党又心存戒备；一面在口头上承认必需改造并要求加速改造，另一方面改造又有厌倦情绪，缺乏彻底改造好的决心。这正生动地说明有些人还具有资产阶级两面性。

从盟省委会来说，政治思想领导还显得很薄弱；集体领导作用发挥得不够充分，对党的重大方针政策的研究工作，还做得很差；思想工作还不深入、不细致。基层组织，一年多来的变化是比较大的。多数基层克服了反右派斗争和整风以后一个时期的消极现象。有些基层在党委的领导下，做出了不少的成绩，但情况是不平衡的，有一部分基层的组织活动，还显得极不正常，还没有发挥应有的积极作用。这些缺点和问题，都是必须认真加以解决的。

同志们！五年多来，在中国共产党和毛主席的正确领导下，我国各族人民的团结比任何时候都更加亲密和坚强了。人民民主统一战线也比任何时候更加巩固和壮大了。五年多来，我国的社会主义建设，一直是健康地、迅速地、蓬蓬勃勃地向前发展，一九五八年党中央提出了鼓足干劲、力争上游多快好省地建设社会主义的总路线，提出了一整套 “两条腿走路”的方针，我们的社会主义事业发展得更为迅速，不仅为敌人所断定要失败的第一个五年计划已经胜利完成和超额完成，而且第二个五年计划原定一九六二年完成的主要指标，也将在今年内完成。当前的形势是继续跃进的形势。今年工业战绩、农业战绩和其他各个战绩所取得的辉煌成绩，充分说明：总路线、大跃进、人民公社化运动完全不是什么“糟得很”！而是“好得很”！帝国主义和右倾机会主义分子对总路线、大跃进、人民公社的诋毁和攻击，在铁的事实面前，已经失败和破产，今后也还要继续失败和破产。

在继续跃进的形势下，当前民盟的首要政治任务是坚决贯彻执行党的八届八中全会中共贵州省委一届十次全会的决议。克服右倾思想和右倾松劲情绪，要把右倾反透，干劲鼓足，用实际行动投入轰轰烈烈的增产节约运动中去，完成和超额完成党所交给我盟的各项任务。

民盟第三次全国代表大会向全体盟员提出了三大政治任务，即积极参加反对帝国主义，保卫和平和解放台湾的斗争；积极参加社会主义建设和社会主义革命，特别是技术革命和文化革命；加速进行组织和成员的社会主义改造。

根据党的八届八中全会决议和中共贵州省委一届十次会议决议的精神和民盟第三□国代表大会所确定的三项政治任务，我们要从下列几方面积极地进行工作。

（一）在各单位党委领导和统一布置下，认真学好党的八届八中全会的有关文件，是我们当前的中心政治任务。党的八届八中全会文件的学习不是一般时事政策的学习，而是我们在思想战线、政治战线又一次兴无灭资的斗争，也是自我改造的重要实践。因此必须本着严肃的态度，认真地学；深入的学，联系思想实际，分清大是大非，克服一切不利于贯彻总路线，不利于贯彻增产节约的思想障碍。在学习中，要发挥民主党派成员应有的积极作用，要做到不隐瞒自己的政治观点和思想活动。要敢于带头暴露自己的资产阶级右倾思想，也要积极帮助别人克服资产阶级右倾思想，敢于和这些思想进行斗争。这场斗争的过程，是反右倾，鼓干劲的过程，也就是调动一切积极力量加强服务、加强改造的过程。每一个成员都要积极投入社会主义建设总路线的学习运动中去，以便通过学习，达到提高认识，分清大是大非，鼓足干劲，积极服务的目的。

（二）反右倾，鼓干劲，积极开展轰轰烈烈的增产节约运动是党中央向全国人民发出的伟大政治号召，也是中共贵州省委向全省人民发出的伟大号召；增产节约是我们继续跃进，加速社会主义建设的积极措施，每一个盟员都应该积极宣传这一政策的重大意义，并用实际行动投入增产节约的新高潮中去。增产节约运动是以技术革新和技术革命为中心内容，本盟盟员大部分是文教科技界的知识分子，其中有不少同志掌握一定的技术知识，能够发挥一定的作用。基层组织和成员都应该在本单位党委的领导下，积极投入运动，把右倾反透，把干劲鼓足，积极地完成党委所布置的中心任务，并做到：人人动脑筋、个个献计策，在技术革新和技术革命中贡献出我们自己的全部知识与力量。同时应该指出：积极投入增产节约，积极为社会主义服务的过程也就是加强自我改造的过程，在参加党增产节约运动的实践中，能够克服我们许多错误思想。服务与改造是密切结合，相互推动的，每一个成员都应该把服务与改造紧密地结合起来。

（三）积极参加政治理论和时事政策的学习。认真学习马列主义，学习毛主席作品和党的各项方针政策，积极参加劳动锻炼，下厂下乡，参加各种参观和访问，以劳动实践中，接受形势的教育，加强自我改造。

（四）制订、修订、执行和检查红专规划与自我改造规划是推动我们加强改造的重要措施。要在本单位党委领导与统一布置下，继续执行。在当前应该根据本单位布置，订好跃进规划。

（五）总结并交流服务与改造中的经验是民盟中央和党委1959年提出的重点工作之一。总结并交流服务与改造的经验，总结进行政治思想工作的经验能推进我们盟的工作，也能推动我们加强服务与改造。这项工作，应继续进行。同时并为1960年春，四川、云南、贵州三省区域性经验交流会作好准备。

同志们！现在全国人民正在党的八届八中全会决议的精神鼓舞下，大战十二月，1960年“开门红”“月月红”“满堂红”，为1960年的继续跃进而奋斗。让我们同心同德，团结一致，在党中央和毛主席的英明领导下，在中共贵州省委会的正确领导下，高高地举起总路线、大跃进、人民公社的红旗，更高地举起毛泽东思想的红旗，奋勇前进！

随着会议进入尾声，一份《中国民主同盟贵州省第四次盟员代表大会决议》生成。

史料二 《中国民主同盟贵州省第四次盟员代表大会决议》

中国民主同盟贵州省第四次盟员代表大会决议（草稿）

中国民主同盟贵州省第四次盟员代表大会传达了中共贵州省委书记处书记苗春亭同志在中国人民政治协商会议贵州省第二届委员会第一次全体会议上所作的报告，听了中共贵州省委统战部惠世如部长在大会上对各民主党派的指示，并进行了认真的学习和讨论，一致认为苗书记的报告和惠部长的指示是我們今后工作的努力方向，必须坚决贯彻执行。大会听取了唐弘仁同志代表民盟贵州省第一届委员会所作的工作报告，经过讨论，一致同意这个报告。

会议认为：当前国内外形势对我国社会主义革命和社会主义建设是十分有利的。在国际上，总的形势是：以苏联为首的社会主义陣营各国的力量日益强大，团结日益巩固。资本主义世界的民族独立运动和人民革命斗爭日益发展。帝国主义各国的困难和它們相互间的矛盾日益增加。世界和平力量大大超过了战爭势力。美帝国主义的侵略政策和玩弄和平字句的阴谋，在全世界人民的坚决反击下，已遭到可耻的失败。所有这一切，都充分说明了毛主席的著名论断"东风压倒西风"是英明和正确的。在国内，当前的形势好得很。党的八屆八中全会的公报和决议公布以后，全国人民，在党中央的伟大号召下，在党的"鼓足干劲、力争上游、多快好省地建设社会主义"的总路綫的光輝照耀下，斗志昂扬，意气风发，反右傾，鼓干劲，掀起了轰轰烈烈的增产节约运动的新高潮。

我省也和全国各地一样，在党中央和毛主席的英明领导下，在中共贵州省委的正确领导下，社会主义革命和社会主义建设事业在一九五八年大跃进的基础上，今年又取得了巨大的胜利。工业、交通、基本建设战綫上继续跃进，已经提前一个月零两天全面超额完成了国家计划，胜

—1—

利地跨进了1960年。我省的人民公社遵照中央指示经过整社以后，已经迅速地走上健全、巩固和发展的道路。今年在战胜严重的灾害中显示出它的强大威力，在农业方面，获得了大丰收。工农业生产取得了伟大成就的同时，我省文化教育事业也有很大的发展，由于贯彻执行了教育为无产阶级的政治服务、教育和生产劳动结合的方针，教育质量获得了很大的提高。这就充分说明："鼓足干劲、力争上游、多快好省地建设社会主义"的总路线，已经完全确立，成为照耀一切工作的灯塔。

会议认为：经过全民整风和反右派斗争，经过1958和1959年的全民大跃进，我省盟员，在各级党委的领导下，在盟组织的教育下，政治思想都有不同程度的进步，在各自岗位上，做出了成绩，贡献出了自己的力量。会议指出：无产阶级和资产阶级之间的政治斗争和思想斗争，在整个过渡时期是不可避免的，两条道路的斗争并没有结束，盟的组织和成员的根本改造任务并没有完成。在继续大跃进的形势下，遵照中共贵州省委书记处书记苗春亭同志和省委统战部惠部长所提出的指示，我们当前的首要任务是坚决贯彻执行党的八届八中全会和中共贵州省委一届十次全会的决议精神，反右倾，鼓干劲，积极投入轰轰烈烈的增产节约运动中去。我们必须继续深入进行政治战线和思想战线上的社会主义革命，彻底批判资产阶级的世界观，树立无产阶级的世界观，认真批判资产阶级的学术思想，逐步肃清资产阶级的个人主义，认真学习马克思列宁主义，学习毛主席的著作，积极参加劳动锻炼；在当前全民的社会主义教育运动中，必须继续认真学习八届八中全会的有关文件，批判和克服一切不合乎总路线的错误思想，进一步明辨是非，改造立场，积极为社会主义建设服务，使服务与改造紧密地结合起来。民盟的组织和成员必须在党的领导下，继续在调动服务和推动改造的工作中发挥积极作用。

一、遵辉

我們必須在中共贵州省委的領导下，和全省人民一起，同心同德，团结一致，高举起总路綫、大跃进、人民公社的紅旗，定雄图，立大志，鼓大勁，建大业，为把我們贵州建設成为社会主义的新贵州，为把我国建設成为具有現代工业、現代农业和現代科学文化的伟大的社会主义强国而奋斗！

—3—

【释文】

中国民主同盟贵州省第四次盟员代表大会决议

中国民主同盟贵州省第四次盟员代表大会传达了中共贵州省委书记处书记苗春亭同志在中国人民政治协商会议贵州省第二届委员会第一次全体会议上所作的报告，听取了中共贵州省委统战部惠世如部长在大会上对各民主党派的指示，并进行了认真的学习和讨论，一致认为苗书记的报告和惠部长的指示是我们今后工作的努力方向，必须坚决贯彻执行。大会听取了唐弘仁同志代表民盟贵州省第一届委员会所作的工作报告，经过讨论，一致同意这个报告。

会议认为：当前国内外形势对我国社会主义革命和社会主义建设是十分有利的。在国际上，总的形势是：以苏联为首的社会主义阵营各国的力量日益强大，团结日益巩固。资本主义世界的民族独立运动和人民革命斗争日益发展。帝国主义各国的困难和它们相互间的矛盾日益增加，世界和平力量大大超过了战争势力。美帝国主义的侵略政策和玩弄和平字句的阴谋，在全世界人民的坚决反击下，已遭到可耻的失败。所有这一切，都充分证明了毛主席的著名论断“东风压倒西风”是英明和正确的。在国内，当前的形势好得很。党的八届八中全会的公报和决议公布以后，全国人民，在党中央的伟大号召下，在党的“鼓足干劲、力争上游、多快好省地建设社会主义的总路线”的光辉照耀下，斗志昂扬，意气风发，反右倾、鼓干劲，掀起了轰轰烈烈的增产节约运动的新高潮。

我省也和全国各地一样，在党中央和毛主席的英明领导下，在中共贵州省委的正确领导下，社会主义革命和社会主义建设事业在一九五八年大跃进的基础上，今年又取得了巨大的胜利。工业、交通、基本建设战绩上继续跃进，已经提前一个月零两天全面超额完成了国家计划，胜利地跨进了1960年。我省的人民公社遵照中央指示经过整社以后，已经迅速地走上健全、巩固和发展的道路。今年在战胜严重的灾害中显示出它的强大威力，在农业方面，获得了大丰收。工农业生产取得了伟大成就的同时，我省文化教育事业也有很大的发展，由于贯彻执行了教育为无产阶级的政治服务、教育和生产劳动结合的方针，教育质量获得了很大的提高。这就充分说明："鼓足干劲、力争上游、多快好省地建设社会主义的总路线"，已经完全确立，成为照耀一切工作的灯塔。

会议认为：经过全民整风和反右派斗争，经过1958和1959年的全民大跃进，我省盟员，在各级党委的领导下，在盟组织的教育下，政治思想都有不同程度的进步，在各自岗位上，做出了成绩，贡献出了自己的力量。会议指出：无产阶级和资产阶级之间的政治斗争和思想斗争，在整个过渡时期是不可避免的，两条道路的斗争并没有结束，盟的组织和成员的根本改造任务并没有完成。在继续大跃进的形势下，遵照中共贵州省委书记处书记苗春亭同志和省委统战部惠部长所提出的指示，我们当前的首要任务是坚决贯彻执行党的八届八中全会和中共贵州省委一届十次全会的决议精神，反右倾，鼓干劲，积极投入轰轰烈烈的增产节约运动中去。我们必须继续深入进行政治战线和思想战线上的社会主义革命，彻底批判资产阶级的世界观，树立无产阶级的世界观，认真批判资产阶级的学术思想，逐步肃清资产阶级的个人主义，认真学习马克思列宁主义，学习毛主席的著作，积极参加劳动锻炼，在当前全民的社会主义教育运动中，必须继续认真学习八届八中全会的有关文件，批判和克服一切不合于总路线的错误思想，进一步明辨是非，改造立场，积极为进会主义建设服务，使服务与改造紧密地结合起来。民盟的组织和成员必须在党的领导下，继续在调动服务和推动改造的工作中发挥积极作用。

我们必须在中共贵州省委的领导下，和全省人民一起，同心同德，团结一致，高举起总路线、大跃进、人民公社的红旗，定蓝图，立大志，鼓大劲，建大业，为把我们贵州建设成为社会主义的新贵州，为把我国建设成为具有现代工业、现代农业和现代科学文化的伟大的社会主义强国而奋斗。

史料三 《联系盟外教师工作的初步体会》

民盟是文教界的重要团体，因此，文教工作一直都是盟员工作的重心。从民盟贵阳师范学院支部中文系小组留下的会议记录——《联系盟外教师工作的初步体会》，就明显地反映了在整风运动中民盟组织工作的特点。

联系盟外教师工作的初步体会

民盟貴阳师范学院支部中文系小組

經过伟大的全民整风运动和反右派斗爭以后，在貴阳师范学院中文系的盟內外教师，和在全国其他各地的知識分子中一样，出現了一个可喜的現象，进一步認識到改造重要性和必要性，从而迫切地要求加强政治立場的根本改造。但是，不可諱言，在我中間，也曾存在过与此不相适应的情况，那就是在反右以后一个相当长的时間內，由对民主党派的作用認識不足，对民主党派产生一些消极的情緒。有的同志認为盟“不彩”、“今后見不得人了”，有的則大有“早知如此悔不当初”之感，認为不入盟还“身家清白”，入盟是“背黑鍋”，等等。这些想法和看法都是对自我改造不利的。后来，我們学习了盟三全大会的有关文件，特别是学习了周总理在各民主党派中央負責人会議上所作的关于民主党派工作的重要講話以后，盟內的混乱思想逐步得到了澄清，情况有了显著的好轉。大家認識到民盟作为一个民主党派不是有沒有作用的問題，而是在党的領导下如何发揮积极作用的問題。盟的中心任务就是要推动成員和所联系的群众积极投入实踐，在实踐中加强自我改造。这是一项艰巨、复杂而光荣的任务。我們感到要很好完成这个任务，“关起門来”是不行的，必須做到門戶开放、面向群众，把盟組織和成員置于群众的监督之下，邀請我們所能联系的群众参加盟的有关活动。这样，不仅可以增进了解，改善关系，加强群众对盟和盟員的督促，有利于我們的改造，同时也可以了解盟外教师的思想脉搏，有效地对他們进行帮助，以达到共同提高、共同进步的目的。两者是相互結合、相互影响的。师院党委和民盟省委会曾不止一次地就这个問題作过原則的指示和具体的帮助。我們就在这样的基础上，在中文系党总支的直接領导、支持与鼓励下，把曾經中断了一个时期的联系盟外教师的工作恢复和加强起来。

在工作实踐中，我們有以下几点体会和收获：

（一）在工作中，我們堅決地接受了系党总支的領导，密切結合了学院和系的中心工作。我們認为盟的組織活动必須結合所在单位的中心工作，积极推动成員和所联系的群众把中心工作做好。每项中心工作都是党的方針政策在各个不同时期的具体化，因此，認真貫徹执行党的各项中心工作，也就是我們堅決接受党的領导的具体表現。除此以

·1·

外，我們在方法上采取了小組会和串門促膝談心相結合；既关心政治进步，又关心群众生活；以正面教育为主，启发自觉，适当开展批評等办法；同时又注意了以身作則，大胆暴露思想，作到互相启发，决不以改造者自居。由于我們堅持了政治原則，貫徹了“和风細雨”的精神，因而使大家感到比較亲切，心情也相当舒暢，乐意把問題拿出来談，要求給予帮助。

上学期我們学院的中心工作是“調整各方面关系，提高教学質量”。整风反右以后，老师們一般在教学工作上是比較积极的，但也存在着不少的思想障碍（特别是关于师生关系、青老关系的問題），影响着积极性的进一步发揮，影响着教学質量的进一步提高。有的問題虽然巳經暴露出来了，但还有待于进一步解决；有的問題仍然悶在葫芦里，首先需要揭开，然后以便求得解决。針对这种情况，我們在系党总支的領导下，曾邀請盟外四十岁以上的老教师和盟員一道，先后座談了“如何发揮积极性，挖掘潛力，作好培养青年教师的工作”和“在党的領导下，在教学相长的原則下，发揮教师在教学上的主导作用”等問題。由于盟內同志事先对会議的目的、要求进行了研究，确定了分工联系的对象，按照分工进行了个别訪問、串門談心，在会上盟員同志又以身作則，现身說法，带头敞开思想，因而不少老年教师談出了自己許多錯誤的看法和想法。有的說，“我巳經老而无用了！”說到培养青年教师，有的委婉曲折地說，“自己工作很忙，对培养青年教师是心有余而力不足！”有的說，“整风反右以后有自卑感，政治上赶不上青年，这样如何能培养青年教师呢？訂协議书就是签訂合同，合同就必須履行，必須慎重……”。如此种种，一句話，就是对培养青年教师还缺乏强烈的政治責任感，下不了决心，怕完不成协議书要受批評，認为吃力不討好，想着多一事不如少一事。有的則直截了当地說：“自己政治水平很低，还培养什么青年教师！？将来一猫棒打来还得了！”“說錯了不得了，学术观点問題影响思想問題，思想問題后来又成为政治問題”等等。在个别交談时，也有人反映說：“教师起主导作用！？只要学生少貼一张大字报就行囉！”这里有認識問題，也有立場問題。但是問題暴露出来总是好的，它为解决問題提供了綫索和可能性。“不塞不流，不止不行”，我們的責任就在于：一方面尽其所能地做些工作，一方面及时地向党委汇报，以期进一步克服消极因素，化消极因素为积极因素，充分調动一切积极因素，为社会主义的教育事业服务。

在发揮教师的主导作用和培养青年教师的工作中，除开上面所說的思想疙瘩以外，也还存在着若干实际困难和問題，如有的人說，“彼此不摸底：青年教师不知道老教师擅长什么，老教师不知道青年教师缺什么，需要什么，因此訂协議书有困难”，以及有关培养方法等等問題。

·2·

在会上，大家对一些問題坦率地交換了意見，展开了討論。在談到如何正确对待批評以及批判的繼承問題时，有的同志举例說，"学生能对教师所教的东西，經过独立思考，加以鉴別，取其精华，去其糟粕，并且能够提出不同的意見，这本身就是件好事。同学們在批判×××老师的学术观点时就这样說：'我們之所以能批判×××老师的学术观点問題，正因为他在課堂上讲得很透彻，而又通过我們的認眞鉆研和独立思考，眞正懂得了×老师所講授的內容，否則，我們只能提出一些有关教学方法和教学态度之类的意見。'"有的同志介紹了青年教师訂立紅专规划后，发奋讀书，認眞向老教师虛心求教的情况，与会的人深受感动，感到培养这批新生力量是責无旁貸了。有的同志結合实际，生动地談出了自己"从顧虑重重到消除顧虑，由心情抑郁到心情舒暢"的思想轉变过程，在实际工作中体会到"系上的青年教师（指党員）"不仅对自己沒有"压力"；相反，現在感到党員同志很亲切，对自己所領导的工作給予了大力支持与鼓励，解决了自己的思想問題，順利地推动了工作，从而在工作上作出了一定的成績。有的也检查到以往对学生提意見有顧虑，要求不严格，怕学生不尊重自己；后来通过科研活动，深入学生之中，和学生打成一片，深深感到"师生之間的关系融洽了，作到了互相尊重、相处无間，同时学生对老师提意見也很能掌握分寸，因此有問題想拿到学生中去談，去商量研究，遇事希望能听取学生的意見。"在会上，大家也談到了学术观点和政治立場的界限和关系問題，研究了一些解决实际困难的办法，如有的人提出"老教师和青年教师各开单子，相互結合，由系党总支、系行政研究决定"的办法，克服訂协議书时彼此不摸底的困难；有的建議培养方式应多种多样：如开設专题講座，帮助助教下水开課；对年老多病的老师，青年教师就采取"登門求教"的办法，等等。这些办法对发揮老教师潜力、培养新生力量，都有着积极的现实意义，有的已見諸实施。

会后，我們除了及时将情况向党总支汇报以外，并且按照分工进行了个别訪問。我們認为这項工作很重要。它不仅可以增进感情，搜集到在会上不大容易听到的反映和思想情况；同时更可以从具体情况出发，因人制宜地解决問題。在个别交談中既要談政治思想，也应关心老师們的生活，这样气氛就显得更加輕松、和諧、亲切。有一位老师对学生在整风中所写的大字报抵触情緒很大，不愿意参加一切政治活动，我們登門拜訪，进行了恳切的交談，并且向他推荐了陈垣老先生在人民日报上发表的一篇文章；結果第二次他欣然参加了我們的組織生活。有的老教师生病，我們就主动地守看他，劝他到医院去診治，不要自己乱吃药。虽然这是件小事，但他却深深地感到盟組織和同志对他的关怀。

由于作了上述这些工作，盟外教师有的反映說："象这类会今后我很愿意参加。"有的教师两次座談会都因故沒有来，有的盟外教师則自告奋发，表示要去給他"做点工作"。有的表示要献出毕生的精力，带好徒弟，培养好新生力量。这确实是一个很大的轉变。盟員同志也普遍感到满意，認为这样的組織生活，既結合中心工作，加强了改造，推动了服务；同时也通过深入細致的工作，增强了搞好盟务工作的信心，覺得有搞

72—

头，工作起来展劲了。

（二）通过上面所談的一系列的工作，我們更深切地体会到“党的領导是搞好一切工作的最重要的保証。”

如前所述，在整风反右以后，有不少同志灰溜溜的挺不起腰来，有些同志对盟务工作不感兴趣。在这个时候，党給我們指出了正确的方向，帮助我們健全了組織，澄清了一些錯誤思想，鼓励我們挺起腰杆大胆地工作。在工作中，党总支給予我們大力的支持和具体的帮助，給我們安排組織生活时間；指导我們如何开展工作；并指定专人参加我們的活动，亲临指导。当我們在工作上有点滴成績的时候，党就及时地加以肯定，鼓舞着我們继續前进；当我們在工作中遇到障碍和困难，出現畏难情緒的时候，党就及时地教导我們，使我們进一步明确我們工作的意义，認識到这是一項細致、复杂而艰巨的工作，需要有强烈的政治責任感，需要細心，更需要耐心，旣要坚持原則，又要講究方式方法，因而增强了我們克服困难的决心和信心。如有一次，我們走訪一位老教师，因为他对某一領导同志有意見，这时却借題发揮，破口大罵。他这种做法当然是极其錯誤的，但我們并沒有性急，也沒有感到气餒。我們一方面認眞地指出他的錯誤；同时，积极热情地爭取他，結果效果很好。通过适当的批評，团結搞好了，在工作上也有一定程度的轉变，以往他是光拿錢不干事，現在却积极地搜集資料，編写講义，准备开課。由于党的不断教育和启示，我們了解到作人的工作，是一个艰巨复杂的工作，正因为这样，也是一項光荣的工作，进行这項工作的过程，也就是鍛炼、考驗和改造我們自己的过程。

綜上所述，如果說我們在联系盟外教师工作中还做出一点成績的話，那么，首先应当归功于党。

（三）联系盟外群众是我們盟組織和全体成員的一項重要的經常性的工作，必須把它安排在我們的工作日程之上，提高到应有的原則上来，加以認眞的对待。根据系党总支的指示，我們联系的主要对象是系上四十岁以上的老师（全系四十岁以上的教师共十六人，其中盟員同志六人）。我們感到做这項工作在主观上也有着一些有利条件：如我們盟員同志多半担任系或教研組的負責工作（正、副系主任是盟員，五个教研組主任中有三个是盟員），联系面較广，和盟外教师接触机会多；我們的同志也多系老教师，与他們有着深厚的感情联系和比較悠久的历史渊源——几十年的老朋友、老同学、老同事，彼此生活习慣和生活兴趣相近，脾味个性互相摸得較透，談話容易相投，工作起来不感到什么別扭。我們必須充分利用这些有利条件，保証做好这項工作，发揮盟組織应有的积极作用，当好党的助手。

这項工作在我們来說，还只是一个良好的开端，作得还很不够，离客观形势对我們的要求还很远。这項工作今后还应該繼續作，并且要把它作得更好。我們保証今后再接再厉，鼓足更大的革命干劲，在党的領导下，密切地和我們所联系的群众一道，坚持政治挂帅，加强自我改造，在伟大的社会主义教育事业中作出更多更大的貢献！

· 4 ·

【释文】

联系盟外教师工作的初步体会

民盟贵阳师范学院支部中文系小组

经过伟大的全民整风运动和反右派斗争以后，在贵阳师范学院中文系的盟内外教师中，和在全国其他各地的知识分子中一样，出现了一个可喜的现象：进一步认识到改造的重要性和必要性，从而迫切地要求加强政治立场的根本改造。但是，不可讳言，在我们中间，也曾存在过与此不相适应的情况，那就是在反右以后一个相当长的时间内，由于对民主党派的作用认识不足，对民主党派产生一些消极的情绪。有的同志认为盟“不光彩”“今后见不得人了”，有的则大有“早知如此，悔不当初”之感，认为不入盟还“身家清白”，入盟是“背黑锅”，等等。这些想法和看法都是对自我改造不利的。后来，我们学习了盟三全大会的有关文件，特别是学习了周总理在各民主党派中央负责人会议上所作的关于民主党派工作的重要讲话以后，盟内的混乱思想逐步得到了澄清，情况有了显著的好转。大家认识到民盟作为一个民主党派不是有没有作用的问题，而是在党的领导下如何发挥积极作用的问题。盟的中心任务就是要推动成员和所联系的群众积极投入实践，在实践中加强自我改造。这是一项艰巨、复杂而光荣的任务。我们感到要很好完成这个任务，“关起门来”是不行的，必须做到门户开放、面向群众，把盟组织和成员置于群众的监督之下，邀请我们所能联系的群众参加盟的有关活动。这样，不仅可以增进了解，改善关系，加强群众对盟和盟员的督促，有利于我们的改造；同时也可了解盟外教师的思想脉搏，有效地对他们进行帮助，以达到共同提高、共同进步的目的。两者是相互结合、相互影响的。师院党委和民盟省委会曾不止一次地就这个问题作过原则的指示和具体的帮助。我们就在这样的基础上，在中文系党总支的直接领导、支持与鼓励下，把曾经中断了一个时期的联系盟外教师的工作恢复和加强起来。

在工作实践中，我们有以下几点体会和收获：

（一）在工作中，我们坚决地接受了系党总支的领导，密切结合了学院和系的中心工作。我们认为盟的组织活动必须结合所在单位的中心工作，积极推动成员和所联系的群众把中心工作做好。每项中心工作都是党的方针政策在各个不同时期的具体化，因此，队员贯彻执行党的各项中心工作，也就是我们坚决接受党的领导的具体表现。除此以外，我们在方法上采取了小组会和串门促膝谈心相结合；既关心政治进步，又关心群众生活；以正面教育为主，启发自觉，适当开展批评等办法；同时又注意了以身作则，大胆暴露思想，做到互相启发，决不以改造者自居。由于我们坚持了政治原则，贯彻了“和风细雨”的精神，因而使大家感到比较亲切，心情也相当舒畅，乐意把问题拿出来谈，要求给予帮助。

上学期我们学院的中心工作是“调整各方面关系，提高教学质量”。整风反右以后，老师们一般在教学工作上是比较积极的，但也存在着不少的思想障碍（特别是关于师生关系、青老关系的问题），影响着积极性的进一步发挥，影响着教学质量的进一步提高。有的问题虽然已经暴露出来了，但还有待于进一步解决；有的问题仍然闷在葫芦里，首先需要揭开，然后以便求得解决。针对这种情况，我们在系党总支的领导下，邀请盟外四十岁以上的老教师和盟员一道，先后座谈了“如何发挥积极性，挖掘潜力，作为培养青年教师的工作”和“在党的领导下，在教学相长的原则下，发挥教师在教学上的主导作用”等问题。由于盟内同志事先对会议的目的、要求进行了研究，确定了分工联系的对象，按照分工进行了个别访问、串门谈心，在会上盟员同志又以身作则，现身说法，带头敞开思想，因而不少老年教师谈出了自己许多错误的看法和想法。有的说：“我已经老而无用了！”说到培养青年教师，有的委婉曲折地说：“自己工作很忙，对培养青年教师是心有余而力不足！”有的说：“整风反右以后有自卑感，政治上赶不上青年，这样如何能培养青年教师呢？订协议书就是签订合同，合同就必须履行，必须贯彻……”如此种种，一句话，就是对培养青年教师还缺乏强烈的政治责任感，下不了决心，怕完不成协议书要受批评，认为吃力不讨好，想着多一事不如少一事。有的则直截了当地说：“自己政治水平很低，还培养什么青年教师？！将来一猫棒打来还得了！”“说错了不得了，学术观点问题影响思想问题，思想问题后来又成为政治问题。”等等。在个别交谈时，也有人反映说：“教师起主导作用？！只要学生少贴一张大字报就行啰！”这里有认识问题，也有立场问题。但是问题暴露出来总是好的，它为解决问题提供了线索和可能性。“不塞不流，不止不行”，我们的责任就在于：一方面尽其所能地做些工作，一方面及时地向党委汇报，以期进一步克服消极因素，化消极因素为积极因素，充分调动一切积极因素，为社会主义的教育事业服务。

在发挥教师的主导作用和培养青年教师的工作中，除开上面所说的思想疙瘩以外，也还存在着若干实际困难和问题。如有的人说：“彼此不摸底，青年教师不知道老教师擅长什么，老教师不知道青年教师缺什么，需要什么，因此订协议书有困难”，以及有关培养方法等问题。

在会上，大家对一些问题坦率地交换了意见，展开了讨论。在谈到如何正确对待批评以及批判的继承问题时，有的同志举例说：“学生能对教师所教的东西，经过独立思考，加以鉴别，取其精华，去其糟粕，并且能够提出不同的意见，这本身就是件好事。同学们在批判×××老师的学术观点时就这样说：‘我们之所以能批判×××老师的学术观点问题，正因为他在课堂上讲得很透彻，而又通过我们的认真钻研和独立思考，真正懂得了×老师所讲授的内容；否则，我们只能提出一些有关教学方法和教学态度之类的意见。’”有的同志介绍了青年教师订立红专规划后，发奋读书，认真向老教师虚心求教的情况，与会的人深受感动，感到培养这批新生力量是责无旁贷了。有的同志结合实际，生动地谈出了自己“从顾虑重重到消除顾虑，由心情抑郁到心情舒畅”的思想转变过程，在实际工作中体会到“系上的青年教师（指党员）”不仅对自己没有“压力”；相反，现在感到党员同志很亲切，对自己所领导的工作给予了大力支持与鼓励，解决了自己的思想问题，顺利地推动了工作，从而在工作上做出了一定的成绩。有的也检查到以往对学生提意见有顾虑。要求不严格，怕学生不尊重自己；后来通过科研活动，深入学生之中，和学生打成一片，深深感到“师生之间的关系融洽了，做到了互相尊重、相处无间，同时学生对老师提意见也很能掌握分寸，因此有问题想拿到学生中去谈，去商量研究，遇事希望能听取学生的意见”。在会上，大家也谈到了学术观点和政治立场的界限和关系问题，研究了一些解决实际困难的办法，如有的人提出“老教师和青年教师各开单子，相互结合，由系党总支、系行政研究决定”的办法，克服订协议书时彼此不摸底的困难；有的建议培养方式应多种多样，如开设专题讲座；帮助助教下水开课；对年老多病的老师，青年教师就采取“登门求教”的办法；等等。这些办法对发挥老教师潜力、培养新生力量，都有着积极的现实意义，有的已见诸实施。

会后，我们除了及时将情况向党总支汇报以外，并且按照分工进行了个别访问。我们认为这项工作很重要。它不仅可以增进感情，搜集到在会上不大容易听到的反映和思想情况；同时更可以从具体情况出发，因人制宜地解决问题。在个别交谈中既要谈政治思想，也应关心老师们的生活，这样气氛就显得更加轻松、和谐、亲切。有一位老师对学生在整风中所写的大字报抵触情绪很大，不愿意参加一切政治活动，我们登门拜访，进行了恳切的交谈，并且向他推荐了陈垣老先生在《人民日报》上发表的一篇文章；结果第二次他欣然参加了我们的组织生活。有的老教师生病，我们就主动地去看他，劝他到医院去诊治，不要自己乱吃药。

虽然这是件小事，但他却深深地感到盟组织和同志对他的关怀。

由于做了上述这些工作，盟外教师有的反映说："像这类会□后我很愿意参加。"有的教师两次座谈会都因故没有来，有的盟外教师则自告奋发，表示要去给他"做点工作"。有的表示要献出毕生的精力，带好徒弟，培养好新生力量。这确实是一个很大的转变。盟员同志也普遍感到满意，认为这样的组织生活，既结合中心工作，加强了改造，推动了服务；同时也通过深入细致的工作，增强了搞好盟务工作的信心，觉得有搞头，工作起来展劲了。

（二）通过上面所谈的一系列的工作，我们更深切地体会到党的领导是搞好一切工作的最重要的象征。

如前所述，在整风反右以后，有不少同志灰溜溜地挺不起腰来，有些同志对盟务工作不感兴趣。在这个时候，党给我们指出了正确的方向，帮助我们健全了组织，澄清了一些错误思想，鼓励我们挺起腰杆大胆地工作。在工作中，党总支给予我们大力的支持和具体的帮助，给我们安排组织生活时间，指导我们如何开展工作，并指定专人参加我们的活动，亲临指导。当我们在工作上有点滴成绩的时候，党就及时地加以肯定，鼓舞着我们继续前进；当我们在工作中遇到障碍和困难，出现畏难情绪的时候，党就及时地教导我们，使我们进一步明确我们工作的意义，认识到这是一项细致、复杂而艰巨的工作，需要有强烈的政治责任感，需要细心，更需要耐心，既要坚持原则，又要研究方式方法，因而增强了我们克服困难的决心和信心。如有一次，我们走访一位老教师，因为他对某一领导同志有意见，这时却借题发挥，破口大□。他这种做法当然是极其错误的，但我们并没有性急，也没有感到气馁。我们一方面认真地指出他的错误；同时，积极热情地争取他，结果效果很好。通过适当的批评，团结搞好了，在工作上也有一定程度的转变：以往他是光拿钱不干事，现在却积极地搜集资料，编写讲义，准备开课。由于党的不断教育和启示，我们了解到做人的工作，是一个艰巨复杂的工作，正因为这样，也是一项光荣的工作，进行这项工作的过程，也就是锻炼、考验和改造我们自己的过程。

综上所述，如果说我们在联系盟外教师工作中还做出一点成绩的话，那么，首先应当归功于党。

（三）联系盟外群众是我们盟组织和全体成员的一项重要的经常性的工作，必须把它安排在我们的工作日程之上，提高到应有的原则上来，加以认真的对待。根据系党总支的指示，我们联系的主要对象是系上四十岁以上的老师（全系四十岁以上的教师共十六人，其中盟员同志六人）。我们感到做这项工作在主观上也有着一些有利条件：如我们盟员同志多半担任系或教研组的负责工作（正、副系主任是盟员，五个教研组主任中有三个是盟员），联系面较广，和盟外教师接触机会多；我们的同志也多系老教师，与他们有着深厚的感情联系和比较悠久的历史渊源——几十年的老朋友、老同学、老同事，彼此生活习惯和生活兴趣相近，脾味个性互相摸得较透，谈话容易相投，工作起来不感到什么别扭。我们必须充分利用这些有利条件，保证做好这项工作，发挥盟组织应有的积极作用，当好党的助手。

这项工作在我们来说，还只是一个良好的开端，做得还很不够；离客观形势对我们的要求还很远。这项工作今后还应该继续做，并且要把它做得更好。我们保证今后再接再厉，鼓足更大的革命干劲，在党的领导下，密切地和我们所联系的群众一道，坚持政治挂帅，加强自我改造，在伟大的社会主义教育事业中做出更多更大的贡献！

第六节 第五次代表大会

一、会议概况

1962 年 10 月 23—27 日，中国民主同盟贵州省第五次盟员代表大会在贵阳召开，选举产生了民盟贵州省第三届委员会，双清为主任委员。

中国民主同盟贵州省第五次盟员代表大会，讨论、审查第二届委员会的工作报告，总结第四次代表大会以来盟务工作的经验，并且研究今后如何进一步开展盟务工作，并产生第三届委员会，学习党的八届十中全会的公报。

《中国民主同盟贵州省第五次盟员代表大会开幕讲话》明确指出了此次会议召开的背景。

史料一 《中国民主同盟贵州省第五次盟员代表大会开幕讲话》

16
11
84

中国民主同盟贵州省第五次
盟员代表大会开幕讲话

同志们：

中国民主同盟贵州省第五次盟员代表大会应出席代表95人，除因病因事的代表以外，今天实到代表　　人，现在大会正式开幕。

我们这次大会是在国内外大好形势下召开的。是在有重大历史意义的党的八届十中全会胜利结束、向全国人民所发出庄严的号召之后召开的。在这样大好的形势之下召开我们的大会，有特殊重要的意义。也使我们特别感到兴奋的。中共贵州省委、省委统战部对于我们这次大会一直表示深切的关怀，各级党委也大力支持我们的大会。盟中央特别派盟中央委员会委员、宣传部副部长张毕来同志亲临指导，我们表示热烈欢迎！感到无限的兴奋！对省委、盟中央表示深切的感谢。

我们这次大会，将要讨论、审查第二届委员会的工作报告，总结第四次代表大会以来盟务工作的经验，并研究今后如何进一步开展盟务工作，使我省盟务能更加提高一步，在人民民主统一战线中发挥更大的作用。

我们这次大会，将要认真学习党的八届十中全会的公报。要听取和学习党委的重要报告和指示，也要请盟中央给我们作指示。我们要把党的八届十中全会的精神贯彻到这次大会，也要把党委、盟中央给我们的指示，进行认真学习和讨论。以便进一步认清形势、

—1—

17
8.5.20

鼓足干劲，把工作搞得更好。

我们这次大会，还要选举中国民主同盟贵州省第三届委员会，成立新的领导机构。

同志们！我们这次大会是一次很重要的会议。我们要用党的八届十中全会公报的精神来开好这次会议。一定要认真深入地学习党的八届十中全会的公报和有关文件。我们要本着发扬民主，加强团结的精神来开好这次会议。在中共贵州省委的领导下，在盟中央的领导下，我们相信这次会议一定会开得很好，一定能开得很圆满、很成功。

现在请省委会副主委×××同志代表省委会第二届委员会作工作报告。

【释文】

中国民主同盟贵州省第五次盟员代表大会开幕讲话

同志们：

中国民主同盟贵州省第五次盟员代表大会应出席代表95人，除因病因事的代表以外，今天实到代表□人，现在大会正式开幕。

我们这次大会是在国内外大好形势下召开的。是在有重大历史意义的党的八届十中全会胜利结束、向全国人民所发出庄严的号召之后召开的。在这样大好的形势之下召开我们的大会，有特殊重要的意义。也使我们特别感到兴奋的。中共贵州省委、省委统战部对于我们这次大会一直表示深切的关怀，各级党委也大力支持我们的大会。盟中央特别派盟中央委员会委员、宣传部副部长张毕来同志亲临指导，我们表示热烈欢迎！感到无限的兴奋！对省委、盟中央表示深切的感谢。

我们这次大会，将要讨论、审查第二届委员会的工作报告，总结第四次代表大会以来盟务工作的经验。并研究今后如何进一步开展盟务工作，使我省盟务能更加提高一步，在人民民主统一战线中发挥更大的作用。

我们这次大会，将要认真学习党的八届十中全会的公报。要听取和学习党委的重要报告和指示，也要请盟中央给我们作指示。我们要把党的八届十中全会的精神贯彻到这次大会，也要把党委、盟中央给我们的指示，进行认真学习和讨论。以便进一步认清形势、鼓足干劲，把工作搞得更好。

我们这次大会，还要选举中国民主同盟贵州省第三届委员会，成立新的领导机构。

同志们！我们这次大会是一次很重要的会议。我们要用党的八届十中全会公报的精神来开好这次会议。一定要认真深入地学习党的八届十中全会的公报和有关文件。我们要本着发扬民主，加强团结的精神来开好这次会议。在中共贵州省委的领导下，在盟中央的领导下，我们相信这次会议一定会开得很好，一定能开得很圆满、很成功。

现在请省委会副主委 ××× 同志代表省委会第二届委员会作工作报告。

史料二 相关通知、议程等文件

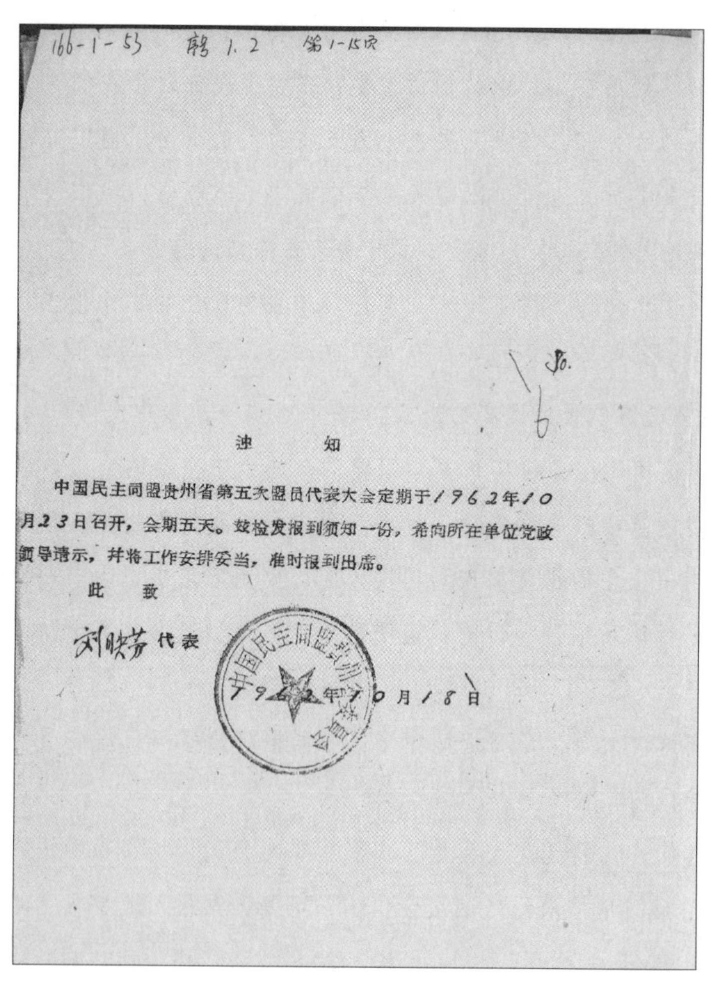

通　　知

中国民主同盟贵州省第五次盟员代表大会定期于1962年10月23日召开，会期五天。兹检发报到须知一份，希向所在单位党政领导请示，并将工作安排妥当，准时报到出席。

此　致

刘映芳代表

1962年10月18日

【释文】

通知

中国民盟贵州省第五次盟员代表大会定期于1962年10月23日召开，会期五天。兹检发报到须知一份，向所在单位党政领导请示，并将工作安排妥当，准时报到出席。

此 致

刘映芳代表

1962年10月18日

中国民主同盟贵州省第五次盟员代表大会报到须知

1、出席代表、列席同志均请于10月22日（星期一）到大会报到处（设盟省委会）办理报到手续，领取会议文件。

2、报到时，交五天的粮票和餐费，多退少补。粮按各人定量计算，（25斤的交4斤2两，27斤交4斤5两，余类推）餐费每天4角，5天合交2元。

远道代表请带足往返途中粮票。

3、报到后，请从10月22日下午起，在招待所进晚餐，并住宿。会议伙食从10月月22晚餐起至10月27日中餐止。

4、如因疾病或特殊情况，需要单开伙食者，请在报到时向报到处说明。

【释文】

中国民主同盟贵州省第五次盟员代表大会报到须知

1. 出席代表、列席同志均请于10月22日（星期一）到大会报到处（设盟省委会）办理报到手续，领取会议文件。

2. 报到时，交五天的粮票和餐费，多退少补。粮按各人定量计算，（25斤的交4斤2两，27斤交4斤5两，余类推）餐费每天4角，5天合交2元。

远道代表请带足往返途中粮票。

3. 报到后，请从10月22日下午起，在招待所进晚餐，并住宿。会议伙食从10月22晚餐起至10月27日中餐止。

4. 如因疾病或特殊情况，需要单开伙食者，请在报到时向报到处说明。

中国民主同盟貴州省
第五次盟員代表大会会議須知

1.代表、列席人員均請于10月22日到大会秘书处报到。領到的会議文件，請妥为保存。

2.代表因故不能出席大会时，須事先向大会秘书处請假，不能参加小組会时，事先向小組长請假。列席同志因故不能参加会議，也請分別告知秘书处或小組长。

3.会議期間，代表、列席及工作人員用餐，由大会秘书处統一办理。外县及郊区代表、列席人員22日下午以前，及27日中午以后的伙食均由自理，或委托大会总务組代为接洽单开客飯。

4.与会人員均凭餐券入席，每桌凑足十人后开餐。因特殊事故必須单开时，請与大会总务組接洽办理。

5.会議結束时，凭餐券退粮退錢，只退正餐，不退早餐，一律每餐退粮4两，退錢2角。

6.外县、郊区的代表及列席人員离筑时，需要代买車票者，請事前将行期通知大会秘书处总务組，以便代买預定車票。

【释文】

中国民主同盟贵州省第五次盟员代表大会会议须知

1. 代表、列席人员均请于10月22日到大会秘书处报到。领到的会议文件，请妥为保存。

2. 代表因故不能出席大会时，须事先向大会秘书处请假，不能参加小组会时，事先向小组长请假。列席同志因故不能参加会议，也请分别告知秘书处或小组长。

3. 会议期间，代表、列席及工作人员用餐，由大会秘书处统一办理。外县及郊区代表、列席人员22日下午以前，及27日中午以后的伙食均由自理，或委托大会总务组代为接洽单开客饭。

4. 与会人员均凭餐券入席，每桌凑足十人后开餐。因特殊事故必须单开时，请与大会总务组接洽办理。

5. 会议结束时，凭餐券退粮退钱，只退正餐，不退早餐，一律每餐退粮4两，退钱2角。

6. 外县、郊区的代表及列席人员离筑时，需要代买车票者，请事前将行期通知大会秘书处总务组，以便代买预定车票。

108

54

中国民主同盟贵州省第五次盟员代表大会

会议议程（草案）

一九六二年十月二十三日至二十七日

日期	时间	议程
十月二十三日	上午八时半	开预备会议。选举大会主席团。秘书长、通过大会议程。
	九时半	大会开幕 第二届委员会工作报告
	下午	小组讨论
十月二十四日	上午	小组讨论
	下午	小组讨论
十月二十五日	上午	听党委报告
	下午	小组讨论
十月二十六日	上午	大会讨论
	下午	小组讨论 分组酝酿民盟贵州省第三届委员会委员、候补委员候选人名单和决议
十月二十七日	上午	开全体会议 选举省委员会委员、候补委员 通过决议 闭幕

开会时间：上午八时半至十一时半，下午二时半至五时半。

【释文】

中国民主同盟贵州省第五次盟员代表大会会议议程（草案）

一九六二年十月二十三日至二十七日

日期	时间	议程
十月二十三日	上午八时半	开预备会。选举大会主席团。 秘书长、通过大会议程
	九时半	大会开幕 第二届委员会工作报告
	下午	小组讨论
十月二十四日	上午	小组讨论
	下午	小组讨论
十月二十五日	上午	听党委报告
	下午	小组讨论
十月二十六日	上午	大会讨论
	下午	小组讨论 分组酝酿民盟贵州省第三届委员会委员、候补委员候选人名单和决议
十月二十七日	上午	开全体会议 选举省委员会委员、候补委员 通过决议 闭幕

开会时间：上午八时半至十一时半，下午二时半至五时半。

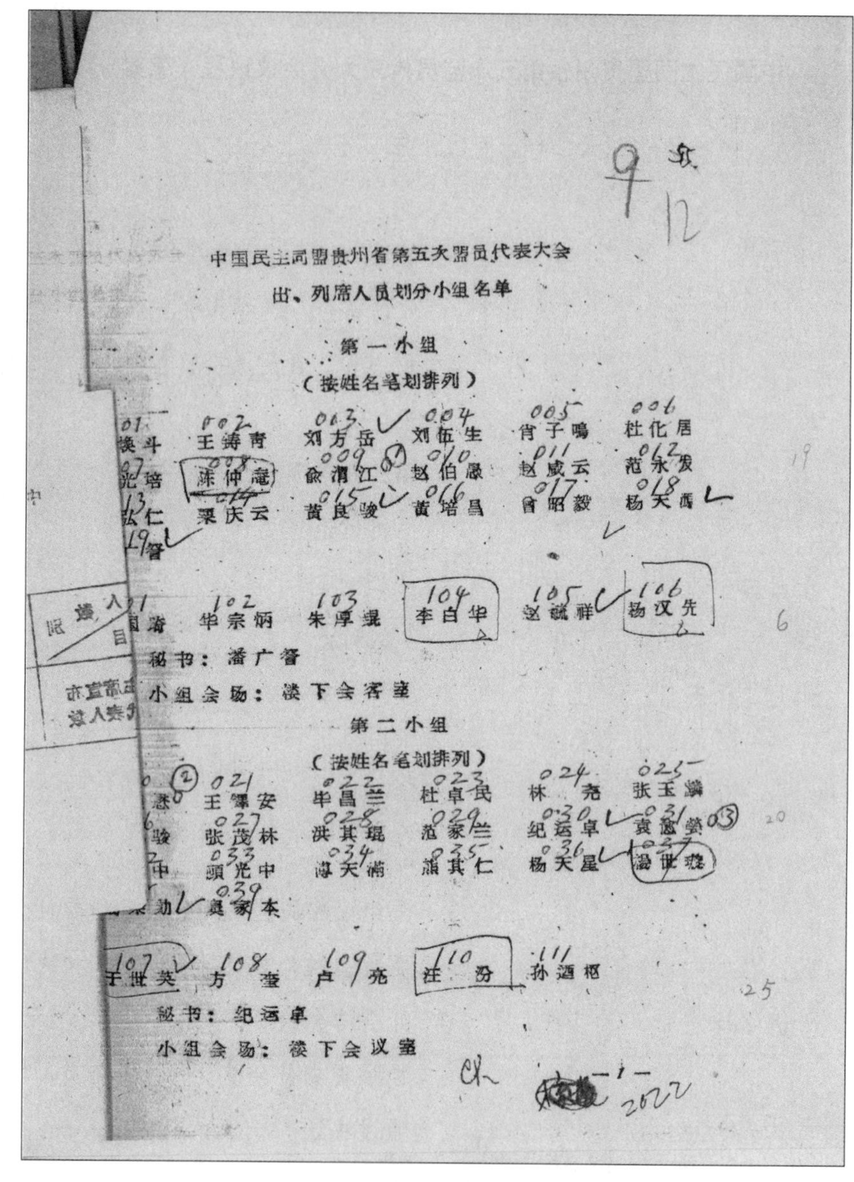

中国民主同盟贵州省第五次盟员代表大会

出、列席人员划分小组名单

第一小组

（按姓名笔划排列）

焕斗　王铸青　刘方岳　刘伍生　肖子鸣　杜化居
光培　沫仲庵　俞渭江　赵伯愚　赵威云　范永发
弘仁　梁庆云　黄良骏　黄培昌　曾昭毅　杨天燕
督

自游　华宗炳　朱厚琨　李白华　赵毓祥　杨汉先

秘书：潘广普

小组会场：楼下会客室

第二小组

（按姓名笔划排列）

悉　王霈安　毕昌兰　杜卓民　林　尧　张玉麟
骏　张茂林　洪其琨　范家兰　纪运卓　袁愈荧
中　顾光中　蒋天浦　萧其仁　杨天星　潘世莪
勋　莫家本

于世英　方　奎　卢　亮　汪　汾　孙酒枢

秘书：纪运卓

小组会场：楼下会议室

—1—

第三小组

（按姓名笔划排列）

毛德生　刘延良　刘映芳　刘道淡　刘德澄　李方明
肖孝成　肖澜生　涂运和　許德秉　夏国佐　黄炳炎
贾仁华　董修平　彭联柄　湯世济　雷宝芬　詹谏伦
韩延明

甘祖連　刘延敏　孙　豪　陈受谦　陈晰镜　魏硕权

秘书：肖孝成

小组会场：二楼会议室

第四小组

（按姓名笔划排列）

王玉瀘　冯　浦　刘浚豫　刘继宗　余　碧　余明璘
孙锐秀　何言章　何　清　李常稠　张以勤　陈福彬
陈胤孙　高惠祥　黄耀初　贾鉴波　程绍滅　蔡芝藩

刘焕云　李道明　李梦骅　马策西　周杏村　徐怀谷

秘书：黄以文

小组会场：三楼小会议室

—2—

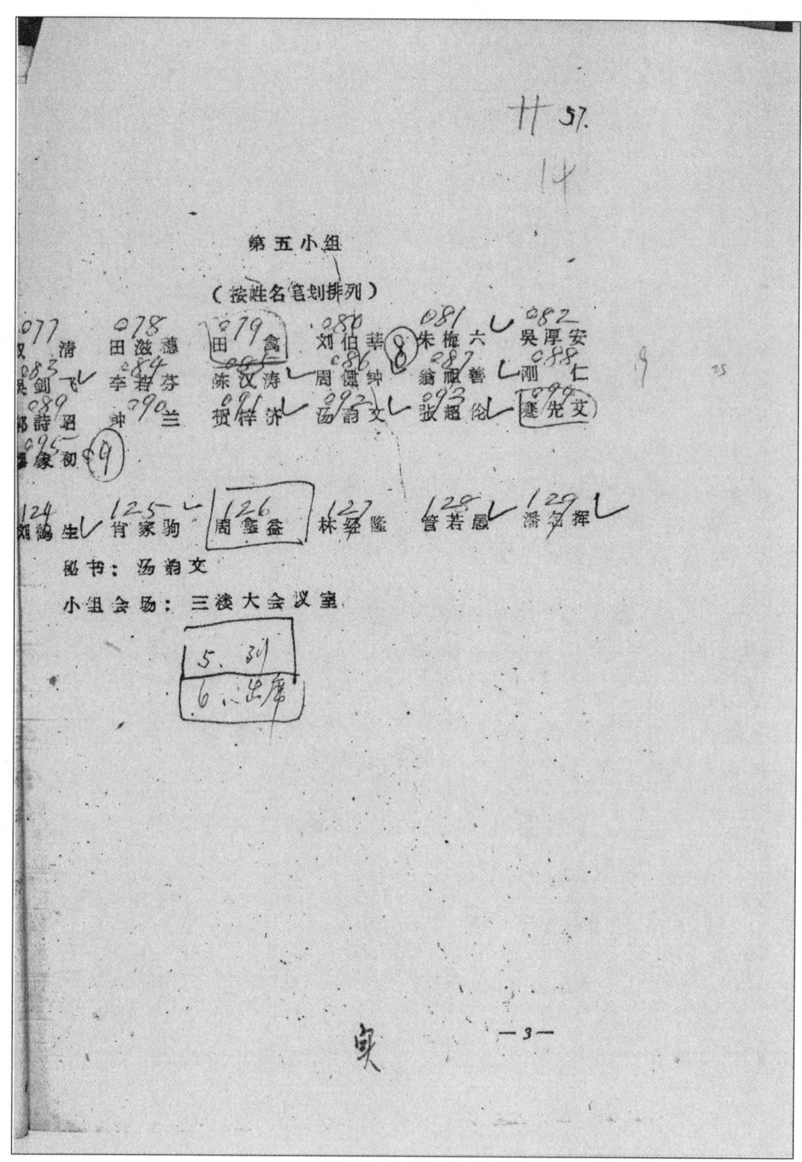

第五小组

（按姓名笔划排列）

汉 清　田滋穗　田 禽　刘伯莘　朱梅六　吴厚安

吴剑飞　李若芬　陈汉涛　周健钟　翁顺善　刚 仁

郎诗沼　钟 兰　贺梓济　汤韵文　张超伦　蹇先文

廖象初

刘鸿生　肖家驹　周鑫淦　林经隆　曾若愚　潘名挥

秘书：汤韵文

小组会场：三楼大会议室

—3—

【释文】

中国民主同盟贵州省第五次盟员代表大会出、列席人员划分小组名单

第一小组

（按姓名笔划排列）

001 002 003 004 005 006

王焕斗 王铸青 刘芳岳 刘伍生 肖子鸣 杜化居

007 008 009 010 011 012

杨光培 陈仲庵 俞渭江 赵伯愚 赵咸云 范永发

013 014 015 016 017 018

唐弘仁 栗庆云 黄良骏 黄培昌 曾昭毅 杨天源

019

潘广訾

101 102 103 104 105 106

毛国琦 华宗炳 朱厚琨 李白华 赵毓祥 杨汉先

秘书：潘广訾

小组会场：楼下会客室

第二小组

（按姓名笔划排列）

020 021 022 023 024 025

□ 懋 王铎安 毕昌兰 杜卓民 林 尧 张玉麟

026 027 028 029 030 031

□□骏 张茂林 洪其琨 范家兰 纪运卓 袁愈娄

032 033 034 035 036 037

□□中 顾光中 傅天满 熊其仁 杨天星 杨世璇

038 039

□□勋 窦家本

107 108 109 110 111

于世英 方 奎 卢 亮 汪 汾 孙乃枢

秘书：纪运卓

小组会场 楼下会议室

第三小组

（按姓名笔划排列）

040 041 042 043 044 045

毛德生 刘延良 刘映芳 刘道揆 刘德澄 李方明

046 047 048 049 050 051

肖孝成 肖润生 涂运和 许德琛 夏国佐 黄炳炎

052 053 054 055 056 057

贾仁华 董移平 彭联柄 杨世济 雷宝芬 詹健伦

058

韩述明

112 113 114 115 116 117

甘相连 刘延敏 孙 瀛 陈受谦 陈晰镜 魏硕权

秘书：肖孝成

小组会场：二楼会议室

第四小组

（按姓名笔划排列）

059 060 061 062 063 064

王玉珑 冯　楠 刘俊瑜 刘继宗 余　碧 余明璘

065 066 067 068 069 070

孙毓秀 何言章 何　清 李常润 张以勤 陈福彬

071 072 073 074 075 076

陈胤孙 高惠群 黄耀初 贺鉴波 程绍瀛 蔡芝藩

118 119 120 121 122 123

刘焕云 李道明 李梦骅 马纬西 周杏村 徐怀谷

130

秘书：黄以文

小组会场：三楼小会议室

第五小组

（按姓名笔划排列）

077 078 079 080 081 082

双　清 田滋穗 田　禽 刘伯莘 朱梅麓 吴厚安

083 084 085 086 087 088

吴剑飞 李若芬 陈汉涛 周健钟 翁祖善 刚　仁

089 090 091 092 093 094

郭诗昭 钟　兰 贺梓济 汤韵文 张超伦 蹇先艾

095

缪象初

124	125	126	127	128	129
刘鹤生	肖家驹	周鑫益	林经隆	管若愚	潘名挥

秘书：汤韵文

小组场地：三楼大会议室

中国民主同盟贵州省第五次代表大会

主席团、秘书长名单（草案）

主席团　（按姓氏笔划排列）

双　清　王溪斗　冯　楠　刘延良

刘伯莘　毕昌兰　詹健伦　吴厚安

赵伯[illegible]　赵威云　夏国佐　唐弘仁

郭振中　黄培昌　顾光中　韩述明

晋宝芬　熊其仁　蔡先艾

秘书长：唐弘仁

15 数

16

中国民主同盟贵州省第五次代表大会

主席团、秘书長名单（草案）

主席团（按姓氏笔划排列）

双　清	王焕斗	冯　楠	刘绍良
毕昌兰	刘伯華	陈仲庵	吴学安
赵伯恩	赵成云	夏国佐	唐弘仁
黄培昌	郭松州	雷宝琴	顾克中
熊其仁	张述明	寒先文	

秘书長：唐弘仁

付秘书長：冯　楠　　李芳明

中国民主同盟贵州省委員会　　第　　頁

【释文】

中国民盟贵州省盟员第五次代表大会主席团、秘书长名单（草案）

主席团　（按姓氏笔划排列）

双　清　王焕斗　冯　楠　刘延良　毕昌兰　刘伯莘　陈仲庵

吴厚安　赵伯愚　赵咸云　夏国佐　唐弘仁　黄培昌　郭振中

雷宝芬　顾光中　熊其仁　韩述明　蹇先艾

秘书长：唐弘仁

副秘书长：冯　楠　李方明

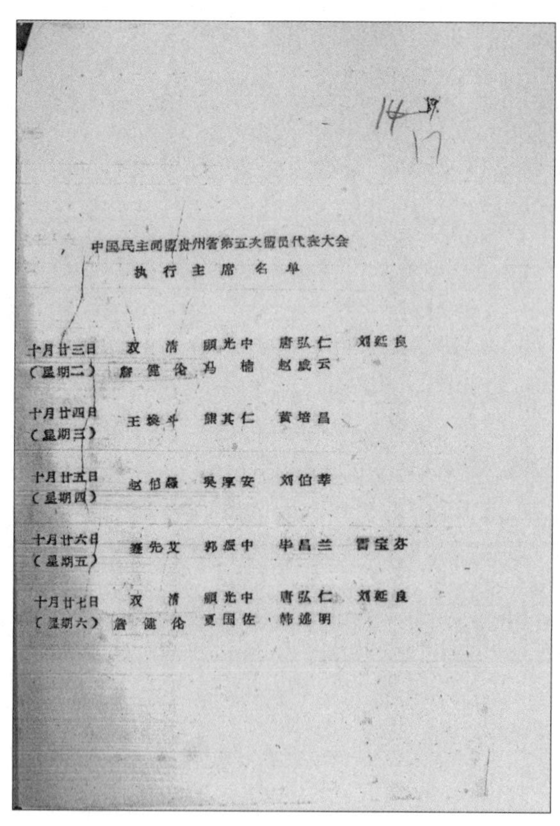

中國民主同盟貴州省第五次盟員代表大会

执行主席名单

十月廿三日（星期二）	双　清　顾光中　唐弘仁　刘延良　詹健伦　冯　楠　赵咸云
十月廿四日（星期三）	王焕斗　熊其仁　黄培昌
十月廿五日（星期四）	赵伯愚　吴厚安　刘伯莘
十月廿六日（星期五）	蹇先艾　郭振中　毕昌兰　雷宝芬
十月廿七日（星期六）	双　清　顾光中　唐弘仁　刘延良　詹健伦　夏国佐　韩述明

【释文】

中国民主同盟贵州省第五次盟员代表大会执行主席名单

十月廿三日（星期二）	双　清　顾光中　唐弘仁　刘延良　詹健伦　冯　楠　赵咸云
十月廿四日（星期三）	王焕斗　熊其仁　黄培昌
十月廿五日（星期四）	赵伯愚　吴厚安　刘伯莘
十月廿六日（星期五）	蹇先艾　郭振中　毕昌兰　雷宝芬
十月廿七日（星期六）	双　清　唐弘仁　刘延良　詹健伦　夏国佐　韩述明

为期五天的中国民主同盟贵州省第五次盟员代表大会召开后，形成了决议。今影印《决议（草案）》并作释文。

史料三 《中国民主同盟贵州省第五次盟员代表大会决议（草案）》

中国民主同盟贵州省第五次盟员代表大会决议（草案）

中国民主同盟贵州省第五次盟员代表大会，在中国共产党贵州省委员会和民盟中央的领导和亲切关怀下，于一九六二年十月二十三日至二十七日在贵阳召开。会议期间，认真学习了中国共产党第八届中央委员会第十次全体会议公报，中国共产党贵州省委统战部慕世如部长作了重要报告，进行了学习，对国际国内形势，中国人民民主统一战线的形势和民主党派的任务，提高了认识，进一步调动了为社会主义事业服务的积极性和进行自我改造的自觉性。

大会听取了雷弘仁同志代表本盟贵州省第二届委员会所作的工作报告，进行了审议，表示同意，并批准这个报告。会议认为，两年来盟省委在中国共产党贵州省委员会和盟中央的领导下，推动成员及盟所联系的群众积极服务、加强改造，认真学习时事政策，配合各个时期中心任务，贯彻执行党的各项方针政策，做了不少工作，取得一定的成绩；盟员在原来进步的基础上，又有新的进步；在人民民主统一战线中，起了积极作用。大会认为，我们的工作和进步，还赶不上形势的发展，成员的服务和改造，必须继续加强，盟组织的工作，必须继续改进。

当前国际国内形势很好。国际形势正在朝着更加有利于各国人民的方向发展。全世界人民反对美帝国主义的侵略政策和战争政策、反对新老殖民主义的斗争正在继续高涨。国际形势的发展有力地证明，我国所奉行的对外政策总路线是完全正确的。国内方面，两年以来，全国人民在党的领导下，贯彻执行以农业为基础、以工业为主导的发展国民经济总方针，贯彻执行对国民经济的调整、巩固、充实、提高的方针，加强农业生产战线，已经取得了显著成效，国民经济情况，已经逐步好转。党的八届十中全会公报，给予全体同志以莫大鼓午。

—1—

【释文】

中国民主同盟贵州省第五次盟员代表大会决议（草案）

中国民主同盟贵州省第五次盟员代表大会，在中国共产党贵州省委员会和民盟中央的领导和亲切关怀下，于一九六二年十月二十三日至二十七日在贵阳召开。会议期间，认真学习了中国共产党第八届中央委员会第十次全体会议公报，中国共产党贵州省委统战部惠世如部长作了重要报告，进行了学习，对国际国内形势，中国人民民主统一战线的形势和民主党派的任务，提高了认识，进一步调动了为社会主义事业服务的积极性和进行自我改造的自觉性。

大会听取了唐弘仁同志代表本盟贵州省第二届委员会所作的工作报告，进行了审议，表示同意，并批准这个报告。会议认为，两年来盟省委在中国共产党贵州省委员会和盟中央的领导下，推动成员及盟所联系的群众积极服务、加强改造，认真学习时事政策，配合各个时期中心任务，贯彻执行党的各项方针政策，做了不少工作，取得一定的成绩；盟员在原来进步的基础上，又有新的进步；在人民民主统一战线中，起了积极作用。大会认为，我们的工作和进步，还赶不上形势的发展，成员的服务和改造，必须继续加强，盟组织的工作，必须继续改进。

当前国际国内形势很好。国际形势正在朝着更加有利于各国人民的方向发展。全世界人民反对美帝国主义的侵略政策和战争政策、反对新老殖民主义的斗争正在继续高涨。国际形势的发展有力地证明，我国所奉行的对外政策总路线是完全正确的。国内方面，两年以来，全国人民在党的领导下，贯彻执行以农业为基础、以工业为主导的发展国民经济总方针，贯彻执行对国民经济的调整、巩固、充实、提高的方针，加强农业生产战线，已经取得了显著成效，国民经济情况，已经逐步好转。党的八届十中全会公报，给予全体同志以莫大鼓舞。

二、工作报告

此次会议，作了《中国民主同盟贵州省第二届委员会工作报告》。

史料 1962年10月：《中国民主同盟贵州省第二届委员会工作报告》

中国民主同盟贵州省第二届委员会工作报告

一九六二年十月二十三日在中国民主同盟贵州省第五次盟员代表大会上

各位代表、各位同志：

我代表中国民主同盟贵州省第二届委员会向大会作工作报告，请予审议。

一

中国民主同盟贵州省第二届委员会从1959年12月成立以来，已经两年多了。这一时期，国际和国内的形势都发生了巨大的变化。国际形势发展的总趋势是东风进一步压倒西风，朝着有利于各国人民的方向发展。不管美帝国主义如何更加疯狂地推行其企图称霸世界的侵略政策和战争计划，各国反动派更加露骨地为帝国主义利益服务，也不管以铁托集团为代表的现代修正主义者如何更卑鄙地背叛共产主义事业和迎合帝国主义的需要，他们都不能阻止全世界人民争取和平，民族解放，民主和社会主义的斗争的继续高涨。事实证明：我国所奉行的对外政策的总路线是完全正确的。根据我国对外政策总路线，我们努力维护和加强社会主义阵营和国际共产主义运动的团结，坚决揭露和反击以美国为首的帝国主义集团和以铁托为代表的现代修正主义者的破坏阴谋。我们同许多邻邦和亚洲、非洲、拉丁美洲民族独立国家以及世界上的其他国家，在和平共处五项原则的基础上，发展了互相之间的友好合作关系。我们坚决反对美帝国主义的战争政策和侵略政策。坚决支持一切被压迫民族和被压迫人民日益高涨的革命斗争。始终不渝地同全世界人民在一起，为保卫世界和平而努力并作出了巨大的贡献，赢得了全世界一切爱好和平人民的同情与支持。帝国主义者、各国反动派和现代修正主义者互相呼应，不断策动反华运动，企图孤立我国，并对我国进行侵略、挑衅、颠覆等罪恶活动，这是枉费心机的。事实证明，他们这些活动只是进一步暴露了他们的丑恶面目，真正孤立的不是我们，而是他们自己。我们的朋友越来越多，我国在国际上的影响越来越大。经受了国内国外困难考验的全国人民，不是更弱了，而是更强了。在国内方面：中国各族人民在党中央和毛泽东主席的英明领导下，两年来，继续高举总路线、大跃进、人民公社三面红旗，逐步克服了前进道路上的各种困难，并且取得新的胜利。全党全民贯彻执行了对国民经济调整、巩固、充实、提高的方针，努力加强农业战线，收效很快，成绩显著，使我们的经济情况，一天天地好起来了。应当着重提出的是：在遇到来自国内和国外严重困难的时候，全国人民一直紧密地团结在党中央和毛主席的周围，始终坚定地相信总路线、大跃进、人民公社三面红旗是完全正确的。始终坚定相信党中央和毛主席的领导是英明、正确的。大家深切地认识到：只要全国人民同心同德，坚决地跟着党走，跟着毛主席走，便能战胜国民经济发展道路上的一切困难。同时，大家也深切地相信，只要全国人民同心同德，团结一致，坚决地跟党走，便能粉碎帝国主义、各国反动派和现代修正主义者任何侵略、挑衅与颠覆等阴谋活动。在中华人民共和国成立十三周年的前夕，党召开了八届十中全会。这次会议分析了国内外形势，并指出全党和全国人民今后努力的方向，这次会议再一次肯定了我国对外政策的总路线的正确性。肯定了总路线、大跃进、人民公社三面红旗的正确性。对进一步执行以农业为基础，以工业为主导发展国民经济的总方针，进一步巩固人民公社集体经济、发展农业生产问题和关于商业工作等问题，作出了决定。在斗争中的我国人民，从这次会议公报中得到了有力的鼓舞，并且大大增强了争取新胜利的信心。全国人民都一致表示，一定要更加紧密地团结起来，响应党的八届十中全会号召，在党中央和毛主席的英明领导下，更高地举起社会主义建设总路线、大跃进、人民公社的光辉旗帜，鼓足干劲，努力增产节约，为争取明年农业的丰收，为争取国民经济的新发展，为争取我国社会主义事业的新胜利而奋斗。

两年多来，民盟贵州省委会，在国内外大好形势的鼓舞和推动下，在中共贵州省委和民盟中央的领导下，根据1958年民盟第三次全国代表大会所决定的三大政治任务进行了一系列的工作，推动成员在党的领导下，积极参加了反对帝国主义，反对现代修正主义，保卫世界和平，解放台湾的斗争；推动成员积极参加了社会主义革命和社会主义建设，为社会主义服务；推动成员加强自我改造。在完成上述三大任务中做出了成绩，发挥了积极的作用。在这一段时期，我们的工作大体上可分成两个阶段，根据盟中央工作计划的安排和省委统战部的指示，第一阶段主要工作是开展神仙会，进行形势教育，推动成员积极服务，加强自我改造，从1960年春成都三省工作经验交流会以后，我们在各个基层即开始传达了神仙会的精神，结合当时国际和国内形势，进行学习与座谈。1960年10月以后的一段时期，省委会传达和贯彻了民盟三届二中全会扩大会议的精神，推动成员学习了周总理、李维汉部长和中共贵州省委负责同志的重要报告，学习了党的八届九中全会的决议与公报。1961年4月，盟中央关于加强形势教育工作指示中提出，必须结合学习毛主席著作，运用神仙会方式，认真抓形势教育。根据这一指示，我会推动各个基层的成员，在各个单位党委的统一布置下，进一步普遍开展了神仙会，并在八月份总结了开展神仙会和形势教育的收获。第二个阶段，即从1962年开始，党委和盟中央一再指出，当前应本着发扬民主，调整关系，加强团结，加强教育，调动积极因素的精神进行工作。根据这一指示，省委会着重抓了有关党的统战政策、知识分子政策的学习和关于知识分子的调查研究工作。着重传达讨论并学习了周总理、陈毅副总理等中央负责同志在第二次全国人大、第三届全国政协和广州会议所作的重要报告，传达了盟中央第26次常委扩大会议精神。通过对上述报告和党的方针政策的学习，进一步提高了盟员的认识，反映了情况，协助党调整了关系，调动了成员为社会主义服务的积极因素。两年来，民盟基层组织，在本单位党委的直接领导下，有很大的进展。根据盟中央面向基层、加强基层工作的指示，省委会召开了一些基层干部会议，传达和学习党的方针政策和党委对民主党派工作的指示，传达讨论盟中央“关于加强基层组织工作的几点意见（草案）”；省委会还举行了一些干部会议和小型盟务工作交流会，通过这些工作，调整了基层组织的机构，充实了骨干力量。此外，对于改造右派分子和开展“双百”方针也进行了一些活动。遵义市委会在当地党委的直接领导下，两年来，根据盟中央对工作的指示，也进行了许多工作，取得了很大的成绩。

二

两年多来，我省盟员在党的领导和教育下，在大好形势的推动与鼓舞下，政治思想上都不同程度地取得了进步。绝大多数成员在国际上反对帝国主义，反对现代修正主义的革命斗争中提高了认识，经受了考验，在国内与暂时困难作斗争中，也受到了锻炼。绝大多数人都愿意跟党走，都有很大的进步。盟的组织也有显著的变化。积极的因素在逐步上升，消极因素也逐步下降。这种消长变化的情况，主要表现在下列几个方面：

第一，在接受党的领导方面，几年来，通过对毛主席的著作和对党的许多重要文件的学习，通过在具体工作中贯彻执行党的政策措施，以及在具体工作中和党员合作共事，我省盟员加深了对党的认识，进一步摆正了自己和党的位置。目前无论从神仙会、从组织活动当中，或是从日常生活中许多同志都做到向党谈心，向党反映情况，谈问题，主动争取搞好和党的合作共事关系；工作中大多数同志都能比较认真地钻研党的方针政策，贯彻执行党所交的任务。从基层组织来说，多数基层组织一般都建立了请示汇报制度，盟内的主要活动和重大问题，都做到事先向党请示，事后向党汇报。党委有什么指示，提出什么要求，盟的支部或基层小组的负责人都能及时进行研究，并认真贯彻执行。总之，在接受党的领导方面，多数成员和基层组织，都有比较显著的变化。许多人已从理论上、抽象上接受，提高到具体的接受；从勉强的、被动的接受，提高到自觉的、主动的、愉快的接受；从单纯地接受党的具体任务、接受党组织的安排，进一步认真研究党的方针政策和措施，积极地宣传党的方针政策。在对党的认识上已较前大为提高，在行动上也较前更为坚决了。

第二，在走社会主义的道路，为社会主义服务方面：两年多来，多数盟员为社会主义服务的积极性都更为提高了。多数同志在工作岗位上都积极努力，作出了贡献。有些同志并做出了优异的成绩，受到党和群众的表扬。据不完全统计，两年以来，盟员同志在省、市、区各单位被评为先进工作者共计 104 人，占全体盟员 26% 以上。在党进行了一系列的调整关系工作中，不少同志改变了对待工作的态度，进一步树立主人翁思想，加强对工作的责任感。多数人做到了积极钻研业务，认真备课。有的同志前两年对本行专业的发展前途，一度悲观消极，一年来，重振旗鼓，搜集资料，加劲钻研，决心要提高质量；有的主动争取多开课、开新课，以便为国家培养更多更合格的人材；在辅导学生学习、帮助青年教师提高业务水平、培养新生力量方面，不少同志的态度也有比较显著的改变。进一步贯彻“百花齐放、百家争鸣”方针的积极性，有了很大的提高，一般都愿意提出自己的见解，开展争鸣；教育界、科技界、文艺、戏剧界都有同志实现自己从新订出的进修和创作计划，决心把自己钻研所得认真地撰写出来，以便为社会主义献出更多的力量。总之，由于通过学习与实践，对于党的团结、教育、改造知识分子的政策，提高了认识，由于正确地理解了红与专的关系，认识到知识分子只有跟着党走社会主义的道路才有光明前途，认识到政治指导业务，通过业务体现政治，在业务上多做出一分贡献，便多给社会主义事业贡献了一份力量。因而，工作的劲头更大了，情绪更高了，心情也更加舒畅了。

第三，在加强学习，加强自我改造方面：两年以来，在学习和其他许多社会活动中，根据党委指示，都采取了神仙会的方式，更加深入细致地贯彻和风细雨的精神，“三自”（自己提出问题，自己分析问题，自己解决问题）与“三不”（不戴帽子，不打棍子，不抓辫子）的精神基本上已为大家所掌握，改造的自觉性、积极性都有了提高。许多人反映神仙会这一方式，充分地体现了党对知识分子的政策精神，充分体现了团结、批评、团结原则，是知识分子自我教育改造的一种良好方法。通过理论学习、工作实践和各种政治斗争，绝大多数成员对国际和国内形势的认识，大为提高。在国际上进一步认识帝国主义的反动本质，认识到以铁托集团为代表的现代修正主义的危害性，以及它和马列主义、毛泽东思想的根本分歧。提高了辨别是非、分清敌我的能力。通过学习，对于党的重大方针政策，对于三面红旗的正确性也提高了认识。从而鼓舞了斗志，加强了继续前进的信心。

两年多来，盟的各级组织的变化也是显著的，盟坚决接受党的领导，坚决走社会主义道路的政治路线和组织路线进一步得到了贯彻。具体表现在：第一，多数基层组织能坚决接受本单位党委的领导，坚持请示汇报制度；第二，一般都能围绕本单位的中心工作开展活动，反映情况，起到作为党的助手作用；第三，联系群众工作，有显著进展，多数基层一般都密切联系群众，邀约群众一道参加各种政治活动和社会活动，并能反映他们的意见与要求，推动和帮助他们服务和改造，有的基层在这方面并累积了一些好的工作经验；第四，盟的基层组织，在本单位党委的直接领导下，工作上主动性和组织纪律性都比以前有很大的提高。同时，省委会的委员，按集体领导，分工负责的原则，在所在基层，一般都发挥了积极作用。使多数基层支部形成了集体领导力量，支委和组长能比较正确的体会党的政策，贯彻党和盟上级的指示，主动开展活动。两年来，基层骨干力量不断有了增强，他们的政策水平，也大大地提高了；第五，通过神仙会，多数基层对于思想工作摸出了一些新的经验，掌握了一些新的工作方法。能较正确地区分敌我和人民内部两类矛盾的界限，并能解决一些实际问题和思想问题。目前有的基层虽然由于成员过少，缺乏骨干，组织不健全，活动不正常，但总的说来，变化还是很大的。

两年多来，盟员都有很大的进步，盟的组织发挥了积极的作用。这些进步和成绩之取得，主要由于党的正确领导与教育，和革命形势的推动的结果。这一时期，国际和国内形势都发生了巨大变化，反对帝国主义、反对现代修正主义的革命斗争和国内社会主义与资本主义两条道路的斗争是十分尖锐的，也是错综复杂的。由于党领导着我们直接、间接地参与了这些斗争，同时，又随时为我们作形势报告，进行形势教育，使我们在学习中和在实际斗争中不断受到启发、教育和锻炼。党不断教导我们用阶级的、唯物的、辩证的观点去分析客观形势中所发生的问题，这样便不断提高了我们对形势的认识，提高了我们辨别敌我是非的能力，提高了我们马列主义的理论水平。在改造的道路上，党一方面为我们指出了大势所趋、走社会主义道路的前进方向。另一方面，根据党对知识分子政策，进行了一系列调整关系的措施，主动地改善了关系，循循善诱，引导我们一步一步地走向改变成为劳动人民知识分子的光明大道。我们都深深体会到：几年来我们取得很大进步虽然与自己内在的要求和自己的努力分不开，但最主要的原因还是党员贯彻执行团结、教育、改造知识分子政策的结果，我们每一分进步都充分说明了党的团结、教育、改造知识分子政策的伟大与正确，也充分说明这一政策的巨大胜利。

这一段时期多数盟员与过去比较，虽然有很大的进步，盟的工作也取得了成绩。但与革命形势发展比较起来，我们的工作还做得很不够。就盟员政治思想情况来说，情况也是不平衡的，有些人的政治思想面貌，与自己的社会地位还不完全相适应，还跟不上形势的发展。在对待自我改造方面，有的人又开始滋长着自满的情绪，认为已经是劳动人民的知识分子，今后只要搞好业务便行了，不需要再谈什么改造了，在走社会主义道路、为社会主义服务方面，有的还表现为徘徊观望，信心不足，因而在工作中，还不够大胆、不够主动；对于党所确定的对外政策总路线，对于三面红旗，有的人还是将信将疑；这些都说明我们还有问题，还需要继续改造。盟的各级组织在工作中还存在着一些缺点，其中最主要的问题是有些同志对党的重大方针政策，特别对统一战线政策，对党的团结、教育、改造知识分子的政策，以及对“长期共存、互相监督”“百花齐放、百家争鸣”方针的重大意义，体会不深，认识不够，因而对于努力完成民主党派在统一战线中的政治任务，缺乏信心与决心。没有把盟的政治思想工作与岗位上的业务工作很好地结合超来，把盟在统一战线中的政治工作做应有的安排。对思想改造的长期性、艰巨性、复杂性也存在着认识不够，估计不足情况，有的人要求过高、过急，怕麻烦，不愿做思想工作。从盟省委会来说，过去一段时期强调学习，强调加强改造方面比较多一些，这当然是必要的，但对于代表和反映成员以及所联系群众的意见与要求，对协助党调整关系方面的工作做得少一些。还有，我们对调查研究工作重视不够，这方面做得既不经常，也不深入，这些都是需要今后努力改正的。

三

两年多来，我们在工作中有如下几点体会：

（一）坚决接受党的领导，认真贯彻党的方针政策是做好盟的各项工作的根本保证。党的领导问题是进行社会主义事业的核心问题。我们必须坚决接受党的领导，在党的绝对领导下进行工作，这一根本原则，自1957年以来，虽然在大多数盟员思想上已经确立了。但两年多来，对于这一根本问题，在不少人的思想立场上是有斗争、有动摇、有反复的。经过两年多来的教育，绝大多数成员再一次肯定了上述这一根本原则。“四十年的历史事实证明：中国共产党是伟大的、光荣的、正确的马克思列宁主义政党。它对中国人民和中华民族的利益是忠贞不渝的。它对国内和国外的敌人是不屈不挠的。它已经领导中国人民取得了伟大的胜利，并且将要领导中国人民继续取得更大的胜利。”经过1959年以来国内国外尖锐的阶级斗争和严重的困难以后，许多人更加深刻地理解了刘少奇主席在党的四十周年纪念日的这一段讲话。两年来，有的同志曾经怀疑过三面红旗的正确性，在学习了党的方针政策并亲眼看到了国民经济情况的逐步好转以后，否定了自己过去的怀疑、动摇情绪；有的曾经对于社会主义阵营内部团结表示担心，通过学习“列宁主义万岁”三篇文章，通过铁托集团反动嘴脸的进一步暴露，大家对于党中央、毛主席处理国际上重大问题坚持真理、坚持原则、坚持斗争的马克思列宁主义态度表示衷心拥护和佩服；有不少同志从学习各级党委关于知识分子政策报告中和从调整关系的具体措施中，亲身体会到党对知识分子既耐心教育，又积极使用的伟大精神。

两年来，大家都深深地感觉到：在经历了国内外严重困难以后，进一步说明了：党是伟大的、光荣的、正确的，是大公无私的。中国人民，中国知识分子，在任何时候都应该忠心耿耿，同心同德，坚决地跟着党走，在革命事业进行非常顺利的时候，要坚定地跟着党走，在革命事业遇到某些不可避免的困难的时候，更要坚定不移地跟着党走。作为旧社会过来的知识分子，要戒骄戒躁，随时随地接受党的教育与培养，要认真学习党在革命事业面前，不怕困难，坚持原则、坚持斗争和对人民认真负责的精神；要学习毛主席所教导我们的：在战略上藐视敌人，藐视困难，在战术上重视敌人，重视困难的精神。其次，大家都认识到：接受党的领导要与认真贯彻党的方针政策紧密地联系起来。认真贯彻党的方针政策是接受党的领导的根本关键，也是衡量我们是否真正接受党的领导的准则。党的领导是具体的，总是通过党的方针政策来实现的。在工作中不认真贯彻党的方针政策，接受党的领导势必徒具形式，流为空谈。在教育工作岗位上的盟员，如果他们不能认真学习党的教育为无产阶级政治服务，教育与生产劳动相结合的方针，不学好教育工作条例，并且在工作实践中认真贯彻执行有关教育的重大方针政策，他们便不可能坚决、正确地接受党的领导，也不可能很好地完成党所交给他的任务。第三，正确体会党的方针政策、坚决贯彻执行方针政策的过程，是不断学习、不断提高思想认识的过程，也是不断克服个人利益，服从整体利益自我改造的过程。对于接受党的领导，贯彻党的方针政策，我们有时之所以三心二意，不是一心一意，或是原则上通，碰到具体的人、具体的问题又不通，一方面是由于我们对党的方针政策、对党的指示缺乏反复学习，反复思考的过程，对党的政策有片面理解，另一方面则是由于我们考虑问题不是从六亿人民的利益、从党的利益出发，而是从个人、从局部利益出发。只有当我们考虑问题的立场与党的立场完全一致，只有当我们对贯彻党的方针政策，贯彻党的指示，在思想认识、言论和行动三方面表里一致、言行一致、始终一致的时候，我们才会自觉地、千方百计地完成好党的任务。第四，在接受党的领导，贯彻党的方针政策的时候，必须采取主动积极的态度，搞好各方面的合作共事关系。首先是要搞好与党员同志的合作共事关系。党的政策不是单靠一个人可以完成的，真正完成党的任务必须依靠加强团结，发挥各方面的力量。关于这一方面，各级党委两年来做了不少工作，取得了很好的成效。但要实行真正的民主合作，单是靠党员一方面努力是办不到的。我们民主党派成员，党外知识分子要采取主动热情的态度和党员同志交朋友，要多往来，多谈心，互相帮助，互相学习，互相批评，共同把关系搞好。这样才有利于工作、有利于完成党的任务。

（二）加强形势教育，协助成员进行世界观的改造，仍然是盟的工作一项重要内容。两年多来的工作说明：不断进行形势教育以调动成员服务的积极性，促进改造自觉性，是盟务工作中一项重要内容。多年来经验告诉我们，思想改造一方面靠个人有自觉的要求，另一方面靠革命形势的推动。自觉是内因，革命形势的推动是外力，两者互相促进，互为因果，不断启发自觉，是重要的因素，而外力推动也是必不可少的重要条件。就许多知识分子来说，为社会主义服务积极性和对形势具有正确的认识是密切相关的。事实说明：我们情绪低沉、干劲不足的时候，往往也就是我们看不清大局的时候。党的形势教育总是启发和诱导我们看全局、看本质、看主流，不孤立地从一个时期、一件事件、一部分、甚至一个人的利益得失看问题，而从长远的、发展的、全局的观点看问题。因此，形势教育时常对我们起着稳定情绪、提高认识、鼓舞斗志、增强信心的积极作用。要做好形势教育工作，根据我们的体会，必须注意下列几点。第一，进行形势教育必须与学习毛主席著作紧密地结合起来。毛泽东思想是当代杰出的马克思列宁主义。毛主席的每篇著作，都贯穿着阶级分析的观点、唯物的观点和辨证观点。同时，毛主席著作中所引述的事实和典故多是我们比较熟悉的材料，比较容易为我们所理解。事实说明，许多同志都从学习毛主席的著作中提高了国际和国内形势的认识，增强了战胜困难的信心。第二，进行形势教育必须国际和国内的重大政治事件与我们所参加的国际和国内的阶级斗争紧密地结合起来。党的八届十中全会给我们指出：国内还有没有改造好的地主分子，富农分子，资产阶级右派分子以及残余的反革命分子，他们不甘心于灭亡，总是企图复辟。人民中间还有百分之几的人没有受到社会主义改造，一有机会就企图离开社会主义道路，走资本主义道路。在这样的情况下，阶级斗争是不可避免的。又指出：在无产阶级革命、无产阶级专政的整个历史时期，存在着无产阶级和资产阶级之间的阶级斗争，存在着社会主义和资本主义这两条道路的斗争。我们千万不要忘记，千万不能忽视。因而，我们进行形势教育，一方面要认真学习各种文件、学习毛主席的著作，但同时更重要的要与国内外各种形式的阶级斗争紧密结合。在当前与反对现代修正主义的斗争紧密结合，更为重要。第三，进行形势教育必须充分运用神仙会的方式。神仙会的方式，通过两年多来的反复实践，证明是知识分子自我改造的一种有效方法。在进行形势教育、开展时事政策学习当中，应当广泛采用这一方式，坚持“三自”“三不”原则，在和风细雨的气氛中充分开展批评与自我批评。第四，形势教育必须与本单位的中心工作察密地结合起来，及时进行布置。这样不但可以丰富学习的内容，而且便于联系思想实际、工作实际，做到边学习、边提高、边解决问题，推动服务，保证中心任务的完成。此外，在形势教育中将听取报告和实地参观访问适当结合起来，也很重要。

（三）面向基层，加强基层组织工作，充分发挥基层组织的积极性和主动性，是进一步开展盟务工作的一个重要关键。两年来的工作进一步证明盟的各项工作必须紧密地围绕着单位中心工作，在本单位党委的直接领导与支持下进行，才能做出成绩。从每一个盟员来说，一般都有自己的工作岗位，一个盟员为社会主义服务的态度，和他在为社会主义服务当中存在着需要解决的各种政治思想问题，都大量地从其本身所从事的工作中反映和体现出来。每一个盟员的工作岗位既是服务的基地，也是改造的基地。盟的主要活动由基层组织主动开展，有便于接受本单位的党委的直接领导紧密结合中心任务；便于调查研究，解决成员的实际思想问题；以及便于联系群众等许多优点。两年来，盟的基层逐步走向健全，为盟的基层组织在党委领导下主动开展活动提供了条件。如何面向基层、发挥基层组织的作用？根据我们的体会有下列几项工作需要注意。第一，必须认真学习和贯彻执行盟中央1962年所提出的“关于加强基层组织工作的几点意见（草案）”。盟中央所提出的这份草案中，明确了进行盟务工作的一些基本原则，也总结了几年来盟务工作中的一些实际经验。对基层工作可起很大推动作用。第二，盟的上级必须有计划地从各基层培养一批政治上比较强、作风较正派、能做盟务工作的成员，作为各个基层的骨干。同时，基层组织应该作适当的调整。务使每一个基层都具备一定的骨干力量。第三，盟的上级组织，盟省、市委员会要加强调查研究工作，协助基层总结经验，多开中型或小型的工作经验交流会，抓住重点推进一般。

1959年以来，省委会不断开了一些干部会议，推动并协助基层总结了经验。事实证明，这些会议与工作，不仅使省委会及时传达了党委和盟上级的指示，及时布置了工作，不断了解了基层组织情况，检查和纠正了工作中某些缺点；对于基层也确实起到了提高工作能力、提高政策水平，起到了互相学习，互相帮助，互相推动，截长补短，共同提高的作用。

四

目前，国内外的形势都很好。在我们国家蓬勃兴旺的新形势面前，民主同盟应当更加紧密地团结在中国共产党和毛主席的周围，以实际行动，积极贯彻执行党的八届十中全会的决议，继续贯彻“长期共存、互相监督”的方针，积极参加国家政治生活；充分调动盟员及其所联系的知识分子的积极因素；推动成员钻研业务，做好岗位工作，积极为社会主义事业服务；认真学习马列主义和毛主席著作，通过实践和学习，继续进行自我改造。我们必须不断地充实工作内容，不断地总结和创造经验，不断地提高工作水平、改进工作方法，深入细致，扎扎实实开展各项活动，以便为社会主义事业作出更多的贡献，在人民民主统一战线中发挥更大的作用。

根据党委和盟中央的指示，我们应该努力做好以下几项任务：

（一）推动成员继续学习马克思列宁主义和毛主席著作，学习时事政策，努力改造世界观。学习毛主席著作要和学习时事政策，进行形势教育结合起来，学习毛主席著作也要与参加无产阶级和资产阶级二个阶级之间的阶级斗争，社会主义与资本主义两条道路的斗争结合起来，做到进一步认清形势、明辨是非、提高思想、增强信心、发愤图强，更好地为社会主义建设服务。在学习中要贯彻理论联系实际，学习结合改造的原则。要广泛运用神仙会方式，贯彻和风细雨的精神，充分发扬民主，开展批评与自我批评，做到既解决问题，又心情舒畅。

（二）继续推动成员积极为社会主义服务，保证做好岗位工作，加强在工作上的政治责任感，认真钻研业务，在社会主义建设事业中，特别文教事业中，作出更多的贡献，发挥更大的作用。盟的各级组织应推动成员认真贯彻执行：教育为无产阶级政治服务、教育与生产劳动相结合的方针，贯彻执行“百花齐放、百家争鸣”的方针，积极进行科学研究，参加各种学术活动；努力提高业务水平和工作质量，培养青年师资，为出成果、出人材做出贡献。

盟的各级组织要把推动成员积极为社会主义服务，作为各项活动和各项工作的总的出发点和指导思想。要使盟的政治思想工作与推动服务相结合，使政治思想工作更有效地为成员作好岗位工作服务，并把成员在服务中的实际表现，作为检查我们政治思想工作成效的首要标志。

（三）认真贯彻党的“长期共存、互相监督”的方针，积极参加国家政治生活；认真实行民主集中制，发扬民主，增强团结，协助党和政府调整关系，调动知识分子的积极性。为此，盟的各级组织应：1. 坚决接受党的领导，认真学习并贯彻执行党的各项方针政策；2. 经常关心盟员的思想、工作、学习和生活，代表盟员的合法利益，反映成员及其所联系群众的意见与要求，并协助党和政府适当解决；3. 从有利于社会主义的利益出发，在六项政治标准的原则下，在各种会议和政治活动中，积极提出建设性的建议和批评；4.采取主动的态度，发挥互相学习、互相帮助的精神，搞好各方面的合作共事关系，增强团结。

（四）加强基层组织工作，进一步发挥基层组织的作用。各级组织都应该认真学习并结合具体情况贯彻执行盟中央《关于加强基层组织工作的几点意见（草案）》，把基层工作提高一步。基层组织应坚决接受本单位党委的直接领导，结合岗位中心任务，进行深入细致的政治思想工作，密切联系群众，主动地开展组织活动。在工作中应贯彻政治指导业务、业务体现政治的原则，把思想工作深入到业务中去。推动成员加强改造，积极服务。

继续帮助和督促右派分子进行改造，争取他们回到人民队伍中来。

（五）改进各级领导工作。省、市委员会应加强团结，认真实行民主集中制，实行集体领导分工负责的原则。健全各种工作制度，改进工作作风，深入基层，加强调查研究，了解当前盟员在工作、学习、生活等方面的情况，进行分析研究，发现问题，进行工作，总结经验，使盟务工作不断改进提高。

同志们，当前国内外形势对我们社会主义建设事业是十分有利的。摆在我们知识分子和民主党派面前的任务是光荣的。特别是党的八届十中全会的公报，给全国人民以巨大的力量。我们这次代表大会正在这个时候召开，具有重大意义。我们展望前途，感到无限兴奋，无限光明。让我们在中共贵州省委的领导下，在盟中央的领导下，把我省盟的工作提高一步，为迎接民主高潮、业务高潮而努力；为造成毛主席指示我们的一个又有集中、又有民主，又有纪律、又有自由、又有统一意志、又有个人心情舒畅，生动活泼的政治局面而努力。让我们同全省和全国人民一道，积极响应党的八届十中全会的号召，更加紧密地团结起来，在党中央和毛主席的领导下，更高地举起建设社会主义的总路线、大跃进、人民公社的光辉旗帜，鼓足干劲，努力增产节约，为争取明年农业的丰收，为争取国民经济的新发展，为争取我国社会主义事业的新胜利而奋斗。

三、委员选举

民盟贵州省第三届委员会委员、候补委员的选举，是此次会议的重要内容之一。

史料一 选举程序资料

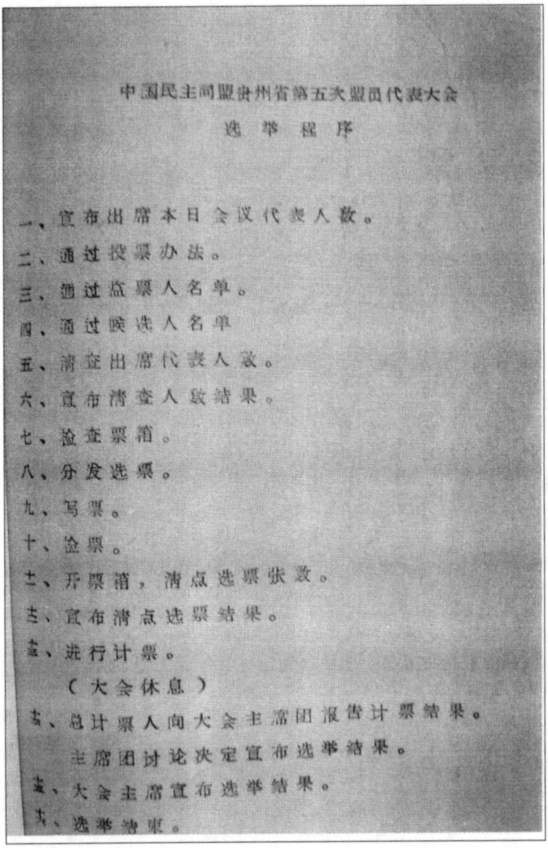

中国民主同盟贵州省第五次盟员代表大会

选举程序

一、宣布出席本日会议代表人数。
二、通过投票办法。
三、通过监票人名单。
四、通过候选人名单
五、清查出席代表人数。
六、宣布清查人数结果。
七、检查票箱。
八、分发选票。
九、写票。
十、投票。
十一、开票箱，清点选票张数。
十二、宣布清点选票结果。
十三、进行计票。
（大会休息）
十四、总计票人向大会主席团报告计票结果。
主席团讨论决定宣布选举结果。
十五、大会主席宣布选举结果。
十六、选举结束。

【释文】

中国民主同盟贵州省第五次盟员代表大会选举程序

一、宣布出席本日会议代表人数。

二、通过投票办法。

三、通过监票人名单。

四、通过候选人名单

五、清查出席代表人数。

六、宣布清查人数结果

七、检查票箱。

八、分发选票。

九、写票。

十、检票。

十一、开票箱，清点选票张数。

十二、宣布清点选票结果。

十三、进行计票。

（大会休息）

十四、总计票人向大会主席团报告计票结果。

主席团讨论决定宣布选举结果。

十五、大会主席宣布选举结果。

十六、选举结束。

史料二 《中国民主同盟贵州省第五次盟员代表大会选举民盟贵州省第三届委员会委员、候补委员结果的报告》

166-1-53　　71-82页

71

中国民主同盟贵州省第五次盟员代表大会

选举民盟贵州省第三届委员会委员、候补委员结果的报告

中国民主同盟贵州省第五次盟员代表大会代表95人，此次会议报到的代表90人，因病因事请假没有报到的代表5人，报到了临时因病因事缺席的代表0人，今天实到代表90人。合于法定人数。

会议发出的选举票共90张，和今天实到代表人数相等；投票结束后，清点投入票箱的选举票共90张，和发出的选举票张数相等。此次选举有效。

民盟贵州省第三届委员会委员候选人双　清、王涣斗、冯　浦、刘延良、刘映芳、刘方岳、杜化居、毕昌兰、陈仲庵、吴厚安、赵伯愚、赵咸云、夏国佐、唐弘仁、翁涵善、郭振中、顾光中、雷宝芬、詹肇伦、韦述明、龚先艾等21人，候补委员候选人朱梅六、刘伯莘、易光培、汤世鎏、贾仁华、缪象初等6人，均获得法定票数，依法当选。兹将选举结果报告如下：

委　员：双　清90票　当选为民盟贵州省第三届委员会委员
委　员：王涣斗87票　当选为民盟贵州省第三届委员会委员
委　员：冯　浦87票　当选为民盟贵州省第三届委员会委员
委　员：刘延良87票　当选为民盟贵州省第三届委员会委员
委　员：刘映芳87票　当选为民盟贵州省第三届委员会委员
委　员：刘方岳89票　当选为民盟贵州省第三届委员会委员
委　员：杜化居85票　当选为民盟贵州省第三届委员会委员
委　员：毕昌兰88票　当选为民盟贵州省第三届委员会委员
委　员：陈仲庵88票　当选为民盟贵州省第三届委员会委员
委　员：吴厚安84票　当选为民盟贵州省第三届委员会委员
委　员：赵伯愚88票　当选为民盟贵州省第三届委员会委员

—1—

（表四）

委　　员：赵咸云 85 票　当选为民盟贵州省第三届委员会委员
委　　员：夏国佐 87 票　当选为民盟贵州省第三届委员会委员
委　　员：唐弘仁 89 票　当选为民盟贵州省第三届委员会委员
委　　员：翁祖善 89 票　当选为民盟贵州省第三届委员会委员
委　　员：郭振中 89 票　当选为民盟贵州省第三届委员会委员
委　　员：顾光中 90 票　当选为民盟贵州省第三届委员会委员
委　　员：雷宝芬 87 票　当选为民盟贵州省第三届委员会委员
委　　员：龚健伦 88 票　当选为民盟贵州省第三届委员会委员
委　　员：韩述明 83 票　当选为民盟贵州省第三届委员会委员
委　　员：蹇先艾 87 票　当选为民盟贵州省第三届委员会委员
候补委员：朱梅六 86 票　当选为民盟贵州省第三届委员会候补委员
候补委员：刘伯莘 88 票　当选为民盟贵州省第三届委员会候补委员
候补委员：易光培 79 票　当选为民盟贵州省第三届委员会候补委员
候补委员：汤世璇 79 票　当选为民盟贵州省第三届委员会候补委员
候补委员：贾仁华 86 票　当选为民盟贵州省第三届委员会候补委员
候补委员：缪象初 78 票　当选为民盟贵州省第三届委员会候补委员

执行主席　夏国佐　（签字）

1962年10月27日

据留下来的这份《中国民主同盟贵州省第五次盟员代表大会选举民盟贵州省第三届委员会委员、候补委员结果的报告》，我们知道当时选举情况为：

【释文】

中国民主同盟贵州省第五次盟员代表大会选举民盟贵州省第三届委员会委员、候补委员结果的报告

中国民主同盟贵州省第五次盟员代表大会代表95人，此次会议报到的代表90人，因病因事请假没有报到的代表5人，报到了临时因病因事缺席的代表0人，今天实到代表90人。合于法定人数。

会议发出的选举票共90张，和今天实到代表人数相等；投票结束后，清点投入票箱的选举票共90张，和发出的选举票张数相等。此次选举有效。

民盟贵州省第三届委员会委员候选人双清、 王焕斗、冯楠、刘延良、刘映芳、刘方岳、杜化居、毕昌兰、陈仲庵、吴厚安、赵伯愚、赵咸云、夏国佐、唐弘仁、翁祖善、郭振中、顾光中、雷宝芬、詹健伦、韩述明、蹇先艾等21人，候补委员候选人朱梅六、刘伯莘、易光培、杨世旋、贾仁华、缪象初等6人，均获得法定票数，依法当选。兹将选举结果报告如下：

委员：双清90票 当选为民盟贵州省第三届委员会委员

委员：王焕斗87票 当选为民盟贵州省第三届委员会委员

委员：冯楠87票 当选为民盟贵州省第三届委员会委员

委员：刘延良87票 当选为民盟贵州省第三届委员会员

委员：刘映芳89票 当选为民盟贵州省第三届委员会委员

委员：刘方岳89票 当选为民盟贵州省第三届委员会委员

委员：杜化居 85 票 当选为民盟贵州省第三届委员会委员

委员：毕昌兰 88 票 当选为民盟贵州省第三届委员会委员

委员：陈仲庵 88 票 当选为民盟贵州省第三届委员会委员

委员：吴厚安 84 票 当选为民盟贵州省第三届委员会委员

委员：赵伯愚 88 票 当选为民盟贵州省第三届委员会委员

委员：赵咸云 85 票 当选为民盟贵州省第三届委员会委员

委员：夏国佐 87 票 当选为民盟贵州省第三届委员会委员

委员：唐弘仁 89 票 当选为民盟贵州省第三届委员会委员

委员：翁祖善 89 票 当选为民盟贵州省第三届委员会委员

委员：郭振中 99 票 当选为民盟贵州省第三届委员会委员

委员：顾光中 90 票 当选为民盟贵州省第三届委员会委员

委员：雷宝芬 87 票 当选为民盟贵州省第三届委员会委员

委员：詹健伦 88 票 当选为民盟贵州省第三届委员会委员

委员：韩述明 83 票 当选为民盟贵州省第三届委员会委员

委员：蹇先艾 87 票 当选为民盟贵州省第三届委员会委员

候补委员：朱梅麓 80 票 当选为民盟贵州省第三届委员会候补委员

候补委员：刘伯莘 88 票 当选为民盟贵州省第三届委员会候补委员

候补委员：易光培 79 票 当选为民盟贵州省第三届委员会候补委员

候补委员：杨世旋 79 票 当选为民盟贵州省第三届委员会候补委员

候补委员：贾仁华 86 票 当选为民盟贵州省第三届委员会候补委员

候补委员：缪象初 78 票 当选为民盟贵州省第三届委员会候补委员

执行主席：夏国佐（签字）

1962 年 10 月 27 日

第七节 历届领导人名录

临工会（1951年3月—1954年5月）

主任委员：双 清

常 委：唐弘仁 吴雪俦 刘映芳 缪象初 张吉坞 杨伯瑜 丁道谦 肖孝成

第一届委员会（1954年5月—1959年12月）

主任委员：双 清

副主任委员：顾光中 唐弘仁

常 委：唐弘仁 刘延良 王焕斗 王铸青 孙乃枢 刘映芳 赵咸云 郭振中 熊其仁 韩述明 雷宝芬（女） 夏国佐 蹇先艾 陈仲庵 吴雪俦 张吉坞

第二届委员会（1959年12月—1962年10月）

主任委员：双 清

副主任委员：顾光中 唐弘仁 刘延良

秘书长：唐弘仁（兼）

常 委：王焕斗 陈仲庵 赵咸云 郭振中 蹇先艾

第三届委员会（1962年10月—1980年6月）

主任委员：双　清

副主任委员：顾光中 唐弘仁 刘延良

秘书长：刘延良（兼）

常　委：王焕斗 陈仲庵 赵咸云 郭振中 赛先艾 顾光中 唐弘仁 刘延良

贵州民盟历史资料集成
（1946—1966）
中

中国民主同盟贵州省委员会◎编

贵州出版集团
贵州人民出版社

第三章 基层组织发展与机关建设

1951 年民盟贵州省支部成立后，组织发展极为迫切。按照民盟中央“两个主要”的发展原则，着重在贵阳各高校、中学、医院、机关等单位发展盟员。从 1951 年 12 月 7 日民盟贵州省支部成立首个基层组织——民盟贵州大学区分部开始，到 1964 年“文革”前全面停止工作这 13 年间，编者能查到的有记录的支部有 9 个、小组 16 个、分部 5 个，盟员也由成立时的 81 名发展到 349 名。

与此同时，民盟贵州省支部也开始尝试在贵阳以外的地区——遵义、安顺两地发展盟员，并得到了民盟总部的积极支持。1952 年，民盟西南总支针对民盟贵州省支部申请成立民盟遵义县分部和民盟安顺县分部事宜分别批文。但是，民盟组织在安顺未得到实质性发展。民盟遵义县分部筹委会（1952 年 7 月，因遵义建制恢复，遵义县分布筹委会改称遵义市筹委会）成立后，在遵义当地党委、统战部门以及民盟贵州省支部的支持下，工作稳步推进，截至 1954 年 3 月，遵义已有盟员 37 人。1954 年 9 月，民盟遵义市分部委员会第一次盟员代表大会召开，选举产生了新的分部委员会。

在这部分，编者搜集整理了相关材料，其中包含由民盟遵义市委提供的 1952 年至 1963 年中国民主同盟遵义市委员会组织沿革材料和 1952 年至 1963 年中国民主同盟遵义市委员会历届委员会筹备的相关资料等，以及 20 世纪 50—60 年代民盟中央及民盟贵州省委的组织发展计划，当年的盟员鉴定书、申请书、入盟誓词、盟籍转移表及申请报告等原件。

1951 年，民盟贵州省支部成立时，设了秘书处、组织部、宣传部、学习委员会以及联络委员会5个部门，负责机关的办公、学习、宣传、会议组织等各项工作的开展。1957年，贵州省编制委员会下发了《关于增加各民主党派地方组织专业工作人员编制的通知》，其中明确省级民盟组织的编制为16人，遵义民盟的编制为4人，即贵州民盟专职工作人员编制总数为20人。

当时，机关的工作除了一般性的事务工作外，还有一项便是在盟内盟外开展思想宣传工作，主要包括编辑内部资料、向《西南总支盟讯》投递稿件以及分析当时盟员的思想状况等。在这部分，编者主要收录了民盟贵州省支部最早刊印的《贵州盟讯》《西南总支盟讯》等，以及机关干部名单、民盟贵州省委各时期的印章等。

第一节 民盟遵义市委的筹建及成立

中华人民共和国成立前及中华人民共和国成立初，中国民主同盟在黔北没有建立正式组织，当时的两位盟员——和国琴与双茹危是由外地盟组织发展之后调至遵义的。

一、1952—1953年建立筹委会及其筹备过程

1952年3月16日，中国民主同盟遵义县分部筹备委员会在中共遵义地委统战部正式成立。同年7月，因遵义市建制恢复，遵义县分部筹委会改称遵义市分部筹委会。

史料一 中国民主同盟遵义县分部筹备委员会资料

第二章　大事记

一九五二年

三月十六日晚八时，中国民主同盟遵义县分部筹备委员会（以下简称县分部筹委会）在地委统战部办公室召开第一次筹备委员会议，出席会议的有民盟贵州省支部（以下简称省支部）组织部长唐弘仁、副部长李方明，地委统战部科长王保生、专署文教科科长杨天源（盟员）、遵义师范校长徐仲庵（盟员）。会议经讨论决定：杨天源为筹委会主任委员兼秘书工作，徐仲庵任宣传部部长，李方明留遵义任组织部部长兼驻会干部。会议决定今后以进步分子为骨干，首先发展运动中的积极分子入盟。

三月二十三日，县分部筹委会召集本部盟员杨天源、徐仲庵、李方明、和国琴、刘茹范过第一次组织生活。会议决定成立学习小组，推选和国琴任组长。会上讨论通过了谢德鸣申请入盟的问题。接着召开了第二次筹备委员会议，批准了谢德鸣入盟，并报盟省支部核定。

在思想改造运动前五个月中，民盟县分部筹委会先后发展了吴俊德、何彩模、夏郁芬、

第4页

魏沚为、李锡极、詹健伦入盟。

七月一日，县分部筹委会全体盟员参加全县召开的"七一"建党纪念大会活动。

分部筹委会）。

在思想改造运动中，市分部筹委会又发展了积极分子赵世勋、李季超、吴昭福、薛光春、刘永陶、李春傲、郑昌、苏容奎入盟。

十一月三日，杨天源赴重庆出席中国民主同盟西南总支部临时工作委员会（以下简称西南总支临工委）第二次全体委员会（扩大）会议。会议结束后，市分部筹委会召集全体盟员传达了会议精神，要求盟员进一步学习当前有关国内外形势的文件和盟的性质、任务，纠正盟内"截"的关门倾向。

十一月二十三日，市分部筹委会召开第九次委员会议，鉴于分部筹委会驻会干部李方明调遵义市第一中学任校长，决定调魏沚为任本会秘书处干事，并报盟省支部审核。

十二月，市分部筹委会先后发展了余碧（女）、胡昌岐、刀莉黎、李师定、徐兴伯、李道文（女）、

20×20=400

第 5 页

赵应义、杨子时(女)、王仁荣、熊光朝、陈世凡、喻义、王凤朝、谭楚材、魏丹岩入盟。至此除叔嘉范(七月二十四日调贵阳)、和国琴(十一月二十九日调重庆)转出外，加上十二月底从贵阳调遵义工作的赵伯雄，全市共有盟员34人。市分部筹委会认为原有学习小组已不适应形势的发展，决定在遵义市四所中等学校建立盟的基层组织。遵义师范小组有盟员13人，由赵世旭担任组长(五三年下设三个小组，分别由赵世旭、杜锡谨、熊光朝担任小组长)；一中小组有盟员七人，由李笙文担任组长；二中小组有盟员4人，由魏汝为代组长(五三年一月改为郑昌担任)；四中小组有盟员七人，由詹健伦担任组长。单独的盟员有调至务川中学任副校长的王照裕和任教导主任的陈家有，由市分部筹委会直接联系。

十二月中旬，在市首届各族各界人民代表第一次会议上，民主选举出三十多人组成市协商委员会，市政府首长盟员陈仲庞当选为委员。

20×20=400

一九五三年

元月十六日，在第十二次市分部筹委会委员会议上，讨论了中共青年团员任新民、吴毅村、杜锡僧、蒋修信、万继贵经市共青团组织批准本人申请入盟问题，委员会认为"经了解符合本盟发展条件，同意并批准入盟"。至此，市分部筹委会共有盟员三十九人，盟员教师人数占市中等学校教师人数的百分之二十五左右，其中多数是学校中的骨干教师和在遵义市文教界有相当代表性、进步性，工作中积极热心的教师，因而扩大了民盟的政治影响。

元月十八日，市分部筹委会在市统战部举行首届新盟员入盟宣誓典礼，特邀请中共遵义地市委、地市统战部、共青团组织，以及各界人士以及在遵全体盟员共六十余人参加。贵州省分部临工会秘书处主任刘方岳主持宣誓典礼，地委统战部副部长王保生、在遵省人委委员刘灏初、修伴濬等分别在会上讲话。会后市分部筹委会组织新盟员学习盟的历史及有关文件。

八月廿一日在市第四次协商委员会扩大会议上，宣布成立遵义民主人士学习委员会，市

第 7 页

分部筹委会委员时，谭仲庵、魏让羽参加学习，当市分四组的学习委员会副主任委员兼学习小组第二组副组长，谭仲庵担任学习委员会委员。

六月，市分部筹委会决定由四个基层小组各推荐一人，加上秘书干部魏让羽，组建"盟讯"通讯小组。

三月，为悼念革命导师斯大林元帅逝世，市分部筹委会于七日在分部会议室举行悼念座谈会；十一日下午召开"纪念斯大林元帅追悼会"等各委员会会议，由谭仲庵、赵世迦、刘绍光、庞俊伦、李泰微、吴俊然、陈光斌、魏让羽、李道文、郑昌芳组成筹委会。十五日，市分部筹委会"追悼伟大的革命导师斯大林同志追悼会"在分部会议室隆重召开，中共地委统战部副部长王保安和市委统战部部长石正中出席各界人士代表应邀参加了大会。同时，在遵义市各界人民举行的"斯大林元帅追悼大会上"，谭仲庵代表分部筹委会在大会上发言。

四月，市分部筹委会召开一次干部会议，决定基层组织生活每两周一次，并加强通讯制

20×20=400

件的征集。

五月十七日，遵师盟小组与党团组织联合召开"党、团、盟联席座谈会"，参加座谈会的计有党团干部、教师和盟员四十六人。

六月二十一日，市分部筹委会召开全体盟员大会，并邀请中共地委统战部王保生、刘敦辉参加，会议由李方晓主持，杨天源在会上作组织工作总结报告。

六月二十八日，孙仲彪代表分部筹委会参加市选举委员会工作，魏汝功参加基层选举工作。

七月十二日，市分部筹委会为配合遵义市普选工作全面展开，召集全体盟员座谈，以解决对普选的认识问题。同时转发了盟省支部印发的"普选法"中文选；组织基层小组学习。中旬市分部筹委会委员、部分干部和部分盟员参加市协商会普选座谈会，与各界人士交流普选意见。

八月上旬，盟省支部主任委员刘沛，组织部部长唐弘仁和秘书处主任刘方岳到遵义的会

第 9 页

组织盟员传达"民盟七中全会(扩大)会议"文件精神，并组织全体盟员学习讨论。

八月八日，陈仲庞、秦子明、张湘、万崇等出席市选举委员会召开的协商会议，按选举办法第十六条规定协商全市出席人民代表大会代表一四一名。

八月中旬，盟员陈仲庞、万崇鎔、詹健化当选为市人民代表大会代表。同月，根据总部组织部来文，市分部筹委会批准万钟美担任"盟讯"通讯员。

十月一日，谢德馨应邀出席贵阳市举行的"中华人民共和国成立四周年庆祝大会"，并代表市分部筹委会在会上发言。

十月八日，经贵州省支部批准，市分部筹委会增补詹健化、万崇鎔为筹委会委员。同时因万钟美赴西南革大学习，分部筹委会决定由熊光彩担任总部"盟讯"通讯员。

十月三十一日，市分部筹委会经过慎重讨论，决定选派陈仲庞、詹健化、魏兆铭、谢德馨等赴筑出席省支部参加"七中全会学习总结大会"。

20×20=400

十一月五日，市支部筹委会召开委员会议，布置传达盟省委副组织部长唐弘仁作的"七中全会学习总结报告"和中共省委统战部副部长薛世如的讲话。同时因李方明于十月上旬调盟组工作，决定增补谢德谐为市支部筹委会委员并接替原李方明担任的盟内职务。

十一月八日，市支部筹委会召开盟员大会，传达"七中全会学习总结报告"和薛世如的讲话，并组织学习讨论。

十一月二十六日晚，市支部筹委会召开盟员座谈会，讨论"关于国家过渡时期的总路线总任务"的学习问题和"粮食计划供应"问题。二十九日又召开支部委员会议，进一步讨论"粮食计划供应"问题。

十二月二十日下午，市支部筹委会召开委员、组长联席会议，了解各校基层组织学习总路线总任务的情况，以及对"粮食供应计划"和购买建设公债的反映情况。

史料二 民盟中央同意成立遵义县分部筹委会的批示

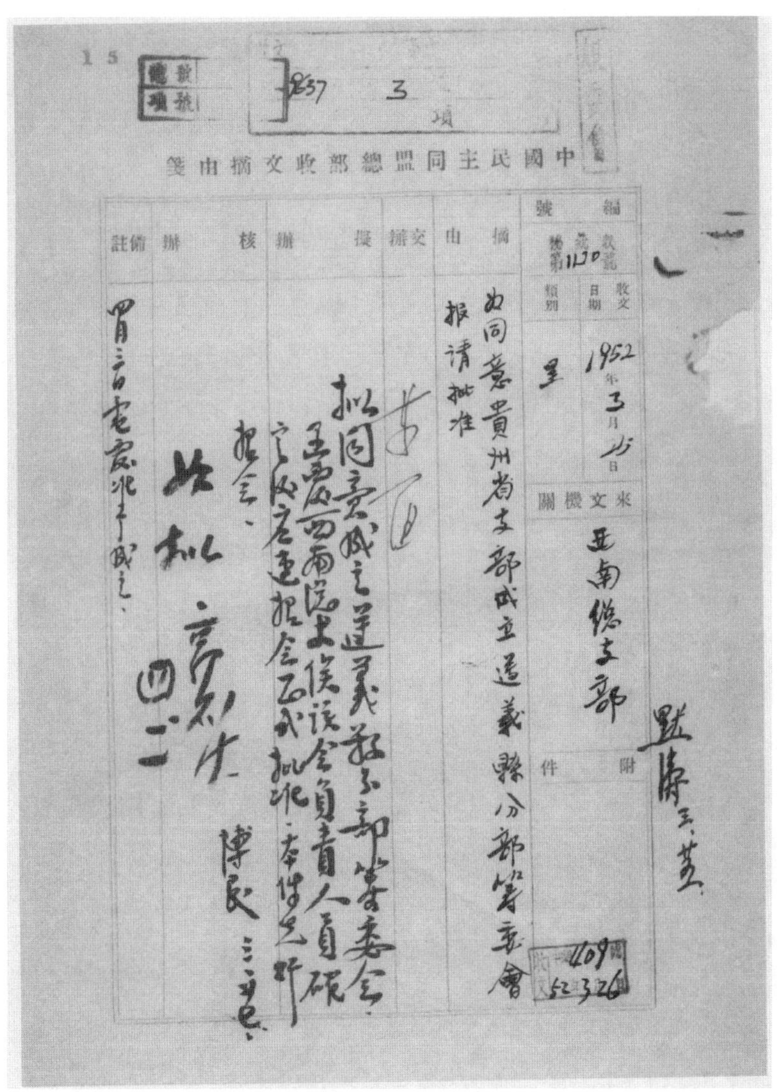

15

總號 發號

1837 3 項

中國民主同盟總部收文摘由箋

編號	收文號數	總號第1130號
	收文日期	1952年3月25日
	類別	呈
來文機關	西南總支部	
附件		

摘由：為同意貴州省支部成立遵義縣分部籌委會報請批准

交辦：[illegible]

擬辦：擬同意成立遵義縣分部籌委會，王霞西、南從文、侯誠全負責人員確定後迅速報會，正式批准，本件是否報會、 傅良 三、二五、

核辦：如擬 [illegible] 四、二

備註：四月二日電覆照准成立、

409 52 3 26

中国民主同盟西南总支部临时工作委员会呈

事由：为同意贵州省支部成立遵义县分部筹委会报请核准由

受文者：总部组委会

顷接贵州省支部黔组(52)字第二〇号函称："日贵州省支部发展组织计划，原拟以贵阳市（包括花溪）之发展工作已按原定计划初步完成。去年全国组宣会议后之西南区工作会议，贵州省支部曾经口头建议在遵义县发展组织，会议上原则上已予同意。遵义县目前有六个中学，为黔北文化中心，适合于本盟发展组织，目前发展组织之条件与准备工作亦已成熟，根据上述情况，省支部决定本年三月派人往遵义发展组织，并决定在遵义成立遵义县分部筹委会，暂设专职干部一人至三人，负责筹备工作，人选另行上报。上项意见，业经省临工会第二十四次会议通过，并已取得中共贵州省委统战部及中共遵义地委统战部同意"等语。查遵义县成立分部的条件业已具备，亦经我会第十一次常委会决议同意成立。除函覆外，特报请

你会批准备查。此致

敬礼

主任委员 楚图南

二、1954 年成立委员会

1954 年 9 月，中国民主同盟遵义市分部委员会成立。1954 年 9 月 10 日至 12 日，中国民主同盟遵义市分部委员会第一次盟员大会在遵义市中苏友好协会会议室召开。

史料 中国民主同盟遵义市分部委员会第一次盟员大会资料

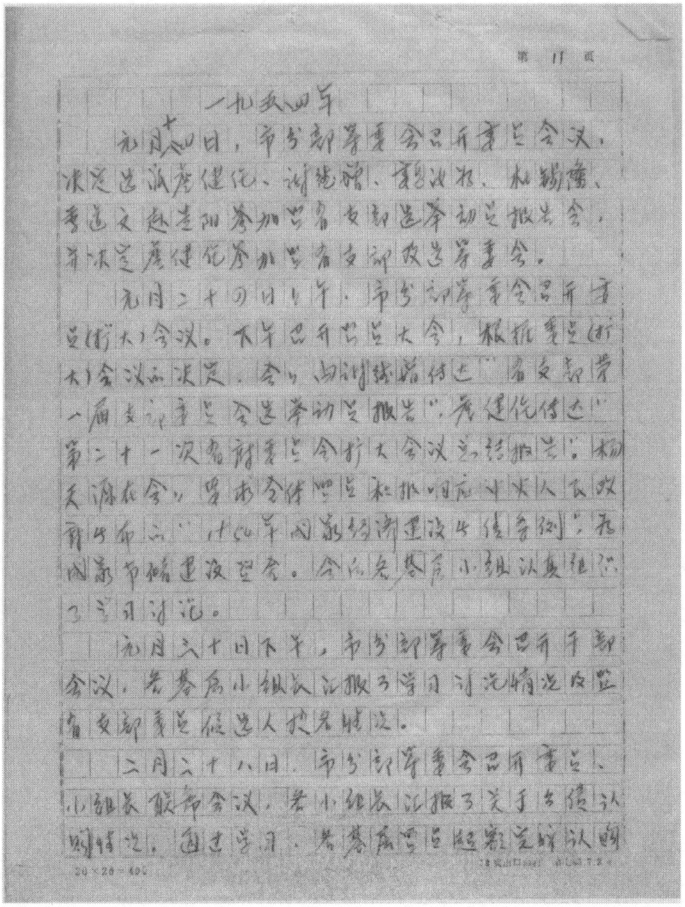

第 11 页

一九五四年

元月十四日，市分部筹委会召开委员会议，决定选派詹健伦、谢德裕、熊议存、杜锡蕃、秦道文赴贵阳参加省支部选举动员报告会，并决定詹健伦参加省支部改选筹委会。

元月二十四日上午，市分部筹委会召开委员（扩大）会议。下午召开盟员大会，根据委员（扩大）会议的决定，会上由谢德裕传达"省支部第一届支部委员会选举动员报告"，詹健伦传达"第二十一次省府委员会扩大会议之总结报告"，杨天源在会上号召全体盟员和非盟员响应中央人民政府公布的"1954年国家经济建设公债条例"，为国家节约建设资金。会后各基层小组认真组织了学习讨论。

元月二十日下午，市分部筹委会召开干部会议，各基层小组长汇报了学习讨论情况及对省支部委员候选人提名情况。

二月二十八日，市分部筹委会召开委员、小组长联席会议，各小组长汇报了关于学习认识情况。通过学习，各基层盟员提高了觉悟认识

20×20=400

任务，盟员教师共二十九人，共购买公债壹仟贰佰叁肆万元，超过预计教师每人购买七万元的百分之五百，在文教界起了一定的积极作用。

在元月至四月期间，市分部筹委会，组织全体盟员，在盟内展开对国家过渡时期总路线总任务的学习，并邀请中共遵义地委书记吴锡泽来盟作报告，计参加人数有被邀请的市中小学教师共贰佰余人。继盟省支部宣教委员会主任蹇先艾赴遵义慰问师范学院以之便，邀请作“全国文联第二届代表大会”的传达报告及过渡时期文艺工作者的工作方针与任务报告，计参加人数有被邀请的文艺工作者贰百余人。又组织盟员听第三届赴朝慰问团团员、盟省支部副主任委员顾先中的传达报告。事后组织盟员学习讨论，起到了一定的作用。

五月七日，市分部筹委会召开委员会议，听取刘汉报告参加省支部扩大会议关于讨论选举省支部委员会初步考虑名单情况，并决定成立市分部选举委员会筹备会（由原市分部筹委会委

第 13 页

员组成，通过了选举办法草案。

五月十二日，市支部筹委会召开五次扩大会议，讨论民盟遵义市第一届委员会选举问题和参加省支部首届盟员代表大会人选问题。决定由市支部筹委会兼办选举执行筹备工作，组织各基层小组学习选举有关文件，并由小组提名方式选举产生代表。

经过基层提名，市支部筹委会通过，选举出参加盟省支部首届盟员代表大会的人选，正式代表有詹德伦、李镕彬、熊光武、赵步姻、李孝儒、李道文，列席代表有杨天沅、蒋钟庵、谢钦瑶、万家骤、魏汝为。并在五月二十二日召开赴会正式代表预备会议，讨论出席大会有关事项。

五月二十四日至三十日，中国民主同盟贵州省支部第一届盟员代表大会第一次会议在贵阳召开。市支部筹委会杨天沅、蒋钟庵、詹德伦前往参加大会。会议期间，听取了盟中央秘书长、组织委员会主任[illegible]一平，盟中央委员、西南总支部副主任委员潘大逵，中共贵州省委[illegible]

20×20=400

战部部长徐健生的讲话和盟省支部主任委员刘清的盟务报告等，市分部筹委会委员詹健伦当选为大会主席团成员和盟省支部第一届委员会委员，并代表市分部在会上发言。

六月十六日，市分部筹委会召开行政扩大会议，经讨论决定分两个阶段传达盟省支部首届盟员代表大会的文件精神，并由谢锐潜拟定"民盟遵义市第一届分部委员会选举动员报告"后交筹委会审定。

六月二十日上午，市分部筹委会召开盟员大会。会上由杨天源传达徐健生的讲话，谢锐传达田一平的讲话，詹健伦介绍大会情况。会后即按基层小组学习讨论。

七月十七日，市分部筹委会召开扩大会议，会上修正并通过了"民盟遵义市第一届分部委员会选举动员报告"。

七月二十四日，市分部召开盟员大会。会上杨天源作了"动员报告"，詹健伦作了"盟务报告"，地委统战部副部长李珊在会上讲话。会后即按基层小组展开讨论，提出修改意见。

八月二十六日下午，市分部筹委会召开干部扩大会议，听取了筹备小组选举情况汇报。经过认真讨论协商，初步拟定了民盟遵义市首届分部委员会候选人名单，委员候选人有杨天源、詹健伦、徐仲庵、谢烈铭、刘嘉谟，候补委员候选人有杜锡藩、李道文。

九月十日至十二日，"中国民主同盟遵义市分部委员会第一次盟员大会"在遵召开。盟省支部副主任委员唐弘仁、组织部副部长刘映芳、文教委员会委员刘漱湖，地委统战部部长杨文亭、市委统战部李　　，以及市协商会各兄弟党派各界人士应邀出席了大会，并在会上讲话。民建贵阳市支部在会上宣读了贺信。大会由陈仲庵主持，大会首由詹健伦作了报告，杨天源作了市分部筹委会两年来的工作报告，刘嘉谟、谢烈铭、赵世典、刘漱湖、李道文、喻君宜、潘楚材等在会上发言。大会一致通过向中央民盟和地方的致敬电，选举出新的分部委员会，委员有陈仲庵、杨天源、詹健伦、谢烈铭、刘嘉谟，候补委员杜锡藩、李道文。

20×20=400

第 16 页

九月十三晚，民盟遵义市分部委员会（以下简称市分部）召开首届第一次分部委员会议。出席会议的除全体委员及候补委员外，还有盟省支部詹弘仁、刘映崇、刘蝶菊和市统战部刘较书列席会议。通过讨论决定，选举陈仲庵担任分部委员会主任委员兼组织部长，龙汉文任组织副部长，谢位璇任秘书主任，詹健伦任宣传部长。詹弘仁和刘蝶菊分别在会上讲话。十九日下午市分部召开首届第一次干部（扩大）会议，交流了委员会工作学习情况。

市分部委员会成立后，对原四个基层小组进行了重新编定、改选。一中小组组长李道文，二中小组组长龚昭品，四中小组组长吴荫棠，副组长李秀超。达师小组第一组长赵世迪，第二组长熊光彩担任。

十一月四日，市分部召开干部（扩大）会议，由于陈仲庵、刁嘉耀参加由市委人民代表会议组织到遵义县第一区桥梓乡、新舟乡参加统征当时工作两个多月，决定由谢位璇代理主任委员职务。

20×20=400

第 17 页

十一月十八日，市分部召开委员会议，研究讨论省统战部李处长"关于贵州省民主党派在当前所起的作用"及今后工作方针问题。

三、第二次、第三次盟员代表大会

1956年6月19日，经民盟贵州省委批准，民盟遵义市分部委员会改为民盟遵义市委员会。1959年6月27日至28日，遵义市第二次盟员大会召开。

史料一 中国民主同盟遵义市委员会第二次盟员大会资料

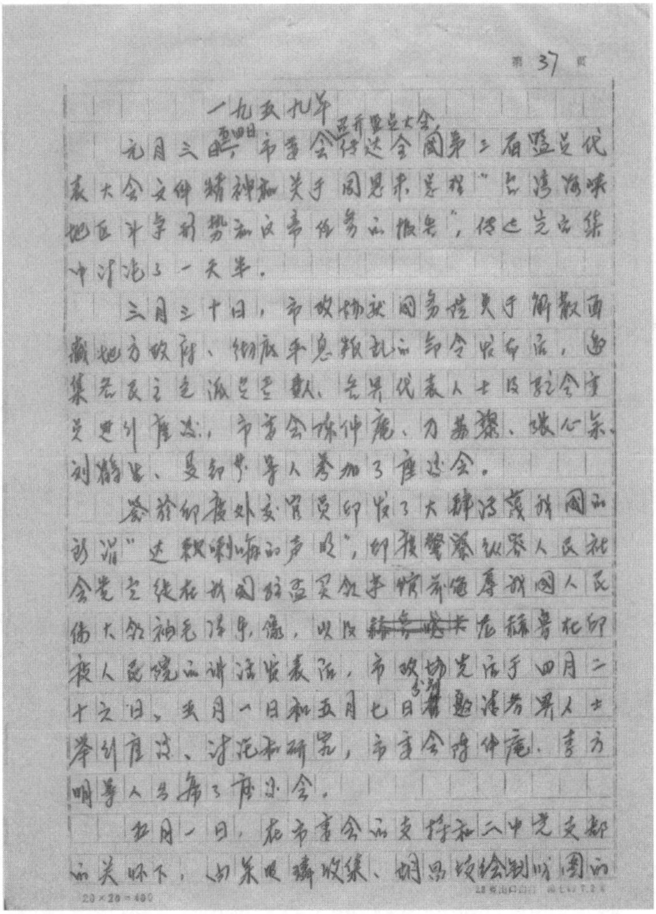
第37页

一九五九年

元月三日（至四日），市委会召开盟员大会，传达全国第二届盟员代表大会文件精神和关于周恩来总理"台湾海峡地区斗争形势和我们的任务的报告"，传达完后集中讨论了一天半。

三月三十日，市政协就国务院关于解散西藏地方政府、彻底平息叛乱的命令发布后，邀集各民主党派负责人、各界代表人士及社会贤达举行座谈，市委会陈仲庵、刀[illegible]、张心泉、刘鹤[illegible]、吴幼[illegible]等人参加了座谈会。

鉴于印度外交部发表了大肆诽谤我国的"达赖喇嘛的声明"，印度警察纵容人民社会党分子在我国驻孟买领事馆前侮辱我国人民伟大领袖毛泽东像，以及~~[illegible]~~尼赫鲁在印度人民院的讲话发表后，市政协先后于四月二十六日、五月一日和五月七日分别邀请各界人士举行座谈、讨论和研究，市委会陈仲庵、李方明等人出席了座谈会。

五月一日，在市委会的支持和二中党支部的关怀下，以朱良璘、胡昌焕绘制成图的

20×20=400

《农村读物画册》作为向"五一"献礼，已正式编出，并决定翻印10册，赠送农村人民为礼。

五月六日，贵阳师范学校盟支部改选为师范专科学校支部，包括师专、农专、医专、工专等校盟员。市委会、师专党委及各兄弟党派基层组织代表应邀参加成立大会，并向大会祝贺。改选后的支部主任委员由杨天学担任，组织委员[illegible]。

五月十九日，为慰问抢修十五个月打通凉风垭隧道的铁路职工，以中共遵义地委统战部长李某为团长，陈仲庵、朱崇汉等人为副团长的市各族各界人民慰问团到凉风垭工地慰问，并参观了隧道工程，在下午召开的庆祝打通[illegible]大会上，市委会请陈仲庵代表全体盟员向大会致了贺词，赠送锦旗。二十日陈仲庵等人又参加了座谈会。

六月初，经本人申请组织同意，[illegible]。

六月十八日，贵阳一、二、三中及遵义师范盟员参加组成中学联合支部，并在市政协会议室召开成立大会。市委会和各兄弟党派以及基层组织代表应邀参加大会，并向大会祝贺。

第39页

改选后的支部主任委员由方伟生担任，组织委员余望，宣教委员余明清。同时，在机关小组、医药卫生小组、文化教育小组合并为机关支部，改选后的支部主任委员由刘耀生担任，组织委员陈光伯，宣教委员陈汉洋（后由李钧担任）。

六月十五日，四中支部改选，改选后的主任委员由陈福州担任，组织委员徐光亮，宣教委员唐生奇。

六月二十七日至二十八日，中国民主同盟遵义市委员会第二届盟员大会在遵召开，出席大会的除全体盟员外，盟省委、地市县统战部领导以及各党派负责人应邀出席了大会。大会期间听取了盟省委宣传部副部长刘映芳传达全国工作会议精神，中共遵义地委统战部李王治讲话，陈仲庞作关于第一届委员会的工作报告。大会选举出第二届委员会委员陈仲庞、唐健伯、李方明、杨天源、张久荣、黄良俊、李道文、刘荣华、方伟生等人。选举出出席盟省委盟员代表大会代表陈仲庞、李方明、杨天源、方伟生、刘耀生、杨天星、陈福州、张治兴以及当然代表

20×20=400

第40页

詹健伦等人。

六月二十九日，市委会召开了第二届委员会第一次会议，通过讨论决定进行了分工，主任委员陈仲庸，副主任委员詹健伦、李方明，秘书主任黄良俊，组织部长李方明兼，宣传部长詹健伦兼。

七月十五日，市委会召开行政办公会议，会上李方明汇报七月份以来的工作情况，并讨论了关于制定、检查、修订个人红专规划的方式等问题，决定为集中各基层支委学习全国工作会议上的一些经验，再根据各基层情况讨论决定。

八月，市委会决定成立遵义地区医院直属小组，组长由郑关普担任。

九月十四日，市委会召开干部（扩大）会议，会上各支部负责人汇报了各基层学习八中全会文件后的思想体会及个人计划等。

十月十七日，市委会召开行政办公会，讨论了关于学习八中全会有关文件问题和基层组织工作经验问题。

20×20=400

1963年2月2日至3日，遵义市第三次盟员大会召开。

史料二 中国民主同盟遵义市委员会第三次盟员大会资料

等。

一九六三年

二月二日至三日，市委会召开第三次盟员大会，应邀参加大会的有中共地市委统战部领导和各民主党派负责人，盟省委副主任委员刘述良和宣传部部长翁祖善也到会指导。会上刘述良代表盟省委向大会祝贺，并就加强学习、继续改造和积极服务问题作了讲话。市委统战部部长陈　　和各党派负责人在会上向大会祝贺。陈仲庵作了第三届市委会的工作报告。大会选举出第三届委员会委员刘荣升、李方旸、李运文、陈仲庵、张心华、黄家俊、杨天深、詹健伦、赵毓祥。

二月四日，市委会召开第三届第一次委员会议，经讨论选举出主任委员陈仲庵，副主任委员詹健伦、李方旸，秘书处主任黄家俊（兼），

20×20=400

第48页

（市民盟组织委员会主任委员）

副主任陈文富，组织部副部长李方明（兼），宣传部部长黄健伦（兼）。

二月六日至八日，市委会陈仲庵、黄健伦等出席民盟省委第四次常委会（扩大）会议，会后传达了盟中央第三届委员会第二次全体会议精神，并着重就当前国际国内形势问题，分别进行了学习和讨论。

二月十七日，市委会召集全体盟员，听取盟省委主任委员[illegible]传达盟中央第三届委员会第二次全会精神和决议。

二月十八日，市委会召开委员会议，对全会的精神和决议进行了学习和讨论，并布置基层进行学习。

二月二十三日，市委会陈仲庵、黄健伦等出席民盟省委第五次常委会议，会后传达了盟中央第三届三次全体委员会议关于当前形势与六三年工作任务的决议，并研究讨论了盟省委关于六三年上半年工作安排问题。

三月十九日，市委会召开委员（扩大）会议，就中共贵阳市委召开的会议之精神进行传达

20×20＝400

史料三 《中国民主同盟遵义市委员会历届委员会》（1952—1963 年）

第 1 页

中国民主同盟遵义市委员会

历届委员会

（一）

中国民主同盟遵义县分部筹备委员会

1952年3月16日—7月30日

委员：杨天源 陈仲庵 李方明

主任委员：杨天源

秘书主任：杨天源(兼)

~~宣传~~组织部长：~~陈仲~~ 李方明

宣传部长：陈仲庵

（二）

中国民主同盟遵义市分部筹备委员会

1952年3月31日—1954年9月12日

委员：杨天源 陈仲庵 李方明 庹健伦

万荪[illegible] 谢德[illegible]

主任委员：杨天源

秘书主任：杨天源(兼)

组织部长：李方明(53年11月5日改为谢德[illegible])

宣传部长：陈仲庵

20×20=400　　81—12

第 2 页

注：1953年10月8日增补詹健伦、方苏耀为委员。同月李方明调贵阳，11月5日增补谢德增为委员，并接替李方明原担任的盟内职务。

（六）

中国民主同盟遵义市第一届分部委员会

1954年9月13日——1959年6月28日

委员：陈仲庵　杨天源　方苏耀　谢德增　詹健伦

候补委员：杜锡璘　李葆文

主任委员：陈仲庵

秘书主任：谢德增（兼）（后龙汝为）

组织部长：陈仲庵（兼）（后李方明）

组织部副部长：龙汝为

宣传部长：詹健伦

注：①1955年因胡风冤案，杨天源受牵连被捕入狱，杜锡璘递补为委员。1956年杨天源平反出狱后恢复委员职务。

20×20＝400　　81—12

第3页

②市分部委员会于1956年6月19日改为民盟遵义市委员会。

③1956年10月30日，李方明、徐怀谷由盟省委调民盟遵义市委员会工作，市委会决定李方明负责组织工作兼会面秀茂工作的责任，魏沧为负责秘书处工作兼负一部分组织工作，徐怀谷负责宣传工作。

④根据盟中央关于开展盟内整风运动的指示，市委会于1957年7月3日成立整风领导小组，由陈仲庵、杨天源、庞健伦、李方明、何承模组成，原市委会暂停工作。8月12日，根据盟中央整风领导小组的指示精神，决定增强调整市委会整风领导小组的力量，由陈仲庵担任组长，副组长李方明，组员由杨天源、杜锡璋、方德光、庞健伦、杨天显组成。并成立基层整风领导小组，宣布原有的基层支委会、小组长暂时停止活动。

⑤1957年谢德增、方苏黎、魏沧为被错划为右派分子，1958年错处理，谢德增被开除盟籍，撤消盟内职务；魏沧为被撤消上述职务；

第4页

方荪棫被提出严重警告，保留盟内职务。

（四）

中国民主同盟遵义市第六届委员会

1959年6月28日——1963年2月1日

委员：陈仲庵 詹健伦 李方明 杨天源 张心策 黄良俊 李道文 刘荣昇 方荪棫

主任委员：陈仲庵

副主任委员：詹健伦 李方明

秘书主任：黄良俊（兼）

组织部长：李方明（兼）

宣传部长：詹健伦（兼）

（五）

中国民主同盟遵义市第七届委员会

1963年2月2日——"文化大革命"

委员：（按姓氏笔划为序）刘荣昇 李方明 李道文 陈仲庵 张心策 黄良俊 杨天源 詹健伦 赵毓祥

主任委员：陈仲庵

20×20=400 81—12

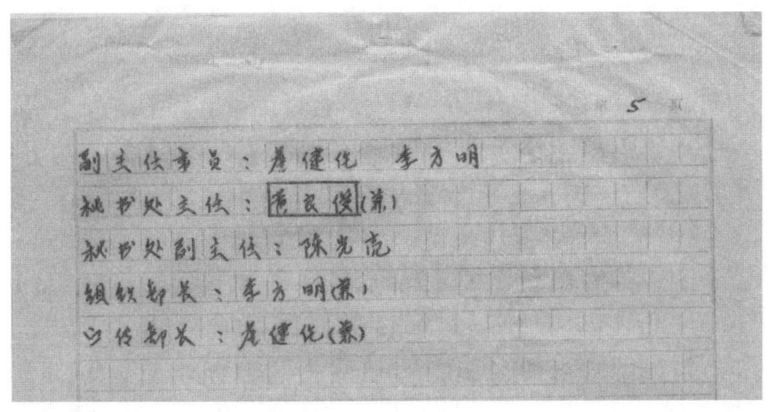

副主任委员：蹇健伦　李方明

秘书处主任：[illegible]民俊(兼)

秘书处副主任：陈光亮

组织部长：李方明(兼)

宣传部长：蹇健伦(兼)

史料四　1952—1956 年中国民主同盟遵义市委员会印章模板

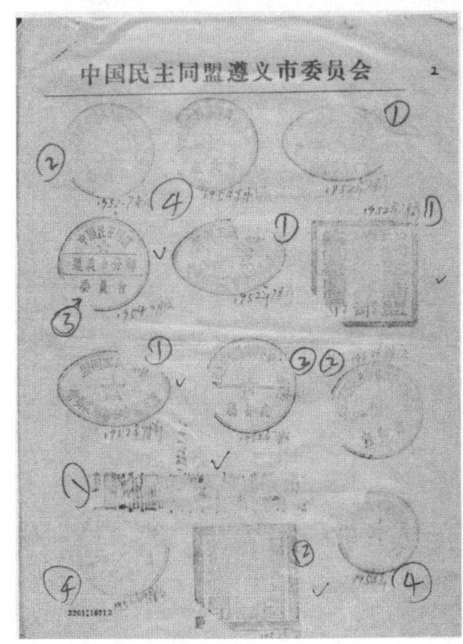

中国民主同盟遵义市委员会

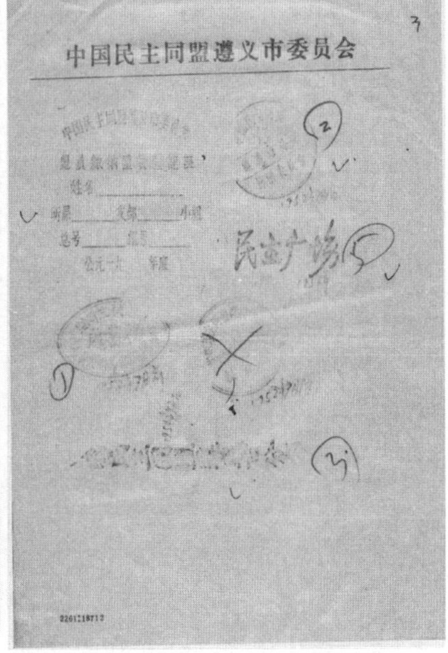

中国民主同盟遵义市委员会

史料五 《新黔日报》关于民盟遵义市委反对美蒋条约集会的报道

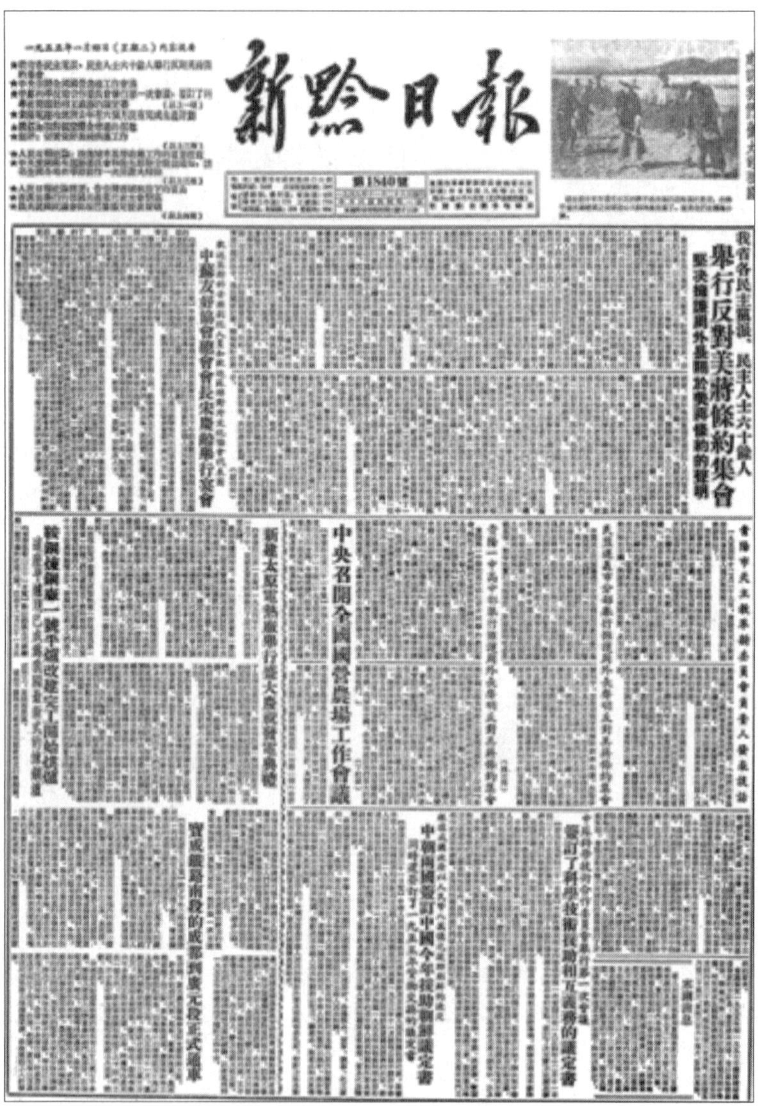

新黔日報

第1840號

我省各民主黨派、民主人士六十餘人

舉行反對美蔣條約集會

堅決擁護周外長關於美蔣條約的聲明

第二节 省直各支部、小组的成立及组织生活情况

1951年底，民盟中央召开了全国组织宣传工作会议，明确提出：“组织工作，以发展为主，继续巩固组织，质量并重。”

一、省直各支部、小组的成立

1951年11月25日，贵州大学成立了民盟小组；1952年10月，贵阳师范学院成立了民盟支部；此后又陆续在贵州各大中小学和教育部门建立了民盟组织。

1956年2月，民盟中央召开了第二次全国代表大会。会议修改了盟章，将原来的以《共同纲领》为民盟的政治纲领改为以政协章程总纲为民盟的政治纲领。在组织名称上，把原来的总部、总支部、支部、分部改为中央及各级委员会。上述的1951年、1956年的民盟中央的会议，贵州均有代表参加。代表们返回贵州后，对会议精神进行了传达。民盟贵州省委联系贵州的实际情况，对相关精神、政策进行了讨论、研究，最终决定把组织发展工作放在重要位置。

根据民盟中央组织发展以文教为主、大中城市为主、中上层为主的方针，民盟贵州省委在民盟贵州省临时工作委员会时期发展的基础上继续开展组织发展工作。至1959年，贵阳市在贵阳师范学院、贵阳医学院等5所大学发展盟员102人，在贵阳一中、贵阳女中、农业学校、师范学校、中专学校发展盟员101人，等等；遵义市发展盟员71人。以上两市共发展盟员400多人。

从1957年6月开始，全国开展反右派斗争，这场斗争被严重地扩大化。

在盟内，由于反右派斗争的扩大化，伤害了许多盟员和各级盟组织的负责人，挫伤了许多知识分子和盟组织的政治积极性，也严重损害了民盟在社会上的声誉。在贵州，民盟成员被错划为“右派”分子的共55人。1959—1964年，先后分两批摘掉了部分“右派”分子的帽子。至1979年，民盟中被错划为“右派”分子的成员全部得到平反，恢复了名誉。

（一）中国民主同盟贵州大学区分部

史料一 贵州大学民盟支部成立的资料

13

中国民主同盟贵州大学区分部成立

1951.12.07

【贵筑讯】 中国民主同盟贵州省支部临时工作委员会直属贵州大学区分部，于十一月二十五日在贵州大学正式成立。出席大会的除该盟盟员外，尚有来宾中共贵阳地方委员会统一战线工作部刘哲民部长、贵州省文教厅田君亮副厅长、中国国民党革命委员会贵州省临时工作委员会筹备委员会代表陈弦秋、贵州大学教务委员会顾光中副主任委员和贵大、花溪中学、花溪小学教员等，共约三百人。中国民主同盟贵州省支部临时工作委员会缪象初委员在成立会上号召该区分部盟员团结群众，学习马列主义和毛泽东思想，进行自我教育和自我改造。来宾们也曾相继致词，刘哲民部长希望各盟员响应毛泽东主席的号召，加紧学习，进行思想改造。田君亮副厅长指出盟员应密切联系群众。陈弦秋先生强调各民主党派必须在中国共产党的领导下，团结一致，促进共同纲领的实现。

（民盟贵大区分部于仪）

（编者按：此为民盟贵州省委所藏的录入稿。）

【释文】

中国民主同盟贵州大学区分部成立

【贵筑讯】中国民主同盟贵州省支部临时工作委员会直属贵州大学区分部，于十一月二十五日在贵州大学正式成立。出席大会的除该盟盟员外，尚有来宾中共贵阳地方委员会统一战线工作部刘哲民部长、贵州省文教厅田君亮副厅长、中国国民党革命委员会贵州省临时工作委员会筹备委员会代表陈弦秋、贵州大学教务委员会顾光中副主任委员和贵大、花溪中学、花溪小学教员等，共约三百人。中国民主同盟贵州省支部临时工作委员会缪象初委员在成立会上号召该区分部盟员团结群众，学习马列主义和毛泽东思想，进行自我教育和自我改造。来宾们也曾相继致辞，刘哲民部长希望各盟员响应毛泽东主席的号召，加紧学习，进行思想改造。田君亮副厅长指出盟员应密切联系群众。陈弦秋先生强调各民主党派必须在中国共产党的领导下，团结一致，促进共同纲领的实现。

（民盟贵大区分部于仪）

史料二 《新黔日报》1951 年 12 月 7 日关于中国民主同盟贵州大学区分部成立的报道

新黔日報

大力推行職工政治文化教育
貴陽市職工業餘教育委員會成立

貴陽市職工業餘教育
目前存在的問題及今後工作

堅守朴達峯陣地

集體合同推動了生產

中國民主同盟貴州大學區分部成立

貴州水泥廠職工發揮創造智慧
積極鑽研改進技術設備
產量質量均有顯著提高

（二）中国民主同盟贵州师范大学支部

中国民主同盟贵州师范大学支部成立于 1952 年。

中国民主同盟贵州师范大学支部委员会组织沿革表

届 次	起止时间（年）	负责人	盟员人数（名）
第一届	1952—1957	主委：赵咸云 副主委：周春元、熊其仁	46
第二届	1957—1959	主委：周春元 副主委：张英骏	35

（三）中国民主同盟清华中学支部

1952 年花溪中学（清华中学当时名为花溪中学）就有谌贻华、袁愈嫈 2 位盟员。因为人少，他们过组织生活是与农院的盟员在一起过。1959 年，卢传瑛、陈胤孙调到花溪中学，花溪中学就有了 4 位盟员，由谌贻华同志负责。1960 年后，谌贻华等同志调离花中，只剩下卢传瑛、陈胤孙二人，由盟省委直接联系。两人仍经常主动聚在一起学习盟的文件，贯彻盟组织的决议和要求。1963 年，盟组织要盟员按“三自三不”的原则开展“神仙会”。盟员向花溪中学党支部刘道学书记讲了这件事，刘书记还指定盟员联系某两位老师。就这样，花中的“神仙会”开展起来了。第一次“神仙会”开展活动时，刘道学书记还参加了，他评价这种形式很好。

1966 年，“文化大革命”开始，民主党派被迫停止了活动。

1964年之前民盟贵州省成立的支部及小组简表

序号	支部	小组	主委	委员
1	贵阳师范学院支部		赵咸云	周春元、熊其仁
2	贵阳医学院支部		王焕斗	王铎安、杨荣勋、于世英、杜卓民
3	贵州农学院支部		黄培昌	汪汾、陈明敏
4	贵阳工业学校支部		谌志平	桑希武、范永发
5	贵阳第一中学支部		韩述明	邬条英、梅春明
6	贵阳农业学校支部		甘相连	戴聚才、喻辅正、柴祖泽
7	贵阳第二中学支部		黄正琳	刘德澄
8		贵阳第五中学小组	王玉珑	张龙尔、谢泉鸣
9		贵阳第六中学小组	袁愈莹	
10		贵阳女中小组	李道明	
11		贵阳师范学校小组	张珍伦	
12	贵阳市小教支部		雷宝芬	田滋穗
13		贵州省教育厅小组	冯丹	刘耀能
14		贵州省文化局小组	郭可取	刚仁
15		贵州省委会干部小组	唐弘仁	
16	贵阳省市机关支部		张吉坞	贺梓齐、张绍华
17		贵阳第七中学小组	何治华	
18		贵阳新修学校小组	刘延良 肖荣圭	
19		贵阳第三中学		（有盟员）
20		贵阳第八中学小组	何治贤	
21		贵初小组		
22		小校区分部		
23		工商小组		
24		临工会小组		
25		农校区小组		
26		工校区小组		
27		二中区分部		

续表

序号	支部	小组	主委	委员
28		一中区分部		
29		农院区分部		
30		医学院小组		
31		师院区分部		

二、组织生活情况

1951年12月19日民盟中央常委会第二十三次会议通过的《中国民主同盟关于盟员组织生活的指示》对组织生活的内容与形式有明确规定。组织生活的内容主要包括：学习马列主义、毛泽东思想；联系实际，用批评与自我批评的方法，进行自我教育和自我改造；密切联系群众，参加各种群众工作，反映群众情绪和要求，在群众中起带头作用，并进行宣传教育工作；在机关和学校中保证完成行政任务和教学工作，协助政府推行各项政策法令；参加选举，参加会议听取报告，向组织报告有关群众及盟务工作，提出建议；遵守并执行组织的决议和纪律；发展盟员；了解并反映同志情况，帮助同志学习，帮助同志解决困难；缴纳盟费。组织生活的形式主要包括小组会或区分会，这是主要的形式，鼓励盟员尽可能地参加小组生活，小组会照盟章规定每周开一次，但根据地方实际情形，亦可两周开一次（如以区分部为单位者，开区分部会）；座谈会、报告会、演讲会，召集地方一部分或全体盟员参加；个别联系，有特别情形时用之；其他集体生活。

（一）召开工作总结会议

工作总结会议的内容一般为总结前一阶段的工作，讨论下一步的工作计划。

1952 年 12 月 22 日，为迎接 1953 年“三大任务”，贵州省支部召开了工作总结会议。

史料 1952 年贵州省支部召开工作总结会议资料

为迎接一九五三年三大任務

貴州省支部召開工作總結會議

貴州省支部臨時工作委員會，爲總結一九五二年工作，作爲改正今後工作的方針，及討論一九五三年第一季度工作計劃，於一九五二年十二月二十二日起，先後舉行了九天會議。

在檢查總結中，指出了一年來支部的工作、經過了「三反」「五反」運動，「思想改造」運動。「中蘇友好月」運動和西南總支部全體委員擴大會議的傳達報告，貴州盟員的思想政治水平，不斷提高，發展組織工作，是在運動中有計劃地發展的，糾正了過去個別發展的方式。在支部本身通過運動與整風，工作也不斷得到改進。對各民主黨派的聯系，也比前加強，因此，就貴州盟務總的情況看來，是有成績的，這些成績的獲得，主要的：是由於黨——中國共產黨的正確領導與幫助，由於上級的正確領導與指示和全體同志一致努力的結果，但是；檢查出工作還存在着各種程度不同的缺點。主要的：(一)關於領導思想方面，由於對革命統一戰線認識不够明確，因而對盟的性質和任務在認識和執行上有了偏重與不全面的缺點；有的區分部和小組，對個別發展對象要求的條件過高，對進步較緩的盟員，沒有做到耐心誠懇幫助，強調組織紀律一面，忽視教育團結一面；以致有要求過急，脫離實際的偏向。又檢查出對於盟在人民民主統一戰線中的任務，體會不深，所以只片面強調了在組織內互助提高，忽略了政治任務，形成了「關門鍊兵」的傾向。(二)關於領導機構方面，支部人事異動很大，兼職幹部多無法照顧支部工作，平時民主協商不够，臨工會沒有做到充分發揚民主，研究政策，統一認識的作用。因此也就未發揮集體領導力量。一年來也訂立了一些制度，但未形成一套有系統的制度，彼此相互聯系不够，檢查及總結工作，也做得很差。形成佈置多，檢查少，工作效率不高。(三)關於領導方法方面，首先是領導幹部羣衆觀點不強，不善於虛心聽取羣衆意見，並集中起來。因而工作中思想性不够強，又對於政策鑽研不够深入，或憑着主觀的了解來佈置工作。或信心不大，小脚小手的來佈置工作，不是犯了事務主義，便成趕任務觀點，此外，領導更沒有發揮從下而上的民主批評，和執行從上而下的檢查監督。

經過了詳細檢查結果，一致認爲今後需要：統一認識，加強思想領導，加強團結，發揮組織力量，開展羣衆工作，總結經驗，改進整個工作。這是今後支部開展工作的中心環節。第六天討論一九五三年第一季度工作計劃，首先認識到一九五三年的經濟和文化大建設，是一個新的形勢，盟面臨着這一新的形勢，應在原有勝利的基礎上進一步發揮盟的組織力量，完成這光榮而又艱巨的任務。根據這一新的認識，支部擬定一九五三年第一季度工作計劃是決定在春季集中力量搞好貴州大學、貴陽醫學院正在進行的思想改造，發展一批有代表性的教授教師並搞好中等學校的教學競賽。

會議在一月七日閉幕後，省支部召集各區委和小組長傳達會議內容，並進行討論。至全年工作計劃，正根據中常會的指示繼續研究討論中。

— 6 —

【释文】

为迎接一九五二年三大任务贵州省支部召开工作总结会议

贵州省支部临时工作委员会，为总结一九五二年工作，作为改正今后工作的方针，及时讨论一九五三年第一季度工作计划，于一九五二年十二月二十二日起，先后举行了九天会议。

在检查总结中，指出了一年来支部的工作，经过了“三反”“五反”运动、“思想改造”运动、“中苏友好月”运动和西南总支部全体委员扩大会议的传达报告，贵州盟员的思想政治水平不断提高，发展组织工作，是在运动中有计划地发展的，纠正了过去个别发展的方式。在支部本身通过运动与整风，工作也不断得到改进。对各民主党派的联系，也比前加强，因此，就贵州盟务总的工作情况看来，是有成绩的，这些成绩的获得，主要的是由于党——中国共产党的正确领导与帮助，由于上级的正确领导与指示和全体同志一致努力的结果。但是，检查出工作还存在着各种程度不同的缺点，主要的：（一）关于领导思想方面，由于对革命统一战线认识不够明确，因而对盟的性质和任务在认识和执行上有了偏重与不全面的缺点；有的区分部和小组，对个别发展对象要求的条件过高，对进步较缓的盟员，没有做到耐心诚恳帮助，强调组织纪律一面，忽视教育团结一面，以致有要求过急、脱离实际的偏向。又检查出对于盟在人民民主统一战线中的任务，体会不深，所以只片面强调了在组织内互助提高，忽略了政治任务，形成了“关门练兵”的倾向。（二）在领导机构方面，支部人事异动很大，兼职干部多无法照顾支部工作，平时民主协商不够，临工会没有做到充分发扬民主、研究政策、统一认识的作用，因此也就未发挥集体领导力量。一年来也订立了一些制度，但未形成一套有系统的制度，彼此相互联系不够，检查及总结工作，也做得很差，形成布置多，检查少，工作效率不高。（三）关于领导方法方面，首先是领导干部群众观点不强，不善于虚心听取群众意见，并集中起来，因而工作中思想性不够强，又对于政策钻研不够深入，或凭着主观的了解来布置工作。或信心不大，小手小脚地来布置工作，不是犯了事务主义，便成赶任务观点，此外，领导更没有发挥从下而上的民主批评，和执行从上而下的检查监督。

经过了详细检查，结果一致认为今后需要：统一认识，加强思想领导，加强团结，发挥组织力量，开展群众工作，总结经验，改进整个工作。这是今后支部开展工作的中心环节。第六天讨论一九五三年第一季度工作计划，首先认识到一九五三年的经济和文化大建设，是一个新的形势。盟面临着这一新的形势，应在原有胜利的基础上进一步发挥盟的组织力量，完成这一光荣而又艰苦的任务。根据这一新的认识，支部拟订一九五三年第一季度工作计划是决定在春季集中力量搞好贵州大学、贵阳医学院正在进行的思想改造，发展一批有代表性的教授、教师，并搞好中等学校的教学竞赛。

会议在一月七日闭幕后，省支部召集各区委和小组长传达会议内容并进行讨论。至全年工作计划，正根据中常会的指示继续研究讨论中。

（二）参加唯物主义讲座

为提高盟员的思想认识和政治水平，推动盟员过好各个政治运动关，贵州省民盟动员盟员积极参加各类思想政治教育活动，参加唯物主义讲座就是一种重要的学习方式。中国民主同盟贵州省支部委员会 1955 年 5 月 11 日的《学习简报》第一号《省市机关文教系统唯物主义讲座听讲情况和意见》较为全面地反映了当时的学习情况。

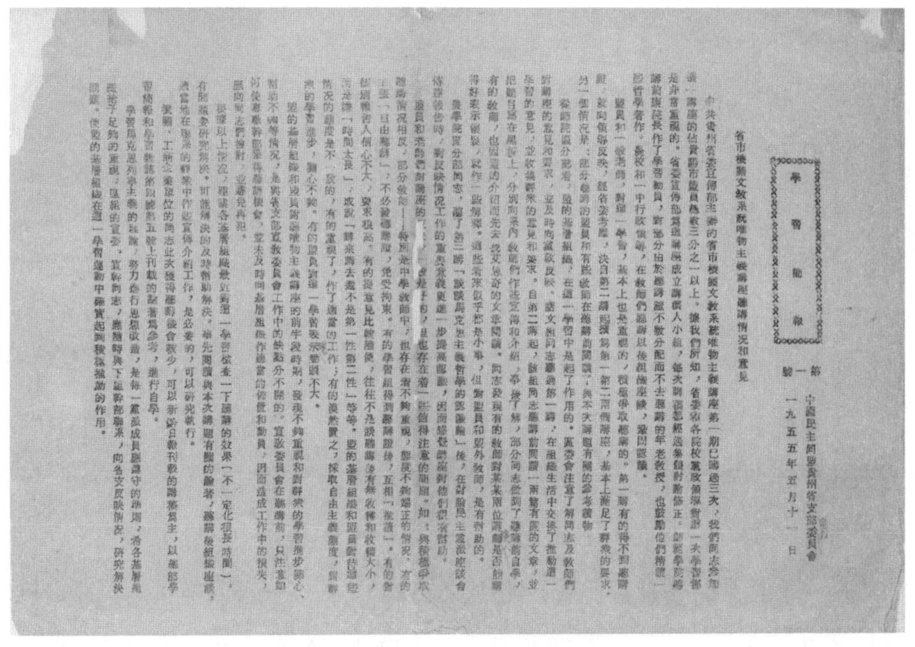

學習簡報

第一號

中國民主同盟貴州省支部委員會

一九五五年五月十一日

省市機關文教系統唯物主義講座聽講情況和意見

中共貴州省委宣傳部主辦的省市機關文教系統唯物主義講座第一期已講過三次，我們同志參加這一講座的佔貴陽市盟員總數三分之一以上。據我們所知，省委和各院校黨政領導對這一次學習都是非常重視的。省委宣傳部曾迅速確定成立講演人小組，每次講演都經過集體討論修正。師範學院爲譯前院長作了學習動員，對部分由於聽講證不敷分配而不去聽講的年老教授，也鼓勵他們補讀一些哲學著作。農校和一中行政領導，在教師們聽講以後組織座談，鞏固認識。

盟員和一般老師，對這一學習，基本上也是重視的，積極爭取聽講的。第一期有的得不到聽講證，紛向領導反映，經省委考慮，決自第二講起攤寫第一第二兩個講座，基本上滿足了群衆的要求。另一個情況是：部分聽講的盟員和有些教師在聽講前閱讀了與本次講題有關的參考讀物。

各級院區分部看，盟的基層組織，在這一學習中是起了作用的。區委會注意了解同志及教師們對講座的意見和要求，並及時向黨政反映。語文組同志聽過第一講，在組織生活中交換了推動這一學習的意見，並收集群衆的意見和要求。自第二講起，該組同志聽講前閱讀一兩篇有關的文章，並把觀點寫在黑板上，分別向系內教師們作些宣傳和介紹，事後了解，部分同志做到了聽講前自學，有的教師，也因盟的介紹而先去找文件的文章閱讀。同志發現有的教師對某某兩位講師是否能講得好表示懷疑，試作一些解釋。這些看來似乎都是小事，但對盟員和盟外教師，是有幫助的。

農學院盟分部同志，聽了第三講「談談馬克思主義哲學的認識論」後，在討論民主黨派座談會傳達報告時，對反映情況工作的重要意義更進一步提高認識，因而感覺講座對他們很有幫助。

盟員和系部對講座的[illegible]是好的，且也存在着一些值得注意的問題。如：與積極爭取聽講情況相反，部分教師——特別是中學教師中，但存在着不夠重視，態度不夠端正的情況。有的主張「自由聽講」，不必簽聽講證，免受拘束。有的學習組得到聽講證後，互相「推讓」。有的個別教師入信心不大，要求很高。有的提意見比較隨便，往往不是談聽講後有無收獲和收獲大小，而是談「時間太長」，或說「講來講去還不是第一性第二性」等等。盟的基層組織和盟員對待這些情況的態度是不一致的，有的重視了，作了適當的工作；有的漠然置之，採取自由主義態度，對群衆的學習進步，關心不夠。有的盟員對這一學習表示興趣不大。

盟的基層組織和盟員對唯物主義講座的前半段時期，發現不夠重視和對群衆的學習進步關心、幫助不夠等情況，是與省支部宣教委員會工作中的缺點分不開的。宣教委員會在聽講前，只注意如何使盟員爭取聽講機會，並未及時向基層組織作適當的佈置和動員，因而造成工作中的損失，希望同志們檢討，並避免再犯。

根據以上情況，建議各基層組織就近對這一學習檢查一下聽講的效果（不一定化很長時間），有問題要研究解決。可能解決的及時幫助解決。爭先閱讀與本次講題有關的論著，聽講後組織座談，適當地在聯系的群衆中作些宣傳介紹工作，是必要的，可以研究執行。

貴陽、工商企業單位的同志此次獲得聽講機會較少，可以新黔日報刊載的講稿爲主，以本部學習情報和「學習簡訊」第五號上刊載的論著爲參考，進行自學。

學習馬克思列寧主義的理論，努力進行思想改造，是每一盟成員應遵守的準則，希各基層組織給予足夠的重視，區組的宣委，宣幹同志，應隨時與下組幹部聯系，向各支反映情況，研究解決問題，使盟的基層組織在這一學習運動中確實起到積極推動的作用。

【释文】

省市机关文教系统唯物主义讲座听讲情况和意见

中共贵州省委宣传部主办的省市机关文教系统唯物主义讲座第一期已讲过三次，我们同志参加这一讲座的占贵阳市盟员总数的三分之一以上。据我们所知，省委和各院校党政领导对这一次学习都是非常重视的。省委宣传部为这讲座成立讲演人小组，每次讲稿都经过集体讨论修正。师范学院听讲前康院长做了学习动员，对部分听讲证不敷分配而不去听讲的年老教授，也鼓励他们精读一些哲学著作。农校和一中行政领导，在教师们听讲以后组织座谈，巩固认识。

盟员和一般老师，对这一学习，基本上也是重视的，积极争取听讲的。第一讲有的得不到听讲证，就向领导反映，经省委考虑，决定自第二讲起，扩为第一、第二两个讲座，基本上满足了群众的要求。另一个情况是：部分听讲的盟员和有些教师在听讲前阅读了与本次讲题有关的参考读物。

从师院区分部看，盟的基层组织，在这一学习中是起了作用的。区委会注意了解同志及教师们对讲座的意见和要求，并及时向党政反映。语文组同志听过第一讲，在组织生活中交换了推动这一学习的意见，并收集群众的意见和要求。自第二讲起，该组同志阅读一两篇有关的文章，并把题目写在黑板上，分别向系内教师们做些宣传和介绍。事后了解，部分同志做到了听讲前自学，有的教师，也因盟的介绍而先去找艾思奇的文章阅读。同志发现有的教师对某某两位讲师是否能讲得好表示怀疑，就做一些解释。这些看来似乎都是小事，但对盟员和盟外教师，是有帮助的。

农学院区分部同志，听了第三讲“谈谈马克思主义哲学的认识论”后，在讨论民主党派座谈会传达报告时，对反映情况工作的重要意义更进一步提高认识，因而感觉讲座对他们很有帮助。

盟员和老师们对讲座的反映一般是好的，但也存在着不够重视、态度不够端正的情况。有的主张“自由听讲”，不必发听讲证，免受拘束。有的学习组得到听讲证后，互相“推让”。有的对个别报告人信心不大，要求很高。有的提意见比较随便，往往不是谈听讲后有无收获和收获大小，而是嫌“时间太长”，或说“讲来讲去还不是第一性第二性”，等等。盟的基层组织和盟员对待这些情况的态度，是不一致的，有的重视了，做了适当的工作；有的漠然置之，采取自由主义态度，对群众的学习进步，关心不够，有的盟员对这一学习表现劲头不大。

盟的基层组织和盟员对听唯物主义讲座的前半段时期，发现不够重视和对群众的学习进步关心帮助不够等情况，是与省支部宣教委员会工作中的缺点分不开的。宣教委员会曾在听讲前，只注意如何使专职干部获得听讲机会，并未向基层组织做适当的布置和动员，因而造成工作中的损失，应向同志们检讨，并避免再犯。

根据以上情况，建议各基层组织最近对这一学习检查一下听讲的效果（不一定花很长时间），有问题要研究解决。可能解决的及时帮助解决。事先阅读与本次讲题有关的论著，听讲后组织座谈，适当地在联系的群众中做些宣传介绍工作，是必要的，可以研究执行。

机关、工商企业单位的同志此次获得听讲机会较少，可以《新黔日报》刊载的讲稿为主，以总部《学习简报》和《学习杂志》第四号、第五号上刊载的论著为参考，进行自学。

学习马克思列宁主义的理论，努力进行思想改造，是每一党派成员应遵守的准则，希各基层组织给予足够的重视，区组的宣委、宣干同志，应随时与下组干部联系，向省支反映情况，研究解决问题，使盟的基层组织在这一学习运动中确实起到积极推动的作用。

（三）制订学习公约

为提高各类学习的效果，民盟机关专职干部学习小组制订了学习公约。

中國民主同盟貴州省委員會便箋

民盟机関专職幹部学習小組

学習公約　59年[illegible]月[illegible]日.

1. 采取"見縫揷針"的办法，积极自覺地进行自学，认真钻研文件和参考资料，保证作好学習筆記和发言提綱，交换阅读，以便相互学習及彼此监督，并在一定时间内由小组长进行抽查。

2. 小组讨论准时开会，不迟到、不早退、不无故缺席、不随便中途离开会场作其他一般工作，如遇特殊事故，应先向小组长请假，并取得同意，方得离开。

3. 敞开思想，勇于发言，虚心求教，积极辩论，联系实际

4. 认真作好学習小结，根据学委会布置，先作好充分准备，於每单元学習完了时，进行小组漫谈，在会上小组长根据大家意见，作出口头小结。

5. 没有特殊事故，保证每周小组讨论两次小时.

【释文】

民盟机关专职干部学习小组学习公约

1959年□月29日

1. 采取“见缝插针”的办法，积极自觉地进行自学，认真钻研必读文件和参政资料，保证做好学习笔记和发言提纲，交换传阅，以便相互学习、彼此监督，并在一定时间内由小组长进行抽查。

2. 小组讨论时，不迟到，不早退，不无故缺席，不随便中途离开会场□办一般工作，如遇特殊变故，必须向小组长请假，并取得同意，方得离开。

3. 敞开思想，联系实际，勇于发言（虚心求教），积极辩论。

4. 认真做好学习小结。根据学委会布置，做好充分准备，于每单元学习完了时，进行小组漫谈，在会上小组长根据大家意见，做出口头小结。

5. 没有特殊变故，保证每周小组讨论两次。

（四）召开基层组织负责人会议

1963 年 3 月 20 日，盟省委会召开基层组织负责人会议，传达盟省委会 1963 年工作计划要点，研究近期内进一步开展学习的问题。会议具体情况如下：

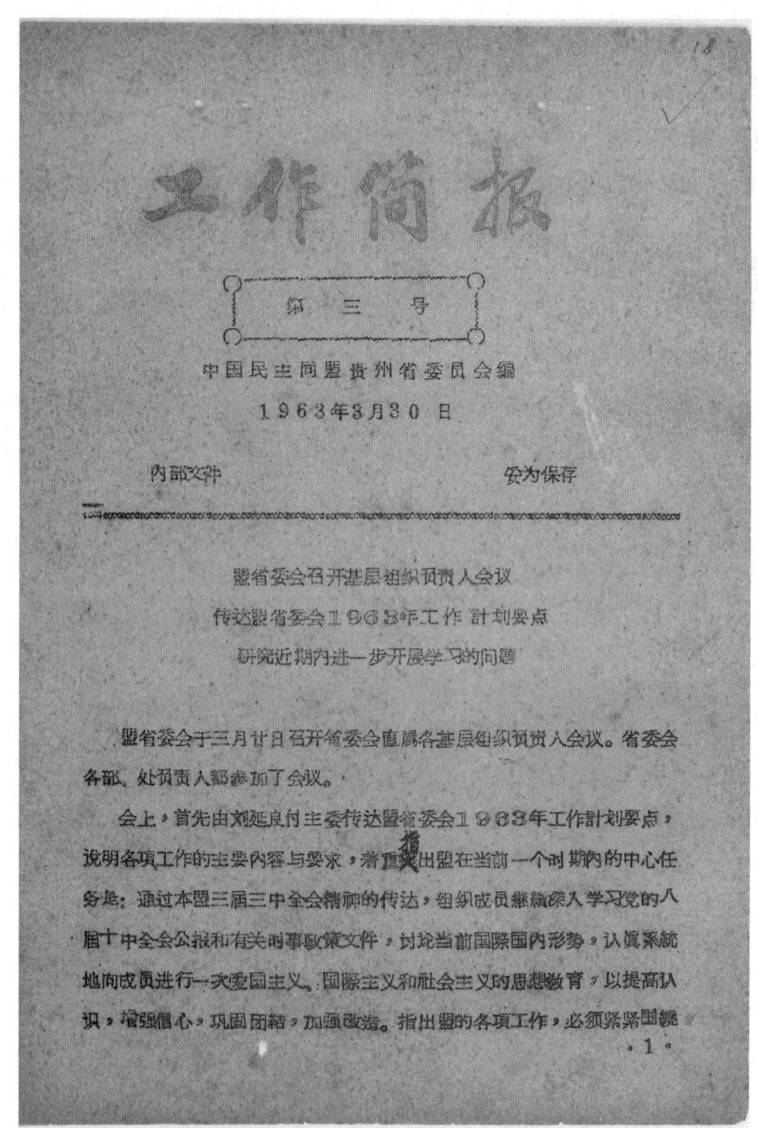

18

工作简报

第　三　号

中国民主同盟贵州省委员会编

1963年3月30日

内部文件　　　　妥为保存

盟省委会召开基层组织负责人会议

传达盟省委会1963年工作计划要点

研究近期内进一步开展学习的问题

盟省委会于三月廿日召开省委会直属各基层组织负责人会议。省委会各部、处负责人都参加了会议。

会上，首先由刘延良付主委传达盟省委会1963年工作計划要点，说明各項工作的主要内容与要求，着重指出盟在当前一个时期内的中心任务是：通过本盟三届三中全会精神的传达，组织成员继续深入学习党的八届十中全会公报和有关时事政策文件，讨论当前国际国内形势，认真系統地向成员进行一次爱国主义、国际主义和社会主义的思想教育，以提高认识，增强信心，巩固团結，加强改造。指出盟的各項工作，必须紧紧围繞

·1·

这一中心来进行。要求各基层组织在本单位党委的领导下，根据盟省委会的工作计划要点，结合基层情况，在三月底至迟在四月上旬制定基层组织1963年的工作计划或近数月内的工作安排，并与盟省委会加强联系，经常报导进行学习和教育的情况。

接着，会议着重研究了近期内进一步开展学习的问题。唐弘仁付主委在发言中，对前一阶段的学习作了扼要的小结，指出今后一个时期内学习和讨论的中心内容，仍是国际形势问题和反对现代修正主义问题。考虑到今后一个多月内，贵阳市各中、小学根据党委的统一布置正集中学习雷锋同志的精神，而这一学习对于向盟员进行爱国主义和社会主义的思想教育，有着重大的意义和作用，因此，要求中小学各基层组织在近期的学习内容上，仍应服从党委的统一布置，但可适当参照盟省委会的要求来安排。同时指出：过去一阶段的学习，收获是很大的，但在学习方法上也还存在一些问题，需要研究改进。提出今后在学习中应该注意：①认真钻研文件，有些文章，如"再论陶里亚蒂同志同我们的分歧"等有必要反复学习；②大胆地提出问题；③讨论中要有争辩，要把"不戴帽子，不打棍子，不抓辫子"的原则和正确运用批评与自我批评武器结合起来；④要联系自己的思想、实际，通过学习，求得改造；⑤根据对部分基层组织学习活动的了解，要做到上述四点，固然需要每个同志都解除不必要的顾虑，但是，首先需要基层干部同志带头。比如，组内思想开展不够活跃，干部同志自己提出问题也有困难时，可以介绍别组在学习和讨论中的问题，组织大家分析研究。为此，唐付主委还将最近一

· 2 ·

时期内，省委会了解到的部分基层在学习中有争论的某些主要问题，向与会同志们作了扼要的介绍。

盟省委会根据会议研究的意见，在四月份内，将组织一、两个有关的专题座谈会；可能时，将请党委就有关问题作一次报告；并将加强与基层组织的联系，研究和交流有关学习的经验与体会；借以帮助大家提高对问题的认识和推动学习的进展。

【释文】

盟省委会召开基层组织负责人会议
传达盟省委会1963年工作计划要点 研究近期内进一步开展学习的问题

盟省委会于三月二十日召开省委会直属各基层组织负责人会议。省委会各部、处负责人都参加了会议。

会上，首先由刘延良副主委传达盟省委会1963年工作计划要点，说明各项工作的主要内容与要求，着重指出盟在当前一个时期内的中心任务是：通过本盟三届三中全会精神的传达，组织成员继续深入学习党的八届十中全会公报和有关时事政策文件，讨论当前国际国内形势，认真系统地向成员进行一次爱国主义、国际主义和社会主义的思想教育，以提高认识，增强信心，巩固团结，加强改造。指出盟的各项工作，必须紧紧围绕这一中心来进行。要求各基层组织在本单位党委的领导下，根据盟省委会的工作计划要点，结合基层情况，在三月底，至迟在四月上旬制定基层组织1963年的工作计划或近数月内的工作安排，并与盟省委会加强联系，经常报道进行学习和教育的情况。

接着，会议着重研究了近期内进一步开展学习的问题。唐弘仁副主委在发言中对前一阶段的学习作了扼要的小结，指出今后一个时期内学习和讨论的中心内容，仍是国际形势问题和反对现代修正主义问题。考虑到今后一个多月内，贵阳市各中小学根据党委的统一布置正集中学习雷锋同志的精神，而这一学习对于向盟员进行爱国主义和社会主义的思想教育有着重大的意义和作用，因此，要求中小学各基层组织在近期的学习内容上，仍应服从党委的统一布置，但可适当参照盟省委会的要求来安排。同时指出：过去一阶段的学习，收获是很大的，但在学习方法上也还存在一些问题，需要研究改进。提出今后在学习中应该注意：①认真钻研文件，有些文章，如《再论陶里亚蒂同志同我们的分歧》等有必要反复学习；②大胆地提出问题；③讨论中要有争辩，要把“不戴帽子，不打棍子，不抓辫子”的原则和正确运用批评与自我批评武器结合起来；④要联系自己的思想、实际，通过学习，求得改造；⑤根据对部分基层组织学习活动的了解，要做到上述四点，固然需要每个同志都解除不必要的顾虑，但是，首先需要基层干部同志带头。比如，组内思想开展不够活跃，干部同志自己提出问题也有困难时，可以介绍别组在学习和讨论中的问题，组织大家分析研究。为此，唐副主委还将最近一时期内，省委会了解到的部分基层在学习中有争论的某些主要问题，向与会同志们作了扼要的介绍。

盟省委会根据会议研究的意见，在四月份内，将组织一两个有关的专题座谈会；可能时，将请党委就有关问题作一次报告；并将加强与基层组织的联系，研究和交流有关学习的经验与体会：借以帮助大家提高对问题的认识和推动学习的进展。

（五）基层组织小型座谈会

1963 年 3 月 12 日和 15 日，贵阳和花溪部分盟的基层组织分别举行小型座谈会，座谈进一步开展学习和加强改造的问题。会议的具体情况如下：

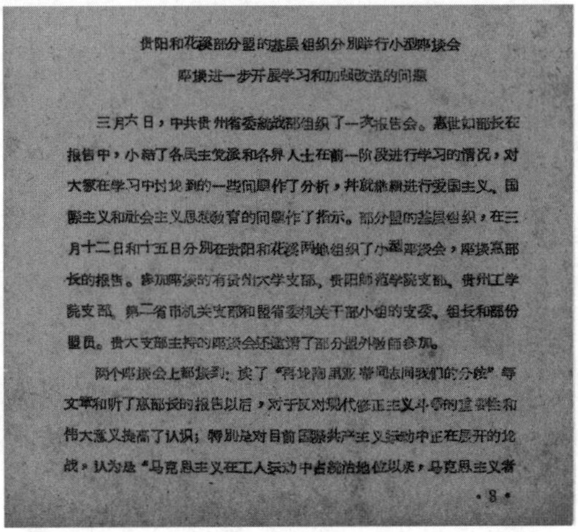

贵阳和花溪部分盟的基层组织分别举行小型座谈会

座谈进一步开展学习和加强改造的问题

三月六日，中共贵州省委统战部组织了一次报告会。[illegible]世如部长在报告中，小结了各民主党派和各界人士在前一阶段进行学习的情况，对大家在学习中讨论到的一些问题作了分析，并就继续进行爱国主义、国际主义和社会主义思想教育的问题作了指示。部分盟的基层组织，在三月十二日和十五日分别在贵阳和花溪两地组织了小型座谈会，座谈[illegible]部长的报告。参加座谈的有贵州大学支部、贵阳师范学院支部、贵州工学院支部、第二省市机关支部和盟省委机关干部小组的支委、组长和部份盟员。贵大支部主持的座谈会还邀请了部分盟外教师参加。

两个座谈会上都谈到：读了“再论陶里亚蒂同志同我们的分歧”等文章和听了[illegible]部长的报告以后，对于反对现代修正主义斗争的重要性和伟大意义提高了认识；特别是对目前国际共产主义运动中正在展开的论战，认为是“马克思主义在工人运动中占统治地位以来，马克思主义者

·8·

同修正主义者进行的最有历史意义的第三次大论战”这样的提法，引起了大家对这场论战的进一步重视。有人说，正如高部长所讲，知识分子积极参加这场斗争，是一项极为光荣的政治任务；有人说，知识分子的资产阶级思想残余，同修正主义思想一脉相通，应该随时警惕，并在参加斗争中加强学习，认真改造。

在贵阳举行的座谈会上，还比较集中地讨论了今后如何进一步深入学习的问题。归纳起来有下列几点意见：必须反复精读学习文件；在学习中要敢于提出问题；在讨论中既要坚持“三自、三不”原则，又要敢于争辩，敢于提出自己的不同意见，同时也要勇于接受别人正确的意见，放弃自己不正确的意见。大家还谈到：从阅读文件到开展争辩，都应该尽可能地联系自己的思想实际，才有助于解决具体思想问题，促进思想改造。

在花溪举行座谈会前夕，人民日报发表了中苏两党为举行双边会谈交换的信件，大家在座谈中也谈到对双边会谈的一些看法。有人说，反对现代修正主义的斗争将转变为另一种方式进行，两封信的本身就是一个剧烈的斗争。有人说，举行会谈来解决分歧是我们早在十个月以前就向苏共中央提出的主张，可是对方一直拖到目前在形势逼迫下才不得不同意，这就是我们斗争的一个胜利。有的同志补充说，这仅仅是第一个回合的胜利，能会谈是好事，但对修正主义者还不能就此抱着幻想，继续坚持原则，坚持斗争还是非常必要的。

由于我们在斗争中已掌握了主动，因此，大家对于斗争的前途充满了信心。

在两个座谈会上，大家也提出了一些目前还有怀疑的问题。有人说，承认修正主义的本质不会改变，那么对他们怎么还能讲团结呢？有人说，读了一论和再论无产阶级专政的历史经验，说斯大林处理南斯拉夫问题也有错误，现在看来，斯大林的处理似无错误，这问题究应如何理解？等等。这些问题的提出，也从一个方面使大家认识进一步加强学习的必要性，提高了学习的自觉和兴趣。

【释文】

贵阳和花溪部分盟的基层组织分别举行小型座谈会 座谈进一步开展学习和加强改造的问题

三月六日，中共贵州省委统战部组织了一次报告会。惠世如部长在报告中，小结了各民主党派和各界人士在前一阶段进行学习的情况，对大家在学习中讨论到的一些问题作了分析，并就继续进行爱国主义、国际主义和社会主义思想教育的问题作了指示。部分盟的基层组织，在三月十二日和十五日分别在贵阳和花溪两地组织了小型座谈会，座谈惠部长的报告。参加座谈的有贵州大学支部，贵阳师范学院支部，贵州工学院支部，第二省市机关支部和盟省委机关干部小组的支委、组长和部分盟员。贵大支部主持的座谈会还邀请了部分盟外教师参加。

两个座谈会上都谈道：读了《再论陶里亚蒂同志同我们的分歧》等文章和听了惠部长的报告以后，对于反对现代修正主义斗争的重要性和伟大意义提高了认识；特别是对目前国际共产主义运动中正在展开的论战，认为是“马克思主义在工人运动中占统治地位以来，马克思主义者同修正主义者进行的最有历史意义的第三次大论战”这样的提法，引起了大家对这场论战的进一步重视。有人说，正如惠部长所讲，知识分子积极参加这场斗争，是一项极为光荣的政治任务；有人说，知识分子的资产阶级思想残余，同修正主义思想一脉相通，应该随时警惕，并在参加斗争中加强学习，认真改造。

在贵阳举行的座谈会上，还比较集中地讨论了今后如何进一步深入学习的问题。归纳起来有下列几点意见：必须反复精读学习文件；在学习中敢于提出问题；在讨论中既要坚持“三自、三不”原则，又要敢于争辩，敢于提出自己的不同意见，同时也要勇于接受别人正确的意见，放弃自己不正确的意见。大家还谈道：从阅读文件到开展争辩，都应该尽可能地联系自己的思想实际，才有助于解决具体思想问题，促进思想改造。

在花溪举行座谈会前夕，《人民日报》发表了中苏两党为举行双边会谈交换的信件，大家在座谈中也谈到对双边会谈的一些看法。有人说，反对现代修正主义的斗争将转变为另一种方式进行，两封信的本身就是个剧烈的斗争。有人说，举行会谈来解决分歧是我们早在十个月以前就向苏共中央提出的主张，可是对方一直拖到目前在形势逼迫下才不得不同意，这就是我们斗争的一个胜利。有的同志补充说，这仅仅是第一个回合的胜利，能会谈是好事，但对修正主义者还不能就此抱着幻想，继续坚持原则、坚持斗争还是非常必要的。

由于我们在斗争中已掌握了主动，因此，大家对于斗争的前途充满信心。

在两个座谈会上，大家也提出了一些目前还有怀疑的问题。有人说，承认修正主义的本质不会改变，那么对他们怎么还能讲团结呢？有人说，读了一论和再论无产阶级专政的历史经验，说斯大林处理南斯拉夫问题也有错误，现在看来，斯大林的处理似无错误，这问题究应如何理解？等等。这些问题的提出，也从一个方面使大家认识进一步加强学习的必要性，提高了学习的自觉和兴趣。

1963年3月16日，盟贵阳医学院支部举行组织生活，围绕中苏两党为举行双边会谈交换的信件进行了座谈。

盟贵阳医学院支部过组织生活

就中苏两党为举行双边会谈交换信件进行座谈

盟贵阳医学院支部在3月16日举行的组织生活会上，围繞中苏两党为举行双边会谈交换的信件进行了座谈。大家在认眞阅读两封信件的基础上，畅所欲言地谈出了自己对中苏两党会谈前途的看法和估計。具体谈到的，是以下两方面的问题：

（一）中苏两党的双边会谈谈不谈得起来？

大多数同志认为，中苏两党举行会谈肯定是件好事，是值得欢迎的。从我们来讲，会谈是我们早就主张的，并且公开提出不只一次；从对方来讲，迫于各兄弟党和各国人民的呼声，也不得不提出举行会谈。所以，估計不管在北京或莫斯科是能夠谈得起来的。

（二）会谈的結果如何？

部分同志对此比较乐观。认为局势可能逐渐趋向緩和；认为会谈可能会有一些結果，如57年的莫斯科会议那样，会达成某些协议；认为

·6·

双方公开的争论可能会暂时停下来；认为现代修正主义者在反对帝国主义的问题上会作某些让步，今后对帝国主义可能会强硬一点；认为现代修正主义者对亚、非、拉美民族解放运动的态度，今后可能会正确一些；认为××××预定要去印度和南斯拉夫的活动，可能暂时被迫停下来。

另一些同志则认为，我们与现代修正主义集团的分歧是原则性的分歧，会谈达成协议的困难很多，不可能有多少结果；认为会谈可能会一直拖下去，要等待××人民的醒觉，或者才有结果；认为现代修正主义者在理屈词穷的情况下恼羞成怒，可能会做出更坏的事来。

还有的同志认为以上两方面估計都有可能。但不论怎样，大多数同志都认为会谈是斗争的另一种形式，不能对现代修正主义者抱着幻想，还是要坚持原则，坚持斗争，一方面要尽其在我争取好的前途，另一方面又要准备坏的局面出现。

在座谈中，大家一面坚持了"三自、三不"原则，同时，对提出来的问题也有热烈的争辩，不少同志还对比分析了两封信件的内容，提出自己的见解。因此，座谈始终是在轻松活跃的气氛中进行，对问题的讨论也能做到逐步深入，增强了大家进一步继续学习的兴趣。

【释文】

盟贵阳医学院支部过组织生活
就中苏两党为举行双边会谈交换信件进行座谈

盟贵阳医学院支部在3月16日举行的组织生活会上，围绕中苏两党为举行双边会谈交换的信件进行了座谈。大家在认真阅读两封信件的基础上，畅所欲言地谈出了自己对中苏两党会谈前途的看法和估计。具体谈到的，是以下两方面的问题：

一、中苏两党的双边会谈谈不谈得起来

大多数同志认为，中苏两党举行会谈肯定是件好事，是值得欢迎的。从我们来讲，会谈是我们早就主张的，并且公开提出不止一次；从对方来讲，迫于各兄弟党和各国人民的呼声，也不得不提出举行会谈。所以，估计不管在北京或莫斯科是能够谈得起来的。

二、会谈的结果如何

部分同志对此比较乐观。认为局势可能逐渐趋向缓和；认为会谈可能会有一些结果，如1957年的莫斯科会议那样，会达成某些协议；认为双方公开的争论可能会暂时停下来；认为现代修正主义者在反对帝国主义的问题上会作某些让步，今后对帝国主义可能会强硬一点；认为现代修正主义者对亚、非、拉美民族解放运动的态度，今后可能会正确一些；认为××××预定要去印度和南斯拉夫的活动，可能暂时被迫停下来。

另一些同志则认为，我们与现代修正主义集团的分歧是原则性的分歧，会谈达成协议的困难很多，不可能有多少结果；认为会谈可能会一直拖下去，要等待××人民的醒觉，或者才有结果；认为现代修正主义者在理屈词穷的情况下恼羞成怒，可能会做出更坏的事来。

还有的同志认为以上两方面估计都有可能。但不论怎样，大多数同志都认为会谈是斗争的另一种形式，不能对现代修正主义者抱着幻想，还是要坚持原则、坚持斗争，一方面要尽其在□争取好的前途；另一方面又要准备坏的局面出现。

在座谈中，大家一面坚持了"三自、三不"原则，同时，对提出来的问题也有热烈的争辩，不少同志还对比分析了两封信件的内容，提出自己的见解。因此，座谈始终是在轻松活跃的气氛中进行，对问题的讨论也能做到逐步深入，增强了大家进一步继续学习的兴趣。

（六）支部学习计划

盟贵阳師范学院支部

向成员进行爱国主义、国际主义和社会主义的思想教育

订出今年上半年的学习計划并已按計划进行学习

盟贵阳師范学院支部，根据学院党委的指示及本盟三届三中全会的精神和决议，在二月下旬即拟订了该支部1963年上学期的政治学习計划，系統地向成员进行爱国主义、国际主义和社会主义的思想教育。这个計划将支部所有盟员划分为四个学习小组，并联系部分盟外教師参加，每周学习两个半天，时间固定在星期五和星期六下午。为了及时得到党的领导和盟省委会的指导，計划还规定在每周星期六学习結束后，召开一次碰头会，将各组情况加以綜合整理分别向院党委及盟省委作一次书面汇报。根据院党委的指示，现阶段正在以"再论陶里亚蒂同志同我们的分歧"为主要文件进行学习。学习时，将"再论"分为五个小单元："再论"的第一、二、三部份为第一小单元；第四部份为第二小单元；第五部份为第三小单元；第六部份为第四小单元；第七、八两部份

5

为第五小单元。每周学习一个小单元。学习的主要方法是先采取集体自学的方式精读文件，并在这个基础上大胆提出问题；下一步再把所提出的问题加以综合整理，逐题进行讨论。截至三月二十四日止，该支部已按计划学习了五周。根据五周来的情况看，学习的进展是正常的，大家的学习情绪都很高，认真读书的空气比较浓厚；同时还贯彻了"神仙会"的精神，开始提出了一些问题，并且对有的问题，还初步交换了意见，开展了讨论。

【释文】

盟贵阳师范学院支部向成员进行爱国主义、国际主义和社会主义的思想教育 订出今年上半年的学习计划并已按计划进行学习

盟贵阳师范学院支部，根据学院党委的指示及本盟三届三中全会的精神和决议，在二月下旬即拟订了该支部1963年上学期的政治学习计划，系统地向成员进行爱国主义、国际主义和社会主义的思想教育。这个计划将支部所有盟员划分为四个学习小组，并联系部分盟外教师参加，每周学习两个半天，时间固定在星期五和星期六下午。为了及时得到党的领导和盟省委会的指导，计划还规定在每周星期六学习结束后，召开一次碰头会，将各组情况加以综合整理，分别向院党委及盟省委作一次书面汇报。根据院党委的指示，现阶段正在以《再论陶里亚蒂同志同我们的分歧》为主要文件进行学习。学习时，将《再论》分为五个小单元:《再论》的第一、二、三部分为第一小单元；第四部分为第二小单元；第五部分

为第三小单元；第六部分为第四小单元；第七、八两部分为第五小单元。每周学习一个小单元。学习的主要方法是先采取集体自学的方式精读文件，并在这个基础上大胆提出问题；下一步再把所提出的问题加以综合整理，逐题进行讨论。截至三月二十四日，该支部已按计划学习了五周。根据五周来的情况看，学习的进展是正常的，大家的学习情绪都很高，认真读书的空气比较浓厚；同时还贯彻了“神仙会”的精神，开始提出了一些问题，并且对有的问题还初步交换了意见，开展了讨论。

第三节 发展盟员及盟籍管理

1951年12月19日民盟中央常委会第二十三次会议通过的《中国民主同盟关于发展组织的指示》，对发展对象、发展方式、发展的标准和手续进行了明确规定，规范了盟员发展的相关问题。

发展对象：应以小资产阶级知识分子为主，包括文化教育工作者（包括大、中、小学教职员）、大学生、技术人员、自由职业者、机关职员、工商业者、华侨中的爱国民主人士；在各职业界中，则应以文教界为主。不在人民解放军，包括公安部队在内的部队中及其军事机关企业中发展盟员。亦不在情报机关、革命大学、旧人员训练班、外交部门（使、领馆等）进行组织活动。暂不在少数民族中及铁路系统（如铁路行政、业务等）中发展组织。

发展方式：发展盟员，首先要发动盟员积极开展并参加各种社会活动和政治运动，在群众运动中，起模范和带头作用，密切联系群众，帮助群众，为群众做事。只有在这种群众工作的基础上，才能发现群众中观念好的、政治面貌清楚的积极分子。这样的积极分子，应该是本盟吸收的主要对象。就是说，发展盟员，应走群众路线，反对私人拉拢或利诱的方式。但这并不等于说，拒绝任何盟员个人介绍适合条件的人入盟。发展应与宣传相结合。除了进行经常的时事政策的宣传工作外，应经常举办各种宣传活动，如招待会、座谈会、专题报告或讲座等，向群众尽量宣传本盟盟章与共同纲领，介绍阅读本盟各种文件，了解本盟的性质、任务及入盟的手续等，帮助群众在自觉自愿的基础上加入本盟。发展工作应在党的领导下进行。过去经验证明，本盟愈靠拢领导党，群众对本盟就愈加信赖；遇事多与领导党商量，就愈能正确地掌握政策；在工作上争取领导党的帮助，工作就愈能做好。总之，在思想上、政治上、组织上，愈忠诚地虚心地接受领导党的全面领导，本盟就愈能更好地为人民服务，也就更能得到人民的爱护和帮助。因此，今后的发展工作方面，首先要在领导党的领导和帮助之下来进行，这样才能顺利完成任务。此外争取当地新民主主义青年团和机关行政的帮助，也是必要的。

发展标准：拥护中国共产党；拥护共同纲领并愿为其实现而奋斗；接受盟章；品质优良，作风正派，积极参加实际工作。

发展手续：盟员入盟的基本手续，即须由两位盟员介绍，被介绍人应写自传、填写入盟申请书，经区分部（或直属小组）讨论通过，经分部批准，送支部核定后，即可参加组织生活，并报送总支部及总部备案。发展盟员不设盟员候补期和盟友的制度。盟证制发问题，由总部另行决定。盟员入盟应举行宣誓，誓词及办法由总部另行规定。

史料一 盟员鉴定书

根据保存下来的许德琛、董汝瑜、袁愈嫈等盟员的盟员鉴定书、申请书，可以了解当时鉴定书、申请书的基本内容。

盟员鉴定书的内容：个人基本情况；家庭人员状况；家庭经济状况；学历；自我鉴定；小组意见；区分部意见；分部意见；支部意见；参加（或赞同过）反苏、反共、反人民的言论、著作、会议、计划、游行、顽强反动；参加过反帝、反封建、反官僚资本的言论、著作、会议、计划、游行、坚决斗争；一般著作或发明；有何特长以及爱好或兴趣；参加过何种革命党派及社团;参加过何种反动党派社团;参加过何种封建会道门;曾被反动派逮捕过否?原因、时间、地点?怎样出来的；中华人民共和国成立后的社会关系；中华人民共和国成立前的社会关系；特种训练；中华人民共和国成立前读过些什么主要的反动书刊和进步书刊或演讲；思想总结、从九岁起个人详历等内容。

盟員鑑定書

第____小組　　第_____號

姓名 董汝瑜

中國民主同盟貴州省支部

組織部

公元一九五　年　月　日

第3頁

參加（或發同）過反蘇、反共、反人民的言論、著作、會議、計劃、遊行、遊擊…	時間	地點	內容概要及效果估計

參加過反帝、反封建、反官僚資本的言論、著作、會議、計劃、遊行、示威鬥爭	時間	地點	內容概要及效果估計	證明人
	1951	貴陽	遊行示威	陳[illegible]

一般著作及發明	
有何特長及愛好與…	

第4頁

參加過何種黨派及社團	名稱	性質	時間及地點	介紹人	現在情況
	教育工會	群眾團體	1950年在貴陽	黃[illegible]	

參加過何種反動黨派社團	名稱	性質	時間及地點	介紹人及其最近情況
	國民黨		1939年貴陽	陳[illegible]

參加過何種封建會道門	

曾否被捕過？原因？時間地點？怎樣出來的？曾否叛變？	

第5頁

解放後的社會關係	姓名	性別	年齡	關係	職業及職務	政治情況
	陳[illegible]暉	女	32	同學	貴州教育[illegible]	盟員
	[illegible]徽淑	女	32	妯娌	小學教師	盟員

解放前的社會關係	姓名	關係	職業及職務	政治情況	對自己的影響
	陳[illegible]暉	同學	教書		常幫助學習

第2頁

受過何種訓練	時間	地點	名稱	性質	主持人

解放前讀過些什麼主要的反動書刊和進步書刊或講演	時間	書刊名稱或講演題目	編著人或主講人	當時感想
		家、春、秋	巴金	
		虹、蝕、子夜	茅盾	
		母親	高尔基	
		死魂灵	果戈里	
		日出、雷雨、原野	曹禺	
		春天裡的秋天	巴金	
		秋天裡的春天	巴金	
		李有才板話	趙樹理	
		新生	巴金	
		滅亡	巴金	
		海底夢	巴金	
		鬼恋	徐訏	

其他	

第 1 页

思想总结　董汝瑜

我出身於地主家庭，家中人員很複雜，從小在家中就不被重視，無地位，接受的是法西斯的封建的教育。小学畢業後，費了許多口舌才得進入貴陽女師，在中学裡常常感覺到經濟上的困难，深深体會得讀書不容易。同時由縣城到貴陽，自覺成績和一切都不如人，自卑心極重，成天埋頭讀書。我的性情與生活方式，充分表現了小資產階級的軟弱和動搖，毫無鬥爭性，對人對事喜用感情，缺乏果斷。中学後期，專学數学，進入大学的前兩年經濟是由朋友們接濟，後二年就全靠公費維持（社教学院是完全公費）。在這些情况下，心想必須好好讀書，有一技之長，將来才能自謀生活，对政治漠不關心。大学畢業後二年，我愛人的收入很可維持我的生活，我又係初到上海，不会說上海話和國语，找不到工作，於是我就躲到家庭裡去，與社會完全脱節，对舊社會的一切是有時也不满意，但自身沒有受到过分

第2页

的迫害，对工农大众所受的痛苦和压迫，完全不得体会。因此，对旧社会是不十分痛恨的。解放前一年我几人脱离了国民党反动派出来，我才由上海回到贵阳。贵阳解放了，我们抱着将技术换饭吃的卑劣作风来对待党和政府。因此，对新鲜事物嗅觉不灵，历次寒暑假学习，从未参加，把学校的政治学习看成是负担。最近三年来在党与人民政府的领导下，国家各方面有飞跃的进步，自己是衷心感佩，但自己资产阶级小资产阶级的那一些作风仍原封不动的带到新社会来，政治水平一直得不到提高，只期待社会主义社会共产主义社会早日到来，等待着过幸福生活，自己却未明确在这当中自己应尽的力量，未明确人民教师应尽的力量，更未理解到什么叫工人阶级思想，在一切事物上要以工人阶级思想去衡量，因此常用资产阶级不问政治和小资产阶级的软弱动摇个人主义等作风来处事待人，结合到我的教学工作

第3頁

上来：

一、由於不问政治，不关心政治问题，在掌握政策法令時就發生了偏差，如收新生時，法令規定学校要向工農開门，但1951年下期招收一年級新生時自己就犯了錯誤，对清潔些的孩子主观上认为"聪明""好教"，拒絕了工農女子，以為他们"野""难教"，沒有想到他们的"野"和"难教"是舊社会所造成，他们自己不能来負這責任。這是違背了上級的指示，犯了原則性的錯誤。首先自己在思想上就沒有把自己和反动派時為資產階級服務的教师區別開来。反动派時為資產階級服务的教师当然看不起"野""髒"的孩子，而人民教师是站穩為工農服务的教师，則從未嫌農工子女"野""髒"过。我就沒有站在無產階級立場，就沒有明確人民教师應為誰服务的问题，既不是以人民教师身分出現，當然对待学生的问题健康也不重视，而用客观困難，將責任推開。

由於不问政治不关心政治便放松了理论的学习，对于师学生的政治思想领导根本谈不上来。在此情况下政治空气十分稀薄，老师们工作热忱提不高，没有积极性，敷衍塞责完成任务了事。甚至反动言论在学校中流出，大家除了讨厌批评而外，不能给予帮助纠正，不能在教学上和生活中对学生很好的进行五爱教育，以身作则，不常和学生接近，发现学生中存在的问题。如上到全市性小学生组织打架队来说，以为学生间彼此打打闹闹是常事，直到市教育局召集开会才引起注意，注意之後又未很好的从中发现问题，解决问题，这在我们直是麻木不仁。由於打架之故，学校秩序受到很大影响，而教学上也受到不可言喻的损失。假若对学生思想领导抓得紧，爱国主义教育进行得多，对每个学生情况有深切了解，则打架之风不会波及学校，即使波及也能即时纠正。这学期学生学习情绪低落，成绩普遍下降，其我们没

第5頁

有思想領导是分不開的。

由於我的政治思想領导不强，提不起老师们工作積極性，所以在教学上和批改作業上産生不少錯误，如教國語時掌握不住课文中心，教歷史时不能站稳立场正確批判，教算術时産生原則性錯误等。在批改作業上，学生將“將来为人民服务”写成“蒋来為人民服务”，將“共産党”寫成“党産共”，教师均未发觉予以糾正，致於简体字、錯别字、掉字不通的了，幾乎每个作業本上都發現。

在工作上，我不善於聯系群衆，發动群众搞好政治团结，以致一個人成天忙忙碌碌，在小問题上打圈子，成為一個庸俗的事務主義者，結果小事不放鬆，大事抓不緊，一切处於被动状態。

因了政治思想領导不够，使我們的小朋友在思想上、学業上蒙受重大損失，小朋友們是國家未来的主人，我直接影响小朋友们，間接就影响了國家建設，這是不可容忍的錯误。

二、由於我的軟弱，缺乏鬥争性，怕得罪人，

第6頁

因此，在處理問題上沒有自信心，不敢放手工作，束手束腳，有時也會依賴行政，工作上計劃性不強，即使有計劃也不能很好貫徹執行，對某些老師會客氣，則也就對若干錯誤行為展不開批評，任隨錯誤行為、惡劣作風自由發展，使整個教導工作不能正常發展。在一個學校中，教導工作是最主要的一環，直接與學生發生關係，學生們將來的一切基礎都需要在小學階段完成，而由於我的這個缺點，使我們學生在學業及生活各方面受到損失，打不好基礎，難升入中學，甚至將來去為人民服務都會發生許多困難，倘如這性格再發展下去，那根本就不可能完成一件事情。在我一生中的每一件工作中所發生的錯誤缺點，大部分都由軟弱所造成，因此，我必須以若干模範人物的堅強和毅力來教育和警惕我自己。

三、個人主義。在學校中，為了顧及個人面子，對部分老師，我主觀的認為在教學各方面錯誤較少，在檢查工作上就偷了懶，聽其自然，對一部分經驗較多、嘴會說的老師，盡量避免和他接

第7页

触，当然更不会去检查他们批改的作业，免得他回来找我的岔子，使我面子难堪。还有一部分老师经验较少，能力较差，我就随时注意发现错误就提出批评，这一方面是给工作生产，一方面也表示教导处并不是不做事情。其实几年来经过工作大检查，我主观认为错误少经验多的老师同样存在很多错误。为了顾及個人面子而使学生受损失，这是十足的自私自利。

上述几点是我思想上、工作上应该改正的。我下定决心经过一次思想改造的严格批判之後一定要從下列三点去努力，以成为一個新中国的人民教师：

一、今后要多读政治及理论业务书籍，给基本常识，以便在分析问题处理问题时有些准绳，在思想领导上开一条道路。

二、有事多和老师商量，切实補短，多和学生接近，遇事多考虑，考虑成熟后就决然执行，来克服软弱动摇和不果断的作风。

三、树立主人翁态度，遇事要给群众利益

第 8 頁

先發，不要顧個人面子先發，隨時掌握批評與自我批評的武器，来改造自己，幫助群衆。

第　頁

從九歲起個人詳歷

注意：包括一切活動，不論你是讀書或作工，不論是本職、兼職、代職、義務職、名譽職等，長期或短期均須一律填寫。

起迄時期	機關或團體	任何職
1922年1月1928年1月	平壩女小畢業	讀書
1930年1月1936年1月	貴陽女師畢業	讀書
1936年2月1938年1月	平壩縣立女小	級任
1938年2月1939年7月	安順縣立一女小	級任
1939年7月1941年8月	私立大夏大學	讀書
1941年8月1943年7月	國立社教學院	讀書
1943年8月1944年8月	國立社教學院	助教
1944年9月1945年11月	成都省立實驗幼稚園	研究組長
1945年12月1950年3月	失業	
1950年4月1950年9月	貴陽私立[illegible]幼稚園	教員
1950年10月1951年1月	失業	
1951年2月1951年8月	貴陽私立幼兒托兒所	保教主任
1951年9月　年　月	貴陽師範附屬小學	教導主任
年　月　年　月		
年　月　年　月		
年　月　年　月		

史料二　盟员申请书

盟员申请书的内容：个人基本情况；家庭经济状况；学历；经历；社会关系；曾参加过何种党派或宗教社团，其时间、地点、担任职务及现在关系如何；曾否参加何种革命工作？参加地点及时间及共同工作者；对本盟当前任务的认识及其感想如何；今后愿参加何项革命工作；申请入盟的动机；介绍人；小组意见；分部意见；支部意见等内容。

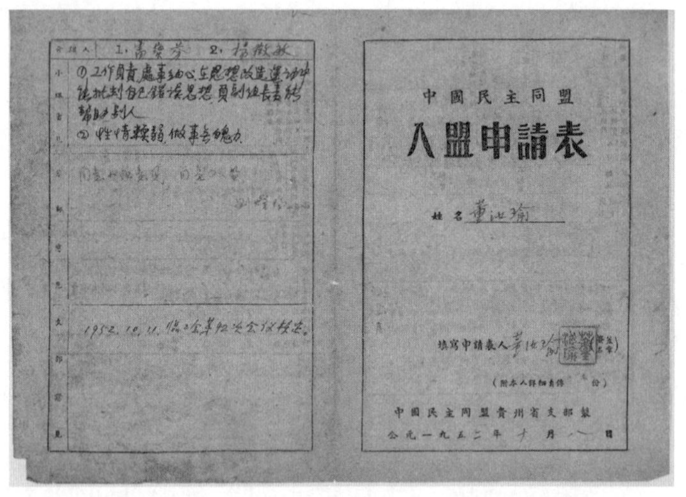

中國民主同盟

入盟申請表

姓名　董沚瑜

填寫申請表人　董沚瑜（簽名蓋章）

（附本人詳細自傳　份）

中國民主同盟貴州省支部製

公元一九五二年十月　日

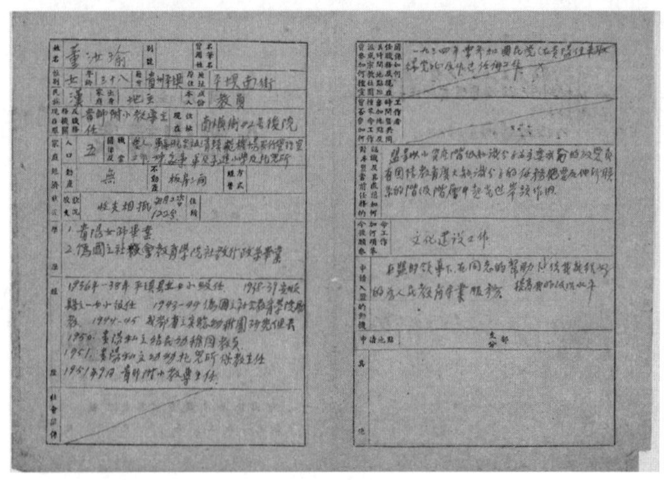

史料三 入盟宣誓、誓词

收集的志愿书、誓词共有8份，基本情况如下：

类型	内容	宣誓人	监誓人	时间
誓词	余谨以至诚，参加中国民主同盟，接受并拥护人民政协共同纲领，服从本盟一切决议，为新民主主义建设事业而奋斗。谨誓	王德懋	楚图南	1950年1月13日
誓词	余谨以至诚，参加中国民主同盟，接受并拥护人民政协共同纲领，服从本盟一切决议，为新民主主义建设事业而奋斗。谨誓	董伟	张锋伯	1950年6月12日
誓词	余谨以至诚，参加中国民主同盟，接受并拥护人民政协共同纲领，服从本盟一切决议，为新民主主义建设事业而奋斗。谨誓	黎世华	楚图南	1951年10月21日
志愿书	我愿以至诚，参加中国民主同盟，接受并拥护人民政协共同纲领，遵守盟的纪律，服从盟的决议，学习马列主义、毛泽东思想，努力提高自己的觉悟，积极工作，不屈不挠，为新民主主义事业而奋斗。谨誓	杨瑞年	唐弘仁	1952年1月28日

续表

类型	内容	宣誓人	监誓人	时间
志愿书	我愿以至诚，参加中国民主同盟，接受并拥护人民政协共同纲领，遵守盟的纪律，服从盟的决议，学习马列主义、毛泽东思想，努力提高自己的觉悟，积极工作，不屈不挠，为新民主主义事业而奋斗。谨誓	许德琛	双清	1952 年 10 月 14 日
志愿书	我愿以至诚，参加中国民主同盟，接受并拥护人民政协共同纲领，遵守盟的纪律，服从盟的决议，学习马列主义、毛泽东思想，努力提高自己的觉悟，积极工作，不屈不挠，为新民主主义事业而奋斗。谨誓	董汝瑜	双清	1952 年 10 月 14 日
誓词	我志愿参加中国民主同盟，坚决遵守盟章，服从盟的一切决议，为彻底实现中国人民政治协商会议共同纲领，完成新民主主义革命事业而奋斗。谨誓	佘碧	刘芳岳	1953 年 1 月 18 日
誓词	我志愿参加中国民主同盟，坚决遵守盟章，服从盟的一切决议，为彻底实现中国人民政治协商会议共同纲领，完成新民主主义革命事业而奋斗。谨誓	左天玉	金锡如	1953 年 5 月 10 日

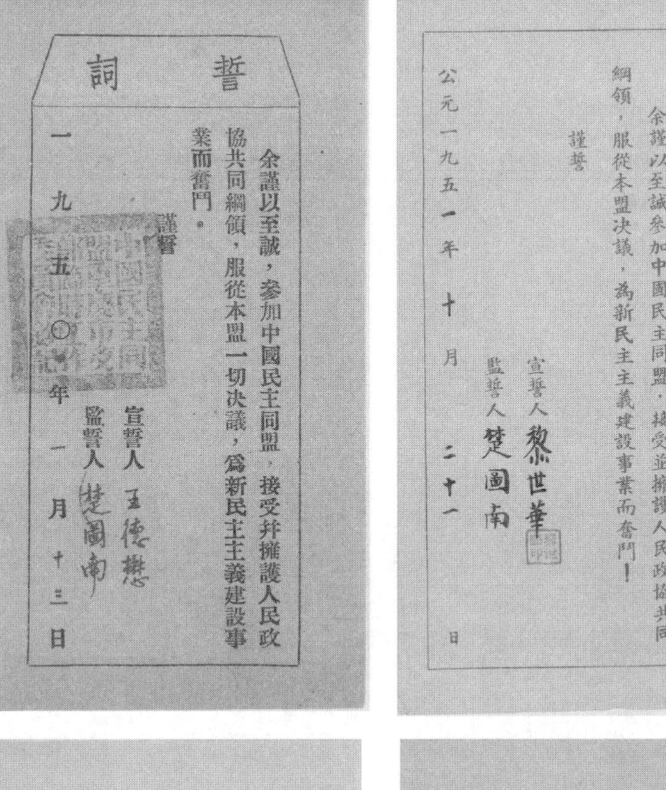

誓詞

余謹以至誠，參加中國民主同盟，接受并擁護人民政協共同綱領，服從本盟一切決議，爲新民主主義建設事業而奮鬥。

謹誓

宣誓人 王德懋
監誓人 楚圖南

一九五〇年一月十三日

誓詞

余謹以至誠參加中國民主同盟，接受並擁護人民政協共同綱領，服從本盟決議，為新民主主義建設事業而奮鬥！

謹誓

宣誓人 黎世華
監誓人 楚圖南

公元一九五一年十月二十一日

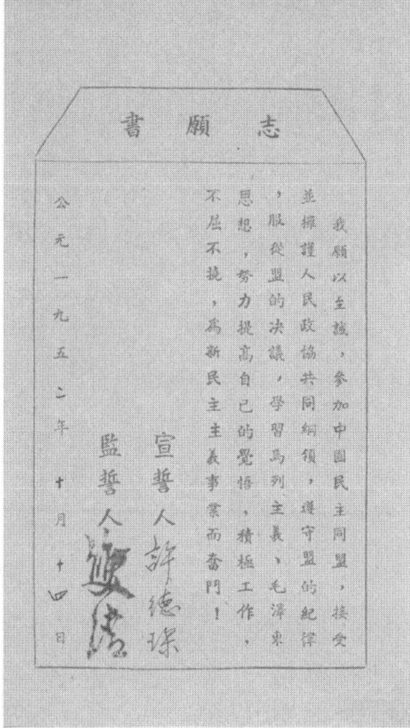

志願書

我願以至誠，參加中國民主同盟，接受並擁護人民政協共同綱領，遵守盟的紀律，服從盟的決議，學習馬列主義、毛澤東思想，努力提高自己的覺悟，積極工作，不屈不撓，為新民主主義事業而奮鬥！

宣誓人 許德琛
監誓人

公元一九五二年十月十四日

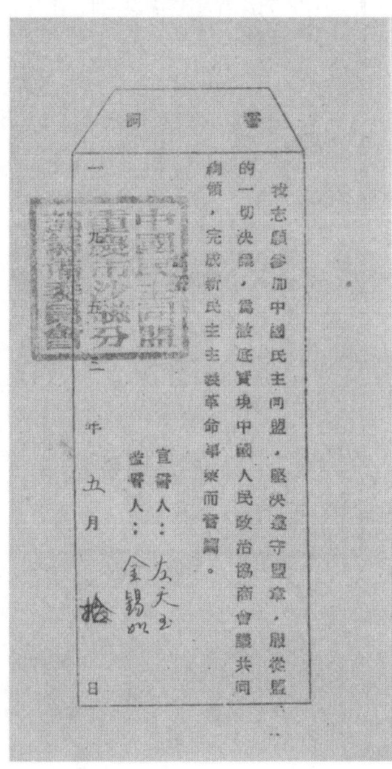

誓詞

我志願參加中國民主同盟，堅決遵守盟章，服從盟的一切決議，為徹底實現中國人民政治協商會議共同綱領，完成新民主主義革命事業而奮鬥。

宣誓人：左天玉
監誓人：金錫如

一九五二年五月拾日

史料四　《新黔日报》1951 年 10 月 26 日关于新盟员宣誓的报道

新黔日報

貴州軍區運動大會勝利閉幕

爲建設強大的國防軍而奮鬥

關於目前秋耕秋種中的幾個問題

大力進行秋耕秋種，增產豐收！

全區將轉入秋耕秋種工作

民盟貴州省支部臨工會
舉行新盟員入盟宣誓典禮

貴陽郵電局啓事

招股啓事

外僑出境啓事

買賣房地產啓事

【释文】

民盟贵州省支部临工会举行新盟员入盟宣誓典礼

【贵阳市讯】中国民主同盟贵州省支部临时工作委员会，于本月二十一日上午九时假省首届各族各界人民代表会议协商委员会会议厅，举行新盟员入盟宣誓典礼，到该盟盟员和来宾□中共贵州省委员会统一战线工作部副部长惠世如、中国国民党革命委员会贵州省临时工作委员会筹备委员会召集人李侠公等百余人。

典礼开始，民盟贵州省支部临工会宣传部部长李超然代表该支部临工会主任双清报告开会意义后，即由领誓人丁道谦领导新盟员刘方岳、杨涛、陈明敏、刘耀能、田滋德等二十八人宣读誓词，由该盟贵州省支部临工会组织部长唐弘仁代表该盟西南总支部主任楚图南监誓。宣誓毕，唐弘仁部长讲述该盟简史，并指出民盟发展组织是一项政治任务。接着来宾惠世如副部长、李侠公先生等讲话。惠部长认为民盟贵州省支部临工会在过去整理组织中，由于坚持原则，稳步前进，已获得一定成绩。今后应发扬批评与自我批评精神和与其他党派民主协商的精神。李侠公先生主张新型政党应做到有党无派，一致团结在中共周围，为实现共同纲领而奋斗。最后由新盟员刘方岳、杨涛、陈明敏等发言，一致表示保证要在中共领导下，向工农群众学习，学习马列主义和毛泽东思想，在自己的工作岗位上努力完成各项工作任务，以迎接即将到来的新文化高潮。会中并宣读了中国新民主主义青年团贵阳市工作委员会致该会的贺信。大会至当日上午十二时隆重结束。

史料五　《新黔日报》1952 年 2 月 3 日关于新盟员宣誓的报道

【释文】

举行第二届新盟员入盟宣誓典礼

【贵阳市讯】中国民主同盟贵州省支部临时工作委员会，于一月二十八日假中苏友好协会礼堂举行第二届新盟员入盟宣誓典礼。宣誓的新盟员共五十余人。中共贵州省委员会统一战线工作部副部长惠世如、中国国民党革命委员会贵州省分部邹维新、贵阳市工商业联合会筹备委员会主任陈职民（民主建国会贵州省召集人）等均往致贺。

宣誓典礼由民盟双清主任任主席，萧孝成委员领导新盟员朗诵誓词，组织部唐弘仁代表西南总支部楚图南主任监誓，并宣读楚图南主任对大会讲话原稿。此后即由来宾及新盟员代表致辞。

最后，双清主席号召全体盟员，担负起统一战线中应负的历史任务。典礼自下午二时半□□至六时结束。

史料六 盟费缴纳

中國民主同盟總部關於盟費徵收標準及其用途的指示

——一九五四年六月廿二日中央常務委員會第五十一次會議通過

本盟總部前於一九五一年三月發佈「關於盟員繳納盟費辦法的指示」，各地組織多能切實執行這一指示，建立了盟費徵收制度，爲開展基層工作奠定了經濟基礎。但以各地盟費徵收標準多有差異，在盟費用途方面，原指示亦不完全適應盟在今天新的要求，有加以修正補充的必要。

由於我們國家進入了實行第一個五年建設計劃的新時期，盟以參加各項國家建設特別是參加國家文教建設爲中心工作，今後全體盟員應着重對各項建設的理論和政策的學習，以提高盟員的社會主義覺悟和業務水平。各地組織紛紛要求總部今後能統一印發各項學習資料，要求總部「盟訊」能擴大篇幅和擴大印發數量。爲逐步滿足盟員需要，總部印刷費用支出不斷增加。當此國家需要大量建設資金之時，本盟支出應以力求節約，不增加國家負担爲原則，因此將各地所收盟費一部份上繳總部，以資補助，是完全有必要的。

根據上述情況，並依新盟章第五十一條的規定，特發佈關於盟費徵收標準及其用途的指示如下：

(一)關於盟費徵收標準，一般以不超過本人工資總額百分之一爲原則，但可就當地具體情況酌量降低至本人工資總額的千分之五。繳納盟費是盟員義務之一，也是盟員組織觀念的具體表現之一。至於盟員如因經濟困難或因交叉黨係需在友黨繳費者，得向所在基層組織（個別聯系盟員可直接向所聯系之組織）申請，經同意後可予以減繳或免繳。

(二)關於盟費用途，除按照各地具體情況以一部份留歸基層組織、一部份繳交所屬上級組織以外，並應按月提出所收盟員盟費總數百分之二十，於每月終由直屬上級組織彙繳總部，作爲總部印發「盟訊」及學習文件等項費用的補助。至於地方組織盟員人數較少，盟費收入數目細小者，可於每一季度、或每半年向總部彙繳一次。無論按月、按季或按半年彙繳，均應於每月初向總部報告上月繳納盟費的盟員人數及盟費收入總數。

(三)關於留歸基層組織及繳交所屬上級組織的數額比例，可由各地方組織斟酌實際情形，分別規定；一般應用作有關盟務活動、盟員學習或文娛活動經費，並應恪守精簡節約及有利於開展盟務的原則。如有個別的基層組織未能正確掌握盟費用途，甚至有鋪張浪費行爲，則應注意糾正。

(四)以上徵收標準和用途，於一九五四年七月一日起實施。其他具體辦法，可按一九五一年三月所發指示精神及各地實際經驗，由各地方組織自行規定。各地方組織收到本指示後，應重新修訂關於盟費徵收標準及其用途的具體辦法，由支部委員會開會通過施行，並於七月內將估計每月可彙繳總部的盟費數額及彙繳時期，備文報告總部。

【释文】

中国民主同盟总部关于盟费征收标准及其用途的指示

——一九五四年六月廿二日中央常务委员会第五十一次会议通过

本盟总部前于一九五一年三月发布《关于盟员缴纳盟费办法的指示》，各地组织多能切实执行这一指示，建立了盟费征收制度，为开展基层工作奠定了经济基础。但以各地盟费征收标准多有差异，在盟费用途方面，原指示亦不完全适应盟在今天新的要求，有加以修正补充的必要。

由于我们国家进入了实行第一个五年建设计划的新时期，盟以参加各项国家建设特别是参加国家文教建设为中心工作，今后全体盟员应着重对各项建设的理论和政策的学习，以提高盟员的社会主义觉悟和业务水平。各地组织纷纷要求总部今后能统一印发各项学习资料，要求总部《盟讯》能扩大篇幅和扩大印发数量。为逐步满足盟员需要，总部印刷费用支出不断增加。当此国家需要大量建设资金之时，本盟支出应以力求节约，不增加国家负担为原则，因此，各地所收盟费一部分上交总部，以资补助，是完全有必要的。

根据上述情况，并依新盟章第五十一条的规定，特发布关于盟费征收标准及其用途的指示如下：

（一）关于盟费征收标准，一般以不超过本人工资总额百分之一为原则，但可就当地具体情况酌量降低至本人工资总额的千分之五。缴纳盟费是盟员义务之一，也是盟员组织观念的具体表现之一。至于盟员如因经济困难或因交叉关系须在友党缴费者，得向所在基层组织（个别联系盟员可直接向所联系之组织）申请，经同意后可予以减缴或免缴。

（二）关于盟费用途，除按照各地具体情况以一部分留归基层组织，一部分缴所属上级组织之外，并应按月提出所收盟员盟费总数百分之二十，于每月终由直属上级组织汇缴总部，作为总部印发《盟讯》及学习文件等项费用的补助。至于地方组织盟员人数较少，盟费收入数目细小者，可于每一季度，或半年向总部汇缴一次。无论按月、按季或按半年汇缴，均应于每月初向总部报告上月缴纳盟费的盟员人数及盟费收入总数。

（三）关于留归基层组织及缴交所属上级组织的数额比例，可由各地方组织斟酌实际情形分别规定：一般应用作有关盟务活动、盟员学习或文娱活动经费，并应信守精简节约及有利于开展盟务的原则。如有个别的基层组织未能正确掌握盟费用途，甚至有铺张浪费行为，则应注意纠正。

（四）以上征收标准和用途，于一九五四年七月一日起实施。其他具体办法，可按一九五一年三月所发指示精神及各地实际经验，由各地方组织自行规定。各地方组织收到本指示后，应重新修订关于盟费征收标准及其用途的具体办法，由支部委员会开会通过施行，并于七月内将估计每月可汇缴总部的盟费数额及汇缴时期，备文报告总部。

1954 年 7 月 6 日省支委会通过的《中国民主同盟贵州省支部执行盟费征收标准和留缴比额并用途的办法》指出：

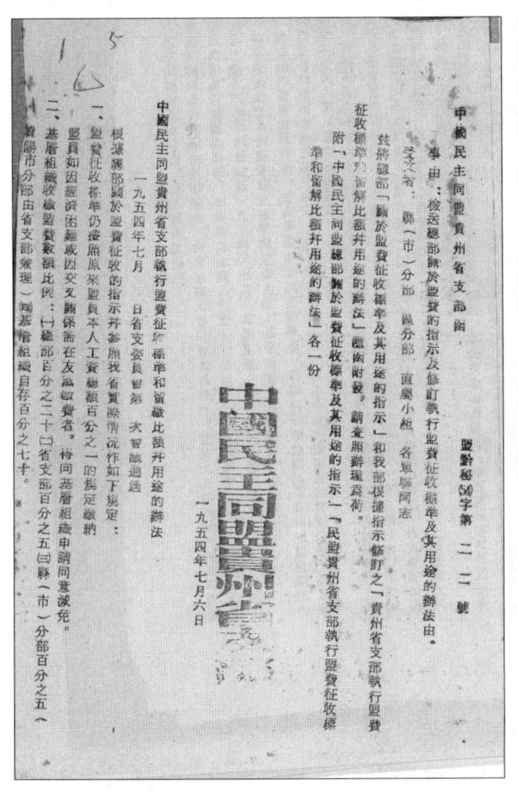

中國民主同盟貴州省支部函　盟黔秘(54)字第二二號

事由：檢送總部關於盟費的指示及修訂執行盟費征收標準及其用途的辦法由。

受文者：縣（市）分部　區分部　直屬小組　各單線同志

茲將總部「關於盟費征收標準及其用途的指示」和我部根據指示修訂之「貴州省支部執行盟費征收標準和留解比額并用途的辦法」隨函附發。請查照辦理爲荷。

附「中國民主同盟總部關於盟費征收標準及其用途的指示」「民盟貴州省支部執行盟費征收標準和留解比額并用途的辦法」各一份

一九五四年七月六日

中國民主同盟貴州省支部執行盟費征收標準和留繳比額并用途的辦法

一九五四年七月　日省支委員會第　次會議通過

根據總部關於盟費征收的指示并參照我省實際情況作如下規定：

一、盟費征收標準仍按照原來盟員本人工資總額百分之一的規定繳納盟員如因經濟困難或因交叉關係需在友黨繳費者，得向基層組織申請同意減免。

二、基層組織收繳盟費數額比例：(一)總部百分之二十(二)省支部百分之五(三)縣（市）分部百分之五（貴陽市分部由省支部兼理）(四)基層組織自存百分之七十。

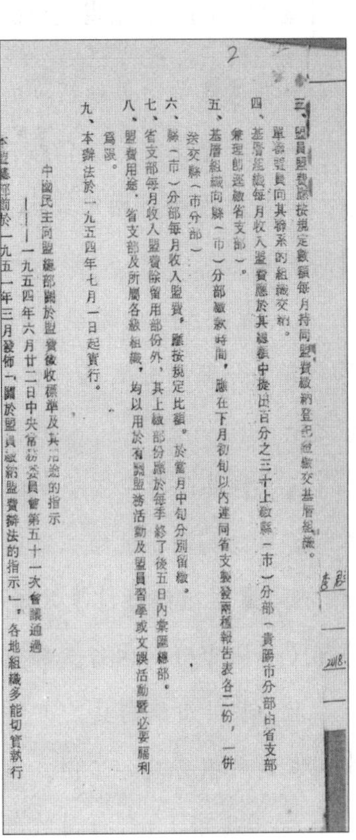

三、盟員盟費應按規定數額每月持同盟費繳納登記冊繳交基層組織。單線盟員向其聯系的組織交納。

四、基層組織每月收入盟費應於其總數中提出百分之三十上繳縣（市）分部（貴陽市分部由省支部兼理即逕繳省支部）。

五、基層組織向縣（市）分部繳款時間，應在下月初旬以內連同省支製發兩種報告表各二份，一併送交縣（市分部）

六、縣（市）分部每月收入盟費，應按規定比額，於當月中旬分別留繳。

七、省支部每月收入盟費除留用部份外，其上繳部份應於每季終了後五日內彙匯總部。

八、盟費用途，省支部及所屬各級組織，均以用於有關盟務活動及盟員學習或文娛活動暨必要福利爲限。

九、本辦法於一九五四年七月一日起實行。

中國民主同盟總部關於盟費徵收標準及其用途的指示

——一九五四年六月廿二日中央常務委員會第五十一次會議通過

本盟總部前於一九五一年三月發佈「關於盟員繳納盟費辦法的指示」，各地組織多能切實執行

【释文】

中国民主同盟贵州省支部执行盟费征收标准和留缴比额并用途的办法

根据总部关于盟费征收的指示并参照我省实际情况作如下规定：

一、盟费征收标准仍按照原来盟员本人工资总额百分之一的规定缴纳，盟员如因经济困难或因交叉关系须在友党缴费者，得向基层组织申请同意减免。

二、基层组织收缴盟费数额比例：总部百分之二十；省支部百分之五；县（市）分部百分之五（贵阳市分部由省支部兼理）；基层组织自存百分之七十。

三、盟员盟费应按规定数额每月持同盟费缴纳登记证缴交基层组织。单联盟员向其联系的组织缴纳。

四、基层组织每月收入盟费应于其总额中提出百分之三十上交县（市）分部（贵阳市分部由省支部兼理，即经缴省支部）。

五、基层组织向县（市）分部缴款时间，应在下月初旬以内，连同省支制发两种报告表各二份，一并送交县（市）分部。

六、县（市）分部每月收入盟费，应按规定比额，于当月中旬分别留缴。

七、省支部每月收入盟费除留用部分外，其上交部分应于每季度终了后五日内汇汇总部。

八、盟费用途，省支部及所属各级组织，均以用于有关盟务活动及盟员学习或文娱活动暨必要福利为限。

九、本办法于一九五四年七月一日起实行。

据 1954 年的《中国民主同盟贵州省支部兼贵阳市分部盟费收入报告表》，可见当时盟费收入及上缴情况。

中國民主同盟貴州省支部兼貴陽市分部盟費收入報告表

1 9 5 4 年　月份　　195　年　月　日編送

項目		繳納人數	收入金額	上繳 30 %	直屬上級留用 10 %	上繳總部 20 %
第4季度	10 月份	338	2,336,400	701,220	233,740	467,480
	11 月份	181	1,155,670	346,820	115,607	231,210
	12 月份	209	1,291,200	387,550	129,183	258,366
合計		728	4,783,270	1,435,590	748,530	957,060
說明						

機關首長　　會審人員　　覆核　　製表

中國民主同盟貴州省支部兼貴陽市分部盟費收入報告表

1 9 5 4 年　月份　　195　年　月　日編送

項目		繳納人數	收入金額	上繳 30 %	直屬上級留用 10 %	上繳總部 20 %
第3季度	7 月份	24	142,800 428,400	42,840	14,280	28,560
	8 月份	66	642,260	192,680	64,226	128,454
	9 月份	167	1,224,440	367,330	122,444	244,886
合計		257	2,009,840	602,850	200,950	401,900
說明	[illegible]					

機關首長　　會審人員　　覆核　　製表

1955年12月23日的《关于贵州盟员盟费收缴情况的报告》也有相关内容。

關於貴州盟員盟費收繳情況的報告

盟員繳納盟費，盟章規定是成員义务之一，同時也是盟員組織观念的具体表現。貴州盟費，自一九五四年七月根据總部「關於盟費征收标準及用途的指示」「修訂盟費征收及用途的办法」，分別上報并通告执行，年餘以來，大多數盟員对於盟費的繳納是很重視的，基層組織对於收繳工作，也多數是很認真的，一般同志經常按月照繳，單联同志因道远匯寄困难，有一次納繳一季或半年的，區組征報半數以上是爭取月收月報的。但也有个別盟員積累數月始行繳納的，也有不按所得隨便繳交的，还有实际困难而不申請免繳，所屬區組未曾予以減免的，也有并無困难又屢表示要繳結果竟不繳納區組并未提出批評的，在基層組織方面有少數經办收繳工作同志，以为數目有限，積压數月始行報繳的，甚有收數不少，屢經催促并由區組一再批評还延至半年以上仍不繳納的。上述虽僅个別情况，但具体表現了組織观念的薄弱和个人主义与自由主义作風的嚴重，而主要缺点則是由於領導在組織紀律教育方面作得不夠。玆就上年修訂征收盟費办法加以研究，其中征收标準用途範圍報繳時間均有改進的必要，特將重訂办法草案一併提出報告，請予審議！

省支部委員会

秘書处

一九五五年十二月廿三日

【释文】

关于贵州盟员盟费收缴情况的报告

盟员缴纳盟费，盟章规定是成员义务之一，同时也是盟员组织观念的具体表现。贵州盟费自一九五四年七月根据总部《关于盟费征收标准及用途的指示》《修订盟费征收及用途办法》，分别上报并通告执行，年余以来，大多数盟员对于盟费的缴纳是很重视的，基层组织对于收报工作，也多数是很认真的，一般同志经常按月照缴，单联同志因道远汇寄困难，有一次缴纳一季或半年的，区组征报半数以上是争取月收月报的。但也有个别盟员积累数月始行缴纳的，也有不按所得随便缴交的，还有实际困难而不申请免缴，所属区组未曾予以减免的，也有并无困难又屡表示要缴结果竟不缴纳，区组并未提出批评的。在基层组织方面，有少数经办收缴工作同志，以为数目有限，积压数月始行报缴的，甚有收数不少，屡经催促并由区组一再批评还延至半年以上仍不缴纳的。上述虽仅个别情况，但具体表现了组织观念的薄弱和个人主义与自由主义作风的严重，而主要缺点则是由于领导在组织纪律教育方面做得不够。兹就上年修订征收盟费办法加以研究，其中征收标准、用途、范围、报缴时间均有改进的必要，特将重订办法草案一并提出报告，请予审议！

由上可见，在盟费征收过程中存在不少问题。为了解决存在的问题，省支部对盟费征收标准及用途办法进行了修订，1956 年 1 月公布了新的《中国民主同盟贵州省支部关于盟费征收标准及用途的办法》。

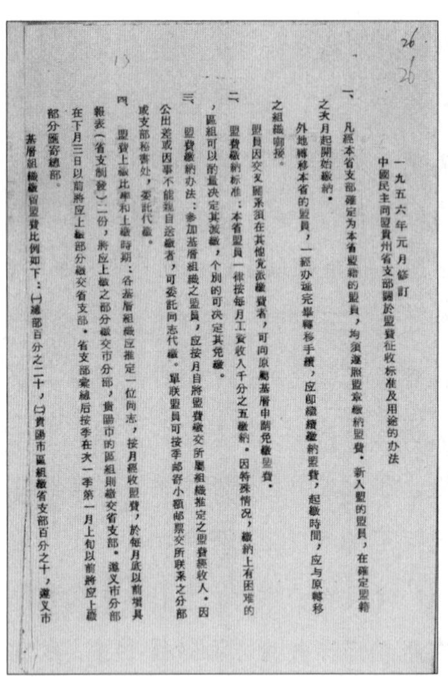

一九五六年元月修訂

中國民主同盟貴州省支部關於盟費征收标准及用途的办法

一、凡經本省支部確定为本省盟籍的盟員，均須遵照盟章繳納盟費。新入盟的盟員，在確定盟籍之次月起開始繳納。

外地轉移本省的盟員，一經办理完畢轉移手續，应即繼續繳納盟費，起繳時間，应与原轉移之組織啣接。

盟員因交叉關系須在其他党派繳費者，可向原屬基層申請免繳盟費。

二、盟費繳納标准：本省盟員一律按每月工資收入千分之五繳納。因特殊情況，繳納上有困难的，區組可以酌量决定其減繳，个別的可決定其免繳。

三、盟費繳納办法：參加基層組織之盟員，应按月自將盟費繳交所屬組織推定之盟費經收人。因公出差或因事不能親自送繳者，可委託同志代繳。單联盟員可按季郵寄小額郵票交所联系之分部或支部秘書处，委託代繳。

四、盟費上繳比率和上繳時期：各基層組織应推定一位同志，按月經收盟費，於每月底以前填具報表（省支制發）二份，將应上繳之部分繳交市分部，貴陽市的區組則繳交省支部。遵义市分部在下月三日以前將应上繳部分繳交省支部。省支部彙總后按季在次一季第一月上旬以前將应上繳部分匯寄總部。

基層組織繳留盟費比例如下：㈠總部百分之二十，㈡貴陽市區組繳省支部百分之十，遵义市

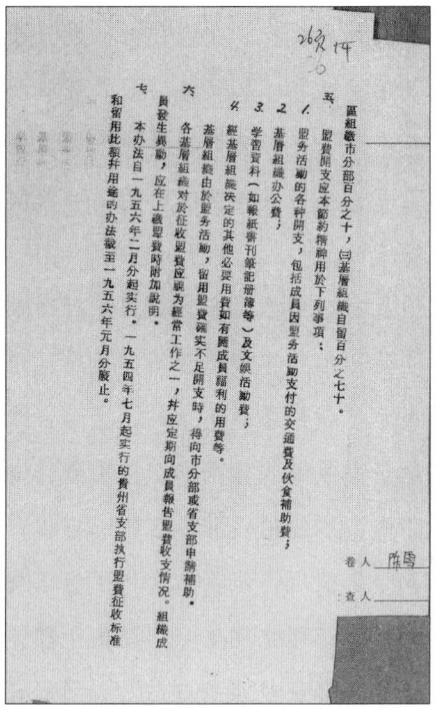

區組繳市分部百分之十，㈢基層組織自留百分之七十。

五、盟費開支应本節約精神用於下列事項：

1. 盟务活動的各种開支，包括成員因盟务活動支付的交通費及伙食補助費；
2. 基層組織办公費；
3. 学習資料（如報紙書刊筆記册簿等）及文娛活動費；
4. 經基層組織決定的其他必要用費如有關成員福利的用費等。

基層組織由於盟务活動，留用盟費確实不足開支時，得向市分部或省支部申請補助。

六、各基層組織对於征收盟費应視为經常工作之一，并应定期向成員報告盟費收支情況。組織成員發生異動，应在上繳盟費時附加說明。

七、本办法自一九五六年二月分起实行。一九五四年七月起实行的貴州省支部執行盟費征收标准和留用比額并用途的办法徹至一九五六年元月分廢止。

【释文】

中国民主同盟贵州省支部关于盟费征收标准及用途的办法

一、凡经本省支部确定为本省盟籍的盟员，均须遵照盟章缴纳盟费。新入盟的盟员，在确定盟籍之次月起开始缴纳。外地转移本省的盟员，一经办理完毕转移手续，应即继续缴纳盟费，起缴时间，应与原转移之组织衔接。盟员因交叉关系须在其他党派缴费者，可向原属基层申请免缴盟费。

二、盟费缴纳标准：本省盟员一律按每月工资收入千分之五缴纳，因特殊情况，缴纳上有困难的，区组可以酌量决定其减缴，个别的可决定其免缴。

三、盟费缴纳办法：参加基层组织之盟员，应按月自将盟费缴交所属组织推定之盟费经收人。因公出差或因事不能亲自送缴者，可委托同志代缴。单联盟员可按季邮寄小额邮票交所联系之分部或支部秘书处，委托代缴。

四、盟费上缴比例和上缴时期：各基层组织应推定一位同志，按月经收盟费，于每月底以前填具报表（省支制发）二份，将应上缴之部分缴交市分部，贵阳市的区组则缴交省支部。遵义市分部在下月三日以前将应上缴部分缴交省支部。省支部汇总后按季在次一季第一月上旬以前将应上缴部分汇寄总部。基层组织缴留盟费比例如下：总部百分之二十；贵阳市区组缴省支部百分之十，遵义市区组缴市分部百分之十；基层组织自留百分之七十。

五、盟费开支应本节约精神用于下列事项：

1. 盟务活动的各种开支，包括成员因盟务活动支付的交通费及伙食补助费；

2. 基层组织办公费；

3. 学习资料（如报纸书刊笔记册簿等）及文娱活动费；

4. 经基层组织决定的其他必要用费，如有关成员福利的用费等。基层组织由于盟务活动，留用盟费确实不足开支时，得向市分部或省支部申请补助。

六、各基层组织对于征收盟费应视为经常工作之一，并应定期向成员报告盟费收支情况。组织成员发生异动，应在上缴盟费时附加说明。

七、本办法自一九五六二月起实行。一九五四年七月起实行的贵州省支部执行盟费征收标准和留用比额并用途的办法截至一九五六年元月份废止。

史料七　盟籍管理

对于盟籍的管理，1964 年 4 月民盟贵州省委员会制定了组织关系转移办法。1965 年 10 月，盟中央对 1951 年 12 月通过的《盟员组织关系暂行办法》进行修订，公布了新的《中国民主同盟盟员组织关系转移办法》。

组织关系转移通知及存根

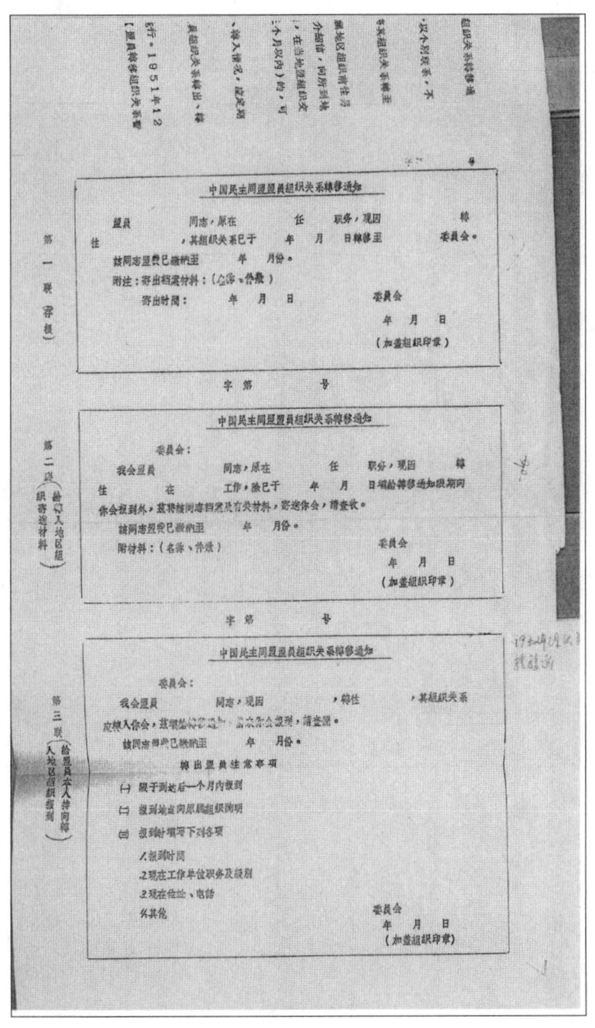

第一联（存根）

中国民主同盟盟員組織关系轉移通知

盟員　　同志，原在　　任　　职务，现因　　轉往　　，其組織关系已于　　年　　月　　日轉移至　　委員会。

該同志盟費已繳納至　　年　　月份。

附注：寄出档案材料：（名称、件数）

寄出时間：　　年　　月　　日

委員会

年　　月　　日

（加盖組織印章）

字第　　号

第二联（給迁入地区組織寄送材料）

中国民主同盟盟員組織关系轉移通知

委員会：

我会盟員　　同志，原在　　任　　职务，现因　　轉往　　在　　工作，除已于　　年　　月　　日填給轉移通知限期向你会报到外，並將該同志档案及有关材料，寄送你会，請查收。

該同志盟費已繳納至　　年　　月份。

附材料：（名称、件数）

委員会

年　　月　　日

（加盖組織印章）

字第　　号

第三联（給盟員本人持向轉入地区組織报到）

中国民主同盟盟員組織关系轉移通知

委員会：

我会盟員　　同志，现因　　，轉往　　，其組織关系应轉入你会，並限　　前向你会报到，請查照。

該同志盟費已繳納至　　年　　月份。

轉出盟員注意事項

㈠ 限于到达后一个月内报到

㈡ 报到地点向原属組織詢明

㈢ 报到时填写下列各項

1.报到时間

2.现在工作单位职务及級別

3.现在住址、电話

4.其他

委員会

年　　月　　日

（加盖組織印章）

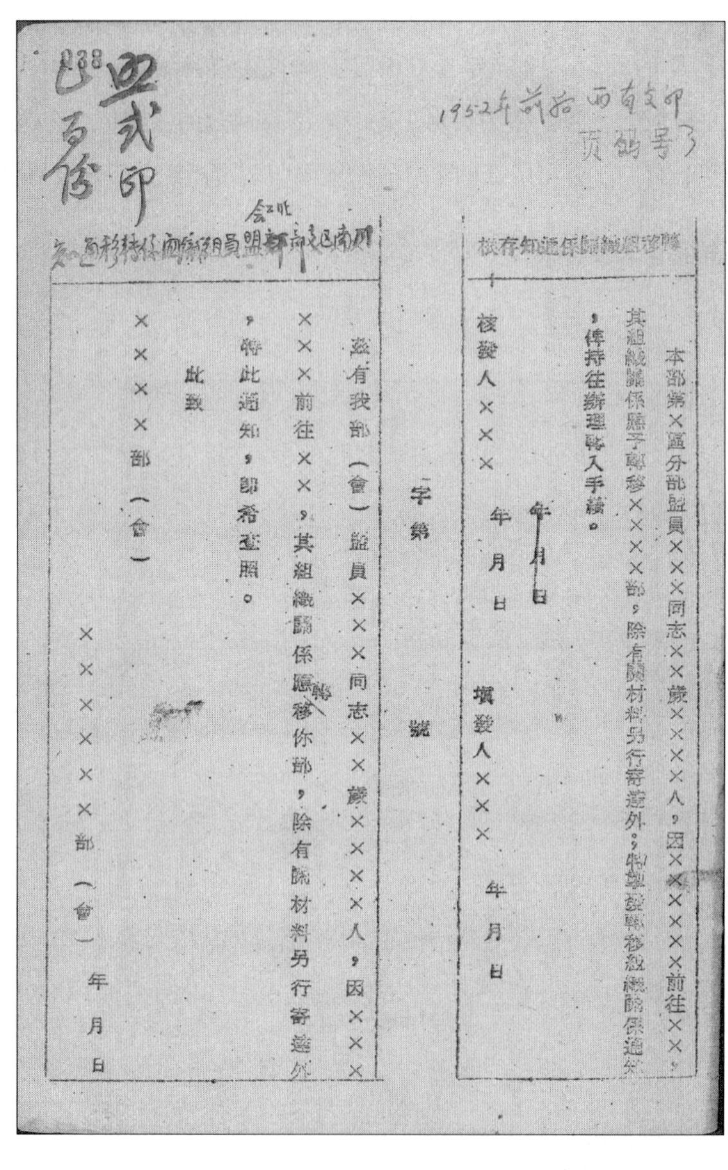

轉移組織關係通知存根

本部第×區分部盟員×××同志××歲×××××人，因××××××前往××，其組織關係應予轉移×××××部，除有關材料另行寄遞外，特塡發轉移組織關係通知，俾持往辦理轉入手續。

年　月　日

核發人×××　年　月　日

塡發人×××　年　月　日

字第　　號

茲有我部（會）盟員×××同志××歲×××××人，因×××××前往××，其組織關係應轉移你部，除有關材料另行寄遞外，特此通知，即希查照。

此致

××××部（會）

××××××部（會）

年　月　日

按照民盟中央的相关规定，贵州省民盟对盟员的发展较为重视。根据保存下来的盟员鉴定书、申请书、盟费证、誓词以及相关的报道等资料，可见当时盟员的发展已非常规范。

第四节 机关建设

机关建设涉及机构设置、机关编制和干部任职等方面的问题。

民盟贵州省委成立初期，机关曾设有秘书处、组织部、宣传部、学习委员会和联络委员会 5 个部门。不久，学习委员会与宣传部合并，联络委员会与秘书处合并，机关精简为 3 个工作部门。

秘书处负责对外联系，还有协助主委、副主委、秘书长做好各种会议的准备、文字起草工作，财会工作，各部门之间的协调工作等。

组织部主要是做组织发展以及与各个基层组织的联系工作。当时基层组织十分活跃，组织活动一般都坚持每月 2 次或每月 1 次。根据民盟中央、民盟省委以及各单位党政领导的建议与要求，每次讨论都有主题，盟员思想活跃，发言积极，反映了对当时各种政治运动的看法和个人的思想等。民盟省委派专职干部参加基层组织生活。有相当部分基层组织，由于其部分成员是单位的领导或专职教师，工作十分忙碌，组织生活一般多安排在假日或晚上进行，民盟省委干部仍然争取亲自参加，了解情况，传达上级指示，回答问题。由于干部少，基层分散，任务相当繁重。民盟中央、中共贵州省委统战部要求各个地方组织，将学习讨论中央政策的情况、对政府的建议和对民盟上级的意见和建议，分门别类整理成书面材料，写成总结，及时上报。这项工作的难度很大。当时下组联系，除主委外，盟省委各部门干部按分工都要参加；召集基层负责人汇报，则由组织部负责。将各个基层组织的思想情况、批评建议的材料写成书面汇报材料，实际上是由秘书处、宣传部与组织部共同负责，并由专职副主委、秘书长最后定稿，其中组织部负主要责任。

宣传部主要是负责出版《盟务简报》（名称曾多次改变），还兼管学习。《简报》的内容主要是刊载中共中央重要指示、政策精神和民盟中央的重要决定，其次是民盟省委的主要会议和活动、基层组织活动，以及成员个人学习政策的思想收获和心得等。

“文化大革命”期间，民盟贵州省委被迫停止了活动。

史料一 1957年盟中央关于贵州省民盟编制的通知

关于各民主党派地方组织1957年编制，已由政协全国委员会、国务院编制委员会和中央财政部联衔，并于是年3月30日通知各省（市）编制委员会、政协委员会和财政厅（局）按额拨给编制。

贵州省各民主党派1957年编制员额为20人，此项编制包括贵州省是年全省现有组织和新建组织的全部专职工作人员的名额。

166-1-39. 2-3页、5页、7-9页、11页

收文第184號
1957年4月19日

盟中組(57)字第456号

贵州省委員会：

关于各民主党派地方組織1957年編制，已由政协全国委員会、国务院編制委員会和中央財政部联銜于本年3月30日通知各省（市）編制委員会、政协委員会和財政厅（局）按額撥給編制。

你省本年編制員額为20人，此項編制系包括你省今年全省現有組織和新建組織的全部专职工作人員的名額。

特此通知，希查照。此致

敬礼

中国民主同盟中央組織委員会

1957年4月13日

史料二 1957年的《贵州省编制委员会关于增加民主党派地方组织专业工作编制人员的通知》

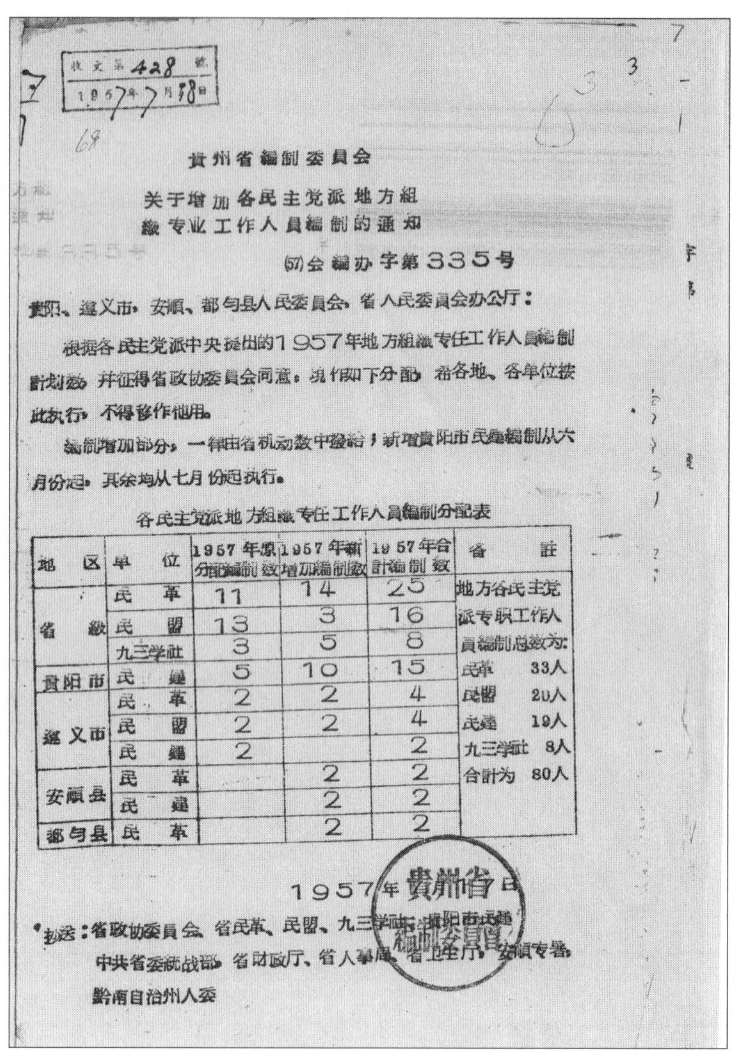

收文第428號
1957年7月18日

貴州省編制委員会

关于增加各民主党派地方組織专业工作人員編制的通知

(57)会編办字第335号

貴阳、遵义市，安順、都匀县人民委員会，省人民委員会办公厅：

根据各民主党派中央提出的1957年地方組織专任工作人員編制計划数，并征得省政协委員会同意，現作如下分配，希各地、各单位按此执行，不得移作他用。

編制增加部分，一律由省机动数中撥給；新增貴阳市民建編制从六月份起，其余均从七月份起执行。

各民主党派地方組織专任工作人員編制分配表

地区	单位	1957年原分配編制数	1957年新增加編制数	1957年合計編制数	备註
省級	民革	11	14	25	地方各民主党派专职工作人員編制总数为：民革 33人 民盟 20人 民建 19人 九三学社 8人 合計为 80人
	民盟	13	3	16	
	九三学社	3	5	8	
貴阳市	民建	5	10	15	
遵义市	民革	2	2	4	
	民盟	2	2	4	
	民建	2		2	
安順县	民革		2	2	
	民建		2	2	
都匀县	民革		2	2	

1957年 月 日（貴州省編制委員會印）

抄送：省政协委員会、省民革、民盟、九三学社、貴阳市民建、中共省委統战部、省財政厅、省人事局、省卫生厅、安順专署、黔南自治州人委

可以看出，贵州省民盟专职工作人员编制总数也是20人。

史料三 《民盟组织等级及编制简表》

地區	組織名稱	等級	專任委員人數	專任工作人員人數	工友人數	備註
華中區	衡陽市分部	丁	一人	二人	一人	
	湘潭分部	丁	一人	二人	一人	
	常德分部	丁	一人	二人	一人	
	長沙市分部	丙	一人	四人	二人	
西南區	西南總支部	甲	二人	七人	三人	
	四川省支部	甲	二人	七人	三人	
	雲南省支部	甲	二人	七人	三人	
	貴州省支部	丙	一人	四人	二人	
	西康省支部	丙	一人	四人	二人	
	重慶市支部	乙	二人	五人	三人	
	成都市分部	乙	二人	五人	三人	擬改爲市支部
華南區	南方總支部	甲	二人	七人	三人	
	廣東省支部	甲	二人	七人	三人	
	廣西省支部	乙	二人	五人	三人	
	廣州市分部	丙	一人	四人	二人	
	桂林市分部	丙	一人	四人	二人	
	汕頭市分部	丁	一人	二人	一人	
	南寧市分部	丁	一人	二人	一人	

可以看出，贵州省支部属于丙级，专任委员人数 1 人，专任工作人员人数 4 人，工友人员人数 2 人。

史料四 1952 年，李方明任中国民主同盟西南总支部临时工作委员会宣传部副部长

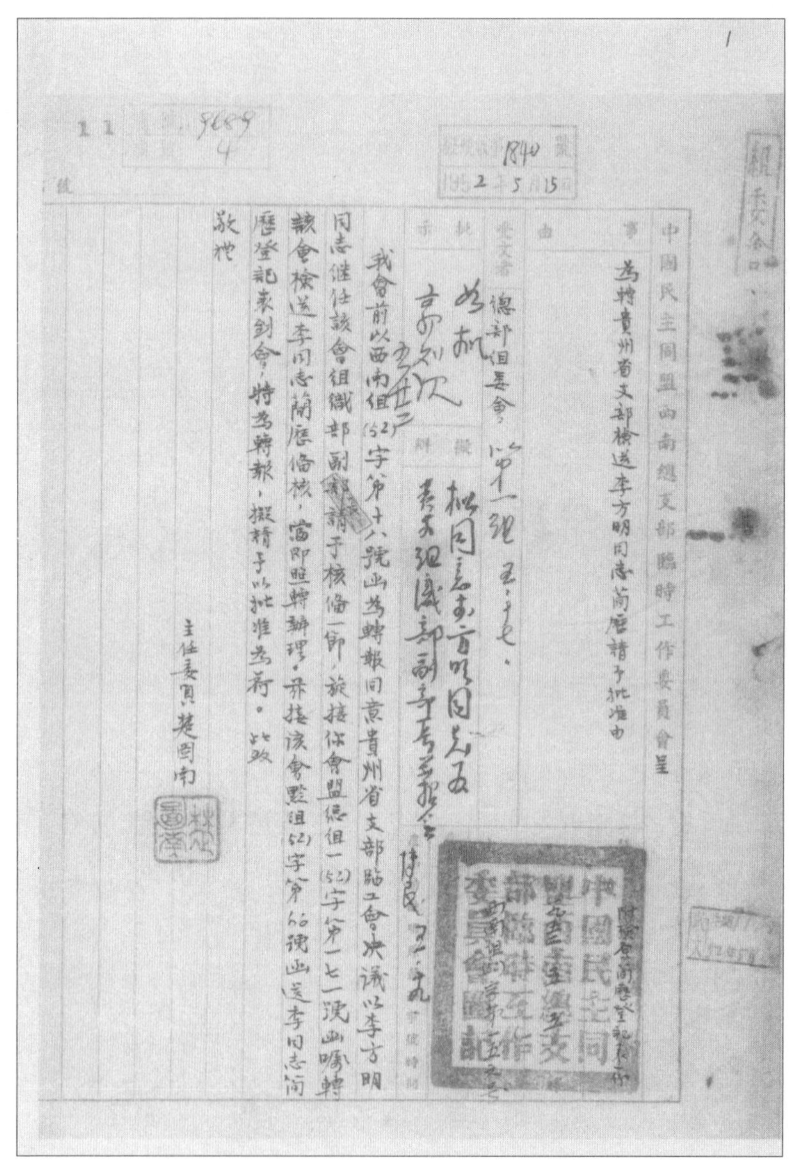

中國民主同盟西南總支部臨時工作委員會呈

事由：為轉貴州省支部檢送李方明同志簡歷請予批准由

受文者：總部組委會

我會前以西南組(52)字第十八號函為轉報同意貴州省支部臨工會決議以李方明同志繼任該會組織部副部長請予核備一節，旋接你會盟總組一(52)字第一七一號函囑轉飭該會檢送李同志簡歷備核，當即照轉辦理。并接該會黔組(52)字第66號函送李同志簡歷登記表到會，特為轉報，擬請予以批准為荷。此致

敬禮

主任委員 楚圖南

史料五 1957 年，贵州省委统战部介绍 2 名同志到省民盟机关工作

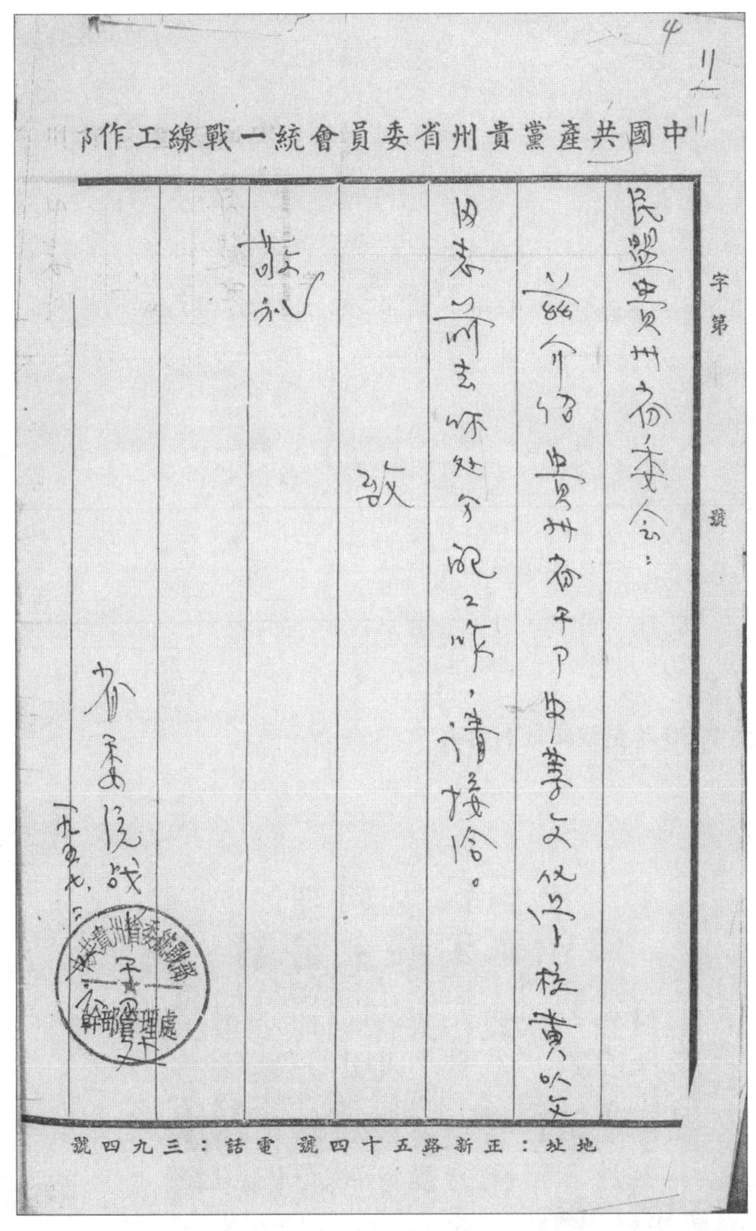

中國共產黨貴州省委員會統一戰線工作部

字第 號

民盟贵州省委会：

兹介绍贵州省干部学校黄以文

同志前去你处分配工作，请接洽。

致

敬礼

省委统战

一九五七、二

中共贵州省委统战部干部管理处

地址：正新路五十四號 電話：三九四號

史料六　民盟贵州省委机关各时期印章

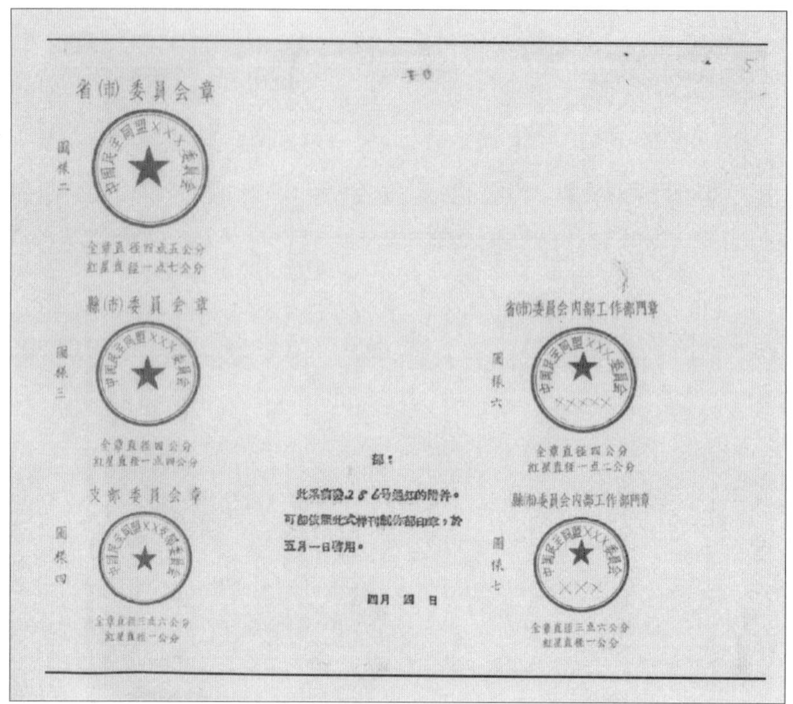

史料七　1960 年更改印章的启事

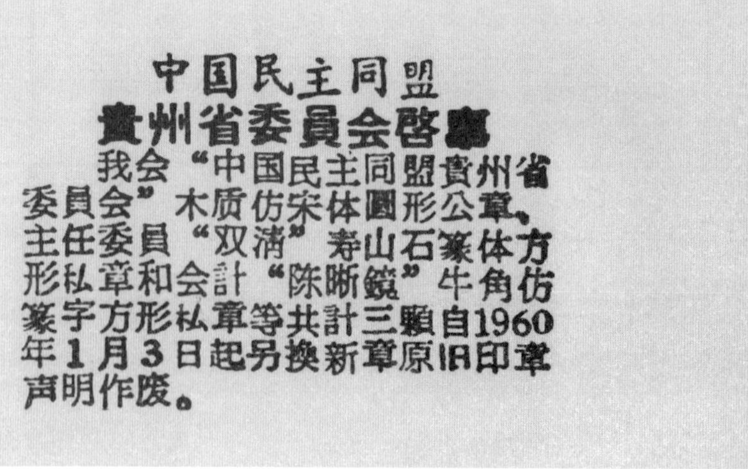

中国民主同盟
貴州省委員会啓事

我会“中国民主同盟貴州省委員会”木质仿宋体圓形公章、主任委員“双清”寿山石篆体方形私章和会計“陈晰鏡”牛角仿篆字方形私章等共計三顆自1960年1月3日起另换新章原旧印章声明作废。

第四章　1954—1966 年的盟务工作

民盟贵州省支部自成立后，便作为民盟西南总支直接领导下的盟组织，积极参加盟内的各类会议和活动。

民盟贵州省委 1954—1966 年的主要工作和活动如下：

1954—1966 年，民盟贵州省委共召开了 5 次盟员代表大会。其中，1955 年的第二次代表大会和 1958 年的第三次代表大会没有换届任务。在这一历史阶段，中华人民共和国召开了第一次全国人民代表大会，通过了《中华人民共和国宪法》，宣布了国家过渡时期的总任务，要求在社会主义工业化和社会主义改造的基础上，建立社会主义社会。政协二届全国委员会第一次会议召开，周恩来在会上强调要继续发挥政治协商会议本身的统一战线作用，又强调协商，强调密切联系群众、反映广大群众的意见，正确处理政协与民主党派的合作共事关系等。各民主党派团结在中国共产党周围，紧密合作。民盟贵州省委参加了民盟中央的许多重要会议，进一步加强了组织建设，推动了民盟各项活动的开展。这一时期政治学习的任务很多，各种不同的政治活动、社会活动也比较多，如土地改革、增产节约、抗美援朝、思想改造运动等。民盟省委会运用不同的形式，开展增产节约和捐献活动，主委双清带头捐款，数额突出，受到表扬；顾光中担任副团长参加抗美援朝慰问团，赴前线慰问志愿军等。当时广大盟员无论是在参加经济建设方面、文化教育建设方面，还是在思想改造方面，都取得了良好的成绩。特别是在文化、教育两条战线上，许多盟员是单位骨干分子，是单位依靠的主要力量。

民盟中央根据形势的发展，根据中共中央、中央统战部的要求，除召开全国性的会议之外，还组织推动各省、地区盟组织召开各种不同形式的经验交流会。1957 年 1 月，民盟贵州省委参加的由云南、广西、贵州三省在昆明举办的盟务工作经验交流会召开。参加这次会议的共有 80 余人，其中贵州民盟有 7 人。会议的主要议题是如何贯彻党的爱国统一战线政策，发挥民盟在政治上的积极作用，如何发挥民盟在文化、教育、科技建设等方面的积极作用，以及如何抓好民盟的组织建设等。1960 年，民盟贵州省委参加了在成都召开的四川、云南、贵州三省盟务工作经验交流会。

这一时期，民盟贵州省委还参加了贵州省人大、省政协会议，积极发挥参政议政的作用。

1954 年 7 月，贵州省第一届人民代表大会召开。会议总结了贵州解放以来的工作，并研究安排如何进一步贯彻中央在过渡时期的总任务，完成第一个五年建设计划指标。双清、顾光中、唐弘仁、毕昌兰、杜化居、蹇先艾、杨世璇、夏国佐、张超伦、杨靖国、万苏黎被选为人民代表，参加了这次会议。双清代表民盟贵州省委在大会上作了发言，民盟省委其他盟员代表也分别在各个小组就经济、文化教育建设积极发言，献计献策。双清、顾光中还参加了大会主席团，双清、杨汉先被选为省人民委员会委员。在贵州省人民代表大会第二届和第三届会议上，双清、蹇先艾、杨汉先、秦元珍、唐弘仁先后被选为省人民委员会委员。

1955 年 2 月，政协贵州省第一届委员会第一次全体会议召开。会议听取和讨论了双清所作的各族各界人民代表会议协商委员会的工作报告，听取了关于开展反对使用原子武器签名运动的报告，还通过了关于拥护周恩来总理兼外长反对美蒋战争条约、坚决解放台湾的决议。参加这次会议的民盟成员共 15 人。双清被选为省政协第一届委员会副主席。

1957 年 1 月，民盟省委在昆明参加桂滇黔三省盟务工作会。

1959 年 12 月，政协贵州省第二届委员会第一次全体会议召开。当时正值“大跃进”，加之连续 3 年遇到了严重的自然灾害，工作受到“左倾”的影响，困难重重。这次会上增补了部分盟员为政协委员，人数增加至 28 人。双清被选为省政协第二届委员会副主席。

1960 年，民盟省委在成都参加川滇黔三省盟务工作会。

1962 年，全省第一次盟务工作会召开。

1963 年 12 月，政协贵州省第三届委员会第一次全体会议召开。政协第三届委员会又增加了部分盟员为政协委员，一共为 31 人。双清、杨汉先被选为省政协第三届委员会副主席。

20 世纪五六十年代，贵州民盟组织还开展了思想改造教育学习活动，发动盟员向科技进军，积极配合评选优秀教师，动员盟员支持抗美援朝、支持国家粮食政策活动，1953 年与遵义市科技局组织科普活动等。值得一提的是，据《贵州省志・教育志》记载，1962 年 8 月，民盟贵州省委积极响应省教育厅下发的《关于民办中学的暂行规定》，在这一年创办了位于和平路的和平中学（完中），唐弘仁为校务管理委员会主任。

1966 年 5 月，“文化大革命”开始，工作陷于瘫痪。

第一节　盟务中心活动

盟务中心活动包括纪念盟的革命先烈活动、开展生产节约运动、参与贵州高教工作活动、知识分子联系与改造活动、评选优秀教师活动、妇女工作、思想改造与学习活动、整风运动、评选先进工作者活动、盟员入党活动等一系列活动。这些活动在贵州民盟年度工作要点与工作总结中有较为集中的体现。

史料一 纪念盟的革命先烈

中国民主同盟贵州省支部临时工作委员会于1952年7月18日集会纪念本盟革命先烈，双清主委勉励盟员努力进行思想改造。

中国民主同盟贵州省支部临时工作委员会
集会纪念该盟革命先烈 1952.7.18
双清主委勉励盟员努力进行思想改造

【贵阳市讯】七月十五日为中国民主同盟革命先烈纪念日，民盟贵州省支部临时工作委员会提前于十三日举行纪念会，到贵阳盟员及来宾八十余人。纪念会由省支部李超然同志主持，首由唐弘仁同志报告民盟先烈革命斗争的历史和精神，继由来宾民革贵州分会筹委会邹维新同志及盟员贾仁华、丁益智、翁祖善等相继发言，除对民盟先烈（特别是李公朴、闻一多、陶行知、杜斌丞诸先烈）在反对蒋介石反动统治的斗争中所表现的英勇顽强的革命精神，一致表示尊敬和纪念外，并强调必须学习先烈们坚持真理、改正错误的精神，迎接思想建设；通过思想改造，批判资产阶级及小资产阶级的错误思想，以便接受马列主义和毛泽东思想的领导。

纪念会最后由该盟贵州省支部临工会双清主任委员作总结性讲话，指出民盟是小资产阶级知识分子为主要成份的阶级联盟性质的新民主主义政党，是人民民主统一战线的一个组成部分，在知识分子的思想改造运动中负有极重大的责任。他号召大家在“三反”“五反”胜利的基础上再前进一步；以先烈坚强斗争的革命精神来迎接思想改造运动。

【释文】

中国民主同盟贵州省支部临时工作委员会集会纪念该盟革命先烈 双清主委勉励盟员努力进行思想改造

1952年7月18日

【贵阳市讯】七月十五日为中国民主同盟革命先烈纪念日，民盟贵州省支部临时工作委员会提前于一九五二年七月十三日举行纪念会，到贵阳盟员及来宾八十余人。纪念会由省支部李超然同志主持，首由唐弘仁同志报告民盟先烈革命斗争的历史和精神，继由来宾民革贵州分会筹委会邹维新同志及盟员贾仁华、丁益智、翁祖善等相继发言。除对民盟先烈（特别是李公朴、闻一多、陶行知、杜斌丞诸先烈）在反对蒋介石反动统治的斗争中所表现的英勇顽强的革命精神，一致表示尊敬和纪念外，并强调必须学习先烈们坚持真理、改正错误的精神，迎接思想建设；通过思想改造，批判资产阶级及小资产阶级的错误思想，以便接受马列主义和毛泽东思想的领导。

纪念会最后由盟贵州省支部临工会双清主任委员作总结性讲话，指出民盟是小资产阶级知识分子为主要成分的阶级联盟性质的新民主主义政党，是人民民主统一战线的一个组成部分，在知识分子的思想改造运动中负有极重大的责任。他号召大家在“三反”“五反”胜利的基础上再前进一步：以先烈坚强斗争的革命精神来迎接思想改造运动。

史料二 开展增产节约运动资料

1952年1月1日，双清发出了用增产节约的实际行动支持志愿军的号召。

用增产节约的实际行动支持志愿军 1952.1.1

中国民主同盟贵州省支部临时工作委员会 双清

一九五一年，我全国人民在毛主席、中央人民政府的领导下，在抗美援朝、土地改革、镇压反革命三大运动中，已经取得了伟大的胜利。一九五二年的工作开始了，除仍须在上述三大运动胜利的基础上，继续争取更大的胜利外，尤须开展增产节约运动，支持中国人民志愿军，争取抗美援朝战争的早日胜利结束。

中国人民政治协商会议第一届全国委员会第三次会议，毛主席在开会词中指示我们说："为了继续坚持这个必要的正义的斗争，我们就需要继续加强抗美援朝的工作，需要增加生产，厉行节约，以支持中国人民志愿军。这是中国人民今天的中心任务，因此也就是我们这次会议的中心任务。"大会上一致热烈拥护，并一致认识到经济建设、国防建设、逐步实行工业化，为我国当前的必要任务，而增加生产，厉行节约，尤为各项建设和工业化的首要条件。大会接受了各方面关于增产节约、加强抗美援朝工作的提案和建议，一致通过继续加强抗美援朝运动、提倡和推动爱国增产节约运动的决议。这就是一九五二年全国人民必须一致努力积极实行的重要任务。

我们完全接受这个任务，并要坚决完成这个任务，贯彻会议决议的精神。我们必须认清节约不是单纯为节约而节约，是为增加生产而厉行节约，因此，必须反对贪污，反对浪费，节省可以节省的物力，积累国家财富，增强各项建设和工业化的力量，以达到增加生产的目的。首先要认识，铺张浪费对于各项建设事业的危害性。"涓涓不竭，将成江河"，铺张浪费积少成多，消耗人民物资，妨害生产，极为严重。我们都认识到两年来各级人民政府，已树立纯洁清正的作风，过去"贪污腐化"的恶劣气习，已随着反动政权蒋匪帮的消灭而不存在了，但是极少数个别坏分子，仍有贪污腐化的残余气习，贪污案件发见后虽即依法严加惩治，但个别的贪污现象尚未彻底肃清，仍须各机关、团体、公私企业、负责同志们不断地监察纠举，不容许残余渣滓存在，保持环境的清洁。从教育改造、纠正各方面工作人员的不良作风，肃清腐化思想，改变风气，是可以杜绝贪污根源的。我们更应当认识，铺张浪费是精简节约的毒菌，它若发展起来，损害国家人民财产的严重性，将更甚于贪污现象，这是应当随时警惕，大力防止的。如各种场合的宴会招待，各种会议的酒宴果点，机关、团体、公私企业每有庆祝、纪念大会，各方面致送锦旗、锦幛，从城市到乡村，几乎成了惯例，内中有意义的、有必要的，自然不应当废止，但是绝大多数是可以省略的。这些浪费非常严重，如果把全国大小城市的机关、团体、公私企业每年在这些浪费方面的数字统计起来，是会很惊人的。这些都是劳动人民的血汗，不应当浪费而把它消耗掉了。这是显明的浪费，错误在于铺张。还有某些地区工作人员，经办营建、修缮、购置，由于经验不够，又麻痹疏忽，表现为官僚主义作风，因此受了牟利欺诈的奸商的欺骗——偷工减料，购物不合规格等等，损失国家财富，有达数十亿数百亿元的，造成国家的损失，比贪污还更严重。又如机关、团体、公私企业的工作人员，对于公有物品不加爱惜，非必要的使用公物，或过量消费，剩余物品随便消耗等等，浪费也很大。我们是"广土众民"的国家，全国有五万万人口，有数十万公私机构，在什物用具方面，如一张纸，一支笔，不经意的浪费，若从某一人看来，好像数量甚微，若是统计起来，就有很大的数字。例如上海市虹口区人民政府最近把各科、室浪费的物品和统计数字，办一个小型展览会，其中光是用剩的表格，就有一万七千多张。一个区人民政府，剩余物品，就已这样大，我们试从全国大小城市公私机构浪费剩余物品的现象想一想，真是一个可惊的大数目了。若把所有这些剩余物品，都好好地保存起来，集中起来，用在抗美援朝工作方面，就会是很大的贡献。

贪污现象，必须彻底肃清；铺张浪费的错误作风，必须纠正。节约得一分物力，便能增加一分生产力量，不要以为数量很小，或无可节约，便忽略了。不重视精简节约，就会造成重大错误，影响到国家的生产建设，这是应当随时随地警惕的。

从公私企业部门的节约增产，各地区已有显著的成绩表现，东北公营企业就是最突出的典型。东北公营企业在半年内节约增产积累粮食一千万余吨，折合价值可购买轰炸机四千二百多架。其他各处，也有同样的例子。我国地大物博，全国广泛地展开增产节约运动，必定有非常宏大的成果，这是可以断定的。目前各公私营企业部门，首先要注意节省人力物力，和不合理的消费，因此，必须实现民主改革，做到管理民主化，生产合理化，从精简节约来增加生产，一定能有良好的成绩的。

另外如节省人力，也是值得重视的。最近各地区，对于“非必要”的会议，都停止不开，或紧缩开会时间，竭力避免浪费时间、浪费人力、妨害生产。有人说到，假若每人每天因不必要的事故而浪费一小时，五万万人每天便耗费了五万万个工作时间，这个统计，虽不一定正确，但也值得注意。人力浪费了，也是最大的损失。

中国人民志愿军在朝鲜虽已取得决定性的胜利，停战谈判虽在进行，但美帝国主义仍多方制造障碍来阻挠、拖延谈判，还继续侵占我国的台湾，侵犯我国的领空，并且武装日本，威胁中国、亚洲和世界的和平。所以我们应当继续加强抗美援朝工作，把它作为我们经常的政治任务，即一九五二年的重要中心任务。我们必须全力贯彻增产节约精神，加强国防建设、经济建设，来完成这个伟大的任务。

民主同盟盟员们一致拥护中国人民政协第一届全国委员会第三次会议的决议和毛主席的指示，并将在工作岗位上，结合思想改造的学习运动，联系实际，具体检查和批判旧社会残余的错误思想作风，坚决反对贪污、反对浪费、反对官僚主义作风，并与各民主党派和盟外各方面人士，一齐行动起来，运用干部检查和群众监督相结合的方法，展开广泛的持久的群众运动，共同努力，团结一致，完成增产节约的任务，坚决地保证执行毛主席给我们的指示：“把抗美援朝的伟大斗争，继续进行到美国政府愿意和平解决的时候为止。”

【释文】

用增产节约的实际行动支持志愿军

中国民主同盟贵州省支部临时工作委员会 双清

一九五一年，我全国人民在毛主席、中央人民政府的领导下，在抗美援朝、土地改革、镇压反革命三大运动中，已经取得了伟大的胜利。一九五二年的工作开始了，除仍须在上述三大运动胜利的基础上，继续争取更大的胜利外，尤须开展增产节约运动，支持中国人民志愿军，争取抗美援朝战争的早日胜利结束。

中国人民政治协商会议第一届全国委员会第三次会议，毛主席在开会词中指示我们说："为了继续坚持这个必要的正义的斗争，我们就需要继续加强抗美援朝的工作，需要增加生产，厉行节约，以支持中国人民志愿军。这是中国人民今天的中心任务，因此也就是我们这次会议的中心任务。"（中共中央文献研究室、中国人民解放军军事科学院编：《建国以来毛泽东军事文稿》（上卷），中央文献出版社，2010年，第555页。）大会上一致热烈拥护，并一致认识到经济建设、国防建设、逐步实行工业化，为我国当前的必要任务，而增加生产，厉行节约，尤为各项建设和工业化的首要条件。大会接受了各方面关于增产节约、加强抗美援朝工作的提案和建议，一致通过继续加强抗美援朝运动、提倡和推动爱国增产节约运动的决议。这就是一九五二年全国人民必须一致努力积极实行的重要任务。

我们完全接受这个任务，并要坚决完成这个任务，贯彻会议决议的精神。我们必须认清节约不是单纯为节约而节约，是为增加生产而厉行节约，因此，必须反对贪污，反对浪费，节省可以节省的物力，积累国家财富，增强各项建设和工业化的力量，以达到增加生产的目的。首先要认识铺张浪费对于各项建设事业的危害性。“涓涓不竭，将成江河”，铺张浪费积少成多，消耗人民物资，妨害生产，极为严重。我们都认识到两年来各级人民政府，已树立纯洁清正的作风，过去“贪污腐化”的恶劣气习，已随着反动政权“蒋匪帮”的消灭而不存在了，但是极少数个别坏分子，仍有贪污腐化的残余气习，贪污案件发见后虽即依法严加惩治，但个别的贪污现象尚未彻底肃清，仍须各机关、团体、公私企业、负责同志们不断地监察纠举，不容许残余渣滓存在，保持环境的清洁。从教育改造、纠正各方面工作人员的不良作风，肃清腐化思想，改变风气，是可以杜绝贪污根源的。我们更应当认识，铺张浪费是精简节约的毒菌，它若发展起来，损害国家人民财产的严重性，将更甚于贪污现象，这是应当随时警惕，大力防止的。如各种场合的宴会招待，各种会议的酒宴果点，机关、团体、公私企业每有庆祝、纪念大会，各方面致送锦旗、锦幛，从城市到乡村，几乎成了惯例，内中有意义的、有必要的，自然不应当废止，但是绝大多数是可以省略的。这些浪费非常严重，如果把全国大小城市的机关、团体、公私企业每年在这些浪费方面的数字统计起来，是会很惊人的。这些都是劳动人民的血汗，不应当因浪费而把它消耗掉了。这是显明的浪费，错误在于铺张。还有某些地区工作人员，经办营建、修缮、购置，由于经验不够，又麻痹疏忽，表现为官僚主义作风，因此受了牟利欺诈的奸商的欺骗——偷工减料，购物不合规格等等，损失国家财富，有达数十亿数百亿元的，造成国家的损失，比贪污还更严重。又如机关、团体、公私企业的工作人员，对于公有物品不加爱惜，非必要的使用公物，或过量消费，剩余物品随便消耗等等，浪费也很大。我们是“广土众民”的国家，全国有五万万人口，有数十万公私机构，在什物用具方面，如一张纸、一支笔，不经意的浪费，若从某一人看来，好像数量甚微，若是统计起来，就有很大的数字。例如上海市虹口区人民政府最近把各科、室浪费的物品和统计数字，办一个小型展览会，其中光是用剩的表格，就有一万七千多张。一个区人民政府，剩余物品，就已这样大，我们试从全国大小城市公私机构浪费剩余物品的现象想一想，真是一个可惊的大数目了。若把所有这些剩余物品，都好好地保存起来、集中起来，用在抗美援朝工作方面，就会是很大的贡献。

贪污现象，必须彻底肃清；铺张浪费的错误作风，必须纠正。节约得一分物力，便能增加一分生产力量，不要以为数量很小，或无可节约，便忽略了。不重视精简节约，就会造成重大错误，影响到国家的生产建设，这是应当随时随地警惕的。

从公私企业部门的节约增产，各地区已有显著的成绩表现，东北公营企业就是最突出的典型。东北公营企业在半年内节约增产积累粮食一千万余吨，折合价值可购买轰炸机四千二百多架。其他各处，也有同样的例子。我国地大物博，全国广泛地展开增产节约运动，必定有非常宏大的成果，这是可以断定的。目前各公私营企业部门，首先要注意节省人力物力和不合理的消费，因此，必须实现民主改革，做到管理民主化、生产合理化，从精简节约来增加生产，一定能有良好的成绩的。

另外如节省人力，也是值得重视的。最近各地区，对于"非必要"的会议，都停止不开，或紧缩开会时间，竭力避免浪费时间、浪费人力、妨害生产。有人说到，假若每人每天因不必要的事故而浪费一小时，五万万人每天便耗费了五万万个工作时间。这个统计，虽不一定正确，但也值得注意。人力浪费了，也是最大的损失。

中国人民志愿军在朝鲜虽已取得决定性的胜利，停战谈判虽在进行，但美帝国主义仍多方制造障碍来阻挠、拖延谈判，还继续侵占我国的台湾，侵犯我国的领空，并且武装日本，威胁中国、亚洲和世界的和平。所以我们应当继续加强抗美援朝工作，把它作为我们经常的政治任务，即一九五二年的重要中心任务。我们必须全力贯彻增产节约精神，加强国防建设、经济建设，来完成这个伟大的任务。

民主同盟盟员们一致拥护中国人民政协第一届全国委员会第三次会议的决议和毛主席的指示，并将在工作岗位上，结合思想改造的学习运动，联系实际，具体检查和批判旧社会残余的错误思想作风，坚决反对贪污、反对浪费、反对官僚主义作风，并与各民主党派和盟外各方面人士，一齐行动起来，运用干部检查和群众监督相结合的方法，展开广泛的持久的群众运动，共同努力，团结一致，完成增产节约的任务，坚决地保证执行毛主席给我们的指示："把抗美援朝的伟大斗争，继续进行到美国政府愿意和平解决的时候为止。"（全国政协研究室编：《中国人民政协全书》（上），中国文史出版社，1999 年 11 月，第 547 页。）

史料三　《总路线学习第一阶段贵州民盟在高教工作中所起的作用》

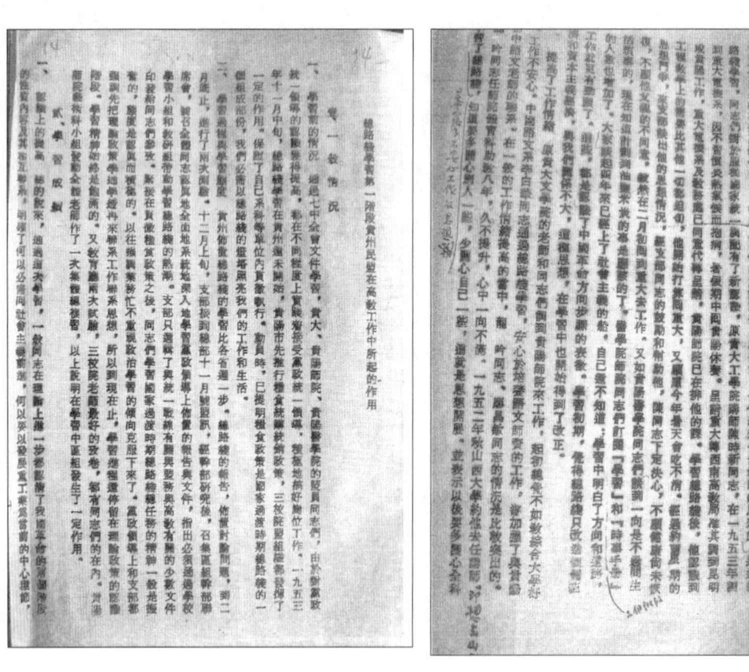

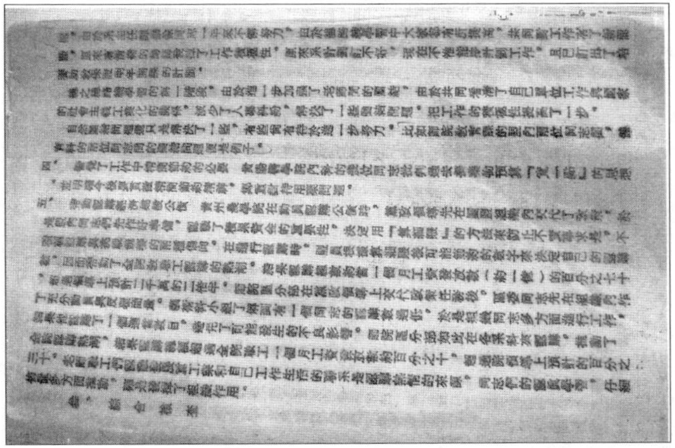

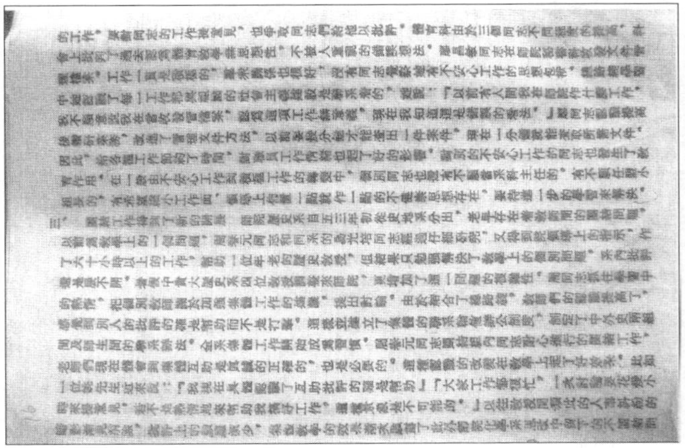

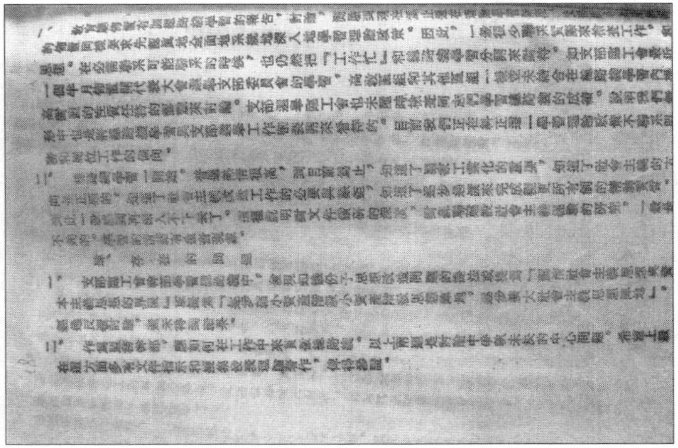

史料四 知识分子问题汇报资料

一周以来，我曾和几位教师谈到高级知识分子在生活、工作和学习方面的问题，所得简单情况如下：

(1)中文系钱楚[illegible]先生说：这里近两年来实际上就没有发展新盟员，什么发展比例啰，饱和了啰，盟外人都不明白，只说的盟的大门已关了。许多人觉得自己不是党员盟员，什么问题都没有言权，感到自己的政治待遇毫无希望了。钱先生又谈到张振佩家庭经济有困难，工资评级较低，又觉得政治待遇无希望，因此情绪不高。

(2)杜叔唐同志谈：体育科教师姜正传五三年和在贵大思政教师陈果青等同时申请入盟，但隔不久被拒绝，而姜的无下文。陈果青大盟区分部将姜的申请入盟问题转到师院区分部，但师院区分部始终没有处理。姜见体育科教师程铭盟都能入盟，而自己没有加入，很有情绪，几次提到过。

(3)中文系陈玉麟先生因夫妇两人工作，故负担较重（家有父母及亲戚靠他生活的不少，子女也有四个），经济常感维持。这个学期他担任先秦文学、[illegible]课，[illegible]没有什么自学。他对党的领导没有抵触，但对个别行政部门的不太礼貌却有意见，有一次人事室因[illegible]一个学的什么人而找他谈话，派来的工友对他说：“人事室喊你，叫你快去！”，连喊几声，他非常愤怒。

(4)俄语系舒溪先生对于他没有升为副教授，他说没有显出不满情绪，现在还没有。现在他只想争取到苏联留学一进修，提高自己。本学期他因[illegible]中苏友协俄文补习班的课，每月收入减少五六十元，同时他的大女儿进了大学，大家每月又需要十多元，因此家庭经济窘，吃得不好，添置衣服也困难。

(5)俄语系曹[illegible]同志曾在[illegible]的座谈会上提到他的生活比较困

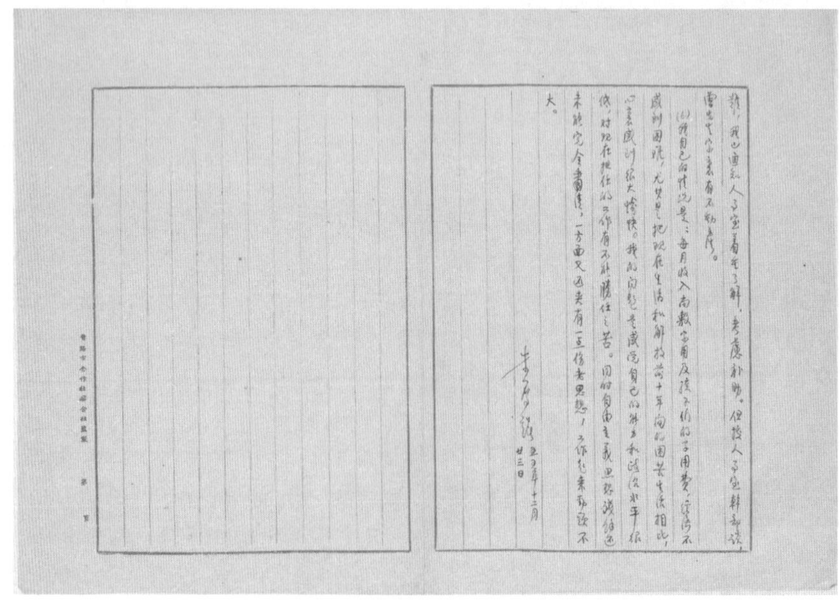

难，我也通知人事室看看了解，考虑补助。但据人事室解释说：曹先生家素有不动产。

(6)我自己的情况是：每月收入与教家用及孩子们的学用费，没有不感到困难，尤其是把现在生活和解放前十年间的困苦生活相比，心里感到很大愉快。我的问题是感觉自己的能力和政治水平很低，对现在担任的工作有不能胜任之苦。同时自由主义思想残余还未能完全肃清，一方面又由于有一些保守思想，工作起来积极不大。

李[illegible] 五四年十二月廿三日

青协委员吴学崇同志谈话

一九六五、十二、廿一

对于这次盟中央要我们调查了解大知识分子情况，这是应该当去做的，但是由于时间关系，加以我最近有病，我想就我这几年在农林厅的情况来谈一谈。我过去虽然在（是）农业科研所都是田的，所以一到农林厅去负领导工作，总之都感到不够。因为，在厅里面的任务重要工作，我都是依靠王厅长席文，由于他是一个高级党员，对于农业很有研究。其次就是依靠群众，（主要的是科室负责干部）我主要是多做一些团结工作，因而在这几年工作也取得一些成绩，但是这些成绩都是大家一致努力所取得的。谈到党对我的信任，我记得我在厅里，刚刚解放我就到贵阳，把我放在[illegible]要，谢维铭[illegible]到某场一带去做事，从土改时起在农场部，但是做了一些，还未达到领导的要求希望，从未发表我为青林委员兼四农厅厅长，我感到惶惑，这充分说明了党对我的信任，已超出我意想之外，在工作中已如上面所述，厅内任务重要问题，都是同王副厅长大家一起商

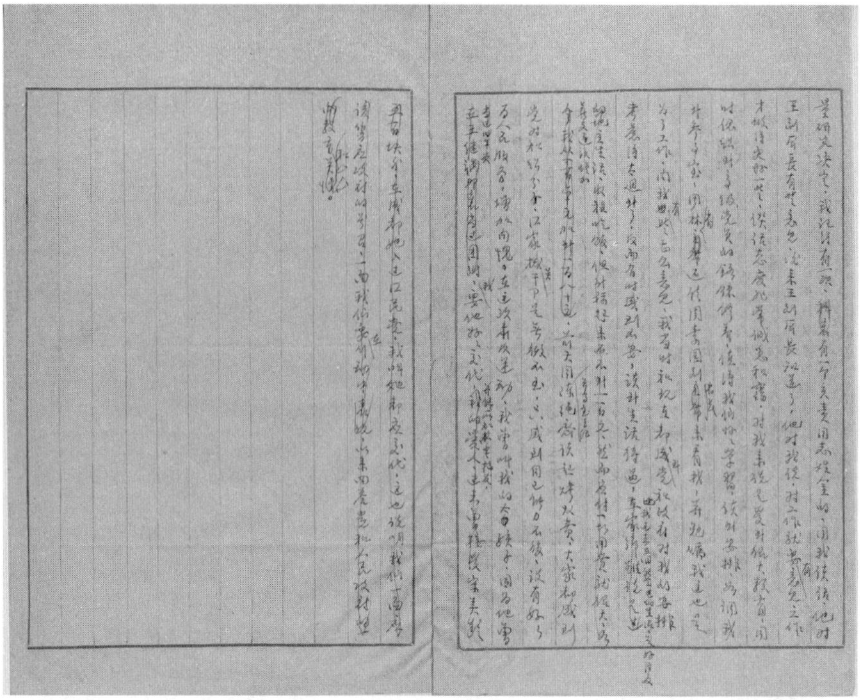

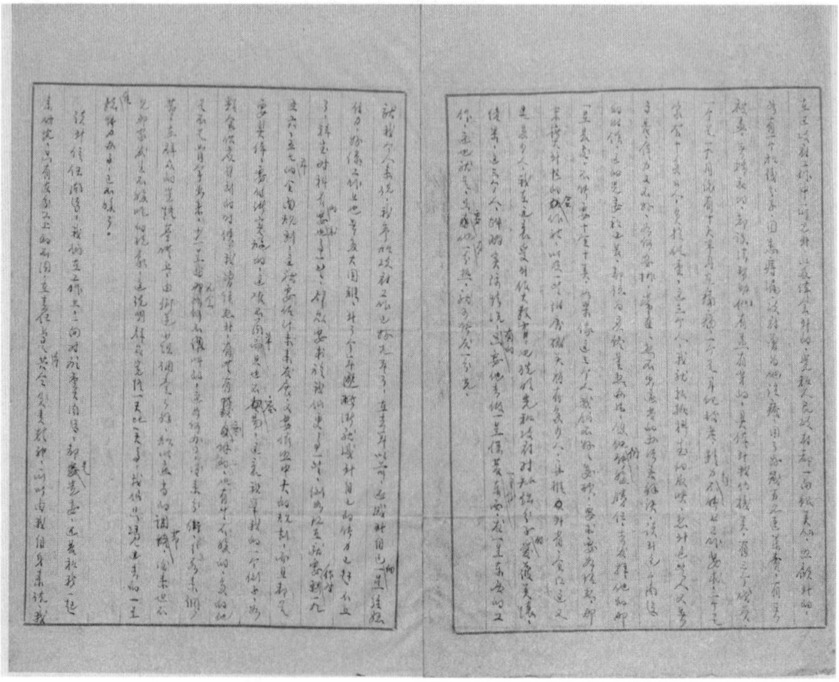

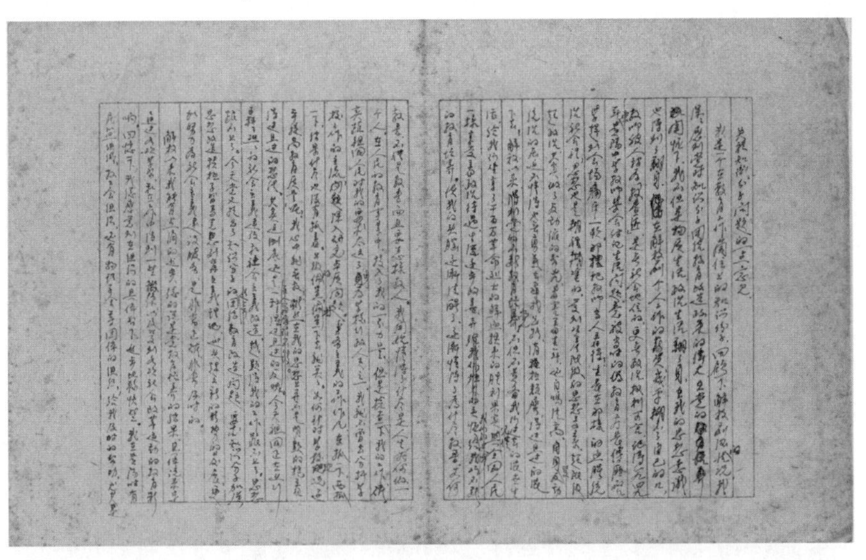

史料五 重点了解上层知识分子服务与改造资料

166-1-51 　卷1 　1-180

重点了解几个上层知识分子服务与改造情况的一个报告（内部资料）

民盟贵州省委会 1962年4月20日

一、这次调查研究的目的

关于文教界知识分子最近一年来在服务与改造方面的变化情况，我们在通过神仙会初步掌握到一些资料的基础上，选择了三位较有代表性的同志进行了一些了解。他们是：贵阳师范学院教授兼数学系主任赵成云同志，贵阳师范学校附小校长雷宝芬同志（都是盟省委委员），和贵州农学院教授顾冠群先生（无党派人士）。他们的共同情况是：上层、老教师，业务上有一定的专长，解放后政治思想都有进步，但进度较缓，不显著，不突出。在历次思想改造运动中，资产阶级立场、思想作风都曾受到不同程度的冲击，曾经一度消极，心情不够舒畅，干劲时高时低，经常出现起伏，在改造的崎岖道路上出现过踌躇不前的情况。近两年来，情况有所改变，特别是最近半年，变化比较明显。心情比较愉快了，干劲鼓起来了，都积极搞工作，与党的距离缩短了，消极因素基本上克服，积极因素有所增长。这是立场、世界观获得改造的具体表现。究竟是什么原因促使他们在服务与改造方面产生这些变化，这是我们作这一次调查研究的主要目的。

二、我们了解到的一些情况

1、赵成云同志的情况

1960年暑假教学改革运动中，群众对他教学中的资产阶级思想

—1—

·2·

作风贴了大字报，画了漫画。检查教材时，教研组索阅讲义底稿，他说："讲义都印出来了，还要这干啥？"没有给。某日，青年教师任吉麟（本系毕业生）找他说："老师要是不检查，群众不让过关哩。"赵很抵触，曾想"我不检查看你们怎么办，"但又一转念"这样顶起来也不大好，"就同意在大会作检查，题目是："检查我在教学中的四大反动观点！"实际上是不服气的，事后曾说："斗右派只斗一天，斗我却斗了三天，斗得我头昏眼花，只差没有戴帽子"。

赵同志一向认为系党总支书记×××同志是他的学生，是系秘书，而自己是系主任，是老师，应该"是你听我的而不是我听你的"，付系主任侯在灏同志入党不久，原是老同事，因而在接受党领导方面很不自然，不心服，平时与总支书记、付系主任联系很少，不主动。教改前同党的合作共事关系原已存在着一些问题，教改后这种矛盾又有新的发展。他曾非正式表示，教学水平低，课务忙，系务管不了，想光是教书，不当系主任，但又考虑到这样提出来不太合适，没有提，只是老在心中盘示，偶尔向个别同志透露，消极苦闷情绪，有一时期比较严重。

通过参加盟内神仙会，学习和贯彻了高教工作60条以后，上述消极情绪有所克服，转变以后的具体表现有下列几个方面：

（1）心情比较舒畅。过去一般表现为沉默，同系老师除在系里见面外，很少接触，对青年教师和学生尤有戒心。他自己也觉得这是一个问题，但"课约不一样，生活不一样，总是搞不到一块来。"下班后，只是一人闷在家中。目前情绪比较正常，心情舒畅，能在学校或盟的各种会上发表意见，没有什么顾虑，并且主动与教师们接近，同青年教师相处也不感觉到别扭了。

（2）工作比较主动负责。过去系里开会时，他总是说"大家谈罢"自己不说话。对系务不关心，少考虑。认为系务管不了，有党总支在抓，

3

能推就推："你们找侯主任去！"不能推的拖消极应付态度。上学期以来，能夠主动考虑工作，也能认真负责的处理系工作了。学校发下"学生劳动評定标准"，他认为还待研究，就给教务处、总务处提出。对培养青年教师工作，也比前热心主动了。也曾多次找个别调皮的学生，耐心的进行说服教育，解决学习中的思想问题。分配课和分配系工作中，有的教师思想不通，他就針对情况，反复做思想工作，鼓励他们从远大处看问题，接受新任务。学校规定教授可以不必上班，但他除在家备课外，一般都坚持上班制度。侯付主任病了，他一人顶起干，不发怨言。他说："我现在已沒有旁观者的心情了"。

（3）钻研业务比过去认真。过去他一直教"高等代数"，比较熟悉，不必化很多时间去备课，参考书借得到就借，借不到就添，认为凭老本錢将就可以对付。上学期分课时，最初他图省事，想仍教代数，可是新课"复变函数"没人教，咋办？教师们盯着他，他终于接受下来了。可是拿书一看，不同了，新教材涉及的知识面广，联系实际密切，引用的全是飞机构造方面的例子，沒有学过"流体力学"，教起来有一定困难，思想有些动摇。但又一轉念，这想法不对头，遇见困难畏缩不前，同毛主席的"藐视困难"精神不合，換新课是有些老火，但老教师不教谁来教？于是决心从头学起，边学边教，自己跑新华书店，买了一大堆中外文参考书，投入了紧张的备课劳动。他说："三年以后还有大跃进，气不可泄，否则再来一次大跃进，就赶不上去"。

（4）与党的合作共事关系有所改善。通过神仙会上互相自发教育，对接受党的领导问题，认识上也有提高，他检查说："那时真不成话，我什么事都不去找党总支书记，我要咋干就咋干。"现在经常主动的找党总支书记、党员付系主任研究系里工作，有时甚至跑到他们家里去找，

4

情绪比较自然。认识到："靠拢党，贯彻党的政策，做好自己工作，就是尽了助手的职责。"又说："解放前一本讲义教二、三十年，用不着备课，现在为了提高教育质量，晚上很少在十二点以前睡觉的。"为什么能这样做呢？"这是党对我们长期教育，我们自己也有所进步，才能如此。饮水思源，离开了党的领导和教育，要改造好服务好是不成的"。

（5）政治上要求进步，"改造"的自觉性提高了。赵同志过去自尊心强，不大容易接受别人的意见，受到点批评便要发气，对历次政治思想运动有意见，虽然也谈必须改造，可是人云亦云，比较勉强。这一年，这方面也有变化，破除面子，放下架子，在神仙会上的历次发言中，开始暴露自己过去的一些错误思想。比如：过去爱替自己的错误思想辩解，认为"人非圣贤，孰能无过？""我有缺点，别人难道没有？为什么光是整我？"对待工作，自己可以表态的不表态，认为："说得对，还好；说错了，挨一顿批评，划不来。"等等。他对这些思想作了检查，比较自然，没有矜持和失面子的感觉。他不同意这样一种说法：担任系行政职务，只起到一个"联络员"的作用。认为"在接受党领导的前提下，对工作有意见可以提，也应该提。"对神仙会、组织生活和民主党派的作用，认识也有提高，因而对盟务也比前积极了。他说："教研组谈业务，组织生活、神仙会谈思想，并行不悖，缺一不可。民主党派工作不可少。"有人嫌开会多，六分之五时间难保証，他说："必要的会还是要开。政治与业务有时是有矛盾的，但只要两者位置摆得正，思想通了，矛盾可以克服。"今年春节后盟省委召开三天盟务工作座谈会，最初他怕打乱假期计划，不想参加；后来"想开了，"还是出席会议，事后说"参加会还是对。"

二、雷宝芬同志的情况

雷宝芬同志解放后一直担任贵师附小校长，党对她是信任的，她在

—4—

5.

教师中也有一定的威望。1957年她的儿子政治上犯了错误，划为右派，她开始背起思想包袱。整风中有的教师说她"右倾""温情"，包袱就更重了。整风反右后，党加强对教育工作的领导，加派党员付校长，由于思想上原先存在着一些问题，因而在接受党领导方面就不很积极，顾虑重重，产生了自卑感。对校务很少提出自己意见，既怕群众扣右倾帽子，又怕党批评，仿佛觉到自己在群众中威望降低，党亦不象过去那样重视和信任了。另一面，一个时期党员付校长处理校务也有协商不够的地方，雷同志有意见，只是不说，这样就更拉长了自己同党的距离。过去，节日保卫工作由她布置，现在付校长抓了这个工作，认为："党员当大组长，团员当小组长，校长当个普通组员，同教师一样。"抚今思昔，助长了她的消极思想，认为自己在学校工作中已不起什么作用了。因而经常在心内盘算："还有几年可以退休。"

在盟省委神仙会上，雷宝芬同志暴露了一部分思想问题。暴露思想就是一个斗争过程，暴露的本身就带来了一种轻松愉快。在边教边议各谈各的问题中，雷宝芬同志又得到了一些启发，自己作了些检查，发现问题不在一方，认识大有提高。现在她的具体表现是：

（1）与党的关系比较正常，遇有问题她常向党支部汇报，并协助党调动老师的积极因素，搞好工作。如一位教师家庭负担较重，常常迟到早退。雷宝芬同志经过了解，知道这位教师确有困难，如果调她到离家较近的学校去工作，问题就好解决。经反映后，党支部同意了雷宝芬同志的意见，结果这位教师非常感激党的照顾，工作确有转变。

（2）工作方面，雷宝芬同志尽管身体不好，长期浮肿，但在工作上还是认真踏实的。这学期党员付校长调去学习后，学校的全面工作几乎都是她一人抓，行政事务，教学质量的提高等等问题是很多的，但为了深入教学，更多的了解和发现教学中的问题，她还上二班六年级的noindent

6

术每周十节课。有时其他班的老师有病，她还主动的代课，因此每周合起来要上20节课。30年来雷宝芬同志与教育事业有着深厚的感情，因此她并不感到工作的累赘，相反的感到愉快，她说："没有事做叫我闲着，那才是最大的痛苦。"

（3）与教师的关系很密切。不管老年、青年都喜欢同她接近，喜欢对她谈心，她也能主动地在工作上帮助她们，生活上也尽量照顾她们。如一位老教师说："目前的困难是暂时的，这句原则话什么人都懂，也知道克服困难，但是在具体问题上领导上还是要注意关心大家的生活"。这些话她听在心里，知道教师们对生活上有所要求，随后对于生活照顾方面的事务做的特别细心，每当分配到学校来的营养品，她都主动地分配给老教师和有病的老师。这些，使许多教师感受到党对教师的关心和温暖。

目前工作量增加了，干劲却比前大了，而且精神愉快，不发怨言。至于"退休"的想法，更不再提了。

3、顾冠群先生的情况

顾先生是贵州农学院教授，原兼农学系主任，调整院系时专任教授不兼系行政工作。顾担任讲授"作物栽培学"，对本业有一定修养。1955年他提出了生物生长发育的规律性是"有机营养物质的积累"这样一种"理论"。他也作了一些实验，认为他的"理论"可以解释米丘林、李森科所不能解释的问题。在教师中宣传，在课堂上讲，曾引起了一些争论。院领导向他提出，可以自己作研究，可以写文章在农业科学杂志上发表，但不能在课堂上讲。他没有接受这个意见，仍然自由传播他的"理论"。55年检查教学时，重点检查了这个教研组，决定进行讨论。本人同意了，写出文章印发给各教研组作为研究讨论的依据。

77

题目是："生物生长发育的规律性（关于农业生物）"。以后开了四次全院教师大会，40位教师有20位发言，从各个角度来进行分析批判，顾本人在大会上发言二次，表面上接受了大会一部分意见，实际上并不服气，认为大家没有针对他提出的论点証据辯駁，只是扣帽子，漫骂，不解决问题。

1958年农学院开展学术思想批判运动，"拔白旗"，来势凶猛，对顾先生的思想冲击很大。当时群众要揭几位老教师的底，有人提出把"学者""专家""权威"的金字招牌打下来。于是"旧事重提"，不仅老问题成了新目标，报上还出现了一条刺激性的新闻：教作物的教授竟然不能分辨稻稗！虽未指名道姓，实际上一望而知指的就是顾先生。当时，他还有一种恐惧思想，怕被划成右派。大跃进中，全院师生热火朝天地搞小麦丰产田，虽也聘请顾先生为顾问，他感觉到领导和群众都有把他放在一边的模样，他亦冷眼旁观，有幸灾乐祸表情。总结丰产经验时，他说了八个字，讽刺管理工作冷一阵热一阵，说丰产田是"忽饥忽饱，忽旱忽涝"，管时大家管，不管就无人过问。那一时期情绪消沉，对群众运动亦有抵触。

以后，曾病肝炎，住院一个时期。60年农院部分教师下放农村，帮助农民总结丰产经验，顾被派到长石人民公社，工作了一段时期。由于历次运动中受到教育，也发现了自己一些缺点，如个人主义、名位思想和脱离生产、脱离政治、脱离教学等思想作风，思想开始动摇、转变，迫切要求改造，在下乡工作中很能吃苦耐劳，虚心向群众学习，思想觉悟和专业知识的丰富方面，都有收获。院领导也肯定他的进步，给予适当的鼓励，增加了他的信心。回院后写了两个报告向党献礼，情绪好转，工作积极。

8

接着就是教学改革运动。虽然这次教改运动还是针对着资产阶级思想作风开火，而且也有人提到他的"营养学说"，说他有"死灰复燃"企图，但思想抵触不大。由于经过几次思想改造运动和下乡实践，思想觉悟有所提高，同时，领导上掌握政策精神，这次教改中，允许本人答辩和保留自己意见，因而顾先生的态度和事后的反映都比较好。最近一年，顾先生逐渐恢复了健谈的舒畅精神，工作积极，争取多教课，要求多下乡。他认为，多教课对自己是一个督促，逼着自己可多方搜集资料文献，加强备课，钻研业务，提高教学质量。目前，教师中对下乡还是有不正确的看法，采取规避的态度，但顾先生不然，争取下去，他认为下乡投入生产实践，对于丰富专业知识、提高教学质量有直接的帮助。偶尔三五谈心，总是娓娓不倦，谈他在农村中的工作情况，兴趣很好。虽然他现在不负担行政工作，但教研组长公出时，他代理组务，认真负责。学院交给他临时工作任务，也认真去做，按时完成。平时处理生活井然有序，种自留地都致田间纪录，很少见到他有愁眉苦脸的时候。

三、整理分析后的一些初步认识

调查所得资料，经整理分析后，我们认为从这三位同志的变化情况看来，确实大有进步，但还存消极情绪。初步认识如下：

造成部分老师过去和现在消极情绪的根本原因，是两种立场、世界观的矛盾冲突，而后者是主要的。

全国解放十二年了，在翻天复地的社会大变革中，在党的领导教育和党对知识分子政策的召唤下，绝大多数同志的政治觉悟与思想面貌已起了根本变化。跟共产党毛主席走社会主义道路这一方向已经明确，在同党的关系问题上，自己的位置也基本上摆正了。但是资产阶级思想意

— 8 —

识还残存着，在有些同志身上还相当严重地存在着。这是整风反右以后的基本情况。全国社会主义大跃进，人民公社化，经济战线上取得伟大胜利后，社会经济基础的变革就不能不反映到上层，引起政治思想方面的相应变革。新的形势对知识分子提出了更高的要求，革命深入到意识形态的尖端，两种世界观的斗争，就突出而成为当时的主要矛盾。这种急剧的转变，使一部分"安步当车"的同志感到突如其来，不能很快地适应，但同时内心又不甘落后，主观上还是要求赶上去的，这是造成部分老师思想苦闷，情绪一度低落的根本原因。

两种世界观矛盾冲突的表现形式，因各人的思想基础具体条件的不同，是因人而异的，但在不同的具体问题中，也可以找到带普遍性的问题。如：对党认识不足，对待接受党领导的态度；缺乏群众观点，对待群众运动的态度；自视高，自信强，对自己的学术思想、工作能力往往估计过高等，都是带有普遍性的问题，很多同志的思想纠纷，多半从这些问题上发生。至于政治的和物质生活方面的要求，社会生活中的矛盾冲突，甚至家庭问题，自然也会对各人的服务与改造引起各种问题，有时一个看来似乎很细小的问题，也会影响工作情绪，但究竟是一些从属的原因，在一些大问题得到解决的前提下，这些小问题不致于在思想上引起很大波动，即使发生了，也会自己慢慢解决的。

克服消极因素，调动积极性主要依靠本人自觉的努力，改造主观世界；党的领导，形势的教育，正确贯彻党的政策，并为加强服务与改造创设各种有利的条件，也起了积极推动作用。结合上述三个问题来看：

关于对党认识不足，因而在对待接受党领导问题上，处理不好，其中有个人负责部分，也有客观原因部分。前者如赵咸云同志处理党和行政关系问题时所表现的，后者如雷宝芬同志与党员付校长间的关系问题。

10.

属于本人负责部分，经过学习，认识提高后可以逐步获得解决；不属本人负责部分，经过有关部门进行工作，适当调整后也会得到解决。赵咸云同志在认识到"过去算不成话"以后，就自动纠正错误，责师的党员同志后来调动了工作，现在双方都受到教育提高，关系正常了。不仅如此，党在高等院校的领导体制调整后，系行政明确由院党委领导，党总支主要是协助系行政贯彻党委领导意图，不直接领导系行政了，但由于赵咸云同志思想觉悟提高，认识到尊重党领导和贯彻民主协商精神的重要，反而经常主动地找党总支书记商量系务，使合作共事关系亲密，更有利于工作。问题固然应从两面解决，但从知识分子自我改造的角度和外因必须通过内因起作用这一命题看，应强调主观努力的重要，如果光要求客观条件的改变而不能返求诸己，这个问题仍难解决，甚至会产生相反的结果。

关于缺乏群众观点，因而在对待群众运动问题上认识有偏差，引起思想纠纷，也应从两面看问题。历次政治思想改造运动，教改、技革运动，对有些同志的资产阶级立场、思想是起了冲击作用的，这种冲击有时很猛烈，不免有些痛，但由于在旧社会浸淫日久，资产阶级思想意识在有些人身上很深　固，不痛加针砭，就难于奏效，从后果看，成绩是主要的，这一点，后来有些同志自己也认识到了。如顾冠群先生，对自已的名位思想，个人主义和教学、科研工作中的一些资产阶级思想作风问题的认识，正因为有这一点，才能够逐渐消除思想上的抵触，逐渐自动地改正错误。但另一面也得承认群众运动中某些粗暴、简单化、政策界限不清的作法，是有付作用的，是使有些同志接受不了的，对于有些同志，付作用很大，不符事实的批评和光扣帽子、不加分析的斗争，那怕是一句话，也会令有些人引为奇耻大辱，毕生难忘。至于不摆事实、讲道理，不分析思想的一些夸张讽刺的漫画，那就更不消说了。这种情

—10—

11.

况，在正确体会党政策的情形下是可以避免的。

不能正确地对待群众运动，还表现在对群运成绩的估计方面。除缺乏群众观点这一原因外，限于知识领域、见闻不广，看问题主观片面，也是一个原因。很多同志学有专长，熟悉本业，但业务外的知识却并不丰富，这样就影响到对一些问题的看法也会造成思想上的苦闷。对新形势下出现了新的社会现象。如教学改革，技术革新，物资供应问题，物价问题，人民公社问题等等，限于原有知识和理论水平，感到迷惑不解，这也是很难免的。三位同志在工作和生活中接触到的一些问题，是通过下乡实践，参加神仙会，扩展了知识领域，改变了对群众的看法，才逐渐获得解决的。

关于自视高，自信强，对自己学术思想、工作能力往往估计过高，因而不能虚心接受批評，阻碍了进步，这问题也有两面。很多同志热爱自己的专业，愿意把知识能力贡献给人民，这是好的一面，但主观地估计过高，甚至忽视其中还有不健康部分，还有不夠实事求是的思想作风，也要人民接受，就不利于服务与改造，不利于社会主义事业。以顾冠群先生说，过去旧思想意识是有的，在科研和教学工作中，不夠实事求是，满足于书本知识，顺手抓来就是资料，旁征博引，夸夸其谈，故示渊博，这种作风，曾经在一部分师生中引起过不满。通过几次批判后，他自己也有所警觉了，但是积习难改，至今并没有完全克服。

党和人民要求知识分子的，首先是贡献专长，为社会主义服务，能夠勤勤恳恳在专业岗位上尽到职责，贡献力量，就体现了政治方向的基本正确，就有了红的起码条件。过去，一般对于红专界限，政治问题与学术思想问题往往不加严格区分，随便貼标签、扣帽子的情况是存在的。这是贯彻执行党的政策方針中难以避免的不好的情况，在部分老教师中

12.

曾有不愉快的回忆。赵威云同志认为"象斗右派一样斗我"，顾冠群先生认为"简直是谩骂"。党后来察觉了，进行了一系列的工作，当说明的说明，当道歉的道歉，使他们深受感动，更由于他们本人思想觉悟提高了，反而自己作了检查，这方面的问题，基本上得到解决，合作共事关系逐步恢复正常。现在，赵顾等同志谈话，往往只谈今天如何做好工作，绝少谈到过去，过去的一点不愉快，不是完全忘掉，但在每日每时考虑的问题中已经不占地位了。有人问赵同志现在心情舒畅健谈的原因，他说："红专问题明确，心中有了底，想咋讲就咋讲，反正是商讨问题嘛，总有不同意见，服从真理，讲错了也不要紧，谁也不会给人扣帽子。"

从三位同志克服消极情绪，调动了积极性的经过看，主观努力自我改造是主要的，但是其他有关客观条件的配合也起了积极推动作用。1961年春，各民主党派召开神仙会，进行形势教育，联系了一部分群众，贯彻三自、三不政策精神，开展自由讨论，充分发扬民主，同时党也从各个方面进行了调整甄别工作，正确地贯彻了党中央的各项政策方针，甚至包括对有些同志生活方面的关心和照顾，为知识分子进行自我教育改造创设了很多有利条件，使得大家有机会畅所欲言，互相启发，从中接受教育。主观的努力也需要客观条件的配合，有利于服务改造的客观条件，必须通过主观努力，才能获致良好的效果，从三位同志的转变经过看，比较明显。农学院有位同志说："顾先生对群众对他的批判是接受一部分拒绝一部分。"正因为有暗暗点头的一部分，思想上就不至于十分抵触，或者长期抵触，才有以后的进步。这正是人民内部矛盾的特点。

—12—

【释文】

重点了解几个上层知识分子服务与改造情况的一个报告（内部资料）

民盟贵州省委会

1962年4月20日

一、这次调查研究的目的

关于文教界知识分子最近一年来在服务与改造方面的变化情况，我们在通过神仙会初步掌握到一些资料的基础上，选择了三位较有代表性的同志进行了一些了解。他们是：贵阳师范学院教授兼数学系主任赵咸云同志、贵阳师范学校附小校长雷宝芬同志（都是盟省委委员），和贵州农学院教授顾冠群先生（无党派人士）。他们的共同情况是：上层、老教师，业务上有一定的专长，解放后政治思想都有进步，但进度较缓，不显著，不突出。在历次思想改造运动中，资产阶级立场、思想作风曾受到不同程度的冲击，曾经一度消极，心情不够舒畅，干劲时高时低，经常出现起伏，在改造的崎岖道路上出现过踌躇不前的情况。近两年来，情况有所改变，特别是最近半年，变化比较明显。心情比较愉快了，干劲鼓起来了，都积极搞工作，与党的距离缩短了，消极因素基本上克服，积极因素有所增长。这是立场、世界观获得改造的具体表现。究竟是什么原因促使他们在服务与改造方面产生这些变化，这是我们做这一次调查研究的主要目的。

二、 我们了解到的一些情况

（一）赵咸云同志的情况

1960年暑假教学改革运动中，群众对他教学中的资产阶级思想作风贴了大字报，面了漫画。检查教材时，教研组索阅讲义底稿，他说：“讲义都印出来了，还要这干啥？”没有给。某日，青年教师任吉麟（本系毕业生）找他说："老师要是不检查，群众不让过关哩。"赵很抵触，曾想"我不检查看你们怎么办？"但又一转念，"这样顶起来也不大好。"就同意在大会作检查，题目是："检查我在教学中的四大反动观点！"实际上是不服气的。事后曾说："斗右派只斗一天，斗我却斗了三天，斗得我头昏眼花，只差没有戴帽子。"

赵同志一向认为系党总支书记 ××× 同志是他的学生，是系秘书，而自己是系主任，是老师，应该"是你听我的，而不是我听你的"，副系主任侯在巩同志入党不久，原是老同事，因而在接受党领导方面很不自然，不心服，平时与总支书记、副系主任联系很少，不主动。教改前同党的合作共事关系原已存在着一些问题，教改后这种矛盾又有新的发展。他曾非正式表示，教学水平低，课务忙，系务管不了，想光是教书，不当系主任，但又考虑到这样提出来不太合适，没有提，只是老在心中盘算，偶尔向个别同志透露，消极苦闷情绪，有一时期比较严重。

通过参加盟内神仙会，学习和贯彻了《高教60条》以后，上述消极情绪有所克服，转变以后的具体表现有下列几个方面：

（1）心情比较舒畅。过去一般表现为沉默，同系老师除在系里见面外，很少接触，对青年教师和学生尤有戒心。他自己也觉得这是一个问题，但想的不一样，生活不一样，总是搞不到一块来。下班后，只是一人闷在家中。目前情绪比较正常，心情舒畅，能在学校或盟的各种会上发表意见，没有什么顾虑，并且主动与教师们接近，同青年教师相处也不感觉到别扭了。

（2）工作比较主动负责。过去系里开会时，他总是说"大家谈吧"，自己不说话。对系务不关心；少考虑。认为系务管不了，有党总支在抓，能推就推："你们找系主任去！"不能推的抱消极应付态度。上学期以来，能够主动考虑工作，也能认真负责地处理系工作了。学校发下"学生劳动评定标准"，他认为还待研究，就给教务处、总务处提出。对培养青年教师工作，也比前热心主动了。也曾多次找个别调皮的学生，耐心地进行说服教育，解决学习中的思想问题。分配课和分配系工作中，有的教师思想不通；他就针对情况，反复做思想工作，鼓励他们从远大处看问题，接受新任务。学校规定教授可以不必上班，但他除在家备课外，一般都坚持上班制度。侯副主任病了，他一人顶起干，不发怨言。他说："我现在已没有旁观者的心情了。"

（3）钻研业务比过去认真。过去他一直教"高等代数"，比较熟悉，不必花很多时间去备课，参考书借得到就借，借不到就算，认为凭老本钱将就可以对付。上学期分课时，最初他图省事，想仍教代数，可是新课"复变函数"没人教，咋办？教师们望着他，他终于接受下来了。可是拿书一看，不同了：新教材涉及的知识面广，联系实际密切，引用的全是飞机构造方面的例子，没有学过"流体力学"，教起来有一定困难，思想有些动摇。但又一转念，这想法不对头，遇见困难畏缩不前，同毛主席的"藐视困难"精神不合，换新课是有些老火，但老教师不教谁来教？于是决心从头学起，边学边教，自己跑新华书店，买了一大堆中外文参考书，投入了紧张的备课劳动。他说："三年以后还有大跃进，气不可泄，否则再来一次大跃进，就赶不上去。"

（4）与党的合作共事关系有所改善。通过神仙会上互相启发教育，对接受党的领导问题，认识上也有提高。他检查说："那时真不成话，我什么事都不去找党总支书记，我要咋干就咋干。"现在经常主动找党总支书记、党员副系主任研究系里工作，有时甚至跑到他们家里去找，情绪比较自然。认识到："靠拢党，贯彻党的政策，做好自己工作，就是尽了助手的职责。"又说："解放前一本讲义教二三十年，用不着备课。现在为了提高教育质量，晚上很少在十二点以前睡觉的。为什么能这样做呢？这是党对我们长期教育，我们自己也有所进步，才能如此。饮水思源，离开了党的领导和教育，要改造好服务好是不成的。"

（5）政治上要求进步，“改造”的自觉性提高了。赵同志过去自尊心强，不大容易接受别人的意见，受到点批评便要发气，对历次政治思想运动有意见，虽然也谈必须改造，可是人云亦云，比较勉强。这一年，这方面也有变化，破除面子，放下架子，在神仙会上的历次发言中，开始暴露自己过去的一些错误思想。比如，过去爱替自己的错误思想辩解，认为“人非圣贤，孰能无过？”“我有缺点，别人难道没有？为什么光是整我？”对待工作，自己可以表态的不表态，认为：说得对，还好，说错了，挨一顿批判，划不来，等等。他对这些思想作了检查，比较自然，没有矜持和失面子的感觉。他不同意这样一种说法：担任系行政职务，只起到一个“联络员”的作用。认为在接受党领导的前提下，对工作有意见可以提，也应该提。对神仙会、组织生活和民主党派的作用，认识也有提高，因而对盟务也比前积极了。他说：“教研组谈业务、组织生活、神仙会谈思想，并行不悖，缺一不可。民主党派工作不可少。”有人嫌开会多，六分之五时间难保证，他说：“必要的会还是要开。政治与业务有时是有矛盾的，但只要两者位置摆得正，思想通了，矛盾可以克服。”今年春节后盟省委召开三天盟务工作座谈会，最初他怕打乱假期计划，不想参加；后来想开了，还是出席会议，事后说“参加会还是对”。

（二）雷宝芬同志的情况

雷宝芬同志解放后一直担任贵师附小校长，党对她是信任的，她在女教师中也有一定的威望。1957年，她的儿子政治上犯了错误，划为右派，她开始背起思想包袱。整风中有的教师说她“右倾”“温情”，包袱就更重了。整风“反右”后，党加强对教育工作的领导，加派党员副校长，由于思想上原先存在着一些问题，因而在接受党领导方面就不很积极，顾虑重重，产生了自卑感。对校务很少提出自己意见，既怕群众扣“右倾”帽子，又怕党批评，仿佛觉到自己在群众中威望降低，党亦不像过去那样重视和信任了。另一面，一个时期党员副校长处理校务也有协商不够的地方，雷同志有意见，只是不说，这样就更拉长了自己同党的距离。过去，节日保卫工作由她布置，现在副校长抓了这个工作，认为党员当大组长，团员当小组长，校长当个普通组员，同教师一样。抚今思昔，助长了她的消极思想，认为自己在学校工作中已不起什么作用了。因而经常在心内盘算还有几年可以退休。

在盟省委神仙会上，雷宝芬同志暴露了一部分思想问题。暴露思想就是一个斗争过程，暴露的本身就带来了一种轻松愉快。在边□边议各谈各的问题中，雷宝芬同志又得到了一些启发，自己作了些检查，发现问题不在一方，认识大有提高。现在她的具体表现是：

（1）与党的关系比较正常，遇有问题，她常向党支部汇报，并协助党调动老师的积极因素，搞好工作。如一位教师，家庭负担较重，常常迟到早退。雷宝芬同志经过了解，知道这位教师确有困难，如果调她到离家较近的学校去工作，问题就好解决。经反映后，党支部同意了雷宝芬同志的意见，结果这位教师非常感激党的照顾，工作确有转变。

（2）工作方面。雷宝芬同志尽管身体不好，长期浮肿，但在工作上还是认真踏实的。这学期，党员副校长调去学习后，学校的全面工作几乎都是由一人抓，行政事务、教学质量的提高等等问题是很多的，但为了深入教学，更多地了解和发现教学中的问题，她还上二班六年级的算术，每周十节课。有时其他班的教师有病，她还主动的代课，因此每周合起来要上 20 节课。30 年来，雷宝芬同志与教育事业有着深厚的感情，因此她并不感到工作的累赘，相反地感到愉快，她说："没有事做叫我闲着，那才是最大的痛苦。"

（3）与教师的关系较密切。不管老年、青年都喜欢同她接近，喜欢对她谈心，她也能主动地在工作上帮助她们，生活上也尽量照顾她们。如一位老教师说："目前的困难是暂时的，这句原则话什么人都懂，也知道克服困难，但是在具体问题上、领导上还是要注意关心大家的生活。

这些话她听在心里，知道教师们对生活上有所要求，随后对于生活照顾方面的事务做得特别细心，每当分配到学校来的营养品，她都主动地分配给老教师和有病的老师。这些，使许多教师感受到党对教师的关心和温暖。

目前工作量增加了，干劲却比前大了，而且精神愉快，不发怨言。至于"退休"的想法，更不再提了。

（三）顾冠群先生的情况

顾先生是贵州农学院教授，原兼农学系主任，调整院系时专任教授，不兼系行政工作。顾担任讲授"作物栽培学"，对本业有一定修养。1955年他提出了生物生长发育的规律性是"有机营养物质的积累"这样一种"理论"。他也做了一些实验，认为他的"理论"可以解释米丘林、李森科所不能解释的问题，在教师中宣传，在课堂上讲，曾引起了一些争论。院领导向他提出，可以自己做研究，可以写文章在农业科学杂志上发表，但不能在课堂上讲。他没有接受这个意见，仍然自由传播他的"理论"。该年检查教学时，重点检查了这个教研组，决定进行讨论。本人同意了，写出文章印发给各教别组作为研究讨论的依据。题目是：生物生长发育的规律性（关于农业生物）。以后开了四次全院教师大会，40位教师有20位发言，从各个角度来进行分析批判，顾本人在大会上发言两次，表面上接受了大会一部分意见，实际上并不服气，认为大家没有针对他提出的论点、证据辩驳，只是扣帽子、漫骂，不解决问题。

1958年，农学院开展学术思想批判运动，"拔白旗"，来势凶猛，对顾先生的思想冲击很大。当时群众要揭几位老教师的底，有人提出把"学者""专家""权威"的金字招牌打下来。于是"旧事重提"，不仅老问题成了新目标，报上还出现了一条刺激性的新闻：教作物的教授竟然不能分辨稻稗！虽未指名道姓，实际上一望而知，指的就是顾先生。当时，他还有一种恐惧思想，怕被划成右派。"大跃进"中，全院师生热火朝天地搞小麦丰产田，虽也聘请先生为顾问，他感觉到领导和群众都有把他放在一边的模样，他亦冷眼旁观，有幸灾乐祸表情。总结丰产经验时，他说了八个字，讽刺管理工作冷一阵热一阵，说丰产田是“勿饥勿饱，勿旱勿涝”，管时大家管，不管就无人过问。那一时期情绪消极，对群众运动亦有抵触。

以后，曾病肝炎，住院一个时期。1960年，农院部分教师下放农村，帮助农民总结丰产经验，顾被派到长石人民公社，工作了一段时期。由于历次运动中受到教育，也发现了自己一些缺点，如个人主义、名位思想和脱离生产、脱离政治、脱离教学等思想作风，思想开始动摇、转变，迫切要求改造，在下乡工作中很能吃苦耐劳，虚心向群众学习，思想觉悟和专业知识的丰富方面，都有收获。院领导也肯定他的进步，给予适当的鼓励，增加了他的信心。回院后写了两个报告向党献礼，情绪好转，工作积极。

接着就是教学改革运动。虽然这次教改运动还是针对着资产阶级思想作风开火，而且也有人提到他的“营养学说”，说他有“死灰复燃”企图，但思想抵触不大。由于通过几次思想改造运动和下乡实践，思想觉悟有所提高，同时，领导上掌握政策精神，这次教改中，允许本人答辩和保留自己意见，因而顾先生的态度和事后的反映都比较好。最近一年，顾先生逐渐恢复了健谈的舒畅精神，工作积极。争取多教课，要求多下乡。他认为，多教课对自己是一个督促，逼着自己可多方搜集资料文献，加强备课，钻研业务，提高教学质量。目前，教师中对下乡还是有不正确的看法：采取规避的态度，但顾先生不然，争取下去，他认为下乡投入生产实践，对于丰富专业知识、提高教学质量有直接的帮助。偶尔三五谈心，总是娓娓不倦，读他在农村中的工作情况，兴趣很好。虽然他现在不负担行政工作，但调研组长公出时，他代理组务，认真负责。学院交给他临时工作任务，也认真去做，按时完成。平时处理生活井然有序，种自留地都做田间记录，很少见到他有愁眉苦脸的时候。

三、整理分析后的一些初步认识

调查所得资料，经整理分析后，我们认为从这三位同志的变化情况看来，确实大有进步，但还存消极情绪。初步认识如下：

造成部分老师过去和现在消极情绪的根本原因，是两种立场、世界观的矛盾冲突，而后者是主要的。

全国解放十二年了，在翻天覆地的社会大变革中，在党的领导教育和党对知识分子政策的召唤下，绝大多数同志的政治觉悟与思想面貌已起了根本变化。跟共产党毛主席走社会主义道路这一方向已经明确，在同党的关系问题上，自己的位置也基本上摆正了。但是资产阶级思想意识还残存着，在有些同志身上还相当严重地存在。这是整风“反右”以后的基本情况。全国社会主义“大跃进”、人民公社化，经济战线上取得伟大胜利后，社会经济基础的变革就不能不反映到上层，引起政治思想方面的相应变革。新的形势对知识分子提出了更高的要求，革命深入到意识形态的尖端，两种世界观的斗争，就突出而成为当时的主要矛盾。这种急剧的转变，使一部分“安步当车”的同志感到突如其来，不能很快地适应，但同时内心又不甘落后，主观上还是要求赶上去的，这是造成部分老师思想苦闷、情绪一度低落的根本原因。

两种世界观矛盾冲突的表现形式，因各人的思想基础、具体条件的不同，是因人而异的，但在不同的具体问题中，也可以找到带普遍性的问题。如：对党认识不足，对待接受党领导的态度；缺乏群众观点，对待群众运动的态度；自视高，自信强，对自己的学术思想、工作能力往往估计过高等，都是带有普遍性的问题，很多同志的思想纠纷，多半从这些问题上发生。至于政治的和物质生活方面的要求，社会生活中的矛盾冲突，甚至家庭问题，自然也会对各人的服务与改造引起各种问题，有时一个看来似乎很细小的问题，也会影响工作情绪，但究竟是一些从属的原因，在一些大问题得到解决的前提下，这些小问题不至于在思想上引起很大波动，即使发生了，也会自己慢慢解决的。

克服消极因素，调动积极性主要依靠本人自觉的努力，改造主观世界；党的领导，形势的教育，正确贯彻党的政策，并为加强服务与改造创设各种有利的条件，也起了积极推动作用。结合上述三个问题来看：

关于对党认识不足，因而在对待接受党领导问题上，处理不好，其中有个人负责部分，也有客观原因部分。前者如赵咸云同志处理党和行政关系问题时所表现的，后者如雷宝芬同志与党员副校长间的关系问题。属于本人责任部分，经过学习，认识提高后可以逐步获得解决；不属于本人责任部分，经过有关部门进行工作，适当调整后也会得到解决。赵咸云同志在认识到“过去真不成话”以后，就自动纠正错误，贵师的党员同志后来调动了工作，现在双方都受到教育提高，关系正常了。不仅如此，党在高等院校的领导体制调整后，系行政明确由院党委领导，党总支主要是协助系行政贯彻党委领导意图，不直接领导系行政了。但由于赵咸云同志思想觉悟提高，认识到尊重党领导和贯彻民主协商精神的重要，反而经常主动地找党总支书记商量系务，使合作共事关系亲密，更有利于工作。问题固然应从两面解决，但从知识分子自我改造的角度和外因必须通过内因起作用这一命题看，应强调主观努力的重要，如果光要求客观条件的改变而不能返求诸己，这个问题仍难解决，甚至会产生相反的结果。

关于缺乏群众观点，因而在对待群众运动问题上认识有偏差，引起思想纠纷，也应从两面看问题。历次政治思想改造运动，教改、技革运动，对有些同志的资产阶级立场、思想是起了冲击作用的，这种冲击有时很猛烈，不免有些痛，但由于在旧社会浸淫日久，资产阶级思想意识在有些人身上根深蒂固，不痛加针砭，就难以奏效，从后果看，成绩是主要的。这一点，后来有些同志自己也认识到了。如顾冠群先生，对自己的名位思想、个人主义和教学、科研工作中的一些资产阶级思想作风问题的认识，正因为有这一点，才能够逐渐消除思想上的抵触，逐渐自动地改正错误。但另一面也得承认群众运动中某些粗暴、简单化、政策界限不清的做法，是有副作用的，是使有些同志接受不了的。对于有些同志，副作用很大，不符事实的批评和光扣帽子、不加分析的斗争，哪怕是一句话，也会令有些人引为奇耻大辱，毕生难忘。至于不摆事实、讲道理，不分析思想的一些夸张讽刺的漫画，那就更不消说了。这种情况，在正确体会党政策的情形下是可以避免的。

不能正确地对待群众运动，还表现在对群运成绩的估计方面。除缺乏群众观点这一原因外，限于知识领域、见闻不广，看问题主观片面，也是一个原因。很多同志学有专长，熟悉本业，但业务外的知识却并不丰富，这样就影响到对一些问题的看法，也会造成思想上的苦闷。对新形势下出现了新的社会现象，如教学改革、技术革新、物资供应问题、物价问题、人民公社问题等等，限于原有知识和理论水平，感到迷惑不解，这也是很难免的。三位同志在工作和生活中接触到的一些问题，是通过下乡实践，参加神仙会，扩展了知识领域，改变了对群众的看法，才逐渐获得解决的。

关于自视高、自信强，对自己学术思想、工作能力往往估计过高，因而不能虚心接受批评，阻碍了进步，这问题也有两面。很多同志热爱自己的专业，愿意把知识能力贡献给人民，这是好的一面，但主观地估计过高，基至忽视其中还有不健康部分，还有不够实事求是的思想作风，也要人民接受，就不利于服务与改造，不利于社会主义事业。以顾冠群先生说，过去旧思想意识是有的，在科研和教学工作中，不够实事求是，满足于书本知识，顺手抓来就是资料，旁征博引，夸夸其谈，故示渊博。这种作风，曾经在一部分师生中引起过不满；通过几次批判后，他自己也有所警觉了，但是积习难改，至今并没有完全克服。

党和人民要求知识分子的，首先是贡献专长，为社会主义服务，能够勤勤恳恳在专业岗位上尽到职责，贡献力量，就体现了政治方向的基本正确，就有了红的起码条件。过去，一般对于红专界限，政治问题与学术思想问题往往不加严格区分，随便贴标签、扣帽子的情况是存在的。这是贯彻执行党的政策方针中难以避免的不好的情况，在部分老教师中留有不愉快的回忆。赵咸云同志认为“像斗右派一样斗我”，顾冠群先生认为“简直是漫骂”。党后来察觉了，进行了一系列的工作，当说明的说明，当道歉的道歉，使他们深受感动；更由于他们本人思想觉悟提高了，反而自己作了检查，这方面的问题，基本上得到解决，合作共事关系逐步恢复正常。现在，赵、顾等同志谈话，往往只谈今天如何做好工作，绝少谈到过去，过去的一点不愉快，不是完全忘掉，但在每日每时考虑的问题中已经不占地位了。有人问赵同志现在心情舒畅、健谈的原因，他说：“红专问题明确，心中有了底，想咋讲就咋讲，反正是商讨问题嘛，总有不同意见，服从真理，讲错了也不要紧，谁也不会给人扣帽子。”

从三位同志克服消极情绪，调动了积极性的经过看，主观努力自我改造是主要的，但是其他有关客观条件的配合也起了积极推动作用。1961年春，各民主党派召开神仙会，进行形势教育，联系了一部分群众，贯彻“三自、三不”政策精神，开展自由讨论，充分发扬民主，同时党也从各个方面进行了调整甄别工作，正确地贯彻了党中央的各项政策方针，甚至包括对某些同志生活方面的关心和照顾，为知识分子进行自我教育改造创设了很多有利条件，使得大家有机会畅所欲言，互相启发，从中接受教育。主观的努力也需要客观条件的□□，有利于服务改造的客观条件，必须通过主观努力，才能获致良好的效果，从三位同志的转变经过看，比较明显。农学院有位同志说：“顾先生对群众对他的批判是接受一部分，拒绝一部分。”正因为有暗暗点头的一部分，思想上就不至于十分抵触，或者长期抵触，才有以后的进步。这正是人民内部矛盾的特点。

史料六 联系盟外知识分子

1962 年 11 月，中国民主同盟贵州省委员会提交了《关于联系盟外知识分子的一些作法和体会（初稿）》。

166-1-51 序号 3 25-31页

组织部

25

关于联系盟外知识分子的一些作法和体会<初稿>

中国民主同盟贵州省委员会

1962年11月

我省民盟的部分基层组织，为了更好地执行党对知识分子的团结、育、改造政策，发挥党的助手作用，在所在单位党委的领导下，联部分盟外知识分子参加盟的组织活动，已进行了一段较长的时期。两年以来，由于形势发展的需要，加以部分盟外知识分子也有愿意加盟的活动的要求，因此，一些基层对联系工作有所加强，取得了步的成绩。我们整理和分析了几个基层的作法和成果，对这件工作有了一些初步体会。

<一>

目前，我省固定联系有盟外群众的盟的基层组织共九个<不包括义市委会所属各基层，以下同>，占基层总数的36%。固定联系对象共127人，其中，高等学校72人，中小学55人；占这些层所有盟员人数的93.4%，占全省盟员总数的32.2%。除个别层而外，一般的联系活动都比较正常。其中，以贵阳师范学院、贵医学院、贵阳一中、贵阳市云岩区小教等支部的工作，做得较好。

各基层确定联系的对象，一般都先请示了所在单位党委，并经党研究决定后始进行工作。如云岩区小教支部共有盟员22人，分布18个单位，但支部联系的盟外教师则达32人，分布在26个单，这就是在中共云岩区委统战部的具体领导与组织下，经协商后确的。

各基层对盟外群众的联系方式可概括为三种：⑴邀请参加盟的基组织生活<包括参加听有关的报告和参观、访问等>；⑵登门拜访，谈心；⑶联欢，如组织假期游览、节日祝贺、文娱活动等。其中，请参加过组织生活为经常的、主要的联系方式。这是因为，盟的

—1—

26

组织联系盟外群众的目的和作用，在于在党的领导下，加强与盟外同志在政治上的联系，及时宣传党的方针政策，贯彻党的意图，推动他们积极服务和参加改造；在于更多地了解和反映知识分子的情况和要求，协助党发扬民主，调整关系，加强团结，搞好工作。而这，基本上是与盟的基层组织生活的目的和作用一致的。但从效果上看，其他的联系方式，也可为达到同一目的起到相辅相成的作用。

两年多来，通过上述各种联系活动，已取得以下一些初步的成绩：

一、推动所联系的群众进一步认清形势，了解党的方针、政策，加强了自我教育与自我改造的自觉性。

几年以来，在党的社会主义建设总路线、大跃进、人民公社三面红旗的光辉照耀下，知识分子在各方面已大有进步，但也还有问题。尤其是当国内外形势发生重大变化时期，旧的思想和习惯势力往往又会重新抬头。面对这种情况，如贵阳师范学院支部、医学院支部等許多盟的基层组织，都根据本单位党委和盟省委的指示，以结合形势和中心工作进行思想政治教育，作为基层组织生活的主要内容。帮助成员和所联系的群众，联系思想，联系实际，互相启发，共同提高。因此，促使大家对国内外形势的某些不正确的看法，逐步有所澄清；有助于使大多数人在国内外发生重大变化和严重困难的时期，经受住了考验，跟了过来。如：我们許多基层在传达周总理和陈毅副总理在全国政协第三届会议闭幕式上讲话时，都联系了盟外老师，根据事后反映：大家都很满意，也确实提高了他们对党的统一战线政策、党对知识分子政策的认识，提高了对形势的认识。

又如盟中央宣传部副部长出席盟第五次代表大会时，作了有关知识分子改造的讲话，阐述了党对知识分子团结、教育、改造的政策，论述改造的重大意义，，一般反映也好，认为听这样的报告，能提高认识，加深了对政策的理解。今年暑假，中小学毕业生的升学问题比较突出，贵阳一中支部等許多基层，都及时组织成员和所联系的群次学习了有关文件和进行座谈，使多数人对这一问题有了较为正确的认识，思想上有了准备。如一中支部联系的一位盟外教师，他的孩子后来未考上大学，不仅自己在情绪上没有波动，还主动作好孩子的思想工作。这类例子，说明通过盟的组织活动向盟外同志宣传党的方针、政策，贯彻党的意图，起到了好的作用。

云岩区小教支部联系的部分盟外教师中，在开始来参加盟的活动时，疑虑颇大：有的人认为自己不是盟员，被"抽出来"参加盟组织的学习，是否因为自己落后，犯了错误？有的甚至怕被批判。但在经过一段时间的神仙会式的学习与座谈之后，疑惧都逐步消除了，参加盟的活动变得主动了。有的人生了病，已经医院证明休息，但仍不愿放弃参加盟组织的学习。贵阳师院支部、医学院支部等联系的群众中，现在也有不少人乐意参加盟的活动，往往每到预定活动日期之前，主动向支部询问这次活动搞不搞，以便作好安排前来参加。有些教授，不仅每次争取参加，积极反映意见，甚至把家庭夫妇的矛盾与不同意见也在组织生活中反映。这些例子，说明盟外同志在参加盟的组织活动以后，促进了学习和自我改造的自觉性。

二、通过联系活动，更多地了解和反映了知识分子的情况和要求，在协助党发扬民主，调整关系，加强团结，调动知识分子为社会主义事业积极服务方面，起了积极的作用。

由于基层组织生活都认真贯彻了神仙会的精神，同时又辅以会前会后个别谈心的方式，这就促使盟员和盟所联系的群众，比较无羁束、无顾虑地谈出自己对各方面问题的看法，提出自己的意见和建议。许多基层组织都注意分析研究成员和群众的这些反映，采取积极的态度，一方面归纳整理向党汇报，一方面主动协助党解决一些自己力所能及的问题。例如：贵阳师院支部联系的一位盟外同志，在参加盟的组织生活时谈到系里安排他的工作不够恰当，支部于会后再专门拜访，弄清原委，向该系行政反映，调整了他的工作；贵阳一中支部联系的一

28

28

老教师，谈到某些青年教师在业务学习上不够虚心和扎实，支部向学校党组织反映以后，引起党组织更为重视，党支书亲自与团支部召开了有关的会议，专门并了青年教师在思想上和工作上的问题；云岩区小教支部了解到部分联系的盟外教师，住家离学校过远，往返既不方便，有时也影响工作，经向有关方面反映，问题得到解决。透过这些例子，说明盟组织在联系群众的活动中，进行了一些有利于在党领导下调整关系、加强团结的工作，在协助党调动知识分子积极为社会主义事业服务方面，发挥了作用。云岩区小教支部联系的一些教师中，有人轻视小学教育工作，说得成天和娃娃们混，没出息。但经过学习和近几年来自己的某些亲身感受，认识到党和政府是一贯重视小学教育工作的，对小学教师也十分关切，因此增进了对自己工作的感情，调动了工作的积极性：有的人带病也坚持教学；有的人主动为其他生病请假的教师代课；有的人主动团结教师，认真开展教学研究活动。

三、通过联系盟外群众的活动，从政治上密切了盟与群众的关系，丰富了盟的工作内容，改进了盟的工作，使盟在贯彻"长期共存、互相监督"方针中，更好地发挥党的助手作用。

许多盟外同志在参加盟的活动以后，逐步扭转了反右整风时对盟的看法，对盟的政治任务和组织路线逐步有所了解，如前所述，许多人主动愿意参加盟的活动了，有的人还正式提出要求入盟。这样，盟同更多知识分子的联系，进一步密切了。再由于盟员和盟联系的人士，在年龄和经历等方面大体相当，比较容易谈得拢；神仙会的方式，又大大地推动了大家知无不言，这就使得在联系活动中，往往可以听到党内外同志在其他场合没有谈出的问题和意见。通过盟组织这条渠道，能更多地、更好地向党反映情况，提出建议，因而就使盟在贯彻"长期共存、互相监督"方针中，进一步发挥了作用。

此外，加强联系盟外群众的工作，对于改进盟的工作和教育盟的成员也有好处。过去，有些基层因盟员过少，领导也抓的不紧，造成组织生活有一隈十篓的现象。后来，其中部分基层得到单位党委的指示，因是联系上一批盟外同志，使大家感到基层的工作内容更丰富了，责任更大了，从而切实研究改进了工作，组织生活正常和健全起来了。许多成员在联系群众的活动中，本互相关切、互相帮助的愿望出发，通过对若干问题的切磋讨论，提高了别人，也提高了自己。云岩区小教支部就有这样的例子：部分成员背上了"进步包袱"，在联系盟外教师初期，怕参加他们一道学习，影响自己的进步，情绪一度消极；但在以后实践中，自己确也受到群众的启发和帮助，态度转变了，团结盟外教师也主动了。

〈二〉

积累两年多来的经验和教训，我们对于联系盟外知识分子的工作，有如下一些初步体会：

一、联系盟外知识分子在客观上有需要，应该加强，盟在主观上也有做好这件工作的有利条件。在党的领导下，协助党做好团结、教育知识分子的工作，推动他们积极服务和加强改造，是盟的一项重要政治任务。目前，在文教界有很大一部分中、老年的知识分子，没有参加相当的政治组织活动。尽管党对他们的团结、教育一贯抓得很紧，但从前述情况表明，如再通过盟组织这条渠道，加强与其中一部分合适对象的联系，既更有助于在党的领导下加强团结，带动更多的人进步，也有利于更好地教育盟员，改进盟的工作，发挥盟的作用。党的八届十中全会公报着重指出："在科学文化教育方面，……要加强对知识分子的团结和教育工作，使他们充分发挥应有的作用。"我们认为，为了响应公报的号召，更好地协助党进行上述工作，盟的各级组织联系盟外群众的活动，有必要进一步加强。我们有党的正确领导和积极支持，对联系工作也积累了一些经验，盟外人士对盟的政治任务和组织路线已有所了解，部分人士还主动愿意参加盟的活动，这些，都是我们进行工作的有利条件。加以我们自己的主观努力，是能够把

—5—

30

联系盟外群众的任务，完成得更好的。

二、联系盟外群众的活动必须坚决接受党的领导。经验证明，盟的一切活动如果离开了党的领导，不仅不能取得应有的成果，甚至会走向歧途。联系盟外群众的活动，也不能例外。事实上，盟在这项活动中，起的是作为党团结、教育知识分子的助手作用；通过盟组织的活动，把更多的知识分子，更紧密地团结在党的周围。因此，联系群众的出发点以及其任何措施，都必须有利于党的领导，有利于人民内部的团结，有利于社会主义事业。所以，在联系的对象上，工作的内容和方式上，都必须接受党的领导，向党请示汇报，认真贯彻党的意图。

三、联系的对象要合适，一般要身份相当，地位相当。由于盟的成员绝大多数是文教界的中、上层知识分子，且一般都是中年和老年人；盟组织的工作对象，也是这一类人。因此，盟所联系的对象，一般应从这一类盟外人士中来考虑。另外，还应适当考虑到对象对盟组织的认识问题。事实上，不少基层在这方面是有过经验和教训的。如贵阳医学院支部在考虑了固定联系的对象以后，还进一步按工作性质，年龄特征以及个人习惯等，将盟员和盟联系的人士配搭编组活动。这种"兵对兵，将对将"的方式，由于同一组的盟内外同志，彼此年龄相当，阅历相仿，比较谈得拢来，因而便于在接触中解除顾虑，敞开思想，畅所欲言，收到的效果也就大一些。反之，有的基层在一段时间内，仅偏于考虑年龄这一个标准，联系面过宽，把学校中除党、团员而外的三十岁以上的绝大多数教职员都包括了。这样一来，联系的群众中一部分人平常对盟的组织根本没有什么认识；盟员同志平常对他们既不了解，也少接近。造成邀请参加活动，有些人不愿意来，或来了而情绪很勉强，个别人还在外面说闲话，有不好的影响，自然也难于达到联系盟外群众的目的。

四、要敢于反映群众的意见和要求，主动协助党给他们解决一些力所能及的问题。盟的组织在联系盟外群众的工作中，要能很好地达到前述目的，起到应有的作用，必须认真从政治上关心群众的思想、工作、学习和生活，重视他们的意见，代表他们的合法利益，积极向党反映他们的意见和要求，并帮助解决一些问题。贵阳师范学院支部有这样的经验：通过盟的组织活动，帮助大家在政治上进步，提高认识，提高觉悟，搞好工作，是有意义的；但不要使过多的生活琐事牵累大家，让大家能更好地集中精力从事工作，也是有意义的。因此，这个支部对于群众的意见和要求，尽量反映，协助解决，那怕是生活琐事，也不忽视。事实上，这样作的结果，群众的反映是好的，效果也是好的。

五、联系群众的方式应该多样化。目前我们多数基层组织联系群众的方式，主要是邀请他们参加组织生活，参加集体活动。经验证明：单纯采取这一方式是不够的，必须配合其他方式，如登门拜访，促膝谈心等，这样，才能使盟群的关系更加密切，使思想工作更为深入。即以反映情况这一点来说，有的人愿意在公开的座谈会上交谈，有的则习惯于和他个别交换意见。贵大支部采取重点分工，个别交谈的方式，将学生对盟外老老师在教学上一些意见不在教室中公开提出，而通过盟内老教师向本人反映，由于身份相当，态度和缓，注意了分析，收到了很好的效果，同时，通过这种联系，把某些老教师对青年学生、对青年助教和对本单位党委和行政的意见也反映出来了。通过这一工作，改进盟外老师工作，增进了党与非党团结，改善了关系，调动了积极性，效果很好。所以，集体活动与个别接触相结合，采取多种多样方式，是联系群众时所应充分注意的。

【释文】

关于联系盟外知识分子的一些作法和体会（初稿）

中国民主同盟贵州省委员会

1962年11月

我省民盟的部分基层组织，为了更好地执行党对知识分子的团结、教育、改造政策，发挥党的助手作用，在所在单位党委的领导下，联合部分盟外知识分子参加盟的组织活动，已进行了一段较长的时期。两年以来，由于形势发展的需要，加以部分盟外知识分子也有愿意参加盟的活动的要求，因此，一些基层对联系工作有所加强，取得了初步的成绩。我们整理和分析了几个基层的做法和成果，对这件工作有了一些初步体会。

一

目前，我省固定联系有盟外群众的盟的基层组织共9个（不包括遵义市委会所属各基层，以下同），占基层总数的36%。固定联系对象共127人，其中，高等学校72人，中小学55人，占这些基层所有盟员人数的93.4%，占全省盟员总数的32.2%。除个别基层而外，一般的联系活动都比较正常。其中，以贵阳师范学院、贵阳医学院、贵阳一中、贵阳市云岩区小教等支部的工作，做得较好。

各基层确定联系的对象，一般都先请示了所在单位党委，并经党委研究决定后始进行工作。如云岩区小教支部共有盟员22人，分布在18个单位，但支部联系的盟外教师则达32人，分布在26个单位，这就是在中共云岩区委统战部的具体领导与组织下，经协商后确定的。

各基层对盟外群众的联系方式可概括为三种：①邀请参加盟的基层组织生活（包括参加听有关的报告和参观、访问等）；②登门拜访，促膝谈心；③联欢，如组织假期游览、节日祝贺、文娱活动等。其中，邀请参加过组织生活为经常的、主要的联系方式。这是因为，盟的组织联系盟外群众的目的和作用，在于在党的领导下，加强与盟外同志在政治上的联系，及时宣传党的方针政策，贯彻党的意图，推动他们积极服务和参加改造；在于更多地了解和反映知识分子的情况和要求，协助党发扬民主，调整关系，加强团结，搞好工作。而这，基本上是与盟的基层组织生活的目的和作用一致的。但从效果上看，其他的联系方式，也可为达到同一目的起到相辅相成的作用。

两年多来，通过上述各种联系活动，已取得以下一些初步的成绩：

（一）推动所联系的群众进一步认清形势，了解党的方针、政策，加强了自我教育与自我改造的自觉性

几年以来，在党的社会主义建设总路线、“大跃进”、人民公社三面红旗的光辉照耀下，知识分子在各方面已大有进步，但也还有问题。尤其是当国内外形势发生重大变化时期，旧的思想和习惯势力往往又重新抬头。面对这种情况，如贵阳师范学院支部、医学院支部等许多盟的基层组织，都根据本单位党委和盟省委的指示，以结合形势和中心工作进行思想政治教育作为基层组织生活的主要内容。帮助成□和所联系的群众，联系思想，联系实际，互相启发，共同提高。因此，促使大家对国内外形势的某些不正确的看法，逐步有所澄清，有利于使大多数人在国内外发生重大变化和严重困难的时期，经受住了考验，跟了过来。如：我们许多基层在传达周总理和陈毅副总理在全国政协第三届会议闭幕式上的讲话时，都联系了盟外老师，根据事后反映，大家都很满意，也确实提高了他们对党的统一战线政策、党对知识分子政策的认识，提高了对形势的认识。

又如盟中央宣传部副部长出席盟第五次代表大会时，作了有关知识分子改造的讲话，阐述了党对知识分子团结、教育、改造的政策，讲述改造的重大意义，一般反映也好，认为听这样的报告，能提高认识，加深了对政策的理解。今年暑假，中小学毕业生的升学问题比较突出。贵阳一中支部等许多基层，都及时组织成员和所联系的群众学习了有关文件和进行座谈，使多数人对这一问题有了较为正确的认识，思想上有了准备。如一中支部联系的一位盟外教师，他的孩子后来未考上大学，不仅自己在情绪上没有波动，还主动做好孩子的思想工作。这类例子，说明通过盟的组织活动向盟外同志宣传党的方针、政策，贯彻党的意图，起到了好的作用。

云岩区小教支部联系的部分盟外教师中，在开始来参加盟的活动时，疑虑颇大：有的人认为自己不是盟员，被“抽出来”参加盟组织的学习，是否因为自己落后，犯了错误？有的甚至怕被批判。但在经历一段时间的神仙会式的学习与座谈之后，疑惧都逐步消除了，参加盟的活动变得主动了。有的人生了病，已经医院证明休息，但仍不想放弃参加盟组织的学习。贵阳师院支部、医学院支部等联系的群众中，现在也有不少人乐意参加盟的活动，往往每到预定活动日期之前，主动向支部询问这次活动搞不搞，以便做好安排前来参加。有些教授，不仅每次争取参加，积极反映意见，甚至把家庭夫妇的矛盾与不同意见也在组织生活中反映。这些例子，说明盟外同志在参加盟的组织活动以后，促进了学习和自我改造的自觉性。

（二）通过联系活动，更多地了解和反映了知识分子的情况和要求，协助党发扬民主，调整关系，加强团结，调动知识分子为社会主义事业积极服务方面，起了积极的作用

由于基层组织生活都认真贯彻了神仙会的精神，同时又辅以会前会后个别谈心的方式，这就促使盟员和盟所联系的群众，比较无羁束、无顾虑地谈出自己对各方面问题的看法，提出自己的意见和建议。许多基层组织都注意分析、研究成员和群众的这些反映，采取积极的态度，一方面归纳、整理、向党汇报，一方面主动协助党解决一些自己力所能及的问题。例如：贵阳师院支部联系的一位盟外同志，在参加盟的组织活动时谈到系里安排他的工作不够恰当，支部于会后再专门拜访，弄清原委，向该系行政反映，调整了他的工作；贵阳一中支部联系的一位老教师，谈到某些青年教师在业务学习上不够虚心和扎实，支部向学校党组织反映以后，引起党组织更为重视，党支书亲自与团支部召开有关的会议，专门讲了青年教师在思想上和工作上的问题；云岩区小教支部了解到部分联系的盟外教师，住家离学校过远，往返既不方便，有时也影响工作，经向有关方面反映，问题得到解决。透过这些例子，说明盟组织在联系群众的活动中，进行了一些有利于在党领导下调整关系、加强团结的工作，在协助党调动知识分子积极为社会主义事业服务方面，发挥了作用。云岩区小教支部联系的一些教师中，原有人轻视小学教育工作，觉得成天和娃娃们混，没出息。但经过学习和近几年来自己的某些亲身感受，认识到党和政府是一贯重视小学教育工作的，对小学教师也十分关切，因此增进了对自己工作的感情，调动了工作的积极性：有的人带病也坚持教学；有的人主动为其他生病请假的教师代课；有的人主动团结教师，认真开展教学研究活动。

（三）通过联系盟外群众的活动，从政治上密切盟与群众的关系，丰富了盟的工作内容，改进了盟的工作，使盟在贯彻“长期共存、互相监督”方针中，更好地发挥党的助手作用

许多盟外同志在参加盟的活动以后，逐步扭转了反右整风时对盟的看法，对盟的政治任务和组织路线逐步有所了解，如前所述，许多主动参加盟的活动了，有的人还正式提出要求入盟。这样，盟同更多知识分子的关系，进一步密切了。再由于盟员和盟联系的人士，年龄和经历等方面大体相当，比较容易谈得拢；神仙会的方式，又大大地推动了大家知无不言，这就使得在联系活动中，往往可以听到盟内外同志在其他场

合没有谈出的问题和意见，通过盟组织这条渠道，能更多地、更好地向党反映情况，提出建议，因而就使盟在贯彻“长期共存、互相监督”方针中，进一步发挥了作用。

此外，加强联系盟外群众的工作，对于改进盟的工作和教育盟的盟员也有好处。过去，有些基层因盟员过少，领导也抓得不紧，造成组织生活有一曝十寒的现象。后来，其中部分基层得到单位党委的指示，因是联系上一批盟外同志，使大家感到基层的工作内容更丰富了，责任更大了，从而切实研究改进了工作，组织生活正常和健全起来了。很多成员在联系群众的活动中，本互相关切、互相帮助的愿望出发，通过对若干问题的切磋讨论，提高了别人，也提高了自己。云岩区小教支部就有这样的例子：部分成员背上了“进步包袱”，在联系盟外教师初期，怕参加他们一道学习，影响自己的进步，情绪一度消极；但在以后实践中，自己确也受到群众的启发和帮助，态度转变了，团结盟外教师也主动了。

二

积累两年多来的经验和教训，我们对于联系盟外知识分子的工作，有如下一些初步体会：

（一）联系盟外知识分子在客观上有需要，应该加强，盟在主观上有□做好这件工作的有利条件。在党的领导下，协助党做好团结、教育知识分子的工作，推动他们积极服务和加强改造，是盟的一项重要政治任务。目前，在文教界有很大一部分中老年的知识分子，没有参加相当的政治组织活动。尽管党对他们的团结、教育一贯抓得很紧，但从前述情况表明，如再通过盟组织这条渠道，加强与其中一部分合作对象的联系，既更有助于在党的领导下加强团结，带动更多的人进步，也有利于更好地教育盟员，改进盟的工作，发挥盟的作用。党的八届十中全会公报着重指出：“在科学文化教育方面……要加强对知识分子的团结和教育工作，使他们充分发挥应有的作用。”我们认为，为了响应公报的号召，更好地协助党进行上述工作，盟的各级组织联系盟外群众的活动，有必要进一步加强。我们有党的正确领导和积极支持，对联系工作也积累了一些经验，盟外人士对盟的政治任务和组织路线已有所了解，部分人士还主动愿意参加盟的活动，这些，是我们进行工作的有利条件。加以我们自己的主观努力，是能够把联系盟外群众的任务完成得更好的。

（二）联系盟外群众的活动必须坚决接受党的领导。经验证明，盟的一切活动如果离开了党的领导，不仅不能取得应有的成果，甚至会走向歧途。联系盟外群众的活动，也不能例外。事实上，盟在这项活动中，起的是作为党团结、教育知识分子的助手作用；通过盟组织的活动，把更多的知识分子，更紧密地团结在党的周围。因此，联系群众的出发点以及其任何措施，都必须有利于党的领导，有利于人民内部的团结，有利于社会主义事业。所以，在联系的对象上、工作的内容和方式上，都必须接受党的领导，向党请示汇报，认真贯彻党的意图。

（三）联系的对象要合适，一般要身份相当，地位相当。由于盟的成员绝大多数是文教界的中上层知识分子，且一般都是中年和老年人；盟组织的工作对象，也是这一类人。因此，盟所联系的对象，一般应从这一类盟外人士中来考虑。另外，还应适当考虑到对象对盟组织的认识问题。事实上，不少基层在这方面是有过经验和教训的。如贵阳医学院支部在考虑了固定联系的对象以后，还进一步按工作性质、年龄特征以及个人习惯等，将盟员和盟联系的人士配搭编组活动。这种“兵对兵，将对将”的方式，由于同一组的盟内外同志，彼此年龄相当，阅历相仿，比较谈得拢来，因而便于在接触中解除顾虑，敞开思想，畅所欲言，收到的效果也就大一些。反之，有的基层在一段时期内，仅偏于考虑年龄这一个标准，联系面过宽，把学校中除党、团员而外的三十岁以上的绝大多数教职员都包括了。这样一来，联系的群众中一部分人平常对盟的组织根本没有什么认识；盟员同志平常对他们既不了解，也少接近，造成邀请参加活动，有些人不愿意来，或来了而情绪很勉强，个别人还在外面说闲话，有不好的影响，自然也难于达到联系盟外群众的目的。

（四）要敢于反映群众的意见和要求，主动协助党给他们解决一些力所能及的问题。盟的组织在联系盟外群众的工作中，要能很好地达到前述目的，起到应有的作用，必须认真从政治上关心群众的思想、工作、学习和生活，重视他们的意见，代表他们的合法利益，积极向党反映他们的意见和要求，并帮助解决一些问题。贵阳师范学院支部有这样的经验：通过盟的组织活动，帮助大家在政治上进步，提高认识，提高觉悟，搞好工作，是有意义的；但不要使过多的生活琐事牵累大家，让大家能更好地集中精力从事工作，也是有意义的。因此，这个支部对于群众的意见和要求，尽量反映，协助解决，哪怕是生活琐事，也不忽视。事实上，这样做的结果，群众的反映是好的，效果也是好的。

（五）联系群众的方式应该再多样化。目前我们多数基层组织联系群众的方式，主要是邀请他们参加组织生活，参加集体活动。经验证明：单纯采取这一方式是不够的，必须配合其他方式，如登门拜访、促膝谈心等，这样，才能使盟群的关系更加密切，使思想工作更为深入。即以反映情况这一点来说，有的人愿意在公开的座谈会上交谈，有的人则习惯于和他个别交换意见。贵大支部采取重点分工、个别交谈的方式，将学生对盟外老老师在教学上一些意见不在教室中公开提出，而通过盟内老教师向本人反映。由于身份相当，态度和缓，注意了分析，收到了很好的效果。同时，通过这种联系，把某些老教师对青年学生、对青年助教和对本单位党委和行政的意见也反映出来了。通过这一工作，改进盟外老师工作，增进了党与非党团结，改善了关系，调动了积极性，效果很好。所以，集体活动与个别接触相结合，采取多种多样方式，是联系群众时所应充分注意的。

史料七 1956 年评选优秀教师

职务：　副教導主任　　年龄：　37　　教龄：　13年半

学歷：　中央大学農学院畢業　　家庭出身：　自由职業兼地主

个人成份：　教师

优　秀　事　迹　：

1.从工作中了解教师工作情况，（主要是数、理、化、生物几个組）並比較正确地分析教师主要优缺点，对做好校長的助手工作起到一定作用。除从班主任、团隊及学生反映了解教师教学情况外，能有目的地進行听課。（但往往因时間到不到保証計划未能完全实行，也抓得不緊），听課前准备工作及听課时認真，比較善于發現教师优点、缺点，从而协助了人員任用的决定，培养了优秀青年教师如刘和鐘。也不断揭發了反革命分子侯發瑞教学工作中的悪劣行为，使其騙取同情，企圖以假成績買好同学欺騙領導得以不致擴大的影响，最后决定停課，不使遺害教育工作。

2.除堅决执行中等学校教学計划外，在全面發展的方針下，在制度方面結合学校場地缺少情况，采取了合理分配体育鍛鍊。各科課外活动組織，自由活动，作業时間等措施，使班主任、科教师、体育教师間各为自己工作便利占用时間互有意見的混乱現象逐步得到合理解决。学生参加社会活动在不違背國务院有关減輕学生負担指示精神下予以支持，否則堅决拒絕，以保証学生学習及健康，保健衞生工作上尽力支持教师合理意見，配合班工作，团、隊工作進行教育。

3.人助金評議工作能充分依靠班主任及社会力量（制有調查表），掌握原則，实事求是的評給。並能做到主动。近二学年对旧生部分都能于开学前做完各項有关工作，自开学之日起开伙，使学生一开学就能安心学習。

4.初步建立了学生档案制度。

5.化学教学工作認眞負責，努力鑽研教学大綱及新教材，学習苏联先進教学經驗，教学效果好，学生反映一致良好。

殷汝庄：　地理教师（兼地理科研組組長、班主任）　年龄：35

教龄：11年半　学歷：浙江大学史地系畢業

家庭出身：职員兼小土地出租　本人成份：教育工作者

优秀事迹

1.对地理教学有較丰富的經驗，但工作中仍認眞备課，鑽研教材，細致地計划教学工作，除注意掌握全部中学地理教材外，对自己担任的課程从制訂計划到上課能做到四讀教材——寫学期工作計划时、單元备課时、作課时計划时及上課前——，記下应深入了解及补充新資料部份，不断吸收新知識以充实教学內容。充分注意事物的新發展，对待新問題的处理（如南斯拉夫政权性質問題）積極而愼重。

2.教学过程中能掌握地理科教学特点，充分注意联系实际，特别是能多种形式地利用地圖，在作業中很早（1952年　　）就运用了暗射圖。并善于啓發学生思維（特别是初中），重視誘導各部份知識的实际应用，因而使学生能生动形象地接受地理知識，一般感到学地理不是枯燥无味的。

3.積極学習苏联及外区先進教学經驗，学習过苏联地理教学（全部）地理教学法（全部）自然地理（一部份）自然地理教学法（一部份）等，并选擇一部份介紹科組教师学習。

除很早就用暗射圖，并在組上推廣外，还与組上教师共同学習了制造地圖模型的技能，制成了中國地形模型在教学上运用，效果很好，組上教师因掌握了这一技术而能开展地理科小組活动中这一部份的指導工作，組織地理教师建立了地理園。

关于袁畲棻老师的模范事迹

一 她是怎样帮助和培养青年教师的？

我們的青年教师有一个特点，那就是热情肯干，但是知識缺乏，經驗不足，在教学上毛病较多，袁老教师掌握了这点对青年教师進行培养。

㈠ 对教学上的具体帮助：

1954年由貴陽师院分配來的鍾永康同志就是由于这样在教学上走了弯路，不能針对学生的接受能力，通过語言文学因素的教养对学生進行政治思想教育，而是过多的、过深的脫离实际地面向学生推銷語言文学的理論，这样学生損失很大，口里可以夸夸其談，好象滿有道理，然而一提筆就有問題，不是錯別字連篇，就是空洞無物，离題万里，語法不通，但是鍾永康同志很快的改变了，而且進步很大。同时学生的实际知識也增多和巩固了。鍾永康为什么会有这样的進步呢？这首先是党和学校行政对鍾老师的关心，同时袁老师的及时的具体的指導有着很大的作用。她具体審查鍾老师的教案，哪里是不对的，哪里是空話，哪里是不需要的，哪里还嫌不足，不突出重点，并且还臨堂听課，提出意見，但是問題还不是簡單的指出缺点，而是从工作出發，鼓舞他如何改進，指出的缺点是那样恰到好处，那样的真誠老实，使人感到親切，受到感动，非下决心改進教学不可。

这样的事情是使人感动的：1955年由师院分來的專科畢業生，由于工作的需要，被分配上高中課程，袁老师为了工作，为了培养新生力量，她拜訪师院教师了解这些青年的学習情况和工作能力，每次都参加他們备課，傾听他們对鑽研教材和改進教法的意見，然后提出补充修正的意見，为他們找來各种参考書，指導他們自修古文，而开初的課堂听課次數很多，帮助尤为及时，这样全面細致指導的結果这些青年教师，不但沒有走很大的弯路，而且一般說來教学效果还好。

还有这样的事情：寒假中很多老师为了支援農業合作化，領導学生下鄉宣傳去了，但是回來后立即就要上課，袁老师托人給他們帶書下鄉，并且等他們事來时教学進度、教学参考（有些还是袁老师自己抄的）都准备好了；这就保証了下鄉老师仍能有計划地進行教学工作，难道这样的帮助还不使人感动嗎？

(二)对于思想和生活上的具体帮助：

袁老师对于青年的帮助还不限于業务上的指導，她还象良師一样鼓舞青年上進，象慈母一样关心青年的生活，女青年教师罗慶華因为学生在課堂上对她不礼貌，加上工作上的某些缺点，曾經一度消極悲观，不但怀疑自己是否能搞好工作，甚至怀疑自己是否能入党？然而就在这多么需要帮助和安慰的时刻，袁老师耐心的及时的給以热情的鼓舞和耐心的說服，象良医一样地指出毛病所在，并說：有个别学生学習态度不端正鑽空子是难免的，不完全是老师的錯，你可以好好去考慮为什么学生对于你不礼貌？青年团員为什么这样經不起考驗呢？……。就在这样的啓發和鼓舞之下，罗老师又愉快地工作起來，并且按照袁老师的教導生活也有規律了，这种細致而又親切的关心，热情而又善意的鼓舞，怎么能不使人尊敬和热爱袁老师呢？

青年同志仍象对待敬爱的老师和親爱的媽媽一样对待袁老师，無論在任何时候，袁老师交給他們任何工作，小伙子們都是乐意地去接受，而且能按服袁老师的意圖如期完成，他們說無論如何不要使自己的工作搞不好，或者因为其他生活小事讓袁老师操心，甚至引起她的不高兴。青年教师刘克俊、成超文在寒假中負責搞在校老师对普通話的学習，生怕計划搞迟了，生怕每天到迟了，袁老师操心。青年教师陈澤林、張鵬飛專門討論过如何帮袁老师搞一些瑣碎的零星的小事情，讓她能有一点休息。

二、領導教研組工作方面：

(一) 業务方面：

袁老师自54年9月到六中領導語文教研組工作后，自己任高一（三）班語文課親自参加二个不同課头的备課小組备課，对初二小組也随时了解情况帮助解决問題。对同志們所提出的問題，都是本着“知無不言，言無不尽”的态度，自始至終都是如此。五四年寒假曾親自領導同志們通讀教材，（

第二学期的）并根据教材拟出提纲为下期教学工作打好基礎。对初一初二兩个年級所拟的提綱，除親自參加拟訂一部分外，其余的均親自过目，認眞审查，然后付印。对新任課的皮纏文、陈光类等老师随时了解教学情况，主动地向她們介紹自己备課及教学的方法方式，使其少走或不走弯路。

在备課中能坚持原則，能隨时注意吸收他校經驗，又能虛心采納群众意見。如在第一期鍾永康老师对小組决議的教材（分段問題）不愿遵守，袁老师進行耐心說服，且强調必須統一的重要性。在鑽研教材和教法中，随时注意新的資料与同志們互相研究，能重視他人的創举，也重視同志們的意見，有分析有批判地吸收。五四年下学期初一組教“夜鶯之歌”五五年上学期教“草原上的新主人”講結構时与师院老师分析有出入，經同志們研究提出意見后，袁老师及时采納同志們的意見，后來师院老师的分析又同我們一致了。又如五五年初他校老师提出：“教語文課要先將語言、結構、寫作方法等講完后才作思想分析，然后归納主題，这样程序上才符合形式服从內容，由具体到抽象的教育原則。”經袁老师領導同志們研究后，明确必須根据課文特点和学生的实际情况來作处理，这样使同志們明确形式服从內容，由具体到抽象不等于都是先把語言和文学因素講了后才分析思想內容，这样避免了千篇一律生搬硬套的毛病。又如学習先進經驗，袁老师們提到教学中多采用談話法，以便培养学生的独立思考以及積極性，袁老师及时示范試用，并及时提出研究，鼓励同志們試行，在試行中随时帮助老师們解决具体困难，鍾永康老师采用普希金專家对紅領巾教学中所指出的方法進行教学，袁老师不断的給予鼓励和支持，且親自下堂听課，課后研究試教情况，糾正缺点。

三个学期以來对全組教学工作都明确地指出語文教学改進的方向和要求，領導同志們積極地学習別人的先進經驗。

㈡ 对教研組的工作一貫認眞負責：

第一学期她以优秀教师的身份被邀列席全省中等学校校長会議的三个星期中，委托李昌柏老师代理組工作，她随时用信函联系，了解情况，解决問題。第二学期父親死在花溪，有几个星期日往花溪处理丧事去了，每次去都

—3—

是将工作交代得清清楚楚才肯走。

54年初二、三个班進行統考工作，事后要总結，虽由刘克俊老师执筆，但事前袁老师交代得清清楚楚，作什么？怎样作？并且事后能將总結一字不放的修改，本学期教育廳布置总結語文教学經驗的工作，她除了一个人負責整理一个專題外，对于其他老师負責整理的材料都是親自过目，認眞細致的修改字句标点符号，并且有不明确的或事件不具体的地方，親自去找当事人了解清楚，又作修正补充。

总之，她領導組的一切活动，能認眞貫徹执行上級指示，能坚持原則，如有个別抵触情緒的，非原則問題給予說服教育。要是原則性的能認眞及时的給予批評。

三、積極学習政治，提高思想覺悟。

袁老师为什么能認眞貫徹上級的一切指示，对工作一貫認眞負責，对青年一代这样認眞的培养教育呢？正因为她懂得党的事業，解放以后，在党的教育培养下，積極学習政治，提高了思想覺悟。

㈠ 学習積極：

学校里每次布置的政治学習文件，她都实实在在的細讀过，圈圈点点在書上划了不少符号，在討論会上的發言多而正确，切合实际，的确，她的思想認識与她的行动是一致的，她五五年后担任兩班高中語文課兼教研組長，她又参加其他進步政党社团的活动，因此工作是相当忙碌的，但她从不厭煩，更深入的去鑽研教材，她說鑽研教材是有党性的，你愿不愿深入去發掘教材就是你对人民的教育事業是否忠誠老实的具体表现。她常时对老师們說："忙、是时代对我們的要求，这是我們的使命，是应該的，是义不容辞的。"

尽管她的教学年限那样長，（二十多年）經驗那样丰富，但她絕不墨守成規更不存門戶之見，以語法学習來說吧，她很虛心的說：我們还說不上什么，覺得他們哪些說法可以运用就用，不要存偏見，她更努力学習苏联的先進經驗，每天臨睡之前，一定爭取看几頁書，有时为了工作搞到一兩点鐘，这学期在她的規划里决定看一兩本关于邏輯方面的書。

的确，她的学習是積極的，有一天晚上冒着大雨高一脚低一脚的來学校听党課，她从不浪費一点时間，在某些会議召开以前，等人啦，布置啦，甚么啦，别人在哪里吵吵嚷嚷，她却在哪里埋头看書，每个学期开始之前，她娶一再的翻看"毛主席在延安文藝座談会上的講話，"等类指導性的文件，武装她的教学思想。

㈡ 对新鮮事物富有敏感性： 以学普通話为例來說吧，一般老年人講了那么多年的話，突然間來改变腔調都是比較困难的；但在上学期，党中央提出語文老师首先要学習普通話的号召后，不久她就用普通話教学，而且全貴陽市中等以上学校知識分子座談会上，她就在大庭廣众中用普通話講演。其次簡化字一公布，她叫各个老师用大字書寫去貼在教室里，号召学生積極学習，这些行动和作法就是响应党的号召；統一中國的語言、文字，为在十二年內趕上世界的文化科学先進水平奠下基石，她深深的理解这是一个偉大的政治任务，她勇敢地担当起这个任务。

㈢ 作風正派： 我們六中的歷史不長，兩年前，我們組內的老师來自各个不同的地方，有年青的、中年的，組內的团結工作在某些方面是有缺陷的，但而今基本上沒問題。步調逐步趋于一致，虽不能說团結得象一个人一样，但絕不是七手八脚各搞一週，我們的集体备課还是相当成功的，我們之間还是說得上"以誠相見"。这除了党正确領導、时代的要求大家不能不進步之外，与袁老师的領導作風是完全分不开的。由于她作風正派有話当面說，反正以搞好工作为原則，又善于鑒別人的优缺点，大胆展开批評与自我批評，任何人也鑽不了空子，樹立正風，再加上她对同志們的关心誠恳和藹可親，因此組內空气是相当融洽的。

㈣ 堅持原則組織性紀律性强： 她無論什么事情一定要請示匯报，那种一般知識分子常犯的目無組織、自高自大、好專斷顯示自己的毛病是一点沒有的，更不是陽奉陰違，無原則的唯唯喏喏，她对領導是采取既尊敬又幫助的态度，有时教導处的某些布置，某些措施，不免引起某些方面的不

—3—

满，怨言在所难免，这时袁老师不是采取旁观的态度，听之任之，她会主动来解释說：这不怪教導处，这是什么什么原因，这有什么什么困难。有一次在一个業务会議上，关于語文教学方面的一个問題，魏主任参加，他对这个問題的發言是不够正确的，但她并不提出这个問題來討論，她說这样作会引起老师們对魏主任有意見，加以毫不保留的反駁，作为一个行政領導來說，这是有伤他的威信的，我們維护他的威信是为了支持領導搞好工作，要是他在群众中失去了威信，工作將受到莫大的損失，他对問題的看法虽不正確，今后可以和他个人談。果然她对魏主任進行了批評。又有一次学習中國革命近代史，那天晚上快下大雨了，老师們怕等下回不了家，心里都想在未下雨前能走，但她当时并不是叫大家專断独行的叫大家走，她說等我問問校長再說，校長允許了，她才听大家走。

㈤ 热爱学生。 袁老师不但关心学生政治上的進步，而且对生活上也很关心的。如随时問学生："你寫了入团申請書了嗎？应該爭取靠近組織……。"高一（三）班学生鍾家厚由于家貧，学校前兩年發給他穿的棉衣已殘破不全，袁老师为了使他能不受凍更安心的学習，在自己不富裕的情况下，給鍾同学制了衣服。

学生对她也很好的。在冰凍期間，班的团組織派人接送，也很信任她关于自己生活上的小事，自己拿不定主意时都去問袁老师。

以上这些只足以說明她优点之一、二，遺漏的很多，还需要她自己补充，尤其是教学經驗方面。

一些不成熟的体会　　　袁愈荌

我們的时代太偉大了，六年的时間就改变了整个國家民族的面貌，改变了生産事業、文化事業的面貌，改变了每一个人的面貌。在这飛躍的时代里，客观要求天天在提高，每一个國家工作人員就不能不隨着时代而前進，何況我們是担負着与社会主义建設密切联系的文化教育事業，要生產能去生産一切物質、文化財富的新型人才的責任的教育工作者，这个責任就要求我們不能远远落在时代的后面。因此，个人几年來在党的教育培养下，通过学習政治、学習苏联、学習國內外先進地区的經驗和得到本省許多富有經驗的同志的帮助，在教学工作上得到一些不成熟的体会，說不上是經驗，現在把它提出來請求大家指正。

㈠　正确的教学思想与端正的教学态度是進行教学的主要条件

語文教学的主要任务，除了培养学生語文知識之外，还必須負責政治思想教育，就是通过課文的講解，經过一定的培养时间，要使学生能逐漸樹立社会主义的政治方向，培养辯証唯物主义世界观的基礎及共產主义道德，成为全面發展的新型建設人才。教师旣負担着这个艰巨而光荣的任务，就必須自覺地改造，肅清資產階級唯心主义思想，提高社会主义覺悟，建立辯証唯物主义世界观，才能培养得出这样的新型人才。几年來我是朝这个方向努力的，虽然成就不大。

我理解到：凡有一定的社会主义覺悟，掌握一定的思想尺度，才能有所凭依來檢查自己的教学思想、端正自己的教学态度、衡量自己的教学工作，对資產階級唯心主义的教学思想以及不端正的教学态度，也才能進行批判和改正。教学思想是我們推進教学的主導力量。缺少这种力量不但不能完成語文課的思想教育，也很少能正确地把語文知識傳授給学生。

过去由于我的思想水平不高，因而教学态度也不够端正：如备課时不艰苦鑽研教材，强調事务太忙和其他客观原因，就潦草对待这一工作。有时又把自己懂得較多的东西一齐灌給学生，不問是否是重点、是否符合学生年齡特征与年級程度；有时要求不嚴格，迁就学生；有时生硬的結合实际，或者从兴趣出發去講解，不但沒有發揮語文課的思想教育作用，反而傳播唯心思想，貽誤青年，替人民教育事業帶來一定的損失。曾經有过这样一回事：一

— 1 —

个高中二年級的同学，語文程度很好，他每次交來的作文，我都大加表揚、大加贊尝，还介紹并鼓励他讀些課外的理論書籍。这一來，逐漸养成他輕理重文的偏向，上数理課完全不听教师講解，甚至放棄学習。結果因数理学科不及格而留級，造成了他学習情緒上的煩惱，違背了全面發展的原則。对学生和对組織，这責任都应該由我來負。因为那时候我也和一部分教师一樣，只强調自己所敎一科如何重要，要求学生拼命做好。做得好的过分夸獎，做不好的嚴格批評。这还不是由于我的教学思想不正确、教学态度不端正所產生的惡果嗎！。

在六年來的教学过程中，由于進行了一系列的学習，参加了一系列的政治运动，因而思想認識得到一些提高，所以不断發生偏向，也不断發覺錯誤，改正錯誤。这个过程是一个長期的、痛苦的过程。在付出了相当力量而得到相反的結果的时候，是相当痛苦的；在發覺錯誤而不知如何改進的时候，也是相当煩惱的。最初只是把这些錯誤当成一些个别枝節的問題去解决，直到組織号召加强学習馬克思列寧主义、学習苏联先進經驗之后，找到根源，才明白这是一个教学思想問題。教学思想是推進繁复而艰巨的教学工作的动力，它貫串在整个教学过程之中。思想正确，态度端正，才有勇气承認錯誤，才有方向改正錯誤。我从五三年实行教改以后，初步認識教育上的社会主义原則。举凡一切个人主义、自由主义、实用主义等等不合于社会主义的教学态度、教学內容、教学方法都应該徹底清除。正确的教学思想，才是改進教学的关鍵。姑無論鑽研教材，課堂講授，批改作業，任何一个教学过程，都必須遵守这一原則，都必須貫穿着工人階級的思想性和为实現这一思想而斗爭。崔可夫專家說："教学态度的不端正是党性問題，也是立場問題。"可知教学思想教学态度是我們教学工作中必先解决的最根本的原則性的問題。

㈡关于鑽研教材的几个方面

鑽研教材是教学中的主要工作，也是艰苦的工作，教学質量的高低和鑽研教材的深淺是分不开的。唯其如此，深入的、全面的、認真的鑽研是我們当前的一項極其重要的任务。因此我想來談談我鑽研的几个方面。

1. 鑽研前的准备工作。　在每学期开始之先，我为鑽研下期教材都要做一些准备工作，其中一項就是复習有指導性的理論書籍。例如：延安文藝座談会講話，馬克思主义与語言学問題等。复習这些根本理論書籍，对鑽研教材帮助很大。以延安文藝座談会講話來說，它是党的文藝方針和政策，复習一遍有一遍的体会，使我逐漸对以馬克思列寧主义、毛澤东思想作主導思想的文藝方針理解得一次比一次深入，对課文中体現这方針的作品也逐漸能够去深入体会。例如，我讀了延安講話中的这一段話：“革命的文藝，則是人民生活在革命作家头腦中的反映和加工的結果。人民生活本來存在着文学藝术的礦藏，这是自然形态的东西，是粗糙的东西，但也是最丰富最基本的东西，它們使一切加工形态的文学藝术相形見絀，它是一切加工形态的文学藝术的取之不尽、用之不竭的唯一源泉，”我最初讀了这一段話，从文藝为工農兵出發來理解革命的文藝，認为要表現抗日、解放战爭或土改等主題的作品，才是革命文藝，后來学習了一些文件，進行了一定階段的教学又來复習，才体会到一切反帝反封建的作品，都屬于革命的文藝。等到又經过一段時間，讀了苏联和國內文藝理論，又來复習，才進一步体会到凡是革命作家，从革命的角度來反映人民生活，打击旧事物，歌頌新事物的都屬于革命文藝。至于什么是人民生活，生活到底与文藝有何密切关系？初时在我的观念上也很模糊。对“我怎样学習語言”这一課所談到体驗生活的問題，也只从表面理解、不能深入。到了再教第二次，我又讀了一遍，才徹底了解到人民生活与文藝的关系，文藝与作家的关系：　由于一切社会文化是人民創造的；社会發展，是人民推动的。这反映在階級斗爭与生產斗爭中，这兩种矛盾，就是人民生活的主要內容。那么，人民生活是藝术的泉源，作家必須体驗生活，才能寫出作品就很清楚了。于是对我原來不能深入的課文，就再度去了解作家的思想和寫作意圖，对新人物的生活思想感情反复体会（如億巴甫連柯）理解了課文的思想性，也使自己对新生活更加熱爱。讀了講話中对小資產階級思想批判的各段，在鑽研課文时才体会到自己常常是以小資產階級的思想感情去講解社会主义現实主义的文学作品，因而体会不到，枯燥空洞。

—3—

讀了实践論和延安講話，对教条主义的批判，首先就發覺自已教学中的教条主义的毛病：在課堂上所引用的一些政治理論或者文学术語，对它的涵义連自已也体会不深，就搬給学生。因为讀了这类文件，結合檢查了过去教学中的缺点，使得过去备課不深入的，逐渐能够深入，过去所犯的毛病得到一定程度的改進。

2. 怎样考慮对象，就学生实际程度來决定教材內容。去年，我上高中一年級的語文。当我备課的时候，我想：高一程度，应該加强文学理論知識的講授；表达分析、概括能力的練習。但我做了第一次作文总結时，發現学生的語言知識太差，又通过各种作業的批改，覚得学生們想得多能說出的少，能寫出來的更少，有加强培养学生掌握語言知識及說話能力的必要。我又去問別科老师是否也感到学生語文程度差，他們不但同意我的意見，并且还补充了一些材料，如做几何習題，連表示原因的"因为"、表示結果的"所以"都会用錯，"長几倍于寬"的意思也因誤解而計算錯誤。我了解这些情况以后，就加强語言因素的講解与練習，才未犯脫离实际的形式主义的教学，学生也得到一些進步。因此我得了一个結論：在鑽研教材时考慮学生实际程度來决定教学內容是非常必要的。

3. 如何联系实际。怎样联系实际是在鑽研教材时就須周詳考慮的問題。所謂联系就是在学生生活經驗和知識范圍的基礎上，以語文思想之"矢"射实际生活之"的"，这样的联系才是有的放矢，才能使学生受到教育。因此就要深入体会課文思想，再考慮联系那些实际，如何联系？

首先談联系那些实际。在現实生活中，可以联系的范圍，非常廣濶，若不从課文出發，就会脫离教材，乱作联系。其次还須从学生的思想、学習、生活出發去联系当前的新事物，國際的重大事项。那么又怎样來联系呢？我是从課堂講授、作文、作業各个方面去联系。例如：講亞洲及太平洋区域和平会議开幕詞，就联系和平利用原子能会議的內容；在文化与貿易交流的問題上，很自然地就联系到几年來我國与苏联及其他人民民主國家为此努力而得到偉大的成就；講青枝綠叶，就联系毛主席关于農業合作化問題的內容要联系实际，語文教师必須有丰富的生活常識，了解國际重大事件及國內各个战綫上的輝煌成就。但这些都必須在鑽研課文时反复考慮，要自然地、扼要地進行联系，否則無目的無計划就会喧宾夺主失掉联系的意义。

4、怎样联系旧課。鑽研教材时考慮联系旧課也是必要的。这样做是發揮語文課的科学性、系統性的作用來教育学生，使学生既能对新知識加深認識，又能对旧教材得到巩固。例如，我講到"兩家房东"就联系前册的"新事新办"、"小二黑結婚"來講，并向学生說明："小二黑"是反映農村政权初建立还有坏分子鑽入的解放初期；"我的兩家房东"是農村政权已經純潔而青年男女婚姻还在被封建殘余思想所控制的階段，因为栓柱虽是干部而金鳳还是未参加農業生產的家庭妇女。兩篇都是抗战时期的作品。"新事新办"中的鳳蘭、貴德，一个是積極干部，一个是生產模范，时代又比前兩篇躍進了一大步。三篇同样表現在党的領導下農村青年婚姻問題得到合理解决，因而也推动了農村生產的發展，系統性非常明顯，联系起來可以加强学生的記憶，提高学生的認識。这样联系我認为是很必要的。

思想內容可以联系，寫作方法也可以联系。如講李有材板話中趙樹理刻畫人物的方法，联系初中課文所选趙樹理的作品來講，也可以得到同样的效果，但这也必須在备課时先作好准备才行。

㈢ 分析課怎样使用教学方法？

分析課包括思想分析、人物分析、寫作方法分析各方面。过去对这些分析，都是教师講，学生听；教师非常積極，学生却在半睡眠狀态中。自从学習苏联先進經驗，又經过普希金專家对語文教学指示出改進的方向以后，自己加以研究、实踐，在分析課方面有了一些改進，現在分別說明如下：

一、思想分析——一般是用談話法進行．使用談話法須依靠深入鑽研教材，全部熟悉而且掌握了教材，拟出問題啓發学生進行分析，教师最后作总結。但是問題的拟定必須注意下列各点才能收到預期的效果。

⑴問題范圍要从学生知識实际出發，超出他們已得知識，他們感到煩难，分析就不会積極而且得不到預期效果。如时代背景、作者生平及其創作思

想的介紹都不能应用談話方法，因为这些已經超出学生的知識实际了。

⑵問題要从課文出發，脫离課文內容，学生可能会扯到題外去，分析不集中緊凑，主题思想便突不出來。

⑶問題須是由浅入深，由具体到抽象，層層深入，最后突出結論。

⑷各个問題之間，要有內在联系，而每个問題要有具体明确的范圍，否則一个問題提出，学生不是一連串說尽了你以下要提問的各个問題的內容，就是漫無限制的复述一些課文內容。

⑸問題不是要求單純复述教材內容，而是要能啓發学生从各个方面去深入分析和具体綜合，才能达到分析目的。

使用談話法去進行思想分析的目的，主要是使学生能在教师指導下找出本課主题思想，在不自覺中深入感染接受思想教育。同时也訓練他們从实际出發去研究問題的思想方法；也培养他們的分析概括能力。若是人物形象的分析，还必須作具体的歷史的解剖，才不会歪曲主題。

二、寫作方法的分析——如寫作中的結構技巧，可以用講述講解法，也可以用談話法來進行分析，用講述講解法时，是教师的示范分析；用談話法时，是引導学生分析。

因为寫作方法分析与思想分析不同。思想分析是通过課文內容或人物形象來進行的，学生可以从教材內容找到答案。这是比較具体的。而且在預習之后，已屬于学生既有的知識，無須先行示范。至于寫作方法，在未經教师提出之前，学生是难于理会的，故必須經过示范分析，讓学生掌握了一些分析方法，在以后的新課中才能在教师的領導啓發下進行分析。所以前者要用講述講解法而后者却可用談話法。比如講过对比和夸張的手法在运用同一方法的其余各篇中，就可以啓發学生自己分析。又如分析过了某篇理論文，使学生明确什么是論点論据之后，在新的課文中同样可以啓發学生找出这篇的論点論据來。在整个教学中，这兩个方法应該是交互着使用的，而且寫作方法的分析是不能脫离內容來談的。沒有內容，也就沒有方法。为了使学生明了方法是为內容服务，經过他們自己分析，对这点就会体会得更深刻。所以，这样不但可以培养学生独立思考、独立工作的能力，也提高了学生的寫作能力，同时也可以避免那种生硬灌輸知識的形式主义教学。

从这样实踐中，我更体会到苏联先進經驗的优越性，普希金專家指示的正确性，而努力学習先進經驗，这是我們当前的主要任务。

总起來說，根据不同的課文內容，应用不同的教学方法來進行分析課，是我們学習苏联先進經驗和教学实踐的一点体会，但是課堂教学究竟是一种變化而分析又是比较困难的課，并無一成不变的方法。个人的一点体会是否正确，还希望同志們指教。

㈣ 計划習作的体驗

習作是語文教学中的一个重要組成部分，是教学質量的一个具体表現，也是学生学習的一个重要方面。但除少数爱好語文的学生而外，一般对作文兴趣不高。有的甚至認为是額外負担。每每是臨时搜索枯腸，应付了事。应如何啓發学生学習的積極性，使之乐于表达自己的思想感情，就成了重要問題。同时，在教学上，習作每每和講授脫節，講的是一套，寫的又是一套。应如何使二者联系起來，在課文的示范下，讓学生掌握理論后，怎样运用它來从事寫作；在寫作实踐中，又怎样去深刻体会理論，也成了重要問題。而且，在什么年級的寫作应达到什么样的程度，也是必須明确的問題。由于以上問題的亟待解决，我在五三年担任高中二年級語文課时，曾根据第三、四册課本，試作了学生習作指導計划。第一学期試行，缺点很多，如动員工作沒有做好，学生思想有抵触，作文要求过高，題目不能配合課文重点等。后來不斷改正，确收到一些效果。

我对習作計划的具体作法，在明确了教育教养目的之后，首先确定一学期作文次数及周次，然后鑽研全学期教材，結合課文重点，以及校內校际活动拟定作文題目及每次作文不同的目的要求，列成一表，以后就按表执行。目的要求分为一般要求与特殊要求兩方面。一般要求为字体端正，卷面整潔，标点明确，少寫錯別字、寫出中心思想及簡單提綱等。特殊要求結合課文特点及生活实际來規定，不是一成不变的。

做計划时必須注意的一些事項：首先要做好动員工作，扫除學生思想障碍。其次，是深入鑽研課文，并了解学生情况，使題目及目的要求的深度能恰如其分。題目要是学生在生活上学習上曾經接触过的，目的要求要適合于学生年龄程度，符于量力性原則，做起來才不感困难。第三是指導学生尋找材料，組織材料。即是指導他們从課文、課外閱讀、学習心得、感受及一切活动中去找材料，就不愁無話說；从課文中去找組織方法，就不愁不能駕馭材料。第四，在具体执行中，題面甚至題目都可以机动改变適应实际情况。第五是預先訂定各年級習作重点，使目的要求逐步加深。比如初中一年級以減少錯別字，丰富詞匯及減少句子毛病为重点；二年級就要求条理清楚，內容不空，会开头結尾，能突出重点；三年級要求学会圍繞中心去取舍材料，对事件的發展因果說的清楚，人物活动寫得生动等。到高中就逐步要学会鍛煉語言，会运用夸張对比等手法，会剪裁組織材料突出中心并作概括、分析、綜合等能力的練習。第六必須做好發文总結，計划才能有效。

如前所述，我在执行中是有缺点的。到了逐步把缺点改正之后，課文內容与学生生活都和習作結合起來的时候，同学也習慣于用在課文中学得的方法去寫文章，有的用感情較丰富的語言去寫詩，有的寫出論点顯明層次清楚的文章，有的能用生动的筆調描述日常生活中值得注意的事件。这时寫的人不感觉枯　，批改的时候好象在和同学談心，也不再感覚痛苦。这样有計划的做，自然就避免了过去臨渴掘井的毛病。臨时出題，顧此失彼，偶不小心，出了不恰当的題，做的人头痛，改的人吃苦。但在学生積極性高漲的时候，又会發生偏向，爱寫長文，而且花过多的时間在語文上，这又必須即时糾正。

毛主席說：“語言这东西，不是隨便可以学好，非下苦功不可。”要保証能啓發誘導学生去鑽研，就需有一定的計划；但在不同的情况下，計划也必須及时修正补充，才能收到应有的效果。語文教师的工作量，就在苏联也是比較重的，原因就在于要批改習作，習作有了計划，自然就可減少一定程度的紛忙，增加工作效率了。

以上拉雜瑣碎的一些不成熟的体会，僅只是我对教学思想，分析課的教学方法，鑽研教材和計划習作的一点片面的看法和作法，說不上是經驗。不过，我認为文学教学，是文学的再創造，作家寫作固然要“掌握正确的世界观，深入生活，掌握知識和藝术技巧。”（周揚同志的話）教师分析作品也必須掌握这三个方面，但教师究竟不是作家，并不象作家一样要先到工農兵的隊伍中去体驗了生活再來教書，而是通过政治、業务学習、参加政治运动，和教学实踐逐漸樹立正确的世界观和具备一定的業务知識，通过作品來認識生活去啓發教育学生。所以我上面对教学思想、教学方法就談得多些。至于業务学習，一般都是通过或結合鑽研課文來進行，很少有可能划出一定的时間，作出一定的計划來進修。因此，我对这方面沒有实踐，不可能說出什么体会來；相反的，倒感覚自己沒有努力挤出时間來多学些东西，以致日漸空虛，赶不上新的形势的需要。現在，党和政府正在号召文教界作出十二年远景規划，向科学大進軍，对我們提出科学研究的新課題，我正好在这号召下和同志們共同努力，以弥补我这方面的缺憾。

—9—

【释文】

杨世璇：副教导主任；年龄：37；教龄：13年半；学历：中央大学农学院毕业；家庭出身：自由职业兼地主；个人成分：教师

优秀事迹：

1. 从工作中了解教师工作情况（主要是数、理、化、生物几个组），并比较正确地分析教师主要优缺点，对做好校长的助手工作起到一定作用。除从班主任、团队及学生反映了解教师教学情况外，能有目的地进行听课。（但往往因时间到不到保证计划未能完全实行，也抓得不紧），听课前准备工作及听课时认真，比较善于发现教师优点、缺点，从而协助了人员任用的决定，培养了优秀青年教师如刘和钟。也不断揭发了反革命分子候发端教学工作中的恶劣行为，使其骗取同情，企图以假成绩买好同学欺骗领导得以不致扩大的影响，最后决定停课，不使贻害教育工作。

2. 除坚决执行中等学校教学计划外，在全面发展的方针下，在制度方面结合学校场地缺少情况，采取了合理分配体育锻炼。各科课外活动组织、自由活动、作业时间等措施，使班主任、科教师、体育教师间各为自己工作便利占用时间互有意见的混乱现象逐步得到合理解决。学生参加社会活动在不违背国务院有关减轻学生负担指示精神下予以支持，否则坚决拒绝，以保证学生学习及健康，保健卫生工作上尽力支持教师合理意见，配合班工作，团、队工作进行教育。

3. 人助金评议工作能充分依靠班主任及社会力量（制有调查表），掌握原则，实事求是的评给，并能做到主动。近两学年对旧生部分都能于开学前做完各项有关工作，自开学之日起开伙，使学生一开学就能安心学习。

4. 初步建立了学生档案制度。

5. 化学教学工作认真负责，努力钻研教学大纲及新教材，学习苏联先进教学经验，教学效果好，学生反映一致良好。

殷汝庄：地理教师（兼地理科研组组长、班主任）；年龄：35；教龄：11年半；学历：浙江大学史地系毕业；家庭出身：职员兼小土地出租；本人成分：教育工作者

优秀事迹：

1. 对地理教学有较丰富的经验，但工作中仍认真备课，钻研教材，细致地计划教学工作，除注意掌握全部中学地理教材外，对自己担任的课程从制订计划到上课能做到四读教材——写学期工作计划时、单元备课时、作课时计划时及上课前——记下应深入了解及补充新资料部分，不断吸收新知识以充实教学内容。充分注意事物的新发展，对待新问题的处理（如南斯拉夫政权性质问题）积极而慎重。

2. 教学过程中能掌握地理科教学特点，充分注意联系实际，特别是能多种形式地利用地图，在作业中很早（1952年）就运用了暗射图。并善于启发学生思维（特别是初中），重视诱导各部分知识的实际应用，因而使学生能生动形象地接受地理知识，一般感到学地理不是枯燥无味的。

3. 积极学习苏联及外区先进教学经验，学习过苏联地理教学（全部）地理教学法（全部）、自然地理（一部分）、自然地理教学法（一部分）等，并选择一部分介绍科研组教师学习。

除很早就用暗射图，并在组上推广外，还与组上教师共同学习了制造地图模型的技能，制成了中国地形模型在教学上运用，效果很好，组上教师因掌握了这一技术而能开展地理科小组活动中这一部分的指导工作，组织地理教师建立了地理图。

关于袁愈嫈老师的模范事迹

一、她是怎样帮助和培养青年教师的

我们的青年教师有一个特点，那就是热情肯干，但是知识缺乏，经验不足，在教学上毛病较多，袁老教师掌握了这点对青年教师进行培养。

（一）对教学上的具体帮助

1954年由贵阳师院分配来的钟永康同志就是由于这样在教学上走了弯路，不能针对学生的接受能力，通过语言文学因素的教养对学生进行政治思想教育，而是过多地、过深地、脱离实际地面向学生推销语言文学的理论，这样学生损失很大，口里可以夸夸其谈，好像蛮有道理，然而一提笔就有问题，不是错别字连篇，就是空洞无物，离题万里，语法不通，但是钟永康同志很快地改变了，而且进步很大。同时学生的实际知识也增多和巩固了。钟永康为什么会有这样的进步呢？这首先是党和学校行政对钟老师的关心，同时袁老师的及时的具体的指导有着很大的作用。她具体审查钟老师的教案，哪里是不对的，哪里是空话，哪里是不需要的，哪里还嫌不足，不突出重点，并且还临堂听课，提出意见，但是问题还不是简单地指出缺点，而是从工作出发，鼓舞他如何改造，指出的缺点是那样恰到好处，那样的真诚老实，使人感到亲切，受到感动，非下决心改进教学不可。

这样的事情是使人感动的：1955年由师院分来的专科毕业生，由于工作的需要，被分配上高中课程，袁老师为了工作，为了培养新生力量，她拜访师院教师了解这些青年的学习情况和工作能力，每次都参加他们备课，倾听他们对钻研教材和改进教法的意见，然后提出补充修正的意见，为他们找来各种参考书，指导他们自修古文，而开初的课堂听课次数很多，帮助尤为及时。这样全面细致指导的结果：这些青年教师，不但没有走很大的弯路，而且一般说来，教学效果还好。

还有这样的事情：寒假中很多老师为了支援农业合作化，领导学生

下乡宣传去了，但是回来后立即就要上课，袁老师托人给他们带书下乡，并且等他们转来时教学进度、教学参考（有些还是袁老师自己抄的）都准备好了，这就保证了下乡老师仍能有计划地进行教学工作，难道这样的帮助还不使人感动吗?

（二）对于思想和生活上的具体帮助

袁老师对于青年的帮助还不限于业务上的指导，她还像良师一样鼓舞青年上进，像慈母一样关心青年的生活，女青年教师罗庆华因为学生在课堂上对她不礼貌，加上工作上的某些缺点，曾经一度消极情绪，不但怀疑自己是否能搞好工作，甚至怀疑自己是否能入党。然而就在这多么需要帮助和安慰的时刻，袁老师耐心地及时地给予热情的鼓舞和耐心的说服，像良医一样地指出毛病所在，并说：有个别学生学习态度不端正、钻空子是难免的，不完全是老师的错，你可以好好去考虑：为什么学生对于你不礼貌？青年团员为什么这样经不起考验呢？……就在这样的启发和鼓舞之下，罗老师又愉快地工作起来，并且按照袁老师的教导，生活也有规律了。这种细致而又亲切的关心，热情而又善意的鼓舞，怎么能不使人尊敬和热爱袁老师呢?

青年同志仍像对待敬爱的老师和亲爱的妈妈一样对待袁老师，无论在任何时候，袁老师交给他们任何工作，小伙子们都是乐意地去接受，而且能按照袁老师的意图如期完成。他们说无论如何不要使自己的工作搞不好，或者因为其他生活小事让袁老师操心，甚至引起她的不高兴。青年教师刘克俊、皮超文在寒假中负责搞在校老师对普通话的学习，生怕计划搞迟了，生怕每天到迟了，袁老师操心。青年教师陈林、张鹏飞专门讨论过如何帮袁老师搞一些琐碎的零星的小事情，让她能有一点休息。

二、领导教研组工作方面

（一）业务方面

袁老师自1954年9月到六中领导语文教研组工作后，自己任高一（三）

班语文课，亲自参加两个不同课头的备课小组备课，对初二小组也随时了解情况帮助解决问题，对同志们所提出的问题，都是本着“知无不言，言无不尽”的态度，自始至终都是如此。1954 年寒假曾亲自领导同志们通读教材（第二学期的），并根据教材拟出提纲，为下期教学工作打好基础。对初一、初二两个年级所拟的提纲，除亲自参加拟定一部分外，其余的均亲自过目，认真审查，然后复印。对新任课的皮超文、陈光瑛等老师随时了解教学情况，主动地向他们介绍自己备课及教学的方法方式，使其少走或不走弯路。

在备课中能坚持原则，能随时注意吸收他校经验，又能虚心采纳群众意见。如在第一期中，永康老师对小组决议的教材（分段问题）不愿遵守，袁老师进行耐心说服，且强调必须统一的重要性。在钻研教材和教法中，随时注意新的资料，与同志们相互研究，能重视他人的创举，也重视同志们的意见，有分析有批判地吸收。1954 年下学期，初一组教“夜莺之歌”，1955 年上学期教“草原上的新主人”，讲结构时与师院老师分析有出入，经同志们研究提出意见后，袁老师及时采纳同志们的意见，后来师院老师的分析又同我们一致了。又如 1955 年初，他校老师提出：“教语文课，要先将语言、结构、写作方法等讲完后再做思想分析，然后归纳主题，这样程序上才符合形式服从内容，由具体到抽象的教育原则。”经袁老师领导同志们研究后明确，必须根据课文特点和学生的实际情况来做处理，这样使同志们明确形式服从内容，由具体到抽象不等于都是先把语言和文学因素讲了后才分析思想内容，这样避免了千篇一律生搬硬套的毛病。又如学习先进经验，袁老师们提出教学中多采用谈话法，以便培养学生的独立思考以及积极性。袁老师及时示范试用，并及时提出研究，鼓励同志们试行，在试行中随时帮助老师们解决具体困难。钟永康老师采用普希金专家对红领巾教学中指出的方法进行教学，袁老师不断地给予鼓励和支持，并亲自下堂听课，课后研究试教情况，纠正缺点。

三个学期以来，对全组教学工作都明确地指出语文教学改进的方向和要求，领导同志们积极地学习别人的先进经验。

（二）对教研组的工作一贯认真负责

第一学期，她以优秀教师的身份被邀列席全省中等学校校长会议的三个星期中，委托李昌柏老师代理组工作，他随时用信函联系了解情况，解决问题。第二学期，父亲死在花溪，有几个工作日，往花溪处理丧事去了，每次去都是将工作交代得清清楚楚才肯走的。

1954 年初，二三个班进行统考工作，事后要总结，虽有刘克俊老师执笔，但事前袁老师交代得清清楚楚：做什么，怎样做，并且事后能将总结一字不放地修改。本学期教育厅布置总结语文教学经验的工作，她除了一个人负责整理一个专题外，对于其他老师负责整理的材料，都是亲自过目，认真仔细地修改字句标点符号，并且有不明确的或事件不具体的地方，亲自去找当事人了解清楚，又做修正补充。

总之，她领导组的一切活动，能认真贯彻执行上级指示，能坚持原则，如有个别抵触情绪的，非原则问题给予说服教育。要是原则性的，能认真及时地给予批评。

三、积极学习政治，提高思想觉悟

袁老师为什么能认真贯彻上级的一切指示，对工作一贯认真负责，对青年一代这样认真地培养教育呢？正因为她懂得党的事业，解放以后，在党的教育培养下积极学习政治，提高思想觉悟。

（一）学习积极

学校里每次布置的政治学习文件，她都实实在在地细读过，圈圈点点，在书上画了不少符号。在讨论会上的发言多而正确，切合实际，的确，她的思想认识与她的行动是一致的。她 1955 年后担任两班高中语文课兼教研组长，她又参加其他进步政党社团的活动，因此工作是相当忙碌的。但她从不厌烦，更深入地去钻研教材，她说钻研教材是有党性的，你愿不愿深入去发掘教材就是你对人民的教育事业是否忠诚老实的具体表现。她时常对老师们说："忙，是时代对我们的要求，这是我们的使命，是应该的，是义不容辞的。"

尽管她的教学年限那样长（二十多年），经验那样丰富，但她绝不墨守成规，更不存门户之见。以语法学习来说吧，她很虚心地说：我们还说不上什么，觉得他们哪些说法可以运用就用，不要存偏见。她更努力学习苏联的先进经验，每天临睡之前，一定争取看几页书，有时为了工作搞到一两点钟。这学期，在她的规划里，决定看一两本关于逻辑方面的书。

的确，她的学习是积极的。有一天晚上冒着大雨高一脚低一脚地来学校听党课，她从不浪费一点时间，在某些会议召开以前，等人啦，布置啦，什么啦，别人在那里吵吵嚷嚷，她却在那里埋头看书。每个学期开始之前，她要一再地翻看《毛主席在延安文艺座谈会上的讲话》等类指导性的文件，武装她的教学思想。

（二）对新鲜事物富有敏感性

以学普通话为例来说吧，一般老年人讲了那么多年的话，突然间来改变腔调那是比较困难的；但在上学期，党中央提出语文老师首先要学习普通话的号召后，不久她就用普通话教学，而且全贵阳市中等以上学校知识分子座谈会上，她就在大庭广众中用普通话讲演。其次，简化字一公布，她叫各个老师用大字书写去贴在教室里，号召学生积极学习。这些行动和作法就是响应党的号召；统一中国的语言、文字，为在十二年内赶上世界的文化科学先进水平奠下基石，她深深地理解这是一个伟大的政治任务，她勇敢地担当起这个任务。

（三）作风正派

我们六中的诞史不长，两年前我们组内的老师来自各个不同的地方，有年轻的、中年的，组内的团结工作在某些方面是有裂痕的，但而今基本上没问题。步调逐步趋于一致，虽不能说团结得像一个人一样，但绝不是七手八脚，各搞一通。我们的集体备课还是相当成功的，我们之间还是说得上“以诚相见”。这除了党正确领导、时代的要求，大家不能不进步之外，与袁老师的领导作风是完全分不开的。由于她作风正派，有话当面说，反正以搞好工作为原则，又善于鉴别人的优缺点，大胆展开批评与自我批评，任何人也钻不了空子，树立正风，再加上她对同志们的关心诚恳、和蔼可亲，因此组内空气是相当融洽的。

（四）坚持原则，组织性、纪律性强

她无论什么事情，一定要请示汇报，那种一般知识分子常犯的目无组织、自高自大、好专断显示自己的毛病是一点没有的，更不是阳奉阴违，无原则地唯唯诺诺，她对领导是采取尊敬又帮助的态度。有时教导处的某些布置，某些措施，不免引起某些方面的不满，怨言在所难免。这时，袁老师不是采取旁观的态度，听之任之，她会主动来解释说：这不怪教导处，这是什么什么原因，这有什么什么困难。有一次在一个业务会议上，关于语文教学方面的一个问题，魏主任参加，他对这个问题的发言是不够正确的，但她并不提出这个问题来讨论，她说这样做会引起老师们对魏主任有意见，加以毫不保留地反驳，作为一个行政领导来说，这是有伤他的威信的，我们维护他的威信是为了支持领导搞好工作，要是他在群众中失去了威信，工作将受到莫大的损失，他对问题的看法虽不正确，今后可以和他个人谈。果然，她对魏主任进行了批评。又有一次学习中国革命近代史，那天晚上快下大雨了，老师们怕等下回不了家，心里都想在未下雨前能走，但她当时并不是专断独行地叫大家走，她说等我问问校长再说，校长允许了，她才叫大家走。

（五）热爱学生

袁老师不但关心学生政治上的进步，而且对生活上也很关心的。如随时问学生：“你写了入团申请书了吗？应该争取靠近组织……”高一

（三）班学生钟加厚由于家贫，学校前两年发给他穿的棉衣已残破不全，袁老师为了使他能不受冻，更安心的学习，在自己不富裕的情况下，给钟同学制了衣服。

学生对她也很好的。在冰冻期间，班的团组织派人接送，也很信任她，关于自己生活上的小事，自己拿不定主意时，都会去问袁老师。

以上这些只足以说明她优点之一二，遗漏的很多，还需要她自己补充，尤其是教学经验方面。

一些不成熟的体会

袁愈嫈

我们的时代太伟大了，六年的时间就改变了整个国家民族的面貌，改变了生产事业、文化事业的面貌，改变了每一个人的面貌。在这飞跃的时代里，客观要求天天在提高，每一个国家工作人员就不能不随着时代而前进，何况我们是担负着与社会主义建设密切联系的文化教育事业，要生产能去生产一切物质、文化财富的新型人才的责任的教育工作者，这个责任就要求我们不能远远落在时代的后面。因此，个人几年来在党的教育培养下，通过学习政治、学习苏美、学习国内外先进地区的经验和得到本省许多富有经验的同志的帮助，在教学工作上得到一些不成熟的体会，说不上是经验，现在把它提出来请求大家指正。

一、正确的教学思想与端正的教学态度是进行教学的主要条件

语文教学的主要任务，除了培养学生语文知识之外，还必须负责政治思想教育，就是通过课文的讲解，经过一定的培养时间，要使学生能逐渐树立社会主义的政治方向，培养辩证唯物主义世界观的基础及共产主义道德，成为全面发展的新型建设人才。教师既担负着这个艰巨而光荣的任务，就必须自觉地改造，肃清资产阶级唯心主义思想，提高社会主义觉悟，建立辩证唯物主义世界观，才能培养得出这样的新型人才。几年来我是朝这个方向努力的，虽然成就不大。

我理解到：凡有一定的社会主义觉悟，掌握一定的思想尺度，才能有所凭依来检查自己的教学思想、端正自己的教学态度、衡量自己的教学工作，对资产阶级唯心主义的教学思想以及不端正的教学态度，也才能进行批判和改正。教学思想是我们推进教学的主导力量。缺少这种力量不但不能完成语文课的思想教育，也很少能正确地把语文知识传授给学生。

过去由于我的思想水平不高，因而教学态度也不够端正，如备课时不艰苦钻研教材，强调事务太忙和其他客观原因，就潦草对待这一工作。有时又把自己懂得较多的东西一齐教给学生，不问是否是重点、是否符合学生年龄特征与年级程度；有时要求不严格，迁就学生；有时生硬地结合实际，或者从兴趣出发去讲解：不但没有发挥语文课的思想教育作用，反而传播唯心思想，贻误青年，给人民教育事业带来一定的损失。曾经有过这样一回事，一个高中二年级的同学，语文程度很好，他每次交来的作文，我都大加表扬、大加赞赏，还介绍并鼓励他读些课外的理论书籍。这一来，逐渐养成他轻理重文的偏向，上数理课完全不听老师讲解，甚至放弃学习。结果因数理学科不及格而留级，造成了他学习情绪上的烦恼，违背了全面发展的原则。对学生和对祖国，这责任都应该由我来负。因为那时候我也和一部分教师一样，只强调自己所教一科如何重要，要求学生拼命做好。做得好的过分夸奖，做不好的严格批评。这还不是由于我的教学思想不正确、教学态度不端正所产生的恶果吗？！

在六年来的教学过程中，由于进行了一系列的学习，参加了一系列的政治运动，因而思想认识得到一些提高，所以不断发生偏向，也不断发觉错误，改正错误。这个过程是一个长期的、痛苦的过程。在付出了相当力量而得到相反的结果的时候，是相当痛苦的；在发觉错而不知如何改进的时候，也是相当烦恼的。最初只是把这些错误当成一些个别枝节的问题去解决，直到组织号召加强学习马克思列宁主义、学习苏联先进经验之后，找到根源，才明白这是一个教学思想问题。教学思想是推进繁复而艰巨的教学工作的动力，它贯串在整个教学过程之中。思想正确，态度端正，才有勇气承认错误，才有方向改正错误。我从五三年实行教改以后，初步认识教育上的社会主义原则。举凡一切个人主义、自由主义、实用主义等等不合于社会主义的教学态度、教学内容、教学方法都应该彻底清除。正确的教学思想，才是改进教学的关键。姑无论钻研教材、课堂讲授、批改作业，任何一个教学过程，都必须遵守这一原则，都必须贯穿着工人阶级的思想性和为实现这一思想而斗争。崔可夫专家说："教学态度的不端正是党性问题，也是立场问题。"可知教学思想、教学态度是我们教学工作中必先解决的最根本的原则性的问题。

二、关于钻研教材的几个方面

钻研教材是教学中的主要工作，也是艰苦的工作，教学质量的高低和钻研教材的深浅是分不开的。唯其如此，深入的、全面的、认真的钻研是我们当前的一项极其重要的任务。因此我想来谈谈我钻研的几个方面。

1. 钻研前的准备工作。在每学期开始之先，我为钻研下期教材都要做一些准备工作，其中一项就是复习有指导的理论书籍。例如：《延安文艺座谈会讲话》《马克思主义与语言学问题》等。复习这些根本理论书籍，对钻研教材帮助很大。以《延安文艺座谈会讲话》来说，它是党的文艺方针和政策，复习一遍有一遍的体会，使我逐渐对以马克思列宁主义、毛泽东思想作主导思想的文艺方针理解得一次比一次深入，对课文中体现这方针的作品也逐渐能够去深入体会。例如，我读了《延安讲话》中的这一段话："革命的文艺，则是人民生活在革命作家头脑中的反映和加工的结果。人民生活本来存在着文学艺术的矿藏，这是自然形态的东西，是粗糙的东西，但也是最丰富最基本的东西，它们使一切加工形态的文学艺术相形见绌，它是一切加工形态的文学艺术的取之不尽，用之不竭的唯一源泉。"我最初读了这一段话，从文艺为工农兵出发来理解革命的文艺，认为要表现抗日、解放战争或土改等主题的作品，才是革命文艺，后来学习了一些文件，进行了一定阶段的教学又来复习，才体会到一切反帝反封建的作品，都属于革命的文艺。等到又经过一段时间，读了苏联和国内文艺理论，又来复习，才进一步体会到凡是革命作家，从革命的角度来反映人民生活，打击旧事物，歌颂新事物的都属于革命文艺。至于什么是人民生活，生活到底与文艺有何密切关系？初时在我的观念上也很模糊。对“我怎样学习语言”这一课所谈到体验生活的问题，也只从表面理解，不能深入。到了再教第二次，我又读了一遍，才彻底了解到人民生活与文艺的关系、文艺与作家的关系：由于一切社会文化是人民创造的；社会发展，是人民推动的。这反映在阶级斗争与生产斗争中，这两种矛盾，就是人民生活的主要内容。那么，人民生活是艺术的泉源，作家必须体验生活，才能写出作品就很清楚了。于是对我原来不能深入的课文就再度去了解作家的思想和写作意图，对新人物的生活思想感情反复体会（如《忆巴甫连柯》），理解了课文的思想性，也使自己对新生活更加热爱。读了讲话中对小资产阶级思想批判的各段，在钻研课文时才体会到自己常常是以小资产阶级的思想感情去讲解社会主义现实主义的文学作品，因而体会不到，枯燥空洞。读了《实践论》和《延安讲话》，对教条主义的批判，首先就发觉自己教学中的教条主义的毛病：在课堂上所引用的一些政治理论或者文学术语，对它的含义连自己也体会不深，就搬给学生。因为读了这类文件，结合检查了过去教学中的缺点，使得过去备课不深入的，逐渐能够深入，过去所犯的毛病得到一定程度的改进。

2. 怎样考虑对象，就学生实际程度来决定教材内容。去年，我上高中一年级的语文。当我备课的时候，我想：高一程度，应该加强文学理论知识的讲授，表达分析、概括能力的练习。但我做了第一次作文总结时，发现学生的语言知识太差，又通过各种作业的批改，觉得学生们想得多，能说出的少，能写出来的更少，有加强培养学生掌握语言知识及说话能力的必要。我又去问别科老师是否也感到学生语文程度差，他们不但同意我的意见，并且还补充了一些材料，如做几何习题，连表示原因的“因为”、表示结果的“所以”都会用错，“长几倍于宽”的意思也因误解而计算错误。我了解这些情况以后，就加强语言因素的讲解与练习，才未犯脱离实际的形式主义的教学，学生也得到一些进步。因此我得了一个结论：在钻研教材时考虑学生实际程度来决定教学内容是非常必要的。

3.如何联系实际？怎样联系实际是在钻研教材时就须周详考虑的问题。所谓联系就是在学生生活经验和知识范围的基础上，以语文思想之“矢”射实际生活之“的”，这样的联系才是有的放矢，才能使学生受到教育。因此就要深入体会课文思想，再考虑联系那些实际，如何联系？

首先谈联系那些实际。在现实生活中，可以联系的范围，非常广阔，若不从课文出发，就会脱离教材，乱作联系。其次还须从学生的思想、学习、生活出发去联系当前的新事物、国际的重大事项。那么又怎样来联系呢？我是从课堂讲授、作文、作业各个方面去联系。例如：讲亚洲及太平洋区域和平会议开幕词，就联系和平利用原子能会议的内容；在文化与贸易交流的问题上，很自然地就联系到几年来我国与苏联及其他人民民主国家为此努力而得到伟大的成就；讲青枝绿叶，就联系毛主席关于农业合作化问题的内容。要联系实际，语文教师必须有丰富的生活常识，了解国际重大事件及国内各个战线上的辉煌成就。但这些都必须在钻研课文时反复考虑，要自然地、扼要地进行联系，否则，无目的、无计划，就会喧宾夺主，失掉联系的意义。

4.怎样联系旧课？钻研教材时考虑联系旧课也是必要的。这样做是发挥语文课的科学性、系统性的作用来教育学生，使学生既能对新知识加深认识，又能对旧教材得到巩固。例如，我讲到《两家房》就联系前册的《新事新办》《小二黑结婚》来讲，并向学生说明：《小二黑》是反映农村政权初建立还有坏分子钻入的解放初期；《我的两家房东》是农村政权已经纯洁，而青年男女婚姻还在被封建残余思想所控制的阶段，因为栓柱虽是干部，而金凤还是未参加农业生产的家庭妇女。两篇都是抗战时期的作品。《新事新办》中的凤兰、贵德，一个是积极干部，一个是生产模范，时代又比前两篇跃进了一大步。三篇同样表现在党的领导下农村青年婚姻问题得到合理解决，因而也推动了农村生产的发展，系统性非常明显，联系起来可以加强学生的记忆，提高学生的认识。这样联系我认为是很必要的。

思想内容可以联系，写作方法也可以联系。如讲《李有才板话》中赵树理刻画人物的方法，联系初中课文所选赵树理的作品来讲，也可以得到同样的效果，但这也必须在备课时先做好准备才行。

三、分析课怎样使用教学方法

分析课包括思想分析、人物分析、写作方法分析各方面。过去对这些分析，都是教师讲，学生听；教师非常积极，学生却在半睡眠状态中。自从学习苏联先进经验，又经过普希金专家对语文教学指示出改进的方向以后，自己加以研究、实践，在分析课方面有了一些改进，现在分别说明如下：

1.思想分析——一般是用谈话法进行。使用谈话法须依靠深入钻研教材，全部熟悉而且掌握了教材，拟出问题，启发学生进行分析，教师最后作总结。但是问题的拟定必须注意下列各点才能收到预期的效果。

（1）问题范围要从学生知识实际出发，超出他们已得知识，他们感到繁难，分析就不会积极，而且得不到预期效果。如时代背景、作者生平及其创作思想的介绍都不能应用谈话方法，因为这些已经超出学生的知识实际了。

（2）问题要从课文出发，脱离课文内容，学生可能会扯到题外去，分析不集中紧凑，主题思想便突不出来。

（3）问题须是由浅入深，由具体到抽象，层层深入，最后突出结论。

（4）各个问题之间，要有内在联系，而每个问题要有具体明确的范围，否则一个问题提出，学生不是一连串说尽了你以下要提问的各个问题的内容，就是漫无限制地复述一些课文内容。

（5）问题不是要求单纯复述教材内容，而是要能启发学生从各个方面去深入分析和具体综合，才能达到分析目的。

使用谈话法去进行思想分析的目的，主要是使学生能在教师指导下找出本课主题思想，在不自觉中深入感染接受思想教育。同时也训练他们从实际出发去研究问题的思想方法，也培养他们的分析概括能力。若是人物形象的分析，还必须作具体的历史的解剖，才不会歪曲主题。

2. 写作方法的分析——写作中的结构技巧，可以用讲述讲解法，也可以用谈话法来进行分析。用讲述讲解法时，是教师的示范分析；用谈话法时，是引导学生分析。

因为写作方法分析与思想分析不同。思想分析是通过课文内容或人物形象来进行的，学生可以从教材内容找到答案。这是比较具体的。而且在预习之后，已属于学生既有的知识，无须先行示范。至于写作方法，在未经教师提出之前，学生是难于理会的，故必须经过示范分析，让学生掌握了一些分析方法，在以后的新课中才能在教师的领导启发下进行分析。所以前者要用讲述讲解法，而后者却可用谈话法。比如讲过对比和夸张的手法，在运用同一方法的其余各篇中，就可以启发学生自己分析。又如分析过了某篇理论文，使学生明确什么是论点论据之后，在新的课文中，同样可以启发学生找出这篇的论点论据来。在整个教学中，这两个方法应该是交互着使用的，而且写作方法的分析是不能脱离内容来谈的。没有内容，也就没有方法。为了使学生明了方法是为内容服务，经过他们自己分析，对这点就会体会得更深刻。所以，这样不但可以培养学生独立思考、独立工作的能力，也提高了学生的写作活力，同时也可以避免那种生硬灌输知识的形式主义教学。

从这样实践中，我更体会到苏联先进经验的优越性、普希金专家指示的正确性，而努力学习先进经验，这是我们当前的主要任务。

总起来说，根据不同的课文内容，应用不同的教学方法来进行分析课，是我们学习苏联先进经验和教学实践的一点体会，但是课堂教学究竟是一种艺术，而分析又是比较困难的课，并无一成不变的方法。个人的一点体会是否正确，还希望同志们指教。

四、计划习作的体验

习作是语文教学中的一个重要组成部分，是教学质量的一个具体表现，这是学生学习的一个重要方面。但除少数爱好语文的学生而外，一般对作文兴趣不高。有的甚至认为是额外负担。每每是临时搜索枯肠，应付了事。应如何启发学生学习的积极性，使之乐于表达自己的思想感情，就成了重要问题。同时，在教学上，习作每每和讲授脱节，讲的是一套，写的又是一套。应如何使二者联系起来，在课文的示范下，让学生掌握理论后，怎样运用它来从事写作；在写作实践中，又怎样去深刻体会理论，也成了重要问题。而且，在什么年级的写作应达到什么样的程度，也是必须明确的问题。由于以上问题的亟待解决，我在 1953 年担任高中二年级语文课时，曾根据第三、四册课本，试做了学生习作指导计划。第一学期试行，缺点很多，如动员工作没有做好，学生思想有抵触，作文要求过高，题目不能配合课文重点等。后来不断改正，确收到一些效果。

我对习作计划的具体做法，在明确了教育教养目的之后，首先确定一学期作文次数及周次，然后钻研全学期教材，结合课文重点，以及校内校际活动拟定作文题目及每次作文不同的目的要求，列成一表，以后就按表执行。目的要求分为一般要求与特殊要求两方面。一般要求为字体端正，卷面整洁，标点明确，少写错别字，写出中心思想及简单提纲等。特殊要求结合课文特点及生活实际来规定，不是一成不变的。

做计划时必须注意的一些事项：首先要做好动员工作，扫除学生思想障碍。其次，是深入钻研课文，并了解学生情况，使题目及目的要求的深度能恰如其分。题目要是学生在生活上学习上曾经接触过的，目的要求要适合于学生年龄程度，符于量力性原则，做起来才不感困难。第三是指导学生寻找材料，组织材料。即是指导他们从课文、课外阅读、学习心得、感受及一切活动中去找材料，就不愁无话说；从课文中去找组织方法，就不愁不能驾驭材料。第四，在具体执行中，题面甚至题目都可以机动改变，适应实际情况。第五是预先订定各年级习作重点，使目的要求逐步加深。比如初中一年级以减少错别字，丰富词汇及减少句子毛病为重点；二年级就要求条理清楚，内容不空，会开头结尾，能突出重点；三年级要求学会围绕中心去取舍材料，对事件的发展因果说得清楚，人物活动写得生动等。到高中就逐步要学会锻炼语言，会运用夸张对比等手法，会剪裁组织材料，突出中心，并做概括、分析、综合等能力的练习。第六，必须做好发文总结，计划才能有效。

如前所述，我在执行中是有缺点的。到了逐步把缺点改正之后，课文内容与学生生活都和习作结合起来的时候，同学也习惯于用在课文中学得的方法去写文章，有的用感情较丰富的语言去写诗，有的写出论点显明层次清楚的文章，有的能用生动的笔调描述日常生活中值得注意的事件。这时写的人不感觉枯燥，批改的时候好像在和同学谈心，也不再感觉痛苦。这样有计划的做，自然就避免了过去临渴掘井的毛病。临时出题，顾此失彼，偶不小心，出了不恰当的题，做的人头痛，改的人吃苦。但在学生积极性高涨的时候，又会发生偏向，爱写长文，而且花过多的时间在语文上，这又必须即时纠正。

毛主席说："语言这东西，不是随便可以学好，非下苦功不可。"（《毛泽东选集》第三卷，北京：人民出版社 1991 年版，第 837 页。）要保证能启发诱导学生去钻研，就须有一定的计划；但在不同的情况下，计划必须及时修正补充，才能收到应有的效果。语文教师的工作量，就在苏联也是比较重的，原因就在于要批改习作，习作有了计划，自然就可减少一定程度的纷忙，增加工作效率了。

以上拉杂琐碎的一些不成熟的体会，仅只是我对教学思想、分析课的教学方法、钻研教材和计划习作的一点片面的看法和做法，说不上是经验。不过，我认为文学教学，是文学的再创造，作家写作固然要“掌握正确的世界观，深入生活，掌握知识和艺术技巧”（周扬同志的话）。教师分析作品也必须掌握这三个方面，但教师究竟不是作家，并不像作家一样要先到工农兵的队伍中去体验了生活再来教书，而是通过政治、业务学习、参加政治运动和教学实践逐渐树立正确的世界观和具备一定的业务知识，通过作品来认识生活去启发教育学生。所以我上面对教学思想、教学方法就谈得多些。至于业务学习，一般都是通过或结合钻研课文来进行，很少有可能划出一定的时间，做出一定的计划来进修。因此，我对这方面没有实践，不可能说出什么体会来；相反，倒感觉自己没有努力挤出时间来多学些东西，以致日渐空虚，赶不上新的形势的需要。现在，党和政府正在号召文教界做出十二年远景规划，向科学大进军，对我们提出科学研究的新课题，我正好在这号召下和同志们共同努力，以弥补我这方面的缺憾。

史料八 1957年妇女工作中的集体活动

民盟貴州省委員会妇女工作中的集体活动

1957、3、

貴州省现有女盟員75人，占全省盟員总数的21%。地区分布是：省委会所在地——貴阳市61人，遵义市11人，外县单联3人。工作性质全部是文教工作：大学14人，中学34人，小学18人，文教机关及其他9人。这些女同志一般是工作积极的，业务能力也比較强，能起一定带头作用，其中不少人在本省文教界妇女中較有代表性，这是开展妇女工作的有利条件。省委会19位委員中有女委員2人，省委会机关专职干部10人中有女干部1人，她們都是兼妇女工作。省委会的妇女工作就由女委員、干部3人在中央妇女委員会和省委会的領导下和其他几位机关专职干部一起共同研究进行。几年来配合各时期的中心任务圍繞着"提高思想覺悟，搞好崗位工作"和"密切联系群众"两方面做了一点工作。方式主要是集体活动，也有一些个別談心。集体活动的工作面較广，效果也显著。

集体活动每年至少一次（紀念"三八"国际妇女节），并积极創造条件爭取搞二、三次。活动方法有报告会、座談会和参观等。1956年有三次：一次是組織男盟員、男教师家属听省市治安模范、职工家属的报告，一次是紀念"三八"节，女盟員及女文教工作者参观现代化工厂，一次是与其他民主党派（民革、民建）女成員及所联系群众請省妇联主任作"八大"文件学习报告。今年紀念"三八"节是配合"艰苦朴素、勤儉建国"的革命傳統教育工作与民革、民建、九三联合邀請省妇联主任作革命斗爭事迹的报告"

这些集体活动的特点是：有較好的思想內容；密切联系群众；逐步扩大工作面。

从效果看，女盟員及群众对这些活动基本上是滿意的。大家說参加这些活动受到很大的教育，提高了社会主义覺悟。有的說"这次会是解放以来参加的"三八"紀念会中最好的"，有的說"听这个报告比看好

—1—

24

17

治文件还好”。所以这两年来的“三八”节前，女教师和女同志有要求参加盟的紀念活动的，也有向組織提建設性意見的。每次活动有些参加活动的同志和老师还把所得收获带回本单位向老师和学生或摆谈，也推动了一些学校单独或联合起来組織类似的活动。省委妇女活动不仅对女盟員的教育提高有帮助，而且在文教界妇女的一圈內起了互相推动作用。

在妇女集体活动工作中，我們的体会主要有三点：

1、領导重視，省委会专职干部具体动手，是开展工作的关鍵。貴委会沒有专作妇女工作的干部，几年来能够多少做一点妇女工作，“領导重視、干部动手”分不开的。領导重視表現在把妇女工作列务工作之內，到需要时就調动一定的干部力量去做。干部动手表現体負責妇女工作的干部或女干部首先要考虑这項工作，提出初步意全体干部会上討論，然后分工互助。女委員虽不是专职，但是当干有关活动的初步意見提請她們考虑時，她們或反映群众的需要，或修正补充意見，并在适当的分工中积极負責完成。

每次活动內容旣要結合中心任务达到进行思想教育的目的，又要同志和群众的要求，有时是发現客观条件有可能就抓紧时机搞一一般說来，“三八”节的紀念活动是按照全国妇联指示精神力求有、有內容，方式多样化地做（1955年邀請女工农劳模四人座談，56年在社会主义建設高潮中参观工厂，1957年听妇女参加革争的事迹报告）其他次数的活动是看条件而定，例如了解到省、市苏归来和参加国际活动回来的妇女代表，就立即邀請作报告。这样容比較新鮮而丰富，不仅妇女欢迎，連被邀的男同志和男教师也表意参加。

2、开展妇女工作必須与各級妇联密切联系。妇联工作范圍很寬，主要的工作对象或工作任务，平常与我們联系較少，但对民主党派女工作是关心的。几年来我們常与有关妇联联系，得到省、市、区妇联領导人和干部同志們的具体帮助。多次事实說明妇联对我們开

—2—

25

18

展妇女工作是欢迎的、是积极支持的。不过我們不能坐等妇联来推动，而应該主动与各級妇联密切联系。

3、发动女同志。女同志是一般都有热情好客的特点。我們每次活动除了干部动手外，有时还由組織指定一些女同志参加工作，她們积极热心而負責。有些女同志主动为活动服务，不过同志們工作很忙，妇女活动只能是适当地开展，分配任务也要恰如其份，不能浪費大家的积极性。

我們的妇女工作还有不少缺点：首先是干部思想保守，联系群众的数字偏小，現在才开始糾正；其次是巩固活动收获工作不够深透；第三是除“三八”外只是有啥做啥，缺乏計划性。

【释文】

民盟贵州省委员会妇女工作中的集体活动

1957年3月

贵州省现有女盟员75人，占全省盟员总数的21%。地区分布是：省委会所在地——贵阳市61人，遵义市11人，外县单联3人。工作性质全部是文教工作：大学14人，中学34人，小学18人，文教机关及其他9人。这些女同志一般是工作积极的，业务能力也比较强，能起一定带头作用，其中不少人在本省文教界妇女中较有代表性，这是开展妇女工作的有利条件。省委会19位委员中有女委员2人，省委会机关专职干部10人中有女干部1人，她们都是兼妇女工作。省委会的妇女工作就由女委员、干部3人在中央妇女委员会和省委会的领导下和其他几位机关专职干部一起共同研究进行。几年来配合各时期的中心任务，围绕着“提高思想觉悟，搞好岗位工作”和“密切联系群众”两方面做了一点工作。方式主要是集体活动，也有一些个别谈心。集体活动的工作面较广，效果也显著。

集体活动每年至少一次（纪念“三八”国际妇女节），并积极创造条件争取搞二三次。活动方法有报告会、座谈会和参观等。1956年有三次：一次是组织男盟员、男教师家属听省市治安模范、职工家属的报告，一次是纪念“三八”节，女盟员及女文教工作者参观现代化工厂，一次是与其他民主党派（民革、民建）女成员及所联系群众请省妇联主任作“八大”文件学习报告。今年纪念“三八”节是配合“艰苦朴素、勤俭建国”的革命传统教育工作，与民革、民建、九三联合邀请省妇联主任作革命斗争事迹的报告。

这些集体活动的特点是：有较好的思想内容；密切联系群众；逐步

扩大工作面。

从效果看，女盟员及群众对这些活动基本上是满意的。大家说参加这些活动受到很大的教育，提高了社会主义觉悟。有的说“这次会是解放以来参加的‘三八’纪念会中最好的”，有的说“听这个报告比看好□政治文件还好”。所以这两年来的“三八”节前，女教师和女同志有□要求参加盟的纪念活动的，也有向组织提建设性意见的。每次活动□有些参加活动的同志和老师还把所得收获带回本单位向老师和学生□或摆谈，也推动了一些学校单独或联合起来组织类似的活动。省委□妇女活动不仅对女盟员的教育提高有帮助，而且在文教界妇女的一□圈内起了互相推动作用。

在妇女集体活动工作中，我们的体会主要有三点：

1. 领导重视，省委会专职干部具体动手，是开展工作的关键。贵□委会没有专做妇女工作的干部，几年来能够多少做一点妇女工作，□与“领导重视、干部动手”分不开的。领导重视表现在把妇女工作列□盟务工作之内，到需要时就调动一定的干部力量去做。干部动手表现□□具体负责妇女工作的干部或女干部首先要考虑这项工作，提出初步意见□□全体干部会上讨论，然后分工互助。女委员虽不是专职，但是当干□□有关活动的初步意见提请她们考虑时，她们或反映群众的需要，或提出修正补充意见，并在适当的分工中积极负责完成。

每天活动内容既要结合中心任务达到进行思想教育的目的，又要□□同志和群众的要求，有时是发现客观条件有可能就抓紧时机搞搞一□。一般说来，“三八”节的纪念活动是按照全国妇联指示精神力求有中心、有内容、方式多样化地做（1955年邀请女工农劳模四人座谈，1956年在社会主义建设高潮中参观工厂，1957年听妇女参加革命斗争的事迹报告），其他次数的活动是看条件而定，例如了解到省、市□□苏归来和参加国际活动回来的妇女代表，就立即邀请作报告。这样□内容比较新鲜而丰富，不仅妇女欢迎，连被邀的男同志和男教师也表示乐意参加。

2.开展妇女工作必须与各级妇联密切联系。妇联工作范围很宽，□主要的工作对象或工作任务，平常与我们联系较少，但对民主党派妇女工作是关心的。几年来，我们常与有关妇联联系，得到省、市、区级妇联领导人和干部同志们的具体帮助。多次事实说明妇联对我们开展妇女工作是欢迎的，是积极支持的。不过我们不能坐等妇联来推动，而应该主动与各级妇联密切联系。

3.发动女同志。女同志是一般都有热情好客的特点。我们每次活动除了干部动手外，有时还由组织指定一些女同志参加工作，她们积极热心而负责。有些女同志主动为活动服务，不过同志们工作很忙，妇女活动只能是适当地开展，分配任务也要恰如其分，不能浪费大家的积极性。

我们的妇女工作还有不少缺点：首先是干部思想保守，联系群众的数字偏小，现在才开始纠正；其次是巩固活动收获工作不够深透；第三是除“三八”外只是有啥做啥，缺乏计划性。

史料九　思想改造学习活动

思想改造学习活动，主要体现在盟员个人的自传中。

（一）左天玉自传

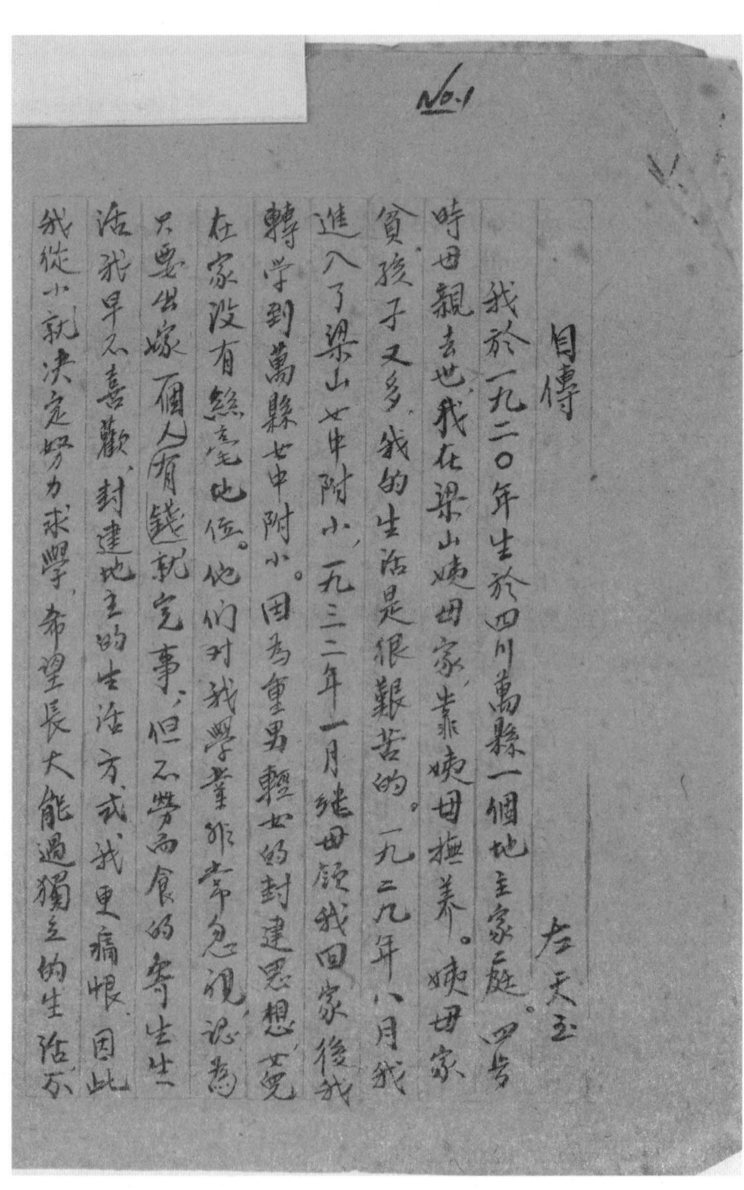

No.1

自傳

左天玉

我於一九二〇年生於四川萬縣一個地主家庭。四歲時母親去世，我在梁山姨母家，靠姨母撫养。姨母家貧孩子又多，我的生活是很艱苦的。一九二九年八月我進入了梁山女中附小，一九三二年一月繼母領我回家後我轉学到萬縣女中附小。因為重男輕女的封建思想，女兒在家没有絲毫地位。他们对我學業非常忽視，認為只要出嫁個人有錢就完事，但不勞而食的寄生生活我早不喜歡，封建地主的生活方式，我更痛恨，因此我從小就决定努力求學，希望長大能過獨立的生活，不受他何家庭束縛，同時反動統治的社會，處處千瘡百孔，人民生活十分貧困，加以帝國主義的瘋狂侵略，九一八事變、七七事變使我更感到反動統治者的賣國。一九三八年萬七年初中畢業以後，我考取了重慶南開中學。父親勉強供給了我的學費，家庭經濟一天困難一天，又開始了我的幻想：以為中國淪為半殖民地是人心不好，不能好好治理國家，而教育為一切之本，教育把人心變好以後一切都可好轉。這种唯心的想法，是由於我未認清反動社會的本質，未了解當時的階級關係，沒有明白在階級社會中，教育是

2.

為階級服務的。反動統治社會的教育，當然是為反動統治階級服務的。那時我自以為教育為清高的事業，所以高中時，就決定終身為教育服務了。一九四一年，我考入了江津白沙国立女子師範學院英語系，是合乎我的志願的，同時該校是公費可以解決我的經濟問題。

一九四五年我大學畢業後，任南岸市女中英文專任教員一年半。一九四七年二月到一九四七年七月任小龍坎樹人中學英文專任教員，一九四七年八月到一九四九年七月又任南岸市女中英文專任教員。一九四九年八月——一九四九年十月任萬縣男中英文專任教員。
那時正是解放前夕，萬縣情況非常紊亂，我身懷
有孕，愛人府仁方在重大教書，因此我離開萬縣重新來
到重慶，在重大作了一年多的家庭主婦。
解放初期，一切新氣象不斷地感染着我，教育
着我，使我認識到地主階級的可恥、可鄙、可恨，但在
感情上還有些同情地主，以為地主也有個別好的，尤其
是像我父親那樣本分的地主。這是由於我階級覌
点模糊，看不見整個地主階的為害是新中國工業
化的障碍。現在因為兩次思想改造及在職學習，我已澈

3.

底了解我必須仅对連我父親在内的整個地主階級，而且还要教育消滅它。我热爱祖國痛恨帝國主义，崇美親美的思想早已肅清，然而对於美帝的機械化部隊，解放初我还不敢加以輕視，但經过了我国志願軍的抗美援朝的鉄的事实，我已完全了解美帝只是隻紙老虎，对美帝是應該蔑視、鄙視和仇視的。

一九五一年五月我被教育局派到罗德中學教書，到現在已一年多了，在這段時間中我在党和毛主席的領導下，光荣地担負起人民教師的任務，兢兢業業地學習、改造，在新中國温暖的大家庭中，我得到許多同志的親密的友誼互助。我體會到新中國無限美好的將來，會給我們帶來更多的幸福。我們——人類靈魂的工程師，又是幸福社會的推進者。

目前世界和平力量無比強大，帝國主义在走向末路。我們祖國明年就將開始大規模的經濟建設和文化建設。我們不僅要培養建設人才，把祖國建設得很美麗，使他更順利地走向社會主义，更要培養去解放全世界的人才去解放那些在帝國主义資本主义蹂躪下受压迫受剝削的人民。我們要在黨和毛主席的領導下加强鍛鍊，努力學習系統的马列主义和毛澤

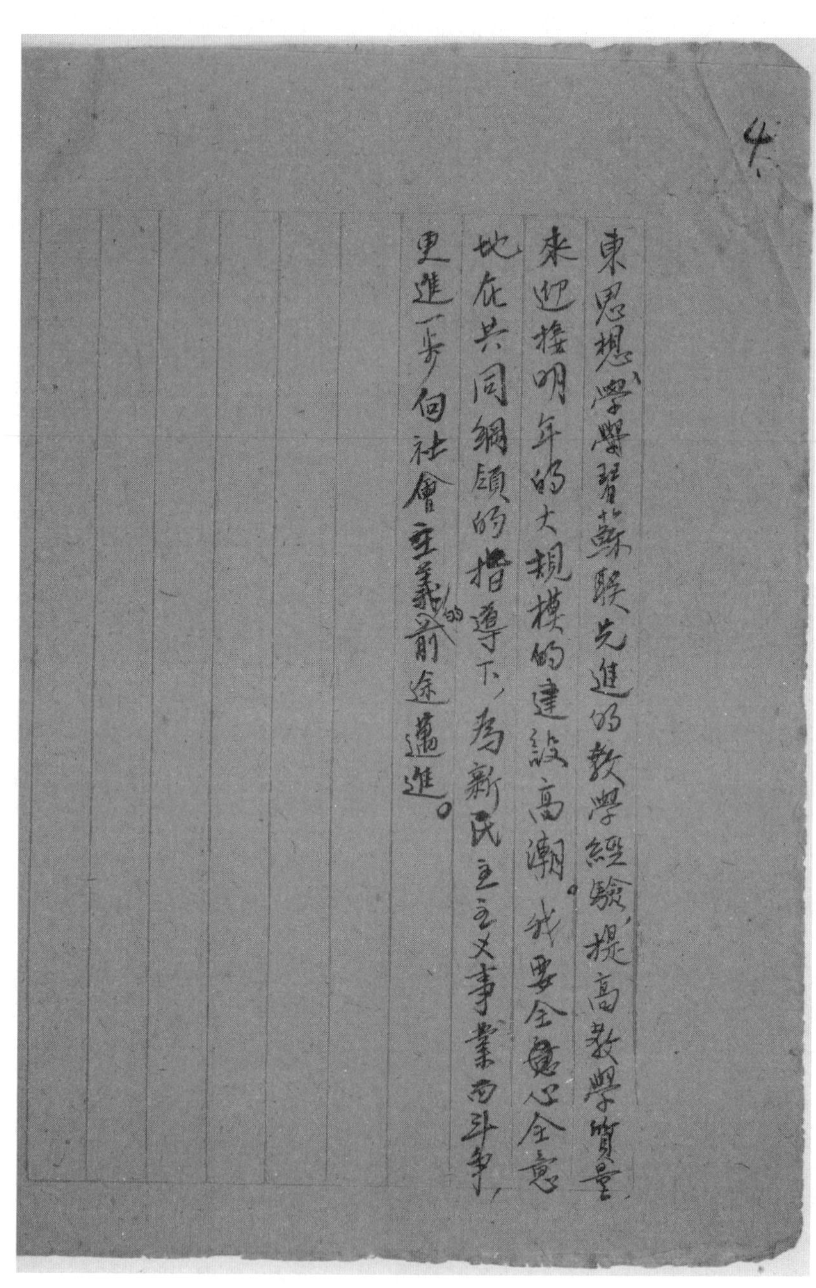
4

東思想、學習蘇聯先進的教學經驗，提高教學質量來迎接明年的大規模的建設高潮。我要全心全意地在共同綱領的指導下，為新民主主义事業而斗爭，更進一步向社會主義的前途邁進。

（二）黎世华自传

自傳

黎世華

我是貴州黔西縣城関区第四街人、生於一九二二年的有產家庭裡、今年二九岁、我生時不到一月、父親即去北京讀书，七岁時生母去世、十多岁時在貴陽郭家停，經李俊昌介绍、才会和父親見面，但有数月就回黔西原籍读书、我父親生来对家事不过问、所予祖遺薄產、全由叔父及庶婶娘管理、叔父也是經常在外工作、嬸娘不关心我們读书問題、我就在舅父萧剑秋家裡住、讀书费用由父親按月匯来、在一九四〇年到四四年父親因到淪陷区做抗日工作、这段時期無音讯、兼之我舅父环境不好、嬸娘百般为难、經济上受了限制、不能继续升学、於四二年与邓森结婚（其時我高中僅读二年）结婚以後我一直都是過教書生活、四四年我父親来

貴陽，住幾天返重慶，同年冬天復来黔西小住一月又回重慶（我因病後
有会返）從那時起，一直到四九年這一時期，我父親一會兒昆明、一会兒成都、貴陽
等地，我和愛人卯森因有東下打算，於四五年到遵義，我父親不主張我們
下，就在遵義仍以為吃飯而工作環境下方圓々，我知道父親是為民主革
命而奔走的，生活又何艱苦，都是抱着無限希望，四九年六月我父親由
渝来信這樣說：「遵義係要衝，妳速返黔西小住，錦原（指我愛人）找一適當工
作，不久有大好機可以幫助你們」不久又来信說：「速返前山處理，否則
不允許你們遲緩了」我當即攜揹返黔西，從這信来後，就無信来，他是
無事不寫信，几个月不通信是常事，無限的希望还是存在着我的
心頭，在接近解放時，有過我父親在渝被捕的傳說，当時我思想上很

信将疑有一種天真的想法：「不会有什麼危險」解放後這样的消息愈來愈多：我還是希望這可怕的消息、不要成事实、可是在五○年的五月间、李雲七伯府華村先生由渝来信、終於把这無限悲痛的事实証实了我父親于四九年十一月廿七日晚、被美蔣匪帮指使下的萬恶特務慘殺于渝市渣滓洞、這个噩耗傳來、簡直如同晴天霹靂、使我悲痛萬分、這時邓森在大学習、我以模糊的情形告訴他、恐怕影响他学習情绪、情况之痛苦、我真無法形容、此七月间黔西縣人民政府盧縣長把烈士証明書及追悼紀念書转给我、並勉勵我說：「妳要站穩立场、分清敵我界綫、好好的为人民服務、替妳父親報仇」我還是泣不成聲、無言回答、這書上印的有我父親慈祥的遺容、和他生前可歌可泣的革命事蹟，实使我悲憤交織，痛不欲生，但是父親是死了，現在廣大人民站起来了，象徵着他的精神没有死，他的精神是永遠印刻在每一个革命工作同志记憶裡！我应把这最悲痛的心，化为堅强的革命力量，向着法西斯蒂恶的魔鬼作堅决斗争，作为对我父親永恒的悼念，这是我鄭重的誓願，得組織上的照顧已経向这個方向摸索（在小学教書并与廣大羣众团結，現参加土改工作）為着進一步的實現确实我这誓願，希望本盟先進給我培養成为真正的革命動力，跟着先烈的斗争道路，步趋着我父親的鮮红血蹟，在先進们正确領導下，我的思想入盟，能够給我实踐的結合機會。

（三）佘碧自传与自我改造小结

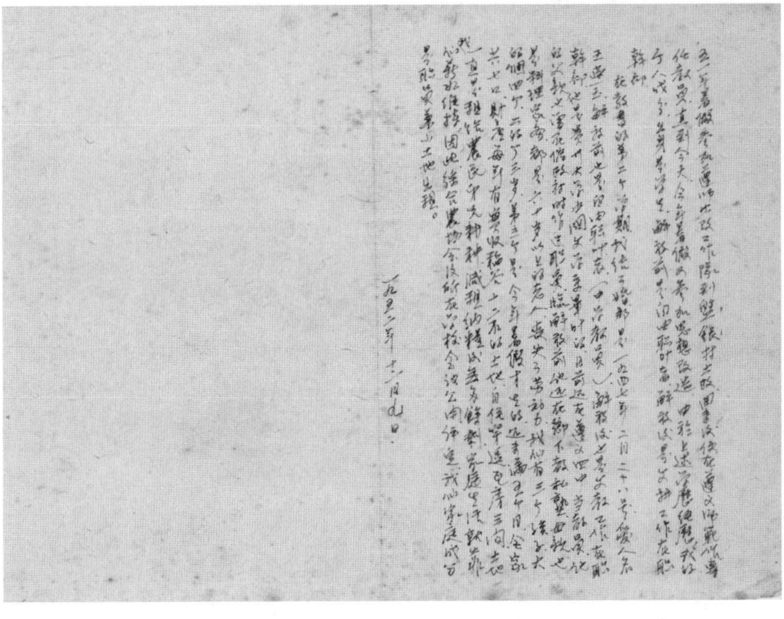

自我改造小结

姓名 佘　碧

1958年9月7日填

姓名		性别		年龄	
籍贯		单位		职务	

自我检查：

[illegible]

整风收获

[illegible]

今后方向：

（四）李若芬自传

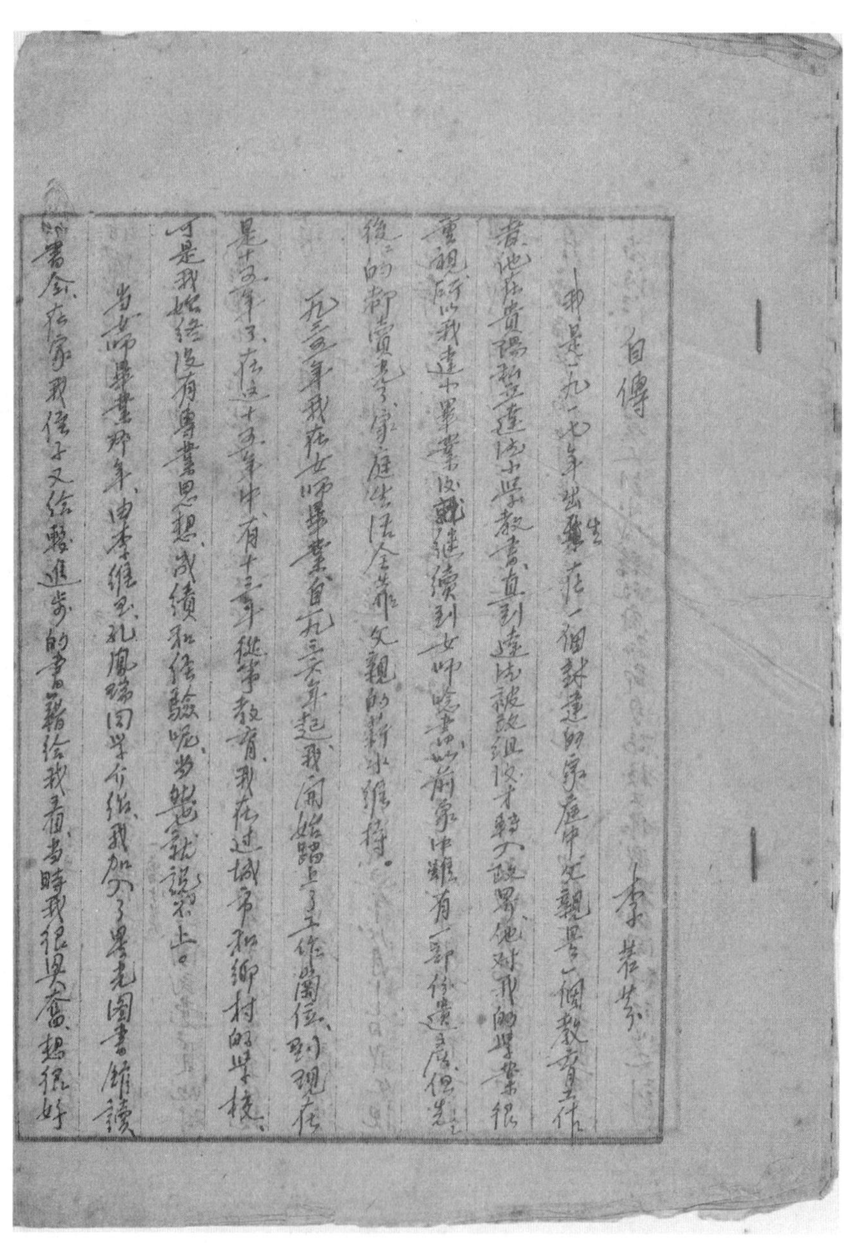

自傳　　李若芬

我是一九一七年出生在一個封建的家庭中，父親是一個教育工作者，他在貴陽私立達德小學教書，直到達德被改組後才轉入政界。他對我的學業很重視，所以我達德畢業後就繼續到女師讀書。以前家中雖有一部份遺產，但先先後後的都賣光了，家庭生活全靠父親的薪水維持。

一九三五年我在女師畢業，自一九三六年起，我開始踏上了工作崗位，到現在是廿五年了。在這廿五年中，有十三年從事教育，我在過城市和鄉村的學校，可是我始終沒有專業思想，成績和經驗呢，当然就談不上。

当女師畢業那年，由李維思、孔鳳端同學介紹，我加入了學光圖書館讀書會。在家我侄子又給[illegible]進步的書籍給我看，当時我很興奮，想很好的做工作，但经不起事实的考验。当李策第一次被捕时——已逃走，我很害怕，因此就没有跟同志们联系。一九三六年我开始工作，就在镇宁中学当主任。一九三七年我在岑巩县立女中工作，同事的一个同学（曾士英）她是国民党员，她对我说：现在工作就要入党，不然工作会靠不住的，当时我怕失业，因为我父亲有了肺病，不能工作，我得负责家庭费用，于是就填表申请，随即离开贵阳到岑巩去，批准已否我全不知道，也没有发党证给我。这年九月十七日我父亲病死，奔丧回家，过玉屏时会见我的表姐，她是玉屏女中的校长，拉我就预约了我下期到玉屏工作。一九三八年在玉屏工作半年就回贵阳和墨人同居结婚，婚后大病数月，继又小产，没有工作。一九三九年才由朋友介绍到黔西二小当级任。次年我爱人到水城县政府和都匀师校工作，我和他同行，所以又到水城男小和都匀縣府工作，一九四二年回到貴陽我就到獅子山小學，因爲校長是我的老師，在了一年，貴州烟草公司需要一個女生活指導，因我愛人在那裡工作，家又住在那裡，待遇比學校好，我就離開學校到公司去，但不久公司裁員，我和愛人都被遣走，這時無處棲身，只好搬到鄉下伯母處去暫住，一九四三年找到了一個同學她弟弟在大夏任課務主任，才介紹我去大夏工作，在教務處當辦事員，這時我倒得了一個半工半讀的機會，慢慢的我愛人也找到了基地倉庫的書記工作，黔南事變大夏準備遷校重慶，我就先到重慶，後來大夏又沒有搬去，正遇偽糧食部糧食供應處招考臨時雇員我投考取錄，工作期滿又回貴陽，尚未找到工作，就抗戰勝利，基地倉庫開往南京，要全體眷屬隨行，我在南京閒居二年，一九四八年末

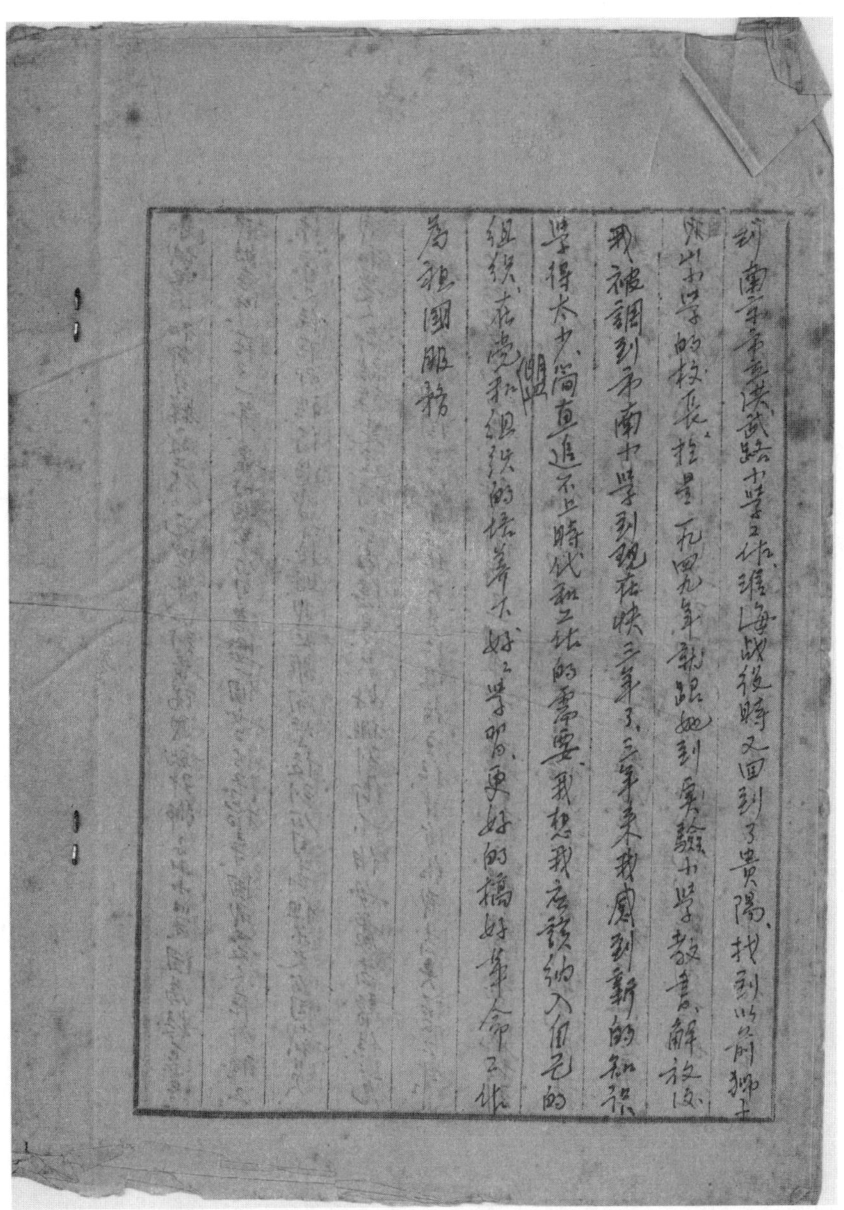

到南京市洪武路小学工作，淮海战役后时又回到了贵阳，找到以前乡下
外出小学的校长，在一九四九年就跟她到实验小学教书，解放后
我被调到市南小学到现在快三年了，三年来我感到新的知识
学得太少，尚直进不上时代和工作的需要，我想我应该纳入自己的
组织，在党和组织的培养下，好好学习，更好的搞好革命工作
为祖国服务

（五）孙立斋自传

自傳

孫立斋

一页

一、家庭情况 我自结婚以来，过的是小家庭生活。现在我的家中连我本己共有五人。爱人丁智华解放前未在社会工作，解放后，在革命胜利的鼓午下参加街道妇女工作，工作尚积极，由市妇联送第一期工训班受训，毕业后，留市妇联抗美任工作员，后调黄家井小学、河滨小学任教，至此因病请假休养。现病早已痊愈，我想争取参加工作。长子孙成棟，自清华大学航空工程系毕业后，分配在北京航空学院作研究生，專攻空气动力学，毕业后，调在長春地质学院担任教师。次子孙成栟，毕业于天津大学土建系，留校任助教职務。三子孙成榆，毕业于贵阳卫生学校，先后在贵阳市工人医院，新华路门诊所，三桥门诊所担任药剂士，去年响应政府号召，投考贵阳医学院，现在该校医疗系肄业。家中自土改后已无产业，全靠各人工资生活，在互相帮助的情况下尚能收支相抵，足够生活。

二、思想转变过程 我出生在封建地主家庭，入学校后受资产阶级教育，剥削思想，相当严重。解放前生活上专为个人打算，看不到农民的痛苦，以为只要不虐待农民，给他们些小恩小惠就算是好人，没有从阶级本质上认清剥削的罪恶。在工作上，孤高自许，以为不插入当时的政治就算清高，而不知自己所行所为实际上完全为统治阶级服务。那时对于党是毫无认识的，对社会主义毫无所知，在反动宣传下，对党还存在着恐惧的心理。解放后在人民革命事业胜利的震动下，才如梦方醒。由于党的政策十分具体明确，而且并不像反动宣传的那样可怕。对旧知识分子只要放弃过去的反动立场愿为社会主义事业服务的人，都是採取团结、教育和改造的政策，因此才开始靠拢党。在党的教育下，对过去剥削的错误，有了进步的认识，决心放弃剥削生活。因此在土改中除将土地全部交还农民外，还变卖了我所有的房子家具等付清了剥削账，从事劳动以维生活。但因我在旧社会生活数十年，封建剥削思想和资产阶级的个人主义思想，仍严重存在。几年来，在党的不断培养和教育下，自己争取参加了历次的政治运动——土地改革、思想改造和肃反运动——的斗争，经过群众的分析和批判，在活生生的阶级斗争中，逐渐体验到劳动人民的生活情况，因此对解放前的剥削行为和为反动统治阶级服务的错误和可耻，才逐渐加深了认识。由于对过去错误的认识愈深，对劳动人民生活的体会愈大之後，才开始具有为人民服务的观点。目标明确了，因而在工作中很有劲，很有热情。解放几年来，新中国不断强大，国际声誉日隆，建设突飞猛晋，人民生活

二页

水平不断提高，完全改变了过去半封建半殖民地的面貌，更使我清楚的认识到「有了共产党才有新中国」的意义，决心跟着共产党走，在党的领导下尽自己所有的力量，来参加祖国的建设。对我个人来说，党除了不断的关怀和培养外，还奖励个人极微小的进步。在一中时我被评选为优秀教师，在进修学校又被推荐为科普工作积极分子，这些光荣只有党才能给予我们。最令我感激和兴奋的是在北京出席全国第一次职工科学技术普及工作积极分子大会的时候，毛主席接见我们，令我们照了相。毛主席对我们那种和蔼慈祥的表现，实在令人难忘。当时我的心里不由的这样想：「毛主席这样的关心我们，我们回去一定要更好的工作，否则对不住党和毛主席」。这一思想经常围绕在我的心中，没有一天忘掉过。去年党又评选我为高级知识分子，在生活和学习上多方照顾，使我更加惭愧：自己对祖国的贡献太少，而党和人民的待遇却很高。这一切都充分的教育和感动了我，今后决心努力继续改造自己，不断加强学习，针对我的缺点，特别是要学习党员同志们忘我劳动、全心全意为人民服务的精神，尽我有生之年，忠诚的为社会主义事业服务到底。

三、对盟的认识　解放前对于民盟也是不理解的，由于「清高」思想的支持，对政党的活动不感兴趣。只觉得他们是一些「失意」的知识分子，为了反对当时统治者的一种临时组织。解放后，由于盟组织的发展及活动，逐渐认识到盟的积极意义，知道他是党的助手，他是团结、教育和改造旧知识分子使为社会主义建设事业服务而努力的政治组织。过去我虽未入盟，但盟对我是有联系的，邀请我参加了盟的座谈会和到各处去参观旅行，使我对盟的工作进一步的认识。自去年各处参观回来，我就有争取入盟的愿望，希望早日入盟，在盟的教育和盟负责同志们的帮助下努力改造自己，使得在参加祖国的社会主义建设事业中，少犯错误，多发挥一点力量。

四、社会关系　我在旧社会生活几十年，接触的人是不少的。但由于工作都在学校，除教了好多学生外，从旧教师的地位来说，当时不为人重视，按内上爬又不上去，个人孤高思想来说，又适使我脱离群众。因此我在旧社会工作廿余年中，除因同事关系或因吃喝玩乐有些临时组合或接触外，在我朋友之间，很少有密切的朋友。至于对我在政治上、经济上或思想上有影响的人，更是没有了。解放以来，参加了轰轰烈烈的阶级斗争，为了站稳自己的立场，对旧社会相识的人，不但绝不往来，就是在街上碰见也多视若路人了。目前我往来的人，在生活上互相交往的只有岳母和我的姐姐两家。

史料十 1959年12月：《关于服务与改造的结合问题》

关于服务与改造的结合问题

民盟贵阳师范学院支部 周春元

目前关于服务与改造的结合问题，认识上并不一致。有人认为思想改造是一回事，服务是另一回事，要就是到工厂到农村去劳动锻炼，要就是到马列学院去学习马克思列宁主义理论和毛主席的著作，专门去改造思想，先红了再来专，再能服务，或者工作需要，就干脆不要谈思想改造，索性让自己好好工作；等到工作做不下去了，就去学习，去改造思想，这样把两者□□起来，是不正确的。也有人说：若是自己的思想没有改造好，组织它为什么会安排自己的工作？既然分配了工作，就说明思想没有什么问题，正是工人阶级思想，因而暗自地产生骄傲自满情绪，厌烦谈思想改造，不了解党的政策，同样是不正确的。还有人说：服务与改造不能说毫无关系，但是，关系不是那样密切。这就是说，政治不一定要挂帅；有些时候政治可以挂帅，有些时候不必政治挂帅，事实上思想上不会是真空的；不让无产阶级政治挂帅，必然就是让资产阶级政治挂帅，这样摇摆于两条道路斗争间，是不利于社会主义建设的，也是不正确的。

服务与改造，有一个共同目的，不是为了个人利益，不是为了□□衣食和养家活□，而是为了解放人类的崇高理想，建设社会主义共产主义社会。说具体一点，就是为了把我国建成一个有现代工业、现代农业和现代科学文化的社会主义强国。从各行各业的服务中，都要求尽可能提高服务质量，对各种各样的资产阶级思想，都要求加强改造，树立无产阶级思想，以利于社会主义事业的发展，两者互为手段，相得益彰，以达到共同的终极目的。

从服务来说，党和人民需要的是又红又专的工人阶级知识分子，不是只专不红的干部，需要的是集体主义者，而不是个人主义者；需要的是党的得心应手的□□□□，而不是别别扭扭，常与组织对抗的阶级异己分子。若是自己的条件不适合，就必须改造主观世界，来适应客观要求，即是改造资产阶级世界观，树立无产阶级世界观，这样才有条件谈服务，不断地提高服务质量；同时，客观情况随时变化，对人们的要求也不断在提高，若不及时改造主观世界，势必产生主客观间的矛盾。客观规律不以人们的意志为转移，客观世界不会迁就主观愿望；假使有人幻想党和人民来迁就自己的主观愿望，你势必到处碰壁，遭到可耻的失败。若是认清这一点，“识时务者为俊杰”，就应下定决心彻底改造自己，这样才有光明前途，才可以端正服务态度，才可以继续提高服务质量，在服务的实践中来改造自己。

从改造来说，周总理在全国第二届人代会上所作的工作报告中指出，“旧知识分子的自我改造工作，近来出现了一可喜的现象，就是他们中间有不少人不但真诚地愿意接受党的领导，为社会主义建设服务，而且开始深入群众，定期下厂下乡，参加劳动，取得同劳动人民一起生活和劳动的新经验，提高了自己的思想觉悟”。这说明旧知识分子在党的培养教育下，思想改造已取得显著成效，这是今后继续改造的基础，无可置疑的。但是应该警惕，在社会主义过渡时期，两条道路的斗争，两种世界观的斗争贯穿在各个方面，高一阵，低一阵，有时缓和，有时尖锐，再高一阵，再低一阵，波浪式地发展着，这就说明我们思想改造的任务还是急迫的，也是一个长期的复杂的艰巨的过程。具体到个人来说，受旧社会的习染很深，久处鲍鱼之肆，而不闻其臭，自己习以为常，不以为怪，资产阶级的习惯势力，随时在支配着我们，只有提高一分觉悟，才能认识一分错误，只有破资产阶级世界观，才能立无产阶级世界观。话说来容易，要割下自己身上的毒疣，没有忍痛的决心是医治不好的。例如：旧知识分子觉得自己对人民的贡献很大，而所得的报酬很小，享受不够好，这是不知天高地厚，浓厚剥削思想的反映。首先看革命的前辈出生入死，冒着生命危险和敌人作顽强的斗争，何尝计较个人的报酬与享受？一心只为实现解放全人类的最高理想而斗争，在残酷的斗争中，毫不吝惜自己宝贵的生命，还觉得对党的贡献很小，这怎能相提并论呢？其次，看工农群众，在各个生产战线上，已取得了辉煌的成绩，为了坚决贯彻执行党的建设社会主义总路线，鼓足冲天的革命干劲，苦干、实干、巧干，在技术革命中发挥了积极性与创造性，揭开中国史上的新纪录，涌现了不少的当代英雄，他们思想上何尝计较个人享受与名利？只觉得贡献太不够。这些活生生的事例，是有目共睹的。对于一般旧知识分子，党和人民给予优厚待遇和较高的物质享受，他们对物质条件要求高，而贡献生怕多一点，人在福中不知福，不免时常发点牢骚，说些怪话，假使让这些人到工农战线上去，看能挣得多少工资？又能贡献多大力量？自己的知识，纵然不含唯心主义的毒素，又能解决多少实际问题？何况唯心主义观点不少，理论又严重脱离实际，面对实际感到束手无策。平心而论，知识分子的作用，党和人民一向是非常重视的，党对知识分子的团结教育改造政策，是很正确的、英明的。根据政策，多方照顾，尽可能启发觉悟，耐心等待，使能自觉地抛弃资产阶级世界观，转变立场，坚定无产阶级立场和辩证唯物主义世界观，逐渐能够全心全意为人民服务。这里必须指出，只要个人主义思想还存在，谈服务，就不可能是全心全意的，而是半心半意的、三心二意的。由于个人主义者，是以唯我主义作圆心，个人主义作半径，画成一个圈子，把自己圈在里面，鼠目寸光，心胸狭隘，只看见个人小天地，看不见广大工农群众，看不见蓬蓬勃勃的新气象，也就把自己隔绝于六亿五千万人民之外，不可能与全国人民共呼吸，同命运。再看对待工作，不是从工作出发，而是从唯我出发，合乎自己的利益，就服从组织安排；不合乎自己的利益，就提出若干“大道理”，说什么条件不合，兴趣不在那里，向组织讨价还价。

表现得特别突出的，是只能领导别人，不能被别人领导，能上不能下，摆出一副知识分子的臭架子，令人作呕，左拦右遮，不愿放下来，更不愿粉碎它。坚决站到无产阶级的立场上来，以一个普通劳动者要求自己，能上能下，既能根据组织的要求来领导人，也能同样服从别人的领导，真正从工作出发，而不计较什么名位，做一个名副其实的红色战士。若是凭口讲，也能说做党的□□□□，实际上是有条件的，不是绝对服从党的领导。就以个人作为一个螺丝钉来说，有时估计作用很大，认为缺少了一个，就不可能用第二个来代替，把个人作用加以夸大。也有时不如意，认为一点作用也没有，简直等于零，几乎成为人类的赘疣，那就没有勇气生活下去了。这主要是资产阶级世界观的反映，不是实事求是、正确地对待个人与集体的关系，也就谈不上是党的驯服工具。全国人民在党的领导下，定雄图、立大志、鼓干劲、建大业，自己总是被万恶之源的个人主义的隔膜网起来，不是那样密切地联系在一起，全国人民的前途是光辉灿烂的，而自己的前途是忽明忽暗的，因而患得患失，苦恼着、纠缠着，这一个问题弄通了，另一个问题又不通，这一关刚过了，另遇一关又过不去，九妖十八峒，魔障丛丛，全国人民感到幸福快乐，自己体会得就不是那样亲切。诸如此类，万变不离其宗的个人主义，都是社会主义建设中的消极因素，必须本着大破大立的决心，按照党和人民的要求，加速自我革命，纵年龄大一点，“朝闻道，夕死可矣”。这里指的道，不是封建的道，也不是资本主义社会的道，而是马列主义的真理。古人已指出了这一途径，我们应有追求真理的精神，我们幸福地生活在毛泽东时代，有党和人民无微不至的关怀，还有什么理由迟疑彷徨呢？摆在我们面前的唯一正确的道路，就是加强自我改造，在党的总路线灯塔的光辉照耀下，抓紧学习马克思列宁主义理论，学习毛主席的著作，深入社会生活实际，深入工农群众中去，深入生产劳动中去，反透“右倾”，鼓足干劲，从服务中不断改造自己，从改造中不断提高服务质量，为实现人类最高理想而奋斗。

总之，改造是服务的前提，服务是改造的基地，服务是改造的温度表、试金石，二者是密切联系着，不可分割的。因为离开服务而谈改造就是一句空话，无的放矢；离开改造而谈服务，就没有思想基础。那么，服务的态度和质量都有问题，不是真正为社会主义建设服务，忽视了任何一面，都会导致不良后果。例如思想上存在着右倾思想，右倾情绪以及右倾机会主义，没有反透，就会给工作带来损失。政治是灵魂，工作若失去灵……

史料十一 1959—1960年评选先进工作者

民盟贵州省委员会盟员被评为先进工作者报告表

姓名	性别	年龄	籍贯	盟内职务	盟外职务	光荣称号	評选單位	評选年月	备注
谭[illegible]	男	65	贵州贵阳		贵州大学化学系主任、教授	先进工作者	贵州省文教群英会	1960.4	全国文教群英会[illegible]代表
王焕[illegible]	〃	46	河北[illegible]县	盟省委市分委员、医支部主委	贵阳医学院院长、付教授	〃	贵阳医学院	〃	贵州省文教群英会代表
于[illegible]	〃	43	辽东庄河	医支部委员	贵阳医学院外科付主任、付教授	先进集体代表	〃	〃	—
张[illegible]祥	〃	37	浙江[illegible]		贵阳医学院内科[illegible]讲师	〃	〃		—
黄[illegible]	〃	46	贵州[illegible]	贵州农学院支部主任委员	贵州农学院农学系主任、付教授	〃	贵州农学院	〃	〃
郭[illegible]	〃	40	河北[illegible]	盟省委市分委员	贵州农学院植保系付主任、讲师	先进工作者	〃	〃	〃
姚公书	〃	62	江苏兴化		贵州大学历史系主任、教授	〃	贵州大学	〃	〃
黄[illegible]	〃	53	贵州[illegible]	贵州大学支部宣委委员	贵州大学物理系主任、讲师	〃	〃	〃	〃
王[illegible]	〃	39	贵州贵阳	贵阳师范学院支部委员	贵阳师范学院物理系主任、讲师	〃	贵阳师院	1960.1	〃

民盟贵州省委员会盟员被評为先进工作者报告表

姓名	性别	年龄	籍贯	盟内职务	盟外职务	光荣称号	評选单位	評选年月	备注
刘[illegible]	男	42	贵州贵阳	盟省委付主委	贵州省农[illegible]付校长	先进工作者	省[illegible]	1960.4	贵州省文教群英会[illegible]代表
刘[illegible]	〃	43	贵州贵阳	贵州省农林干部[illegible]组长	贵州省农林学校[illegible]付主任	〃	省农林学校		贵州省文教群英会代表
[illegible]	〃	41	贵州贵阳	贵阳农业学校支部付主委	贵阳农业学校教导主任	〃	贵阳农校		贵州省文教群英会代表
何[illegible]	〃	41	浙江	贵阳农校支部[illegible]	贵阳农校作物[illegible]主任	〃	〃		贵州省文教群英会代表
孙毓秀	女	46	浙江长兴	贵阳女中小组组长	贵阳女中付校长	[illegible]	贵阳市文教群英会	〃	贵州省文教群英会代表
张[illegible]	男	72	贵州贵阳		贵阳一中教员	先进工作者	贵阳市文教群英会	〃	
张[illegible]	〃	34	贵州贵阳	贵阳八中小组组长	贵阳八中[illegible]	先进集体代表	〃	〃	〃
[illegible]	〃	51	贵州遵义	盟省委委员遵义市委付主委	遵义四中校长	先进工作者	遵义专区	〃	贵州省文教群英会[illegible]代表
王[illegible]	〃	55	山东[illegible]	贵州科学分院小组组长	贵州科学分院[illegible]	〃	贵州科学分院	〃	贵州省文教群英会代表

民盟贵州省委员会盟员被評为先进工作者报告表

姓名	性别	年龄	籍贯	盟内职务	盟外职务	光荣称号	評选单位	評选年月	备注
张[illegible]	男	72	贵州贵阳		贵阳一中教员	先进工作者	贵阳一中	1960.1	出席贵阳市文教群英会
[illegible]	女	34	四川南溪	贵阳一中支部主委	贵阳一中付教导主任	〃	〃	〃	〃
贺[illegible]	男	57	贵州贵阳		贵阳三中教员	〃	贵阳二中	〃	〃
[illegible]	〃	57	〃	贵阳五中小组组长	贵阳五中数学教研组组长	〃	贵阳五中	〃	〃
张[illegible]	〃	34	贵州贵阳	贵阳八中小组组长	贵阳八中数学教研组组长	〃	贵阳八中	〃	〃
[illegible]	〃	70	〃		贵阳女中实验室[illegible]	〃	贵阳女中	〃	〃
[illegible]	〃	[illegible]	〃		贵阳[illegible]	〃	贵阳[illegible]	〃	〃
陈[illegible]	〃	33	四川合川		贵阳二中体育教员	先进集体代表	贵阳六中	〃	〃
孙毓秀	女	46	浙江长兴	贵阳女中小组组长	贵阳女中付校长	[illegible]	贵阳女中	1960.4	〃

民盟贵州省委员会盟员被評为先进工作者报告表

姓名	性别	年龄	籍贯	盟内职务	盟外职务	光荣称号	評选单位	評选年月	备注
陈登科	男	41	贵州修文		贵阳十五中学总务主任	特邀代表	贵阳十五中	1960.4	出席贵阳市文教群英会
许法深	〃	48	江西南昌	贵阳九中小组长	贵阳九中付校长	〃	贵阳九中	1960.4	〃
陈述昭	〃	33	贵州贵阳	盟省委文补委员	贵阳一中付校长	〃	贵阳一中	〃	〃
李梦骅	〃	37	贵州贵阳		贵阳三中付校长	〃	贵阳三中	〃	〃
袁德英	女	50	贵州普定		贵阳师专教员	〃	贵阳师专	〃	〃

民盟贵州省委员会盟员被評为先进工作者报告表

姓名	性别	年龄	籍贯	盟内职务	盟外职务	光荣称号	評选单位	評选年月	备注
田滋穗	女	31	湖南溆浦	贵阳云岩区小教支部付主任委员	市北小学校長	先进工作者	市北小学	1960.3	出席云岩区文教群英会
宋世華	女	36	四川永川		市西小学教导主任	〃	市西小学	〃	〃
鍾菌	女	41	贵州开阳	云岩区小教支部委員	毓英小学校長	特邀代表	毓英小学	〃	〃
周洪懿	女	38	湖南長沙	〃	云岩师范教导主任	〃	云岩师范	〃	〃
胡淑芬	女	48	贵州贵阳	南明区小教小组付組長	富水路小学教員	〃	富水路小学	〃	出席南明区文教群英会
熊其仁	男	46	〃		工学院教務处付处長、付教授	先进工作者	工学院	1960.2	
肖荣圭	男	34	贵州遵义	工学院小组付組長	工学院数学教研組付主任	〃	〃	〃	
范家菌	女	37	四川隆昌	工学院小组組長	工学院建築教研組組長	〃	〃	〃	
蔡若愚	男	40	贵州息烽		工学院冶加工教研組組長	〃	〃	〃	

民盟貴州省委員会盟員被評为先进工作者报告表

姓名	性別	年龄	籍貫	盟內职务	盟外职务	光荣称号	評选单位	評选年月	备注
楊世蕩	女	31	貴州貴阳	貴大支部委員	貴大數学系付主任、講师	先进工作者	貴州大学	1960.4	出席省文教群英会
趙伯愚	男	63	〃	貴大支部主任委員	貴大中文系主任、教授	〃	〃	〃	〃
譚貽華	女	35	貴州織金	/	貴大外語系俄語教員	〃	〃	〃	〃
鄧清芹	〃	45	四川成都		农学院图书館付主任	〃	〃	〃	出席农学院群英会
葉任英	〃	42	湖北武昌		貴医附院妇产科付主任、講师	〃	貴阳医学院	〃	出席医学院群英
卢亮	男	36	湖南長沙	貴医支部委員	貴医神經精神病教研組付主任、讲师	〃	〃	〃	〃
任淑明	女	41	貴州貴阳		貴阳实小教員	〃	貴阳实小	1960.2	
刘瑩	〃	41	〃		貴阳云岩师范教員	〃	貴阳云岩师范	〃	
徐翠華	〃	40	南京市	貴阳云岩区小教支部小組長	貴阳河東小学教导主任	〃	貴阳河東小学	〃	

民盟貴州省委員会盟員被評为先进工作者报告表

姓名	性別	年龄	籍貫	盟內职务	盟外职务	光荣称号	評选单位	評选年月	备注
湯韻文	女	40	貴州貴阳	云岩区小教支部小組長	邮电研究所主任	先进工作者	邮电研究所	1960.2	
曾黎瑋	〃	40	貴州大安		一幼教養員	〃	一幼	〃	
刘宇芳	〃	34	貴州清鎮		〃	〃	〃	〃	
張永琳	〃	32	四川涪陵		五幼教養員	〃	五幼	〃	
毋先亚	男	45	貴州遵义		貴阳市人民銀行办公室	〃	市人民銀行	1960.3	
馬家驥	〃	42	上海市		都匀市粮食局会计	〃	都匀市人委会	〃	
胡玉洁	女	35	四川简阳		卫生学校教员	〃	卫生学校	〃	
方象徽	男	37	江西萍鄉		农学院化学教研組主任、讲师	先进集体代表	农学院	1960.4	出席农学院群英会
宗賀英	〃	3[illegible]	四川广安		农学院[illegible]教	〃	〃	〃	〃
王兆旭	〃	39	貴州黔西		农学院院务办公室付主任	〃	〃	〃	

民盟贵州省委员会盟员被評为先进工作者报告表

姓名	性别	年龄	籍貫	盟內职务	盟外职务	光荣称号	評选单位	評选年月	备注
梁祖蔭	男	49	河南宜阳		贵阳师院地理系主任、教授	先进工作者	师院	1960.1.	
周春元	〃	49	湖北潜江	师院支部主任委员	师院史学系主任付教授	劳动〃	〃	〃	
彭質鈞	〃	46	四川大邑	机械学院支部委员	机械学院矿冶科主任	〃	贵州省化工局	1960.4	
范永發	〃	36	贵州安顺		机械学院机械科主任	〃	〃	〃	
华宗炳	〃	38	贵阳	机械学院支部主任委员	机械学院物理教研組組長	〃	〃	1959.3.	
刘德澄	〃	44	〃	二中小組組長	二中付教导主任	〃	贵阳二中	1960.1	
童顕模	女	29	〃		二中教导处职员	〃	〃	〃	
何振華	男	42	〃		七中数学教員	〃	贵阳七中	〃	
周祖祺	〃	39	〃		五中英语教员	〃	贵阳五中	〃	

民盟贵州省委員会盟員被評为先进工作者报告表

郭詩瑶	女	40	河北安新		贵阳贵溪小学教导主任	先进工作者	1959.12.	贵溪小学	
周淑琛	〃	50	贵州贵阳		贵溪小学教员	〃	〃	〃	
陳昌菊	〃	35	南京市		贵阳城南小学教员	〃	〃	城南小学	
熊玉缨	〃	32	贵州修文		贵阳市南小学教导主任	〃	〃	市南小学	
黄炳炎	男	46	河南信阳		贵州农业学校教员	〃	1960.1.	贵州农业学校	
黄天成	〃	48	江西大庾		[illegible]经济所经济员	〃	1959.10.	安顺专署	

民盟贵州省委员会盟员被評为先进工作者调查表

姓名	性别	年龄	籍贯	盟外职务	光荣称号	先进事例	評选单位	評选年月	备注
熊其仁	男	46	贵阳市	教务处付处长	先进工作者	教学上积极贯彻党的教育方针	教务处	60.1	
[illegible]	男	33	贵州遵义	[illegible]付主任	先进工作者	同上	教务处	60.1	
[illegible]	男	40	贵州[illegible]	机电系机制教研[illegible]	先进工作者	教学科研结合积极贯彻党的教育方针	机电系	60.1	
[illegible]	女	36	四川隆昌	建筑学教研组组长	先进工作者	[illegible]	土建系	60.1	

史料十二 盟员入党报告及入党发言

（一）梁祖荫的入党誓言——《我的决心》

1956年3月28日

我的决心

贵陽师范学院地理系系主任梁祖荫在入党宣誓大会上的發言

远在抗日战爭期間，我就偶而听到一點關于八路軍的消息，例如說八路軍的指战員間怎样平等，生活怎样艰苦，办事認眞，不講情面等等。我就覚得这是很好的。但是共產党究竟是什么样的一个党，它的性質怎样，任务是什么，我完全不清楚。解放以后，看到活生生的事实，通过政治理論学習，我才逐漸从本質上認識了党，并且感到了党的偉大和可爱。我看到党的政策，沒有一項不是从全体人民的利益出發的，沒有一件事情不是光明磊落、不可告人的，在处理問題上沒有不是实事求是、公平合理的。在这里是这样，在那里还是这样，在全國都是这样。像这样处处为人民着想，事事为人民着想的党，怎能不使我傾心使我愛護？像这样一个党，我从來沒有听說过，也沒有想像过。通过学習，我才知道：我們的党是工人階級的政党——工人階級的先鋒隊，工人階級的組織性紀律性最强，覚悟最高，是大公無私的階級；同時我們的党是以馬克思列寧主义的理論武裝起來的，是最科学的，它能够根据社会發展的規律提出正確的方針、政策，所以它在全人類解放斗爭中能够百战百勝。党曾經領導我國人民進行了新民主主义的革命，现在領導着全國人民進行社会主义建設和社会主义改造，將來还要領導全國人民進入人類最幸福的共產主义社会。像这样偉大的事業，如果沒有党的堅强領導是不可能成功的。但是党不是一个抽象的东西，它是由千百万大公無私、願意献身于共產主义事業的党員同志組成的。增加一个党員，党就增加一分力量，社会主义和共產主义的建成將要加速一步。我是擁護党的。我就考慮到是否爭取入党問題。就个人歷史講，我曾經向組織上交代过的。但是我的缺點很多，例如政治理論和業务水平都很低，做事縮手縮脚，批評展不開，身体差，等等。当我想到这些缺點時，我就猶豫不前了。祖國偉大的12年農業發展綱要（草案）公布以后，我感到非常兴奋。我决心申請入党，把自己的一切献給祖國。我的缺點是很多的，但是为了祖國，为了党的事業，我願意努力学習，逐步克服这些缺點。我已經填寫了入党申請書，并已被批准入党，我一定不自滿、不灰心，老老实实、勤勤懇懇地工作，努力完成党所交給的任务。

【释文】

我的决心

贵阳师范学院地理系系主任梁祖荫在入党宣誓大会上的发言

远在抗日战争期间，我就偶尔听到一点关于八路军的消息，例如说八路军的指战员间怎样平等，生活怎样艰苦，办事认真，不讲情面，等等。我就觉得这是很好的。但是共产党究竟是什么样的一个党，它的性质怎样，任务是什么，我完全不清楚。解放以后，看到活生生的事实，通过政治理论学习，我才逐渐从本质上认识了党，并且感到了党的伟大和可爱。我看到党的政策，没有一项不是从全体人民的利益出发的，没有一件事情不是光明磊落、不可告人的，在处理问题上没有不是实事求是、公平合理的。在这里是这样，在那里还是这样，在全国都是这样。像这样处处为人民着想，事事为人民着想的党，怎能不使我倾心，不使我爱护？像这样一个党，我从来没有听说过，也没有想象过。通过学习，我才知道：我们的党是工人阶级的政党——工人阶级的先锋队，工人阶级的组织性、纪律性最强，觉悟最高，是大公无私的阶级；同时我们的党是以马克思列宁主义的理论武装起来的，是最科学的，它能够根据社会发展的规律提出正确的方针、政策，所以它在全人类解放斗争中能够百战百胜。党曾经领导我国人民进行了新民主主义的革命，现在领导着全国人民进行社会主义建设和社会主义改造，将来还要领导全国人民进入人类最幸福的共产主义社会。像这样伟大的事业，如果没有党的坚强领导是不可能成功的。但是党不是一个抽象的东西，它是由千百万大公无私、愿意献身于共产主义事业的党员同志组成的。增加一个党员，党就增加一分力量，社会主义和共产主义的建成将要加速一步。我是拥护党的。我就考虑到是否争取入党问题。就个人历史讲，我曾经向组织上交代过的。但是我的缺点很多，例如政治理论和业务水平都很低，做事缩手缩脚，批评展不开，身体差，等等。当我想到这些缺点时，我就犹豫不前了。祖国伟大的12年农业发展纲要（草案）公布以后，我感到非常兴奋。我决心申请入党，把自己的一切献给祖国。我的缺点是很多的，但是为了祖国，为了党的事业，我愿意努力学习，逐步克服这些缺点。我已经填写了入党申请书，并已被批准入党，我一定不自满、不灰心，老老实实、勤勤恳恳地工作，努力完成党所交给的任务。

（二）夏国佐的《我的想法》与入党誓言——《为共产主义的彻底实现而终身奋斗》

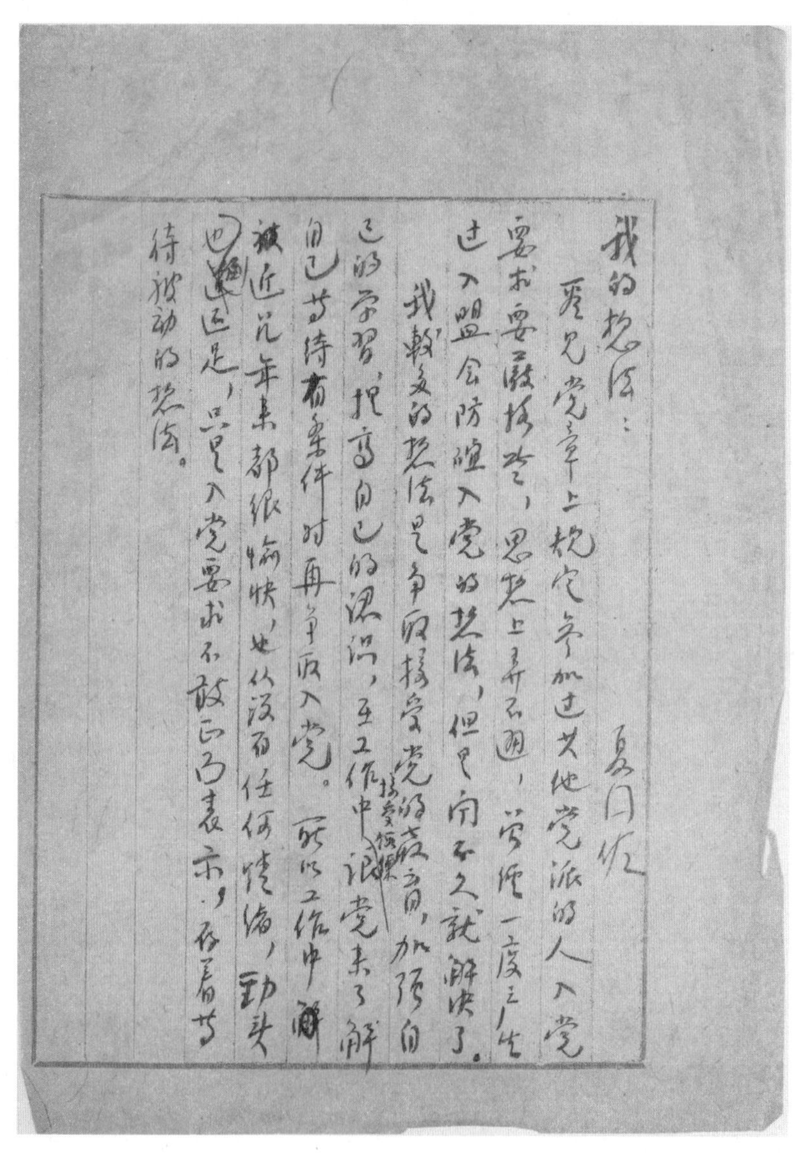

我的想法：

夏国佐

要见党章上规定参加过其他党派的人入党要求要严格些，思想上弄不通，曾经一度产生过入盟会防碍入党的想法，但是不久就解决了。

我较多的想法是争取接受党的教育，加强自己的学习，提高自己的认识，在工作中接受锻炼，跟党来了解自己，并等待着条件时再争取入党。所以工作中几年来都很愉快，也从没有任何情绪，劲头也还很足，只是入党要求不够正面表示，存着等待被动的想法。

为共產主义的徹底实現而終身奋斗

貴陽農業学校副校長夏國佐在入党宣誓大会上的發言

今天是我有生以來感到最光榮和最幸福的一天。这个光荣和幸福是偉大的中國共產党給我的，是羣众給我的。所以我首先要感謝我們偉大的党和敬爱的領袖毛主席解放7年來給我的培养教育，我还要感謝同志們經常給我的啓發帮助。

解放前，由于我自己在舊社会受过較長時期的資產階級的教育，又生活在蔣介石腐朽反動的統治下面，使我对于中國的革命形势認識不清，对于中國工人階級的先鋒隊——中國共產党領導中國人民進行的解放斗爭認識不清，造成我認为“搞政治”是骯髒混濁的假淸高思想。所以在解放战爭期間和解放初期，我虽然感觉到國民党反動派的腐朽黑暗，但对于我們的党我也还抱着怀疑的态度，想看一看是不是眞正能够救中國。

解放以后，在党的領導下，經过对一些文件的学習，下鄉參加了党領導農民進行的翻天復地的反封建斗爭，參加了鎭压反革命、“三反”“五反”等一系列社会民主改革运動的革命实踐，特別是思想改造的学習和自己農業技術教育業务工作的实踐，逐步地接受了党的具体和深刻的教育，也逐步地使我認識了中國革命的發展形势，使我開始認識了我們偉大的党。由于我親眼看見解放后廣大劳動人民生活的日漸改善，許多共產党員和革命工作人員的艰苦朴实、孜孜不倦地为人民謀幸福的工作作風，使我相信了党；同時也開始產生了入党的願望，决心爭取入党。

但是在那段時期，我又認为像我这样的知識分子，思想上的毛病很多，參加革命的時間又短，距离入党的条件还很远，对于自己入党的問題認为是“可望而不可及”，有時簡直不敢去想。不过后來我又想到只要自己堅决跟着党走，听党的敎導，努力在工作实踐中爭取改造思想，讓党了解自己，總有一天会參加到党的隊伍里來的。几年來我就这样的做了。我開始由相信我們的党逐步地走向依靠我們的党。在我的工作中遇到了困难的時候，党給我指示，鼓勵我，使我有勇气有办法去克服困难，推進工作；当我在工作中有缺點和錯誤的時候，党耐心地啓發我教育我去認識錯誤，并决心去克服缺點改正錯誤。

總路綫提出之后，國家各項建設事業的突飛猛進，特別是去年以來，全國農業社会主义改造事業的飛躍前進，私营工商業公私合营的蓬勃發展——社会主义革命高潮的这些偉大勝利，給我很大的鼓舞和力量，更使我对党的偉大的革命事業有了進一步的認識。解放前，我曾看到下鄉推廣洋棉的技術人員被農民打得不敢下鄉（因为当時他們是为官僚資本服务），而今天在中國共產党的領導下面，農民却主動提出了迫切的改進生產技術的要求，这使我更淸楚地認識到党的偉大，也使我找到了我自己应走的道路：只有在党的領導下，知識分子才能对人民事業作出应有的貢献。于是我向党表示了我的願望，提出了入党的要求，得到了党的批准——今天我成为一个光荣的共產党員了。

但是作为一个从舊社会出身的知識分子來說，我思想上的毛病还是很多的。我今天在我們党和同志們面前保証：我今后一定要在党的教導下，在羣众的帮助下，繼續深入地進行思想改造，努力鑽研業务，提高自己的業务水平，頑强地完成党交給我的一切工作，努力把自己鍛煉成为一个工人階級的堅强战士，为祖國的社会主义革命事業貢献出我的一切力量，为工人階級的徹底解放，为共產主义的徹底实現而終身奋斗。

【释文】

为共产主义的彻底实现而终身奋斗

贵阳农业学校副校长夏国佐在入党宣誓大会上的发言

今天是我有生以来感到最光荣和最幸福的一天。这个光荣和幸福是伟大的中国共产党给我的，是群众给我的。所以我首先要感谢我们伟大的党和敬爱的领袖毛主席解放7年来给我的培养教育，我还要感谢同志们经常给我的启发帮助。

解放前，由于我自己在旧社会受过较长时期的资产阶级的教育，又生活在蒋介石腐朽反动的统治下面，使我对于中国的革命形势认识不清，对于中国工人阶级的先锋队——中国共产党领导中国人民进行的解放斗争认识不清，造成我认为“搞政治”是肮脏混浊的假清高思想。所以在解放战争期间和解放初期，我虽然感觉到国民党反动派的腐朽黑暗，但对于我们的党，我也还抱着怀疑的态度，想看一看是不是真正能够救中国。

解放以后，在党的领导下，经过对一些文件的学习，下乡参加了党领导农民进行的翻天覆地的反封建斗争，参加了镇压反革命、“三反”“五反”等一系列社会民主改革运动的革命实践，特别是思想改造的学习和自己农业技术教育业务工作的实践，逐步地接受了党的具体和深刻的教育，也逐步地使我认识了中国革命的发展形势，使我开始认识了我们伟大的党。由于我亲眼看见解放后广大劳动人民生活的日渐改善，许多共产党员和革命工作人员的艰苦朴实、孜孜不倦地为人民谋幸福的工作作风，使我相信了党；同时也开始产生了入党的愿望，决心争取入党。

但是在那段时期，我又认为像我这样的知识分子，思想上的毛病很多，参加革命的时间又短，距离入党的条件还很远，对于自己入党的问题认为是“可望而不可即”，有时简直不敢去想。不过后来我又想到只要自己坚决跟着党走，听党的教导，努力在工作实践中争取改造思想，让党了解自己，总有一天会参加到党的队伍里来的。几年来，我就这样的做了。我开始由相信我们的党逐步地走向依靠我们的党。在我的工作中遇到了困难的时候，党给我指示，鼓励我，使我有勇气有办法去克服困难，推进工作；当我在工作中有缺点和错误的时候，党耐心地启发我、教育我去认识错误，并决心去克服缺点，改正错误。

总路线提出之后，国家各项建设事业的突飞猛进，特别是去年以来，全国农业社会主义改造事业的飞跃前进，私营工商业公私合营的蓬勃发展——社会主义革命高潮的这些伟大胜利，给我很大的鼓舞和力量，更使我对党的伟大的革命事业有了进一步的认识。解放前，我曾看到下乡推广洋棉的技术人员被农民打得不敢下乡（因为当时他们是为官僚资本服务），而今天在中国共产党的领导下，农民却主动提出了迫切的改进生产技术的要求，这使我更清楚地认识到党的伟大，也使我找到了我自己应走的道路：只有在党的领导下，知识分子才能对人民事业做出应有的贡献。于是我向党表示了我的愿望，提出了入党的要求，得到了党的批准——今天我成为一个光荣的共产党员了。

但是作为一个从旧社会出身的知识分子来说，我思想上的毛病还是很多的。我今天在我们党和同志们面前保证：我今后一定要在党的教导下，在群众的帮助下，继续深入地进行思想改造，努力钻研业务，提高自己的业务水平，顽强地完成党交给我的一切工作，努力把自己锻炼成为一个工人阶级的坚强战士，为祖国的社会主义革命事业贡献出我的一切力量，为工人阶级的彻底解放，为共产主义的彻底实现而终身奋斗。

（三）省直机关18名高级知识分子入党宣誓仪式

省級机關18名高級知識分子光榮加入共產党

昨日在省人民委員会大礼堂举行了隆重的宣誓儀式

中國共產黨貴州省直屬机關委員会于3月19日至24日这段時間，分別接收了一批高級知識分子入党。这批新党員于3月26日下午在省人民委員会大禮堂举行了隆重的宣誓儀式。

这批新党員中，有貴陽師范学院副院長顧光中，貴陽農業学校副校長夏國佐，貴陽电厂主任工程師傅明煥和貴陽医学院附屬医院副院長楊潔泉，安作璋，以及貴陽師范学院、貴陽医学院、交通部門、衛生部門、農林廳、廣播电台等部門的教授、医師、专家等共18人。

这些被批准入党的教授、專家和医師，多年來在教學、工程技術、科学研究和医療工作等方面，都为人民作了一定的貢獻。他們在党的教育、培养下，經过了社会生活的艰苦和实踐，自己的業务实踐和理論學習，政治覺悟有了很大的提高，逐漸树立了为共產主义而奋斗的決心。經过机關党支部的一再考察，証明他們已經基本上具备了共產党員的条件。

師范学院副院長顧光中，在解放前思想就傾向進步，曾被國民党逮捕關押过4个多月。1953年他参加了赴朝慰問团，在朝鮮和英雄們相处的日子里，更認識了馬克思列寧主义的科学性，党的無往而不勝的力量的源泉，党的性質和党的領導的偉大作用，因而決心把自己的一切献給党。这以后工作一貫積極，并在科学研究上有相当造詣。師范学院化学系代理主任譚勤余，今年已60歲，可是他覺得自己越活越有勁，他决心在他还能作事的時候，加倍努力，为國家培养大批的化学教師。貴陽医学院楊潔泉，自从認識到党的事業是为解放全人類而斗爭的事業之后，曾積極爭取参加赴朝骨科手術隊，为朝中人民軍救死扶伤，忘我劳動；当选中被人民羣众选举为省人民代表大会代表。貴陽电厂主任工程師傅明煥，几年來对于貫徹执行党委決議，學習推廣先進經驗，積極支持職工提合理化建議等，都有突出的表現，因而曾兩次被評为厂的勞動模范，今年还被評为省的勞動模范。

出席宣誓大会的有中共貴州省委書記周林同志及省委委員趙欲樵同志、刘子敬同志，以及省委各部副部長和省級机關各單位的党組書記、總支書記、分總支書記、支部書記、總支專職幹部。

参加宣誓大会的还有省、市机關的部分党員幹部和非党高級知識分子共900多人。

兩點10分，大会在莊嚴的國际歌声中開始。在省直屬机關党委会書記朱濤同志講話后，这批新党員在党的旗幟和毛主席的画像下，向党宣誓了自己的誓言。接着，中共貴州省委書記周林同志講話。他代表中共貴州省委熱烈歡迎这批新同志参加偉大的、正确的、光荣的中國共產党。他說，希望这批新党員加强思想[illegible]的鍛鍊和修养，以工人階級思想[illegible]產階級思想，克服自私自利、[illegible]大的毛病。他还說明，我們在[illegible]何時候，都必須做一个意志堅决的好党員，为革命犧牲一切，決不变節，为共產主义事業而奋斗到底。最后，周林同志在講話中指出：關于在知識分子中，特別是高級知識分子中吸收党員的工作，过去有过嚴重的關門主义傾向，今后必須加以徹底的糾正。

接着，新党員夏國佐、顧光中、楊潔泉、傅明煥分別在大会上講話。他們一致表示：今后要在党的教育下和羣众的監督下，在社会主义建設事業中，作一个光荣的工人階級的戰士，貢獻出自己的一切力量，为共產主义事業而堅持奋斗。

最后，参加大会的党外高級知識分子鄢烱榮、王棋先后在会上講話，他們都表示今后要加强自我改造，爭取很快地成为一个光荣的共產党員。

【释文】

省级机关18名高级知识分子光荣加入共产党
昨日在省人民委员会大礼堂举行了隆重的宣誓仪式

中国共产党贵州省直属机关委员会于3月19日至24日这段时间，分别接收了一批高级知识分子入党。这批新党员于3月26日下午在省人民委员会大礼堂举行了隆重的宣誓仪式。

这批新党员中，有贵阳师范学院副院长顾光中、贵阳农业学校副校长夏国佐、贵阳电厂主任工程师傅明焕和贵阳医学院附属医院副院长杨洁泉、安作楫，以及贵阳师范学院、贵阳医学院、交通部门、卫生部门、农林厅、广播电台等部门的教授、医师、专家等共18人。

这些被批准入党的教授、专家和医师，多年来在教学、工程技术、科学研究和医疗工作等方面，都为人民做了一定的贡献。他们在党的教育、培养下，经过了社会生活的观察和实践，自己的业务实践和理论学习，政治觉悟有了很大的提高，逐渐树立了为共产主义而奋斗的决心。经过机关党支部的一再考察，证明他们已经基本上具备了共产党员的条件。

师范学院副院长顾光中，在解放前思想就倾向进步，曾被国民党逮捕关押过4个多月。1953年他参加了赴朝慰问团，在朝鲜和英雄们相处的日子里，更认识了马克思列宁主义的科学性，党的无往而不胜的力量的渊源，党的性质和党的领导的伟大作用，因而决心把自己的一切献给党。这以后工作一贯积极，并在科学研究上有相当造诣。师范学院化学系代理主任谭勤余，今年已60岁，可是他觉得自己越活越有劲，他决心在他还能做事的时候，加倍努力，为国家培养大批的化学教师。贵阳医学院杨洁泉，自从认识到党的事业是为解放全人类而斗争的事业之后，曾积极争取参加赴朝骨科手术队，为朝中人民军救死扶伤，忘我劳动；普选中被人民群众选举为省人民代表大会代表。贵阳电厂主任工程师傅明焕，几年来对于贯彻执行党委决议、学习推广先进经验、积极支持职工提合理化建议等，都有突出的表现，因而曾两次被评为厂的劳动模范，今年还被评为省的劳动模范。

出席宣誓大会的有中共贵州省委书记周林同志及省委委员赵欲樵同志、刘子毅同志，以及省委各部副部长和省级机关各单位的党组书记、总支书记、分总支书记、支部书记、总支专职干部。

参加宣誓大会的还有省、市机关的部分党员干部和非党高级知识分子共 900 多人。

两点十分，大会在庄严的国际歌声中开始。在省直属机关党委会书记朱涛同志讲话后，这批新党员在党的旗帜和毛主席的画像下，向党宣读了自己的誓言。接着，中共贵州省委书记周林同志讲话。他代表中共贵州省委热烈欢迎这批新同志参加伟大的、正确的、光荣的中国共产党。他说，希望这批新党员加强思想意识的锻炼和修养，以工人阶级思想战胜资产阶级思想，克服自私自利、自高自大的毛病。他还说，我们在任何时候，都必须做一个意志坚决的好党员，为革命牺牲一切，决不变节，为共产主义事业而奋斗到底。最后，周林同志在讲话中指出：关于在知识分子中，特别是高级知识分子中吸收党员的工作，过去有过严重的关门主义倾向，今后必须加以彻底的纠正。

接着，新党员夏国佐、梁祖荫、杨洁泉、傅明焕分别在大会上讲话。他们一致表示：今后要在党的教育下和群众的监督下，在社会主义建设事业中，做一个光荣的工人阶级的战士，贡献出自己的一切力量，为共产主义事业而坚持奋斗。

最后，参加大会的党外高级知识分子邝熵乐、王楫先后在会上讲话，他们都表示要加强今后自我改造，争取很快地成为一个光荣的共产党员。

（四）刚仁：《我对工作和入党问题的认识》

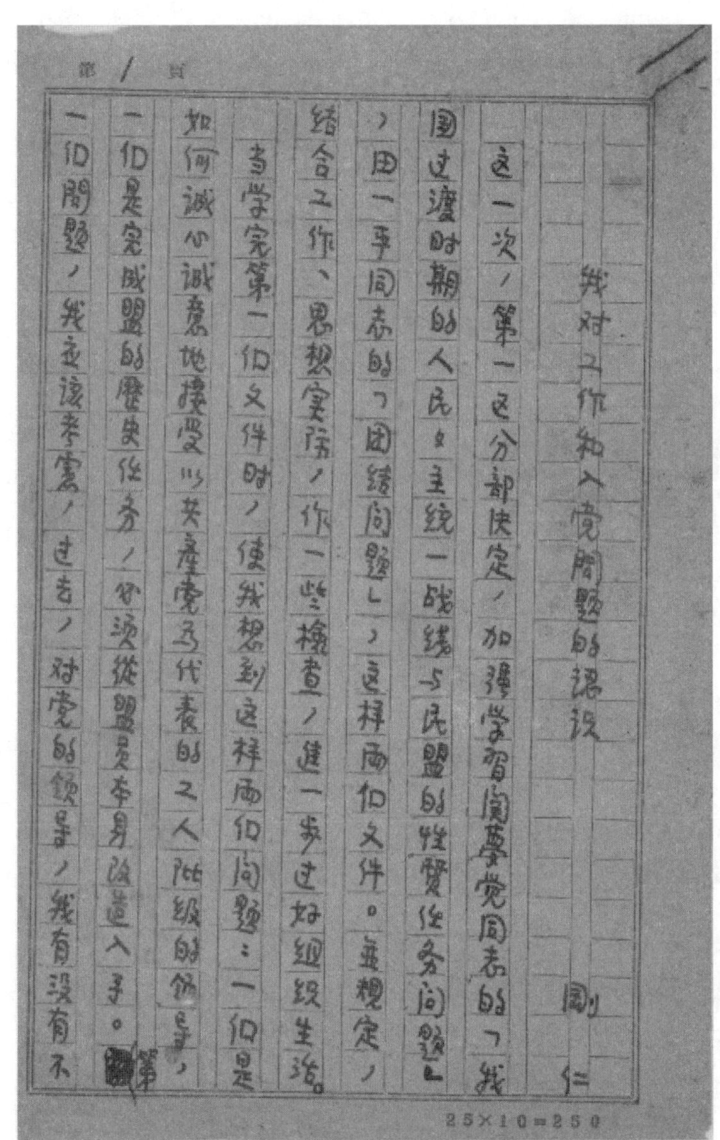
第 / 頁

我对工作和入党問題的認識

剛 仁

这一次，第一区分部決定，加强学習領導党同志的「我国过渡时期的人民民主统一战线与民盟的性質任务問題」，田一平同志的「团结問題」这样两個文件。並規定，结合工作、思想实际，作一些檢查，进一步过好组织生活。

当学完第一個文件时，使我想到这样两個問題：一個是如何诚心诚意地接受以共產党为代表的工人阶級的領导，一個是完成盟的歷史任务，必須從盟員本身改造入手。

第一個問題，我應該考慮，过去，对党的領导，我有没有不

25×10=250

第2頁

接受的地方；今后，我应该怎样接受党的领导。第二个問题，照阅梦觉同志的说话：“盟是个的思想改造不仅是个人的問题，同时也是一个为路线服务問题。”我是盟的成员，为了完成盟的歷史任务，我需要过渡，我也需要加强改造。

我在翻阅中学習纪念国庆節的文件，“我国五年来的偉大成就”时，我联系到工作和入党問题；今天，再提出这两个問题来谈，作为我学習阅梦觉同志的文章後一点認识，有不对的地方，请同志们批評指正。

先谈我对工作的認识問题。

我是搞编輯工作的。我负责编輯的書籍，是面向工农兵的

25×10=250

第 3 页

俗读物，分医药卫生、自然科学、生产技术三大类。範围较广，感觉自己缺乏这方面的知识，就常常在工作中叫嚷。我又好爱文学，想搞创作，对编辑科学技术书籍，感到和搞创作结合不起。又由于白天搞工作，夜间搞创作，两头搞不好，思想上就很苦恼。

我这个常叫嚷的表现，表面看来，是觉得工作艰难，人不是「百科全书」，怎样懂得这么多东西，于是，满以为常常抱怨的：「一下子搞水稻生产，一下子搞烤菸技术，一下子搞病虫害、畜牧兽医，一下子又搞妇女卫生、怎样抚娃娃。」都很对。还认为，搞这么多方面的工作，光用

25×10=250

腦子想，有时怕都轉不过弯来。至於說，編科学技術書籍对文学創作沒有幫助，而致搞不好，是說提差了。根據這些現象，認真說来，就是說明：我負的工作太重，應該減輕些，有許多工作不適宜我做，最好叫我做適宜的工作；什麼是我最適宜的工作，搞文学創作。这說明这样一個問題：人不論適宜的工作，減輕工作，給我多餘的时間也行。这就是我对工作從興出發的表現。

搞工作從興趣出發，從愛好出發，就是個人打算。这種思想的危害性，首先表現，是对工作热愛不够。一個人，不热愛自己的工作，就不去鑽研，思想上有了距離，就難

第5頁

得搞好[涂黑]。作算把工作使得搞好了，所謂完成了任务，

（也）会產生這样兩個後果：一個是不再從工作中去總結經驗教

訓，如何提高或迎接新的工作任务了（用來）；一個是滿足現在，產

生自滿情绪。我最近一年来，有許多工作就沒有總結（过），到

了我完成[涂黑]年度計劃，走在別人前头，心中又暗又慶幸，

自以為把該多缺乏「百科全書」的工作，还是应付得下。（这就是自满情绪的表现）

其次表現，是对工作先考慮個人得失，並從個人得失上去

处理工作問題。比如，我对工作困难愛叫嚷，叫嚷的目的（就）

是不想去做，怕去做。本来，做工作就有困难，因为有困（这種怕，就是個人主义的表现）

难，（才）叫人去做，決沒有一件工作不要人去做，工作本身（就）

25×10=250

第6頁

自己会做好了。我要是对工作有认识，看成是人民的事
業，不想到個人的困难，那末，我就不会在困难面前叫嚷，
而是如何设法克服困难，搞好工作，再克服困难，再搞好
工作。又如，我对搞文学創作的事情，几次想放棄，自我
斗争结果，还是放不下。这说明，我不只是对工作认识不
够，这種自暴自棄的打算，还是一種不正常不健康的思想
表現。创造这些表現，就說明：
我自以為在工作上，是诚心诚意地接受
了黨的領导，我也是在全心全意地搞好工作，实际上，
只是口头上也就是表面上，在接受黨的領导，從工

25×10=250

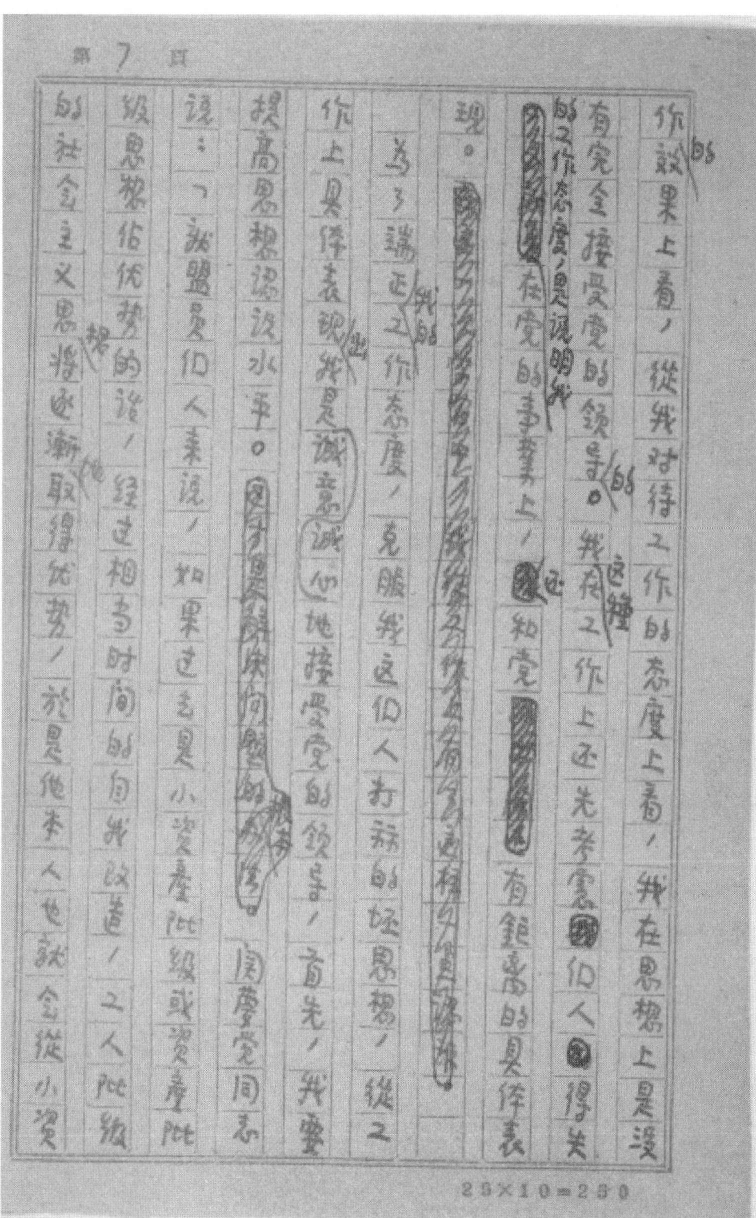

第7頁

作效果上看，從我对待工作的态度上看，我在思想上是沒有完全接受党的领导。我在工作上还先考虑個人得失的工作态度，是说明我在党的事業上，知党有距离的具体表現。

为了端正工作态度，克服我这個人打算的坏思想，從工作上具体表現我是誠意誠心地接受党的领导，首先，我要提高思想認識水平。

阅學党同志說："就盟员個人來說，如果过去是小资產阶級或资產阶級思想佔优势的話，经过相当时间的自我改造，工人阶级的社会主义思想将逐渐取得优势，於是他本人也就会從小资

25×10=250

第 8 页

产阶级或资产阶级的知识分子逐渐地变成[illegible]人阶级的知识分子了。L我的思想阵地，肯定说是非社会主义思想佔优势，我才把周[illegible]人民的文化生活、健康和生产的重要工作，看成是嚴難，难得办好。老实说，这样切々相关人民的工作，我认为不合意，又有哪一样事情才合我的意？我不去做这项工作，又叫哪们去做，别人又願意麽？还有，搞文学創作这件事，首先，我要明确工作的主次，先搞好主要工作，再搞好次要工作，又看工作的重要性，对人民有利没利，不是放棄，更不是两头抓的问题。今天，不是我做的工作多了，而是我做的太少了，要争取多々做，趕快做

25×10=250

第 9 页

口组织教育了我五年多，参加工作也四年了，在党的教育下的时间也不短，可是，我的觉悟和认识水平还低得很。斯大林同志指出，意识落后于实际地位，我深深地体会了这句话的正确性。我要努力学习，因为我是盟的成员，我更要加强社会主义思想改造，在思想上逐步缩小我的非社会主义思想阵地，要这样，才是搞好工作的先决条件。

现在，谈我对入党问题的认识。

检阅几次发展党的组织，我都採取漠不关心的态度。说起来，我不是不想要党，二十年前，我就想当个党员，但一考虑到入党条件，我思想上就有顾虑了。

25×10=250

第10頁

我從重慶回來，前後十五六年，都為反动統治阶級服务，一步一步地走上反动統治阶級，騎在人民头上，这样長的歷史，我經常想，能說二十年前对党有認识嗎？才為人民服务几年，能說贖回了这些錯误，有条件入党了嗎？我考虑結果，都不能！我又想到，我的年齡，經濟条件，婚姻問題，都障碍着我入党的問題，就觉得条件、成分比我好的同志，觉悟比我高的同志，都还没有請求，好像排隊那样，还不輪到我的頭上。就这样，我從思想上对爭取党組織这問題，就採取漠不関心的态度。

我对入党問題的認识有了錯误，

25×10=250

第 11 页

对个人問题的处理，不主动争取解决，從解决个人问题上提高思想觉悟，又单纯地，又要把工作搞好了，还怕不能入党吗，就是不入党，只要是全心全意搞好工作，也是一样的。我一有这样错误的想法，对很多问题的处理就有顾虑，对党的领导就有怀疑。比如我的经济收入和婚姻问题，就不主动争取要求解决的办法，是等待问题的演变，等待问题自己解决。又如，当领导提出，一个工作同志，不從考虑入党的问题上去搞好工作，这工作无论如何是搞不好的，想当党外布尔什维克，更不可能，今天不是我不到党，是党的大门，欢迎同

25×10=250

第12页

志你加入。我听了这些话，思想很想不通。我总觉得，不入党也可以为党做事，任何时候，都有非党同志。经过学习后，我才觉悟到，我这怀疑是错误的，是阻碍我进步的。假若说，我热爱党，对党有了认识，把自己的工作看成是党的事业一部分，自己愿意终身献给党的事业，又为哪样不考虑入党，进一步在党组织的教育下，更提高自己的觉悟，更把工作搞得更好呢!?要是我像这样，不首先考虑入党问题，说对党有了认识，这是不真实的，至少，口头上表现真实，思想上跟党还有距离，因为我还不愿意进入到党组织里面去。所以说，像这样的人，说全心全意搞好工作

25×10=250

，終身為人民事業服务，这工作是就搞好的，这服务也是有问题的，这該是个重要缺，一点不错。

经过这一次学習，我对入党問題的認識有了提高。我所謂的歷史問題、经濟、婚姻問題，还是决定在我如何对待和处理上。比如歷史，我应該首先自問，是不是已经交代清楚了，党要求的是歷史清楚，而不是歷史清白。经濟、婚姻問題，我应該主动爭取學术解决的办法。進一步加强学習，提高思想水平，爭取組织的教育，把搞好工作從個人出發的观点扭轉过来，首先是安心工作，搞好工作，再以民事業的观点来創作我入党的条件，这才是我今天在工作上学習上应有的態度。阎墨党同志說：「过度的过程也就是思想改造的过程，也就是自我的思想斗爭的过程。」我需要过渡，我也需要改造，我应該認識到，我

第18页

的思想改造不仅是个人问题，我就从这过度上去创造我入党的条件。

最近，又读到杨克敬同志的检讨，更感到接受党的领导和加强思想改造的重要。我们只口头上说，接受党的领导，但我们的思想和行动，却是另一回事，这，首先是使工作受到损失，而工作受到损失不就是人民的事业受到损失嘛。同时，我们不接受党的领导，也就是我们不接受社会主义改造，一个盟的成员不接受社会主义改造，如何推动所联系的群众一起进行改造呢，这样，盟的历史任务又怎能完成呢！因此，我感到，一个盟员不接受党的领导，这

25×10=250

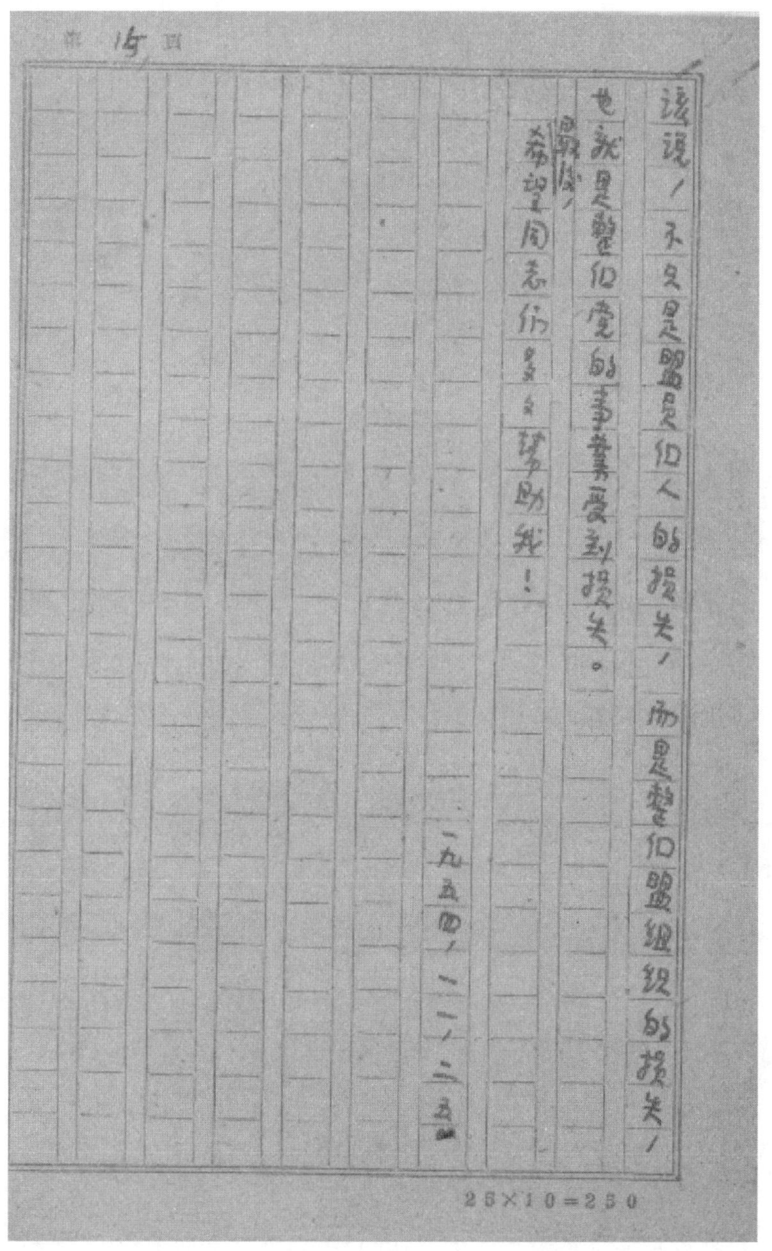

第 15 頁

該說，不只是盟員個人的損失，而是整個盟組織的損失，

也就是整個黨的事業受到損失。

最後，

希望同志們多多幫助我！

一九五四，一一，二五

25×10=250

史料十三 年度工作要点与工作总结

（一）《中国民主同盟贵州省支部一九五五年工作计划要点》

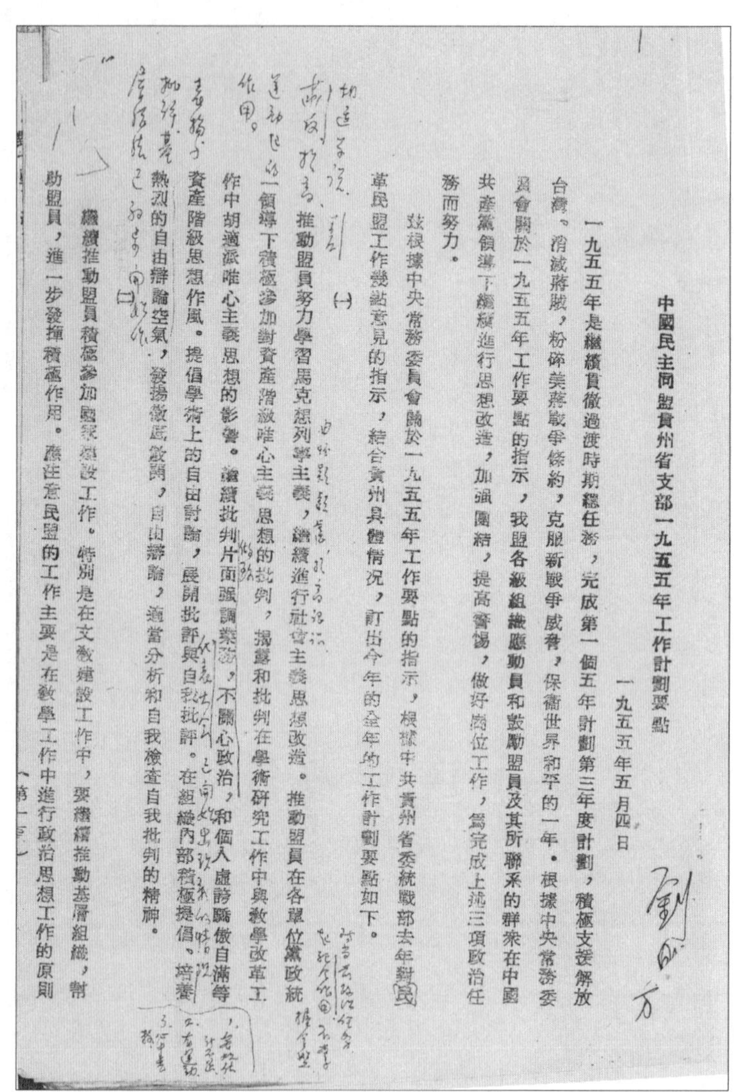

中國民主同盟貴州省支部一九五五年工作計劃要點

一九五五年五月四日

一九五五年是繼續貫徹過渡時期總任務，完成第一個五年計劃第三年度計劃，積極支援解放台灣，消滅蔣賊，粉碎美蔣戰爭條約，克服新戰爭威脅，保衛世界和平的一年。根據中央常務委員會關於一九五五年工作要點的指示，我盟各級組織應動員和鼓勵盟員及其所聯系的群衆在中國共產黨領導下繼續進行思想改造，加强團結，提高警惕，做好崗位工作，爲完成上述三項政治任務而努力。

玆根據中央常務委員會關於一九五五年工作要點的指示，根據中共貴州省委統戰部去年對民革民盟工作幾點意見的指示，結合貴州具體情況，訂出今年的全年的工作計劃要點如下。

(一)

推動盟員努力學習馬克思列寧主義，繼續進行社會主義思想改造。推動盟員在各單位黨政統一領導下積極參加對資產階級唯心主義思想的批判，揭露和批判在學術研究工作中與教學改革工作中胡適派唯心主義思想的影響。繼續批判片面强調業務，不關心政治，和個人虛誇驕傲自滿等資產階級思想作風。提倡學術上的自由討論，展開批評與自我批評。在組織內部積極提倡，培養熱烈的自由辯論空氣，發揚徹底戰鬥，自由辯論，適當分析和自我檢查自我批判的精神。

(二)

繼續推動盟員積極參加國家建設工作。特別是在文教建設工作中，要繼續推動基層組織，幫助盟員，進一步發揮積極作用。應注意民盟的工作主要是在教學工作中進行政治思想工作的原則

（第一頁）

，在貫徹領導黨對知識份子的政策中，要積極發揮盟的橋樑和助手作用。爲此，盟的基層組織與盟員要做到下列幾點：

第一：在原有的基礎上，進一步發揮工作上的積極性，提高教育質量，工作質量。

第二：五四年基層組織對於團結老師共同進步的工作已開始重視，有的并已做出了成績，今年應繼續注意這一工作。要耐心地通過各種方式，從業務工作、政治生活和理論學習中引導和幫助教師提高社會主義覺悟，提高教學水平，要在團結老師共同進步共同搞做教學工作中，做好黨的助手。

第三：了解盟員及盟所聯系群衆的工作、學習、生活和各方面的意見與要求，進行分析研究，及時向黨政領導反映，協助解決。這是民主黨派組織的一項重要工作，目前還沒有引起基層組織的足夠重視，今年應積極克服缺點，加强這一方面的工作。

第四：努力學習蘇聯先進經驗。在學習中，要反對自以爲是、不虛心的學習態度和生搬硬套形式主義的學習方法，要貫徹學習蘇聯和中國實際相結合的方針。

（三）

推動盟員學習理論政策、國際時事，積極參加各項人民政治活動，結合自己的行動來宣傳國家的重要政策法令。尤應推動盟員學習憲法。人民政協和盟內重要文件，學習國際時事知識。通過宣傳學習，聯系實際生活，進一步提高盟員對於一般時事和統一戰綫政策的認識，加强愛國守法新道德教育，並在盟所聯系的群衆中起積極模範作用。省支部和各基層組織應經常了解盟員的學習情況，加强檢查、督促工作，并儘量解決學習中的困難。

(四)

繼續加强健全鞏固基層組織的工作。在這方面主要要進行下列幾項工作：第一、盟的基層組織必須在黨政統一領導下密切結合中心任務去進行工作，這是一項重要的原則，要推動基層貫徹這一原則。第二、積極協助基層組織總結交流工作經驗。要把協助基層組織製訂計劃、總結工作、交流工作經驗當成一項重要的工作。第三、加强組織紀律教育，加强小組中的組織性與紀律性。對老實誠懇工作作風給予表揚，對無組織無紀律，不遵守憲法，不遵守勞動紀律，不遵守國家法律等思想行爲給予批判。第四、有計劃地加强區組的領導，發揮集體領導作用。第五、密切省支部與基層組織的聯系，進一步加强組織內部之請示會報制度。

(五)

一、省支部委員會要貫徹總部提出的「集體領導、民主協商，分工負責，開好會議」的領導原則。加强政策學習，加强政治思想領導，加强工作檢查，繼續克服一般化、事務主義的領導作風。

二、今年要繼續貫徹中共貴州省委統戰部去年十月對民革民盟所提出的六點指示。尤應加强與中共貴州省委市委統戰部的請示聯系工作。提高按月工作、思想、學習書面會報的質量。

三、爲本盟全國代表大會作好準備。大會閉幕後，作好傳達討論工作，貫徹大會決議與精神。

四、加强專職幹部的教育提高工作，主要是加强理論和政策學習的領導。

五、在原有基礎上繼續推動試點工作。

六、在去年基礎上適當加强婦女工作。

支部委員會下所屬各部處會及各基層組織，應根據本計劃分別作出具體實施計劃。

【释文】

中国民主同盟贵州省支部一九五五年工作计划要点

一九五五年五月四日

一九五五年是继续贯彻过渡时期总任务，完成第一个五年计划第三年度计划，积极支援解放台湾、消灭蒋贼，粉碎美蒋战争条约，克服新战争威胁，保卫世界和平的一年。根据中央常务委员会关于一九五五年工作要点的指示，我盟各级组织应动员和鼓励盟员及其所有联系的群众在中国共产党的领导下继续进行思想改造，加强团结，提高警惕，做好岗位工作，为完成上述三项政治任务而努力。

兹根据中央常务委员会关于一九五五年工作要点的指示，根据中共贵州省委统战部去年对民革、民盟的工作几点意见的指示，结合贵州具体情况，订出今年的全年的工作计划要点如下：

（一）推动盟员努力学习马克思列宁主义，继续进行社会主义思想改造。推动盟员在各单位党政统一领导下积极参加对资产阶级唯心主义的思想的批判，揭露和批判在学术研究中与教学改革工作中“胡适派”唯心主义思想的影响。继续批判片面强调业务、不关心政治和个人虚夸骄傲自满等资产阶级思想作风。提倡学术上的思想讨论，展开批评与自我批判。在组织内部积极提倡、培养热烈的自由辩论空气，发扬彻底敞开、自由辩论，适当分析和自我检查自我批判的精神。

（二）继续推动盟员积极参加国家建设工作。特别是在文教建设工作中，要继续推动基层组织，帮助盟员，进一步发挥积极作用。应注意民盟的工作主要是在教学工作中进行综合政治思想工作的原则，在贯彻领导党对知识分子的政策中，要积极发挥盟的桥梁和助手作用。为此，盟的基层组织与盟员要做到以下几点：

第一，在原有的基础上，进一步发挥工作上的积极性。提高教育质量、工作质量。

第二，一九五四年基层组织对于团结老师共同进步的工作已开始重视，有的并已做出了成绩，今年应继续注意这一工作。要耐心地通过各种方式，从业务工作、政治生活和理论学习中引导和帮助教师提高社会主义觉悟，提高教学水平，要在团结老师共同进步、共同搞好教学工作中，做好党的助手。

第三，了解盟员及盟所联系群众的工作、学习、生活和各个方面的意见要求，进行分析研究，及时向党政领导反映，协商解决。这是民主党派组织的一项重要工作，目前还没有引起基层组织的足够重视，今年应积极克服缺点，加强这一方面的工作。

第四，努力学习苏联先进经验。在学习中，要反对自以为是、不虚心的学习态度和生搬硬套形式主义的学习方法，要贯彻学习苏联和中国实际相结合的方针。

（三）推动盟员学习理论政策、国际时事，积极参加各项人民政治活动，结合自己的行动来宣传国家的重要政策法令。尤应推动盟员学习宪法、人民政协和盟内重要文件，学习国际时事知识。通过宣传学习，联系实际生活，进一步提高盟员对于一般时事和统一战线政策的认识，加强爱国守法新道德教育，并在盟所联系的群众中起积极模范作用。省支部和各基层组织应经常了解盟员的学习情况，加强检查、督促工作，并尽量解决学习中的困难。

（四）继续加强健全巩固基层的工作。在这方面主要要进行下列几项工作：第一，盟的基层组织必须在党政统一领导下密切结合中心任务去进行工作，这是一项重要的原则，要推动基层积极贯彻这一原则。第二，积极协助基层组织总结交流工作经验。要把协助基层组织制订计划、总结工作、交流工作经验当成一项重要的工作。第三，加强组织纪律教育，加强小组中的组织性与纪律性。对老实诚恳工作作风给予表扬，对无组织无纪律，不尊重宪法，不遵守劳动纪律，不遵守国家法律等思想行为给予批判。第四，有计划地加强区组的领导，发挥集体领导的作用。第五，密切省支部与基层组织的联系，进一步加强组织内部之请示汇报制度。

（五）1. 省支部委员会要贯彻总部提出的集体领导、民主协商、分工负责、开好会议的领导原则。加强政策学习，加强政治思想领导，加强工作检查，继续克服一般化、事务主义的领导作风。

2. 今年要继续贯彻中共贵州省委统战部去年十月对民革、民盟所提出的六点指示。尤应加强与中共贵州省委、市委统战部的请示联系工作。提高按月工作、思想、学习书面汇报的质量。

3. 为本盟全国代表大会做好准备。大会闭幕后，做好传达讨论工作，贯彻大会决议与精神。

4. 加强专职干部的教育提高工作，主要是加强理论和政策学习的领导。

5. 在原有的基础上继续推动试点工作。

6. 在去年的基础上适当加强妇女工作。

支部委员会下所属各部处及各基层组织，应根据本计划分别做出具体的实施计划。

（二）《民盟贵州省委会1959年工作计划要点》

民盟贵州省委会1959年工作计划要点

根据民盟中央委员会1959年工作计划要点中指出。"本盟在鼓足干劲，力争上游，多、快、好、省地建设社会主义总路线的光辉照耀下，贯彻执行本盟第三次全国代表大会的决议。首先必须在中国共产党的领导下，担负起三大政治任务：㈠积极参加反对帝国主义、保卫和平和解放台湾的斗争；㈡积极参加社会主义建设和社会主义革命，特别是技术革命和文化革命；㈢加速进行盟组织和成员的社会主义改造"。1959年全盟的中心工作是加速盟组织和成员的社会主义根本改造，并用检查评比竞赛的方法来贯彻执行。因此，盟的各级组织为了完成上述的政治任务，必须加强宣传教育工作，在政治思想上起先导作用和推动作用；必须在以巩固为主的原则下，完成整顿和健全组织的工作；必须督促盟员积极工作，特别是在技术革命和文化革命中作出贡献，更好地为社会主义建设服务；必须推动盟员积极参加劳动锻炼，加强改造；必须密切联系群众、深入实际、加强具体领导工作。

盟省委会认为，能否完成盟的政治任务的根本关键在于接受党的领导和走社会主义道路。盟中央着重指出：接受党的领导必须是绝对的和无条件的，必须真正地全面地接受党的领导，认真贯彻党的方针政策，把在政治上接受党的领导和业务工作中接受党的领导统一起来。这样才能切实推动成员从资产阶级知识分子改造成为工人阶级知识分子，推动组织从资产阶级性质的政党改造成为真正接受共产党的领导、为社会主义服务的党派。

盟省委会根据以上的原则精神，按照盟中央社会主义改造规划的要求，在1958年所制订的我省组织改造三年规划纲要的基础上，具体制订以下的1959年工作计划要点。省委会各部门根据本要点订出各部的全年工作计划和事件计划与时间安排，并切实贯彻执行。

（一）以评比竞赛方法加速社会主义根本改造是今年的中心工作

1、省委会应抓评比竞赛方法来推动盟员在实践中加强改造，切实

—1—

198
54

执行川、滇、黔三省盟省委会社会主义改造协议书。为此，应经常与川、滇两省盟省委会取得密切联系，为三省预计七月（或八月）在成都召开的三省盟员評比大会作好准备，同时在此基础上，进一步总結社会主义改造的经验与体会为盟中央预计九月在北京召开的全国盟员評比竞赛大会向国庆献礼作好准备。

2、省委会应很好地抓"献礼"工作，把"献礼"与"評比"結合起来。第二季度上半季抓"五一"献礼，下半季抓"七一"献礼，結合三省盟员評比大会的准备工作进行；第三季度抓"国庆"献礼，結合全国盟员評比大会的准备工作进行；第四季度抓"元旦"献礼。其中以抓"国庆"献礼为重点。省委会对每次献礼应订出具体要求与措施，并督促基层分别提出指标与保証。

（二）加强宣传教育工作

1、今年要在党委統一领导下认眞学习马、恩、列、斯"论共产主义社会"和毛主席著作。第一季度以学习中国共产党的八届六中全会文件为中心。要求通过学习，正确地认识人民公社的伟大历史意义与无比优越性，认识社会主义与共产主义的区别和联系以及如何由社会主义向共产主义过渡的问题，从而达到自觉地加速改造的目的。

2、加强对成员的思想教育、组织教育。在元月份內做好盟的第三次全国代表大会的传达討论工作。要求认清国內外形势，认清民盟的任务和作用，认清资产阶级知识分子加速改造的重要性和必要性，提高觉悟，加强改造，更好地为社会主义服务。

3、各基层应把检查盟员的政治学习、业务学习情况列为基层工作主要內容之一，并经常向省委会反映盟员学习情况与存在问题。省委会应加强检查督促，并争取组织时事政治和方針政策的报告会、座谈会等帮助盟员加强学习，提高认识。

4、积极支持盟中央办好"中央盟讯"。

5、发动全省盟员支持盟省委会办好本省的"工作簡报"，着重提高质量、增强指导性，本年度以报导社会主义改造检查評比为重点。

—2—

【释文】

民盟贵州省委会 1959 年工作计划要点

根据民盟中央委员会1959年工作计划要点中指出，“本盟在鼓足干劲，力争上游，多、快、好、省地建设社会主义总路线的光辉照耀下，贯彻执行本盟第三次全国代表大会的决议。首先必须在中国共产党的领导下，负担起三大政治任务：（一）积极参加反对帝国主义、保卫和平和解放台湾的斗争；（二）积极参加社会主义建设和社会主义革命，特别是技术革命和文化革命；（三）加速进行盟组织和成员的社会主义改造。”

1959 年全盟的中心工作是加速盟组织和成员的社会主义根本改造，并用检查评比竞赛的方法来贯彻执行。因此，盟的各级组织为了完成上述的政治任务，必须加强宣传教育工作，在政治思想上起先导作用和推动作用；必须在以巩固为主的原则下，完成整顿和健全组织的工作；必须督促盟员积极工作，特别是在技术革命和文化革命中做出贡献，更好地为社会主义建设服务；必须推动盟员积极参加劳动锻炼，加强改造；必须密切联系群众、深入实际、加强具体领导工作。

盟省委会认为，能否完成盟的政治任务的根本关键在于接受党的领导和走社会主义道路。盟中央着重指出：接受党的领导必须是绝对的和无条件的，必须真正地全面地接受党的领导，认真贯彻党的方针政策，把在政治上接受党的领导和业务工作中接受党的领导统一起来。这样才能切实推动成员从资产阶级知识分子改造成为工人阶级知识分子，推动组织从资产阶级性质的政党改造成为真正接受共产党的领导、为社会主义服务的党派。

盟省委会根据以上的原则精神，按照盟中央社会主义改造规划的要求，在 1958 年所制订的我省组织改造三年规划纲要的基础上，具体制订以下的1959年工作计划要点。省委会各部门根据本要点订出各部的全年工作计划和事件计划与时间安排，并切实贯彻执行。

一、以评比竞赛方法加速社会主义根本改造是今年的中心工作

1. 省委会应抓评比竞赛方法来推动盟员在实践中加强改造。切实执行川、滇、黔三省盟省委会社会主义改造协议书。为此，应经常与川、滇两省盟省委会取得密切联系，为三省预计七月（或八月）在成都召开的三省盟员评比大会做好准备，同时在此基础上，进一步总结社会主义改造的经验与体会，为盟中央计划九月在北京召开的全国盟员评比竞赛大会向国庆献礼做好准备。

2. 省委会应很好地抓“献礼”工作，把“献礼”与“评比”结合起来。第二季度上半季抓“五一”献礼，下半季抓“七一”献礼，结合三省盟员评比大会的准备工作进行；第三季度抓“国庆”献礼，结合全国盟员评比大会的准备工作进行；第四季度抓“元旦”献礼。其中以抓“国庆”献礼为重点。省委会对每次献礼应订出具体要求与措施，并督促基层分别提出指标与保证。

二、加强宣传教育工作

1. 今年要在党委统一领导下认真学习马、恩、列、斯《论共产主义社会》和毛主席著作。第一季度以学习中国共产党的八届六中全会文件为中心。要求通过学习，正确地认识人民公社的伟大历史意义与无比优越性，认识社会主义与共产主义的区别和联系以及如何由社会主义向共产主义过渡的问题，从而达到自觉地加速改造的目的。

2. 加强对成员的思想教育、组织教育。在元月份做好盟的第三次全国代表大会的传达讨论工作。要求认清国内外形势，认清民盟的任务和作用，认清资产阶级知识分子加速改造的重要性和必要性，提高觉悟，加强改造，更好地为社会主义服务。

3. 各基层应把检查盟员的政治学习、业务学习情况列为基层工作主

要内容之一，并经常向省委会反映盟员学习情况与存在问题。省委会应加强检查督促，并争取组织时事政治和方针政策的报告会、座谈会等帮助盟员加强学习，提高认识。

4. 积极支持盟中央办好《中央盟讯》。

5. 发动全省盟员支持盟省委会办好本省的《工作简报》，着重提高质量，增强指导性，本年度以报道社会主义改造检查评比为重点。

（三）1959年的《中国民主同盟贵州省委会工作情报告》

中国民主同盟贵州省委员会工作情况报告

（一）

一九五九年是在一九五八年大跃进的基础上继续跃进的一年。在总路线的光辉照耀下，盟省委会根据民盟第三次全国代表大会的决议和中共贵州省委统战部的指示进行了工作。党的八届八中全会向全国人民提出反右倾鼓干劲，厉行增产节约的伟大号召以后，盟省委会又根据八中全会决议和精神，对一九五九年下半年的工作进一步作了安排，要求全体成员把认真学习和坚决贯彻执行党的八届八中全会的精神作为当前重大的政治任务。盟省委会在中共贵州省委的领导下，省委统战部的具体帮助下，推动各级组织和全体盟员在本单位党的领导下，积极服务，发挥助手作用。大多数基层和盟员做出了一定的成绩，发挥了积极作用，并在服务中进行了自我改造。现将一年多来的盟务工作情况和经验教训汇报如下：

推动盟员参加政治活动，宣传党的方针政策方面：通过本盟第三次全国代表大会决议的传达和讨论，组织盟员学习了毛主席"论帝国主义和一切反动派都是纸老虎"和周恩来总理"台湾海峡地区的斗争形势和我们的任务"等重要文献，传达和学习讨论和参加政治活动，同志们对于"东风压倒西风"的国际形势，对于帝国主义及一切反动派的本质和对于和平解放台湾的政策，在不同程度上提高了认识。

当党的八届八中全会和中共贵州省委一届十次会会闭幕后，盟省委会号召全体成员在本单位党的统一布置下，认真学习八中全会文件，积极带头作用。盟员在学习这些重要文件以前，对总路线、大跃进和人民公社等运动和"一整套两条腿走路"的方针缺乏正确的认识，甚至抵触情绪，通过学习批判了错误认识，提高思想觉悟，有很大收获。许多同志认识到一九五八年和一九五九年大跃进中社会主义事业发展的速度以及所取得的成绩是巨大的，是史无前例的，这样辉煌成绩的取得，是全国人民在党的领导下，坚决贯彻社会主义建设总路线，执行"两条腿走路"的方针，大搞群众运动的结果。同志们联系思想实际和工作实际检查了政治立场，检查了干劲不足的原因，分析了资产阶级个人主义的严重危害性，明确要进一步改造政治立场，改造世界观，认识到由于社会主义革命的深入，要求我们必须和自己的资产阶级个人主义思想作彻底的决裂。

在推动盟员积极为社会主义建设事业服务方面：一年多来，大多数

—1—

盟员在工作岗位上是认真努力的。不少的基层组织和盟员在响应党的号召，完成各项中心工作中起了积极作用，有的作出了出色成绩，被评为先进工作者，受到领导和群众的称赞和表扬。据现有资料统计，在一九五九年约有29个同志被评为专署、市区或本单位先进工作者，占盟员人数约十分之一（遵义市委会不在内）。

教育界的多数盟员积极贯彻了"教育为无产阶级政治服务，教育与生产劳动相结合"的方针，钻研业务，认真编写教学大纲和讲义等。例如贵州农学院下放到农村的同志在党委的领导与支持下，进行调查五十多次，写出总结报告九万五千字以上，并与西南区其他学校教师协作，编出新教材若干种。有的基层组织推动盟员破除迷信，解放思想，猛攻尖端科学，大搞技术革新，作出了不少成绩。

在推动盟员加强根本自我改造方面：在反右整风以后的一段时期，部分同志对民主党派有消极情绪，认为社会主义革命在政治战线思想战线上取得巨大的胜利以后，民主党派没有什么作用，可以结束了。有的同志认为民主党派是资产阶级政党，又揪出成批的右派，是一个"不光彩"的组织，不愿参加活动。盟省委为了纠正这些错误思想，曾组织大家学习了周总理对民主党派指示，经过学习，许多同志认识到在党的领导下民主党派过去曾经在人民民主统一战线中发挥过作用，今后仍要继续发挥作用。事实上，有不少基层组织在本单位党委的领导下积极开展了组织活动，已作出了成绩。

结合业务实践，开展两条道路和两种人生观的斗争，对盟员进行组织教育是当前工作的一个重要方面。省委会推动基层针对同志的资产阶级教学观点或工作态度，采取会上批评、会外谈心、批评与鼓励相结合的方式，频繁进行了一系列的组织活动，开展适当的批评，不仅被批评的同志受到教育，提高了觉悟，发挥了工作积极性，而且由于互相批评，共同分析中接触每个人的思想实际，收到共同提高的效果。

盟省委会推动盟员积极投入各种方式的劳动锻炼，组织交流心得体会，盟员同志争取下乡下厂参加生产劳动，通过长期下放、劳动一月等形式，在深入实际、虚心向工农学习中改造自己，受到深刻的教育与锻炼，认识党的下放干部政策是英明的、正确的，是培养干部又红又专，是知识分子改造的一条重要道路。此外，一年多来，盟省委会根据党委和盟中央的指示，

55

省委会还抓了三项工作。第一，改造基层组织。第二，督促检查自我改造规划的制订和执行；第三，帮助和推动基层组织总结工作经验，写出综合性的和典满的经验共二十多篇，先后并在一九五九年十二月份召开的我省第四次盟员代表大会上和今年一月于卫会议上进行了交流。通过经验交流，不仅对基层组织的工作起了互相评比、互相督促、互相推动的作用，而且也推动并改进了省委会的工作，提高了盟省委会工作水平。

总的说来，多数盟员，无论从接受党的领导，从参加劳动锻炼，学习政治理论、时事政策，加强自我改造方面，从贯彻党的教育方针，搞好岗位工作等方面，都有很大的进步。积极的一面在不断上升，消极的一面在不断缩小，特别拿反右派斗争和整风前后多数成员政治思想上严重向右摇摆比较起来，可以看出变化十分显著。

我们之所以取得这些成绩和进步，最主要的原因，是党的正确领导和教育，是由于不断革命、不断跃进的大好形势的鼓午和推动；同时，与盟员要求改造的自觉性有了提高也是分不开的。

（二）

一年多来，我们的工作是有成绩的。但是我们的工作还做得很不够，与当前全国大跃进的形势比以起来，我们多数同志进步的速度，我们所做的工作，还很不相适应。在民盟的成员中还有一部分同志对党的态度仍然是若即若离，心存戒备，对于党的重大方针政策、路线等方向性的问题，分不清是非，划不清界限，在大是大非面前摇摆不定，有的对社会主义道路在思想上还有保留，甚至采取抵触和对抗的态度。在为社会主义服务的态度上，有的人还显得干劲不足，工作情绪时高时低，忽冷忽热。在对待自我改造上面，有的同志在口头上表示要求改造，而实际上又有厌倦情绪，或自满情绪，缺乏把自己彻底改造好的决心和信心。上述这些消极的因素，在通过学习党的八届八中全会文件中特别显得明白。有的同志认为："大跃进太紧张，一个运动接着一个运动，不断革命，不断紧张，实在受不了，提出"是否可以休息一下！"有的认为"以钢为纲，挤掉一切，造成经济失调，造成供应紧张，值得重新考虑。"有的认为："教育工作只能循序渐进，否则不能保证质量。"有不少同志还不能正确理解总路线与统一战线政策以及民主党派工作的关系，认为："民主党派性质不同，难于跃进。"有的认为"思想工作复杂细致，欲求多快即难好省"，也就是认为总路线的光照

56

不到我们盟的工作里来。上述情况正说明我们多数同志尽管在反右派斗争和整风后在政治思想上向前跨进了一步，但政治立场还没有得到根本改造，仍然处于中间状态，还需要继续改造。

（三）

在一年来的工作中，我们有下列几点体会：

第一：坚决接受党的领导是做好一切工作的根本保证。只有坚决接受各级党委的领导，在党的领导和监督下进行工作，我们才能够发挥民主党派的积极作用。

关于接受党的领导，在当前应该特别注意进行下列三个方面的工作。

1、接受党的领导是搞好一切工作的根本保证，是知识分子自我改造的根本内容。民盟的组织抓政治思想教育工作，首先便要抓关于这一方面的政治思想教育工作，任何时候都不能有丝毫放松。必须充分认识，从对党三心二意转变为对党一心一意，坚决跟党走，是十分复杂、艰巨、反复性很大的改造过程。对党的怀疑抵触，有时是从学习理论文件时反映出来，有时是从对待一些具体的事、具体的人（党员）反映出来，有时则是从贯彻党的方针政策和措施反映出来；盟的组织必须通过这些具体的事，同时也提高到政治原则进行思想分析和组织教育工作。那种认为"接受党的领导已不成问题了"的思想是不符合实际情况的。

2、要推动成员认真学习党的历史，学习毛泽东思想，通过不断学习和实践，树立起死心塌地跟党走的决心。反右整风以来，对党口服心服的人一天天增加了，但愿意跟党走，但只愿做党的同路人的思想仍然是相当普遍的。盟的组织必须不断通过理论学习和参观实践，使每一个人都明确：党必须领导一切，党不仅必须领导军事、政治、经济，而且也必须领导文化、教育、科学，任何工作都必须由党来领导，这是绝对的、丝毫不能动摇的原则，这是社会发展客观的规律。同时另一方面又要使每一个成员明确，党是能够领导一切的，十年来各个战线上巨大的成就就无可辩驳地证明了这一点。

3、必须经常检查向党请示汇报制度。坚持向党请示汇报，是保证接受党的领导的一个重要关键。目前盟的基层组织虽然普遍地建立了请示汇报制度，但被动地等待党领导，等待布置工作，不主动积极地钻研党的方

57

针政策的情况还存在。有的在执行决议碰到困难时甚至还埋怨党的组织，怀疑党的方针政策。必须教育和督促成员继续坚持执行向党请示汇报制度，推广好的，批判和纠正不好的。

第二在工作中坚决走群众路线积极投入群众运动中去接受锻炼是知识分子加强改造搞好工作的重要关键。从一九五八年一九五九年大跃进群众运动中和在党的八届八中全会文件的学习中所反映出的一些思想情况，说明旧知识分子对于社会主义革命和社会主义建设都必须大搞群众运动还缺乏充分的认识，对于群众运动中所产生缺点的看法以及对待革命群众中的新生事物都存在着许多错误的认识。有不少旧知识分子在脑中都只习惯冷冷清清个人单干，而不习惯于轰轰烈烈大搞群众运动。在这次八中全会文件学习中，有的同志在分析批判自己的思想时说："我在大跃进中之所以一再认为跃进指标订得太高，畏首畏尾，主要是因为只看见自己一个人的力量，看不见广大群众的力量"，是由于一直认为"只有专家教授才能搞技术革新，学生群众不能搞技术革新，等到指标突破了，等到发现'青出于蓝'，学生们革新成绩反而高过老师，才认识到上面的想法是资产阶级专家路线思想在作怪。"有的同志说："拿备课来说，我便宁肯冷冷清清，个人关门备课，而不愿集体研究，因为那不只是限制了个人的自由，而且也不能充分发挥个人的突出作用。"有的同志在分析批判时说："以前我碰到困难，只是个人愁眉苦脸，咬紧牙关开夜车，从不肯找人协助，同样，看见人家有困难，也是袖手旁观，见死不救，结果团结没有搞好，工作任务也没有完成。通过八中全会学习，见到工农群众不仅学习先进、赶先进，而且帮助后进，共同提高，促进生产，这样我才改变了过去那一套旧作风，结果团结搞好了，任务完成了，大家兴高采烈，心情舒畅！"通过一九五八、一九五九年各个战线上轰轰烈烈的群众运动，通过八届八中全会文件的学习，使不少同志和基层组织都深刻地体会到：能不能大跃进，能不能在大跃进中做出成绩，第一条是是否坚决接受党的领导，第二条便是是否坚决大搞群众运动。是冷冷清清，个人单干，还是轰轰烈烈大搞群众运动，尖锐地反映出两条道路两种世界观的分歧和斗争。只有认真批判改造资产阶级专家思想，批判资产阶级的立场和世界观，树立无产阶级的立场和世界观的人，才能正确地

— 5 —

58

认识群众运动在社会主义革命和社会主义建设中的重要性。也才能正确地对待群众的缺点和错误，和群众运动中的新生事物。同时，也只有树立有事和群众商量，坚决走群众路线，才能在社会主义建设事业中发挥更大的作用，作出更多的贡献。从旧知识分子自我根本改造来说，也一定要投入群众运动中去，在群众中去接受锻炼才能改造得好。一年多来，从一些盟员个人和组织所总结出来的经验都充分说明：我们许多同志之所以大有进步，重要原因之一是接触了群众，是因为受到群众运动的教育，受到群众性整风运动的结果。许多个人思想总结都提到反右派斗争和整风中群众性的大字报给予自己的冲击力最大，印象最深，解决问题也最透，也就是说在群众运动中去接受锻炼是改造中一条重要经验。许多总结中又提到：只有当自己亲自接触到工农劳动人民，看到了他们的冲天革命干劲，并看到了他们所亲手创造出来的奇迹时，才真正认识到工农思想品质的高贵，感到他们的力量伟大，从而才真正认识到自己过去轻视工农、脱离群众的错误。所以，我们盟的组织要使每个成员能改造得更快，服务得更好，一定要不断通过各种形式，把成员推动到群众运动中去，要组织大家多接触工农劳动人民，这是一条很重要的道路，也是服务和改造中的一条重要经验。

第三：不断进行形势教育，是推动服务、加强改造工作中的一个重要方面。形势教育就是社会主义教育，盟的组织要通过各种方式（如听报告、搞参观视察等），使我们的成员及所联系的群众，经常认清形势，认清大局，这对于推动服务、加强改造是十分重要的。国家的形势体现政治战线、思想战线、经济建设各方面的巨大成就，它反映了党的各项方针政策，也反映人民群众的无穷智慧和力量。它是一些具体生动的客观事实，俗语说：事实胜于雄辩，"百闻不如一见"，客观事实是最容易改变一个人的观点的。形势逼人，包含着形势教育人、鼓午人的含义，了解形势能使我们眼界扩大，使我们心境开朗。一年多来的事实证明，许多知识分子由于通过参观祖国社会主义建设，参观了长江大桥、参观炼钢厂、炼铁厂、水库等巨大建设，或者通过听报告，了解到国际上的形势，了解到国内各项建设的成就，从而改变了对大跃进的一些错误看法，改变了工农群众不能搞科学、党不能领导科学事业的错误观点。通过形势教育，能帮助知识分子走出纠缠着名誉地位，

59

利害得失，冷冷清清个人主义的小天地，走进我为人人，人人为我，蓬蓬勃勃社会主义的大世界，能帮助知识分子弄清九个指头和一个指头的关系问题。通过许多具体事实具体的人，接受社会主义教育，从而使他们更加热爱党，热爱国家，热爱工农群众。一九五九年当某些物资一度供应不足思想十分混乱的时候，我们曾经传达过李先念付总理有关国内外形势的一个报告，会后反映很好，认为这种报告能帮助我们弄清供应问题的性质，弄清九个指头和一个指头的关系。有些同志原来在工作中干劲不足，下放农村劳动锻炼一个时期后，亲眼看到工农群众的冲天干劲，批判了自己的中游思想，进一步鼓起了干劲。这些就说明形势教育对于加强改造，推动服务是很重要的。

第四：民盟是一个政治组织，在人民民主统一战线中和其他民主党派一样有协助党积极宣传各项方针政策，反映各方面的意见和推动资产阶级知识分子加强根本改造的政治任务。因此民盟必须抓政治思想教育工作。过去的工作经验充分证明：民盟的工作只有抓业务中和政治运动中的政治思想教育工作，才能使我们不与中心工作脱节，又不和行政工作重复，而能够在思想工作中发挥党的助手作用。盟的政治思想工作主要有两个方面：一方面是经常向党委反映政治运动中和业务实践中盟员及盟所联系的群众各种思想活动以及各种建议和意见，另一方面是对盟的成员的资产阶级思想和作风，开展批评，进行组织教育。由于人民内部的政治思想教育工作是解决人民内部的矛盾，是解决复杂的思想问题，所以一定要贯彻团结—批评—团结的原则。有团结，又有斗争，也就是说既要和风细雨地进行正面教育，进行启发自觉的工作，同时另一方面又要注意运用外力，运用政治形势和群众与组织的力量开展批评和斗争。要把形势推动与启发个人自觉结合起来，要把批评与鼓励很好的结合起来，把组织的批评和个别谈心很好的结合，针对不同对象不同的思想采取不同的方式去进行。在经常的思想教育工作中片面地强调自觉自愿，强调自我检查，闭门思过，不去运用组织与群众的力量和过分强调运用外力，只满足于大会激烈斗争，不重视启发自觉，都是不妥当的。和风细雨地进行正面教育，我们体会并不是取消批评和斗争，相反这也是阶级斗争的一种形式，在阶级斗争一度紧张

— 7 —

缓和的时候应更多注意采取这一形式。思想斗争反映各种问题上面有时甚至是一件最普通的事，而在有些旧知识分子头脑中会变得很离奇很复杂，这便需要我们去进行工作，以便化消极为积极，也化阻力为助力，推进社会主义建设事业。一年来我们从基层的工作总结中充分体会到：思想工作做得愈深愈细致，你便愈感到这项工作做不完，而且也就愈感到它的重要意义。那种认为民盟没有什么事情可做，认为盟的工作与大跃进总路线挂不上钩，是一种不符合事实，极端错误的思想。

第五：培养典型总结交流经验是贯彻推动服务，加强改造一个有效的方式。一九五九年盟中央的全年工作计划要点中便提出要求，各级地方组织应该总结政治思想工作中的经验，并应通过区域性工作经验交流会进行交流。中共贵州省委统战部一九五九年在对各民主党派的五项工作指示中同样也提出应总结交流服务与改造中的经验，以便互相推动，共同提高，共同跃进。

从推动基层进行总结工作中我们有以下几点体会：第一，培养典型，总结经验，并应用适当的方式交流推广，是推动服务促进改造的一种有效方式。因为在交流推广中可以在推动服务、加强改造等方面起互相评比、互相学习、互相督促、互相教育的作用。第二，通过总结工作一方面可以检查我们思想工作的缺点，同时也可以肯定我们工作中的成绩，可以鼓舞工作的信心，使工作做到更加细致，更加深入。通过一些典型材料的交流，改变了这些同志这一看法，认识到只要政治方向明确，坚决接受党的领导，紧密结合单位中心工作，又能着重抓思想，民盟有工作可做，而且能够做出成绩，在许多方面能够发挥党的助手作用的。第三，总结工作是为推动服务，加强改造，要着重总结在服务与改造中组织作用和个人中的思想变化过程。比较起来，一人一事、一专题的专题总结更适宜把思想变化叙述得深透一些，所以应更多的注意采用这一形式；当然综合性的全面性的总结，也同样能收到这种效果。第四，总结工作是不断推进工作提高工作水平的过程，同时也是提高思想改造思想的过程，在总结中要碰到各种不同的思想障碍，要耐心地去通过思想工作进行克服。总结工作要把全面推动与重点协助结合起来，要使提高工作与提高思想改造思想结合起来。

61

在中国共产党和毛主席的领导下，在党的社会主义建设总路线的光辉照耀下，我国第二个五年计划的主要指标提前三年，在一九五九年底已经完成。标志着社会主义建设新阶段的一九六〇年，我国仍将用高速度的继续跃进。盟中央指示我们：一九六〇年盟的任务更加重大而艰巨了，盟在已经取得成绩的基础上，必须继续贯彻推动服务加强改造的方针，鼓励和帮助盟员积极参加技术革命和文化革命以及一切文教科技事业，进一步以政治思想为统帅，以工作岗位为基地，以劳动和实践为基础，加强政治立场和世界观的改造，这是盟当前的政治任务。

"顾一头"，"一边倒"。一心一意顾国家利益和人民利益这一头，坚决倒向社会主义这一边，这是当前全国工商业者进一步接受社会主义改造的关键问题，也是资产阶级知识分子和民主党派成员进一步积极服务加强改造的关键问题。这一问题的实质便是叫我们在资本主义和社会主义之间作出明智的抉择。反右整风以来，我们盟的大多数成员在党的教育和培养下，在大跃进形势的推动和鼓午下，进步是很大的，政治思想上的变化是显著的，但多数成员的政治立场并没有完全解决，破除资产阶级世界观树立无产阶级世界观的问题更没有解决，和个人主义作最后的最坚决的决裂，"顾一头"、"一边倒"，坚决服从共产党的领导，坚决走社会主义道路，这是我们当前最根本的问题。

根据"顾一头"、"一边倒"这一政治方向，根据盟中央提出的推动服务加强改造的方针，我们当前的任务是推动成员积极投入轰轰烈烈的社会主义建设的群众运动中去，积极投入全民性的增产节约运动中去，积极参加技术革命和文化革命，要推动成员鼓足干劲，刻苦钻研，用学先进、赶先进、帮后进的精神，在大闹技术革新、技术革命中大胆献技、献计，做出出色的成绩。在党的领导下，要下决心立大志攀高峰，向高、尖、精、缺大进军。为社会主义事业贡献自己的力量，要推动成员加强政治学习，认真学习毛主席的著作，投入学习毛主席著作的热潮中去，通过学习，使我们更加认识党和国家的路线、方针政策的正确，认识总路线、大跃进、人民公社三面红旗在社会主义建设中的伟大意义，认识社会发展的规律，认清形势，认清前途，要积极推

— 9 —

62

动成员参加劳动锻炼，虚心向工农学习，培养劳动人民的思想感情，要通过劳动实践和政治学习，进一步深入进行自我改造，改造政治立场，改造资产阶级的世界观，并逐步树立无产阶级的世界观，推动服务与加强改造是二条腿走路的关系，是互相推动、互相联系、互相促进的关系，必须使二者紧密地结合起来。

在这次三省工作经验交流会上，我们向四川、云南的组织学得了许多先进的经验，帮助我们认识了工作中的缺点，在中共贵州省委会的领导下，在盟中央的指导下，我们有信心和决心把工作比以前做得更好。

【释文】

中国民主同盟贵州省委会工作情报告

一

一九五九年是在一九五八年“大跃进”的基础上继续跃进的一年。在总路线的光辉照耀下，盟省委会根据民盟第三次全国代表大会的决议和中共贵州省委统战部的指示进行了工作。党的八届八中全会向全国人民提出“反右倾”、鼓干劲、厉行增产节约的伟大号召以后，盟省委会又根据八中全会决议和精神，对一九五九年下半年的工作进一步做了安排，要求全体成员把认真学习和坚决贯彻执行党的八届八中全会的精神作为当前重大的政治任务。盟省委会在中共贵州省委的领导下省委统战部的具体帮助下，推动各级组织和全体盟员在本单位党的领导下积极服务，发挥助手作用。大多数基层和盟员做出了一定的成绩，发挥了积极作用，并在服务中进行了自我改造。□将一年多来的盟务工作情况和经验教训汇报如下：

推动盟员参加政治活动，宣传党的方针政策方面：通过本盟第三次全国代表大会决议的传达和讨论，组织盟员学习了毛主席《论帝国主义和一切反动派都是纸老虎》和周恩来总理《台湾海峡地区的斗争形势和我们的任务》等重要文献，传达和学习讨论，参加政治活动，同志们对于“东风压倒西风”的国际形势，对于帝国主义及一切反动派的本质和对于和平解放台湾的政策在不同程度上提高了认识。

当党的八届八中全会和中共贵州省委一届十次全会闭幕后，盟省委会号召全体成员在本单位党的统一布置下，认真学习八中全会文件，积极带头作用。盟员在学习这些重要文件以前，对总路线、“大跃进”和人民公社等运动和一整套“两条腿走路”的方针缺乏正确的认识，甚至抵触情绪。通过学习，批判了错误认识，提高思想觉悟，有很大收获。许多同志认识到，一九五八年和一九五九年“大跃进”中社会主义事业发展的速度以及所取得的成绩是巨大的，是史无前例的，这样辉煌成绩的取得，是全国人民在党的领导下，坚决贯彻社会主义建设总路线，执行“两条腿走路”的方针，大搞群众运动的结果。同志们联系思想实际和工作实际，检查了政治立场，检查了干劲不足的原因，分析了资产阶级个人主义的严重危害性，明确要进一步改造政治立场，改造世界观，认识到由于社会主义革命的深入，要求我们必须和自己的资产阶级个人主义思想做彻底的决裂。

在推动盟员积极为社会主义建设事业服务方面：一年多来，多数盟员在工作岗位上是认真努力的，不少的基层组织和盟员在响应党的号召，完成各项中心工作中起了积极作用，有的做出了出色成绩，被评为先进工作者，受到领导和群众的称赞和表扬。据□有资料统计，在一九五九年约有29个同志被评为专署市区或本单位先进工作者，占盟员人数的十分之一（遵义市委会不在内）。

教育界的多数盟员积极贯彻了“教育为无产阶级政治服务，教育与生产劳动相结合”的方针，钻研业务，认真编写教学大纲和讲义等。例如，贵州农学院下放到农村的同志在党委的领导与支持下，进行调查五十多次，写出总结报告九万五千字以上，并与西南区其他学校教师协作，编出新教材若干种。有的基层组织，推动盟员破除迷信，解放思想，猛攻尖端科学，大搞技术革新，做出了不少成绩。

在推动盟员加强根本自我改造方面：在“反右”整风以后的一段时期，部分同志对民主党派有消极情绪，认为社会主义革命在政治战线、思想战线上取得巨大的胜利以后，民主党派没有什么作用，可以结束了。有的同志认为民主党派是资产阶级政党，又抓出成批的右派，是一个“不光彩”的组织，不愿参加活动，盟省委为了纠正这些错误思想，曾组织大家学习了周总理对民主党派的指示。经过学习，许多同志认识到：在党的领导下，民主党派过去曾经在人民统一战线中发挥过作用，今后仍要继续发挥作用。事实上，有不少基层组织在本单位党委的领导下积极开展了组织活动，已做出了成绩。

结合业务实践，开展两条道路和两种人生观的斗争，对盟员进行有组织教育是当前工作的一个重要方面。省委会推动基层针对同志的资产阶级教学观点或工作态度，采取会上批评、会外谈心、批评与鼓励相结合的方式抓紧进行了一系列的组织活动。开展适当的批评，不仅被批评的同志受到教育，提高了觉悟，发挥了工作积极性，而且由于在相互批评、共同分析中接触每个人的思想实际，收到共同提高的效果。

盟省委会推动盟员积极投入各种方式的劳动锻炼，组织交流心得体会，盟员同志争取下乡下厂参加生产劳动，通过长期下放、劳动一月等形式，在深入实际、虚心向工农学习中改造自己，受到深刻的教育和锻炼，认识党的下放干部政策是英明的、正确的，是培养干部又红又专，是知识分子改造的一条重要道路。此外，一年多来，盟省委会根据党委和盟中央的指示，省委会还抓了三项工作：第一，改造基层组织；第二，督促检查自我改造规划的制订和执行；第三，协助和推动基层组织总结工作经验，写出综合性的经验共二十多篇，先后在一九五九年十二月份召开的我省第四次盟员代表大会上和今年一月会议上进行了交流。通过经验交流，不仅对基层组织的工作起了互相评比、互相督促、互相推动的作用，而且也推动并改进了省委会的工作，提高了盟省委会工作水平。

总的说来，多数盟员，无论从接受党的领导，从参加劳动锻炼，学习政治理论、时事政策加强自我改造方面，从贯彻党的教育方针，搞好岗位工作等方面，都有很大的进步。积极的一面，在不断上升，消极的一面，在不断缩小，特别拿反右派斗争和整风前后多数成员政治思想上严重向右摇摆比较起来，可以看出变化十分显著。

我们之所以取得这些成绩和进步，最主要的原因，是党的正确领导和教育，是由于不断革命、不断跃进的大好形势的鼓舞和推动；同时，与盟员要求改造的自觉性有了提高也是分不开的。

二

一年多来，我们的工作是有成绩的，但是我们的工作还做得很不够。与当前全国“大跃进”的形势比起来，我们多数同志进步的速度，我们可做的工作，还很不相适应。在民盟的成员中，还有一部分同志对党的态度仍然是若即若离、心存戒备，对于党的重大方针、政策、路线等方向性的问题，分不清是非，划不清界限，在大是大非面前摇摆不定，有的对社会主义道路在思想上还有保留，甚至采取抵触和对抗的态度，在为社会主义服务的态度上，有的人还显得干劲不足，工作情绪时高时低，忽冷忽热。在对待自我改造上面，有的同志在口头上表示要求改造，而实际上又有厌倦情绪，或自满情绪，缺乏把自己彻底改造好的决心。上述这些消极的因素，在通过学习党的八届八中全会文件中特别显得明白。有的同志认为“大跃进”太紧张，一个运动接着一个运动，不断革命，不断紧张，实在受不了，提出是否可以休息一下，有的认为以纲为纲，挤掉一切，造成经济失调，造成供应紧张，值得重新考虑。有的认为，教育工作只能循序渐进，否则不能保证质量。有不少同志还不能正确理解总路线与统一战线政策以及民主党派工作的关系，认为民主党派性质不同，难于跃进，有的认为思想工作复杂细微，欲求多快，即难好省，也就是认为总路线的光照不到我们盟的工作里来。上述情况正说明我们多数同志尽管在反右派斗争和整风后在政治思想上向前跨进了一步，但政治立场还没有得到根本改造，仍然处于中间状态，还需要继续改造。

三

在一年来的工作中，我们有下列几点体会：

第一，坚决接受党的领导是做好一切工作的根本保证。只有坚决接受各级党委的领导，在党的领导和监督下进行工作，我们才能够发挥民主党派的积极作用。

关于接受党的领导，在当前应该特别注意进行下列三个方面的工作：

1. 接受党的领导是搞好一切工作的根本保证，是知识分子自我改造的根本内容。民盟的组织抓政治思想教育工作，首先便要抓关于这一方面的政治思想教育工作，任何时候都不能有丝毫放松。必须充分认识，从对党三心二意转变为对党一心一意坚决跟党走是十分复杂艰巨、反复性很大的改造过程，对党的怀疑抵触，有时是从学习理论文件时反映出来，有时是从对待一些具体的事，具体的人（党员）反映出来；有时则是从贯彻党的方针政策和措施反映出来，盟的组织必须通过这些具体的事，同时也提高到政治原则进行思想分析和组织教育工作。那种认为接受党的领导已不成问题了的思想是不符合实际情况的。

2. 要推动成员认真学习党的历史，学习毛泽东思想，通过不断学习和实践，树立起死心塌地跟党走的决心。反右整风以来对党口服心服的人一天天增加了，但只顾做党的同路人的思想仍然是相当普遍的。盟的组织必须不断通过理论学习和参观实践，使每一个人都明确党必须领导一切，党不仅必须领导军事、政治、经济，而且也必须领导文化教育、科学，任何工作都必须由党来领导，这是绝对的，丝毫不能动摇的原则，这是社会发展客观的规律。同时，另一方面，又要使每一个成员明确党是能够领导一切的，十年来各个战线上巨大的成就，就无可辩驳地证明了这一点。

3. 必须经常检查向党请示汇报制度。坚持向党请示汇报，是保证接受党的领导的一个重要关键。目前盟的基层组织虽然普遍地建立了请示汇报制度，但被动地等待党领导，等待布置工作，不主动积极地钻研党的方针政策的情况还存在。有的在执行决议碰到困难时，甚至还埋怨党的组织和怀疑党的方针政策。必须教育和督促成员继续坚持执行向党请示汇报制度，推广好的，批判和纠正不好的。

第二，在工作中坚决走群众路线，积极投入群众运动中去接受锻炼是知识分子加强改造、搞好工作的重要关键。从一九五八年、一九五九年“大跃进”群众运动中和在党的八届八中全会文件的学习中所反映出的一些思想情况，说明旧知识分子对于社会主义革命和社会主义建设都必须大搞群众运动，还缺乏充分的认识，对于群众运动中所产生缺点的看法以及对待革命群众中的新生事物都存在着许多错误的认识。有不少旧知识分子在服务中都只习惯冷冷清清个人单干，而不习惯于轰轰烈烈大搞群众运动。在这次八中全会文件学习中，有的同志在分析批判自己的思想时说：“我在‘大跃进’中一再认为跃进指标定得太高，畏首畏尾，主要是因为只看见自己一个人的力量，看不见广大群众的力量”，是由于一直认为“只有专家教授才能搞技术革新，学生、群众不能搞技术革新，等到指标突破了，等到发现学生们革新成绩反而高过老师，才认识到上面的想法是资产阶级专家路线思想在作怪。”有的同志说：“拿备课来说，我便宁肯冷冷清清，个人关门备课，而不愿集体研究，因为那不只是限制了个人的自由，而且也不能充分发挥个人的突出作用。”有的同志在分析批判时说：“以前我碰到困难，只是个人愁眉苦脸，咬紧牙关，开夜车，从不肯找人协助，同样，看见人家有困难，也是袖手旁观，见死不救，结果团结没有搞好，工作任务也没有完成。通过八中全会学习，见到工农群众不仅学习先进，而且帮助后进，共同提高促进生产，这样我才改变了过去那一套旧作风。结果团结搞好了，任务完成了，大家兴高采烈心情舒畅！”通过一九五八年、一九五九年各个战线上轰轰烈烈的群众运动，通过八届八中全会文件的学习，使不少同志和基层组织都深刻地体会到：能不能大跃进，能不能在大跃进中做出成绩。第一条是是否坚决接受党的领导，第二条便是是否坚决大搞群众运动，是冷冷清清，个人单干，还是轰轰烈烈大搞群众运动，尖锐地反映出两条道路两种、世界观的分歧与斗争，只有认真批判、改变资产阶级专家思想，批判资产阶级的立场和世界观，树立无产阶级的立场和世界观的人，才能正确地认识群众运动在社会主义革命和社会主义建设中的重要性，也才能正确地对待群众的缺点和错误，和群众运动中的新生事物。同时，也只有树立有事和群众商量，坚决走群众路线，才能在社会主义建设事业中发挥更大的作用，做出更多的贡献。从旧知识分子自我根本改造来说，也一定要投入群众运动中去，在群众中去接受锻炼才能改造得好。一年多来，从一些盟员个人和组织的总结出来的经验都充分说明：我们许多同志之所以大有进步，重要原因之一是接触了群众，是因为受到群众运动的教育，受到群众性整风运动的结果。许多个人思想总结都提到反右派斗争和整风中群众性的“大字报”给予自己的冲击力最大，印象最深，解决问题也最透，也就是说在群众运动中去接受锻炼是改造中一条重要经验。许多总结中又提到：只有当自己亲自接触到工农劳动人民，看到了他们的冲天革命干劲，并看到了他们所亲手创造出来的奇迹时，才真正认识到工农思想品质的高贵，感到他们的力量伟大，从而才真正认识到自己过去轻视工农脱离群众的错误。所以，我们盟的组织要使每个成员能改造得更快，服务得更好，一定要不断通过各种形式，把成员推动到群众运动中去，要组织大家多接触工农劳动人民，这是一条很重要的道路，也是服务改造中的一条重要经验。

第三，不断进行形势教育，是推动服务、加强改造工作中的一个重要方面。形势教育就是社会主义教育。盟的组织、要通过各种方式（如听报告、搞参观观察等），使我们的成员及联系的群众，经常认清形势，认清大局，这对于推动服务、加强改造是十分重要的。国家的形势，体现政治战线、思想战线、经济建设各方面的巨大成就，它反映了党的各项方针政策，也反映人民群众的无穷智慧与力量。它是一些具体生动的客观事实，俗语说，“事实胜于雄辩”“百闻不如一见”，客观事实是最容易改变一个人的观点的。形势逼人，包含着形势教育人、鼓舞人的含义，了解形势能使我们眼界扩大，使我们心境开朗。一年多来的事实证明，许多知识分子由于通过参观祖国社会主义建设，参观了长江大桥，参观炼钢厂炼铁厂、水库等巨大建设或者通过听报告，了解到国际上的形势，了解到国内各项建设的成就，从而改变了对“大跃进”的一些错误看法，改变了工农群众不能搞科学事业，党不能领导科学事业的错误观点。通过形势教育，能帮助知识分子走出纠缠着名誉地位、利害得失、冷冷清清、个人主义的小天地，走进我为人人，人人为我，勃勃生机的社会主义大世界。能帮助知识分子弄清九个指头和一个指头的关系问题。通过许多具体事实具体的人，接受社会主义教育，从而使他们更加热爱党，热爱国家，热爱工农群众。一九五九年当某些物资一度供应不足，思想十分混乱的时候，我们曾经传达过李先念副总理有关国内外形势的一个报告会，会后反映很好，认为这种报告能帮助我们弄清供应问题的性质，弄清九个指头和一个指头的关系。有些同志在工作中干劲不足，下放农村劳动锻炼，一个时期后，亲眼看到工农群众的冲天干劲，批判了自己的中游思想，进一步鼓起了干劲，这些就说明形势教育对于加强改造，推动服务是很重要的。

第四，民盟是一个政治组织，在人民的统一战线中和其他民主党派的一样，有协助党积极宣传各项方针政策，反映各方面的意见和推动资产阶级知识分子加强根本改造的政治任务，因此民盟必须抓政治思想教育工作。过去的工作经验充分证明：民盟的工作只有抓业务中和政治运动中的政治思想教育工作，才能使我们不与中心工作脱节，又不和行政工作重复，而能够在思想工作中发挥党的助手作用。盟的政治思想工作主要有两个方面：一方面是经常向党委反映政治运动中和业务实践中盟及盟所联系的群众各种思想活动以及各种建议和意见，另一方面是对盟的成员的资产阶级思想和作风开展批评，进行组织教育。由于人民内部的政治思想教育工作是解决人民内部的矛盾，是解决复杂的思想问题，所以一定要贯彻团结—批评—团结的原则。有团结又有斗争，也就是说既要和风细雨地进行正面教育，进行启发自觉的工作。同时另一方面又要注意运用外力，运用政治形势和群众与组织的力量开展批评和斗争。要把形势推动与启发个人自觉结合起来，要把批评与鼓励很好地结合起来，组织的批评与个别谈心很好地结合，针对不同对象、不同的思想，采取不同的方式去进行，在经常的思想教育工作中，片面地强调自觉自愿，强调自我检查，闭门思过，不去运用组织与群众的力量和过分强调运用外力，只满足于大会激烈斗争，不重视启发自觉都是不妥当的。和风细雨地进行正面教育，我们体会并不是取消批评和斗争；相反，这也是阶级斗争的一种形式，在阶级斗争一度呈现缓和的时候应更多注意采取这一形式。思想斗争反映在各种问题上面，有时甚至是一件最普通的事，而在有些旧知识分子头脑中会变得很离奇、很复杂，这便需要我们去进行工作，以便化消极为积极，也化阻力为助力，推进社会主义建设事业。一年来，我们从基层的工作总结中充分体会到思想工作做得愈深愈细致，你便愈感到这项工作做不完，而且也就愈感到它的重要意义。那种认为民盟没有什么事情可做，认为盟的工作与“大跃进”、总路线挂不上钩是一种不符合事实、极端错误的思想。

第五，培养典型、总结交流经验是贯彻推动服务、加强改造一个有效的方式。一九五九年盟中央的全年工作计划要点中便提出，要求各级地方组织应该总结政治思想工作中的经验，并应通过区域性工作经验交流会进行交流。中共贵州省委统战部一九五九年在对各民主党派的五项工作指示中同样也提出应总结交流服务与改造中的经验，以便互相推动，共同提高，共同跃进。

从推动基层进行总结工作中，我们有以下几点体会：第一，培养典型，总结经验，并应用适当的方式交流，推广是推动服务、促进改造的一种有效方式。因为在交流推广中可以在推动服务、加强改造等方面起互相评比、互相学习、互相督促、互相教育的作用。第二，通过总结工作，一方面可以检查我们思想工作的缺点，同时也可以肯定我们工作中的成绩，可以鼓舞工作的信心，使工作做到更加细致、更加深入。通过一些典型材料的交流，改变这些同志这一看法，认识到只要政治方向明确，坚决接受党的领导，紧密结合单位中心工作，又能着重抓思想，民盟有工作可做，而且能够做出成绩，在许多方面能够发挥党的助手作用的。第三，总结工作是为推动服务，加强改造，要看重总结在服务与改造中组织作用和个人中的思想变化过程。比较起来，一人一事一主题的专题总结更适宜把思想变化叙述得深邃一些，所以应更多地注意采用这一形式，当然综合性的全面性的总结，也同样能收到这种效果。第四，总结工作是不断推进工作、提高工作水平的过程，同时，也是提高思想、改造思想的过程，在总结中要碰到各种不同的思想障碍，要耐心地去通过思想工作进行克服。总结工作要把全面推动与重点协助结合起来，要使提高工作与提高思想、改造思想结合起来。

在中国共产党和毛主席的领导下，在党的社会主义建设总路线的光辉照耀下，我国第二个五年计划的主要指标提前三年，在一九五九年底已经完成，标志着社会主义建设新阶段的一九六〇年我国仍将高速度地继续跃进。盟中央指示我们：一九六〇年盟的任务更加重大而艰巨了，盟在已经取得成绩的基础上，必须继续贯彻推动服劳、加强改造的方针，鼓励和帮助盟员积极参加技术革命和文化革命以及一切文教科技事业，进一步以政治思想为统帅，以工作岗位为基地，以劳动和实践为基础，加强政治立场和世界观的改造，是盟当前的政治任务。

“顾一头”“一边倒”。一心一意顾国家利益和人民利益这一头，坚决倒向社会主义这一边，这是当前全国工商业者进一步接受社会主义改造的关键问题，也是资产阶级知识分子和民主党派成员进一步积极服务、加强改造的关键问题。这一问题的实质便是叫我们在资本主义和社会主义之间做出明智的抉择。反右整风以来，我们盟的大多数成员在党的教育和培养下，在“大跃进”形势的推动和鼓舞下，进步是很大的，政治思想上的变化是显著的。但多数成员的政治立场并没有完全解决破除资产阶级世界观，树立无产阶级世界观的问题更没有解决，与个人主义做最后的最坚决的决裂，“顾一头”“一边倒”，坚决服从共产党的领导，坚决走社会主义道路，这是我们当前最根本的问题。

根据“顾一头”“一边倒”这一政治方向，根据盟中央提出的推动服务、加强改造的方针，我们当前的任务是推动成员积极投入轰轰烈烈的社会主义建设的群众运动中去，积极投入全民性的增产节约运动中去，积极加强技术革命和文化革命，要推动成员鼓足干劲、刻苦钻研，用学先进、赶先进、帮后进的精神，在大闹技术革新、技术革命中，大胆献技、献计，做出出色的成绩。在党的领导下，要下决心、立大志、攀高峰，向高、精、尖、缺大进军，为社会主义事业贡献自己的力量，要推动成员加强政治学习，认真学习毛主席的著作，投入学习毛主席著作的热潮中去。通过学习，使我们更加认识党和国家路线方针政策的正确。认识总路线、“大跃进”、人民公社三面红旗在社会主义建设中的伟大意义，认识社会发展的规律，认清形势，认清前途，要积极推动成员参加劳动锻炼，虚心向工农学习，培养劳动人民的思想感情。要通过劳动实践和政治学习，进一步深入进行自我改造，改造政治立场，改造资产阶级的世界观，并逐步树立无产阶级的世界观，推动服务与加强改造是两条腿走路的关系，是互相推动、互相联系、互相促进的关系，必须使二者紧密地结合起来。

在这次三省工作经验交流会上，我们向四川、云南的组织学得了许多先进的经验，帮助我们认识了工作中的缺点，在中共贵州省委会的领导下，在盟中央的指导下，我们有信心和决心把工作比以前做得更好。

（四）《中国民主同盟贵州省委员会1960年工作计划要点》

1

中国民主同盟贵州省委员会
1960年工作计划要点

在中国共产党和毛主席的领导下，在党的社会主义建设总路线的光辉照耀下，我国第二个五年计划的主要指标提前三年，在1959年底已经完成，1960年我国进入社会主义建设新阶段。盟中央指示我们，1960年盟的任务是更加重大而艰巨了。盟在已经取得成绩的基础上，必须继续贯彻推动服务加强改造的方针，鼓励和帮助盟员积极参加技术革命、文化革命以及一切文教科技事业，进一步以政治思想为统帅，以工作岗位为基地，以劳动和实践为基础，加强政治立场和世界观的改造作为盟当前的政治任务。我省今年是继续跃进的一年，经济建设的任务十分艰巨，盟组织必须在中共贵州省委的领导下，推动盟员积极服务加强改造，必须立宏图，立大志，鼓大劲，建大业，为建设社会主义的新贵州而继续跃进，继续发挥人民民主统一战线中的积极作用。为此盟省委会提出1950年工作计划要点，要求盟贵州省各级组织和全体成员认真研究，结合实际，制定计划，保证盟中央指示和今年全盟工作的方针任务的贯彻执行。

一、加强学习，加强政治思想教育，是盟今年极其重要的工作。

1、继续认真学好党的八届八中全会和中共贵州省委一届十次全会文件。在学习党的八届八中全会文件和中共贵州省委一届十次全会会议已届结束的单位，盟组织和盟员应总结收获心得和存在的主要问题，作为今后进行学习的基础。盟的基层和盟员都应该继续反右倾，鼓足干劲，把积极服务加强改造体现到实际行动中去。

2、在党领导的统一布置下，今年全盟要掀起一个学习毛主席著作的热潮。盟组织必须保证贯彻单位党委对这一学习的计划，推动盟员端正学习态度，认真读书，刻苦钻研文件，坚持理论和实践相结合的学习方法，彻底敞开思想，开展批评和自我批评，达到提高认识，改造立场的目的。在学习组中应起到积极带头作用。

盟组织应把督促、推动盟员加强学习，检查学习情况，并列入工作规划。在单位党委每一阶段的布置下，盟组织应通过组织生活或其他形式，严格要求成员保证贯彻党委指示。学习进行中，盟组织应及时了解学习中的情

—1—

2.

况并进行分析研究提出解决办法及时向党委汇报请示并及时向盟上级组织反映以便于及时帮助解决问题。

盟省、市委员会及时组织座谈会、报告会交流组织基层推动学习的经验和个人学习体会心得，掀起互相学习、互相帮助、全面跃进的学习热潮。

盟省委会应全力作好一切有利于盟员学习的辅导工作，在学习过程中盟省委会通过工作简报介绍交流学习的经验和心得。

二、经常总结交流服务和改造的经验是盟中央今年工作计划中的另一重要工作。盟省委会计划作下列工作以保证完成盟中央这一指示的贯彻实施。

1. 春节期间省委会举行座谈会，座谈对服务和改造的体会和经验，今后要求基层组织在可能范围内也举行类似的集会，邀请本单位或兄弟基层的同志介绍服务和改造的经验，交流推广，带动全面。

2. 在盟省第四次代表大会传达和总结的基础上，盟省委会定于二月中旬举行一次基层组织工作经验交流会，介绍推广基层的先进工作经验，根据"学、比、赶、帮"的精神表扬先进，以期互相学习，互相推动，共同提高，共同跃进。

3. 在今年川滇黔三省工作经验交流会的传达工作中，在盟中央三届二中全会的传达工作中和在下半年举行的盟全国组织宣传工作会议的传达工作中，盟省委会决定组织总结交流服务和改造的经验的讨论，并抓紧检查学先进、帮后进、互相带动、共同提高的实际效果。盟省委会应积极支持、协助基层互相间组织各种协作座谈会，交流基层工作经验，交流服务和改造的体会心得。基层组织必须随时总结学习收获、工作经验和盟员在服务和改造中的体会心得，随时进行交流经验的活动，务期收到学先进、帮后进、共同提高、全面跃进的效果。

4. 盟各级组织从目前起，在党的领导下，要协助党在盟员中选拔、帮助、培养文教科技界以及其他方面的先进工作者，以通过他们的先进事例推动盟员，共同进步。

三、为了推动成员积极服务，加强改造，盟组织应抓紧督促盟员制

— 2 —

定、修订和贯彻执行红专规划的工作。

1、在盟省四代会传达工作总结交流会上，基层汇报中重点材料之一，是汇报成员制定、修订和贯彻执行红专规划的情况和经验。

2、盟省委会要求盟员在制订或修订红专规划时应考虑到明年向党四十整寿大庆的献礼，向省的全国的文教群英会献礼项目，并尽可能规定今年五一、七一、十一及1961年元旦向党献礼的项目。在这些伟大节日之前，盟基层和省市委员会，均应抓紧检查规划执行情况，推动盟员认真贯彻执行红专规划。

3、红专规划应当着重指向加强政治立场和世界观的改造，使服务与改造紧密结合起来。在每一学习总结和工作总结时，盟各级组织都应抓紧思想汇报，抓紧检查规划执行效果，并总结其经验，帮助盟员进行必要的修订工作。

四、为了加强盟的成员政治立场和世界观的改造，盟各级组织应推动并组织盟员积极参加劳动锻炼和参观访问活动。

1、劳动锻炼是资产阶级知识分子自我改造的重要途径之一。盟员订红专规划时应在单位领导下，将劳动锻炼列为一个项目。基层组织应通过欢送会、座谈会等形式，鼓舞盟员积极投入各种劳动锻炼，并应尽可能做好照顾下放劳动盟员的家属的工作。对参加劳动锻炼和参加参观访问回来的盟员，应举行不同形式的集会，交流劳动锻炼中的思想收获；成绩比较突出的，应组织写稿，刊登盟讯，交流经验，带动一般，共同加强政治立场和世界观的改造。

掌握比较突出材料的基层，可以联系群众，组织劳动锻炼座谈会，交谈参加劳动锻炼的体会、心得，鼓舞、带动资产阶级知识分子积极参加劳动锻炼的热情和决心，共同加强改造，共同进步。

2、盟省委会定在今年第三季内组织一次至二次参观访问，以利盟员向工人农民学习。适时组织参观访问座谈会和劳动锻炼收获座谈会，帮助盟员总结参加劳动锻炼和参观访问的效果，明确和巩固关于政治立场和世界观改造的成绩。

4.

五、继续巩固组织，密切联系群众，进一步健全盟的组织，加强基层工作，充实组织生活。

1、进一步加强基层领导工作，树立坚决接受党领导，走社会主义道路的领导核心，认真贯彻向党汇报请示制度，凡任期届满的基层组织，可结合检查工作进行改选，改选前必须作好一切准备工作。

2、盟的组织生活是对盟员进行政治思想教育的课堂，是推动盟员积极服务，加强改造的必要的，经常的主要形式，各基层必须结合单位中心工作，坚持过好定期的组织生活，在组织生活中总结交流经验，开展批评和自我批评，达到互相帮助，共同提高的目的。

3、基层一切活动凡适宜联系群众的，都应在向党请示后，尽可能邀请群众参加，接受群众的批评和监督，以提高盟组织的工作效率，发挥党的助手作用。

4、盟省、市委员会负责同志应分工负责，经常深入基层，深入实际进行调查研究工作，以便改进领导工作作风和工作方法，积极推动盟务的开展。

5、盟省、市委员会应认真开好基层干部会议，会前作好一切准备工作，明确会议的内容和要求，会后总结经验教训，各基层组织应经常向盟上级汇报基层工作和政治思想情况，以便省、市委员会加强对基层干部的领导和培养工作。

六、恢复贵州盟讯，编写辅导学习的工作简报，加强对中央盟讯的通讯工作。

1、今年贵州盟讯可发行季刊，着重介绍交流省内和各省盟组织和盟员的推动服务、加强改造的经验，在帮助盟员认真阅读中央盟讯的同时，不断推动盟员和盟组织积极为中央盟讯写稿，并按月向中央盟讯写寄综合通讯，报导贵州盟组织活动概况和盟员在工作中学习中比较突出的典型事例。

2、编写以学习为中心的工作简报，及时反映贵州盟员在政治思想教育中的发展情况，介绍交流学习经验、心得，全面推动盟员学习马

— 4 —

5

克思列宁主义，特别是学习毛主席著作的热潮。

七、加强对盟内右派分子的改造工作。

1、盟省委会指定专人负责领导督促右派分子的改造工作基层（有右派分子的）工作计划必须把改造右派分子的工作列为一项，定出具体办法。

2、右派分子必须按月向所属盟组织汇报政治思想活动情况，接受群众监督，加强政治立场和世界观的改造。

3、盟省委会至少每季召开右派分子思想汇报会一次，检查右派分子改造进行情况，帮助右派分子积极进行改造。

4、对已摘掉右派分子帽子的盟员，盟组织要特别注意帮助他们继续巩固与提高政治思想。

5、盟省委会应约集有右派分子的基层负责人举行专门会议，研究并交流监督改造盟内右派分子的工作和经验。

[illegible]、　不断[illegible]解决[illegible]

[illegible]

[illegible]

三[illegible]　[illegible]社会主义运动。

① [illegible]　① [illegible]　[illegible]　[illegible]

② [illegible]　② [illegible]　[illegible]　[illegible]

③ [illegible]、　③　[illegible]　[illegible]、[illegible]

1、积极[illegible]投入运动，作出[illegible]成绩贡献。

[illegible]计划。

具体做法、[illegible]

[illegible]一个基层、[illegible]

[illegible]

[illegible]计划上[illegible]，

【释文】

中国民主同盟贵州省委员会1960年工作计划要点

在中国共产党和毛主席的领导下，在党的社会主义建设总路线的光辉照耀下，我国第二个五年计划的主要指标提前三年，在1959年底已经完成，1960年我国进入社会主义建设新阶段，盟中央指示我们1960年盟的任务是更加重大而艰巨了。盟在已经取得成绩的基础上，必须继续贯彻推动服务、加强改造的方针，鼓励和帮助盟员积极参加技术革命、文化革命以及一切文教科技产业，进一步以政治思想为统帅，以工作岗位为基地，以劳动和实践为基础，加强政治立场和世界观的改造作为盟当前的政治任务。我省今年是继续跃进的一年，经济建设的任务十分艰巨，盟组织必须在中共贵州省委的领导下，推动盟员积极服务，加强改造，必须定宏图、立大志、鼓大劲、建大业，为建设社会主义的新贵州而继续跃进，继续发挥人民民主统一战线中的积极作用。为此，盟省委会提出1960年工作计划要点，要求盟贵州省各级组织和全体成员认真研究，结合实际制订计划，保证盟中央指示和今年全盟工作的方针任务的贯彻执行。

一、加强学习、加强政治思想教育是盟今年极其重要的工作

1. 继续认真学好党的八届八中全会和中共贵州省委一届十次全会文件。在学习党的八届八中全会文件和中共贵州省委一届十次全会决议已结束的单位，盟组织和盟员应总结收获心得和存在的主要问题，作为今后进行学习的基础。盟的基层和盟员都应该继续“反右倾”，鼓足干劲，把积极服务、加强改造体现到实际行动中去。

2. 在党领导的统一布置下，今年全盟要掀起一个学习毛主席著作的热潮，盟组织必须保证贯彻单位党委对这一学习的计划，推动盟员端正

学习态度，认真读书，刻苦钻研文件，坚持理论与实践相结合的学习方法，彻底敞开思想，开展批评与自我批评，达到提高认识、改造立场的目的，在学习组中应起到积极带头作用。

盟组织应把督促、推动盟员加强学习，检查学习情况列入工作规划。在单位党委每一阶段的布置下，盟组织应通过组织生活或其他形式严格要求成员保证贯彻党委指示。学习进行中，盟组织应及时了解学习中的情况并进行分析研究，提出解决办法，及时向党委汇报请示，并及时向盟上级组织反映，以便于及时帮助解决问题。

盟省、市委员会及时组织座谈会，报告会交流基层组织推动学习的经验和个人学习体会心得，掀起互相学习、互相帮助、全面跃进的学习热潮。

盟省委会应全力做好一切有利于盟员学习的辅导工作。在学习过程中，盟省委会通过工作简报介绍交流学习的经验和心得。

二、经常总结交流服务与改造的经验是盟中央今年工作计划中的另一重要工作。盟省委会计划做下列工作以保证完成盟中央这一指示的贯彻实施

1. 春节期间省委会举行座谈会，座谈对服务与改造的体会和经验。今后要求基层组织在可能范围内也举行类似的集会，邀请本单位或兄弟基层的同志介绍服务与改造的经验，交流推广□动全□。

2. 在盟省第四次代表大会传达和总结的基础上，盟省委会定于二月中旬举行一次基层组织工作经验交流会，并介绍推广基层的先进工作经验，根据“学比赶帮”的精神，表扬先进，以期互相学习，互相推动，共同提高，共同跃进。

3. 在今年川滇黔三省工作经验交流会的传达工作中，在盟中央三届二中全会的传达工作和在下半年举行的盟全国组织宣传工作会议的传达工作中，盟省委会决定组织总结交流服务与改造的经验的讨论，并抓紧检查学先进、帮后进，互相推动，共同提高的实际效果。盟省委会应积极支持、协助基层组织开展各种座谈会，交流基层工作经验，交流服务与改造的体会心得。基层组织必须随时总结学习收获、工作经验和盟员在服务与改造中的体会心得，随时进行交流经验的活动，以期收到学先进帮后进，共同提高，全面跃进的效果。

4. 盟各级组织从目前起，在党的领导下，要协助党在盟员中选拔帮助培养文教、科技界以及其他方面的先进工作者，以通过他们的先进事例推动盟员共同进步。

三、为了推动成员积极服务、加强改造，盟组织应抓紧督促盟员制订、修订和贯彻执行红专规划的工作

1. 在盟省四代会传达工作总结交流会上，基层汇报中重点材料之一，是汇报成员制订、修订和贯彻执行红专规划的情况和经验。

2. 盟省委会要求盟员在制订或修订红专规划时应考虑到明年向党四十整寿文庆的献礼，向省的、全国的文教群英会献礼项目，并尽可能规定今年五一、七一、十一及1961年元旦向党献礼的项目。在这些伟大节日之前，盟基层和省、市委员会均应抓紧检查规划执行情况，推动盟员认真贯彻执行红专规划。

3. 红专规划应当着重指向加强政治立场和世界观的改造，使服务与改造紧密结合起来。在每一学习总结和工作总结时，盟各级组织都应抓紧思想汇报，抓紧检查规划执行效果，并总结交流经验，帮助盟员进行必要的修订工作。

四、为了加强盟的成员政治立场和世界观的改造，盟各级组织应推动并组织盟员积极参加劳动锻炼和参观访问活动

1. 劳动锻炼是资产阶级知识分子自我改造的重要途径之一。盟员订红专规划时，应在单位领导下，将劳动锻炼列为一个项目。基层组织应通过欢送会、座谈会等形式，鼓舞盟员积极投入各种劳动锻炼，并应尽可能做好照顾下放劳动盟员的工作。对参加劳动锻炼和参加参观访问回来的盟员，应举行不同形式的集会，交流劳动锻炼中的思想收获。成绩比较突出的应组织写稿，刊登《盟讯》，交流经验，共同加强政治立场和世界观的改造。

掌握比较突出材料的基层，可以联系群众组织劳动锻炼座谈会，交谈参加劳动锻炼的体会心得，鼓舞资产阶级知识分子积极参加劳动锻炼的热情和决心，共同加强改造，共同进步。

2. 盟省委会定在今年第三季内组织一次至二次参观访问，以使盟员向工人、农民学习。适时组织参观访问座谈会和劳动锻炼收获座谈会，帮助盟员总结参加劳动锻炼和参观访问的效果，明确和巩固关于政治立场和世界观改造的成绩。

五、继续巩固组织，密切联系群众，进一步健全盟的组织，加强基层工作，充实组织生活

1. 进一步加强基层领导工作，树立坚决接受党领导，走社会主义道路的领导核心，认真贯彻向党汇报请示制度。凡任期届满的基层组织，可结合检查工作进行改选，改选前必须做好一切准备工作。

2. 盟的组织生活是对盟员进行政治思想教育的课堂，是推动盟员积极服务、加强改造的必要的经常的重要形式，各基层必须结合单位中心工作，坚持过好组织生活。在组织生活中总结交流经验，开展批评与自我批评，达到互相帮助、共同提高的目的。

3. 基层一切活动，凡适宜联系群众的都应在向党请示后，尽可能邀请群众参加，接受群众的批评和监督，以提高盟组织的工作效率，发挥党的助手作用。

4. 盟省、市委员会负责同志应分工负责，经常深入基层，深入实际进行调查研究工作，以便改进领导工作之风和工作方法，积极推动盟务的开展。

5. 盟省、市委员会应认真开好基层干部会议，会前做好一切准备工作，明确会议的内容和要求，会后总结经验教训，各基层组织应经常向盟上级汇报基层工作和思想情况，以便省、市委员会加强对基层干部的领导和培养工作。

六、恢复《贵州盟讯》，编写报道学习的工作简报，加强对《中央盟讯》的通讯工作

1. 今年《贵州盟讯》可发行季刊，着重介绍、交流省内和各省盟组织和盟员的推动服务、加强改造的经验。在帮助盟员认真阅读《中央盟讯》的同时，不断推动盟员和盟组织积极为《中央盟讯》写稿，并按月向《中央盟讯》写综合通讯，报道贵州盟组织活动概况和盟员在工作中、学习中比较突出的典型事例。

2. 编写以学习为中心的工作简报，及时反映贵州盟员在政治思想教育中的发展情况，介绍、交流学习经验、心得，全面推动盟员学习马克思列宁主义，特别是学习毛主席学著作的热潮。

七、加强对盟内右派分子的改造工作

1. 盟省委会指定专人负责领导、督促右派分子的改造工作，基层（有右派分子的）工作计划必须把改造右派分子的工作列为一项，定出具体办法。

2. 右派分子必须按月向所属盟组织汇报政治思想活动情况，接受群众监督，加强政治立场和世界观的改造。

3. 盟省委会至少每季召开右派分子思想汇报会一次，检查右派分子改造进行情况，帮助右派分子积极进行改造。

4. 对已摘掉右派分子帽子的盟员，盟组织要特别注意帮助他们继续巩固与提高政治思想。

5. 盟省委会应约集有右派分子的基层负责人举行专门会议，研究并交流监督、改造盟内右派分子的工作和经验。

（五）《中国民主同盟贵州省委员会1962年工作计划要点》

90—94

中国民主同盟贵州省委员会

1962年工作计划要点

1962年4月6日

当前国内外形势，总的说来，对于我国社会主义事业是很有利的。从盟的工作来说，盟员在党的长期教育，总路线、大跃进、人民公社三面红旗的照耀和形势的鼓午下，积极参加国家文教、科技和其他方面工作，努力自我教育改造，取得了很大的成绩，政治思想有很大的进步。去年以来，党贯彻了以调整为中心的各项具体政策和具体办法，进行了一系列调整关系、加强团结的工作，知识界为社会主义服务的积极性进一步调动起来了，改造的自觉性也进一步提高了。盟在这样的形势下开展工作，进一步贯彻“长期共存、互相监督”方针，做好党的助手，也是十分有利的。

1962年，我国社会主义建设的总任务是：“进一步贯彻执行总路线的各项具体政策和具体办法，在国民经济中全面贯彻以调整为中心的方针，调动一切积极因素，努力完成国家计划，使农业、轻工业、重工业的关系进一步协调起来，使整个国民经济进一步活跃起来。”中共贵州省委统战部指示各民主党派今年的工作任务是：根据国家总任务，结合各个时期中心工作，对成员进行政治思想教育，要求加强学习，加强团结，加强联系，巩固和扩大统一战线，要求把工作做得更深更细，提高思想工作质量，进一步发挥民主党派的作用。我会根据党委指示，今年的工作计划，拟从下列各个方面进行工作。

一、继续深入地学习毛主席著作、学习时事政策。

继续深入地学习毛主席著作，学习时事政策，要求达到认清形势，

—1—

树立发愤图强自力更生的雄心壮志；在岗位工作中坚决贯彻执行党的各项政策方针，提高工作质量，完成工作任务；在反对帝国主义和现代修正主义的斗争中经受考验；与党同心同德，克服困难，在社会主义道路上继续前进。

学习内容，政治学习服从工作单位的安排和规定。有关盟务的学习由基层根据盟省委的要求，自行研究布置。盟的各级组织要经常关心成员的学习，随时了解成员学习情况，帮助解决学习中的困难和问题；要研究解决盟内学习要求与单位政治学习互相结合问题，订出联系办法，采取各种措施，帮助成员认真学习，保証学习质量，总结学习经验。

盟省委和基层根据需要组织学习座谈会、专题讨论、报告会。配合学习，组织参观访问及节日假期的文娱活动。盟省委会两周一次的学习，继续进行，专职干部按照政协学委会的布置学习。单联盟员和年老退休盟员，仍由盟省委继续组织学习。盟员中有适合于省、市政协政治学校学习条件的，尽量介绍前往学习，并加强对政校临时小组的联系工作。

基层组织要关心盟员中右派分子的改造和教育；盟省委会每月举行座谈会，对右派分子进行前途教育和政策教育；并定期召集有关基层负责人汇报研究帮助右派分子改造问题。

神仙会是知识分子进行自我教育改造行之有效的方式，去年我会召开神仙会，取得了一些成绩和经验，今年应更加广泛地运用这一方式，在学习和盟的其他集会中，继续贯彻"三自、三不"原则和民主讨论的精神，使学习生动活泼，既解决问题，又心情舒畅，并继续总结这方面的经验。

二、全面认真地协助党贯彻执行各项政策方针

1962年是我国社会主义建设发展道路上具有重要意义的一年

在党的领导下，全面认真地贯彻执行总路线的各项具体政策和具体办法，调整关系，加强团结，加强联系，调动一切积极因素，为社会主义服务，是完成今年工作任务的重要关键。盟的工作任务是要在党的领导下，进一步贯彻"长期共存、互相监督""百花齐放、百家争鸣"方针，贯彻执行党对知识分子团结、教育、改造政策，和高教、中小学、文艺、科技等各项工作条例。从事文教科技工作的成员，要努力攀登科学高峰，钻研业务，提高教学质量，积极参加科学研究和学术讨论活动。出成品，出人材，为社会主义事业作出更多的贡献。

为完成上述工作任务，盟各级组织，必须推动成员继续认真学习党的方针政策，正确地体会政策精神，帮助成员及所联系的群众提高政策水平，并要求每一个成员，用实际行动贯彻执行党的各项方针政策。

各级组织要经常教育成员认真地、坚决地接受党的领导，本"尽其在我""返求诸己"的精神，主动地搞好合作共事关系。

各级组织要经常了解党的政策方针在群众中贯彻执行的情况，如实反映在贯彻执行方针政策中所产生的各种问题；并针对问题进行宣传教育工作，达到协助党调整关系、加强团结、调动各方面知识分子为社会主义事业服务的积极性的目的。

如实反映情况是各级组织重要的经常的工作，要形成制度，订入工作计划，坚决贯彻执行。盟省委会要加强对基层组织反映情况工作的督促、检查工作。

三、健全、巩固各级组织，进一步发挥组织作用。

为了进一步发挥盟的作用，今年要根据开展工作的需要，进行一些健全和巩固组织的工作，并适当地发展组织。

基层组织，一般在上半年内不进行普遍的改选工作，但为了充实基层组织的领导力量，进一步发挥基层组织的作用，部分基层可根据实际情况进行改选，或适当调整，以加强和充实骨干。盟省委要加强培养基层骨干，有计划地进行一些工作。

基层组织生活，一般要求每两周一次，贯彻神仙会的精神，方式要求灵活多样化，主要內容是学习和对成员进行组织教育与思想教育，学习毛主席著作，学习时事政策。每次组织生活具体內容，由各基层组织在单位党委领导下，根据中心工作和政治学习的要求，根据加强教育改造与完成工作任务密切结合的原则，自行研究布置。要求通过组织生活达到解决一些在工作与学习中的政治思想问题，保証单位中心工作与政治学习的质量和效果。联系群众工作，应在本单位党委的领导和安排下进行。盟省委会要注意加强对单联成员和成员过少、不容易开展组织活动的基层的联系与组织教育工作。

第二届省委会任期已满，今年第二季度或第三季度內要召开第五次盟员代表大会，选举新的领导机构，并总结成绩经验。

适当地发展组织。认真贯彻以文教为主、以中上层为主，稳步发展的方针，根据工作需要和实际可能，适当地个別地进行吸收新盟员。

四、加强调查研究与总结工作经验

"没有调查研究，便没有发言权"。调查研究是马克思主义的工作方法，是做好一切工作的主要方法，要贯彻到盟的各项工作中去。盟省委委员、各级组织和干部要采取点面结合，全面了解，重点深入办法，对基层和成员及所联系的群众，有计划地进行经常性的调查研究工作，作为制订计划方案、研究工作、进行政治思想教育的根据。

盟省委委员、各级组织和干部，依靠密切联系群众的方法，经常了解每一时期盟员和群众工作、学习、生活各方面的情况，党的各项政策

—4—

94

方针在群众中贯彻执行情况，发现问题，及时反映，研究解决，并总结这方面的工作经验。盟省委除全面了解情况外，还须择定十至二个基层，作为重点进行调查研究的对象，组织一定力量进行经常性的工作；并加强工作汇报制度检查督促工作。

盟省委会今年要分别召集大学、中小学和机关三类基层组织支委、组长，举行盟务工作座谈会，总结工作成绩及经验。

各级组织要争取每一件工作、每一个活动、每一个学习结束时，都进行总结，通过不断总结来肯定成绩、积累经验，提高工作和学习的质量。盟的这种总结，通过工作简报、专刊或其他形式起交流作用。

五、各级组织执行今年工作计划注意事项

今年盟的工作任务是相当重的，党指示我们：要加强工作，提高质量，发愤图强，继续前进。各级组织成员要坚决接受党的领导，要克服各种要求过高过急的偏向，对成员及所联系的群众进行思想工作，要求更加有耐心，更加细致深入，要求把工作做得扎扎实实。以期通过盟的工作，确实能解决一些问题。这是执行今年工作计划，进行具体工作的一个总的精神。

盟省委各部处及各基层组织，根据本计划订出分季度的或本年的实施计划执行。实施计划要具体落实，有头有尾，便于检查督促。

盟遵义市委会的工作计划，根据本计划精神，在当地党委领导下自行订定。

【释文】

中国民主同盟贵州省委员会1962年工作计划要点

1962年4月6日

当前国内外形势，总的说来，对于我国社会主义事业是很有利的。从盟的工作来说，盟员在党的长期教育，总路线、“大跃进”、人民公社三面红旗的照耀和形势的鼓舞下，积极参加国家文教、科技和其他方面工作，努力自我教育、改造，取得了很大的成绩，政治思想有很大的进步。去年以来，党贯彻了以调整为中心的各项具体政策和具体办法，进行了一系列调整关系，加强团结的工作，知识界为社会主义服务的积极性进一步调动起来了，改造的自觉性也进一步提高了。盟在这样的形势下开展工作，进一步贯彻“长期共存、互相监督”方针，做好党的助手，也是十分有利的。

1952年，我国社会主义建设的总任务是：“进一步贯彻执行总路线的各项具体政策和具体办法，在国民经济中全面贯彻以调整为中心的方针，调动一切积极因素，努力完成国家计划，使农业、轻工业，重工业的关系进一步协调起来，使整个国民经济进一步活跃起来。”中共贵州省委统战部指示各民主党派今年的工作任务是：根据国家总任务，结合各个时期中心工作，对成员进行政治思想教育，要求加强学习、加强团结、加强联系，巩固和扩大统一战线，要求把工作做得更深更细，提高思想工作质量，进一步发挥民主党派的作用。我会根据党委指示，今年的工作计划，拟从下列各个方面进行工作。

一、继续深入地学习毛主席著作、学习时事政策

继续深入地学习毛主席著作、学习时事政策，要求达到认清形势，树立发奋图强、自力更生的雄心壮志；在岗位工作中坚决贯彻执行党的

各项政策方针，提高工作质量，完成工作任务；在反对帝国主义和现代修正主义的斗争中经受考验；与党同心同德，克服困难，在社会主义道路上继续前进。

学习内容、政治学习服从工作单位的安排和规定。有关盟务的学习，由基层根据盟省委的要求自行研究布置。盟的各级组织要经常关心成员的学习，随时了解成员学习情况，帮助解决学习中的困难和问题；要研究解决盟内学习要求与单位政治学习互相结合问题，定出联系办法，采取各种措施，帮助成员认真学习，保证学习质量，总结学习经验。

盟省委和基层根据需要组织学习座谈会、专题讨论、报告会。配合学习，组织参观访问及节日假期的文娱活动。盟省委会两周一次的学习继续进行，专职干部按照政协学委会的布置学习。单联盟员和年老退休盟员，仍由盟省委继续组织学习。盟员中有适合于省、市政协政治学校学习条件的，尽量介绍前往学习，并加强对政校临时小组的联系工作。

基层组织要关心盟员中右派分子的改造和教育；盟省委会每月举行座谈会，对右派分子进行前途教育和政策教育；并定期召集有关基层负责人汇报研究帮助右派分子改造问题。

神仙会是知识分子进行自我教育改造行之有效的方式。去年我会召开神仙会，取得了一些成绩和经验，今年应更加广泛地运用这一方式，在学习和盟的其他集会中，继续贯彻“三自、三不”原则和民主讨论的精神，使学习生动活泼，既解决问题，又心情舒畅，并继续总结这方面的经验。

二、全面、认真地协助党贯彻执行各项政策方针

1952 年是我国社会主义建设发展道路上具有重要意义的一年，在党的领导下，全面、认真地贯彻执行总路线的各项具体政策和具体办法，调整关系，加强团结，加强联系，调动一切积极因素，为社会主义服务，是完成今年工作任务的重要关键。盟的工作任务是要在党的领导下，进

一步贯彻“长期共存、互相监督”“百花齐放、百家争鸣”方针，贯彻执行党对知识分子团结、教育、改造政策，和高教、中小学、文艺、科技等各项工作条例。从事文教、科技工作的成员，要努力攀登科学高峰，钻研业务，提高教学质量，积极参加科学研究和学术讨论活动。出成品，出人才，为社会主义事业做出更多的贡献。

为完成上述工作任务，盟各级组织，必须推动成员继续认真学习党的方针政策，正确地体会政策精神，帮助成员及所联系的群众提高政策水平，并要求每一个成员，用实际行动贯彻执行党的各项方针政策。

各级组织要经常教育成员认真地、坚决地接受党的领导，本“尽其在我”“返求诸己”的精神，主动地搞好合作共事关系。

各级组织要经常了解党的政策方针在群众中贯彻执行的情况，如实反映在贯彻执行方针政策中所产生的各种问题；并针对问题进行宣传教育工作，达到协助党调整关系、加强团结、调动各方面知识分子为社会主义事业服务的积极性的目的。

如实反映情况是各级组织重要的经常的工作，要形成制度，订入工作计划，坚决贯彻执行。盟省委会要加强对基层组织反映情况工作的督促、检查工作。

三、健全、巩固各级组织，进一步发挥组织作用

为了进一步发挥盟的作用，今年要根据开展工作的需要，进行一些健全和巩固组织的工作，并适当地发展组织。

基层组织，一般在上半年内不进行普遍的改选工作，但为了充实基层组织的领导力量，进一步发挥基层组织的作用，部分基层可根据实际情况进行改选，或适当调整，以加强和充实骨干。盟省委要加强培养基层骨干，有计划地进行一些工作。

基层组织生活，一般要求每两周一次，贯彻神仙会的精神，方式要求灵活多样化，主要内容是学习和对成员进行组织教育与思想教育，学

习毛主席著作，学习时事政策。每次组织生活具体内容，由各基层组织在单位党委领导下，根据中心工作和政治学习的要求，根据加强教育改造与完成工作任务密切结合的原则，自行研究布置。要求通过组织生活达到解决一些在工作与学习中政治思想问题，保证单位中心工作与政治学习的质量和效果。联系群众工作，应在本单位党委的领导和安排下进行。盟省委会要注意加强对单联成员和成员过少、不容易开展组织活动的基层的联系与组织教育工作。

第二届省委会任期已满，今年第二季度或第三季度内要召开第五次盟员代表大会，选举新的领导机构，并总结成绩经验。

适当地发展组织。认真贯彻以文教为主、以中上层为主，稳步发展的方针，根据工作需要和实际可能，适当地个别地进行吸收新盟员。

四、加强调查研究与总结工作经验

“没有调查研究，便没有发言权。”调查研究是马克思主义的工作方法，是做好一切工作的主要方法，要贯彻到盟的各项工作中去。盟省委委员、各级组织和干部要采取点面结合、全面了解、重点深入办法，对基层和成员及所联系的群众，有计划地进行经常性的调查研究工作，作为制订计划方案、研究工作、进行政治思想教育的根据。

盟省委委员、各级组织和干部，依靠密切联系群众的方法，经常了解每一时期盟员和群众工作、学习、生活各方面的情况，党的各项政策方针在群众中贯彻执行情况，发现问题，及时反映，研究解决，并总结这方面的工作经验。盟省委除全面了解情况外，还须择定一至两个基层，作为重点进行调查研究的对象，组织一定力量进行经常性的工作，并加强工作汇报制度，检查督促工作。

盟省委会今年要分别召集大学、中小学和机关三类基层组织支委、组长，举行盟务工作座谈会，总结工作成绩及经验。

各级组织要争取每一件工作、每一个活动、每一个学习结束时，都进行总结，通过不断总结来肯定成绩、积累经验，提高工作和学习的质量。盟的这种总结，通过工作简报、专刊或其他形式起交流作用。

五、各级组织执行今年工作计划注意事项

今年盟的工作任务是相当重的，党指示我们：要加强工作，提高质量，发愤图强，继续前进。各级组织成员要坚决接受党的领导，要克服各种要求过高过急的偏向，对成员及所联系的群众进行思想工作，要求更加有耐心，更加细致深入，要求把工作做得扎扎实实。以期通过盟的工作，确实能解决一些问题。这是执行今年工作计划，进行具体工作的一个总的精神。

盟省委各部处及各基层组织，根据本计划订出分季度的或本年的实施计划执行。实施计划要具体落实，有头有尾，便于检查督促。

盟遵义市委会的工作计划，根据本计划精神，在当地党委领导下自行订定。

（六）《中国民主同盟贵州省委员会一九六二年工作总结（草稿）》

21
74

中国民主同盟贵州省委员会
一九六二年工作总结（草稿）

1962年，是国际和国内形势都发生了巨大变化的一年。国际形势朝着更有利于各国人民的方向发展；这种发展更有力地証明，我国所奉行的对外政策总路綫完全正确。在国内，国民經济情况今年比去年又有好轉，我們在經济上最困难的时期已經胜利地渡过了；在国家政治生活方面，进一步发扬了党领导下的民主，增强了团結，更有效地調动了各方面的积极因素。党的八届十中全会公报，正确地分析了国际国内大好形势，給全国人民指出了今后努力和前进的方向，更提高了全国人民的认识，增强了信心，鼓午了斗志。

这一年中，民盟贵州省委員会在国内外大好形势的鼓午和推动下，在中共贵州省委和民盟中央的領导下，根据党委和盟中央的指示，本着发扬民主，調整关系，加强团結，加强教育，調动积极因素的精神，着重进行了下列三方面的工作：(1)加强思想政治工作，对成員継续进行形势教育，組织学习党的統一战綫政策、知识分子政策以及其它有关的方針、政策；(2)开展关于知识分子的調查研究工作，积极反映情况，协助党調整关系，加强团結，調动积极因素；(3)加强盟的組织工作，总結和交流基层組织工作經验，进一步发揮民盟組织的作用。通过这些工作，在推动成員和盟所联系的群众，参加反对帝国主义、反对現代修正主义、保卫世界和平的斗爭，参加社会主义革命和社会主义建設，加强自我教育与改造等方面，都在原有基础上取得了新的成績。現就上述三方面的工作和我們在工作中的初步体会，分别总結如下。

（一）

加强思想政治工作对成員进行形势教育，組织学习党的有关的方針、

·1·

25　22

政策，推动成员积极为社会主义事业服务和加强自我改造，是盟的主要工作，也是盟的经常活动。1962年这一年中，我省委会进行这方面的工作，大体上可分为三个阶段：第一阶段，自年初至四月，以组织学习人民日报元旦社论“新年献词”为中心，并传达学习中共贵州省统战部惠世如部长对今年党派工作的指示。第二阶段，自五月至九月，以传达学习周总理、陈毅付总理等中央负责同志在今年全国人大、全国政协和广州会议上重要报告为中心，结合座谈省人委在省人大二届四次会议上的工作报告，传达盟中央第26次常委会议的精神。第三阶段，自十月至年底，以组织学习党的八届十中全会公报为中心，结合传达民盟贵州省第五次盟员代表大会的精神，学习中共贵州省委统战部惠世如部长在这次代表大会上所作的报告。同时，在各阶段中，还结合当时国内外的重大事件，和成员迫切关心某些问题，配合组织了一系列有关的报告会和座谈会。如听省商业厅、教育厅负责同志报告关于市场供应问题、关于教育工作的调整、巩固、充实、提高和民办学校等问题，座谈美帝国主义U－2型飞机入侵我国领空问题、美帝国主义封锁古巴问题，和座谈人民日报社论“全世界无产者联合起来反对我们的共同敌人”等问题；此外，还分别就文史方面和自然科学方面，重点组织过有关贯彻“双百”方针开展学术研究的小型座谈会。

以　以上三个阶段的宣传教育工作，不是彼此孤立的，而是有联系的。大体上说，前一阶段的学习为后一阶段作好了准备，而后一阶段的学习则是前一阶段的延续和深化。总的目的，都是为了帮助成员和盟所联系的群众，更好地认清形势和任务，认识过渡时期阶级斗争和两条道路斗争的必然性和复杂性，明确思想改造的必要性和长期性，进一步认清党中央和毛主席的正确领导，从而自觉地在党的领导下加强团结，积极服务，继续改造，更好地发挥应有的作用。在组织学习的方式上，除重要的传达、报告会和部分座谈会系由盟省委会直接组织，或由省政协等部门组织、盟省委会邀集成员参加之外，经常的学习均依靠盟的基层组织活动，采取小组会的方

36 23

式来进行。同时，对于盟省委会组织的一些报告会和座谈会，大都在会后发动基层组织，再深入一步学习和座谈，以求取得更好的效果。

一年以来，由于革命形势的鼓午和推动，由于党的正确领导和大力支持，也由于盟组织本身作了一些努力，盟省委会和多数基层组织的学习活动、都較为正常；多数盟员的学习情緒，也較为高涨。从而帮助大多数成员在原有进步的基础上，又取得新的进步。关于这方面的成績，盟第二届省委会在今年召开的省第五次盟员代表大会上所作的工作报告中，已有了分析和估計。这里要补充的是：經过党的八届十中全会公报的初步学习，和这次代表大会精神的傳达和座談，不少成员在对国内外形势的認识上，又有了进一步的提高。在国际問题上，多数同志都認识到，我国对外政策的总路綫正确体現了马克思列宁主义的原則，在貫彻执行中确已取得显著的成效；从古巴事件中，更看清了帝国主义的本性，因而衷心拥护我国政府所采取的正确立場，支持古巴卡斯特罗总理的严正声明和古巴人民的正义斗争；同时，也进一步認清了現代修正主义的嘴臉及其危害性；对于亚洲、非洲、拉丁美洲和全世界各国人民革命运动的蓬勃发展，大家也有了較为正确的估价，認识到这些斗争，确如党的八届十中全会公报所說："对于保障世界和平起着越来越巨大的作用。"因此認识到，目前在国际形势上虽然出現一股逆流，但总的趋势仍然是东风进一步压倒西风。在国内形势方面，大多数同志結合自己的亲身体会，都感到国民經济情况，无论在城市、在农村，的确都有了好轉；我們經济上最困难的时期，的确是过去了。总之，多数人对于国内外大好形势，在認识上是进一步正确了，因而充满了信心，提高了斗志；並且，大家都更深地感到，在經历了国内外严重困难以后，进一步表明了我們的党是伟大的、正确的，因而进一步擁護了党，坚定了永远跟党走的决心。联系到当前国内外复杂的阶級斗爭和自己的思想实际，多数同志都感到，当前多数知识分子的思想情况，与其作为劳动人民知识分子的社会地位，的确还不完全相称，是有继续加强自我改造的必要。有的同志回忆到过去一段时间自己对修正主义、对"包产到户"等问题，还存在若干不正确的看法，说"要不是党及时向全国人民敲起警钟，使自己的错误思想得以纠正，在革命战线上又可能掉队了。"许多同志受到了革命形势的鼓午和推动，再听了中共省委统战部惠部长和盟中央张毕来付部长在省第五次盟员代表大会上的讲话，对于思想改造是一项光荣的政治任务，又有了进一步的体会，因而提高了继续改造的自觉性。

一年来的经验表明，盟的第二届省委会在省第五次盟员代表大会上的工作报告中所提到的"加强形势教育，协助成员进行世界观的改造，仍然是盟工作的一项重要内容。"以及做好这一工作的几点体会，都是正确的。这里，我们仅补充一点：由于上述学习的内容，大部分也是各基层所在单位党、政所布置的政治学习内容，因而有些基层在业务工作较忙时，往往容易挤掉盟内学习活动。面对这一问题，我们一面向大家说明，盟的基层组织活动应服从所在单位党、政的统一布置；另一面也强调，作为民主党派成员，对这些学习是有更深入一步的必要。同时也指出，在达到同一学习目的的前提下，盟内学习的重点，可以适当地考虑与单位布置的政治学习略有不同，以起互相推动的作用。如在今年底各基层传达、座谈省第五次盟员代表大会的精神时，盟省委会即指出，座谈应与各单位党、政布置的关于党的八届十中全会公报的学习结合起来，深入一步学习公报，并根据公报的要求进一步座谈如何适应形势需要、加强改造和积极服务的问题，以便于既能更好地领会公报的精神，又能很好地贯彻这次代表大会的目的。事实证明，这样做的基层，学习效果是比较好的。

（二）

根据党委和盟中央的指示，一年以来，盟省委会开始并逐步加强了调查、研究和反映知识分子（主要是盟员和盟所联系的群众）情况的工作。同时，在自己力所能及的范围内，也主动协助党，进行了一些有关调整关

7825

系、加强团结、調动积极因素的工作，主要的是向領导提出建议和对成员进行說服教育。

这一年中，进行調查、研究的内容，主要有关知识分子的服务与改造問題，有关合作共事关系、甄别工作、精簡調整工作問題，以及在学习重要时事政策中的思想反映等；另外，也涉及到生活等方面的問題。进行調查研究的方式，一般采取“下去”和“上来”相結合重点調查和平时了解相結合的办法。“下去”，指的是由盟省委会組织专职干部，深入基层，就一两个主要問題，进行比較系統的調查研究；或經常到基层訪問和参加基层活动，广泛了解情况。“上来”，指的是由盟省委召开有关的座談会和工作会，听取汇报，搜集反映；或接待盟员来訪，从中了解情况和問題。在这两种方式中，又以深入基层为主。一年以来，盟省委会集中力量，深入部分基层进行过的重点調查工作，共計四次；每次时间少則十天，多的达到一个月左右。至于专职干部平常下基层联系，盟省委会已初步形成制度：首先是明確干部分工，固定每人所联系的基层；其次是規定间周一次汇报下基层所了解的情况，进行分析研究。

由于調查研究工作的开展，使盟省委会在各个时期和各項重大問題上，基本上能及时掌握成员及盟所联系群众的一些思想动态、意見和要求。盟省委会对这些材料大都作了研究和整理，一方面向有关領导部門反映，並提出我們的意見和建议，供領导参考；另一方面，以之作为向成员进行教育、开展盟的組织活动的依据。如在1962年下半年，盟省委会根据盟中央“关于参加文教界方面精簡工作的基础上，将掌握的問題归納成三类，分別作了处理：对于要求合理或基本上合理，並估計可以解决的問題，建议中共省委統战部轉有关部門研究处理；对于要求基本上合理，但涉及面較宽，情况較为复杂，一时难于全面解决的問題，一面建议統战部向有关部門反映，一面也向有关的人进行說服工作，动员从全局出发，耐心等待；

79 76

对要求不合理，或对調整工作有抵触情緒等問題，除亦反映情况之外，並主动对有关的人进行說服教育工作。盟省委会在参加这項工作中所反映的情况和提出的建议，中共省委統战部和有关部門都比較重視，凡能及时处理的，都进行了处理。这对于协助党、政領导作好文教界方面的精简工作，对于加强团結，調动积极因素，都起了一定的良好作用。

在盟省委会的带动下，一年以来，我省不少盟的基层組织，也逐步开展和加强了关于知识分子問題的調查研究和积极反映情况的工作。有的基层，如盟贵阳师范学院支部等，在这方面还积累了初步的經驗。这对于活跃盟基层組织生活，推动盟的基层組织工作，都起了积极的作用。

我們認为：盟組织認真研究和积极反映盟员和盟所联系群众的思想情况、意見和要求，代表他們的合法利益，既是进一步貫徹党的"长期共存、互相监督"的方針，又是更好地协助党貫徹党的知识分子政策。因此，这是盟的一項重要工作內容。在过去一段时间，盟省委会和一些基层，对反映情况，提出建议，都有不少顾虑。根据一年来我們的經驗，說明这些顾虑是多余的。在党的領导下，从帮助成员和盟所联系的群众加强改造、加强团結、进一步发揮应有的作用出发，不但是对他們在重大时事政策方面的看法，在工作上、共事关系上的意見与要求，都应該积极向党、政領导反映，就是对他們在生活中的問題，也可以反映，並在力所能及的范围內，主动协助解决。正如盟贵阳师范学院支部在总結支部工作时所述："使大家政治进步，心情愉快，搞好工作，是有意义的；不要使过多的生活瑣事牵累大家，使能更好地集中精力于工作，也是有意义的。"因此，"对于群众的要求和意見，尽量反映，协助解决，那怕是生活瑣事，也不忽視。"事实証明，党、政領导对于这些反映都是重視的，都分别作了处理，大多数人都比較滿意，从而調动了大家服务与改造的积极性。

· 6 ·

反映情况要达到它应有的目的，起到应有的作用，情况必须真实、具体。为此，认真加强调查研究就成为十分重要的工作。另外，深入进行调查研究，也是改进盟的工作，提高工作效率的重要方法之一。盟的主要工作任务是协助党团结、教育和改造盟员和盟所联系的知识分子，因此，如果对成员和盟所联系群众的思想状况不摸底，政治思想教育工作必将成为无的放矢，流于形式。所以，认真进行调查研究，是改进盟的工作、更好地发挥盟組织作用的政治思想教育工作。三个阶段基本上能銜接起来，能逐步深入，原因之一正在于盟省委会作了一些調查研究工作，基本上掌握了成员在各阶段学习前后的一些思想情况，因而对学习与教育工作，初步得以有計划、有目的地来进行安排。

（三）

每一个盟员的工作崗位，既是服务的基地，也是改造的基地。所以，盟的基层組织也就成为盟开展工作的基地；加强基层組织工作，充分发揮它的积极性与主动性，就成为很好地开展盟务工作的一个重要关鍵。

一年以来，由于盟中央制发了“关于加强基层組织工作的几点意見（草案）”，使盟省委会在面向基层，加强基层組织工作方面，有了更为明确的方向，也有了更为具体的办法。总起来講，这一年中，盟省委会在这方面主要抓了下述两項工作：(1)培养基层干部，提高干部的政治思想水平、政策水平和从事盟务工作的能力，逐步充实基层組织的領导骨干力量；(2)在調查研究的基础上，帮助基层总結工作經驗，組织交流，推动基层組织以进行思想政治工作为中心，过好組织生活，开展活动。由于有关单位党委的正确領导和大力支持，加上盟省委会和基层組织自身的努力，这一年来，我省多数盟的基层組织，比較过去进一步健全了。以在贵阳市的26个基层組织为例，目前，工作比較好的和基本上能正常开展活动的，共的19个基层，占73%。他們一般都能在本单位党委的直接領导下，已指

81
28

党委和盟省委的指示，积极主动地进行工作；都能围绕本单位的中心工作开展活动，反映情况；联系群众的工作，也有显著的进展；许多基层組织还逐渐形成了集体領导力量，組织紀律性也有所提高。因而，在推动成员和盟所联系的群众积极服务、加强改造等方面，进一步发揮了党的助手作用，关于这方面工作的具体內容、收获与体会，盟省委会专門作了两分总結，这里不再分述。

另外，为了帮助成员进一步認清国內外大好形势，对成员进行一次爱国主义、国际主义和社会主义的思想教育，也为了总結盟省委会三年来的工作，肯定成績，分析問题，研究如何在新的形势下更好地工作，更好地推动成员服务和改造，1962年10月底，盟省委召开了省第五次盟员代表大会。在这次大会上，組织学习了党的八届十中全会公报，听了中共省委統战部惠部长和盟中央張半来付部长的重要报告与講話；听取並审查了盟第二屆省委会的工作报告，总結和交流了部分基层組织的工作經验；並經过充分的协商、醞釀，选出了盟第三屆省委会的組成人员，成立了新的領导机构。大会閉幕以后，盟省委会对大会的精神以及大会上的几个重要报告，組织各基层，进行了为期两个多月的傳达和学习。盟遵义市委会还在中共遵义地委統战部的亲自領导和亲切关怀下，召集全市盟员，集中傳达学习了三天，並邀請了部分文教、科技、医药、卫生界的盟外人士参加，地委統战部領导同志在会上又作了报告。贵阳市多数盟的基层組织，在傳达学习惠部长和張付部长的报告与講話时，也都邀請了所联系的盟外同志参加。目前，部分基层的学习座談工作还在継续中。就过去两月的傳达、学习的效果来看，这次代表大会預期的目的，基本上已达到了。正如上面第（一）部分中所述，經过这次代表大会和大会精神的傳达与学习，大多数成员在对国內外大好形势的認识上，在思想改造的自覺性上，都进一步有了不同程度的提高。此外，在代表大会和部分基层在会后的座談中，

8 21

都肯定了盟省委会三年来工作的成绩，认为盟的組织是进一步健全了，盟的作用是进一步发挥了。但联系到当前新的形势发展的需要，大家也感到盟的工作还不夠，必须認真改进和加强，並对盟省委会的工作提出了批評和建议。对这些意見，我們正逐一研究和采納中。同时，在代表大会閉幕以后，盟省委会根据部分基层在大会发言中的經驗总結材料，結合平日的了解，整理出三分經驗总結，即：(1)关于培养基层干部，提高基层組织主动工作能力，加强基层組织工作的初步作法与体会；(2)关于如何过好組织生活的一些初步体会；(3)关于盟的基层組织联系盟外群众的初步作法与体会。对这些初步的經驗总結，俟进一步組织討论和修改以后，一方面拟通过基层盟务工作座談会，进行交流，推动盟省委会和基层工作的进一步开展。另一方面，拟作为盟中央准备召开的基层工作座談会和贵州、四川、云南三省盟务工作协作会的資料。

这一年中，盟省委会在組织工作方面，根据党委和盟中央的指示，根据工作的需要和部分人士的自覺要求，还着手进行适当的吸收新盟员的工作。这是我省盟組织在反右整风以来的首次发展組织活动。对这件工作，酝酿的时间已較久，但为了慎重，截至年底止，在全省范围內仅吸收了两位新同志。現在，发展工作还在繼续酝酿和进行中。

（四）

总起来說，在1962年这一年中，盟省委会的各項活动，主要就是围繞上述三方面工作来进行的；盟省委机关的日常工作，也是以此为根据来安排的。在中共贵州省委和民盟中央的正确領导与大力支持下，我們一年来的工作是十分順利的；如前所述，成績也較为显著，大多数成员和盟的組织，都有了新的进步和新的变化。

但是，一年以来，盟省委会的工作也还存在着不少缺点和問題。其中主要的是：(1)对成员的思想政治工作还不夠細致深入。盟省委会对成员的

·9·

政治思想情况，平时虽然注意进行了一些調查工作，但認眞分析研究，还很不夠，因而在进行思想政治工作的目的性和計划性方面，都还較差，有时有形成一般化的傾向。(2)在代表和反映成员以及所联系群众的意見和要求，协助党調整关系，調动积极因素方面，虽比以往有所加强，但也不夠充分；特別是对某些成员，在某些具体問题上是应該加强說服教育的，我們做的还很不夠。(3)在加强基层組织工作方面，如何通过抓重点来带动全面，也还未認眞研究解决。目前，在省內盟的基层組织中，还約有十的基层，組织活动不夠正常，个别的甚至长期不能开展組织活动。另外，对单联盟员的組织教育問题，一直还是一个悬而未決的問题。全省单联盟员人数約占全省盟员总数的10%，目前，对他們除按期寄发学习資料和中央盟訊之外，别无其他經常的联系。因此，盟省委会对单联同志的情况，一般均不了解，个别甚至失掉联系。

上述这些問题的存在，說明我們的工作的确还不能滿足新的形勢发展的需要。現在，新的一年——1963年已經开始了，我們将更进一步在中共貴州省委和盟中央的領导下，根据党的八屆十中全会公报的号召与要求，根据中共貴州省委統战部惠部长在省第五次盟员代表大会上所作的指示，根据本盟第三屆中央委员会第三次全会的精神，認眞制訂工作計划，認眞总結工作中已有的經驗，逐步改进工作中缺点，更好地发揮盟組织应有的作用。

………完………

【释文】

中国民主同盟贵州省委员会
一九六二年工作总结（草稿）

1962年，是国际和国内形势都发生了巨大变化的一年。国际形势朝着更有利于各国人民的方向发展；这种发展更有力地证明，我国所奉行的对外政策总路线完全正确。在国内，国民经济情况今年比去年又有好转。我们在经济上最困难的时期已经胜利地渡过了；在国家政治生活方面，进一步发扬了党领导下的民主，增强了团结，更有效地调动了各方面的积极因素。党的八届十中全会公报，正确地分析了国际国内大好形势，给全国人民指出了今后努力和前进的方向，更提高了全国人民的认识，增强了信心，鼓舞了斗志。

这一年中，民盟贵州省委员会在国内外大好形势的鼓舞和推动下，在中共贵州省委民盟中央的领导下，根据党委和盟中央指示，本着发扬民主，调整关系，加强团结，加强教育，调动积极因素的精神，着重进行了下列三方面的工作：（1）加强思想政治工作，对成员继续进行形势教育，组织学习党的统一战线政策、知识分子政策以及其他有关的方针、政策；（2）开展关于知识分子的调查研究工作，积极反映情况，协助党调整关系，加强团结，调动积极因素。（3）加强盟的组织工作，总结和交流基层组织工作经验，进一步发挥民盟组织的作用。通过这些工作，在推动成员和盟所联系的群众参加反对帝国主义、反对现代修正主义、保卫世界和平的斗争，参加社会主义革命和社会主义建设，加强自我教育与改造等方面，都在原有基础上取得了新的成绩。现就上述三方面的工作和我们在工作中的初步体会，分别总结如下。

一

加强思想政治工作，对成员进行形式教育，组织学习党的有关的方针政策，推动成员积极为社会主义事业服务和加强自我改造是盟的主要工作，也是盟的经常活动。1962年这一年中，省委会进行这方面的工作，大体上可分为三个阶段：第一阶段，自年初至四月，以组织学习《人民日报》元旦社论《新年献词》为中心，并传达学习中共贵州省统战部惠世如部长对今年党派工作的指示。第二阶段，自五月至九月，以传达学习周总理、陈毅副总理在今年全国人大、全国政协和广州会议上的重要报告为中心，结合座谈省人委在省人大二届四次会议上的工作报告，传达盟中央第26次常委会议的精神。第三阶段，自十月至年底，以组织学习党的八届十中全会公报为中心，结合传达民盟贵州省第五次盟员代表大会的精神，学习中共贵州省委统战部惠世如部长在这代表大会上所作的报告。同时，在各阶段中，还结合当时内外的重大事件和成员迫切关心某些问题，配合组织了一系列有关的报告会和座谈会。如听省商业厅、教育厅负责同志报告关于市场供应问题、关于教育工作的调整、巩固、充实、提高和民办学校等问题，座谈美帝国主义U-2型飞机入侵我国领空问题、美帝国主义封锁古巴问题，和座谈《人民日报》社论《全世界无产者联合来反对我们共同的敌人》等思想；此外，还分别就文史方面和自然科学方面重点组织过有关贯彻“双百”方针，开展学术研究的小型座谈会。以上三个阶段的宣传教育工作，不是彼此孤立的，而是有联系的。大体上说，前一阶段的学习为后一阶段做好了准备，而后一阶段的学习则是前一阶段延续和深化。总的目的，都是为了帮助成员和盟所联系群众，更好地认清形势和任务，认识过渡时期阶级斗争和两条道路斗争的必然性和复杂性。明确思想改造的必要性和长期性，进一步认清中央和毛主席的正确领导，从而自觉地在党的领导下加强团结，积极服务，继续改造，更好地发挥应有的作用。在组织学习的方式上，除重要的传达、报告会和部分座谈会系由盟省委会直接组织，或由省政协等部门组织，盟省委会邀集成员参加之外，经常的学习还要依靠盟的基层组织活动，采取神仙会的方式来进行。同时，对于盟省委会组织的一些报告会和座谈会，大都在会后发动基层组织，再深入一步学习和座谈，以求取得更好的效果。

一年以来，由于革命形势的鼓舞和推动，由于党的正确领导和大力支持，也由于盟组织本身做了一些努力，盟省委会和多数基层组织的学习活动都较为正常；多数盟员的学习热情，也较为高涨，从而帮助大多数成员在原有进步的基础上，又取得新的进步。关于这方面的成绩，盟第二届省委会在今年召开的省第五次盟员代表大会上所作的工作报告中，已有了分析和估计。这里要补充的是：经过党的八届十中全会公报的初步学习，和这次代表大会精神的传达和座谈，不少成员在对国内外形势的认识上又有了进一步的提高。在国际问题上，多数同志都认识到，我国对外政策的总路线正确体现了马克思列宁主义的原则，在贯彻执行中确已取得显著的成效；从古巴事件中，更看清了帝国主义的本性，因而衷心拥护我国政府所采取的正确立场——支持古巴卡斯特罗总理的严正声明和古巴人民的正义斗争；同时，也进一步认清了现代修正主义的嘴脸及其危害性，对于亚洲、非洲、拉丁美洲和全世界各国人民革命运动的蓬勃发展，大家也有了较为正确的估价，认识到这些斗争，确如党的八届十中全会公报所说："对于保障世界和平起着越来越巨大的作用。"因此认识到，目前在国际形势上虽然出现一股逆流，但总的趋势仍然是东风进一步压倒西风。在国内形势方面，大多数同志结合自身的亲身体会，都感到国民经济情况，无论在城市、在农村，的确都有了好转；我们经济上最困难的时期，的确是过去了。总之，多数人对于国内外大好形势，在认识上是进一步正确了，因而充满了信心，提高了斗志；并且，大家都更深地感到，在经历了国内外严重困难以后，进一步表明了我们的党是伟大的、正确的，因而进一步靠拢了党，坚定了永远跟党走的决心。

联系到当前国内外复杂的阶级斗争和自己的思想实际，多数同志都感到，当前多数知识分子的思想情况，与其作为劳动人民知识分子的社会地位，的确还不完全相称，是有继续加强自我改造的必要。有的同志回忆到过去一段时间自己对修正主义、对“包产到户”的问题还存在若干不正确看法，说“要不是党及时向全国人民敲起警钟，使自己的错误思想得以纠正，在革命战线上又可能掉队了”。许多同志受到了革命形势的鼓舞和推动，再听了中共省委统战部惠部长和盟中央张毕来副部长在省第五次盟员代表大会上的讲话，对于思想改造是一项光荣的政治任务，又有了进一步的体会，因而提高了继续改造的自觉性。

一年来的经验表明，盟的第二届省委会在省第五次盟员代表大会上的工作报告中所提到的“加强形势新育，协助成员进行世界观的改造，仍然是盟工作的一项重要内容”，以及做好这一工作的几点体会，都是正确的。这里，我们仅补充一点：由于上述学习的内容，大部分也是各基层所在单位党、政所布置的政治学习内容，因而有些基层在业务工作较忙时，往往容易挤掉盟内学习活动。面对这一问题，我们面向大家说明，盟的基层组织活动应服从所在单位党、政的统一布置；另一面也强调，作为民主党派成员，对这些学习是有更深入一步的必要。同时也指出，在达到同一学习目的的前提下，盟内学习的重点，可以适当地考虑与单位布置的政治学习略有不同，以起互相推动的作用。如在今年底各基层传达、座谈省第五次盟员代表大会的精神时，盟省委会即指出，座谈应与各单位党、政布置的关于党的八届十中全会公报的学习结合起来，深入一步学习公报，并根据公报的要求进一步座谈如何适应形势需要、加强改造和积极服务的问题，以便于既能更好地领会公报的精神，又能很好地贯彻这次代表大会的目的。事实证明，这样做的基层，学习效果是比较好的。

二

根据党委和盟中央的指示，一年以来，盟省委会开始逐步加强了调查、研究和反映知识分子（主要是盟员和盟所联系的群众）情况的工作。同时，在自己力所能及的范围内，也主动协助党，进行了一些有关调整关系、加强团结、调动积极因素的工作，主要的是向领导提出建议和对成员进行说服教育。

这一年中，进行调查、研究的内容，主要有关知识分子的服务与改造问题，有关合作共事关系、甄别工作、精简调整工作问题，以及在学习重要时事政策中的思想反映等；另外，也涉及生活等方面的问题。进行调查研究的方式，一般采取“下去”和“上来”相结合，重点调查和平时了解相结合的办法。“下去”，指的是由盟省委会组织专职干部深入基层，就一两个主要问题，进行比较系统的调查研究；或经常到基层访问和参加基层活动，广泛了解情况。“上来”，指的是由盟省召开有关的座谈会和工作会，听取汇报，搜集反映；或接待盟员来访，从中了解情况和问题。在这两种方式中，又以深入基层为主。一年以来，盟省委会集中力量，深入部分基层进行过的重点调查工作，共计四次；每次时间少则十天，多的达到一个月左右。至于专职干部平常下基层联系，盟省委会已初步形成制度：首先是明确干部分工，固定每人所联系的基层；其次是规定每周一次汇报下基层所了解的情况，进行分析研究。

由于调查研究工作的开展，使盟省委会在各个时期和各项重大问题上，基本上能及时掌握成员及盟所联系群众的一些思想动态、意见和要求。盟省委会对这些材料大都做了研究和整理，一方面向有关领导部门反映，并□出我们的意见和建议，供领导参考；另一方面，以之作为向成员进行教育、开展盟的组织活动的依据。如在1962年下半年，盟省委会根据盟中央关于参加文教界方面精简工作的基础上，将掌握的问题归纳成三类，分别做了处理：对于要求合理或基本上合理，并估计可以解决的问题，建议中共省委统战部转有关部门研究处理；对于要求基本上合理，但涉及面宽，情况较为复杂，一时难于全面解决的问题，一面建议统战部向有关部门反映，一面也向有关的人进行说服工作，动员从全面出发，耐心等待，对要求不合理，或对调整工作有抵触情绪等问题，除亦反映情况之外，并主动对有关的人进行说服教育工作。盟省委会在参加这项工作中所反映的情况和提出的建议，中共省委统战部和有关部门比较重视，凡能及时处理的，都进行了处理。这对于协助党、政领导做好文教界方面的精简工作，对于加强团结，调动积极因素，都起了一定的良好作用。

在盟省委会的带动下，一年以来，我省不少盟的基层组织，也逐步开展和加强了关于知识分子问题的调查研究和积极反映情况的工作。有的基层，如盟贵阳师范学院支部等，在这方面还积累了初步的经验。这对于活跃盟基层组织工作，推动盟的基层组织工作，都起了积极的作用。

我们认为：盟组织认真研究和积极反映盟员和盟所联系群众的思想情况、意见和要求，代表他们的合法利益，既是进一步贯彻党的“长期共存、互相监督”的方针，又是更好地协助贯彻党的知识分子政策。因此，这是盟的一项重要工作内容。在过去一段时间，盟省委会和一些基层，对反映情况、提出建议，都有不少顾虑。根据一年来我们的经验，说明这些顾虑是多余的。在党的领导下，从帮助成员和盟所联系的群众加强改造、加强团结、进一步发挥应有的作用出发，不但是对他们在重大时事政策方面的看法、在工作上、共事关系上的意见与要求，都应该积极向党、政领导反映，就是对他们在生活中的问题，也可以反映，并在力所能及的范围内，主动协助解决。正如盟贵阳师范学院支部在总结支部工作时所述：“使大家政治进步，心情愉快，搞好工作，是有意义的；不要使过多的生活琐事牵累大家，使能更好地集中精力于工作，也是有意义的。”因此，“对于群众的要求和意见，尽量反映，协助解决，哪怕是生活琐事，也不忽视。”事实证明，党、政领导对于这些反映都是重视的，都分别做了处理，大多数人都比较满意，从而调动了大家服务与改造的积极性。

反映情况要达到它应有的目的，起到应有的作用，情况必须真实、具体。为此，认真加强调查研究就成为十分重要的工作。另外，深入进行调查研究，也是改进盟的工作，提高工作效率的重要方法之一。盟的主要工作任务是协助党团结、教育和改造盟员和盟所联系的知识分子。因此，如果对成员和盟所联系群众的思想状况不摸底，政治思想教育工作必将成为无的放矢，流于形式。所以，认真进行调查研究，是改进盟工作，更好地发挥盟组织作用的政治思想教育工作，三个阶段基本上能衔接起来，能逐步深入，原因之一正在于盟省会做了一些调查研究工作，基本上掌握了成员在各阶段学习前后的一些思想情况。因而对学习与教育工作，初步得以有计划、有目的地来进行安排。

三

每一个盟员的工作岗位，既是服务的基地，也是改造的基础。所以，盟的基层组织也就成为盟开展工作的基地；加强基层组织工作，充分发挥它的积极性与主动性，就成为很好地开展盟务工作的一个重要关键。

一年以来，由于盟中央制发了《关于加强基层组织工作的几点意见（草案）》，使盟省委会在面向基层、加强基层组织工作方面，有了更为明确的方向，也有了更为具体的办法。总起来讲，这一年中，盟省委会在这方面主要抓了下述两项工作：（1）培养基层干部，提高干部的政治思想水平、政策水平和从事盟务工作的能力，逐步充实基层组织的领导骨干力量；（2）在调查研究的基础上，帮助基层总结工作经验，组织交流，推动基层组织以进行思想政治工作为中心，过好组织生活，开展活动。由于有关单位党委的正确领导和大力支持，加上盟省委会和基层组织自身的努力，这一年来，我省多数盟的基层组织，比较过去进一步健全了。以在贵阳市的26个基层组织为例，目前，工作比较好的和基本上能正常开展活动的，共有19个基层，占73%。他们一般都能在本单位党委的直接领导下，根据党委和盟省委的指示，积极主动地进行工作；都能围绕本单位中心工作开展活动，反映情况；联系群众的工作，也有显著的进展；许多基层组织还逐渐形成了集体领导力量，组织纪律性也有所提高。因而，在推动成员和盟所联系的群众积极服务、加强改造等方面，进一步发挥了党的助手作用。关于这方面工作的具体内容、收获与体会，盟省委会专门作了两份总结，这里不再分述。

另外，为了帮助成员进一步认清国内外大好形势，对成员进行一次爱国主义、国际主义和社会主义的思想教育，也为了总结盟省委会三年来的工作，肯定成绩，分析问题，研究如何在新的形势下更好地工作，更好地推动成员服务和改造。1962年10月底，盟省委召开了省第五次盟员代表大会。在这大会上，组织学习了党的八届十中全会公报，听了中共省委统战部惠部长和盟中央张毕来副部长的重要报告与讲话；听取并审查了盟第二届省委会的工作报告；总结和交流了部分基层组织的工作经验；并经过充分的协商、酝酿，选出了盟第三届省委会的组成人员，成立了新的领导机构。大会闭幕以后，盟省委会对大会的精神以及大会上的几个重要报告，组织各基层，进行了为期两个多月的传达和学习。盟遵义市委会还在中共遵义地委统战部的亲自领导和亲切关怀下，召集全市盟员集中传达学习了三天，并邀请了部分文教、科技、医药、卫生界的盟外人士参加，地委统战部领导同志在会上又作了报告。贵阳市多数盟的基层组织，在传达学习惠部长和张副部长的报告与讲话时，也都邀请了所联系的盟外同志参加。目前，部分基层的学习座谈工作还在继续中。就过去两月的传达、学习的效果来看，这次代表大会预期的目的，基本上是达到了。正如上面第（一）部分中所述，经过这次代表大会和大会精神的传达、学习，大多数成员在对国内外大好形势的认识上，在思想改造的自觉性上，都进一步有了不同程度的提高。此外，在代表大会和基层在全会后的座谈中，都肯定了盟省委会三年来工作的成绩，认为盟的组织是进一步健全了，盟的作用是进一步发挥了。但联系到当前新的形势发展的需要，大家也感到盟的工作还不够，必须认真改进和加强，并对盟省委会的工作提出了批评和建议。对这些意见，我们正逐一研究和采纳中。同时，在代表大会闭幕以后，盟省委会根据部分基层在大会发言中的经验总结材料，结合平日的了解，整理出三份经验总结，即（1）关于培养基层干部、提高基层组织主动工作能力、加强基层组织工作的初步做法与体会；（2）关于如何过好组织生活的一些初步体会；（3）关于盟的基层组织联系盟外群众的初步做法与体会。对这些初步的经验总结，俟进一步组织讨论和修改以后，一方面拟通过基层盟务工作座谈会进行交流，推动盟省委会和基层工作的进一步开展；另一方面，拟作为盟中央准备召开的基层工作座谈会和贵州、四川、云南三省盟务工作协作会的资料。

这一年中，盟省委会在组织工作方面，根据党委和盟中央的指示，根据工作的需要和部分人士的自觉要求，还着手进行适当地吸收新盟员的工作。这是我省盟组织在反右整风以来的首次发展组织活动。对这件工作，酝酿的时间已较久，但为了慎重，截至年底，在全省范围内仅吸收了两位新同志。现在，发展工作还在继续酝酿和进行中。

四

总起来说，在1962年这一年中，盟省会的各项活动，主要就是围绕上述三方面工作来进行的；盟省委机关的日常工作，也是以此为根据来安排的。在中共贵州省委和民盟中央的正确领导与大力支持下，我们一年来的工作是十分顺利的；如前所述，成绩也较为显著，大多数成员和盟的组织，都有了新的进步和新的变化。

但是，一年以来，盟省委会的工作也还存在着不少缺点和问题。其中主要的是：（1）对成员的思想政治工作不够细致深入。盟省委会对成员的政治思想情况，平时虽然注意进行了一些调查工作，但认真分析研究，还很不够，因而在进行思想政治工作的目的性和计划性方面，都还较差，有时有形成一般化的倾向。（2）在代表和反映成员以及所联系群众的意见和要求、协助党调整关系、调动积极因素方面，虽比以往有所加强，但也不够充分，特别是对某些成员，在某些具体问题上是应该加强说服教育的，我们做得还很不够。（3）在加强基层组织工作方面，如何通过抓重点来带动全面，也还未认真研究解决。目前，在省内盟的基层组织中，还约有十个基层，组织活动不够正常，个别的甚至长期不能开展组织活动。另外，对单联盟员的组织教育问题，一直还是一个悬而未决的问题。全省单联盟员人数约占全省盟员总数的10%。目前，对他们除了按期寄发学习资料和《中央盟讯》之外，别无其他经常的联系。因此，盟省委会对单联同志的情况，一般均不了解，个别甚至失掉联系。

上述这些问题的存在，说明我们的工作的确还不能满足新的形势发展的需要。现在，新的一年——1963年已经开始了，我们将更进一步在中共贵州省委和盟中央的领导下，根据党的八届十中全会公报的号召与要求，根据中共贵州省委统战部惠部长在省第五次盟员代表大会上所作的指示，根据本盟第三届中央委员会第三次全会的精神，认真制订工作计划，认真总结工作中已有的经验，逐步改进工作中缺点，更好地发挥盟组织应有的作用。

（七）《中国民主同盟贵州省委员会1963年工作计划要点》

中国民主同盟贵州省委员会

1963年工作计划要点

（一）

根据本盟三届三中全会的决议和盟中央提出的1963年盟的工计划要点，結合我省盟的情况，我会在1963年，拟从下列六个面进行工作：

一、继续推动盟员深入学习马克思列宁主义、毛主席著作，逐步造世界观。在最近一个时期内，着重深入学习党的八届十中全会公和有关时事政策文件，在盟内认真进行一次爱国主义、国际主义和会主义的思想教育。

在当前国内国际阶级斗争趋于复杂和激烈的情况下，继续认真对员进行思想政治教育，推动盟员加强学习和改造，有着特别重要的义。目前国际共产主义运动中，马克思列宁主义者和现代修正主义，正在理論问题、根本路线问题和政策问题上展开一场大规模的論。这场論战将关系到全世界无产阶级和劳动人民整个事业的胜利和败，关系到全人类的命运。知识分子积极参加这场党所领导的斗争，一项极为光荣的政治任务；同时，这场斗争对知识分子也是一场严的考验，我们应该在斗争中认真学习，加强改造。在国内，党的八十中全会提出以农业为基础、以工业为主导的发展国民经济的总方和进一步巩固人民公社集体经济的决定，这是关系到我国社会主义命和社会主义建设前途的重大问题。我们必须认真学习，贯彻执行，确体会社会主义建设总路线、大跃进、人民公社三面红旗的重大意和光辉成就，逐步提高思想水平，推动服务和改造。为此，在最近

· 1 ·

2

时期内，盟省委会将通过本盟三届三中全会精神的传达，组织成续深入学习党的八届十中全会公报和有关时事政策文件，讨论当际国内形势，认真系统地向成员进行一次爱国主义、国际主义和主义的思想教育。帮助成员提高认识，增强信心，巩固团结，加造。这是盟在当前的一项中心任务。学习的主要内容是：进一步认际上东风压倒西风的有利形势；认识马克思列宁主义者与现代修义者的根本分歧，反对现代修正主义斗争的重要意义、斗争的策斗争的前途；认识三面红旗和我国发展国民经济的总方针的正确联系国内外阶级斗争和两条道路的斗争，联系思想，联系实际，知识分子加强改造的重要性和必要性。在当前一个阶段，以学习形势和反对现代修正主义问题为中心。学习的组织，以基层组织为主。盟的基层组织应在本单位党委的领导下，根据本单位的政习计划，参照上述意见来安排学习。对于在贵阳市的单联盟员，省委会定期召集过组织生活，以推动学习。

盟的各级组织要经常了解和分析成员的学习情况和思想动态，研动学习的方法；总结组织领导学习的经验、收获和存在的问题；据学习的需要，适当组织一些报告会、专题座谈会，或组织交换心得、座谈思想收获等，帮助成员解决学习中的困难和问题。

在学习中要坚持运用神仙会的方法，同时也要注意提高神仙会的。"自己提出问题，自己分析问题，自己解决问题"要与认真学件和听报告相结合，提倡在深入钻研文件、进行独立思考的基础开展自由辩论；"不戴帽子，不打棍子，不抓辫子"要与批评和批评相结合，提倡充分摆事实、讲道理，坚持真理，明辨是非，不同意见，允许保留。

有条件的基层组织，经请示本单位党委同意后，可以联系盟外群参加学习。

二、继續协助党做好调整、巩固、充实、提高的工作，推动盟员"以农业为基础、以工业为主导"的发展国民经济总方針的指导下，响应党的增产节約号召，积极参加社会主义建設。

１９６３年，是我国社会主义建设进入第三个五年计划的头一年。我们要遵循党的八屆十中全会公报的指示：团結一致，同心同德，加强民主集中制，貫彻实行以农业为基础、以工业为主导的发展国民经济的总方針，对国民经济进一步地进行切实的调整、巩固、充实、提高的工作，努力增产节約，促进我国社会主义建設新高潮的到来。

盟的各级组织要継續推动盟员，結合业务認眞学习党的有关的方針、政策，提高思想、政策水平，做好崗位工作；树立支援农业、为农业生产服务的思想；积极响应党的增产节約号召，認眞貫彻勤儉建国、勤儉办事的方針，同一切貪污浪费、投机倒把、腐化墮落等危害社会主义的行为作斗爭，防止和克服资产阶级思想对自己的侵蝕。从事文教科技的同志，要努力提高教学质量，加强科学研究，出成果、出人材，为社会主义事业貢献更多更大的力量。

盟省委会拟就政治与业务結合问题、教育工作貫彻以农业为基础的方針问题、提高教学质量问题等，重点选择一至二个，进行初步的调查研究工作，了解盟员和所联系群众的反映和意见。基层组织配合本单位中心工作的开展，也要注意重点调查研究这方面的问题。結合调查研究，可以组织各种形式的座談会，座談经验体会，以互相启发，共同提高。

4

盟的各级组织要继续推动盟员解除思想顾虑，积极参加学术研究活动。

三、进一步贯彻执行党的“长期共存，互相监督”方针，推动盟员积极参加国家政治生活。

在贯彻执行党的方针政策中，盟的各级组织要继续认真研究和反映盟员和所联系群众的合理意见与要求；继续协助党调整关系。

在今年各级人民代表大会和各级政治协商会议的选举工作中，要推动盟员积极参加。

四、进一步加强基层工作，健全巩固组织，更好地发挥组织作用。

加强基层组织工作，充分发挥基层工作的积极性与主动性，是有效地开展盟务活动、发挥盟的组织作用的一个重要关键。盟省委会要继续认真试行盟中央“关于加强基层工作的几点意见（草案）”；继续研究和加强对干部的教育与培养工作；围绕思想政治教育工作的开展，加强对基层活动的领导、督促和帮助。

要求基层组织认真学习和贯彻盟中央“关于加强基层工作的几点意见（草案）”的精神，特别是要有目的、有计划地过好组织生活，围绕思想政治教育工作，逐步积累和总结这方面的经验。

继续改进盟省委会和遵义市委会机关的工作，认真实行民主集中制，逐步建立和健全各项工作制度，厉行节约，密切联系群众，提高工作质量。盟省委会要加强与遵义市委会的联系，加强领导。

积极办好“工作简报”，加强宣传报导，着重推动爱国主义、国际主义和社会主义思想教育的开展。要求基层组织经常反映和报导基层活动的情况、学习的收获和体会，以便通过简报，进行交流。

五、加强调查研究，总结盟务工作经验，推动盟的工作更有效地开

·4·

55

调查研究和总结盟务工作经验，是盟组织的经常工作。总结经验，括组织和盟员个人两方面的。组织方面，着重研究总结领导学习、进思想政治教育、健全巩固组织、培养干部和基层工作等方面的经验。别要注意研究总结向成员进行爱国主义、国际主义和社会主义思想教的收获、体会和存在的问题。此外，配合盟中央重点调查研究和总结本盟第三次全国代表大会以来盟的工作。盟员个人方面，着重总结盟员人在服务与改造中的经验。以上工作，盟省委会将以省第五次盟员代表大会前后积累和整理的资料为依据，在进一步调查的基础上，与基层组织共同研究进行。

盟中央预定在今年底或明年初召开本盟第四次全国代表大会，在今年第三季度召开全国盟务工作会议，贵州、云南和四川三省盟组织准备在今年暑假召开三省盟务工作经验交流会，盟省委会和基层组织，要围绕上述研究总结经验的活动，积极做好这三个会议的准备工作。

六、继续加强对盟内右派分子的教育改造工作。

盟省委会继续定期召集盟内右派分子座谈会。有关的基层组织应经常了解和研究盟内右派分子的思想情况和表现，进行耐心的教育、督促和帮助。

（二）

为了顺利地完成上述各项工作任务，应当注意以下一些事项：

1、盟省委会暨各基层组织应向本单位党委汇报以上工作计划要点，听取党委的指示，结合基层情况，认真研究和开展工作。

2、工作要有具体的实施计划。实施计划有必要考虑两类：

6

一是各项工作计划，要求落实各项工作的具体内容、进行步骤和工作日程；一是分期的或分月的计划，便于督促检查。基层组织的工作计划，应抄报盟省委会和本单位党委。

3、必须注意掌握全年和各阶段工作的中心，紧紧环绕中心来开展其他工作。既要扎扎实实地把工作做好，又要克服工作中不分主次以及各种要求过高过急的偏向。

4、要学习应用边工作、边研究、边总結、边提高的工作方法；不断积累工作经验，有效的推动工作的进展。

盟遵义市委会1963年的工作计划，希望根据盟中央和盟省委会1963年的工作计划要点，请示本地区党委后，結合遵义市具体情况来安排。

【释文】

中国民主同盟贵州省委员会
1963年工作计划要点

一

根据盟三届三中全会的决议和盟中央提出的1963年盟的工作计划要点，结合我省盟的情况，我会在1963年拟从下列六个方面进工作：

1. 继续推动盟员深入学习马克思列宁主义、毛主席著作，逐步改造世界观。在最近一个时期内，着重深入学习党的八届十中全会公报和有关时事政策文件，在盟内认真进行一次爱国主义、国际主义和社会主义的思想教育。在当前国际国内阶级斗争趋于复杂和激烈的情况下，认真对待思想政治教育，推动盟员加强学习和改造，有特别重要的意义。目前国际共产主义运动中，马克思列宁主义者和现代修正主义□，正在理论问题、根本路线问题和政策问题上展开一场大规模的论战。这场论战将关系到世界无产阶级和劳动人民这个事业的胜利和失败，关系到全人类的命运。知识分子积极参加这场党领导的斗争，是一项极为光荣的政治任务；同时，这场斗争对知识分子也是一场严□的考验，我们应该在斗争中认真学习，加强改造。在国内，党的八届十中全会提出以农业为基础、以工业为主导的发展国民经济的总方针和进一步巩固人民公社集体经济的决定，这是关系到我国社会主义革命和社会主义建设前途的重大问题。我们必须认真学习，贯彻执行，明确体会社会主义建设总路线、“大跃进”、人民公社三面红旗的重大意义和光辉成就，逐步提高思想水平，推动服务和改造。为此，在最近时期内，盟省委会将通过本盟三届三中全会精神的传达，组织成员深入学习党的八届十中全会公报和有关时事政策文件，讨论当前国内形势，认真系统地向成员进行一次爱国主义、国际主义和社会主义的思想教育，帮助成员提高认识、增强信心、巩固团结、加强改造。这是盟在当前的一项中心任务。学习的主要内容是：进一步认识东风压倒西风的有利形势；认识马克思列宁主义者与现代修正主义者的根本分歧，反对现代修正主义斗争的重要意义、斗争的策略、斗争的前途；认识三面红旗和我国发展国民经济的总方针的正确，联系国内外阶级斗争和两条道路的斗争，联系思想，联系实际，□□知识分子加强改造的重要性和必要性。在当前一个阶段，以学习新形势和反对现代修正主义问题为中心。学习的组织，以基层组织为主。盟的基层组织应在本单位党委的领导下，根据本单位的政治学习计划，参照上述意见来安排学习。对于在贵阳市的单联盟员，省委会定期召集过组织生活，以推动学习。

盟的各级组织要经常了解和分析成员的学习情况和思想动态，研究学习的方法，总结组织领导学习的经验、收获和存在的问题；根据学习的需要，适当组织一些报告会、专题座谈会，或组织交换心得、座谈思想收获等，帮助成员解决学习中的困难和问题。在学习中要坚持运用神仙会的方法，同时也要注意提高神仙会的□□。“自己提出问题，自己分析问题，自己解决问题。”要与认真学习文件和听报告相结合，提倡在深入钻研文件，进行独立思考的基础上开展自由辩论；“不戴帽子，不打棍子，不抓辫子”，要与批评和自我批评相结合，提倡充分摆事实、讲道理，坚持真理，明辨是非，不同意见，允许保留。

有条件的基层组织，经请示本单位党委同意后，可以联系盟外群众参加学习。

2. 继续协助党做好调整、巩固、充实、提高的工作，推动盟员□“以农业为基础、以工业为主导”的发展国民经济总方针的指导下，响应党的增产节约的号召，积极参加社会主义建设。

1963 年，是我国社会主义建设进入第三个五年计划的头一年。我们要遵循党的八届十中全会公报的指示：团结一致，同心同德，加强民主集中制，贯彻实行以农业为基础、以工业为主导的发展国民经济的总方针，对国民经济进一步地进行切实地调整、巩固、充实、提高的工作，努力增产节约，促进我国社会主义建设新高潮的到来。

盟的各级组织要继续推动盟员结合业务认真学习党的有关的方针政策，提高思想政策水平，做好岗位工作，树立支援农业、为农业生产服务的思想，积极响应党的增产节约号召，认真贯彻勤俭建国、勤俭办事的方针，同一切贪污浪费、投机倒把、腐化堕落等危害社会主义的行为作斗争，防止和克服资产阶级思想对自己的侵蚀。从事文教、科技的同志，要努力提高教学质量，加强科学研究，出成果、出人才，为社会主义事业贡献更多更大的力量。

盟省委会拟就政治与业务结合问题、教育工作贯彻以农业为基础的方针问题、提高教学质量问题等，重点选择一至二个，进行初步的调查研究工作，了解盟员和所联系群众的反映和意见。基层组织配合本单位中心工作的开展，也要注意重点调查研究这方面的问题。结合调查研究，可以组织各种形式的座谈会，座谈经验体会，以互相启发，共同提高。盟的各级组织要继续推动盟员解除思想顾虑，积极参加学术研究活动。

3. 进一步贯彻执行党的“长期共存、互相监督”方针，推动盟员积极参加国家政治生活。

在贯彻执行党的方针政策中，盟的各级组织要继续认真研究和反映盟员和所联系群众的合理意见与要求，继续协助党调整关系。

在今年各级人民代表大会和各级政治协商会议的选举工作中，要推动盟员积极参加。

4. 进一步加强基层工作，健全巩固组织，更好地发挥组织作用。

加强基层组织工作，充分发挥基层工作的积极性与主动性，是有效地开展盟务活动、发挥盟的组织作用的一个重要关键。盟省委会要继续认真试行盟中央《关于加强基层工作的几点意见（草案）》，继续研究和加强对干部的教育与培养工作；围绕思想政治教育工作的开展，加强对基层活动的领导、督促和帮助。

要求基层组织认真学习和贯彻盟中央《关于加强基层工作的几点意见（草案）》的精神，特别是要有目的、有计划地过好组织生活，抓好思想政治教育工作，逐步积累和总结这方面的经验。

继续改进盟省委会和遵义市委会机关的工作，认真实行民主集中制，逐步建立和健全各项工作制度，厉行节约，密切联系群众，提高工作质量。盟省委会要加强与遵义市委会的联系，加强领导。

积极办好工作简报，加强宣传报道，着重推动爱国主义、国际主义和社会主义思想教育的开展。要求基层组织经常反映和报道基层活动的情况、学习的收获和体会，以便通过简报进行交流。

5. 加强调查研究，总结盟务工作经验，推动盟的工作更有效地开展。

调查研究和总结盟务工作经验，是盟组织的经常工作。总结经验，包括组织和盟员个人两方面的。组织方面，着重研究总结领导学习、进行思想政治教育、健全巩固组织、培养干部和基层工作等方面的经验。特别要注意研究总结向成员进行爱国主义、国际主义和社会主义思想教育的收获、体会和存在的问题。此外，配合盟中央重点调查研究和总结盟第三次全国代表大会以来盟的工作。盟员个人方面：着重总结盟员个人在服务与改造中的经验。以上工作，盟省委会将以省第五次盟员代表大会前后积累和整理的资料为依据，在进一步调查的基础上，与基层组织共同研究进行。

盟中央预定在今年底或明年初召开本盟第四次全国代表大会，在今年第三季度召开全国盟务工作会议，贵州、云南和四川三省盟组织准备在今年暑假召开三省盟务工作经验交流会，盟省委会和基层组织，要围绕上述研究总结经验的活动，积极做好这三个会议的准备工作。

6. 继续加强对盟内右派分子的教育改造工作。

盟省委会继续定期召集盟内右派分子座谈会。有关的基层组织应经常了解和研究盟内右派分子的思想情况和表现，进行耐心地教育、督促和帮助。

二

为了顺利地完成上述各项工作任务，应当注意以下一些事项：

1. 坚决接受党的领导。各基层组织应向本单位党委汇报以上工作计划要点，听取党委的指示，结合基层情况，认真研究和开展工作。

2. 工作要有具体的实施计划。实施计划有必要考虑两类： 一是各项工作计划，要求落实各项工作的具体内容、进行步骤和工作过程；一是分期的或分月的计划，便于督促检查。基层组织的工作计划，应抄报盟省委会和本单位党委。

3. 必须注意掌握全年和各阶段工作的中心，紧紧环绕中心来开展其他工作。既要扎扎实实地把工作做好，又要克服工作中不分主次以及各种要求过高过急的偏向。

4. 要学习应用边工作、边研究、边总结、边提高的工作方法；不断积累工作经验，有效地推动工作的进展。

盟遵义市委会1963年的工作计划，希望根据盟中央和盟省委会1963年的工作计划要点，请示本地区党委后，结合遵义市具体情况来安排。

（八）《中国民主同盟贵州省委员会一九六四年度工作计划要点》

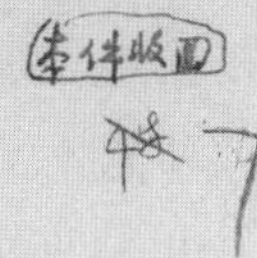

中国民主同盟貴州省委員会

一九六四年度工作计划要点

根据中共貴州省委統战部关于各民主党派今后一个时期的中心任务的指示和盟中央制定的本盟一九六四年工作计划要点，結合我省盟内情况，制定我会一九六四年度工作计划要点如下：

一、广泛深入地組织和推动盟員及盟所联系人士积极投入爱国主义、国际主义和社会主义的思想教育运动，是我会本年度的中心任务。

盟省委会和盟的各級組织应在中共貴州省委統战部和本盟中央的領导下，在政协貴州省委員会的統一安排下，进一步广泛深入地組织和推动全体成員及盟所联系的人士，积极投入三个主义的思想教育运动。帮助大家在国际国内阶級斗爭中，进一步認清形势，辨明馬列主义和修正主义、社会主义和資本主义的大是大非界限，从而提高認识和覚悟，端正方向，堅定信心，加強团結，提高自我改造的自覚性和为社会主义服务的积极性。

进行这项工作必須紧密依靠盟的基层組织，并与成員工作单位所开展的社会主义教育运动紧密結合起来。盟内作如下安排：

1.积极推动成員和盟所联系的人士認真参加工作单位所組织的学习，特别是学习毛主席的著作；組织和推动他們参加省政协举办的短期集中学习、报告会以及其他有关活动。

2.积极推动成員投入比、学、赶、帮运动，找差距，学先进，更好地在毛泽东思想的指引下，貫徹执行党的百花齐放，百家爭鳴，

—1—

8

推陈出新的方针，自力更生，奋发图强，发扬革命精神，做好岗位工作，出成果，出人材，为社会主义事业积极贡献力量。

3.积极推动成员参加工作单位的增产节约运动，“五反”运动和劳动锻炼，以及有关单位所组织的下农村参加“四清”工作，在实践中接受锻炼和考验。

4.配合成员工作单位的学习和运动，通过盟的组织生活，开展以下各项活动：帮助成员正确认识三个主义思想教育运动的重要性和必要性，帮助大家深入学习文件，传达和座谈有关的报告，组织专题讨论，启发大家摆思想、摆观点、分析自己提出的问题，座谈个人学习、工作的规划和计划，交流学习、工作和锻炼的收获和经验，请老工人、农民、街道劳动人民谈厂史、村史、社史和家史，以及组织观看与社会主义教育运动有关的展览会、电影和戏剧等。

5.盟省委会每月召开一次委员会议和一次基层干部会议，传达学习上级的有关指示和报告，组织专题座谈，分析基层组织和成员在运动中的情况，总结阶段工作，研究具体措施，武装骨干，统一认识，有领导地推动和督促工作的开展。

在贵阳市的单联盟员，由盟省委会指定专人负责，每月至少一次集中他们进行组织活动。盟省委会亦根据需要与可能，适当组织部份其他成员参加盟省委会组织的学习等活动。

6.盟省委会暂定以贵阳医学院盟支部作为试点，固定领导同志和专职干部长期深入下去，并同支部负责同志一起研究工作，摸索和积累经验，以指导和推动一般。

49

3.办好区内刊物"工作简报"，每月出刊一期到两期，努力提高质量，着重配合三个主义的思想教育运动，做好宣传、报导和交流基层学习、活动情况的工作。

二、继续健全巩固区的基层组织，改进基层工作，更好地发挥基层组织的作用。

在今后一个时期内，区省委会应着重帮助基层组织在全民性的社会主义教育运动中，更好地发挥作为党组织的助手作用。

1.基层组织要在本单位党委的直接领导下，通过区的组织活动，启发和推动成员：

(1)带头学好学习文件，提倡反覆学习，认真学习，和联系自已的思想实际来学习；

(2)带头联系实际，大摆事实，大摆观点，大辩阶级斗争，大辩思想改造；

(3)带头积极展开批評和自我批評；

(4)带头虚心学习别单位、别人的先进事迹和先进经验。

2.基层组织要经常注意和研究成员的思想情况，並对成員中暴露出来的问题，通过组织生活或个别联系等方式，主动协助党帮助成員进行分析，以提高认识，促进改造。

对于组织活动尚不够正常的部分基层，区省委会准备先集中力量重点帮助两个，推动其活动正常化，取得经验，再及其他，务使所有基层组织在三个主义的思想教育运动中，都各发挥一定的作用。

…3…

550 10

三、认真进行调查研究，积累资料，总结经验，为有效地开展盟的工作打下基础。

1.调查研究工作应结合三个主义的思想教育运动来进行。以盟中央去年下半年制发的调查提纲为依据，着重调查研究：(1)盟员的政治思想状况和工作情况；(2)基层组织的情况，基层工作经验和存在的问题。

2.调查研究工作採取重点和一般相结合的方式进行。在贵阳市，结合三个主义思想教育运动的试点工作，进行重点调查；结合平时联系基层的工作，进行经常的了解，並注意同基层干部一起进行分析研究。

盟省委会要组织力量，在今年二季度内到遵义市，调查研究遵义市盟组织推动成员投入三个主义思想教育运动的情况。

3.认真分析整理调查研究所得资料和基层工作经验，不定期地向盟中央汇报，协助盟中央做好召开本盟第四次盟员代表大会的准备工作。

四、积极改进盟省委会机关的工作。

1.盟省委会机关的工作要坚持面向基层。机关干部必须坚持执行联系基层的制度和下档汇报制度，保証每一基层组织都有专人固定联系和参加活动。一方面协助和推动基层正常而有效地进行工作，另一方面把基层组织和成员的情况正确反映上来，以便省委会有根据地研究和制定工作措施。

51

2.在去年机关干部进行年终鉴定的基础上，进一步有的放矢地帮助全体干部进行自我教育和改造。巩固和发扬大家的优点和成绩。大比先进，大学先进，开展批評和自我批評，克服存在于干部思想上、作风上的缺点，培养干部自觉地以革命的精神朝气勃勃地从事机关工作。

3.逐步建立和健全必要的规章制度，整顿机关工作秩序，严格要求干部按规章制度办事。

五、继续加强对区内右派分子的督促、教育、改造工作。

区省委会和有关的基层组织，都应密切注意区内右派分子在当前阶级斗争中的思想情况，经常协助党对他们进行政治思想教育和形势教育，督促他们在三个主义的思想教育运动中认真进行改造。

区省委会机关干部在联系基层时，要经常同基层干部分析研究区内右派分子的情况；区省委会仍定期召集区内右派分子座谈会，或採取个别谈話的方式，听取他们汇报改造情况，有目的地給予教育。

……5……

【释文】

中国民主同盟贵州省委员会
一九六四年度工作计划要点

根据中共贵州省委统战部关于各民主党派今后一个时期的中心任务的指示和盟中央制订的本盟一九六四年工作计划要点，结合我省盟内情况，制订我会一九六四年度工作计划要点如下：

一、广泛深入地组织和推动盟员及盟所联系人士积极投入爱国主义、国际主义和社会主义的思想教育运动，是我会本年度的中心任务

盟省委会和盟的各级组织应在中共贵州省委统战部和本盟中央的领导下，在政协贵州省委员会的统一安排下，进一步广泛深入地组织和推动全体成员及盟所联系的人士，积极投入三个主义的思想教育运动。帮助大家在国际国内阶级斗争中，进一步认清形势，辨明马列主义和修正主义、社会主义和资本主义的大是大非界限，从而提高认识和觉悟，端正方向，坚定信心，加强团结，提高自我改造的自觉性和为社会主义服务的积极性。

进行这项工作必须紧密依靠盟的基层组织，并与成员工作单位所开展的社会主义教育运动紧密结合起来。盟内做如下安排：

1.积极推动成员和盟所联系的人士认真参加工作单位所组织的学习，特别是学习毛主席的著作；组织和推动他们参加省政协举办的短期集中学习、报告会以及其他有关活动。

2.积极推动成员投入比、学、赶、帮运动，找差距，学先进，更好地在毛泽东思想的指引下，贯彻执行党的百花齐放、百家争鸣、推陈出新的方针，自力更生，奋发图强，发扬革命精神，做好岗位工作，出成果，出人才，为社会主义事业积极贡献力量。

3. 积极推动成员参加工作单位的增产节约运动、“五反”运动和劳动锻炼，以及有关单位所组织的下农村参加“四清”工作，在实践中接受锻炼和考验。

4. 配合成员工作单位的学习和运动，通过盟的组织生活，开展以下各项活动：帮助成员正确认识三个主义思想教育运动的重要性和必要性，帮助大家深入学习文件，传达和座谈有关的报告，组织专题讨论，启发大家摆思想、摆观点、分析自己提出的问题，座谈个人学习、工作的规划和计划。交流学习、工作和锻炼的收获和经验，请老工人、农民、街道劳动人民摆厂史、村史、社史和家史，以及组织观看与社会主义教育运动有关的展览会、电影和戏剧等。

5. 盟省委会每月召开一次委员会议和一次基层干部会议，传达学习上级的有关指示和报告，组织专题座谈，分析基层组织和成员在运动中的情况，总结阶段工作，研究具体措施，武装骨干，统一认识，有领导地推动和督促工作的开展。

在贵阳市的单联盟员，由盟省委会指定专人负责，每月至少一次集中他们进行组织活动。盟省委会亦根据需要与可能，适当组织部分其他成员参加盟省委会组织的学习等活动。

6. 盟省委会暂定以贵阳医学院盟支部作为试点，固定领导同志和专职干部长期深入下去，并同支部负责同志一起研究工作，摸索和积累经验，以指导和推动一般。

要办好盟内刊物《工作简报》，每月出刊一期到两期。努力提高质量，着重配合三个主义的思想教育运动，做好宣传、报道和交流基层学习、活动情况的工作。

二、继续健全巩固盟的基层组织，改进基层工作，更好地发挥基层组织的作用

在今后一个时期内，盟省委会应着重帮助基层组织在全民性的社会主义教育运动中，更好地发挥作为党组织的助手作用。

1. 基层组织要在本单位党委的直接领导下，通过盟的组织活动，启发和推动成员。

（1）带头学好学习文件，提倡反复学习，认真学习，和联系自己的思想实际来学习；

（2）带头联系实际，大摆事实，大摆观点，大讲阶级斗争，大讲思想改造；

（3）带头积极开展批评和自我批评；

（4）带头虚心学习别单位、别人的先进事迹和先进经验。

2. 基层组织要经常注意和研究成员的思想情况，并对成员中暴露出来的问题，通过组织生活或个别联系等方式，主动协助党帮助成员进行分析，以提高认识，促进改造。对于组织活动尚不够正常的部分基层，盟省委会准备先集中力量重点帮助两个，推动其活动正常化，取得经验，再及其他，务使所有基层组织在三个主义的思想教育运动中都各发挥一定的作用。

三、认真进行调查研究，积累资料，总结经验，为有效地开展具体的工作打下基础

1. 调查研究工作应结合三个主义的思想教育运动来进行，以盟中央去年下半年制发的调查提纲为依据，着重调查研究：（1）盟员的政治思想状况和工作情况；（2）基层组织的情况、基层工作经验和存在的问题。

2. 调查研究工作采取重点和一般相结合的方式进行。在贵阳市，结合三个主义思想教育运动的试点工作进行重点调查；结合平时联系基层的工作，进行经常地了解，并注意同基层干部一起进行分析研究。盟省委会要组织力量，在今年二季度内到遵义市，调查研究遵义市盟组织推动成员投入三个主义思想教育运动的情况。

3. 认真分析整理调查研究所得资料和基层工作经验，不定期地向盟中央汇报，协助盟中央做好召开本盟第四次盟员代表大会的准备工作。

四、积极改进盟省委会机关的工作

1. 盟省委会机关的工作要坚持面向基层。机关干部必须坚持执行联系基层的制度和汇报制度，保证每一基层组织都有专人固定联系和参加活动。一方面协助和推动基层正常而有效地进行工作，另一方面把基层组织和成员的情况正确反映上来，以便省委会有根据地研究和制定工作措施。

2. 在去年机关干部进行年终鉴定的基础上，进一步有的放矢地帮助全体干部进行自我教育和改造。巩固和发扬大家的优点和成绩。大比先进，大学先进，开展批评和自我批评，克服存在于干部思想上、作风上的缺点，培养干部自觉地以革命的精气神朝气勃勃地从事机关工作。

3. 逐步建立和健全必要的规章制度，整顿机关工作纪律，严格要求干部按照规章制度办事。

五、继续加强对盟内右派分子的督促、教育、改造工作

盟省委会和有关的基层组织，都应密切注意盟内右派分子在当前阶级斗争中的思想状况，经常协助党对他们进行政治思想教育和形式教育，督促他们在三个主义的思想教育运动中认真进行改造。

盟省委会机关干部在联系基层时，要经常同基层干部分析研究盟内右派分子的情况；盟省委会仍定期召集盟内右派分子座谈会，或采取个别谈话的方式，听取他们的汇报改造情况，有目的地给予教育。

（九）《中国民主同盟贵州省委员会一九六五年工作报告（草稿）》

中国民主同盟贵州省委员会

一九六五年工作报告（草稿）　1966.2.14.

一

一九六五年贵州盟的工作是：推动盟员学习毛主席著作，继续进行社会主义教育，结合战争准备，加强国际形势、时事政策的学习，使成员在国内外阶級斗争的形势中接受教育，加强改造。

一九六五年贵州盟的工作情况是：一至四月继续学习周总理在人大三届一次会议所作的政府工作报告、中共中央政治局工作会议記要"23条"，和毛主席有关阶級斗爭的学説，継续清理和批判"三自一包""三和一少"等錯误思想，克服政治上思想上的大反复。这一时期，大部份盟员参加了单位的"面上四清"，洗手洗澡，接受社会主义教育。五至十二月，結合战备开展国际形势的学习，以林彪同志的"人民战争胜利万岁"为主，参考其他为紀念抗日战争胜利二十周年而发表的文章，学习毛主席的人民战争思想。九月以后，一部份盟员在党的安排下参加农村"四清"工作和巡迴医疗工作，部份盟员参观西南鉄路建設，"开门学习"。这部份盟员在投入农村阶級斗争和下乡为农民服务等社会实踐中获得的初步鍛炼通过盟省委和有关基层组织的传达座談，扩大了教育影响。

一年来我省盟员在各級党委的关怀教育和盟组织的帮助推动下，学习毛主席著作，学习时事政策，参加社会主义教育运动，进行自我教育改造，政治上和思想上都有不同程度的提高，盟的各級组织也进一步得到巩固。

·1·

我省盟员和盟组织的上述进步，在基层组织活动、教学改革和其他岗位工作中，也得了相应的反映，但是在风雷滚滚的世界革命形势面前，在我国社会主义革命深入，社会主义建设发展，工农业各个战线上出现新的跃进形势面前，这点进步是远远赶不上形势要求的。为了迎接第三个五年计划的新任务，为了做好各自的岗位工作，更好地为援越抗美和建设社会主义贡献力量，我们必须百倍地努力加强改造，努力工作。

二

一九六五年贵州盟员在学习改造方面取得的成绩，总的说来是对毛主席的阶级和阶级斗争学说、国内外阶级斗争的实际状况，逐步提高了认识，对自己的阶级属性和大反复的由来，加强改造的必要性迫切性，提高了认识，从而引起思想和行动方面一些变化，这是立场世界观有可能得到进一步改造的良好开端。具体说来有下列二个方面：

一、关于国内阶级斗争问题

自从党在八届十中全会公报中向全党全民敲起阶级斗争的警钟后，经过反复学习，联系实际，认识逐步提高。一九六五年，在盟内已很少或者不再听到"学校里没有阶级斗争"那样的话，多数盟员也认识到自己"不在阶级斗争之外"，但是究竟同阶级斗争有多少牵连，认识仍然是很不足的。具体反映在对自己的资产阶级属性和在工作中贯彻阶级路线这两个问题，认识模糊，部份盟员产生种种消极情绪，个别盟员有抵触情绪。经过盟内学习和不少盟员参加单位"面上四清"洗手洗澡，认识逐步提高，不同程度地克服了一

·2·

60.
14

些消极抵触的思想情绪。

在认识自己的资产阶级属性方面，不少盟员原来认为历来党对民族资产阶级的一些估计和论证，並不适用于知识分子，与已无关。认为在改造问题上，"知识分子同工商业者不能相提並论"，对知识分子比工商业者有其更难改造的一面这种说法，更想不通。有些盟员对"又有强烈发展资本主义的反动性"的提法和"剥削阶级"这顶帽子，一时也接受不了，认为当教师的"一无资本，二无企业，从何去发展资本主义？""一生都以工资維生，没拿过定息，剥削过誰来？"实际上是取消了自己对大反复的承认。这种思想上的模糊、动摇和反复，在经过学习和参加"面上四清"后，逐步得到澄清。多数盟员认识到：知识分子，特别是中老年知识分子，绝大多数出身于剥削阶級家庭有的本人就是剥削阶級分子，受的封建的资本主义的教育，曾为反动统治阶級服务，同工农劳动人民相比，在旧社会是逈不相同的两种人，在新社会仍然有很大距离，这些客观存在的事实，都无法否认。这些都是确定阶級属性的基础，当然更重要的是现状。解放后接受党的教育，接受改造，虽然有进步，但从多数看，其中很大一部份人，无论从思想意识、生活习惯作风等看，立场世界观基本上还是资产阶級的。是否占有生产资料进行剥削，虽是确定阶級的一个重要根据，但不是唯一的根据，特别是在社会主义革命深入时期，除经济因素外还有政治因素，尤其重要。对知识分子的阶級属性，不仅要看他的出身，所受教育，为誰服务，更重要的是要看他今天的政治状况，接受改造的态度、社会主义因

64.13
15

案的多少等等。"发展资本主义"也不能机械地理解；知识分子虽然不做生意，但追求资产阶级的民主自由，欣赏"三自一包""三和一少"，缺乏组织纪律观念、群众观点，不习惯于集体主义的工作和生活方式，留恋自由讲学、自由办学、自由选择职业，"合则留，不合则去"喜欢自由支配时间，不受任何拘束等等，是带有普遍性的"阶级影响"。这些自觉的或不自觉的阶级影响，同社会主义制度格格不入，在今天也是不可能得到满足的。从"四清"和教改中逐步揭露出来的问题看，都属于上述的范围，矛盾的性质十分明显是两种制度、两条道路的选择问题。我们国家正向社会主义前进，而一部份知识分子却还留恋和追求资本主义甚至是封建主义的那一套生活方式，说这是要求"发展资本主义"，是符合实际情况的。由于这种分析提高了认识，消极抵触思想才逐渐得到一些克服。

在工作中必须贯彻党的阶級路线，这对于多数盟员来说，是一个十分尖锐的问题，因而思想反映也比較强烈。首先是考虑到自己，有些盟员因家庭成份不好，担心今后将得不到党的信任，不再是党在政治上依靠和培养的对象了。"面上四清"后，有的盟员"争取主动"，请求调动职务"不当教研组长"，"不当基层工会主席"，觉得以后被动撤职，面子难堪。当时盟外人士中曾出现过"三基本思想"（认为资产阶級知识分子今后基本上不能入党、政治上基本不能得到党的信任、子女基本上不能升学）和"三館命运"等謬论（认为人老无用，只有进文史館、图书館、博物館的命运）。上述消极情緒，在盟内也有感染。"四清"中对民主党派性质理解有误的个别盟外人士，曾散播过一些不正确的意見；如"参加了资产阶級政党将来连工会会员资格都成问题"，有的盟员就感到"群众压力太大"，心情不安，个别盟员甚至后悔入盟。党的阶級路线，在教学工作中，也有思想反映。如对录取新生标准，动员学生上山下乡，加强对工农学生的辅导等问题，由于部份盟员还存在着"一视同仁""有教无类"重业务轻政治等错误思想，有时就感到"左右为难"，思想不通。

上述各种思想在"面上四清"教学改革和经常学习中不断批判，特别是在学习了"重在表现是党的阶級政策"等文章后，认识提高，有所克服。多数盟员认识到：阶級路线是党的根本路线，是保卫馬克思列宁主义、防止修正主义、把革命的优良传统交给可靠的接班人，使我国家不变色的根本保证，必须坚决贯彻。在认识觉悟逐步提高的基础上，有的盟员揭露了自己在动员学生上山下乡工作中"言行分离"的错误，对学生和子女講的不一样，公开講和內心打算各有一套。有的盟员揭露和批判希望子女继承自己"衣钵"，成为"××世家"的错误，並进而分析：若不是由于我国社会主义革命日益深入发展，党的教育方針得到贯彻，青年一代接受了党的教育，拒绝父母为他们安排的道路，势必会千方百计坚持错误，把子女引向社会主义相反方向的道路，反而坑害了下一代。更认识到：我国社会根据馬克思列宁主义的革命原則，向正确的方向发展是不可抗拒的，与此相反的道路是行不通的，只有自觉的加紧改造，抛弃资产阶級立场世界观，树立无产阶級立场世界观，才能真正听党的話听毛主席的话，跟着党和毛主席走社会主义的道路。

二、关于国际阶级斗争问题

一九六五年，美帝国主义疯狂地侵略越南的战争和苏联现代修正主义集团勾结美帝，反对中国、反对世界革命人民的活动，都遭到一系列的沉重打击，越南人民抗美救国斗争和世界人民反对美帝国主义和反动派的斗争，都获得重大的胜利。这一年，国际阶级斗争的尖锐、复杂、曲折、起伏是空前的，斗争的每一个回合、每一次起伏，在知识界和盟员中，都曾引起各种不同的反映。

美帝国主义对越南的侵略战争逐步升级扩大。有的害怕，有的盲目乐观，个别的甚至认为备战是"备而不战，白忙一阵"。有的对苏联现代修正主义的反动本质认识不足，认为"柯西金勃列日涅夫总比赫鲁晓夫要好一点"。有的认为"大敌当前，反美为先"，中苏分歧不妨暂搁一边，等打败了美帝再来讨论。个别糊涂的甚至说什么"反修以前，总是说苏联什么都好，事事强调学习苏联，现在又说苏联什么都不好了，教人无所适从"。对亚非拉美一些中间国家是否可靠，我们费尽力气团结它们，划得来划不来，也有人表示怀疑，特别是阿尔及利亚和印尼两次政变，使第二次亚非会议一再推延，思想上引起了很大波动。总起来说是对越南战争、反帝反修的前途和国际斗争形势的发展有种种疑虑。通过学习毛主席有关人民战争的著作，林彪付总理的《人民战争胜利万岁》和中共贵州省委第一书記贾启允同志在省人代会上所作的形势报告，上述各种模糊的和错误的想法，才逐步得到一些澄清。多数盟员认识到：国际形势是世界范围内阶级斗争的反映；战争是阶级斗争的最高形式。当前世界革命斗争的风暴中心在亚洲；越南战争是世界反美斗争的焦点。帝国主义的本性是不会改变的；美帝国主义以它的“全球战略”强加于世界人民，企图独霸世界。侵略战争的矛头指向中国。这是一场反侵略与侵略、革命与反革命、正义与非正义的战争，世界人民同美帝国主义之間的矛盾是不可调和的，因而这一场战争也是不可避免的。苏联修正主义背叛馬列主义，背叛人民，以“和平共处”掩盖它投降美帝的可耻行徑。中国堅决反帝，並且无情地揭露现代修正主义勾結美帝进攻人民的陰謀，全世界人民在中国革命胜利的鼓午和推动下，結成广泛的反美统一战线，同美帝堅决斗争。越南人民在这场斗争中已作出巨大的貢献，支援了中国，也支援了世界人民的革命斗争。帝国主义与修正主义串通一起，同世界人民为敌，修正主义在反人民的罪恶活动中所起的作用尤其恶劣和危险，因此反对帝国主义必須同时反对修正主义。在这样认识的基础上，很多同志檢查了前述的害怕战争，盲目乐观等错誤思想。毛主席說过，帝国主义反动派是不打不倒的，只要帝国主义存在一天，战争就是不可避免的。只有革命战争、人民战争才能消灭帝国主义反动派发动的侵略战争、反革命战争。这是馬克思列宁主义的眞理，中国革命的经验，朝鮮、越南和世界其他地区革命人民同帝国主义反动派进行斗争的經验，正面的和反面的经验。都証明这是一条颠扑不破的眞理。对帝国主义反动派决不能存在任何幻想。学习中，有的檢查了认为苏联修正主义可以同我们一起反美的错誤想法，有的检查了畏难苟安、怕吃苦、怕牺牲，"安常处顺"希冀"过和平生活"等错误思想，并进一步分析这些思想的实质，同无产阶级的革命思想毫无共同之处，觉是通向修正主义的一条便道，自己也感到吃惊。有的检查说：过去认为苏加诺"既反帝、又反修"能号新兴力量，真了不起；认为"纳沙贡"是团结印尼各派政治力量的"统一战线"，好得很；不料右派来一个反革命暴乱，苏加诺就屈膝投降，当时十分惊讶；其实"纳沙贡"和"五国軸心"不过是苏加诺自欺欺人之谈，从来也不曾存在过，革命与反革命怎能团结一起？说明我们自己有"阶级调和"思想，才会产生幻想，这正是修正主义的根子，必须随时警惕，彻底铲除。

通过学习，对国内外阶级斗争提高了认识，不少盟员开始从个人主义的狭隘思想逐渐解放出来，对形势才有比较正确的看法，看到了人民的力量，看到了形势的主流，对援越抗美的前途提高了信心，并以积极的态度响应战备的号召，接受各项任务。

三

一九六五年贵州盟员学习毛主席著作，接受社会主义教育，政治思想获得改造进步，主要原因有三：一，党的教育，形势的教育；二，盟员自己的努力；三，盟各级组织的帮助。党在八届十中全会后，全国范围内开展了以阶级斗争为纲的社会主义教育运动，两年来逐渐广泛深入；在社会的各阶层发生了极其深远的影响。盟员在党的教育、全国革命形势的推动下，通过各种形式的学习，揭露和批判了"三自一包""三和一少"等错误思想，不同程度地克服政

·8·

政治上思想上的大反复，政治思想面貌有所改变。一九六五年在这个基础上，有所前进，这是最根本的一条。一九六五年初，多数盟员参加“面上四清”，部份盟员参加点的四清，有的参加农村四清工作，不少盟员走出学校、走出办公室，深入基层蹲点调查，搞样版，参加巡迴医疗，到阶級斗爭、生产斗爭和科学实验的第一线，通过各种社会实践，获得鍛炼和改造。盟的各級组织在盟员进行自我教育改造中也起了帮助和推动的作用。在1964年克服大反复的运动中，多数盟员认识了自已的资产阶級属性，明确了自我改造的目标，认清了自我改造的迫切性。在这个基础上，一九六五年二月，盟省委举行第廿三次委员会扩大会议，邀请各支部、小组的全体干部同志参加。在首尾六天的会议中，根据周总理政府工作报告的精神，盟省委領导同志对近年来贯彻执行党的方針、政策和領导工作中存在的其他問題作了比較深刻的檢查，鼓励和带动基层同志对盟省委的工作提出批評意見，也对自已基层的工作进行了自我檢查，提出今后改进工作的意見。多数意見集中在如何提高成员改造的自覺性的問題上。会上明确了，国内外革命的大好形势逼迫着我们经常感到在工作中不适应，跟不上形势的要求。不突破这一点就会有越来越多的人望洋兴欢，无所作为。盟组织应当着重教育成员乐意打破自已的旧框框，也就是仔細体会領导的教育，真誠欢迎群众的批評，逐步从被迫改造发展到自覺改造。政治思想改造得好一分，工作中的不适应感就将减少一分。会议精神带到基层中去，成员在贯彻阶級路线时，就减少对自已成份的顾虑了；在教学改革中，就能从一枝一节的方法改革提高到思想改造的高度了；

在满正师生关系中就能自由地接露自已"师严而后道尊"等封建教育思想，接受同志的分析批評了。盟中央的工作计划要点传达讨论后，三个方面工作革命化的要求，在组织生活中进行学习讨论，承认必须接受别人批評帮助才能跟上形势要求的人多起来了。

我们体会到：资产阶級知识分子的自我改造，自我革命本身就是一场尖銳，深刻的阶級斗争。只有反复深入地从主席著作的学习中，确立阶級观点、群众观点，才能在社会主义教育运动中从被迫改造逐步达到自覚改造，从勉强接受批評达到勇于暴露自已，争取群众帮助，最后解放自已。在时事政策学习中，也只有反复深入地学习主席著作，才能确认全世界人民要革命，要翻身的力量是主流，反帝、反修的決战必然胜利，从而加强我们努力改造，努力工作的决心，变不适应为能够适应形势对我们工作的要求，在科技工作革命化，文化工作革命化、教育工作革命化中作出貢献。最近，我们组织了一次座談会，邀請下乡参加四清工作，巡迴医疗工作和参观訪问的同志座談收穫体会，多数同志都談到鉄道兵团指战员、鉄道工人和貧下中农学习主席著作，进行两条道路的斗争，远比我们来得坚決，明快和深刻。我们設想，假若能使盟的省县机构干部都有机会参加工作组，在阶級斗争、生产斗争、科学試验的实践中去鍛炼，从实踐中去学习主席著作，学习工人农民革命的坚定性彻底性，对于推动盟员积极改造的工作将是十分有利的。

四

通过"面上四清"，通过各級党委关于重在表现政策精神的教育，多数盟员想辞去学校工会主席职务，辞去班主任职务的消极思想得到了

·10·

克服，提高了工作积极性。但是"三基本"思想顾虑（基本上不能入党，基本上得不到领导上的信任和自己、子女基本上不能升学）仍然在一部份盟员和老师中存在着。同时，对上山下乡，亦工亦农，既赞尝拥护，又顾虑家庭生活，子女入学等问题不易安排。目前，已经有个别盟员到省委会反映因工作调动，家庭发生困难的情况。如何推动成员更加鼓足干劲，克服消极情绪，为革命，为备战而工作，是我们当前工作中存在的主要问题。其次，少数盟员中存在的退盟思想又在露头。一九六五年贵阳有二人正式书面申请退盟，经过反复说服教育无效。另外还有少数盟员拒不收受组织的开会通知和学习文件。他们说，我们在机关是国家干部，在盟内则成了资产阶级知识分子。对这一类少数成员，我们感到工作做不进去。

五

一九六六年是我国第三个五年计划的第一年，社会主义革命和社会主义建設都在飞跃发展，对于资产阶級知识分子改造的要求是十分迫切的。我们以为，如何提高全体盟员自我教育改造的自觉性，是盟当前工作中的首要问题。盟地方组织必须抓紧下列工作：

1.深入了解基层盟员在单位党委領导下，学习毛主席著作的情况，督促基层帮助成员从主席著作的学习中汲取提高改造自觉性的源泉，巩固自我革命的成績，力争在各方面工作革命化中，作出一点一滴的貢献。

2.帮助在工作中，在思想上动摇性比較大的成员从主席著作的学习中认清形势、认清自已，明确改造的目标和改造的迫切性。要

求他们在社会主义教育运动中，逐步从被迫改造走向自觉改造，克服消极，苟安的资产阶级思想情绪，努力工作，跟上形势。

3.焦裕禄同志常说，县委书记要善于当"班长"，要把县委这个"班"带好，必须使这"一班人"思想齐，动作齐。而要统一思想，统一行动，就必须用毛泽东思想挂帅。盟省、市、县委员会也应学习这个精神，加倍抓紧学习主席著作，统一思想，统一行动，从盟工作的困难中看出有利条件，在各级党委的领导帮助下，做到脑勤，口勤，手勤，把盟的各项工作尽力推动起来。推动就是胜利，推动就出效果。

【释文】

中国民主同盟贵州省委员会
一九六五年工作报告（草稿）

1966年2月14日

一

一九六五年贵州盟的工作是：推动盟员学习毛主席著作，继续进行社会主义教育，结合战争准备，加强国际形势、时事政策的学习，使成员在国内外阶级斗争的形势中接受教育，加强改造。

一九六五年贵州盟的工作情况是：一至四月继续学习周总理在人大三届一次会议所作的政府工作报告、中共中央政治局工作会议纪要“23条”，和毛主席有关阶级斗争的学说，继续清理和批判“三自一包”“三和一少”等错误思想，克服政治上、思想上的大反复。这一时期，大部分盟员参加了单位的“面上四清”，洗手洗澡，接受社会主义教育。五至十二月，结合战备开展国际形势的学习，以林彪同志的《人民战争胜利万岁》为主，参考其他为纪念抗日战争胜利二十周年而发表的文章，学习毛主席的人民战争思想。九月以后，一部分盟员在党的安排下参加农村“四清”工作和巡回医疗工作，部分盟员参观西南铁路建设，“开门学习”。这部分盟员在投入农村阶级斗争和下乡为农民服务等社会实践中获得的初步锻炼，通过盟省委和有关基层组织的传达座谈，扩大了教育影响。

一年来，我省盟员在各级党委的关怀教育和盟组织的帮助推动下，学习毛主席著作，学习时事政策，参加社会主义教育运动，进行自我教育改造，政治上和思想上都有不同程度的提高，盟的各级组织也进一步得到巩固。

我省盟员和盟组织的上述进步，在基层组织活动、教学改革、其他岗位工作中，也得了相应的反映。但是在风雷滚滚的世界革命形势面前，在我国社会主义革命深入、社会主义建设发展、工农业名个战线上出现新的跃进形势面前，这点进步是远远赶不上形势要求的。为了迎接第三个五年计划的新任务，为了做好各自的岗位工作，更好地为援越抗美和建设社会主义贡献力量，我们必须百倍地努力加强改造，努力工作。

二

一九六五年贵州盟员在学习改造方面取得的成绩，总的说来是对毛主席的阶级和阶级斗争学说、国内外阶级斗争的实际状况，逐步提高了认识，对自己的阶级属性和大反复的由来，加强改造的必要性和迫切性，提高了认识，从而引起思想和行动方面一些变化，这是立场、世界观有可能得到进一步改造的良好开端。具体说来有下列两个方面：

（一）关于国内阶级斗争问题

自从党在八届十中全会公报中向全党全民敲起阶级斗争的警钟后，经过反复学习，联系实际，认识逐步提高。一九六五年，在盟内已很少或者不再听到“学校里没有阶级斗争”那样的话，多数盟员也认识到自己“不在阶级斗争之外”，但是究竟同阶级斗争有多少牵连，认识模糊，仍然是很不足的。具体反映在对自己的资产阶级属性和在工作贯彻阶级路线这两个问题，认识模糊，部分盟员产生种种消极情绪，个别盟员有抵触情绪。经过盟内学习和不少盟员参加单位“面上四清”、洗手洗澡，认识逐步提高，不同程度地克服了一些消极抵触的思想情绪。

在认识自己的资产阶级属性方面，不少盟员原来认为历来党对民族资产阶级的一些估计和论证，并不适用于知识分子，与己无关。认为在改造问题上，“知识分子同工商业者不能相提并论”，对知识分子比工商业者有其更难改造的一面这种说法，更想不通。有些盟员对“又有强烈发展资本主义的反动性”的提法和“剥削阶级”这顶帽子，一时也接受不了，认为当教师的“一无资本，二无企业，从何去发展资本主义？”“一生都以工资为生，没拿过定息，剥削过谁来？”实际上是取消了自己对大反复的承认。这种思想上的模糊、动摇和反复，在经过学习和参加“面上四清”后，逐步得到澄清。多数盟员认识到：知识分子，特别是中老年知识分子，绝大多数出身于剥削阶级家庭，有的本人就是剥削阶级分子，受的封建的资本主义的教育，曾为反动统治阶级服务，同工农劳动人民相比，在旧社会是迥不相同的两种人，在新社会仍然有很大距离。这些客观存在的事实，都无法否认。这些都是确定阶级属性的基础，当然更重要的是现状。解放后接受党的教育，接受改造，虽然有进步，但从多数看，其中很大一部分人，无论从思想意识、生活习惯作风等看，立场、世界观基本上还是资产阶级的。是否占有生产资料进行剥削，虽是确定阶级的一个重要根据，但不是唯一的依据，特别是在社会主义革命深入时期，除经济因素外还有政治因素，尤其重要。对知识分子的阶级属性，不仅要看他的出身、所受教育、为谁服务，更重要的是要看他今天的政治状况、接受改造的态度、社会主义因素的多少等等。“发展资本主义”也不能机械地理解；知识分子虽然不做生意，但追求资产阶级的民主自由，欣赏“三自一包”“三和一少”，缺乏组织纪律观念、群众观点，不习惯于集体主义的工作和生活方式，留恋自由讲学、自由办学、自由选择职业，“合则留，不合则去”，喜欢自由支配时间，不受任何约束，等等，是带有深刻性的阶级愿望。这些自觉的或不自觉的阶级愿望，同社会主义制度格格不入，在今天也是不可能得到满足的。从“四清”和教改中初步揭露出来的问题看，都属于上述的范围，矛盾的性质十分明显的两种制度，两条道路的选择问题。我们国家正向社会主义前进，而一部分知识分子却还留恋和追求资本主义甚至是封建主义的那一套生活方式，说这是要求“发展资本主义”，是符合实际情况的。由于这种分析提高了认识，消极抵触思想才逐渐得到一些克服。

在工作中必须贯彻党的阶级路线，这对于多数盟员来说，是一个十分尖锐的问题，因而思想反映也比较强烈。首先是考虑到自己，有些盟员因为家庭成分不好，担心今后将得不到党的信任，不再是党在政治上依靠和培养的对象了。“面上四清”后，有的盟员“争取主动”，请求调动职务——“不当教研组长”“不当基层工会主席”，免得以后被动撤职，面子难堪。当时盟外人士出现过“三基本思想”（认为资产阶级知识分子今后基本上不能入党、政治上基本不能得到党的信任、子女基本上不能升学）和“三馆命运”（认为人老无用，只有进文史馆、图书馆、博物馆的命运）等谬论。上述消极情绪，在盟内也有感染。“四清”中对民主党派性理解有误的个别盟外人士，曾散播过一些不正确的意见，如“参加了资产阶级政党，将来建工会，会员资格都成问题”，有的盟员就感到“群众压力太大”，心情不安，个别盟员甚至后悔入盟。党的阶级路线，在教学工作中，也有思想反映。如对录取新生标准，动员学生上山下乡、加强对工农学生的辅导等问题，由于部分盟员还存在老“一视同仁”“有教无类”，重业务、轻政治等错误思想，有时就感到“左右为难”，思想不通。

上述各种思想在“面上四清”教学改革和经常学习中不断批判，特别是在学习了《重在表现是党的阶级政策》等文章后，认识提高，有所克服。多数盟员认识到：阶级路线是党的基本路线，是保卫马克思列宁主义、防止修正主义、把革命的优良传统交给可靠的接班人，使我国家不变色的根本保证，必须坚持贯彻。在认识觉悟初步提高的基础上，有的盟员揭露了自己在动员学生上山下乡工作中“言行分离”的错误，对学生和子女讲的不一样，公开讲和内心打算各有一套。有的盟员揭露和批判希望子女继承自己“衣钵”，成为“世家”的错误。若不是由于我国社会主义革命日益深入发展，党的教育方针得到贯彻，青年一代孩子受了党的教育，拒绝父母为他们安排的道路，势必会千方百计坚持错误，把子女引向社会主义相反方向道路，反而坑害了下一代。更认识到：我国社会根据马克思列宁主义的革命原则，向正确的方向发展是不可抗拒的，与此相反的道路是行不通的，只有自觉地加速改造，抛弃资产阶级立场、世界观，树立无产阶级立场、世界观，才能真正听党的话，听毛主席的话，跟着党和毛主席走社会主义的道路。

（二）关于国际阶级斗争问题

一九六五年，美帝国主义疯狂地侵略越南的战争和苏联现代修正主义集团勾结美帝，反对中国、反对世界革命人民的活动，遭到一系列的沉重打击，越南人民抗美救国斗争和世界人民反对美帝国主义和反动派的斗争，都获得重大的胜利。这一年，国际阶级斗争的尖锐、复杂、曲折、起伏是空前的，斗争的每一个回合、每一次起伏，在知识界和盟员中，都曾引起各种不同的反映。

美帝国主义对越南的侵略战事逐步升级扩大。有的害怕，有的盲目乐观，个别的甚至认为备战是“备而不战，白忙一阵”。有的对苏联现代修正主义的反动本质认识不足，认为“柯西金、勃列日涅夫总比赫鲁晓夫要好一点”。有的认为“大敌当前，反美为先”，中苏分歧不妨暂搁一边，等打败了美帝再来言论。个别糊涂的甚至说什么“反修以前，总是说苏联什么都好，事事强调学习苏联，现在又说苏联什么都不好了，让人无所适从”。对亚非拉美一些中间国家是否可靠，我们费尽力气团结它们，划得来划不来，也有人表示怀疑，特别是阿尔及利亚和印尼两次政变，使第二次亚非会议一再推延，思想上引起了很大波动。总起来说是对越南战争、反帝反修的前途和国际斗争形势的发展有种种疑虑。通过学习毛主席有关人民战争的著作，林彪副总理的《人民战争胜利万岁》和中共贵州省委第一书记贾启允同志在人代会上所作的形势报告，上述各种模糊的和错误的想法，才逐步得到一些澄清。多数盟员认识到：国际形势是世界范围内阶级斗争的反映；战争是阶级斗争的最高形式。

当前世界革命斗争的风暴中心在亚洲。越南是世界反斗争的焦点。帝国主义的本性是不会改变的，美帝国主义以它的“全球战略”强加于世界人民，企图独霸世界，侵越战争的矛头推向中国。这是一场反侵略与侵略、革命与反革命、正义与非正义的战争，世界人民同美帝国主义之间的矛盾是不可调和的，因而这一场战事也是不可避免的。苏联修正主义背叛马列主义，背离人民，以“和平共处”掩盖它投降美帝的可耻行径。中国坚决反帝，并且无情地揭露现代修正主义勾结美帝进攻人民的阴谋，全世界人民在中国革命胜利的鼓舞和推动下，结成广泛的反美统一战线，同美帝坚决斗争。越南人民在这场斗争中已做出巨大的贡献，支援了中国，也支援了世界人民的革命斗争、帝国主义与修正主义串通一气，同世界人民为敌，修正主义在反人民的罪恶活动中所起的作用尤其恶劣和危险，因此反对帝国主义必须同时反对修正主义。在这样认识的基础上，很多同志检查了前述的害怕战争、盲目乐观等错误思想。毛主席说过，帝国主义反动派是不打不行的，只要帝国主义存在一天，战争就是不可避免的。只有革命战争、人民战争才能消灭帝国主义反动派发动的侵略战争、反革命战争。这是马克思列宁主义的真理。中国革命的经验，朝鲜、越南和世界其他地区革命人民同帝国主义反动派进行斗争的经验，正面的和反面的经验，都证明这是一条不错的真理。对帝国主义反动派决不能存在任何幻想。学习中，有的检查了认为苏联修正主义可以同我们一起反美的错误想法，有的检查了长难苟安，怕吃苦、怕牺牲，“安常处顺”，希望“过和平生活”等错误思想，并进一步分析这些思想的实质，同无产阶级的革命思想毫无共同之处，倒是通向修正主义的一条便道，自己也感到吃惊。有的检查说：过去认为苏加诺“既反帝、又反修”，领导新兴力量，真了不起；认为“纳沙贡”是团结印尼各派政治力量的“统一战线”，好得很；不料右派来一个反革命暴乱，苏加诺就屈膝投降，当时十分惊讶；其实“纳沙贡”和“五国轴心”不过是苏加诺自欺欺人之谈，从来也不曾存在过，革命与反革命怎能团结一起？说明我们自己有“阶级调和”思想，才会产生幻想，这正是修正主义的根子，必须随时警惕，彻底清除。

通过学习，对国内外阶级斗争提高了认识。不少盟员开始从个人主义的狭隘思想逐渐解放出来，对形势才有比较正确的看法，看到了人民的力量，看到了形势的主流，对援越抗美的前途提高了信心，并以积极的态度响应战备的号召，接受各项任务。

三

一九六五年贵州盟员学习毛主席著作，接受社会主义教育，政治思想获得改造进步，主要原因有三：第一，党的教育、形势的教育；第二，盟员自己的努力；第三，盟各级组织的帮助。党在八届十中全会后，全国范围内开展了以阶级斗争为纲的社会主义教育运动，两年来逐渐广泛深入；在社会的各阶层发生了极其深远的影响。盟员在党的教育、全国革命形势的推动下，通过名种形式的学习，揭露和批判了“三自一包，三和一少”等错误思想，不同程度地克服政治上、思想上的大反复，政治思想上有所改变。一九六五年在这个基础上，有所前进，这是最根本的一条。一九六五年初，多数盟员参加农村“四清工作”，部分盟员参加点的四清，有的参加农村四清工作，不少盟员走出学校、走出办公室，深入基层，跨点调查，搞样板，参加巡□医疗，到阶级斗争、生产斗争和科学实验的第一线，通过各种社会实践，获得锻炼和改造。盟的各级组织在盟员进行自我教育改造中也起了帮助和推动的作用。在1964年克服大反复的运动中，多数盟员认识了自己的资产阶级属性，明确了自我改造的目标，认清了自我改造的迫切性。在这个基础上，一九六五年二月，盟省委举行第廿三次委员会扩大会议，邀请各支部、小组的全体干部同志参加。在首尾六天的会议中，根据周总理政府工作报告的精神，盟省委领导同志对近年来贯彻执行党的方针、政策和领导工作中存在的其他问题作了比深刻的检查，鼓励和带动基层同志对盟省委的工作提出批评意见，也对自己基层的工作进行了自我检查，提出今后改进工作的意见。多数意见集中在如何提高成员改造的自觉性的问题上。会上明确了，国内外革命的大好形势逼迫着我们经常感到在工作中不适应，跟不上形势的要求，不突破这一点就会有越来越多的人望洋兴叹，无所作为。盟组织应当着重教育成员乐意打破自己的旧框框，也就是仔细体会领导的教育，真诚欢迎群众的批评，逐步从被迫改造发展到自觉改造。政治思想改造得好一分，工作中的不适应感就将减少一分，将会议精神带到基层中去，成员在贯彻阶级路线时，就减少对自己成分的顾虑了，在教学改革中，就能从一枝一节的方法改革提高到思想改造的高度了；在调整师生关系中就能坦白地揭露自己“师严而道尊”等封建教育思想，接受同志的分析批评了。盟中央的工作计划要点传达讨论后，三个方面工作革命化的要求，在组织生活中进行学习讨论，承认必须接受别人批评帮助才能跟上形势要求的人多起来了。

我们体会到：资产阶级知识分子的自我改造、自我革命本身就是一场尖锐、深刻的阶级斗争。只有反复深入地从主席著作的学习中确立阶级观点、群众观点，才能在社会主义教育运动中从被迫改造逐步达到自觉改造，从勉强接受批评达到勇于暴露自己，争取群众帮助，然后解放自己。在时事政策学习中，也只有反复深入地学习主席著作，才能确认全世界人民要革命、要翻身的力量是主流，反帝、反修的决议必然胜利，从而加强我们努力改造、参加工作的决心，变不适应为能够适应形势对我们工作的要求，在科技工作革命化、文化工作革命化、教育工作革命化中做出贡献。最后，我们组织了一次座谈会，邀请下乡参加四清工作、巡回医疗工作和参观访问的同志座谈收获体会，多数同志都谈到铁道兵团指战员、铁道工人和贫下中农学习主席著作，进行两条道路的斗争，远比我们来得坚决、明快和深远。我们设想，假若能使盟的省委机关干部有机会参加工作组，在阶级斗争、生产斗争、科学试验的实践中去锻炼，从实践中去学习主席著作，学习工人、农民革命的坚定性和彻底性，对于推动盟员积极改造的工作将是十分有利的。

四

通过“面上四清”，通过各级党委关于重在表现政策精神的教育，多数盟员想辞去学校工会主席职务、辞去班主任职务的消极思想得到了克服，提高了工作积极性。但是“三基本”（基本上不能入党，基本上得不到领导的信任和自己子女基本上不能升学）思想顾虑仍然在一部分盟员和老师中存在着。同时，对上山下乡、亦工亦农，既赞赏拥护，又顾虑家庭生活、子女入学等问题不易安排。目前，已经有个别盟员到省委会反映因工作调动，家庭发生困难的情况。如何推动成员更加鼓足干劲，克服消极情绪，为革命、为备战而工作，是我们当前工作中存在的主要问题。其次，少数盟员中存在的轻盟思想又在露头。一九六五年贵阳有二人正式书面申请退盟，经过反复说服教育无效。另外，还有少数盟员拒不收受组织的开会通知和学习文件。他们说，我们在机关是国家干部，在盟内则成了资产阶级知识分子。对这一类少数成员，我们感到工作做不进去。

五

一九六六年是我国第三个五年计划的第一年，社会主义革命和社会主义建设都在飞跃发展，对于资产阶级知识分子改造的要求是十分迫切的。我们以为，如何提高全体盟员自我教育改造的自觉性，是盟当前工作中的首要问题。盟地方组织必须抓紧下列工作：

1. 深入了解基层盟员在单位党委领导下学习毛主席著作的情况，督促基层帮助成员从主席著作的学习中汲取提高改造自觉性的源泉，巩固自我革命的成绩，力争在各方面工作革命化中做出一点一流的贡献。

2. 帮助在工作中、在思想上动摇性比较大的成员从主席著作的学习中认清形势、认清自己，明确改造的目标和改造的迫切性。要求他们在社会主义教育运动中，逐步从被迫改造走向自觉改造，克服消极、苟安的资产阶级思想情绪，努力工作，跟上形势。

3.焦裕禄同志常说，县委书记要善于当“班长”，要把县委这个班带好，必须使这“一班人”思想齐、动作齐。而要统一思想、统一行动，就必须用毛泽东思想挂帅。盟省、市、县委员会也应学习这个精神，加倍抓紧学习主席著作，统一思想、统一行动，从盟工作的困难中看出有利条件，在各级党委的领导、帮助下，做到腿勤、口勤、手勤，把盟的各项工作尽力推动起来。推动就是胜利，推动就出效果。

（十）《民盟贵州省委会一九六五年工作的一些情况和几点体会》

民盟贵州省委会一九六五年工作的一些情况和几点体会

一、学习毛主席著作启发了我们改造的自觉性

一九六五年我会在一九六四年组织盟员学习周总理在人大三届一次会议上所作的政府工作报告的基础上，继续推动全省盟员讨论我们旧知识分子的阶級属性问题。多数盟员在学习中都认识到：自己出身于资产阶級家庭或地主家庭；受的教育是资产阶級教育；解放前相当长一个时期为统治阶級、剝削阶級服务；虽然解放后十多年来得到了党的培养教育，在思想和行动上还存在着不同程度的资产阶級观点和作风。因为认识了自己的阶級属性，也就看清了自我教育改造的必要性和迫切性。当时也有少数盟员不承认自己是资产阶級知识分子，或口头上承认而又竭力掩盖他的个人主义、自私自利的思想，不肯丢掉包袱，解放自己。就是认识了自己的资产阶級属性的同志们，由于感觉到自己的思想意识、工作方法已经远远不能适应工作革命化的要求，也产生了或多或少无所作为的消极情绪。

盟贵州省委领导开始意识到必需带头学习主席著作开展批評与自我批評，向盟员同志们檢查省委会的工作，才能推动盟员从被迫改造到自觉改造，从而克服消极、被动的思想情緒。二月初，盟省委会举行第二十三次委员会扩大会议，邀请所有基层全体干部参加。在六天的会议中，根据周总理政府工作报告的精神，盟省委領导同志对近年来贯彻执行党的方針、政策和工作中存在的問題作了比較深刻的檢查，要求基层同志对盟省委工作展开批評，

·· 五 ··

75-23

114

也对自己基层的工作提出改进意見。多数意見都集中在：要抓紧学习主席关于社会主义社会中的阶級、阶級矛盾、阶級斗爭问题的分析和指示，认清形势，认清自己，从而提高 我们改造的自觉性这个方面。会议精神传达到基层，正值各单位开展"面上四清"，学习"23"条，多数盟员在洗手洗澡中，都能夠比較坦白地暴露自己，接受群众尖銳的批評。在以往历次运动中，常有盟员到我会来訴委屈，訴说群众的大字报錯批評了他，受不了；现在，这种现象已经没有了。据基层負責人反映，同志们遇到不尽符合事实的批評，一开始抵触，就警覺过来，"这是在帮助我改造进步，毛主席教导我们要天天洗臉，我们应当在别人帮助下洗得更干淨一些"。这样，意見就比較容易接受了。

我会关于盟员学习主席著作没有另作布置，只要求基层在本单位党委统一布置下，认眞推动成员学习，用主席思想把自己的头脑武装起来。从基层组织活动和各种座談会中初步了解到盟员一些学习的体会、收穫。贵阳医学院的儿科 医 师王祇同志参加巡迴医疗队到遵义团溪工作。一位貧农产妇患有肝炎，影响胎儿体质，下地后不会出声。王祇同志不顾传染肝炎的危險，口对口地吸出婴儿口中的羊水，救活了婴儿。这是学习白求恩的具体实踐。贵阳师范学院文史组九个盟员中，老年人多，患有严重的視網膜剝离、心脏病、高血压、神经衰弱的五个同志坚持系、组领导工作，坚决接受开新課的任务，並认眞完成了。贵州大学、贵州农学院和一些中学的老年盟员同样不顾自己的癌症、脑血栓、心脏病、严重神经衰弱等疾病而坚持系科里的领导工作及教学改革工作。这些同志在学习“为人民服务”学习焦裕禄中，还检查了自己並未做到全心全意为人民服务，比起焦裕禄来有很大的差距。

在学习毛主席著作中，贵州大部分盟员在本单位党委领导下，在盟组织的帮助下，认识了自己的资产阶級属性，认识了自我改造的具体內容，克服了消极情緒，鼓午起工作干勁，向教育革命、設计革命、文化革命不断前进。大部分同志自我教育改造的自觉性正在不断提高中。由于我会领导同志多数下乡参加四清，我们虽然摸到了一些情况，还沒有及时总結出工作经验和教訓。

二、形势教育和社会主义教育运动使我们的世界观在发生变化

一九六五年听到的报告比往年多。又学习了“人民战争胜利万岁”“紀念抗日战争胜利二十周年”等文章。对照人民公社发揮巨大威力，克服局部地区旱灾、涝灾，全国农业获得大丰收的事实，使得我们“三自一包”的思想有了較大程度的克服。对于农村中还存在阶級斗爭，两条道路的斗爭也有了一些具体认识。糾正了起初只以为在城市中有阶級斗爭，农村中不会有，在经济部门有，在文教部门不会有，等等錯誤想法。进一步体会到，我们资产阶級知识分子的改造本身就是一场尖銳、复杂、曲折、反复的阶級斗爭。从讨论中大家认识到社会主义革命是推动我国社会前进的动力，我们社会主义事业日益飞跃发展，经过长期的阶級斗爭，资产阶級和资本主义最后必然彻底消灭。通过学大庆、

77 ~~225~~ 116

学大寨、学解放军，对于我国工业自力更生，追赶和超过国际水平，对于我国国防力量的强大，我们无不感到欢欣鼓舞。认识到国内形势是大好的，任何牛鬼蛇神，必将被社会主义教育运动所粉碎消灭。这个运动，对于兴无灭资、巩固无产阶级专政、巩固集体经济、和发展生产，的确起了非常重大的作用。

关于国际形势的学习，我们也通过互相帮助分析批判，澄清了一些混乱思想，提高了认识，提高了觉悟。这方面主要解决了下列几个问题：

1.肯定帝国主义本质不会改变，它不侵略别国，垄断资产阶级就只有自趋死亡，它不会那样干的。苏修集团勉强把美帝首恶分子区别为好战派与明智派，在鬼脸上擦粉，骗不了全世界革命人民，約翰逊自己就坦白招认了他是美国大工商业主的代理人。苏修集团叫嚷的"和平共处"、"联合行动"实质上是要革命人民联合向美帝投降，听任侵略，决不反抗。讨论这些问题时，没有什么争论。

2.第二次亚非会议一再延期，印尼发生反革命暴乱曾引起一些盟员思想混乱。有的人认为，民族独立国家的领导人是些资产阶級改良派、野心家，他们容易被苏修、美帝收买，亚非会议开不成，会削弱国际反美统一战线。经过反复辯论，统一认识到："看国际形势，要看人民的力量，要看阶級力量的对比"。不管资产阶級領导层如何变化，人民終归是要革命的。亚非拉人民觉醒了，美国人民也在觉醒了，所以美帝寿命不会长久了。在争论中，

28 26 117

我们检查到为什么看民族独立国家的变化只片面去看他们的领导层而看不到革命人民的力量！明确认识到那是因为有些同志的阶级立场、世界观仍然是资产阶级的，缺乏同工农人民共命运的无产阶级感情，我们必需认真学习主席著作，抓住一切机会向工农人民学习，加强世界观的改造。在讨论印尼事变时，有些同志一面很关心艾地和印尼广大共产党员的安全，一面又似乎惋惜"纳沙贡"的解体。经过党领导上作报告，指出"纳沙贡"是幻想阶级调和的产物，它的解体是阶级斗争的必然结果，是好事不是坏事。我们天天在反对现代修正主义，但我们头脑中就存在着和平过渡、和平共处思想，由此也促使我们兢兢业业地加强世界观的改造。

3.美帝这条野牛在越南人民战争的火海中烧得快死了。它在和谈阴谋掩盖下，大举增兵进入印度支那半岛。经过党的反复教育，我们比较深刻地认识了美帝国主义是纸老虎，武器和人对比人的觉悟是决定战争胜负的因素，真正认识到越南人民战争支持了全世界革命人民的反美斗争，我们对越南人民的支援不是多了，而是还不够，应当坚持增产节约，加强支援。我们还认识了苏修和所有搞和平谈判的人都是在支持美帝侵略越南。我们通过学习增强了越南必胜，美帝必败的信心。这些认识上的提高，帮助我们感受到和越南人民及全世界革命人民的利害一致，思想感情接近了。

4.关于备战，有的同志有"备而不战"的错误看法。经过讨论，认识了和美帝的斗争是长期的，必须长期做好备战的一切有

P—27

118

关工作，树立打倒美帝国主义的决心。关于怕不怕战争的问题，有的同志暴露：当屁股坐到工农人民一边的时候，勇气就增长起来；当个人主义一抬头，种种顾虑恐惧又涌上心头了。怕不怕的问题，也就是跟不跟得上革命人民队伍的问题，这要取决于我们世界观的改变程度。

形势教育时时提醒我们改变自己的立场、自己的世界观，社会主义教育运动更推动了我们多数盟员看出自己和工农劳动人民之間的差距，明确了必須努力改造，思想革命化才能有工作革命化。贵阳有两个学院的盟员和部份机关的盟员经过了点上四清，别的基层同志一般都经过面上四清。到现在止，有十六位盟员参加省委四清工作队下乡工作，有八位参加巡迴医疗工作，有九位下乡蹲点搞样板田，有两位参加下乡参观四清。贵阳一部份盟省委委员参观了西南鉄路建設的艰巨工程。遵义市部份盟员参加了市政协组织的参观团到重庆参观和看农业展覧。盟省委和遵义市委都组织了座談会。座談中同志一致指出：貧下中农听党的話、听毛主席的話，远比我们来得坚决，阶級立场坚定，欢迎四清，坚决和坏人坏事进行斗争，愉快地改变自己、解放自己；我们必須向他们学习，特别是学习他们读毛主席的书、听毛主席的話，按毛主席的指示办事这一点，来加强自我改造，向他们靠攏、看齐。有的同志說：“有个大队有一个初中学生，已经算是那里的高級知识分子。农村因为缺少文化，才让地、富、反、坏篡夺了領导权，社会主义文化急需下乡。我以前还希望自己子女由中学

·6·

98
119

升大学，现在我坚决支持子女下乡，农村才是知识青年活动的广闊天地。”一位医师同志也说：“农村缺医少药，卫生条件不好影响农业生产，我们应当下乡去当紅色医疗种子，在农民服务中很好改造自己。”参观鉄路建設工地的同志介紹了鉄道兵团指战员和鉄路工人从学习主席著作中战胜困难，創全世界史无前例提前完成艰巨工程的伟大奇迹。与会同志反映，我们一定要学习工人、农民那样活学活用毛主席著作来改造思想，改革工作。遵义部份同志在座談中也檢查了“想吃碗太平飯”“等待四清”等消极思想情緒，表示了一定加强改造的决心。

社会主义教育运动正在推动盟员认眞考虑加强改造世界观的問題，工作干勁随着鼓午起來。盟各級組织負責同志担任学校各級領导工作，本来工作已经很忙，一提到总結盟基层工作，以往老是推拖，现在有的基层却連夜整理材料，征求意見，修改完成。社会主义教育运动推动着同志们不断革命，不断前进，也推动着盟的工作发展变化。

三存在的问题

一年多来，贵州大部份盟员同志的一些进步，变化，都是由于党的不断教育才取得的。盟省委会的工作上半年抓得紧一些，对基层联系、了解，督促較勤，把长期过不起组织生活的基层推动起来了。下半年，特别是第四季度，几位負責同志参加四清工作队下乡；几个大学或搞四清，或搞教改，盟基层活动多有間断，

31 ~~29~~

~~120~~

联系工作在数量和质量上都比上半年降低了；因此，对少数盟员中存在的一些问题，都推不动基层去争取解决。如：

1.有的基层反映，在贯彻阶级路线中盟内外存在"三基本"思想（基本上不能入党、基本上得不到领导上的信任，自己子女基本上不能升学），有的盟员准备主动辞去基层工会主席、班主任、教研组长等职务，以免被揪难堪。通过学习"重在表现是党的阶级政策"等文章后，一部份人认识提高，有所克服，有些人仍然存在着消极情绪。我们认为这个问题是盟组织应当积极工作，帮助盟员解决的一个重要问题。另外，有个别盟外老教师有所谓"三館命运"（年老无用，只有进文史館、图书館、博物館）的荒謬思想，盟内也可能有所感染。如何去破除这种阶級没落情绪，防止流传，也是我们工作中的一个課題。

2.怕战争、怕空袭的苟安思想和敌人不敢来或敌人来不了的麻痹思想还是不同程度地存在着。如何帮助盟员真正树立长期和美帝国主义进行斗争，最后消灭帝国主义的思想意识，仍然是盟组织的一项重要工作。

3.大部份盟员对上山下乡、亦工亦农表示拥护，但在实践中仍然瞻顾家庭生活和子女入学等困难。如何在发动盟员互相支持、协助党政领导解决一些实际问题的基础上，教育盟员进一步鼓足干劲，为革命、为备战而工作，将是我们近期工作中的现实问题。因为贵州在重点建設的新形势下，盟员上山下乡的人数可能逐渐增多，同时，由省外转来的盟员同志也可能比前加多起来。

··8··

么少数盟员中存在的輕盟思想，在一九六五年又有露头。較普遍的想法是，有本单位党的教育就行了，无須盟的组织帮助；或者强调业务忙，长期不参加盟的组织活动。比較突出的如贵阳有两个盟员正式书面申请退盟，一人口头表示退盟，还有二人长期拒不收受开会通知及学习文件。他们说：“我们在机关是国家干部，在盟内倒成了资产阶級知识分子，当初是认识不清，错参加了民盟”。对这些同志，我们正在反复进行说服，效果还不很大。

一九六六年三月四日

【释文】

民盟贵州省委会一九六五年工作的一些情况和几点体会

一、学习毛主席著作启发了我们改造的自觉性

一九六五年我会在一九六四年组织盟员学习周总理在人大三届一次会议上所作的政府工作报告的基础上，继续推动全省盟员讨论我们旧知识分子的阶级属性问题。多数盟员在学习中都认识□：自己出身于资产阶级家庭或地主家庭，受的教育是资产阶级的教育，解放前相当长一个时期为统治阶级、剥削阶级服务，虽然解放后十多年来得到了党的培养教育，在思想和行动上还存在着不同程度的资产阶级观点和作风。因为认识了自己的阶级属性，也就看清了自我教育改造的必要性和迫切性。当时也有少数盟员不承认自己是资产阶级知识分子，或口头上承认而又竭力掩盖他的个人主义、自私自利的思想，不肯丢掉包袱，解放自己。就是认识了自己的资产阶级属性的同志们，由于感觉到自己的思想意识、工作方法已经远远不能适应工作革命化的要求，也产生了或多或少无所作为的消极情绪。

盟贵州省委领导开始意识到必须带头学习主席著作，开展批评与自我批评，向盟员同志们检查省委会的工作，才能推动盟员从被迫改造到自觉改造，从而克服消极、被动的思想情绪。二月初，盟省委会举行第二十三次委员会扩大会议，邀请所有基层全体干部参加。在六天的会议中，根据周总理政府工作报告的精神，盟省委领导同志对近年来贯彻执行党的方针、政策和工作中存在的问题作了比较深刻的检查，要求基层同志对盟省委工作展开批评，也对自己基层的工作提出改进意见。多数意见都集中在：要抓紧学习主席关于社会主义社会中的阶级、阶级矛盾、阶级斗争问题的分析和指示，认清形势、认清自己，从而提高我们改造

的自觉性这个方面。会议精神传达到基层，正值各单位开展“面上四清”、学习“23”条，多数盟员在“洗手洗澡”中，都能够比较坦白地暴露自己，接受群众尖锐的批评。在以往历次运动中，常有盟员到我会来诉委屈，诉说群众的大字报错批评了他，受不了；现在，这种现象已经没有了。据基层负责人反映，同志们遇到不尽符合事实的批评，一开始抵触，就警觉过来，“这是在帮助多改造进步，毛主席领导我们要天天洗脸，我们应当在别人帮助下洗得更干净一些”。这样，意见就比较容易接受了。

我会关于盟员学习主席著作没有另作布置，只要求基层在本单位党委统一布置下，认真推动成员学习，用主席思想把自己的头脑武装起来。从基层组织活动和各种座谈会中初步了解到盟员一些学习的体会、收获。贵阳医学院的儿科医师王礼同志参加巡回医疗队到遵义团溪工作。一位贫农产妇患有肝炎，影响胎儿体质，下地后不会出声。王礼同志不顾传染肝炎的危险，口对口地吸出婴儿口中的羊水，救活了婴儿。这是学习白求恩的具体实践。贵阳师范学院文史组九个盟员中，老年人多，患有严重的视网膜剥离、心脏病、高血压、精神衰弱的五个同志坚持系、组领导工作，坚决接受开新课的任务，并认真完成了。贵州大学、贵州农学院和一些中学的老年盟员同样不顾自己的癌症、脑血栓、心脏病、严重精神衰弱等疾病，而坚持系科班的领导工作及教学改革工作。这些同志在学习“为人民服务”、学习焦裕禄中，还检查了自己并未做到全心全意为人民服务，比起焦裕禄来有很大的差距。

在学习毛主席著作中，贵州大部分盟员在本单位党委领导下，在盟组织的帮助下，认识了自己的资产阶级属性，认识了自我改造的具体内容，克服了消极情绪，鼓舞起工作干劲，向教育革命、设计革命、文化革命不断前进。大部分同志自我教育改造的自觉性正在不断提高。由于我会领导同志多数下乡参加四清，我们虽然摸到了一些情况，还没有及时总结出工作经验和教训。

二、形势教育和社会主义教育运动使我们的世界观在发生变化

一九六五年听到的报告比往年多，又学习了《人民战争胜利万岁》《纪念抗日战争胜利二十周年》等文章。对照人民公社发挥巨大威力，克服局部地区旱灾、涝灾，全国农业获得大丰收的事实，使得我们“三自一包”的思想有了较大程度的克服。对于农村中还存在阶级斗争、两条道路的斗争也有了一些具体认识。纠正了起初只以为在城市中有阶级斗争，农村中不会有，在经济部门有，在文教部门不会有等错误想法。进一步体会到，我们资产阶级知识分子的改造本身就是一场尖锐、复杂、曲折、反复的阶级斗争。从讨论中大家认识到社会主义革命是推动我国社会前进的动力，我们社会主义事业日益飞跃发展，经过长期的阶级斗争，资产阶级和资本主义最后必然彻底消灭。通过学大庆、学大寨、学解放军，对于我国工业自力更生，追赶和超过国际水平，对于我国国防力量的强大，我们无不感到欢欣鼓舞。认识到国内形势是大好的，任何“牛鬼蛇神”，必将被社会主义教育运动粉碎消灭。这个运动，对于兴无灭资、巩固无产阶级专政、巩固集体经济和发展生产，的确起了非常重大的作用。

关于国际形势的学习，我们也通过互相帮助分析批判，澄清了一些混乱思想，提高了认识，提高了觉悟。这方面主要解决了下列几个问题：

1. 肯定帝国主义本质不会改变，它不侵略别国，垄断资产阶级就只有自趋死亡，它不会那样干的。苏修集团勉强把美帝首恶分子区别为好战派与明智派，在鬼脸上擦粉，骗不了全世界革命人民，约翰逊自己就坦白招认了他是美国大工商业主的代理人。苏修集团叫嚷的“和平共处”“联合行动”，实质上是要革命人民联合向美帝投降，听任侵略，决不反抗。讨论这些问题时，没有什么争论。

2. 第二次亚非会议一再延期，印尼发生反革命暴乱曾引起一些盟员思想混乱。有的人认为，民族独立国家的领导人是些资产阶级改良派、野心家，他们容易被苏修、美帝收买，亚非会议开不成，会削弱国际反

美统一战线。经过反复辩论，统一认识到："看国际形势，要看人民的力量，要看阶级力量的对比"。不管资产阶级领导层如何变化，人民终归是要革命的。亚非拉人民觉醒了，美国人民也在觉醒了，所以美帝寿命不会长久了。在争论中，我们检查到为什么看民族独立国家的变化只片面去看他们的领导层而看不到革命人民的力量，明确认识到那是因为有些同志的阶级立场、世界观仍然是资产阶级的，缺乏同工农人民共命运的无产阶级感情，我们必须认真学习主席著作，抓住一切机会向工农人民学习，加强世界观的改造。在讨论印尼事变时，有些同志一面很关心艾地和印尼广大共产党员的安全，一面又似乎惋惜"纳沙贡"的解体。经过党领导作报告，指出"纳沙贡"是幻想阶级调和的产物，它的解体是阶级斗争的必然结果，是好事，不是坏事。我们天天在反对现代修正主义，但我们头脑中就存在着和平过渡、和平共处思想，由此也促使我们兢兢业业地加强世界观的改造。

3.……它在和谈阴谋掩盖下，大举增兵进入印度支那半岛。经过党的反复教育，我们比较深刻地认识了美帝国主义是纸老虎，武器和人对比，人的觉悟是决定战争胜负的因素，真正认识到越南人民战争支持了全世界革命人民的反美斗争，我们对越南人民的支援不是多了，而是还不够，应当坚持增产节约，加强支援。我们还认识了苏修和所有搞和平谈判的人都是在支持美帝侵略越南。我们通过学习增强了越南必胜、美帝必败的信心。这些认识上的提高，帮助我们感受到和越南人民及全世界革命人民的利害一致，思想感情接近了。

4. 关于备战，有的同志有"备而不战"的错误看法。经过讨论，认识了和美帝的斗争是长期的，必须长期做好备战的一切有关工作，树立打倒美帝国主义的决心。关于怕不怕战争的问题，有的同志暴露：当屁股坐到工农人民一边的时候，勇气就增长起来；当个人主义一抬头，种种顾虑恐惧又涌上心头了。怕不怕的问题，也就是跟不跟得上革命人民队伍的问题，这要取决于我们世界观的改变程度。

形势教育时时提醒我们改变自己的立场、自己的世界观，社会主义教育运动更推动了我们多数盟员看出自己和工农劳动人民之间的差距，明确了必须努力改造，思想革命化才能有工作革命化。贵阳有两个学院的盟员和部分机关的盟员经过了点上四清，别的基层同志一般都经过面上四清。到现在为止，有十六位盟员参加省委四清工作队下乡工作，有八位参加巡回医疗工作，有九位下乡蹲点搞样板田，有两位参加下乡参观四清。贵阳一部分盟省委委员参观了西南铁路建设的艰巨工程，遵义市部分盟员参加了市政协组织的参观团到重庆参观和看农业展览。盟省委和遵义市委都组织了座谈会。座谈中同志一致指出：贫下中农听党的话、听毛主席的话，远比我们来得坚决，阶级立场坚定，欢迎四清，坚决和坏人坏事进行斗争，愉快地改变自己、解放自己；我们必须向他们学习，特别是学习他们读毛主席的书、听毛主席的话、按毛主席的指示办事这一点，来加强自我改造，向他们靠拢、看齐。有的同志说：“有个大队有一个初中学生，已经算是那里的高级知识分子。农村因为缺少文化，才让地、富、反、坏篡夺了领导权，社会主义文化亟须下乡。我以前还希望自己子女由中学升大学，现在我坚决支持子女下乡，农村才是知识青年活动的广阔天地。”一位医师同志也说：“农村缺医少药，卫生条件不好影响农业生产，我们应当下乡去当红色医疗种子，在农民服务中很好改造自己。”参观铁路建设工地的同志介绍了铁道兵团指战员和铁路工人从学习主席著作中战胜困难，创全世界史无前例提前完成艰巨工程的伟大奇迹。与会同志反映，我们一定要学习工人、农民那样活学活用毛主席著作来改造思想、改革工作。遵义部分同志在座谈中也检查了“想吃碗太平饭”“等待四清”等消极思想情绪，表示了一定加强改造的决心。

社会主义教育运动正在推动盟员认真考虑加强改造世界观的问题，工作干劲随着鼓舞起来。盟各级组织负责同志担任学校各级领导工作，本来工作已经很忙，一提到总结盟基层工作，以往老推、拖，现在有的连夜整理材料，征求意见，修改完成。社会主义教育运动推动着同志们不断革命、不断前进，也推动着盟的工作发展变化。

三、存在的问题

一年多来，贵州大部分盟员同志的一些进步、变化，都是由于党的不断教育才取得的。盟省委会的工作上半年抓得紧一些，对基层联系、了解、督促较勤，把长期过不起组织生活的基层推动起来了。下半年，特别是第四季度，几位负责同志参加四清工作队下乡，几个大学或搞四清，或搞教改，盟基层活动多有间断，联系工作在数量和质量上都比上半年降低了。因此，对少数盟员中存在的一些问题，都推不动基层去争取解决。如：

1. 有的基层反映，在贯彻阶级路线中盟内外存在“三基本”思想（基本上不能入党，基本上得不到领导上的信任，自己子女基本上不能升学），有的盟员准备主动辞去基层工会主席、班主任、教研组长等职务，以免被撤难堪。通过学习《重在表现是党的阶级政策》等文章后，一部分人认识提高，有所克服，有些人仍然存在着消极情绪。我们认为这个问题是盟组织应当积极工作，帮助盟员解决的一个重要问题。另外，有个别盟外老教师有所谓“三馆命运”（年老无用，只有进文史馆、图书馆、博物馆）的荒谬思想，盟内也可能有所感染。如何去破除这种阶级没落情绪，防止流传，也是我们工作中的一个课题。

2. 怕战争、怕空袭的苟安思想和敌人不敢来或敌人来不了的麻痹思想还是不同程度地存在着。如何帮助盟员真正树立长期和美帝国主义进行斗争，最后消灭帝国主义的思想意识，仍然是盟组织的一项重要工作。

3. 大部分盟员对上山下乡、亦工亦农表示拥护，但在实践中仍然瞻顾家庭生活和子女入学等困难。如何在发动盟员互相支持、协助党政领导解决一些实际问题的基础上，教育盟员进一步鼓足干劲，为革命、为备战而工作，将是我们近期工作中的现实问题。因为贵州在重点建设的新形势下，盟员上山下乡的人数可能逐渐增多，同时，由省外转来的盟员同志也可能比前加多起来。

4.少数盟员中存在的轻盟思想，在一九六五年又有露头。较普遍的想法是，有本单位党的教育就行了，无须盟的组织帮助；或者强调业务忙，长期不参加盟的组织活动。比较突出的，如贵阳有两个盟员正式书面申请退盟，一人口头表示退盟，还有二人长期拒不收受开会通知及学习文件。他们说："我们在机关是国家干部，在盟内倒成了资产阶级知识分子，当初是认识不清，错参加了民盟。"对这些同志，我们正在反复进行说服，效果还不很大。

一九六六年三月四日

史料十四 1959 年 6 月：《全面地深入开展增产节约运动》

全面地深入开展增产节约运动

中国民主同盟贵州省委员会主任委 双清

1959 年 6 月 19 日

增产节约是我们国家发展社会主义经济、扩大社会主义积累的基本方法和长远方针，也是我们国家建成社会主义社会的必由之路。由于我们是“一穷二白”的国家，要“白手起家”建成社会主义，既不能像资本主义国家那样掠夺和剥削弱小国家以取得建设资金，那就必须依靠自己积极增产，厉行节约，反对浪费，集中人力物力以进行建设。诚然，我国在进行社会主义建设中，苏联和其他社会主义国家给我们很多很大的帮助，我国社会主义经济的发展，离开这种外力援助是不可想象的，但这并不影响我们对增产节约是我国发展社会主义经济、扩大社会主义积累的基本方法和长远方针的认识。毛主席经常教导我们：“我们作计划、办事、想问题，都要从我国有六亿人口这一点出发，千万不要忘记这一点。”（《毛泽东文集》第 7 卷，第 227 页。）又说：“要使我国富强起来，需要几十年艰苦奋斗的时间，其中包括执行厉行节约、反对浪费这样一个勤俭建国的方针。”（《毛泽东选集》第五卷，第 400 页。）这些至理名言，我们要时时牢记心头，见诸行动。

1958 年是我国社会主义大跃进的一年，无论在工业、农业和其他各个战线上都取得了极其辉煌的成就，有了去年这些成绩，我国“一穷二白”的面貌才开始迅速转变。1959 年以钢、煤、粮、棉四大指标为中心的发展国民经济计划，要求工农业生产总值比 1958 年再增长 4%，这是一个极其宏伟的计划，全面地持久地深入开展一个增产节约运动，正是保证完成 1959 年国家计划的重要措施。增产节约是一个问题的两面，是矛盾的统一体，我们必须全面地来理解它，它是一个完整的方针。增产是创造和积累财富，提高人民生活福利；节约是要使生产出来的东西不随便浪费，更加合理地使用，增加社会积累，使生产继续扩大，人民生活进一步提高。节约是为了更好地增产，为了使人民生活今天可以过得去，明天过得更好，而不是更坏。当前各方面蓬蓬勃勃开展的增产节约运动，我认为应特别强调节约，这并不是说去年生产已经增加了，今年不必再增加，而是说正因为去年工农业生产大大增加了，人们就容易发生错觉，认为多用一点多吃一点，大概不碍事吧，其实这是极其错误的、有害的。事实上这种有害的思想已经潜滋暗长，在各方面造成很多浪费，为国家带来严重的损失，无论是浪费原材料、浪费粮食，其后果都是不好的。试想我国有六亿五千万人，一人一天多消耗二两粮食，全年浪费的粮食总数就达三百亿斤，这个数目字多惊人！全国有多少基建、企业单位和机关、团体，每个单位都有一个大小不等的仓库，如果一个仓库中积压一斤洋钉、一盒蜡纸、几个灯泡，这个数目字又该多大！急用的不得用，不用的又积压起来，影响建设又该多大！这些道理和对国家经济生活的利害关系是容易明白的，但在很多人的行动中都往往有许多“理由”来造成积压和浪费，这是极其错误的，必须严正制止。周总理在第二届全国人民代表大会第一次会议所作的政府工作报告和这次大会的决议中，已经向全国人民提出了开展增产节约运动的号召，我们必须坚决拥护、贯彻执行，全面地持久地深入开展起来。

全面地持久地深入开展增产节约运动，不仅仅是限于经济方面的意义，并且是一个对全国人民进行政治思想教育的运动。坚决贯彻执行增产节约运动的号召，不仅仅是限于执行党和政府的方针政策，并且是我们是否接受社会主义、共产主义教育的一个考验。我们有的同志说得好，增产节约既是我国发展社会主义经济、扩大社会主义积累的基本方法和长远方针，那么“要不要增产节约实质上就是要不要工业化，要不要社会主义问题”。我很同意这种说法。因此，能否坚决贯彻执行增产节约方针，具关键在于政治是否已经挂了帅。毛主席说：“我们要进行大规模的建设，但是我国还是一个很穷的国家，这是一个矛盾。全面地持久地厉行节约，就是解决这个矛盾的一个方法。”（《毛泽东选集》第五卷，第398-399页。）我们既要对增产节约运动的意义有全面的认识，又要身体力行，在行动中坚决贯彻。假如发觉某种浪费行为，哪怕小至一枚洋钉、一粒大米，也要坚决反对。全国六亿五千万人，大家都从思想认识上的提高，贯彻到具体行动中去，那么这种思想觉悟的提高，就能转化为物质的力量，在我们国家经济生活中发生巨大的作用。我们民主党派成员，在全国开展增产节约运动中，更应时刻站在前列，在党和政府领导下，同全国人民一道前进！

史料十五 1959年9月：《光荣伟大的十年》

光荣伟大的十年

中国民主同盟贵州省委员会主任委员　双清

1959年9月27日

中华人民共和国的六亿多人民欣逢着伟大的建国十周年国庆节，把祖国十年来的命运和个人的命运联结起来回想一下，再和在国民党反动派统治下的岁月加以对比，谁都感到有千言万语亟待倾泻，谁都想尽情歌唱，歌唱中国共产党和毛主席的英明伟大，歌唱祖国建设的光辉成就，好让全世界的人民都来分享一分我们的欢乐。

1949年的10月1日，六万万中国人民在工人阶级政党——中国共产党的领导下站起来了，受到全世界人民的欢呼，加速了世界工人运动的进展。在党中央和毛主席的正确领导下，在过渡时期总路线的光辉照耀下，第一个五年计划胜利地完成了；特别是1957年的全民性整风运动和反右派斗争的胜利，不唯使第一个五年计划大大超额完成，而且为第二个五年计划的胜利完成打下了坚实的政治基础。在经济战线、政治战线以及思想战线上，社会主义都取得了决定性的胜利。任随敌人如何造谣诬蔑、肆意诽谤，我们六亿五千万人民却用自己的双手，在党的领导下，积极改变着旧中国“一穷二白”的面貌，信心百倍地大踏步地沿着社会主义的光明道路飞跃前进！

贵阳解放之初，川剧团、京剧团演出一场，观众常不过数十人，甚至十余人，现在增加了几倍的剧场、电影院，场场都容纳不完喜笑颜开的观众。就贵州全省说，原来一吨钢也不能生产，经过1958年的“大跃进”，生产了八万四千吨钢，出现了贵钢、都钢等五个钢铁企业，为机械制造建立了原材料基地。原来吵嚷了几十年，贵州始终修不起一条铁路；在共产党领导下，今年年初就举行了黔桂路全线通车典礼。今后不久，更将接通重庆、昆明、湘潭等地的干线。丰富的山地资源，将在全国的社会主义建设事业中，起到很重要的作用。随着技术革命和技术革新的开展，贵州省文教、卫生、科技事业不仅数量激增，质量同时不断提高。扫盲工作也取得巨大的成绩，这是十年前做梦也想不到的奇迹。各级普通学校和技术学校到处兴办，不仅学龄儿童和青少年普遍充分就学，特别是劳动人民在实践中的经验知识，能够得到提高，优秀勤劳的广大中华儿女的聪明智慧全面地得到了发扬的机会。这对于祖国的社会主义建设事业，将起到何等重大的作用呵！

在庆祝中华人民共和国成立十周年的狂欢中，我们正在改造中的资产阶级知识分子也和全国劳动人民一样，深深感到生在毛泽东时代的光荣和当前责任的重大。对于我们来说，当前主要的任务是：鼓足干劲、力争上游，积极投入社会主义建设事业，要在业务工作中、理论学习中、劳动锻炼中，加强、加快自我改造，才能跟着劳动人民一道，鼓足干劲、力争上游、多快好省地建设社会主义。在中国共产党的英明领导下，我们的改造确已取得了不少的成绩。民盟贵州组织经过反右整风的锻炼，纯洁了组织，健全了领导机构，在接受共产党领导走社会主义的政治方向上，全体成员的认识大大提高了。贵州全体盟员都订立了改造规划和红专规划，并定期进行了规划的检查和修订。感谢各级党委的关怀、指导，盟贵州各级组织内，左派壮大了，中间派正在向前进步，这是从盟基层组织的几次献礼中反映出来的现实。盟内的右派分子多数都表现出是愿意改造和可以改造的。自从整风“反右”以来，盟贵州各级组织坚决依靠党的领导，发动盟员同志们互相监督并争取群众的监督，新气象正在形成并逐渐扩展。将解放初期我自己的和一些盟员同志的政治思想情况与今天的情况对比一下，我进一步体会到党的统一战线政策的正确与伟大。我深深认识到我们的每一点滴进步，都是中国共产党耐心地反复教育的成果。

我们十年来的改变和进步的确不小，但在“一天等于二十年”的大跃进中，我们的点滴进步，远不能赶上祖国建设的需要。在欢呼祖国十年来的伟大成就，欢呼十年来人民生活的提高，肯定我们自己十年来的进步的同时，我们还必须积极发挥主观能动性，加强自我改造，提高工作能力和服务效率，以适应祖国社会主义建设对我们提出的要求。中国共产党八届八中全会文件指出，我们当前的主要危险是在某些干部中滋长着右倾机会主义的思想，我们正在改造中的资产阶级知识分子，特别需要深入检查我们对待总路线、“大跃进”、人民公社的看法和态度，忠诚老实地继续向党交心，主动争取党的教育、帮助，我们才能不断进步，在工作上做出更大成绩。过去经验屡经证明：全心全意接受党的领导是我们提高觉悟、做好工作的根本保证，其次还需要真心诚意接受群众的监督、批评。只有主动征求群众意见才能密切联系群众，和群众一道进步，共同实现党的方针、政策、措施，完成我们参加社会主义建设的艰巨任务。贵州不少的盟员同志已经在工作中做出成绩，荣获先进工作者的光荣称号，一般的也正在鼓起干劲，力争有所贡献于伟大的人民事业。现在，我们身处在第二个五年计划的主要指标将在两年完成的“大跃进”中，我们分担着一份在十年左右在主要工业产品产量方面赶上英国的庄严任务，如不斗倒我们旧的资产阶级思想感情，不彻底克服右倾机会主义思想，我们便不能跟上广大人民的豪迈步伐一道前进。为了制止帝国主义的侵略，我国必须不断地、迅速地建设我们的社会主义国家。我们的事业是正义的、伟大的，同时也是艰巨的。人民祖国十年来的成就，特别是第二个五年计划中的“大跃进”成就，光辉灿烂，给建国十周年国庆节增添无比雄伟的声色。我们分享着一份光荣的欢欣，同时也分担着一份庄严的责任。我们享受着的每一点光荣和欢欣都来自中国共产党的领导，我们要做好工作，完成任务，只有在中国共产党的英明正确领导下，积极发挥主观能动性，才能真正起到建设祖国的雄伟事业中一个螺丝钉的作用。听党的话，走社会主义的道路，这两句话的内容是十分丰富而具体的。我们只要在每一具体工作中和思想活动中，都不断地用这两句话来检查自己，则以后在祖国光辉的国庆节日到来时，我们都能向党献出一份礼物而无愧地分享着广大人民狂欢中的一份欢欣。

史料十六 1960年1月：《欢呼胜利 乘胜前进》

欢呼胜利 乘胜前进

中国民主同盟贵州省委员会主任委员 双清

1960年1月

伟大的中国共产党的八届八中全会发出了关于“反右倾”、鼓干劲、提前三年完成第二个五年计划主要指标的庄严号召。全国人民在以毛泽东主席为首的党中央的领导下，坚持总路线，坚持“大跃进”，坚持人民公社，开展轰轰烈烈的增产节约的群众运动，使1959年国民经济计划超额完成，第二个五年计划的主要指标提前三年胜利地实现，这是史无前例的跃进速度！我们欢呼：总路线万岁！“大跃进”万岁！人民公社万岁！当1959年上半年我国核实1958年某些农产品产量和调整1959年计划指标时，帝国主义分子大肆诬蔑和攻击我国，说什么“大跃进”是“大跃退”，说什么1959年是中国“最惨淡的一年”。现在，铁的事实证明我国国民经济这样巨大的持续的增长速度是资本主义国家望尘莫及的，帝国主义分子的无耻谎言彻底破产了，看他们还有什么话说！

我国国民经济高速度的发展，进一步说明了党中央和毛主席提出的社会主义建设总路线，是创造性地运用马克思列宁主义结合中国实际情况、符合客观发展规律的总路线，“大跃进”是我国各族人民要求迅速摆脱“一穷二白”境地的冲天干劲的集中表现，人民公社是适应高速度发展社会生产力的最好的组织形式。今后我们要以不断革命的精神，继续坚决贯彻执行“总路线、‘大跃进’、人民公社”三大法宝，在1958年和1959年继续大跃进的基础上，为力争1960年国民经济更好地继续跃进而努力。社会生产力的高速度发展，生产关系与之相适应的改革，都要求上层建筑有同经济基础的发展相适应的迅速改革。我们民主同盟盟员，在这“东风压倒西风”的大好形势下，更加感到迫切要求彻底地改造政治立场，加强改造政治思想，大破资产阶级世界观，大立无产阶级世界观，进一步把服务与改造紧密地结合起来。因为只有搞好为社会主义建设事业的服务，才能加深一步改造我们的资产阶级思想。同时，思想的进一步改造，又可以促使我们在服务中充分发挥潜力。当我们欢呼1959年国民经济发展计划超额完成、第二个五年计划主要指标提前三年胜利实现的时候，也是我们应该坚定不移地“定宏图、立大志、鼓大劲、建大业”，乘胜前进的开始！让我们贵州全体盟员更紧密地团结在中国共产党的周围，在伟大的毛泽东思想的红旗下不断改造，加强服务，为社会主义建设事业贡献自己的力量！

史料十七 1962年10月：《在贵州省第五次盟员代表大会上的讲话（纪录稿）》

在贵州省第五次盟员代表大会上的讲话（纪录稿）

盟中央宣传部副部长　张毕来

1962年10月27日

这次我是来学习，不想说话。但想起了一个故事：有人读论语，“子曰，学而时习之，不亦说乎”，这个“说”字应该读作“悦”，可是他却念了别字。于是就成了“学而时习之，不亦说乎”。念别字当然不好。但这个别字却念得好，它告诉我们一个新的意义：学习必须靠说。通常学习有两种方式，一种依靠自己钻，另一种依靠大家，你一言我一语，解决了问题。政治学习适于后一种方式，集体学习，就要说，不说学不好，我既来学习，那就不能不说了。

到贵阳参加小组会，有一个现象很可喜：大家都在谈改造。有些人是不大愿意谈改造的。他们问：“改造、改造，何时了？”因此我对谈改造颇有戒心，心想还是少说为妙，怕大家不愿听。古语云：“酒逢知己千杯少，话不投机半句多”，人家厌倦改造，你却来作报告，岂不背时？但这次会上会下，大家都在谈改造，使我放下了心。问题是从学习党的八届十中全会公报提出来的，公报上说，要加强对知识分子的团结教育工作，没有提改造，为什么？是不是不要改造了？有的同志说，大家应该想一想，我们究竟充分发挥了作用没有？为什么没有充分发挥？是不是还有问题，还要改造？这个对子对得好！真正发挥了“三省吾身”的精神，充分地表达了迫切要求改造的心情。既然大家愿意谈改造，那我也就大胆地谈起来了。

我们先研究一下这个可喜的现象之所以产生的原因。

首先是党总结了团结、教育、改造知识分子的工作经验，采取了合乎知识分子改造的方式方法，以后又有所补充、修正、提高。——那就是神仙会，“三自”“三不”和风细雨坐而论道的方法。记得幼年时读英语课本，有一个风和太阳比赛谁能使大地上的人们脱去衣裳的故事，结果风失败了，太阳获胜，原因是刮大风只能使人把衣服裹得更紧一些，而温暖的阳光，却可使人宽衣解带。这说明和风细雨比疾风暴雨要好。改造要启发主动自觉，否则效果有限，不是不能改，而是改得不深不透、不彻底。《宋史·寇准传》中有一段话很有意思，寇准与好朋友张某告别，要求张作临别赠言，张请寇读《霍光传》，寇不知何意，回家后就研读《霍光传》，读到“不学无术”四字，不觉恍然若有所悟，微笑曰：“此张公之所以教我者也！”传记的作者总结了霍光一生事业，找到了失败的缘由是“不学无术”，寇结合自己来读书，这种思路过程非常可爱。我们可以设想，寇当时是在这样一种情况下读《霍光传》的：夜深人静，万籁无声，他老先生正襟危坐，回想一生事业成败得失，联系霍的一生，细细琢磨，读到“不学无术”四字，触目惊心，不觉恍然大悟，张某是用间接的方式向他提出了非常中肯的批评，因此感到一种愉快。张某的方法是巧妙的，让寇准自己去体会，如果坦率批评，寇一定受不了。改造要启发自觉主动，才有效果，批评是必需的，但方式方法不能不讲究。

近年来，毛主席一再提示我们，改造要自觉主动。中央社会主义学院的学习方法有不考试，不测验，不写总结、心得体会的规定。今年增办民主党派干部学习班，我们说是不是可以严格一些，结果学院不同意，坚决不采取考试、写总结等方法。除了自觉主动以外，还要大家改造，共同改造，不以改造者自居。过去有些人确有自居于改造者模样，这就不好。这次会上，惠部长谈了很多，改造因各人基础不同，因人而异，有的是立场问题，有的是思想方法问题，观点、方法改造不好，也会影响立场。尤其是知识分子，以知识服务于人，知识范围内很多东西涉及立场，立场稳定了，还是要改造思想、方法，立场、观点、方法都正确了，才能达到“从心所欲”的境界。自然，即使是都正确了，仍然要改造，不过程度不同而已。改造要实事求是，从自己的具体情况出发，这样有好处，有自知之明，即不会以改造者自居了。这几年来已经总结出一套改造的经验，就是神仙会。有人用两句话来说明神仙会的妙处：“沾衣不湿杏花雨，吹面不寒杨柳风。”用此法改造知识分子，大家都觉得很好。我还想到两句杜诗：“随风潜入夜，润物细无声”（《春夜喜雨》），描写很深刻，民主党派做思想政治工作，就要做到“润物细无声”，慢慢来，今天不行有明天，明天不行有后天，只要功夫深，久而久之，潜移默化，“水到渠成”。这一套方式方法是毛主席把中国过去在这个问题上的经验，加以总结提高而来。中国知识分子有“闻过则喜”“知过必改” 的光荣传统。从大禹说起，“禹闻善言则拜”，到孔子，我幼读论语，有两句话直到最近才慢慢懂得，即是孔子说到“丘也幸，苟有过，人必知之”。那一段话过去不懂，一个人做了坏事，就怕人知道，应该是苟有过，幸而未为人知才对，但孔子相反，有过而为人所知，反认为幸事，因为人所知，才更容易改掉。还有孟子，也有类似说法。大家都读过《史记·廉颇蔺相如列传》，看过“□相和”，知道“负荆请罪”的故事。还有，周处除三害的故事，这些“知过必改”的优良传统精神，毛主席很重视，是要发扬光大的。必须改造是一个□律□，□人认识到这是大势所趋，无可避免。这里我突然想到梁启超的一段话：“变亦变也，不变亦变也；变而变者，变之权操诸己；不变而变者，变之权操诸人。”他讲的变是“变法”，我们讲的变是“改造”。梁启超讲的话很有意思，我们可以套用一下，很能说明改造的必然性和改造必须主动。改造是必然的，非变不可，若不主动改造，就要被迫改造，这是大势所趋。究竟是主动好还是被动好，不辩自明。知道了改造的必然性，就乐于接受，自我改造有了这点，和风细雨才起作用。“不学无术” 四字也很难讲，这是标准问题，如果每人都自知“不学无术”而力求改变，那就是一种进步。人生不过百年，这是自然规律，无可奈何，但还有千年之事，眼光还可放远点。对于身后之事有几种态度：比我们老一辈的人，封建迷信，今生已过就修来生。知识分子知道这是空想，但也希望自己死后，后代人仍然对他尊敬。我也有此想法，如再活五十年，有人为我作传，说我不好，我要计较，希望说一声好。奥斯特洛夫斯基，借保尔之口说过这样一段话：“一个人必须做到，临死时回顾一生，觉得无愧于人，没有白活，那才是人生真谛。死亦瞑目。”（注：未查对原书）陆放翁虽然有“身后是非谁管得，满村听说蔡中郎”的诗句，但那只是表示一刹那间一种无可奈何的心情而已，他的爱国热忱、满怀忠义，就是不愿后世人民批评唾弃。“君子”最怕的还是悄悄地死掉，被人忘掉，甚至遗臭万年。这也是知识分子的一个特点，一种精神状态，这个愿望是好的，但我们这一批人有一个问题，生长在毛泽东时代，从旧社会来，有的在旧社会时间长一些，有的短一些，用无产阶级的知识分子这一标准来衡量，总有一段历史写出来不光彩，多数人在旧社会分不清是非，再坏一点，当过帮凶，当然也有少数是进步知识分子，我讲的是一般。这段历史抹又抹不掉，如何面对这一事实？我们也有一好处，可以自己续写新的一页，不是涂去旧的一页，而是补充、说明，再写五十年，续成全篇。这下半篇就是革命的历史了，光彩的历史了，写好下半篇，上篇中的不光彩也就自然不存在了。

这里，我想到了三个时代的三个知识分子：俞曲园、章太炎和鲁迅。章太炎是俞曲园的得意门生，俞是封建知识分子，忠于满清王朝，清末时章太炎反对满清，到日本去办民报，鼓吹民族革命，是一个革命家，天下闻名。俞曲园就不承认章太炎是学生，骂他："背弃父母之邦，是不孝；要革掉满清之命，是不忠。"对于这种不忠不孝之人，要"小子鸣鼓而攻之"。这是老师站在封建地主阶级立场，反对资产阶级民主革命，师生关系就此破裂。章太炎写了一篇《谢本师》来回答老师的辱骂，批评老师"不分夷夏之别"，这张"大字报"义正词严，写得尖锐深刻。如果老师接受学生的帮助，那就了不起，但是这位老师辜负了这个好学生，不接受这份厚礼，坚持了封建立场。这是一代师生，但章太炎终究不过是一个资产阶级知识分子，到晚年在无产阶级革命面前，仍然不变立场。后来，他写《俞先生传》，文章写得很好，从学术造诣的角度来看，章是真正了解俞曲园的，是俞的好学生；但从政治角度来看，却不然，传中对俞的批评只有一句："先生垂老而不忘名位"。其实俞曲园是坚决站稳封建地主阶级立场，反对民主革命，是章太炎政治上的敌人，岂止是"不忘名位"而已。为什么不批评呢？章太炎已露出了"重学术，轻政治"倾向，说明为什么章太炎到晚年政治上要落伍。马克思列宁主义到中国，共产党成立，新民主主义时期开始，章太炎就不赞成。这时章太炎的弟子鲁迅站在无产阶级革命立场，对章提出了严肃的批评，肯定章早年政治上的进步，晚年落伍。六十年中，三代师生，三个阶级立场，俞曲园站在封建地主阶级立场反对章太炎的资产阶级民主革命，鲁迅反对章太炎的资产阶级革命，坚决站在无产阶级革命立场，成了一代完人。这三代师生关系的变化很有意思，知识分子这个社会阶层由来已久，在这样一个时代里，你说幸也罢，不幸也罢，反正遭遇到一个剧烈变革的时代。几千年以来，知识分子都只是为一个阶级——封建地主阶级——

服务，父子师生，上一代和下一代都为同一个阶级服务，纵然也有矛盾，都是阶级内部的矛盾斗争，从来没有像近百年来这样复杂过。我们这一代，三个阶级同时并存，三种不同立场矛盾冲突，父子师生之间的关系紧张，为几千年来所未有。祖一辈、我们自己和我们下一代，大体上代表三种不同阶级立场，这种关系紧张的局面，反映到家庭、师生关系大变，阶级斗争是不可避免的，很自然。如果俞曲园能抛弃原来的阶级立场，同意走资产阶级民主革命道路，章太炎能跟鲁迅走无产阶级革命道路，那便是一个了不起的转变，这段历史写起来很光彩。可是他们没有这样做，他们的历史只好由我们来写。如果俞、章至今健在，看到社会发展的结果，一定要十分后悔。我们这一代，接受无产阶级革命思想，多者几十年，少者也有十三年，多数已成为劳动人民的知识分子，比起俞曲园、章太炎来，幸运得多，高明得多。就算到此为止，这段历史写起来也光彩得多了。我们这一代可以说是为剥削阶级服务的末一代，也是为劳动人民服务的第一代。是从不光彩到光彩的转变过程。几千年来一个□□的历史事实，从我们起一刀两断，共产党把知识分子作为一个社会阶层来改造，扭转了知识分子几千年来的命运，这是非常伟大的气魂，非凡的事业。无产阶级的党真是了不起。资产阶级政党就没有这种气魄、力量，它没有能够把封建知识分子改造过来，为资产阶级政治服务。生在这个时代，真幸运。假使有两个朋友，一个1949年死了，一个活到现在，而且还要活下去，那便十分幸运，他可以自己补充、说明，后半生做了哪些好事，把坏的都丢掉了，不仅自己光荣，后代子孙也分享了这种光荣。至于在1949年死掉的那一个，就无法改变了。共产党再伟大，也无法改写他的历史。

统一战线很有意思，开政协会，各时代各种人物包罗万象，有皇帝，有将军，有资产阶级知识分子，有党员，济济一堂，作为一个集体看，大家都是要革命，跟着共产党走社会主义道路。再说到俞曲园、章太炎和鲁迅，他们的一生事业，记起账来就是三笔，只能分户记账，合不到一起，俞曲园记的忠于封建王朝，章太炎是资产阶级民主革命家，鲁迅是无产阶级革命的英勇战士。如果三个人都活到今天，一同参加政协，那就只有一笔账，都是跟着共产党走社会主义道路的，不必分户了。这一代人多么伟大，把几千年□□的历史作一结束，承先启后，我们在这中间尽了力，当然光荣。尽力就是改造自己，人人改造，阶级自然得到改造，要是不改，老封建，成了俞曲园的高足，或者停留在民主革命阶段不再前进，只落得同章太炎一样的命运：早年革命，晚年落伍。坚决不改，成了害群之马，人所共弃。中央统战部李维汉部长在中央社会主义学院曾讲过他参加革命的经验和秘诀，他说只靠两句三字经：要革命、跟党走。一生牢牢记住这两句话，思想行动不离开这两句话。五四运动，一九二七年“大革命”，解放后搞土改，到人民公社，每一个革命转变阶段，完全赞成，处处时时望前走，方向对头，勇猛前进，就不会走错路。要革命而不跟共产党走，不行，那是章伯均的道路，走不得！

时间不多，再谈一谈思想改造与阶级斗争的关系问题。思想改造可以理解为阶级斗争在思想领域的反映，实际上就是阶级斗争。阶级斗争可怕又不可怕，关键在于对阶级斗争的认识、看法。怕它，它还是要找你，躲也躲不了。十三年中经过了不少斗争，苏联进行了40多年谁战胜谁的问题，在社会主义国家并不是都解决了的，否则现代修正主义不会出现如此猖狂。资产阶级与无产阶级的斗争没有停止过，资产阶级时时企图复辟，必须警惕。想一想我们国家成立才十三年，无产阶级政权巩固下来了，不要把事情看得如此容易，1957年还有右派进攻。资产阶级革命巩固政权要多少年？几百年。在这样长的岁月中，封建阶级不断复辟。中国满清政权垮台就有几次复辟，袁世凯一次，张勋一次，蒋介石也是一次，千万不能放松警惕。要反动阶级力量完全彻底消灭，才不会有复辟。复辟是阶级矛盾的激化，是敌我斗争，就要镇压。思想改造是解决人民内部矛盾。和风细雨，坐而论道，虽然也是阶级斗争，但解决的方式方法不同了，这种阶级斗争就不可怕了。既然立志要革命、跟党走，那就要改造嘛。

（说明：这个记录稿未送本人校阅，只供各基层学习时参考，如有误记与原意出入，由记录人负责。并希听过报告的同志将误记之处告知宣传部。）

史料十八 1964年1月：《在贵州省人代会、政协会上的联合发言》

在贵州省人代会、政协会上的联合发言

唐弘仁委员、刘延良同志（列席）

各位委员、各位同志：

我们完全同意和拥护这次省人代会和省政协会议上的各项报告，并愿以最大的力量贯彻执行各项报告中提出的今后的任务。

当前，国际国内都呈现一片大好形势。国际上，东风进一步压倒西风，以美国为首的帝国主义集团和赫鲁晓夫现代修正主义集团都一天天孤立，陷入十分困难的境地，他们正一天天烂下去。赫鲁晓夫下台，证明□□更加四分五裂，日子越来越不好过。与此相反，全世界马克思列宁主义的党和国际无产阶级革命运动的力量，亚洲、非洲、拉丁美洲各国民族民主革命运动的潮流，正以奔腾澎湃之势，空前发展。十五年来，我国对内对外政策都取得了巨大的成就，我国今年国庆节有八十多个国家代表团来参加盛典，充分反映我国的国际地位、党和毛主席的威信，空前提高。我国第一颗原子弹爆炸成功，充分显示出我国社会主义物质基础和国防力量，空前强大，充分显示出六亿五千万中国人民能够为世界和平，为世界人民革命事业做出更大的贡献。现在，中华人民共和国已经步入了一个光辉灿烂的时代，以崭新的雄姿巍然屹立于世界。这是伟大的马

克思列宁主义的胜利，是伟大的毛泽东思想的胜利，我们以无比兴奋的心情为这伟大的胜利而欢呼。

在这次会议上，我们听了省人民委员会和省政协的工作报告，又听了传达中共中央统战部张执一副部长和惠世如部长的发言。这些报告和发言，对我们的教育很深，启发很大，使我们思想上受益不小。这里，我们准备联系民盟一部分成员和我们接触到的一些知识界人士的政治思想情况，也联系我们个人思想改造的情况，就有关大反复的问题谈些个人看法。

一

一年多来，我省各界人士在中共贵州省委的正确领导和亲切关怀下，在省政协积极的推动下，投入了爱国主义、国际主义和社会主义教育运动，部分人士还分别参加了农村“四清”和城市“五反”运动，不同程度地受到了教育和锻炼，在政治上、思想上有了不同程度的提高。正如田君亮副主席在省政协工作报告中所指出的，我们前一阶段的学习是有成绩的，但是我们决不能把成绩估计过高，决不能把克服大反复看得太容易。目前的阶级斗争仍然是激烈的、紧张的，大反复不仅没有过去，而且新的反复还在不断产生。

我们认为，资产阶级大反复并没有过去，主要表现在下列三个方面：

（一）一些有过大反复的人们到现在还设有认账

通过三个主义教育运动，大反复的情况是开始揭露了一些，但是，在言论和行动上出现过大反复的人，到现在还没有受到应有的批判与斗争，有些人不仅没有低头承认错误，改正错误，反而根本推卸责任，不认账。不认账、赖账的表现是形形色色的，例如：有的人跑黑市，高价出售政府照顾自己的物资，放利息，事情暴露以后，自己不揭盖子，也不检查错误，还说什么“在自由市场做买卖是政府容许的合法行为，出售高价商品也是政府的一项政策，没有什么不对”。又说，“既然在银行储蓄，政府可以给利息，个人借款予人为什么不可以收取利息？”在国家暂时困难时期，有些人退职单干，利用个人设私人诊所开业的机会，低价套购国家物资或收购自由市场物资，再以高价转售给病人，公开牟取暴利。这是明显的脱离党的领导，追求资产阶级自由化，追求资本主义利润与剥削的大反复，但有些人也不承认这是大反复，他们撇开剥削行为不谈，一口咬定：私人设诊所开业是“合理合法的行为”，认为“这是由于自己人口多、收入少，为经济困难所迫而出现的举动”，把全部责任推给客观因素。在文化和教育战线上，有的人片面强调业务，忽视政治思想教育，片面追求升学率，贬低劳动生产在教育上的重大意义，执行了资产阶级的教育方针，有的甚至公开抵制中央的政策，这也不能不说是政治上、思想上的大反复。但有些人却把责任推给党和人民政府，说什么“党和政府的政策、措施变化太多，这是政策、措施有大反复，不是我们有大反复”。有的人骄傲自满，在追求资产阶级名誉地位，向党讨价还价方面也有大反复，为了评级评薪未得到满足，发展到与党公开对立，到处诉苦，到处“告状”的严重地步。但盖子揭开以后，也是把责任推到党组织身上，说是“党组织歧视知识分子，没有贯彻统战政策”，等等。总之，对个人大反复不认账、赖账，正是大反复没有过去的明显表现。

（二）多数人到现在基本上没有揭开思想上阶级斗争的盖子，初步揭出来的一些问题也没有解决

由于多数人对当前阶级斗争的复杂性、尖锐性、长期性认识不足，对必须要进行一场激烈的阶级斗争来克服这次大反复的重大意义认识不足，对个人进步估计过高，因此，就多数人来说，目前阶级斗争和大反复的盖子基本上没有揭开，思想意识上存在的一些带有根本性的问题更没有解决，这是大反复没有过去的另一方面表现。通过一年多来的学习，我们所接触的一些知识分子，包括我们自己在内，也谈出了一些错误思想，也开始揭了大反复的盖子，摆出了一些问题。但总的情况还是谈过去的多，谈现在的少，谈人家的多，谈自己的少，谈生活小节的多，谈大是大非的少，谈表面的、一般的多，谈个人思想深处的少：谈得不深，揭得不透。还有些人认为："工商界经常跑市场，接触实际多，接触财物多，可能有反复，知识界天天和书本打交道，和青年打交道，闭门在教室里教书，找不出什么大反复。"有的人认为："知识界虽然也有大反复的人，但只是少数中的少数，不能代表知识界。"有的人认为："目前工作中的具体矛盾、具体问题多，真正牵涉到政治上的阶级斗争问题少，应该多解决一些工作中的具体问题，推动工作，少谈一些空洞的政治上的阶级斗争。"等等。这些都反映对当前阶级斗争，特别是意识形态方面阶级斗争的复杂性、严重性和尖锐性认识不足，妨碍自己认真去揭自己的思想盖子。

（三）新的反复目前还不断出现

目前在学习中，相当普遍地出现了厌倦三个主义教育运动、厌倦改造的情绪。有的人认为："三个主义教育运动搞了一年多了，再搞半年也就可以了。"有的人急于想结束战斗，认为："问题已经摆出来了，应开始做下一步工作，分析提高，老这样摆，不仅不能提高思想，反而会要造成思想混乱。"这种"适可而止"的思想，从其实质来说，就是对三个主义教育运动的抵制，是对党要求不断革命的抵制，是反改造的一种表现，也就是在三个主义教育运动中出现的一种新反复。

除此以外，在我们接触到的一些知识分子中，当前反映比较突出的还有以下一些问题。一个是贯彻党的阶级路线问题。有些人对于在学校中贯彻党的阶级路线，不同程度地有着怀疑、顾虑和抵触。一般反映有几怕，怕学校向工农开门会搞成"唯成分论"，担心非工农成分的学生以及自己的子女都会升不成学了，怕学校向工农开门以后，工农子弟会产生"阶级成分优越感"，不好好学习，难得教育，怕"只就阶级成分来提拔干部和教师""不讲究业务水平"，搞不好教学工作，怕把工农子弟收多了，担心他们的“天资低”，因而“降低”教学质量。另一个是子女升学、就业问题。今年，在子女升学、就业、参加劳动问题上，不少人都引起紧张。升学考试未放榜以前，总担心子女考不上学校，子女被录取入学以后，又进一步希望能分上“好”学校。总之，很少有人心情愉快地支持子女上山下乡，不少人甚至采取以死相威胁，以财物相利诱，以感情施加软化等种种手段，阻挠子女上山下乡，害怕子女上山下乡后就“断送了前途”。有些人虽然在今年没有直接碰上这个“关口”，但也在思想上引起不小的波动，我们自己就是其中的两个。这些都是新近在政治思想上反复的突出现象，足以说明大反复并未过去，新的反复正不断出现。

二

如前所述，当前，政治上、思想上的大反复的确并没有过去，阶级斗争仍然是紧张、尖锐和复杂的，社会主义教育运动和三个主义教育运动还只是开始，还搞得不深不透，运动还必须继续进行。但在这种情况下，各界人士中相当多人却出现了“适可而止”“差不多”的思想，出现了不同程度的厌倦与抵触情绪，严重地阻碍着三个主义教育运动的深入。因此，严肃认真地分析和批判“适可而止”的思潮，并大力克服这种思潮，是当前学习运动中的一项重要工作。我们认为，分析、批判和克服“适可而止”的思想，使学习更加广泛、更加深入、更加系统地开展起来，可从下列四个方面入手：

第一，要进一步认清当前阶级斗争形势。

当前形势的特点是，一方面全世界人民要求革命的意志和情绪空前高涨，革命的力量大大发展，蓬蓬勃勃，势不可当；另一方面，反革命的势力不甘心灭亡，对革命力量进行反扑。尽管他们处于四分五裂、分崩离析、每况愈下的困境，他们还是无时无刻不在阴谋推翻社会主义制度，妄想利用“和平演变”实行资本主义复辟。赫鲁晓夫修正主义集团的处境，尽管一天天更加困难，更加孤立，但是他们还在采用各种卑鄙手段，进行分裂活动，妄图阻止世界革命运动前进。国际和国内的阶级斗争仍然是尖锐、激烈的。由于马克思列宁主义的力量、社会主义的力量空前高涨，国际和国内的阶级敌人不敢公开地正面地对我们搞武装进攻，更多地采取了打进来、拉出去，从内部进行腐蚀等反革命的两面手法，采取隐蔽的手法和我们战斗，形成当前阶级斗争的特点。这样，便更增加了阶级斗争的曲折性和复杂性。面对这种形势，我们还有着大量非无产阶级思想意识，还处于政治上、思想上反复动摇的状态，如果不下决心改造，不彻底挖除产生反复动摇的思想根子，敌人的阴谋诡计便将在我们身上容易得逞。我们往往自觉或不自觉地和他们站在一边，给社会主义事业造成更大的危害。

通过学习这次大会的报告，特别是学习张副部长的报告，我们觉得，我们对当前阶级斗争的形势，认识还是很不够的，还必须加强学习。我们认为，只有比较正确地认清了形势，认清了阶级斗争的复杂性、曲折性、尖锐性和长期性，才能有效地批判“适可而止”的思想，积极地投入这场斗争，才会把当前的学习与反对帝国主义，反对修正主义，防止修正主义，挖掉资本主义、封建主义和修正主义的根子，保证国家永远不变颜色的伟大革命运动联系起来。才会感到：不克服大反复是不行的，不革命化是不行的；才会认识到，如果不积极投入三大革命运动中去接受锻炼，接受改造，不仅不能担负培养社会主义接班人的任务，就连自己也要从革命队伍中掉出来，不能完成一个普通革命干部应担负的任务。正如惠部长发言中所指出的如果把思想改造停顿下来，不搞三个主义教育，不仅不能“求安”，而且会越来越落后于形势，就会脱离社会主义道路，决没有什么光明的前途。

第二，要进一步认清自己，正确地认识自我改造的必要性和艰巨性。

阻碍我们揭大反复的盖子，使我们产生“适可而止”思想的另一个重要原因，是我们对自己的进步估计偏高，没有正确地看清自己的阶级属性和政治思想面貌，同时又往往脱离实际，把自我改造、把克服大反复看得太容易。首先，许多人都觉得自己在解放前就没有过剥削生活，一贯以教书为生，又不是当权派，解放后又接受了党的多年教育，各方面都做出了一些成绩，认为自己“已经改造成为劳动人民的知识分子了”，前几年的困难，自己也“熬过来”了，因而觉得自己“有点问题也不大”，跟大反复“没有沾边”，认为“跑跑自由市场，追求点自由化，追求点名誉地位，追求点生活享受，有点小反复，虽是不对的，不正确的，但这是长期进行改造的事，可以慢慢地改”，何必集中学习，“小题大做”。没有意识到：政治立场上的大反复与思想意识作风上的一般动摇和反复，程度虽有不同，其背离社会主义道路、反映资产阶级本质则是一致的。许多思想意识方面的小问题、小反复正是在政治上产生资本主义复辟的基础，也就是产生修正主义的根子，这些东西一遇到适当气候，总是要不断滋长发展的。哪怕是生活小节上的小问题、小反复，也会发展成为政治上的大反复。我们所谓的某些小问题其实并不小，而是涉及听、跟、走方面的根本方向性问题。我们没有认识到：劳动人民知识分子的称号不是戴在每一个旧知识分子头上都适合。也没有认识到：劳动人民知识分子的政治思想还是属于资产阶级的范畴，它处于从资产阶级到无产阶级的过渡状态，劳动人民的知识分子并不等于是工人阶级的知识分子。更没有意识到：即使是工人阶级的知识分子、劳动人民的知识分子，还是要不断改造，如果不坚持不断革命，不坚持不断改造，便可能“进一步，退两步”，又返回原来资产阶级的地位。其次，我们对于资产阶级本质的顽固性和自我改造的艰巨性与反复性认识不足。不少人认为，既然客观上的阶级斗争一定要反映到我们头脑中来，一定会产生大大小小的反复，有这样情况，也只要挖一挖便可以挖出来了。认为有些问题只要揭开盖子便行了，不必过于穷根究底。我们没有充分意识到：从承认客观上存在着阶级矛盾、阶级斗争，到承认自己有大反复，承认要改造，一直落实到在具体行动中去克服大反复，必须要经历一系列的艰巨的、曲折的、反反复复的斗争过程，它本身便是一场尖锐的、复杂的阶级斗争，不可能凭主观想象那样一帆风顺、按部就班地短时间便可实现。由于对这个问题认识不够，因此也时常对自己的改造效果、对三个主义教育的成绩估计过高。事实上，从过去的学习情况来看，在揭思想盖子、承认大反复的过程中，有些人谈了真情，但有些人也出现了假象，有的往往是在这一件事情上承认了，在另一件事情上又否认，今天承认了，明天又回潮，有的在口头上承认，内心抵触，或口头上承认，行动上又否定，等等。情况极其复杂。

由于以上原因，再加以前述对阶级斗争的复杂性、尖锐性估计不足，便时常阻碍我们去挖思想、揭盖子，时常使我们容易对三个主义教育运动和思想改造产生厌倦和抵触情绪，产生“适可而止”的思想。我们一定要用毛主席提出的六条政治标准，一定要用培养无产阶级革命事业接班人的五个条件，在学习中认真来清理自己的思想，认真来检查自己，正确地认清自己的政治思想面貌，正确认识自我改造的艰巨性、反复性和长期性，“差不多了”与“适可而止”的思潮才能压下去，学习和改造才能坚持下来。

第三，要投入实际的阶级斗争中去接受教育和锻炼。

张副部长报告中提到进一步开展三个主义教育运动一定要参加实际阶级斗争，参加“四清”“五反”运动，认为这是投入运动的必修课。我们认为这很正确。我们必须积极参加农村“四清”和城市“五反”运动，投入实际的阶级斗争中去接受教育和锻炼，才能更进一步认清城乡阶级斗争的复杂形势，也才能更有效地推进思想改造，解决问题。我们在今年年初，曾去花溪公社做了一天的参观访问，亲自听到贫下中农遭受地主反攻倒算的申诉，听到某些干部遭受坏分子百般引诱而一时失足的检查，也听到四类分子妄图复辟变天的自我坦白。这些活生生的事实，这些“三曹对案”的确在帮助我们体验和认识当前农村阶级斗争的尖锐性和复杂性上面，起到较好的作用，从而也开始澄清了自己脑子里的一些糊涂观念。我们受这样的实际教育只一次，并且时间很短，也就收到“开卷有益”之效，因此深信，如果能从头到尾参加一两次“四清”工作，或比较全面地参观一次，必能受到极大的教益。省委和省政协如果组织这类活动，我们一定要不放过这种必要的锻炼机会。

第四，在学习中要开展批评和自我批评，要开展大辩论。

揭思想矛盾、揭思想盖子，固然主要依靠自觉，思想上的问题固然要着重依靠自己来解决，但是，依靠自觉并不排斥互相启发和互相帮助。过去学习证明：只有互相启发、互相批评、互相帮助，才能使思想盖子揭得愈广愈深，挖出思想的根子，问题越辩越明，彼此思想上越有交锋，越能开展批评和自我批评，讨论就越能深入，认识才越能提高。过去学习中的教训也证明：各人自谈一通，彼此老害怕“伤筋动骨”，老怕绊倒别人的“坛坛罐罐”，或者害怕别人戳破自己的“纸糊灯笼”，这样和平共处、互不侵犯的学习态度，绝不能提高思想，不能解决任何问题，也往往容易使学习情绪低落。我们认为，对于任何反动的大反复的思想行为，一定要起来与之作斗争，“中间”道路是不容许的。当然，对人民内部问题开展批评与自我批评，开展辩论，也一定要采取摆事实、讲道理的方法。目前在三个主义教育运动中，有不少人，包括我们自己在内，存在着怕触动问题、怕伤面子、怕伤感情的情况，这是学习、运动进一步深入的一个大障碍，必须努力加以克服。

同志们，我们向社会主义、共产主义前进的路程还很长，在推动世界革命中，我们的责任很重，要做的工作还很多。党要求我们：不能满足于已经达到的目标和取得的成绩，而是要站得更高，看得更远，准备着承担更重的任务，夺取更大的胜利。要求我们：抛弃一切同革命利益相抵触的个人利益和个人打算，破除一切同无产阶级世界观不相容的思想观念，当一个彻底的革命派。这样的形势，也是我们认真进行改造，认真得到锻炼的大好形势。我们深信，只要坚决听党的话，听毛主席的话，不放松改造，我们是可以逐步得到改造的。让我们在党的领导下，在省政协的组织与推动下，认真投入三个主义教育运动，认真过好社会主义革命关，并互相帮助过好这一关，放下包袱，求得改造，心情愉快地迎接社会主义建设的新高潮，夺取反帝、反修的更大胜利！

以上发言有不当之处，敬请各位批评。

史料十九 1964 年 1 月：《双清在贵州省人代会、政协会上的发言》

双清在贵州省人代会、政协会上的发言

各位代表、各位同志：

我完全同意和拥护这次会议上贵州省人民委员会的工作报告，并保证贯彻执行报告中所提的各项任务。

当前，国际国内都呈现一片大好形势。国际上，帝国主义、各国反动派和现代修正主义已经陷入十分困难的境地，它们妄图瓜分世界、统治和奴役世界人民的阴谋，在世界革命人民的奋勇斗争面前，已经一个又一个地遭到可耻的失败，它们的内部也矛盾重重，正在走向四分五裂。全世界马克思列宁主义的党和国际无产阶级革命运动的力量，亚洲、非洲、拉丁美洲各国的民族民主革命运动，正在蓬勃发展。国际上是东风进一步压倒西风的大好形势，是极有利于我国人民和世界人民的大好形势。在国内，我国在对内对外政策上都取得了光辉灿烂的成就。我国国民经济已经全面好转，一个生产建设的新高潮正在形成和发展；文化、教育、科技、卫生等各项事业，随着生产建设的发展也有相应的发展，并不断地取得了新的成绩。我国的社会生产力获得了空前的发展，我国社会主义的物质基础，从来没有像现在这样强大。国内社会主义革命，在深入

开展以阶级斗争为纲的全民社会主义教育运动的推进下，在广泛开展学习解放军，学大庆，学大寨，比、学、赶、帮的革命竞赛的高潮下，正在一个接一个地取得胜利。广大人民的革命意气风发，精神面貌起了崭新的根本的变化。帝国主义和现代修正主义的一切封锁破坏，都阻挡不住世界人民和我国人民友好交往。今年，有来自八十多个国家和地区的三千多位外宾，参加中华人民共和国成立十五周年庆祝典礼，这就宣告了敌人的封锁和破坏活动已经彻底破产。我国的朋友遍天下，中国共产党和毛主席的威信越来越高，我国在国际事务中越来越起着巨大的作用。这一切说明了，中华人民共和国正像旭日东升，光芒万丈，以崭新的姿态巍然屹立于世界！这是马克思列宁主义的新胜利！是毛泽东思想的伟大胜利！

我省各族各界人民，在党中央和毛主席的英明领导下，在中共贵州省委和贵州省人民委员会的正确领导下，同全国人民一道，在社会主义建设和社会主义革命各个战线上，今年以来都取得了许多新的成就。我省同全国各地一祥，目前，国民经济已经全面好转。农业生产方面，粮食、经济作物和林业、畜牧业、副业、渔业都有相当发展。今年以来，在农村开展的社会主义教育运动，对于发展农业生产起到重要的推动作用。农村人民公社进一步得到巩固和发展。在工业战线上，继续进行了调整、巩固、充实、提高的工作，取得了更加显著的成绩。产品产量稳步上升，质量提高，品种增加，成本降低。今年以来，工业交通战线上开展的以提高质量为中心的比学赶帮运动，对于提高我省整个工业水平起了很大的作用。由于农业和工业生产情况的进一步好转，市场情况日益活跃，供应的许多副食品和日用工业品，数量都有很大增加，市场价格稳步下降，我省人民生活得到很大的改善。由于开展社会主义教育运动，国营商业加强了对集市贸易的领导和管理，大大打击了投机倒把活动。此外，我省在文教、卫生、科学、技术以及其他各项工作方面，也取得了很好的成绩。我和大家一道，以极兴奋的心情为这一系列的卓越成就而热烈欢呼。

贵州省民盟成员，一年来在党的领导和关怀下，和全省人民一道，在各自工作岗位上投入了阶级斗争、生产斗争和科学实验三大革命运动，做出了一些成绩，社会主义觉悟有了不同程度的提高。一年来，民盟贵州省各级组织，在党和上级组织的领导下，积极推动成员投入以阶级斗争为中心的爱国主义、国际主义和社会主义教育运动，推动部分成员参加农村和城市社会主义教育运动，参加短期集中学习和脱产学习。通过这些不同形式的学习和锻炼，推动成员加强自我教育和自我改造，克服近几年来在政治上、思想上产生的反复和动摇，更好地为社会主义建设服务，也取得了成绩。多数盟员对于毛主席关于阶级、阶级矛盾和阶级斗争的学说，对于近几年来资产阶级人们在政治上、思想上又一次出现的大反复，对于当前阶级斗争的客观存在及其严重性和危害性，对于广泛深入地开展"三个主义"教育运动的重大意义及其必要性，在不同程度上提高了认识。部分盟员开始揭开自己思想上阶级斗争的盖子，开始承认近几年来自己确实存在"但求安于现状，忘记自我改造"的倾向，在政治上、思想上出现不同程度的反复和动摇，资产阶级思想、意识、行动在自己身上发生较大程度的回潮，在不同程度上背离了"听毛主席话，跟共产党走，走社会主义道路"的根本方向。

但是，我们的主观努力是很不够的。一般地讲，民盟成员在认识和觉悟上的提高离"三个主义"教育运动的要求还很远，意识形态方面阶级斗争的严重性尚未引起足够的重视，思想盖子还没有认真揭开，在部分人中虽然开始承认有反复，但政治上、思想上的反复动摇还没有真正克服，甚至还不断出现新的反复。多数人对于资本主义势力和封建势力的猖狂进攻，仍熟视无睹，不敢站出来作坚决斗争；骄傲自满，故步自封的思想情绪仍占上风，对"三和一少""三自一包"的反动主张，对资产阶级大反复，还认为"同自己不沾边"，实则自觉或不自觉地给予了同情和支持。有些人存在着企图摆脱党的领导，追求资产阶级自由化的思想倾向，在工作上、生活上重业务、轻政治，重理论、轻实践，重个人作用、轻群众力量的资产阶级思想作风，在不少人中仍时有出现。许多人在文化教育战线和其他方面贯彻党的阶级路线，不同程度地有怀疑、顾虑和抵触。今年，不少民盟成员在子女升学、就业和参加劳动问题上都引起紧张：轻视体力劳动，担心子女吃不得苦，不支持子女上山下乡，拖子女后腿的人不在少数。追求特殊化，追求资产阶级名誉地位和生活享受，追求腐化霉烂生活，在一些人中也有不同程度的滋长。特别是在最近一个时期中，相当一部分民盟成员对当前阶级斗争出现了“差不多”的思想倾向。他们认为帝国主义和现代修正主义已经斗得“差不多”了，对它们的斗争可以“适可而止”了，主张集中人力和物力来加速国内经济建设；认为国内阶级斗争、大反复已经过去了，不必再强调搞社会主义教育运动，“三个主义”教育运动也搞了一年多了，该“适可而止”了；特别觉得当前革命化形势“太紧张”，感到吃不消，受不了，主张“慢慢来”。这是一种非常有害的思想倾向，实际上正是害怕阶级斗争，害怕革命，不敢革命到底的一种新的表现，也正是资产阶级本性的反映。

当前阶级斗争仍然是相当激烈的，阶级关系仍然是紧张的。彻底消灭资本主义和封建残余势力，在政治战线和思想文化战线上进行社会主义革命，是一场长期的阶级斗争，它比过去的土地改革和生产资料所有制的社会主义改造，更为复杂和深刻，绝不是在暂短时间内能获全胜的。面对这种情况，我们必须贯彻党中央和毛主席的指示，坚决把正在城乡广泛开展的社会主义教育运动进行到底；在统一战线方面，坚决把“三个主义”教育运动进行到底，把这一场伟大的、深刻的、系统的、全面的社会主义革命运动进行到底，决不能“适可而止”。我们民盟组织，一定同各族各界各有关人民团体一道，在党和政府的领导下，进一步认真积极地推动全体成员投入“三个主义”教育运动，投入三大革命运动，认真学习毛主席著作，在实际阶级斗争中去接受锻炼和改造，过好社会主义革命这一关，迎接社会主义建设的新高潮。

各位代表、各位同志：让我们团结在党的领导下，同心同德，把毛泽东思想的红旗举得更高，把社会主义建设总路线的红旗举得更高，保持和发扬艰苦奋斗、勤俭建国、自力更生、奋发图强的革命精神，鼓起更大的革命干劲，再接再厉，迈步前进。

祝大会胜利成功！祝各位身体健康！

第二节 其他活动和会议史料

史料一 1956年中国民主同盟遵义市委员会与贵州省科学技术普及协会、遵义市图书馆组织科普活动资料

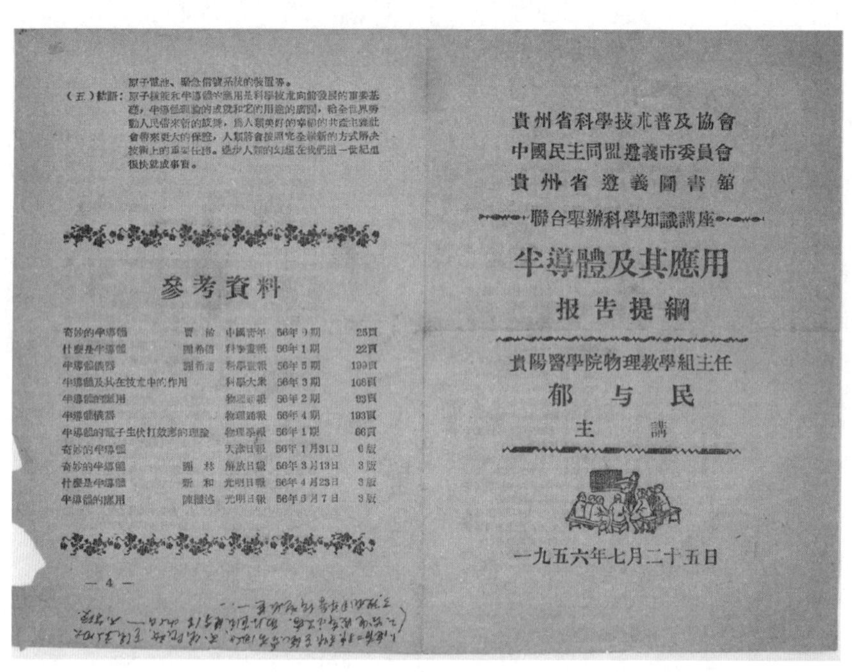

原子電池、聯合信號系統的裝置等。

（五）結語：原子核能和半導體的應用是科學技術向前發展的重要基礎，半導體理論的成就和它的用途的廣闊，給全世界勞動人民帶來新的鼓舞，為人類美好的幸福的共產主義社會帶來更大的保證，人類將會按照完全嶄新的方式解決技術上的重要任務。進步人類的幻想在我們這一世紀里很快就成事實。

參考資料

奇妙的半導體	賈 [illegible]	中國青年	56年9期	25頁
什麼是半導體	謝希德	科學畫報	56年1期	22頁
半導體儀器	謝希德	科學畫報	56年5期	199頁
半導體及其在技术中的作用		科學大衆	56年3期	108頁
半導體的應用		物理通報	56年2期	93頁
半導體儀器		物理通報	56年4期	193頁
半導體的電子生伏打效應的理論		物理學報	56年1期	66頁
奇妙的半導體		天津日報	56年1月31日	6版
奇妙的半導體	謝 林	解放日報	56年3月13日	3版
什麼是半導體	新 和	光明日報	56年4月23日	3版
半導體的應用	陳體遠	光明日報	56年3月7日	3版

— 4 —

貴州省科學技术普及協會
中國民主同盟遵義市委員會
貴州省遵義圖書舘
聯合舉辦科學知識講座

半導體及其應用
報告提綱

貴陽醫學院物理教學組主任
郁与民
主講

一九五六年七月二十五日

科学知識講座

講題：半導體及其应用

内容提纲

（一）引言 ㈠半導體的理論研究是近代物理學中最年青的部門。

㈡半導體的應用在科學技术上佔着很重要的地位。

（二）導體 絕緣體及半導體的概念

㈠導體：電荷能從物體的某一部分迅速傳到其他部份叫導體、它的電阻率約五萬分之一歐姆——厘米。如金屬、人體、地等。

㈡絕緣體：電荷僅能停留在物體的某一地方而不能傳到其他部份叫絕緣體，它的電阻率約達一百億兆歐姆——厘米。如玻璃、瓷、雲母、乾木等。

㈢半導體：電荷能從物體的某一部份迅速傳到其他部份，但電阻率隨溫度升高而迅速減小叫半導體，它的電阻率約達10億歐姆——厘米。如鍺、硒、氧化亞銅、鉍鉛合金等。

（三）從晶體的點陣結構來了解導體、絕緣體和半導體的區別

㈠原子構造：元素的最小單位叫原子，原子體積很小，在它的中心有一個帶正電的原子核，在核外有環繞核而運動且帶着負電的電子。每一個原子中每個電子具某些能量，按電子所具的量的大小，分成許多能級，以n表不同能級如n爲1表最低的能級第n能級的電子核，從理論上推得是$2n^2$個，離原子核最遠的電子叫价電子，它和元素的化學性和物理性有密切關系。

㈡晶體的點陣結構：在晶體里每個原子都和另外的原子互相束縛，它所在的位置稱爲結點；原子間按照一定的距離和位置構成晶體叫晶體的點陣結構。在晶體里原子核外電子具有一定範圍的能量這能量範圍叫能帶。

㈢導體的結構：在導體中，原子的价電子所在的能帶，只有部分充滿了電子，有一部分是空的，价電子可以自由運動，當這些電子向一個方向移動，就是導電性。

㈣絕緣體的結構：在絕緣體中，原子的价電子所在的能帶，充滿了電子，滿帶的電子是不自由的故不能導電。

㈤半導體的結構：在半導體中，原子的价電子所在能帶，也是充滿了電子，但是電子受熱激發后跳到空能帶中，使空能帶成爲電子不滿的能帶，電子在不滿的能帶就能導電。

㈥P型半導體和n型半導體：在半導體元素的矽，它是四价元素，在它的里面加上三价元素的硼，在結構上缺一電子叫做空穴，滿帶中的其他電子可以來填空穴，空穴轉移，稱空穴導電性，這種半導體稱爲P型半導體。在矽里加上五价元素的磷，在結構上剩一個价電子，它的能量高磷原子對它束縛力弱，它可以參加導電叫做電子導電性，這種半導體稱n型半導體。

（四）半導體的用途：由上述半導體奇異的特性，在科學技术上有着广闊的用途。

㈠整流器：將交流電變成直流電的裝置叫做整流器，氧化亞銅整流器中，氧化亞銅是P型半導體，它與銅在一起，電子僅能經銅流向氧化亞銅，而形成單向導電的作用，現在制造的鍺半導體整流器具有很多優點。

㈡無線電工程上的應用：半導體二極管和三極管的體積僅有黃豆大，二極管是用P—n型鍺半導體做成的。三極管是用P—n—P型或n—P—n型鍺半導體做成的，它的優點很多，能裝成收音機、擴音機′電子計算機、發射機等。

㈢半導體光電管：半導體具有光電效應，可以將光的能量轉變爲電能，在蘇聯用鍺或矽制成了變光能爲電能的光電管，在12×30公尺房間，用光電管蓋屋頂能發出40千瓦的電力。

㈣半導體的發光的應用：半導體受到光照射，放射性粒子或中子作用后可以發光。半導體所發出的光可爲熒光或爲磷光。半導體受紫外線或紅外線照射亦可發光，由于具有發光性質可做成陰極射線示波器，電視中的電視管。

㈤半導體發生溫差電的應用，由于半導體的電阻率隨溫度的改變而影響很大，可以制成溫差電偶發電機、制成溫差電偶溫度計。

㈥多種多樣的其他用途：

自動設備；安全裝置、自動計算器、半導體電氣冰箱、

中國民主同盟貴州省委会
貴州省科学技术普及协会
貴州省遵义圖　書　館

关于一九五六年七至十二月在遵义联合开展科学知識講座合同

一、在群众中进行科学知识的知識的宣传，乃是共产主义教育的重要方法之一。特别是在党呼提出向科学文化进军的今天，通过一般科学知识的宣传，协助党对群众进行辩证唯物主义思想教育，丰富普通科学知识，使广大群众能正确认识客观世界及其规律性，树立辩证唯物主义的世界观，并促使青年更加热爱科学、热爱知识；培养大家学习和钻研科学的兴趣。

二、此项讲座主要对象是遵义市区各机关干部、中小学校教师学生及厂矿职工（一般是具有初中文化水平者为主）的综合性的讲座。

三、根据遵义市目前情况拟定每月一至二次（每次二小时），半年内开展　　讲，拟定内容时间为：

七月 1. 半导体及其应用。

2. 巴甫洛夫学说介绍。

八月 1. 从猿到人。

2. 事物的相互关系及变化（事物的普遍联系和发展）。

九月、1. 原子能

2. 量变到质变（发展是从量变到质变的转化）。

十月 1. 怎样阅读古典文学作品（以红楼梦或水浒为主通过分析帮助对古典文学作品的阅读）。

2. 对立面的统一和斗争的规律。

十一月 1. 唯物辩证法的范畴。

2. 人类认识宇宙的过程。

十二月 1. 祖国伟大的科学成就。

（以上讲题系暂作确定内容范围，在进行中另拟题目）

四、讲座要求：

1. 讲演内容力求通俗浅显、简明扼要，从听众的生活实际出发，多介绍基本的科学知识，注意运用形象化的宣传工具，在进行上述宣传时，应尊重群众的宗教信仰自由，正面讲述科学知识。

2. 对主讲人要求在语言上能使一般听众听懂。

3. 每讲印发报告提纲，并附以有关读物介绍。

五、主办单位分工：

1. 聘请讲员、供讲稿和有关参考材料，供应讲演所用实物和工具，由民盟和科普负责（自然科学以科普为主，哲学、社会科学以民盟为主）。

2. 听众组织和思想动员工作，向讲员反映听众思想情况，疑难问题和学习要求以及协助布置[illegible]

义图书馆负责。民盟遵义市委会及科普遵义工作组协助。

六、经费来源：由三单位共同负责，为了单位会计报销的方便，讲座经费由各单位轮流负责一次讲座的全部用费（一般以社会科学、自然科学各一次为轮换单位）。

七、为了工作进行方便，各单位指定一个联系人，民盟以翁祖善，科普以黄文锜，遵义图书馆以张少彦为联系人。

八、本条例经各单位研究同意，从即日起有效。其具体细节在进行中联系解决。

九、本条例如有变动，经三单位同意，得随时修改。

单位签章：

公元一九五六年七月　一　日

貴州省遵義圖書館

公元一九五　年　月　日

發文(　　)　字第　　號　　　　共　　頁第　　頁

丽祉香同志：

上次王鑄青先生来遵讲座后，他们就一直等着你们，到现在已两月多了。曾和[illegible]說他去谈与你们联系，他几次回话都說你们没有回音。在上次你们说十月十五左右要来的一次也没有消息。这里许多[illegible]纷纷询问，热情很高。希望你们多加设法，如不能来了，与[illegible]联系，請他们来一趟如何。

关于师范学院要它来一次关于古典文学的讲座，请自和他们联系一下。

此致

敬礼

1956.11.8.

史料二 1957年民盟贵州省委在昆明参加桂滇黔三省（自治区）盟务工作会资料

1957年1月，民盟贵州省委参加由云南、广西、贵州三省（自治区）在昆明举办的盟务工作经验交流会。参加会议的共有80余人，其中贵州民盟有7人。

贵州省

姓名	性别	年龄	盟内职务	盟外职务
唐弘仁	男	38	贵州省委会付主委兼组织部部长	政协贵州省委会付秘书长
刘方岳	男	61	贵州省委会委员兼秘书处主任	
[illegible]	男	48	贵州省委会委员兼宣教委员会付主任	
[illegible]	男	51	贵州省委会委员兼组织部付部长	
刘[illegible]	女	30	贵州省委会宣教委员会秘书	
[illegible]	男	37	贵州省委会组织部秘书	
黄[illegible]	男	42	贵州农学院支部主任委员	贵州农学院教学[illegible]付主任
王焕斗	男	41	贵阳医学院支部主任委员	贵阳医学院教务长
王[illegible]安	男	32	贵阳医学院支部委员	贵阳医学院化学[illegible]
刘[illegible]文	男	45	贵州民族学院[illegible]	贵州民族学院艺术科艺术教研组主任
孙成章	男	37	贵阳师范学院支部[illegible]委员	贵阳师范学院[illegible]教研组

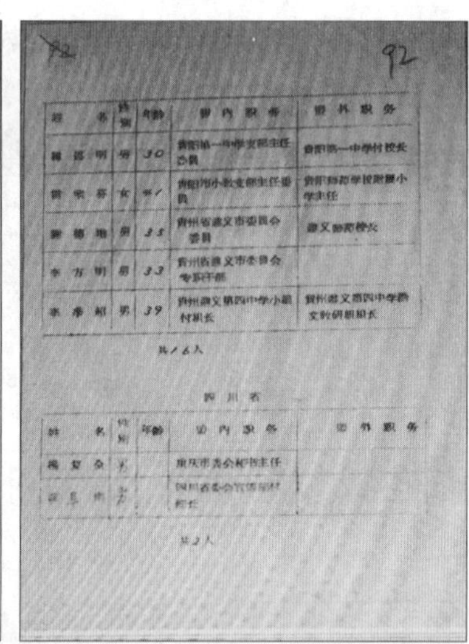

姓名	性别	年龄	盟内职务	盟外职务
[illegible]	男	30	贵阳第一中学支部主任委员	贵阳第一中学付校长
[illegible]	女	41	贵阳市小教支部主任委员	贵阳师范学院附属小学主任
[illegible]	男	[illegible]	贵州省遵义市委员会委员	遵义[illegible]校长
李方明	男	33	贵州省遵义市委员会专职干部	
[illegible]	男	39	贵州遵义第四中学小组付组长	贵州遵义第四中学[illegible]

共16人

四川省

姓名	性别	年龄	盟内职务	盟外职务
[illegible]	男		重庆市委会秘书主任	
[illegible]	男		四川省委会宣传部付部长	

共2人

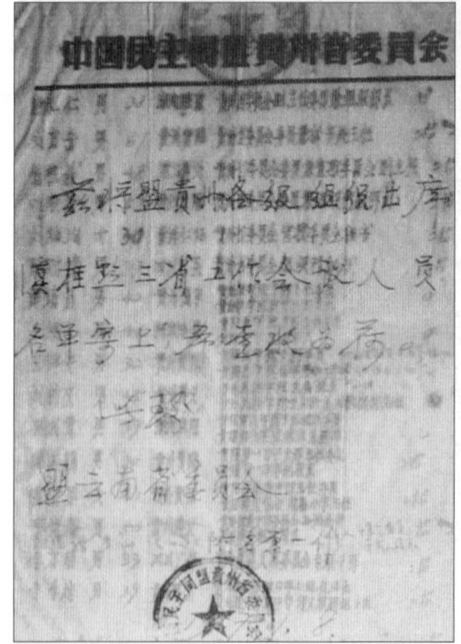

中国民主同盟贵州省委员会

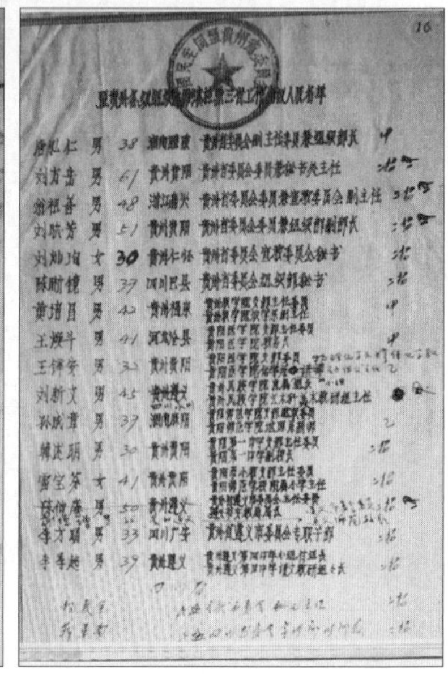

史料三 1958年参加社会主义竞赛资料

中国民主同盟第三次全国代表大会

内部刊物·注意保存·不得外傳

1958年12月5日　　第21号

中国民主同盟第三次全国代表大会秘书組編印

目　录

决 心 书

我們安徽代表团学习了毛主席論"帝国主义和一切反动派都是紙老虎"的偉大文献，听了周总理、陈毅副总理的报告和盟中央沈鈞儒副主席的工作报告。使我們进一步認識了我們祖国在偉大的共产党和毛主席的英明領导下，正在經历着"一天等于二十年"的偉大历史时期。我們的組织和成員，必須加速进行根本改造，才能跟得上时代。

为了更好地进行改造，在这次代表大会上，我們安徽代表团与江苏、江西、湖北代表团共同制訂了四省盟的兄弟組织开展社会主义改造友誼竞赛协議书。我們保証：在党和盟中央的領导下，鼓足干劲，力争上游，虛心向兄弟組织学习，在他們的督促和帮助下，为保証四省协議书的彻底实施而努力奋斗！

安徽代表团

12月4日

我們的保証

我們坚决拥护盟中央关于社会主义竞赛的倡議。並保証用实际行动貫彻这个倡議。

为了把这次大会的精神和盟的社会主义改造规划带回地方認眞貫彻执行，我們四川、云南、貴州的全体代表决定开展三省盟組织社会主义改造竞赛，並已經过共同討論，作出了竞赛协議书。

我們一致拥护这个协議，並愿为它的貫彻执行尽最大的努力。我們保証：爭取在今年內認眞傳达好大会的精神和决議，並在此基础上，抓紧制訂或修訂好組织和成員个人的改造规划，作出明年"四献"的规划。

貴州省代表团

12月4日

史料四 参加川滇黔三省盟务工作会资料

1959 年、1960 年、1963 年，民盟贵州省委都参加了在省外召开的四川、云南、贵州三省盟务工作经验交流会。

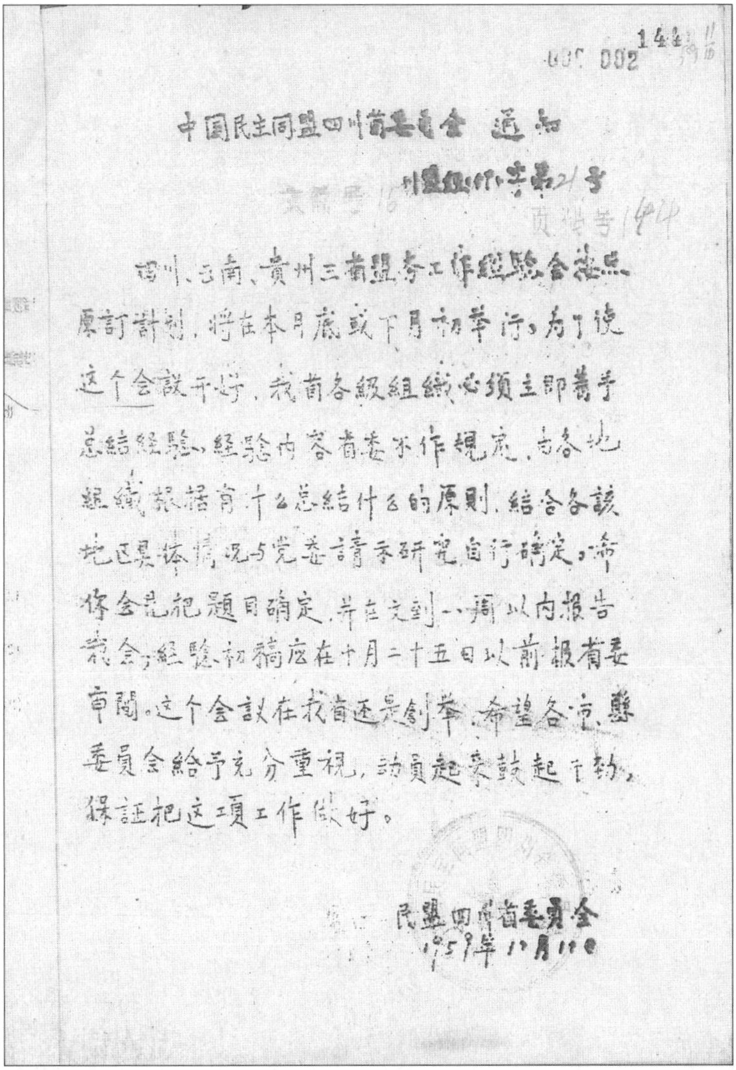

中国民主同盟四川省委员会 通知

川盟组(59)字第21号

四川、云南、贵州三省盟务工作经验会按照原订计划，将在本月底或下月初举行，为了使这个会议开好，我省各级组织必须立即着手总结经验，经验内容省委不作规定，由各地组织根据有什么总结什么的原则，结合各该地区具体情况与党委请示研究自行确定，希各会员把题目确定，并在文到一周以内报告省会；经验初稿应在十月二十五日以前报省委审阅。这个会议在我省还是创举，希望各市、县委员会给予充分重视，动员起来鼓起干劲，保证把这项工作做好。

民盟四川省委员会

1959年11月11日

【释文】

中国民主同盟四川省委员会通知

川盟组第21号

四川、云南、贵州三省盟务工作经验会按照原订计划，将在本月底或下月初举行。为了使这个会议开好，我省各级组织必须立即着手总结经验，经验内容省委不作规定，由各地组织根据有什么总结什么的原则，结合各该地区具体情况与党委请示研究自行确定。希你会先把题目确定，并在□到一周以内报告我会；经验初稿应在十月二十五日以前报省委审阅。这个会议在我省还是创举，希望各市、县委员会给予充分重视，动员起来，鼓起干劲，保证把这项工作做好。

民盟四川省委员会

1959年10月11日

145

146

通　知

四川、雲南、貴州三省盟务工作經驗交流会定於本月四日（星期五）報到，六日（星期日）上午九时在成都总府街大礼堂开幕，会期十天左右，特此通知，請即向你处党政領导請示，妥善安排工作，届时前往 席为荷；

此致

同志

附注意事項：

(1)开会地点：成都市总府街省人委大礼堂。

(2)伙食費每天壹元，公家补助一半，实收伍角。

(3)粮食标准：全天七两（十進位秤），早餐二两，午餐三两，晚餐二两。要搭伙食請事先登記，以便准备。

中国民主同盟四川省委員会　中国民主同盟四川省委員会成都市委員会

1960年5月3日

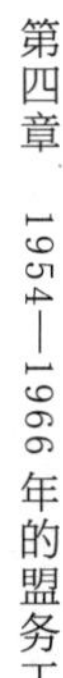

【释文】

通知

四川、云南、贵州三省盟务工作经验交流会定于本月四日（是期五）报到，六日（星期日）上午九时在成都总府街大礼堂开开幕，会期十天左右。特此通知，请即向你处党政领导请示，妥善安排工作，届时前往席为荷：

此致

同志

附注意事项：

（1）开会地点：成都市总府街省人委大礼堂。

（2）伙食费每天一元，公家补助一半，实收五角。

（3）粮食标准：全天七两（十进位秤）：早餐二两，午餐三两，晚餐二两。要搭伙食请事先登记，以便准备。

中国民主同盟四川省成都市委员会

1960年3月3日

关于筹备召开貴州、云南、四川三省盟务工作
經驗交流会的初步意見

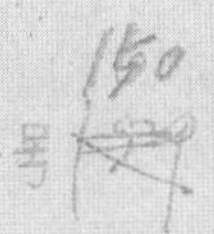

文件号21

貴州、云南、四川三省盟組織出席本盟三屆三中全会的同志，在会議期間，就筹备召开三省盟务工作經驗会的問題，交換了意見，同意作如下安排：

一、目的：貴州、云南、四川三省盟的組織，为了推动貫徹本盟三屆三中全会的精神和决議，結合当前中心任务，交流經驗，互相学习，共同提高，推动工作，进一步調动盟員为社会主义服务的积极性和自我改造的自覺性，决定举行三省盟务工作經驗交流会。

二、內容：交流經驗的內容，包括以下两个方面：組織方面，着重交流如何健全巩固組織，如何加强政治思想教育工作的經驗；个人方面，着重交流盟員个人在服务和改造中的經驗。

三、开会时間：为了适应各地总的情况，并根据盟的工作实际，会議暂定于一九六三年七月間召开，时間大約两个星期。

四、开会地点：确定在云南省昆明市。

五、参加人数：正式参加会的人員暂定为七十人至八十人，三省分配数額如下：貴州十五人至二十人，云南二十人至二十五人，四川二十五人至三十人。云南方面必要时得增加列席人員。

六、筹备工作：建議由三省盟省委秘书长，組成三省經驗交流会筹备工作組，代表三省盟的組織协商有关事項。并在今年六月間举行一次筹备工作会議，交换各省筹备情况，对經驗交流会的正式召开，进行具体的研究和安排。

会議召开时請盟中央負責同志出席指导。

一九六三年一月二十日

【释文】

关于筹备召开贵州、云南、四川三省盟务工作经验交流会的初步意见

贵州、云南、四川三省盟组织出席本盟三届三中全会的同志，在会议期间，就筹备召开三省盟务工作经验会的问题，交换了意见，同意作如下安排：

一、目的：贵州、云南、四川三省盟的组织，为了推动贯彻本盟三届三中全会的精神和决议，结合当前中心任务，交流经验，互相学习，共同提高，推动工作。进一步调动盟员为社会主义服务的积极性和自我改造的自觉性，决定举行三省盟务工作经验交流会。

二、内容：交流经验的内容，包括以下两个方面：组织方面，着重交流如何健全巩固祖织，如何加强政治思想教育工作的经验；个人方面，着重交流盟员个人在服务和改造中的经验。

三、开会时间：为了适应各地总的情况，并根据盟的工作实际，会议暂定于一九六三年七月间召开。时间大约两个星期。

四、开会地点：确定在云南省昆明市。

五、参加人数：正式参加会的人员暂定为七十人至八十人，三省分配数额如下：贵州十五人至二十人，云南二十人至二十五人，四川二十五人至三十人。云南方面必要时得增加列席人员。

六、筹备工作：建议由三盟省委秘书长，组成三省经验交流会筹备工作组，代表三省盟的组织协商有关事项，并在今年六月间举行一次筹备工作会议，交换各省筹备情况，对经验交流会的正式召开，进行具体的研究和安排。

会议召开时请盟中央负责同志出席指导。

一九六三年一月二十日

史料五 1961年召开神仙会资料

中国民主同盟贵州省委员会

1961年召开神仙会的总结

1961年9月25日

一、基本情况

根据盟中央1961年工作计划的安排和中共贵州省委统战部的指示，盟省委会在今年3月到7月召开了神仙会。这次神仙会是在1960年盟中央三届二中全会扩大会议传达总结的基础上召开的。通过召开神仙会要求与会成员进一步认清国内外大好形势，正确估计三年来社会主义建设的成绩。要求敞开思想，分析问题，提高认识，改造世界观，达到鼓午斗志，继续跃进的目的。这次神仙会采取的方式是分散与集中相结合的方式，各基层的主要活动，都是在各单位党委直接领导下进行的。有的基层组织同本单位兄弟党派的基层组织联合召开，统一编组，部分基层还邀请一部分素有联系的教师参加。贵阳市31个基层组织，共有23个基层召开了神仙会，其中有五个基层同九三学社的基层联合召开，有10个基层联系了群众。参加神仙会的盟员共227人，联系群众82人，总共309人。参加神仙会的盟员佔贵阳市的盟员百分之八十以上。联系的群众大学60人，中小学22人。小组会一般是每周两次，开会次数一般为15、16次，多的达38次；这次神仙会是在中共贵州省委会领导下召开的，省委各有关部门，均予以积极关怀与支持。省委统战部和各基层所在单位的党委，经常听取盟组织的汇报，指示工作，使神仙会顺利进展。在神仙会开会过程中，与会成员听了周林省长、省委苗书记关于当前形势报告的传达。省委农村工作部张部长，省商业厅苏厅长，省委统战部高部长，省委教育部刘部长，都给我们作了重

—1—

要报告。有些基层还听了各该单位负责同志关于农村情况的报告，这些报告，对于推动神仙会的进展，鼓午大家的情绪，提高大家的认识，帮助大家分析问题，均起了很大的作用。一部分成员，在会议过程中，还参观了农村人民公社。

这次神仙会大体上是分两个阶段进行的。第一阶段是敞的阶段，着重敞开思想，提出问题；第二阶段是议的阶段，则集中分析提高，解决问题。3、4两月都着重敞问题，5、6两月即转入议的阶段，7月份一般均开始座谈总结，有的基层，延展到8月中旬才结束。

这次神仙会的发展一般是健康的、正常的，参加神仙会的多数成员，精神是愉快的，情绪是饱满的。有的成员开始时不免还有些顾虑，但由于会议坚持了三自、三不原则和和风细雨的精神，所存在的一些顾虑都逐步得到消除，在会上做到有啥说啥，畅所欲言。有的组甚至到后期越谈越有劲，几乎欲罢不能，有不少盟所联系的群众，都希望神仙会继续开下去，并要求在转入经常化后，仍然参加。

二、主要收获

这一段的主要收获有三：

一、通过神仙会，使与会成员进一步认清了当前形势，特别是国内的大好形势，肯定了三年来的伟大成绩，也比较全面和深刻地分析了当前困难产生的原因，端正了对待困难的态度，提高了克服困难的信心。

神仙会初期，在会上敞问题比较集中于生活方面和对当前形势以及三年来成绩的估计方面。在生活方面，主要提出下列一些问题：经过三年大跃进，物资究竟是减少了还是增加了？人民的生活水平是降低了还是提高了？高级点心的价格为什么定得这么高？开放自由市场究竟起了

68

作用？社会上的盗窃现象为什么比前几年相对地增加了，等等。在年来大跃进和工作方面主要是提出下列一些问题：教学改革后，教量是提高了还是降低了？百花齐放、百家争鸣的方针，是为了促进的繁荣，发挥知识分子的作用，调动知识分子的积极性，是不是收这样的效果？技术革新、技术革命搞出来的先进项目的实际效果有浮夸现象？等等。这些问题的提出，实际是反映对三年大跃进成绩计问题，是反映对大搞群众运动的看法与估计问题，其实质也就是对多、快、好、省地建设社会主义总路线、对三面红旗的看法问题。

对于上述问题，通过共同讨论，共同分析，特别通过神仙会后期听委各部门负责同志的一些报告，澄清了不少模糊观点，获得比较正认识。多数人都认识到：由于连续两年的天灾，某些物资虽然供应，购买某些物品不及以前方便，副食品的供应虽然比以前也紧张一但碰到这样大的天灾，国家对于主要民生必需品，能够稳定价格不保证全国人民的定量供应，而且逐步得到好转，这是不容易的。认在国家遇到这些暂时困难的时候，党中央和各级党委做到了与人呼吸，共甘苦，并且千方百计地为克服当前的困难采取各种有效措满足全民的需要，对于城市人民，对于有些从事脑力劳动的知识分还有特殊照顾，这是历史上任何朝代所做不到，也是任何资本主义所做不到的。

对于大跃进中的群众运动，大跃进中的教育革命，技术革命和文化的估计，通过共同分析，共同讨论，也提高了认识。许多同志例举肯定了三面红旗的正确性。肯定了人民公社化运动和教育革命，革命，技术革命的巨大成绩。指出许多大型企业（包括星罗棋布的企业）水利工程，都是在1958年大跃进时出现或奠定基础的。

—3—

很多同志提到59、60两年天灾是巨大的，如果没有人民公社，没有57、58年大兴水利的群众运动，就抵抗不了这样大的灾害。有的同志说，全民大炼钢铁、大办工业，广大人民的精神思想面貌起了巨大深刻的变化，今天党一声号召，大家立即投入双抢、投入支援农业与天夺粮的战斗，这在大跃进以前是不可想象的。有的同志说，过去办学校、搞教学、科研，总是跳不出专家路线的框子，大跃进群众运动冲破了这个框子，青年教师、学生、技术员都起来了，破除迷信，解放思想，敢想敢说敢做的精神大大发扬，作出不少成绩，为我国文教科技事业打开了一条新的道路，这种变革是非常巨大的，影响是极其深远的。通过教育革命，教学改革运动，对于教育必需与劳动生产相结合的重要性，认识上有了显著的改变。由于在教育改革过程，炼钢炼铁过程中，亲自参加了一些劳动，养成了劳动习惯，初步培养了与劳动人民一起工作生产的思想感情，这是以前所不敢想象的。通过大家共同反复讨论，对群众运动的认识有了提高。认识到群众运动是一场革命，发动千千万万人民群众大搞革命运动，进行一项新兴事业，要完全不产生一点缺点与偏差，不产生任何副作用是不可能的。走群众路线，大搞群众运动是党的基本路线。群众运动强调发挥集体的智慧，但群众运动并没有否定个人的作用。群众运动中高度的革命性与高度的科学性是统一的。事实证明，个人只有与群众结合才能真正充分发挥作用。在讨论群众运动时，对于如何正确理解认识与实践的关系，进行了争辩。通过讨论，使许多同志对这一问题提高了认识。明确了：实践是检验真理的标准。认识来源于实践，认识是从实践开始的。但认识的全部过程包括感性阶段与理性阶段，认识的感性阶段必须发展于理性阶段，即：实践，认识，再实践，再认识，循环往复，才能完成全部认识运动，如果认为：只有感性认识有用、可靠，而理性认识是不重要的、不可靠的，这就必然陷入"经验论"的错误。在教学、科学研究大搞群众运动中提倡敢说，敢想，敢干，主张厚今薄古，冲破清规戒律，并不是否认科学，更不意味着只重实践，不重理论，而是使理论与实践二者密切结合，很好的统一起来。有的同志说：三年来，我们在各个战线上大搞群众运动，作出了巨大的成绩，创造了不少的经验，当前的任务是把这些从反复实践中所累积的认识与经验，认真地进行调查研究，认真地进行分析与总结，从理论上加以提高，然后再运用到实践中去，这样就可以使我们更能掌握社会发展规律，更能理解并掌握社会主义经济建设的客观规律，从而可以进一步推广群众运动，使教育事业，科学文化等各项事业向更高、更完满的方向发展。

对于当前困难产生的原因，是神仙会争辩较多的一个问题。

关于困难产生的原因，在神仙会召开前认识一般也相当分歧的，许多同志平时对天灾注意不够，对天灾的危害性认识不足。有的认为天灾是困难产生的原因但非主要原因。有的把五风与人祸混为一谈。认为："干部工作中的缺点和"五风"以及阶级敌人的报复与破坏，同样造成不良的后果，同为祸害，没有什么区别。"个别的人甚至认为：说天灾是困难产生的原因是一种"推脱之词"。通过讨论、分析和学习报告与文件，认识到把某些干部的五风与阶级敌人的破坏，笼统地称作人祸是错误的，人民内部矛盾与敌我矛盾要严格区分清楚，反动阶级虽然已经消灭，但残余分子和代表这个阶级的思想意识还是客观存在的，这是敌我问题。而干部由于缺乏经验和政策水平不高，在摸索前进中难免发生的某些缺点，这是内部问题，与前者性质是完全不同的。许多人并进一步认识到：估计工作中的成绩、缺点要分清主次，看问题首先要有阶级观点，随时运用阶级观点来分析问题，是十分重要的。有些人谈到过去

—5—

之所以认为天灾为主是"推脱之词"，一方面是由于对党的信赖不够，同时也由于过去习惯于张口吃饭，伸手要粮，不大关心天时对农业生产的影响，所以才产生这种错误的思想。现在自己动手生产粮食，才真正深切体会到："一粥一饭，当思来处不易"的涵义。通过讨论，进一步认识了"五风"产生的原因，并明确经过整风整社，干部的作风已经大大改变了。另外，通过这次神仙会，有不少同志也端正了对待困难的态度，逐步克服了过分消极悲观的情绪，增强了克服困难的信心。认识到：在当前的困难面前，一味旁观作客，采取指责埋怨的态度是不对的。应该响应省委"生产自救，节约渡荒"的号召，用实际行动，与党同心同德，共同来克服当前的困难。

二、合作共事关系。关于合作共事关系，是这次神仙会中反映较多的另一个问题，不少人向党和群众交了心，沟通了思想，提高了认识，自己的位置摆得正确一些了；也反映了一些工作和生活中的意见，有些问题及时得到解决，这两方面的收获，使工作关系有所调整，调动了工作上的积极因素。

关于合作共事关系反映得较多的是下面一些问题：有的人认为：自己还有一些能力，能为人民做出更多的事，但由于"有职有权"的问题没有很好解决，内心苦闷。有的人认为：自己是想靠拢党，为党效力的，但由于得不到党的充分信任，因而也就无法象一个党员一样充分发挥自己的作用。有的因为申请入党后，长期没有获得批准而心情不安。有的甚至因为上述问题没有获得解决，消极悲观失望！滋长着日暮黄昏的思想。

通过分析，认识到党对资产阶级分子和资产阶级知识分子包下来包到底的政策一直是很明确的。十二年来，党一直在千方百计地帮助我们

70

进行改造，政治上、工作上作了妥善安排，生活方面多方照顾，都是大家所身受的。十二年来在知识分子队伍中，有很多同志已光荣地参加了中国共产党，在各自的工作岗位上更多地贡献力量。入党是光荣的、也是严肃的，只要我们主观上努力，严格要求自己，积极服务，加强改造，一旦条件成熟，党是决不会拒绝我们入党的。在工作中，党和行政的关系也是明确的，即使关系出现不够协调，联系不够好的现象，只要开诚相见，沟通思想，也是容易解决的。不少同志感觉到自神仙会以来，从各方面反映的意见中，有的已经得到改进，有的也有了交代说明，可见党是经常在听取群众的意见，随时在改进工作的。在认识提高的基础上，有的同志检查了自己处理党政关系方面的一些问题，对自己负责的工作积极的抓了起来，这方面的消极思想有所克服。不少人都提到合作共事关系问题，对于我们来说，其实质是一个坚决接受党的领导问题。我们一方面要不断向党交心，向党反映各方面的意见，起桥梁和助手作用。但更重要的是反求诸己，经常反躬自问，自己是不是无条件地信赖党，是不是主动积极地靠拢党，是不是顶一头，一边倒，从实际行动坚决地跟党走，与党一条心。这才是问题的关键。

此外，关于青年教师与老年教师的关系，师生的关系等，在这次神仙会当中也反映了不少的问题和思想。通过后一阶段的分析，许多同志都认识到：这方面是存在着不少问题的，经常关心这些问题，向党反映这方面的问题和自己的看法，以便使这些问题不断得到解决是必要的，这样才有利于自己积极性的发挥。但这个问题来自两方面，所以就必须由双方共同努力来求得解决。从青年教师与青年学生来说，应该尊重老教师，虚心向有真才实学的老教师学习，重视老教师的作用。对老教师政治上、思想上和业务水平上的要求，都应该从实际出发并并应该讲究

—7—

方式方法，帮助老教师共同进步。从老教师本身来说，应该看到今天社会已起了翻天复地的变革，以现实主义的态度正视这种变革，认识“读书人”、旧知识分子在当前大变革中所处的地位。在神仙会分析阶段，有不少同志都提到：“青出于蓝，而胜于蓝”，这是事物发展的必然现象，而且从整个国家的事业发展与要求来看，这正是十分可喜的现象。我们老教师对于新生一代的迅速成长，应该抱积极的欢欣鼓午的态度。党从来就是重视知识分子作用的，而且肯定知识分子对社会主义建设中的作用。解放以来，党在培养大量青年知识分子的同时，不断地創造各种条件，加强对旧知识分子的改造，关怀旧知识分子工作上的安排与生活上的照顾，使老知识分子能更多地贡献出自己的力量。有不少同志都用最近个人的亲身经历说明党对老知识分子的关怀与重视。有的说，刘少奇主席在党的四十周年生日的讲话，提到知识分子在社会主义建设中作出了宝贵的贡献，给予自己很大的鼓午。

三、通过这一次神仙会的实践，对神仙会对改造思想的作用和党团结、教育、改造知识分子的方针政策有了进一步的认识，增强了自我改造和积极服务的信心与决心，这是神仙会的第三项收获。

开会之初，不少人对神仙会的理解是不全面、不正确的。有的人对于神仙会是否真正能贯彻“三不”原则，采取将信将疑的态度，怀疑“三自”“三不”里面另有“企图”。另外有些人认为：“神仙会既然自由自在，自由漫谈，不能解决什么问题，徒然浪费时间与精力。”在这次神仙会过程中，由于各级党委反复阐述和交代和风细雨的三自、三不的精神与政策，由于各个学习小组贯彻三自、三不原则，做得比较认真，许多不必要的怀疑与顾虑都逐步消除了。有的老师由于对神仙会缺乏正确的理解，开会之初，抱着“听听再说”、小心翼翼的态度，等到神仙

71

会逐步深入，顾虑逐步消除，于是争先恐后，积极发言，并且达到了畅所欲言，心情舒畅的境地。有的老师说："神仙会象正式会议又不同于正式会议，象随便聊天又不同于随便聊天，它没有一般会议的形式，但确能收到一般会议所收不到的效果。"有的说："神仙会中不点名，不戴帽子，不搞典型思想批判，但这种互相补充，互相分析的方式，你中有我，我中有你，不感到改造的压力，却能解决实际问题。确实是改造旧知识分子的一种良好方式。"有的老师夫妇二人都参加神仙会，甚至把神仙会的方式搬到家庭，把家庭中的思想纠纷，也运用神仙会解决，有的把家庭中没有议深议透的问题又搬到神仙会上来讨论。以上这些都充分说明神仙会的方式在旧知识分子改造工作中得到了进一步的推广。相信神仙会这一方式对个人改造的好处的人愈来愈多了。

通过几个月的实践，特别是通过听了惠部长的报告，认识到：神仙会是在一定历史条件下产生的，反右派斗争是知识分子改造的一个转折点，如果没有1957年的政治战线、思想战线上的反右派斗争，知识分子便不可能有今天大有进步的情况出现，开神仙会也就没有基础。通过分析，不少同志深切地体会到：神仙会是毛主席正确处理人民内部矛盾思想的具体化，是党贯彻对知识分子团结、教育、改造政策的具体体现。通过神仙会使大家更进一步体会到，党对于旧知识分子改造是耐心细致的，党对于发挥知识分子作用是重视与关怀的。又通过层层分析，认识到神仙会归根结底是阶级斗争的一种形式，和风细雨不是无风无雨，取消批评，而是在自觉改造的基础上，互相教育，共同提高的一种特殊方式。三自是集体的自，不是指自己一个人，鼓是揭露矛盾，提供情况；议是大家共同来分析，明辨是非，服从真理，不是要求改变客观世界来迁就主观愿望。

时，通过神仙会，许多同志对民主党派的作用，也有了进一步的

有些教师因参加神仙会而加深了对民主党派的认识，很多盟员同

到神仙会在党的领导下，团结和教育了联系的群众，帮助他们解决

问题，对自己的组织也有了新的看法。有的同志说，神仙会解决了

长期不能解决的问题，就是民主党派的作用问题。通过神仙会，对

何发挥民主党派的助手作用，如何进行思想工作，找到了新的思想

方法和门径。神仙会的收获说明，民主党派的组织能够在协助党团

教育、改造知识分子工作中，发挥一定的助手作用。

在神仙会过程中，大家谈出来不少问题和个人对这些问题的认识，

后一阶段的分析，使不少人都认识到知识分子在党的教育和形

影响下，政治立场和思想情况虽然有显著的变化。但在认清形势、

位置上面，确实还存在着不少问题，有不少同志都承认当形势发生

中，自己确实有新的动摇与反复，确实跟不上形势，并且进一步体

到，跟不上形势，摆不正个人与集体的位置，主要原因是世界观问题

有解决，因此，要过好社会主义这一关，必须从加紧改造世界观入手

三、神仙会取得成绩的原因和几点体会

这次神仙会取得较大成绩的主要原因有三：

一、党的领导。这次神仙会，是在中共贵州省委统战部直接领导下

开的，各单位的党委都亲自动手来加强领导工作。会前组织动员，反

交代政策，安排工作，充分保证了开会时间，经常听取盟组织负责同

汇报情况，指示工作，适时地组织座谈、报告，帮助总结收获。中共

州省委第一书记、省长周林同志，书记处书记、省政协主席苗春亭同

，对我们的神仙会给予很大的关怀，统战部惠世如部长经常听取各党

72

派员负责同志汇报，指示工作，亲自对全体成员作了几次报告。省委农村工作部张副部长、商业厅郭厅长、教育部刘部长，对与会成员作了重要的报告。这些都对神仙会起了推动作用。所以，党对神仙会的领导，关怀与支持，是这次神仙会收获很大最主要的原因。

二、坚持了三自、三不原则和贯彻了和风细雨的精神。参加神仙会的成员，对三自、三不原则，和风细雨精神，开始时并不是都理解得那么正确的，虽然反复交代了政策，仍然不免有各种怀疑和顾虑，有些组上也曾经出现过要求过高过急和过早分析问题和解决问题简单化的现象。凡是有这种情况的，神仙会就会出现紧张，效果就不好，等到纠正了又逐渐恢复活泼的气氛。经验证明：消除各种思想顾虑是不容易的。消除各种顾虑是一个思想斗争和认识逐步提高的过程。同时，简单急躁情绪在神仙会上也是随时会出现的，经过交代政策，便扣帽子的情况虽然很少出现，但无形的帽子，变相的棍子，还是不能尽免。由于各级党委对于贯彻三自、三不原则，一贯重视，盟内各次干部会议，反复交代了党的方针政策，克服了过高过急的情绪，同时，由于主持神仙会的同志和多数成员，对神仙会的认识与体会，逐步深入，使神仙会收到了较好的效果。通过神仙会，贯彻了三自、三不原则，很多同志还体会到改造的长期性和复杂性，思想工作的细致性和艰苦性。

三、坚决依靠和调动群众自我改造的积极性，是这次神仙会取得成绩另一重要原因。知识分子的自我改造，一方面依靠外力的帮助，另一方面依靠个人改造的自觉要求，外因与内因必须密切结合，互相运用。外因内因二者比较起来，个人自觉要求，更加重要。一个人对神仙会有没有兴趣与个人有没有改造决心，是密切相关的。这次神仙会一再注意克服过急过早分析、强调自觉、诱导群众自己分析问题，自己教育自己，

—11—

经验証明是十分重要的。神仙会后期有不少同志都反映：个人在神仙会中虽然敞出来的问题不多，对许多问题也没有积极参加议论，但对人家提出的问题，接触了个人的思想时，自己便记上了号码，进行自我斗争，自己对某些问题的是非曲直，也磨得更加尖锐，更加明确了。这样虽未使问题获得完全解决，但有了这个基础，便为今后个人经常检点，反躬自问，为个人改正错误，創造了好的条件。这次神仙会，党委为学习成员作了许多报告，对于提高大家的认识，起了重大的作用。但我们有些基层，没有停止在听取报告上面，在会议后期，认真组织学习成员讨论了这些报告，通过自我分析，共同讨论，不仅真正解决了一些思想问题，而且又反映出来一些新的意见，使思想更为敞开，使问题更加深入了。

此外，盟省委会在神仙会工作中，还有几点体会：

第一，神仙会的组织形式问题。开会前我们曾经设想由一部分人放下工作，集中在一个地点同时开会。经请示统战部最后决定：采取集中与分散相结合，而以分散于各基层以小组学习为主要方式。对于这个决定，有些同志开始是有些怀疑的。但是经过一段时间的实践，事实証明，分散在各个基层开的好处很多，第一：党委便于直接领导，便于结合单位中心工作，这次各单位对神仙会的安排与要求上，并不完全一致，但都在各自不同程度上，不同情况下，解决了一些实际问题，如关系问题、思想问题等等，如集中开，不可能结合得如此密切。第二：时间便于安排。在工作繁忙的情况下，时间的安排，对于神仙会开得好不好，是有很大的关系的。这次由于采取分散方式，减少了几十个单位找共同时间的困难。事实証明，神仙会不仅没有耽误业务工作，基本上只是佔用了政治学习和党团活动的时间，在时间上与单位中心工作配合得较好，没有影响业务，没有使参加会议的人，形成负担。第三：神仙会由于分散

24

73

在基层开，使各基层组织必须在各该单位党委的直接领导下，主动地考虑问题，研究工作，汇报思想，碰到困难，也主动地提出了解决的办法。通过这次神仙会，在盟内锻炼一批骨干，提高了基层的领导能力和政策水平。有的基层通过这次神仙会，组织生活更加活跃了，群众关系更加密切了，接受党的领导更加主动积极了，这也是分散开的优点。当然神仙会采用那一种方式，集中好还是分散好，要看具体条件和要求而定的，我们以为在当时的这一种条件和要求下，采用集中与分散相结合而以分散为主要的方式，是不失为一种较为有效的方式。

第二，关于敞和议的问题。开会前，盟省委会是不够明确的，通过逐步摸索，对敞和议也有些体会。敞是议的基础，敞是暴露矛盾，提供材料，议是分析问题，事实証明，过早的分析（就是议），对敞深敞透是有一定的妨碍的。有的成员习惯于讲一套，讲话力求全面深刻，发言时有检查批判，敞的阶段，连敞带议，实际上对别人敞问题起了阻碍作用。也有成员，习惯于分析别人的问题，听着人提出一个问题，就来分析，这样最容易引起其他成员的顾虑。分析也不容易深刻、正确和全面。有的组，一开始对这些情况未引起充分注意，就产生消极作用。后来及时提出纠正，敞的阶段，坚决以敞为主，防止过早分析问题，消除了顾虑，效果很好。我们认为：敞和议两个阶段要求不同，必须区分清楚，但不可能截然划分，敞中有议，议中有敞的现象必然要发生，问题在于各有阶段重点，开始时敞中有议但应以敞为主，等到转到议，则是议中有敞，则应以议为主。要做到：自由而不散漫，尊重与会成员的自觉而不放任自流，会才开得好，才不致失去掌握。有的基层，一开始就边敞边议，似乎也解决一些问题，但各谈各的，各自解决各自的问题，到议的阶段，便觉无可再议，这样就产生了不深不透的弊病。关于这方面意

—13—

见还未一致，有待于进一步研究。

第三，这次神仙会虽然开得很好，收获很大。但也存在着不少缺陷。主要的缺点是在敞和议的时间方面安排得不恰当，敞的时间长，敞的问题相当多，敞所涉及的面也很广，但许多问题都没有议深议透。许多负责同志的报告，特别后期关于统一战线政策，关于知识分子问题的报告，对于我们议深议透敞出来的问题，是有重大启发性的，但这些报告都没有深入地进行学习，这样使大家所提出的问题，解决得不深。使许多问题，停留在自己原有的水平上，没有提高一步。其次，从基层组织来说，虽然大多数的组织，都举行了神仙会，但从敞到议一直到进行总结，真正做到全始全终的不过三分之一，发展极不平衡。从盟省委会来说，抓了几个重点，但对一般的基层的领导、协助和督促、检查，都做得非常不够。又集中的活动嫌少一些，在方式的运用方面也不够灵活，没有从各个组织成员不同的职业，不同的岗位工作安排不同的中心内容，这些都是这次神仙会中的缺点，有待于今后克服的。

事实証明：神仙会是以毛泽东思想为指导，根据团结——批評——团结的原则，运用自己教育自己的群众路线的方法，知识分子自我改造的有效方法。这一方法不仅在学习理论、改造思想中可以进一步广泛运用，在研究和辩论学术问题中也同样可以采用。所以今后我们还要采取多种多样的方式，广泛运用神仙会这一方式，并不断总结这一方面的经验。

【释文】

中国民主同盟贵州省委员会1961年召开神仙会的总结

1961年9月5日

一、基本情况

根据盟中央1961年工作计划的安排和中共贵州省委统战部的指示，盟省委会在今年3月到7月召开了神仙会。这次神仙会是在1960年盟中央三届二中全会扩大会议传达总结的基础上召开的。通过召开神仙会要求与会成员进一步认清国内外大好形势，正确估计三年来社会主义建设的成绩。要求敞开思想，分析问题，提高认识，改造世界观，达到鼓舞斗志，继续跃进的目的。这次神仙会采取的是分散与集中相结合的方式，各基层的主要活动，都是在各单位党委直接领导下进行的。有的基层组织同本单位兄弟党派的基层组织联合召开，统一编组，部分基层还邀请一部分素有联系的教师参加。贵阳市31个基层组织，共有23个基层召开了神仙会，其中有5个基层同九三学社的基层联合召开，有10个基层联系了群众。参加神仙会的盟员共227人，联系群众82人，总共309人。参加神仙会的盟员占贵阳市的盟员百分之八十以上。联系的群众大学60人，中小学22人。小组会一般是每周2次，开会次数一般为十五六次。多的达38次。这次神仙会是在中共贵州省委会领导下召开的，省委各有关部门，均予以积极关怀与支持。省委统战部和各基层所在单位的党委，经常听取盟组织的汇报，指示工作，使神仙会顺利进展。在神仙会开会过程中，与会成员听了周林省长、省委苗书记关于当前形势报告的传达。省委农村工作部张□部长、省商业厅厅长、省委统战部惠部长、省委教育部刘部长，都给我们作了重要报告。有些基层还听了各该单位负责同志关于农村情况的报告。这些报告，对于推动神仙会的进展，鼓舞大家的情绪，提高大家的认识，帮助大家分析问题，均起了很大的作用。一部分成员，在会议过程中，还参观了农村人民公社。

这次神仙会大体上是分两个阶段进行的。第一阶段是敞的阶段，着重敞开思想，提出问题；第二阶段是议的阶段，则集中分析提高，解决问题。3、4两月都着重敞问题，5、6两月即转入议的阶段，7月份一般均开始座谈总结，有的基层，延展到8月中旬才结束。

这次神仙会的发展一般是健康的、正常的，参加神仙会的多数成员，精神是愉快的，情绪是饱满的。有的成员开始时不免还有些顾虑，但由于会议坚持了“三自、三不”原则和和风细雨的精神，所存在的一些顾虑都逐步得到清除，在会上做到有啥说啥，畅所欲言。有的组甚至到后期越谈越有劲，几乎欲罢不能，有不少盟所联系的群众，都希望神仙会继续开下去，并要求在转入经常化后，仍然参加。

二、主要收获

这一段的主要收获有三：

1.通过神仙会，使与会成员进一步认清了当前形势，特别是国内的大好形势，肯定了三年来的伟大成绩，也比较全面和深刻地分析了当前困难产生的原因，端正了对待困难的态度，提高了克服困难的信心。

神仙会初期，在会上敞问题此较集中于生活方面和对当前形势以及三年来成绩的估计方面。在生活方面，主要提出下列一些问题：经过三年“大跃进”，物资究竟是减少了还是增加了？人民的生活水平是降低了还是提高了？高级点心的价格为什么定得这么高？开放自由市场究竟起了什么作用？社会上的盗窃现象为什么比前几年相对地增加了？等等。在对三年来“大跃进”和工作方面主要是提出下列一些问题：教学改革后，教学质量是提高了还是降低了？“百花齐放”“百家争鸣”的方针，是为了促进文化的繁荣，发挥知识分子的作用，调动知识分子的积极性，是不是收到了这样的效果？技术革新、技术革命搞出来的先进项目的实际效果有没有浮夸现象？等等。这些问题的提出，实际是反映对三年“大跃进”成绩的估计问题，是反映对大搞群众运动的看法与估计问题，其实质也就是反映对多、快、好、省地建设社会主义总路线、对三面红旗的看法问题。

对于上述问题，通过共同讨论、共同分析，特别通过神仙会后期听取省委各部门负责同志的一些报告，澄清了不少模糊观点，获得比较正确的认识。多数人都认识到：由于连续两年的天灾，某些物资虽然供应不足，购买某些物品不及以前方便，副食品的供应虽然比以前也紧张一些，但碰到这样大的天灾，国家对于主要民生必需品，能够稳定价格不变，保证全国人民的定量供应，而且逐步得到好传，这是不容易的。认识到：在国家遇到这些暂时困难的时候，党中央和各级党委做到了与人民同呼吸、共甘苦，并且千方百计地为克服当前的困难采取各种有效措施来满足全民的需要，对于城市人民，对于有些从事脑力劳动的知识分子，还有特殊照顾，这是历史上任何朝代所做不到，也是任何资本主义国家所做不到的。

对于“大跃进”中的群众运动，“大跃进”中的教育革命、技术革命和文化革命的估计，通过共同分析、共同讨论，也提高了认识。许多同志例举事实，肯定了三面红旗的正确性，肯定了人民公社化运动和教育革命、文化革命、技术革命的巨大成绩，指出许多大型企业（包括星罗棋布的钢铁企业）、水利工程，都是在1958年“大跃进”时出现或奠定基础的。很多同志提到1959、1960两年天灾是巨大的，如果没有人民公社，没有1957、1958年大兴水利的群众运动，就抵抗不了这样大的灾害。有的同志说，全民大炼钢铁、大办工业，广大人民的精神思想面貌起了巨大深刻的变化。今天党一声号召，大家立即投入双抢、投入支援农业与天夺粮的战斗，这在“大跃进”以前是不可想象的。有的同志说，过去办学校、搞教学、科研，总是跳不出专家路线的框子，“大跃进”

群众运动冲破了这个框子，青年教师、学生、技术员都起来了，破除迷信，解放思想，敢想敢说敢做的精神大大发扬，做出不少成绩，为我国文教科技事业打开了一条新的道路，这种变革是非常巨大的，影响是极其深远的。通过教育革命、教学改革运动，对于教育必须与劳动生产相结合的重要性，认识上有了显著的改变。由于在教育改革过程、炼钢炼铁过程中，亲自参加了一些劳动，养成了劳动习惯，初步培养了与劳动人民一起工作、生产的思想感情，这是以前所不敢想象的。通过大家共同反复讨论，对群众运动的认识有了提高。认识到群众运动是一场革命，发动千千万万人民群众大搞革命运动，进行一项新兴事业，要完全不产生一点缺点与偏差，不产生任何副作用是不可能的。走群众路线，大搞群众运动是党的基本路线。群众运动强调发挥集体的智慧，但群众运动并没有否定个人的作用。群众运动中高度的革命性与高度的科学性是统一的。事实证明，个人只有与群众结合才能真正充分发挥作用。在讨论群众运动时，对于如何正确理解认识与实践的关系，进行了争辩。通过讨论，使许多同志对这一问题提高了认识。明确了：实践是检验真理的标准。认识来源于实践，认识是从实践开始的。但认识的全部过程包括感性阶段与理性阶段，认识的感性阶段必须发展于理性阶段，即实践，认识，再实践，再认识，循环往复，才能完成全部认识运动。如果认为只有感性认识有用、可靠，而理性认识是不重要的、不可靠的，这就必然陷入“经验论”的错误。在教学、科学研究大搞群众运动中提倡敢说、敢想、敢干，主张厚今薄古，冲破清规戒律，并不是否认科学，更不意味着只重实践，不重理论，而是使理论与实践二者密切结合，很好地统一起来。有的同志说：三年来，我们在各个战线上大搞群众运动，做出了巨大的成绩，创造了不少的经验，当前的任务是把这些从反复实践中所累积的认识与经验，认真地进行调查研究，认真地进行分析与总结，从理论上加以提高，然后再运用到实践中去，这样就可以使我们更能掌握社会发展规律，更能理解并掌握社会主义经济建设的客观规律，从而可以进一步推广群众运动，使教育事业、科学文化等各项事业向更高、更完满的方向发展。

对于当前困难产生的原因，是神仙会争辩较多的一个问题。

关于困难产生的原因，在神仙会召开前，认识一般也相当分歧的。许多同志平时对天灾注意不够，对天灾的危害性认识不足。有的认为天灾是困难产生的原因，但非主要原因。有的把“五风”与人祸混为一谈，认为：干部工作中的缺点和“五风”以及阶级敌人的报复与破坏，同样造成不良的后果，同为祸害，没有什么区别。个别的人甚至认为：说天灾是困难产生的原因是一种“推脱之词”。通过讨论、分析和学习报告与文件，认识到把某些干部的“五风”与阶级敌人的破坏，笼统地称作人祸是错误的，人民内部矛盾与敌我矛盾要严格区分清楚，反动阶级虽然已经消灭，但残余分子和代表这个阶级的思想意识还是客观存在的，这是敌我问题。而干部由于缺乏经验和政策水平不高，在摸索前进中难免发生的某些缺点，这是内部问题，与前者性质是完全不同的。许多人并进一步认识到：估计工作中的成绩、缺点要分清主次，看问题首先要有阶级观点，随时运用阶级观点来分析问题，是十分重要的。有些人谈到过去之所以认为天灾为主是“推脱之词”，一方面是由于对党的信赖不够，同时也由于过去习惯于张口吃饭，伸手要粮，不大关心天时对农业生产的影响，所以才产生这种错误的思想。现在自己动手生产粮食，才真正深切体会到“一粥一饭，当思来之不易”的含义。通过讨论，进一步认识了“五风”产生的原因，并明确经过整风整社，干部的作风已经大大改变了。另外，通过这次神仙会，有不少同志也端正了对待困难的态度，逐步克服了过分消极悲观的情绪，增强了克服困难的信心。认识到：在当前的困难面前，一味旁观作客，采取指责埋怨的态度是不对的。应该响应省委“生产自救，节约度荒”的号召，用实际行动，与党同心同德，共同来克服当前的困难。

2.合作共事关系。关于合作共事关系，是这次神仙会中反映较多的另一个问题，不少人向党和群众交了心，沟通了思想，提高了认识，自己的位置摆得正确一些了；也反映了一些工作和生活中的意见，有些问题及时得到解决。这两方面的收获，使工作关系有所调整，调动了工作上的积极因素。

关于合作共事关系反映得较多的是下面一些问题。有的人认为：自己还有一些能力，能为人民做出更多的事，但由于“有职有权”的问题没有很好解决，内心苦闷。有的人认为：自己是想靠拢党，为党效力的，但由于得不到党充分信任，因而也就无法像一个党员一样充分发挥自己的作用。有的因为申请入党后，长期没有获得批准而心情不安。有的甚至因为上述问题没有获得解决，消极、悲观、失望，滋长着日暮黄昏的思想。

通过分析，认识到党对资产阶级分子和资产阶级知识分子包下来、包到底的政策一直是很明确的。十二年来，党一直在千方百计地帮助我们进行改造，政治上、工作上做了妥善安排，生活方面多方照顾，都是大家所身受的。十二年来，在知识分子队伍中，有很多同志已光荣地参加了中国共产党，在各自的工作岗位上更多地贡献力量。入党是光荣的，也是严肃的，只要我们主观上努力，严格要求自己，积极服务，加强改造，一旦条件成熟，党是决不会拒绝我们入党的。在工作中，党和行政的关系也是明确的，即使关系出现不够协调、联系不够好的现象，只要开诚相见，沟通思想，也是容易解决的。不少同志感觉到自神仙会以来，从各方面反映的意见中，有的已经得到改进，有的也有了交代说明，可见党是经常在听取群众的意见，随时在改进工作的。在认识提高的基础上，有的同志检查了自己处理党政关系方面的一些问题，对自己负责的工作积极地抓了起来，这方面的消极思想有所克服。不少人都提到合作共事关系问题，对于我们来说，其实质是一个坚决接受党的领导问题。我们一方面要不断向党交心，向党反映各方面的意见，起桥梁和助手作用。但更重要的是反求诸己，经常反躬自问，自己是不是无条件地信赖党，是不是主动积极地靠拢党，是不是顾一头，一边倒，从实际行动坚决地跟党走，与党一条心。这才是问题的关键。

此外，关于青年教师与老年教师的关系、师生的关系等，在这次神仙会当中也反映了不少的问题和思想。通过后一阶段的分析，许多同志都认识到：这方面是存在着不少问题的，经常关心这些问题，向党反映这方面的问题和自己的想法，以便使这些问题不断得到解决是必要的，这样才有利于自己积极性的发挥。但这个问题来自两方面，所以就必须由双方共同努力来求得解决。从青年教师与青年学生来说，应该尊重老教师，虚心向有真才实学的老教师学习，重视老教师的作用。对老教师政治上、思想上和业务水平上的要求，都应该从实际出发，并应该讲究方式方法，帮助老教师共同进步。从老教师本身来说，应该看到今天社会已起了翻天覆地的变革，以现实主义的态度正视这种变革，认识“读书人”、旧知识分子在当前大变革中所处的地位。在神仙会分析阶段，有不少同志都提到“青出于蓝，而胜于蓝”，这是事物发展的必然现象，而且从整个国家的事业发展与要求来看，这正是十分可喜的现象。

我们老教师对于新生一代的迅速成长，应该抱积极的欢欣鼓舞的态度。党从来就是重视知识分子作用的，而且肯定知识分子在社会主义建设中的作用。解放以来，党在培养大量青年知识分子的同时，不断地创造各种条件，加强对旧知识分子的改造，关怀旧知识分子工作上的安排与生活上的照顾，使老知识分子能更多地贡献出自己的力量。有不少同志都用最近个人的亲身经历说明党对老知识分子的关怀与重视。有的说，刘少奇主席在党的四十周年生日的讲话，提到知识分子在社会主义建设中做出了宝贵的贡献，给予自己很大的鼓舞。

3. 通过这一次神仙会的实践，对神仙会对改造思想的作用和党团结、教育、改造知识分子的方针政策有了进一步的认识，增强了自我改造和积极服务的信心与决心，这是神仙会的第三项收获。

开会之初，不少人对神仙会的理解是不全面、不正确的。有的人对于神仙会是否真正能贯彻“三不”原则，采取将信将疑的态度，怀疑“三自”“三不”里面另有“企图”。另外，有多人认为：神仙会既然自由自在，自由漫谈，不能解决什么问题，徒然浪费时间与精力。在这次神仙会过程中，由于各级党委反复阐述和交代和风细雨和“三自、三不”的精神与政策，由于各个学习小组贯彻“三自、三不”原则，做得比较认真，许多不必要的怀疑与顾虑都逐步消除了。有的老师由于对神仙会缺乏正确的理解，开会之初，抱着“听听再说”、小心翼翼的态度，等到神仙会逐步深入，顾虑逐步消除，于是争先恐后，积极发言，并且达到了畅所欲言、心情舒畅的境地。有的老师说：“神仙会像正式会议，又不同于正式会议，像随便聊天，又不同于随便聊天，它没有一般会议的形式，但确能收到一般会议所收不到的效果。”有的说：“神仙会中不点名，不戴帽子，不搞典型思想批判，但这种互相补充、互相分析的方式，你中有我，我中有你，不感到改造的压力，却能解决实际问题，确实是改造旧知识分子的一种良好方式。”有的老师夫妇二人都参加神仙会，甚至把神仙会的方式搬到家庭，把家庭中的思想纠纷，也运用神仙会解决；有的把家庭中没有议深议透的问题又搬到神仙会上来讨论。以上这些都充分说明神仙会的方式在旧知识分子改造工作中得到了进一步的推广。相信神仙会这一方式对个人改造的好处的人愈来愈多了。通过几个月的实践，特别是通过听了惠部长的报告，认识到：神仙会是在一定历史件下产生的，反右派斗争是知识分子改造的一个转折点。如果没有 1957 年的政治战线、思想战线上的反右派斗争，知识分子便不可能有今天大有进步的情况出现，开神仙会也就没有基础。通过分析，不少同志深切地体会到：神仙会是毛主席正确处理人民内部矛盾思想的具体化，是党贯彻对知识分子团结、教育、改造政策的具体体现。通过神仙会使大家更进一步体会到，党对于旧知识分子改造是耐心细致地，党对于发挥知识分子作用是重视与关怀地。又通过层层分析，认识到神仙会归根结底是阶级斗争的一种形式，和风细雨不是无风无雨、取消批评，而是在自觉改造的基础上，互相教育、共同提高的一种特殊方式。三自是集体的自，不是指自己一个人；敞是揭露矛盾，提供情况；议是大家共同来分析，明辨是非，服从真理，不是要求改变客观世界来迁就主观愿望。

□时，通过神仙会，许多同志对民主党派的作用，也有了进一步的□□。有些教师因参加神仙会加深了对民主党派的认识，很多盟员同□神仙会在党的领导下，团结和教育了联系的群众，帮助他们解决问题，对自己的组织也有了新的看法。有的同志说，神仙会解决了长期不能解决的问题，就是民主党派的作用问题。通过神仙会，对如何发挥民主党派的助手作用、如何进行思想工作，找到了新的思想方法和门径。神仙会的收获说明，民主党派的组织能够在协助党团教育、改造知识分子工作中，发挥一定的助手作用。

在神仙会过程中，大家谈出来不少问题和个人对这些问题的认识，后一阶段的分析，使不少人都认识到知识分子在党的教育和形□影响下，政治立场和思想情况显然有显著的变化。但在认清形势、位置上面，确实还存在着不少问题，有不少同志都承认当形势发生□□中，自己确实有新的动摇与反复，确实跟不上形势，并且进一步体□□，跟不上形势，摆不正个人与集体的位置，主要原因是世界观问题没有解决，因此，要过好社会主义这一关，必须从加紧改造世界观入手。

三、神仙会取得成绩的原因和几点体会

这次神仙会取得较大成绩的主要原因有三：

1.党的领导。这次神仙会，是在中共贵州省委统战部直接领导下开的，各单位的党委都亲自动手来加强领导工作。会前组织动员，反复交代政策，安排工作，充分保证了开会时间。经常听取盟组织负责同志汇报情况，指示工作，适时地组织座谈、报告，帮助总结收获。中共贵州省委第一书记、省长周林同志，书记处书记、省政协主席苗春亭同志，对我们的神仙会给予很大的关怀，统战部惠世如部长经常听取各党派负责同志汇报、指示工作，亲自为全体成员作了几次报告。省委农村工做部张副部长、商业厅郭厅长、教育部刘部长，为与会成员作了重要的报告。这些都对神仙会起了推动作用。所以，党对神仙会的领导、关怀与支持，是这次神仙会收获很大最主要的原因。

2. 坚持了“三自、三不”原则和贯彻了和风细雨的精神。参加神仙会的成员，对“三自、三不”原则，和风细雨精神，开始时并不是都理解得那么正确的，虽然反复交代了政策，仍然不免有各种怀疑和顾虑，有些组上也曾经出现过要求过高过急和过早分析问题、解决问题简单化的现象。凡是有这种情况的，神仙会就会出现紧张，效果就不好，等到纠正了又逐渐恢复活泼的气氛。经验证明：消除各种思想顾虑是不容易的。消除各种顾虑是一个思想斗争和认识逐步提高的过程。同时，简单急躁情绪在神仙会上也是随时会出现的，经过交代政策，硬扣帽子的情况虽然很少出现，但无形的帽子、变相的棍子，还是不能尽免。由于各级党委对于贯彻“三自、三不”原则，一贯重视，盟内各次干部会议，反复交代了党的方针政策，克服了过高过急的情绪。同时，由于主持神仙会的同志和多数成员，对神仙会的认识与体会，逐步深入，使神仙会收到了较好的效果。通过神仙会，贯彻了“三自、三不”原则，很多同志还体会到改造的长期性和复杂性，思想工作的细致性和艰苦性。

3. 坚决依靠和调动群众自我改造的积极性，是这次神仙会取得成绩另一重要原因。知识分子的自我改造，一方面依靠外力的帮助，另一方面依靠个人改造的自觉要求，外因与内因必须密切结合，互相运用。外因、内因二者比较起来，个人自觉要求，更加重要。一个人对神仙会有没有兴趣与个人有没有改造决心，是密切相关的。这次神仙会一再注意克服过急过早分析，强调自发，诱导群众自己分析问题，自己教育自己，经验证明是十分重要的。神仙会后期有不少同志都反映：个人在神仙会中虽然敞出来的问题不多，对许多问题也没有积极参加议论，但对人家提出的问题，接触了个人的思想时，自己便记上了号码，进行自我斗争。自己对某些问题的是非曲直，也磨得更加尖锐、更加明确了。这样虽未使问题获得完全解决，但有了这个基础，便为今后个人经常检点、反躬自问，为个人改正错误，创造了好的条件。这次神仙会，党委为学习成员作了许多报告，对于提高大家的认识，起了重大的作用。但我们有些基层，没有停止在听取报告上面，在会议后期，认真组织学习成员讨论了这些报告。通过自我分析、共同讨论，不仅真正解决了一些思想问题，而且又反映出来一些新的意见，使思想更为敞开，使问题更加深入了。

此外，盟省委会在神仙会工作中，还有几点体会：

第一，神仙会的组织形式问题。开会前我们曾经设想由一部分人放下工作，集中在一个地点同时开会。经请示统战部最后决定：采取集中与分散相结合，而以分散于各基层以小组学习为主要方式。对于这个决定，有些同志开始是有些怀疑的。但是经过一段时间的实践，事实证明，分散在各个基层开的好处很多。首先，党委便于直接领导，便于结合单位中心工作，这次各单位对神仙会的安排与要求上，并不完全一致，但都在各自不同程度上、不同情况下，解决了一些实际问题，如关系问题、思想问题等等，如集中开，不可能结合得如此密切。其次，时间便于安排。在工作繁忙的情况下，时间的安排，对于神仙会开得好不好，是有很大的关系的。这次由于采取分散方式，减少了几十个单位找共同时间的困难。事实证明，神仙会不仅没有耽误业务工作，基本上只是占用了政治学习和党团活动的时间，在时间上与单位中心工作配合得较好，没有影响业务，没有使参加会议的人形成负担。最后，神仙会由于分散在基层开，使各基层组织必须在各该单位党委的直接领导下，主动地考虑问题、研究工作、汇报思想，碰到困难，也主动地提出了解决的办法。通过这次神仙会，在盟内锻炼一批骨干，提高了基层的领导能力和政策水平。有的基层通过这次神仙会，组织生活更加活跃了，群众关系更加密切了，接受党的领导更加主动积极了，这也是分散开的优点。当然神仙会采用哪一种方式，集中好还是分散好，要看具体条件和要求而定的。我们以为在当时的这一种条件和要求下，采用集中与分散相结合、而以分散为主要的方式，是不失为一种较为有效的方式。

第二，关于敞和议的问题。开会前，盟省委会是不够明确的，通过逐步摸索，对敞和议也有些体会。敞是议的基础，敞是暴露矛盾、提供材料，议是分析问题。事实证明，过早的分析（就是议），对敞深敞透是有一定的妨碍的。有的成员习惯于讲一套，讲话力求全面深刻，发言时有检查批判，敞的阶段，连敞带议，实际上对别人敞问题起了阻碍作用。也有成员，习惯于分析别人的问题，听旁人提出一个问题，就来分析，这样最容易引起其他成员的顾虑。分析也不容易深刻、正确和全面。有的组，一开始对这些情况未引起充分注意，就产生消极作用。后来及时提出纠正：敞的阶段，坚决以敞为主；防止过早分析问题，消除了顾虑，效果很好。我们认为：敞和议两个阶段要求不同，必须区分清楚，但不可能截然划分，敞中有议，议中有敞的现象必然要发生。问题在于各有阶段重点，开始时敞中有议但应以敞为主，等到转到议，则是议中有敞，则应以议为主。要做到：自由而不散漫，尊重与会成员的自觉而不放任自流，会才开得好，才不致失去掌握。有的基层，一开始就边敞边议，似乎也解决一些问题，但各谈各的，各自解决各自的问题，到议的阶段，便觉无可再议，这样就产生了不深不透的弊病。关于这方面意见还未一致，有待于进一步研究。

第三，这次神仙会虽然开得很好，收获很大，但也存在着不少缺陷。

主要的缺点是在敞和议的时间方面安排得不恰当，敞的时间长，敞的问题相当多，敞所涉及的面也很广，但许多问题都没有议深议透。许多负责同志的报告，特别后期关于统一战线政策、关于知识分子问题的报告，对于我们议深议透放出来的问题，是有重大启发性的，但这些报告都没有深入地进行学习，这样使大家所提出的问题，解决得不深。使许多问题，停留在自己原有的水平上，没有提高一步。其次，从基层组织来说，虽然大多数的组织，都举行了神仙会，但从敞到议，一直到进行总结，真正做到全始全终的不过三分之一，发展极不平衡。从盟省委会来说，抓了几个重点，但对一般的基层的领导、协助和督促、检查，都做得非常不够。又集中的活动嫌少一些，在方式的运用方面也不够灵活，没有从各个组织成员不同的职业、不同的岗位工作安排不同的中心内容，这些都是这次神仙会中的缺点，有待于今后克服的。

事实证明：神仙会是以毛泽东思想为指导，根据团结—批评—团结的原则，运用自己教育自己的群众路线的方法，知识分子自我改造的有效方法。这一方法不仅在学习理论、改造思想中可以进一步广泛运用，在研究和辩论学术问题中也同样可以采用，所以今后我们还要采取多种多样的方式，广泛运用神仙会这一方式，并不断总结这一方面的经验。

史料六 1962 年召开第一、二次盟务工作座谈会资料

中国民主同盟贵州省委员会

1962年召开第一次盟务工作座谈会计划

（一）范　围：

贵阳五个院校的支委、盟省委部分委员和全体专职干部、遵义市盟代表2—3人。总共人数为41人。

（二）目的要求：

通过会议要求达到：正确地估计一年来我省盟员及所联系的群众政治思想方面的进步情况，基层组织的工作中的成绩，总结和交流工作中的经验，以便切实改进盟的工作，进一步贯彻党的“长期共存、互相监督”方针。

（三）座谈的重点与内容：

鉴于1961年通过神仙会及九月以后在组织生活中继续贯彻神仙会的精神，对于目前知识分子思想动态的了解估计，已经初步交换了一些情况和意见，有的基层组织还比较认真地作了总结，因此这次座谈会拟把重点放在下列二个方面的问题的研究和讨论，即总结交流基层组织的工作经验和了解目前工作中所存在的主要问题，对如何进一步贯彻党的“长期共存、互相监督”政策方针方面的问题，进行学习、研究、讨论。在会议中拟着重了解并研究讨论以下两个问题：第一：盟的基层组织去年一年来进行了那些组织活动？发挥了些什么组织作用？要使组织生活过得有内容，能真正解决一些问题，发挥党的助手的作用应具备那些条件？有那些经验教训？第二：对于党的“长期共存、互相监督”的方针，目前有那些看法？应如何正确理解这一方针的重大意义？什么是合法利益？盟的组织应如何代表成员和

—1—

所联系的知识分子的合法利益？盟的组织如何进行向党和行政反映情况，提出建议，反映各方面的意见的工作？盟的组织可以起那些方面的助手作用，盟的组织能不能对党和行政进行监督？如何发挥一定的监督作用？

基于上述情况，我们要求各基层汇报工作时必须考虑到这次座谈会的目的要求，精简扼要地汇报自己的工作成绩和经验，提出问题，以便集中时间进行研究讨论。

〈四〉座谈会日程：

日期	上午	下午
二月十二日（星期一）	（8：30—9：00常委会） 9：00座谈会开始 贵阳师范学院、贵州农学院支部汇报工作。	贵阳医学院、贵州大学、贵州工学院支部汇报工作。 遵义市委会代表汇报工作。
二月十三日（星期二）	分组讨论	分组讨论
二月十四日（星期三）	分组讨论	大会讨论 小结

附：盟务工作座谈会出席同志名单

—2—

第一组　召集人：顾光中　周春元　李方明

顾光中　夏国佐　刘映芳　赵威云　杜化居　汤光培
杨世璇　周春元　张英骏　李方明　纪运卓　李道明
秘　书：李道明　小组讨论地点：一楼会客室

第二组　召集人：刘延良　王焕斗　范家兰

刘延良　王焕斗　冯　楠　翁祖善　杨荣勋　杜卓民
刘伍生　范家兰　肖荣圭　华宗炳　彭直锜　范永发
潘广智　陈晰璇　王铎安
秘　书：陈晰璇　小组讨论地点：一楼会议室

第三组　召集人：唐弘仁　黄培昌　赵伯愚

唐弘仁　蹇先艾　郭振中　毕昌兰　赵伯愚　曾昭毅
黄培昌　汪　汾　俞渭江　綦祥麟　刘方岳　黄以文
秘　书：黄以文　小组讨论地点：二楼小会议室

（工作员：游镜清　蒋正民）

中国民主同盟贵州省委员会

1962年召开第二次盟务工作座谈会计划

（一）范　围：

贵阳市中小学盟的基层组织负责同志每单位1—3人，盟省委专职人员，合计37人。

（二）目的要求：

通过座谈会要求达到：正确地估计一年来我市中小学盟员及所联系的群众政治思想方面的进步情况，基层组织的工作成绩，总结和交流工作中的经验，以便切实改进盟的工作，进一步贯彻党的"长期共存，互相监督"方针。

（三）座谈的重点与内容：

鉴于1961年通过神仙会及九月以后在组织生活中继续贯彻神仙会的精神，对于目前文教界知识分子思想动态的了解估计，已经初步交换了一些情况和意见，有的基层组织还比较认真地作了总结，因此这次座谈会拟把重点放在：正确地估计和肯定一年来盟基层组织取得的成绩，交流工作中的经验，研究1962年如何进一步做好盟的工作，发挥更好的作用。

基于上述要求，希望参加座谈会的同志，无论汇报工作或座谈发言，都围绕着这个中心。具体说就是：一年来盟的基层进行了那些组织活动（次数、内容），联系了多少群众，做了那些工作，是如何作的，有那些效果，取得那些工作经验，准备如何展开1962年的工作？对盟的工作有些什么看法？等等问题。

—1—

（四）座谈会时间安排：

1962年2月22日（星期四）一整天。

上午	8.30——10.00	贵阳一中、九中和小教云岩支部汇报工作。
	10.15——12.00	分组座谈
	12.20	集体午餐
下午	1.30——3.30	分组讨论
	3.45——5.15	传达惠部长的一个讲话
	5.15——5.30	座谈会结束

附：出席同志名单

编组名单

第一组　召集人：唐弘仁　韩逸明　刘延徽

程绍康　韩逸明　肖馥生　李常渊　张以勤　刘德澄

何　清　刘延徽　唐弘仁　潘广督　李道明

第二组　召集人：刘延良　雷宝芬　刘伯莘　孙毓秀

孙毓秀　徐运和　雷宝芬　董移平　刘伯莘　田滋德

李芳芬　胡淑芬　刘延良　翁祖善　黄以文　刘方岳

钟　岂

第三组　召集人：冯　楠　贾仁华　甘相连　许德琛

许德琛　简锡堂　贾仁华　刘使瑜　甘相连　柴祖泽

何言叔　陈胤康　冯　楠　刘映芳　纪运卓　陈晰谦

—2—

【释文】

中国民主同盟贵州省委员会
1962年召开第一次盟务工作座谈会计划

一、范围

贵阳五个院校的支委、盟省委部分委员和全体专职干部、遵义市代表2—3人。总共人数为41人。

二、目的要求

通过会议要求达到：正确地估计一年来我省盟员及所联系的群众政治思想方面的进步情况，基层组织的工作中的成绩，总结和交流工作中的经验，以便切实改进盟的工作，进一步贯彻党的“长期共存、相互监督”方针。

三、座谈的重点与内容

鉴于1961年通过神仙会及九月以后在组织生活中继续贯彻神仙会的精神，对于目前知识分子思想动态的了解估计，已经初步交换了一些情况和意见。有的基层组织还比较认真地作了总结，因此这次座谈会拟把重点放在下列两个方面的问题的研究和讨论，即总结交流基层组织的工作经验和了解目前工作中所存在的主要问题，对如何进一步贯彻党的“长期共存、互相监督”政策方针方面的问题，进行学习、研究、讨论。在会议中拟着重了解并研究讨论以下两个问题：第一，盟的基层组织去年一年来进行了哪些组织活动？发挥了些什么组织作用？要使组织生活过得有内容，能真正解决一些问题，发挥党的助手的作用应具备哪些条件？有哪些经验教训？第二，对于党的“长期共存、互相监督”的方针，目前有哪些看法？应如何正确理解这一方针的重大意义？什么是合法利益？盟的组织应如何代表成员和所联系的知识分子的合法利益？盟的组织如何进行向党和行政反映情况，提出建议，反映各方面的意见的工作？

盟的组织可以起哪些方面的助手作用，盟的组织能不能对党和行政进行监督？如何发挥一定的监督作用？

基于上述情况，我们要求各基层汇报工作时必须考虑到这次座谈会的目的要求，精简扼要地汇报自己的工作成绩和经验，提出问题，以便集中时间进行研究讨论。

四、座谈会日程

日期	上午	下午
二月十二日（星期一）	8:30—9:00 常委会 9:00 座谈会开始，贵阳师范学院、贵州农学院支部汇报工作	贵阳医学院、贵州大学、贵州工学院支部汇报工作。遵义市委会代表汇报工作
二月十三日（星期二）	分组讨论	分组讨论
二月十四日（星期三）	分组讨论	大会讨论、小结

附：盟务工作座谈会同志名单

第一组 召集人：顾光中 周春元 李方明

顾光中 夏国佐 刘映芳 赵咸云 杜化居 杨光培 杨世璇 周春元 张英骏 李方明 纪运卓 李道明

秘书： 李道明 小组讨论地点：一楼会客室

第二组 召集人：刘延良 王焕斗 范家兰

刘延良 王焕斗 冯楠 翁祖善 杨荣勋 杜卓民 刘伍生 范家兰 肖荣圭 华宗炳 彭直筠 范永发 潘广督 陈晰镜 王铎安

秘书： 陈晰镜 小组讨论地点：一楼会议室

第三组 召集人：唐弘仁 黄培昌 赵伯愚

唐弘仁 蹇先艾 郭振中 毕昌兰 赵伯愚 曾昭毅 黄培昌 汪汾 俞渭江 暴祥麟 刘方岳 黄以女

秘书： 黄以文 小组讨论地点：二楼小会议室

（工作员：游镜清 蒋正民）

中国民主同盟贵州省委员会
1962年召开第二次盟务工作座谈会计划

一、范围

贵阳市中小学盟的基层组织负责同志每单位1—3人，盟省委专职人员，合计37人。

二、目的要求

通过座谈会要求达到：正确地估计一年来我市中小学盟员及所联系的群众政治思想方面的进步情况，基层组织的工作成绩，总结和交流工作中的经验，以便切实改进盟的工作，进一步贯彻党的“长期共存、互相监督”方针。

三、座谈的重点与内容

鉴于1961年通过神仙会及九月以后在组织生活中继续贯彻神仙会的精神，对于目前文教界知识分子思想动态的了解估计，已经初步交换了一些情况和意见，有的基层组织还比较认真地作了总结，因此这次座谈会拟把重点放在：正确地估计和肯定一年来盟基层组织取得的成绩，交流工作中的经验，研究1962年如何进一步做好盟的工作，发挥更好的作用。

基于上述要求，希望参加座谈会的同志，无论汇报工作或座谈发言，都围绕着这个中心。具体说就是：一年来盟的基层进行了哪些组织活动（次数、内容），联系了多少群众，做了哪些工作，是如何做的，有哪些效果，取得哪些工作经验，准备如何展开1962年的工作，对盟的工作有些什么看法等等问题。

四、座谈会时间安排

1962 年 2 月 22 日（星期四）一整天。

上午	8:00—10:00	贵阳一中、九中和小教云岩支部汇报工作
	10:15—12:00	分组座谈
	12:20	集体午餐
下午	1:30—3:30	分组讨论
	3:45—5:15	传达惠部长的一个讲话
	5:15—5:30	座谈会结束

附：出席同志名单

编组名单

第一组召集人：唐弘仁 韩述明 刘延敏

程绍 韩述明 肖润生 李常润 张以勤 刘德澄 何清 刘延敏 唐弘仁 潘广督 李道明

第二组召集人：刘延良 雷宝芬 刘伯莘 孙毓秀

孙毓秀 涂运和 雷宝芬 董移平 刘伯莘 田滋穗 李若芬 胡淑芬 刘延良 翁祖善 黄以文 刘方岳 钟兰

第三组召集人：冯楠 贾仁华 甘相连 许德琛

许德琛 简锦堂 贾仁华 刘俊瑜 甘相连 柴祖泽 何言章 陈胤荪 冯楠 刘映芳 纪运卓 陈晰镜

史料七 1962年与川滇二省一起发起社会主义改造竞赛、社会主义改造活动资料

四川、云南、贵州三省盟组织

社会主义改造竞赛协议书

我们民盟第三次全国代表大会，是盟历史上的一个转折点，处在社会主义全面跃进的伟大时代，盟的工作应该在党的领导下，在总路线光辉照耀下，随着时代来个大跃进。为了认真贯彻大会所确定的盟的三大政治任务和社会主义改造规划，本着互相促进、互相学习、共同提高的精神，我们——四川、云南、贵州的代表，经过热烈讨论，一致订立协议，要以下几个方面和提出的保证措施开展三省盟内社会主义改造评比竞赛：

1.忠诚地全面地接受党的领导。盟的组织和成员必须在一切方面都坚决接受党的领导，基层组织尤应认真接受所在单位党组织的具体领导；必须积极学习、宣传和贯彻执行党的方针政策，当前尤其要学习贯彻教育为无产阶级政治服务，教育与生产劳动相结合的方针；主动向党请示汇报，经常向党交心；同一切违反党的利益和脱离党的领导的言行作坚决斗争。

2.积极参加劳动锻炼。响应盟员所在单位党和行政的号召，分别参加长期的下放劳动，短时期的定期劳动，平时的义务劳动，积极争取下工厂、下农村、下车间，与工人农民同吃、同住、同劳动，虚心向工农学习，通过劳动锻炼，克服轻视工农群众、轻视实践、轻视体力劳动的资产阶级观点；树立劳动观点、群众观点，培养劳动人民的思想感情，逐步与工农打成一片。

3.努力学习马克思列宁主义的理论和时事政策，尤其要努力学习马克思列宁主义与中国革命实践相结合的毛主席著作，在党的统一领导下，

（1）

盟内要继续掀起学习毛主席著作的热潮，首先应学好毛主席[illegible]和一切有关劳动和[illegible]的文献。在学习中要注意联系实际，端正思想，提高认识，改变立场。

要积极投入技术革命和文化革命，贡献知识技能，走群众路线，努力作出成绩，定期向党献礼。每年作好"四献"，特别要作好纪念国庆十周年的献礼，要求人人都上马，个个有贡献，在原有基础上，至少翻一番。

为了保证上述要求的实现，第一，必须认真作好这次大会的传达工作，要求通过传达使盟员：认清形势，明确任务，鼓足干劲，加速改造。特别要认真传达并贯彻执行周总理对我们的重要指示，使总理的指示和大会的决议成为推动我们工作的力量。出席这次大会的代表要充分作好传达准备工作，争取趁热打铁在本月内分区传达完毕。采取边传达、边讨论、边执行、边检查的方式，使大会的精神决议迅速得到贯彻。

第二，必须抓紧规划的制订、检查和评比。要求各级组织和成员根据全盟的社会主义改造规划，修订和制订组织和个人的改造规划，做到人人有规划，个个争上游。规划的制订要有长远的目标，也要有结合当前中心任务的具体安排。规划的执行情况要求[illegible]月月有检查，季季有评比，每年召开一次全省性的评比大会[illegible]检查评比，查思想、查干劲、查措施；比政治、比劳动、比学习、[illegible]。

第三，加强和改进领导工作。在各级组织中，[illegible]领导，是社会主义道路的[illegible]核心。[illegible]工作；加强[illegible]的领导，充分发挥[illegible]的集体领导作用。[illegible]应在分工负责的原则下担任一定的具体工作；[illegible]深入实际，[illegible]。

49

第四、做好地区的协作联系，组成三省社会主义改造竞赛机构，省与省間經常交流工作經驗及有关資料，各省召開专业会议互相派人参加，每年举行三省竞赛评比大会一次，做到互相推动学习。

我們希望以此协議，向其他地区兄弟組織作革命的竞赛！

四川代表團

云南代表團

貴州代表團

1958年12月4日

史料八 1962年在贵阳创办和平中学资料

三、民办中学

来源：贵州省志 教育志

贵州解放后，原有的私立中学先后由国家接办，1953年全部接办完毕，私立中学不复存在。1958年，在"两条腿走路"的口号下，全省曾一大批"民办中学"，其中有普通中学，也有农职业中学。这些学校实际上是由人民公社办的，不是真正的"民办"，后来改称为社办中学。

1961年—1962年对教育事业进行调整后，中等学校的招生计划减少较多，致使相当多的初中和高小毕业生不能升学。为解决这个问题，19 7月中共贵州省委批转省教育厅党组《关于进一步调整教育事业和精减教职工的方案》就曾提出动员和组织一些热心教育事业，在教育界有一定人士举办民办中学。1962年8月18日，省教育厅发了《关于民办中学的暂行规定》。与此同时，省、市人代会，省、市政协都曾多次开会动员办中学。在省政协召开的一次会议上，由当时的省政协副主席、教育厅厅长田君亮作动员报告，号召大家响应党的号召，积极办民办中学。原贵阳校长何锡周、贵阳十一中副校长李梦骅当场表态，愿意出来办民办中学。在这前后，贵阳市由副市长贺培真出面召开了一系列会议，云岩、南明城区分管文教的副区长也亲自抓这一工作，经过各方面的努力，很快就办起了10所民办中学。其中：属民主党派组织办的3所，教育界知名人士所，各界人士联合举办的1所，街道办事处组织办的5所。具体情况如下：

和平中学（完中），由民盟贵州省委主办。校务管理委员会（以下简称校管会）主任唐弘仁：（民盟省委副主任委员）、另设副校长主持日作。

合群中学（初中），由民革贵州省委主办。校管会主任李侠公（民革贵州省委主任委员、民政厅副厅长）、副主任柴晓莲（市政协副主席）光炎（基督教主教）。校长尹燮卿（民革云岩区支部负责人）。

富水中学（初中），由省、市工商联主办。校管会主任毛铁桥（省工商联主任、贵阳市副市长），主持日常工作的为教导主任。

何滨中学（完中）。校管会主任田君亮（省政协副主席、教育厅厅长），另设校长、副校长主持日常工作。

南明中学（初中），各界知名人士联合举办。校管会主任肖子友（教育界知名人士、省文史馆馆员），由教导主任主持日常工作。

瑞金中学（初中），由中山西路办事处主办。校管会主任刘友陶（市政协副秘书长），主持日常工作的为教导主任。

东山中学（初中），由中山东路办事处主办。校管会主任柴晓莲（市政协副主席），副主任黄耀初（退休教师、教育界知名人士）。副校长日常工作。

太慈中学（初中），由太慈桥办事处主办。实际主持工作的为教导主任。

雪涯中学（初中），由市府路办事处主办。1963年后因办学条件差，合并到太慈中学。

龙泉中学（初中），由延安中路办事处主办。1963年因办学条件差合并到合群中学。

据1962年10月统计，10所民办中学共有学生1817人，教职工94人，其中教师77人、职员16人、工友1人。94人中，从公办学校调去的31，会招聘的63人。

瑞金中学（初中），由中山西路办事处主办。校管会主任刘友陶（市政协副秘书长），主持日常工作的为教导主任。

东山中学（初中），由中山东路办事处主办。校管会主任柴晓莲（市政协副主席），副主任黄耀初（退休教师、教育界知名人士）。副校长主持日常工作。

太慈中学（初中），由太慈桥办事处主办。实际主持工作的为教导主任。

雪涯中学（初中），由市府路办事处主办。1963年后因办学条件差，合并到太慈中学。

龙泉中学（初中），由延安中路办事处主办。1963年因办学条件差合并到合群中学。

据1962年10月统计，10所民办中学共有学生1817人，教职工94人，其中教师77人、职员16人、工友1人。94人中，从公办学校调去的31人，社会招聘的63人。

民办中学实行"学生自招、经费自筹、教师市自聘"的原则，还提出"谁办学，谁领导，谁读书，谁出钱"的口号。根据这些原则，对办学中的一些具体问题采取以下办法解决：

1、办学经费，一是适当多收学杂费，每生每学期收学费6元，稍高于同级公办学校；二是私人捐款，如民办富水中学的办学经费是由工商联成员捐赠的；三是开展勤工俭学活动，有的组织学生到工厂劳动，工厂适当付给报酬，劳动报酬解决学生生活补助外，提取一部分作办学经费；四是教育行政部门补助。执行结果，富水中学完全不要国家补助，其他中学自筹经费可供日常开支，教师工资主要靠国家补助。但因民办中学教师工资较低，补助的经费按学生平均，达不到公办中学经费的百分之十，可以称得上少花钱，多办事。民办中学的课桌椅等设备，有的是公办学校换下的旧桌凳支援的，有的是用砖头木板自搭的简易桌凳。为了节约经费，学校一般都没有工人和专门的行政人员，行政事务工作和烧开水、打扫卫生等工作完全由教师分担，行政人员一般都上课。民办中学的教师们说，民办中学的经费来之不易，所以平时花每一分钱都很注意节约。

2、民办中学教师主要由学校自聘，聘请的手续是：由学校负责人提出，经校管会讨论通过，报市教育局备案，教育局协助进行审查。聘请的教师如果政治条件不合符规定，或业务水平过低，教育局可以不同意聘请。为了加强民办中学，教育厅曾推荐一些公办教师到民办中学作骨干。1962—1963学年度民办中学教师共有94人，其中教育部门调去的31人（有24人集中在河滨中学）。为了加强民办中学的政治思想工作，市教育局还从市属中学1963年的应届高中毕业生中挑选了10名学生干部，推荐到各民办中学担任共青团和少先队的干部。

民办中学教师的待遇，公办中学调去的，保持原待遇不变；社会上聘请的参照大中专毕业生分配后的工资待遇低一级，大学本科毕业的42元，本科肄业和专科毕业的36元，中专及高中毕业的29元；社会人士兼职的一般不领取报酬，只给退休教师而又全天坚持工作的适当发给交通费，每月最多15元。

3、民办中学的校舍主要有以下来源：一是利用国民经济调整中停办、下马的厂房、街道托儿所和医院；二是军队住过的旧营房；三堂、会场和教堂；有两所学校的校舍是省教育厅借给的。校舍的产权除向教育厅和单位借用的外，都属于房管部门，学校按月向房管部门房租。

4、民办中学的领导管理情况是：各校都成立有校务管理委员会，学校的重大问题，如教师聘请、经费开支、招生计划以及每学期的都要经过校务管理委员会研究，日常工作由校长主持，校长对校务管理委员会负责。校务管理委员会接受办学单位和教育局双重领导。办校全面领导；市教育局主要负责审批学校的招生计划，监督学校按照国家规定的教学计划进行教学，协助学校对应聘教师进行审查，对学校经费开支进行监督（国家补助经费部分的开支情况每月向教育局上报，作为教育局审批补助经费的依据）。

5、民办中学的招生在公办学校统一招生后进行。各校招生计划经市教育局审批后由各校单独招生，不划定统一的分数线，办得好的学校报名的学生多，分数线就相应提高，不录取的还可以再报考其他学校。这样，促进了学校之间的竞争，促使学校提高教学质量。许多学校还提出赶超公办学校的口号。尽管民办中学招收的都是公办学校招生落选的学生，但进入民办中学后进步很快。河滨中学曾毕业一届学生（其他中学因中途改制无毕业生），升学率超过一般普通中学。

1964年"四清"运动中，根据中共贵州省委和贵阳市委的指示，将8所民办中学改制为半工（农）半读的职业学校。改制工作从1964年暑假开始，1965年2月全部结束并签订协议。改制的结果：和平中学和富水中学交给市商业局改办为贵阳市商业职业学校；合群中学交给市建设局改办为贵阳市城建职业学校；南明中学交给省建工厅改办为省建工学校（原交给市建工局改为市建工职业学校，因市建工局改为省建工厅管，学校和原省建工学校合并）；东山中学交给贵阳针织厂改办为贵阳针织厂职业学校；太慈中学交给贵阳水泥厂改为贵阳水泥厂职业学校；瑞金中学交给贵阳化工原料厂改为贵阳化工：原料厂职业学校；河滨中学迁到郊区改为贵阳市农业技术学校，直接归市教育局领导。

1979年中共十一届三中全会以后，国家提倡社会力量办学，准许私人办学，省内又出现了一些私人举办的民办中学，据1987年统计，全省有私立普通中小学46所，在校学生4969人，教职工215人，其中专任教师207人。

附二：

1962年贵阳市创办的10所民办中学一览表

学校名称	主办单位（人）	校务管理委员会		校长		备注
		主任	副主任	正	副	
和平中学（完中）	民盟贵州省委	唐弘仁（民盟贵州省委副主委）	刘伯华（云岩区副区长）陈茂才（天主堂主教）	刘延良（民盟贵州省委秘书长原教育厅教研室副主任）	周杏村（退休教师，教育界知名人士）	
合群中学（初中）	民革贵州省委	李侠公（民革贵州省委主委，民政厅副厅长）	柴晓莲（市政协副主席）杜光炎（基督教主教）	尹燮卿（民革云岩区支部负责人）		
富水中学（初中）	省、市工商联联办	毛铁桥（省工商联主任，贵阳市副市长）	秦元珍（省市工商联副主任，省妇联副主任）孙绶之（民建贵阳市委副主任）	秦元珍（同前）	傅北萍（市工商联秘书长）	教导主任黄先锦（退休教师）主持日常工作。
河滨中学（完中）	教育界知名人士	田君亮（省政协副主席、省教育厅厅长）	何锡周（原五中校长、教育界知名人士）	李梦骅（原十一中校长、教育界知名人士）		
南明中学（初中）	各界知名人士联办	肖子有（省文史馆馆员，教育界知名人士）	梅润华（南明区人民代表）、莫季莹（省文史馆馆员，民革省委后辅委员，民革南明支部负责人）	莫季莹（同前）		
瑞金中学（初中）	中山西路办事处	刘友陶（市政协副秘书长）	高士光（退休教师，教育界知名人士）	高士光（同前）		教导主任王泽仁（知识青年）主持日常工作

学习與工作經歷（自小学畢業起） 邓宗岳

起止年月	地点	在何部門担任何职务（包括学習）	介紹人	离去原因	备註
1938年12月	贵阳	正谊小学毕业			
1939.3—1944.11.	〃	大夏中学毕业			
1944.11—1948.7.	〃	贵州大学法经系毕业			
1945.3—1947.7.	〃	大夏中学、永扬中学兼任教员	黄然恩 刘晴峰	聘任期满	
1946—1947	〃	贵阳力报编辑、记者	陈明仙	报社被国民党查封	
1948.10—1949.11.	〃	贵阳贵州日报编辑主任	冉隆勤	解放	
1949.3—1949.11.	〃	贵阳正谊中学兼任教员	陈寿轩	解放	
1949.11—1956.9.	〃	新黔日报编辑、城市组副组长、秘书组长		调职	
1956.10—1957.12.	〃	贵州人民出版社编辑		被错划为右派，受错误处理	
1957.12—1962.5.	清镇	中八农场劳动（先后当教员、后当统仓库保管员）		回原单位	
1962.5—1962.10.	贵阳	贵州人民出版社待分配		调职	
1962.10—1965.3.	〃	贵阳和平中学教师		学校撤销	
1965.5—1966.3.	〃	省交通厅公路四队临时工人	延中街道办事处	工程完毕	
1966.4—1966.6.	〃	省委统战部右派学习班学习	云岩区统战部	学习完毕	
1966.6—1971.10.	〃	在家			
1971.10—1973.10.	〃	被下放到乌当区新场公社营溪大队		城市收回	
1973.10—1974.3.	〃	在家			
1974.3—1974.7.	〃	花溪麦坪公社龚家寨学校中班教师	曾炯	聘任期满	
1974.9—1976.10.	〃	贵阳钢铁厂子弟中学代课教师	薛焕斌	落实政策	
1976.10—1979.3.	〃	贵州省政协干部		调职	
1979.4.至今	〃	贵州财经学院教师			

申請人	邓宗岳（簽名蓋章）	申請时間	1980年10月 日	申請地点	贵阳 市/縣
介紹人	1. 徐祖甲		2. 陈晰镜		

（本頁如不夠用可用白紙接寫黏附此處）

（3）

史料九 欢迎中国人民志愿军归国代表的书面谈话

我们以万分热忱欢迎抗美援朝中国人民志愿军的归国代表，同时就是对全体中国人民志愿军万分热爱的表现。由于我志愿军在朝鲜的接二连三的伟大胜利，证明中国人民是不可被战胜的，加强了胜利必属于世界和平阵营的信心，也打破了帝国主义者霸占亚洲、霸占世界的狂妄企图。因此，我们要彻底消除亲美、崇美、恐美的殖民地思想，坚定鄙美、仇美、摧毁帝国主义者的信心。我们号召全省盟员、各民主阶层学习我人民志愿军爱祖国的、忘我的精神，坚决支援抗美援朝到底，要热忱慰劳、热烈捐献，通过志愿军归国代表带到朝鲜前线去。更要加速贵州土地改革，肃清一切反革命分子，结合抗美援朝运动的总任务，增强抗美援朝的力量。

史料十 拥护和平解放西藏的书面谈话

西藏是中华人民共和国的一个重要构成部分，与中国是永远分不开的。这次中央人民政府和西藏地方政府关于和平解放西藏办法的协议，使西藏弟兄民族早日回到祖国大家庭来，同全国各民族一起，在平等、友爱、团结、互助中生活，这是中国共产党、人民领袖毛主席的民族政策的伟大成果，显示了全国各民族真诚友爱、空前的大团结。这是全国各民族值得庆祝和欢迎西藏民族回到祖国大家庭的一件喜事。同时，也要严正地警告美帝国主义者，台湾同西藏一样是和中国分不开的重要部分，台湾人民一样地定要回到祖国大家庭来；帝国主义者任何的挑拨、霸占、阴谋诡计，阻止不了台湾的解放。我们以最大的热情欢迎西藏同胞，并以最大的努力早日解放台湾，在伟大英明的领袖毛主席的旗帜下，共同为建设新中国而共同努力！

史料十一 拥护周恩来外长致苏联驻华大使的照会的声明

关于将来的对日和约，美国、英国、中国和苏联四国政府曾在一九四三年的《开罗宣言》、一九四五年的《波茨坦公告》和一九四五年的《雅尔塔协定》这些著名的国际文件中承担了明确的义务。

中、苏、美、英四国是第二次世界大战对日作战的主要国家。不遵守上述国际文件而意图将中华人民共和国、苏联及其他盟国排斥于对日和约的准备工作之外的任何行为与言论，都是破坏这些国际义务的。

反对日本军国主义的复活，帮助日本成为和平、民主与独立的国家，是世界爱好和平的国家与人民，尤其是我们中国人民所盼望的。因为在历史上，尤其是自1931年“九·一八”以来，中国受到日本帝国主义的不断侵略，广大的领土被侵占，被蹂躏的时间也最长，人民生命财产的牺牲与损失也最大。日本要不能彻底解除其军国主义的毒素，反而成为一个外力控制用来侵略的工具，将无法保障亚洲的和平，也不能保障世界的和平。这不仅我们中国人民坚决反对，全世界爱好和平的人民也绝不容许。

周恩来外交部长致苏联大使的照会，完全表达了我们中国人民一致的要求。我们坚决反对美帝国主义单独对日媾和的阴谋，我们坚决拥护全面对日和约的缔结。为了争取保障持久和平的苏联建议的早日实现，我们号召盟员和各民主阶层，以及一切爱国民主人士，一致团结起来，在毛泽东的旗帜下，站稳立场，结合当前的土地改革、抗美援朝及坚决镇压反革命三大任务，用实际行动，来争取公平合理对日和约的完成。

贵州民盟历史资料集成

（1946—1966）

下

中国民主同盟贵州省委员会◎编

贵　州　出　版　集　团
贵州人民出版社

第五章 贵州民盟代表性人物

第一，本章以临工会和第一、二、三届委员会中所列主任委员、副主任委员和常委为主要对象，以从档案、文史资料等相关典籍中查询到的记载为基础，以整理、叙述或者排比相关史料的不同形式，记录代表们的生平事迹。

第二，有些人物如杨伯瑜等，虽经多方查找，仍难以找到相关生平资料，故有缺失。

第三，以盟员加入民盟的时间及其主要活动事迹为依据，分为“中华人民共和国成立前的贵州民盟代表人物”和“中华人民共和国成立后的贵州民盟代表人物”二节。

第一节 中华人民共和国成立前的贵州民盟代表人物

一、双清

双清（1890—1970），男，汉族，贵阳人，字止澄，别号在山泉馆主，曾用名顾念慈，高中文化，出身工商业兼地主家庭，家庭住址为贵阳黔灵西路170号。曾任贵州第二区省视学、贵阳教育会会长、黔军总司令部驻粤军事代表、孙中山大总统府参议、国民革命军第一路总指挥部秘书长、福建漳龙财政处处长、浙江省政府委员兼秘书长、国民党政府交通部主任秘书参事、欧亚航空公司副董事长兼总经理，交通部民用航空委员会主任委员。

（一）主要履历

1917 年 任伪黔军总司令秘书长、黔军代表。

1919—1920 年 任广州孙中山大元帅府秘书、贵州省代表。

1923—1924 年 任北洋军阀段祺瑞政府邓伯喈秘书长的秘书。

1925—1926 年 任福建省漳龙财政处处长。

1927—1928 年 任浙江省政府秘书长。

1930—1933 年 任国民党政府交通部主任参事、法规委员会主任，任欧亚航空公司副董事长兼总经理，曾派赴欧洲与德国汉沙航空公司订立航空协定，参加欧亚航空公司赴柏林采购飞机、聘驾驶员和机械技术人员的事宜，发起泸蓉航空线，开办沪宁汉渝间民用、邮用航空班。

1934 年 与帮会头子邓占奎、付明轩等组织忠社。

1935 年 因反蒋被通缉。

1940 年 与赵自如组织大乘社。

1946 年 在重庆参加中国民主同盟。

1951 年 7 月 参加贵州省第一届各族各界政治协商会议，被选为委员、副主席。

1954 年 先后成为贵州省第一、二、三届省人民代表，贵州省人民政府委员。

1955 年 先后任第二、三届贵州省政协委员会副主席。

1962 年 先后任中国人民政治协商会议第三、四届全国委员会委员。民主同盟第二、三届中央委员会委员，民盟贵州省委会第一、二、三届省委主任委员。

“文化大革命”期间，由于林彪“四人帮”极“左”路线的残酷迫害，被打成重伤，1970年12月17日在贵阳病故，享年80岁。

1979年正式平反，恢复名誉。1979年5月20日（星期四）下午3时在省政协礼堂举行了双清先生追悼会。

（二）家庭人员

父亲燕甫，生于1850年左右。因家贫无以为生，遂只身来到贵阳，投奔亲友，先充店员，不久设立“永昌布店”，经营土产、布匹。到19世纪末，燕甫已成为贵州“江西帮”中之首富，有子女各二，双清排行第二。双清妻子为张云涵，家庭出身为官僚，于1947年病故。长子双茹危，次子双楫，女儿双守仁，长孙双寅兴，次孙女双佛同。

史料一　双清的盟员登记表

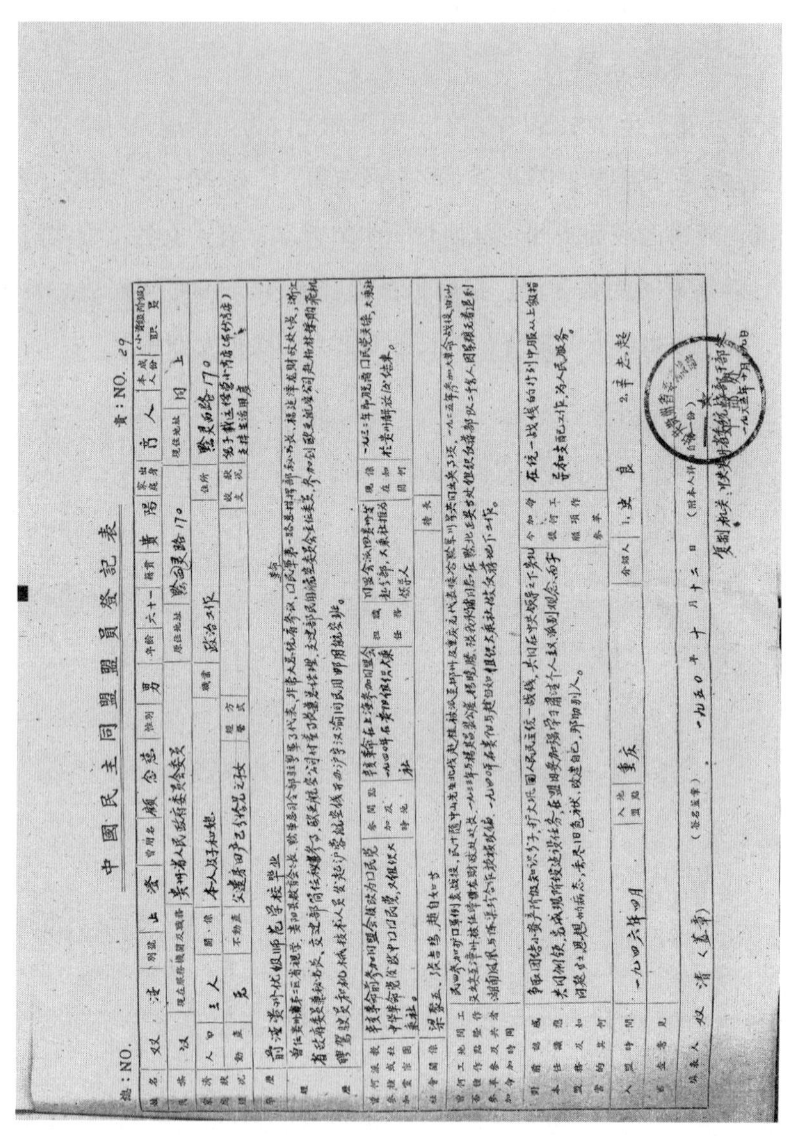

中國民主同盟盟員登記表

總：NO.　　貴：NO. 29

- 姓名：双清；別號：上澄；曾用名：顧念慈；性別：男；年齡：六十一；籍貫：貴陽；家庭出身：市人；本人成份：（小資級階級）职员
- 民族：汉；現在服務機關及職務：贵州省人民政府委员会委员；原住地址：黔灵西路170；現住地址：同上
- 家庭經濟狀況：人口：三人；關係：本人及子和媳；職業：政治工作；住所：黔灵西路170；動產：无；不動產：父遗房田产已分给兄之子女；經營方式：；收支狀況：儿子载廷经营小书店（开约书店）支持生活用度
- 學歷：前清贵州优级师范学校毕业
- 經歷：曾任贵州都督府二区省视学、贵阳县教育会会长、黔军总司令部驻粤军司代表、非常大总统府参议、国民军第一路总指挥部秘书长、福建漳龙财政处处长、浙江省政府委员兼秘书长、交通部简任秘书参事、欧亚航空公司付董事长兼总经理、交通部民用航空委员会主任委员、参加创欧亚航空公司赴柏林采购飞机聘驾驶员和机械技术人员发起沪蓉航空线开办沪宁汉渝间民用邮用航空班。
- 曾参加何種黨派宗教或社團：辛亥革命前参加同盟会後改为国民党中华革命党後改中国国民党，又组织大东社。
- 參加地點及時間：辛亥革命在上海参加同盟会，一九四〇年在贵阳组织大东社
- 擔任職務：同盟会派回贵州发起分部，大东社推为领导人
- 現在如何關係：一九三二年即脱离国民党关係，大东社於贵州解放後结束。
- 社會關係：梁聚五、张晋鸣、赵自如等
- 特長：
- 曾否參加何種革命工作及其地點時間證明人：民四参加护国军倒袁战役，民十随中山先生北伐赴桂被派至柳州及重庆为代表接洽黔军川军共同出兵事项，一九二五年参加大革命战役由汕头出兵至漳州被任漳龙财政处处长，一九三二年与杨其昌、裴公彦、杨晓腾、张我永诸同志在黔北正安等处组织农苏部队二千余人，因呆粮无着退到湖南凤凰与陈渠珍合作被被改编，一九四〇年在贵阳与赵自如组织大东社做反蒋地下工作。
- 對本盟任務的認識及如何盡其責：争取团结小资产阶级知识分子，扩大巩固人民民主统一战线，共同在中共领导之下实现共同纲领，完成现阶段建设任务，在盟目要加强学习肃清个人主义派别观念、面子问题等思想的病态，丢尽旧包袱，改造自己，帮助别人。
- 今後願參加何項工作：在统一战线的行列中服从上级指导和支配工作，为人民服务。
- 入盟時間：一九四六年四月；入盟地點：重庆；介紹人：1. 史良　2. 辛志超
- 審查意見：
- 填表人：双清（盖章）（签名盖章）　一九五〇年十月十二日　（附本人详细自传一份）

复制机关：中共贵州省委统战部干部处　一九六五年十月九日

（编者按：此表填写于1950年10月12日。）

史料二 双清去世后，同事为其手写的生平简介

双清历史简介

双清，又名双止澄，贵阳人。1890年生，1970年死。

(一) △1919到1920年，年29岁，曾任广州大元帅府贵州省代表。

△1923到1924年，曾担任北洋段祺瑞政府邓伯增秘书长的秘书。

△1925到1926（35岁）曾任福建省漳州财政处处长，兼业税款二项。

△：1927—1928年曾任浙江省政府秘书长（省长係何应钦）。

△：1930—1933年任国民党政府交通部■主任参事。当时部长为贵州王伯群，李仲公为付部长。

△：这一时期，双又任欧亚航空公司经理。赴德国筹划扩大中德航空事业。其子、双荔生、双撰同行。双撰入布朗斯堡警官学校，先后学习三年。双荔生考去入西门子工厂实习，后入柏林高等工业学校。

(二) 1933年双清在四川刘湘行辕办公厅工作。王伯群的妻子利用王伯群的关系，贩卖鸦片。事发，王妻被捕。双清亦受到牵连，被通缉。1935→1937双赴湘西绥靖处工作，不久赴京，住其子双撰处。1947年才返回贵阳。

△、双清这一时期，因受蒋介石迫害，逐步认识到国民党的腐败。1947年下半年，在重庆参加民主同盟。1949参加民盟中央四中全会。

△：1949.4，国内形势发生巨大变化。双清的女儿随其夫杨伴(?)去台湾。双清留北京。其夫经印度、香港，劝说双清，动员其女婿起义，归向我政府。在途中遇到，活动失败，双清与双撰，先后返回贵阳。不久，双撰被捕。

(三)、双清在解放初期，受人民政府重视。先后当选为省政协委员、贵州省文史馆付馆长。后不久，又任全国政协第四届委员，任民盟中央委员、民盟贵州省委主委。还担任省政协其他重要职务。文化大革命受到很大冲击。1970年去世。

（编者按：此件现存民盟贵州省委。）

史料三 双清之简历

双清简历

双清，又名双止澄，贵阳人。1890.9.10日（农历）生。1917年任黔军司令部秘书。1921至1923年在广州任孙中山大元帅府秘书，贵州省代表。1924至1926，任段祺瑞执政时期，国务院秘书长邓伯喈秘书。1927至1930先后任福建省漳州财务处长、浙江省政府秘书长、省政府委员。1930年至1933年任当时国民政府交通部任主任秘书，法规委员会主任，曾奉派赴欧洲与德国汉莎航空公司订立航空协定，任中国欧亚航空公司董事长、经理。1935年因反蒋被通缉。1946.4月在四川重庆经史良、辛志超介绍，参加中国民主同盟。

建国后，1951年7月贵州省第一届各族各界政治协商会议，被选为委员、副主席。1954年　　及贵州省人民政府委员。1955年后被选为政协贵州省第一届委员会副主席。1962年后先后任中国人民第二、三政治协商会议第三届、第四届全国委员会委员。民主同盟第二、第三届中央委员会委员，民盟贵州省委会第一、第二、第三届省委主任委员。文化大革命期间曾受到迫害。1979年正式平反，恢复名誉。1970.10.14病故，享年80岁。

（先后任贵州省第一、第二届省人民代表）

原稿纸20×20=400　第　页

史料四　1961 年贵州省委统战部干部处要求填写的双清的干部登记表

姓名	現名	双清	性别	男	出生年月	1890年
	曾用名	双上澄	家庭出身	工商业兼地主	本人成分	旧官吏
籍貫		贵州省贵阳市　村	民族	汉		
原有文化程度		高中	現有文化程度	高中	工資級別	行政九
身体健康状况		年老体弱多病（患脑神经半边麻痹症）				
何时何地何人介紹入团、入党、何时轉正						
何时何地怎样参加工作		一九五〇年参加工作。				
爱人情况	姓名	张云涵	出生年月		政治面貌	
	家庭出身	官府	本人成分		文化程度	
	現在部門职务	已死（一九四七年病故）			工資級別	
土改前后家庭經济情况		解放后靠工资收入维持生活。				

家庭主要成員的姓名、职业和政治态度	長子双茹危右派分子，留用察看。次子双 瑨軍统特务，已判刑劳改。女儿双守仁逃往台湾。長孙双良兴，共青团员，在[illegible]厂工作。次孙女双伟闵共青团员，在工学院读书。
国内外主要社会关系，他們的政治态度和职业，过去和現在的关系如何	
家庭成員和主要社会关系中有无被杀、关、管、斗的，与本人的关系如何	長子双茹危是右派分子，留用察看。次子双 瑨系高级軍统特务骨干分子，曾杀害我地下工作人员和进步人士，现判刑劳改。
何时何地参加过何种民主党派和进步团体，現在是否民主党派成員，担任何种工作	一九四六在重庆加入民盟，現任民盟三届中央委员、民盟贵州省委员会主委。 辛亥革命参加同盟会
何时何地参加过何种反动党团、道会門及其他反动組織，担任过何职，有何活动	一九二五年参加[illegible]帮。一九三四年与帮会头子鄧占奎、傅鹏轩等组织忠社、一九四〇年与赵自如组织大乘社。

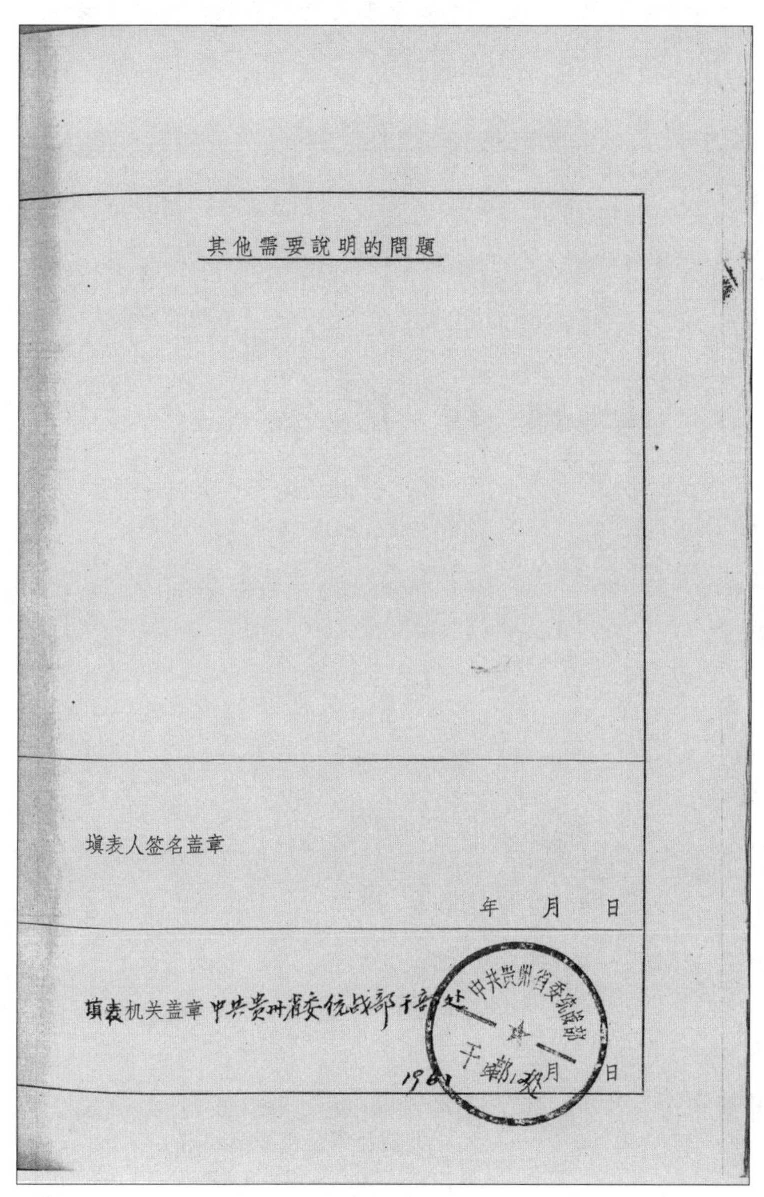

其他需要說明的問題

填表人签名盖章

年　月　日

填表机关盖章　中共贵州省委统战部干部处

1961　月　日

中共贵州省委统战部 干部处

（编者按：以上 3 页为 1961 年贵州省委统战部干部处要求填写的干部登记表，上面关于家庭成员的信息是现存双清资料中比较少见的。资料现藏民盟贵州省委。）

史料五 1963 年贵州省委组织部要求填写的双清的干部履历表

干部履历表

单位 政协贵州省委

职务 副主席

姓名 双清

中共中央組織部制
中共貴州省委組織部翻印
1963年

参加革命前后履历

年　月至　年　月	在何地区何部門	任何职	証明
1917年	伪黔军总司令	秘书长 黔军代表	
1921年	北洋軍阀政府教育部 段祺瑞政府	秘书 国务院秘书	
1926年	伪福建财政厅	厅长	
1927年	伪浙江省政府	委员兼秘书长	
1928年	伪中央交通部	参司	
1929年——1931年	在上海任欧亚航空公司	总经理	
1932年	伪贵州建设厅	厅长(未到职)	
1934年——1946年	由湘西黔间居		
1946年	加入民盟	负责贵州民盟负责筹工作	
1950年至现在	历任贵州省人民委员会	委员	
	省一、二、三届人民代表大会	代表	
	政协贵州省第二三届委员会	付主席	
	民盟贵州省委员会	主委	
	民盟中央委员会	委员	
一九五九年至现在	第三、四届全国政协委员会	委员	

（编者按：此文件现藏民盟贵州省委。）

史料六 1979年恢复政策后，组织上为双清开追悼会的相关资料

讣　告

原政协贵州省委员会副主席、政协全国委员会委员、民盟贵州省委员会主任委员双　清先生，在文化大革命初期，由于林彪、“四人帮”极左路线的残酷迫害，于一九七〇年十二月十四日在贵阳含冤去世，终年八十岁。

双　清先生追悼会定于一九七九年五月二十四日（星期四）下午三时在省政协礼堂举行。送花圈的单位和个人，请于五月二十三日送省政协礼堂，唁电请送省政协秘书处，电话23134。

欧百川　桂百铸
双　清　龚键其　先生追悼会办公室

一九七九年五月十九日

双　清先生悼词

原政协贵州省委员会付主席、民盟贵州省委员会主任委员双　清先生，在文化大革命初期，由于林彪、"四人帮"极左路线的残酷迫害，被揪打成重伤，于一九七〇年十二月十四日在贵阳含冤去世，终年八十岁。当时他的儿媳也被残酷毒打致死。今天，我们怀着沉痛的心情，在这里集会悼念双　清先生。对于林彪、"四人帮"强加给双　清先生及其儿媳的一切诬蔑不实之词，应予全部推倒，彻底为他们平反昭雪，恢复名誉。

双　清先生生于一八九〇年，贵州省贵阳市人，早年参加过辛亥革命，后由于不满蒋介石的反动统治而脱离旧政权退隐回家。一九四六年参加中国民主同盟，并负责民盟在贵州省的组织筹备工作，从事反蒋反内战的革命活动。全国解放后，历任民盟贵州省临时工作委员会主任委员、民盟西南总支部委员、民盟贵州省委员会主任委员、民盟中央委员、贵州省人民政府委员、贵州省人民监察委员会委员，贵州省第一届、第二届、第三届人民代表、贵州省人民委员会委员、政协贵州省第二届、第三届委员会付主席、第三届、第四届全国政协委员等职。

双　清先生，是我省一位知名的爱国民主人士、他解放前从事过民主活动，全国解放后，他积极参加社会主义革命和社会主义建设。他热爱共产党，热爱毛主席，热爱周总理，热爱社会主义祖国。他努力学习马列主义、毛泽东思想，积极参加党领导下的各项政治运动，拥护党的各项方针政策，认真注意加强自己世界观的改造。他工作积极，认真负责，在政协工作、民主同盟工作中，贡献了自己的力量。在文化大革命中，经受了考验，他对林彪、“四人帮”疯狂推行极左路线的罪行表示无比愤慨。

双　清先生和我们永别了。在追悼他的时候，我们不会忘记他解放前从事过民主活动的进步表现，不会忘记他解放后继续为人民做了许多有益的工作。特别是他在政协工作中，民主同盟工作中，积极贡献了自己的力量，是值得我们大家学习和尊敬的。双　清先生的逝世，使我们失去了一位与我党长期合作共事的老朋友，是我省民主党派的一个损失。我们要化悲痛为力量，紧密地团结在华国锋同志为首的党中央周围，在中共贵州省委的直接领导下，高举毛泽东思想的伟大旗帜，遵循党的安定团结，稳定局势，解放思想，鼓足干劲，加速社会主义现代化建设的路线，调动一切积极因素，团结一切可以团结的力量，同心同德，群策群力，顺利实现工作着重点的转移，切实做好国民经济的调整工作，进一步巩固和发展革命统一战线，为完成祖国统一大业，建成社会主义现代化的强国而努力奋斗。

· 2 ·

（编者按：讣告中的桂百铸、欧百川、龚健其都是民国时期贵州知名社会人士。）

史料七 双楫：《先父双清行状述略》

先父双清行状述略

先父双清字止澄，别号在山泉馆主，生于1890年农历九月十日。据双氏家族中老前辈云：双氏家族原籍本为甘肃省天水县，清康熙、雍正年间，因“文字狱”，祸及九族，遗孤辗转逃往江西临川县，惧官府追查迫害，乃改姓双，以务农为生。年深日久，浸寻以双为正姓，而原姓氏竟失传，无从稽考。

先祖父燕甫，生于1850年左右，正当鸦片战争以后，人民生活艰苦困难之秋。因家贫无以为生，当1870年左右，遂只身来筑，投奔亲友，先充店员，不久即自设“永昌布店”，经营土产、布匹。到19世纪末，已成为贵州“江西帮”之中首富。先祖父有子女各二，先父排行第二。

先父于青少年时期，曾从名师熟读过四书五经，旋于1908年考入“贵州省优级师范学堂”，1911年毕业。护国反袁期间，曾任贵州省代表赴广州追随孙中山先生。

1926年先父参加广东国民革命军北伐，为替北伐军东路总指挥何应钦所部筹饷，曾任福建省漳龙财政处处长。根据当时陋规：按征收税款总额5‰，提作处长奖励金。先父在任期间，共征得税款银元2000余万，按5‰标准计算，应得奖励银元10余万元。如此庞大数目，当时得之堪称巨富。然先父以北伐军事需款较急，毅然打破陋规拒收此项巨款，而以之全部铸造成每枚重约2钱之金币、银币，币面铸有“北伐战争胜利纪念”等字样。铸造竣工后，全部运往前线犒劳北伐将士。1927—1928年间，何应钦兼任浙江省主席，先父时任省府委员兼秘书长，因何身兼数要职，常在南京，以浙省政务，悉委托先父代拆代行。

先父为人，素刚介清廉，为政总以利民便民是尚。在代理浙省政务期间，曾下令废除苛捐杂税若干项。以此，使浙省某些豪绅富商，承包斯类捐税利益，遭受严重损失。于是私下计议，共推当地头面人物某君，携2万银元支票，于1927年冬来访先父，声言“为民请命”，要求暂缓颁发某某数项捐税之废除令，如蒙恩允，愿以2万银元为酬。言讫，即将该项支票递交先父。先父以此举乃对己人格之极大侮辱，一怒之下，当某君之面即将支票撕毁，并下逐客令，某君狼狈而去。

事后不久，吾家曾连接恐吓信两封，内容大致相同，略谓：“尔在浙江专据跋扈，当心尔之狗命！若杀不死你，尔的两个狗崽性命难保”，云云。先父闻后，一笑置之。警察局得悉此情后，丞派两名警察来吾家守卫，均被先父遣回。时浙江省政府为先父备有专用小轿车，但先父在浙供职两年，均乘坐私人自备之人力车。其上下班依然如故，对恐吓置若罔闻。

先父母起居室内，例于每晨由勤务员沏满两杯茶水备用。1928年夏某日中午，先父饮茶时发现茶水颜色殊异，乃命将茶水送往化验，证实掺有毒物。所幸发觉尚早，未曾酿成悲剧。后经警方严密侦查，真相大白。原来吾家勤务员李某、陈某二人，均被仇家重金收买，命其暗中放毒，以危害先父及家人。同时在二人住处，搜出手枪和子弹，盖欲使其伺机暗杀先父也。由于两事之阴谋败露较早，其奸计未能得逞。最终陈某被捕，李某则畏罪服毒自杀。

1928年吾家迁居上海，住静安寺路张家花园。先父旧友朱绍良（曾历任蒋介石参谋长、甘肃省政府主席、第八战区司令长官、重庆行辕主任）常来吾家与先父叙旧。据先母语余：“朱绍良多次来访，乃受蒋介石之托，邀请汝父出任其秘书长一职。彼虽一再劝驾，但汝父仍婉言谢绝”，云云。

1929年先父任职于南京国民政府交通部，部长王伯群（王伯群与王电轮昆仲，均系先父挚友）欲先父出任招商局总督办。此职人均认系“肥缺”，乃求之不得者；但先父则力辞不就，并推荐赵铁桥担任斯职。赵在任果于1930年被刺身亡。廉贪祸福，历历不爽；每念及此，感叹随之。

1930年，先父受交通部委派，前往德国同“汉沙航空公司”为合作创办“欧亚航空公司”事签订协议书。先父本维护国权为重之旨，在签订之协议全部条款中，均经其仔细审定，故协议书中能贯彻“平等互利”之精神。唯“欧亚航空公司”既系我国创办，自应由我掌握人事、经济大权。此点已明订于协议书中，因而该协议书被目为国民政府对外签订之第一个平等协议。

先父在欧亚航空任总经理虽只两年（1931—1932年底），但锐意经营，建树良多。当时开辟之航线有：京沪线（南京到上海）、京平线（南京至北平），最后延伸到新疆之乌鲁木齐。唯南京至柏林线，由于航程必须经过苏联领空，未能得到其批准，故未通航。虽然当时欧亚航空公司之业务规模不大，但在30年代初期，中国一切落后又屡受日本帝国主义侵侮之情况下，能开拓如此局面，洵非易事。

先父任职于“欧亚航空公司”时，家住上海法租界，每日乘公司小轿车上下班，霞飞路为必经之线。某日车经该地，突闻枪声。因司机警觉，乃加快速度，得以安全返寓。当检查车身，发现后窗玻璃已被击中两处，洞穿弹孔仅距先父头部约数寸，虽未罹难，亦云险矣。

1932年，王伯群由交通部长调任为“川黔监察使”。其赴西南履新，有何辑五与先父等随行。王调任此职，目的在为蒋介石争取控制云、贵、川三省尽力（编者按：当时三省均为军阀割据，四川为刘湘、刘文辉，贵州为桐梓系王家烈等，云南为龙云）。稍后，王伯群又改变主意，欲谋取王家烈贵州省主席地位而代之。盖王伯群与何应钦均贵州兴义人，何之夫人王文湘又系王伯群之胞妹；且王、何均系早期贵州留日学生，王之随行人员中何辑五即何应钦之胞弟。因有何应钦为背景，据说王伯群欲出任贵州省主席事已内定，并传闻何辑五将任民政厅长，先父将出任建设厅长，杜惕生将任省府秘书长。因此王伯群急欲去重庆，先为蒋介石做做二刘之工作。孰料王抵渝后，明受欢迎，暗遭抵制。刘湘那种不愿受制于蒋的态度，使王进退维谷。适此时蒋介石电召王伯群返南京，王行前安排先父留渝，继续与二刘和王家烈等商谈，听候南京指示后行动。王伯群返南京乘坐之专轮为“永年”号，随其回南京者，有王之如夫人和亲信随从等。先母原拟返黔省亲，此图既不能实现，乃随王之专轮返南京。讵料专轮行抵汉口，即遭军警搜查，居然获吗啡、鸦片若干。事发后，远在重庆之先父竟被人诬陷而遭国民政府下令通缉。事后事情真相终大白，乃王之亲信随从人员某某所为。此事当时知其内情者甚多，亲友中之为先父鸣不平者亦大有人在。虽已为往事陈迹，然而至此实不能不一提耳！余实不欲为此令人齿冷之事多费唇舌，而公道自在人心耳！

1933—1936年，先父对蒋介石之倒行逆施深感不满，曾与西南民主爱国人士杨其昌等共谋武装反蒋。为此曾偕杨同往湘西凤凰县访晤地方实力派陈渠珍，共商反蒋大计。唯事机不密，风声走漏，事未成，即于1936年返筑隐居。

“七七”抗战爆发，先父积极响应抗战，曾将家藏银器500余两，悉数捐为抗日经费。武汉陷敌后，国民政府迁驻重庆。蒋介石仍不放弃其独裁与内战政策，先父对此极为不满。他以赋闲之身，在筑寓常与川、滇、黔等省爱国民主人士交游往还。1941年余家曾密备印刷机，印刷反蒋独裁宣言及其他宣传品，由是引起敌特注意。幸先父警觉，立命将印刷机器等加以转移。果然，某日军警即来搜查余宅，以事先有备，彼等终无所获而去。

1948年初冬，国民党贵州当局犹图作垂死挣扎，其迫害无辜民主进步人士之手法更趋阴险狠毒，亲友中关怀先父安全者，力劝其速离筑垣，以避迫害。由于情势危险，先父遂于10月起程，先至南京舍妹处，11月得便乃乘军用飞机抵北平余寓。北平和平解放后，先父在平与各省民主爱国人士往返更加频繁。1950年，先父受革命进步组织之托，担负某项使命（先父从不将政治上重大事务向家人谈及），由北京转道香港回到贵阳。其实，先父是早在抗日战争胜利后之1946年4月间，即经辛志超等两位同志介绍加入了“中国民主同盟”。故先父于抗战胜利后迄解放前夕在筑的盟务活动，多为敌侦知。幸离筑较早，不然恐已遭毒手矣。

贵阳解放后，1950年，上级组织指派唐弘仁同志来黔从事民主同盟组织之整理和建立领导机构之准备工作。旋经上级组织研究决定，推举先父为贵州省民主同盟首届领导人。此时，先父再将其生平所收藏之古玩、书画珍品百余件，捐赠给贵州省博物馆收藏。他认为由博物馆收藏比个人收藏更为稳妥，而意义及作用则更大；民族文化之优秀结晶，理应归属国家也。

由于先父为人处世，从来均严肃认真，其生平胸怀坦荡，刚直不阿，待人接物，平易近人，他不但信守诺言，且仗义疏财，清廉自守，在和同志们相处时，善于倾听各种不同意见，也善于和持不同意见之同志合作共事；他在工作作风上朴素踏实、讲求实效，真可谓“不忮不求、不矜不伐”之典范。

正因为如此，故从1951年起，先父就一直受到中共贵州省委之信任和群众之爱戴，先后曾被选为贵州省民盟支部主委，民盟中央委员，贵州省人民代表，省人民政府委员，省政协委员、常委和副主席，旋又被推选为第四届全国政协委员。这些荣誉职位，只有使先父竭智尽虑报答党和人民之知遇和重托。

先父对毛主席、周总理和朱德、刘少奇等中央领导，都是无限崇敬的。特别是周总理，由于同先父接触较多，理解关怀也较深。先父认为周总理胸怀博大，为新中国辟划操劳，开拓爱国统一战线，打开外交局面，为国家建设之功绩实不可没；在接受中共领导、走社会主义道路之大是非问题上，一贯立场坚定、旗帜鲜明。

解放以后，虽然先父表达了他对中共对人民政府之倾服与忠诚，但由于他在旧社会之历史较为复杂，社会地位也较高，在那种“左”倾路线的干扰下，先父难免受到些“冲击”。但他碰到个人利益与国家或集体利益发生矛盾时，总能顾全大局，坚信党中央之英明领导。尽管个人或家庭受到点委屈，他总是以正确态度对待。

但是，“文化大革命”中，北京南下的中学生“红卫兵”约20人于1966年10月15日来抄我家，当时只先父及先嫂在家，除贵重文物、钱财以及先父日记数十本，均被拿走或当场烧毁外，先父被打成重伤，先嫂则当场致死。待余侄儿、侄女闻讯赶回家中，始将先父送院救治。先父在院时对他们说：“把家中发生的事情如实地报告周总理，不要谈自己的看法。总理是了解我的，这样的事情在中国不能再发生，报告写好后请邓大姐转交给总理。”

由于先父年老，遭此打击，伤病缠身，终于1970年12月17日逝世，终年80岁。1990年10月27日（农历9月10日），乃先父百年诞辰，贵州省民主同盟省委员会，订于是日下午三时，在贵阳北京路58号（省民盟）五楼大厅，举行纪念会。感激和怀念之余，心情久久难平。楫今已年届八旬，久病健忘，乃奋起略纪先父行状概要，以尽人子哀思，然欷虚已泣不成书矣！楫生也晚，对先父行状如之无多，敬祈父执前辈指正补充，是所企祷。

（资料来源：中国人民政治协商会议贵阳市委员会文史资料委员会：《贵阳文史资料选辑》第31辑，1990年11月，第68-74页。）

二、梁聚五

梁聚五，是贵州民盟早期领导人之一，知名的爱国民主人士，也是苗族文化的知名专家。他苗名叫九（JUX），1892年生于贵州省雷山县西江大寨乌嘎村。1997年病逝于四川省成都市，享年86岁。在五弟兄当中，他排行老四，由于他生前一向热爱祖国、关怀家乡，所以人们都尊称他为“梁五公”。中华人民共和国成立前，曾任国民党第六军政治部主任、黔南抗日工作督导员等职，被选为贵州省参议员，参加民主同盟会。中华人民共和国成立后，则长期任职于贵州省政协。

梁聚五从小就有志气。初进私塾，后进小丹江小学，由于不太懂汉语，学业进步缓慢，常被他人歧视。他就以“彼亦人也，我亦人也，吾何畏彼哉”的话语来勉励自己，刻苦学习，学业大有长进。

1911 年，辛亥革命爆发，清封建王朝被孙中山先生领导的革命党人推翻了。消息传到丹江，年满 20 岁的梁聚五，听闻后心情振奋，思想得到开阔，暗地立志要参加这一革命运动。

1913—1916 年，梁聚五在兄长及其他友人的资助下，先后到贵阳模范中学、贵州法政研究所、长沙商业学校、湖南大学、贵州陆军测量学校等学校及单位学习深造。

1917—1924 年，梁聚五曾投笔从戎，辗转川、黔、陕、鄂数省，寻求报效国家的机会。但当时是军阀混战时期，梁又是一个少数民族出身的青年，生性耿直，不善阿谀奉承，事业毫无进展。

1925 年，梁聚五随军驻四川省璧山县。是年 3 月 12 日，孙中山先生在北平逝世。梁聚五在璧山参加孙中山先生追悼大会，初步结识了一些进步人士，思想受到很大启发，因而写了一本小册子——《士兵写信方法》。该册子的内容除介绍一般写信方法外，还将许多孙中山先生的革命道理和当时的民主革命形势，深入浅出地写进每一封“例信”里，深受士兵们的欢迎。然而，就因为写了这本小册子，梁聚五得罪了贵州军阀袁祖铭，竟遭到了撤职处分。梁聚五一气之下，愤然离开军旅，转回家乡闲居。

1926 年，梁聚五听说“广东是革命策源地”，便由雷山出发，经广西，赴广州，会着同乡聂功倬（共产党员）。聂功倬经常介绍一些进步书籍让梁聚五阅读，使梁聚五受到很大的影响。当时，贵州的何辑五任潮汕警备司令，聂功倬和梁聚五一起去拜见何辑五，请何给他俩找事情做。何辑五派他俩到第一军陈泰运补充团第二营，委聂功倬任连长，梁聚五任政治指导员，他俩对当地农民运动深表同情。因为当时国共实行第一次合作，推行孙中山先生的“联俄、联共、扶助农工”三大政策，梁聚五和聂功倬为此而积极工作。

1927年，蒋介石发动“四一二”反革命政变，逮捕和屠杀了大批共产党人和革命群众。梁聚五和聂功倬被迫离开汕头，赴上海，转武汉，会见恽代英。由恽代英介绍他俩去见二十军政治部主任周逸群。周委派梁聚五为参谋、聂功倬为连长，随部队由武昌经鄂城，抵南昌，光荣地参加了“八一”南昌起义。

南昌起义后，梁聚五赴上海，船经南京下关遭到扣留，1928年获释。之后，梁聚五决心回贵州，船抵宜昌，会见了以前测量学校的同学杨叔明。杨叔明在四十三军任参谋处长，介绍梁聚五会见该军军长李晓炎。李晓炎委派梁聚五任少校参谋，后改任政治部主任。

1929年，李晓炎率领该军回贵州，打败贵州省主席周西成，企图独揽贵州军政大权。此时，梁聚五根据经验，深知军阀混战，徒使国家和人民遭到损害，因而决心不为军阀卖命，毅然离开李晓炎部队，前往昆明，乘火车沿滇越铁路到达河内、海防等地，继又搭轮经香港，重返上海。在上海居住近两年，其间，梁聚五一方面做些临时性工作以维持生活，一方面到各图书馆借阅文史书籍和进步报刊，为后来从事争取民族平等活动和议会活动打下了基础。

1931年“九一八”事变后，日寇连续侵占了我国的大片领土，梁聚五出于爱国救亡热忱，在上海积极参加1932年“一二·八”抗战宣传活动。

1933年，经同学叶再鸣介绍，梁聚五去当时国民党举办的“政治训练班”当了半年多的区队长。

1934年，梁聚五去北平，协助叶再鸣赴张家口采办粮秣，继续参加抗日运动。

1935年，“何梅协定”签订以后，梁聚五愤然离开北平，转回贵州。路经湖南凤凰，陈渠珍留梁聚五担任“湘西十三县农村研究室”副主任。同时又派梁聚五和李乐伦等随同陈纯斋赴两广，参加陈济棠、李宗仁策划的倒蒋运动。失败之后，随友人陈其昌的队伍退回贵州。

1936年，梁聚五在丹江（即今雷山县）当选为贵州省参议员。他利用参议员的合法身份，积极从事议会活动，经常谈论民族民主问题，引起当时贵州政界人士的注目。

1937年“七七”抗日战争爆发后，梁聚五除搞议会活动外，还积极从事抗日救国的宣传教育工作。

1939年，由李次温介绍，梁聚五参加了国民党。当时国民党贵州省党部在榕江开办了“黔南地区各族青年训练班”，梁聚五担任副主任。在此前后，梁聚五还利用各种机会，深入黔南各县的苗村侗寨，认真调查研究，写成《黔南各族生活剪影》一文，内容丰富，对研究黔南各民族的生活风情具有一定的参考价值。

1940年前后，梁聚五在兴仁专署任秘书和国民党兴仁县党部书记长。当时国民党第六军驻兴仁，该军奉令开往缅甸同日军作战，梁聚五被任命为该军政治部主任，随军赴缅抗日。在缅甸，除完成抗日宣传及其他政治任务外，梁聚五还利用空闲时间，对缅甸的历史文物、风俗习惯等情况做了比较详细的调查研究。回国后，写成了一本小册子——《缅甸征尘》（这本小册子曾铅印过1次，现已散）。

1942—1943年，贵州省主席吴鼎昌遵从蒋介石的意旨，借口“抗战”“铲烟”，在黔东南一带，大肆拉兵派款，横征暴敛。各族人民忍无可忍，纷纷起来进行武装反抗（即“黔东事变”）。吴鼎昌采取“剿抚兼施”的两面手法，一面指令保安团进行残酷的镇压，一面任命梁聚五为“宣抚委员”，赴黔东南进行“宣抚”。因梁聚五同情各族人民，暗地支持他们的正义斗争，并撰写了一本小册子散发给人民群众，被保安团特工人员缴获，因而引起当局种种猜疑，尽量排斥他。不久，梁聚五遂被撤职转回贵阳。

从 1943 年下半年起，梁聚五重新当选为贵州省参议员，直到 1949 年初冬（贵阳解放前夕）为止。在此期间，随着国内外形势的急剧变化，梁聚五的爱国民主思想也不断地得到发展。

1944 年冬，日寇一度侵入黔南的独山一带，国民党军队节节败退，贵州省处于万分危急的状态。而梁聚五却毅然接受贵州省参议会的派遣，担任黔南抗日工作督导员，深入麻江、丹寨、炉山、雷山、榕江、从江、黎平、剑河、台江等县，进行抗日督导工作。

1945 年，杨森被任命为贵州省主席后，采取了一系列的反动措施，积极推行蒋介石所谓“国族一元化”的同化政策。然梁聚五却仍以省参议员的身份，利用一切可能的机会，不遗余力地阐述“边胞”的历史与现状，并着重指出他们在反抗历代反动统治者的斗争中所起的巨大作用和抗日战争中所做的重大贡献，要求受到国人的尊重和“宪法”的保障。

1946 年，梁聚五与赵自如、双清、张吉坞、张绍华、李超然等同志为了寻求革命真理，公推张吉坞赴重庆同有关方面联系。后得到史良的介绍，梁聚五同他们一起参加了民主同盟，接受共产党的领导。从此时起，梁聚五成为民主同盟在贵州的领导人之一。是年起担任贵州民意社社长，经常发表政论文章抨击蒋介石独裁统治；同时不忘民族问题，他在《黔灵月刊》上发表过《论贵州政治应以苗夷问题为中心》一文，融合了政治与民族两大话题。

1947 年至 1948 年，中国人民解放军在中国共产党的领导下，粉碎了国民党反动派的全面进攻和重点进攻。接着，解放军又在辽沈、淮海、平津三大战役中与敌人主力展开决战而取得了决定性的胜利。在此期间，国民党进行了所谓“国大代表”和“立法委员”的选举活动。梁聚五为了取得“某种合法的地位”，以便更好地“为苗夷民族人民说话”，参加了“边疆立法委员”的竞选活动。梁聚五在刻印的竞选名片上写有这么一句话：“我竞选‘边委’的目的，不是为着做官，而是为了替人民说话。”这名片散发出去以后，很快就得到了贵州少数民族中下层人士及青年学生们的重视与支持。反动派不但不给梁聚五以“民主”的权利，而且还千方百计地给以排挤和打击。因此，梁聚五最终“落选”，他愤然离开贵州，奔赴南京、上海一带，寻求革命真理，继续进行斗争。然而，梁聚五平生廉洁清贫，一到南京以后，立即受到经济拮据的威胁，以致忧劳成疾，处境十分困难。

1948年春，榕江“国立贵州师范学校”的“边胞”学生和部分教师得知梁聚五在南京处境艰难的情况以后，当即自动组织起来，踊跃捐款，凑足法币四百万元，寄去南京边疆学校，请李文转给梁聚五。同时又以“国师边胞师生”的名义，写信声援梁聚五的正义行动。同年6月下旬，得知梁聚五已由南京返回贵阳。

1949年春，中国人民解放军胜利渡江，解放了南京、上海等大城市。国民党反动派军队犹如惊弓之鸟，径往西南逃窜。是年秋，在贵州即将解放前夕，梁聚五一方面主动写信给其在雷山一带为匪的侄婿谢世饮，劝其向人民解放军投诚，一方面积极地联合在贵阳的少数民族知识分子和青年学生，组织“苗彝人民自救社”，敲锣打鼓地迎接解放军入城，为迎接解放军做出了应有的贡献。

1950年，梁聚五列席中国人民政治协商会议第一届二次会议，受到毛泽东、周恩来等国家领导人的接见，被任命为西南军政委员会委员、西南军政委员会民族事务委员会副主任委员及西南军政委员会文化教育委员会委员。被民盟中央选派为民盟西南临时总支部副主任委员。

1951年，在四川参加川北“土地改革”。1952、1953年，率土改工作团到贵州榕江参加土地改革运动。1954年西南行政区撤销后，梁聚五受到不公正对待和批判，是年在重庆与民主党派各界人士一道参观、学习。1955 年参加了重庆市北碚区磨滩乡农业合作化运动。1956 年，则参加了重庆市中心区资本主义工商业的社会主义改造运动。1956 年下半年，调任四川省政协委员、省政协副秘书长，又任民盟四川省委员。

1957 年，梁聚五因油印《贵州苗族人民在反清斗争中跃进》而受到批判，又因 1950 年铅印《苗夷民族发展史》的广泛影响，持续受到批判。1958 年到 1960 年这三年，都在检讨中度过。接下来的几年里，系列学习马克思主义经典著作。

1966 年，“文化大革命”爆发后，梁聚五被抄家，挨批斗，失去人身自由。10 月 13 日被逼写“认罪书”。1967 年，被“大字报”批斗。1968 年，梁到省政协参加劳动、学习、改造。1969 年，由省政协转到民革毛泽东思想学习班学习。

1970 年到 1975 年，继续写检查材料，自我批判。至 1976 年“文革”结束时，梁聚五已年迈多病。1977 年 12 月，因病在四川省成都市与世长辞，享年 85 岁。

史料一 梁聚五生平简介资料

1

梁聚五生平简介

梁聚五，贵州雷山人，1908年生，1984年死。建国前曾任贵州省参议委员会参议员、国民党贵州省党部委员、贵州省三青团干事、贵州省第79军军部〈李筱炎〉政治部主任。梁系苗族，是贵州少数民族上层人物，十分活跃。

30年代，少数民族不满贵州省政府的苛捐杂税，对少数民族的歧视反动政策，曾发动《黔东事变》。国民党政府令省政府派军队镇压，由团长刘安范●军队，进行镇压。梁聚五也参与了这次镇压措施，曾经引起广大少数民族的不满。1946年前后，据说军阀盘神迅，不敢取得胜利。贵州省参议会一部分议员曾组织《少数民族救援队》拟到南京请愿。该团原由杜教巩作领队，杜病故，改由梁聚五作领队，但此又没有成行。

梁聚五在同一时期主编《贵州民意》，组织推动过一些有利于人撰写拉拢的文章。1949年初，参加了中国民主同盟，并吸收了少数民族上层人物杨汉先、胡懋伦，以及丁道谦、刘祖兰也先参加民盟。

〜〜 〜〜 〜〜 〜〜

建国初，梁聚五以苗族身份，被邀请参加中国人民政治协商会议第一届委员会任委员。不久，任西南军政委员会民族委员会任主任。1950年秋，民盟中央派梁聚五协同和帮助唐弘仁整理贵州民盟组织工作，曾以指导员身份来贵州从事盟务活动。

据我了解：以来由于贵州少数民族一些上层人物，对梁聚五参加《黔东事变》认为他不能代表少数民族参加政府的活动，而且意见十分激烈。住研究●（1953年全调）四川，成都。在四川省政协安排了职务，也在四川省民盟安排了职务。之后，梁本人公开活动很少。写过《贵州少数民族的乡土写实》一书。1989年逝世。

（编者按：此资料系梁聚五的同事所写之《梁聚五生平简介》，今为民盟贵州省委所藏。文中所记生卒年有误。）

史料二 梁聚五先生像

1. 梁聚五先生像

（编者按：图片摘自《梁聚五文集》。）

史料三 梁聚五先生手稿剪影

6.《黔南民族生活剪影》手稿首頁

黔南各民族生活剪影　梁聚五

一、編這篇文章的意義

在第二期抗戰[illegible]的時候，來編「黔南各民族生活剪影」，并不是想在這劃時代的血史激盪中，添上一段神話；更不是像宣教師，洋八股，歪曲學究，和過去典型漢奸——張廣泗，田雯，陸次雲，羅繞典……一干人物，對于貴州各民族，內藏着一具「苗」字的死光眼鏡去觀察一切可比。例如，他們的觀察，是隨着他們的主觀而定。[illegible]宣教師的目的，在於化各民族，[illegible]，跟高帝國主義侵略的[illegible]。洋八股，則寄[illegible]洋人的[illegible]，[illegible]民族的生活，甚且陷入所謂「人種學」的圈套，以低級民族自居。至[illegible]學究，都是埋頭故紙堆中，尋章摘句，不曾用着眼睛說瞎話。而典型漢奸[illegible]，是當時分化貴州各民族，破壞貴州各民族「反清」之大聯合陣線的奴才。

為指出過去對於貴州各民族觀察的錯誤，使今後不致再以盲導盲，重演不幸的悲劇，尤其是當時一般衣冠禽獸，專以屠殺各民族同胞，作為服滿清「督撫」的謀劃起見，卻有很忠實的把貴州各民族實際生活，鋪敘出來，公開展覽，另行估計的必要。

黔南各民族，文化水準雖低，可是「民族反抗性」極強。從滿清征服大江南北後，黔南各民族，還是不願屈服，并且由石金元，香要，梁維翰，張秀眉[illegible]先後發動百餘年「反清」的長期抗戰史實看來，真是值得人們歌頌！

論者謂辛亥革命成功之易，其原因，遠在雍乾[illegible]間，貴州各民族「反清」的長

（编者按：图片摘自《梁聚五文集》。）

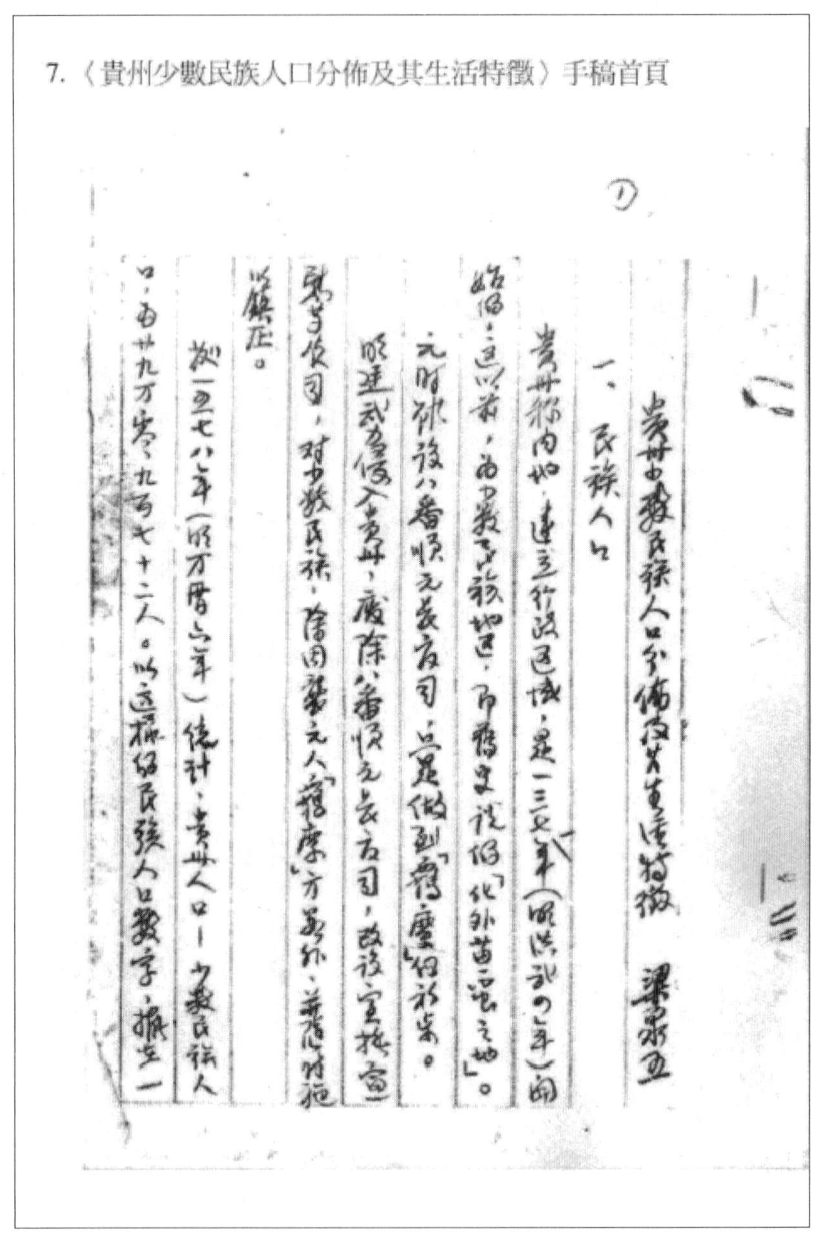

貴州少數民族人口分佈及其生活特徵　梁聚五

一、民族人口

貴州郡內地，建立行政區域，是一三七一年（明洪武四年）開始。這以前，為少數民族地區，即舊史稱為「化外苗蠻之地」。

元明兩朝設八番順元長官司，只是做到「羈縻」的形式。

明廷武力侵入貴州，廢除八番順元長官司，改設宣撫宣慰等長官司，對少數民族，除用蠻夷人「羈縻」方策外，並施以鎮壓。

據一五七八年（明萬曆六年）統計，貴州人口——少數民族人口，為廿九萬零九百七十二人。以這樣的民族人口數字，推算一

7.《貴州少數民族人口分佈及其生活特徵》手稿首頁

（编者按：图片摘自《梁聚五文集》，香港科技大学华南研究中心，2010 年 5 月版。）

ISBN 978-988-99839-5-6

華南研究文獻叢刊（八）
族群研究資料彙編

梁聚五文集

民族·民主·政論（上冊）

張兆和
李廷貴 主編

（编者按：此为《梁聚五文集》的封面，本书于2010年由华南研究中心出版。）

史料四 《梁聚五先生著作目录》

梁聚五先生著作目录

张兆和 编

一、书稿

［1］《苗夷民族发展史》，1950年铅印稿，贵州省民族研究所编，《民族研究参考资料》，1982年第11集，1-136页。

［2］《贵州苗族人民在反清斗争中跃进》，1957年油印稿。贵州省民族研究所编，《民族研究参考资料》1980年第1集，27-97页。

二、民族研究论文

［1］《黔南各民族生活剪影》，未出版稿，1938年。

［2］《缅甸征程》，未出版稿，1944年。

［3］《贵州边民的礼俗》，载《贵州民意月刊》1945年7月第1卷第3期，15-23页。

［4］《边地地理讲话》，贵州省地方行政干部训练团编印，1945年8月。

［5］《黔南各民族之分布与生活》，载《黔灵月刊》1945年12月第5、6期，51-54页。

［6］《西南边地概况》，载《黔灵月刊》1946年第7期，27-34页。

［7］《苗夷民族之由来》，载《贵州民意月刊》1949年1月第5卷第1、2期，19-23页。

［8］《苗夷民族在国史上恬跃的展望》，载《贵州民意月刊》1949年2月第5卷第3期，20-28页。

［9］《贵州少数民族人口分布及其生活特征》，未出版演讲稿，1953年7月7日，演讲于西南民族事务委员会。

三、民族政治评论

［1］《论贵州政治应以苗夷问题为中心》，载《黔灵月刊》1945年7月第1期，19–20页、29页。

［2］《贵州苗夷选举问题》，载《黔灵月刊》1945年8月第2期，29–30页。

［3］《复员声中几个待解决的苗村问题》，载《黔灵月刊》1945年10月第3、4期，15–18页。

［4］《我对这次国民大会的看法》，载《贵州民意月刊》1948年1月第4卷第3期，2–4页。

［5］《第一届全国政协会议二次会议的大会发言》，载《第一届全国政协会议二次会议汇刊》，1950年，170页。

［6］《第一届全国政协会议二次会议题案》，载《第一届全国政协会议二次会议汇刊》，1950年，54页。

［7］《第一届全国政协会议二次会议答记者谈苗民生活与文化》，载《第一届全国政协会议二次会议汇刊》，1950年，225–226页。

［8］《在西南军政委员会第二次全体委员会议上的发言》，载《西南民族工作参考文件》1951年第4卷，12–14页。

［9］《参加莲溪上东乡土改工作总结》，未出版手稿，1951年。

［10］《宪法草案是建立统一的多民族国家的胜利旗帜》，未出版手稿，1954年。

［11］《宪法草案给苗族人民带来了更大的繁荣和幸福》，未出版抄稿，1954年。

四、民主政治评论

［1］《参议员矛盾心理的发生和挽救》，载《贵州民意月刊》1943年第2卷第1期，1–3页。

［2］《健全县各级民意机关之商榷》，载《贵州民意月刊》1944

年10月第1卷第1期，3-7页。

[3]《现时各民意机关的联系问题》，载《贵州民意月刊》1944年11月第1卷第2期，5-7页。

[4]《略谈县参议会的组织与职权》，载《贵州民意月刊》1945年8月第1卷第4期，7-9页。

[5]《怎样为人民说话》，载《贵州民意月刊》1946年5月第1卷第6期，7页。

[6]《我们需要什么民主》，载《贵州民意月刊》1947年1月新1号第2卷第2、3期，14-15页。

[7]《参议员不应做政府官吏的尾巴》，载《贵州民意月刊》1947年2月新2号第2卷第4期，14-16页。

[8]《从“贵州大团结”声中提出几个值得注意的问题》，载《贵州民意月刊》1947年3月第3号第2卷第5期，10-13页。

[9]《关于监察委员选举的商榷》，载《贵州民意月刊》1947年4月新4号第2卷第6期，1-3页。

[10]《为贵州竞选者进一言——从三个活动说到三个问题》，载《贵州民意月刊》1947年7月第3卷第2、3期，7-9页。

[11]《贵州需要团结不要分化》，载《贵州民意月刊》1947年8月第3卷第4期，7页。

[12]《民青两党加入贵州省参议会以后》，载《贵州民意月刊》1947年12月第4卷第1、2期，4-7页。

[13]《如何实现新贵州》，载《贵州民意月刊》1948年6月第4卷第6期，1-2页。

[14]《选举乡镇长是贵州人民的公意》，载《贵州民意月刊》1949年第5卷第6期，7页。

五、时事评论

［1］《农民不得称为农匪》，未出版稿，1927年（已散佚）。

［2］《士兵写信方法》，未出版稿，1925年（已散失）。

［3］《榕江城“抗战阵亡将士及死难同胞纪念碑”序文》，1939年5月28日。

［4］《黔南抗工督导记略》，载《贵州民意月刊》1946年2月第1卷第5期，10–15页。

［5］《从议会看黔灾》，载《贵州民意月刊》1947年5月第3卷第1期，4–6页。

［6］《为粤桂水灾呼吁》，载《贵州民意月刊》1947年7月第3卷第2，3期，5页。

［7］《几个急待解决的贵州农村问题》，载《贵州民意月刊》1947年9月第3卷第5期，9–13页。

［8］《目前我国国民经济问题：贵州民意月刊民意座谈会纪录》，载《贵州民意月刊》1948年1月第4卷第3期，4–7页。

［9］《谈黔西治安问题》，载《贵州民意月刊》1949年1月第5卷第1、2期，1–3页。

［10］《地方官吏不要制造地方纠纷》，载《贵州民意月刊》1949年1月第5卷第1、2期，8–9页。

［11］《和谈前途的展望》，载《贵州民意月刊》1949年3月第5卷第4、5期，3–6页。

［12］《闲话盘江往事》，载《贵州民意月刊》1949年4月第5卷第6期，11–12页。

［13］《多事的五月》，载《贵州民意月刊》1949年5月第6卷第1期，1–7页。

［14］《安顺钟鼓楼下的钱市》，载《贵州民意月刊》1949年5月

第6卷第1期，11页。

[15]《为贵州灾民叫喊》，载《贵州民意月刊》1949年7月第6卷第3期，4-17页。

[16]《从“二五减租”说到“耕者有其田”》，载《贵州民意月刊》1949年9月第6卷第5期，1-3页。

[17]《本刊五年来的遭遇》，载《贵州民意月刊》1949年10月第7卷第1、2期，1-2页。

[18]《为什么要恢复雷山县置》，未出版稿，1969年12月25日。

六、诗联

[1]《雷山名诗人罗雨锋贺梁聚五先生当选贵州省参议员诗原韵成诗四首》，1936年。

[2]《赠罗雨峰先生》，1930年。

[3]《咏赞南门外古枫》，1930年。

[4]《格江辖区党务训练班校门前对联》，1938年。

[5]《恢复雷山县治抒怀》，1940年。

[6]《悼念周总理》，1977年。

[7]《“八一”感怀》，1977年8月2日。

[8]《游杜甫草堂》，1977年9月6日。

[9]《毛主席遗像观展》，1977年9月25日。

[10]《国庆游园》，1977年10月1日。

[11]《忆访白帝城》，1977年11月27日。

（7、8、9、10会刊于许士仁编：《梁聚五遗诗》，载《雷山民族研究资料》1984年第6期，第14-16页）

（资料来源：《梁聚五文集》下册。）

三、张吉坞

张吉坞（1899—1976），男，又名张先敏，苗族，1899 年出生于贵州省台江县革东镇苗江寨，因在家排行老四，人称“四公”。7 岁时于台江读私塾，1915 年高等小学毕业后进入镇远道立中学，1919 年中学毕业后考入上海体育专门学校。1921 年冬毕业时正赶上国民革命军与北洋军阀交战，于是经孙中山助手杨广堪先生的举荐，在上海环龙路 44 号加入国民党。后经方声涛、许卓然的大力举荐，被保送到北平陆军大学深造，当时黎元洪正与奉系军阀开战，北平处于紧张状态，张吉坞就在此时正式办理了入校学习手续。

1922 年 4 月，直、奉两系军阀之间爆发了大规模战争，北平战事吃紧，陆军大学无法进行正常的教学活动，张吉坞的学习受到了影响。再加上家道中落，张吉坞家里无法支持他继续学习，其生活也受到了相应的限制，连客栈的老板也不断地催逼他上交伙食费。处境艰难的他只能向其同乡穆永康、甘风章求助，在二人的帮助下，其经济问题得到解决，并且还被介绍到四川王天培部做事。在离开北平陆军大学南下行至湖南常德的途中，正好遇上由孙中山领导的湘军第六军蔡钜猷部与北洋军阀赵恒惕交战，于是投入蔡部成为副官参谋。一年后升为支队长，并被指派来整编贵州铜仁、松桃、江口的军队。

1925 年，孙中山任命熊克武为建国军川军总司令，熊克武率领部队由四川经贵州到湖南和蔡钜猷合作，这时，张吉坞被提拔为湘鄂军第一军第一师第二团任团长，带兵攻打湘西陈渠珍。经过激战，双方伤亡都很大。随后，张吉坞被派到铜仁找福春堂接洽伤员的医疗事宜，但当他到达铜仁时，碰上毛秉权、谢权霖这两股地方势力正在打仗，于是此事就被耽搁了，因为无法完成任务，张吉坞就顺便回到家乡住了几个月。

在家乡期间，在听到熊克武在广州被蒋介石扣留，同时熊克武的部下汤子模率部转到湖南时又被地方武装打死后，他深感川军处境的艰难，于是试图返回以挽回局势，但当他来到湖南常德时，发现川军已全部被解散，他便逗留在湖南常德以寻找别的机会。

1926 年，广东国民政府誓师北伐，张吉坞被任命为国民革命军第十军第二十九师第四团团长参加北伐革命战争。他英勇无畏，在消灭了北洋军阀赵荣华等部之后到达南京，在南京围绕着蚌埠、徐州一带与北洋军阀孙传芳、张宗昌部多次展开激烈的斗争，最终将孙传芳、张宗昌部打败。胜利之后率部直趋山东济南，但为避免与日军的正面冲突，在接到蒋介石的命令后从山东济南撤退至泰安界首。此时孙传芳却借机获取日本帝国主义的支持，向南攻打龙潭，张吉坞只好率部转移至合肥，并被任命为军部副官长。早已对蒋不满的张吉坞最终在 1928 年脱离部队在上海闲居。1930 年，经上海国民党中央执行委员柏文蔚、陈嘉佑的介绍加入国民党改组派，被改组派安排回贵州联络毛光翔、王家烈共同反蒋。1934 年，受王家烈的邀请，在贵州任第二十五军参议，不久再次被任命为紫云县县长。当时，由于云南和贵州两省的矛盾十分突出，为缓和两省的矛盾，张吉坞被任命为毕节专署参议。

1941 年日寇侵占贵州独山，张吉坞担任毕节、镇雄、赫章边区联合抗日指挥，直至日军投降。同年，张吉坞等人因再次对国民党的腐败和独裁统治不满,在贵阳一个叫“大乘”的寺庙里成立了秘密组织“大乘社”。除张吉坞外，当时参加的还有双清、李超然、谭竞寰、赵自如、赵德生、梁聚五等 10 人，他们对外宣称是“民众义济会”，以此慈善组织掩护反蒋活动，促进形成进步的势力以开展民主活动。

1946 年 3 月，由于双清、赵自如等人的推荐，张吉坞到重庆会见民盟中央负责人之一史良，经史良介绍后加入民盟，后被派回贵州秘密组织和发展贵州民盟。在民盟被蒋介石政权宣布为非法组织后，他被指派为民盟贵州筹委会宣传部从事秘密反蒋的民主活动。比如，为了防止国民党将大定（现为毕节市大方县）羊场坝飞机发动机制造厂迁往台湾，他在毕节、大定等地秘密发动地方民众武装力量，同时还在贵阳与黎又霖等人一起策化王家烈起义。

张吉坞一生浩然正气、光明磊落，一直在白色恐怖下开展秘密活动，直到 1949 年 11 月贵阳解放。

1949 年 10 月中华人民共和国成立后，国民党反动派在贵阳大肆搞破坏活动，为了阻止敌人，张吉坞积极发动“民众义济会”的力量，自觉地承担起维护贵阳社会秩序、救济难民的责任。为实现贵阳的解放，张吉坞多次与解放军五兵团派来的专员秘密商谈解放军入城的相关事宜。1949 年 11 月 15 日，张吉坞、双清等民盟人士成功组织贵阳人民迎接解放军五兵团官兵入城，最终迎来了贵阳的解放。

贵阳解放后，张吉坞曾任贵州省各族各界第一次人民代表大会特邀代表、民盟贵州临工会委员、民盟第一届委员、省政协第一届委员等职，并于 1951 年 4 月 29 日被贵州省人民政府任命为贵州省人民政府参事。同年，参加贵州省农村访问团，访问了遵义、平坝等县，随后参加盘县的土改工作。

1957 年，张吉坞被打为“右派”，原本相关负责人提出只要他做检查就可以通关，却遭到他的拒绝，以致被错划为“右派”，最后被迫做了自我检查。1958 年被“摘帽”，1976 年病逝于毕节。直到 1979 年才经中共贵州省委得以真正的平反，其名誉才得以全部恢复。

史料一 1951年贵州省人民政府任命张吉坞为参事的任命书

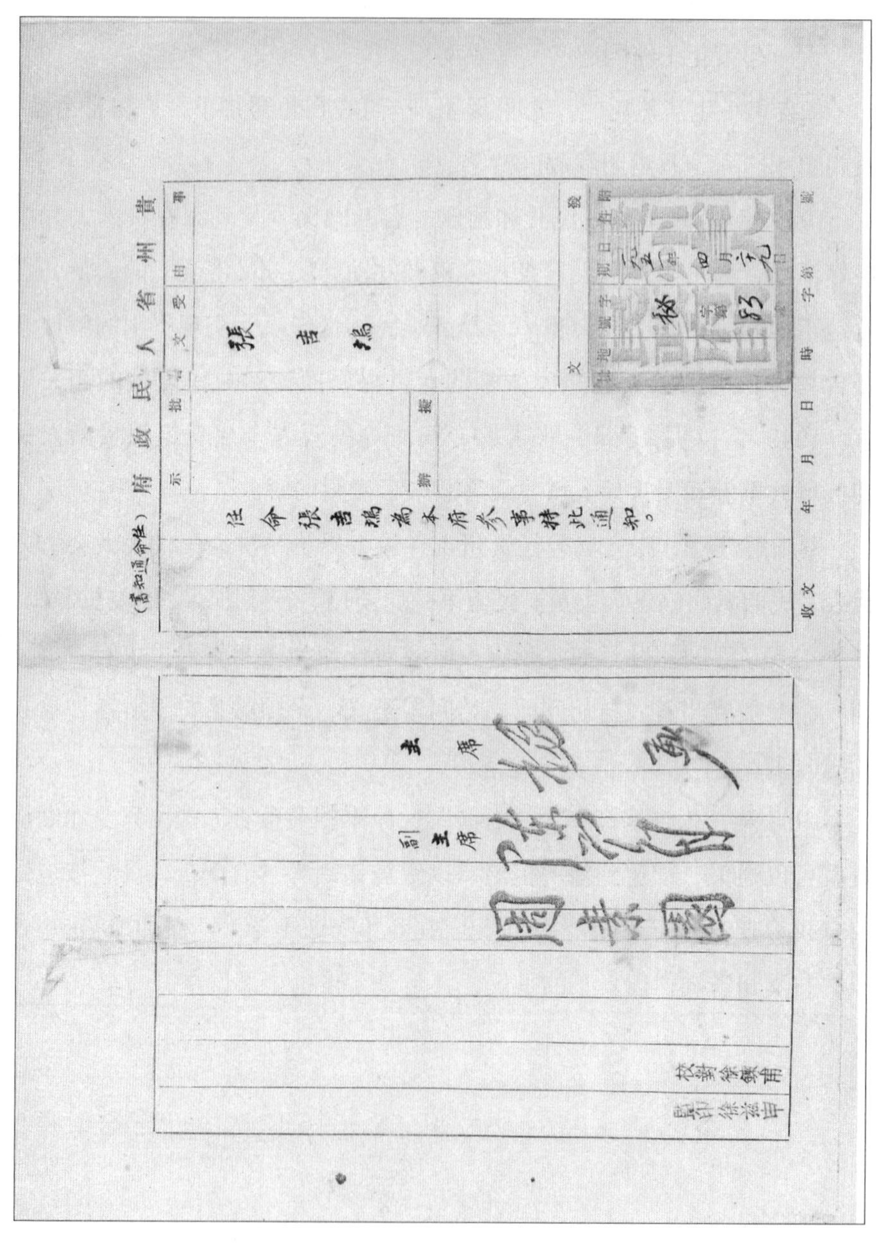

贵州省人民政府（通知令件）

受文 张吉坞

任命张吉坞为本府参事特此通知。

主席 杨勇

副主席 陈曾固 周素园

史料二 张吉坞在便签上写下的 1949 年以前的个人经历

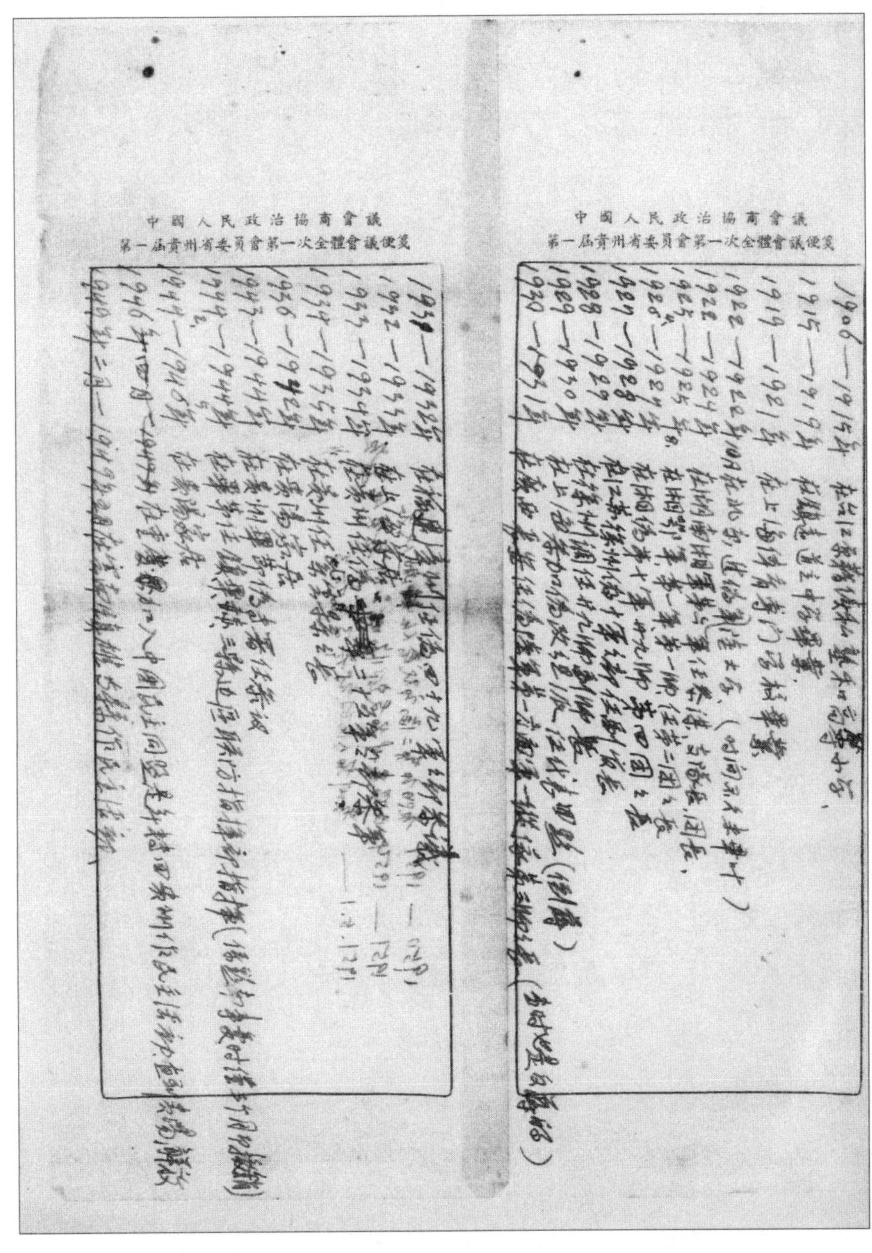

中國人民政治協商會議
第一屆貴州省委員會第一次全體會議便箋

中國人民政治協商會議
第一屆貴州省委員會第一次全體會議便箋

年　月　日星期

1949.1. 52年 9月21日星期

1946.4，在重庆加入中国民主同盟，在贵阳作民主运动（贵阳）

1949.2—1949.5 在云南[illegible]民主运动。（[illegible]）

1950.8—1952.6 贵阳市第二届市代表会[illegible]代表（[illegible]）

1951.5 [illegible]贵州省[illegible]委员会委员（[illegible]）

1951.5 任贵州省人民政府参事。

~~1952.9~~

优点：性情直率、对人坦白、热心工作、争取学习。

缺点：学习不够深入、工作不够细致、斗争性不强，旧意识旧作风尚未（完全）清除。

三反总结

1. 在三反运动中，检查出我贪污违法错误思想和行为。1950年5月因西南军政委员会委员王天锡到滇商会之便，我介绍商人王少章、李映权以咖啡80吨向王交涉带赴重庆，我得介绍费150万元，是我最严重的贪污违法事实。当时我认为居间介绍应有报酬，而我可以从中剥削，脑子充满了资产阶级自私图取暴利的[illegible]思想，不惜投机取巧，做了违法乱纪的罪行。在这伟大的三反运动中提高了我的认识，彻底坦白承认错误，又认识这是严重的罪行。当时竟只认为从中介绍无多大妨碍，究其罪行的起因，由我造意促成，也就是说我是主谋，我要负这严重责任。并且此次介绍的不是普通人，而是国家高级干部，这是我帮助资产阶级奸商进攻和腐蚀国家干部，这是资产阶级的思想和最恶劣的现象，我是痛恨万端，

政治水平太低，在工作中对具体问题不能做到周密处理

史料三　《贵州日报》2013 年 12 月 13 日对张吉坞的报道，强调了他的武将身份

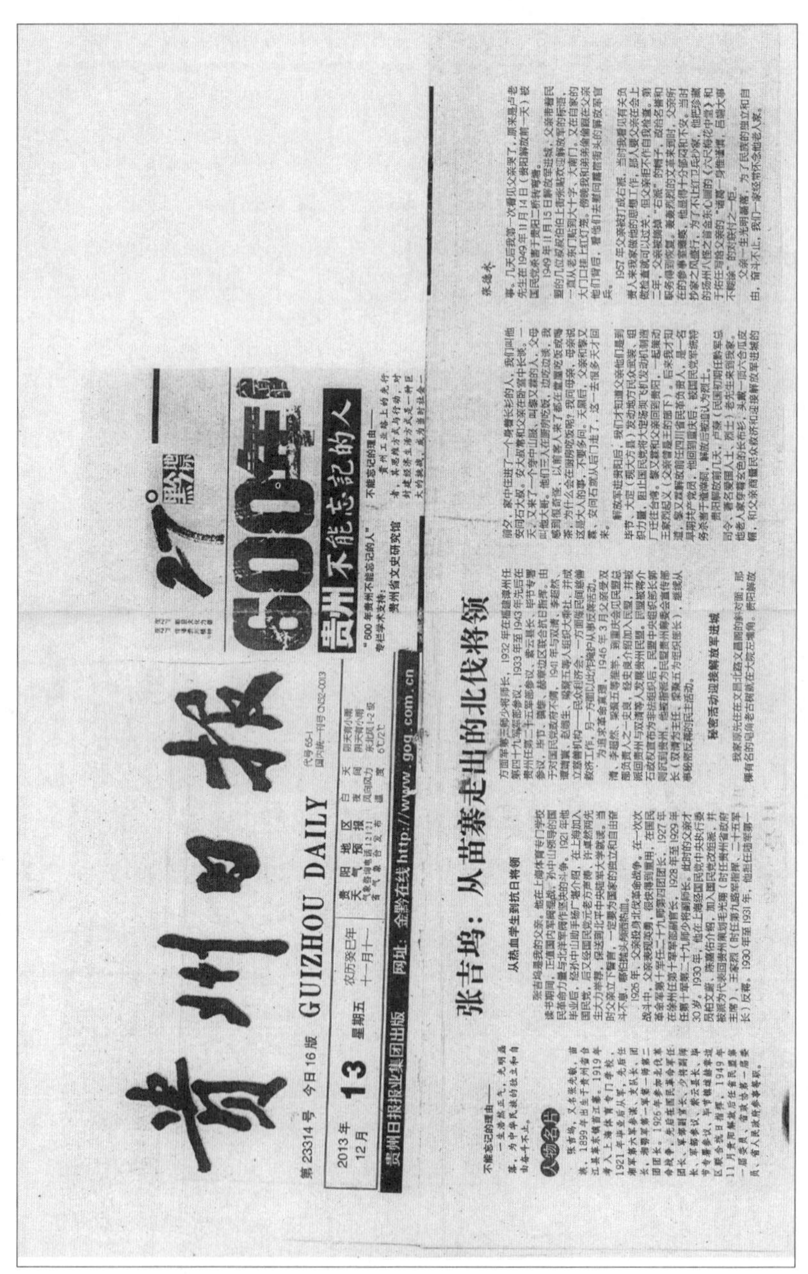

贵州日报
GUIZHOU DAILY

第 23314 号　今日 16 版
2013 年 12 月 13 日　星期五　农历癸巳年十一月十一
贵州日报报业集团出版　网址：金黔在线 http://www.gog.com.cn

600 年贵州不能忘记的人

张吉坞：从苗寨走出的北伐将领

从热血学生到抗日将领

秘密活动迎接解放军进城

史料四 张吉坞之子张德永所写的回忆文章

往事不会如烟

——回忆我的父亲在贵阳解放前后二、三事

张德永

一·父亲的身平简要

家父张吉坞，又名张先敏，苗族，1899年出生于贵州省台江县革东镇苗江寨(现名源江寨今属剑河县)。

张吉坞
(1899-1976) 1952于贵阳

1906——1915在台江原藉读私塾和高等小学毕业。1918年于镇远道立中学毕业，1919年考入上海体育专门学校，1921年毕业。当时还是国内军阀混战，孙中山先生领导的国民革命力量与北洋军阀作斗争，家父经孙中山先生的得力助手杨广堪先生介绍在上海环龙路44号加入国民党，后又经国民党元老方声涛，许桌然两先生大力举荐保送到北平中央陆军大学就读。

1922年——1924年在湘军第六军任参谋、支队长、团长。1925年在湘鄂军第一军第一师第二团任团长。1926年参加北伐革命

1

战争，在国民革命军第十军(军长王天培，北伐名将，贵州天柱人)任二十九师弟四团团长、1927 年在徐州任第十军军部副官长、1928 年——1929 年任第十军第二十九师少将副师长。

1930 年在上海经国名党中央执行委员柏文蔚、陈嘉佑介绍加入国名党改组派，并被派为代表回贵州策划毛光翔(时任贵州省政府主席)、王家烈(时任第九路军指挥、二十五军长）反蒋。1930 年——1931 年在广西经李宗仁任命为陆军第一方面军第三师少将师长。1932 年在福建漳州任第四十九军军部参议，1933 年——1943 年先后在贵州任第二十五军部参议、紫云县长、毕节专署参议，毕节、镇雄、赫章边区联合抗日指挥，(当时日寇已侵占贵州独山)。

由于对国名党政府不满，在 1941 年与双清、李超然、谭镜寰、赵德生、梁聚五等志同道合者在一个叫大乘寺的庙里成立了秘密组织大乘社，并成立慈善机构民众利济会，从事民间慈善救济并以作掩护从事反蒋活动。

1946 年 3 月受双清，李超然、赵自如、梁聚五等推举到重庆会见民盟中央负责人之一史良，经史良介绍加入民盟，并被派回贵州与双清等人秘密组织发展贵州民盟。民盟被蒋介石政权宣布为非法组织后，民盟中央派组织部长郭则沉到贵州，被指派为民盟贵州筹委会宣传部长(双清为主任，梁聚五为组织部长)，继续从事秘密反蒋的民主活动。

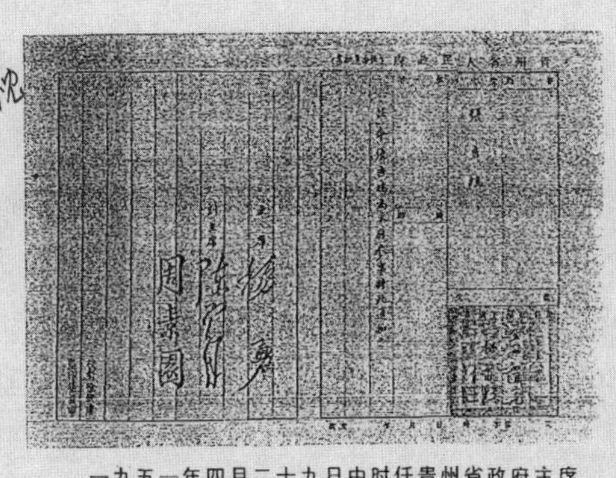

一九五一年四月二十九日由时任贵州省政府主席杨勇签发的任命书。

1949 年 11 月贵阳解放后任民盟贵州临工会委员，民盟第一届委员，省政协第一届委员，省人民政府参事等职。1957 年被打为“右派”1958 年被“摘帽”，1979 年经中共贵州省委平反，1976 年 11 月病故。

往事不会如烟

——回忆父亲二、三事

3

—贵州解放家中的不速之客

黎又霖来家策划　在我经历的记忆中家住环城东路 388 号（现文昌北路），那棵有名的老皂角古树就在大院左墙角。贵阳解放前夕，家中住进了一个穿着长衫矮胖的人，我们叫他安大叔(安问石、彝族土司)常和父亲在卧室中长谈。忽然一天又来了一个穿中山服的人，父母就称为大哥，叫黎又霖，他们三人在厨房吃饭，边吃边谈，我感到很奇怪，以前客人来了都在堂屋吃饭或喝茶，为什么会在厨房吃饭呢？问母亲，得到的回答是：大人的事不要管。天黑后，父亲和黎又霖、安问石就出门了，父亲一去就是很多天才回来。解放军进贵阳后，我们家中才知道父亲和他们是到毕节，大定（现大方县）发动地方民众武装，组织力量，阻止国名党将大定杨场坝飞机发动机制造厂迁往台湾。黎又霖和父亲回到贵阳又一起策动王家烈起义，(父亲曾是王的部下，他的中山东路公馆只距我家几百公尺)黎又霖（解放前任四川省民革负责人）回到重庆后，被国名党军统特务杀害于渣滓洞。解放后被追任为烈士。

早期中共党员

爱国名将卢焘遇害 贵阳解放前几天卢焘（民国初期任黔军总司令、爱国人士、烈士）老先生来到家中，他老人家穿着玄色的长布衫，头戴一顶六合瓜皮帽，和父亲交谈，听说是商量民众救济，和迎接解放军进城的事。几天后我第一次看见父亲哭了，原来是卢老先生在 1949 年 11 月 14 日（贵阳解放的前一天）被国名党第四十九军军长刘伯龙受蒋介石密令杀害于贵阳二桥转弯塘。我从此对卢老先生留下无比的敬仰记忆，数十年来每过二桥转弯塘卢老先生纪念亭前都要行注目礼。卢老先生真是贵州不能忘记的人。

军统特务刁处长 解放前我家还来了一个人，我们称他为刁处长，叫他的老婆刁太太，他强行租进我家大院的厢房，当时我父亲早已无经济来源，靠出租部分房屋为生和维持地下活动经费，中共地下党组织告诉我父亲此人是军统特务是来监视的。父亲即把家中做了一翻布置，将国名党元老于佑任老先生亲笔写的“诸葛一身惟谨慎，吕端大事不糊涂”的对联挂在堂屋正中，并且摆上了抽鸦片了烟具，伪装一副与世无争的样子。刁家还装上一门电话，当时贵阳还没有多少电话。贵阳解放两天前刁家跑了，后来听说这位刁处长在昆明被解放军抓住了。

解放军伴和尚、山那边来的人 1949年 11 月的一天，家中忽然来了一个个子高高的一看就是和尚的人，不知和父亲在卧室里谈了什么后，母亲把他送到大院后门，并要我将师父从后门通过林间小道送到大路，(现在的东新路)，在林间我问师父：你来我家念经吗？师傅用北方话笑着说：我来和你爸爸妈妈念经哩。回到屋里我哥正在问我母亲和尚来我家干什么？我母亲只说了一句：山那边来的，我哥作了一个鬼脸轻轻的哼了一句山“那边哟好地方”。我哥当时读贵州大学大二，知道的事当然比我们多，他的同窗好友毛克诚烈士是地下共产党，也是在解放前几被国名党杀害的。几天后贵阳解放了，我哥就教我们在家中唱起了：“山那边哟好地方，一片稻谷黄又黄，你要吃饭得种地哟，没人为你做牛羊。解放区哟好地方……”这时我仿佛知道了母亲说的“山那边”就是指的“解放区”。

后来又来了一个背着一个竹背篓，手中拿着一根长竹竿，竹竿上绑着一把镰刀的农民，和父亲在厨房谈了一会儿后，母亲从后门送走了，哥哥又问母亲，又是山那边来的人吗？为什么不打皂角就走了，母亲笑着不回答，我自作聪明的想是“山那边”来人了。

11 月 15 日解放军进城，贵阳解放了，天亮了。

父亲带着民盟的几位叔叔伯伯上街贴欢迎解放军的标语，一直从老东门贴到了大十字，大南门。又在家的大门口挂上了红灯笼。傍晚我和弟弟偷偷的跟在父亲他们背后看见他们去慰问解放军，我确实看见解放军是露宿在街边上，就在原贵阳电影院两旁。和现在的《贵阳晚报》社面

二、解放后家中来的尊贵客人

共产党最大的官　1949 年 11 月下旬也就是贵阳解放没几天，我家大门前突然来了一辆小吉普车，一位穿灰色军服的人来到家里，父亲将他迎堂屋，母亲送上茶水即退出，我看见随来的一个腰间挎着手枪的军人在

花园旁站着，客人走后，父亲告诉母亲，这就是共产党(贵州)最大的官、五兵团政委、贵阳军管会主任苏振华同志，来谈接管贵阳后的社会治安问题。几天后父亲又被苏政委邀去参加了商谈维护贵阳社会秩序和治安的会议。不久父亲带着我和弟弟妹妹去南明堂散步，走到南明河畔时我有看见了苏政委一个人在前面走，远远的还是跟着那位胯抢的解放军。苏政委和父亲互致了一个军礼，讲了几句话，就分手了。近些年常常想起这些小事，当时的大官真好，轻车简从。那时贵阳社会是真正的乱得很，甚至还有很多土匪、强盗、特务，苏振华都不怕。那象今天的官，一出门前呼后拥，威风极了。

共产党送经书来了　有一位人来到我家给父亲送来一大摞书，父亲笑着说着就是“经书”（应该说是经典之书吧）我当时只是联想到和尚来念经和传递情报，现在送来的书是《共产党宣言》,《资本论》等马列著作和毛泽东的《论联合政府》等等。送书的人是省委统战部的鲁平同志，后来是省政府办公厅任主任。

与王天锡叙旧谈北伐　王天锡我们尊称王五伯，贵州天柱人侗族，曾任孙中山大元帅府一团团长、北伐时任第十军二十八师师长，贵阳警备司令等职，解放后任西南军政委员、贵州省政协常委等职，1950 年夏天。来到我家，我为他开了大门，喊了一声王五伯，即朝前边跑边喊：“爸爸，王扁担来了。”父亲呵斥我“乱喊什么”王五伯大笑着说“娃娃太乖，不要骂他”原来王五伯性格直爽，心直口快，他的老友们为他取了一个绰号叫“扁担”。王五伯后来也和父亲一样被打成“右派”。他常来我家，与父亲摆龙门阵，谈得最多的就是北伐的战事，王天锡胞兄王天培（北伐名将，第十军军长）被蒋介石排除异己，诬以“克扣军饷”杀害于杭州，实际上第十军有 2 个军的人，蒋只发给一个军的军饷。以及 1935 年红军过贵州时，父亲和王五伯弃职回乡的事。王五伯和父亲是同乡，同时在第十军参加北伐，一直保持着深厚的情谊。

谌志笃来家叙周总理的友情　谌志笃号石僧，贵州织金人，与周恩来是天津南开

9

同学、革命挚友，五四运动的组织者之一，与周恩来邓颖超在天津发起组织革命进步组织“觉悟社”，担任天津学生联合会会长，周恩来被反动当局抓捕时曾和邓颖超等革命学生一起组织营救。谌伯伯常来我家和我父亲叙旧，给我印象最深的是周总理为他找到了战争时期失散的女儿，他有三个女儿，大女儿 谌曼里原名谌贻慧 1937 年弃学从军，谌伯伯把他带到武汉八路军办事处交给了周恩来，当时周恩来在武汉，同时任革命军事委员会政治部副部长，谌伯伯任周恩来上校秘书，邓颖超把谌曼里带到了延安，送到了陕北公学和鲁艺学习，研究京剧和昆曲并参与演出京剧、话剧，十七岁入党。1945 年在延安，因窑洞坍塌牺牲。谌曼里是周恩来和邓颖超一生中收的三个干女儿的其中之一(周恩来和邓颖另外的干女儿叫叶扬眉、叶挺之女，1946 年 4 月 8 日飞机从重庆回延安时遇难。还有一个叫孙维世，烈士孙炳文之女，文革时直接被江青迫害惨死。

谌伯伯的二女儿叫谌怡珍，是周恩来帮助找到的，由于因战火失散多年了无音讯，

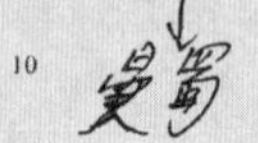

1958 年谌怡珍在西安听外婆说他的父亲谌石僧和周总理同过事，她便直接给周总理写信找父亲，周总理当即回信说她的父亲现名谌志笃，现在贵州省政府参事室工作，1958 年他们父女终于团聚了，他们来到了我家看望我父亲，我真佩服这位姐姐的胆子大。1960 年谌伯伯受周恩来总理之邀带着二女儿和三女儿到北京中南海周总理家里会唔。

涂月僧常来家谈时事　涂月僧我们称为涂大叔，解放前在武汉参加中共地下党，后被派赴贵州进行地下工作，解放后受到约十年的冤狱，落实政策后任省政府参事，参事室副主任、民革中央监察委员，省政协常委等职，七十年代前后来家中最多，与父亲聊得最多的是“三面红旗”饿死了全国多少多少的人，彭德怀元帅是共产党中的大好人，他真正的敢为人民鼓与呼，他们谈到江青时，涂大叔说是个“婊子”，父亲说还是个“戏子”，我当时听了很害怕，他们真敢说，这说出去可是要被砍头的。近年来我从报刊的回忆录中看见了大名鼎鼎的、大有修养的宋庆龄先生也在文革时骂过江青是“婊子”，可见江青惹国人之恨到何等程度。涂大叔心直口快，爽朗坦率、忧国忧民，真是一个大好人，难得在民国期间在贵州册享县长任上离任时，当地百姓自发为他为他送行，并立了“涂公去思碑”。

三、“反右”和“文革”

1957年父亲被打成右派，当时我亲眼看见有关负责人来家做工作要父亲在政协会上作检查即可过关，父亲拒不检查，几天后《贵州日报》头版头条用特大号字体登出了父亲是大右派的报道，后来父亲也不得不做了检查，个中原因我们家人不愿再过多提及，1958年父亲被“摘帽”，贵州日报登了三行小字的消息。虽然摘了帽可还是“摘帽右派”，直到1979年经中共贵州省委（统）字（1979）55号文件更正恢复政治名誉和曾任职务。轰轰烈烈的文革来到时，父亲所在的参事室以及民主党派已经瘫痪，父亲呆在家中到没有受到多少冲击，我们看到的只是他的郁闷和不安。当时抄家之风盛行。一天上午我回到家中，想把家中保存的古字画拿到单位保管，我父母告诉我已经烧了，我问何时烧的，母亲说今天早上，父亲叹口气说双二伯（双清）昨晚已经被北京来的红卫兵抄家了，还被红卫兵打了。双清真够义气，虽然身处危境还不忘记要家人来我家通知我父亲小心，最好躲一下，我父亲来不及躲，就考虑再三就把那些旧时代的东西烧了，最可惜的是扬州八怪之首金东心画的六尺梅花，和于佑任写给父亲的“诸葛一身惟谨慎，吕端大事不糊涂”对联。前两年我请贵州美术家协会副主席刘定一先生写了这副对联挂在家中以缅怀父亲。

古画虽已烧掉，往事那能如烟啊！还有很多贵州不能忘记的人。

次子：张德永

2013年9月12日于贵阳

2014.11.2 二稿

13

（编者按：以上是张吉坞之子张德永所写的回忆文章，这是其第二稿，上有修改痕迹。）

爱国进步民主人士张吉坞

张吉坞又名张先敏（1899—1976），男，苗族，贵州省剑河县革东镇源江寨（原属台江县）人。

（1899-1976）1952 于贵阳

1906 年——1915 年在台江原藉读私塾和高等小学毕业。1916 年——1918 年镇远道立中学毕业。1919 年——1921 年上海体育专门学校毕业。1922 年就读北京中央陆军大学。

1922 年——1924 年在湘军第六军任参谋、支队长、团长。1925 年在湘鄂军第一军第一师第二团任团长。1926 年参加北伐革命战争在国民革命第十军（军长王天培，北伐名将、贵州天柱人。因蒋介石排除异已，1927 年被蒋杀害于杭州）任二十九师第四团团长。1927 年在徐州任弟十军军部副官长。1928 年——1929 年在徐州任第十军第二十九师副师长。1929 年——1930 年在上海经原国民党中央委员柏文蔚、陈嘉佑介绍参加改组派任代表，回贵州策划毛光翔（时任贵州省政府主席）、王家烈（民国时期曾任第九路军指挥、二十五军军长。解放后任贵州省政协副主席）反蒋。1930 年——1931 年在广西经李宗仁任命为陆军第一方面军第一纵队第三师师长（桂系）。1930 年——1932 年在福建漳洲任第四十九军军部参议。1933 年在贵州任二十五军军部参军。1934 年——1944 年先后历任贵州紫云县县长、毕节专署参议、毕节、镇雄、赫章三县边区联防指挥部指挥，组织筹备抵抗日本侵略军。（当时日军已侵占贵州独山县）。

1946 年 4 月在重庆，经史良（爱国七君子之一、民盟负责人、解放后任首任司法部长、民盟中央副主席、全国政协副主席、全国人大副委员长等职）介绍加入民主同盟，被派遣回贵州发展民盟组织。同年，国共谈判破裂，民盟被蒋介石宣布为非法组织，郭则忱（民盟中央组织部长）秘密来黔，指定为民盟贵州筹备组宣传部部长，（双清为筹备组主任）其间先后秘密发展了梁聚伍（解放后任西南军政委员会委员、民族事务委员会副主任、四川省政府参事）陈贞章（解放初期任剑河县政府城建科长，后任黔东南州政协常委）等加入民盟从事地下民主活动。

1949 年贵州解放前夕为防止国民党溃败搞破坏，积极配合卢焘（革命烈士、民国时期黔军总司令，1949 年 11 月被国民党杀害于贵阳二桥转弯塘）防止国民党破坏贵阳并组织民众救济会，维护社会秩序、救济难民。又与黎又霖（革命烈士、中共早期党员、解放前为民革四川省负责人之一，1949 年 11 月 27 日被国民党杀害于重庆白公馆）到毕节、大方与安问石（彝族土司）组织民众武装阻止国民党破坏大方羊场坝飞机厂并防止国民党将该厂设备撤往台湾。同时策划王家

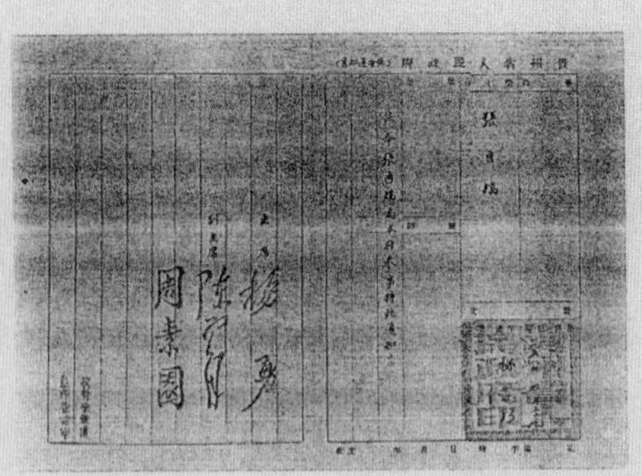

一九五一年四月二十九日由时任贵州省政府主席杨勇签发的任命书。

烈起义。在从事地下民主活动期间遭到国民党军统特务跟踪监视，幸得中央贵州地下党组织暗中保护。贵阳解放前夕，解放军五兵团多次派员与之秘密联系，洽谈入城等事宜，直至贵阳1949年11月15日解放。

1950年后任贵州省各族各界第一次人民代表大会特邀代表、政协贵州省第一届委员会委员、民盟贵州省、市机关支部主任委员、民盟贵州省临工会委员、民盟贵州省委第一届委员（两届未设常委）贵州省人民政府参事等职。

1951年6月——12月先后参加省农村访问团，访问遵义、平坝等市、县并参加盘县土改工作。1957年被错划为右派，1958年“摘帽”，1979年又经中共贵州省委行文更正恢复原任所有职务。文革中被打入“冷宫”。1976年11月病逝于毕节。

张吉坞次子：张德永

二〇一二年八月于贵阳

附　记

我写关于家父的生平简介资料来源如下：一、父亲于解放初期填写的干部履历表亲笔手稿；二、父亲生前对我们兄弟姊妹亲口所述；三、民盟贵州省委官方网站和互联网（百度）的相关资料，四、张德志（张吉坞三子，曾任毕节市人大副主任，地区水电局副局长）吴昌金（张吉坞大女婿曾任镇远县政协副主席）熊浔甘（张吉坞二女婿，曾任贵州啤酒厂副厂长）张德元（革东源江寨人，张吉坞侄子，曾任省人大宣传处处长、助理巡视员）对此材料参予的意见。

家父生前给我们讲过他和贵州（特别是黔东南籍）人士的民主活动和友谊，如：天柱王天培、王天锡，织金谌志笃、册亨涂月僧等等……。有的还是我亲眼所见。由于时间关系，只待以后整理。

顺便一句，早在二十多年前，那时刚开始拨乱反正不久，省里和台江县有关方面曾多次约我写有关家父的材料，由于众所周知的历史原因和当时一些历史尚未澄清等因素，我们没有拟写。这是我们家人向外界披露的第一次有关家父的历史真实材料。在这里我也向关心过我父亲身世的有关方面和人士致歉和致谢。

张吉坞次子：张德永

二Ｏ一二年八月

四、丁道谦

丁道谦（1913—1999），男，贵州织金县人，为清末名臣丁宝桢之孙，我国著名地质学家丁道衡之弟，是专门研究贵州经济的卓越学者，志在以经济发展解决贵州财政困难和老百姓衣食问题。原为西南财经大学图书馆馆长，研究馆员，中国民主同盟成员，离休干部。

丁道谦幼时好学，人品敦厚，学问扎实。贵阳高中毕业后，考入天津南开大学商学院经济学系学习。

1937年参加中国共产党领导的抗日民族先锋队。后因战局急剧变化，“抗日民族先锋队”解散，丁道谦与组织失去联系。

1939年毕业于南开大学（曾并入西南联大）商学院经济系。毕业回贵阳，先后任贵州大学经济学副教授、贵州企业公司研究室专员、贵州省参议会议员、贵州烟草专卖局技正。担任过《企光》（月刊）、《贵州企业季刊》编委，主编过《贵州民意月刊》《贵州经济建设》，曾任《知识》（月刊）《贵州建设》的编委、发行人，并发表大量文章，引起社会广泛重视。又任过贵州银行经济研究处处长、专员、董事会秘书。

1941年4月，丁道谦将自己已发表的关于贵州经济的论文整理编辑成《贵州经济研究》一书，由贵阳中央日报社出版发行。

1942年2月，担任贵州省地方行政干部财政、建设两班的“贵州经济地理”课程的教学任务，决定将过去写作的这方面论文详细整理补充，编成《贵州经济地理》书稿，交由训练委员会印制发给各学院作教材使用。

1947年11月国民党宣布民盟等民主党派为非法组织，丁道谦却毅然决然参加民盟，介绍人为千家驹。

1949年秋，丁道谦见贵州老百姓缺衣少食的困难日益严重，拟寻求解决办法，遂将过去发表的这方面的文章，收集编成《贵州的衣食问题》

一书，由贵州民意月刊社以丛书形式出版发行。全书就贵州人民生活的食、衣、住、行、育、乐中最重要的衣食问题，进行分析研究，提出了解决缺衣少食之“治标与治本的几种原则”。他根据贵州地理、气候、百姓衣食习惯，提出通过扩种粮食品种、种植棉麻、发展交通、新办工厂、复兴家庭手工业等综合办法来解决。

同年 11 月，他又将过去发表的有关贵州财政方面的论文，收集整理成《贵州地方财政概况》一书，由贵州民意月刊社出版发行。书中除将民国以来贵州财政划分为三个时期以外，提出了贵州财政应采取“增加财政收入，又不加重人民负担”的原则，税收的普遍化、平等化、公开化原则，烟草商业化与贸易自由化原则等。这时中华人民共和国已成立，贵州即将解放。丁在序中称“贵州经济的本质是半封建和半殖民地性质”“仅是一种行政预算”“不能与国民经济发生密切联系”。还要求读者“用历史的眼光来看待这本小册子”，他预言“从今以后，能够看到新贵州财政的诞生”。

贵州解放后，丁道谦任贵州省财经委员会资料编辑组组长，参与组织编写《贵州财经资料汇编》的工作，任中国民主同盟贵州省支部委员兼秘书处主任。

加入民盟后，丁道谦为中华人民共和国的成立主要做了以下工作：

1. 利用参议员身份在报刊、议会公开揭露国民党的腐败，斥责贪官污吏。在当时的贵阳知识界，其以敢于直言而为不少人熟知，还因此受到过威胁。

2. 帮助地下党员逃脱特务追捕。陆续帮助 5~7 名被特务追捕的地下党转移到解放区。当时与其联系的共产党地下工作者有张凤鸣、黄先鹤、兰云夫等。

3. 贵阳解放前夕，面对当时的国民政府要求销毁银行档案的情况，利用其参议员和贵州银行经济研究处处长的身份，保留了银行和其他相关档案。

4. 对贵州经济研究的著作和论文对中华人民共和国成立后贵州的经济建设有一定借鉴。

中华人民共和国成立前的主要学术著作有：《贵州经济研究》《贵州经济地理》《贵州的衣食问题》《贵州地方财政概况》等。

1952 年，丁道谦受到不公正对待（1982 年平反），被调往四川财经学院，后担任过四川财经学院、西南财经大学教授、图书馆馆长，中国民主同盟成都市科技委员会委员等职务。他先后在《光明日报》《江汉学刊》《图书馆论坛》等刊物上发表图书馆要为教学科研、生产建设服务的文章。他还参加了《抗战时期国民政府财政经济战略措施研究》《中国西部开发的历史回顾》《战时金融的回顾》等书的编写工作，做出了很大的成绩。

丁道谦对贵州经济建设、资金筹集以及贵州自然地理、民族构成、人民情况、交通运输、农村经济、工业分布等做了详细分析，特别是对贵州人民生活中的衣、食、住、行、乐、育和金融银行诸方面提出了相当精辟的见解。这些宝贵的建议对中华人民共和国成立初期的贵州经济的恢复和发展有一定的借鉴作用。

据后人言，多年前丁道谦曾回忆其在中华人民共和国成立前共发表了 700 余篇文章。

史料一 丁道谦著述目录

[1] 丁道谦 . 诗：微笑 [J]. 现代学生（上海 1930），1932，2（3）：8-9.

[2] 丁道谦 . 我的家：[诗歌][J]. 新时代，1933，5（4）：51.

[3] 丁道谦 . 商业资本主义的再检讨 [J]. 南大，1936（1）：26-30.

[4] 丁道谦 . 驳"中国无奴隶社会"论者 [J]. 世界动态，1936（2）：287-297.

[5] 丁道谦 . 诗经中的妇女社会观 [J]. 食货半月刊，1936，4（7）：10-39.

[6] 丁道谦 . 再论商业资本主义及其他：告李立中先生 [J]. 食货，1936，4（10）：1-4.

[7] 丁道谦 . 日本在华经济势力的解剖 [J]. 中外月刊，1936，（10）：25-32.

[8] 丁道谦 . 中国动向：日本在华经济势力的解剖 [J]. 中外月刊，1936，1（10）：25-31.

[9] 丁道谦 . 再论商业资本主义及其他 [J]. 食货半月刊，1936，4（10）：1-4.

[10] 丁道谦 . 商业资本主义与专制主义的透视 [J]. 食货半月刊，1936，3（11）：10-15.

[11] 丁道谦 ."民族革命战争的大众文学"与现实 [J]. 南大，1937（2）：35-39.

[12] 丁道谦 . 由历史变动律说到中国田制的"循环"[J]. 食货半月刊，1937，5（3）：41-51.

[13] 丁道谦 . 中国奴隶制度研究刍议 [J]. 商学汇刊，1937（5）：78-90.

[14] 丁道谦 . 关于循环与进化：评李立中 [J]. 思想月刊 .1937，1（5）：40-43.

[15] 丁道谦．中国果真没有存在过奴隶制度吗：质之于中国奴隶社会论的作者刘兴唐先生[J]. 食货，1937，5（7）：1-9.

[16] 丁道谦．中国果真没有存在过奴隶制度吗[J]. 食货，1937（7）：1-35.

[17] 丁道谦．大战期中土耳其地位的重要[J]. 时事月报，1939（4）：22-24.

[18] 丁道谦．英国的远东外交[J]. 防空军人.1939，1（8）：7-8.

[19] 丁道谦．大战中义大利的动向[J]. 反侵略，1939，2（8）：10-13.

[20] 丁道谦．阿部媚美的两套手法[J]. 防空军人，1939（12）：6-7.

[21] 丁道谦．现阶段的苏芬关系[J]. 民意（汉口），1939（103）：3-5.

[22] 丁道谦．我没有什么贡献[J]. 防空军人，1940（1）：29-34.

[23] 丁道谦．滇黔二省租佃制度（附表）[J]. 财政评论，1940，4（6）：77-92.

[24] 丁道谦．现阶段的英苏关系[J]. 反侵略，1940，3（10）：406-408.

[25] 丁道谦．国际现势与美日商约：附表[J]. 民意（汉口），1940（108）：2-3.

[26] 丁道谦．北欧的波涛[J]. 民意（汉口），1940（124）：2-4.

[27] 丁道谦．罗匈邦交之回顾与前瞻[J]. 民意（汉口），1940（127）：10-12.

[28] 丁道谦．最近十年来的苏日关系[J]. 民意（汉口），1940（137）：11-16.

[29] 丁道谦．英法在远东权益的危机[J]. 民意周刊（1937年），1940（141）：2-4.

[30] 丁道谦．欧战中苏联东方政策之分析[J]. 民意（汉口），

1940，（147）：6-7.

[31] 丁道谦 . 黔桂铁路贵州段沿线各县经济概述 [J]. 企光，1941，2（4-5）：21-27.

[32] 丁道谦 . 贵州的土地分配及所有权问题 [J]. 财政评论，1941，6（3）：59-130.

[33] 丁道谦 . 论文：西南证券市场之我见 [J]. 新经济，1941，6（3）：14-15.

[34] 丁道谦 . 论官商合办企业 [J]. 中央银行经济汇报，1941，（12）：7-13.

[35] 丁道谦 . 论官商合办企业（附表）[J]. 经济汇报，1941，4（12）：12-18.

[36] 丁道谦 . 苏倭渔约纠纷之波澜 [J]. 民意（汉口），1941（164）：5-6.

[37] 丁道谦 . 土耳其往那里去 [J]. 民意（汉口），1941（172）：2-3.

[38] 丁道谦 . 苏德战争与英国 [J]. 民意周刊，1941（188）：11-15.

[39] 丁道谦 . 黔省物产概观（附表）[J]. 企光，1942，3（1-2）：2-12.

[40] 丁道谦 . 贵州省田赋征实问题 [J]. 经济汇报，1942，（1-2）：207-252.

[41] 丁道谦 . 论吸收内地游资 [J]. 财政评论，1942，7（1）：85-244.

[46] 丁道谦 . 再论后方证券市场之建立（附表）[J]. 财政评论，1942，8（2）：35-41.

[47] 丁道谦 . 贵州金融业之回顾与前瞻（上）[J]. 财政评论，1942（4）：63-148.

[48] 丁道谦 . 工业实况：贵州的工业建设 [J]. 中国工业，1942（4）：25-28.

[49] 丁道谦 . 贵州金融业之回顾与前瞻（上）（附表）[J]. 财政评论，

1942，8（4）：63-80.

[50] 丁道谦．贵州金融业之回顾与前瞻（下）（附表）[J]. 财政评论，1942，8（5）：85-99.

[51] 丁道谦．黔省食粮问题（附表）[J]. 西南实业通讯，1942，6（5）：11-19.

[52] 丁道谦．贵州金融业之回顾与前瞻（下）[J]. 财政评论，1942（5）：85-109.

[53] 丁道谦．贵州的农业金融 [J]. 中国农民，1942（6）：49-73.

[54] 丁道谦．贵州的农业金融：附表 [J]. 中国农民（重庆），1942，1（6）：49-54.

[55] 丁道谦．贵州省地方税捐之剖析 [J]. 经济汇报，1942，5（6）：52-63.

[56] 丁道谦．抗战以来黔省农民经济生活之演进 [J]. 中国农民，1942，（6）：51-68.

[57] 丁道谦．贵州工商业之现在与将来（附表）[J]. 新工商，1943，1（1）：107-115.

[58] 丁道谦．贵州经济地理发凡 [J]. 贵州企业季刊 .1943（2）：31-84.

[59] 丁道谦．贵州桐油产销概况 [J]. 中农月刊，1943（2）：70-126.

[60] 丁道谦．贵族地方财政概况 [J]. 经济汇报，1943（2）：53-99.

[61] 丁道谦．工商动态：贵州烟类专卖事业之前途（附表）[J]. 新工商，1943，1（3）：69-75.

[62] 丁道谦．我国农村剩余劳动之利用 [J]. 中国劳动，1943，3（4）：5-52.

[63] 丁道谦．再论黔省田赋征实问题 [J]. 经济汇报，1943，7（4）：

24-28.

[64] 丁道谦．贵州工业建设中之劳工问题[J]. 中国劳动，1943，4(5)：14-17.

[65] 丁道谦．抗战以来黔省农民经济生活之演进[J]. 中国农民(重庆)，1943，2（6）：51-62.

[66] 丁道谦．地方资源与地方福利 [J]. 贵州民意月刊，1944（1）：10-12.

[67] 丁道谦．怎样经营官商合办企业 [J]. 新工商，1944，2（1）：32-35.

[68] 丁道谦．贵州交通概述 [J]. 贵州企业季刊，1944，2（2）：249-253.

[69] 丁道谦．战时工业生产与战后工业建设[J]. 时代论坛，1944，3(3)：25-32.

[70] 丁道谦．黔省田赋征实与军粮征购[J]. 财政评论，1944，11(6)：113-119.

[71] 丁道谦．议会政治的试验：民主政治的萌芽 [J]. 知识（贵阳），1945（1）：3-4.

[72] 丁道谦．议会政治的试验 [J]. 贵州民意，1945，1（3）：9-10.

[73] 丁道谦．对于贵州扶植自耕农的一个建议[J]. 民族导报，1946(创刊号)：10-11.

[74] 丁道谦．湘桂黔铁路贵州段没线各县经济概述 [J]. 贵州经济建设月刊，1946（1-2）：7-11.

[75] 丁道谦．论贵州企业的经营[J]. 贵州经济建设月刊，1946(2-3)：2-6.

[76] 丁道谦．贵州经济地理 [J]. 图书季刊，1946（1-2）：75-82.

[77] 丁道谦．我国外汇政策与贸易政策的商榷[J]. 贵州经济建设月刊，

1946（5–6）：1–3.

[78] 丁道谦 . 贵州工业建设论 [J]. 贵州经济建设月刊，1946，1（1）：8–11.

[79] 丁道谦 . 当前贵州经济建设中几个先决条件 [J]. 贵州企业季刊，1946，4（1）：52–54.

[80] 丁道谦 . 论贵州企业的经营 [J]. 励行月刊，1946，2（1）：17–21，27.

[81] 丁道谦 . 修订财政收支系统对省县两级财政的影响 [J]. 励行月刊，1946，2（2）：11–13.

[82] 丁道谦 . 略论外汇汇率调整 [J]. 励行月刊，1946，2（3）：13–14.

[83] 丁道谦 . 当前贵州经济建设中几个先决条件 [J]. 贵州经济建设月刊，1946，1（4）：2–4.

[84] 丁道谦 . 织金：我底故乡行 [J]. 贵州民意，1946，1（6）：15–20.

[85] 丁道谦 . 中国的平民诗人白居易：中国的普式庚 [J]. 贵州民意，1946，1（6）：30–39.

[86] 丁道谦 . 贵州各县屠宰税收入之分析（附表）[J]. 贵州经济建设月刊 .1947，2（3–4）：3–6.

[87] 丁道谦 . 省议会与省长与刘乃诚先生论改革地方政制 [J]. 贵州民意，1947，4（1–2）：1–3.

[88] 丁道谦 . 湘桂黔铁路贵州段沿线各县经济概述 [J]. 贵州经济建设月刊，1947（1–2）：7–13.

[89] 丁道谦 . 湘桂黔铁路贵州段沿线各县经济概述（附表）[J]. 贵州经济建设月刊，1947，2（1–2）：8–14.

[90] 泽新，梁聚五，丁道谦 . 贵州民意月刊收支对照表（三十七年一

月份）[J]. 贵州民意，1947，4（1–2）：29.

[91] 丁道谦 . 我对于贵州经济建设的两个看法 [J]. 新贵州月刊，1947，1（3）：43–45.

[92] 丁道谦 . 我们需要的省主席 [J]. 清议，1947，1（4）：22–23.

[93] 丁道谦 . 黔桂铁路贵州段沿线各县经济概述 [J]. 钱业月报，1947，18（4）：64–71.

[94] 丁道谦 . 略评“贵州省五年建设计划”[J]. 贵州民意，1947，3(4)：4–8.

[95] 丁道谦 . 做官做事与做人 [J]. 贵州民意，1947，3（6）：14–15.

[96] 丁道谦 . 检讨贵州省五年建设计划第一年的成果 [J]. 贵州民意，1948，4（4–5）：20–22.

[97] 丁道谦 . 两个重点一个目标 [J]. 西南实业通讯，1948（冬季号）：90–92.

[98] 丁道谦 . 论周西成：贵州政治历史人物素描之一 [J]. 贵州民意，1948，4（3）：14–21.

[99] 丁道谦 . 扶植土豪劣绅的人是反革命者 [J]. 贵州民意，1948，4（6）：8–9.

[100] 丁道谦 . 改进黔民食盐意见书 [J]. 贵州民意，1949，5（4–5）：9–17.

[101] 丁道谦 .“民意”五年 [J]. 贵州民意，1949，7（1–2）：38–39.

[102] 丁道谦 . 高等学校图书馆实行图书开架借阅制的研究 [J]. 江海学刊，1958（10）：64.

[103] 丁道谦 . 试论图书馆的统计工作 [J]. 图书馆，1964（2）：32–39.

[104] 丁道谦 . 图书馆统计学的性质、对象和任务 [J]. 四川图书馆学报，

1980（4）：77-83.

[105] 丁道谦．外借图书信息处理比较[J]. 四川图书馆学报，1982（3）：36-41.

[106] 丁道谦．如何正确认识图书馆的经济效果[J]. 大学图书馆学报，1983（3）：20-26.

[107] 丁道谦．图书馆科学管理与建立统计制度[J]. 大学图书馆学报，1983（4）：13-16.

[108] 丁道谦，冯家禄．改变高等学校图书资料情报文献管理的方向：论管理体制一体化的重要性和可行性[J]. 四川图书馆学报，1985（1）：15-22.

[109] 丁道谦．关于经济效益和社会效益问题[J]. 社会科学评论，1986（12）：69-72.

[110] 丁道谦．图书馆发展的新方针：《图书馆经济学导论》之二[J]. 四川图书馆学报，1990（4）：1-13.

[111] 丁道谦．论图书馆经济指标的应用：图书馆经济学导论之五[J]. 四川图书馆学报，1992（3）：1-7.

[112] 丁道谦．图书馆投资研究：图书馆经济学导论之三[J]. 四川图书馆学报，1992（6）：73-80.

[113] 丁道谦．关于图书馆经济学的若干理论问题：《图书馆经济学导论之一》[J]. 图书馆论坛，1993，13（3）：11-13.

[114] 丁道谦．论图书馆人力资源投资——《图书馆经济学导论》之八[J]. 图书馆建设，1994（1）：14-16.

[115] 丁道谦．以经济观点看图书馆企业化：《图书馆经济学导论》之六[J]. 四川图书馆学报，1994，（1）：18-23.

[116] 丁道谦．图书馆服务方式辩正[J]. 图书馆工作与研究，1994（1）：40-42.

[117] 丁道谦 . 企业经营管理机制与图书馆改革 [J]. 江苏图书馆学报，1994（1）：17-18.

[118] 丁道谦 . 图书馆改制的困惑及出路——《图书馆经济学导论》之十一 [J]. 图书馆建设，1995（1）：13-15.

[119] 丁道谦 . 社会化与国际化：21 世纪图书馆发展的方向 [J]. 图书馆理论与实践，1995（3）：3-5.

[120] 丁道谦 . 高等学校图书馆改革应与学校教学、科学研究同步进行 [J]. 大学图书馆学报，1995（4）：5-8.

[121] 丁道谦 . 论图书馆事业的属性不可改变：对“变图书馆为租书馆”观点的质疑 [J]. 图书馆论坛，1996，16（1）：11-13，22.

[122] 丁道谦 . 直接参与教学科研工作是高校图书馆人拓宽活动空间的一条新途径 [J]. 大学图书馆学报 .1997，15（2）：14-15，19.

[123] 丁道谦 . 图书馆的未来——评“图书馆消亡论”[J]. 图书馆论坛，1999（2）：25-27，13.

史料二 丁道谦部分著作封面

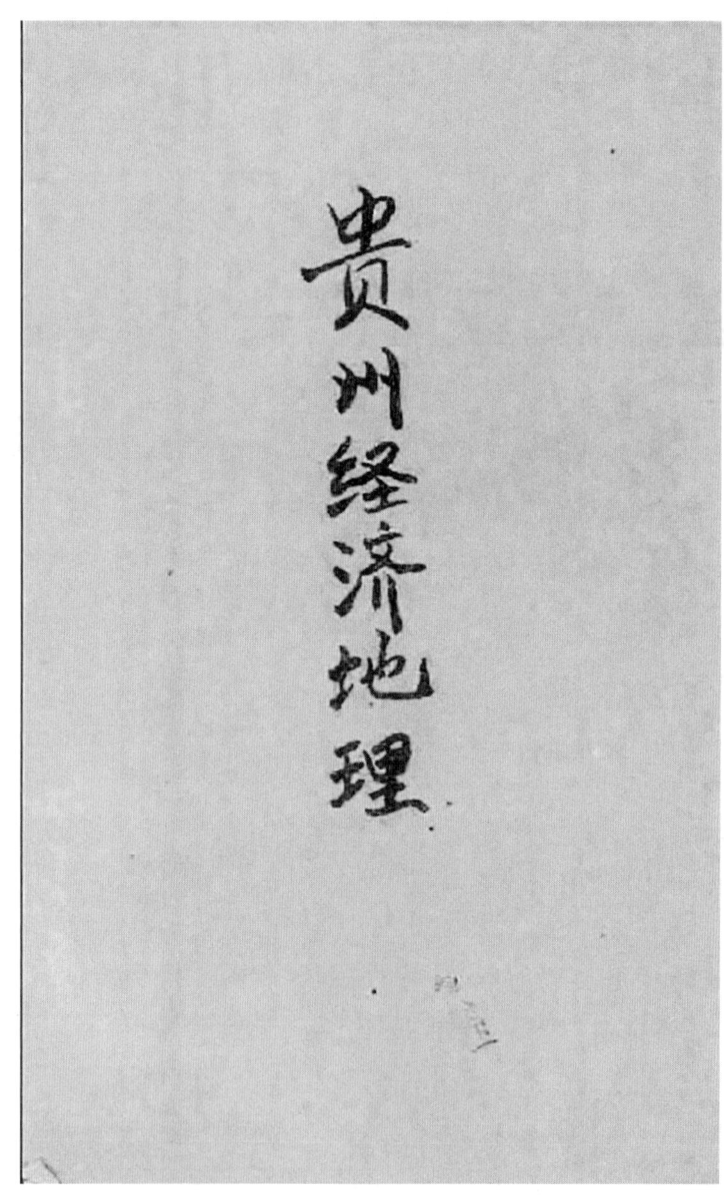

经济文献检索与利用

丁道谦　冯家禄　吴忠耘　等编著

四川科学技术出版社

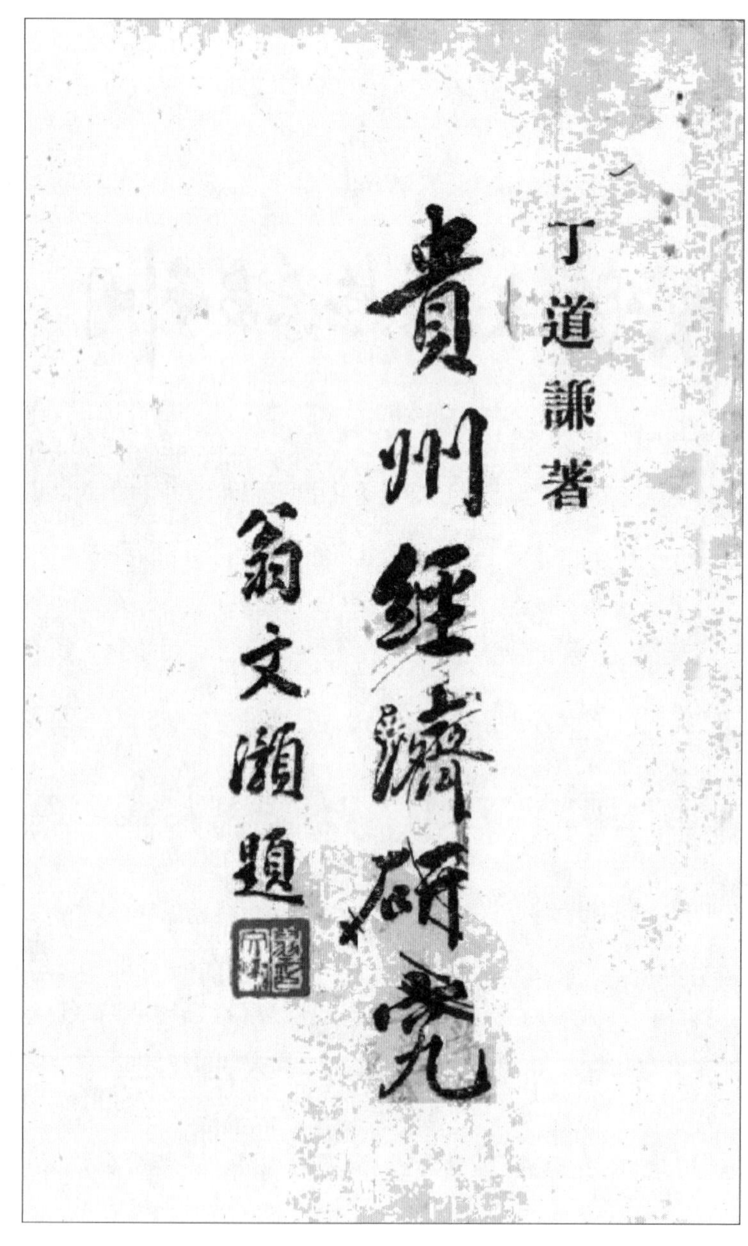
丁道谦著
貴州經濟研究
翁文灝題

四川图书馆学报丛刊

图书馆统计学的理论与实践

·丁道谦·

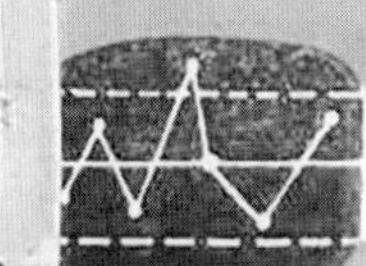

1981

四川省中心图书馆委员会

五、吴雪俦

吴雪俦，男，1908 年生，原名吴萃人，贵州湄潭永兴人。

民国三年（1914），吴雪俦六岁，入马德称先生蒙馆就读，因家甚贫，端午应纳学米一半，无法凑足，其父向马先生要求缓付，不允，遂停学，三月余，仅读《三字经》一册而止。民国五年（1916）吴雪俦八岁时，入永兴两等小学堂；十四岁，高小毕业。民国十七年（1928），因匪患，学校停办。因家贫无力升学，遂在家自修。这期间，他几乎借读了永兴镇上所有藏书人家的书籍，有疑难问题，就向高明者请教。

民国十八年（1929），毛光翔任贵州省主席，声言推行中央"新政"，招考各县科长、秘书。吴雪俦赴省应考，名列甲等十三，被委任为大定县秘书。次年奉调入行政人员训练所二期受训，毕业后由黄丕模介任饷捐总局主任科员。

民国二十六年（1937），蒋介石命戴贤石到贵州挑选官员，举行贵州第一届县长考试，由中央考试院派伍白非来黔主持。当时贵州、四川、云南、湖南等省均有人参加，应试人六百左右，仅录取十一名。吴雪俦榜发第一，当时全省轰动，特别是在吴雪俦的家乡湄潭，这一消息被传为美谈。吴雪俦奉委为盘县县长，到职数月后，抗日战争爆发。省主席薛岳调赴前线，吴鼎昌继任，吴欲搜罗亲信，派视察员分路出动，寻县长之可取者。视察员罗叔俊到盘县，向吴雪俦索要二百元，遭拒绝，罗转报吴鼎昌，伪称吴有贪污案，将吴调到省里，交保安处军法审判。半年无实据，保安处开释，吴鼎昌不准，云须薄惩以保威信。遂以纵容属员贪污收案费，判徒刑三年。征收案费属实，但是全省各县皆如此。省府云可用作县府经费不足之补充，吴雪俦吃了冤枉官司。

民国二十八年（1939），日寇轰炸贵阳，在押人员疏散，吴雪俦趁机离黔赴渝，寻求出路，并改名吴雪俦。先后任私人秘书、中央训练团人事组秘书兼考核科科长，因吴鼎昌向蒋介石告密而被开除。由黎又霖介绍参加过李济深的秘密反蒋团体。

民国三十二年（1943），吴雪俦在中训团党政高级班二期受训，半年毕业。在渝期间，吴雪俦经常参加由冯玉祥、李济深主持的有陶行知、李公朴等人参加的聚交会。后吴鼎昌到渝，向蒋介石报告，说吴雪俦在贵州有案，并参与冯玉祥的反蒋活动。故蒋介石手令开除学籍，“永不录用”。

民国三十四年（1945），任四川乐山《诚报》总编、主笔及总经理。日本投降后任武汉《中央日报》总主笔。民国三十七年（1948），西南民盟总支部派黎又霖到贵阳工作，黎又霖介绍吴雪俦在贵阳参加了民盟，并安排改任贵州民盟领导。

民国三十八年（1949）5 月，民盟响应中国共产党提出的召开新政治协商会议的号召，于民国三十八年（1949）10 月，参加中国人民政治协商会议。时任贵州民盟领导的吴雪俦又发展了一批民盟成员，贵阳的民盟成员拥护中国共产党的主张，积极投入反对国民党政府的民主运动，组织可靠人士成立地下民革准备迎接大军入黔，直到贵阳解放。

1950 年 10 月至 1952 年，吴雪俦曾任省教育厅副厅长。1954 年被聘为贵州省人民政府文史馆馆员。1957 年被错划为“右派”，平反后于 1983 年任贵州省人民政府文史馆副馆长、贵州省第六届政协委员。1991 年因病逝世。

吴雪俦一生勤奋好学，对古典文学、哲学、历史、书法及中医学均有较深研究和造诣，为贵州文史研究工作做出了积极的贡献。其一生著述颇丰，在中华人民共和国成立前著有《文学概论》《人事学》等文章 180 余篇；中华人民共和国成立后出版著作有《贵州辛亥革命史略》《辛亥革命散记》《贵州辛亥革命始末》《贵州红岩碑初考》

《周易新考》《律吕新考》《苗族考》《贵州夷族之研究》等。其长于诗文，善书。主编《贵州历代诗选》，著有《贵州夷族之研究》《周易的起源》《天为庐诗存》等。被列入《中国近代中外名人大辞典》《近代社会科学家大辞典》条目。

史料一 吴雪俦照片

史料二　吴雪俦生平简介

13

吴雪俦生平简介。

吴雪俦，原名吴莘人。贵州湄潭人。（永兴场）1912年生，1969年去世。生前是贵州省文史馆副馆长。

(一) △ 1935年前后，吴雪俦曾任贵州省[illegible]县长，有贪污行为，被判刑关入监狱。1939年日本飞机轰炸贵阳，吴与同狱犯人，乘飞机炸毁监狱的混乱时间，逃出监狱，赴重庆，改名吴雪俦。

1942年前后，吴经过[illegible]介绍，参加国民党中央训练团受训。同一时期，任中央训练团人事处科长。又兼任[illegible]的私人秘书。

(二) △ 同时，中央训练团是蒋介石的嫡系，组织人员讨论如何收复沦陷区。题目为：《收复沦陷区政治方案建议》。吴参加讨论，以三分军事七分政治的主张，写长篇论文，被评为第一名。由陈果夫亲引见蒋介石。蒋、陈对吴，勉励有加。经研究，拟安排吴雪俦为新疆省民政厅长或湖北省民政厅长兼教育厅长，或贵州省民政厅长兼秘书长，由吴自选自定。中训团将这一决定的文件送国民党政府铨叙部发正式命令。当时铨叙部部长是吴鼎昌，吴因公文，大为不满。认为吴系"贵州"罪犯，通知蒋介石，收回任命，并通缉开除党籍，永不录用。吴对此坚决不服。从此转了方向，是走投政[illegible]的政治方面。

不久，吴又由[illegible]介绍到湖北省署，中央日报任主笔。吴撰写了不少反共文章。

(三) △：1948年，中国人民解放战争节节胜利，形势发生了很大的变化。吴辞去省署及中央日报职务，到香港，与民革发生联系。民革派吴回贵州作民革工作。

不久，民盟西南总支部派张文[illegible]来贵州作筹备工作。张又[illegible]发展吴参加民盟组织。当时，吴是一身兼两党。

△：吴雪俦参加民盟以后，一方面学习，一方面大量发展民盟成员，共发展160余人。但所吸收的民盟成员，有一些是特务有意混入民盟的，是特务分子，如方若愚、[illegible]等。吴与[illegible]互相争民盟领导权，闹不团结。〈[illegible]〉

不久，吴被任命为贵州省文教厅付厅长，并先后当选为民盟贵州省付主委、《主委》双肩

这一时期，有人向民盟西南总支部揭发吴的历史问题，认为吴不宜发展为民盟负责人。同时，吴在一些公开会议上，又散布一些不适当的言论。如：《抗战胜利不很好，主要是美国用了原子弹、苏联出兵》，又说：《没有文化革命是相当的功劳，并非鲁迅功劳》，吴对认识部讲：《方若愚之类的人，可信任，他是好同志》之类。所以民盟成员又认为：吴的思想不纯，没有经过言论家，影响了民盟的声誉。

三、根据上述情况，民盟西南总支部，调吴到重庆党校训练班学习，对吴交代历史问题。由重庆市民盟、重庆市委统战部，及市公安局共同研究认为吴的问题是一个"历史旧帐"，经过了反证明：吴和这些组织有联系，但并未正式参加组织。民盟中央根据上述情况，不认为出身，不能按照参加民盟任主委，党组交代问题。并通过政府撤销其文教厅付厅长职务。副以研究安排为省文史馆馆员。

（四）1957年被划为右派分子。主要根据是他发表了一些错误言论，吴认为：新社会是两种制度，两种社会，三种人格，中共搞政治运动，伤害了知识分子的人格与尊严。这在肃反扩大化，必须平反。

五、吴因此下放到中八农场劳改，前后约十年。1979年得到正式平反。平反后不久，安排为贵州省文史馆付馆长。吴在晚年撰写不少文史资料。1989年逝世。

1949年十一月解放军进攻贵阳解放贵阳时，吴率领一些盟员在解放前为解放军查封一些机关，粮库，保存人民财产；解放军进城时，吴带领盟员向解放军送茶送水，表示热烈欢迎。还为解放军传递信息，做了一些好事。又他晚年在任文史馆付馆长期间，认真学习文件，撰写文史材料，研究文史问题，认真完成了工作，也做出了积极贡献。

（编者按：吴雪俦后人手写的吴雪俦生平简历，文稿现存民盟贵州省委。）

六、唐弘仁

唐弘仁（1915—2009），男，湖南醴陵人，著名社会活动家，中国人民政治协商会议贵州省第四届、第五届、第六届委员会副主席，第一届、第二届、第三届委员会常委、副秘书长，中国人民政治协商会议第四届、第五届全国委员会委员，原中国民主同盟贵州省委员会主任委员、名誉主任委员，中国民主同盟第三届、第四届、第五届中央委员，贵州省第一届、第二届、第三届人民代表大会代表。

唐弘仁于1915年10月出生于湖南醴陵北乡板衫区唐家冲，在青少年时期，先后就读于长沙衡湘中学、长沙第一中学。1942年自四川乐山武汉大学经济系毕业后，他的愿望是当一名新闻记者，以便能够深入地了解苦难的中国。为此，他毅然回绝了银行的聘书，奔赴了当时的文化重镇桂林。但唐弘仁到达桂林后，未能如愿进入像力报、大公报、广西日报等进步报社，多次辗转之后进入了扫荡报报社。

唐弘仁却无心加入国民党，一心只想做好一名真正的记者。在发现社会的黑暗后，他不断地利用手中的武器，与黑暗势力做斗争。1943年，桂林一宗大贪污案被揭露，震惊了社会各界。唐弘仁和一些进步记者联合跟踪采访，而采访来的文章在《扫荡报》却一概不予刊登。由于这些原因，他愤然辞职，离开了《扫荡报》。

抗战时期，重庆是全国政治中心。唐弘仁在1945年底辗转到了重庆，当时的重庆，相继举行了国共两党重庆谈判和旧的政治协商会议。来到重庆后的唐弘仁也是进入了新闻界，最先是在重庆《新民报》担任助理编辑，随后又到代表中国民主同盟的中央机关报《民主报》工作。在工作的过程中，他结识了共产党员邵子南、田伯等人，并通过他们，接受了共产主义理论的熏陶，于是在1946年1月加入中国民主同盟，次年加入中国共产党，担任《民主报》主笔，负责撰写社论。他每天写一篇社论，借以宣传民主同盟的政治主张，对民主革命运动做出了很大贡献。因此，深为国民党反动派所痛恨。

为打击地下组织，1947 年 3 月中旬，国民党查封《民主报》，并宣布其为非法报纸，予以取缔，要求所有职工 3 天内一律搬出驻地。唐弘仁并没有听取朋友的劝告撤离，而是仍然坚持斗争，联合一些职工向重庆市政府提出抗议，要求恢复《民主报》的办报权利。是年 6 月 1 日，国民政府出动军警，对文化教育界人士、青年学生以及新闻工作者等施行大逮捕。唐弘仁在这场大逮捕中被捕，先是被关押在罗家湾“漱庐”进行审问，审问无果后被转移至石灰市看守所关押。同年 12 月，被转移至重庆市磁器口渣滓洞集中营实行长期监禁。

唐弘仁是一位有着传奇色彩的革命家，他的外语功底非常深厚，在狱中，曾多次运用外语和国民党特务进行斗争。他被关押在石灰市稽查处看守所时，所长是个不学无术、道德败坏的特务头目，特别喜欢卖弄英语，借机辱骂共产党、吹捧蒋介石，以表示他对国民党的忠诚。借助敌人英语上的弱点，唐弘仁机智地用英语指责对方是蒋介石的尾巴，骂其为畜生，以此打击了敌人嚣张的气焰。在此期间，唐弘仁还用英语写了一本《狱中大事记》，出狱时带了出来，现已成为一份极其珍贵的史料。

根据唐弘仁留下来的记录，可以发现渣滓洞里面的环境极其恶劣，敌人也更加肆无忌惮。在集中营中，他多次巧妙地躲过敌人的搜查，为了不浪费光阴，他与几个志同道合的朋友秘密组织起来学习俄语。他政治立场坚定，不畏威胁利诱，以民盟身份做掩护，做了大量的信息传递工作。即使多次被提审，也因查无实据无从被定罪。

据其挚友许天乙的口述，唐弘仁是在一次偶然的机会中从渣滓洞脱险而幸存下来的。经过中国民主同盟领导人张澜与四川省政府主席张群的多次交涉和谈判，双方最终于 1949 年 3 月 28 日基本上达成协议，国民党被迫同意3月底以前无条件释放21人，唐弘仁因此得以获释。据唐弘仁回忆，他们事先毫不知情，离开魔窟渣滓洞时，说是转移关押地点。被释放的人先是集中在另一个地方，由特务主持开了一个“座谈会”，大家却一言不发，审问也就无效。无奈之下，国民党特务只能要求他们换下衣服和鞋子，并用汽车送到野外，让他们下车，唐弘仁辗转来到上清寺“特园”。

不久，和谈破裂，特务又到处抓人，因唐弘仁刚好外出，侥幸逃过国民党的“特园”逮捕。唐弘仁在听说舒军、李康等人被捕后，转到重庆李子坝中华商专学校，化名为唐石坚，被聘为副教授，在专科部教授英语课。由于学校地处近郊，环境幽静，常有不速之客慕名来游，为了防止意外，由张凡同志专门负责唐弘仁的安全，一有军警宪特或可疑人物来校，立即通知唐弘仁隐避。他住在一对青年夫妇的内间房中，其住房的窗门外有一排水管，紧急时可以沿水管滑下楼，进入后园树丛中。唐弘仁一直在这里住到是年11月30日重庆解放，并一直暗中进行安置难友家属和护厂工作。

中华人民共和国成立后，唐弘仁长期在贵州省政协和民盟省委工作。唐弘仁非常重视文化建设，在分管省政协文史工作期间，他积极地组织搜集、整理和撰写贵州文史资料数十卷，具体内容涉及政治、经济、文化等多个方面。既为贵州抢救了一批珍贵的历史资料，也为贵州政治、经济、文化事业的发展做出了积极的贡献。1994年，唐弘仁离休，定居贵阳市。离休后的他仍然继续关心党和国家的事业，关注贵州省经济社会的发展，并整理和编著了《往事遗痕》《风雨九十年》，这两本书成为中国革命和中国共产党领导的多党合作历史的珍贵资料。

唐弘仁于2009年2月17日22点30分因病医治无效，在贵阳逝世，享年94岁。2009年2月21日上午，唐弘仁同志遗体告别仪式在贵阳举行，蒋树声、丁石孙等领导同志送来花圈表示悼念。为完成唐弘仁生前留下的遗愿，2018 年 5 月，唐弘仁的家属将其生前精心收藏的千余册图书，无偿捐予贵州财经大学图书馆，以供教师和学生查阅。

史料一　唐弘仁盟员登记表

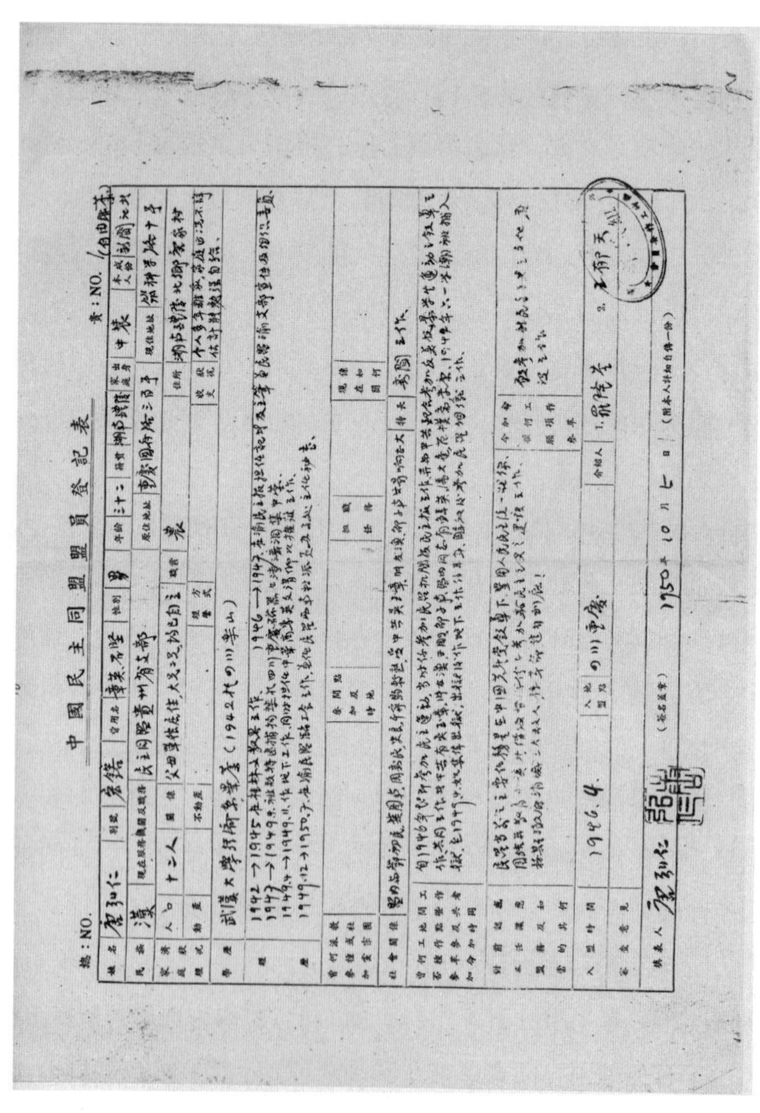

中國民主同盟盟員登記表

總：NO.　　　　貴：NO. 1（自由職業）

姓名	唐弘仁	别號	宏鍇	曾用名	章英、石堅	性别	男	年齡	三十二	籍貫	湖南醴陵	家庭出身	中農	本人成份	新聞記者
民族	漢	現在服務機關及職務	民主同盟貴州省支部	原住地址	重慶國府路三百號	現住地址	[illegible]								
家庭經濟狀況	人口	十二人	關係	父母等依居住，大兄、二兄均已自立	職業	農	住所	湖南醴陵北鄉[illegible]							
	動產		不動產		經營方式		收支狀況	[illegible]							
學歷	武漢大學[illegible]畢業（1942於四川樂山）														
經歷	1942→1945在桂林[illegible]工作。1946→1947在渝[illegible]……1947→1949[illegible]……1949.4→1949.11作地下工作……1949.12→1950.7在渝民盟[illegible]工作……														
曾参加何種黨派宗教社團		參加時間及地點		擔任職務		現在如何									
社會關係	[illegible]	特長	新聞工作												
曾否参加革命工作及參加工作時間地點與共同工作者	自1946年起即參加民主運動……[illegible]														
對當前盟務及工作的意見和認識	[illegible]	今後願參加何項工作	[illegible]												
入盟時間	1946.4.	入盟地點	四川重慶	介紹人	1. [illegible]　2. [illegible]										
審查意見															

填表人 唐弘仁（簽名蓋章）　1950年10月七日（附本人詳細自傳一份）

史料二 唐弘仁《往事遗痕》书影

史料三 1982 年，唐弘仁在重庆与渣滓洞集中营脱险难友合影

一九八二年十月，在重庆与渣滓洞集中营
脱险难友合影。（前排右一唐弘仁）

史料四 唐弘仁《风雨九十年》书影

史料五 唐弘仁手稿照片

浩氣震神州，文章傳千古。

——纪念李公朴、闻一多殉难50周年——

唐弘仁

1996.7.16

（一）

李公朴、闻一多烈士被蒋介石派特务杀害，已整整50周年了。他们壮烈牺牲前后的情景，至今仍历历在目，永世难忘。

我回忆：1946年春旧政治协商会议闭幕以后，蒋介石、国民党政府不甘心他们的失败，决定在军事上发动进攻，消灭中共部队，统一中国。在政治上则执行白色恐怖政策，杀一批，关一批，镇压一切反抗政府的人民和民主党派、民主力量，以巩固其独裁统治。

在旧政协会期，由于中国民主同盟与其他民主党派同中共密切合作，拒绝了蒋介石的诱降，分化阴谋，

15×20=300

文史天地 NO 1

参加民盟西南三省四方盟务研讨会议述懷。

早歲加盟孫老总，
庸庸碌碌愧生年。
路遙、馬瘦、風光好，
要趁餘霞趕一程。

唐弘仁 一九八八年
七月十二日

七、黎又霖

清光绪二十一年（1895）七月初七日，黎又霖出生在黔西城南后街内一书香人家。父亲黎斗恒，字秉田，清末庠生（秀才）。1899—1910年，黎又霖在家读私塾，聪颖好学，记忆力特强，颇得塾师赞许。

1911年秋，黎又霖以优异成绩考取贵阳南明学校，遂离开家乡黔西县到省城就读。他非常崇敬孙中山先生，仰慕民主思想和新文化。

1915年中学毕业后，黎又霖考入北京大学法政系。1916年，他在北大创办《民生报》，宣传孙中山的“三民主义”。1918年，他在李大钊引见下会见鲁迅先生。

1919年5月4日，黎又霖参加了震惊中外的五四爱国运动，在天安门前参加集会和示威游行，参加了烧毁曹汝霖住宅、痛打章宗祥的行动。同年10月，经老同盟会员黄季陆介绍，加入了改组后的中国国民党。

1920年春，黎又霖回黔西县城老家小住，同肖淑贞结婚。在新婚期间，他还继续进行反帝反封建爱国活动：组织演出话剧《革命鉴》，支持其妹和妇女们放足剪发，劝说家母和亲友在寿福寺创办女子学校，鼓励其五弟考入黄埔军校第六期。

1922年，黎又霖赴筑参加黔军，任袁祖铭的秘书。他多次劝袁与孙中山合作北伐，在无成效情况下脱离袁部，到四十三军教导师（后改编为国民革命军第九军第二师，师长杨其昌）任参谋，随军北伐，转战湖南、湖北、河南等地，与第一师师长贺龙交情甚厚。

1927年春，黎又霖离开国民革命军到上海应聘，被聘为同济大学教授。是年5月，其妻肖淑贞病逝。1928年暑假，到武昌拜见国民革命军第二十军军长贺龙及三十三军军长柏文蔚，欲参加其部队，贺龙、柏文蔚劝其利用同济大学教授的身份联络各方人士，开展民主革命运动。黎又霖采纳了他们的建议。1929年至1930年，辗转于上海、安徽、江苏等地，以职业为掩护，积极策动民主革命运动。

1931年5月，到广州出席“国民党中央执监委员会非常会议”，被选为广州国民政府委员会候补委员，并结识了老同盟会会员王葆真，常与柏文蔚、王葆真等共商倒蒋活动。12月22日，广州国民政府取消。1932年初，黎又霖与张玉麟结为伉俪。二人回上海后，黎又霖出任中国公学总务长，与柏文蔚、王葆真等联络国民党中的左派，在安徽、上海等地鼓动民众反蒋。

1933年11月，国民党十九路军发动“福建事变”，李济深等在福建成立中华共和国人民革命政府，黎又霖满腔热忱地奔赴福建参加革命政府的工作。革命政府失败后，他仍回到上海。1934年4月，参与起草《中国人民对日作战的基本纲领》。1934年5月，配合宋庆龄组织成立“中华民族武装自卫委员会”，起草《中华民族武装自卫会对日作战宣言》。

1935年，杨其昌被推荐任滇军第五军驻贵阳办事处处长，结识了省参议会参议员梁聚五和新黔日报社的吴雪俦、中共地下党员林青等。林青被捕后，他多方设法营救，未果。1936年春，黔西城遭火灾，同旅筑同乡组织“黔西火灾吁赈会”，奔走呼号、募捐求援，筹集财物救济家乡灾民。

1936年11月23日，“七君子事件”爆发，黎又霖立即赶赴上海，参与营救“七君子”的各种社会活动。他偕同张玉麟先后到同济大学、中国公学、交通大学等高等学府进行演讲，宣传《抗日救国十大纲领》和《中国共产党致中国国民党书》；配合宋庆龄、何香凝等组织大中学校学生开展营救“七君子”的示威游行活动。

1937年抗日战争爆发后，黎又霖到香港同杜钢百联络文艺界左翼人士筹办战时大学，香港总督慑于日本政府的压力而未批准。1938年离港到重庆，在其兄黎季云的聚康银行挂职人事部主任，与中共南方局董必武相识，在董必武介绍下加入了中国共产党，并接受中共中央南方局的领导，作为特殊党员与董必武单线联系，以国民党党员、聚康银行人事部主任的身份做国民党军政界首脑人物的统一战线工作。

1939 年初，受中共中央南方局统一战线工作委员会派遣，到綦江国民党军事委员会战干训练团任上校政治教官，联络了川、滇、黔军中的一批进步军官。1940 年 1 月，发生国民党特务屠杀战干团学员的“綦江惨案”，黎又霖向董必武作了详细报告，和董必武到国民政府军事委员会向张治中汇报，对“綦江惨案”进行善后处理。

1941 年 3 月，参与张澜筹建中国民主政团同盟，任重庆市民盟负责人。1941 年至 1943 年，根据中共中央南方局的安排，到梁漱溟创办的勉仁学校和陶行知创办的育才学校做团结联络工作。兼任育才学校训育主任，与育才地下党支部书记廖意林单线联系，开展地下活动。1944 年 11 月，中共重庆工委成立，黎又霖积极配合工委书记王若飞的工作，并细心照料王若飞、吴玉章的生活等。

1945 年抗战胜利，黎又霖回贵州省黔西县探视家人，走访政府机关、学校和农村。1945 年 10 月 28 日，民联成立大会在重庆上清寺特园举行，中共特别党员黎又霖经中共南方局领导人董必武的同意，加入了民联。当年年底，民联在重庆南岸枣子湾 6 号杨杰住宅成立了民联西南执行部和人民自卫军司令部，杨杰担任主任委员，黎又霖担任执行委员。在加入民联的同一时期，黎又霖又经鲜英、邓初民介绍，加入了中国民主同盟，盟号为 1193 号。1946 年 2 月，民联成立重庆临时工作组，黎又霖为主要成员之一。1946 年 4 月 9 日，黎又霖在重庆参加各界青年追悼“四八”烈士大会，发动会员送挽联花圈。是年 7 月，李公朴、闻一多先生被国民党特务在昆明暗杀，重庆民联发表声明并致电民盟中央吊唁。黎又霖参加追悼会的筹备工作，发动成员参加追悼会，并在联系群众中展开宣传活动，反对国民党法西斯暴行。9 月，重庆民联和各民主党派团体一道发起组织重庆人民和平促进会，发表声明，呼吁制止美国支持国民党打内战。11月4日，《中美商约》签订后，民联同其他民主党派和社会团体一道，掀起反对《中美商约》的运动，召开大小座谈会、报告会，发表宣言，持续了两个多月时间。

1947年1月2日，黎又霖在重庆春森路参加中共四川省委书记吴玉章58岁寿辰招待会。1月4日，重庆民联发表严正声明，支持全国学生抗议北平美军强奸北京大学女学生暴行的运动。号召大中学校的民联会员，积极支持和参加爱国抗暴的学生革命运动。6月1日晚，国民党当局出动大批军警宪特，于6月2日凌晨疯狂进行大逮捕，逮捕进步人士达200余人。在“六二”大逮捕后，重庆民盟组织在中共地下党的支持下，运用各种渠道，想尽各种方法进行营救。黎又霖和鲜恒等积极营救被囚禁的民盟盟员，终于在1949年3月，使田一平等21位重庆盟员获释出狱。

1948年1月1日，中国国民党革命委员会（简称“民革”）在香港正式成立，李济深当选为民革中央主席，黎又霖为宣传委员。3月，民革中央决定把工作重点放在宣传蒋军在战场上失利的情况上，形成蒋军必败舆论，争取人心，同时积极进行西南地方首脑的策反工作。黎又霖与周徒华等人先后在渝策动文化活动，公开在报上发表文章，向国民党政府发出忠告，并利用国民党政府中上层人物的矛盾关系，做分化离间斗争。6月，杨杰约会黎又霖、周从化，告知李济深转给他的密信。三人商定，由周从化回成都筹组民革川康分会：由黎又霖去贵州做王家烈的工作，筹组贵州民革（后未成行）。同月，杨杰担任西南四省（川、康、滇、黔）民革的总负责人，调黎又霖担任民革西南区秘书长，协助杨杰建立川康滇黔民革组织，联络军政界人士开展策反工作，策动武装起义。7月，由赵一明、冯克熙、黎又霖出面，与民盟、民联、民建、农工党负责人联系，经过互相串联，决定组织“民主党派联谊会”，采取聚餐会或其他集会方式，加强联系、互通信息、交换意见、研究工作。曾研究发动各方面调查了解官僚资本情况、保护国家财产、救济渣滓洞集中营被难同志等问题。

1948 年 10 月 27 日，国民党当局以“勾结共匪，参加叛变”为由，悍然宣布民盟为“非法团体”。11 月 6 日，民盟总部被迫宣布解散，各级组织和各地盟员随即转入地下活动。黎又霖任民盟重庆市支部秘书处主任。

1949 年 2 月，黎又霖率谢泉鸣密往滇黔联络同志，暗中策动军事起义。3 月初，抵达贵阳市后，获悉国民党将位于大方县羊场坝的航空发动机制造厂迁往台湾，为保全国家财产物资，黎又霖赶紧取道滇黔边境毕节镇一带发动民众武力，策动军队起义阻挠迁厂，未果。4 月 18 日，黎又霖只身前往昆明与杨杰再度筹商策动西南军变，时值湖南程潜将军起义，秘密说服滇军响应未果，乃与杨杰返渝统筹川滇黔军事起义的策动事宜。5 月，黎又霖赴成都筹建民革川康边支纵队。6 月，黎又霖到昆明找杨杰再度筹商云南军事起义，始知杨杰已到重庆，随即又赶回重庆见杨杰。在望龙门和丰银行举行会议，民革西南执行部要求大家做好配合解放军进军西南的准备工作，策动军事起义迎接解放，决定在涪陵新庙镇成立民革川东分会和“川东特区纵队”，由张镇宇负责组建，黎又霖为负责人之一。8 月，打入民革的军统“内线”严守三，化名李森向军统报告了黎又霖、周均时、王白与等民革川东游击纵队的活动情报，黎又霖被特务“内线”包围。是月 18 日，黎又霖接到去北京参加政协会议的密信。19 日，严守三带口信给黎又霖，伪称上海杨虎派人来川联络，有要事须与民革领导人面谈，约黎又霖傍晚去其家见面。黎又霖如约准时到临江门戴家巷 17 号严守三家，被埋伏守候在那里的一伙特务逮捕。

1949 年 8 月至 11 月，黎又霖被关押在重庆磁器口中美合作所集中营白公馆。在关押期间，平均三四天审讯一次，特务头子徐远举亲自审讯黎又霖，最初用高官厚禄利诱，想通过他了解民革在西南的整个组织和军运、策反等情况，黎又霖断然拒绝了徐远举的要求。国民党特务又施以酷刑拷问，逼其招供。特务用烧红的铁刷刷黎又霖前胸后背，他几次昏死过去，但始终未向敌人吐露半句有关组织和同志的情况。

1949 年 11 月 25 日，中国人民解放军神速挺进，重庆解放在望，黎又霖和难友们热切期望的革命胜利即将到来，面临崩溃的蒋介石政权孤注一掷，垂死挣扎。黎又霖心潮澎湃，拿出珍藏的竹扦子笔，写下了“革命何须问死生，将身许国倍光荣。今朝我辈成仁去，顷刻黄泉又结盟”等《狱中诗四首》，藏在牢房的隐蔽处，后又设法传递给邻室同案难友王国源，王在白公馆大屠杀时越狱脱险携出。

1949 年 11 月 27 日深夜，国民党反动派在逃离重庆前夕，对囚禁在重庆中美合作所集中营渣滓洞、白公馆等地的 300 多位革命志士进行疯狂的大屠杀。国民党特务将白公馆革命志士分成十批先后进行屠杀。黎又霖、周从化、王白与、周均时是第九批被屠杀的志士。

1950 年 2 月，重庆市市长陈锡联、副市长曹荻秋向黎又霖女儿黎世华颁发了《重庆市人民政府烈属优待证明书》。1952 年 6 月 13 日，重庆市民政局以“民群 52 字第 0102 号”文件为黎又霖堂兄黎季云出具了《黎又霖是中共地下党员证明书》。

史料一　黎又霖照片

（图片来源：贵州省毕节地区地方志编纂委员会编：《毕节地区志·人物志》，贵州人民出版社，1991 年 12 月，第 58 页。）

红色毕节 HONGSEBIJIE

黎又霖烈士像

黎又霖烈士遗诗

黎又霖烈士故居

黎又霖（1895－1949），贵州省黔西县人，中共党员。1949 年 8 月 19 日，被国民党军统特务逮捕，关押在重庆歌乐山白公馆，同年 11 月 27 日牺牲于白公馆。

黎又霖故居位于黔西县文化巷 13 号附 1–5 号。1936 年 2 月 3 日，任弼时、贺龙、关向应、萧克率领中国工农红军二、六军团长征攻占黔西县城后，军团政委任弼时就住在这里，并在此办公，1936 年 2 月 14 日，红军撤离黔西，任弼时办公旧址归还黎家。

102

（图片来源：中共贵州省毕节地委党史研究室编：《红色毕节》，第 12 页。）

多党合作在四川
DUODANG HEZUO ZAI SICHUAN

黎又霖（右）早年与友人合影

作，我没有向他说明，只能与黄朋豪研究再决定。我与黄朋豪商量，认为策反彭斌很重要，我不能离去，我们相信黎又霖的为人，必须将我们的工作情况向他说明，取得他的理解。我即与黎又霖会见说明情况，他说，这工作很重要，鼓励我们努力去做，贵州另找人去。他又充满激情地说，现在革命形势很好，我们要抓紧时间工作，配合解放军，早点打垮蒋介石，只要为革命出点力，个人问题就不算什么了。他这种为革命大无畏的精神，使我感动而受到很大的鼓舞！以后因我策反和农工的工作忙，我们就没有再见面了。

从7月15日起，国民党特务加紧了对黎又霖的监视，他的重要活动都在特务的监视之下，而黎又霖尚无察觉。保密局在不断取得黎又霖活动情报后，随即下达了逮捕令。黎又霖发现有特务跟踪，才清楚地知道自己处境甚危，但他毫无惧色，仍冒险四处活动。关于这段紧张斗争，邓后炎对此有一段回忆：

（图片来源：四川省政协文史资料和学习委员会编：《多党合作在四川·农工党卷》，四川人民出版社，1991年12月，第42页。）

史料二 黎又霖诗四首

黎又霖 （四首）

狱中诗

一

斜风细雨又黄昏，危楼枯坐待天明。
溪声日夜咽墙壁，似为何人数不平。①

二

祸国殃民势莫当，三分天下二分亡。②
狱中自古多豪俊，留待他年话仇肠。

三

卖国殃民恨独夫，一椎不中未全输。③
琅珰频向窗前望，几日红军到古渝?!④

四

革命何须问死生，
将身许国倍光荣。
今朝我辈成仁去，
顷刻黄泉又结盟。

黎又霖（1895-1949）：贵州黔西人。在北京大学学习时，积极投入"五四"反帝爱国运动。一九二七年参加北伐战争，加入中国共产党，长期以民主党派身分在国民党军政界为党进行统战工作。抗战时期，以重庆聚康银行专员身分，从事军运和营救难友等革命活动。一九四九年八月被捕，关押在重庆"中美特种技术合作所"白公馆。一九四九年十一月二十七日重庆解放前夕被敌人杀害。

〔注释〕

①咽：呜咽，声音低沉悲哀。牢狱的墙外有泉水声，象在呜咽悲鸣，为革命者鸣不平。

②三分句：指全国大部分地区已经解放，国民党的反动统治快要灭亡。《论语·泰伯》："三分天下有其二。"

③独夫：暴君，指蒋介石。一椎：秦始皇出巡时，路过博浪沙（在今河南新乡），张良请大力士用铁椎击秦始皇，没有击中。这里指黎又霖同志的地下工作虽然遭到破坏，但整个革命事业还是胜利了。

④琅珰：锁。这里指被监禁入狱，戴上手镣脚铐。古渝：重庆是古代的渝州，今简称渝。

297

（图片来源：萧三主编：《革命烈士诗抄续编》，中国青年出版社，1982 年 4 月，第 296-297 页。）

史料三　中国民主同盟烈士殉难调查表中的黎又霖资料

7

烈士

中國民主同盟殉難調查表

姓名	黎又霖	別號	光澤	性別	男	年齡	五十四歲
籍貫	貴州黔西	民族	漢	家庭出身	世家	住址	黔西縣城內[illegible]44號
學歷	北京法政大學畢業						
經歷	曾任大學教授、秘書長、軍政代表、辦事處長、戰區視察、主任教官、專員、育才學校董事						
入盟時間	1946年　月	入盟地點	重慶市	介紹人	章伯鈞　鄧初民		
曾參加何種革命工作	"五四"運動，北伐戰爭，[illegible]運動，抗日戰爭，早年曾參加國民黨三民主義同志聯合會，國民黨革命委員會，中國民主同盟西南區組織工作。	參加地點	不詳	參加時間	不詳	共同工作者	不詳
殉難情況	時間	1949.11.27.	殉難經過	1949年在重慶與國民政府策動反蔣起義，被特務秘密逮捕於中美合作所，受過三十餘刑，頑強不屈，英勇作堅決鬥爭，重慶解放前夕11.27.犧牲於松林坡。			
	地點	重慶市中美合作所白公館					
直系家屬	姓名	關係	年齡	目前生活、工作或學習情況			
	張玉麟	妻	45	目前生活困難。（住上海市淮海中路二千號C室）			
	黎世華	女	27	在[illegible]小學任教，在工作中學習。			
附註							

166-1-12-3

中國民主同盟殉難[illegible]表

姓名	黎又霖	別號	光澤	性別	男	年齡	五四歲
籍貫	貴州黔西	民族	漢	家庭出身	世家	住址	黔西縣城內中華路[illegible]
學歷	北京法政大学畢业						
經歷	曾任大学教授、秘书长[illegible]						
入盟時間	1946年　月	入盟地點	重庆市	介紹人	1.章伯钧　2.邓初民		

曾參加何種革命工作	《五四》运动，北伐战争，倒蒋运动，抗日战争，早年曾参加国民党三民主义同志联合会，国民党革命委员会，中国民主同盟西南区组织工作	參加地點	不详	參加時間	不详	共同工作者	不详

殉難情況	時間	1949，10.27	殉難經過	1949年在重庆与周均时策划反蒋起义，被特务抄获逮捕于中美合作所受过三十余种酷刑，坚强不屈，与敌作坚决斗争。重庆解放前夕11.27日晚被杀于松林坡
	地點	重庆市中美合作所白公館		

直系家屬	姓名	關係	年齡	目前生活、工作或學習情況
	張玉璘	妻	45	目前生活困难。（住上海市淮海中路[illegible]C室）
	黎世華	女	27	在黔西原籍小学任教，在工作中学习
附註				

附註：（一）殉難經過，須詳述當時情形，兇手姓名及其所屬反動機關名稱，兇手已否逮[illegible]
（二）工作情況，須填明工作地點及所負職務，[illegible]情況，須填明學校名稱及肄業年[illegible]

函　盟總組二(52)字第四四九號

一九五二年五月二十二日

各級地方組織：

我會前爲搜集解放前本盟々員因從事革命活動壯烈殉難事蹟，曾於一九五一年七月十二日以盟總組二(51)字第〇八〇三號代電附發中國民主同盟殉難烈士調查表式（原表式打印時脫落烈士兩字）一份，請各地組織進行調查，截至現在止，大多數組織尚未具報。你處在解放前如有本盟々員遭受敵人殺害者，務希依照原發表式於六月底以前塡寄我會，如無上項情形，即不須函復。

此致

敬禮

總部組織委員會啓

166-1-12-5

檔號

中國民主同盟西南總支部臨時工作委員會函

事由：速填具本盟殉難烈士調查表趕報總部由

受文者：貴州省支部臨工會

批示

擬辦

關於總部前為搜集解放前本盟盟員因從事革命活動壯烈殉難事蹟，曾於一九五一年七月頒發本盟殉難烈士調查表一種，希各地組織進行調查。截止目前，仍有多數組織尚未具報，因此於本年五月再次函知各地，希於六月底前將調查清楚，趕報總部此一任務，希你部定予如期完成，勿再延誤。至已逕報總部者，仍應照式填寄我部俾查為荷。

發

發文：西南組(四)字第一〇二號；一九五二年六月十九日

收文

復函請註明原發函字號時間

中國民主同盟西南總支部臨時工作委員會

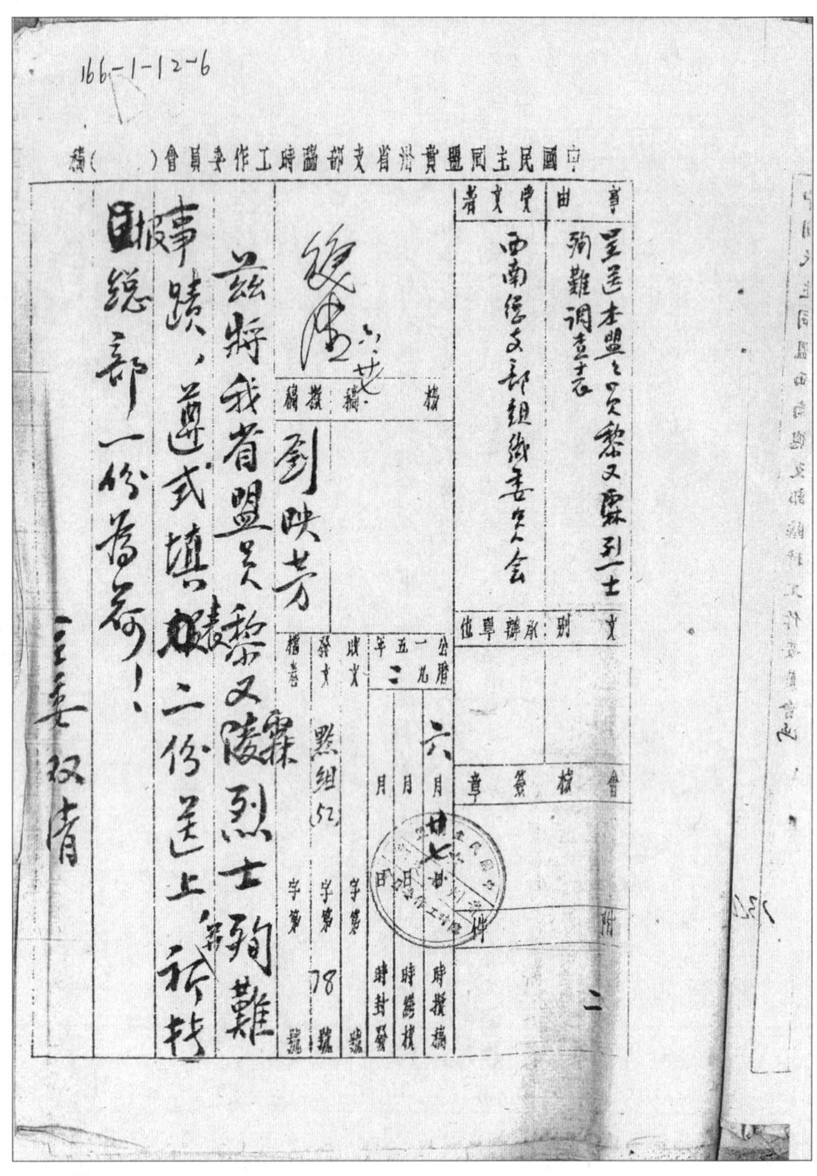

中國民主同盟貴州省支部臨時工作委員會

附蔡文霖烈士事略：

蔡文霖烈士，貴州黔西人，男，五十四岁，曾参加民盟，

華，反三民主義同志联合會等组織。

蔡烈士畢業於北京法政大学。作过大学教授，（上海

院及雅中国学院教授）终身從事文化事業。先生好文学，

書畫，尤工詩词，文学造詣甚深。早年曾加入国民党，

隨楊其昌師北伐并充秘書長；後又繼續倒蔣運動。一九四

年，由楊肤光先生介紹，加入革命〔國民黨〕委員會，楊往來西南

者，蔡任秘書長，并担任西南區组織工作。與何魯、周

時，劉漢、王國源、王伯與、楊永忠、楊其昌、尹子勤甘，

中國民主同盟貴州省支部臨時工作委員會

慶策劃反蔣起義，工作艱苦。在四九年地下工作時期，曾担任民盟重慶市支部秘書委員處工作，領導涪陵新廟鎮之川東特區縱隊。五月曾赴成都參加川、康、邊支隊任，促東失敗，後來又川黔、雲南等有策劃武裝起義工作，走爲特務所抓獲，并押送磁器口、中美合作所集中營，但在獄中表現很樂觀，隨時說國民黨反動派很快就要結束不們自己生命了。他对人很和藹，喜欢帮助难友，他被独禁室，加禁十八斤脚鐐甚久。未及一月，即大病幾死。在獄曾決請花甃，詞極激烈。于四九年十一月廿七日，蔣匪殺害全部民主人士手令下，晚七時与周、王諸烈士同時遇害。死前三

中國民主同盟貴州省支部臨時工作委員會

日，成四絕句，設法暗遞許宝之王國源，其中二首云：

(一) 禍國殃民勢莫當，三分天下二分亡，
獄中自古多豪傑，留待他年話酒腸。

(二) 斜風細雨又黃昏，危樓枯坐待天明，
溪聲日夜咽墻壁，似為愁人訴不平。

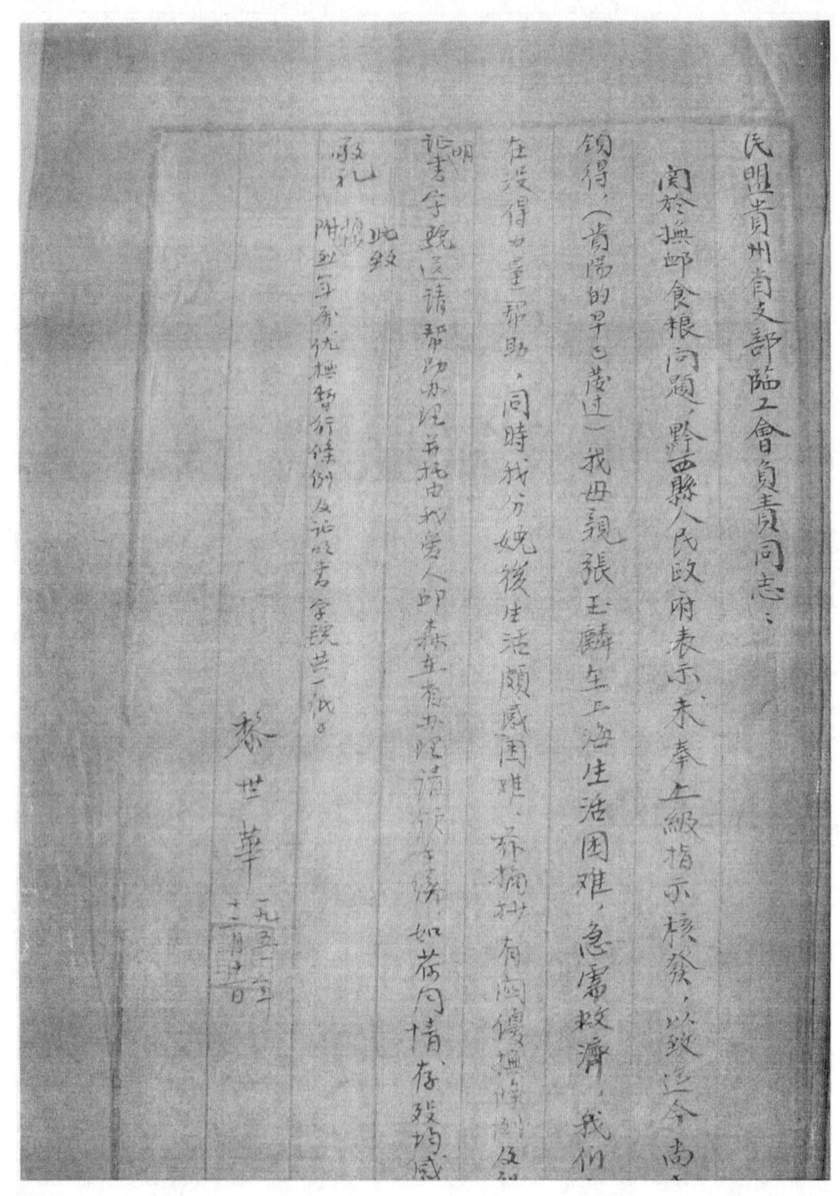

民盟貴州省支部臨工會負責同志：

關於撫卹食糧問題，黔西縣人民政府表示，未奉上級指示核發，以致迄今尚

領得。（貴陽的早已發过）我母親張玉麟在上海生活困难，急需救濟，我們

在沒得力量幫助。同時我分娩後生活頗感困难。務摘抄有關優撫條例及証

明書字號送請幫助辦理並托由我當人即赫在黔辦理請領手續，如蒙同情，存殁均感

此致

敬礼

附抄軍屬優撫暫行條例及証明書字號共一紙。

黎世華　一九五一年十二月廿日

（编者按：《中国民主同盟烈士殉难调查表》中的黎又霖信息，包括贵州省委组织部、贵州民盟临工委、西南总支临工委所填写的各种内容，主要围绕黎又霖殉难事迹而写。）

史料四 余正群：《将身许国倍光荣——黎又霖烈士传略》

将身许国倍光荣——黎又霖烈士传略

1949 年 11 月 30 日，重庆解放了，人民欣喜若狂，热烈欢呼革命的胜利。但在重庆歌乐山下的国民党军统集中营，却疮痍满目，遍地血迹，到处都有烧焦的和血肉模糊无法辨认的烈士遗体。络绎不绝的男女老少，满怀悲痛和愤恨，前来寻找在黎明前献身革命的亲人、战友。刚从敌人大屠杀中侥幸脱险的王国源同志，在白公馆监狱平三室牢房的隐蔽处，发现了一张巴掌大的纸片，那上面用竹扦子笔写着感人肺腑的诗句，洋溢着“革命何须问死生，将身许国倍光荣”的壮烈情怀。经考证确认，它是黎又霖在牺牲前两天，即 1949 年 11 月 25 日抒怀的绝命诗。

黎又霖成仁时，年 54 岁，在与他一道殉难的烈士中是年龄较长的一个。他从参加五四运动到中华人民共和国成立的漫长革命岁月中，在政治、军事、文化、工商各界广泛从事革命活动，为中国人民解放事业贡献了毕生的精力，做出了重大贡献。吴玉章在《重庆工作概况》一文中，对他作了充分肯定。

一、痛打卖国贼

黎又霖（1895—1949），又名黎万里，贵州省黔西人，1895 年农历七月七日出生于黔西城关镇南后街一个书香人家。父亲黎斗恒，前清秀才，辛亥革命时，是孙中山先生同盟会贵州分会——自治学社黔西分社社员。母亲刘端肃，举人之女，具有文学修养、爱国民主思想。他俩都重视教育，又霖少儿时即严教其读书，后又聘请名师曾昭新来家设馆。其父与儿子同堂上学，传为佳话，实际是一曲与时代隔绝的悲歌。此时维新之风，南渡娄山关入于古夜郎之乡，省城贵阳的少数学子如张百麟、周培艺（素园）等乘满清政府废科举、仿效欧美学制，设立新学之机，起而组织自治学社，创办公立法政学堂，发行《西南日报》《自治学社杂志》，设学会、科学研究会，聚集研究自然科学，表现了为自己求进步、对国家做贡献的热情。但闭塞的黔西、守旧的黎家，似乎还没有这种气息。儿童们仍读《四书》《五经》《古文观止》之类的旧书。不过，黎又霖聪颖好学，记忆力很强，他所喜欢的书，阅读一遍就能背诵出主要内容。他爱好古典文学，如《水浒》《三国演义》《西游记》等。尤喜吟咏唐诗，日出即起床背诵。几年之后，便能吟诗作赋。所作诗文，常受长辈称赞。

1911 年，辛亥革命推翻了满清王朝，建立共和体制，一度给中国青年带来美好希望。僻居黔西、十六岁的黎又霖也非常振奋，方知应放眼观察世界。他崇敬孙中山先生和他倡导的民主思想，立即剪去长辫，脱去长袍，换上短服，毅然抛弃旧学，到省城贵阳南明学校求学，后转到成都入中学。1915 年卒业后，随其叔班生先生赴北京，考入北京大学法政系。

在北京，他的视野逐渐开阔，他注视着政治思潮的变化，思考着怎样才能推翻军阀统治，实现真正民主，寻找救国救民的真理。1917 年苏联十月革命胜利，给中国人民送来了马列主义，他开始和许多进步知识青年一样，学习和研究马克思主义，他像一只山雀急欲成为鹏鸟，八九年间从涉足孔孟之道、西方民主进而研究马克思主义。

1919 年，黎又霖大学毕业前夕参加了五四爱国运动，接触到反帝、反封建、新文化思潮。他与北京大学的爱国师生积极投入在天安门前举行的集会和示威游行，他们高举着用中文、英文、日文书写的“取消二十一条”“还我青岛”“宁为玉碎，毋为瓦全”等标语牌，高呼“外争国权，内惩国贼”“不当亡国奴”的口号，浑身充满着爱国激情。

游行队伍经过赵家楼，出于对日本的侵略行为和北洋军阀政府卖国投降的愤怒，黎又霖参加了烧毁签订“二十一条”的卖国贼曹汝霖住宅和痛打驻日公使章宗祥的爱国活动。后来，他曾对好友及其女儿谈起当时的情景：我们冲进了卖国贼曹汝霖、章宗祥的家，只见楼宇走廊摆满了花盆，其中有的以珊瑚做枝、金玉为叶，真是富丽堂皇！而高墙外的人们却为一日两餐劳碌奔波。这些官老爷不仅贪污享受，还置国家利益于不顾，丧权辱国，丢尽了中国人的脸，我们愤怒无比，放火烧了曹汝霖的住宅。他赞颂五四运动是烧毁黑暗世界的火炬。

经过五四运动洗礼的黎又霖，政治活动的热情大为提高。为了更广泛宣传和扩大五四运动的影响，他和一些进步同志创办《民声报》，自任主编。并与同学杜钢百、王师吉等拜见了文化革命的先驱鲁迅先生。1919 年 10 月 10 日，孙中山先生在上海宣布改组“中华革命党”为“中国国民党”，同时出版《孙文学说》，力主反对北洋军阀政府。这时，黎又霖结识了中国同盟会会员、四川叙永人黄季陆先生，并经他的介绍参加了国民党。

二、反对独裁者

1920 年，黎又霖于北京大学毕业后回家小住时，与黔西女子高等学堂的学生肖淑贞结婚。虽新婚燕尔，仍投入反帝、反封建爱国活动，他组织演出的话剧《革命鉴》为黔西县首创。并积极主张支持其妹、妇女放足剪发。劝说他的母亲组织有文化的亲友在寿福寺创办起女子国民学校。鼓励他的五弟季心考入黄埔军校第六期，后参加抗日战争，担任过副师长。他在家期间，北洋军阀皖（段祺瑞）、直（曹锟）、奉（张作霖）三系，为争做北洋政府的主宰，于 1920 年 5 月爆发直皖战争，两年后又发生奉直战争。孙中山领导广州军政府（1920 年 11 月）和非常大总统府（1921 年 5 月），因受南方军阀牵制，两次北伐都未能成功。神州大地，从北到南，不断发生军阀混战，贫瘠的贵州，地方军阀王（文华）、刘（显世）统治集团为争夺军政大权，明争暗斗，兵变、暗杀迭起，军阀肆虐、盗贼蜂起，粮田被侵占种上鸦片，粮食锐减，人多染上烟癖，食盐殆尽，民不聊生，倒毙于路旁、饿死于茅屋者，比比皆是。在经济陷入绝境之际，安龙系军阀袁祖铭乘机入黔当政，任贵州省政府主席、黔军总司令，一度给好心的人们带来幻想。

黎又霖目睹军阀割据混乱局面，心忧日本帝国主义侵华野心活动加剧，国是日益恶化，常思救国之路。认为只有响应孙中山的号召，促使北伐成功，才能打倒北洋军阀，统一中国，再也不能坐以待毙。1922年告别了父母和妻子、幼女，毅然投笔从戎，参加了黔军，担任袁祖铭的秘书。此间，他和原自治学社周素园发现袁祖铭在口头上赞成北伐，而实际是参加四川军阀内战，借以扩大自己势力的野心后，他们以诚信、真切、无畏的贵州人性格，多次劝谏袁祖铭与孙中山真诚合作，共策北伐，直到第一次国共合作实现，北伐阵线组成，袁祖铭还是犹豫再三，不肯与孙中山合作。黎又霖遂脱离袁部，毅然随四十三军军长李乐（晓炎）参加北伐，任所部教导师（该师后改编为国民革命军第九军第二师）杨其昌师长的参谋。转战湖南、河南、湖北，打了很多硬仗，而枪支弹药和人员却得不到补给，困难重重。黎又霖一路风餐露宿，常常不得安眠。杨其昌劝他注意休息。黎又霖却说："不打垮北洋军阀，不结束封建军阀的割据，怎能睡得着？睡着了也要被整醒的。"

1926年10月10日，北伐军攻占武汉后，广州国民政府迁来武汉，成立了党政联席会。为了彻底粉碎坐镇宜昌的北洋军队，国民革命军第九军贺龙（后编为新12军，贺任军长）与二师杨其昌均受命到宜昌，贺龙刚强果敢，一举歼灭了"保安军"，收缴了大批枪支，全部运到"峡州大饭店"（现解放路原《宜昌报》社址），黎又霖随杨其昌部由河南郑州也火速行军到宜昌，将商会包围，缴获枪支200多条。由于驻宜昌的国民革命军第十军军长王天培将海关、"禁烟查缉处"和行政局等财政税收机关占据，致使第九军贺龙、杨其昌两个师军饷无着。纷纷向武汉政府代表吴玉章反映，经吴玉章说服王天培遵从法纪，将税收机关交政府接管，同时与宜昌商会商量，每日借出二千元发给贺、杨两师驻宜部队。这一番经历加深了黎又霖对吴玉章及武汉政府的认识，对蒋介石集团在各地制造的反共、反工农事件感到愤慨。

1927年，黎又霖原配肖淑贞病故，再娶中国公学毕业生张玉麟为继室。同年，北伐军光复南京之后，4月12日蒋介石在上海发动了反革命政变，背叛革命，大肆逮捕、屠杀共产党员和革命群众。黎又霖怒不可遏，便经常在大庭广众大骂蒋介石太没良心，国共合作帮助了他，却反过来整共产党……杨其昌劝他休谈国事，免生事端。他觉得杨其昌胆小怕事、谨小慎微，十分不满地说："老弟，我要离开你，这下我有事做了！"随后弃军去上海从教，应聘同济大学教授。

1931年，黎又霖去广州出席胡汉民主持召开的国民党非常会议。会上得与柏文蔚、王葆真先生相识，继而过往甚密，交情日深，常在一起共商倒蒋活动。胡汉民失败后，黎又霖重返上海担任中国公学总务长，与柏文蔚、王葆真等组织国民党中的左派在安徽、上海一带宣传革命，鼓励民众反蒋。

1933年，蒋介石政府同日本签订卖国的《塘沽协定》，承认日本占领东北三省、热河的侵略事实，致使中国人民抗日救亡浪潮愈益高涨。在此民族存亡之际，中国共产党号召停止内战、共同抗日。国民党十九路军继5月冯玉祥的抗日同盟军之后，于11月发动了福建事变。李济深、蔡光鼐、蔡廷锴等国民党元老在福建成立"中华共和国人民革命政府"，公开宣布抗日反蒋。黎又霖非常高兴，满腔热忱地偕社会科学工作者江公怀（日本占领香港时被捕遇害）奔赴福建，参加革命政府的工作。但革命政府在蒋介石优势兵力攻击下，成立不足三个月就失败了。黎又霖不得已又回上海。

1934年10月，中国工农红军主力红一方面军北上抗日，拉开了长征的序幕。这时，黎又霖与刚解甲归田来上海小住的原第九军二师师长杨其昌议论国家的前途。杨其昌问黎又霖："你对红军长征如何看？"黎又霖慨然回答："不管蒋介石如何诡计多端，但江山不稳，失民心者失天下。共产党领导红军长征，虽处境困难，但民心所向，大有希望。我们两人说话，心中有数，都是内场人嘛！”

失民心者失天下，这是黎又霖经过十多年严酷的现实斗争所得出的信念，从而预见到蒋介石必败、共产党红军必胜。

三、以救国救民为己任

1935年，黎又霖经杨其昌的推荐，由上海回贵阳，担任滇军第五军驻贵阳办事处处长。这儿离家乡黔西很近，有人劝他荣归故里，被他谢绝。长女黎世华闻讯后从黔西赶来贵阳相见，父女抱头痛哭，世华哭诉了母亲受封建礼教的虐待和1926年病逝的悲况。黎又霖面颊也挂满了泪珠。“男儿有泪不轻弹，只因未到伤心处”，他痛失发妻、幼女，真谓“人有悲欢离合，月有阴晴圆缺，此事古难全”。但为了救国救民，他强忍悲痛，替女儿擦干了眼泪，告诫女儿说：“你一定要好好读书，不要玩花架子，日本医学发达，将来我送你去日本读书。”

这时，黎又霖经梁聚五介绍，结识了在贵州省财政厅任职的吴雪俦，他们共同商议发起了撤销贵阳十字路口（现在的喷水池中心处）竖立的桐梓系军阀周西成铜像运动。

1926年至1935年桐梓系军阀垄断贵州军政大权，尤以周西成主黔（1926—1929）三年间，积极反共，迫害进步人士，专横跋扈，横征暴敛，苛捐杂税，废止旧纸币，滥发新纸币，刮尽人民膏血，暴行累累，还无耻地指使一些土豪劣绅为他立牌坊、竖铜像……有识之士，多为之齿寒。黎又霖、吴雪俦、梁聚五等经过20多天的筹备，在贵阳一小学礼堂召开了数百人参加的群众集会，由梁聚五主持，宣布撤销周西成铜像的理由和目的后，黎又霖即席慷慨陈词，历数桐梓系军阀的罪恶统治，提出取消苛捐杂税、打倒军阀等口号。群情激愤，一致通过了请求撤销周西成铜像的决议和告群众书，成立了常务委员会，黎又霖、梁聚五、吴雪俦被推选为常务委员。这次大会似一声惊雷，震破了笼罩贵州省城的沉默、死寂空气。但与桐梓系军阀有着盘根错节联系的土豪劣绅，又恨又怕，分头串连，盗用人民名义，向驻贵州的蒋介石中央军总指挥薛岳呼吁，硬将周西成铜像保存下来。这一义举虽未成功，但唤起了民众的觉醒，联系了大批反蒋力量，使他们认识到要打倒封建军阀，必须推翻国民党的反动统治。

同年，黔西县城发生大火，全城烧得只剩下西门一角，灾民无处安身，流离失所，民怨沸腾。县长林雁峰惧于民愤而逃至贵阳。黎又霖闻讯后，急家乡人民之所急，各方奔走呼号，向贵州省当局求援，同时在旅居贵阳的黔西同乡中，组成"黔西火灾吁账会"，广泛开展募捐宣传，并将所得款资尽数寄给家乡。

1937 年，抗日战争爆发，黎又霖到香港，逢老友杜钢百，他们计议合办战时大学，联络左翼文艺界人士积极筹备。后因香港总督慑于日本政府的压力而未获批准，黎又霖辗转到重庆。

1938 年 12 月，周恩来、董必武等先后到重庆。次年 1 月，中共中央南方局在重庆成立，周恩来、董必武以八路军办事处和中共代表的公开身份同国民党顽固派进行有理、有利、有节的斗争，为壮大共产党力量，广泛开展统一战线工作。黎又霖到重庆后，与南方局取得了联系，在董必武领导下，1939 年春开始以隐蔽的身份参加了由武昌撤退，经湖南沅陵迁到綦江的国民党军委会战时工作干部训练团，任上校政治教官，联络了一批川、滇、黔军的军官。1940 年 1 月发生国民党特务屠杀战干团学员惨案后，黎又霖回到重庆，通过其堂兄聚康银行经理黎季云，挂名该行人事主任，又通过侄女婿蒋华村任通惠实业银行经理为掩护，广泛接触工商界、金融界人士；常去教育界梁漱溟办的勉仁学校、杜钢百办的草堂国学专科学校开展工作；通过吴雪俦等关系，结识了进步人士陶行知、李公朴等，又通过蒋华村与西南长官公署副长官邓锡侯的儿子邓华明接触。所有这些都为他后来开展军运策反等工作打下了良好的基础。

黎又霖与王若飞是同乡、同学，友谊甚笃，情同手足。1944年5月王若飞到重庆，11月周恩来、董必武离渝后，成立了中共重庆工委，王若飞任书记，致力于国内团结工作，曾三次参加国共两党的谈判。黎又霖除积极协助配合他们工作外，生活中对他百般照顾。1946年4月8日，王若飞随中共代表团飞返延安，不幸飞机失事遇难。噩耗传来，黎又霖悲痛万分。

吴玉章在渝期间，因年高体弱，在紧张工作中常常病倒。吴老每次就医，都是黎又霖借蒋华村的小车接送进步名中医薛映辉去红岩村诊病，并不时从兄、侄处支钱为吴老买药。

1943年初，谭平山来重庆。黎又霖向友人借得陕西街金沙岗一所房屋供谭老居住，他常常与谭老促膝谈心，获益匪浅。

黎又霖多次参加周恩来、董必武等作报告的组织工作。有一次周恩来在朝天门附近工矿银行后面会客厅作形势报告，黎又霖动员蒋华村等前去聆听。鼓励他常读《新华日报》，并把报刊上的社论、有关重要报道送与工商界、金融界人士参阅，扩大《新华日报》的影响。当时，育才学校是块进步的教育园地，黎又霖又鼓励蒋华村每月资助该校20个银元。

四、民主战线上的尖兵

1945年8月15日，广播传来日本无条件投降的信息，黎又霖兴奋得忘记了疲劳。白天与同志们共同欢庆全民族的翻身胜利，晚上还和兄、侄彻夜畅谈。夜阑人静，他思念被乱世隔绝的亲人，决定回家乡探望刚结婚的女儿。9月，他趁金风送爽之际，由重庆回到了阔别23年的家乡黔西。思绪万千，往事历历在目，他那渗着欢笑的泪眼，蕴藏着人世间的无数沧桑，挥毫抒怀写下了七绝二首：

人生不唱大风歌，莫使年华逐逝波；
万卷蜡红余薤叶，一杯梨绿醉漓涡。

廿年不见故园春，子侄猜疑附耳频；

世乱时荒兄弟隔，一回相见一回亲。

诗歌抒发了他对故乡亲人思恋之情，表现了他不愿在蒋政权谋个人名誉地位，衣锦还乡，而是忧国忧民，以革命为己任的宽阔襟怀。

回乡期间，他看望了故旧亲朋，参观了黔西的机关、学校，还深入农村调查。回到重庆后，多次给养正小学（现黔西第三小学）和王兆麟老师寄《观察》《中建》等进步期刊。养正小学十分珍视，在刊内写上字条："此刊系黎又霖先生赠给，请勿携出办公室。"进步青年李治国、罗泰祥等秘密组织了阅读，对其中"国大花絮""金元券贬值"等文章进行了讨论，激发了这伙热血青年的爱国热情。

在周恩来、董必武的影响、推动下，国民党民主派、爱国民主人士在重庆发起成立了"三民主义同志联合会"（简称民联），1945年10月28日在上清寺鲜特生公馆"特园"（誉称民主之家），召开了第一次全体大会，成立了中央领导机构。黎又霖经董必武同意，加入了民联，同时又经鲜特生、邓初民介绍加入民盟（盟号是1193）。同年，民联在重庆南岸枣子湾6号杨杰住宅，成立了民联西南执行部和人民自卫军司令部，人民自卫军下设路司令、纵队、支队。杨杰（耿光）是著名的军事家，曾任驻苏大使、陆军大学教育长，和西南各方门生故旧有广泛联系，被推任主委、总司令，黎又霖为执行委员。

1946年初，为适应民联中央将于夏季迁往上海，成立了民联重庆地方组织"临时工作组"，由甘祠森（解放后，曾任民革中央副主席，1983年病逝）负责，杨杰、邓初民担任指导员，后经民联中央同意，增补黎又霖为临工组成员。1946年12月邓初民离开重庆后，建川中学校长邓后炎（原任民革重庆市委副主委）被邀参加临工组工作。

1947年春夏，随着蒋介石厉行独裁、内战政策，重庆形势急剧变化。2月28日深夜，国民党军警包围了曾家岩50号中共四川省委机关和化龙桥《新华日报》馆，3月7日又将全体人员强送延安。6月1日深夜，国民党军警、特务大举出动，一夜之间逮捕二百多位民主进步人士。7月1日蒋介石发布了《戡乱总动员令》……黎又霖与中共领导机关的联系被割断，便凭自己的政治判断继续开展革命活动。他与原南方局统战组留重庆的彭友今、汤逊安取得了联系，虽然没有正式组织关系，但他们共同战斗，配合十分协调。在他们的支持和帮助下，民联临工组和民盟等民主党派确定了“隐蔽精干，积蓄力量，扎稳脚跟，伺机而动”的方针，采取个别联系、小型聚会沟通情况、主动配合的工作方法，由公开转入地下活动。黎又霖学识渊博，有丰富的政治、军事知识和经验，与他讨论形势和工作的民联同志都信服他对政治形势的正确分析。他态度谦逊，善于听取别人的意见。当他发现同志们的意见可取时，总是加以强调和支持。他善书画，文学造诣亦深，常为报社撰稿，每次都由侄儿黎世杰缮妥后送《新华日报》《新民晚报》《大公报》《国民公报》。还安排侄儿把这些报纸的社论（包括他写的在内）粘贴成册，他撰写的《币制沿革》书稿等一并妥善保存起来。可惜所有文稿、著述在他被捕时，均被特务搜罗无遗。同时，他还善于运用形象说明问题。1947年夏，黎又霖协助杨杰组建了民联川北分会。1948年3月，分会主委杨玉枢、委员吴奉昭（都是中共地下党员）、聂丕承等到重庆向杨杰汇报工作，在杜文博住处化龙桥石家花园和黎又霖、蔡梦慰（1949年11月27日殉难于重庆中美合作所渣滓洞监狱）聚会，当杨杰听完汇报后说：“国民党和共产党打仗，就像猪八戒和孙猴打架一样，猪能打赢大圣吗？”黎又霖立即把一碗茶水倾倒墙上，在场的人都很诧异，他才说：“你们能用手挡住茶水不流吗？”大家才有所悟，笑了起来。

1948年夏，盟员张春涛、民革中央特派员杜重石分别从香港带来李济深、张澜给杨杰等的信息，要杨杰领导民革西南四省（川、康、滇、黔）工作。杨杰找民联临工组甘祠森、黎又霖商定了几条办法。民革与民联不合并，两个组织应是兄弟组织，要互相通气，民革以联络军界人物为主，民联仍搞民主活动，杨杰继续担任民联指导员，黎又霖调民革帮助杨杰建立民革组织。

同年下半年，中国人民解放军在战场上取得明显优势，国民党报纸却造谣宣传国民党军队的所谓胜利。杨杰与黎又霖、甘祠森商量，召开时局讨论会，明辨形势和西南四省的任务。经黎又霖奔走联络，不几天就举行了讨论会。通过讨论，大家明确了西南四省，四川是关键，如果蒋介石不能掌握四川就无法在其他三省立足的观点，指出了“保川拒蒋，迎接解放”的战斗任务。尔后，他们每二、三周或一月举行一次“转转会”（形式是轮流请客吃饭），对民联民革全体党员认清形势、精诚团结、对坚持斗争和配合其他民主党派共同反蒋起了积极的作用。

黎又霖年过半百，没有固定职业，又不带家小，只身一人忘我工作，将个人命运和国家前途紧密联结在一起，表现了强烈的爱国热情和革命的献身精神。这时，他除了协助杨杰搞军运、策反工作外，还担任民盟重庆支部秘书处主任。因而频繁地奔走于川、滇、黔和重庆之间，工作紧张也十分劳累。而他生活却十分艰苦、俭朴，从不乱花一文钱，抽烟嫌香烟价高，便吸烟末，内衣、内裤破了自补，皮鞋烂了补好再穿。他患了严重的风湿关节炎，膝盖肿大，步履艰难，但出门仍多步行，致使疼痛万分，晚上不能入睡。大家劝他休息几天，病好了再出外工作，他却风趣地回答：“我工作起来可以忘掉病痛，还是工作好呀！”还有一些同志担心他肩负重任，不宜到处抛头露面。他说：“现在蒋介石是强弩之末，快要完蛋了，我们要抢时间，抓紧合作，配合解放军进军大西南。”但他对其他同志的安全却考虑得极为周到。

1949 年 2 月，黎又霖前往滇、黔联络同志策动军事起义。3 月初抵贵阳，获悉蒋介石要将大方县境内的羊场坝发动机制造厂迁往台湾，他特地绕道滇、黔边境毕节、镇雄一带找张吉坞、安问石等组织民众武力，同时策动王家烈起义，阻挠该厂迁台。筹备就绪后又与吴雪俦、双清等同志联系，商议迎接解放军解放贵州的工作。6月，到昆明找杨杰再度筹商云南军事起义，住李挽澜（民联西南执行部执委）家，始知杨杰已到重庆，他即赶回重庆和杨杰、何鲁、周均时、周从化、王白与、杨其昌、王国源、江载黎、张镇宇等聚会，商讨配合解放军进军西南，策动军事起义迎接解放。6月，民革川东分会和民革川东纵队成立，黎又霖为负责人之一。

在此期间，黎又霖与鲜恒等积极协助营救囚禁在军统重庆集中营的革命同志田一平、仲秋元、胡春浦、唐弘仁等。20余人获释出狱，还参与策动杨森20军和潘文华23军及44军起义活动，帮助张镇宇在涪陵新庙镇组建民革川东特区纵队，支持侄女婿蒋华村竞选上重庆粮食工会理事长，掌握粮食供应、库存，从而控制工会。

五、黎明前的战斗

杨杰等人在川、康、滇、黔的活动，被军统局侦知，蒋介石极为震惊。1949年夏，西南长官公署二处处长徐远举奉四川省政府主席张群之命去拜访杨杰，示意其不要和李济深等发生关系，实际上这是对杨杰的警告，杨杰只好于7月初到昆明。杨杰转昆明前，黎又霖三次去杨寓所研究工作。因此，从7月15日起特务加紧了对黎又霖的监视，打入民革的军统特务严守三（化名李森）向军统局报告了黎又霖的面貌、特征、住址。

8月初，杨杰托民社党中委戢翼翘带交黎又霖的亲笔信，戢带到重庆后，交民社党宣传处副处长陈芝楚转交。陈是军统特务，先把信交给了徐远举。信中写道：

又霖吾兄：

弟以（已）返昆，连读大函，敬悉。一切皆在变中，做生意者在此时仍要把握着实物，始能应付一切动变。

吾兄有兴趣来滇一游，至所欢迎，川省物资丰富，弟亦拟稍进川货。台驾来游，便可领教一切。

专此不尽　　顺颂敬礼漱石上　　二九

徐远举将信交李修凯、左志良立即拍照后，由陈芝楚送给黎又霖。

8月13日，李森报告了黎又霖去纯阳洞96号周均时家，和周均时的政治情况；15日又报告了黎又霖与海员工会理事长宋幼安等谈话内容和8月13日写信给三斗坪乡公所高则古，希其去给解放区的同志通行并帮助运货（即武器）。

这时，黎又霖的重要活动，都已在特务的监视之下，而他尚无察觉。8月18日，黎又霖与戢翼翘、陈芝楚在冠生园接触。他愤慨抨击蒋介石领导国民党二十余年毫无成就，祸国殃民。又说："蒋介石对保卫西南信心虽强，部队虽多，但没有多大办法（意思是局势已去，民心已失），西南将领又同床异梦，民众不需要战争，四川两个月内可能有兵变……"

与此同时，军统局派陈芝楚去涪陵、长寿等地查清了黎又霖参与张镇宇领导的川东游击纵队的活动；又加派李君英（军统特务）混入民革组织暗中搜集黎又霖、周均时等的动态，侦察民革组织状况。

8月19日，徐远举查知黎又霖为民革川省负责人后，向军统局送了《签呈》。

黎又霖为民革川省（康）负责人，周均时、吴孝媛（女）为民革在渝重要分子，正积极从事军运、社运、匪运活动，企图叛乱政府。由杨杰致黎又霖等函件证明，事证确凿，拟先将黎又霖、周均时、吴孝媛（女）三人秘密传讯，以资扩大破坏，可否之处，恳乞核示

谨呈长官　张　副长官　钱　　职徐远举

附呈杨杰致黎又霖、吴孝媛亲笔函照片两件

随即下达了逮捕命令，黎又霖才发现特务跟踪，自己处境甚危。但

他毫无惧色，仍冒险四处活动。一个烈日炎炎的中午，黎又霖气喘吁吁地跑到建川中学，对邓后炎说："好险，我跑了十几里路，才转到你这里来，我在朝天门发现有特务跟踪，为想办法躲开，混到一条木船上，过了江北嘴，特务上了另一条船。我下船后先往下游走，绕过一些小巷又折回上游才到这里的。"有同志劝他暂避一时，他说："天快亮了，要坚守岗位。"他以无畏忘我战斗精神继续工作，不仅没有接受劝告，反而劝与他一起活动的鲜恒："不要到北京，更不忙结婚。"此时，杨杰又来信："此间生意发展极速，且大有办法，川省亦望早日结账，否则恐有害全盘之营业计划，希告化兄、均兄从速办理。总号在平开股东大会，弟亦派员参加，如此间账目结束，弟亦可前往参加也。"他读之兴奋不已。

8 月 19 日，住在米亭子街 19 号小庭院三楼的黎又霖推开了窗户，机警地注视着过往的行人，接着从书架上的一本旧书中取出了杨杰由昆明捎来的信札，穿上了夏威夷式的洋布衬衣、黄哈米呢裤子，拄着拐杖，从容地走出了房门，他要到戴家巷 17 号去会兴中协会重庆分会理事长严守三，告诉他中国人民解放军已取得决定性胜利的消息和重庆即将解放的光明前景，试图通过严守三等组织社会各界人士迎接解放。

这天下午，黎又霖得到严守三的口信，伪称上海杨虎派人来川联络，有要事须与民革领导人面谈，约黎又霖傍晚去他家见面。

黎又霖准时到了严守三家，坐定之后，挥动着严守三递过来的蒲扇，从口袋中掏出了杨杰的信递给严守三，并告诉他杨杰信中写的："总号在平开股东大会（是指新政治协商会议），不久将在北平召开。"但黎又霖并未等待所谓杨虎派来的人，要告辞。严守三执意相送，二人刚行至戴家巷口，早在那里埋伏守候的左志良等一伙特务即上前将他们团团围住，乌黑的枪口对准了他们。

这时，黎又霖不顾自身的危险，还大声喝道"有事我跟你们去，不要抓他，他是送客的”，边说边将严守三推开。左志良顺水推舟，也故意将严守三推上了汽车。黎又霖为什么对身边的特务严守三如此诚信深情，原来严守三早已骗取了杨杰的信任，杨杰离开重庆前曾对他说：“我离开后，你有事要与黎又霖多联系，他是可以负责的，”又说黎又霖是教授，示意严守三对黎要尊重，随后将严守三介绍给黎又霖与其直接联系。

黎又霖被押解到老街32号西南长官公署第二处的一幢小楼，关进小黑屋。

深夜，在阴森的处长刑讯室，特务头子徐远举笑容可掬地请黎又霖坐下，从案卷中抽出翻拍的杨杰由昆明捎来的信函照片，示意黎又霖他已了解民革在西南活动情况。黎又霖注视着照片，立刻明白他已被内奸出卖。徐远举直言不讳地告诉黎又霖，他还需要了解民革在西南整个组织，特别是军运、策反等情况。

黎又霖断然拒绝了徐远举的要求，徐远举立刻撕下伪善的面罩，对黎又霖进行了刑讯，他被酷刑折磨得昏了过去，徐远举什么也没有捞到。次日将黎又霖转解到重庆歌乐山麓的军统集中营白公馆监狱，铐上十八斤重的铁镣，单独囚禁在二楼一间小牢房内（后转禁楼下平三室）。

徐远举急于想从黎又霖身上打开缺口，扩大破坏民革在川、渝的整个组织。从黎又霖被关进白公馆监狱的第二天起，平均三四天要对他刑讯一次。先是以“释放”“自由”“升官”“发财”为诱饵，然后便施以酷刑，他们用烧红的铁刷，刷黎又霖的前胸、后背，烧焦了皮肉……在他疼痛难忍之时，便授以纸笔，令其招供。坚强的黎又霖几次死去复苏，咬破了嘴唇，终未向敌人吐露半句有关组织和同志的情况，却三次写上：“没有说的，请枪毙！”

一天，黎又霖支撑着受伤的身体，抓住铁窗，兀然而立，他忽然看到了他熟悉的面孔、亲密的战友——比他晚一天被捕的周均时、王白与、杨其昌、王国源等，才恍然大悟，特务打入了民革组织内部，致使大批同志被捕，革命受到重大损失，他心情十分沉痛。在一个暮色朦胧、溪涧潺潺的傍晚，他用竹扦子笔，写下七绝二首抒怀表志："斜风细雨又黄昏，危楼枯坐待天明，溪声日夜咽墙壁，似为何人诉不平。""祸国殃民势莫当，三分天下二分亡，狱中自古多豪俊，留待他年话仇肠。"

在敌人严刑逼供和艰苦的监狱生活折磨下，黎又霖身体十分虚弱，入狱不到一月，便泻肚子，大病一场，几乎病死狱中。但他信仰坚定，情绪乐观，毫不气馁，仍关心着同志、战友。常利用"放风"的短暂一瞬，鼓励同志们要坚持下去。大屠杀的前几天，在厕所遇见杜文博，杜告诉他秘密传来的险恶消息，要他保重身体。他却说："蒋介石就要完蛋了，不敢把我们怎么样。"又向杜文博询问了一些同志的安全情况。

就在这几天，他还悄悄托人给侄女婿蒋华村捎去一张用草纸写的纸条："天快亮了，需 20 元。"

徐远举破获川省民革一案，得到了张群和毛人凤（敌保密局局长）的赞赏。1949 年 9 月，毛人凤由台湾来重庆，将徐远举呈报的黎又霖等民革案卷转呈住山洞"林园"的蒋介石寓处，蒋介石批准将黎又霖、周均时、王白与、周从化等四人秘密处死，其他民革分子判刑。由于我党和民革组织通过各种关系进行营救，又通过朱家骅、居正等关系，才推迟了秘密处死黎又霖、周均时等同志的时间。

11 月 25 日，中国人民解放军以排山倒海之势神速挺进，重庆解放在望。黎又霖和难友们早已热切期望的革命胜利即将到来，而惶惶不可终日、面临崩溃的蒋政权却决心孤注一掷作垂死挣扎。此情此景，黎又霖浮想联翩，心潮澎湃，拿出了珍藏的竹扦子笔，用草纸写下了最后的两首诗，藏在牢房的隐蔽处，以示他那颗对党的赤诚之心。"卖国殃民恨独夫，一椎不中未全输。琅珰频向窗前望，几日红军到古渝？！""革命何须问死生，将身许国倍光荣。今朝我辈成仁去，顷刻黄泉又结盟。"

11 月 27 日，永远不能忘却的血腥日子到来了，敌人举起了罪恶的屠刀，对囚禁在军统集中营的 300 多位革命同志进行了疯狂的大屠杀。首先在白公馆监狱进行分批杀害，当黎又霖被铐上手铐，押出牢房，路过“平二室”时，他气宇轩昂地向同志们挥手告别说：“蒋介石就要完蛋，同志们，再见吧！”接着他用力举起右手高呼：“打倒蒋介石！”“中国共产党万岁！”……直至生命最后一息。

重庆解放后，中共中央西南局、西南军区成立了革命烈士资格审查委员会，对被难人员进行了调查核实。黎又霖被列入第一批烈士名单。1950 年 1 月 15 日，重庆市各界人民在青年馆为烈士举行了隆重的追悼会。2 月，重庆市市长陈锡联、副市长曹荻秋向烈士子女黎世华颁发了“重庆市人民政府烈属优待证明书”。

与此同时，曾有人提出，黎又霖系中国共产党党员。1952 年 6 月 13 日，重庆市民政局（民群 52 字第 0102 号）为其堂兄黎季云出具证明书称：“黎又霖是地下党员。”随着岁月的流逝，直接领导或联系过他的老同志董必武、吴玉章、谭平三、王若飞、邓初民等已逝世。南方局统战组彭友今、汤逊安虽与黎又霖共同战斗过，也多次亲眼看到黎又霖去红岩村向董老汇报工作。而对黎又霖入党时间、经何人介绍等问题无法证实。但黎又霖烈士确实为共产主义事业献出了自己宝贵的生命。追悼会上，许多同志联名送的挽联，如实地表述了他临危不惧、宁死不屈的革命精神。有二绝句述怀，可歌可泣！曾三上书乞死，知命知仁。

1952 年，烈士继室张玉麟由上海到贵阳参加为黎又霖烈士举行的殉难三周年纪念会。后去台湾，张曾任“国大”代表，1988 年 6 月逝世。

后记

本传记主要参阅了重庆歌乐山烈士陵园黎又霖烈士档案、重庆市档案馆敌伪档案“破坏民革专卷”、贵州文史资料选辑、市政协王成林同志《黎又霖烈士传略》及原民革中央副主席甘祠森同志《回忆三民主义同志联合会》《回忆黎又霖烈士》等材料，访问了彭友今、汤逊安、邓后炎、杜文博、蒋华村、黎世华、黎世杰等同志，谨向上述单位和同志表示诚挚的感谢。

由于掌握材料和执笔人水平有限，文中谬误难免，恳请知情者及读者教正。

（资料来源：中共重庆市委党史工作委员会：《英烈颂·第4辑·民革川康五魂》，团结出版社，1989年10月，第15-35页。）

史料五　黎世华：《怀念我的父亲黎又霖烈士》

怀念我的父亲黎又霖烈士

我的父亲黎又霖烈士离开我们快三十二年了。每每思念起来，心情激动不已，止不住热泪沾襟。父亲的一生是艰难的一生、壮烈的一生，父亲的形象永远留在全家人的心中。我经常以父亲光辉的事迹、高尚的品德、坚韧不拔的意志、艰苦朴素的生活作风激励自己，并教育亲属和后辈。

我的父亲黎又霖烈士，中共地下党员。一九四九年八月，在重庆被国民党反动派秘密逮捕，关押在重庆中美合作所白公馆。在狱中他备受酷刑，但父亲坚贞不屈，于一九四九年十一月二十七日，重庆解放前三天，被敌人杀害，壮烈牺牲，终年五十四岁。

父亲于一八九五年农历七月初七，生于贵州省黔西县城关镇南后街。八岁至十岁，由祖父黎斗恒（前清秀才）教他念书。十一岁至十五岁，由前清秀才曾昭新教读私塾，同时就读的还有黎幼扒、刘少兰等十人。父亲读书勤奋，善独立思考，记忆力很强，他所喜爱的书，阅读一遍，就能把主要内容全部记住，并能讲解出来。

一九一一年，父亲十六岁时出外求学，先到贵阳，后到北京，考进北京大学政法系。一九一九年参加五四运动，当时和他一起参加“五四”运动的贵州人，还有谌志笃等人。

一九二七年父亲参加了北伐，任国民革命军十一军二师师长杨其昌的秘书。蒋介石叛变革命后，父亲又积极致力于反蒋活动，东奔西走，辗转全国各地，以各种职业为掩护，从事民主革命活动。他曾在北京任过《民声报》主编，在上海做过大学教授，还在新创办的“新中国学院”任教务长。学院被反动派查封后，父亲还把家里的衣物拿去接济师生。以后，在汉口任黔军办事处处长、江西国民革命军中央战干团教官、江西省政府驻京办事处处长等职。抗日战争后期，父亲是重庆“民联”（三民主义同志联合会）主要负责人之一。

一九四五年父亲回到家乡黔西，虽然时间很短，但他却经常接近贫雇农，了解农村情况，给家乡人民留下了较深的印象。在家乡逗留期间，父亲曾作诗二首：

其一

人生不唱大风歌，
莫使年华逐逝波。
万卷蜡红余薤叶，
一杯梨绿醉漓涡。

其二

廿年不见故园春，
子侄猜疑附耳频。
世乱时荒兄弟隔，
一回相见一回亲。

父亲离开家乡后，仍很关心家乡的情况，曾寄过《观察》《中建》等进步刊物给城关养正小学（现黔西三小）。

解放战争期间，父亲在重庆以聚康银行专员的身份做掩护，同潘大逵、甘祠森等同志担任西南的“民盟”“民革”的组织工作。父亲还积极从事军运和营救同志等工作。一九四八年父亲参加策动川、滇、黔军事起义活动，参加重庆文化界的一些民主活动，还做国民党反蒋将领杨杰等人的策反工作。

父亲在重庆工作期间，工作很紧张，生活很艰苦。他从不乱花一文钱，他会抽烟，但纸烟（香烟）价钱高，他只吸烟末。内衣、内裤破了，都是自己补。皮鞋破了，也是拿去找人补了再穿。除了有工作出门外，在家时，不是阅读文件、书报，就是给有关报社撰稿，常常工作到深更半夜。为了党的工作，他经常早出晚归，有时到第二天凌晨才回来。一九四七年，他患了严重的风湿关节炎，膝盖肿大，步履艰难，晚上痛得睡不着觉，大家劝他在家多休息几天，病好再出外工作，他说：“我工作起来，可以忘掉病痛，还是工作好呀！”每每回忆起这些往事，都使我深受教育。

父亲秉性刚直，嫉恶如仇。父亲从前有个同学叫毛军禽，他俩关系很好，情如手足。后来，毛当了平坝区长，父亲写了封信带给他，信中写道：“你已当了区长，我们俩，天从此黑，路从此断！”和毛断绝了往来。

一九四九年，在四川省涪陵县新庙镇成立了“民革川东特区游击纵队”，司令是张镇宇。这支游击队是在杨杰将军的领导下，由我父亲具体组织起来的，为此，父亲经常往返贵州、昆明、重庆等地。

一九四九年七月的一天上午，约十一点钟，父亲气喘吁吁地跑到重庆建川中学。这个中学是邓厚炎自办的一所进步学校，校址在江北郊区。父亲找到邓厚炎说：“好险，我跑了十几里路，才转到你这里来！我在重庆朝天门发觉有特务跟踪，想办法躲开，混到一条木船上，渡船到江北嘴，特务上了另一条船。我下船后，先往下游走，又绕过一些小巷折回上游。所以绕了十多里才到了这里。”这时重庆临近解放，在黎明前的黑暗中，白色恐怖笼罩着山城重庆，有的同志劝父亲暂时躲避一下，父亲说：“现在蒋介石是强弩之末，快垮台了，怕什么！”不仅自己坚守岗位，还劝同他一起活动的鲜恒同志：“不要到北平，更不忙结婚。要坚守岗位，天快亮了。”一九四九年八月上旬，我接到父亲来信说：“华儿，遵义县要冲，你速返黔西小住。待一大转变后，森（我爱人）之工作，自有安排……”

有一天，父亲赴杨杰将军宴会。由于解放战争形势发展很快，父亲心里高兴，多喝了两杯，感到头昏，杨就叫司机用自己的小车送父亲回重庆米亭子三十三号住所。哪知这司机是蒋介石安插在杨杰身边的特务，不慎暴露了踪迹。由于杨杰将军进行反蒋活动，蒋介石恨之入骨。但鉴于他的声望，又不敢公开下手，就准备对他采取暗杀手段。蒋介石的侍从室主任钱大钧是杨的学生，暗中将此事告诉了杨杰，告诫杨杰，重庆不是久留之地，赶快飞香港。杨急于离渝，来不及与父亲面谈，匆忙中，写了一封信给父亲和周均时，此信叫戢翼翘转给父亲。戢翼翘原是张学良的参谋长，西安事变后，张学良被软禁，戢投靠了蒋介石，当了特务，在杨杰身边工作，他伪装进步，骗取了杨杰将军的信任。戢将此信交给特务拍照后，才交给父亲，加之，父亲由云南飞回重庆，路过贵州时，暴露了身份，国民党反动派的黑手，伸向了父亲。

一九四九年八月中旬，父亲于重庆临江门戴家巷被捕，指挥捕人的特务是李修凯，执行的特务是左志良、陈兰荪。

父亲被敌人关押在中外闻名的重庆中美合作所白公馆中，备受酷刑，坚贞不屈，表现了一个共产党员，为了党的事业，严守党的机密，视死如归的崇高精神。

同牢的杨其昌、江载黎、王国源等同志在解放后都曾向我叙述了我父亲在狱中不怕牺牲的英雄事迹。王国源同志连声说：“铁汉子！铁汉子！”

父亲被捕后，白公馆的特务最初对父亲用甜言蜜语、优礼款待、高官厚禄等手段，企图诱骗父亲供出地下党员名单，遭到父亲严词拒绝后，丧失人性的特务对父亲施以各种酷刑。每当更深夜静的时候，就听到特务抽打父亲的皮鞭声、狂吼声，惨不忍闻。一次，一个特务把父亲背回牢房，使劲摔在地上，隔了很久，才听到父亲轻轻哼出一声。狱中放风时，遍体鳞伤的父亲，脚上还拖着十八斤重的镣铐。但父亲对前途充满信心，毫不气馁，还经常鼓励同志们："蒋介石是要完蛋的。"

父亲惨遭酷刑三十余次，曾被用铁刷子烧红刷到身上。每次施刑后，特务拿出纸笔要他招供，父亲曾三次写上"没有说的，你们枪毙吧！"。父亲认识和知道的党内外的人士很多，没有一人因他被捕而受到牵连。

父亲在狱中不到一个月，就泻肚子，大病了一场，身体十分虚弱，但他仍然充满了乐观情绪，曾赋诗两首，以明其志，勉励战友：

其一

斜风细雨又黄昏，
危楼枯坐待天明。
溪声日夜咽墙壁，
似为何人诉不平。

其二

祸国殃民势莫当，
三分天下二分亡。
狱中自古多豪俊，
留待他年话仇肠。

父亲在壮烈牺牲前两天，又用草纸，写遗诗两首：

其一

卖国殃民恨独夫，
一椎不中未全输。
锒铛频向窗前望，
几日红军到古渝？！

其二

革命何须问死生，

将身许国倍光荣。

今朝我辈成仁去，

顷刻黄泉又结盟。

重庆解放后，在囚室中搜得此诗。其诗如其人，气势悲愤壮烈。只有身历其境，具有高尚的品德，对共产主义满怀信心的人，只有无产阶级坚强的战士，无私无畏的共产党人，才能用生命和鲜血写出这样慷慨感人的诗篇载入史册，传之后代。

一九四九年十一月二十七日晚上七点多钟，特务将我父亲和周从化烈士铐走，父亲双脚拖着沉重的脚镣，气宇轩昂、大义凛然，向同牢室的同志们庄严地高声告别："同志们，再见了！蒋介石要完蛋的！"高呼："中国共产党万岁！"随着父亲的离去，沉重的脚镣声，一声紧似一声，落在同志们的心上。不久，传来两声枪响，在白公馆附近的松林坡，父亲为祖国的解放、为党的事业，流尽了最后一滴血。

父亲牺牲后，同志们为他写了一副挽联：

有二绝句述怀，可歌可泣，

曾三上书乞死，知命知仁。

父亲啊！你是一个铁汉子，你有一副硬骨头！你从没有在敌人的严刑拷打、种种酷刑的煎熬下，弯过腰，屈过膝。若是没有对共产主义极深的信仰，没有对共产党无比的忠诚和热爱，没有受过党的长期的教育和培养，就不可能像你一般坚贞不屈。我们将永远以你为榜样，教育儿女后代，永远向你学习。亲爱的父亲啊，请你安息吧！你的愿望、你的理想，今天已经实现。我们深知祖国的解放来之不易，我们珍惜今天的胜利。你的儿女，你的子孙后代，将永生永世继承你的遗志，为社会主义建设，为共产主义实现，贡献自己的一切。

（资料来源：中国人民政治协商会议贵州省委员会文史资料研究委员会编：《贵州文史资料选辑》第9辑，贵州人民出版社，1981年11月版，第179-186页。）

八、吴厚安

史料 《吴厚安传略》

吴厚安传略

吴厚安（1894—1970），曾任贵州省林业厅厅长，名传心，系传声胞弟。厚安8岁入塾馆读书，13岁失学务农，15岁赴贵阳参加新军当兵。民国元年（1912），考入贵州陆军讲武堂，学习两年毕业，分发黔军供职，在黔陆军第三团任排长时，参加过护国战争。民国十年（1921），任援桂黔军第一纵队队长，参加孙中山领导的讨伐桂系军阀陆荣廷的战事。次年，奉孙中山命令赴香港联络唐继尧率滇军参加北伐，唐违令悍然率部图滇。厚安在桂林参加中国国民党，经王天培推荐晋任黔军第三旅旅长。民国十四年（1925），受袁祖铭委任第五师师长兼重庆卫戍司令。逾年，广州国民政府派遣吴玉章、张任民、张醉华到重庆策动袁祖铭领导黔军参加北伐。这时袁已回黔，厚安在渝接受吴玉章的敦促，会同任民、醉华至筑找袁商议北伐事宜，袁派厚安为黔军代表往广州向国民政府输诚，广州国民政府任命袁祖铭为北伐左翼总指挥，委彭汉章、王天培分别任北伐军第九、十军军长，率部参加北伐，黔军投入北伐革命战争，厚安做了有益的工作。

民国十六年（1927），蒋介石背叛革命，厚安耳闻目睹黔军将领受害，即返回西南与阎崇阶、杨德纯等联络进行反蒋宣传。民国十八年（1929），弃戎入佛社，自渝移居都匀协府街25号寓所，倡办“大有实业社”，捐资修建都匀五中教室一栋，并赠给该校《二十四史》《万有文库》等书籍。民国三十二年（1943），蒋介石到都匀炮校视察，厚安与县长佟玉英等应召见，听蒋的训话，厚安嗤之以鼻。“黔南事变”时，日军入侵贵州边境，社会秩序混乱，便回麻江接受通校100多支步枪，在下司组建“抗日自卫队”，次年初撤销。民国三十四年（1945），在重庆经黄鹏豪、郭则忱介绍参加中国民主同盟为盟员。

贵州解放，厚安以民主党派人士身份赴省参加工作。1950年1月，贵州省人民政府、贵州省军区为争取时任贵州省第七区督察专员兼东南绥靖区司令佘辉庭弃暗投明，通过与佘同过事的廖泽高、吴厚安等以私人名义多次写信规劝佘率部起义。2月，厚安同解放军代表刘寿田到大中，与佘部派出的代表刘开铭（副司令）会谈。2月17日晚会谈结束，由驻大中的中国人民解放军50师150团1营田营长代向独山、镇远专署发出佘部起义通电，并确定由中国人民解放军150团在凯里办理佘部改编事宜。厚安等人在大中期间，说服土匪大队长徐某某率众到下司区政府缴械投诚。

1951年，参加省政府组织的农村工作议向团赴遵义地区考察农村清匪、反霸和土地改革运动。厚安受到教育和启发，以实际行动支持都匀的土地改革。同年7月，当选为省人民政府委员，继任省农林厅厅长。

1955年后，调任省政府参事室副主任，被选为省政协常委、民盟贵州省委员会委员。任职期间，虽身患肺气肿、高血压等疾病，仍坚持做力所能及的工作。

1970年1月，因病情恶化，医治无效，在筑逝世。

（资料来源：政协麻江县委员会编：《麻江人》，第234页。）

九、翁祖善

史料一 1951 年翁祖善盟员情况调查表

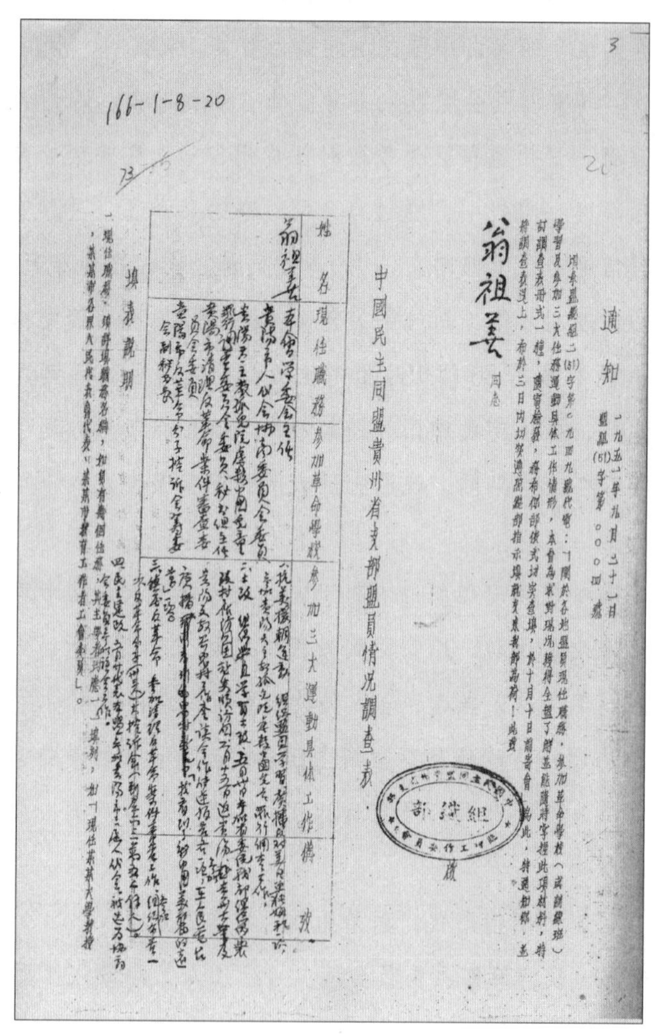

166-1-8-20

通知　一九五一年九月二十一日　盟組(51)字第〇〇〇四號

翁祖善 同志

准本盟總組二(51)字第〇九四九號代電：「關於各地盟員現任職務，參加革命學校（或訓練班）學習及參加三大任務運動具體工作情形，本會為求對現況獲得全盤了解，甚盼隨時呈報此項材料，特訂調查表冊式一種，隨電檢發，務希即依式切實查填，於十月十日前寄會為荷！」此致……為此，特通知照，並將調查表送上，希於三日內切實遵照總部指示填就交來我部為荷！此致

組織部 啟

中國民主同盟貴州省支部盟員情況調查表

姓名	現任職務	參加革命學校	參加三大運動具體工作	備攷
翁祖善	[illegible]	[illegible]	[illegible]	

填表說明

一、現任職務：須詳填職務名稱，如身有數個任務，……，如「現任某某大學教授，某某市各界人民代表會議代表，某某市教育工作者工會委員」。

（編者按：此資料現藏民盟貴州省委。）

史料二 政协贵阳市第一届委员会委员名单

政协贵阳市第一届委员会委员名单

（1955年3月～1959年2月）

中国共产党贵州省贵阳市委员会（7名）

杜竹林 李延素 夏页文 马兴华

张开生 路 浩 刘 振

中国国民党革命委员会（2名）

邹维新 刘友陶

中国民主同盟（2名）

翁祖善 刘映芳

中国民主建国会贵阳市分会筹备委员会（4名）

孙绥之 黄英民 章洛棣 梅嶺先

中国新民主主义青年团贵州省贵阳市委员会（2名）

达 昭（回族）穆 颖（女）

贵阳市工会联合会（6名）

王 林 皮大荣 朱启莹 康泽民

喻志洁（女） 蔡继聪

（资料来源：贵州省政协文史资料委员会编，《历届委员名录1955-1995》。）

史料三　《乡村教育及民众教育》书影

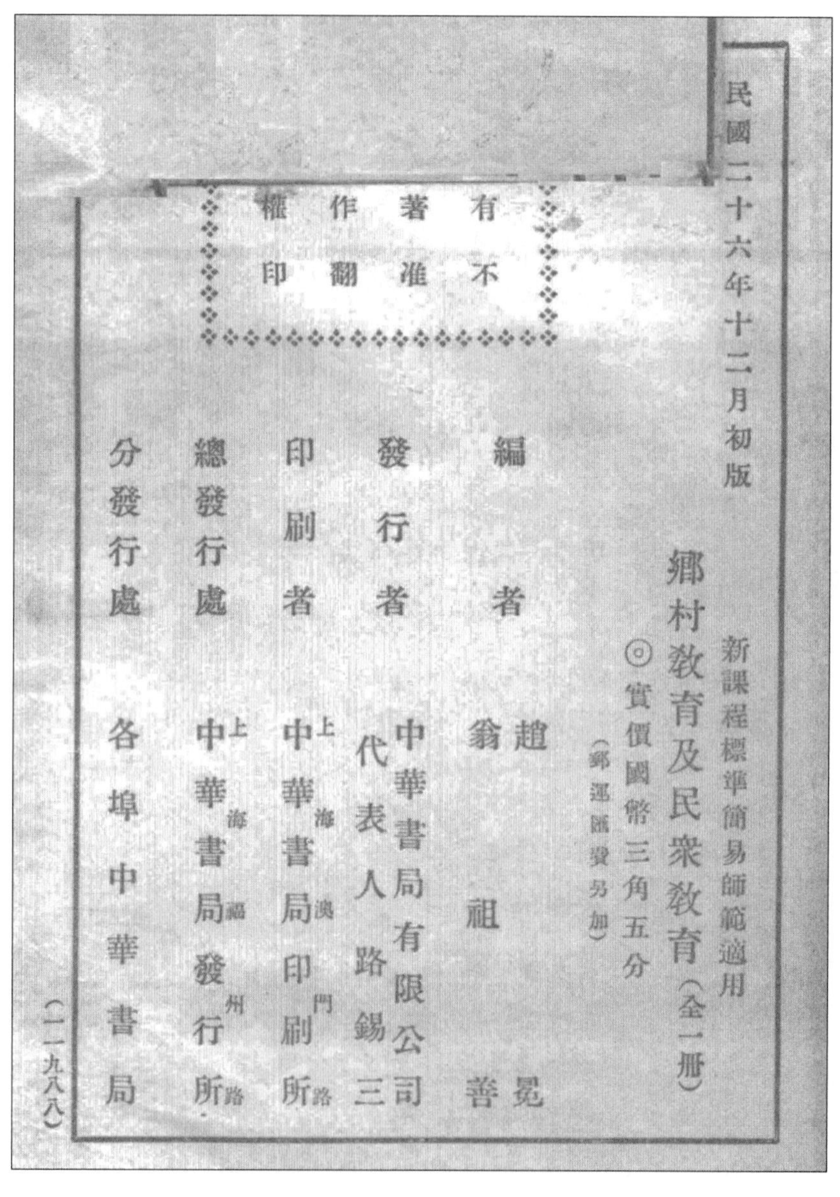

民國二十六年十二月初版

新課程標準簡易師範適用
鄉村教育及民衆教育（全一冊）
◎實價國幣三角五分
（郵運匯費另加）

有著作權
不准翻印

編者　趙冕　翁祖善
發行者　中華書局有限公司　代表人路錫三
印刷者　上海澳門路　中華書局印刷所
總發行處　上海靜州路　中華書局發行所
分發行處　各埠中華書局

（二一九八八）

史料四 翁祖善著作目录

[1] 翁祖善 . 鸟人鸟事（附表）[J]. 新民，1931（22）：6-8.

[2] 翁祖善 . 发明杂谈：我知道了你的心 [J]. 新民，1932（29）：10.

[3] 翁祖善 . 教你一个乖：阿三复活了 [J]. 新民，1932（33）：2.

[4] 翁祖善 . 生活众谈：车夫 [J]. 新民，1932（39）：8.

[5] 翁祖善 . 生活素描：一个店友的生活 [J]. 新民 .1932，（39）：4.

[6] 翁祖善 . 从农村运动说到农行事业（附表）[J]. 农行月刊，1935，2（4）：5-18.

[7] 翁祖善 . 实验报告：北夏实验中的普及民众教育途程（附表）[J]. 教育与民众，1935，6（10）：1963-1974.

[8] 翁祖善 . 读者进修会通讯 [J]. 新北夏，1935（59）：3.

[9] 翁祖善 . 研究：常用汉字研究：最近发表的二张常用字表评校 [J]. 民众教育月刊，1936，5（1）：63-70.

[10] 翁祖善 . 俗话分类试案 [J]. 艺风，1936，4（1）：144-147.

[11] 翁祖善，苏源 . 民众学校之改进：民众学校国难教育的实施、民众学校学生的生活训练（附图表）[J]. 教育与民众，1936，8（2）：233-254.

[12] 翁祖善 . 稻种和狗的功劳 [J]. 妇女与儿童，1936，20（9）：7.

[13] 翁祖善 . 研究实验事业报告：试办合作民众学校经过 [J]. 教育与民众，1936，7（10）：1939-1948.

[14] 翁祖善 . 抗战期中对于民众教育的新认识（附图）[J]. 浙江省民众教育辅导半月刊，1937，3（21-22）：1274-1277.

[15] 翁祖善 . 实验事业：尝试中的青年学园全貌（附表）[J]. 教育与民众，1937，8（10）：1556-1575.

[16] 翁祖善 . 尝试中的青年学园全貌 [J]. 教育与民众，1937（10）：1556-1575.

[17] 柳倩，翁祖善．音乐习作：囚徒之歌：[歌曲][J]. 新音乐月刊，1940，1（6）：42.

[18] 胡浴风，翁祖善．今别离（调寄离燕）：[歌曲][J]. 北战场，1941，4（3）：20.

[19] 翁祖善．实施新县制后的贵州合作事业 [J]. 贵州企业季刊，1944（1）：80-96.

[20] 翁祖善．实施新县制后的贵州合作事业（附图表）[J]. 贵州企业季刊，1944，2（1）：90-105.

[21] 翁祖善．书评："贵州经济地理"评介 [J]. 贵州经济建设月刊.1946，1（2-3）：41-43.

[22] 翁祖善．如何有效运用合作货款 [J]. 新贵州月刊，1946（创刊号）：94-96.

[23] 翁祖善．贵州经济地理评介 [J]. 贵州经济建设月刊，1946(2-3)：40-42.

[24] 翁祖善．为本省自治财政试寻出路 [J]. 贵州经济建设月刊，1946，1（4）：11-14.

[25] 翁祖善．黄季刚的抗日歌曲《御侮》[J]. 贵州文史天地，1995(6)：42-42.

[26] 李兆杰．七十年前的通缉令 [J]. 贵阳文史，2003（2）：41-64.

[27] 翁祖善．记一首失传的抗日救国歌曲《御侮》[J]. 贵阳文史，2005（2）：10-11.

[28] 赵冕、翁祖善·乡村教育及民众教育 [M]. 上海：中华书局，1948.

史料五 1991年10月：《纪念民盟创建五十周年引起的一些回忆》

纪念民盟创建五十周年引起的一些回忆

翁祖善

中国民主同盟创建已经五十周年，结合个人四十余年来的经历，不觉引起了一些回忆。

从抗日战争胜利到全国解放这五个年头里，除了国共谈判和召开旧政协会议这段短时间，全国人民所经受的苦难，并不比八年抗战时稍有减少，今天，六十岁以上的人们，对这段苦难生活，都还留有深刻的印象。经过八年抗战，好容易盼到了胜利，人人都欣喜欲狂，谁知“双十停战协定”甫经签字就被蒋介石一手撕毁，并且在美国政府的支持下，发动了大规模的内战，把饱受战争之苦的中国人民，重新推入水深火热的深渊。一切善良人们的共同愿望——抗战胜利后将建设一个统一富强、和平民主的新中国，一一都被这残酷的现实宣告化为泡影；凡是中国人，特别是时代感敏锐的知识界人士，都感到痛心疾首，即使原来对蒋介石政府多少还存有一丁点儿幻想的人们，到此也感到了绝望。

在这样动乱的年月，我的心情也和大多数知识分子一样，异常复杂，为了探求真理，寻找光明，我的社会接触面很自然地在逐渐扩展。老贵州大学、师范学院和清华中学部分教师在潘家润先生带头下，筹刊《时代周报》，我参加了。丁道谦同志（盟员）主编《贵州经济建设》，他还和梁聚五同志（盟员）一道负责编辑《贵州民意》，我也参加了，“民意”是省参议会议长平刚先生出面发行的，实际上则由梁、丁二人负责，民意月刊社经常针对时事问题召开一些座谈会，只要有时间，我每会必到，在那里可以了解到社会各方面人士对时局的看法和意见。《时代周报》每期出版后分配给我的份额，我都分寄给京（南京）、杭、沪、汉等地的好友，换来了一些贵阳不易见到的报刊，从中也可获得不少新的信息。

贵州虽然是国民党反动统治控制得比较严密的地方，但是魔鬼的手掌总会有漏光的隙缝，全国各地人民群众反对内战，反对独裁，要求和平民主，要求生存权利的呼声，还是可以通过各种渠道，传到这偏僻的山城来，道谦同志的工作室在某银行的经济研究室，我常去，也结识了一些新朋友，如黄先和、张凤鸣、张则平、吴雪俦等人。后来随着时局的演变，我们把这种偶然的碰面改为定期，地点则改在清平巷五号杨克敬（盟员）家，这样就逐渐形成了一个学习时事交换信息的小组。某次，道谦同志得到一本《新民主主义论》，我们如获至宝，争相传阅，耳目为之一新，就在那一段时间里，有几件事引起了我的深思。

道谦同志编经济建设月刊，我为他去信桂林，向张锡昌同志约稿，张是我在江苏从事乡村教育工作时的同事，当时在桂林主编《中国工业》，我知道他是中共党员，是我的良师益友，他回信说：现在亟需集中一切力量用于中国人民的解放事业，没有时间也没有必要再来写什么经济建设的文章。谈到锡昌同志的回信时，我正在写一篇有关教育改造的文章，不觉惭愧感激兼而有之，同时也促使我头脑清醒起来。事实确实如此，内战方殷，国民党反动武装恣意屠杀破坏，犹嫌未足，哪里还谈得上经济建设、教育改造。紧接着这之后，昆明又发生了“李闻血案”，《时代周报》抢先报道了这一震惊中外的消息，并连续两期编发了《闻一多专辑》，用间接方式表达了我们对独夫蒋介石指使特务暗杀民主战士的愤怒和抗议。引起我思索的是：闻一多一介书生，潜心于学术，他手无寸铁，只因眼看国民党政府腐败无能，置国家民族利益于不顾，悍然发动内战，使亿万人民的生存权利受到严重威胁，国家的命运不绝如缕，这才拍案而起，走出书斋，高呼反对内战，反对独裁，要求和平民主，要求生存权利，完全出于爱国的义愤，不料竟惨遭暗杀！这样的黑暗政治，中国人民哪里还有什么生路。这时，有一位胜利后去南京的朋友，来信倾诉他对时局的悲观失望和苦闷心情，信尾隐约地说他准备“弃此远适”而又“于心不忍”，这可能代表了当时部分知识分子彷徨苦闷、临事不决的紊乱心绪，不觉引起了我甚深的思索。

昆明“李闻血案”使我想到重庆和谈、政协会议和各民主党派的活动，特别是对中国民主同盟在和谈和政协会议期间，旗帜鲜明的立场，义正词严的斗争，十分钦敬。对张澜、沈钧儒、楚图南、胡愈之、陶行知、费孝通等民盟中央领导人，同国民党进行政治斗争中坚强不屈的精神，印象尤其深刻。但是民盟总部已被迫解散，消息阻隔，虽有向往之心，又何处去寻找这个组织？贵阳有没有民盟的人？谁在负责联系？这些我都无从知道。时隔不久，解放大军渡江，南京解放，一天，民意月刊社同仁有一次聚会，梁聚五同志即席宣布：我是民盟的，在座诸位都是我多年来的好朋友，这两年我们为促进中国的和平民主运动，做了一点事，大家合作得很好，将来还要继续做下去。现在南京解放，贵州的解放也指日可待，从我们合作时起，诸位都在为民盟而工作，现在民盟处境困难，诸位入盟的手续到贵州解放以后再补办，相信到时候民盟中央是会有具体指示的。贵州的环境很险恶，大家务必小心谨慎，不要留下任何记录。梁的话使我很觉意外，渴望了解民盟，参加组织，原来组织就在眼前！那时我还不认识双清同志，也不知道贵阳还有其他一些盟员同志，直到解放以后，盟中央派唐弘仁同志来黔整理盟务，才逐渐知道，曾经有人说“民意是民盟的机关报”，这是不确切的。民意由省参议会发行，向社会各方面人士征集文稿，内容比较复杂。不过由于负责编辑者们的政治倾向，自然会流露出一些渴望和平民主的意愿，它在当时多少也起过一些积极作用。

我的入盟经过就是如此，1950 年唐弘仁同志到贵阳后，我和其他同志一样，按照盟中央的规定，补办了入盟手续，不久又被调为省盟的机关（临时工作委员会）专职干部。三十多年来在民盟中央、中共贵州省委统战部和双清、唐弘仁同志的领导下，边学习、边改造、边工作，一直担任盟的宣教工作。今天，在全盟欢庆本盟创建五十周年之际，不觉缅怀当年创建民盟的很多老同志，和在黑暗年代里的无数为民主运动而献身的革命先烈，对他们为民主事业奋斗牺牲的精神，激起崇高的敬意。贵州解放后不久，现在是盟中央主席的费孝通同志，多次来黔，还有本盟创建人之一的楚图南同志，都一再鼓励我们加强学习、加强改造，努力学习，努力工作。言犹在耳，宛如昨日，我们可以告慰中央的是，三十余年来贵州民盟已有可喜的进展，领导机关从开始时仅有贵阳省级机关一处，增加到现在省、市级机关共5处：专职人员从最初的三五人增加到现在的44人；解放后登记盟员，整理盟务，通过盟籍的盟员不足百人，现在已发展到近1800人。盟的事业发展了，盟的工作条件也大大改善了，中共贵州省委，有关的地、市委和民盟基层组织所在单位的党组织，对盟的关怀帮助，难以尽述。深信贵州民盟今后在中共贵州省委和盟中央的领导下，必然会继续前进，为建设现代化的新中国做出更大的贡献，发挥更大的作用。

（1990年10月，时年八十有二）

十、刘映芳

刘映芳（1905—1978），男，曾担任民盟贵州省委组织部副部长、部长，贵州省政协委员，贵阳政协第一届委员，第二、三、四届常务委员。

他出身寒门，旧制高等小学毕业后，迫于生计便到贵阳商务印书馆当学徒谋生。其间，因曾祖母在贵阳基督教福音堂为英国传教士吉进先牧师做饭、洗衣、料理家务，故而其跟随吉老牧师学习英语。严师出高徒，终于学有所成，不仅能说一口流利的英语，而且还具有阅读英文报刊的能力，他最喜欢读的报纸叫《密勒氏评论报》，这一所长也决定了他的教师生涯。

20世纪20年代，受五四运动思潮的影响，刘映芳与赵希云、李小崧三人创建了“贵阳新友书店”，出售一批进步书刊，其中有马克思的《资本论》，马、恩的《共产党宣言》《联共（布）党史》以及《新青年》《新潮》《每周评论》等。贵州地下党组织的主要缔造者林青、秦天真、丘照（徐健生）等革命前辈都在新友书店接触过这些进步书刊。书店还曾被国民党特务查抄。

1931年1月5日贵阳县正式成立商业公会的同时，图书印刷业也相继成立，在委员名单中，刘映芳作为新友书店的负责人担任公会的执行委员。

一个偶然的机会，刘映芳受贵阳达德学校创始人之一的凌秋鹗先生邀请，去担任其子的英文家庭老师，从此其与达德学校结下不解之缘，并成为凌秋鹗、黄齐生、周春村、谢仲谋（孝思）、蒋蔼如、贺梓才的挚友，继而开始了在达德学校的教师生涯。

1936年11月15日，刘映芳与胡淑芬步入婚姻的殿堂，他们可以算是贵阳市第一对自由恋爱而结合的伉俪。婚礼正午12时在贵阳达德学校礼堂举行，证婚人便是著名教育家黄齐生先生，一时传为佳话。结婚后不久，恰遇胡学质（胡雪松）出任省高校长并迁校修文，从此刘映芳便离开达德学校跟随胡学质十余载。

刘映芳一生爱书，喜欢读书、购书、藏书。书是他获取知识、增长才干的源泉，自学成才的良师益友，正因为他深深感悟读书对一个人的重要，他当英文教员时还喜欢送书给学生，对学生产生了巨大的影响。

1939年，在胡学质（雪松）委派下，刘映芳作为代表前去筹建修文初中，并在校担任英文教员，从此，修文县开启了中等教育的新纪元。

抗战胜利后，贵中迁回贵阳会文巷原火药局旧址（现在的贵阳市第二十一中学）。从此，学校步入正轨，有了宽敞的教室、实验室、礼堂、篮球场。学校宽了、大了，房子多了，老师学生也多了。1948年，学校还添置了大量的物理、化学和生物实验设备。此事为时任学校事务主任的刘映芳操办。

1948年，刘映芳夫妇同时秘密加入中国民主同盟，成为盟员。

1949年11月临近贵阳解放，刘映芳妻胡淑芬时任达德小学校长，因学校时常受到国民党败兵的骚扰，为保护学校免遭国民党乱兵破坏，在民盟组织的安排下，刘映芳及家人临时住到学校门楼上的一间小屋，直到1949年11月14日迎来贵阳的解放。

20世纪50年代初，刘映芳应贵初校长何锡周先生之邀，到贵初任教并且担任初三毕业班班主任。据他后来说，他将这班学生送毕业后，就由当时的贵阳市军管会主任赵克强同志代表党组织将他安排到民盟贵州省临时工作委员会，协助民盟中央派到贵州主持盟务的唐弘仁同志整顿贵州盟务，唐弘仁同志任组织部长，他任副部长。从此脱离了老师职业，但他后半生却一直离不开教育界。到民盟工作以后，他联系的工作对象大多是大专院校和中小学的教师，当年贵阳师范学院、医学院、农学院，贵阳一中、六中、女中以及小教民盟支部的建立都是他所为。他经常要到基层去参加民盟支部的组织生活，了解社情民意，协助省、市委的统战部门做好知识分子工作。

刘映芳虽在民盟工作，但始终情系教育，当1963年贵阳市面临小、初中毕业生升学困难时，他主动请缨创办贵阳市和平中学，与何锡周校长同时创办的河滨中学共同开创了中华人民共和国成立后贵阳市民办教育的新纪元。鉴于其是市政协常委，办学得到市委、市政府的大力支持，学校校址选在北天主堂，硬件设施基本满足开办要求，只是教师缺口较大。由于学校是民办性质，多数人不愿来校工作，经过刘映芳多方奔走，做了不少工作，寻觅到必备的师资，学校终于如期开学。后来学校转为公办贵阳市商业学校，无意之中又解决了一些人的工作问题。如原在贵阳八中教语文的丁忻炎60年代初被退职离校，刘映芳得知后即登门拜访，请其到学校任教。

在创办和平中学期间，刘映芳从未在学校领取任何报酬，不仅如此，他还兼两个班的英语课。对于当时年近花甲的老人，工作的艰辛和劳累可想而知，每日回到家里，他都显得疲惫不堪。由于积劳成疾，1964年，组织安排他到中央社会主义大学学习一年，在学前例行体检时，才发现染上“浸润型肺结核”，从此种下肺心病的病根，身体状况每况愈下，“文革”的动乱与冲击更如雪上加霜。

1978年10月，不幸病故，享年74岁。

史料一　后人手写的刘映芳的生平简介

NO.

Date.

12

刘映芳

胡淑芬"胡淑芬"

赵：到民盟工作.

和蔡爱德 侯宗西.

中书司 刘家寨

父亲上海上的小，开了一间书店

贵阳市第一家传播马列主义的学校.

1932年，1936年结婚 36年以后 贵阳立达了.

1938年，胡学松 为省中学老师.

抗战爆发，搬去了修文. 修文省中是刘映芳母的. 贵阳中学（贵州省立）

搬到了贵阳.. 英语老师

在达德学校授课.

解放以后. 1951年 任锡侯校长.

烛光音乐会（现在省外国语校）

1950年8、9月份，我父亲死了一天.

老科学馆（醒狮路）科学馆

1951年到了阳明路 西南小洋楼.

博仁之.

1951年上半年，去西南革大.

陈同初 徐慎怡. 李方明

刘映芳为民盟临工委委员、第一届委员会委员.

刘金桓：地下党。
贵阳市教育局局长。
北京外国语学校。

刘方岳：师大校长。

[illegible]：[illegible]党员。
吴雪俦：[illegible]

[illegible]的发展[illegible]一个接班人。

师范学院支部 [illegible]刘[illegible]入盟
赵伯伦 张……
赵…… 梁……
向[illegible] [illegible]教授。 张学[illegible]（凯里）炉山

师范学院
医学院
农学院
贵阳一中 郭[illegible]明
女中：[illegible]支部

NO.

Date.

基层的组织生活，刘照芳一直要求参加。
自娱唱歌

贵阳四中：副校长、教师
刘明权

1961年，独儿子一个

自谋工作：杨[illegible]村。
儿子 去年 初中毕业 西南政法
学院。中共。毕业后分到四川甘孜，给藏民
的法院工作，该子女在西北。杨金明。
调回了贵阳。
了解知识分子的困难

解决知识分子的事

双谈：双方谈：调回了贵阳

民盟办的私立中学（和平中学）
贵阳市最早的民办中学。
60年代办的 1962、63的样子。

NO.

Date.

反映批评意见，解决知识分子的待遇问题

河滨中学：贵阳市的校长。

办孩子和平中学，教英语课。

1964年，8月，准备到北京去学习一年

体检，肺结核 没入选

俞烈善去。

1965年8月。

文革后期，和平中学改制：贵阳市农校

和平中学：有丁昕荣老师（明安）

副校长的女儿是八中校长。

吴世管

丁老师被迫离职。

1961年

1973年：和平中学改制。

贵阳一中书记（丁昕荣）

NO.

Date.

和

发展旧盟做了大量的工作。

周滋德：市北小学 校长。

孙毓霈：女中 校长

杨伯瑜：宣传部副部长。

李道明：

陶元明：

何一之：

刘以甸：跟刘鸣芳一道工作。

潘广察：因工作需要，去了重庆。

区盟盟员：

1960年代初，走。

1978年去世

60年代初 开旧民工作会

NO.

Date.

三调．成部委会。

贵阳市政协常委．

省政协委员

二、三、四届．

贵阳市商业学校 → 新平中学．

贵阳市农业学校 ∈ 河滨中学

（编者按：后人手写的刘映芳生平简介。）

史料二 刘伯明：《我的“准”教育世家》

我的“准”教育世家

我的父亲刘映芳（1905—1978），出身寒门。旧制高等小学毕业后，迫于生计便到贵阳商务印书馆当学徒谋生。其间，因曾祖母在贵阳基督教福音堂为英国传教士吉进先牧师做饭、洗衣、料理家务，故而父亲跟随吉老牧师学习英语。父亲曾对我说过，吉牧师跟他的中国姓氏一样极凶，严师出高徒，父亲终于学有所成，不仅能说一口流利的英语，而且还具有阅读英文报刊的能力，记得他最喜欢读的报纸叫《密勒氏评论报》，这一所长也决定了父亲的教师生涯，这是后话。

20世纪20年代，受五四运动思潮的影响，父亲与赵希云、李小崧三人创建了“贵阳新友书店”，出售一批进步书刊，其中有马克思的《资本论》，马、恩的《共产党宣言》《联共（布）党史》以及《新青年》《新潮》《每周评论》等。贵州地下党组织的主要缔造者林青、秦天真、丘照（徐健生）等革命前辈都在“新友书店”接触过这些进步书刊。

据家母说，书店还受到过国民党特务的查抄。1962年我妹妹刘菲菲在贵州工学院冶金系读书时，有一次，偶遇秦天真院长，当他知道我妹是刘映芳的女儿时，还问及我家是否还保存有当年的一些书刊。

《贵州出版》1990年1月15日第一期《贵州最早的印刷发行公会》一文中曾介绍“1931年1月5日贵阳县正式成立商业公会的同时，图书印刷业也相继成立”，在委员名单中，父亲作为“新友书店”的负责人担任公会的执行委员。

一个偶然的机会，父亲受贵阳达德学校创始人之一的凌秋鹗先生邀请去担任其子的英文家庭老师，从此父亲与达德学校结下不解之缘，并成为凌秋鹗、黄齐生、周春村、谢仲谋（孝思）、蒋蔼如、贺梓才的挚友，继而开始了在达德学校的教师生涯。

1936 年 11 月 15 日，父亲和母亲步入了婚姻的殿堂，他们可以算是贵阳市第一对自由恋爱而结合的伉俪。我至今仍珍藏着他们的结婚证书，从上面正楷毛笔字书写的内容，我得知他们的婚礼是正午 12 时在贵阳达德学校礼堂举行的，证婚人便是著名教育家黄齐生先生，一时传为佳话。母亲曾对我说过，黄齐生先生很器重我父亲，他最后一次离开贵阳时，想带我与他一道走，但却因是独子，还得赡养父母，故而未能成行。与母亲结婚后不久，恰遇叔外公出任省高校长并迁校修文，从此父亲便离开达德学校跟随外公十余载。

父亲一生爱书，喜欢读书、购书、藏书。书是他获取知识、增长才干的源泉，自学成才的良师益友，正因为他深深感悟书对一个人的重要，他当英文教员时还喜欢送书学生。20 世纪 90 年代我因事到贵州大学拜会英语系系主任熊寅谷教授，当他知道我是刘映芳先生的长子后，立刻就讲：你父亲当年在贵中教英文时，送我一本英汉字典，这就决定了我学英语教英语的人生之路。感激之心溢于言表。无独有偶，原贵阳一中外语教师，后在贵阳市教科所任英语教研员的孟昭慈老师也对我讲过同样的话，我父亲送他一本英汉字典决定了他的人生道路，这两件事不由得让我想起父亲的另外一个学生——原贵州农学院英语教师王建民先生。他是一位从贵州兴义到修文上省高读书的学生，对远离家乡的他，父母时有周济，在父亲的影响下，他立志要像刘先生一样学有所成，就由省高毕业后以优异成绩如愿考上南京中央大学英语系，学成后到国民党外交部工作，1949 年回到贵阳，次年经父亲介绍到贵阳初级中学（简称贵初，现贵阳第五中学）任教，后因其所长调贵州农学院任英语教师。

1948 年我父母同时秘密加入中国民主同盟，成为盟员。1949 年 11 月临近贵阳解放，母亲时任达德小学校长，因学校时常受到国民党败兵的骚扰，为保护学校免遭国民党乱兵破坏，在民盟组织的安排下，我父母带着我和妹妹临时住到学校门楼上的一间小屋，直到 1949 年 11 月 14

日迎来贵阳的解放。

20世纪50年代初，父亲应贵初校长何锡周先生之邀，到贵初任教并且担任初三毕业班班主任。据父亲后来说，他将这班学生送毕业后，就由当时的贵阳市军管会主任赵克强同志代表党组织将他安排到民盟贵州省临时工作委员会，协助民盟中央派到贵州主持盟务的唐弘仁同志“整顿贵州盟务”，唐任组织部长，他任副部长。从此脱离了老师职业，但他后半生却一直离不开教育界。到民盟工作以后，他联系的工作对象大多是大专院校和中小学教师，当年贵阳师范学院、医学院、农学院，贵阳一中、六中、女中以及小教民盟支部的建立都是他所为。其实我对父亲工作性质不太了解，他也从不提及，我只知道他经常要到基层去参加民盟支部的组织生活，了解社情民意，协助省、市委的统战部门，做好知识分子工作，具体情况在家从不说起。

父亲虽在民盟工作，但始终情系教育，当1963年贵阳市面临小、初中毕业生升学困难时，他主动请缨创办贵阳市和平中学，与何锡周校长同时创办的河滨中学共同开创了解放后贵阳市民办教育的新纪元。鉴于父亲是市政协常委，办学得到市委、市政府的大力支持，学校校址选在北天主堂，硬件设施基本满足开办要求，只是教师缺口较大，由于学校是民办性质，多数人不愿来校工作，经过父亲多方奔走，做了不少工作才寻觅到必备的师资，学校终于如期开学。后来学校转为公办贵阳市商业学校，无意之中又解决了一些人的工作问题。其中有一件事给我留下了极深的印象，原在贵阳八中教语文的丁忻炎老师60年代初被退职离校，父亲得知后即登门拜访，请其到学校任教。1963年学校改制后丁老师得以恢复公职，并于70年代调入贵阳一中工作，丁老师与我同事后还多次提及此事，表达对父亲的谢意。

在创办和平中学期间，父亲从未在学校领取任何报酬，不仅如此，他还任两个班的英语课。对于当时年近花甲的老人，工作的艰辛和劳累可想而知，每日回到家里他都显得疲惫不堪，由于积劳成疾，1964 年组织安排父亲到中央社会主义大学学习一年，在学前例行体检时，才发现染上“浸润型肺结核”。从此种下肺心病的病根，身体状况每况愈下，“文革”的动乱与冲击更如雪上加霜，1978 年 10 月不幸病故。后来从贵阳市政协编制的委员名录一书中，我才得知父亲曾担任民盟贵州省委组织部副部长、部长，贵州省政协委员，贵阳政协第一届委员，第二、三、四届常务委员，是一个为党和人民做出过贡献的人。

我的母亲胡淑芬（1911—2003）由于家庭和社会原因，十多岁时才在五四思想影响下，毅然放掉缠脚布，剪掉长发，背起书包走进了当时已开始聘用女教师、招收女学生的贵阳达德学校。1935 年毕业于贵州省立贵阳女子师范学校（简称女师），此时正值“九一八”事变，日寇侵占我国东北三省后，又屯兵华北，平津危急，国难当头之时，举国上下抗日救国运动风起云涌，她参加了贵阳学生救国团，积极投入抗日救亡运动。据她同班同学杨文芳阿姨说，当时我母亲还是女师举大旗的一员干将。1936 年即回母校——贵阳达德学校任男小班主任。据家母说过，黄齐生先生的孙子黄晓庄、刘方岳先生的儿子刘君桓都曾是她此时的学生。记得黄晓庄离开贵阳前往延安时和母亲还有一张合影，当她得知安顺市建立王若飞纪念馆后，便将此照片捐赠给该馆。刘君桓先生在《照亮贵阳山城的一支火炬——达德学校》一文中还写道：“1992 年夏，贵阳市委、市政府邀请在京黔籍或曾在黔工作的老同志回筑参加城市规划会议，其间凌毓勋和我抽暇回母校探望，正值学校举行王若飞、黄齐生塑像揭幕仪式，老师们要我们这两个远道回来的学生揭幕，两人商量后提出由在座年事最大的胡淑芬老师等揭幕为宜。胡淑芬是我们上小学时教过我们的老师。”几十年的师生情终究难以忘怀。母亲在达德任教直到 1939 年随父亲前往修文，才改任修文县龙岗男小教导主任。1943 年因贵阳中学的创立，离开修文到乌当担任贵阳中学女生指导。1945 任乌当镇小学教导主任。1947—1950年任贵阳达德小学校长。

在母亲任达德小学校长期间，我也随之到该校从三年级读到五年级。在此期间，我对学校的感受是教师严格、学生好学，课外活动丰富多彩，印象极深的是周末的文娱演出，尤其是苏联的儿童剧《表》和中国儿童音乐剧《小小画家》几乎成了学校的传统剧目，是时也吸引了社会的广泛关注。特别是1948年朱厚泽同志受母亲之邀来校任音乐教师后，更为学校输送了新的文化血液，记得当时朱老师还教我们唱："山那边哟好地方（注），一片稻田黄又黄，你要吃饭得做工哟！没人为你做牛羊。大鲤鱼哟满池塘，织新布哇做衣裳，年年不会闹饥荒。"（注："山那边"指的是解放区。）

对于我们学生来说，那段日子是愉快的、难以忘怀的，但母亲在那白色恐怖笼罩贵阳的岁月的担惊受怕，又有谁能知晓呢？

20世纪50年代初期，母亲一直在贵阳市富水路小学担任高年级的语文教师和班主任，并兼任学校少先队大队辅导，1963年因高血压提前退休。在她一辈子的教育生涯中，她一身正气、治学严谨、关爱学生、认真负责的工作精神不仅使她众多的学生健康地成长，也成了我日后当教师的楷模。记得在1948年，达德小学五年级一位名叫杨大惠的学生，因其母病故，其父便要他辍学回家摆香烟摊为生。时任校长的母亲得知后，执意将他留了下来，吃、住都在学校，一切费用由母亲承担，他考入达德中学后仍然如此，母亲待他就如自己的儿子一般。1950年杨哥响应国家号召参加军干校，奔赴抗美援朝战场。1958年为支援商业转业到贵州赤水县商业局，后任赤水县总工会主席。那时赤水到贵阳交通不便，来贵阳还得转道四川、重庆，但也阻隔不断这一不是亲情胜似亲情的感情交融。不幸的是，他却因病先于母亲离开人世。

母亲就是这样一个人。她的爱体现在她的每一个学生身上，至今她仍活在她的学生心中。

（编者按：《我的准教育世家》一文系刘映芳之子刘伯明所写，文中写到外公胡学质、父亲刘映芳和母亲胡淑芬。此处仅摘取第一页及与刘映芳相关的几页。）

十一、朱梅麓

朱梅麓（1891—1967），贵州织金人，原名朱世蕃。

童年时期，朱梅麓热爱新事物，富有正义感，不满官吏作威作福。为充实自己的学识能力，实现理想来到贵阳，并考入黄齐生等人于 1901 年创办的贵阳私立达德学校。

1909 年，与同学张培霖、陈文德等创立务本会，一起交流讨论并进行一些革命活动。

1910 年，从贵阳私立达德学校毕业。

1915 年初，朱梅麓与达德学校教师黄齐生以及同学王若飞，经云南、越南东渡日本，进日本明治大学政治法律专业学习。

1915 年 12 月，袁世凯称帝，朱梅麓、王若飞等人在黄齐生的带领下回国，响应护国之役和护法运动，奔走于上海、广州、四川、贵州之间。

1916 年 3 月 22 日，恢复民国。军阀统治贵州期间，曾任职于政府机关，担任过长顺县和贞丰县县长。后在政府和人民的两难选择中艰难地履职并思考，遂恶政治而辞职。重返贵阳于达德学校任教，担任教育行政工作。国民党统治时期，他曾办过“青鸟书店”运销新文化杂志，并与王定一、贺梓才、熊余生、吴桐城、李超然办“平民通讯社”。后被国民党政府以“影响青年思想独立反叛”“不利政府”的名义令其停刊。

1939 年 2 月 4 日，日军轰炸贵阳，死伤无数。朱梅麓的住房及家产都被炸毁。一段时间后，与朋友刘伯莘合伙创立“民有运输公司”，担任经理。当时国民党公路局长沈鹤甫欺压百姓，贪污敛财，朱梅麓等在业内带头反对并上呈书信，沈鹤甫被罢免。二战爆发后，朱梅麓遭沈鹤甫诬陷，其运输公司及资产被没收。其友被抓坐牢数年，朱梅麓则化名为于伴雪四处躲藏，逃避国民党的抓捕。二战结束后才重新露面，获得自由回家。

1947 年，朱梅麓重回贵阳达德学校教书，同时与刘伯莘组建“南强商行”，任董事长。解放战争时期，中国民主同盟被国民党定为非法组织，民盟成员朱梅麓参加反蒋活动受到限制阻挠。

1949 年后，朱梅麓一直在中国民主同盟贵州省委机关工作，任民盟贵州省委秘书处副主任。

1966 年“文革”开始后，朱梅麓作为“旧职员”，被“破四旧”的红卫兵“抄家”，自此卧病在床。

1967 年去世，其家人依其遗愿将其骨灰撒在贵阳黔灵山公园的黔灵湖边。

史料一 朱梅麓先生简介

2

朱梅麓先生简历

朱梅麓原名朱世蕃，生于1891年，后改名为朱梅麓。

朱梅麓童年爱好新事物，富于正义感，遇人世之不平，尤其见满清宫吏的作威作福，更为愤慨。为充实自己的学识和能力，将来在事业上有更大的发展，朱梅麓认为“非在见闻宽广，人才众多的省会贵阳，才能实现自己的理想”。故离开织金猫场来到贵阳，考入贵州老教育家黄干夫、凌秋鄂、黄齐生等在1901年创办的贵阳私立达德学校。在达德学校读书期间，与同学陈文德交往甚密，因陈文德的关系，认识了同盟会员张去普，逐渐听张去普讲了一些民主革命道理，又阅读了染任公饮冰室的一些宣传民主自由的书籍以及新民从报等，朱梅麓思想逐渐为之改变。1909年，朱梅麓与同学张培霖、陈文德等，创立务本会，借读书为名常在一起开展讨论和交流，并进行一些革命活动。

1910年朱梅麓于贵阳私立达德学校毕业。

此时的朱梅麓年轻气盛，怀揣抱负，思想开放激进。他积极响应孙中山的号召，率领几百学生支持辛亥革命，支持武昌首义。但后来自己认为“唯以学生头脑来从事政治，应付复杂的环境，不免处处碰壁”，“惟因自身用非所学，并感民智未开”，只好自行将队伍解散。此时的朱梅麓认为，“从事教育工作，或可得到一点实效”，因而回到达德学校，试图通过教书来“开化民智”。但是过了几年，又觉教育救国，不若政治来得直接，因此决心东渡赴日研究政经。

-1-

1915年初，朱梅麓随达德学校教师黄齐生先生以及同学王若飞一起，经由云南到越南，然后东渡日本，进入日本明治大学修政治法律专业。1915年12月，袁世凯恢复帝制并称帝，消息传到日本，留日中国学生群情激奋。朱梅麓、王若飞等遂在黄齐生先生率领下返国，响应护国之役和护法运动，奔走于上海、广州，四川、贵州之间。1916年3月22日，袁世凯内外交困，被迫宣布撤消帝制，恢复民国。

军阀统治贵州时期，朱梅麓曾任职于政府机关，曾经担任过长顺县和贞丰县县长。以一介书生任政府县长，朱梅麓对自己是不满意的。特别是“执行公令，则人民不堪其苦，顾及百姓，则有违政府训令”，朱梅麓在矛盾和痛苦中艰难地履职并思索着，逐渐厌恶政治，进而提出辞呈，获得批准，回到了贵阳，重返达德学校任教，同时担任教育行政工作。

国民党统治贵州时期，朱梅麓一边教书，一边做生意。曾办过“青鸟书店”，运销新文化书报杂志；与王定一，贺梓才，熊余生，吴桐城，李超然办“平民通讯社”。国民党政府以“青鸟书店”所售书刊影响青年思想独立反叛，予以检查没收关闭；同时又以“平民通讯社”所发讯稿不利政府，影响政府管制，命令停刊不许发行。

1939年2月4日，日军18架轰炸机轰炸贵阳，投弹129枚，炸死521人，伤近万人，炸毁房屋1326座，贵阳大十字中心繁华地带顿时成为一片火海。朱梅麓租住的房子在这次狂轰滥炸中被夷为平地，整个家及家产都给炸毁烧毁了。

经过一段时间的辛苦努力而不达理想，朱梅麓顿感“社会事业非有经济基础不易维持”，又与朋友刘伯莘合伙创立“民有运输公司”，朱梅麓担任经理，刘伯莘担任副经理。“民有运输公司”后来发展到拥有 20 多辆汽车跑运输，算是一个不小的运输企业。当时的国民党公路局长沈鹤甫欺压百姓，贪污敛财，摧残民营汽车业，朱梅麓等在业内带头反对并上呈书信，后沈鹤甫因贪腐证据确凿而被罢免。

二战暴发后，日军封锁香港、海防、仰光等港口，切断大陆后方汽油供应，沈鹤甫的国民党同伙借机诬陷朱梅麓等创办的民有运输公司“盗卖战略物资”，没收了运输公司全部车辆和资产，更以蒋介石手令，登报悬赏大洋，缉拿经理朱梅麓及副经理刘伯莘。刘伯莘被抓坐牢数年，朱梅麓被迫化名于伴雪，四处躲藏，不但露面。一次，朱梅麓在贵阳北面茶店小学一个朋友家里躲藏，不知怎么被国民党宪兵知道了，一队人前来抓他。朱梅麓巧妙化装，骗过抓捕的人逃了出去，天黑尽了才敢从山上溜到大洼村家里。厚泽先生看见他正要叫爸爸，他急忙用手蒙住嘴，示意厚泽先生不要出声。吴氏妈赶紧给朱梅麓做了饭吃，朱梅麓吃完饭后立即离开家，又消失在黑暗之中。这些事情在厚泽先生的心中留下了深刻的印象，许多年后还记忆犹新。朱梅麓直至抗战结束后才敢重新露面，重获人身自由回到家里。

1947 年，朱梅麓重回贵阳私立贵阳达德学校教书，同时又与刘伯莘募股组建“南强商行”，作对外贸易业务，以经营桐油为主要业务，朱梅麓任董事长，刘伯莘任经理。

解放战争时期，国民党宣布中国民主同盟为非法组织，朱梅麓是中国民主同盟盟员，参加了中国民主同盟反蒋民主活动，当然又受到

- 3 -

许多限制和阻扰，但他始终没有放弃。

1949 年后，朱梅麓一直在中国民主同盟贵州省委机关工作，任民盟贵州省委秘书处副主任。1966 年“文革”开始，朱梅麓作为“旧职员”，被“破四旧”的红卫兵“炒家”，从此病卧在床，直到 1967 年去世，终年 77 岁。根据其遗愿，家人悄悄地将他的骨灰撒在贵阳黔灵山公园旁的黔灵湖边，没有仪式，没有墓地，没有墓碑，朱梅麓先生回到了大地母亲的怀抱，静静地长眠于青山绿水之间。

（编者按：这是民盟贵州省委保留的朱梅麓生平简介资料，据手写稿重新录入，原稿今已不存。）

第二节 中华人民共和国成立后的贵州民盟代表人物

一、蹇先艾

蹇先艾（1906—1994），遵义老城人，生于四川越惠县署。辛亥革命时随父母返回遵义。笔名罗辉、赵休宁、陈艾利、蔼生等。从七岁到十三岁，生活在遵义老城姚家巷。幼年入私塾，在其父指导下读古文，联句作诗。

1919 年赴北平求学，先后读于北京师范学校附属小学、北京师范大学附中。

1922 年，于北师大附中与朱大丹、李健吾组织“曦社”，出版《爝火》。

民国十五年（1926）加入文学研究会，常与朱自清、王统照、徐志摩、沈从文等名家交往。此后，在《晨报副刊》《小说月报》和《文学》等多家报刊上发表作品。

1931 年，毕业于北平大学法学院经济系，获法学学士学位。毕业后，于松坡图书馆工作并在弘达学院兼任教职。

1937 年，卢沟桥事变后蹇先艾携妻儿回到贵阳。

1938 年 2 月，蹇先艾与李青南、齐同、张梦麟、高酒、田君亮、刘熏宇等在《贵州晨报》开辟副刊《每周文艺》以宣传抗日、联络同仁。

1939 年 2 月，报馆被毁。之后，蹇先艾先后在修文、遵义等地任教，并与流亡的端木蕻良交厚。

1944 年，任教于贵州大学。次年在任教的同时主编《贵州日报》副刊《新垒》。

1948 年，参与反饥饿反迫害活动。

1950 年，参加贵州省文联筹委会工作并创办了《新黔日报》副刊《贵州文艺》。

1953 年，任贵州省文联筹委会副主任，并向省委宣传部提议将石果调入省文联。

1955 年，担任省文联第二届执行委员会主席。

1958 年，当选中国作协贵州分会筹委会主席。

1965 年，参加“四清”工作，后在“文化大革命”中遭受长达 10 年的迫害。

1981 年，在《文艺报》上撰文评价何士光的小说创作。

1983 年加入中国共产党，中华人民共和国成立后历任中国文化联合委员会委员、中国作家协会常务理事、贵州省文联主席、贵州省作家协会主席、民盟贵州省委副主任委员、贵州省政协副主席等。

1983 年和 1986 年两次任中国文艺家代表团团长，并率团访问加拿大、美国和印度。

1994 年 10 月 24 日逝世，享年 88 岁。

蹇先艾的文学创作贯穿了 20 世纪。在中华人民共和国成立前，他的创作可分为三个时期：

1928 年以前是探索时期，其作品主要收集在《朝雾》《一位英雄》两本小说集中，其成名作《水葬》与六十多首新诗也作于此时。

1927 年至 1937 年是其创作的成熟期，这时期出版的小说散文集有《还乡集》《酒家》《踌躇集》《乡间的悲剧》《盐的故事》《城下集》等，以《在贵州道上》《盐巴客》《倔强的女人》为这时期的代表作。

1937 至年 1949 年是其创作的发展时期，其作品在主题、题材、表现手法等方面有了新突破，出版了《幸福》《古城儿女》《离散集》《乡谈集》等小说散文集。

中华人民共和国成立后，他担任了贵州文艺界的领导工作。在闲暇之余，写了散文、序跋和评论，还出版了《新芽集》《山城集》《蹇先艾散文小说选》等散文集与小说集。

蹇先艾以“乡土文学”名世，他的作品建构了他独特的贵州乡土艺术世界，真实地记录了各种人物的痛苦生活与不幸。

杜惠荣、王鸿儒所著之《蹇先艾评传》（贵州人民出版社，1986年10月，第200-230页），载蹇先艾著作系年（一九二二年至一九八四年冬），可以参考。

史料一 蹇先艾不同时期照片

蹇先艾一九三三年摄于北京

史料二 蹇先艾手稿照片

在贵州道上

蹇先艾

蹇先艾手稿

史料三 蹇先艾同志简介

3

蹇先艾同志 蹇先艾(1906-1994)，贵州遵义人。出生于四川省越惠县署，辛亥革命时随父母返回遵义。从七岁到十三岁，一直在遵义老城姚家巷生活。幼年入私塾，且于其父指导下读古文，联句作诗，十来岁能作古体诗。1919 年赴北平求学，先后就读北京师范学校附属小学、北京师范大学附中。1931 年毕业于北平大学法学院经济系，获法学学士学位。毕业后在松坡图书馆工作，并在弘达学院兼任教职。

1937 年，“庐沟桥事变”后，国难当头，蹇先艾携妻携子离开北平，经天津、青岛、济南、郑川抵贵阳。次年二月，经谢六逸提议，蹇先艾、李青南、齐同、张梦麟、高酒、田君亮、刘熏宇等在《贵州晨报》开辟副刊“每周文艺”，藉此宣传抗日，联络同仁。1939 年 2 月，报馆毁于日机轰炸，这以后，蹇先艾先后在修文、遵义等地任教。在遵义任教期间，他与流亡遵义的端木薪良交厚。1944 年，他任教于贵州大学，次年在任教的同时主编《贵州日报》副刊“新垒”。1948 年，他参与反饥饿反迫害活动。

1950 年，蹇先艾参加贵州省文联筹委会工作，创办《新黔日报》副刊“贵州文艺”。1953 年他出任省文联筹委会副主任，向省委宣传部提议，将石果调人省文联。1955 年担任省文联第二届执行委员会主席。1958 年，当选为中国作协贵州分会筹委会主席。1965 年，参加“四清”工作。“文化大革命”中遭批判迫害长达 10 年。1981 年，蹇先艾在《文艺报》上撰文评价何士光的小说创作

1983 年和 1986 年，两次出任中国文艺家(文学家)代表团团长。

率团访问加拿大、美国和印度。1994 年 10 月 24 日，蹇先艾过完 88 岁生日后 10 天，不幸逝世。

1953 年蹇先艾加入中国民主同盟，1983 年加入中国共产党，建国后历任中国文化联合委员会委员、中国作家协会常务理事、贵州省文联主席、贵州省作家协会主席、民盟贵州省委副主任委员、贵州省政协副主席等职。写作之余，常对青年作者的作品进行评阅，为之作序，鼓励上进；对贵州地方志的编纂工作亦予热情关注。

从 1922 年在北师大附中与朱大丹、李建吾组织“曦社”、出版《爝火》开始，到 1994 年生命的最后一刻，蹇老一直没有放下手中的笔，他的文学创作差不多贯穿了 20 世纪。新中国成立以前，蹇老的创作可以分为三个时期：1928 年以前是探索时期，主要作品收集在小说集《朝雾》、《一位英雄》之中，六十多首新诗与成名作《水葬》也写于这一时期。1927-1937 年是创作的成熟期，出版了《还乡集》、《酒家》、《踌躇集》、《乡间的悲剧》、《盐的故事》、《城下集》等小说散文集，代表作有《在贵州道上》、《盐巴客》、《倔强的女人》等。1937-1949 年是创作的发展时期，在主题、题材、表现手法等方面都有新的突破，出版了《幸福》、《古城儿女》、《离散集》、《乡谈集》等小说散文集。

新中国成立后，蹇老担任贵州文艺界的领导工作，在繁忙的领导工作与社会活动之余，蹇老仍然勤于笔耕，写下了大量的散文、序跋和评论，出版了《新芽集》、《苗岭集》、《山城集》、

《倔强的女人》、《寒先散文小说选》、《蹇先艾短篇小说选》等散文集及小说选集。

蹇先艾在中国现代文学史上以“乡土文学”的代表作家名世。成名作《水葬》受到鲁迅先生的肯定与赞赏。其文品的独特之处就在于他对于乡土文学风格的追求与坚持。他在乡土文学创作中，以绝大的篇章、最深厚的感情献给了旧贵州这片贫困而苦难的土地，和在这片土地上生活着、挣扎着的人们。在他笔下涌现出的众多人物，挑夫、马夫、滑竿匠、盐巴客、乞丐、草药贩子、家庭主妇、失业青年、农妇、小职员、女艺人、教员………对于他们的痛苦生活与不幸遭际，作家不仅作了忠实的记录和典型的反映，建构了作家独特的贵州乡土的艺术世界，对他笔下的人物，更寄予了深切的同情，表现出作家的良知及其人道的关怀，因而曾经感动过无数读者；一些乡土作品，至今也没有失去其艺术的魅力。

（编者按：这是民盟贵州省委保留的蹇先艾生平简介资料，据手写稿重新录入，原稿今已不存。蹇先艾以作家身份广为人知，此文也着重介绍了其创作成就。）

二、刘方岳

刘方岳（1896—1981），原名锡龄（麟），男，贵州贵阳人，是贵州省知名教育家、爱国者，也是长期与中国共产党风雨同舟、患难与共的进步民主人士。其父名刘钟谅，字子衡，清末进士，放至广西阳朔任县令。1896年初，其父面对腐败之清廷，忧愤至极，投漓江自尽。刘方岳遗腹出生。母亲周氏带领二子三女迁到桂林谋生。

1901年上私塾。1902年上达德新学堂。1911年，在达德学校初小毕业。时值辛亥革命，受校长凌秋鹗、老师黄齐生等先生教导，接受民主革命思想和新教育，已知世界西欧美英的存在。

1911年至1916年，在南明中学读书。1916年至1917年，中学毕业后回达德任教。1917年底，以第一名的成绩考取黔中道官费留学日本。

1918年赴日本，入东京明治大学攻读政治经济。1919年北京爆发五四爱国运动，5月7日，中国留日学生在东京芝公园（日语写作西巴戈也公园）集会，由郭沫若主持，刘方岳发表演讲，反对日本帝国主义侵略中国，高呼"还我山东"。会后，集会队伍上街示威游行，在街头与军警发生冲突，刘方岳等多名学生遭到军警的毒打。数日后，贵州留日学生20余人乘船离开日本，弃学归国。

1919年底赴欧洲求学，考取伦敦经济学院。翌年，贵州省省长易人，取消公费，遂转到法国勤工俭学。

1920年夏于法国枫丹白露城结识李立三，随后至巴黎会见了周恩来等人。1920年秋到法国一小镇蒙达尼结识了蔡和森、李维汉、李富春、蔡畅等，入蒙达尼公学，一面做工，一面学习法文和专业知识。其间认识了当时年仅十六七岁的邓小平。在这一年，组织了研究马克思主义的"工学世界社"，李维汉被选为理事长，刘方岳任五人理事之一。

1921 年，全法中国留学生（勤工俭学社团）到巴黎开代表会，由周恩来主持会议。议题是争回里昂中法大学。会后组成 100 余人的夺取里昂中法大学的先遣队，由蔡和森、陈毅、刘方岳领队向里昂进发。1921 年 10 月，因积极参加里昂中法大学事件，被法国当局押解回国。

1922 年返抵贵阳，回到母校达德担任英文、历史课教师，向学生宣传“十月革命”“巴黎公社”。

1924 年，在贵阳达德学校任教，并兼任贵阳中华书局协理。

1926 年被贵州省长周西成以“共产党嫌疑犯”通缉，被迫逃往武汉、上海从事商业。

1927 年，蒋介石发动上海“四一二”政变，王若飞深夜来会刘方岳，告知陈延年（陈延年是独秀先生的长子，同是留法勤工俭学学生，20 年代初中国共产党的负责人之一）被捕，请刘方岳以商人身份营救。刘方岳特请同是留法勤工俭学生、里昂大学法学博士、大上海的著名律师吴凯声出庭为陈延年辩护。中共哈尔滨市委向德胜棉花号经理刘方岳汇款万元大洋（实为营救费用），吴凯声出庭未果，陈延年在龙华牺牲。

1928 年，南京国民政府成立。贵州籍王伯群出任交通部部长，去函嘱在上海的刘方岳到南京做他的秘书。因 1911 年初至 1917 年间，王伯群曾任黔中道道尹，是刘方岳留学日本和英国的公费资助者。出于对他的感恩，刘方岳遂于 1928 年至 1929 年任交通部部长秘书。1929 年底，调返贵阳任交通部直属贵州电报局监理兼会计室主任。1933 年，交通部部长窦党昌调贵州定番县（今惠水县），1934 年，刘方岳任其秘书兼县教育科科长。

1930 年，缪象初参加南昌起义失败返回贵州，邀刘方岳到紫云、卷马山巢组织农工红色政权，未获成功。1934 年，冯剑飞出任贵州保安处长，请刘方岳出任中校秘书。1935 年，作为定番县秘书的刘方岳，因故意将政府内部文件给红军，受到开除国民党党籍（刘方岳入交通部时作为部长秘书加入了国民党）的处分。

1937年至1949年11月，刘方岳先后执教于贵州省立贵阳高级中学、贵阳中学，担任过贵州大学、贵阳师范学院历史系、经济系副教授、教授。

在同一时期，在中国共产党贵州地下党前后几代省委领导人黄大陆、秦天真、李策领导下，刘方岳作为非党民主人士，公开出面宣传抗日救亡运动，在“中苏友好协会”“学生爱国运动会”任主席并主持工作。

1947年至1949年，受张力、罗克明的领导，联系青、洪帮头领蓝克安从事迎接解放、保护贵阳电厂及储备军用民用粮食的工作。

1949年11月14日贵阳解放，贵阳市委第一任书记兼市长秦天真几次到刘方岳先生家拜访并交给下述任务：

1. 请先生继续联系青、洪帮的蓝克安等人保护各厂矿，特别是贵阳电厂。

2. 以劳资两利为名即开办“两利碾米厂”。

1949年12月，二野五兵团政委苏振华会见贵州五位教授。刘方岳作为大学历史教授，向苏政委讲解唐太宗纳谏以及汉高祖对知识分子利用的历史故事。

1951年参加中国民主同盟，并先后担任过贵阳市人民政府委员、省政协常务委员、民盟贵州省委员会委员及民盟贵州省委员会秘书处主任等职。

1957年以“离间党与知识分子”罪名被划成“右派”。

I960年，周恩来总理访问南亚五国，其间来贵阳小憩，单独约见了留法勤工俭学时之故友刘方岳。

1978年，中国共产党十一届三中全会召开，刘方岳历经21年的“右派”生涯终于结束。这21年间，他一直保留贵州省政协委员职务，并出任省政协常委。

1981年5月28日，刘芳岳在贵阳因病逝世，享年85岁。

1981年6月，刘芳岳追悼会在贵州省政协礼堂举行。苗春亭、秦天真、夏页文等省市领导到会。由省教育厅厅长主持追悼会，悼念这位自青年时代学习共产主义理论与思想的革命理想者，与周恩来、王若飞、蔡和森等相交的中国共产党的诤友，贵州大学、贵阳师院教授，贵州普通教育的献身者刘方岳先生。中共中央统战部部长李维汉，前贵州省委书记、北京大学党委书记、教育部副部长周林，上海市委副书记陈沂，贵州省委副书记徐健生，贵阳市委书记夏页文等同志献了花圈。贵阳市民众千人前来参加追悼会。刘方岳的妻子凌钟英及子女刘云、刘容、刘君桓及儿媳女婿献上花圈立于刘方岳遗像前，在哀乐中送别了这位党的诤友。

史料一　刘方岳及夫人照片

刘方岳及夫人

（图片来源：出自《我们的父亲刘方岳教授》，贵州人民出版社，2005年5月版，卷首插图。）

史料二 刘方岳与中国留法勤工俭学者合影

1921年在法国蒙达尼的，中国留法勤工俭学者合影。第三排右起第三人着白色西服者为蔡和森，右起第六人是刘方岳。第一排居中者沙博（校长）沙博夫人，左起第四人李立三、第三人肖三、第三排右起第一人李富春，第四排第五人李维汉。

（图片来源：出自《我们的父亲刘方岳教授》，贵州人民出版社，2005年5月版，卷首插图。）

史料三 黄干夫先生给达校刘方岳等先生的一封信

黄干夫先生给达校刘方岳等先生的一封信航空快函

方岳
梓侪
惕安 老弟同鉴倾奉
杏村
并校董会敦请书辱承

推奖愧感良深，贞频年浪迹，欲归未能，每念校中老友暨诸弟历年辛劳于基础未固、风雨模来之达校，犹能合力扶持，且进步有加，热忱毅力，实深佩慰。特以远道情隔，蚊助莫由，在外同学大都同此感想，而校外表同情者，亦不乏其人。此次归黔动机，固由敝亲林庶兴君有促归扫墓之函，亦即京、沪、镇、平同人督促欲余即归，号秋鹗先生暨诸弟、诸校友协商，以期内外合作，力图教育改进、基础巩固之法，会谢仲谋弟、汪汝衡内侄及及妇有事归黔，因结伴同行，乃行至沪上，大局忽现紧张，长江一带有被侵扰之虞，舍弟与三、四、八小儿各就事他方。镇江一家妇孺不能不有安顿，沪上同人亦以稍缓行期，先订办法为劝，因而折回，属仲谋，汝衡先代达意，仲谋于大学毕业，南京各级教育皆有研究，汝衡毕业于杭州湘湖师范，与其妇景玉从事于小学新教育者，亦颇有年。

诸弟与之悉心商酌，自必有所参考，一面将本校详细一览历年毕业学生及校友应详载于关系与现职（军政各界现职）甫能引起同情，及改进计划寄来俟与同人商酌进行，至于高中趋重实科，亦系目前趋势如此，则一切设备不能不求充实，倘能如来函所谓，永奠隆基、发皇光大，自所深原则，特时局如此，亦难预期，惟内外宏愿既同，只有尽力做。去年仲谋诸弟想已到黔商酌、如何？望早来信，并望仲谋、汝衡沿途情形及旅费大约示我。此间行期定后再为奉告。再高中设备理化器械及图书等品，贵阳书局或重庆书局能购亦（与）否？此间仅民众教育馆一部分应备器物已属不乏，沪上有教育馆专售黔中亦有此事基础否？惕安属画，已托仲谋带去，想收到！此复即候。

伟安！
秋鹗弟台均候！

（原文无标点，标点为搜集者所加，若有错，望指正）

禄贞顿

三月三日

（原载《贵阳志通讯》1984 第二期）

史料四 刘焕云：《怀念刘方岳老师》

怀念刘方岳老师

1991 年 10 月

刘方岳老师逝世已十年了，但他的音容笑貌至今仍保留在我的记忆中。刘方岳老师投身民主革命很早，是一位老前辈。他也是一位老盟员，他为中国民主事业，为贵州民盟的成长都做了重要贡献。今年是中国共产党成立 70 周年、民盟成立 50 周年，在这两个重要节日来临的前夕，我特别怀念这位老人。

刘老师一生光明磊落，对革命忠心耿耿，无论是党在国难时期中，或是他自己受到冲击，受到不正确对待，处于困苦的时候，他总是坚韧不拔，全心全意跟党走，从无怨言。几十年前他在周恩来、蔡和森、黄齐生、李维汉等许多革命老前辈的影响下，即走上了革命道路，后来虽经过许多坎坷，但他一直追求民主、自由，坚持革命，到老不变。

1921 年刘老师在法国勤工俭学时，思想即倾向进步、追求真理，情绪激昂，积极寻求拯救中国的道路。当时北洋军阀驻法公使陈録无理阻挠勤工俭学学生进入里昂中法大学读书，他在周恩来的号召下，与其他进步青年一道，参加了斗争，最后被押解回国。回国以后，他虽没有参加党组织，但与党内一些老同志如王若飞等一直保持着联系，在掩护党员、营救地下党成员等方面，做了不少有益的工作。

刘老师返回贵阳，执教于达德母校，宣传革命，宣传爱国思想，受到师生热烈欢迎。他在讲述中国历史时，讲得具体生动，深入细致，既宣传了革命，又达到了培养学生革命意志和爱国主义思想的目的，同时还启发了学生对当时反动政权腐败黑暗的认识。我清楚地记得，他上历史课讲到巴黎公社时，介绍了法国工人阶级不屈不挠、英勇斗争的故事，讲得很生动，他说："革命就是斗争，没有工人阶级的领导，革命就不能胜利。”他讲中国历史时，时常借古喻今，发人深思，比如，他在讲唐代历史时，引述大量史实，提到唐朝之兴盛，就是由于唐太宗知人善用，能倾听不同意见，做到兼听则明，改进朝政，对曾经反对过他的人，不仅不关不杀，有的还委以重任。他讲这些，实际上是暗示了当时国民党反动派专政独裁，残民以逞，对共产党人残酷迫害，连封建王朝都不如，这给学生加深了对反动派统治的仇恨，启发大家要求革命的思想。

抗日战争爆发后，中国共产党号召全国人民抗击日本帝国主义，刘老师积极参加抗日救亡工作。在共产党贵州地下党的领导下，参加抗日宣传活动，他冒着杀头的危险救护“民先”游行受伤的同志，掩护革命同志逃脱反动派魔掌，并撰文揭露反动派的黑暗。在党组织的支持下，他与蒋仲仁老师主办“社会科学座谈会”，多次举办社会科学讲座，这在贵州是首创，当时许多人受到影响，一些人，包括他的子侄，参加了革命斗争，有的参加了共产党，或奔赴革命圣地延安。解放初，刘老师积极欢迎解放军，协助解放军和人民政府，为肃清反革命，维持社会秩序，恢复生产，做了大量工作，受到当时市长秦天真等党政领导人的尊重与赞许。

刘方岳同志参加民主同盟比较早，曾任民盟贵州省委会秘书主任，他在贵州教育界影响大，无论在民盟整理组织期间，还是以后的发展期间，他都做了大量卓有成效的工作。他对民盟同志关怀备至，和蔼可亲，大家都十分尊重他，很愿意和他接近，因为每一次接近，都可从他那里获得许多有益的帮助。我记得有一次他向我们讲述了民盟许多老同志在抗日时期为民主、为共产主义献身的史实时，讲得具体生动，淋漓尽致，使在座同志仿如身历其境。他讲李公朴、闻一多同志为了维护共产党，为了抗日，而遭到国民党特务暗杀，使许多人深受教益。他的讲话，揭露了反动派的残暴、卑劣、无耻，宣传了民主革命战士的高大形象，刘老师虽早已离我们而去，但他留给我们的是永远忘不了的怀念和追忆。

史料五 国立贵阳师范学院教授名录

国立贵阳师范学院教授名录

(共171人)

刁鸿翔 马名海 马宗荣 马客谈 尹炎武 方　奎 方敦颐 毛国琦 王书青
王开诏 王庄卿 王克仁 王学孟 王学源 王宏祺 王驾吾 王钟山 王炳庭
王鸣葵 王祖矩 王衍康 王裕凯 王鉴武 王佩芬 王德昭 史国雅 石志清
邝炯燊 邓堪舜 龙仲衡 刘天予 刘文修 刘方岳 刘沛川 刘仲阮 刘桂杓
刘家镕 刘朝阳 刘海逢 刘澄清 刘薰宇 刘锡麟 向　义 孙酒枢 孙承钰
孙泽瀛 孙道升 朱止安 朱　澂 任大媛 汤伯士 汤炳正 许培尧 齐祖莲
齐泮林 吴文蔚 吴永成 吴立民 吴作民 吴尽我 吴道安 昊学信 宋隆任
张云谷 张云停 张永立 张华镇 张汝舟 张远宗 张秀水 张国隆 张英骏
张畏凡 张裕徵 张懋天 李独清 李先正 李树华 李清悚 李锐夫 杜佐周
杜叔机 杜熙筠 杨八元 杨宪益 杨克增 汪懋祖 邹国彬 邹觉之 陈铁民
陈贻荪 陈继志 陈铭新 陈弼猷 周春元 周润初 岳长奎 罗文浩 罗志甫

·377·

罗　滑 林尚贤 林竟强 范传坡 范宗先 范新顺 侯　璠 姚公书 姚茫子
姚奠中 封开基 施　畸 段　铮 胡嗣仁 赵伯愚 赵咸云 赵熙明 俞曙方
郝新吾 郝颐寿 倪德刚 夏元瑮 夏隆基 徐　儒 徐知良 栗庆云 袁公为
袁炳南 袁岳龄 唐性一 钱安毅 钱堃新 高承元 高行健 凌纯声 曹未风
商文立 梁　荃 梁兆庚 梁祖荫 梁瓯第 章煜然 章柳泉 郭善潮 萧文灿
谌志远 黄桂清 黄国华 黄奎元 黄秉涂 曾纪蔚 曾鸾昌 曾　景 程铭盘
葛祖良 蒋湘青 谢六逸 熊铬青 熊先珪 臧玉海 谭戒甫 谭沛霖 谭勤余
蔡仲武 蔡柏雄 廖寅初 樊振中 樊怀义 潘家洵 潘光华 戴乃迭 蹇先艾

(资料来源:贵州师范大学档案馆)

(资料来源：贵州师范大学档案馆。)

史料六 2011年方志出版社出版的《贵阳市志·人物志》中的刘方岳传记

刘方岳

刘方岳（1896年至1981年），原名锡麟，号方岳，贵州贵阳府人。清光绪二十二年（1896年）生于广西桂林。父刘钟琼（字子衡），清末进士，出任广西阳朔县令，上任仅两年去世。方岳为遗腹子，故母亲取乳名"腹生"。光绪二十六年（1900年），刘家迁回贵阳，刘方岳在一家私塾读书。

光绪三十年（1904年），刘方岳入读达德小学，成为该校第一批学生。宣统三年（1911年）考入贵阳南明中学。民国3年（1914年）毕业后到达德小学任教。民国4年（1915年），袁世凯与日本签订了丧权辱国的"二十一条约"，举国声讨袁世凯。达德学校师生也加入贵阳各界的游行示威队伍中。刘方岳积极参与了这次爱国运动。12月25日，蔡锷在云南宣布独立，组织护国军讨伐袁世凯。贵州省长公署委派黄齐生率代表团到云南与蔡锷接洽。刘方岳作为代表之一随黄齐生前往。民国5年（1916年）1月14日，黄齐生、刘方岳一行随讨袁护国第一军东路军司令戴戡回到贵阳。

民国6年（1917年），刘方岳以第一名考取官费留学生与王若飞等随黄齐生赴日。途径上海时，并拜访了孙中山。孙中山的伟大人格，对刘方岳产生深刻影响。在日本，刘方岳先补习日语，民国7年（1918年）秋入明治大学攻读经济学。民国8年（1919年）"五四"运动爆发，在日中国学生集会声援。不久，刘方岳与王若飞等30余名贵州籍留学生弃学归国，黄齐生遂以岳飞爱国精神相激励，赠号"方岳"，自此便以此号行世。随后参加了黄齐生组织的"贵州教育参观团"，走访了江苏、山东、河北、山西等省的城市和农村的学校。在北平，拜访了梁启超、胡适等。当年11月，参观团至上海。贵州籍人士王伯群、蔡岳和商务印书馆张菊生共同资助参观团成员赴欧洲勤工俭学。王若飞、刘方岳、刘嵩生3人先赴英国。到英国后，刘方岳进入伦敦经济学院攻读经济史。次年，赴法国勤工俭学，结识了李立三、蔡和森、蔡畅、李维汉、李富春、陈延年等无产阶级革命家，参与组织工学世界社，并当选为理事。民国10年（1921年），中国留学生反对北洋军阀政府向法国贷款购买军火，遭到法国军警的阻拦和殴打，部分学生被拘禁。中国留学生推举刘方岳等人为代表与法国警方多次交涉后，法国警方只得将刘方岳等百余名中国留学生押送回国。

归国后，刘方岳回到贵阳，在达德学校任教。他向学生讲授巴黎公社的革命历史，宣传进步思想。民国14年（1925年），与梅梅生等人创办《黔灵日报》，撰文讽刺地方军阀，宣传进步思想，被贵州军阀政府认为是共产党，下令抓捕，不得已辗转出走上海，在贵州商人开设的德胜棉花号当经理。民国16年（1927年），蒋介石发动"四一二"反革命政变，刘方岳不顾个人安危，利用德胜棉花号经理的身份帮助共产党代收汇款；掩护时任中共中央秘书长兼中共江苏省书记的王若飞脱离险境；为被捕的中共上海市委书记陈延年聘请了著名律师吴凯声辩护，并以商号为保，营救陈延年出狱。

民国17年（1928年），王伯群出任国民政府交通部长。刘方岳赴南京任王伯群的秘书。一年后因母亲病重，辞职回贵阳，任贵阳电信局监理兼会计室主任。民国20年（1931年）"九一八"事变后，刘方岳联合贵阳的爱国知识分子谷友庄、尹素坚、缪象初、蒋蔼如等组织"江流社"，研究社会主义学说，分析国内外局势，宣传马列主义，启发了不少青年。滇军张汝翼部某旅参谋长黄大陆就是在刘方岳影响下，思想不断进步，走上革命道路的。

刘方岳在贵阳电信局工作年余，应贵州保安处处长、学生冯剑飞之邀，到保安处任中校主任秘书。民国22年（1933年），调任惠水县（定番）秘书兼教育科科长。民国26年（1937年），到省立高中教书。

"七七"事变后，刘方岳积极投身抗日救亡活动，并担任贵州中共组织的贵阳抗敌后援会、文化界抗敌后援会、社会科学座谈会的主要负责人。创办《抗战教育》杂志；举办社会科学讲座，时常指导青年人的革命活动。民国28年（1939年）2月4日，贵阳遭到侵华日本飞机轰炸，刘方岳随省立高中迁到修文。民国34年（1945年），因参与中共地下活动，被国民党特务逮捕，后因查明他并未加入共产党，关押7天后释放。民国35年（1946年）春，任贵州大学历史系教授，以经济发展为基本线索讲述历史，提出"制衡史观"理论。民国38年（1949年），受聘贵阳师范学院史地系教授。

中华人民共和国成立后，1950年年初，与萧文灿等5名教授一起受到贵州省党政领导苏振华等接见，对贵阳市的治安、经济建设提出团结一切力量，打击匪特；建设以民之所需而进行，采取民办公助加工粮食，解决吃粮问题等建议，得到政府采纳。1951年，刘方岳加入中国民主同盟，出任贵阳市人民监察委员会副主任。后曾任贵阳市人民代表、市人委委员。1954年，离开师范学院，任贵州民盟秘书处主任，贵州省政协委员。1957年被错划为"右派分子"。1978年获得平反，任贵州省政协常委。

1981年5月28日，刘方岳因肺心病逝世，享年85岁。

史料七　贵州省史学会近现代史研究会纪念刘方岳专刊

会讯
第十期
贵州省史学学会近现代史研究会
中国近现代史史料学学会贵阳市会员联络处
合编
1996年12月10日

·纪念刘方岳先生诞辰100周年·

编者按：今年是贵州知名爱国民主人士、教育家刘方岳先生诞辰100周年。为缅怀方岳先生青年时代赴日、英、法留学时的反帝爱国精神，二、三十年代在贵州传播进步思想和革命理论，抗战时期积极倡导抗日救亡，长期教书育人，培养青年和贵州解放后与中国共产党忠诚合作的光辉业绩，启迪后人，促进社会主义精神文明建设，贵州省史学会近现代史研究会、民盟贵州省委员会、民盟贵阳市委员会、贵阳市政协文史和学习委员会、达德学校校友会、三联书店贵阳联谊会、中国近现代史史料学学会贵阳市会员联络处等七个单位发起，筹备召开纪念座谈会。现将已征集到的部分纪念文章和发言材料刊载如下。

达德圣火铸师魂

——刘方岳老师诞辰100周年祭

○　刘宗棠

刘方岳老师诞生在十九世纪末，这是中华民族在本国封建专制主义和外国资本帝国主义的剥削和压迫下，陷入深重苦难和极度屈辱的时代，也是中国人民逐渐觉醒，正视现实，寻求解放的时代。方岳老师是贵州省最早进入新式学堂——贵阳达德学校和南明中学的学生，也是贵州人中很早就留学日本、留学英国，又到法国勤工俭学的学生。他还是一个很早就接触马克思主义，并且努力结合自己的专业，积极宣传辩证唯物主义和历史唯物主义的知识分子。

方岳老师热爱祖国，追求进步，紧跟中国共产党，积极参与多方面的社会活动。他在政治、经济、军事、文化出版和教育等领域都作过认真的工作。但是，他从事时间最长，成绩最大，影响最为广泛和深远的乃是历史教学工作。他在贵州的很多大学和中学都讲授过历史课，传播

·1

步思想，发扬优良传统，鼓舞革命斗志，振奋民族精神，深受广大学生的信赖和崇敬，成为贵州省非常著名的历史教师。

过去的一百年，是中国和世界风云变幻的一百年。作为贵州现代教育先驱的贵阳达德学校为社会培养了很多爱国爱民，学有专长并且积极奉献的人才。其中有叱咤风云的无产阶级革命家王若飞，有声名赫赫的社会活动家黄齐生，此外还有很多革命先烈和仁人志士。像方岳老师这样长期耕耘在教育战线上，认真教书育人，传播进步思想和科学文化知识的教师，也从特定的角度体现了达德人的达德精神。

贵阳达德学校，作为我国近现代紧跟世界潮流而举办的最早一批新式学堂，它既继承了我国教育的光荣传统，又面向世界，面向未来，倡导好学、力行、知耻，崇尚民主，尊重科学，追求进步，培养了大批人才，在我国的旧民主主义革命、新民主主义革命，以至于社会主义革命和社会主义建设中，都积极努力地作出自己的贡献。可以这样说，贵阳达德学校虽然范围不大，却是贵州教育史上的一小块圣地，从这里燃起的熊熊圣火，不仅在贵州省发出耀眼的光芒，也跟全国各地兴办起来的新式学堂所燃起的智慧之光，科学之光和革命之光交相辉映，后来都汇集到中国共产党的红旗下，汇集为摧毁旧中国和旧社会，建设新中国和新社会的滚滚洪流。

方岳老师身受这团圣火的铸炼，又成为这团圣火的传播者，所谓"后薪续前薪，圣火耀眼明"者也。方岳老师从小就读于达德学校，后来又在达德学校执教，解放后在达德学校校长的任上，遵照人民政府的统一安排，把达德学校合并到贵阳二中，改为公办。他跟达德学校的关系，可谓深矣！

今年，我国很多地方都在纪念一些知名人物的百年诞辰。贵州省所纪念的人物中，就有达德校友三人——王若飞、谢六逸、刘方岳。这是历史的见证，也是达德的光荣。当然，纪念先贤，是为了昭示来者，不忘过去，是为了走向明天。现在，二十世纪即将过去，新世纪的曙光已经依稀可见，我们正处在"跨世纪"的历史关头。1996年所纪念的、诞辰百年的知识人物都是从上一个世纪跨越过来的，而我们却要满怀信心，高歌猛进地跨越到下一个世纪去。

中国共产党的十四届五中全会制定了跨世纪15年国民经济和社会发展的宏伟蓝图，与此相配套，六中全会又通过了加强社会主义精神文明建设的决议。这就为我国承前启后、继往开来，走向新世纪提出了明确的奋斗目标和全面部署。

我们的先辈经历了艰难，坎坷和曲折的历程，终于在中国共产党的正确领导下，取得了革命和建设的伟大胜利。我们和我们的后代也要在中国共产党的正确领导下，不断奋进，走向辉煌的未来。这应该是纪念包括刘方岳老师在内的很多前辈中国人的意义所在。

刘方岳老师是知名的爱国民主人士、进步人士，是贵州著名的教育家，历史学家和历史教师。他曾经长期满腔热情地寻求真理和传播真理，锲而不舍地教书育人，呕心沥血地教导自己的子女和学生紧跟中国共产党，走社会主义的道路，振兴中华。现在我们纪念刘方岳老师诞辰100周年，就应该更自觉地学习他的精神，实现他的理想，紧密地团结在以江泽民同志为核心的党中央周围，高举建设有中国特色社会主义的伟大旗帜，开拓进取，高歌猛进，走向新世纪，为把我国建设成为富强、民主、文明的社会主义现代化国家努力奋斗！

（作者简况：贵阳达德学校47期（1943年入初中一年级）"礼级"学生。现任贵阳达德校友会副理事长兼秘书长。哲学教授。）

贵中学子忆良师

◯ 王　珏

曾经长时期对我们言传身教的刘方岳老师离开人世已经15年了。今年是方岳老师诞生一百周年。贵州省史学会近现代史研究会等七个单位联合筹备举行纪念刘方岳先生诞辰100周年座谈会。消息传出，我们贵阳中学高中32期和33期的部分同学刘宗龙、刘宗棠、何霞辉、殷以柔、孙日银、汪明光、刘绍明、周绍基、蔡琼芳、王珏等十人特地于1996年9月下旬在甲秀楼翠微园聚会，深切怀念方岳老师，大家公推我根据大家的忆念，结合自己的亲身体会，撰成此文，恭祭于方岳老师之灵。

我们与先生相逢在1945年秋，日寇投降，贵州省立贵阳中学从乌当后所乡间迁回城内会文巷校址之时，直至1949年冬，贵阳解放毕业离校为止。抗战胜利时，我们才是二年级学生，但已饱经八年离乱之苦难，好不容易熬到胜利，真是思绪万端。逃难来黔的外籍同学思念还乡，筑城的学子向往安康。方岳老师是省内外知名学者，早年留学日本，后赴英留学，又转到法国勤工俭学，当时在贵州大学和贵阳中学都教历史课。先生爱生如子、谆谆教导，对各地各级学生一视同仁，关怀备至，教书育人。先生不似校长那样威严，更不像训育主任那样对学生软硬兼施，而是坦诚相待，平易近人，以学识和人格感召，深受全校师生员工之敬重。

历史课与政治、军事紧密相联，先生思想进步，观点正确，学识渊博，教学有方，使我们这些渴求知识，而且正义感特强的青少年深受启发，非常敬佩。转眼间半个世纪过去了，许多事物早已淡忘，然先生之音容笑貌却记忆犹新。陈胜、吴广揭竿而起、黄巾起义、李自成、洪秀全、孙中山成为我们敬仰的英雄。岳飞、文天祥、郑成功、黄花岗七十二烈士、十九路军八百壮士等，在我们思想中树起丰碑；“天下兴亡，匹夫有责”、“人人为我，我为人人”指导我们为学与做人。历史课在中学虽然不是主科，但在方岳老师的讲授下，我们学起来却大开眼界，大受教益，在我们这些青少年学生形成正确人生观的过程中起了巨大的作用。

先生家居会文巷贵中宿舍，为了到贵州大学授课，长期往返奔波于花溪、贵阳之间。当时他家三代人挤在两间木板平房中生活，经济相当拮据。然而仍然豪迈慷慨，乐于助人。同学们在体育课的间隙，总往先生家喝水，师母和大姐亦热情接待。尤其对住校生关怀备至，问寒问暖、调理汤药，中秋、端午常邀外地学生共度节日。个别自己煮饭的贫困生，借用先生家的煤火举炊则是常事。先生还从微薄的工薪中，拿出银元来为被迫离家的学子解危济困。今日思之，仍然历历在目。

先生教书育人以德为先，以德感人。1946年末，北平发生“沈崇事件”，传到大西南，贵阳学生响应反美，学校当局尽量约束限制。但方岳老师积极支持同学正义行为，鼓励学生关心国事。学校的学生自治会和各班的班会本来是学校当局特别是训育处和军训教官尽量操纵，把持和利用的工具。现在，觉悟起来的广大学生要求改变这种状况，得到一批刚正不阿的老师支持，方岳老师是我们的坚强后盾。先生还对我们自办的《北极》油印小报，给予热情的关怀与指导。1948年秋，解放战争节节胜利，校内外进步学生“读书活动”蓬勃兴起。11月间，有一次某个学生晚上超过了学校宿舍的熄灯时间返校，被军事教官发现后报告校长，要作开除学籍处分。在这关键时刻，方岳老师挺身而出，证明该生是往三桥改茶寨家中，拿米来续炊。并且说“他走时因教官不在，向我告了假的，学校若要处分，应处分我才是。”方岳老师愿意承担风险，援救学生，使广大同学深受感动。

1949年春，解放战争胜利在握，学生运动蓬勃高涨。寒假结束开学后，省立学校的教职员发不下工薪，在中共地下党和贵阳新民主主义青年联盟的领导下，贵阳省立八所中等学校的同学4000人，举行“反饥饿游行示威运动”。方岳老师站出来公开支持学生的义举，并在贵中礼堂旁大教室发表讲话。4月16日中午，趁着军事、童训教官和训育员等人午睡之机，贵中600多名高初中同学成三路纵队，出校门后沿富水南路直下，经贵阳电影院向护国路，直奔大南门集合。然后由南向北直贯中华路，至体育场折回直抵省府路贵州省政府大门，冒雨示威请愿，到下午5时许请愿成功后返回。其时间“老师要吃饭，我们要读书”的口号响彻四空；“呼吁为哪样，呼吁为哪样，为了要吃饭哟，工教人员一家大小怎能活下去！”、“薪水是个大活宝呀，想和物价来赛跑哟，物价只要涨一天哟，薪水半年赶不到啊，赶不到啊，赶不到啊，工教人员怎开交啊！”的歌声激昂动人。赢得了社会各界和广大市民的同情与支援。晚上，方岳老师指点我们暂避锋芒，谨防军警特务的毒手！于是我们有人暂回乡下，有人告请病假。因有广大教职员工的庇护，贵中同学顶过了难关，无人被捕。

1949年下学期，国民党军队节节溃败，学校除课程还上外，人心已无法拢络。有钱有势家庭的同学陆续离校，本城走读和贫困的住校生日见减少，11月上旬，人民解放军进入黔东后，国民党军政机构纷纷逃离，贵阳成为真空地带。先生一家仍居校舍，积极组织我们拿起童子军棍和垒球棒为自卫武器，护校放哨。当有人求教先生，准备迎接解放，弃学参军时，先生语重心长深情地说：以前我说“好男不当兵，好铁不打针”是因为国民党军队是欺压民众的，不能去干。今天，你有志去参加人民军队，献身解放事业，我当然全力支持而深感欣慰。此后，他积极鼓励我们于11月14日晚前往龙洞堡，去迎接人民解放军入城。

刘方岳老师从抗战胜利直到贵州解放，教我们历史，教我们做人，虽然仅有五个年头，但正处在中国革命的大转折时期，对我们这些处于十四五岁到十八九岁的青少年，确立正确的人生观和世界观是具有巨大影响的。贵阳解放后，我们参军、升学、工作各奔西东，而先生的教诲、为人，却铭刻在我们的心中。

怀念刘方岳先生

◯ 韩述明

刘方岳先生是我的老师，是我中学时代最敬仰的教师之一。

1944年的春天，我从乌当的贵阳中学转学到修文的省立贵阳高中。未进省高时，就听同学说起刘先生，说他曾是外国几所大学的留学生，学识渊博，对学生很爱护。我在进校后，知道刘先生上我们班的历史课，心里很高兴，我是在课堂上第一次见到刘方岳先生的。他衣着朴素，教态雍容，对学生总是一副亲切的笑脸。上课后没有一句闲话，先生在黑板上用清秀的粉笔字写一个提纲，让我们笔记下来，然后开始讲课。刘先生讲话的声音不大，清晰而有节奏感。在重要的地方作暂时的停顿并加强了语气，以唤起大家的注意。他在上边绘影绘神地讲，学生们在下面聚精会神地听。大概是因为对教材熟悉透了的缘故，一节课的时间，刚好把提纲的内容讲完，从不拖堂。刘先生不仅是对历史事件是那样的熟悉，并且能根据中学生的程度对教材加以剪裁，使重点突出，脉络清楚。对历史人物历史事件的分析做到简明扼要，加上语言富有吸引力，所以在听过一遍后即留下较深的印象。最使学生佩服的是刘先生有惊人的记忆力，他上课从不看书本，对历史年代能随口说出，准确无误。我听刘先生讲课，不到一年的时间，至今已过去五十多年，而他在课堂的音容笑貌，依然历历在目，不仅如此，刘先生的教学态度和教学方法，还对我的工作产生了影响。我在大学毕业后，走上了教育岗位。我不是学师范的，如何当好教师、教好课，是很现实的新课题。我开始是教数学课，是向我中学时的数学教师学习，以后教高中的政治经济学，我就向刘先生学习。我并且还将刘先生的教学情况向一些教师介绍过，例如当时在一中教历史课的易光培老师（以后调师院任教，已病故）也用刘先生的方法讲课，学生反映不错。

在1944——1945年这段时间，也就是抗战胜利前夕，日本侵略者的铁蹄曾到达贵州独山

·4·

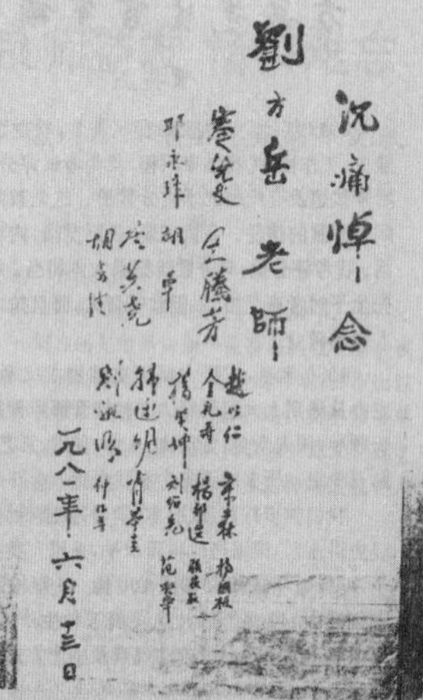

县，贵州人民处于水深火热之中，依靠微薄工资过活的教师，连基本生活也难保证，许多教师靠变卖衣物和借贷度日。1944年的端阳节，在我们高廿二期甲、乙两班同学中传来消息，说刘方岳先生（好像还有赵伯晟先生）家里几乎断炊了。于是半公开地在两班同学中捐款，凑了一笔不多的钱买成了油、米一类的生活必需品作为端阳节前的慰问品给老师家送去。据两班的同学代表回来说："刘先生感动得流下了泪，他们也流泪了。"那时，我刚转学去不久，对老师、同学都不大熟悉，我没有去过老师家，但师生之间的这种深情厚谊，我是能够体会得到的，因为我也是来自教师家庭呀！记得在第二天上课时，刘先生似乎想提一提这件事，但声音给哽住了，他赶紧转向黑板去写提纲，接着讲起课来，依旧是像平日那样从容不迫，而同学们沉重的心情也慢慢放松，聚精会神地听课了。

高中毕业后，我很少看到刘方岳先生。也曾经在路上遇到过几次。每次我停下脚叫"刘老师"，先生总是亲切地笑着还礼。经过了好些年，一直到1954年，贵州省民盟召开第一次盟员代表大会时，我才有机会坐下来和先生交谈。代表大会选举产生民盟贵州省第一届委员会，刘先生和我都当选为委员，他并且调到民盟省委会任秘书处主任。我当时曾为刘先生离开讲台而感到惋惜。自从我当了刘先生的学生以后，刘先生在我心目中是一位难得的、擅长于教学的好老师。我曾经婉转地把我的想法向刘先生提起过，他似乎也依依不舍他多年来的教书生涯，但他更尊重党和组织上对他的安排。他逐渐改变了作为教师的生活习惯，并且兢兢业业、恪尽职守地负担起机关许多带事务性的秘书工作来。每次开委员会，他总是集中精力听取大家的发言并用工整流利的钢笔字作下记录，自己却很少发言。我被选为委员时还未到而立之年，刘先生已是年近花甲了。刘先生是老师也是父辈，但在我们这些学生、晚辈面前，从没有架子。每次我在发言时，他总是认真地听，有时频频点头，表示赞许；会后还握住我的手说："你的发言，讲得不错！"表现了一个长者对青年人的关心和鼓励。我只是开会时才到盟省委机关去，和刘先生的接触并不多。

1956年的冬天，川、滇、黔三省盟务工作经验交流会在昆明召开，刘先生和我都参加了这次会议。这段期间，我亲眼看到刘先生的工作情况，他除了参加开会外，还要处理一些会务和负责一些文字方面的工作，我们晚上常休息或参加文娱活动，刘先生则忙于各种事务。好客的云南同学留我们在昆明过春节，我们有幸观赏了昆明附近的名胜古迹，但一次也没有看到刘先生，原来他留在招待所内看家，让其他同志放心地尽情游览。从这件事，也看出刘先生对待工作的负责和对待同志的关心。

昆明会议过后不久，"反右"开始了。学校工作特别忙碌，民盟召开的会议我都请假了。突然有一天，传来朱厚鲲（止安）先生（盟员，师院教授）被划为"右派"的消息，我不禁大吃一惊：朱先生也是我中学时代敬仰的教师之一，他的学识人品一向为人们所称道。过不几天，方岳先生被划“右派”的消息也传来了，我更觉惘然，我内心实在难于理解和接受。我从未见到过他们的“材料”（这当然是歪曲的）也从未参加过他们的“批判会”，对他们的“右派”，我一直茫然，留在脑海里的依旧是旧日和蔼可亲的教师形象。以后听说他的秘书处主任被撤，留在机关“劳动”。我去盟省委开会时，仍不时见到他，每次，我依然像过去一样的称“刘老师”，他依然是亲切地微笑向我点点头。直到他的“右派”问题平反改正，我始终没有机会再与他交谈，直到先生逝世。

方岳先生是1981年逝世的。我在事后才知道。当我们省高同学（当年在修 文读书的学生）听到刘先生逝世的消息后，相约在延安路饭店借了一间房子，开了一个小型悼念会，借以寄托我们的哀思。到会的除了我们廿来个同学外，当年在省高教课的蹇先艾老师和邓永璋老师也参加了。悼念会和签名单拍成片后，我至今还留存着（附后）。

刘先生的一生经历，我从不了解，他似乎也不大愿意谈起过去。五十年代我曾与君植同志（刘先生长子）在一起共事三年，也从未听他说起过，那些年代，是除了工作不谈私事的，直到1986年12月贵阳一中80周年校庆前，在校庆纪念册上读了君卫同志（刘先生次子）写的《忆父亲刘方岳先生》一文，才知道刘先生的生平。

我想，“忧国忧民”，这应当是中国知识分子的一个好传统。这方面刘先生可算是一个典型。他正是从这点出发，从青年时就一直追求进步、追求真理、追求革命。他的一生是曲折的、坎坷的同时也是不平凡的。而这种“忧国忧民”的情怀，在“左”的路线下，竟然受到歪曲，遭到不公正的待遇。大大挫伤了知识分子的积极性。给革命和建设事业造成了巨大损失。历史已成过去。党的十一届三中全会以来彻底抛去了“以阶级斗争为纲”的口号，以经济建设为中心，集中力量发展生产力，尊重知识、尊重人才蔚然成风，方岳先生有知，当会含笑九泉矣！

方岳先生百岁颂

〇 项英杰

1949年冬，先生兼课贵州大学，教授西洋通史。工作忙，托我结束课程，代为考试评分。并附来试题及有纪录的学生分数册。这是教师之间很郑重的信任。我读试题，视野宽阔，内容灵活。我考评分数，与分数册纪录大体相当。可见先生平时考查严格，不但教书育人，而且抡才识人尤其敬业。

1950年春，省委大搞历史唯物主义教育，主办从猿到人大型展览。文教接管部申云浦部长领导，调人众多，分历史、人体、美术、工艺、后勤五个组。历史组派先生和我负责。

我们初步打算：取旧本《学习》杂志《社会发展史讲座》。根据当时科研水平，采用人类出现于1000万年前规划彩图100幅，60幅描绘劳动创造人，40幅描绘社会发展五种生产方式。突出显示人类形成的劳动观点及生产方式的发展观点。

我借到《化石人类学》等英文本专著。我们共同研读，如获至宝。关于从猿到人年代的鉴定和顺序，有了可靠的科学依据。

先生找到《反杜林论》英文本，我们发现“劳动创造人”的全译是人类创造了人自己。我们经过琢磨，先生提出译为劳动创造人本身，并以此七字斗大美术彩书为第一幅图放在展览会入口处，非常醒目。

编辑工作搞了几个月，直到展览会开幕，省党政军工青妇领导出席，申部长作报告。展览数月，省地县城乡群众踊跃参观，达数十万人，效果好，影响大。

在这几个月中，我们朝夕相处，问题复杂，争论激烈，然而热情亲切，协作友善。在图幅设计上，与日俱增，择优选用。美术、工艺两组一再改作，定稿达250幅，始终不厌其烦。在写作解说词上，字斟句酌，力求通俗易懂。在培训解说员上，要求了解展览内容的整体，更要熟悉负责解说的部分。共同工作中，先生坚持真理修正错

良师益友 情谊难忘

纪念刘方岳先生一百周年诞辰

○ 唐弘仁

(一)

今年是刘方岳先生诞生100周年。

刘方岳先生是贵州一位著名的教育家。在民主革命时期和社会主义建设时期,都作出过重要贡献。政协,民主同盟和现代史学会等单位,联合举行纪念座谈会,具有重要意义。我十分乐意参加这个纪念活动,表达我对这位老人的无限怀思。

(二)

早在50年代初,我即认识刘方岳同志。当时我受上级指派,来贵州做民主党派,中国民主同盟的组织整理和成立新的领导机构工作。由于缺乏做统一战线工作的经验,加上对贵州的情况不熟悉,十分担心做不好这一工作,完不成上级交付的任务,除了紧密依靠党委,我还亲自拜访过贵州省文化教育界一些老先生、老前辈,向他们请教。其中有:双清、田君亮、罗登义、蹇先艾、丁道衡等人。稍后,由缪象初,刘映芳二人陪同,拜访过刘方岳先生。

当时,贵州刚刚解放,国民党残匪十分猖獗;潜伏的国民党特务,到处进行破坏活动;民盟内部组织情况和政治思想情况也相当复杂;我感到工作不好做,难度大。凡是比较重大的问题,我都向双老,双清汇报,请他作决定。在此之前,我时常与刘方岳,丁道谦,朱梅六等人商量研究。清理整顿,成立领导机构工作完成以后,面临着发展组织,对外联系,公开活动的任务,我与方岳同志坦诚相见,交换意见的时候更多。由于他有多年从事民主革命活动的经验,理解和体会党的方针政策很锐敏,也比较深刻,对贵阳市文化教育界的情况又十分熟悉;加上,在与他接触以后,我很快发觉:他胸怀宽阔,整体观念比较强,考虑问题也十分周到,细致;因此,他所提出的建议,大都十分中肯,既符合党的方针政策,也能为多数人所接受。他所介绍和推荐的参加组织的教师和文化工作者,后来事实证明,大都是比较优秀的,有代表性,有广泛影响的人选。

(三)

方岳同志青年时代即具有强烈的爱国主义思想。他有一段追求真理,追求进步,向往、同情和支持革命的历史。

他在日本留学期间,曾受教于马克思主义经济学家河上肇,开始接受马克思经济学说的思想。曾参加过反对日本对外扩张侵略的爱国主义集会游行,并与日本军警搏斗。在法国勤工俭学期间,曾与共产党人李维汉、李富春等组织工学世界社。为了坚决反对北洋军阀驻法公使及里昂大学当时负责人的许多无理措施,他曾与陈毅、蔡和森等,冲击里昂大学,受到过周恩来及同辈的赞许与表扬。在蒋介石反动(4·12)反革命政变后,许多共产党人被残酷屠杀,有些遭到逮捕。在此险峻时刻,方岳同志曾冒着生命危险,掩护过王若飞。根据地下党的安排,他配合组织,进行过营救陈延年的工作,等等。

方岳同志从海外归国以后,即从事教育工作。他是当时贵阳市教育界一位声望很高,有广

误的精神,最为难能可贵。

1954年秋末,先生调省民盟任专职,对师大教授的世界近代史课程,表示负责到底,善始善终。充分表现先生对教育事业的热爱,老而弥坚。

自后先生公暇,我在课余,仍然彼此过从论学论史。

先生晚年,深居简出,我照旧不时前往拜晤,从未中辍。

先生品德高尚,学识渊博,慧眼敏锐,思想精进,为人忠恕,处事恭谦,投身教育,寄愿大同。

今值百岁,回忆抒怀。

泛影响的教师。抗日战争时期，他的爱国主义思想极为强烈，积极投入抗日救亡运动。在地下党的领导和推动下，他多次参加并主持几个抗日民众团体，开展抗日宣传活动。他利用课堂及其它形式，讲述革命历史，鼓励青年投入抗日战争，参加革命组织。在他的教育和影响下，许多青年，其中包括方岳同志的子女与亲人刘君桓、刘容、聂荣慧、聂其婉等，先后都参加了地下党，参加了革命活动，并作出了重要贡献。抗日战争时期，贵阳市的地下党组织，曾一度遭到国民党特务组织的破坏，有的党员被杀害，有的被迫撤离。在此险峻时刻，方岳同志再一次冒着生命危险，挺身而出，奔走营救，传递信息，表现极为突出。

上述这些情况，以前我多是从贺培真，双清、肖家驹，缪象初等人，陆陆续续，片断地获悉的。以后，又从贵阳市、贵州省政协文史资料及贵州省党史资料，从许多人革命回忆录中加深了了解。我深深感到：方岳同志当时从事这些进步的、革命活动是不容易的，是难能可贵的。

（四）

我回忆：从50年代开始，一直到方岳同志离开人世，通过政协会议，党派工作，我一直与他保持着联系。在文化大革命后期和文化大革命以后，因年老多病，多数时间，他都在家养病，我仍然经常去看望他。他当时住在大十字，老省府路、铁局巷一间十分破旧的房子里，全家老小被挤在一个大通间，过着十分俭朴，十分艰苦的生活。有好多次我与他联系，有时是为了应付“造反组织”的外调，有时是为了落实政策，核实材料。当时他身处逆境，重病在身，总是撑着十分虚弱的病躯，坐在床沿，与我叙谈，应付这些难于拒绝的苦差事。我清楚地记得：无论是谈到他青年时代，冒着风险，为民主、革命事业，奔波献力；还是联系着他临近晚年，受到不公正的待遇无端蒙受冤屈，经历各种坎坷与不幸，他都保持着一种十分豁达，十分平静的心情和实事求是的态度。从容不迫，有条不紊，娓娓而谈。不夸大，不渲染；不反对，不饰非。他从未流露出怨天尤人的情绪。真正达到：淡泊、宁静、宽容的境界，曾使我深受启发，教育。许多情节，至今犹栩栩如生，如在眼前。

这些年，我时常想：过去一个时期，在政治运动中，出现过左的错误。特别是：1957年与1967年，反右派斗争与文化大革命这两次政治大风浪，党内、党外，不知伤害过多少党内老同志和党内外老知识分子；他们当中多数都是热爱祖国，热爱党，有才华，有真才实学，想为党和人民革命事业作贡献的。事实上，他们也是曾经出生入死，历尽艰辛，为民主革命事业作出过贡献的，刘方岳先生便是其中一个例子。这些年，我曾阅读过一些朋友，左的政策的受害者的回忆录，这一次，重读了方岳同志的朋友、亲人的回忆录，进一步加深了上面这些感受，也更加深了我对方岳同志的怀念与哀思。

在纪念方岳先生百年诞辰的时候，我突然想起明代于谦的《石灰吟》；这首传诵千古的名诗的主题思想，我的理解是：一个人，一个仁人志士处世为人，一定要有清廉耿介，大公无私的品德。一定要有为了民族、国家利益，具有杀身成仁，舍身取义，勇于献身的精神。

《千锤万击出深山，烈火燃烧若等闲。粉身碎骨全不怕，要留清白在人间》这首名诗，在一定程度，也反映方岳同志一生的一些情节与侧面。方岳同志留下的清白廉正的情操，他急人所急，忧人所忧，乐于助人，勇于献身的气节；以及他那追求进步、老而弥坚；教书育人，诲人不倦的精神，将永远留在人间，是我们当代青年，我们大家学习的榜样。

永恒的记忆

◯ 陶祖弘

八年抗战胜利后，疲惫不堪的中国人民所渴望的和平，建设的梦想，被蒋介石发动的内战打破了，就在“大后方”的贵州，也骚动起来。所谓读书的圣堂——最高学府、大学，再也不能平静了。同学们反内战、反迫害、反饥饿的大游行，此起彼伏，牵连着亿万人的心。当我们高喊着：我们要和平！我们要民主！我们的老师要吃饭！我们的老师骨瘦如柴还在辛勤教导我们时，我们的眼睛里闪耀着泪花，我们的心都快要炸裂了……沿街的老百姓怀着愤怒与同情的眼光，默默地给我们让路。但与此同时，却有一些不三不四的人，常常串到队伍里或学校内部，贼头贼脑、东探西望。这就是国民党特务，我们管他们叫“党棍子”，我们恨透他们了，但却也奈何他不得，可我们不甘心，我们在思索！

一天，给我们上“西洋史”的刘方岳老师刚跨出教室，我们一群学生就围上去叫着，老师，请等一等，我们有问题要请教您，什么叫“棍子”？他和蔼可亲的笑容立刻收敛了，他似乎作了短暂的犹豫。因为他看见这一群眼光里冒着火花的学生，他知道这问的是什么，再看看我们那期盼和信任的眼神，他很快地作了决定，严肃地回答“棍子就是既无皮肉，又无心肝五脏的东西。”说话时声音那样铿锵有力，一字一字地刻过我的心底！至今，过去快半个世纪了，我还记得那样清楚。我知道他作出这样的回答，是要担多大的风险啊！

第二学期，我们的西洋史换了老师，据说学校没有聘请他了！

老师！今天在您100周年诞辰之际，人们还不能忘怀您的高风亮节，您在天之灵该得到慰藉了。老师，安息吧！

悼念刘方岳老师

◯ 朱立彬

刘方岳老师是我们青少年时代的良师和思想启蒙人。每当想起他给我们上历史课在黑板上写上“中华民族历史悠久而血液常新”几个字时，总是激起我们的民族自豪感。方岳老师给我们的教诲，终身难忘，适此方岳老师百岁诞辰纪念之时，我们深深地怀念他。

我们的启蒙老师

1916年，方岳老师开始在达德学校任教，一年后他和王若飞同志随黄齐生先生东渡日本求学。1919年就读于日本明治大学，当时正遇国内掀起反帝反封建的“五四”运动，他和当时在日本的郭沫若等同学走出课堂到处宣传，反对丧权辱国的“二十一条约”，被日本当局驱赶回国，不久他又去法国勤工俭学。1921年夏，法、中反动当局以“里昂事件”为由将一批留法学生押解回国，其中有陈毅、蔡和森、贺果（贺培真）等同志和刘方岳老师。自此，方岳老师又复回贵阳达德学校任教。1926年贵州军阀周西成借口达德学校有共产党活动，指名说刘方岳、王若飞把达德学校出卖给法国共产党，封闭了达德学校，改为省立二小。

“达德”复校后，方岳老师回校任教，担任中学部历史教员。他讲历史通俗易懂，使学生们初步掌握了历史发展规律。他常用“摆龙门阵”的方式讲“中国共产党的成立”、“北伐战争”、“中华苏维埃根据地”等故事。当时讲这些事是有杀头危险的，但方岳老师总是通过各种形式教育学生认识和掌握真理。

方岳老师对法国的历史很熟悉，他多次给我们讲法国革命、拿破仑帝国、巴黎公社等。他给我们讲世界历史，让我们了解世界上第一个社会主义国家苏联，以及其它各国人民的斗争史。他讲到中华民族的发展变迁时总常用“中华民族历史悠久而血液常新”这句话来概括，使我们更加热爱祖国和人民，增强了民族自豪感。

在贵阳从事革命活动

1934 年，贵阳开始有了中国共产党的地下组织。因是秘密活动，需要通过各种社会关系和各种渠道开展工作。方岳老师与地下党的负责同志接触，在党的帮助和指示下，积极地培养和激发青年学生追求真理，并通过他的社会关系串连进步知识分子，宣传党的政策。1935 年 7 月 19 日，贵阳中共地下党组织遭到破坏，国民党贵州当局实行白色恐怖，大肆逮捕地下共产党人和进步群众、党的负责同志林青壮烈牺牲。方岳老师并未被白色恐怖吓倒，他四处奔走，传递消息、帮助同志们脱离险境，仍与未暴露的地下党同志保持联系。他经常在《黔风报》上发表文章，以幽默的笔调讽刺、揭发黑暗社会，宣传真理。

1937 年 8、9 月间，地下党组织经过研究决定方岳老师以公开合法身份出面发起成立贵阳文艺界抗日救国会，方岳老师的活动更多了。他经常参加报告会、座谈会和读书会。阅读研究马列著作，座谈抗日民族统一战线发展形势和国际问题。文化界同仁通过串连、交流思想，人数大大增加。方岳老师参加了“贵阳战时社会科学讲座”、“中苏文化协会”、“宪政促进会”，积极宣传抗日救国。

抗日战争爆发后，贵州地下党领导成立的半公开组织“学联”、“民先”负责人常请方岳老师作指导。他爱护青年，常给青年们讲故事、讲对敌斗争策略。他以生动的事实揭露国民党顽固派玩弄假抗日、真反共的反革命两手，希望青年明辨是非，选择生活道路。他强调指出：能领导中华民族取得抗战胜利的，唯有中国共产党。

贵州解放前几年，白色恐怖严重，家庭负担、失业威胁使方岳老师生活动荡不安，但仍继续与当时地下党的张立等同志及其他进步人士联系，直到贵阳解放。

爱护共产党人如亲人

方岳老师不是共产党员，但他维护真理、正义，他把共产党的事业看成是自己的事业，把共产党人看成是自己的亲人，关心、护卫他们，置自身安危不顾。

1937 年，党派黄大陆同志来贵阳领导地下党工作，方岳老师与黄曾是朋友，两人来往密切。

1935 年“七·一九”事件，一些地下党同志被捕，敌人追踪达德学校进步教师严金秋，方岳老师想尽一切办法掩护严金秋同志逃出虎口。1938 年“二·一·）”事件，国民党顽固派玩弄反革命伎俩，逮捕了“学联”各校负责人，几天后又逮捕了黄大陆、李策两位地下党领导和地下党员严金秋同志。方岳老师想尽办法，传递消息，通知有关同志隐蔽，并通过社会知名人士，进步朋友声援营救。他以身家性命担保他的朋友黄大陆、学生李策等，并联络贵阳知名人士如凌秋鹗、陈稚苏、孙竹荪等联名具保要求释放黄、李等同志。

方岳老师的一生经历了中国旧民主主义革命和新民主主义革命的历史时期，为了中华民族的解放，为了新中国的建立，他进行过无畏地战斗。全国解放后为社会主义建设事业他仍在无私地奉献，即便是在被错划“右派”长达近二十年误会的岁月中，他仍崇尚真理、坚持原则，坚信追求共产主义终身无愧。

1981 年 5 月，方岳老师与世长辞，方岳老师永远活在我们心中。

忆方岳先生

◯ 刘泳唐

方岳先生同我父亲刘毓凡两位老人，大约从民国六年或七年（1917—1918）起，就结识而且过往频频，这个时候我还没有出生。一直到 1919 年我出生起直到 1938 年止，方岳先生对我从婴儿时至少年时代，他既是我的保育老师又是我的传道、授业、解惑的教师，所以在今天纪念方岳老师的大会上，责无旁贷的将先生育人治学的片断史事记述下来，表示个人的思念之忱。

早在 1917—1918 年左右，蔡恒武先生家在贵阳开办一个既经营百货又兼营图书的综合商店叫“群明社”。父亲在群明社当学徒（当时该社称学生），三年期满，在群明社任门市部营业员，这时他就同黄干夫、凌秋鹗、凌惕安、王若飞、刘方岳、梅梅生等结识。不久，群明社”歇业，恰好凌惕安、刘方岳先生在贵阳市黑石头（今独狮子口）开办中华书局贵阳分销处，销售中华教科图书。分销处是代销性质。不同于分局，分局是属于中华书局管理，如资金、人事、财务受中华书局调派。我的父亲开始受凌、刘的聘请到中华贵阳经销处负责营业工作。贵阳经销处培育了不少图书营业管理经营的人才，例如经销处的学生刘映芳、赵希云、李小崧以后在贵阳开办三友书店，专门经销新文化书籍，对贵阳新文化推广起到一定作用。另外凌、刘二人还开办了一个从事实业生产的“安岳兴业社”，至于有哪些产品？我就不清楚了。

达德学堂演出一次话剧，因为方岳先生个子不高，面容清秀，一派翩翩风度的公子味，与我父亲特具有的自然弯曲的头发，架上一付金丝眼镜饰法国女郎同台演出，当时传为美谈。，因之我父亲成为达德校友。这段时间我尚未出世。1919 年我出生后，爱把舌头伸出来，方岳先生常到我家闲谈，每次他都从我母亲手中将我抱过来，他抱起我用大姆指和食指，轻轻的捏我的舌头，我自然缩回舌头去，这样多次捏舌头从此矫正了我的坏习惯，我切身受益直到今天。尽管现在我是白发苍苍，齿牙尽脱，我仍不曾忘记方岳老师当年对我的爱护和关心。

周西成主持黔政，委派刘方岳和我父亲任贵州省政府实业参观代表，到上海取经。二人行抵汉口，恰遇国民党搞“清党运动”，阻于汉口。方岳先生托词不返贵州，我父亲回来向周西成报告此行情形。周在洋楼上办公室写扇子，见到我父亲后，只看一眼，面孔不好看，说一句：“你坐”，仍然埋头写扇子，一连两柄扇子都写完，就是不说话。父亲见势不妙，立即站起来说：“报告首长”四字下文还来不及说，周就勃然大怒拍桌子吼：“刘方岳是共产党，你回来又带哪些共产党来？”吼声一歇，周的卫士十多人持枪进入准备逮捕我父亲。幸好副官长杨献廷闻声前来斡旋说：“省长还是听听刘越凡说说。”我父亲沉着的说：“方岳是否共产党我一直不清楚，我历来是经商，跟本不了解这方面情况，土生土长，学徒出身……。”周西成才冷静下来并说“算你会说，吃饭。”听我父亲说：“我吓得一声冷汗，饭吃少了，周要犯疑，这顿饭是食而不知其味。”以后周冷静下来吩咐我父亲“回家休息几天，你在古州任厘金局长不贪污，不受贿，现在派你去任都匀县县长，听候挂牌、下委…。”事后，我祖父说：刘家祖坟没有埋过狗崽，你去当县长之先，先给我烧了‘倒头纸’再去上任。”于是父亲托张彭年和胡献之去婉辞谢委，华廷厘同时约至文通书局。这段史料可以看出方岳先生的机智处事情形和周西成的政治态度。

抗战期间，中华民族解放先锋队贵州队部在张益珊、凌敏俊领导下成立于贵阳。我是民先队员，先后在华家山、六冲关两地利用假日，举行集体活动。在白色恐怖下，行踪是秘密的。有次在华家山活动时，方岳先生竟然以无畏精神去山上，在草丛中对大家侃侃而谈国内外的政治时事，勉励我们要积极投身到抗战中去，坚信抗战必定胜利…。另一次是大夏教授梁园东先生给我们谈民族文学现时的使命。

二、四贵阳被炸，省立高中迁修文，方岳先生在省高任教，随校迁往修文，佃一民房居住。我在贵阳中学高三读书，贵中迁乌当，但是我家又迁修文，因此我转学省高十三期，方岳先生给我们班讲授外国史课程，这是我直接接受先生的教育。我印象最深刻的是先生在讲过柏拉图的一句名言“让我们跟着真理走”。先生先用流利的英文书写在黑板上，又用清朗的教书声教我们情景，至今未曾忘记这句名言，也鞭策我今后如何做人。

由于国民党县党部的监视，校长胡雪松开除了我，我经上级同意回贵阳再转移，临行前去方岳先生家，他休息在一间黝黑的屋子中，先生得知我要出走讯息，以慈祥低沉的语调说：“去吧！一路要警惕，要小心。”随即从枕头下摸出一块民国三年大洋给我说，“给你路上零用。”

今天，我在这里缅怀先生待我的一些史料尽管是片断的，零星的，但是用一滴水可以看一个世界"的西哲名言来对照先生，他对于下一代的教化和他一生治学治事待人诸方面，确是我们的示范。今天在改革开放中，在加强精神文明建设高潮中，纪念刘方岳先生的事迹，可以说先生是一个热爱祖国、热爱党的乡土人物示范。

方岳老师的鼓励

◎ 朱文运

1945年我由重庆回贵阳又到了昆明，1946年受"一二·一"昆明学生反内战争民主运动的影响，开始接受革命思想的启蒙，以后逐步走入了学生运动的行列。

1948年我回到贵阳后，经常到贵阳中学（解放后合并为贵阳一中），找我小学和初中时的一些老同学交谈时事。

从这些老同学的口中，得知贵阳中学有一位进步老师，经常给学生们讲解国事和鲁迅的文章，使不少学生接受了革命的思想。

在当时国民党反动统治下，能大胆讲鲁迅文章的人是不多的，这就是刘方岳老师。

我的老同学们受方岳老师的影响，很注重学习鲁迅的文章。我同学的同学刘君卫，是方岳老师的儿子，他受方岳老师的教诲和影响更深，自己曾取一个特别的笔名，就叫"方迅"。

我认识君卫以后，曾到贵中校内教师宿舍，拜望过方岳老师。方岳老师的身体也像鲁迅先生一样瘦小，但在我的心目中，他们的人品是高大的，他们的思想、他们的知识是我所需要追求的。

记得后来我刻了一幅木刻画，是鲁迅先生的半身像，下边有一支尖锐的钢笔，正刺向一条形态凶恶的丧家之犬，标题叫"痛打落水狗"，由君卫转请方岳老师指教。

那幅木刻画，由于条件和水平所限，很粗浅，但却得到了方岳老师的极高赞赏。我知道，这是在鼓励我。我也体会到，方岳老师正象鲁迅先生一样，很重视对青年人的培养。这是珍贵的师德，也是一切对中国革命、对人类进步富有责任感，而热心关怀、教育青年一代的，德高望重的老前辈们共有的一个特征。

贵州省史学会近现代史研究会1997年工作要点

《中共中央关于加强社会主义精神文明建设若干重要问题的决议》指出："哲学社会科学必须坚持以马克思列宁主义、毛泽东思想和邓小平建设有中国特色社会主义理论为指导，坚持理论联系实际，为党和政府决策服务，为两个文明建设服务"。1997年我会要以学习贯彻《决议》精神为重点，做好以下工作。

一、高举爱国主义旗帜，大力弘扬爱国主义精神。要围绕香港回归祖国、"七七"事变爆发60周年、贵州学联建立60周年、"八一"南昌起义70周年等重要纪念日，与有关单位配合分别举行纪念座谈会、学术报告会、编写、出版纪念专著等活动。

二、继续做好"贵州近现代科技发展历史的回顾与展望学术讨论会"的组织发动工作，完成1996年原定计划。同时，要联合有关单位开展对李端棻与戊戌维新的关系的研究，创造条件，开展李端棻逝世90周年的纪念活动。

三、改进《贵州近现代史研究文集》的编辑出版工作，继续编好《会讯》。

四、开展研究会第二次会员优秀学术成果的评选工作。

五、加强研究会的组织建设，有计划有重点地在史学研究、教学及从事史志工作中发展会员，继续进行研究会升级的申报工作。

六、加强与会员的联系，要采取多种形式开展会员联谊活动。

七、创造条件，与有关单位联合1997年主办中国近现代史史料学会会员联络处工作经验交流会。

八、继续做好基金筹集工作，管好用好现有经费。

以上要点经第三次理事会通过后由研究会秘书处具体作出安排。

·12·

在先父刘方岳先生百年诞辰纪念会上的发言

◎ 刘莹莹　刘容容　刘君桓　刘君卫

今天是先父刘方岳先生诞辰一百周年纪念日，贵州省史学会近现代史研究会、民盟贵州省委员会等七个单位联合举办纪念座谈会。作为方岳先生的子女，我们谨向发起的各团体及今天到会的各位同志表示衷心的感谢！

方岳先生的一生，是在清末民初政治腐败、列强侵凌、军阀混战、民不聊生的历史条件下，一个知识分子为探寻救国救民真理，上下求索，几度碰壁，历尽艰辛的一生。我们今天纪念方岳先生，不仅是纪念他一个人，也是纪念那一时代许多与他情况类同、处境相似的先辈们，从他们所走过的道路，从他们在复杂环境中奋斗的精神风貌，从他们治学、工作、生活的品性作风中，剖析出哪些是值得后人效法的，哪些是应该引以鉴戒的。

上下求索

父亲少时入贵阳达德学校，与王若飞是同班同学，辛亥革命爆发后，达德师生在贵州响应起义，十五岁少年手持木棍、稽查城防，是为参与政治之初始；后从南明中学毕业后回达德母校任教；1917年以贵州省官费会考第一名赴日本留学，同去者有王若飞、龙仲衡、谢六逸、李俶元、易志澄、刘嵩生等，在日本，父亲入明治大学经济系，王若飞入明治大学政治系。

1919年五四运动爆发，留日学生群起响应，在东京芝公园集会，父亲继郭沫若之后登台演说。会后游行时，中国学生在街头与日本军警搏斗。陪同学生赴日的达德学校教师、王若飞的舅父黄齐生先生振臂高呼："热血男儿岂能置国家安危于不顾而闭门读书乎?!"贵州学生数人乃罢学随黄师回国。

回国至上海，师生们晋见孙中山先生，中山先生称赞贵州学生抗议日本侵略、毅然罢学回国之举，希望他们继续奋斗。中山先生着重讲述其革命主张之正确，但对于如何达到革命目的，则语焉不详。朦胧之中，父亲有一印象，似乎救国需要另觅他途。

在上海期间，父亲还随黄师见过康有为。康纵谈国是，大谈中山误国，民乱而国乱。父亲初生牛犊不怕虎，与康辩论，谓改良主义、君主立宪不能救中国，中国需要革命。康色励词严曰："狂徒后生！"转而和颜悦色曰："奇士也，黔人！"说罢，急速走至桌前，提笔挥书"忠信立其本"大字横幅赠之。

其时，北京、上海等地掀起赴法勤工俭学热潮，王若飞、刘嵩生等均积极参加，且得贵州当局资助路费。父亲在明治大学时，曾师从日本早期马克思主义经济学学者小田森二郎与河上肇，受其影响，立意赴马克思主义经济学的发源地英国求学。从上海到欧洲，在海上航行了一个月，这些风华正茂的青年，在船上还辩论如何救国的问题。北京语言文化大学的盛成老先生至今还记得当年刘方岳在船上发表演说时的情景。

到英国后，父亲入著名的伦敦经济学院修习殖民经济发展史。盖以中国面临列强瓜分之势，已沦为半殖民地，选定这个课题在于研究帝国主义如何剥削殖民地国家，而后者应如何发展民族经济。

不久，贵州政局变动，经济来源断绝，父亲的房东一对英国老夫妇颇为喜爱这异国青年，主动提出可免费食宿。不料，因一笔中国政府汇给留英中国学生会的经费，任学生会秘书的父亲是收款人，引起误会，英国老人骂东方人会骗人，虽经学生会出具证明，老人余怒未消，仍要青年认错。父亲考虑国格人格，不愿屈就外国人，宁可放弃在英国完成学业的机会，转赴法国加入勤工俭学行列。

在法国的中国勤工俭学生大约有两千人，文化程度悬殊，各种思潮纷呈，其主要流派有：民族主义派，认为救中国的最好办法是振兴实业，发展教育；无政府主义派，反对一切权威，主张绝对自由；社会民主派，这些人后来大半成为国家主义者；社会主义派，这一派在学生中的影响最大。

父亲到法国后，先住在枫丹白露，同住的有李立三，贺果（贺培真）等人，不久即迁到蒙达尼做工，认识了李维汉（罗迈）、蔡和森、李富春、蔡畅等人，这些人都信仰社会主义。父亲受他们影响，又阅读了《共产党宣言》（蔡和森硬译的）以及《十月革命》等书籍，加之与法国工人一起做工，具体了解到资本家是怎样剥削工人的，思想发生了飞跃，认识到社会主义是人类发展的必然趋势，也是拯救中国的唯一道路。当时，父亲与李维汉特别接近，由他介绍参加了工学世界社。工学世界社共有社员100多人，选举9人组成理事会，父亲是理事之一。

结识周恩来

1921年6月，北洋政府派代表到巴黎，秘密谈判向法国借款5亿法郎购买军火打内战，以中国的印花、烟酒税和滇越铁路筑路权为抵押。这一卖国勾当一经传出，即引起勤工俭学生和旅法华工的极大义愤。他们组成“拒款委员会”，号召“同胞一致进行，以挽狂澜。”这一斗争取得了胜利，中法借款被迫中止。拒款运动的倡议者和领导者就是勤工俭学生周恩来和旅法华工袁子贞。

周恩来是勤工俭学生中第一批来法的，他在法国、英国、德国进行考察，撰写了许多研究资本主义制度和工人运动的文章寄回国内发表，如《欧战后欧洲的经济危机》、《英国经济状况之恐慌》、《英国矿工罢工风潮之始末》、《美帝国主义对华政策》等。在成功地领导拒款运动之后，他又领导了规模更大、斗争更复杂的“争回里大”运动。

由于勤工俭学生做工时间长，工资微薄，有的甚至失业，大部分人无法上学读书。为解决这一问题，中法两国教育界人士在里昂筹办中法大学，由法国政府从庚子赔款中拿出一部分作基金，法国陆军部提供一座废弃炮台作校址，计划接收大部分勤工俭学生入学。拒款运动之后，中法两国政府十分恼怒，改变原来计划，拒绝已在法国的勤工俭学生入学，另从中国国内招收一批官僚贵族子弟，由吴稚晖率领启程来法。在这种情势下，各地勤工俭学生代表纷纷集中到巴黎，举行会议，商讨对策。会议于9月7日在巴黎周恩来的住处召开，父亲与李维汉、李富春等作为工学世界社的代表出席了这次会议，并在会前单独向周恩来汇报了工学世界社的情况。

父亲晚年曾谈到，当时他与周总理接触时间虽不长，但青年周恩来所表现出的知识广博、才思敏捷、卓越的组织能力，以及举止从容、待人和善的态度，给他留下了深刻的印象，终生难忘。

这次会议在周恩来、赵世炎、蔡和森、王若飞等人主持下，成立了“留法勤工俭学生联合会”，联合会提出“誓死争回里昂中法大学”的口号。周恩来、赵世炎号召组织先发队赴里昂占领中法大学校舍，父亲和蔡和森、罗学瓒、陈毅等人志愿率队前往，当时发出的檄文就是由父亲执笔写成的。9月21日晨，从各地到里昂会合的先发队员进占中法大学校舍，法国政府派出几百名警察包围中国学生，没收护照和居留证，把学生囚禁在一个兵营里，为抗议中法当局的反动行径，被囚学生于10月10日宣布绝食。法国进步报刊多次报导这次斗争情况，谴责法国政府迫害无辜中国学生，但法国反动当局无视舆论，终于在10月13日晚，以“过激党”、“宣传共产主义”等罪名，动用军警，将父亲和陈毅等104名学生押上火车，到马赛上船遣送回国。周恩来闻讯赶到马赛时，船已开行，悲愤之余，他将此事件写成长篇报导，寄回国内，在天津《益世报》上发表，文中写道：“七八百少年们因为反对借款，妨碍了法国的远东利益，更影响了中法政府中有关人士升官发财的机会，在他们看来自然是罪无可恕”，于是下此毒手。

谁能想到，60年后，父亲的子女会亲临其地，寻访当年父辈的足迹。

也许是历史巧合，1981年，在父亲被驱逐出法国整整60年后，君桓作为中华人民共和国驻法国大使馆首任教育参赞，来到了巴黎。当时，我国改革开放后派出的最初几届留学生，专业水平和思想水平都比较高，学习努力，以图报国。为了使新一代的留法学生继承革命先辈振兴中华的遗志，在1984年党的生日前夕，使馆教育处组织在巴黎的研究生、大学生和进修访问学者50余人，在法国寻访先辈足迹，凭吊昔时故地。

我们首先来到位于巴黎13区意大利广场附近戈特伏瓦街17号的周总理故居，这座白色三层楼小旅馆，现已由巴黎市政府定为名人故居，外墙上悬挂着一面铜牌，上面有周总理的头像及法文"周恩来故居"字样。沿着木楼梯爬到三楼，有一间十余平方米的小房间，后来闻名世界的伟人周恩来就是在这里开始了他推翻旧世界、建立新中国的伟大而艰辛的历程的。留学生们怀着敬仰的心情注视着斗室内简单的床铺桌椅，君桓则心潮澎湃，想象着当年父亲在这里与周总理会面、谈话的情景。

翌日，我们趋车一百多公里，来到巴黎东南的小城蒙达尼，这里是当年勤工俭学生比较集中的城市之一。市政府热烈欢迎我们来访，市长在为我们举行欢迎酒会后，亲自陪我们到市立图书馆，让馆员拿出他们收藏的有关20年代中国留法勤工俭学生的全部资料供我们翻阅，并指定市政府秘书长带领我们参观当年勤工俭学生劳动、学习、生活的地方。一位专门研究中国留法勤工俭学活动的退休教师费尔加尼先生陪同我们参观，根据他的考证和研究成果为我们详细讲解介绍，并为我们提供了许多珍贵的史料，其中有一张珍贵的照片。是1921年初工学世界社社员的合影，当君桓向他提到父亲的名字"刘方岳"时，他很快就在照片中第三排中间找到了父亲，并画了一个箭头，用法文写了一个"刘"字（见所附照片）。

我们参观了邓小平等勤工俭学生做过工的橡胶鞋工厂，在80年代的今天，那里仍车间灰暗，气味呛人，有的女生不得不用手绢掩鼻而过，60年前这里的劳动条件之恶劣可想而知。现在的蒙达尼中学的前身是留法勤工俭学生学习法文的蒙达尼公学，在学校档案里，我们查到了中国学生的注册名单。学校中有一栋陈旧小楼，其三层阁楼曾是向警予、蔡畅等人居住过的女生宿舍。蔡畅、李富春结婚后住过的房子门牌号数至今不变。我们还看到了上述那张照片的拍摄场地，白墙黑窗依然如故。1985年夏，君桓随曹克强大使访问里昂，又有幸参观了座落在索恩河畔高地上的中法大学遗址。这座废弃的炮台伊雷内堡石墙高大，大门上方中法文并列的"中法大学"几个大字依然清晰可见，里面石质建筑的宿舍楼和办公楼仍完好无损。看到这一切，不禁使人浮想联翩。遥想当年，一群满怀激情的青年学子，在异国他乡，不畏强暴，奋勇抗争；多少忧国忧民的志士仁人，远渡重洋，艰苦备尝，苦苦寻求救国救民的真理。正是由于他们前仆后继，艰苦奋斗，挽救民族危亡，创建了新中国，才使他们的后代得以昂首踏上法兰西土地，在当年他们倍受欺凌的地方，受到热情的礼遇。革命前辈的伟大业绩和留给后人的巨大精神财富，将鼓舞我们继续艰苦奋斗，建设现代化的社会主义强国，使中华民族重现辉煌，实现前辈们振兴中华的宏伟志愿。

曲折中苦斗

父亲回国后，没有继续投身革命，而是奉母命返回贵阳。这是因为父亲是遗腹子，在他出生前后，我们的祖母迭遭变故，丈夫及三个成年子女相继去世，又遭大火，只身携幼小子女流落异乡，幸赖亲戚相助才得返回故里。遗腹出生的父亲是祖母唯一的儿子，也是她的生命支柱。此时父亲海外归来，祖母指望他能承担起一家三代的生活重担，父亲事母至孝，不敢有违母命。尽管有此客观原因，但父亲一直为此自责，说根本原因还是自己缺乏革命的坚定性、彻底性，因此常感内疚和遗憾。

从那时起，父亲基本上在贵阳的大中学校任教，培养学生的爱国主义思想，尽可能地宣传马克思主义学说，在讲台上，用马克思主义的观点讲解历史，许多学生受其影响投身革命。其间，虽迫于生计，曾几次短期在当时的国民党政府机构中工作，但他的社会主义信念和对共产党的感情是始终不渝的。因此，贵州军阀周西成曾以共产党嫌疑通缉过他，并封闭了他所任教的达德学校。他曾于1919年由孙中山先生亲自介绍加入国民党，在1935年红军长征过贵州后，国民党怀疑他通共，开除了他的党籍。他与历届中共贵州地下党领导人，如林青、綦天真、黄大陆、李策、凌毓俊等人关系都很密切，在白色恐怖中四处奔走，帮助他们开展工作。在抗战时期，他在党的指导下，积极开展抗日救亡运动，与一些进步人士先后创办了《黔风报》、《抗战教育》等报刊，揭露黑暗，宣传真理；组织了“贵阳文化界抗敌后援会”、“贵阳各界抗敌后援会”、“社会科学座谈会”、“中苏文化协会”、“宪政座谈会”等，宣传抗日，争取民主；还积极协助党组织，安全转移那些疏散到大后方的抗日人士，其中包括一些共产党高级领导人的家属。

1927年，父亲曾在上海受王若飞委托，出面组织营救陈延年，聘请大律师吴恺声为之辩护（吴老尚健在并记得此事）。1932年，他与缪象初赴紫云洞马山槽少数民族地区，意图改造土匪武装，建立农村革命根据地，事败后曾一度患上疯病。1944年，日寇打到黔南，王若飞托人捎信给父亲，请他帮助贵州地下党组织游击队，旋因日军退出贵州而作罢。贵阳解放前夕，父亲与缪象初、何锡周等人发动贵阳电厂工人，保护电厂、迎接解放，父亲意识到此项工作可能会有生命危险，曾预先向长女莹莹、女婿彭家鑫交代后事，要他们供养母亲和幼弟，可见父亲为革命献身之意已决。

党的诤友

父亲曾两度提出入党要求。一次是在1937年，党中央派黄大陆从延安到贵阳，重建被破坏的贵州地下党，黄与父亲是故交，一到贵阳便找父亲了解情况，父亲向他提出了入党申请，他考虑后说：以你在贵阳的地位和影响，保持现在身份能为党做的工作，比作为一个党员要多得多，所以“还是留在党外好”。父亲接受了他的意见，利用合法身份积极协助党开展工作。另一次是在解放初，父亲认为已经解放了，自己可以实现加入党组织的愿望了，遂又一次提出入党申请。这时省委统战部和省教育厅正在帮助民盟发展组织，以团结教育广大知识分子，领导上认为父亲参加民盟要比入党更能发挥作用，于是父亲遵从党的指示，加入了民盟，后又坚决服从组织安排，放弃自己熟悉的教学业务和受人尊敬的教授地位，到民盟省委机关工作，丝毫没有考虑个人的得失。

父亲虽然没有入党，但他的社会主义信念和对党始终如一的感情，使他对党的事业怀着使命感和责任感，从不自外于党。正因为如此，解放初期，在省委书记召开的五教授座谈会上，他就坦率地举李自成进北京后因腐化而至失败的例子，恳切希望党在执政后继续保持艰苦朴素、关心人民疾苦的优良作风。1957年，党号召知识分子帮助党整风，他又一次坦率直言，建议学校党组织应加强对中年教师的工作，说老教师受到党的敬重优待，青年人受到党的信任重用，而在教学、科研岗位上承担主要任务的是中年教师，应该重视对他们的工作。在他说此话时，他自己正是受到敬重优待的老知识分子，而他的子女则是早已投身革命、正在肩负重任的青年共产党员。

正是由于他的社会主义信念和对党始终如一的感情，在他受到不公正待遇、被错划成右派蒙受冤屈时，我们没有听到他一句怨言。

重见周总理

1978年，党的十一届三中全会的阳光普照大地，贵州省有关部门为父亲落实了政策。一天，省政协工作人员来访，要君卫协助整理周总理召见父亲的史料。适值君桓探亲在家，兄弟二人一听愕然，因从未听父亲说过此事。待父亲起床询问，方得证实。以下是父亲对此事的叙述：

“1960年，我正在龙洞堡省政协政治学校学习。5月的一天下午，大家正在菜地里劳动，一位中年男同志来找我，说有位中央负责同志要见我，命他来接。我上车后心里很纳闷，中央领导同志我只认识很少几位，且几十年没有联系，会是哪一位呢？正在猜测，车已到云岩招待所门口，那位同志领我走进一个大会客室，请我坐下后便退出去了。不过一、二分钟，会客室的另一扇门开了，一个熟悉的身影出现在门口，我定睛一看，是敬爱的周总理！我连忙站起来，总理也径直向我走来，和我握手。我握着总理的手，凝视着他，脑海里浮现出40年前在巴黎僻静小街一家小旅馆的楼上与他见面的情景……。

"现在，我凝视着总理，依然是那样浓黑的眉毛，双目炯炯有神，虽然脸上有了一些皱纹，但依然是那样安祥、和蔼。

"还是总理先开口，他亲切地说：'几十年不见了，你还是老样子。'我回答说：'总理也没有变。'总理招呼我坐下后，和我谈起工学世界社的事，又谈起当年勤工俭学生为争取进入里昂中法大学进行斗争，后被法国军警强行押解遣返回国的事。后来，总理说：你们回国后，只隔几个月，留在欧洲的同志成立了中国共产主义青年团旅欧支部，以后又改为中国共产党旅欧总支部，并说：'可惜你们回国早了些。'

"我向总理简单汇报了回国后的情况，当汇报到我在1957年被定为右派时，总理说：'这是个小事，不要灰心，不久就会改变过来的，要继续努力，要相信党、相信毛主席，今后还要继续为人民服务。'

"这时，进来两三个同志，坐在旁边等总理，我怕过多占用总理宝贵的时间，耽误总理工作，便起身告辞。总理亲自送我到门口，还嘱咐我要注意身体健康。总理要派车送我，我回答说民盟省委机关就在附近，不必要车了。

"我怀着激动的心情离开了云岩招待所。6亿人口大国的总理日理万机，几十年革命和建设中接触的人不计其数，我与总理只是在青年时代有过接触，别后40年，总理竟然还记得我。20分钟的谈话是那样恳切，句句都说到我心坎上。这正是总理伟大的人格魅力之所在。除了他惊人的记忆力之外，更重要的是他对人，对同志发自内心的关怀。这是一个人民领袖最可宝贵的品质。"

父亲叙述完这次会见的经过后，我们追问他，为何20余年从未提过此事？父亲回答说："总理告诉我，右派问题会要改变过来，谆谆教导我，要坚信毛主席，坚信共产党。总理还深情怀念旧事，赞许我在里昂中法大学事件中冲锋陷阵的革命精神。总理之伟大，使我深感惭愧！我未能革命始终，总理还能信任于我，对我提及要改变右派之事，在当时情况下，我怎能漏出半字，影响总理的威信呢？所以20年来，我始终守口如瓶，即使对妻子儿女，也不曾说过，幸得现在小平同志主持大政，方有今日。"

周总理的关怀和教诲，使父亲深感慰藉和鼓舞，给了他无尽的力量，帮助他战胜各种困难，始终跟着党走在革命的行列中。

人格的力量是伟大的。时代在前进，世纪在更迭，活跃在20世纪舞台上的人们许多已经逝去。但是，先辈们振兴中华的远大抱负，对崇高目标的执著追求，为人处世的恢弘大度，这些高尚的品质，感染着一代又一代的后来者，激励他们在人生道路上选择正确方向，勇往直前。

会务简讯

△在10月7日至11日举行的中国近现代史史料学学会第二届会员代表会上，贵州省史学会近现代史研究会会长章德华同志，被推选为该全国性学会的副会长。

△8月8日，我会及联络处与省历史文献研究会、市文联、市园林局、市文保委、市政协文史和学习委员会、三联书店贵阳联谊会等8个单位联合举行座谈会，纪念我省近代著名文学家谢六逸先生逝世51周年。德高望重的老同志苗春亭到会讲话，我会名誉会长廖海波、副市长江厥中及省市文化界、史学界人士80余人到会。纪念会由章德华会长主持。省市新闻媒体广泛报导了这次纪念活动。

△11月8日，我会及联络处与贵州省史学会联合邀请省、市史学界人士，举行了纪念孙中山先生诞辰130周年座谈会。

△我会名誉理事胡致祥同志著的《贵州经济史探微》已出版，这是我会主编的《贵州近现代史研究文集》的第二集。

（编者按：以上为贵州省史学学会近现代史研究会与中国近现代史史料学学会贵阳市会员联络处合编的第十期《会讯》，编成于1996年12月10日。其中以《纪念刘方岳先生诞辰100周年》为主要内容，包含多位亲友、同事、学生的回忆文章，可据此了解其生平事迹。）

三、杨汉先

杨汉先（1913—1998），苗族学者、民族学家、教育家，贵州威宁西北石门坎雨散弯人。

1919 年在光华小学学习，1923 年夏留级一年，1924 年秋升入高小，1926 年毕业。

1926 年秋，到昭通进入基督教循通公会办的宣道中学（明诚中学）。

1934 年至 1935 年 7 月，杨汉先任石门光华小学校长。1935 年下半年，朱焕章接替其校长一职。1936 年，杨开始到成都华西协合大学历史社会学系学习。

1937 年，他撰写了题为《苗族述略》的文章并发表。在这之后，他又撰写了《大花苗移入乌撒传说考》《大花苗名称来源》《威宁花苗歌乐杂谈》《大花苗歌谣种类》等多篇论文。

1938 年，从华西协和大学历史社会学系毕业。

1940 年 3 月至 1941 年 3 月，于贵阳大夏大学社会研究部任职员。

1941 年 5 月至 1942 年 1 月，于成都任华西大学文化研究所助理研究员。

1942 年 2 月至 1943 年 10 月，于四川博物馆任职员。

1944 年 6 月至 1945 年 9 月，于昭通明诚小学、昭通女子师范学校担任历史、英语两门学科的教师兼学校总务主任。

1946 年 5 月至 1949 年 12 月，在贵州大学文科研究所任教期间，参与“爱国家、爱民族”的进步活动，被推荐为贵州省“为民族而斗争的联系人”，参加了“苗彝自救会”。

1950 年元旦，他组织贵阳市郊少数民族群众于贵阳市六广门体育场参加解放军进驻贵阳的欢迎仪式。

1950 年 5 月至 7 月，任贵阳师范学院讲师，并在同年 6 月加入中国民主同盟。

1950 年 7 月到 1954 年，任贵州省人民政府委员、贵州省民族事务委员会副主任。

1955 年到 1959 年，参加筹建贵州民族学院事宜并任院长。

1959 年到 1966 年 4 月，任贵州大学副校长兼贵州省民族研究所所长。

1963 年起，连任贵州省政协第三、第四、第五届副主席，第一、第二、第三届全国人民代表，第一、第二、第三届全国人大民族事务委员会委员，贵州省第一、第二、第三届人大代表，省人民政府委员。

1998 年 10 月 23 日下午，因病医治无效于贵阳逝世，享年 82 岁。

杨汉先先生，政治上积极参政议政，学术上也卓有成就。除上述所提论文外，又另著《贵州省威宁县苗族古史》《川南八十家苗民人口调查》《黔西苗族调查报告》《基督教在滇黔川交镜一带苗族地区史略》《基督教循道公会在威宁苗族地区传教始末》等民族学论著，对贵州民族学研究事业有重要贡献。中共贵州省委副书记王寿亭对杨汉先给予了高度评价，肯定了他在少数民族人民中的影响，以及其为省社会主义革命、社会主义建设事业以及民族教育事业的付出。

史料一 杨汉先照片

（编者按：照片来自《走出大山百年中国苗族优秀人物选 1910-2010》。）

史料二 杨汉先简介

杨汉先（1913.10—1998.10），苗族学者，民族学家、教育家，1913 年 10 月出生，贵州省威宁自治县人，1950 年 6 月加入中国民主同盟；1938 年成都华西协和大学社会学系毕业。1934 年初至 1949 年 12 月，历任贵州威宁石门坎光华小学校长，贵阳青岩方言讲习所苗族教师，贵阳大夏大学社会研究部工作员，成都华西大学中国文化研究所助理工作研究员，四川省博物馆工作员，云南昭通县明威中学及女子师范学校历史、英语教师、总务主任，贵州大学文科研究所教师。

1950 年 5 月—7 月，任贵阳师范学院讲师。同年 6 月加入中国民主同盟；1950 年 7 月一 1954 年任贵州省人民政府委员，贵州省民族事务委员会副主任，1955 年一 1959 年参加筹建贵州民族学院并任院长。1959 年一 1966 年 4 月，任贵州大学副校长兼贵州省民族研究所所长。1963 年起连任政协贵州省第 3—5 届委员会副主席。第 1—3 届全国人大代表、全国人大民族事务委员会委员。1998 年 10 月逝世。除了政治上的贡献之外，杨汉先也是一名在国内外都有较大学术影响的苗族本土民族学家，撰有《苗族述略》、《川南八十家苗民人口调查》、《大花苗歌谣种类》、《大花苗名称来源》、《大花苗移入乌撒传说考》、《大花苗的氏族》、《黔西苗族调查报告》、《贵州省威宁县苗族古史传说》、《基督教循道公会在威宁苗族地区传教始末》、《基督教在滇黔川交境一带苗族地区史略》等民族学论著，对贵州民族学研究事业的开拓和发展做出过重要贡献。

杨汉先在 1927 年—1949 年之间的人生经历是十分坎坷和不平

凡的，这段时间由于家庭经济条件、国内政局的不稳定等因素造成了他几次休学回家以及几次工作变动，由于他的这段经历，以及民国时期贵州的民族学学者对他的指点，促使他成长为一位民族学家和教育家。

此间先生的著述至今仍然有着重要的学术价值，如：1937年撰写的论文《苗族述略》，至今对苗族的族源、支系、服饰、语言、音乐、口头文学等研究有着重要的参考价值；1938年所撰写的论文《川南八十家苗民人口调查》，对四川南部苗族的社会生活进行了调查研究，至今对研究川南苗族仍有参考作用；1940年撰写的论文《威宁花苗歌乐杂谈》，是第一次比较系统而详实地介绍了威宁“花苗”的诗歌、音乐和舞蹈，文章很重视对“花苗”诗歌、舞蹈等所依托的民族文化背景进行描述，这对当今的苗学研究有很重要的意义；1940年撰写的论文《大花歌谣种类》，对“大花苗”的民间歌谣作了分类，分为“创造天地歌”、“洪水歌”、“狩猎歌”、“农业歌”、“战事歌”、“移徙歌”、“婚嫁歌”、“祭祀歌”、“情歌”九大类，并对每类歌谣的内容和特点作了简明扼要的论述；1940年撰写的《大花苗名称来源》，批评了当时有的学者以“大花苗”名称概括一般“花苗”的做法，鉴于旧志上虽有“花苗”之名，但“大花苗”一名见于文献已经很晚，所以他认为“大花苗”这一名称在文献上的使用始于英国循道公会的传教士，他还根据自己的调查记录，罗列了关于“大花苗”名称来源的三种解释，这对研究“大花苗”文化有重要的参考价值。

（编者按：这是民盟贵州省委保留的杨汉先生平简介资料，据手写稿重新录入，原稿今已不存。）

史料三 杨汉先著作目录

[1] 杨汉先．大花苗妇女的经济地位与婚姻 [J]. 华文月刊，1943（2-3）：44-62.

[2] 杨汉先．乌蒙小考 [J]. 华西协合大学中国文化研究所（集刊），1943，3（1-4）：128-134.

[3] 闻宥，杨汉先．乌蛮统治阶级的内婚及其没落 [J]. 边政公论，1943，2（11-12）：18-21.

[4] 杨汉先．西南几种宗族的婚姻范围 [J]. 边政公论，1944，3（6）：49-52.

[5] 杨汉先．爨文丛刊作者罗文笔先生会见记 [J]. 边疆通讯，1945（6）：12-17.

[6] 杨汉先．论解决苗夷问题 [J]. 边铎月刊，1946（9）：8-54.

[7] 杨汉先．论解决苗夷问题 [J]. 边政导报，1948（13-16）：34-38.

[8] 杨汉先．读边政公论边疆自治与文化后 [J]. 边铎月刊，1948（1）：39-44.

[9] 杨汉先．贵州省民族工作情况（1956 年 6 月 21 日在第一届全国人民代表大会第三次会议上的发言）[J]. 新华半月刊，1956（总 88）：101.

[10] 杨汉先．贵州省民族工作情况 [J]. 新华半月刊，1956（14）：101-106.

[11] 杨汉先．党的领导是各民族发展进步的保证 [J]. 新华半月刊，1958（8）：60-61.

[12] 杨汉先．贵州少数民族揭开历史新页 [J]. 民族工作资料月报，1958（12）：8-10.

[13] 杨汉先，吴通明，王耀伦，李仿尧．变穷山为富山 [J]. 新华半月刊，1960（11）：82-83.

[14] 杨汉先 . 贵州省威宁县苗族古史传说 [J]. 贵州民族研究，1980（1）：7-16.

[15] 杨汉先 .《民族研究参考资料》第 14 集《基督教在滇、黔、川交境一带苗族地区史略》，贵州省民族研究所，1982 年。

[16] 杨汉先，韩绍纲，谢馨藻 . 猴子和蚱蜢（苗族）[J]. 华夏地理，1984（1）：94.

[17] 李文汉主编:《杨汉先文集》, 昆明: 云南民族出版社, 2016 年 1 月。

四、王焕斗

王焕斗（1915—2004），汉族，河北沧县人。

1940 年 2 月毕业后被分配到贵阳医学院工作，曾担任贵阳医学院的讲师、副教授、教授。

1951 年加入民盟。

1952 年与李伟甫等人建立了民盟贵阳医学院小组。

1953 年又建立了民盟贵阳医学院支部，并且到 1990 年以前一直担任支部主委。

1958 年加入中国共产党。

1979 年 12 月担任贵阳医学院常委、副院长以及肿瘤研究所所长。此外，他还曾担任中国生理学理事、中国生理学会分会理事长。王焕斗在药理学方面水平较高，他主编了教材《实用药理学》。另外他主编的《肾炎》一书于 1963 年由人民卫生出版社出版，受到国内好评。

史料 王焕斗简介

6

王焕斗（1951.2-2004.11），河北省沧县人，汉族，生于1915年2月25日，1951年2月加入民盟，1958年加入中国共产党。贵阳医学院毕业，生平曾任贵阳医学院讲师、副教授、教授，1979年12月担任贵阳医学院常委、副院长兼肿瘤研究所所长。曾任中国生理学会理事，中国生理学会分会理事长。2004年11月去世，享年89岁。

王焕斗1940年2月毕业后，分配到贵阳医学院工作，在业务上刻苦钻研，担任教务长期间，熟悉各门医学课程，熟练组织整个教学工作，组织各门课程的相互观摩，组织基础课青年教师讲课评比活动，对提高青年教师的讲课水平起到了促进作用。王焕斗在药理学方面有较高水平，他主编的教材《实用药理学》，教学效果较好。他主编的《肾炎》一书，1963年由人民卫生出版社出版，受到国内好评。王焕斗英语水平较高，能熟练阅读及翻译本专业书刊，担任教务长期间，他重视提高教师外语水平，主办了多期教师脱产学习班，大大提高了贵医教师队伍的外语水平。

王焕斗1951年加入民盟后，对民盟有很深厚的感情，1952年，由王焕斗、李伟甫等三人建立了民盟贵阳医学院小组，从1953年建立了民盟贵阳医学院支部，直到1990年，他一直担任支部主委，担任主委期间，关心盟员同志，并不因某些盟员被打入右派就歧视，而是给予他们温暖和帮助，所以民盟贵医支部盟员向心力强，对民盟有很深厚的感情，在贵阳医学院，父子、父女同为民盟盟员的情况比较普遍。

（编者按：这是民盟贵州省委保留的王焕斗生平简介资料，据手写稿重新录入，原稿今已不存。）

五、郭振中

郭振中（1921—2000），河北束鹿（今辛集）人，出生之日其母离世，由其伯母抚养长大。

1942 年进入贵州大学先修班。1943 年考入贵州大学农学院农林系学习。

1947 年毕业，留校任教。

1951 年加入中国民主同盟，任第五、第六届中央委员会委员。

1952 年，贵州农学院独立，他仍在校任教。

1974 年，郭振中主持“贵州农林昆虫资源调查”研究项目。历时 6 年即 1980 年，与该项目组成员合作编写了《贵州农林昆虫分布名录》一书，获贵州省科技进步奖三等奖。

20 世纪 80 年代初，在贵州省科委支持下，组织院内外教师和省内外有关农林昆虫学专家分工编写《贵州农林昆虫志》。1989 年，该书第一卷获贵州省科技进步奖二等奖；1991 年，第二卷获贵州省科技进步三等奖；1992 年，第三卷获贵州省科技进步二等奖。1992 年，《贵州农林昆虫志》四卷全部完成。

1991 年，获全国教育系统劳动模范称号。

1992 年，他与研究生合著《柑桔害虫天敌及其利用》一书，获贵州省科技进步三等奖、四等奖和集体奖。

1992 年，被推举为中国民主同盟中央参议委员会委员。中国民主同盟贵州省委员会第一届委员会委员，第二、第三、第四、第五届常务委员会委员，第六届委员会主委，第七、第八届委员会名誉副主委。历任贵州省人民代表大会第二、第三届代表，贵州省政协第四届委员会委员和第五、第六届常务委员会委员。

郭振中从事教育事业的同时也积极投身于农业害虫防治研究，数十年如一日。他还是贵州植保学会和昆虫学会的发起人之一，曾任贵州植保学会理事长、中国植保学会理事、贵州昆虫学会理事长、中国昆虫学会理事，为贵州植保事业和农业昆虫学的发展做出了重大贡献。

史料一 郭振中照片

（编者按：照片来自中国科学技术协会编：《中国科学技术专家传略·农学编·植物保护卷》2，中国农业出版社，1998年9月，第296页。）

史料二 全国教育系统模范教师名录（1989—2009）

贵州省志·教育

四、贵州省全国教育系统模范教师、贵州省中小学特级教师名录

（一）全国教育系统模范教师名录

（1989—2009 年）

1989 年全国教育系统劳动模范（32 人）：

王娅英 贺跃彩 蒋应铨 冯文轩 章洪通 宋小兰 夏体治 欧有富 顾泽忠 姚通洲
杨万华 刘庭增 黄银华 杨尚华 杨正祥 刘纯斗 崔向儒 龙向东 罗美池 张世忠
张建业 刘明奎 李明亚 张从宜 陈世珍 皮晓霞 王正芳 张迎合 涂志祥 郭发群
冉启友 朱润衡

1991 年全国教育系统劳动模范（13 人）：

曾祥瑞 梁忠凯 张永平 吴祖秀 韩正全 杨先琳 李忠德 孙成敏 张仁耀 叶甲山
郭振中 杨天明 谢正强

1993 年全国教育系统劳动模范（13 人）：

张长庚 王良模 安忠瑜 袁 琪 李怀林 张学智 孙代德 孙洪泽 陆芳云 何玉昌
吴静玲 王光敏 李贵荣

1998 年全国教育系统劳动模范（18 人）：

朱立军 李卓江 朱少奎 王明智 黄学芬 袁先泽 刘功盛 田应珍 王学文 郝忠政
陈卫红 胡国惠 陈玉先 滕建文 陈永寿 韩汝怀 陈文均 肖国林

2001 年“全国模范教师”称号（17 人）：

文 方 赵 逵 唐 好 盛元明 舒盛刚 潘用敏 张祖顺 李升科 张永林 魏顺勇
黎 明 史洪仙 潘安华 徐明琼 唐汉林 杨未雄 钟远达

2004 年“全国模范教师”称号（18 人）

徐建一 李金润 陈 琴 宋德勋 李 静 陈胜云 陈星清 方义榕 穆朝君 陶发强
明生荣 吴再荣 陆永琍 罗天祥 邹培祥 徐 荣 赵德刚 喻 田

692

史料三　郭振中主编的《贵州农林昆虫志》（卷 1）封面

贵州农林昆虫志

卷　1

郭振中等　编著

贵州人民出版社

史料四 郭振中同志简介

7

郭振中同志①郭振中同志于1951年加入中国民主同盟，曾任中国民主同盟第五、六届中央委员会委员，1992年被推选为中国民主同盟中央参议委员会委员。中国民主同盟贵州省委员会第一届委员会委员(当时未设有常务委员会)，第二、三、四、五届常务委员会委员，第六届委员会础主委，第七、八届委员会名誉副主委。历任贵州省人民代表大会第二、三届代表，贵州省政协第四届委员会委员和第五、六、七届常务委员会委员。他是中国民主同盟和贵州省民盟历史发展的见证人、亲历者和领导者之一。

②郭振中（1921.5-2000)是河北省束鹿人，1921年5月18日生。出生之日，母亲即谢世，由伯母抚养长大。1942年，他进人贵州大学先修班，1943年考入贵州大学农学院农林系学习。1947年以优异成绩毕业后，即留校任教。1952年全国高校院系调整，贵州农学院独立，他仍在校任教。

在大学学习期间，郭振中深受蒋书楠等的影响而对昆虫学产生了浓厚兴趣。从此，昆虫学成了他为之毕生奉献的事业。郭振中从事教育工作长达50年，历经助教、讲师、副教授、教授各教学岗位，曾任教研室主任、系主任等职，始终坚持在本科和研究生教学第一线。为了不断改进教学内容提高教学质量和自身业务水平，他极为重视科学研究。他从毕业起就投身于农业害虫防治研究，并立志系统研究贵州农业昆虫区系，数十年如一日。

为了解决贵州省柑橘等果树生产中的新问题，郭振中不顾古稀之年承担了贵州省“七五”科技攻关项目“柑橘蚰类、蜻蜻类及其天敌保护利用”和省科学基金项目“柑橘园昆虫群落结构研究”。他与助手一道首次提出了建立天敌营地植物系统的新概念。这一理论已在橘园害虫综合治理实践中得到初步验证。

1974年，郭振中主持了“贵州农林昆虫资源调查”研究项目。他亲赴黔西南各县及遵义、赤水等地调查采集，历时6年，与项目组成员分工合作，编写了《贵州农林昆虫分布名录》一书。该书于1980年获贵州省科技进步三等奖，为编“志”奠定了基础。

80年代初，贵州省科委鉴于郭振中数十年苦心图“志”、始终不渝的精神，给予了大力支持。他立即组织院内外教师和省内外有关农业昆虫学专家分工编写，共建大业。各类群完稿后，他都要亲自逐一核对标本、审改文稿、校正拉丁学名，直至统编定稿送交出版社。经十余载不懈笔耕，终于在1992年中完成《贵州农林昆虫志》这一四卷本巨著。该书计述省内农林昆虫2176种，累计27万余字，附图1029幅（其中彩图533幅），得到了国内外许多专家的高度赞扬。该志第一、三卷分别于1989年和1992年获贵州省科技进步二等奖，第二卷于1991年获三等奖。通过完成编志工程为贵州农业昆虫学科技队伍造就了一批新人。

郭振中总结自己早期教学与科研相结合的经验，形成了“教学、科研、生产、育人四合一”的思想并力行贯彻。在“四合一”教改思想指导下，在长期不懈努力和教学实践过程中，向社会输送了一批批高质量的植保专业人才，也在稳定教师队伍并提高教师业务水平方面起到了重要作用。他不但时常给予中青年教师精神上的鼓励与支持，还尽可能地予以物质方面的帮助，如赠送自己的科研资料、用自己有限的科研经费予以资助等。

郭振中是建立贵州植保学会和昆虫学会的发起人之一，曾任贵州植保学会理事长、中国植保学会理事，贵州昆虫学会理事长、中国昆虫学会理事。他为贵州植保事业和农业昆虫学的发展作出了重大贡献。1991年被评为全国教育系统劳动模范。1992年获国务院颁发的“政府特殊津贴”。他与研究生合著了《柑桔害虫天敌及其利用》一书。研究成果于1992年荣获贵州省科技进步三、四等奖和集体奖。

郭振中一直肩负教学重任，近50年来的教学生涯虽历尽艰辛，但献身农业教育的意志从未动摇。50年代初师资极度不足，他毅然挑起了全院有关动物学和昆虫学的全部教学重担，相继组建了动物学教研室和动物标本室，采集制作了各类动物和昆虫标本，逐渐培养了一支完善的教师队伍。几十年来，他为培育贵州植保专业人才竭尽了心力。

郭振中从不计较个人名利。由他主编的论著，至多仅接受微薄的象征性稿费。与中青年同志合作的署名，总将自己排列在后甚至免列。他的高尚学术道德风范和挚意的协作精神，吸引着后学。他周围的人都以与他合作、接受他的真诚指导为荣。他生活俭朴，但同事和学生在生活和工作中遇到困难或问题，他总是热情相待、鼎力相助，为他们分忧解难。

郭振中既是一位学术造诣深厚的农业昆虫学专家、德高望重的农业教育家，也是一位善于将理论与实践相结合的实干家。他以多年来兢兢业业的无私奉献，促成和发展了贵州农业昆虫学，并为中国植保事业做出了较大贡献。他用自己的实际行动，塑造了一个为耕耘中国植保事业而辛勤劳作、甘当“老黄牛”的典范。

史料五 《郭振中传略》

郭振中传略

郭振中（1921—2000），昆虫学家，农业教育家。贵州省植保科技事业的先驱之一，贵州农学院植保系的创业者。他长期致力于农业害虫防治研究与实践，尤其在贵州农林昆虫区系和柑橘害虫综合治理研究方面成绩斐然。他所倡导并力行的“教学、科研、生产、育人四合一”治学思想，促进了贵州农业教育的发展。

郭振中，河北束鹿人，1921年5月18日生。出生之日，母亲即谢世，由伯母抚养长大。自高小始，即离家住校学习。13岁时考取北平汇文中学，后转学到天津汇文中学。抗日战争爆发，天津沦陷，又转入当时英租界内的跃华中学学习。在该校学习期间，从事抗日活动。1939年秋，自天津乘海轮经香港、越南，辗转到达中国大西南后方。是时，其兄已随唐山交通大学迁到贵州，后在黔桂铁路工程局任职。为谋生计，1941年郭振中也到铁路上做了一年临时工。1942年，他进入贵州大学先修班，1943年考入贵州大学农学院农林系学习。1947年以优异成绩毕业后，即留校任教。1952年全国高校院系调整，贵州农学院独立，他仍在校任教。

在大学学习期间，郭振中深受蒋书楠等的影响而对昆虫学产生了浓厚兴趣。从此，昆虫学成了他为之毕生奉献的事业。当时条件十分艰苦，很多实习实验材料都必须自己动手采集、准备。任助教期间，他担负了昆虫学实验室的建设和管理工作。大量的实际工作锻炼，为他日后精业于农业昆虫学、创建贵州农学院植保教育事业打下了坚实基础。

郭振中从事教育工作长达50年，历经助教、讲师、副教授、教授各教学岗位，曾任教研室主任、系主任等职，始终坚持在本科和研究生教学第一线。为了不断改进教学内容，提高教学质量和自身业务水平，他极为重视科学研究。他从毕业起就投身于农业害虫防治研究，并立志系统研究贵州农业昆虫区系，数十年如一日。

郭振中是建立贵州植保学会和昆虫学会的发起人之一，曾任贵州植保学会理事长、中国植保学会理事，现任贵州昆虫学会理事长、中国昆虫学会理事。他为贵州植保事业和农业昆虫学的发展做出了重大贡献。

他于1951年加入中国民主同盟，曾任中国民主同盟五、六届中央委员，1992年被推选为中国民主同盟参议委员会委员，现任中国民主同盟贵州省委员会副主任委员。还历任贵州省人民代表大会二、三届代表，贵州省政协四届委员和五、六、七届常委。

1991年被评为全国教育系统劳动模范。

1992年获国务院颁发的“政府特殊津贴”。

甘许青春　献身植保科研实践

郭振中自青年时代起就认为，高等农业院校教师不但应以教学为己任，还应急生产之需放眼未来，进行不同层次的科学研究。1947年他毕业留校任教之后，在蒋书楠的热情支持和指导下，开始了贵州农林昆虫的调查研究。他曾亲手饲养观察过50余种昆虫。在50年代，他研究揭示了小地老虎、大黑鳃金龟的发生规律，提出了适时土面撒粉的防治措施。通过研究斜纹夜蛾为害甜菜的规律，总结出了卵盛孵起施药的防治方法。许多类似成果在大田生产中被广泛推广应用，效果显著。但是，由于“文化大革命”，他50—60年代积累下的所有珍贵科研资料未能及时作理论总结便毁于一旦。

70年代后期，贵州省一度大力推广双季稻。为解决双季稻植保问题，郭振中率队到黔东南榕江、从江等县实地考察，组织并参与双季稻害虫的防治研究。通过对双季稻稻飞虱在不同品种和不同栽培条件下发生为害规律的研究和多项大田防治试验，提出了在早稻分蘖期稻飞虱第一代大龄若虫发生盛期一次撒施毒土的措施。此法经济、简单、易行，为贵州山区农民广为接受。

80年代以来，郭振中除承担繁重的教学任务外，仍坚持利用一切机会结合科研深入生产第一线，为农业生产服务。1990年10月，郭振中已届70高龄，在赴雷山县指导当地茶树病虫害防治期间，为获得第一手资料和争取时间，与同行年轻教师一道连续3天冒着大雨深入茶园，亲自参与调查。雷山县万亩茶园留下了他刚毅的足迹。

壮心不已 为农业害虫综合治理谱新章

80年代中期，果树生产在贵州省迅速发展起来。果园这一特殊生态系统内的昆虫群落结构如何、益害制约关系如何，怎样缓和由单一化学防治带来的一系列问题等都是植保工作者面临的新挑战。

为了解决贵州省柑橘等果树生产中的新问题，郭振中不顾古稀之年承担了贵州省“七五”科技攻关项目“柑橘蚧类、螨类及其天敌保护利用”和省科学基金项目“柑橘园昆虫群落结构研究”。他经常亲自联系协作单位，选择研究场地，有时还参与田间取样调查。两项目均于1991年按期完成。

“柑橘园昆虫群落研究”应用近代生态学研究方法和手段，首次系统地从理论上总结了贵州柑橘园生态类型以及不同类型中昆虫群落结构的特点，受到国内专家高度评价。

“柑橘蚧类、螨类及其天敌保护利用”基本摸清了全省范围内柑橘蚧类螨类种类和捕食性天敌种类以及分布状况，对天敌中的优势种二双斑唇瓢虫、红点唇瓢虫、深点食螨瓢虫、尼氏钝绥螨等的生物学和生态学作了较深入细致的系统研究，并且从害虫综合治理的角度在省内不同类型的橘园做了保护利用途径的探索试验。他与助手一道首次提出了建立天敌营地植物系统的新概念。这一理论已在橘园害虫综合治理实践中得到初步验证。

研究过程中，他与研究生合著了《柑桔害虫天敌及其利用》一书。研究成果于1992年荣获贵州省科技进步三、四等奖和集体奖。

目前，郭振中仍以高昂的热情主持着贵州省“八五”科技攻关项目“贵州主要农作物和果树害虫综合治理体系研究”，决心为贵州植保事业再谱新篇。（编者按：郭振中已于2000年去世，此为原文照录。）

锲而不舍　终于完成《贵州农林昆虫志》

郭振中自40年代末就矢志研究贵州农林昆虫区系。他利用一切出差机会，收集标本、整理资料。许多宝贵资料和部分标本虽毁于“文化大革命”，但他心不移、志愈坚，在劳动期间仍坚持夜间灯下集虫。

1974年，郭振中主持了“贵州农林昆虫资源调查”研究项目，他亲赴黔西南各县及遵义、赤水等地调查采集，历时6年，与项目组成员分工合作，编写了《贵州农林昆虫分布名录》一书。该书于1980年获贵州省科技进步三等奖，为编“志”奠定了基础。

80年代初，贵州省科委鉴于郭振中数十年苦心图“志”、始终不渝的精神，给予了大力支持。他立即组织院内外教师和省内外有关农业昆虫学专家分工编写，共建大业。各类群完稿后，他都要亲自逐一核对标本、审改文稿、校正拉丁学名，直至统编定稿送交出版社。经十余载不懈笔耕，终于在1992年中完成《贵州农林昆虫志》这一四卷本巨著。该书记述省内农林昆虫2176种，累计277万余字，附图1029幅（其中彩图533幅），得到了国内外许多专家的高度赞扬。该志第一、三卷分别于1989年和1992年获贵州省科技进步二等奖，第二卷于1991年获三等奖。通过编志工程，为贵州农业昆虫学科技队伍造就了一批新人。

兢兢业业　教育园地勤勉耕耘

郭振中一直肩负教学重任，近50年来的教学生涯虽历尽艰辛，但献身农业教育的意志从未动摇。50年代初师资极度不足，他毅然挑起了全院有关动物学和昆虫学的全部教学重担，相继组建了动物学教研室和动物标本室，采集制作了各类动物和昆虫标本，逐渐培养了一支完善的教师队伍。几十年来，他为培育贵州植保专业人才竭尽了心力。

在教学活动中，郭振中极为重视组织学生直接参与病虫害防治实践。有几次生产实习，他与学生一道自背行李，徒步走遍了实习地的乡村。他多次亲率学生进行普查，几乎每次都有重要发现：在兴义和罗甸首次发现传播柑橘黄龙病的柑橘木虱，在望漠发现了玉米披翅天牛，在荔波首次发现了大量的越冬黏虫，在遵义采到了为害柑橘的一叶蝉新种。这些实践活动使学生锻炼了独立工作能力。

1984 年，郭振中辞去了系主任职务，退居二线后主动接受了培养昆虫学硕士研究生的任务，同时仍一直坚持本科教学。他曾先后参加编写了西南地区农业院校植保专业用农业昆虫学教材、全国植保专业和农学专业农业昆虫学教材。他还为本科生和研究生开出了十多门课程，主要有动物学、动物解剖生理学、普通昆虫学、果树昆虫学、昆虫分类学、昆虫研究技术、农业害虫综合治理等。

郭振中学识渊博，教学经验丰富，但他仍坚持认真修改教案，备好每一堂课。他非常注意收集有关学科的新成果，不断更新教学内容。他讲的课深入浅出，深受学生喜爱。

科教相融　事业为重　扶植后学

郭振中总结自己早期教学与科研相结合的经验，形成了“教学、科研、生产、育人四合一”的思想并力行贯彻。在“四合一”教改思想指导下，在长期不懈努力和教学实践过程中，向社会输送了一批批高质量的植保专业人才，也在稳定教师队伍并提高教师业务水平方面起到了重要作用。

郭振中不但时常给予中青年教师精神上的鼓励与支持，还尽可能地予以物质方面的帮助，如赠送自己的科研资料、用自己有限的科研经费予以资助等。

郭振中从不计较个人名利。由他主编的论著，至多仅接受微薄的象征性稿费。与中青年同志合作的署名，总将自己排列在后甚至免列。他的高尚学术道德风范和诚挚的协作精神，吸引着后学。他周围的人都以与他合作、接受他的真诚指导为荣。

郭振中生活俭朴，但同事和学生在生活和工作中遇到困难或问题，他总是热情相待、鼎力相助，为他们分忧解难。

郭振中既是一位学术造诣深厚的农业昆虫学专家、德高望重的农业教育家，也是一位善于将理论与实践相结合的实干家。他以多年来兢兢业业的无私奉献，促成和发展了贵州农业昆虫学，并为中国植保事业做出了较大贡献。他用自己的实际行动，塑造了一个为耕耘中国植保事业而辛勤劳作、甘当“老黄牛”的典范。（金道超、李子忠）

简 历

1921 年 5 月 18 日　出生于河北省東鹿县。

1947 年　贵州大学农学院农林系毕业。

1947—1950 年　贵州大学农艺系助教。

1951—1953 年　贵州大学植物病虫害系助教、讲师。

1953—1957 年　贵州农学院动物教研室主任讲师。

1958—1960 年　贵州农学院农学系副主任。

1960—1983 年　贵州农学院植保园艺系主任、副教授。

1984 年至今贵州农学院植保系教授、硕士生导师。

主要论著

[1] 蒋书楠，徐玉芬，郭振中. 棉叶蝉的发生和化学防治与棉花品种的关系. 西南农学院印（单行本）. 1956.

[2] 郭振中，陈家悦. 小地老虎初步研究. 贵州农学院科学研究资料（七）. 1959.

[3] 郭振中，陈家悦. 斜纹夜蛾的研究. 贵州农学院科研报告集. 1961.

[4] 郭振中. 双季稻主要害虫防治. 见: 贵州双季稻栽培技术. 贵州: 贵州人民出版社，1977.

[5] 郭振中. 贵州蝗虫种类及发生概况. 见：贵州昆虫学会编. 全国昆虫学会论文集. 1978.

[6] 郭振中. 贵州的农业昆虫. 贵州省科学技术协会. 1980.

[7] 郭振中. 贵州农业害虫的种类及其发生概况. 植物保护. 1981，7（6）.

[8] 郭振中. 贵州农业昆虫区系调查. 贵州农学院丛刊. 1984(7)：1-11.

[9] 郭振中等. 贵州农林昆虫分布名录. 贵州：贵州人民出版社，1984.

[10] 任顺祥，郭振中，熊继文. 矢尖蚧田间种群密度估计法的研究. 贵州农学院学报. 1987，6（1）：83-92.

[11] 郭振中等. 贵州农林昆虫志·卷一至卷四. 贵州：贵州人民出版社. 1987—1994.

[12] 张京社，郭振中，熊继文. 贵州柑桔昆虫群落组成及结构的研究. 贵州农学院学报. 1989，8（2）：35-46.

[13] 张京社，郭振中，熊继文. 贵阳市柑桔园昆虫群落的组成及结构的初步研究. 生态学报. 1989，9（4）：381-383.

[14] 胡学南，郭振中，熊继文. 贵州柑桔蚧壳虫及其天敌群落的主要成分分析. 贵州科学. 1990，（2）：14-16.

[15] 任顺祥，郭振中. 柑桔害虫天敌及其利用. 贵州：贵州科技出版社，1990.

[16] 高平，郭振中，熊继文. 德氏钝绥螨对桔全爪螨的捕食作用. 昆虫知识，1990（1）：24-27.

[17] 任顺祥，郭振中，熊继文. 温度对二双斑唇瓢虫实验种群的影响. 生态学报，1991，11（3）：237-241.

[18] 任顺祥，郭振中，熊继文. 矢尖蚧蚜小蜂种群数量动态及其

自然控制作用. 贵州科学. 1992，10（4）：73-80.

［19］杨孝龙，沈妙青，郭振中，熊继文. 贵州食盾蚧瓢虫、食螨瓢虫及其保护利用研究. 贵州农学院学报. 1992，11（2）：47-57.

［20］金道超，郭振中. 贵州软滑水螨两新种. 动物分类学报. 1992，17（2）：173-178.

［21］金道超，郭振中. 雄尾螨属两新种及马氏雄尾螨重新记述. 动物学研究. 1992，13（2）：15-21.

［22］金道超，郭振中. 西南地区雄尾螨区系分析及中国已知种检索. 贵州农学院学报. 1992，12（增刊）：55-60.

［23］中国科学技术协会编．中国科学技术专家传略 农学编 植物保护卷［M］．中国农业出版社，1998：296-303.

六、顾光中

顾光中（1908—1999），贵州贵阳人。幼年接受传统家庭教育和新式初等教育。

1922 年入贵州省立第二中学（南明中学）接受教育，成绩优异。

1926 年考进北京大学生物系。

1927 年，其父病故，导致其求学困难。幸得教授陆惟一赏识，系主任同意其半工半读，学业得以继续。毕业后，受聘于北平研究院动物研究所，从事海洋鱼类学研究。

1930 年至 1937 年，他出版专著多部，并发表了多篇论文，主要包括《烟台鱼类志》《山东半岛半索类和头索类的研究》《福建文昌鱼研究》等。

1937 年，因“七七事变”，北平研究院准备搬迁，顾光中在炮火中回到贵阳。同年 9 月到次年 7 月，先后任湄潭、黔西等中等学校的生物老师。

1938 年，顾光中被聘为北平研究院动物研究所副研究员，从事稻田养鱼研究。

1941 年，顾光中受聘于中法大学，任生物系副教授。

1945 年抗战胜利，他晋升为中法大学教授，继续从事生物学教学。

1947 年，他应允丁道衡的邀请到贵州大学任教，直到贵阳解放。

1950 年 3 月，奉贵州省人民政府令，出任贵州大学农学院教务长兼校管会副主任。

1953 年 9 月调至贵阳师范学院任副院长兼生物系教授。

贵阳解放初，顾光中加入中国民主同盟。1956 年，加入中国共产党。他先后担任中国民主同盟贵州省委副主任委员、中国民主同盟中央委员，贵州省第一、第二届人大代表，第三届全国人大代表，贵州省政协委员和常委，兼贵州省科学技术协会副主席等职务。“文化大革命”时，顾光中被诬为“四家店”店员、“资产阶级反动学术权威”，被污蔑“崇洋媚外”，身心受损。

1972 年，顾光中瘫痪在床，无法自理。

1978 年，顾光中冤案得到平反。

1999 年，因久患弥散性脑血管阻塞逝世于贵阳，享年 91 岁。

史料一 顾光中照片与传记

顾光中

顾光中（1908年至1999年），贵州贵阳府人。生于清光绪三十三年（1908年）。幼年接受传统的家庭教育和新式初等教育，勤奋好学。民国11年（1922年），考入贵州省立第二中学（即南明中学），成绩名列前茅。民国15年（1926年），毕业后远行北上，以优异成绩考入北京大学生物系。

民国16年（1927年），顾光中父亲病故，家道中落。北京距贵阳，相去数千里，交通梗阻，无舟车之便，他无力奔丧。但重要的是生活来源断绝，几濒辍学。所幸成绩优异，深得生物系教授陆惟一赏识，并得到系主任同意，留他在系里半工半读，学业得以继续。是年于北京大学生物系毕业。时陆惟一任国立北平研究院动物研究所所长，延聘他为助理研究员，专门从事海洋鱼类学的研究。到职后，兢兢业业，辛勤工作。他每年都要到青岛、烟台、厦门等地海滨进行实地调查，采集标本和有关资料，携回北平所内进行认真、观察、分析、研究，并将其成果写成论文或专著，逐渐成为国内有名的鱼类学研究专家。民国19年至26年（1930年至1937年）的7年多时间，他先后发表论文多篇和出版专著多部。其中《烟台鱼类志》，正文是用英文撰写，绪论用的是中文。此书在北平研究院出版发行后，引起国内外学术界的重视。不久就被日本有关学者译成日文，在日本国内

246

出版发行。其他著作，如《山东半岛半索类和头索类的研究》、《福建文昌鱼研究》等，均由北平研究院出版发行，在国内外生物学界有相当影响。

民国26年（1937年）“七七”事变后，沦陷区学校、机关纷纷南迁。北平研究院也准备南迁昆明，研究工作不可能继续进行。顾光中在烽火连天中，辗转回到故乡贵阳，于同年9月至次年7月先后受聘为贵州湄潭、黔西等地中等学校生物教师。民国27年（1938年）8月，北平研究院迁云南昆明，陆惟一教授仍任该院动物研究所所长。不久顾光中接到北平研究院聘书，聘他为该院动物研究所副研究员。他到职后与陆惟一所长、张汝玉研究员等合作，开展对稻田养鱼的研究，并取得成功。不久陆惟一病故，抗日战争局势紧张，沿江沿海大部分地区沦陷。又因通货膨胀，物价飞涨，北平研究院经费困难，大部分研究工作，陷于停顿。

民国30年（1941年），顾光中应中法大学之聘（该校由北平迁至昆明），任该校生物系副教授。他学识精湛，上课时广征博引、深入浅出和积极认真负责的态度，深得广大师生的尊重与爱戴。民国34年（1945年）抗战胜利，他随中法大学迁返北平，晋升教授，继续从事生物学的教学工作。

贵州大学成立于抗战期间，该校教务长是著名地质学家丁道衡，以顾光中系黔籍难得的科研人才，热忱约请他到贵大任教，为桑梓教育服务。顾光中欣然应约，于民国36年（1947年）回到贵阳，任贵大生物系教授，直至贵阳解放。

中华人民共和国成立后，教育事业蓬勃发展。顾光中以极大的热忱，投入教育工作。1950年3月，奉贵州省人民政府令，他任贵州大学农学院教务长兼校管会副主任。1953年9月，奉调到贵阳师范学院（今贵州师范大学）任副院长兼生物系教授。他自此以校为家，团结广大师生，认真教学，努力工作。

贵阳解放初，顾光中加入了中国民主同盟；1956年加入了中国共产党。先后担任中国民主同盟贵州省委副主任委员，中国民主同盟中央委员；贵州省第一、二届人大代表，第三届全国人大代表；贵州省政协委员和常委，兼省科学技术协会等单位社会职务。在工作中，坚持原则，团结他人，政治态度鲜明。

“文化大革命”中，顾光中受到冲击，被诬为所谓“四家店”的成员。他早年因科研方便，用英文撰写的科技论文，被诬蔑为“崇洋媚外”，是“资产阶级反动学术权威”，受到无休止的轮番批斗，惨遭折磨、凌辱。极大地损害了他的身心健康，导致他最初整夜失眠，神情恍惚，继则两足僵硬，步履艰难，言语不清，大小便失禁，家庭也受到严重影响。1972年，顾光中全身瘫痪，卧床不起，失去记忆。饮食起居全靠家人护理，他坚强而艰难地度过漫长的最后日子。1978年后，顾光中冤案得到平反，政策落实。

贵阳市志·人物志 GUIYANG SHI ZHI RENWU ZHI

1999年，顾光中久患弥散性脑血管阻塞病后逝世于贵阳，享年91岁。

（编者按：以上为《贵阳市志·人物志》里的《顾光中传记》。）

史料二《顾光中：一个默然的知识分子》

顾光中：一个默然的知识分子

顾光中是默然的——

他很早就离开了自己心爱的鱼类学研究，在生物学家群体中，他是默然的；他曾是个热情而喜好文艺之人，但因为种种原因，后来在同事们的眼中，他是默然的；他因为那场史无前例的“大革命”，几乎像植物人一般在床上静静地躺了二十七年，在家人眼中，他是默然的……

一、聪慧少年

据考证，顾光中的祖上是明代名将顾成，祖籍湖南湘潭，后来到江淮一带求生，在那里参加了朱元璋的队伍，洪武年间与傅友德等一起来开发贵州。《明史》上有传，被帝王封为“镇远侯”，而被百姓称为“顾老虎”。

1908年3月，顾光中生于贵阳，其父顾定基，《贵州通史·清代的贵州》这样提及他：“20世纪初，严（修）、雷（廷珍）的革新结出了丰硕的成果。经世学堂孕育培养起来的贵州新一代知识分子，通过入闱科目、创建社团、留学深造、兴学办报等途径，纷纷崭露头角，逐渐取得较大的社会影响，成为贵州新思潮的一支重要力量。20世纪初如雨后春笋出现的新型学校中，不少学校的创办人、主要领导多出自经世学堂，如吴绪华、顾定基等。”据说顾定基自学高等数学成才，并一度在贵阳“吃独门饭”，一堂课值好几个银元。这样，人如其名，“定基”——用他的勤奋和知识奠定了家业，以后弃教经商。

顾光中兄弟姐妹不算少，母亲生了十个，但存活者只有六人——五兄弟和一个大姐，他排行老二。

这个大家庭是否父严母慈、家教如何？从几件小事上似可窥其大概：家中曾有一座西洋自鸣钟，价格当不菲，少年顾光中好奇而将其拆开，但重新组装不成而弃置。从兄弟们后来的笑谈中，似乎父母并未因此重责，可见其家庭有民主的一面。这为幼时顾光中爱探索问题营造较为宽松的环境。但似也谈不上自由，像家中只准读“正书”，因此兄弟们就在“茅司”（厕所）的一块大石块下暗藏《三国演义》《水浒》《七侠五义》等大人不准读的“歪书”。致使少年顾光中一度仰慕会飞檐走壁的侠客，曾在腿上绑沙袋跳坎子以练武术，但取去沙袋后，也跳不甚高，离飞檐走壁远甚，从此偃旗息鼓，醒了侠客梦。

据同学张星槎先生后来回忆，少年顾光中话不多，但爱动脑筋。当时大家对学英语颇感头疼而以玩纸牌为乐，顾光中对此曾发明一套学英语纸牌，其玩法大致是：每张纸牌一个英语字母，大家轮流出牌，能从已出的牌中发现尚不完整的英语单词，再将手中牌凑齐成一个单词并读出者，即为赢家。此牌设计是否科学，当时是否受人欢迎，是否对记单词确有裨益，都无从考证了。

张星槎先生回忆时半开玩笑道：“当时我们都奇怪他学习成绩为什么比我们都好呢？原来在他胸前别了一支派克笔哟！”

可能就因为别着这支令人成绩好的派克笔，顾光中于1915年进入贵阳南明第一分校，七年后进入南明中学（现贵阳一中）高中部，四年后又考入北平大学预科班。当时考北平大学应不太容易，颇显荣耀，但他不太向人提及此事。其子曾询问他当时考学的情况，他没有表情地、淡淡地说："考取的是预科，而且当时考取北京大学的人不止我一个，多得很。"再无一言。

但当述及家道中落，母亲独支家庭，他离筑赴京时，母亲倾囊相助，以致细心地预备他最爱吃的臭霉豆腐时，感情不外露的顾光中潸然泪下，不能自持。

二、爱国青年

顾光中读完预科，升入生物学系，其学习是刻苦而认真的。从其读书习惯可窥一斑：他读书时正襟危坐，并先备尺子和两色笔——关键词，打虚红线，重要结论，画实红线，最重要、更重要者，则画以双红线、三红线；对不理解或不赞成处，更换成蓝线或黑线。还用端正小楷写上己见。他读过的书，都满注标记，满纸灿然，然一丝不苟。

在京期间，至少曾有两人对他影响较大：一是大名鼎鼎的鲁迅先生。他在北大，曾亲领鲁迅的演讲风采，很是仰慕。当鲁迅去世第二年，即购当时出版的首套红色纸面精装二十卷的《鲁迅全集》。他后来道：一生中不知搬了多少次家，每次搬家不知要丢多少书，然而这套《鲁迅全集》却也一直舍不得丢。可见，鲁迅的激进、深刻、尖锐、忧患、幽默等都征服了青年顾光中。另一位，却是拾金不昧的无名洋车夫。他说：一位同学借了台价格高昂的德国相机坐洋车外出，下车时居然忘了那台宝贝相机。正当心急如焚、不知所措之际，该车夫竟然拉着洋车寻来奉还，令所有晓得者都感到道德上的震撼。顾光中由此得出信条："人就是人，哪怕是饿死穷死，也要堂堂正正活得像个人。"

课余爱好是逛旧书摊、旧货摊：一则业务和进步的书籍，二则西洋音乐旧唱盘。而另一贵州籍北京学子肖家驹也有同好。两人爱好既全同，又多次不期而遇，开头只是莞尔一笑，权当招呼，后来遂成好友。肖家驹在北平师范大学攻读外国史，外语极好，能用抑扬顿挫的声调朗读莎士比亚原著，音乐天分也极高，后加入中共，成为地下党员，解放后曾任贵州省音乐家协会主席等职。两位好友皆不擅结交，若分手，相互间数年无片纸，若聚首，则又倾箱倒箧，其谈话不绝如清泉。而旧书旧货缘像一条潜在红线，日后竟成就了顾光中与肖家驹之姝杨瑞年结为终身伴侣。

1927年，其父顾定基病故。此前顾家就因父亲做生意亏本和大哥吸食鸦片而中落，此刻自然雪上加霜，经济来源全断，顾光中几陷辍学。但他的好学、严谨颇得老师们垂青。危难之时，陆惟一教授安排他参与试验、付给费用，半工半读，直至毕业。

毕业后，顾光中在北平研究院动物研究所任助理研究员，致力于海产鱼类学研究。除在图书馆广泛钻研国内外文献外，他还常投身山东青岛、烟台、福建厦门等地的大海实地考察，搜集标本。在后来贵阳师范学院某次教师工作会上，他谈及当年曾为了观察一种鱼排卵实况（该鱼种只在秋季午夜方产卵），挖一个池子，他提马灯在齐胸深的冰冷海水中鹤立半夜。并轻松地说："这就是科学研究。"此段，他用英文撰写了《烟台鱼类志》，用汉语作《山东半岛半索类和头索类的研究》《福建文昌鱼研究》等，均由北平研究院出版社出版，前者被译为日文，颇受海内外同行重视。近年，顾光中之子遇到某著名鱼类学教授，还专门提及当年写博士论文时，就参考过这本罕见的《烟台鱼类志》。当时的顾光中，年尚不足三十。

可以预计，若国运昌盛，其鱼类科学研究定有更大成就。可惜，日军入侵，极大地影响了他的研究工作，乃至，在某种程度上改写了他的人生。

据其同学兼好友成启宇先生追忆：此前，鉴于其研究成果突出、势头看好，北平大学留法归国的生物系系主任曾建议他也赴法攻博。如果无博士学位，以后在国内吃不开，且凭他的了解，顾光中拿法国博士易如反掌。主任还邀他每周日到自己家中，由其法籍妻子亲自免费为顾光中补习法语。留法手续办好后，正逢抗战爆发时。顾光中深忧国运，后言及国破家亡之日，说唱《松花江上》，总是流泪哽咽，未尝终曲而止。成启宇还回忆，顾光中亲口对他说："我学的鱼类专业，对陷于苦难的祖国能有何帮助？空耗费国家资助留学人员的经费。"就此毅然放弃良机。

三、热血教授

1937年，"七七事变"，北平失陷，研究院被迫南迁。研究工作由此中止，顾光中回到故乡。于贵阳小住后，受北平大学政治系乡人乔光鉴之邀请，到湄潭中学任教。黔东南人民政府网站介绍："1937年9月，乔光鉴来到贵阳开展抗日救亡活动。他通过北大校友、贵州省教育厅厅长张志韩的关系，出任湄潭中学校长……乔光鉴到湄中，第一步就是选聘合格的教师，通过省工委做工作，介绍一批中共党员和进步教师到湄中任教……他聘请王启凤、王启澍、顾光中、顾诗灵、严林心等一批进步知识分子担任教师。乔光鉴依靠他们去组织学生阅读进步书籍，开展抗日宣传活动。"之后，顾光中离开湄潭，到黔西县任教。1938年8月，得知北平研究院在昆明恢复工作的消息，同时接到动物研究所聘他回所的聘书，立即赶赴昆明就任。在昆明，他与研究所所长陆惟一教授、张尔玉研究员等一起研究稻田养鱼，并获成功。但战时经费短缺，非但研究工作无法维持，就连生计都成大问题，遂不得不从1941年9月到1946年7月，应中法大学（昆明）之聘，担任该校生物学副教授、教授。此中，耗时五年，潜心研究过云南淡水鱼类。抗战胜利后，他随校返北平继续任教，直至1947年夏。

此处插述顾光中的弟弟——全国著名的物理教育家顾建中。顾家衰败后，身陷贫窭的顾建中发奋要像二哥一样赴北平攻学问，遂求人资助，在事先未通知顾光中的情况下，历经艰辛，来至北京。顾光中见弟弟后大惊："北京的大学就是这样好读的！"第二天即到旧书摊上抱回中、英文《物理学》资料一摞，说"一周内能读完、读懂，就有希望。读不了，就回家去"。顾建中以悬梁刺股、破釜沉舟的精神苦读，数周后终于取得北师大预科倒数第二名。一年后，成绩即跃居全班第一，并一直高居班首。毕业后，被数学家、云南大学校长熊庆来先生聘请到云大任教授。在民盟省委会顾光中八十周岁诞辰、从教六十周年纪念会上，顾建中动情道："没有二哥，哪会有我的今天！"

1947年8月，贵州大学校长张廷休教授电邀顾光中回乡任教。此前，顾光中也曾想随弟弟一起在云南大学任教，但熊庆来校长只聘他任副教授。其弟任正教授而自己任副教授，这使顾光中感到不快。恰逢张校长的邀请电，顾光中即欣然应邀回家乡，担任贵州大学动物学教授。

顾光中对待学生及青年教师，善良忠厚，一片兄长之风。曾任顾光中助教的贵州大学郭振中教授回忆：顾先生待人真诚、热情而不外露，学识丰富，教学认真，思想进步。对事物思考得深而细，讲课细腻生动，实验也做得一丝不苟。时刻希望学生能够学得多一点、思考深一点，所以常觉课时不够。每周末，辄带领大家外出采集标本，返回处理标本，顾先生也细致入微。当时，教师们每两周举办学术讲座一次，排好名单，轮流主讲。休闲时也打扑克、下棋、读小说。其时系里的中青年教师彼此和谐相处，气氛很融洽。

另一方面，顾光中对腐败虚伪、专制跋扈的国民党反动当局则非常反感。1949年春，贵州大专院校师生响应全国"反饥饿运动"，贵大由教授会主席丁道衡带领，成为贵阳反饥饿、反内战、反迫害中坚力量，而顾光中则是教授中之响应者、参与者和策划者，自然都成为国民党当局迫害的对象：顾光中与丁道衡等教授被捕入狱。狱中，他与老同学肖家驹、乔光鉴等中共地下党员相遇。据《贵州都市报》2001年7月6日谈乔光鉴的文章说：被国民党特务密报后，乔光鉴被“谷正伦以‘来省述职’为由”挟持到筑，押入秘密监狱贵阳文昌阁。又以“身为县长，组织暴动，响应共党”的罪名入狱，“在狱中，他见到北大同学肖家驹、师院（当为贵大）顾光中教授……乔光鉴与难友们一道，同敌人进行了顽强的斗争……10月中旬某天，得知新中国诞生，光鉴在狱中唱了一段京戏”。据一份文史资料记载，顾光中在狱中时也曾席地而坐，自拉自唱京剧《空城计》云云，只不知是否与乔光鉴先生合唱。后迫于社会舆论，当局才释放了几位教授，而乔光鉴遇难。

贵阳解放后，中国人民解放军贵阳市军事管制委员会的军代表陈大羽接管了贵州大学，成立校务管理委员会，顾光中任副主任委员。他热情投入建设新贵大的工作，当时带有政治背景的土匪常在花溪一带活动，挟持进步学生。后来，他给儿子说：土匪命进步学生写反动标语而未果，当众拉出一名最年轻的，一枪将其头击碎，让鲜血和脑浆洒在其余学生身上，于是大家开始哆嗦、写标语……他沉思着说：“一个人的信仰有时是要用生命来捍卫的。”

为解救学生，顾光中赶赴省政府对杨勇同志亲报。后来他回忆：杨勇衣着极朴素，一身粗布戎装，对知识分子非常和气，但当听说土匪行径后，豹眼圆睁，剑眉上举，猛拍桌子，高叫：“给我来一个排，把土匪都消灭了，把学生娃儿救出来！”这是顾光中第一次就近接触中共高层领导，共产党与国民党截然不同的作风，给他留下极深极好的印象。

因为顾光中的进步与在知识分子中的影响，中共对他也很器重：1953年5月，被选为全国自然科学专门学会贵阳分会主任委员；同年7月，政务院第221次政务会通过，并经中央人民政府批准，任命为贵阳师范学院副院长；抗美援朝时，参加了中央组织的赴朝鲜慰问团，任贵州团团长；之后，唐弘仁同志推荐他参加了中国民主同盟，还当选为一、二两届贵州省人民代表大会代表，第三届全国人民代表大会代表，几届中国民主同盟中央委员……

四、默然本色

顾光中是一个视学术如生命的学者，对鱼类研究之情难以割舍，即使在解放后的行政岗位上，长期脱离心爱的鱼类学研究之后，他仍会从新华书店买回大量鱼类研究的著作，还曾对尚未晓事的孩子发一些喟叹：“这本书的作者是爸爸的一个同学。”“现在提倡稻田养鱼，我们好些年前就提出来并做过试验了。”“童弟周先生的试验，当年我们也曾设想过啊。”……以至于家中吃鲤鱼，他要蒸熟后用针细心挑下肉，把骨头做成标本；孩子在南明河激流中发现一种用腹上吸盘吸附在石头上的小鱼，他追问细节并要求用笔在纸上画其外形……

但政府对他的安排离鱼类研究越来越远，他极不情愿丢弃自己的学术事业，但是又愿意为新中国教育尽职，有难以两全的无奈感。因此，他努力在新贵阳师范学院创设生物学系，兼任系主任，并亲授“比较解剖”课。但生物学教育与专业鱼类学研究之差别毕竟很大。据说，他曾向上级领导表白过自己愿意重新回返鱼类学科研而不当管理干部，但未获应允。或许，此刻的顾光中有过一种将永远诀别鱼类研究，以及学术生命被肢解的苦闷？

自从在贵阳师范学院供职以来，顾光中明显地沉默多了，血压也升高了——高压曾至200。他以一贯严谨负责的职业态度工作着。曾与季羡林先生一船赴英留学的贵阳师范学院地理系梁祖荫教授这样评价他：“他热情、诚恳，首次见面就给人很好的印象。他做人实实在在，不虚伪，不夸张，很虚心，和蔼可亲，说话很有头绪，一是一，二是二，话不多，但实在。工作很负责，办事很细致。真不容易遇到这种人！”

解放以后，中国共产党正在把一个积贫积弱、受人凌侮的旧中国改变成一个充满希望的新中国，这一切，都带给饱览旧时代的顾光中难得的鼓舞。但是，从旧时代，强大的知识分子思想改造运动确也为他带来了无可回避的惶惑感。他有强烈的自我道德约束力，认真如赤子。“文革”中，曾很真诚地对将要成年的儿子谈自己思想改造的经历，他说：长期以来，自己每每发现与中央指示有差距，有时甚至格格不入，精神上很感痛苦。但两个讲话曾给予他希望和鼓舞：一次似乎是领导人讲的：牛马是天生会耕田的吗？牛马尚且能被人教得会，何况人乎？顾光中说：他常常把自己当成一头牛马来慢慢学习“耕田”。还有一次是他亲聆周恩来总理说：雷锋是一个小战士，我们是老革命，但自己剖析，觉得我们的思想境界有时还赶不上战士雷锋。所以要带头向雷锋学习，带头改造自己的世界观。顾光中说：总理尚且带头改造自己，向年轻战士学习，让知识分子很感动，受到鼓舞。

但顾光中并不总是顺从如马牛的，1957 年，反右开始了，学院的运动开始在党委书记康健的领导下进行。康是老革命，又是燕京大学毕业生，理论水平高，作风得人心，常饶有趣味地给全校作形势报告，师生听得津津有味；还常端起从食堂打的饭菜，席地与学生一起在运动场上进餐。贵阳师范学院的师生一直把他看成共产党人的化身，称之为“康马列”。后来，康健也被打成右派。此前一年，党中央召开有关知识分子的工作会议，师范学院党委根据会议精神吸收顾光中入了党。此时，康健成了右派，使顾光中感到不解，遂做出惊世骇俗的举动——要求退出中国共产党。理由是，师范学院的工作是他在康健同志领导下共同做的，现在康成了右派，自己却加入中国共产党，一上天，一入地，于理不公。顾光中平生谨慎、敏感、不冲动，他明白做出这个决定意味着什么，可能会对自己和家人带来什么，或许，促使他不得不为者，就是早年“无论如何，也要活得像个人”的洋车夫道义之感召？但他提出退党确乎给省领导带来一点小麻烦。据说，熟知他为人的省委书记兼省长周林叹一声“顾光中是个老实人啊”，最终没让他退。所以他至死还是一名共产党员。

而这个“老实人”的提法，就直接成为“文化大革命”中第一张批判他的大字报的靶点——《揭开顾光中“老实人”的画皮》。另一张的标题叫《论顾光中“君子不党”的反动思想根源》——因为他曾于1926年国共合作时，受“张小甫”（后来肖家驹在其八十诞辰纪念会上当众大声说明：“张小甫者谁？就是大名鼎鼎的张国焘。”）的劝说参加过国民党，1927年的变故后，他脱离了国民党；三十年后，一个轮回，1956年参加共产党，1957年又要求退出共产党。故称“君子不党”。

此时的顾光中，像全国干部群众一样，已经完全分不清什么是毛泽东理想色彩的社会实验，什么是少数野心家的倒行逆施，什么是愚昧的群众自发行为，而社会主义又本该如何……他悄悄吞下安眠药，想以此结束自己惶惑的肉体。但细心的顾光中没算清是日恰为党员活动日，小组中人见平素极守时的他竟还未到，觉得奇怪，派人去寻，从窗户觑见他躺在床上，破门而入，急送医院，才让他又在世上活了三十多年。这次自杀，据他自己后来写的《关于我自绝于党的交待》中看，并非为抗争，并非为个人尊严，而是觉得自己真是反动，再无活下去的价值。交代材料中还说，服药前，他还给两个儿子写了份遗书，要其永远跟共产党走。稍加思想，又将遗书烧去，将纸灰从马桶放水冲走。这一写一烧，表露出他对孩子的牵挂、细心、敏感和无奈。被救活之后，他为自己生存的价值做新的定位——他对从乡村返筑探亲的小儿子说：要用自己的余生给孩子们当一个好的“反面教员”，因此，他经常给乡下的两个儿子买毛泽东的著作、画像寄去，他真诚地希望孩子们不要有他的苦闷和紧张，与社会和谐地融为一体。也因此，才有上述与儿子交谈思想改造。

此时的顾光中已经逐渐出现了弥散性脑动脉阻塞的症状：思维在迟钝，口齿在含糊，行动在僵化。但造反派们对资产阶级知识分子并无体恤之义务和恻隐之心，仍将其逐出教授宿舍，搬进原工人宿舍的一间三四平方米、被烟熏得漆黑的伙房之内。派他数饭票，数不清；扫地，扫不净；抬大粪，又抬不多；就连他自己生活也无法料理：到食堂打饭，常因手脚不便、路滑跌跤，将饭撒得一地，也顺势不吃那顿饭，回蜗室枯坐终日……这一切，又恰好成为“草包教授”的生动笑料。据许庄叔教授回忆，有一次两人抬粪休息时，顾光中给他讲《聊斋·狂生》的故事。大意是某生狂狷，侮辱神明，以致神明大怒，要灭该生之家。该生坦然对曰：“小生无家”——只在城隅搭一窝棚。顾自嘲道：我现在也无家，不用怕灭门了——其时一家五口，妻子杨瑞年被错误地送往劳改农场，两个儿子上山下乡到黔东南，还有大姐另住在法院街，互相无法照顾。头顶月不圆，家庭一破镜。

痛苦中的顾光中仍然保持对别人的关怀：大姐顾秋华，因为年轻时对包办婚姻不满而立誓终身不嫁，从此孤身一人。顾光中认为大姐是封建婚姻的受害者，非常同情和尊重，回筑后一直接到家同住：大姐理家，弟弟负责其所有用度。此时，他常常一个人从师院艰难地挣扎到法院街看望已经中风、神志不清又无人照看的晚年大姐。两位老人聚首时黯然相对，默然无言……顾光中平素爱小孩，或许因为自己没有女儿，对别人家小女孩疼爱有加。法院街的院子里有一对感情不和的夫妇，对其四五岁的小女孩动辄打骂，顾光中每次到法院街，都给这个叫莎莉的小女孩带点糖果之类的小礼物，身体好一点时，还把她抱在自己的怀里任她揪着自己的脸取乐……该院内的一街道委员刘阿姨觉得“顾先生”可怜，常为他煮一碗面条，还在下面藏一两枚煎鸡蛋。顾光中默默低头吃面，吃到鸡蛋，就扬脸点头对刘委员示谢。

终于有一天，人们发现他再也起不了床，神志也恍惚不清。送到医院，诊断书上竟写着：“长期无人照料，严重缺乏营养……”

得到学院通知，其小儿子请假从乡下回来照顾他。一次，天降大雪，在渣滓洞与江姐们一起坐过牢的原民盟主委唐弘仁同志看到顾光中的小儿子，问起顾家情况，心中沉重。立即向已经“靠边站”的统战部副部长常爱德同志反映此事，两位老朋友抱头痛哭一场，然后不顾自己的处境，像奋不顾身的战士一样，一齐为顾家的破镜重圆而奔波、呼号、努力。天地有正气，不信春天唤不归！终于，大儿子先调回贵阳，分隔数年的妻子也回到身边。妻子杨瑞年回来时，顾光中已经不太能说话，只是从床上坐起，嘟囔一句“回来了？”然后用一只手捏着妻子饱经磨难的手，放在自己腿上，眼睛似乎看着很远的地方。两人都没有笑，也没有哭，很平静，淡淡的，默默的，就像天天厮守一处，只是上了一趟街回来……

顾光中的病情愈加严重，逐渐完全失去语言能力，完全失去自我行走能力，先是见到老朋友还能热情点头，默默流泪，如民盟中央高天副主席两度代表民盟中央看望他，评价他“有学问，有人品，对民盟事业做出了贡献”时。后来病情加重，终至几乎完全没有反应。此中，从全国看，毛泽东逝世，“四人帮”倒台，邓小平复出，中国走向改革开放……从家庭看，妻子平反昭雪，大儿子因为长期尽孝，事迹感人，被评为“全国好儿女精英奖”，评上高级职称，小儿子考上大学、考上研究生，后来也评上了教授……可惜，这一切，他都全然不知了。

1999年12月21日，默然在床27年的顾光中度完了他九十二岁的人生历程，默默地、平静地离开了人世。他是学生物的，历来对生死看得通透，常笑说：“我也只不过是个由蛋白质合成的生物体罢了。从血管情况看，活到六十岁就不错。”从而在“文化大革命”初期就留下遗嘱：一、不举办任何仪式，不惊动亲戚朋友，不收任何奠仪；二、火化成灰，找一棵树埋下——这是逝者对世界能做的最后一件好事。为完成第一件遗嘱，家人谢绝了学校播放哀乐、举行遗体告别仪式等建议，悄然火化后才一一电告亲友其逝世的消息，同时谢绝所有奠仪……他们不愿惊扰淡默一生的亲人。为完成其第二个遗愿，家人在海天园一棵松树下播撒了骨灰。用青石雕成书籍一摞，最上一本大开，上面镌刻着顾光中含笑的遗像和几个凝重的魏书中楷——教育家、生物学家顾光中（1908—

1999）。

就这样，默然的顾光中永远默默地长眠于一棵普普通通的松树之下，静静地对着山间的朗月松风，淡淡的野花不时在小草间开放，奉上一瓣心香……

（说明：本文部分材料，采于自费修史的杜松竹先生《著名生物学家顾光中》一文，特此向已逝的杜先生深深一鞠躬。撰稿：长之。）

《贵州大学教坛先导》编委会编：《教坛先导》，贵州大学出版社，2008年6月，第243-250页。

史料三 国立北京大学民国二十一年毕业同学纪念册

目　　錄

（77）

王鳳振
別號
籍貫 河北獲鹿
通信處 石家莊大河鎮轉孟同村

蔡禕
別號 少奇
籍貫 河南潢川
通信處 潢川雙柳樹交

顧光中
別號
籍貫 貴州貴陽
通信處 貴陽桃源路八十五號

七、肖孝成

肖孝成，1918 年 12 月出生于四川省绵竹县。早年在四川绵竹读书，1949 年 11 月参加革命工作，历任新黔日报社发行科长、中国人民政治协商会议贵州省委员会办公厅秘书处秘书。1949 年参加中国民主同盟。1985 年 5 月退休。于 2002 年 1 月 7 日 20 时不幸逝世，享年 84 岁。

1949 年 11 月，肖孝成到贵州日报社的前身——新黔日报社任发行科科长，为《新黔日报》的建设和发展做了大量的工作。省政协成立后，投身于省政协的具体工作。20 世纪 50 年代，他与有关同志认真探讨省政协办公厅文书处理工作的办法，并在实践中逐步形成了一套行之有效的文书处理制度。20 世纪 60 年代初，他积极参与省政协办公厅文书档案的整理工作，和有关同志一道对文书进行归档立卷，建立了文书档案管理制度，为以后省政协文书档案的规范化管理打下了良好的基础。

史料一 肖孝成回忆录

组织报贩报童卖报

肖孝成（发行部）

报纸初创时设立发行营业部，地址在贵阳市中华中路人民剧场对面的一个单间门面，并任命杜方同志为发行营业部部长，下面有20余人，这些人于11月26日、27日先后到发行营业部报到，有的搞发行业务，有的搞广告业务，有的搞行政事务。

当时尚无预订户，只有在门市和市区街道进行零售发行。为此发行工作人员于11月28日前找原来在贵阳市从事报纸销售的报贩头张大华联系，并向他宣传了发行、销售《新黔日报》的重大政治意义，希望他及时联系一些报贩和报童于11月28日早上到发行营业部领取报纸在街头叫卖。11月28日早上7点钟左右，就有四五十个报童、报贩到发行营业部领取报纸；发行营业部自己的10来个送报员也领报纸上街销售。于是，贵阳市的街头巷尾随处可听到“卖报、卖报，请看共产党办的《新黔日报》”的卖报声。

第一期《新黔日报》印了2000份，经过一天的零销，共卖出了1700多份，剩下200多份。

史料二 《在前进中不断发展的贵州人民政协》

在前进中不断发展的贵州人民政协

杜汉谋　肖孝成

今年是我们伟大的中华人民共和国成立四十周年，也是中国人民政治协商会议成立四十周年。

中国人民政治协商会议是中国共产党领导的统一战线组织，是伟大的马克思主义者、伟大的无产阶级革命家、战略家、理论家毛泽东同志和他的亲密战友周恩来同志亲手创建的。1949年9月，中国人民政治协商会议第一届全体会议代行全国人民代表大会的职权，代表全国人民的意志，制定了具有国家根本大法性质的《中国人民政治协商会议共同纲领》，宣告了中华人民共和国的成立，发挥了重要的历史作用。1954年，第一届全国人民代表大会召开后，它不再代行全国人民代表大会的职权，而作为统一战线组织的人民政协，在毛泽东同志和其他老一辈无产阶级革命家的亲切关怀下，仍在国家政治经济生活中发挥着十分重要的作用。毛泽东、周恩来、邓小平、邓颖超、李先念同志先后担任全国政协主席，亲自领导人民政协的工作，使人民政协在贯彻党的统一战线方针、政策，不断巩固和扩大爱国统一战线，建立共产党领导的与各民主党派、无党派爱国人士的良好合作共事关系，巩固和发展全国人民的大团结，战胜国内外敌人的破坏和捣乱，促进实现统一祖国，促进社会主义革命和社会主义四化建设。

本文作者杜汉谋。现任贵州省政协常委、副秘书长、中共贵州省政协机关党组书记；肖孝成，原系贵州省政协办公厅秘书处调究员。

（资料来源：贵州省政协文史资料委员汇编：《风雨同舟四十年政协委员生活纪实》，1989年9月版。）

八、缪象初

缪象初，贵州毕节人，1900年生。1916年在云南省昆明市、四川省泸县等地电报局任报务员。

1925年入黄埔军校，同时加入中国共产党。南昌起义时任贺龙第二十军中校参谋。

1928年任中共浙江省委、军委委员时脱党。

1930年后任国民党军团副、政训处长，鄂北游击队纵队司令，新编28师副师长。

1930年至浙江担任军委委员，管物资。

1931年回贵阳，任28军参谋。

1935年至1940年，由肖龙甫介绍入别动队。

1940年任黄平江防司令。

1941年后弃军从商、办农场。

1944年任毕节县毕阳镇镇长。

1949年参加民盟。中华人民共和国成立后任民盟贵州省筹备委员会委员兼组织部副部长、贵阳市人民政府副秘书长、贵阳市政协副秘书长等职。贵阳市政协第、三、四届委员会常务委员。

1968年7月22日离家后失踪，其家人疑其自杀。

史料一 邓见宽：《对市政协初期几任委员的回忆》

对市政协初期几任委员的回忆

对缪象初副秘书长的印象是，蓄着短须，炯炯有神的眼睛，显出十分干练的神情，口音属于黔西北方言。他嗜酒，经常脸颊泛红，给人以似醉还醒的形象。缪先生处事果断，平日言谈或会上发言，坚定有力。

这与缪先生在中华人民共和国成立前与共产党合作共事有关。他在市政协期间，对国家大政方针，是理解和支持的。1956年前后，城市私营工商业和手工业社会主义改造掀起高潮，所有制彻底改造，市政协召开过多次会议。协商会上，每次缪老先生发言都有理、有力、服众。他与工作人员之间关系融洽，不摆架子，我们也乐意与他接近，遇事先听取他的意见。他是一位不可多得的长者、诤友。

（资料来源：贵阳市政协文史委员会编：《贵阳文史资料选粹》（下），贵州人民出版社，2006年12月，第1256页。）

史料二 南昌起义中的贵州人

缪象初（1894—1967），毕节县人，民主同盟盟员。1925年入黄埔军校，曾参加中国共产党，南昌起义时任二十军中校参谋。起义失败后脱党。中华人民共和国成立后曾任民盟贵州省筹备委员会委员兼组织部副部长、贵阳市人民政府和贵阳市政协副秘书长。“文革”中被迫害致死。

（资料来源：朱崇演：《黔事述评》，汕头大学出版社，2004年9月，第97页。）

史料三 周素园致缪象初函

致缪象初函

丙戌年（1946）

象初仁兄左右：老病蛰居，久未晤谈，想公私顺适也。迩来治安颇有问题。弟固不知它处事，惟所居附近唐家水沟、大山脚等处，连夜闻枪声，甚清晰。询之俱有帮匪持械抢劫居民。迨军警奉命出击，匪已饱掠而去，其势常不相及。似此演变下去，匪胆益巨，匪风益炽，殆必然之事。弟深思其故，皆由保甲过于空虚，虽责令了望巡逻，几同虚设。

欲建议专署、县府，将库内废旧枪支，暂为借发保甲。遇有匪警，一面抵抗，一面通报军警增援，薄予惩创，匪自不敢自由行动。冬防竣事，责令按册交还。一转移间，予地方殊有裨益。至调查来踪去迹，或拦截或捣巢，当局谅有硕画，无待山人饶舌。台端如以为然，乞转达专员、县长核夺。顺颂时绥。

（资料来源：周素园著：《周素园文集》，贵州人民出版社，1994年7月，第907页。）

史料四　缪象初后人于2004年9月28日手写的缪象初生平简介

缪象初的生平

2004.9.28

（一）

（一）缪象初1900年生。出身地主，本人成份，旧军官。1925年入党。1928年脱党。脱党后，历任国民党，连长、营长、宣传队长，训练处长。游击队、纵队司令。侍卫长、政治部主任等职。1940年在一区贵州毕节从事地下组织工作。1948年参加中国民主同盟。

解放后：曾任贵阳市政府参事，市政协秘书长、民盟贵州省委委员、组织部付部长。文化革命，市造反派曾多次要求他交代历史问题。1968年7月在南明河[illegible]自杀死亡。结论：依内部矛盾处理，每月补助生活费15元。

（二）

（一）贵阳市党史办，尹[illegible]反映：

大革命失败之后，缪象初曾找过周恩来。周指示，打进国民党，扩大部队，用这一部队，反李宗仁，被拒绝。

（二）根据刘方岳反映（1979.2.14）：缪象初在大革命失败后，曾[illegible]秋家。从上海回云南，在云南与吴凤鸣结婚。不久回贵阳，回贵阳后[illegible]说过自己的历史，据他回忆：1929年组织曾动员他与江西[illegible]，[illegible]不成熟，没有去。从此即与党组织失去联系。在上海时，曾见过周恩来，周曾指示他打进国民党内部，打游击、扩大队伍。

不久他去云南找到过贵州工匪王[illegible]。王有同情，决定组织游击队，未成功。以后到清水江，任边防司令。这一时期，曾去找过李侠公，到鄂西扩大队伍。组织过游击队，但这一批部队受李宗仁管辖，被拒绝。到1948年他返回贵阳。

（四）李侠公（1965.3.7日）

李侠公称，1926缪在黄埔三期，是三期学员，由李侠公、周逸群介绍入党。当时在黄埔国民党中有很多派别。孙文主义学会派与青年军人联合会两派组织，缪为会员。在大佛寺开会，两派争夺会场，争夺主席权。右派领头要砸联合会，但没会场。缪被选为大会纪律委员，保卫人员。缪拔出手枪[illegible]以开除右派（孙派）。主导周恩来，缪象初曾受到周恩来表扬。缪不久任政治部、业务科长。

（五）1973.11月，李侠公，刘方岳反映：

缪象初，1925在广东黄埔经周逸群、李侠公介绍入党，1930年在浙江担任第三委员[illegible]。李立三当权时，派他去浙江打游击，缪拒绝去，被开除出党。1931回贵州，任25军参谋。1935—1940，由方[illegible]介绍入别部队。1940年任黄平江防司令。1947在毕节开会，1949由杨伯瑜介绍入民主同盟。任贵州省委民盟组织部付部长。

(八) 1974.1.23 吴鸣凤谈。

△ 缪自称：在黄埔军校加入共产党。入党后，在武汉参加革委工作。直接领导人是周恩来、邓演达。不久即由周总理命令去南昌，参加南昌起义。属贺龙部队。起义失败后，军队分散。当时一批去香港，一批去海陆丰，缪去香港，受一学生掩护。两月后去上海，在上海与周总理见面，住程[illegible]秋家。周总理指示他打入国民党部队，亲自找关系，暗中扩大队伍。李立三派他去浙江，搞暴动，缪拒绝，即被开除出党。即与[illegible]。不久即返贵阳。在[illegible]部队工作。1940入四川经[illegible]介绍加入復兴社。缪与吴凤鸣1937年结婚，与缪前妻李咏秋不和睦，缪即与李离婚。生女缪碧金，另生三子，在[illegible]就业，缪化游去作引会，引令是孙科代表。

△1968.7月22，贵阳市政协学习班，通知缪家初去学习。缪7月22日离开家，离开家时，留下一只手表，即未回家。据保姆反映，她曾在吴水池见到过缪，缪往南走，提大南门走。25日在油榨街派出所，听到消息，经查询，派出所在[illegible]桥下发现一男尸，[illegible]附近，请工人打捞埋葬，左额前有伤痕。当时只有[illegible]尼、[illegible]，协助查询[illegible]，因无见过缪尸，估计22日跳水死。

注：当时，市政协造反派、贴出大字报，追查缪与[illegible]关系，也查缪与[illegible]关系。缪自杀[illegible]与造反派大字报有关。

九、刘延良

史料一 刘延良简介

刘延良（1919—1992），贵州贵阳人，1942年毕业于四川大学理学院数学系。中国民主同盟盟员。曾任民盟中央委员、贵州省副主委、贵州省政协副秘书长。

1942年至1949年，任贵阳师范学校、贵阳青年小学、贵阳高级工业职业学校数学教员。1950年至1961年，任贵阳第一中学、贵州省中学教师进修学校副校长。1962年后，任民盟贵州省副主委兼秘书长，贵州省社会主义学院副院长，贵州省教育学会副会长，贵州省数学学会理事、常务理事。曾被评为贵州省优秀教师，贵州省文教卫生体育方面的先进工作者。第六届全国政协委员。

编著有《立体几何数学模型台的制作与使用》，参与收集整理的《古天文资料》获1987年全国科学大会集体奖。

（资料来源：俞兴茂、吕长赋：《中国人民政治协商会议第七届全国委员会委员名录》，中国文史出版社，1990年4月版，第65页。）

（编者按：去世年份为编者补充。）

史料二 《深切悼念刘延良同志》

深切悼念刘延良同志

延良同志，经过长期医治无效，终于与世长辞，和我们永别了。最近一个时期，我的思想感情，老是不能平静。延良同志一生勤勤恳恳，认真工作和他那刚正不阿，直言敢谏的精神风貌，时常萦绕在我心中。

我为贵州民盟组织失去了一位老的领导人，为我失去了一位良师益友而极为悲痛。

我记得延良同志是去年即1991年5月便开始发病住院治疗的，刚开始住贵州省人民医院，后期转到贵阳医学院，先先后后我去看望他，共有六次以上。当我从贵医梁大夫那里了解到他患的是晚期肺癌以后，清楚地意识到，要医好他的病，难度是很大的。但是，只要抽得出时间，我总想去看望他，希望从他那里得到好转的信息，至少希望从医生口头听到病情稳定的消息。我回忆起他开始得病住院，延良同志是十分乐观的，他一直顽强地与病魔搏斗，一直到去世前十多天再见到我时，才频频摇头，流露出悲观失望的情绪。每想起这些病榻前的情况，使我特别感到哀伤和悲痛，使我心情特别沉重。

我是1950年8月奉民盟上级指示来到贵州从事盟务工作的。延良同志参加民盟组织较早，我认识他也很早。我从民盟一中支部，从省教育厅许多教育界的老同志交谈中，很早便获悉延良同志是贵州省教育界的一位老同志，精通数理，业务能力很强，工作认真负责，处事公私分明，秉性刚强耿直。在拥护党的领导、走社会主义等大是大非问题上，旗帜鲜明，从不唯唯诺诺，模棱两可。但在一些思想认识，学术问题上，又敢想敢说，敢于提出自己不同的看法。对于政府工作中的差错，对于党内和民盟内部某些歪风邪气，是非分明、深恶痛绝。延良同志是60年初期从教育战线调到民盟贵州省委会任专职干部并担任领导工作的，我与延良同志先后共事有三十年。从他的身上学到了许多有益的东西，感到他是良师，又是益友：在合作共事、共同做好民盟的工作，做好统一战线工作方面达到了互相学习，互相砥砺，肝胆相照的境界。他确实不愧是一位好干部，好教师，好同志。

去年为了纪念民主同盟成立50周年，我写了一篇《艰难的起步》，叙述贵州民盟在建国以前的组织情况。延良同志写了一篇《贵州民盟在

"临工委"时期的活动》。周锦同志写了一篇《继往开来开创新的时期贵州民盟工作的新局面》。还有，德懋同志写了一篇《写在前面》。我最近为了替民盟遵义市委出版成立纪念专刊题词，又重新阅读了上面这四篇文章，感到要将这四篇文章串联起来阅读，才能够比较全面了解贵州民盟从创建到发展、壮大的历史。又深深感到：民盟贵州组织的发展和壮大，每一个时期都留下了刘延良同志的脚印，都凝聚着他的辛勤劳动和心血。"文革"以后的恢复时期，更是如此。

我比延良同志大一岁，今年七十四岁了，已进入了真正的暮年。留给我为党、为民盟工作的时间不多了，在贵州民盟省委会的领导机构和工作机构中，我已退居第二线，但作为民盟组织的一员老兵，我仍然热爱民盟、关心民盟，我决心以民盟中央领导人楚老、费老、钱老等人为学习榜样，发挥退而不休、老当益壮的精神，和贵州全体盟员同志一道，在中共贵州省委、省委统战部的领导和支持下，在民盟中央的领导下，尽力而行、量力而为。作为民盟贵州省委会的一名顾问、参谋和助手添砖添瓦，献计献策，发挥余热，以实际工作成绩迎接党的第十四次全国代表大会和民盟第七次全国代表大会的召开；以实际工作成绩，尽量弥补由于延良同志的逝世所带来的损失，并以此来寄托我对延良同志的悼念与哀思。

（资料来源：唐弘仁：《往事遗痕》，第80-82页。）

史料三 《缅念刘延良同志》

缅念刘延良同志

詹健伦

坚执教鞭兼建盟，奔驰四方运丹心。

广培后进育新秀，屡莅遵城传福音。

刚正不阿口碑在，无私奉献足迹明。

病沉锋念当前务，砥砺同人缅慰君。

（资料来源：遵义市第四中学、中国民主同盟遵义市委员会、遵义市历史文化研究会编；任炳胜、黄先明、田兴咏主编：《百年詹健伦·纪念詹健伦先生诞辰一百周年》（1908－2008），2009年11月，第237页。）

史料四 1991年10月：《时刻想到自己是一个民盟盟员》

时刻想到自己是一个民盟盟员

刘延良

1991年，是中国民主同盟成立五十周年，也是民盟在贵州正式建立组织四十周年，在筹备庆祝活动的日子里，民盟中央和民盟贵州省委会都分别动员盟员同志撰写纪念文章。我看过部分贵州盟员写的自己为什么要入盟，以及入盟后接受组织什么样教育的文章，触动我自己的心弦，回思往事，乃执笔记述我入盟前后的一些想法和做法，用以进一步鞭策自己。

即1938年9月到1945年12月，我都在四川上大学和教中学，四川是民盟活动的大本营，但我除1938年9月到1939年9月这一年在成都外，其他时间都在僻处峨眉山麓，资阳县伍隍乡以及崇庆县城，所以对民盟只知它是一个进步组织，而不了解它的活动详情，更无缘接触民盟组织和盟员。1946 年 1 月我回贵州任教以后，一直到中华人民共和国成立，对民盟更无从了解，这一组织在我脑子里已无印象了。

1951 年 5 月，接到民盟贵州省支部临时工作委员会的请柬，邀我以来宾身份参加它的成立大会，我去了，在大会上听了当时贵州党、政、军方面领导的讲话，以及临工会领导人对盟史、盟的组织章程的介绍，使我对民盟增多了了解，但同时，经过参加大会，一整天和部分贵州民盟同志的接触，又使我觉得贵州民盟当时的组织路线好像并非以文教界为主，而且其成员中还有那么一小部分我认为在政治上未必进步、在作风上未必正派的人物（因我是老贵阳人，故对这些贵州人士的事迹过去是有所耳闻的），以故，在此后不久中共贵州省委统战部、省文教厅和临工会联合邀请的一次座谈会上，动员与会人士入盟，当时，我虽发言表示考虑，但会后却迟虑不决，因为，那时我已受到中国共产党一年半的教育，开始懂得政治生命之重要，而我把参加民盟这一政治组织同自己今后的政治生命联系了起来。

不久，省文教厅中共党组一位成员，借和我一同参加一个教育工作会议之机，又动员我入盟，我把我的想法向他如实摊开，声称不大想和某些政治上不进步、作风上不正派的人士搅在一起。这位党员同志既开导了我，又批评了我。记得他问我："你看共产党怎么样？"我说："一年多的亲身感受，共产党无愧是伟大、正确。"他说："共产党内也出现过叛徒、腐化堕落分子，你又怎么看党？"我迟疑一会儿之后说："应该把这少数坏分子同党区别开来。"他笑了，反问我："既然你能如此看共产党，为什么不如此看民盟？纵令贵州盟内确有你说的那么几个人，就能代表民盟整体？就抹杀了民盟的进步性？"转而批评我："进步不进步，正派不正派，主要看你自己如何努力，自己站得正，你又不是小孩子，别人轻易能影响你么？"我无话可说了。至此，再经我的入盟介绍人一提，我便正式申请了。1951 年 11 月，我被正式批准入盟，至今已有将近四十年的盟龄了，正因我入盟前在思想上有过那段波折，并把参加民盟看作决定了我今后的政治生命，因而入盟以后，驱使我时时刻刻想到自己是一个民盟盟员，不能做任何有损于民盟组织形象的事，生怕社会上人士以我个人言行的不端，而将我和民盟组织联系在一起责备。现在想起来，尽管我时刻想到自己是一个盟员的出发点未必完全正确，但的确是不折不扣，也不自我吹嘘的真实思想。

四十年来，对上述想法我是基本上付诸实践的。民盟对我的教育，我感受较深的有三点：一是教育我坚决接受中国共产党的领导，一个时期还强调要接受党、政（人民政府）的统一领导，以后又归纳为“听、跟、走”三个字——听毛主席的话，跟共产党走，走社会主义道路；二是教育我立足本职工作，为新中国的建设事业努力服务，在工作中起模范带头作用；三是教育我努力做一个正直的人，说老实话，办老实事。我便把身体力行这三点，作为我时刻想到自己是一个盟员的行动表现，也正是从民盟组织对其成员的这些一贯教育、一贯要求中，我爱民盟组织与日俱增，不因在“左”的影响下，社会上对民盟组织的流言蜚语而变更。而且，每当盟组织需要我为组织做点工作的时候，虽然也有过徘徊、犹豫，最后还是决心承担起来。至于完成得好或不好，那是我个人的能力所限，论到“尽心”，我可没有不尽心的。

回忆 1962 年，民盟贵州省委会要协商调我到民盟机关来，担任专职副主委兼秘书长。当时，民盟正戴着一顶“资产阶级政党”的帽子，预计调来以后，日子并不是那么好过，我的专业是教数学，搞党派专职工作完全是门外汉，调来搞专职工作未必搞得好。但对这两者我都不曾多徘徊，久久徘徊的是舍不得放弃我原来的专业，我在高中时代就喜爱数学，考上大学又分入数学系，可以说攻读数学已“七载寒窗”；大学毕业后一直教数学，以后虽在学校中调任行政工作，但一直不断地争取兼任半个数学教师的任务，前后持续整整二十年，调到民盟机关来，两者都必将抛于一旦，是有些不甘心。但徘徊之后，思及当时民盟组织调个干部之困难，想到自己是一个盟员，盟组织有困难的时候要我去工作，能不管么？所以，拖了一下还是接受下来了。

“文革”当中，盟省委主委双清同志遭迫害逝世，当时的省革命委员会算是同意就在双老家简单举行悼念活动，把同我一起羁在学习班学习的人士二三十人通知去参加。临场塞两张纸给我，要我照着念，作为对双老致悼词，且不说以双老是全国政协委员、省政协副主席、民盟贵州省委会主委那样的身份、地位，我根本不够格为之致悼词，而且处于那种政治形势下，出头来为一个“准牛鬼蛇神”致悼词，这笔账还不知几时会被翻出来清算。所以，我先推辞了一下，看到推不脱了，联想到自己是一个盟员，悼念老主委的活动在当时可算来之不易，要我出头一下，又岂能因害怕而撒手？讲便讲吧！后来，1990 年在盟内纪念双老诞辰一百周年的座谈会上，中共省委统战部一位领导同志在讲话中说：“这个纪念活动，我们对双老是有补过感。”我听了还想：我可没有这种补过感，因为我虽不够格，但还是给他老人家致过悼词，而且他老人家心脏一停止跳动，我得到消息就赶去和遗体告别，翌日又去看望双老入殓，尽了心了，只是他家半夜出柩，我天刚明才赶去，未及送别，有点遗憾吧！

1978 年，民盟贵州省委会机关刚刚罹过十年动乱恢复工作，民主党派工作今后该如何办？还是一个未知数之时，省里筹建教育学院，经协商要调我去该院工作，我一时萌发了回头再搞数学专业之念，答应了，有关方面通过唐弘仁同志转告我：“先办调动工作手续，先转工作关系，后转工资关系。”（因教育学院正草创，尚未在银行立账户）我答应了。手续还未办完，省委统战部又通知我：“调动工作是确定了，但希望你把参加民盟全国第四次代表大会的准备工作做完再走。”我也答应了，殊不知全盟“四大”到 1979 年 10 月才召开，等我列席代表大会回来，事情却发生了变化，说是我省统战工作的需要，不调我去教育学院了。当时，省政协副主席、省教育厅厅长孙汉章同志直悔，悔说："早知如是，当初就该把你的工作关系转到教育学院来，再借调你回民盟去，现在就不会发生问题了。"可我不悔。因为这一年中我正积极与各方面联系，为过去错划为"右派分子"的盟员以及其他蒙冤的盟员设法平反改正，以增进民盟组织对成员的凝聚力，迅速恢复省盟的工作，现还远远没有结束。作为一个盟员，一个盟的专职干部，丢掉自己重返教育工作岗位的机会，而为盟员和组织办这样的实事和好事也无可悔。

1986 年，我已 67 周岁。经几次体格检查，均证实我已患有七八种疾病，身体一天天地不行了，难以继续承担开创省政协工作和省民盟工作新局面的担子了，遂正式写出退休申请书，报送中共贵州省委统战部和民盟中央组织部。统战部不表态，民盟中央则要我"暂不考虑退休，等 1988 年换届时再说"。要我集中精力带出个接班人来。我照办了。殊不知 1988 年初省盟领导班子换届改选之前，经省委统战部与民盟中央多次协商，拟提名原任主委唐弘仁同志为名誉主委，王德懋同志为主委候选人，要我仍列名主委候选人之一。我曾想坚持向盟中央反映，请兑现 1986 年答应我的话，后来考虑到弘仁同志在省盟领导工作上要退居二线，德懋同志以其对盟务工作非常陌生，怕挑不起担子而多次推辞，准备安排为盟省委专职副主委兼秘书长候选人的周锦同志，入盟时间不长，调到省盟机关工作更不久，估计新班子选出后，可能会在工作上出现某些困难。因此，我又打消了申请退休之意，接受了组织上的安排，且不顾自己的健康状况如何，争取再勉为其难。

最后再说两句老实话，尽管我时刻想到自己是一个盟员，每当盟组织需要我工作的时候，我都尽了心，也尽了力，但在工作中却往往力不从心，所以虽尽心尽力，而确实没有为贵州的盟务工作开创多少新局面。倒是随着民盟作为中国共产党领导的一个参政党地位的确定，要求民盟参加国家事务管理、参与党和国家大政方针协商的任务越来越繁重、艰巨，我却是越来越胆寒了，因为自知我的确不是一个搞政治活动工作的材料，性格也像昆曲《十五贯》中的人物“过于执”那样，有些固执，而且颇有“江山易改，本性难移”之势，从事盟务专职工作者，且不说都要人人是政治活动家，但至少要有这种“家”的参与，民盟作为一个政党，始能较好地完成它所担负的历史使命。我愿民盟各级组织注意物色和培养一批政治活动家。这是在纪念本盟成立五十周年之际，我从切身体会出发，向盟组织献上一句由衷之言。现在，我已被中共贵州省委调出省盟机关，不再专职从事盟务了，但我已下了决心：一息尚存，还要为盟的工作尽心尽力到底，这也是我向盟组织献上的另一句由衷之言。

十、陈仲庵

史料一 陈曦：《抗战时期的陈仲庵》

抗战时期的陈仲庵

父亲陈仲庵是一位“教书匠”，从1925年在遵义新城东岳庙小学任教开始，至1952年任遵义师范学校副校长，度过了将近30年的教学生涯。父亲自幼天资颖慧而好学，1919年就读遵义旧制中学堂，毕业后，1923年至1924年拜读于前清举人余鉴堂先生门下，故父亲的古汉语基础扎实。他又在1930年春到北平，考读于私立北平平民大学新闻系，因而新文学的功底也较好，加之他记忆力很强，对中国历史及典故相当熟悉，运用自如。凡过去曾听过他讲语文和历史课的人至今无不仰慕。

1936年，经中共遵义地下党员谢树中介绍，父亲加入了中国共产党。在党的教育下，他更明确了办学的方向——国难当头应以抗日救国为中心、以树人为目的，从小就给儿童灌输抗日救国的意识。他自编了一些儿歌教孩子们念，如“花枕头，朵朵花，中间睡了个胖娃娃，娃娃乖乖睡，明天起来学排队，排队走南京，去打日本兵”。又如：“马儿笃笃笃，骑着出夔府，一直骑上平汉路，把东洋鬼子打破肚。”

1939 年，在三岔小学任校长时，他写了一副对联，用木板刻好，悬挂在礼堂内作为全校的教育方向：“听今朝永定河边鼙鼓金铮寒敌胆，看此后银顶山下儿童竹马属英雄。”他赞颂解放区人民在中国共产党领导下，在永定河一带英勇杀敌，使日寇心惊胆寒，鼓励在三岔银顶山的孩子们要勤学苦练，日后成为抗日救国的战斗英雄。

1943 年在尚嵇小学任校长时，他又写了另一副对联“神宇满腥膻，莫对新亭悲故国；江山仍破碎，谁从芦水继漳南”，挂在学校里。他从当时祖国神州大地被日寇侵占，到处烧杀掳掠，遍地血腥的严峻事实出发，教育大家当国家处于存亡之际，不要像东晋时有的朝臣那样相约在新亭（今南京之南）抱头痛哭。哭有何用！他希望能有人来这里（芦水是尚嵇的一条河）继承漳南书院的求实学风，多学抗日救国之道，以唤起民众，多做抗日救国之事，以挽救危亡。

在学校组织师生大唱抗日救亡歌曲，如《义勇军进行曲》《大刀进行曲》《打回老家去》《流亡三部曲》《游击队之歌》《我们在太行山上》《红缨枪》等歌曲。而且组织合唱队趁赶集天或暑假中上街或到四乡进行宣传，演活报剧，讲抗日救国英雄的故事，如大战上海的八百壮士，台儿庄战役的小英雄等，使人人都来关心和支持抗日救亡活动，连一、二年级的小同学都知道杀人魔王东条英机（当时的日本首相）。这样既锻炼了师生，又宣传了群众，使教学紧紧地结合了抗日救亡的大事，学校出现了生动活泼的局面，深得父老乡亲的欢迎。

他对国民党政府“消极抗日，积极反共”的行为不满，常常吟诵南宋的一首诗“龙蛇逢战斗，事业慨兴亡，父老思宗泽，朝庭负李纲”，以古喻今，发泄心中的愤懑。

父亲教书育人，身体力行，教育培养了不少学生。有的在他开导和教育下毅然背叛剥削家庭奔赴延安，较早地走上革命的道路，如徐佩兰、梅松和夏淑芳等；有的为人正直，工作兢兢业业，接受新事物较快，成为各行各业的骨干，甚至有的是光荣的革命烈士。他的二儿子陈韬也是烈士。

1937年抗日战争爆发后，乔光鉴来到湄潭中学任校长。他是贵州镇远人，曾参加“一二·九”运动，是“北大学生南下示威团”成员。他到湄中后，聘请了一些中共党员和进步人士，如顾诗灵、王启树、王启凤、游光灿、袁林等担任教师。学校成立了“中华民族解放先锋队”和“中国新文字研究会湄潭分会”，乔光鉴任命学生周成极为“民先”大队长。1938年学校以“民先”队员为核心，成立了由40名男女学生组成的“暑期抗日宣传队”，以周成极、王素娟为正副团长，具体领导人则是校长乔光鉴和教师顾诗灵。宣传队订了两条公约：一、拥护国共合作，以抗日民族统一战线为中心开展宣传活动，不畏强暴，不怕迫害，不获全胜决不收兵；二、全体队员都按军事编制，穿草鞋步行，不乘车，不宿民房，不拿群众一针一线，不损害群众一草一木。大家立誓：“都要像飞鹰一样展翅飞翔。”故这支宣传队被命名为“飞鹰步行团”，又被大家称为“赤足宣传队”。

（资料来源：中国人民政治协商会议贵州省遵义市委员会编、谢明远主编：《遵义抗战纪事 纪念中国人民抗日战争暨世界反法西斯战争胜利六十周年》，遵义市政协宣教文卫委员会，2005.12，第242-244页。）

史料二 《陈仲庵：志在为国育良才》

陈仲庵：志在为国育良才

四十年代，我童年时候，知道舅父李元化与陈仲庵伯伯几度同校教书，但不知道他们都是中共地下党员；五十年代前半，我在遵师读书，也只觉得时为副校长的陈仲庵是要求学生甚严的蔼然长者，是民盟的成员，其他则知之不多。有更多的了解，是近些年听摆谈、看资料的结果。

1937年，他在遵义县立女子大悲阁小学（现朝阳小学）任教，因散发油印传单，反对国民党政府以集中会考之名来禁锢学生的进步思想，县长下令将他逐出教育界，其罪名是“不堪为人师表”。“逐”是逐不出去的，从1925年至1966年这工作的40年间，有30年奉献在教育岗位上，30年的教育实践证明，不是“不堪”，而是“很堪”为人师表。

教书，作为一种职业，自然是谋生的手段，他不仅仅是为了谋生；敬业，这是社会对于各行各业的人们的起码要求，他也不仅仅是一般的敬业。教育，在他心目中，是事关社会、国家、民族与人类的神圣事业。“国家要兴旺发达，文化要延续，人类要进步，就得靠教育。”秉承父业的陈曦在其怀念父亲的文章中记下的这句话，表明了陈仲庵献身教育的思想基础。

教书是为了育人，他始终把育人——培育对社会、对国家有用的人作为自己教育工作的目标。1936年以前，他就对陶行知先生的“生活教育”发生了兴趣，在他所主持的学校里，设置劳动课，主张学生勤工俭学，边学习边劳动，注意培养学生的动手能力和生活能力，要求学生学以致用，反对死读书，反对加重学生的课业负担。

1936年参加中共地下党组织以后，奋斗的目标更加明确，更加自觉地培育爱国者、革命者。在那困难当头的年代，教育学生积极投身救亡图存的活动与斗争，更是义不容辞。两副对联是他当时教育工作情况的极好写照。

受到舆论压力，1939 年春，当时的县政府不得不撤回对陈仲庵的驱逐令，但仍不准他在城区任教，委任他到三岔小学任校长。到任后，他将刻在两块木板上的一副对联挂在办公室里：听今朝无定河边鞶鼓金铮寒敌胆，看此后银顶山下儿童竹马属英雄。在“无定河边”，在北方，抗日游击战争正如火如荼，“银顶山下”，这三岔小学的所在地，而今的“儿童竹马”必是他日继续救国、兴国的志士。国家兴亡，匹夫有责，教育工作者的责任，就是保证江山代有人才出。

1943 年夏，面对国民党当局的消极抗日，面对日寇的疯狂侵犯，时为尚稽小学校长的陈仲庵，又将一则油漆过的木板对联，挂在礼堂讲台的两边：神宇满腥膻，莫对新亭悲故国。江山仍破碎，谁从芦水继漳南。

“新亭”遗址在南京市南面，东晋时系朝士游晏之所，时有朝士相约，在新亭抱头痛哭，以遣挽国之思。“芦水”是流经尚稽的河流。“漳南”指“漳南书院”，原址在今河北肥乡县，康熙三十五年（1696），清初思想家、教育家颜元主持该院，设文事、武备、经史、艺能等斋，倡导注重实学，改变过去书院修心养性和专习八股文之学风。几个典故的运用，充分表现出了忧时忧国、力主抗战的思想感情：日寇烧杀掳掠，使得中华大地遍地血腥，哭泣没有用，空谈也没有用，尚稽小学要继承漳南书院的求实学风，培养出具有真正救国本领的人才来。他组织师生大唱抗日救亡歌曲，走上街头进行抗日救国宣传，既锻炼了师生，也动员了群众。

他不单以教书来育人，还多方帮助一些进步青年克服各种具体困难走上革命道路。如徐沛澜、梅松、夏淑芳等在抗日时期由遵义奔赴延安，与他的开导、教育、帮助是分不开的。徐沛澜就在《忆引路人陈仲庵先生》一文中称他是“我投身革命的引路人”。

解放后，任遵义师范副校长，在新的历史条件下，他与其他领导一起，更加注意学生的全面发展。从包括对音、体、美在内的各门学科学习的严格要求，到参加各种社会活动接受思想上的锻炼，其好处是我们工作多年之后才品味到的；而当时突出的感觉，则是陈校长教育方法之“妙”。1952年一个明朗的秋日，我们初三班的几个男生在规定的午睡时间到学校的小林园（现碧云宾馆处）去打梧桐子，我们友好地称之为“姜司令”的司号员姜丙荣把树上的同学劝了下来，说：“陈校长叫你们到办公室去。”去办公室的途中得知，陈校长发现了我们，怕树上的同学被吓跌下来，特地叫我们毫不害怕的“姜司令”来传呼。听到这，我们完全放弃了辩解的打算，老老实实地认了错。这事，成了我求学时代最后的一次违反校纪的行为。我们深深体会到，“人”的成长与培育在陈校长心目中居于何等的地位。

他出任过遵义市教育局长、副市长、市政协副主席、民盟遵义市委主委，而在学生们的心目中，他永远是一位“为人师表”的好老师。

（资料来源：曾祥铣：《黔北薪火》（上），汕头大学出版社，2006年8月，第37-39页。）

史料三 李元化：《陈仲庵同志事略》

陈仲庵同志事略

陈仲庵原名陈恩泽，1907年11月生于遵义县鸭溪镇，父亲经营商业（棉纱）获利置有薄田数亩。七岁发蒙读书，就读于鸭溪模范小学，自幼天资聪慧，1919年考入遵义旧制中学堂（老三中前身），毕业后，1923年至1924年间，曾拜读于前清举入余鉴堂（尚稐人）先生门下。因此他旧学底子较厚。1925年，在四年制的中学毕业后又读了两年私塾，就引起了社会上对他的重视。遵义新城东岳庙小学（即今市政府地址）就来聘他当教员。次年，龙坪小学也聘他当教员，他在龙小一连教了四年，并和傅容仙结了婚，这就是他解放前多年，家庭迁往龙坪的原因。

为了谋求更多的知识，1930年春去北平，考入私立北平平民大学新闻系，1932年冬，由于经济困难，没读完学分就返回故乡。经过这三年的外出学习，开阔了眼界，丰富了思想，看到了祖国的危机。这时，他对陶行知先生的“生活教育”也发生了兴趣。从北平返回，他仍回龙坪小学任教。1934年，县里要他担任督学，四处视察学校。两年后，他又辞职，到县立火神庙女子小学任教。这时，他看到国家危亡，积极要求参加革命，1936年，经中共地下党员谢树中介绍，参加了中共遵义地下党组织。陈仲庵从此在党的领导下，有了明确的奋斗目标，思想上起了质的飞跃。

1937年元月，县立大悲阁女子小学（即今市朝阳小学）聘他为教员，而国民党反动政府为了禁锢学生的进步思想，对学校采取集中会考，陈仲庵甚为不满，写了“杀人的会考，吃人的会考，把孩子们脸上的血和肉都吃掉了，一个个显得面黄肌瘦，成了小老头，叫他们怎样去救国呢！”的传单，油印散发，产生了社会影响。校长王××怕丢乌纱，暗地告密，县长刘慕曾下令，将陈仲庵逐出教育界，罪名是“不堪为人师表”。学期结束，女小将他解聘，其他学校当然谁也不敢担风险来聘他。

1939年春，政府受到舆论谴责，为了表示宽容，又将陈仲庵起用，但不准在城区任教，便委他到三岔小学任校长。他对工作兢兢业业，除完成课本教学外，还从《给年少者》《知行诗歌集》中选出有启发性的文章和诗歌教育学生，宣传抗日。他在学校办公室悬挂着两块木板刻写的对联：听今朝无定河边鼙鼓金铮寒敌胆，看此后银顶山下儿童竹马属英雄。他在对联里赞颂陕北人民在中国共产党领导下，在无定河畔英勇杀敌，使日寇心惊胆寒。他鼓励在三岔银顶山下的孩子们要刻苦学习，日后成为抗战英雄。

1940年，他不顾政府对他的限制，受聘到县立杨柳街小学任教。这里有一些旧友和地下同志相聚在一起，他很高兴。但好景不长，由于皖南事变的发生，便遵照党“隐蔽精干”的指示，分散转移农村。1941 年，地下党遭到严重破坏，陈仲庵为了模糊敌人视线，于 1942 年通过关系，出任龙坪乡长作掩护，以防敌特纠缠。两月后，他又通过关系，卸掉乡长，跑到团溪区公所去当教育指导员，大约干了四个月。在此期间，他利用这个身份，以视察学校为名，专程到三岔小学与编者共议时事。经秘密协商，决定转回教育界，以三岔小学为立足点，培养人才，图谋再举。他向区辞去教育指导员职时，还向区的全体成员写了几句赠言：实行新制，徒将旧形换新式，寄语诸兄，此路艰难行不通，我将归去，儿童队里寻归宿。他从此就回到儿童队里来，和编者一起办三岔小学（陈任校长，我任教导主任）。

1943 年下年到 1944 年上年期间，陈仲庵担任尚嵇小学校长，我也应邀前往共事。1943 年夏，他感时忧国，写了一副对联：神宇满腥膻，莫对新亭悲故国；江山仍破碎，谁从芦水继漳南。仍用两块木板刻写，油漆后挂于礼堂讲台上，非常醒目。人们看后，议论纷纷，对日寇的疯狂侵犯，对国民党的丧权辱国，愤慨不已。陈仲庵喜欢吟咏南宋诗人的一首诗：龙蛇逢战斗，古业慨兴亡。父老思宗泽，朝廷负李纲。以南宋王朝在金兵进攻面前委曲求全，利用权奸秦桧、黄潜善、汪伯彦，陷害忠臣李纲、宗泽，割地求和，联系国民党的消极抗日，更是悲愤万分，从而也更加拥护中国共产党的抗日主张，并积极宣传，力主抗战到底。

陈仲庵的一生，是忠于革命忠于教育的一生。他从 1925 年从事教育到 1966 年“文革”爆发的 40 年间，解放前除去任龙坪乡长两个月，解放后除去 1957 年至 1965 年任遵义市副市长、政协遵义市副主席、民盟遵义市主委等职的九年外，其余时间都在教育岗位上，出任过遵义市文教局局长、遵义师范副校长等职。

“文革”中，他受尽了折磨，不幸于 1975 年 12 月 2 日因冠心病发而逝世。这个党的忠诚战士，带着不尽的遗憾，走完了他的人生旅程。

1989 年 11 月 10 日

（资料来源：政协遵义县学习文史委员会编：《遵义县文史资料》第 6 辑，1993 年 12 月，第 10-12 页。）

史料四 徐沛澜：《忆引路人陈仲庵先生》

忆引路人陈仲庵先生

每当我回忆往事，特别是那坎坷的成长过程时，总怀念着从小关心我、培育我成长的我的启蒙老师——陈仲庵先生。他既是我的姨父，又是我投身革命的引路人。当年在那最困难的最需要帮助的时刻，他曾给予我有力的支持，使我终身难忘，尽管半个世纪过去了，仍历历在目。

一

我出身在遵义一个没落的地主家庭，五岁丧母，父亲依靠仅存的祖业生活，游手好闲。祖母是一副十足的封建头脑。在那个时代，妇女是没有地位的。所谓“男尊女卑”“三从四德”等封建礼教，像沉重枷锁，使不少妇女成了封建制度奴役、迫害的牺牲品。我的母亲就是其中的一个。她只度过短短的二十八个春秋，就早早地离开了人世。祖母承袭祖辈的模式，对于我这个孙女一样冷酷无情。在那悲凉辛酸的岁月里，我唯一的姨母、姨父（陈老）和年迈慈祥的外祖母，是我得以继续生存的精神支柱。

二十年代初期，经济比较落后的遵义，也先后办起了女子小学、女子中学，为遵义的妇女受教育创造了条件。我左邻右舍的小姐妹们都高高兴兴地上了学。尽管学校近在咫尺，我却不敢问津，因我祖母反对女孩子上学。按她的话说：“女孩子读书没用”“女孩子成天在外面跑，不成体统”。为此，我不知哭过多少次，流过多少泪，最后只好求助于陈老，是他三番五次地替我说情，祖母才终于勉强应允，使我九岁才第一次跨进学校的大门，获得了读书的机会。

一九三五年一月，红军长征路过遵义，在遵义城召开了我党历史上具有重大意义的“遵义会议”，实现了党的伟大转折。红军走后，党和红军的革命宣传和影响，使遵义地区沸腾了。国民党坐立不安，加紧防范和监视革命群众，大批搜捕革命者，施行白色恐怖。但是，党和红军的伟大形象和播下的革命火种，已在人民心中扎下了根。不少进步青年和革命者将此看作拯救人民、创造美好未来的救星，并急切地盼望这一天的到来。陈老便是其中的积极活动者。

一九三五年冬和一九三六年寒假，因为放假，我得以有机会经常找陈老请教，借阅他的书刊，听他讲革命道理、革命故事。尽管他很忙，但每次总是抽出时间，耐心地给我讲解、开导，不厌其烦。遇到问题，往往引经据典，甚至翻阅书籍寻找答案，直到问题弄清为止。这期间，在他帮助下，我学到了不少在课堂和书本上难以学到的新知识，受到了教育和启发。记得我印象最深的是他讲述过的中国近代史，也是中国近百年来帝国主义列强侵略中国的历史；讲述过共产党、红军反帝反封建最坚决，苏联十月革命推翻沙皇统治，人民当家做主，妇女获得彻底解放和鲁迅、邹韬奋、陶行知等爱国民主人士及他们的事迹。他特别崇敬鲁迅先生“横眉冷对千夫指，俯首甘为孺子牛”的硬骨头气质。他说鲁迅先生的笔是武器，他的文章就像是投向敌人的利剑，使统治阶级坐立不安、胆战心惊，而劳动人民却扬眉吐气。陈老讲述这些问题时，表现出鲜明的立场和观点（后来才知道，他那时已经是共产党员）。陈老的教诲、开导，使我进一步认识到我国贫苦落后的根源，产生了争自由、求独立、摆脱封建家庭桎梏的决心和为妇女解放、民族解放做贡献的强烈愿望。

一九三七年初，我与一位同龄的同学相约到上海，进陶行知先生创办的半工半读的“知行合一”的学校——大场“工学团”。这次的离家出走是我冲出封建家庭的第一步，也是我走上革命道路的起点。当时，我能有这么大的勇气，是和陈老的鼓励分不开的。尽管当时该校受到阻挠，被迫停办，没有达到预期目的，但这一行动为我一九三九年第二次出走，投奔革命圣地延安奠定了基础。

二

陈老是一九三六年夏，经中共遵义县党组织负责人谢楼中同志介绍参加中国共产党的。他拥护党的抗日主张，并积极在工作中、教学中宣传党的抗日救国的道理。一九三八年在龙坪镇中心小学工作的日子里（当时，我也在该校代课），他既是校长，又是教员，尽管他不擅长音乐，但他同样教学生唱抗日歌曲，如《打倒列强》《打回老家去》《大刀进行曲》等。遇到节假日或“赶场”的日子，他组织学生到场上去宣传，演出活报剧。还经常出板报、墙报，报道抗日前线八路军英勇杀敌的好消息。他鼓励学生锻炼身体，要求生活军事化。每天清晨，他亲自带领学生上早操、练跑步。在他的领导下学校办得朝气勃勃，受到镇上群众及学生家长的好评。全国解放后，他的革命热情更高了。一次，他在给我的信中这样写道：我虽身兼数职（那时他任过师范学校校长、教育局长、副市长、市民盟常委、省市人民代表等职），这是党对我的信任，我一定要努力搞好工作。他对工作一贯严肃认真，一丝不苟。一九五六年，陈老到北京参加全国政治协商会议，聆听了毛主席“关于正确处理人民内部矛盾问题”的报告，并受到毛主席的接见，兴奋极了。他说，见到毛主席，又听了主席的报告，是我一生中最大的幸福，也是最大的鼓舞和鞭策。当时，陈老身体健壮，精力充沛，对社会主义革命和建设充满了信心。“文革”期间，只听说他被批斗、隔离、下放劳动，未能通信。一九七五年春，我出差路过遵义，专程去看陈老，一见面，他那消瘦、枯黄、虚弱的身体，和四年前见到的判若两人，顿使我大吃一惊，内心感到阵阵痛楚。十年动乱，对他精神和肉体的摧残是可想而知的。虽然长时间的政治压力，精神和肉体的折磨，以致腰弯背驼，行动全仗拐棍支撑，但他精神依然和过去一样，有说有笑，像没有发生过什么事似的。他表示待身体好些就工作。我十分敬佩他坦荡的胸怀和对党的无限忠诚和热爱。想不到，这次的见面竟成最后的永别！他于当年的十二月二日就与世长辞了！

陈老热爱教育事业，并为之付出了毕生的精力。从我记事时起，在解放前的二十余年，他没有离开过学校。教学中，他坚持循循善诱。他有丰富的知识，不仅教语文、常识、历史、地理，为了需要，音乐、体育等科他亦主动承担。解放后，为了贯彻党的教育方针，他十分重视学生德、智、体全面发展，特别是品德教育。陈老一贯勤奋好学，除了吃饭、睡觉的时间，几乎都在工作、读书，并记了大量的读书笔记和资料。常常是废寝忘食，就是十年动乱的年代也从不间断。由于他讲课准备充分，内容十分丰富，形式生动有趣，很受学生喜爱和欢迎。在长期的教育工作中，哪里需要就去哪里。不论是在县城，还是乡村；不论是小学、中学，还是师范学校；不论是教员、校长还是局长，他从不计较个人得失，勤勤恳恳几十年如一日。

陈老为人耿直，不徇私情。几十年来，他一贯秉公办事，从不利用职权谋取私利。所以，凡是认识他的人，都了解他，不敢找他解决个人问题。记得有位亲属告诉过我一件事：这位亲属因自己年老体弱，想把在乡镇教书与其长期分居的唯一的儿子调回身边遵义市来，在她看来，这是陈老可以帮办的事。可是她多次登门，总怕陈老不允而碰钉子，始终未敢开口。

陈老生活俭朴，严于律己。对子女管教也很严，处处以身作则。他高尚的品德情操及其为教育事业奋斗不息的献身精神，永远是我学习的榜样。

（资料来源：中国人民政治协商会议遵义市委员会文史资料委员会编：《遵义文史资料·第14辑·关于遵义人物》，1989年10月，第102–106页。）

史料五 《遵义师专九十周年校庆特辑》之《学校领导名录》

起讫年月	校　长	副校长	备　考
1932.1—1932.12	刘松生		
1933.1—1935.6	王宪文		
1935.7—1935.12	万苏黎		
1936.1—1936.8	胡国泰		
1936.9—1937.3	王守论		
1937.4—1940.1	万勖忠		
1940.2—1942.1	杨友群		
1942.2—1943.7	蹇先艾		
1943.8—1944.7	章廷俊		
1944.8—1950.1	张其昌		
1950.2—1950.5	杨天源		
		万苏黎	
1950.6—1951.2	乔剑秋		
		万苏黎	
1951.3—1954.11	万苏黎		
		陈仲庵	
		张光昭	
		谢德增	
1954.12—1956.8	张垓汀		
		张光昭	
1956.9—1957.8	谢德增		
		俞庆铨	

十一、赵咸云

史料一 《力行垂范的赵咸云》

力行垂范的赵咸云

赵咸云1903年9月生于辽宁省盖县，满族。1929年7月毕业于东北大学数学系，先后担任过东北大学理学院数学系助教、吉林大学理工学院讲师、武昌育杰中学教员、广东省立教育学院副教授、广东省立文理学院教授、中山大学数学系教授、国立桂林师范学院教授、贵州大学数学系教授。1944年8月后一直任贵阳师范学院数学系教授。在此期间，赵咸云担任过贵阳师院数学系副主任、贵阳师院教务主任、教育工会主席、贵州省教育工会筹备委员会副主席、贵州省数学学会理事长、中国民主同盟贵阳师院支部主任、民盟贵州省委常委、贵州省政协常委、贵州省科学技术协会委员、贵阳市人民代表大会代表等职务。1983年4月4日，因病在贵阳逝世，终年80岁。

赵咸云一生都致力于代数解析的研究工作，曾著《第一种椭圆积分论》《非群充要条件之另一证明》。在贵阳师范学院任教期间，赵咸云是系里唯一一位在大一大二（当时称为系一系二）讲授“高等代数”“近世代数”“高等微积分”的教授，此外，还讲授“复变数函数论”“方程式论”“群论”等科目。经过长期的教学经验和工作总结，赵咸云已摸索出一套符合当时情况的十分有效的教学模式：以身作则、严以教师、宽以待生。“以身作则”是指对自己的工作认真负责、一丝不苟。为了让学生尽可能多地了解知识，激发同学们的积极性，赵咸云的讲义和讲稿都写得非常详细，讲课也深入浅出、细致易懂。尤其是整齐详尽的板书更是深得学生好评。“严以教师”中的“教”是“教育”的教，是指对老师要求严格。他常常一针见血地指出青年教师和助教在工作上的问题。但又不为难他们，毫不保留地把自己的知识、经验传授给他们。赵咸云的这一做法不仅带动了青年教师的积极性和责任感，也在数学系形成了良好的教学氛围。赵咸云主张“宽以待生”，指对学生要关心，不仅是在学习上，还要在思想觉悟上帮助他们。对学生提的问题，赵咸云总是有问必答，细致地帮同学分析，丝毫不摆教授的架子。在艰苦的环境中，赵咸云成为数学系师生的榜样，为数学系青年教师的快速成长和数学系的建设做出了很大贡献，也为数学系今后的长足发展奠定了一定的基础。

教学之余，赵咸云积极参加社会活动。在筹备建立贵州省数学学会的过程中，赵咸云积极主动做了大量卓有成效的工作，因成果突出，任贵州省数学学会理事长后，又顾全大局，主动让贤。原是民盟贵州省常委的他考虑到自己的年龄大，主动要求改任委员，并积极支持常委们的工作，为民盟的组织发展做出了自己的贡献。

身兼数职的赵咸云教授不仅在工作中以身作则，在各种活动中充分体现了他的领导才能。就任数学系副主任期间，他仍然坚持上课，课程没有减少，并且对分管的工作非常负责。1947 年，赵咸云毅然以贵阳师院教授会主席身份支持进步学生运动，以此来表达对国民党腐败统治的愤慨。50 多岁时赵咸云的手开始发抖，写字较慢，但仍然坚持工作，积极参与社会活动。

赵咸云一生忠于教育事业。抗日战争前夕，他不愿做亡国奴，怀着对日本侵略者的仇恨，从关外到关内，从北方到南方，奔波辗转，致力于祖国的民族教育事业。解放后，他拥护中国共产党的领导，热爱社会主义祖国，踊跃购买公债支持国家建设。在十年浩劫中，赵咸云教授遭受林彪、“四人帮”极左路线的迫害，身心受到很大的摧残。粉碎“四人帮”后，党组织为赵咸云教授落实了政策，将强加在他身上的一切不实之词予以推翻，恢复了名誉。赵咸云心情愉快，不顾高龄体弱，还积极走上课堂给学生讲课和指导学生撰写毕业论文。在党的十二大召开后，他虽已病魔缠身，仍带病坚持学习文件，替中青年教师审查论文稿和校审翻译稿，一直坚持到他住院前夕。直到逝世的那天，他都没有正式退休。

（执笔：余丽静）

（资料来源：贵州师范大学校史编写组：《贵州师范大学学者风采》，2001 年 3 月，第 78-80 页。）

史料二 赵咸云照片

（图片来源：贵州师范大学校史编写组 2001 年编：《贵州师范大学学者风采》，2001 年 3 月，第 78 页。）

史料三 东北大学沈阳时期毕业同学名录

数学系1929级

（第一班）赵庆方　赵咸云　沽启巽　薛仲三　高肇勋　邓　喆

（资料来源：王振乾等编著：《东北大学史稿》，东北师范大学出版社，1988年1月，第218页。）

史料四 国立贵阳师范学院三十五学年度第一学期专任教授、副教授名单

教授兼院长齐泮林 教授兼教育系主任罗浚 教授吴学信

教授钱安毅 教授臧玉海 教授林尚贤

教授邹国彬 教授向义 教授李独清

副教授林熙筠 副教授姚奠中 副教授汤炳正

教授吴作民 副教授毛国琦 副教授曾纪蔚

副教授贾光涛 教授兼数学系主任赵咸云 教授岳长奎

教授刘熏宇 副教授李明斋 教授兼训导主任王炳庭

教授王钟山 教授徐知良 副教授王德昭

教授兼理化系主任胡嗣仁 教授杜叔机 副教授金先杰

教授兼体童科主任邓堪舜 教授黄国华 教授王鉴武

副教授杜化居 副教授兼附中校长刘国芳 教授兼附小教员孙承钰

教授兼教务主任 马名海

附注：本名单仅列现在院之专任教授及副教授

国立贵阳师范学院民国三十五年

（资料来源：贵州师范大学档案馆。）

史料五 东北大学省立时期沈阳阶段的教师姓名录

姓名：赵咸云；别号或次章：熙明；职务：算学系助教；到校年月：民国，十八年八月；籍贯：辽宁盖平；主要经历：东北大学理学院算学系毕业，理学士。

〔资料来源：东北大学史志编研室编：《东北大学校志》第一卷上（1923.4—1949.2），东北大学出版社，2008 年 4 月版。第 220 页。〕

十二、张超伦

史料一 传略

张超伦 1918 年 12 月生。贵州省威宁自治县石门乡人，中国人民政治协商会议贵州省委员会副主席，医学家。幼年居乡耕读，1930 年考入云南昭通宣道初级中学。1932 年考取四川成都华西协合高级中学理科，毕业时参加了全省首届高中会考。1936 年报考华西协合大学医牙学院医科被录取。前两年靠私人资助，继则全凭奖学金和勤工俭学支付攻读医学的费用，一直到完成 7 年的学业。曾被推任医牙学院 1941 至 1942 年度医科学会副会长。1943 年获美国纽约州立大学和本校医学博士学位。

在中学和大学期间，相继发生“九一八”“一二·九”“七七”“八一三”等重大事变时，参加过抗日救亡、全面抗战、反对卖国政策等的一些宣传活动；日机空袭蓉城时，参加了救护、运送被炸伤群众的工作。

1945 年任云南省昭通福滇医院各科临床医师，经常为各民族的一些贫困患者减免医药费，还兼诊治麻风病院的病人。1947 年任贵州省卫生处防疫大队和花溪卫生实验院的主任医师，并与贵州大学的部分少数民族学生有交往，鼓动“反饥饿”斗争。1948 年任贵州省卫生处专员。

1949 年加入中国民主同盟。1950 年初出席贵阳各族各界人民代表会议。贵州革命政权建立后，历任贵州省人民政府委员、西南军政委员会民族事务委员会委员，贵州省卫生厅厅长，贵州省第1、2、3届人大代表，贵州省第1、2、3届政协常务委员，贵州省第4、5、6届政协副主席，第2、3、4届全国政协委员，第5届全国政协常务委员，中华医学会第10届理事会理事，中华医学会贵阳分会会长，中苏友协贵州分会常务理事，对外友协贵州分会副会长，贵州省统一战线研究会顾问。专于社会医学。长期从事医药卫生事业的组织、管理、人才培养和学术活动工作。1984年被中华医学会表彰。1995年被母校华西医科大学授予荣誉证书。

曾兼任贵州省农村卫生协会名誉会长，中国红十字会贵州分会名誉副会长，贵州省苗学研究会顾问。

1983年加入中国农工民主党，是农工民主党第9、10、11次全国代表大会代表，并相继当选为第9、10届中央委员会委员和常务委员，被推举为第3届中央咨监委员会委员和常委委员，是农工民主党贵州省委员会第1、2届主任委员，第3届名誉主任委员。

1993年当选为贵州省第7届政协副主席。

（资料来源：贵州省苗学研究会编：《苗学研究通讯》第10期《人物专集·苗族人物》，贵州省苗学会，1997年7月，第210页。）

史料二 张美琪：《我的大哥——张超伦》

我的大哥——张超伦

我的大哥张超伦，是贵州省最早的苗族医学博士之一。1918年12月，出生在石门坎一户张姓贫苦的苗族家庭，父亲是小学教师，母亲在家务农。他6岁便入学读书，在石门坎光华小学读书，他自幼好学，从不逃学贪玩。旧社会，他的家庭非常贫困，全家靠包谷、洋芋过着饥寒交迫的日子。假期他回到家，常常跟随父母做一些力所能及的农活，背煤、背水、砍柴、积肥、栽种包谷、给庄稼薅草、打猪草、放牲口等农活他都尽力而为。

1929年，他以优异的成绩毕业于石门坎光华小学，随即考入云南省昭通宣道中学读初中，他上到初二时正值“九一八”事变爆发，日本侵占我国东三省，张超伦义愤地和师生们到街上张贴“反对日本侵略”“抵制日货”的宣传标语。1932年秋，他以优异成绩考入成都华西中学高中部理科就读。1935年，他又以优异成绩考上华西大学医学院牙科医学系，学制为7年。

那时，他面临国难当头和家庭贫困的双重压力，面临失学的危险，幸得英国传教士王树德（William. H. Hudspeth）的资助及学校颁发的奖学金才能勉强度日，为了能继续上学，他还利用课外时间外出从事翻译、打字等勤工俭学来维持生活。当时，日本侵略中国的野心不断扩大，“七七”事变、“八一三”事件相继爆发，日本轰炸机对成都等西南大城市发动了连续的狂轰滥炸，大哥张超伦多次参加抗日救亡宣传和救护抗日伤员的爱国活动。大哥勤奋学习，刻苦钻研，毕业时获得了美国纽约州立大学医学博士学位。

1943年，他毕业不久便不幸患了肺结核。这种病在当时还没有很特效的治疗药物，但他回到石门坎后，在家人的精心护理及他自己认真而乐观地自我治疗下，肺结核病终于奇迹般地痊愈了。

1945年，大哥受聘去云南省昭通专区福滇医院当医生。1947年夏，大哥又奉调到贵州省卫生处防疫大队工作，常驻贵筑县（花溪）卫生院，开展乡村卫生实验、医疗预防和卫生保健工作。1948年冬，大哥任贵州省卫生处专员。1949年，加入中国民主同盟。1983年，贵州成立农工民主党后，他被推选为主任委员和常委，后任农工民主党贵州省委名誉主任委员。

1949年11月15日，山城贵阳解放了，大哥积极投身革命洪流，四处奔走宣传，同旧政权残余势力做顽强斗争，受到党和人民的肯定。1951年，受中央人民政府委任，他先后出任贵州省卫生厅厅长、西南军政委员会委员、西南民族事务委员会委员等职务。他去北京开会时曾荣幸地受到党和国家领导人的接见并与他们合影，至今他还把这些照片珍藏着。

从1953年起，张超伦任中华医学会贵州省分会会长，直到1983年改选离任。

1969年“文革”期间，大哥被造反派扣上反动学术权威的帽子，挨批斗，被抄家，遣送到“五七”干校和“羊艾农场”劳动改造。1977年，才恢复了他的工作，到贵州省政协任专职常委和第5届全国政协常委。

1989年春至1998年任政协贵州省委员会副主席、贵州省人民政府委员。

大哥的这些业绩，被中华医学会授予“突出贡献奖”，被收入《中华魂——中国百业领导英才大典》一书中，这本大典的编委专门赠送给他一块写着“您为中华民族的繁荣昌盛和人类社会的文明进步做出了突出贡献，已被载入《中华魂——中国百业领导英才大典》”的牌匾。

如今，大哥虽已年过八旬，但身心健康，每天早晨都要做些保健活动。他仍一如既往地关心国家大事，关心农村医疗卫生事业的发展状况。

我为有这样的大哥由衷地感到幸福和高兴，愿大哥寿比南山、福如东海！

（资料来源：陶少虎编：《从石门坎走来的苗族先辈们》，云南民族出版社，2012年12月版，第333页。）

史料三 就读于成都华西大学的张超伦先生

（编者按：图片由张美琪提供。）

史料四　任命张超伦为贵州省卫生厅厅长的任命书

中華人民共和國國務院任命書

第3014號

任命張超倫爲貴州省衛生廳廳長

總理

一九五五年五月三十一日

史料五 任命张超伦为贵州省人民政府委员的任命书

中央人民政府任命通知書 府字第 [illegible] 號

茲經中央人民政府委員會

第八次會議通過任命張超倫為

貴州省人民政府委員

特此通知

主席 毛澤東

一九五零年 月 日

中華人民共和國中央人民政府之印

任命通知书

史料六 《走出大山：百年中国苗族优秀人物选诞生于苗寨的医学博士》

走出大山：百年中国苗族优秀人物选诞生于苗寨的医学博士

张超伦档案：

著名医疗活动家，医学博士。历任贵州省卫生厅厅长、贵州省政协副主席、中国农工党中央常委（正部级高级领导）。苗族，1918 年 12 月生，贵州省威宁县石门坎人。1932 年受教会资助到成都华西协合高级中学就读。1936 年考入华西协合大学医牙学院攻读医学专业，1943 年毕业并获美国纽约州立大学医学博士学位。1945 年至 1947 年在云南昭通福滇医院任医师。1951 年被国务院任命为贵州省卫生厅第一任厅长，直到 1966 年。1978 年当选为全国政协常委。1981 年后历任贵州省第四届至第七届政协副主席。兼任中国农工党第九届中央委员、中国农工党第十届中央常委。

1918 年 12 月的冬天，寒风凛冽，天气阴沉，在贵州威宁县一个偏远的石门山村，一户张姓的贫寒苗族家庭中随着一声啼哭，一个婴儿呱呱坠地来到人间。这个孩子，便是云贵高原中部大山里走出的医学博士张超伦。

父母面对怀中嗷嗷待哺的孩子，既喜既忧，喜的是他们夫妇终于有了第一个孩子，给这个贫困之家带来了欢乐与希望；忧的是孩子生在军阀混战兵荒马乱的年月，家中缺衣少粮，家徒四壁，全家仅靠租种土目地主几亩薄土艰难度日。

石门坎，是贵州省威宁县西北一个边远偏僻的苗家寨子，距离县城 200 多里，平均海拔 2600 多米，四周崇山峻岭，沟壑纵横。由于边远偏僻，交通闭塞，经济教育十分落后。大部分居民是苗族，生活极其贫困，绝大部分苗族同胞目不识丁。但因石门坎地处云贵川交界地带，且有马帮山路相通，当时基督教循道公会西南教区便将这里作为中心进行传教。为了扩大影响，英国传教士柏格理等人士在这里建了大教堂，设了药房，创办学校。柏格理和他的妻子还经常为教徒免费治病。那时，全国各利益集团不知合力建设国家，只知你争我夺，完全不顾全国广大人民群众，连威宁县城都没有一所像样的小学。柏格理等人在石门坎办学之创举，无疑取得了广大苗族同胞的欢迎和支持。为摆脱饥饿与贫困，张超伦父母与广大苗族同胞便毫不犹豫地加入了教会。

石门坎光华小学，就全国范围而言，是当时办在苗族地区唯一的完全小学，张超伦的父亲便是这所小学毕业的，由于成绩好，毕业后就留校任教当了老师。

6岁那年，张超伦踏入石门坎光华小学的门坎，在父亲身边愉快地读书学习，学校除了一般课程外，还十分重视劳动生产教育和音乐、体育教学活动。那时在石门坎上学的学生差不多都是山寨苗家的穷困孩子，张超伦上学时，家里又添了几个妹妹，家庭生活更加困难，他与同学一日两餐，食不果腹，衣不暖体。

穷人的孩子早当家。张超伦每逢节假日跟随父亲回家，参与干不少家务杂活，积肥、割猪草、种菜、上山砍柴、到远处背煤炭。那时，张超伦父亲虽然是教师，但薪金极其微薄，仅够买食盐，家里租种土目地主几亩薄地，每年还得拿大部分粮食去交租。

虽然日子难熬，但时间过得非常快，转眼已是1929年。张超伦小学毕业了，他当时还不到12岁。张超伦回忆说，石门坎当时没有中学，他只有到云南昭通城去读中学。他知道，因为穷，家里日子难熬，但为了改变家乡贫困和落后，为苗族争口气，他决心完成学业。昭通与石门坎相距70多里，那时这条路有四五处是土匪经常出没的地方，常有客商和马帮被抢。每年寒暑假回家和返校，张超伦总要绕道云南彝良县，这一绕得两天行程。他还记得，那时常有一些军阀经过石门坎，就到学校拉一些高龄学生给他们当背夫。

1932年秋，张超伦考取成都华西协合高级中学，这所学校教学质量高，设有文科、理科和师范科。张超论读的是理科，各项实验课都是到大学实验室做的。为了使同胞早日摆脱无知愚昧和贫困落后，上高中二年级的张超伦，与华西大学教育系的朱焕章（苗族，后来成为著名教育家）先生，借鉴著名教育家陶行知举办乡村教育的做法，结合家乡需要，编写出一套《滇黔苗民夜课读本》，石印几千册分送威宁、滇东北、川南地区供苗族群众学习。

1935年，张超伦高中毕业后由于家中贫困无钱上大学，只好回石门坎教书，这时正好碰上具有高学历的英国传教士王树德（文学硕士）要离开西南教区到上海任圣书公会经理，并承诺为石门坎品学兼优的学生提供学费，已是石门坎光华小学校长的朱焕章极力推荐张超伦。

1936年，经过严格入学考试，张超伦被华西协合大学医科录取，终于圆了他的大学梦。但好景不长，两年后由于时局混乱，王树德再也无法为张超伦提供资助。面对困难该怎么办？张超伦下定决心，一定要完成学业，绝不能半途而废。想到家乡缺医少药，想到成千上万苗胞渴望学习知识文化，却无钱上学，为了家乡的父老，再苦再累再困难，也要挺下去！

这时，张超伦的父亲虽然调到昆明当布道员，但工薪依然十分微薄，还要养家糊口，无力给他一点资助。他想，我学习勤奋，品学兼优，是可以得到全额奖学金的；如再在课余去搞点翻译，打点字，干点活，通过勤工俭学是可以渡过难关的。张超伦就读的协合大学医牙学院是一所名牌学院，不仅严格按美国标准施教，而且很重视人文科学教育，增设的中国文学、社会学、心理学、伦理学以及第二、第三外国语文等都是必修课，特别是在大学内迁期间，与其他两所大学的医学院协作办学，师资力量雄厚。教学管理非常严格，一科不及格可以补考，两科不及格转学。与张超伦同时考进医科的学生，只有十分之二的人能完成学业。

七年苦读不寻常。张超伦终于凭借刻苦勤奋的顽强拼搏精神，以优异的成绩，获美国纽约州立大学医学博士学位和本校医学博士学位。

1944 年，家乡石门坎发来热情的邀请信。信是朱焕章先生写的。那时，家乡石门坎历经无数艰难与波折，终于办起了“西南边疆私立石门坎初级中学”，朱焕章任校长，他知道张超伦一向关心本民族的发展事业，因此他邀请张超伦到石门坎共商办学大事。张超伦毅然回到石门坎。

1945 年，张超伦前往昭通福滇医院任医师。在医院，他一头扑在工作上，救死扶伤，用一颗爱心，为患者精心治疗。他给许多贫苦病人减免大量的医药费，并自动兼任石门坎麻风病院的诊治任务。他精湛的医术和敬业精神，赢得了患者和同仁们的赞扬和敬佩。

1947 年，张超伦依依不舍地离开了昭通，离开了养育他成长的石门坎，到贵阳工作。

1950 年 7 月，张超伦应邀出席在北京举行的第一届全国卫生会议。会议提出了以“面向工农兵”“预防为主”“团结中西医”为新中国卫生工作的三大原则。这次会议，贵州仅出席三名医学专家，张超伦被推选进入主席团，还在大会上作了发言，并集中反映了西南少数民族山区疫病流行缺医少药、就医困难情况，提出在民族地区开展工作，上门送医、送药的建议，受到与会专家以及国家领导人的重视。

由于我国卫生事业任务繁重，国务院于 1951 年 3 月在全国各省市设立卫生厅，不久，张超伦被国务院任命为贵州省卫生厅厅长。这是中华人民共和国成立后第一位苗族人担任的省级卫生厅厅长。

1950 年秋，贵州省委、省政府拨了不少资金为省立医院购置外科医疗器械，次年，即开始修建大型医院。这一切让张超伦十分欣慰。全身心地投入，加强全省医疗卫生的领导工作，为继承和发扬祖国医学遗产，大力培养各民族的卫技术人员，重视民族卫生工作和控制、消灭危害最严重的疾病等做了大量、艰苦、细致的工作。同时，他还兼任《贵州医学杂志》的主编，并领导创办了《贵州卫生杂志》《贵州卫生报》。

然而，正当他一头扑在事业上，不舍昼夜努力工作时，1966年“文化大革命”爆发了。

在那是非不分、黑白颠倒的岁月，张超伦被打成“三反”分子、“反动学术权威”。接着，灾难接踵而至，被批斗、被抄家，最后被遣送到羊艾农场劳动改造。最令张超伦心痛和难过的是，许多宝贵的历史和技术资料、证书、书籍、照片等都被抄走了，散失了。留下的仅仅是国家领导人毛泽东主席、周恩来总理亲自签名的委任状和西南军政委员会民族事务委员会、贵州省人民政府委员的委任状。

长夜终于过去了。中共十一届三中全会后，经过拨乱反正，全国很快进入了一个新的历史发展阶段。这时，张超伦虽然已年过六十，但他以青年人的朝气去迎接新的时代。1978年2月，张超伦当选为第五届全国政协委员并出席了第一次全国委员会会议。1981年至1997年被连选连任贵州省政协第四届至七届专职副主席。1983年6月，他根据民主党派事业发展的需要，作为交叉成员加入中国农工民主党，同年，被中国农工民主党中央指定为农工党贵州省筹委会第一召集人，次年9月当选为农工民主党贵州省第一届委员会主任委员，1988年连任第二届主任委员；其后，被推选为三、四、五届名誉主任委员。他是农工民主党第九至十二次全国代表大会代表，并分别当选为第九、十届中央委员、常委，第三届中央咨监委员会委员、常委。

1985年，张超伦率领农工党省委考察咨询组到威宁大山深处，为了落实智力支边，让“老、少、边、穷”地区早日脱贫致富，选定地处偏远的威宁自治县作为农工党省委定点帮扶的贫困县。在县委县政府的配合下，考察咨询组深入现场，到工程技术、医疗卫生、教育方面有困难的一些单位，进行实际调查、分析、论证，提出可行的建议。

七届省政协期间，张超伦兼任医卫体委员会主任。1995年10月至

1996年7月，这时他已是古稀之年，但却不畏跋涉艰辛，旅途劳顿，仍来去匆匆地奔波全国各地。

岁月如歌。张超伦的人生岁月，有过童年的贫困艰辛；也有过青少年的发奋勤学、自强不息，在极端困难的环境中，学有所成，成为一名医学博士，成为部级领导；他经历过抗日烽火的洗礼；新中国成立后，他勇挑重担，努力工作，认真贯彻执行新中国的卫生工作方针，为加快创建和发展贵州卫生事业做出了重要贡献。

（资料来源：朱群慧，东旻编著：《走出大山　百年中国苗族优秀人物选1910-2010》，中国文史出版社，2006年3月，第263-268页。）

十三、冯楠

史料一　《冯楠自述》

冯楠自述

贵州省贵阳市人，汉族，1916年12月23日生。贵阳市志道小学毕业，贵阳县立中学高中部第一期毕业，毕业后任贵阳尚节堂小学教师，一年后考入云南大学，转入贵阳大夏大学文学院历史社会学系，毕业获学士学位。毕业后任大夏大学助教、豫章中学教员、大夏中学教务主任、永初中学校长。

中华人民共和国成立后，任贵阳女子师范学校教导主任、贵阳师范学校校长、贵阳女子中学校长、贵州省教育厅中学教育科科长。

1962年加入中国民主同盟，曾任民盟教育厅小组组长、民盟贵州省委员会副秘书长。

1964年加入九三学社并奉调至省九三学社任专职秘书长，后任副主任委员兼秘书长。1989年调任贵州省文史馆馆长至今。

社会兼职：曾任贵阳市人民代表大会一至六届代表、中国人民政治协商会议贵州省委员会第二至七届委员。并曾任常务委员、副秘书长和教科文委员会文史研究委员会副主任等职。

曾任中国人民政治协商会议全国委员会第六、第七届委员。

此外还兼任过贵州省史学会常务理事、贵州省社会科学联合会委员、贵州省科委委员、贵州省诗词学会副会长。现在还兼任贵州省中华文化研究会副会长、贵州省历史文献研究会副理事长、贵州省文史书画研究会会长之职。

编著及主编书有：《高中本国史》（解放前贵阳文通书局出版）、《中国天文史料汇编》（人物卷）（科学出版社出版）、《黔故谈荟》、《黔故续谈》，以及四本文史资料。校订的有《王阳明在黔诗文注释》，还有若干篇诗文已发表。

业余爱好是书法，曾给黄河碑林、黄果树碑林、阳明洞碑林、福泉碑林等题字，书法作品曾在省内外展出。是贵州省书协会员、顾问。

（编者按：此为冯楠自述，由民盟贵州省委提供资料。）

史料二　《冯楠传略》

冯楠传略

冯楠（1917—2006），贵州贵阳人。父冯介丞为贵阳商界知名人士，关心地方公益及教育事业。冯楠自幼即接受良好教育，就读私塾5年，习诵四书五经。贵阳志道小学毕业后考入贵阳县立中学读初中，师从王佩芬学说文解字，奠下中国文字学及书法艺术基础。贵阳县立高中部第一期毕业后在贵阳尚节堂学校任教，一年后考入云南大学，不久转入贵阳大夏大学文学院历史社会学系。民国30年（1941）毕业，获学士学位，留校任助教，兼文史研究研究员和社会研究部工作员，编辑这两部门在《贵州日报》分别办的《文史》《社会研究》两个副刊。其间编有《高中本国史》，由贵阳文通书局编进《复习实验从书》出版。民国33年（1944）大夏大学迁赤水，未随行，任贵阳豫章中学教员，后又任大夏中学教务主任。民国 37 年（1948）任贵阳永初中学校长。

冯楠在大学读书期间，受进步教师影响，读过一些革命书刊，有了民主思想，做过一些有利于进步的事。1949 年 11 月 15 日，贵阳解放时，冯楠率永初中学师生结队到贵阳南门外迎接解放军进城。

1950 年至 1952 年，冯楠先后任贵阳女子师范学校教导主任、贵阳师范学校校长、贵阳女子中学校长。1952 年调贵州省教育厅，历任中等教育科副科长、科长，普通教育处副处长。1964 年至 1989 年，在九三学社贵州省委工作。1989 年 8 月调任贵州省文史研究馆（简称省文史馆）馆长。冯楠任省文史馆馆长 17 年，以自身之兼长文、史诗词书法篆刻及中国传统文化暨敦厚温柔之品德，为贵州的文化及文史工作做出较大贡献。

1974 年，冯楠参加由国家有关部门组建的中国天文史料普查整编工作组，参与《中国天文史料汇编》普查整理及编著，历时四年，并编写该书《人物事略》部分。在省文史馆馆长任上，冯楠主持领导了省文史馆主办和参与的如“汉字学术研讨会”“黎庶昌国际学术研讨会”“传统文化与社会主义现代化学术研讨会”“贵州文化与传统文化国际学术研讨会”“96 中国贵州王阳明国际学术研讨会”“丁宝桢诞辰 180 周年纪念暨学术研讨会”等多次较大规模的学术活动。主编省文史馆《黔风诗刊》和《黔故谈荟》《黔故续谈》《黔风诗词集》《黔馆诗集》等书刊。主持和参与省文史馆校点（民国）《贵州通志》中的人物志宦迹志工作并亲自校阅人物志 16 册数百万言稿，校订《王阳明在黔诗文注释》（朱五义注释）一书，参与选辑《二十四史贵州史料辑录》一书。在任职贵州省政协文史委员会副主任期间，主编《贵州省文史资料选辑》第 33 辑和《贵州中医耆宿录》《贵州民主党派工商联专集》《抗战时期西南的教育事业》等书。

冯楠个人诗词文章散见于报纸杂志及部分文集诗集，惜无专集问世。其书法篆刻亦于2004年才结集出版，曰《冯楠书印集》，是集收冯楠甲骨、金文、小篆隶书行书楷书草书各种字体书法作品62件，篆刻作品111方，是在2002、2003年举办的冯楠“书艺回顾展”作品基础上精心选辑编成，可以说代表了冯楠书法篆刻之精髓。冯楠父介丞擅行楷，故受其熏陶濡染，自幼即有书法基础。后受学于贵阳精于楷书的名士殷鉴衡、贺鉴波、许绍龙和精于“六书”的王佩芬，并临习古今书法大家正草隶、篆各种法帖及碑文。故其书艺既有严格训练，又得说文精神，应是领悟习字必先识字懂字之真谛和根深蒂固的文化素养。时人认为冯楠书法“小篆深得古人笔意，学有师承，笔有法度，体势苍健，自成格调。其篆书的成就自谓得力于三吴，即晚清的吴大徵的法、吴熙载的婉、吴昌硕的势，综三吴的法婉势，以法为主。金文也是承吴大徵的工整一脉。隶书上承秦汉简帛书及东汉诸碑，下逮何绍基，特别受到启发的是他融《礼器》于《石门》，略变其结构，使趋于工整，却又不失雄强之气。行草、楷也各有法度”。书法作品镌刻在黄河碑林、黄果树碑林、阳明洞碑林、福泉碑林及省内外名胜古迹等处。冯楠篆刻源于说文，宗承秦汉，平生篆印数百方，曾自集为《邻树楼印拾》一卷存家，《冯楠书印集》收各种印蜕111方，以金文大篆为主，行家评曰“规矩法度，法于古而有创新”。

冯楠于1962年加入中国民主同盟，曾任民盟贵州省教育厅小组组长、民盟贵州省委副秘书长。1964年又加入中国九三学社，历任九三学社贵州省委秘书长、副主任委员。1977年参与恢复和建立贵州省属遵义、都匀、安顺、六盘水九三学社组织工作。20世纪80年代组织贵州省九三学社成员中的科技专家开展智力支边活动，开办科学技术讲座，为贵州省的农业科技服务。在省文史馆馆长任上领导和组织开展对省内外学人及海外贵州人士的联系和文化交流活动，宣传中共统一战线政策和爱国不分先后的爱国主义思想。

冯楠曾任贵阳市一至六届人民代表大会代表，政协贵州省委员会二至七届委员和常委、副秘书长及教科文委员会、文史资料委员会副主任等职，政协全国委员会第六、七届委员。曾任贵州历史文献研究会副理事长、贵州省文光书画研究会会长、贵州省中华文化研究会副会长、贵州省诗词学会副会长，曾兼任贵州省哲学社会科学联合会委员、贵州省科委委员、贵州省史学会常务理事、贵州省国际文化交流中心理事，贵州省书法家协会会员、顾问。

2006年7月15日，冯楠因病逝世于贵阳，享年89岁。

（资料来源：贵阳市政协文史与学习委员会编：《筑人行迹 贵阳历史文化人物传略》，贵州人民出版社，2011年1月版，第246-248页。）

十四、潘万霖

史料一 《潘万霖传录》

潘万霖传录

潘万霖（1901—1962），侗族诗人。又名万灵，字润生、咏笙，后改名籁，清光绪二十七年（1901）旧历八月初八生于天柱县高酿镇丰保村。父德秀，一生劬劳，躬耕垄亩。见万霖聪颖，将其送入“万菊草堂”拜罗子光为师。其记忆力超群，过目不忘，诸葛亮的“前后出师表”老师一讲完，他当堂能背诵。至十五六岁，从罗逸甫先生学诗文，得罗先生严教，诗文日益精进。民国五年（1916）考入天柱县立中学，每试辄冠其曹。民国十三年（1924）投笔从戎，随王天培援川，离乡时作《离乡辞》：

昨别乡关，离怀草草。愁上眉间，意绪不知多少。征表一着，斑马鸣啸啸。经过长亭短亭，荷花香好。送客情高，流水青山，回首白云天际缈。料近前村不远，凡缕炊烟绕树梢。眼看倦鸟投乡客，个里无聊，今吟。知此去，几时归也？忽唱五更晓。携着行装，又上关山道，迹痕

细认，有人已渡板桥。忽听得杨柳堤边，鹧鸪频叫。哥哥，行不得也，暗然心焦。何堪棘地荆天，到处是绿林嚣吵。湃阳河上，

轻声一片橹旋摇。馆里寂寞，行踪即至，打动客中愁绪，暮鼓频敲。未访青龙古迹，仙人已乘云去了。沽得一壶浊酒，举头与明月相邀。醉后狂歌，提笔又留痕爪。蝴蝶不知人意倦，杜鹃枝上梦魂劳。料得昨夜闺中，计程应到。

民国十五年（1926）王天培任国民革命军第十军军长，率师北伐，潘任军部行营秘书，随王北征。民国十六年（1927）初，潘因病留居长沙，学诗于吴梅梅（吴恭亨）。八月王天培被害，他惊闻噩耗，愤然作诗：

病马思千里，征鞶罢万夫。
斯人竟草介，遗恨到锟铬。
血洒湖能碧，魂招地不孤，
岳坟添一慨，铸倭铁何辜。

不久回黔。民国十八年（1929）冬，王天培遗骸由上海运回天柱，潘悲愤痛悼：

竖子竟成名王郎破地无语，
几人真革命总理在天有灵。

民国二十年（1931），天柱县政府在观音洞办保甲训练班，县长李麟书邀潘授课，李课余欲试其才，约其对诗，潘倚马立就，一气呵成，李深叹服："生成的潘万灵，名不虚传！"民国二十二年（1933），潘任册亨县代县长。二十三年（1934）任丹江县（今雷山县）县长，二十四年（1935）公务之余游雷公山，作《雷公山游记》。二十五年（1936）后，历任云贵监察使署主任秘书、贵阳师范学校讲师、贵州省训团主任秘书、贵阳警察总局总务科长秘书、省保卫团秘书主任等职。解放后任中国民主同盟贵州省委员会宣传部副部长。在贵阳期间，他作诗颇多，以诗会友，常和柴晓莲、陈恒安、李独清以诗言志，以词抒情，时称"黔中四杰"。

1952年他参加黎平县土改工作，后分镇远中学任教兼管图书。1957

年5月任黔东南自治州政协第一届委员会常务委员。1958年2月15日被错划为“右派分子”。1962年2月4日在平坝农场医院病逝，葬于平坝农场豺狗湾。1980年镇远县委组织部予以平反昭雪，黔东南自治州中级法院撤销以前判决，1991年8月8日将其遗骸迁入贵阳市革命公墓。

潘万霖是民国时期运用古体诗词形式进行创作的侗族诗人。著有《忆竹轩诗稿》一册，凡151首，载《侗族文学资料》第七集，还有《黔诗汇评》和《雷公山游记》，分别发表于《贵州文献汇刊》和《贵州文献季刊》上。他的诗既有李杜陶诗风，又有侗族民歌韵味。贵阳师范学院李独清教授评价：“君诗如苍松，屈盘根久植，突兀挺涧壑，千仞望不极”（见《洁园剩稿选》）。他的诗内容丰富，形式活跃：或咏物，或言志，或感事，或遣兴，或忧国，或怀古，或送别，或相思，或悼亡，或离恨。他在学校读书时就以感事诗讽刺黑暗的社会：“出入分奴主，喜嗔为怨恩，噫嘻是何世，狱吏自称尊。”他怀着忧国忧民的心情，向日寇和国民党不抵抗政策投出了愤怒的“一剑”：

落寞江湖一剑行。茫茫四顾莽荆榛。当途豺虎与鼯鼪，何物丑类肆纵横。吁嗟国既羸且瘠，生死连年穷喘息。可堪倭寇焰尤张，闯我藩篱毁我室。卷起罡风吹海黄，千重铁骑飞来日。旧巢既覆将安归，羞彼将军衣戎衣。不战而北避三舍，心甘肉食竟能肥。……狂热非狂五尺童，大声疾呼破天风。其奈妙手两空空，何能击贼东海东。从斯贼更聚鸟合，今日二城明二邑。土地何餍虎狼吞，横将一剑百愁集。吁嗟乎，横将一剑百愁集。

作者在这诗里，以一个爱国侠士的身份，喷发自己心中炽烈的情感，豪气干云。

（据《天柱县志》1993年版和天柱有关文史资料整理。）

（资料来源：游浩波主编：《天英荟萃天柱人物录》，中国诗书画出版社，2012，第142页。）

史料二 潘万霖先生行历简述

潘永笙先生行历简述

潘永笙、原名万霖、字润生，后改名籁，以字行。侗族。生于1 9 0 1年（清光绪二十七年、辛丑），旧历八月初八日。世居天柱县高酿。其家以农为本。父德秀，一生勤劳，躬耕垄亩，为人正直。见永笙聪颖，使就罗子光先生私塾攻读，至十五、六岁，由罗逸甫先生试其诗文，知永笙有才，以女翠竹妻之，膝前严教，诗文日益精进。民国初年，入天柱县立旧制中学，第一期肄业，每试辄冠其曹。

1 9 2 4年（民国十三年）投笔从戎，随王天培援川，后改编为国民革命军第十军，任军部一等秘书，随王天培北伐，遍走长江南北。1 9 2 7年农历八月十二日夜半，军长王天培被害于杭州城外之拱宸桥，全军瓦解。永笙[illegible]长沙学诗于吴悔悔，自成风格。又续娶陈氏静君，三年回黔。在黔数十年，加入中国民盟，任盟省委会宣传部付部长，又先后任贵阳警察总局总务科长秘书，省保卫团秘书、主任，[illegible]亨、丹江两县县长，云贵监察使署视察主任等职。后回家乡，在锦屏县文献委员会编锦屏县志。解放前夕，回[illegible]贵阳解放后，分到黎平土改工作队，后回镇远中学，任图书管理员。1 9 5 7年，在镇远中学被错划为右派，法院判刑劳改。1 9 6 0年以疾卒于平坝。

粉碎四人帮后，党中央和人民政府，正确执行知识分子政策，得予平反昭雪……

子念慈、念湘、念丹、念齐、女念荣，除念慈早居国外其余都在国内各条战线为四化建设服务。

诗集卒后久佚，今得其手书《忆竹轩诗稿》二卷，据此刻印，以广流传。

李独清、潘盛凡

一九八三年十二月

[附]：诗文（选）

按：潘詠笙先生毕生诗、文、楹联佳作甚夥，卒后散佚无存。《忆竹轩诗稿》是先生壬戌至戊寅（1922——1938年）间诗稿的一小部分，由潘盛凡老师得之於民间，并送请先生生前挚友李独清教授鉴定，诗稿为潘盛凡老师提供，现摘载潘永笙先生《忆竹轩诗稿》自序及诗数首于后，以见先生风范。

一、《忆竹轩诗稿》自序

余童年即为诗，诗童年而余齿髮髮矣。呻若无病，知也无涯。羽土本谓中年伤岁，耽丝与厌薜萝者情俱可谅。况马声人泪霜尘剑影之迸凑而不可以耶。重杜北征，问家室不忘君父。余诗南游以后，几复家室之间而无从，梦夺江山，云何神助，历劫万古，寇又来侵。或感慨之略工，论中晚而亦恕前此一鳞一爪，声泪尘影之犹然即耳。聊欲弦歌，复赋归去苟知人以论世，虽少作其何悔，十失三四，稍补缀而俱存之，名以“忆竹轩诗稿”，仰亦杜微感之意。伤心人往慰在是乎

二、诗

忠州访严颜故里

下马知何处，孤樽野店秋。
高风振林木，落日下忠州；
故老犹相占，将军宁断头！
缘他歌正气，千载笑吴钩。

浣花草堂有怀杜工部

四

为人性僻耽佳句，“不赋南山赋北征。
花径岂曾缘客扫（杜句）”，杞林犹自见堂成。
钟离有妹余歌哭，严挺之儿独眼明。
亦欲题诗满青竹，只[illegible]几尚尘[illegible]。

闻王将宗[illegible]之噩耗

病马思千里，　　征鞍罢万夫。
斯人竟草芥，　　遗恨到锟铻。
血洒湖能碧，　　魂招地不[illegible]。
[illegible]愤添一慨，　　铸佞铁何辜！

阳历七月七日抗战周年

谁翻沧海竟横流，大角星缠又一周。
已讶千山来铁马，尚怜半壁说金瓯。
怒蛙搏虎将何脯，痒风饥龙不自由。
底用编年诗卷在，血花涨恨古芦沟。

（资料来源：政协贵州省天柱县文史资料编辑委员会：《天柱文史资料》第3辑，1988年10月，第47-49页。）

十五、孙乃枢

史料一 《一生从事教育事业的孙乃枢教授》

一生从事教育事业的孙乃枢教授

孙乃枢，生于1895年10月，山东省安丘县人，贵州大学化学系教授。

孙先生1925年7月毕业于山东齐鲁大学化学系。其后在南开中学、河南省第一师范，山东省立第一、第二师范，湖南省第十职业学校任教，讲授物理、数学、化学。1948年至1958年在贵阳师范学院任化学系教授、系主任、学院教务处主任、院委会委员。1958年调贵州大学任化学系教授，1977年退休。

孙教授为科普协会贵阳分会会员、中国化学学会贵阳分会会员，任中苏友好协会贵州分会理事、贵阳师范学院民主同盟筹委会主任委员、贵州省人民政府教育委员会委员、政协贵州省第四届委员会常务委员。

他对中国人的日常食物和大豆产品做过相当多的调查和分析研究，讲授过生物化学、无机化学、分析化学、普通化学、胶体化学、食物营养化学等课程。

他一生从事教育事业，勤勤恳恳，兢兢业业，教学认真，讲授得法，受到好评，1983年2月23日因病治疗无效逝世，享年88岁。

（撰稿：桂伯渠）

（资料来源：《贵州大学教坛先导》编委会编：《教坛先导》，贵州大学出版社，2008年6月，第61页。）

孙熙枢

史料二 1991年10月：《正气浩然——纪念民盟的前辈们》

正气浩然——纪念民盟的前辈们

谢振东

在纪念民盟成立五十周年的时候，我回忆起我入盟前后许多往事，想起民盟的许多先辈、烈士，这些老一辈民盟成员大都是国内外的知名学者、教授，我一直对他们十分敬爱。以后当我逐渐理解他们不仅是学者、教授，而且都有高尚的精神品格，曾经长期为追求民主自由、为中华人民共和国的建立英勇献身时，我对他们更加尊敬。可以说，我是受到他们的感召而入盟的。下列几件事，给我很深印象，难于忘怀。

一、记得我在投考国立贵州大学前，1946年，就传来重庆“较场口”事件的消息，在那一次事件中，特务殴打了李公朴、郭沫若等著名的民主战士。这消息在贵阳山城，在青年学生中，曾掀起不小的风波，青少年学生并不认识李公朴、郭沫若，但为什么会引起激愤呢？是因为大家认为：二位知名学者、社会活动家受到无理侮辱，穷教授没有说话的权利，手无寸铁的秀才碰上带武器的特务，竟无人保护，这成什么世界？这些自然要引起纯真的青少年学生的反感和不平，虽然这些青少年一样也是赤手空拳，只能嘴上说几句气话，但在我们心灵上却投射下这种社会毫无民主自由可言的阴影。

二、1946年夏，我在国立贵州大学时，昆明又发生了震惊国内外的暗杀“李、闻血案”。当时，消息是从西南联大传过来的。历史系教授、美学家、翻译家目荧等，传播了“李、闻惨案”的真相。这件事，在贵州山城的知识界、教育界引起更大的波动，多方面都发出抗议呼声。这件事使青年人更进一步感到：知识分子在当时不但没有说话的自由，没有得到民主和自由，而且敢于坚持正义的人，生命也没有保障。

对于李公朴，当时我只知道他是一个社会活动家、文化出版工作者，知道他为了要求抗战，与沈钧儒、史良等人曾被当局关押，人称“七君子”，而对闻一多，则是另一种情况，就是经过在大学的学习中，逐渐深深地了解他，对他产生敬慕之心的。

当时，我读的是历史系，自然离不了学习古代史、青铜器、甲骨文、屈骚赋等课。记得当时教我们《古代历史名著文选》的老师是汤炳正，他是章太炎的入室子弟，对于楚骚有深刻的研究。学习古代文学史，就必然了解到郭沫若、闻一多、游国恩等知名的学者、大师。为了深入了解名家学说的内容，我曾在图书馆借阅闻一多先生的原著。我读了他的著作后，又对他增添了理解，知道不少研究屈原的学者，他们都有爱国、民主的思想，是些愿为民主自由献身的仁人志士。

闻先生除考证辞义外（比如他认为“舜闵在家，父何以鳏”，闵为妻，父为夫），而解释湘君之复爱湘夫人，与《抽思》旨意同：表现了屈原对祖国的忠贞，希望智者被信任。在《少司命》中，拟释出要求理想中的人民领袖，“举宝剑保护老人和孩子们，我们期待一个为民作主的人。”即在《九章·哀郢》中，着重译校“皇天三不纯命兮，何百姓之震愆？民离散而相失兮，方仲春而东迁”诸句。闻先生在其《楚辞校补》中，对《悲回风》做了认真勘误，突出了其深意：“望大河之洲渚兮，悲申徒之抗迹，骤谏君而不听兮，任重石之何益。”闻先生与一些新探者大胆否定了东汉王逸把“石”解为“百二十斤”之说，而正确地解释为：爱国诗人悲国家迷乱，忧楚郢必亡，几谏于当局而不纳，故效申徒抱石而自沉。他对真伪的考究认真，如《离骚解诂》中对《天问》“凤凰”与“玄鸟”“封豨”与“封狐”的校正，充分显示出他渊博的古史古文知识……记得在这些先辈的引导下，18岁的我也大胆地在1948年于《离骚》杂志上发表了我第一篇《湘君·湘夫人》译诗。闻一多被杀害这件事使我了解到：闻先生不仅同情几千年前的屈子，而且他的勇烈献身精神，超过了屈原“自沉”的态度。他最后是以生命投报真理，闻先生的爱国和民主思想更体现在他的新诗中。我读到他的《红烛》，抄过以下句段："太阳啊！楼角新升的太阳，不是刚从我们东方起来的吗……"在《忆菊》中写道："四千年的华胄的名花啊！你有高超的历史，你有逸雅的风尚。我们的庄严灿烂的祖国，我希望之花将开得同你一样。"充分显示诗人爱国之心。而在《死水》中却已爆发出激愤的呼吁，充分显示诗人爱国之心。"我来了，我喊一声，迸着血泪，可，这不是我的中华，不对！……这是一沟绝望的死水，这里不是美好的所在！"是诗人对社会的诅咒，先生的诗句敲响了青年人们心灵的钟，后来，我得知这位楚辞专家和诗人，便是知识界中由志同道合的学者、教授们组成的"中国民主同盟"的主要组织者和领导人之一。我从闻先生身上了解到民盟组织的成色和档次。

三、以上是四十年代中期的事。到后期，在我读的大学里，贵州大学又爆发了一次次惊人的事件，这次是大学生罢课、罢教、游行、示威运动。在"黑夜民主"日子里，我亲眼见到了一大批有知识的学者，他们不是逆来顺受的秀才，他们是勇敢投入民主运动的战士，为我们讲局势、开讲座，在狂风骇浪中，他们是挺身救人、不怕牺牲的好汉。后来，我知道他们或早或迟地都参加了民主同盟。

还有一位给我印象较深的是历史教授刘方岳，瘦小的个头，才华横溢，知识渊博。我对他十分尊敬。他在教我们《从文艺复兴到法国革命》一课时，把历史讲得津津有味，更在学生脑海中留下民主自由的火种。记得他说第一个举起反封建烛火的人，烧穿了中世纪的屋顶的是但丁，讲莎士比亚的悲剧《控诉》、喜剧《理想》、史剧《鉴今》，这些，是文艺复兴思潮在西方迭涌，后由莫里哀、伏尔泰、狄德罗、博马舍等推进。刘又讲马丁路德的《九十六条论文》、哥白尼的《天体论》、伽利略的《星空使者》、牛顿的《万有引力》、哥伦布的新大陆以及卢梭的《民约论》，从天文、地理、宗教到民主，闯开了一条血路，动摇了黑暗时期政教合一的神权世界的基础，导致伟大的1789年法国革命。刘方岳先生进课，史实丰富，逻辑严密，以史寻理，通过这些，使我对他倍加尊敬。关于刘方岳，当时文坛有不少传闻，说他“个子小胆子大”“见过孙中山”“同康有为顶过嘴”“喝过东洋维新的海水”“首到英法的老留学生”等等，通过这些传闻，也加深了我对他的理解。在我的回忆中，当时他为人处世比较谨慎，含而不露。后来才加道他回贵州后宣传河上肇，参加紫云暴动，坐过监狱。为了对付当局的迫害，他变得含蓄老练，但未停止战斗。1950年初，贵州大学在选举学生会中，难免鱼龙混杂，我看到一些投机者在活动，叹息回城，在醒狮路遇见了他，他询问学校情况，我说出我的忧虑，他挥挥手说：“不管它，这是必然的过渡，以后黑白是非会弄清的。好好学习好好干！”我1950年7月贵大毕业，统分到关外，与他失去联系。1954年调回贵州省文化局，好几次在民盟办公室内见到他，才知道他也参加了民盟，以后，我常在他那儿坐。又以后，我们师生都在此起彼落的“政治运动”中吃力地赛跑。我很同情他1957年的遭遇。刘方岳的为人、品德以及追求进步的历史，都给我以好的印象。这也影响我加入民盟。

又有一位知名的数学家——老教育家刘薰宇，也是贵州一位学有专长，为人正派、思想进步的前辈。他与李俶元，人称贵州“二酒仙”，时时一起喝酒，喝了酒后便议论时政，批评、讽刺当局。后调中央出版总署，他对我影响也很大。刘薰宇也是一位老盟员。对当代中国美学家艺术家、著名的中央美院教授常任侠，也是极为敬佩的，我买过他早期著作《中国古典艺术》一书，数十年提笔写文章总离不了它，其钟鼎、石器、青铜、绘画、傩戏、歌舞、木偶、皮影诸篇对我启发很大。我在中国戏剧出版社编《吴梅戏曲论集》时常到西总布胡同找他。他是吴梅大师的学生，和我大学国文老师杨文山是同学。他是我“慕名老师”，后编《戏曲服饰》一书，也请他鉴定过图稿。1979年底在全国第四次文代会上，我被钟敬文先生推荐为列席者，在民间文学研究会上，见他与周扬等同志坐主席台上，我请他签过字。去年4月在北京我又见过他，与他照过相。他是民盟中央参议委员，他的人品学识，对我入盟也是有影响的。

上面所提到的一些人和事，虽然过去很多年了，但这些人和事，还深深铭刻在我的心中。在民盟五十年历史的进程中，出现许多许多为争取民主、争取自由献身的仁人志士，从沈钧儒、李公朴、闻一多等名家烈士，到我所熟悉的老师、前辈刘方岳、刘薰宇等人，他们都有忧国忧民的赤子之心，他们对新时代民主自由的向往、追求，都不惜抛头颅、洒热血、坐班房、受屈辱，去迎接光明的未来。他们身上，有一种如文天祥说的“天地有正气……于人曰浩然”的“浩然正气”。就由于他们的品格、价值，吸引我参加了民盟，值此民盟建立50周年大庆之际，为缅怀纪念我们先辈老师而写此文。生者要学习他们的浩然正气，对时代做出更多的贡献。

附：只列名单的部分

贵州民盟经过长期发展，成员众多，无法在此章一一作传，故而这一部分，把贵州民盟各个时期留下来的名录资料予以影印，以备史乘。

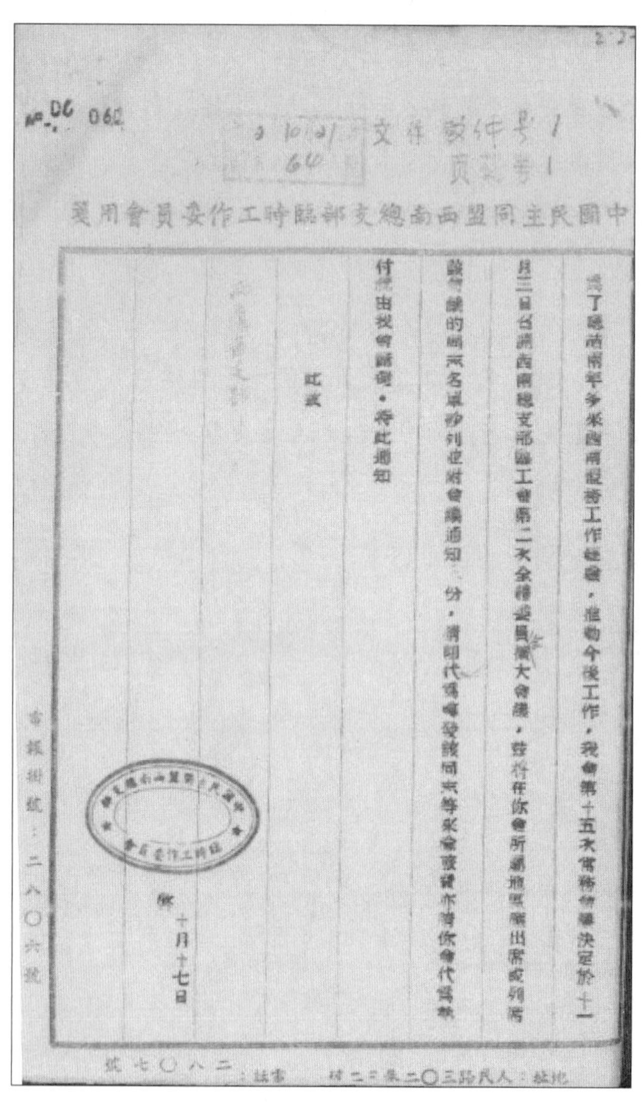
No. DC 062

中國民主同盟西南總支部臨時工作委員會用箋

為了總結兩年多來西南盟務工作經驗，推動今後工作，我會第十五次常務會議決定於十一月三日召開西南總支部臨工會第二次全體委員擴大會議，並將你會所屬地區應出席或列席該會議的同志名單抄列並附會議通知　分，請即代為轉發該同志等，來會旅費希請你會代為墊付，由我會歸還，特此通知

此致

十月十七日

電報掛號：二八〇六號

地址：人民路三〇二號二樓　電話：二八〇七號

中國民主同盟西南總支部

臨工會第二次全體委員擴大會議

開會須知

籌備委員會秘書處印製

一九五二年十一月

中國民主同盟西南總支部臨時工作委員會第二次全體委員擴大會議組織簡則（草案）

一、中國民主同盟西南總支部臨時工作委員會第二次全體委員擴大會議（以下簡稱本會議）設主席團，負責領導大會進行事宜。主席團人選由籌備委員會提名大會通過之。主席團由西南總支部臨時工作委員會主任委員為召集人，負責召集與主持主席團開會事宜。

二、本會議設秘書長一人，副秘書長若干人，其人選由主席團提請大會通過之。（在主席團領導下，負責主持大會日常行政事務。）

三、本會議設下列三處，在秘書長、副秘書長領導下分別辦理大會事宜。

1.秘書處，辦理大會議事、提案、文書、記錄、新聞發佈、資料印刷等事宜。

2.行政處，辦理大會招待、佈置、經費、事務、文娛及出（列）席人的膳宿交通、醫藥等事宜。

3.聯絡處，辦理大會與各方面的聯絡事宜。

前列各處各設處長一人，副處長若干人，由主席團選定之。各處以工作需要，可設若干組，其組長由秘書長決定之。

四、本會設由秘書長、副秘書長、正副處長組織工作會議，商討推動大會日常工作事宜，工作會議由秘書長召集之。

前項工作會報，各組長得予列席。

五、本簡則經大會通過後實施。

· 2 ·

中國民主同盟西南總支部臨時工作委員會第二次全體委員擴大會議議事規則（草案）

一、中國民主同盟西南總支部臨時工作委員會第二次全體委員擴大會議（以下簡稱本會議）之議事程序，依本規則進行之。

二、本會議由大會主席團負責主持，主席團每日推定執行主席，輪流主持大會進行事宜。

三、出席列席人員每日按時開會，進入會場時須填交簽到卡片。如因要事不能出席時必須向大會秘書處請假。

四、本會議須有出席人總額二分之一以上始得開會，須有出席人二分之一以上的贊成始得成立決議，贊成與反對同數時，取決於主席。

五、本會議一切議案的討論，力求民主、協商精神，以求意見一致。

六、關於議案討論之表決方式規定如左：

1.表決一般的議案，採用舉手方式行之。

2.須作鄭重表決之重大議案，得用起立方式行之。
[illegible]之[illegible]人有發言權與表決權，列席人有發言權無表決權。

八、出（列）席人發言時，須先報告主席，經允許後始得發言，如有二人以上同時要求發言，由主席指定其發言次序。

九、討論議案之發言時間，每人以十分鐘為限，經主席允許得延長之。

十、本會議提案，除由各地組織所提者外，列席人之提案須有二人以上之附署方得提出。出席人之提案不受此限制。

十一、本會議議事日程，由大會主席團決定，並向大會宣佈，主席團認為必要時得斟酌情況變更議事日程，並向大會宣佈。

十二、本會議一切文件與新聞發佈，由大會秘書處統一辦理，未經決定或不准對外公佈事件，不得外傳。

十三、本規則由大會主席團通過後實施。

·4·

出席、列席會議人員膳宿、交通、醫療辦法

一、出席、列席人員均在本市兩路口重慶市人民政府交際處膳宿。（不在交際處住宿之人員即在本會用膳。）

二、出席、列席人員向大會秘書處報到後，即由行政處派人送至交際處，並安置膳宿問題。所有房間鋪位，均由行政處統一分配。

三、出席、列席會議人員之膳食費每人每日按照供給標準繳納四千元，並請於報到時一次繳足十天，不足之數由大會補助。

四、本會備有交通車，凡住在交際處之出、列席人員，每日開會或大會之集體活動時由本會派車接送。

五、出、列席人員隨帶之警衛員、駕駛員如需住宿用膳，請事先向大會行政處膳宿組登記。

六、出、列席人員之親友眷屬，一律不負責招待宿膳。

七、出、列席人員在開會期間如患疾病，可由行政處介紹至指定衛生機關進行診治，醫藥費由本會負責。

中國民主同盟西南總支部臨工會第二次全體委員擴大會議日程（總部委員會第二次會議通過）

十一月六日

上午：預備會議

1.籌委會報告籌備經過

2.通過大會議程

3.通過大會議事規則

4.通過大會主席團及秘書長、副秘書長

5.川西支部臨工會工作報告

下午：預備會議

1.雲南省支部臨工會工作報告

2.西康省支部臨工會工作報告

十一月七日

上午：預備會議

1.川北支部臨工會工作報告

2.川東支部臨工會工作報告

下午：預備會議

1.貴州省支部臨工會工作報告

2.重慶市支部委員會工作報告

十一月八日

1.大會開幕
2.縣部代表廣齋民同志講話
3.宛主任委員報告
下午：小組討論
十一月九日
上午：時事問題報告
下午：小組討論
十一月十日
上午：組織問題報告
下午：小組討論
十一月十一日
大會討論
十一月十二、十三、十四日
黨務問題討論
1.專題報告
2.小組討論
十一月十五日
上午：大會總結
下午：大會
1.通過宣言和決議
2.選舉報告
3.閉幕

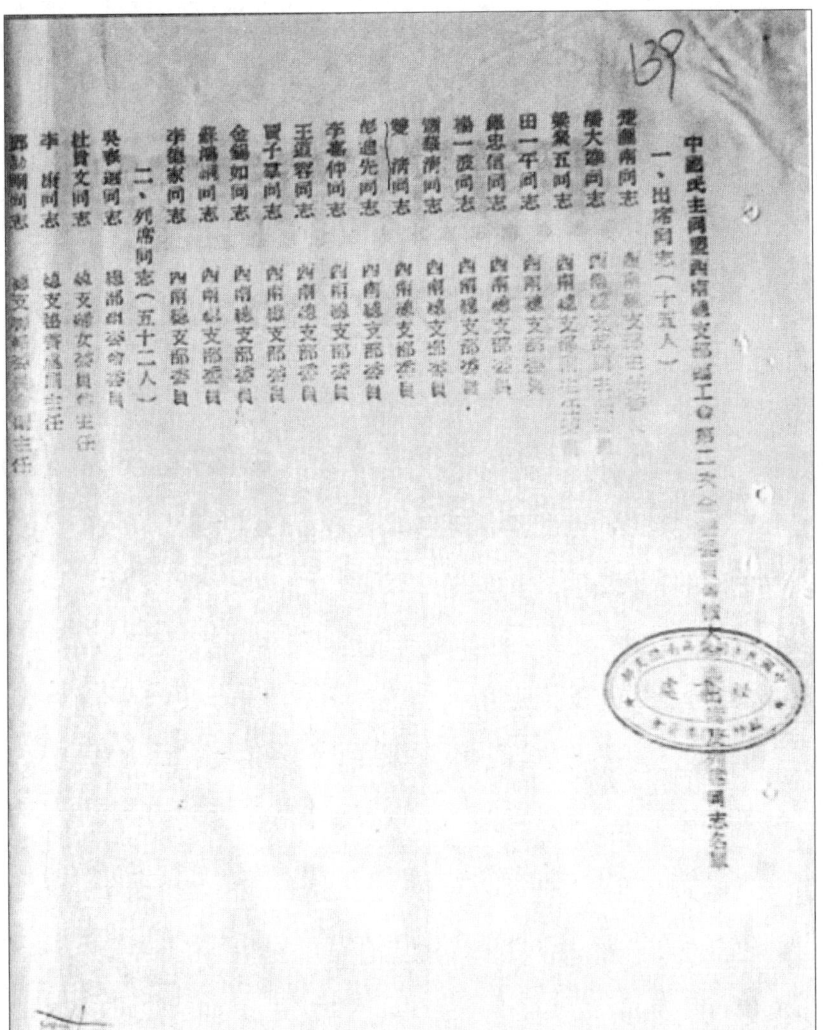

中國民主同盟西南總支部[illegible]第二次[illegible]委員[illegible]名單

一、出席同志（十五人）

楚圖南同志　[illegible]

潘大逵同志　[illegible]

梁聚五同志　西南總支部[illegible]

田一平同志　西南總支部委員

羅忠信同志　西南總支部委員

楊一波同志　西南總支部委員

[illegible]同志　西南總支部委員

雙　清同志　西南總支部委員

彭迪先同志　西南總支部委員

李嘉仲同志　西南總支部委員

王[illegible]容同志　西南總支部委員

賈子羣同志　西南總支部委員

金錫如同志　西南總支部委員

[illegible]同志　西南總支部委員

李[illegible]家同志　西南總支部委員

二、列席同志（五十二人）

吳[illegible]同志　總部[illegible]委員

杜[illegible]文同志　總支部婦女委員會[illegible]主任

李　[illegible]同志　總支部青年委員會[illegible]主任

郭[illegible]同志　總支部[illegible]副主任

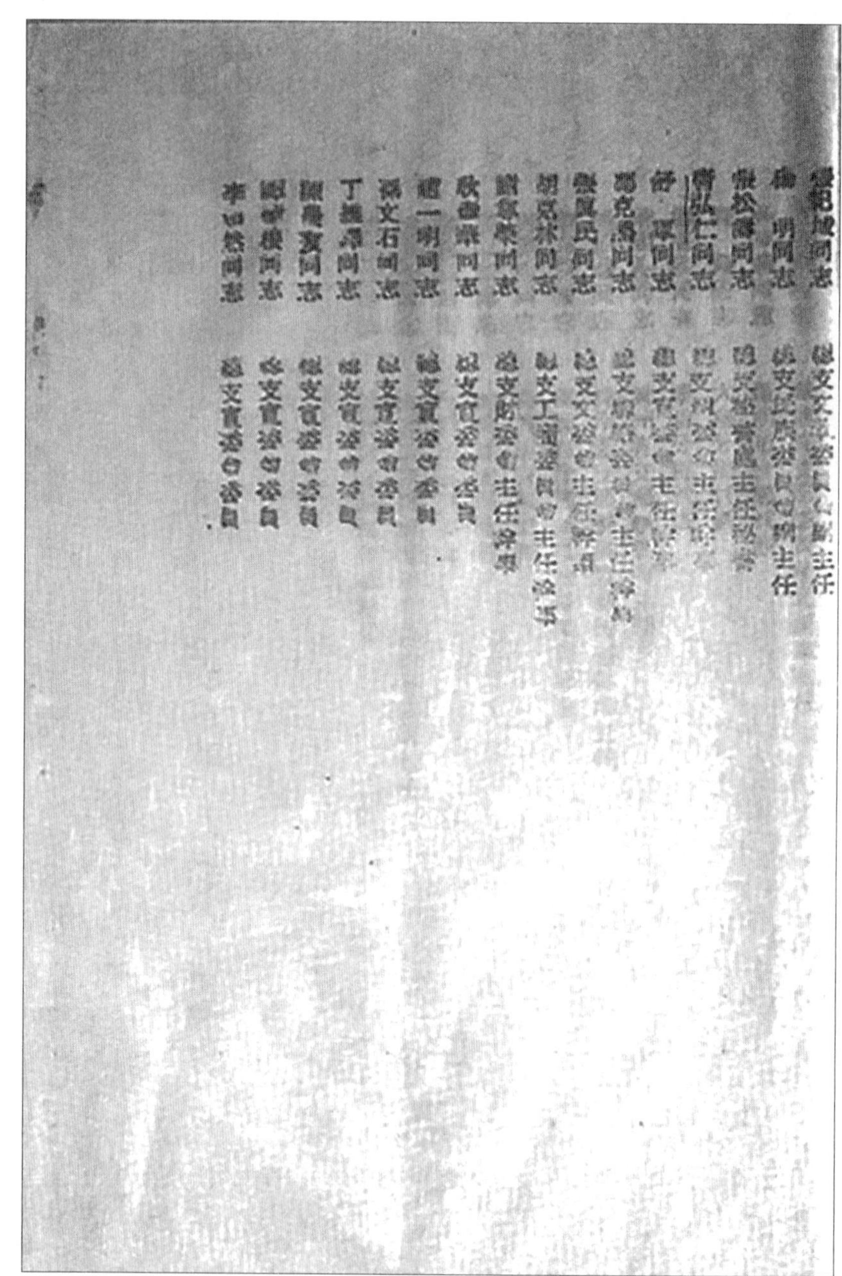

[illegible]紀域同志　總支文宣委員會副主任
[illegible]明同志　總支民族委員會副主任
[illegible]松[illegible]同志　總支[illegible]青[illegible]主任秘書
[illegible]弘仁同志　總支[illegible]委員會主任[illegible]
[illegible]澤同志　總支[illegible]委員會主任委員
[illegible]克[illegible]同志　總支組織委員會主任委員
[illegible]賢民同志　總支文教委員會主任委員
胡克林同志　總支工商委員會主任委員
[illegible]華同志　總支防[illegible]委員會主任委員
歐[illegible]鼎同志　總支宣委會委員
趙一明同志　總支宣委會委員
孫文石同志　總支宣委會委員
丁[illegible]同志　總支宣委會委員
[illegible]壽寅同志　總支宣委會委員
[illegible]樓同志　總支宣委會委員
李[illegible]然同志　總支宣委會委員

士甫州同志　總支文委會委員

楊邃硏同志　總支文委會委員

許德藻同志　總支文委會委員

宋奐顏同志　總支文委會委員

范士宜同志　川西支部幹事

劉石典同志　川東支部委員兼[illegible]

蔣章甫同志　川南支部委員兼[illegible]

胡尚先同志　川南支部組織部副部長

黃仲錫同志　內江分部委員代理秘書主任

王雛甫同志　宜賓分部主委

胡天桐同志　自貢市分部主委

蔡信孚同志　樂山分部委員兼宣傳部部長

唐惠鏈同志　川北支部委員兼秘書主任

張獻生同志　川北支部委員兼組織部部長

吳仲孫同志　川北支部秘書處副主任

蘇尚烈同志　遂寧分部主委

鍾仁福同志　岳池分部主委

王錄之同志　三台分部主[illegible]

曾[illegible]夫同志　雲南省支部委員兼秘書主任

楊[illegible]同志　雲南省支部委員兼宣傳部副部長

高[illegible]泰同志　雲南省支部委員兼文委會主任

吳[illegible]泰同志　昆明市分部代表

張　[illegible]同志　大理分部代表

楊玉華同志　蒙自分部代表

錢[illegible]蒼同志　貴州省支部常委會主任

楊伯謙同志　貴州省支部委員兼婦運委員會主任

李方明同志　遵義市分部委員兼組織部部長

鄭[illegible]生同志　西康省支部主委

楊[illegible]和同志　西康省支部秘書

[illegible]同志　成都市支部委員

楊[illegible]公同志　重慶市支部兼[illegible]委員[illegible]局主任

胡[illegible]水同志　重慶市支部組織部幹事

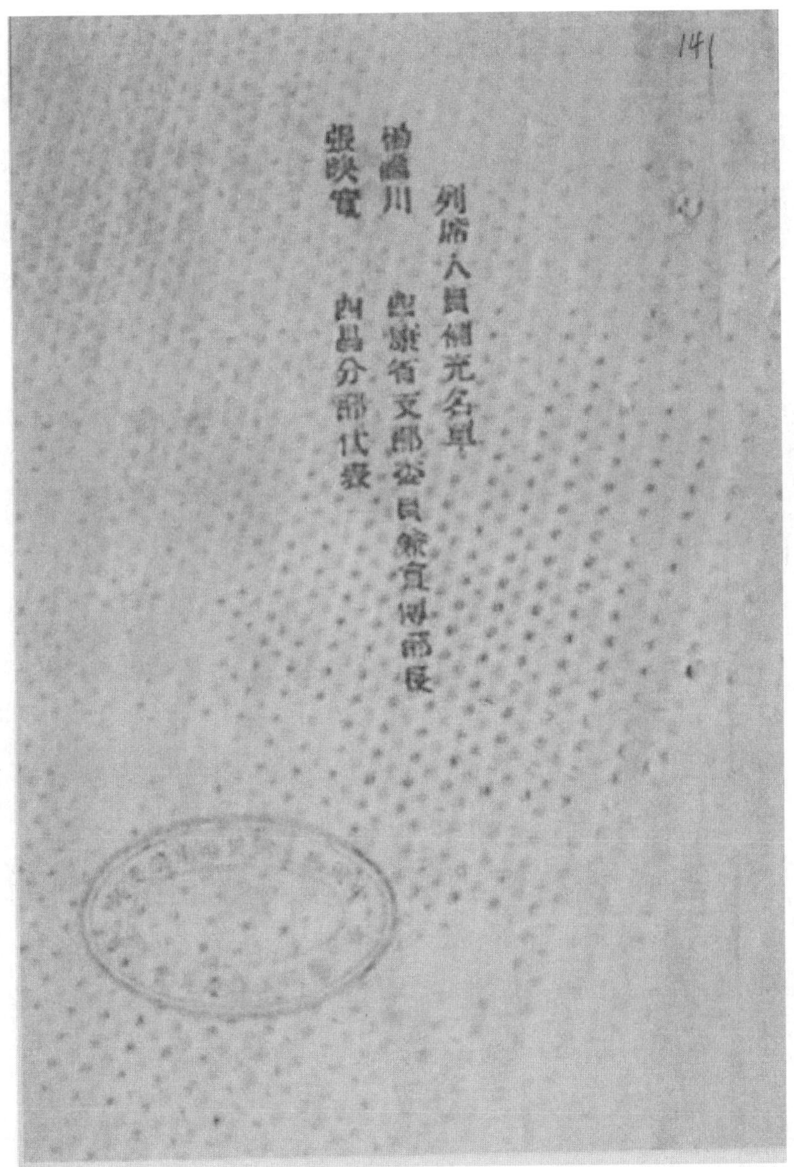

列席人員補充名單

楊鑫川　四川省支部委員兼宣傳部長

張映寶　西昌分部代表

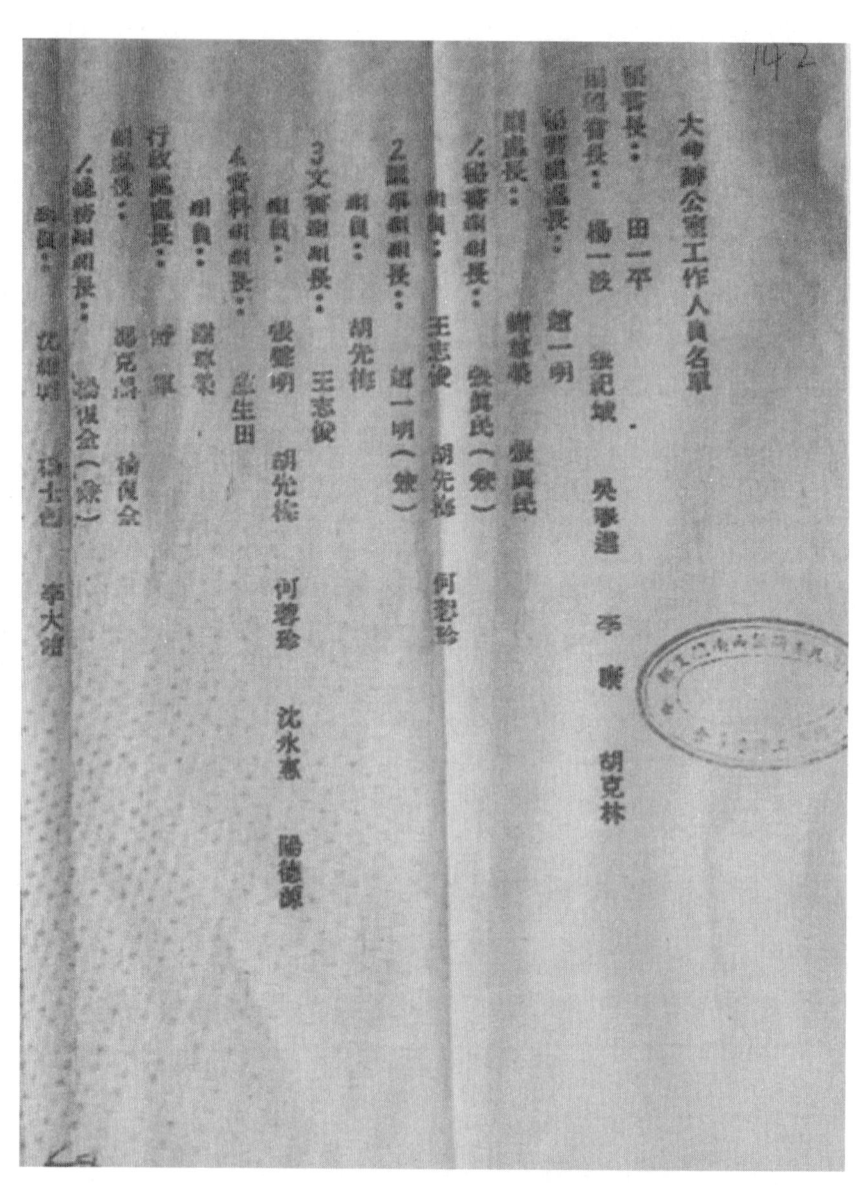

大學辦公室工作人員名單

秘書長：田一平
副秘書長：楊一波 金紀賢 吳學進 李賡 胡克林
秘書處處長：趙一明
副處長：謝孝恭 張翼民
1秘書科科長：金翼民（兼）
科員：王志俊 胡先梅 何碧珍
2輔導科科長：趙一明（兼）
科員：胡先梅
3文書科科長：王志俊
科員：張耀明 胡先梅 何碧珍 沈永壽 陽德源
4資料科科長：彭生田
科員：謝孝榮
行政處處長：傅寧
副處長：馮克昌 楊復会
1總務科科長：楊復会（兼）
科員：沈繼祥 徐士仰 李大緒

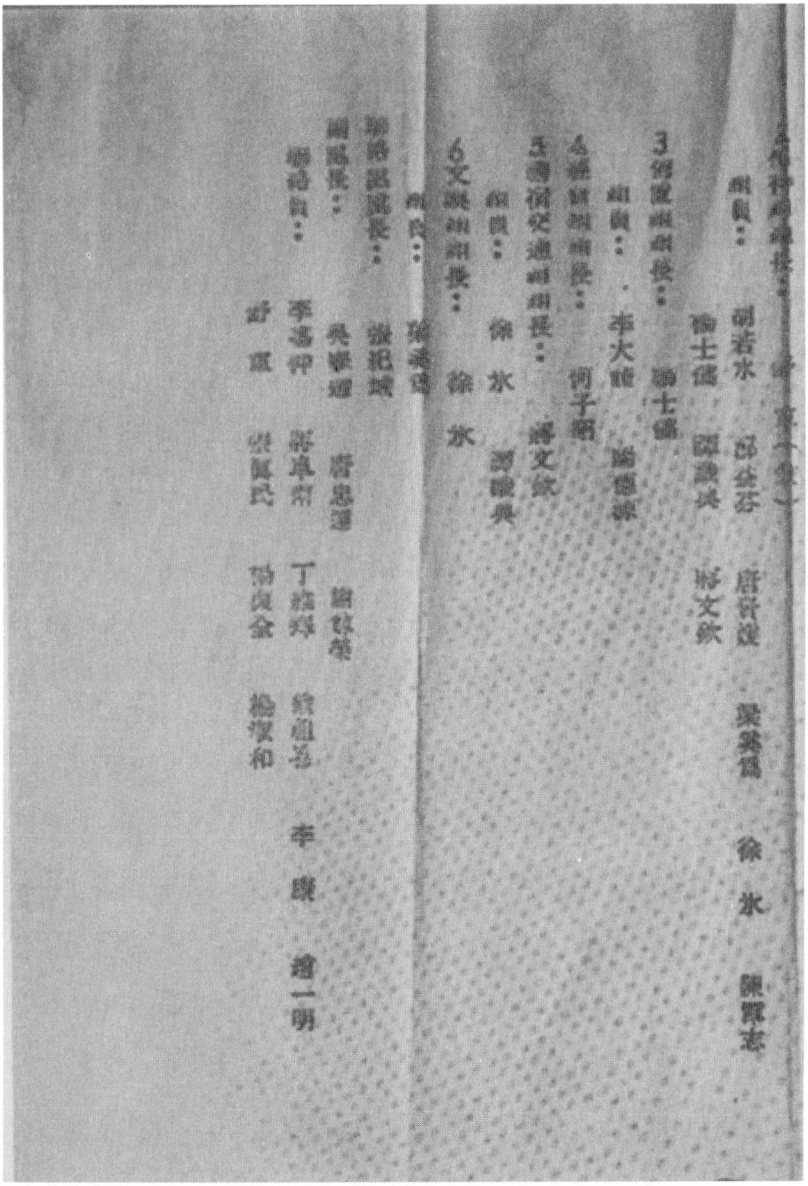

[illegible]組組長：[illegible]

組員：胡若水 邵金芬 唐[illegible] 梁[illegible] 徐冰 陳[illegible]志

倫士儒 [illegible] 蔣文欽

3.[illegible]組組長：倫士儒

組員：李大[illegible] [illegible]

4.[illegible]組組長：何子明

5.[illegible]交通組組長：蔣文欽

組員：徐冰 [illegible]興

6.文娛組組長：徐冰

組員：[illegible]

聯絡區區長：張[illegible]

副區長：吳[illegible] [illegible] [illegible]

聯絡員：李[illegible] [illegible] 丁[illegible] [illegible] 李[illegible] [illegible]一明

舒[illegible] [illegible]氏 [illegible]良金 [illegible]復和

143

主席團名單（草案）

樊圖南　潘大逵　孫聚五　羅忠信　田一平

彭湘先　賀子犀　蘇鴻綱　雙　清

大會辦公室秘書長、副秘書長名單（草案）

秘書長　田一平

副秘書長　楊一波　張紀域　吳奇源　李　秦

胡克林

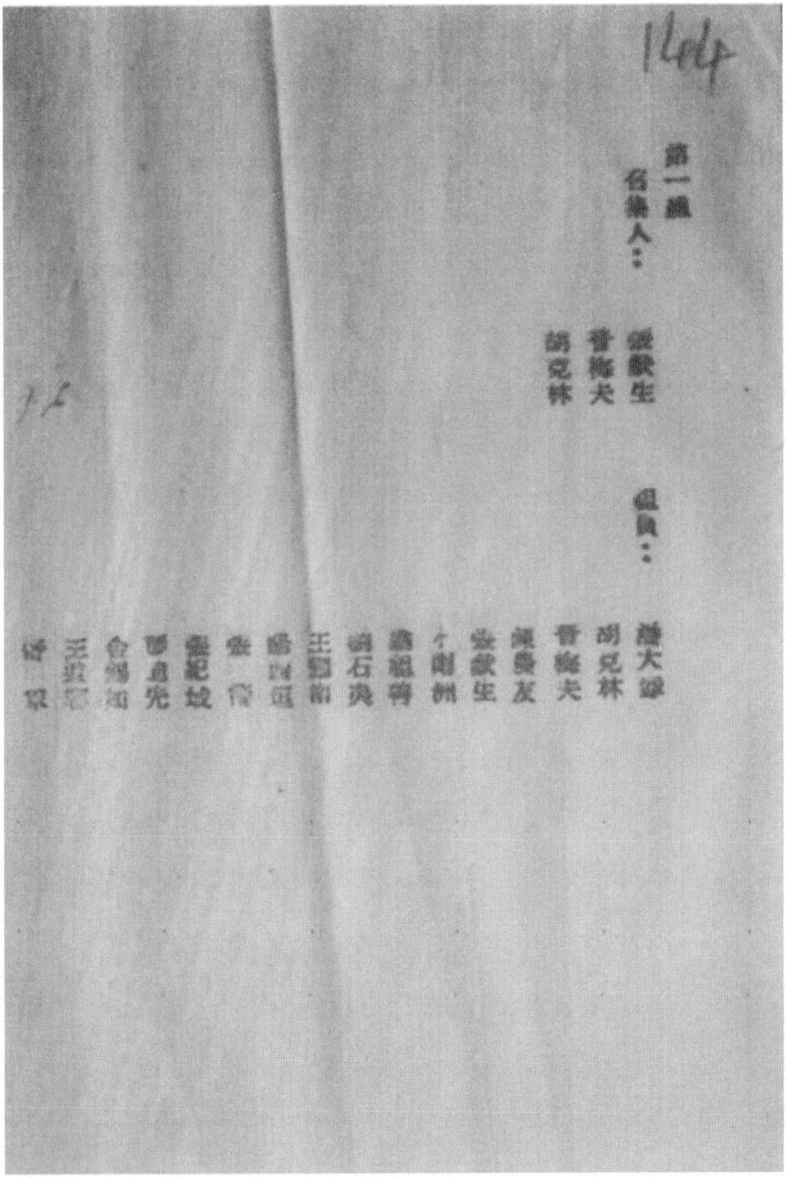

1404

第一組

召集人：張獻生　晉梅夫　胡克林

組員：

潘大逵
胡克林
晉梅夫
陳秉友
張獻生
[illegible]朗州
高祖[illegible]
胡石堯
王[illegible]
楊[illegible]
張[illegible]
張紀[illegible]
廖[illegible]
曾[illegible]
王[illegible]
[illegible]

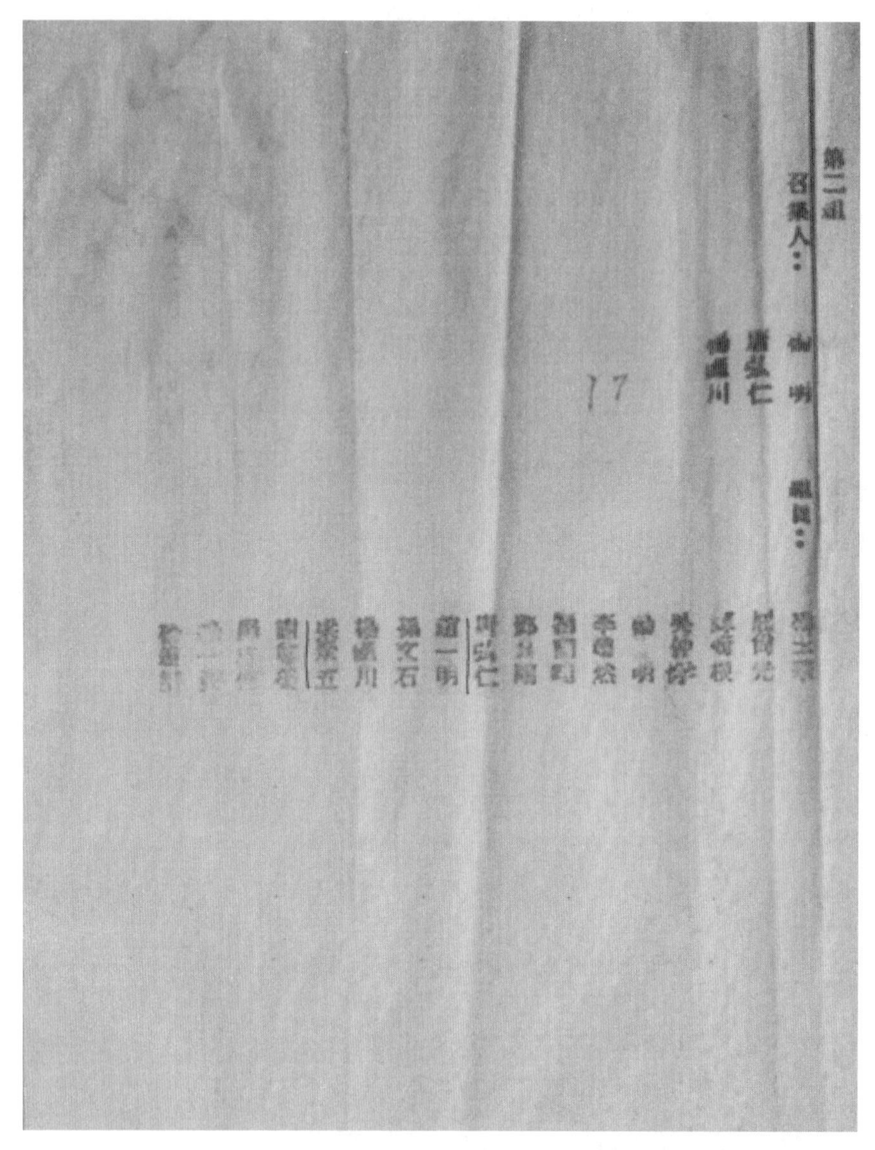

第二组

召集人：尚明　唐弘仁　傅通川

组员：[illegible]　[illegible]　[illegible]　[illegible]　尚明　[illegible]　[illegible]　[illegible]　唐弘仁　宿一明　孙文石　[illegible]　[illegible]　[illegible]　[illegible]　[illegible]　[illegible]

第三區

召集人：李春仲　蔣草南　吳[illegible][illegible]

組員：蔡[illegible][illegible]　王[illegible]之　高[illegible][illegible]　楊伯[illegible]　田一平　吳[illegible][illegible]　張松[illegible]　張[illegible][illegible]　馮克[illegible]　張映寬　李方[illegible]　蔣草[illegible]　胡[illegible][illegible]　[illegible][illegible][illegible]　李[illegible]仲　[illegible][illegible][illegible]

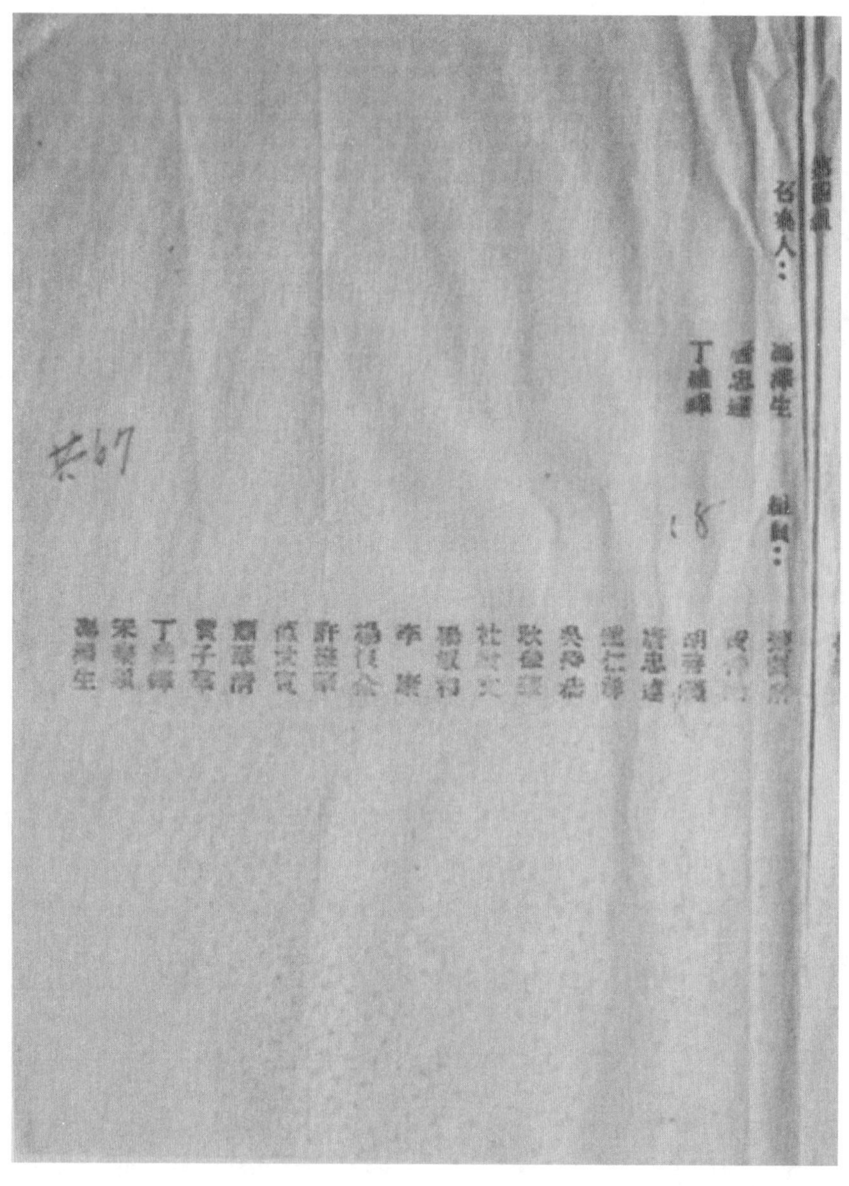

召集人：[illegible]

组员：[illegible]

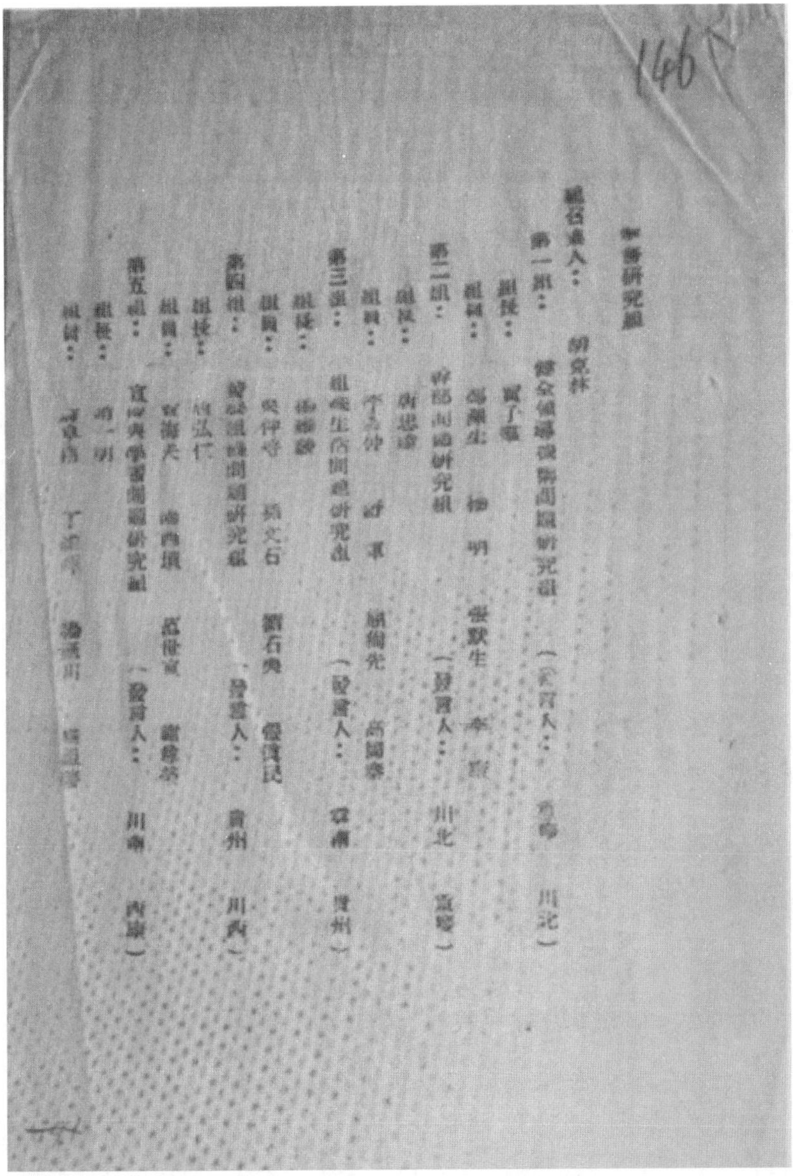

146

[illegible]題研究組

總召集人：胡克林

第一組：鄉鎮領導設施問題研究組（[illegible]人：秀峰 川北）

組長：[illegible]

組員：[illegible] [illegible]明 張默生 李[illegible]

第二組：[illegible]區山區研究組（發言人：川北 [illegible]）

組長：[illegible]

組員：[illegible] [illegible]軍 [illegible] [illegible]

第三組：組織生活問題研究組（發言人：雲南 貴州）

組長：[illegible]

組員：[illegible] [illegible]文石 劉石典 [illegible]民

第四組：[illegible]問題研究組（發言人：貴州 川西）

組長：[illegible]弘仁

組員：[illegible]海天 [illegible] [illegible] [illegible]

第五組：宣[illegible]與學習問題研究組（發言人：川南 西康）

組長：[illegible]一明

組員：[illegible] 丁[illegible] [illegible]川 [illegible]

167

第一案：

案由：為了進一步開展工作，凡有關文教界之重大措施，請文教行政當局事先通知本盟各級組織以便密切配合。

理由：甲、使於發動盟員協助完成任務和推動工作進展。

乙、各級組織可協助行政上的中心任務，勿使彼此隔閡。

辦法：請統戰部轉各文教行政機關參考。

提案人：川西支部臨時工作委員會

第二案：

案由：請黨宣傳部門在作與本盟任務有關宣傳設計時，給予參加機會，有關宣傳之文件亦請適當分發。

理由：一、使盟的宣傳工作能緊密結合當前中心政治任務；

二、吸取領導黨關於宣傳工作的先進經驗。

辦法：送統戰部參考。

提案人：川西支部臨時工作委員會

第三案：

案由：各個高等學校與黨小組關係迅速建立。

理由：一、在各級黨委領導下，統一盟的工作，使彼此步調一致；

二、互相協調，解決重大問題。

辦法：送西南統戰部參考辦理。

提案人：川西支部臨時工作委員會

191

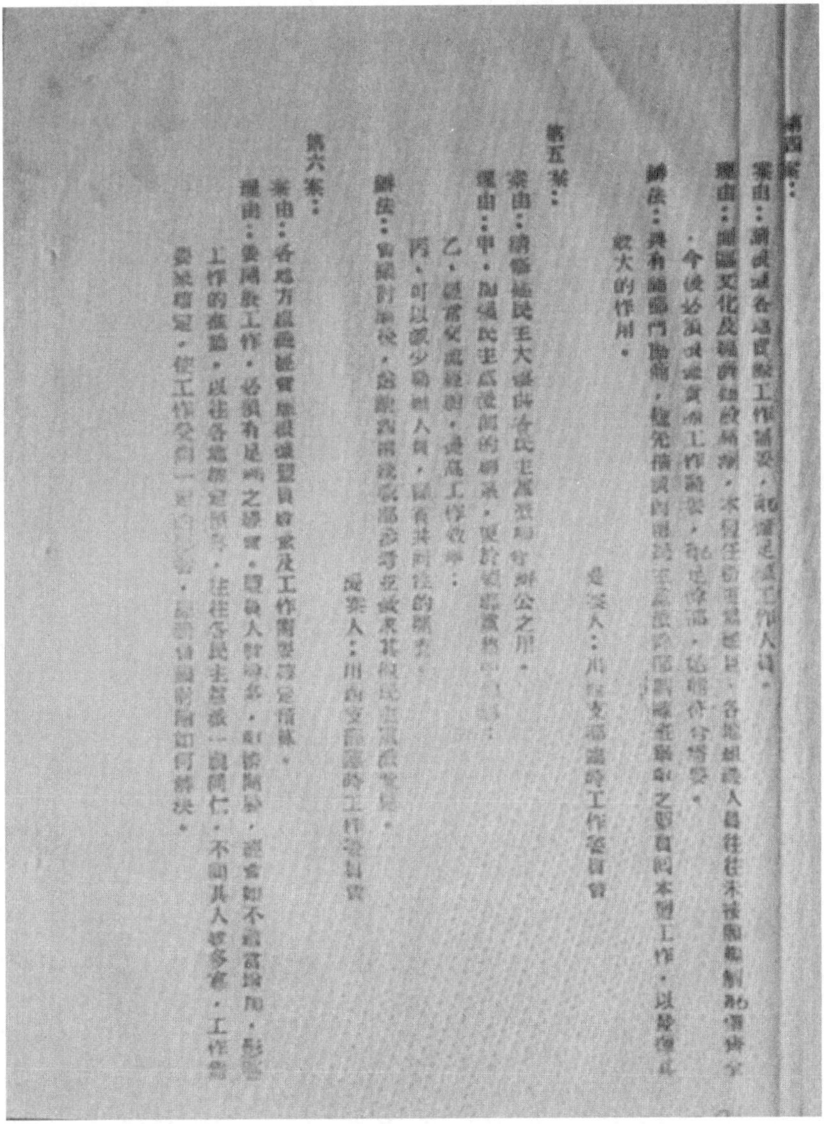

第四案：

案由：請視察各地民盟工作需要，派遣得力工作人員。

理由：因滇區文化及經濟均欠發展，本盟在各地區盟員，各地組織人員往往不能應付[illegible]

，今後必須加强[illegible]工作的需要，[illegible]，以應付需要。

辦法：具有適當部門擔當，[illegible]之需要同本盟工作，以發揮

較大的作用。

提案人：[illegible]支部臨時工作委員會

第五案：

案由：請籌備民主大會與各民主黨派籌措辦公之用。

理由：甲、加强民主黨派的聯系，便於彼此密切配合：

乙、經常交換經驗，達成工作效率：

丙、可以減少辦事人員，避免其同性的開支。

辦法：由總部計劃後，函請各黨派負責部分召集成立其他民主黨派參加。

提案人：川南支部臨時工作委員會

第六案：

案由：各地方組織統一要求盟員的要求及工作需要認定指標。

理由：要開展工作，必須有足夠之盟員，盟員人數過多，則恐難掌握，盟員如不適當擔用，影響

工作的推進，以往各處都是如此，往往各民主黨派一視同仁，不問其人數多寡，工作需

要如何規定，使工作[illegible]，然而當前如何解決。

121

黔南总支临工会第二次全会扩大会议传达报告讨论提纲

一、从国内外形势、人民民主统一战线的发展与民盟十年来的斗争总结，进一步明确民盟的性质与任务。

二、从思想上工作上检查组织内现在存在那些不符合民盟性质的想法看法（如小集团思想、宗派思想、宗派主义的政治看法，个人英雄主义、享受主义、超政治观点、单纯业务观点……）作法（如关门主义、命令主义、事务主义、单纯事务观点……等）。应如何克服。

三、从思想上工作上检查（一）盟员与民盟，（二）盟员与所在单位以及某些个人（如……）是否明确了组织的盟员的发展是为了要完成政治任务要在工作中体现出来。

四、从以往的工作中，检查是否明确了组织工作与宣传工作除了自我教育之外，主要是密切联系广大知识分子，发挥组织作用，完成盟的政治任务，要经常反映他们的意见和要求，帮助他们解决问题，推动他们贯彻执行政府的政策法令，为实现共同纲领而努力。

五、在以往发展组织工作中，自己是否明确了组织路线服从政治任务的原则，关于组织路线的改变有那些不同的认识与实际困难，应如何克服？

六、为了迎接大规模的经济建设与文化建设的新任务，应作好那些准备：

甲、如何在所属单位进一步诚恳、正确、全面的接受党的领导；

乙、如何使组织工作与每一时期的中心政治任务和行政任务相结合；

丙、如何密切联系广大知识分子，发挥组织的作用；

丁、如何与本单位中的各民主党派、青年团、工会、行政密切配合，有效地开展工作；

戊、如何配合任务，贯彻组织路线，调整组织。

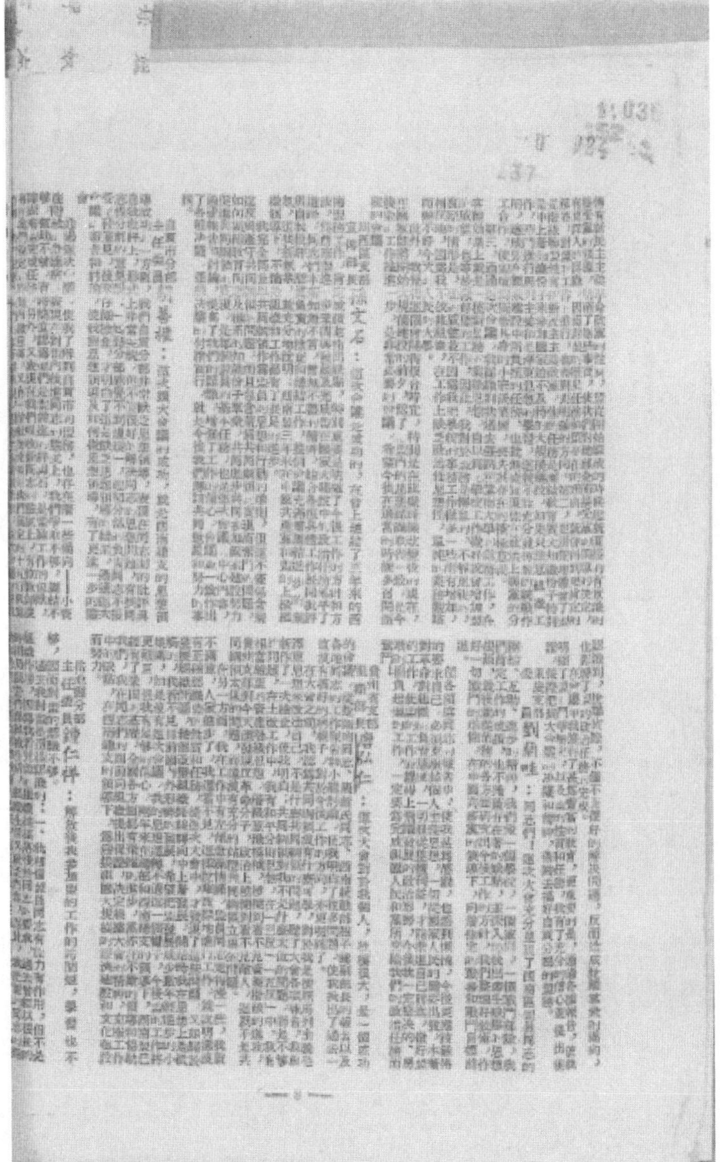

西南總支第二次全委擴大會後
各地支分部積極進行傳達工作
個別地區對會議精神掌握不夠

總部組委會通知各地方組織
加强與散居外地盟員聯系

西南總支暨重慶市支工作同志
舉行晚會歡送赴黔南同志

討論一九五三年工作任務
四川省支部召開全省幹部座談會

為迎接一九五三年三大任務
貴州省支部召開工作總結會議

—6—

17

1954年5月24日至30日召开贵州省首届盟员代表大会，选举产生民盟贵州省第一届委员会委员、候补委员

主任委员：双清

副主任委员：顾光中　唐弘仁

委员：王焕斗　吴厚安　孙廼初　唐弘仁　夏国佐
翁祖善　郭振中　冯　枬　詹建伦　雷宝芬
刘方岳　刘映芳　骞先艾　双　清　顾光中

候补委员：朱梅麓　易光培　杨世璇　刘延良

组织部长：唐弘仁　**副部长：**刘映芳

宣教委员会主任：骞先艾　**副主任：**翁祖善

秘书处主任：刘方岳　**副主任：**朱梅麓　杨伯瑜

1959年12月19日召开民盟贵州省第四次代表大会，选举产生民盟贵州省第二届委员会委员、候补委员名单

主任委员：双清

副主任委员：顾光中　唐弘仁　刘延良

常务委员：王焕斗　陈仲庵　赵咸云　郭振中　骞先艾

委　员：双　清　王焕斗　冯　楠　刘延良　刘映芳
杜化居　毕昌兰　陈仲庵　吴厚安　赵咸云
夏国佐　唐弘仁　翁祖善　郭振中　顾光中
雷宝芬　詹建伦　熊启渭　骞先艾

候补委员：朱梅麓　刘方岳　刘灿珣　易光培　杨世璇
贾仁华　缪象初　韩述明

杨汉光　徐尧照

附 录

没有共产党的领导就没有民主同盟的今天

黄培昌

1991年10月

今年是中国民主同盟建立50周年，我重温盟史和中共统一战线文件，深感没有共产党的领导就没有新中国，也没有民盟的今天。

五十年前，抗日战争时期，中国民主政团同盟在中共统一战线的影响和指导下秘密诞生于重庆。中共从财力人力支持这个组织在香港创办《光明报》，这个革命组织才得以在《光明报》上公开宣布成立。同年，中共即在延安《解放日报》发表政论，表示支持。1944年民主政团同盟改组为中国民主同盟，次年，毛泽东主席在中共七大上提出，中国要成立联合政府，其中应包括国民党、共产党和民主同盟，1945年日本投降后，国共两党举行谈判，达成《双十协定》，提出召开党派会议，同年10月民盟一大会上即时提出举行党派会议、废除国民党在此之前选出的国大代表、成立联合政府等主张。这些主张都是与中共的意向相互呼应的。

1946年旧政协召开期间，民盟也在许多重要问题上与中共合作，做到了共同商讨、相互协调，使之有利于与国民党进行斗争。政协会议结束仅仅一个月，国民党就推翻政协关于宪法草案协议的原则，周恩来声明国民党无权否定，民盟主席张澜即时发表谈话声明，民盟决不参加这样的政府，与中共态度完全一致，同年国民党违反政协决议召开国民大会，要求有关各方面提交国大代表名单，中共拒绝，民盟也拒绝参加。

1947年10月国民党宣布民盟为“非法团体”，民盟被迫解散，转入地下。新华社又发表文章，谴责国民党，并鼓励民盟继续斗争。1948

年1月盟的三中全会上声明与共产党通力合作，推翻蒋介石反动政权，开始接受中国共产党的领导。在这短短的三年多时间里，民盟有近百位同志牺牲于国民党反动派的枪口之下，其中包括著名民主斗士李公朴、闻一多、杜斌丞、杨伯恺等，民盟被迫转入地下以后，民盟的同志们，无论在集中营里，在国统区内，都与中共组织密切配合、共同战斗。

以上历程说明，民盟的诞生、成长是中国共产党统战政策的影响和从政治经济各方面支持帮助的结果，同时也可看到盟与党的关系确实是风雨同舟、甘苦与共的战友关系。

新中国成立后，党领导的革命转入社会主义革命与建设阶段，盟也进一步认识到从新民主主义转入社会主义是历史发展的必然，因而真诚地在中共领导下走上为社会主义服务的道路。

解放前，我对民盟的革命史是不了解的，但对李公朴、闻一多这样的学者名人一向倾慕敬重，解放以后，经过学习，对党和民主党派逐渐有了认识，可能是职业关系，对民盟尤有好感。由于和先我入盟的几位同志一向就过从密切，经过他们介绍，我遂于1951年9月加入民盟，有了自己的组织，是我政治生命的起点，不久又担负支部的领导工作。在盟组织的关怀教育下，经过党的培养，1957年我又加入了中国共产党，从此，更加严以律己，尽心竭力对待学校教育工作，同时也更加忠于盟的工作，未曾懈怠。

在盟省委的领导下，在单位党组织的直接领导帮助下，我们贵州农学院支部及全体成员与全国全省盟员一样，紧紧围绕党的中心工作，参加在高等学校开展的各项政治运动及教学改革等文教建设工作。“反右”斗争的扩大化，使盟内不少成员包括领导人受到严重伤害，我支部成员在思想上也感到很大压力，三年困难时期，我支部联系部分盟外人士共同学习，对稳定人心还是起到一定作用的。正当教学科研走向农村与生产结合，广大师生直接参加农村政治运动之际，一场“文革”大风暴给党、国家和人民带来严重灾难，民主党派被诬为“群魔乱舞”的“裴多菲俱乐部”，本单位党的领导瘫痪了，盟的组织和成员受到极大冲击，一些盟员还遭受种种迫害。这场劫难终以“四人帮”的覆灭宣告结束，民主党派才又重新恢复了正常的活动。

党的十一届三中全会以后，确定了“一个中心、两个基本点”的基本路线，党对统一战线更加重视，将党与各民主党派关系的方针发展完善为“长期共存，互相监督，肝胆相照，荣辱与共”十六字。在这个方针指引下，我盟从中央到地方和基层，积极参政议政，参与各级政府的决策工作，如地区的发展规划、办学讲学、咨询服务和支边活动等，恪尽了一个民主党派应尽的责任，做出了一定贡献。

1989年党中央公布了《坚持和完善中国共产党领导的多党合作和政治协商制度的意见》。这个文件总结了中华人民共和国成立40年来，特别是十一届三中全会以来关于中国共产党领导的多党合作方面成功的经验和优良的传统。这一制度适合中国国情，体现了我国政治制度的优点和特点，我们必须认真学习，贯彻执行，并在实践中完善这一制度。我相信，通过不断完善这一政治制度，我国的民主协商必将进一步制度化、规范化。我们民主党派参政议政、参加国家事务管理和为现代化建设的任务更趋繁重了，我盟必须搞好自身的思想建设和组织建设，在振兴中华、统一祖国的事业中，在四化建设中，进一步发挥我们的作用，我作为一个普通盟员，也一定竭尽绵薄之力，履行自己的义务。

后 记

1946年7月，民盟贵州支部筹委会成立。贵州民盟七十余载风雨历程，铸就了民盟与中国共产党亲密合作的优良传统。为继承和弘扬民盟优良传统，找准新时代贵州民盟的历史方位，建设高素质新型参政党，民盟贵州省委决定组织力量搜集散佚各方的相关历史文献资料，整理出版《贵州民盟历史资料集成(1946—1966)》一书，以供读者研读之用。

2018年12月，资料搜集整理工作启动。此项工作得到了民盟中央办公厅、民盟重庆市委、民盟四川省委、民盟云南省委、民盟遵义市委、贵州省档案馆、贵阳市方志办、贵阳市教育局、遵义市方志办、湄潭县方志办以及黔西市相关部门的大力支持。民盟各市(州)委员会(工委)积极参与此项工作并提供帮助。民盟老前辈后人——唐弘仁之子唐伯勋、刘映芳之子刘伯明、张吉坞之子张德永、肖孝成之子肖向阳、翁祖善之女翁薇薇等为本书提供了珍贵的历史资料。民盟贵州省委原秘书长范祖燕为资料的搜集和整理倾注了大量的心血。

本书编撰过程中，力求翔实、客观、全面地反映贵州民盟1946—1966年的发展过程。贵州民族大学古籍整理研究所承担了本书的编撰工作，并具体由古籍所的祝童、王力和郭国庆三位盟员专家负责，其中，祝童负责第一、二章，郭国庆负责第三、四章，王力负责第五章。此外，贵州大学历史与民族文化学院闫平凡副教授、贵州人民出版社博士工作室负责人刘泽海及其部门工作人员为本书的编校、统稿付出了辛勤的汗水。

本书即将出版，值此谨向关心、指导和支持本书出版的相关单位、领导、专家以及工作人员表示衷心的感谢！

由于本书涉及时间较久远、范围广，资料搜集困难，且部分资料不详，或许遗漏了一些重要事件、重要人物；另外，编校过程中疏漏、错误难免，恳请读者批评指正。